Langenscheidt
Achiasaf
Handwörterbuch
Hebräisch – Deutsch

לנגנשיידט
אחיאסף

מילון עברי-גרמני

לנגנשיידט
אחיאסף

מילון
עברי-גרמני

מהדורה חדשה ומעודכנת

Langenscheidt

ברלין * מינכן * וינה * ציריך

Langenscheidt
Achiasaf

Handwörterbuch Hebräisch – Deutsch

Völlige Neubearbeitung

Langenscheidt

Berlin · München · Wien · Zürich · New York

Published in Israel by
Achiasaf Publishing House Ltd.
Netanya 2004

Originalausgabe von Yaacov Lavi

Neu bearbeitet von Ari Philipp, Kerstin Klingelhöffer

Ergänzende Hinweise, für die wir jederzeit dankbar sind, bitten wir zu richten an:
Langenscheidt Verlag, Postfach 40 11 20, 80711 München

Druck: Keter, Jerusalem
Printed in Israel • ISBN 3-468-04161-6

1. 2. 3. 4. 5. 08 07 06 05 04

INHALTSVERZEICHNIS

תוכן העניינים

הקדמה למהדורה החדשה 2004

אנו שמחים ביותר להגיש לכם את המהדורה החדשה והמעודכנת של מילון זה לאחר עבודת מחקר מעמיקה שנמשכה מספר שנים.

מהדורה זו משקפת את התפתחות השפות העברית והגרמנית ומביאה לידי ביטוי את השימוש היומיומי שנעשה בשפות אלו.

במילון זה עידכנו בעיקר את אוצר המילים של השפה המדוברת וגם את שפת הסלנג שמשתנה תדירות, של אמצעי התקשורת, של הפוליטיקה ושל התרבות, אך יש לציין שהתמקדנו במונחים הנפוצים ביותר.

הקפדנו מאוד להוסיף פירושים נוספים לצד התרגום, בעיקר במקרים שבהם אין למונח העברי תרגום ישיר לגרמנית. כך הדבר לגבי אמרות, פתגמים ומונחים שונים מתחום הדת, כמו לגבי מושגים מחיי היום יום, מהתחום האקדמי ומונחים דקדוקיים, הממלאים תפקיד חשוב בלימוד השפה העברית.

האנשים הבאים תרמו לאורך השנים לשיפורו ולעידכונו של המילון:

אריה קומיי, מיכל כהן, מיכאל דק, ברוך אורן, קרסטין קלינגלהופר, ארי פיליפ, וצוות מסדרת ע.נ.ע. עינת, ערן וראובן. אנו מכירים להם תודה על מאמציהם.

עם כל זה, אנחנו מודעים היטב לעובדה שהעברית והגרמנית הן שפות חיות, תוססות ומתפתחות ועקב כך גם משתנות באופן תמידי. צוותי העריכה של המילון יקבלו בברכה הערות והצעות של המשתמשים.

ינואר 2004 המערכת

Vorwort zur neu bearbeiteten Ausgabe 2004

Wir freuen uns, nach intensiven Recherchen diese Neubearbeitung vorlegen zu können, die sprachliche Entwicklungen auf israelischer wie auch deutscher Seite abbildet und jeweils dem aktuellen Sprachgebrauch Rechnung trägt.
Es wurde besonders der Wortschatz aus den Bereichen der Alltags- und Umgangssprache, der Medien, Politik und Kultur aktualisiert, wobei wir uns auf häufig Verwendetes beschränkt haben.
Es war uns wichtig, neben der Übersetzung Zusatzerläuterungen zu geben, sofern es sich um hebräische Begriffe handelt, die im Deutschen keine direkte Entsprechung haben. Das gilt für Redewendungen, Sprichwörter und religiöse Begriffe sowie Gegenstände des Alltags, des Bildungswesens und Fachtermini grammatischer Gegebenheiten, die beim Lernen der Sprache eine Rolle spielen.
Folgende Personen haben über die Jahre hinweg zur Neubearbeitung und Entwicklung des Wörterbuchs beigetragen:
Arie Comey, Michal Cohen, Michael Dak, Baruch Oren, Kerstin Klingelhöffer, Ari Philipp sowie das Team der Setzerei A.N.A., Einat, Eran und Reuben. Wir bedanken uns für ihr Engagement.
Wir sind uns bewusst, dass jede Sprache lebt und sich verändert.
Das Redaktionsteam ist für daher Hinweise und Vorschläge dankbar.

Berlin, München und Tel Aviv, Januar 2004

VORWORT

Im Jahre 1927 erschien in Berlin und Wien das deutsch-hebräische Wörterbuch von S.M. Laser und Dr. Harry Torczyner, Dozent an der Hochschule für die Wissenschaft des Judentums in Berlin, der später als Professon Tur-Sinai in Jerusalem wirkte. Nicht alle von den Verfassern zur Deckung neuer Begriffe geschaffenen Wörter sind in den modernen hebräischen Wortschatz eingegangen, und als Folge der beispiellosen Entwicklung der hebräischen Sprache seit dem Erscheinen des Wörterbuches konnte dieses bald nicht mehr den Ansprüchen genügen und wurde schon nach wenigen Jahren als veraltet angesehen. Inzwischen wuchs die Bevölkerung Israels durch Einwanderung von Juden, auch aus deutschsprachigen Ländern sowie aus mittel- und osteuropäischen Gebieten, in denen Deutsch die lingua franca der Juden war, stark an; mit der Gründung neuer Hochschulen, Forschungsinstitute usw. wurde auch die hebräische Sprache durch Prägung immer neuer Wörter rasch und grundlegend erweitert. Ein zeitgemäßes hebräisch-deutsches Wörterbuch erwies sich als immer dringender, zumal auch israelische Studenten und Wissenschaftler an der deutschen Fachliteratur wachsendes Interesse bekundeten.
Prof. Tur-Sinai, während vieler Jahre Präsident der Akademie der hebräischen Sprache, konnte seinen im Jahre 1970 gefassten Plan einer Neubearbeitung seines deutsch-hebräischen Wörterbuches, an der ich auf seinen Wunsch mitarbeiten sollte, leider nicht verwirklichen, da er im Oktober 1973 einer schweren Krankheit erlag. Ich entschloss mich, die Aufgabe selbst zu übernehmen, und arbeitete zunächst ein hebräisch-deutsches Wörterbuch aus, dessen Manuskript Professor Tur-Sinai trotz seiner Krankheit zum Teil noch prüfte. Auch Herr Abraham Even-Schoschan, Verfasser des umfassenden "Neuen Hebräischen Wörterbuches" (Jerusalem 1966-1970), welches die Grundlage für meine Arbeit bildet, half mir mit Rat und ermutigenden Worten, wofür ich ihm an dieser Stelle von ganzem Herzen danke.
Im Gegensatz zu den vor 50-60 Jahren erschienenen Büchern brauchte ich keine neuen Wörter zu erfinden oder vorzuschlagen. Die hebräische Sprache hat inzwischen Ausdrücke für alle Dinge und Erscheinungen des Lebens geschaffen. So war ich bemüht, aus allen Gebieten die wichtigsten Stichwörter zu wählen, die der Leser von heute braucht. Wir finden beispielsweise die hebräischen Bezeichnungen für *Postleitzahl, Vorwahlnummer, Verkehrsampel, Computer, Programmierung, Frustrierung, Komplex, Geste, Abwertung,*

Aufwertung, Mehrwertsteuer, rückstoßfreie Kanone, Rechtspersönlichkeit, Entflechtung usw.

Ferner wurde Wert darauf gelegt, das hebräische Wort in seinen verschiedenen Bedeutungen zu zeigen, die sich je nach der Zusammensetzung ändern, z.B. folgen auf

stark	עַז
=frech, unverschämt	עַז־מֵצַח=
=mutig	עַז־נֶפֶשׁ, עַז־רוּחַ=
=lebhafte Farbe	צֶבַע עַז=
=fester Wille	רָצוֹן עַז=

Auf *immun, gefeit* עָמִיד folgen:

=lichtecht	עֲמִיד־אוֹר=
=feuerfest	עֲמִיד־אֵשׁ=
=wasserdicht	עֲמִיד־מַיִם=

Da aber in Zeitung, Rundfunk und Fernsehen fast täglich Neubildungen erscheinen, muss der Leser damit rechnen, dass er auch in diesem Wörterbuch nicht alles findet. In diesem Fall muss er versuchen, unter Weglassung der Präfixe und Suffixe die Wurzel zu finden, um daraus die wahrscheinliche Bedeutung des neuen Wortes zu ermitteln.

Ich möchte hiermit einigen Freunden danken, die mich in verschiedenen Fächern unterstützt haben, darunter besonders Herrn Zeev Berlinger M.Sc., der die Übersetzung botanischer und zoologischer Namen überprüft hat. Die Herren Jizchak Fixler und Prof. Nathan Mark halfen mir bei der Korrektur des Satzes und gaben mir wertvolle Hinweise. Ich danke auch Dr. Chanan Prinz für viele wichtige Verbesserungsvorschläge.

Das Erscheinen des Buches wird durch die harmonische Zusammenarbeit des Langescheidt-Verlages, der vor 65 Jahren begann, des THESAURUS TOTIUS HEBRAITATIS, das Gesamtwörterbuch der alt- und neuhebräischen Sprache von Elieser ben Jehuda herauszugeben, und des Achiasaf Publishing House, Tel Aviv, ermöglicht.

Besonderen Dank schulde ich dem Lektor des Langenscheidt-Verlages, Herrn Dr. Heinz F. Wendt in Berlin, der mir während der ganzen Arbeit mit seiner reichen Erfahrung geduldig und hilfreich zur Seite stand.

Wie jedes Menschenwerk kann auch dieses Buch wohl kaum völlig frei von Irrtümern sein. Alle Hinweise und Vorschläge zur Verbesserung werden dankbar entgegengenommen.

Kiryat Bialik (Israel), 1975 *JAACOV LAVY*

דברי פתיחה

בשנת 1927 הופיע בברלין ווינה המילון הגרמני־עברי של ש.מ. לאזר וד"ר הרי טורצ'ינר, מרצה בבית המדרש הגבוה לחכמת ישראל בברלין, ולאחר מכן בישראל פרופ' נ.ה. טור־סיני. לא כל המלים שנוצרו ע"י המחברים למושגים חדשים נקלטו באוצר המלים של העברית המחודשת, וכתוצאה מן ההתפתחות ללא תקדים של הלשון העברית בשנים לאחר הופעת המילון נתגלה המילון כמיושן ולא היה בו כדי לספק דרישות הקורא בן ימינו.

בינתיים גדלה האוכלוסייה בישראל ע"י עליית יהודים, גם מארצות של דוברי גרמנית ומארצות במזרח ובמרכז אירופה, בהן השפה הגרמנית שימשה בפי היהודים כעין לינגואה פראנקה. עם הקמת מוסדות חינוך חדשים, אוניברסיטאות נוספות ומכוני מחקר התרחב גם אוצר המלים העבריות בקצב מהיר.

היעדרו של מילון עברי־גרמני מודרני הורגש בחומרה הולכת וגוברת, מה גם שאף סטודנטים ילידי הארץ ומדענים ישראליים נזקקו לספרות מקצועית בשפה הגרמנית. הפרופסור טור־סיני, שכיהן במשך שנים רבות כנשיא האקדמיה ללשון העברית, רצה להוציא לאור מהדורה מחודשת ומעודכנת של מילונו הגרמני־עברי, ובראשית 1970 הציע לי להשתתף במפעל זה. למרבה הצער לא עלה בידי הפרופסור להגשים את התכנית מחמת מחלתו האנושה, שהכריעה אותו בהושענא רבה תשל"ד. קיבלתי את המשימה על עצמי והחלטתי להתחיל במילון עברי־גרמני, כדי לעצב תחילה את היסוד של אוצר המלים. על אף מחלתו עיין פרופ' טור־סיני עוד בחלקים של כתב־היד. גם מר אברהם אבן־שושן, מחבר "המילון החדש" המקיף (ירושלים 1966־1970), המהווה את היסוד לעבודתי, סייע בידי בעצה ובדברי־עידוד, ואני מודה לו על כך מקרב הלב.

בניגוד למילונים, שראו אור לפני 50־60 שנה, לא נאלצתי ליצור ולהציע מלים חדשות. הלשון העברית יצרה בינתיים מלים ומונחים לכל ענייני החיים ותופעותיהם, ויכולתי לא רק לשאוב מן המעיין המתגבר של אוצר הלשון, כי אם הוכרחתי בגלל מיגבלות המקום לברור את הערכים החשובים. עם זאת השתדלתי להוציא מתחת ידי מילון מודרני ומעודכן, כדי שיהיה לעזר יעיל בידי הקורא. וכך נמצא דרך משל במילון את המונחים הגרמניים למלים כגון מיקוד, קידומת, רמזור, מחלף, מחשב, תיכנות, תיסכול, תסביך, מחווה, פיחות, יסוף, מס־ערך־מוסף, תותח־ללא־רתע, טיל מונחה, ישות, הפרדת כוחות.

היה חשוב בעיני להציג את המלה העברית בהוראותיה המגוונות, המשתנות לפי הצירוף עם מלה אחרת. למשל: אחרי הערך הראשי **עז** stark באים כערכי־משנה:

=עַז־מֵצַח	=frech, unverschämt
=עַז־נֶפֶשׁ, עַז־רוּחַ	=mutig
=צֶבַע עַז	=lebhafte Farbe
=רָצוֹן עַז	=fester Wille
ואחרי הערך הראשי עָמִיד	immun, gefeit
=עֲמִיד־אוֹר	=lichtecht
=עֲמִיד־אֵשׁ	=feuerfest
=עֲמִיד־מַיִם	=wasserdicht

כתוצאה מן ההתפתחות המהירה של השפה העברית, המולידה כמעט מדי יום ביומו מונחים חדשים, המופיעים בכלי התקשורת, לא נוכל למנוע, שהמעיין במילון חדש זה לא ימצא תמיד את מבוקשו. במקרה כזה מתבקש הקורא לנקוט את השיטה "עשה זאת במו ידיך" וינסה אחרי הסרת תחילית או סופית לחשוף את השורש ולהבין את הוראת המלה בעזרת המשקל, כגון שם של פעולה לפי משקל פעילה או פיעול או הפעלה; תוצאת הפעולה לפי משקל מפעל וכו'.

לבסוף חובה נעימה לי להודות לידידַי, שהושיטו לי את עזרתם, כל אחד במקצועו, וביניהם מר זאב ברלינגר. M Sc., שבדק את השמות הבוטניים והזואולוגיים. מר יצחק פיקסלר ז"ל והפרופסור נתן מארק עזרו לי בהגהה. אני מודה גם לד"ר חנן פרינץ על הצעות תיקון רבות ערך.
הוצאת הספר לאור נתאפשרה הודות לשיתוף הפעולה ההדוק בין הוצאת הספרים לנגנשיידט הגרמנית, אשר התחילה לפני 65 שנה להפיק את "מילון הלשון העברית הישנה והחדשה" לאליעזר בן־יהודה, ובין הוצאת הספרים אחיאסף בתל אביב. תודה מיוחדת אני חייב לד"ר היינץ פ. וונדט, הלקטור של לנגנשיידט בברלין, אשר עמד לימיני במשך שנות עבודתי והעניק לי בעין יפה מנסיונו העשיר.

כמו כל מעשה ידי־אדם גם ספר זה לא יהיה נקי מכל טעות. אקדם בברכה ובתודה כל הערה והצעה לשיפורים.

קרית ביאליק (ישראל) 1975 — יעקב לביא

HINWEISE FÜR DIE BENUTZUNG DES WÖRTERBUCHES

1. *Der Wortschatz* – Dieses praktische Handwörterbuch enthält das Sprachgut der heutigen hebräischen Sprache, wie sie sich auf der Grundlage des Alten Testamentes, der Mischna und des Talmud sowie der neueren Literatur seit der Wiederbesiedlung von Erez-Israel, und in verstärktem Maße seit Gründung des Staates Israel als lebendige, gesprochene Sprache entwickelt hat. Es umfaßt sowohl den Sprachschatz der Umgangssprache, als auch die Sprache der Literatur und die Schriftsprache im Allgemeinen. Daneben finden sich Fachausdrücke aus Technik, Wirtschaft, Verkehr, Politik und den Medien. Aus Platzgründen wurde auf die Aufnahme seltener bzw. veralteter Wörter, die in der klassischen Literatur nur an wenigen Stellen vorkommen, verzichtet. Wörter der genannten Art erscheinen nur dann, wenn sie z.B. einen Teil einer üblichen Zusammensetzung oder Redensart bilden. Vor Begriffen aus biblischen und talmudischen Texten, sofern sie nicht mehr gebräuchlich sind, steht das Zeichen*.

Stichwörter, die in Klammern stehen, sind nicht in der Grundform gebräuchlich, z.B. (הנה) נֶהֱנָה נפ׳.

Aramäische Wörter und Ausdrücke werden nur gebracht, wenn sie zum modernen hebräischen Sprachgut gehören. Sie sind als solche gekennzeichnet (ארמ׳).

Fremdwörter – Im heutigen Hebräisch gibt es eine Fülle von internationalen Wörtern und Fachausdrücken. Zum Teil wird eine rein hebräische Entsprechung dazu angegeben, z.B.: סְצֶנַרְיוֹם ז׳ ראה גם: תַּסְרִיט. Es erscheinen nur gebräuchliche Fremdwörter, die in der Form, Betonung o.Ä. vom Deutschen abweichen.

Idiomatische Redewendungen und Sprichwörter, die zum heutigen Sprachgut gehören, sind, wo nötig, mit einer wörtlichen und einer sinngemäßen Entsprechung übertragen.
Zahlreiche *Anwendungsbeispiele* dienen der Verdeutlichung des Stichwortes.
Begriffe aus der *Umgangssprache* sind mit F, סלנג oder דיבורי gekennzeichnet.

Hinweise zur *Systematik* vgl. 2.

Abkürzungen und Kurzwörter erscheinen an ihrem Platz in alphabetischer Anordnung. Es gibt im Hebräischen drei Arten von Abkürzungen:

a) Anfangsbuchstaben, z.B.

männlich	ז' = זָכָר
weiblich	נ' = נְקֵבָה
nachmittags	אחה"צ = אַחֲרֵי הַצָּהֳרַיִם
Verhandlung	מו"מ = מַשָּׂא וּמַתָּן
Postfach	ת"ד = תָּא דֹּאַר

In diesen Fällen wird das vollständige Wort ausgesprochen (keine oder vollständige Lautschrift).

b) Anfangsbuchstaben, die als solche ausgesprochen werden, z.B.

[*ʃin-bét*] Sicherheitsdienst	ש"ב = שֵׁרוּת בִּטָּחוֹן
[*ʃin-tsade*] Militärpolizist	ש"צ = שׁוֹטֵר צְבָאִי

c) Aus den Anfangsbuchstaben mehrerer Wörter bestehende *Kurzwörter*, die als selbstständige neue Wortschöpfungen gelesen werden. Beispiele:

[*tanax*] Altes Testament	תַּנַ"ךְ = תּוֹרָה נְבִיאִים כְּתוּבִים
[*tsahal*] Israels Verteidigungsarmee	צַהַ"ל = צְבָא הֲגַנָּה לְיִשְׂרָאֵל

Es gibt auch einige Kurzwörter, die nicht mehr als Abkürzung gelten und als Stamm für die Bildung neuer Verben dienen, z.B.

[*duax*] Rechenschaftsbericht	דּוּ"חַ = דִּין וְחֶשְׁבּוֹן (דּוּחוֹת)
[*divax*] *pi.* berichten	דִּוַּח (פִּיעֵל)

2. *Anordnung und Orthographie* – Die Reihenfolge der Stichwörter folgt der grammatischen, traditionellen hebräischen Orthographie, die "defektiv" genannt wird, weil sie ohne Lesestützen auskommt. Dafür ist sie punktiert, mit den Vokalzeichen unter, und beim Vav neben (u) und über (o) dem Konsonanten. Zusätzlich wird neben dem

Hauptstichwort auch die “volle” unpunktierte Orthographie angeführt, z.B. [kaxol] blau *Adj.* (כְּחֻלָּה) כָּחֹל ת׳ כחול. Da heute fast alle Bücher und sämtliche Zeitungen in der modernen, sog. “vollen” Orthographie gedruckt werden, die statt der Vokalzeichen die Buchstaben Vav und Jod benutzt, berücksichtigt das Wörterbuch die Bedürfnisse des durchschnittlichen Lesers, der die Wörter in Buch oder Zeitung in der “vollen” Orthographie findet. Zu seiner Erleichterung erscheint das Wort in dieser Schreibung in der Regel an seinem alphabetischen Platz mit Verweis und Grundübersetzung:

כָּחוֹל ראה: כָּחֹל (blau)

Jedes Stichwort steht im Wörterbuch in seiner grammatischen Grundform. *Hauptwörter* erscheinen in der unverbundenen Form, im Singular, während die verbundene Form (status constructus) und der Plural in Klammern folgen, wenn sie nicht der Norm entsprechen oder sonst irgendeine Schwierigkeit für den Leser besteht, z.B. גָּדֵר נ׳ (גְּדֵר־, גְּדֵרוֹת). Es folgt das Zeichen נ׳ (נקבה) *(f)* jedem weiblichen Hauptwort. Jedes männliche Hauptwort ist mit ז׳ (זכר) *(m)* bezeichnet.

Verben werden in ihrer Grundform gebracht, d.h. in der 3. Person Singular, Vergangenheit der ersten Konjugation (Kal). Diese Form enthält nur die Wurzelbuchstaben, von denen die übrigen Konjugationen abgeleitet werden, z.B. לָמַד. Nach der Grundform als Hauptstichwort folgen in Klammern: der verbundene Infinitiv, die 3. Person Singular Futur und ggf. das Partizip Präsens, z.B. יָשֵׁן. Die übrigen Konjugationen (Nif'al, Pi'el usw.) werden als Unterstichwörter aufgeführt, soweit sie in der heutigen hebräischen Sprache gebraucht werden und die Bedeutung sich nicht aus der normalen Funktion dieser Konjugation ergibt, z.B. Nif'al als Passiv des Kal oder Hitpa'él als reflexives Verb. Pu'al und Hof'al sind immer nur Passiv von Pi'él und Hif'il und werden daher nur in wenigen Ausnahmefällen gebracht. Häufig gebrauchte Konjugationen und Partizipien sind evtl. auch an alphabetischer Stelle mit ihrer Grundbedeutung aufgenommen, z.B. [maksim] bezaubernd *Adj.* מַקְסִים ת׳.

Hif'il, die kausative Konjugation, erscheint für die sog. Schwachen Verben in alphabetischer Anordnung unter dem Buchstaben He, da es dem ungeübten Leser schwerfallen dürfte, die Wurzel zu ermitteln. Der Leser wird hier aber an die richtige Stelle (Wurzel als

Hauptstichwort) verwiesen, z.B. – הִבִּיעַ ראה: נבע – הֵנִיחַ ראה: נוח – הִגִּישׁ ראה: נגשׁ. Nif'al-Formen, deren Wurzeln nicht leicht erkennbar sind, werden unter dem Buchstaben Nun angeführt, unter Verweis auf die Wurzel, z.B. נוֹסַד נפ' מן יסד. Je nach Bedarf wird die Präposition, welche das Verb in einer bestimmten Bedeutung regiert, hinzugefügt, wie z.B.

kennen	הִכִּיר אֶת־
anerkennen	הִכִּיר בְּ־

Im **Anhang** findet der Leser Konjugationstafeln der wichtigsten Formgruppen.

Homonyme – Wörter, die gleich lauten, aber verschiedene Herkunft und Bedeutung haben, erscheinen als getrennte Stichwörter, durch Hochzahlen voneinander unterschieden, wie z.B.

Fingernagel	צִפֹּרֶן^1
Nelke	צִפֹּרֶן^2

Betonung – Die meisten hebräischen Wörter werden auf der letzten Silbe betont. Wörter, die auf der vorletzten Silbe betont werden, sind mit einem kleinen freistehenden Akzent versehen, der vor der betonten Silbe steht, z.B. דַּלֶּקֶת, שַׁעַר, בֶּגֶד bzw. in der Lautschrift [da'leket], ['ʃa'ar], ['beged].

3. *Übersetzung* – Die hebräischen Stichwörter werden nach der wichtigsten, vorherrschenden Bedeutung des Wortes übersetzt, wenn nötig unter Hinzufügung einiger Erklärungen.

Synonyme, d.h. verschiedene, aber sinnverwandte Wörter, sind durch Komma voneinander getrennt, Wörter verschiedener Bedeutung durch Semikolon, z.B.: ['xesed] Gunst *f*, Gnade *f*; Gefallen *m*, Gefälligkeit *f* (...) חֶסֶד ז'

Alle deutschen Hauptwörter erhalten das Genuszeichen (*m, f, n*), Verben die Konjugationsangabe des hebräischen Verbs, und falls nötig auch die Zeichen *v/t* – transitives Verb oder *v/i* – intransitives Verb. Adjektive, Adverbien und die verschiedenen Partikel werden nach

Bedarf bezeichnet (s. Liste der Abkürzungen, S.20).
Gegenüber der Grundform des hebräischen Verbs (3. Person, Singular, Vergangenheit) steht in der deutschen Übersetzung der Infinitiv, z.B.

bewachen שָׁמַר

Hebräische Begriffe, die im Deutschen keine Parallele haben und daher unübersetzbar sind, besonders solche aus Religion und Alltagskultur, erscheinen im deutschen Teil in ihrer hebräischen Form in phonetischer Umschrift, unter Hinzufügung erklärender Worte z.B.

"Knesset", *das israelische Parlament* כְּנֶסֶת

4. *Phonetische Umschrift* – Vor dem deutschen Text wird das hebräische Stichwort in eckigen Klammern durch die Lautschrift der Association Phonétique Internationale (A.P.I.) wiedergegeben. Es sei betont, dass die Umschrift lediglich die Aussprache, nicht aber die Orthographie wiedergibt. Daher gibt es nur ein Zeichen (x) für ח, כ und (t) für ט, ת (s. Erläuterungen zur phonetischen Umschrift, S.23).
Auch die Betonung ist nur dann angegeben, wenn sie nicht auf der letzten Silbe liegt, und zwar durch einen Akzent: ['wered] Rose וֶרֶד

5. *Tilde, das Wiederholungszeichen (~)* – Zusammengehörige oder verwandte Wörter sind aus Gründen der Raumersparnis unter Verwendung der Tilde zu Gruppen vereinigt. Die Tilde vertritt dabei das ganze Stichwort oder den vor dem Strich (|) stehenden Teil, z.B. בַּעַל, ~-בַּיִת. Dies gilt auch für umfangreiche Artikel mit vielen Anwendungsbeispielen.
Endet das Wort mit einem der hebräischen Endbuchstaben Kaf, Mem, Nun, Pe, Zadi, so ist der Endbuchstabe bei einer Erweiterung des Wortes natürlich in einen gewöhnlichen Buchstaben umzuwandeln: קַפְּדָן,~וּת (=קַפְּדָנוּת)

הוראות שימוש

1. **אוצר המלים** — מילון זה הוא מרוכז־שימושי ומכיל את המלים של השפה העברית החיה, כפי שהתפתחה מראשית ההתיישבות היהודית על אדמת ארץ־ישראל, ובמשנה־תנופה מאז קמה מדינת ישראל, על יסודות שפת המקרא, המשנה והתלמוד והספרות החדשה על כל דורותיה. זהו אוצר המלים של שפת הדיבור התיקנית, לשון הסיפרות והעיתונות, כולל גם מונחים רבים משדה התקשורת, הטכניקה, הכלכלה, התחבורה והמדיניות. מטעמי מיגבלות המקום ויתרנו על מלים נדירות, שהופיעו בסיפרות הקלסית רק במקומות ספורים. מלים ארכאיות או מלים מן הרובד הסיפרותי הגבוה ביותר מובאות רק אם, למשל, הן מהוות חלק של ניב או צירוף־מלים השגור בפי הרבים. לפני מלים מהתנ״ך ומהתלמוד (שאינן בשימוש) מודפס הסימן *.

מלים ומימרות ארמיות רשומות במילון, כאשר הן קיימות בשפת ימינו. הן מסומנות בסימן (ארמ׳).

מלים לועזיות: בעברית של ימינו קיים שפע של מלים ומונחים בין־לאומיים. במילון מופיעים המונחים השגורים, כאשר הם שונים מן המונח הגרמני בכתיב, בהטעמה וכד׳.
בחלק מהמלים יופיע רק המונח העברי המקביל.

צירופי־מלים, ניבים, מימרות ופיתגמים, המקובלים גם כיום, מתורגמים במקרה הצורך מילה במילה ועם פירוש תואם.

דוגמאות־שימוש רבות משמשות להבהרת משמעותו של הערך הראשי. מונחי־סלנג או ביטויים משפת הדיבור מסומנים ע״י F, (סלנג) או (דיבורי).

ראשי־תיבות ניתנים במילון לפי סידרם האלפביתי. יש בעברית שלושה סוגים של קיצורים באמצעות ראשי־תיבות: (1) קיצור־תיבה כגון ז׳ = זכר, נ׳ = נקבה, ת״ד = תא־דואר, אחה״צ = אחרי הצהריים, מו״מ = משא ומתן. כאן מבטאים את המלה או את המלים במלואן (התעתיק הפונטי יהיה מלא). (2) ראשי־תיבות כגון ש״ב = שירות־ביטחון, ש״צ = שוטר צבאי מבטאים שין־בית, שין־צדי. (3) נוטריקון (Kurzwort) הנקרא ככתיבו, ובמקרים רבים אף נהפך לתיבה עצמאית כגון תנ״ך = תורה נביאים כתובים; צה״ל = צבא הגנה לישראל. נוטריקון שנעשה

מלה עצמאית: דוח, רבים: דוחות (= דין וחשבון) נעשה אף שורש לפועל: לְדַוֵּחַ כלומר למסור דין וחשבון.

2. **סדר המלים והכתיב** — סדר המלים במילון הוא הסדר האלפביתי המדויק לפי הכתיב הדיקדוקי, ה"חסר" המנוקד, כלומר בלי אמות־הקריאה ו"ו או יוד. מכיוון שרוב הספרים וכל העיתונים מודפסים כיום בכתיב "מלא", עם ו"ו ויוד לציון התנועה, מתחשב המילון בצרכי הקורא הממוצע, המוצא מלה בספר או בעיתון בכתיב המלא, וכדי להקל עליו מובאת המלה גם במקומה לפי הסדר האלפביתי בכתיב המלא תוך הפנייה לערך במקומו הנכון לפי הכתיב הדיקדוקי יחד עם תרגום בסיסי, למשל: כָּחוֹל ראה כָּחֹל (blau). נוסף על כך ניתן על יד הערך גם הכתיב המלא שלו ללא ניקוד, למשל: כָּחֹל ת׳, כחול *Adj.* blau [kaxol]. — כל ערך מובא במילון בצורתו הדיקדוקית היסודית.

שמות־עצם — ניתנים בצורת־היסוד: נפרד, יחיד. נסמך וריבוי רשומים בסוגרים, כאשר הם יוצאים מהכלל או כאשר יש בהם קושי כלשהו אחר. למשל: גָּדֵר נ׳ (גֶּדֶר־, גְּדֵרוֹת). שמות ממין נקבה מקבלים את הסימן נ׳ (נקבה). כל שם ממין זכר מסומן באות ז׳ (זכר).

הפעלים מופיעים במילון לפי צורת־היסוד: בנין קל (פעל), גוף שלישי עבר יחיד (נסתר), כלומר לפי אותיות השורש, שממנו מסתעפים יתר הבנינים לדוגמא: לָמַד. ליד צורת־היסוד, המופיעה כערך ראשי, רשומים בסוגריים שם הפועל עם ל׳ השימוש (נפעל, פיעל וכו׳) ועתיד נסתר, לפעמים גם בינוני (הווה), כאשר הוא סוטה מן הנורמה, למשל: יָשֵׁן. יתר הבנינים (נפעל, פיעל וכו׳) רשומים כערכי־משנה במידה, שהוראתם איננה מתבררת מתוך תיפקוד הבנין כגון נפעל כסביל של קל או התפעל כבנין חוזר. פועל והופעל משמשים תמיד כבנין סביל של פיעל והפעיל ומופיעים במילון רק במקרים יוצאים מגדר הרגיל. הטיות פועל נפוצות, בעיקר בצורת הבינוני, מופיעות לעיתים ע"פ סדר האלף־בית, למשל: מַקְסִים ת׳ [maksim] *Adj.* bezaubernd.

הפעיל של פעלים נחשלים מופיע במילון באות ה׳ אגב הפנייה אל השורש, למשל:

הִגִּישׁ ראה: נגש; **הִבִּיעַ** ראה: נבע; **הֵנִיחַ** ראה: נוח.

כל אימת שהדבר נחוץ, ניתנת גם מילת־היחס או אות־היחס (אֶת־, בְּ־, עַל־), למשל: **הכיר** את־ kennen; **הכיר ב** anerkennen.

בסוף המילון ימצא הקורא לוחות־פעלים של הגזרות העיקריות.

הומונימים — מלים שוות בכתיבן, אך שונות בהוראתן, מובאות במילון כערכים נפרדים תוך

ERKLÄRUNG DER DEUTSCHEN ABKÜRZUNGEN IM WÖRTERBUCH

הֶסְבֵּר הַקִּצּוּרִים הַגֶּרְמָנִיִּים בַּמִּלּוֹן

Abk.	Abkürzung	קִצּוּר
Adj.	Adjektiv	שֵׁם־תֹּאַר
Adv.	Adverb	תֹּאַר־פֹּעַל
Agr.	Landwirtschaft	חַקְלָאוּת
Akk.	Akkusativ	יַחֲסַת־אֶת
allg.	allgemein	כְּלָלִי
amtl.	amtlich	רִשְׁמִי
Anat.	Anatomie	אֲנָטוֹמְיָה
arab.	arabisch	עֲרָבִית
AT	Altes Testament	תַּנַ"ךְ
attr.	attributiv	מְתָאֵר, לְוַאי
bibl.	biblisch	מִקְרָאִי, תַּנָ"כִי
Bot.	Botanik	בּוֹטָנִיקָה
bsd.	besonders	בִּפְרָט
Chem.	Chemie	כִּימְיָה
Christ.	Christentum	נַצְרוּת
D	Dativ	יַחֲסַת־אֶל
Econ.	Wirtschaft	כַּלְכָּלָה
El.	Elektrotechnik	חַשְׁמַלָּאוּת
e-e	eine	אַחַת
e-m	einem	לְאֶחָד
e-n	einen	אֶת אֶחָד
e-r	einer	שֶׁל אַחַת
e-s	eines	שֶׁל אֶחָד
etw.	etwas	מַשֶּׁהוּ
F	familiär, umgangssprachlich	בִּלְשׁוֹן הַדִּבּוּר
f	feminin	נְקֵבָה
f.	für	בְּעַד, בִּשְׁבִיל
fig.	figurativ, bildlich	מֻשְׁאָל
Fin.	Finanzwesen	כְּסָפִים, בַּנְקִים
Flgw.	Flugwesen	תְּעוּפָה
Fmw.	Fernmeldewesen	תִּקְשֹׁרֶת
Fot.	Fotografie	צִלּוּם

f/pl.	Femininum Plural	נְקֵבָה / רִבּוּי
G	Genitiv	יַחֲסַת־שֶׁל
Gastr.	Küche, Speise	בִּשּׁוּל
Geol.	Geologie	גֵּיאוֹלוֹגְיָה
Geom.	Geometrie	גֵּיאוֹמֶטְרִיָּה
Ggs.	Gegensatz	הַהֶפֶךְ
Gr.	Grammatik	דִּקְדּוּק
hebr.	hebräisch	עִבְרִית
hist.	historisch	הִיסְטוֹרִי
Inf.	Infinitiv	שֵׁם־הַפֹּעַל
Int.	Interjektion, Ausruf	מִלַּת־קְרִיאָה
iron.	ironisch	אִירוֹנִי
islam.	islamisch	אִסְלָמִי
jem.	jemand	פְּלוֹנִי
j-m	jemandem	לִפְלוֹנִי
j-n	jemanden	אֶת פְּלוֹנִי
j-s	jemandes	שֶׁל פְּלוֹנִי
jüd.	jüdisch	יְהוּדִי
Jur.	Rechtswesen	מִשְׁפָּטִים
Kfz.	Kraftfahrzeugwesen, Auto	מְכוֹנִית
Kj.	Konjunktion	מִלַּת־חִבּוּר
Koll.	Kollektiv	שֵׁם־עֶצֶם כּוֹלֵל
Kurzw.	Kurzwort	רָאשֵׁי־תֵבוֹת, נוֹטָרִיקוֹן
Ling.	Sprachwissenschaft	בַּלְשָׁנוּת
Lit.	literarisch	סִפְרוּתִי
m	maskulin	זָכָר
Mar.	Marine, Schifffahrt	יַמָּאוּת, סַפָּנוּת
Math.	Mathematik	מָתֶמָטִיקָה
Med.	Medizin	רְפוּאָה
Mil.	Militärwesen	צָבָא
m/pl.	Maskulinum Plural	זָכָר / רִבּוּי
Mus.	Musik	מוּסִיקָה
Myth.	Mythologie	מִיתוֹלוֹגְיָה

n	neutrum	סְתָמִי (מִין)
neg.	negativ	שְׁלִילִי
n/pl.	Neutrum Plural	סְתָמִי / רִבּוּי
Num.	Zahlwort	שֵׁם־מִסְפָּר
od.	oder	אוֹ
P	populär, derb	הֲמוֹנִי, גַּס
Pers.	Person	אָדָם, נֶפֶשׁ
Phys.	Physik	פִיסִיקָה
pl.	Plural	רִבּוּי
poet.	poetisch	פּוֹאֶטִי, מְלִיצִי
Pol.	politisch	מְדִינִי
Pron.	Pronomen, Fürwort	מִלַּת־גּוּף
Prp.	Präposition, Verhältniswort	מִלַּת־יַחַס
Psych.	Psychologie	פְּסִיכוֹלוֹגְיָה
Rdf.	Rundfunk, Radio	רַדְיוֹ
Rel.	Religion	דָּת
s.	siehe	רְאֵה
S.	Seite	עַמּוּד
scherz.	scherzhaft	בְּהִתּוּל
s-e	seine	שֶׁלּוֹ

Sg.	Singular	יָחִיד
s-m	seinem	לְשֶׁלּוֹ
s-n	seinen	אֶת שֶׁלּוֹ
s-r	seiner	שֶׁלּוֹ, לְשֶׁלּוֹ
Sp.	Sport	סְפּוֹרְט
Techn.	Technik	טֶכְנִיקָה
Tel.	Telefon	טֶלֶפוֹן
Thea.	Theater	תֵּיאַטְרוֹן
TV	Fernsehen	טֶלֶוִיזְיָה
Typ.	Druckgewerbe	מְלֶאכֶת־הַדְּפוּס
usw.	und so weiter	וְכֵן הָלְאָה
V	vulgär, Schimpfwort	הֲמוֹנִי
v.	von	שֶׁל, מֵאֵת
ver.	verächtlich	בְּזִלְזוּל
v/i	intransitives Verb	פֹּעַל עוֹמֵד
v/t	transitives Verb	פֹּעַל יוֹצֵא
wörtl.	wörtlich	מִלּוּלִי
z.B.	zum Beispiel	לְמָשָׁל, כְּגוֹן
Zo.	Zoologie	זוֹאוֹלוֹגְיָה
Zssg(n)	Zusammensetzung(en)	צֵרוּף, צֵרוּפִים

ERLÄUTERUNGEN ZUR PHONETISCHEN UMSCHRIFT הַתַּעְתִּיק

Name des hebr. Buchstabens	***Umschrift***	***Bemerkungen***	
Alef	'	s. S. 24	א
Béth	b		בּ
(Véth)	v		ב
Gimmel	g		ג
Dalet	d		ד
Hé	h	Hé als Lesestütze wird nicht transkribiert	ה
Vav	v		ו
	o,u	s. Vokale	וֹ, וּ
Sajin	z	wie **s** in sehen, stimmhaft	ז
Chet	x	wie **ch** in Ba**ch**	ח
Tet	t		ט
Jod	i, j	s. Vokale	י
Kav	k		כּ, ך *
(Chav)	x	wie **ch** in Ba**ch**	כ
Lamed	l		ל
Mem	m		מ, ם *
Nun	n		נ, ן *
Samech	s	wie **ss** in e**ss**en, stimmlos	ס
Ajin	'	s. S. 24	ע
Pé	p		פּ, ף *
(Fé)	f		פ
Zadi	ts	wie **z** in **Z**aun	צ, ץ *
Kuf	k		ק
Résch	r		ר
Schin**	ʃ	**sch** wie in **sch**ön	שׁ
Ssin	s	wie **ss** in e**ss**en	שׂ
Tav	t		ת

* am Ende des Wortes

** Die Wörter, die mit **Schin** und **Ssin** beginnen, erscheinen im Wörterbuch zusammen unter **Schin** in gemeinsamer alphabetischer Reihenfolge.

Die Buchstaben **א** *Alef* und **ע** *Ajin* sind in der Lautschrift am Wortanfang mit ‘ und im Wortinnern mit ’ wiedergegeben.
Die Aussprache ähnelt im Alltag für beide dem Stimmabsatz zwischen *e* und *a* in *Theater*.

VOKALE — תְּנוּעוֹת

Umschrift	*Buchstabens*	הַנְקֻדָּה	הַשֵּׁם
a	wie **a** in B**a**ch	Xַ	פַּתָּח
x^a	kurzes **a**, unbetont	Xֲ	חֲטַף-פַּתָּח
a	langes **a** wie in **Aa**l	Xָ	קָמַץ גָּדוֹל
c	kurzes **e** wie in **e**cht	Xֶ	סֶגוֹל
é	langes **e** wie in Le**h**rer oft **ej** wie in engl. K**a**te	Xֵ	צֵירֶה
e	kurzes **e**, unbetont, wie in **e**cht	Xֱ	חֲטַף-סֶגוֹל
-	wird nicht transkribiert, lautlos	Xְ	שְׁוָא נָח
x	fast lautlos, meist stumm	Xְ	שְׁוָא נָע
i	langes **i**	Xִי	חִירִיק
o	offenes, meist betontes **o**	וֹ,	חוֹלָם
o	kurzes **o**	Xָ	קָמַץ קָטָן
o	kurzes **o**, unbetont	Xֳ	חֲטַף-קָמַץ
u	langes **u** wie in **U**hr	וּ	שׁוּרֶק
u	kurzes **u** wie in L**u**ft	Xֻ	קֻבּוּץ

In der Umschrift steht immer [z] für stimmhaftes s (wie in *Sonne*), [s] für stimmloses s (wie in *nass*).

[ts] steht für deutsches z (wie in *Zaun*).

Nur in Frendwörtern kommen **'ג** [dž] (wie in *Jeans*) und **'צ** [tʃ] (wie in *Chips*) vor. Sie erscheinen an alphabetischer Stelle bei **ג** bzw. **צ**.

א

א "Alef" (A), erster Buchstabe d. hebr. Alphabets; Lesehilfe (Mater lectionis); Vokalzeichen in Fremdwörtern; Zeichen der Zahl 1

=יוֹם א׳ = Sonntag *m (1. Tag der Woche)*

=מֵא׳ וְעַד ת׳ = von A bis Z

אָב ז׳ [‘av] 11. Monat d. jüd. Jahres (Juli-August)

אֵב ז׳ (אִבִּים) [‘év] Knospe *f*, erste Blüte *f*

=בְּאִבּוֹ = in seiner ersten Blüte, in s-r Jugend

אָב ז׳ (אֲבִי-, אָבִיו, אָבוֹת, אֲבוֹת-, אֲבוֹתַי) [‘av] Vater *m*

=אָבוֹת ז״ר = Erzväter, Patriarchen, Ahnen *m/pl.*

=אָב חוֹרֵג = Stiefvater *m*

=אַב-בֵּית-דִּין = Vorsitzender *m* des Gerichtes

=אַב הַנָּחָה = Grundannahme *f*

=אַב-הָעוֹרְקִים = Aorta *f*, Hauptschlagader *f Med.*

=אַב-טִיפּוּס = Urtypus *m*, Prototyp *m*

★=אַב טֻמְאָה = Unreinlichkeit *f*

=אַב-מָזוֹן = Nährstoffgruppe *f* (z.B. Proteine)

=בֵּית-אָב = (Groß-)Familie *f*

=תָּכְנִית-אָב = Grundplan *m*

=בֵּית-אָבוֹת = Altersheim *n*

אַבָּא ז׳ (ארמ׳) [‘aba] Vater *m*; mein Vater, Papa (Anrede)

אָבַד פעל (לֶאֱבֹד לְ-, מִן-, יֹאבַד) [‘avad] *kal* verlorengehen, verschwinden *v/i*

-נֶאֱבַד נפ׳ (לְהֵאָבֵד, יֵאָבֵד) - *nif.* verloren gehen, verschwinden; vernichtet werden

-אִבֵּד פיעל (לְאַבֵּד אֶת-) - *pi.* verlieren *v/t*

-הִתְאַבֵּד הת׳ - *hit.* sich das Leben nehmen, Selbstmord begehen

=אָבַד לִי הַמַּפְתֵּחַ = Ich habe den Schlüssel verloren

=אִבֵּד עַצְמוֹ לָדַעַת = sich das Leben nehmen

=אָבַד עָלָיו כֶּלַח = veraltet sein

=אוֹבֵד עֵצוֹת = ratlos *Adj.*

=אִבֵּד הַכָּרָתוֹ = das Bewusstsein verlieren, ohnmächtig werden

=~ אֶת הָעֶשְׁתּוֹנוֹת = die Fassung verlieren; durcheinander kommen

=~ אֶת הַצָּפוֹן = den Weg verlieren; die Orientierung verlieren

אֲבֵדָה נ׳, אבידה [‘avéda] Verlust *m*; verlorenes Gut

=הֲשָׁבַת ~ = Rückgabe von Fundsachen

אֲבַדּוֹן ז׳ [‘avadon] Untergang *m*

=הָלַךְ לַ~ = untergehen

אָבְדָן ז׳, אובדן [‘ovdan] Untergang *m*

=אָבְדַן-הַכָּרָה = Bewusstlosigkeit *f*, Ohnmacht *f*

=~-עֵצוֹת = Ratlosigkeit *f*

=~-עֶשְׁתּוֹנוֹת = Verlieren *n* der Fassung, völlige Verwirrung

★אָבָה פעל (לֶאֱבוֹת) [‘ava] *kal* wollen

אַבְהוּת, אֲבָהוּת נ׳ [‘avhut, ‘avahut] Vaterschaft *f*

אַבְהִי, אֲבָהִי ת׳ [‘avhi, ‘avahi] väterlich *Adj.*

אַבּוּב ז׳ [‘abuv] Oboe *f*; Schlauch *m*, Luftschlauch *m*

אַבּוּבָן ז׳ [‘abuvan] Oboist *m*

אִבּוּד ז׳, איבוד [‘ibud] Verlust *m*

=הָלַךְ לְ~ = verloren gehen

אָבוּד ת׳ [‘avud] (unwiederbringlich) verloren *Adj.*

אֲבוֹי מ״ק [‘avoj] oh!, ach!

[‘avux] diesig; vernebelt *Adj.* — אָבוּךְ ת׳
[‘évolutsja] Evolution *f*, Entstehungsgeschichte *f* — אֶבוֹלוּצְיָה נ׳, איבולוציה
[‘ibun] Versteinerung *f* — אִבּוּן ז׳, איבון
[‘évus] Krippe *f*, Futtertrog *m* — אֵבוּס ז׳, איבוס
[‘avus] gemästet *Adj.* — אָבוּס ת׳
[‘ibuk] Bestäubung *f*; Staubwischen *n* — אִבּוּק ז׳, איבוק
[‘avokado] Avokado *f* (Persea greatissima) *Bot.* — אֲבוֹקָדוֹ ז׳
[‘avuka] Fackel *f* — אֲבוּקָה נ׳
[‘avut] Vaterschaft *f* — אָבוּת נ׳
[‘avzém] Gürtelschnalle *f* — אַבְזֵם ז׳
[‘avzar, ‘avizar] Zubehör *n*, Zubehörteil *n* — אַבְזָר, אֲבִיזָר ז׳
[‘evax] Morden *n*, Schlachten *n* — אֶבַח ז׳
[‘ivxa] Schlachten *n*; Funkeln *n*; Schwung *m* — אִבְחָה נ׳
[‘ivxun] Diagnostizieren *n* — אִבְחוּן ז׳, איבחון
[‘ivxén] *pi.* diagnostizieren, Diagnose stellen — אִבְחֵן פיעל (לְאַבְחֵן אֶת-)
[‘avxana] Diagnose *f*; Unterscheidung *f* — אַבְחָנָה נ׳
[‘avxanati] diagnostisch *Adj.* — אַבְחָנָתִי ת׳
[‘iv'tuax] Deckung *f*, Absichern *n Mil.* — אִבְטוּחַ ז׳, איבטוח
[‘ivtax] *pi.* decken, absichern *v/t Mil.* — אִבְטַח פיעל (לְאַבְטֵחַ אֶת-)
[‘avtaxa] Deckung *f Mil.*, Absicherung *f* — אַבְטָחָה נ׳
[‘ava'tiax] Wassermelone *f* (Citrullus vulgaris) *Bot.* — אֲבַטִּיחַ ז׳
[‘avtipus] Urbild *n*, Prototyp *m* — אַבְטִיפּוּס ז׳
[‘avtala] Arbeitslosigkeit *f* — אַבְטָלָה נ׳
= Arbeitslosenunterstützung *f* — =דְּמֵי-~
[‘aviv] Frühling *m* — אָבִיב ז׳ (אֲבִיב-)
= Frühlings- — =אֲבִיבִי ת׳
[‘evjon] arm *Adj.*; Arme(r) *m* — אֶבְיוֹן תו״ז
[‘avijona] Libido *f*; Geschlechtstrieb *m* — ★אֲבִיּוֹנָה נ׳

[‘evjonut] Armut *f*, Elend *n* — אֶבְיוֹנוּת נ׳
[‘avix] diesig, trübe *Adj.* — אָבִיךְ ת׳
[‘avisa] Mästung *f* — אֲבִיסָה נ׳
[‘abik] Retorte *f* — אַבִּיק ז׳
[‘abir] Ritter *m*; stark *Adj.* — אַבִּיר תו״ז
= Ritterlichkeit *f*, Kraft *f*, Macht *f* — =~וּת נ׳
= ritterlich *Adj.* — =~ית ת׳
[hitabéx] *hit.* aufwirbeln *v/i* (Rauch, Staub) — (אבך) הִתְאַבֵּךְ הת׳
[‘ovex] Diesigkeit *f*, (trockener) Dunst *m* — אֹבֶךְ ז׳, אובך
[‘ivxa] Staubsäule *f* Nebelhaftigkeit *f* — אִבְכָה נ׳
[‘aval] aber, doch *Kj.*, *Adv.* — אֲבָל מ״ח, ת״פ
[‘aval] *kal* trauern *v/i* — אָבַל פעל (לֶאֱבוֹל עַל- אָבֵל, יֶאֱבַל)
- *hit.* trauern um *(Akk.)* — -הִתְאַבֵּל הת׳ (עַל-)
[‘avél] trauernd *Adj.* — אָבֵל ת׳
[‘ével] Trauer *f* — אֵבֶל ז׳
[‘avélut] Trauer *f* — אֲבֵלוּת נ׳
[‘even] Stein *m* — אֶבֶן נ׳ (אֲבָנִים, אַבְנֵי-)
= Prüfstein *m* — =~-בֹּחַן
= Kalkstein *m* — =~-גִּיר
= Wegmarkierung *f* — =~-דֶּרֶךְ
= Sandstein *m* — =~-חוֹל
= Edelstein *m* — =~-חֵן,~טוֹבָה,~יְקָרָה
= Grundstein *m* — =~-יְסוֹד,~-פִּנָּה
= Nierenstein *m* — =~-כְּלָיוֹת
= Meilenstein *m* — =~-מִיל
= Gallenstein *m* — =~-מָרָה
= Stolperstein *m*, Hindernis *n* — =~-נֶגֶף
= Bimsstein *m* — =~-סְפוֹג
= Mühlstein *m* — =~-רֵחַיִם
= Zahnstein *m* — =~-שִׁנַּיִם
= Randstein *m*, Bordstein *m* — =~-שָׂפָה
= Steindruck *m*, Lithographie *f* — =הֶדְפֵּס-~
= Steinzeit *f* — =תְּקוּפַת-הָ~
= *wörtl.* reglos wie ein Stein; wie ein Ölgötze F — =כְּ~ שֶׁאֵין לָהּ הוֹפְכִין

=~ נִגְלָה מִלִּבּוֹ, מֵעַל לִבּוֹ = ein Stein fällt ihm vom Herzen

(אבן) הִתְאַבֵּן הת' [hit'abén] *hit.* versteinern *v/i*

אַבְנוּנִי ת', אַבְנִי ת' ['avnuni, 'avni] steinig, steinern *Adj.*

★אַבְנֵט ז' ['avnét] Gürtel *m* des Priesters

אָבְנַיִם, ז"ז אובניים ['ov'najim] Töpferscheibe *f*

אַבְנִית נ' ['avnit] Kalk *m*

(אבס) הֶאֱבִיס הפ' [he'evis] *hif.* mästen, füttern

אֲבַעְבּוּעָה נ' ['avabu'a] Eiterbläschen *n*, Pocke *f*

=אֲבַעְבּוּעוֹת שְׁחוֹרוֹת = Pocken, schwarze Blattern *f/pl.* (Variola) *Med.*

=~-רוּחַ = Windpocken *f/pl.* (Varicella) *Med.*

=~ סַבּוֹן = Seifenblasen *f/pl.*

אַבְעוֹרֵק ז' ['av'orék] Aorta *f*, Hauptschlagader *f*

אָבָץ ז' ['avats] Zink *n*

(אבק)[1] נֶאֱבַק נפ' (לְהֵאָבֵק עִם, בְּ-) [ne'evak] *nif.* ringen *mit (D)*

אָבַק[2] פעל (לֶאֱבֹק, יֶאֱבַק) ['avak] *kal* sich im Staub wälzen

-אִבֵּק פיעל (לְאַבֵּק אֶת-) - *pi.* bestäuben; ausschütteln

-הִתְאַבֵּק הת' - *hit.* sich mit Staub bedecken

-הֶאֱבִיק הפ' (לְהַאֲבִיק) - *hif.* (Blüten) bestäuben

אָבָק ז' ['avak] Staub *m*

=אֲבַק-שְׂרֵפָה = Schießpulver *n*

=~-אָדָם = menschlicher Abschaum *m Lit.*

=שׁוֹאֵב-~ = Staubsauger *m*

אֲבָקָה נ' ['avaka] Pulver *n*; Blütenstaub *m*

=אַבְקַת-אֲפִיָּה = Backpulver *n*

אַבְקָן ז' ['avkan] Staubgefäß *n Bot.*

אֵבָר, אֵבֶר ז' איבר (אֵיבָרִים) ['évar, éver] Körperteil *m*; Glieder *n/pl.*

=אֵיבַר-הַמִּין = Geschlechtsteil *n*

=בְּכָל רמ"ח אֵיבָרָיו = *wörtl.* mit all seinen (248) Gliedern; mit der ganzen Seele

אֶבְרָה נ' ['evra] Flügel *m* (nur v. Geflügel)

אַבְרֵךְ ז' ['avréx] junger Mann, Jeschiwah-Student

=~-מֶשִׁי = ein feiner junger Mann *bsd. iron.*

★אַבְרָקַיִם ז"ז ['avrakajim] Pluderhosen *f/pl.*

אַבְרָשׁ ז' ['avraʃ] Erika *f*, Heiderkraut *n Bot.*

אַגַּב מ"ח (ארמ') ['agav] bei, nebenbei, gelegentlich

=דֶּרֶךְ ~ = nebenbei gesagt, nebenbei bemerkt, apropos *Adv.*

אֲגָבָה נ' ['agava] Agave *f Bot.*

אֲגָבִי ת' ['agavi] zufällig; vorübergehend *Adj.*

אָגַד פעל (לֶאֱגֹד אֶת-, יֶאֱגֹד) ['agad] *kal* zusammenbinden *v/t*

-אִגֵּד פיעל - *pi.* zusammenfassen *v/t*

-הִתְאַגֵּד הת' - *hit.* sich zusammentun, e-n Verband bilden

אֶגֶד ז' (אֲגָדִים) ['eged] Verbund *m;* Verband *m Med.;* (Spargel, Radieschen *usw.*) Bund *n*; "Egged" (Autobus-Kooperative in Israel)

אֲגֻדָּה נ', אגודה ['aguda] Verband *m*, Verein *m*

=~ הֲדָדִית, ~ שִׁתּוּפִית = Kooperative *f*, Genossenschaft *f*

=~ מִקְצוֹעִית = Gewerkschaftsverband *m*

=אֲגֻדַּת יִשְׂרָאֵל = sehr orthodoxe Partei in Israel

אֻגְדָּה נ', אוגדה ['ugda] Division *f*, Kampfgruppe *f Mil.*

אַגָּדָה נ' ['agada] Sage *f*, Märchen *n*

אַגָּדִי, אַגָּדָתִי ת' ['agadi, 'agadati] sagenhaft, märchenhaft *Adj.*

אֶגוֹאִיזְם ז' ['ego'izm] Egoismus *m*

=~סְט ז' = Egoist *m*

=~סְטִי ת' = egoistisch *Adj.*

אִגּוּד ז', איגוד ['igud] Verein *m*, Verband *m Pol.*

=~ מִקְצוֹעִי = Gewerkschaft *f*

=~ עָרִים = Städteverband *m*

אֲגוּדָל ז' ['agudal] großer Zeh, Daumen *m*

אֱגוֹז ז' ['egoz] Nuss *f*; Nussbaum *m*; Haselnussgeschmack *m*

=~-אֲדָמָה = Erdnuss *f* (Arachis hypogaea) *Bot.*

ראה גם: בָּטְנִים, בּוֹטְנִים

= Kokosnuss *f* (Cocos nucifera) *Bot.*	=~-הֹדּוּ,~-קוֹקוֹס
= Walnuss *f*	=~-הַמֶּלֶךְ
= Haselnuss *f*	=~-לוּז
= harte Nuss *f fig.*	=~ קָשֶׁה
['igum] Stauung *f*, Anlegen *n* v. Teichen	**אִגּוּם** ז׳, **איגום**
['iguf] Umfassung *f*, Flankenangriff *m Mil.*	**אִגּוּף** ז׳, **איגוף**
['agur] gespeichert, gesammelt *Adj.*	**אָגוּר** ת׳
['igur] Ansammlung *f* Speicherung *f*	**אִגּוּר** ז׳
['agora] 1/100 des Israel-Shekels (wie Cent *m*, Pfennig *m*)	**אֲגוֹרָה** נ׳
['agida] Einfassung *f* Bindung *f*	**אֲגִידָה** נ׳
['agira] Aufspeicherung *f*	**אֲגִירָה** נ׳
['agal] *kal* tropfen	**אָגַל** פעל
['égel] Tropfen *m*	**אֶגֶל** ז׳ (אֲגָלִים, אֶגְלֵי-)
= Schweißtropfen *m/pl.*	=אֶגְלֵי-זֵעָה ז״ר
= Tautropfen *m/pl.*	=~-טַל ז״ר
['agam] See *m*, Teich *m*	**אֲגַם** ז׳
['igém] *pi.* aufstauen (Wasser); e-n Teich anlegen	**אִגֵּם** פיעל (לְאַגֵּם אֶת-)
['agama] Lagune *f*	**אֲגַמָּה** נ׳
['agmon] Binse *f* (Scirpus) *Bot.*	**אַגְמוֹן** ז׳
['agamit] Blässhuhn *n* (Fulica atra) *Zo.*	**אֲגַמִּית** נ׳
['agan] Becken *n*	**אַגָּן** ז׳ (אַגָּנִים)
['agas] Birne *f;* Birnbaum *m*	**אַגָּס** ז׳
['agaf] Flügel *m*; Flanke *f*; Seitenflügel *m*; Abteilung *f*	**אֲגַף** ז׳ (אֲגַפִּים)
['igéf] *pi.* umgehen (von der Flanke); in die Flanke fallen	**אִגֵּף** פיעל (לְאַגֵּף אֶת-)
['agapi] seitlich *Adj.*, von der Flanke; lateral *Adj.*, Seiten-	**אֲגַפִּי** ת׳
['agar] *kal* speichern, hamstern	**אָגַר** פעל (לֶאֱגֹר אֶת-)
['igara] Dach *n*	★ **אִגָּרָא** (ארמ׳)
= *wörtl.* von einem hohen Berg in ein tiefes Tal; tief fallen	=מֵ~ רָמָא לְבֵירָא עֲמִיקְתָּא
['agra] Gebühr *f*; Steuer *f*	**אַגְרָה** נ׳ (אַגְרוֹת)
['egrof] Faust *f*	**אֶגְרוֹף** ז׳
= Gewaltmensch *m*, Schläger *m*	=~-בַּעַל
['igruf] Boxkampf *m*, Faustkampf *m*	**אִגְרוּף** ז׳, **איגרוף**
['egrofan] Boxer *m*; Schlagring *m*	**אֶגְרוֹפָן** ז׳
['agartal] Vase *f*	**אֲגַרְטָל** ז׳
['agran] Sammler *m*	**אַגְרָן** ז׳
= Sammeltrieb *m*	=~נוּת נ׳
['igréf] *pi.* die Faust ballen; boxen	**אִגְרֵף** פיעל
- *hit.* Boxkampf führen, boxen *Sp.*	-הִתְאַגְרֵף הת׳
['i'geret] Brief *m*, Schreiben *n*	**אִגֶּרֶת** נ׳, **איגרת** (אִגְּרוֹת)
= Luftpostbrief *m*	=~-אֲוִיר
= Obligation *f*, Wertpapier *n Fin.*	=~-חוֹב
['éd] Dampf *m*, Dunst *m*	**אֵד** ז׳
= Wasserdämpfe *m/pl.*	=אֱדֵי-מַיִם
= Giftgase *n/pl.*	=~-רַעַל
['ida] *pi.* verdampfen *v/t;* dünsten *v/t*	**אִדָּה** פיעל (לְאַדּוֹת אֶת-)
- *hit.* verdunsten *v/i*	-הִתְאַדָּה הת׳ (לְהִתְאַדּוֹת)
['edham] Ausstrahlung *f*, Ausströmen *n*	**אֶדְהָם** ז׳
['adva] leiser Wellenschlag *m*	**אַדְוָה** נ׳
['iduj] Verdunstung *f*	**אִדּוּי** ז׳, **אידוי**
['adon] Herr *m*; Herrscher *m*	**אָדוֹן** ז׳
= sehr geehrter Herr	=אָדוֹן נִכְבָּד
['adonut] Herrschaft *f*, Überlegenheit *f*	**אֲדוֹנוּת** נ׳
= Gott *m*	=אֲדֹנָי
['aduk] fromm; orthodox *Adj.*	**אָדוּק** ת׳ (אֲדוּקִים)
['iduk] Kompression *f*	**אִדּוּק** ז׳
['iduʃ] Neutralisierung *f Chem., Phys.*	**אִדּוּשׁ** ז׳
['édi] dunstig *Adj.*	**אֵדִי** ת׳
['adiv] höflich, freundlich *Adj.*	**אָדִיב** ת׳
= Höflichkeit *f*, Freundlichkeit *f*	=~וּת נ׳
['adikut] Frömmigkeit *f*	**אֲדִיקוּת** נ׳
['adir] mächtig, machtvoll *Adj.*	**אַדִּיר** תו״ז
['adiʃ] gleichgültig, indifferent *Adj.*	**אָדִישׁ** ת׳
= Gleichgültigkeit *f*	=~וּת נ׳

[‘adam] *kal* rot sein *od.* werden — אָדַם פעל (לֶאְדֹּם)
- *hif.* erröten — -הֶאְדִּים הפ'
[‘adom] rot *Adj.* — אָדֹם ת', אדום (אֲדֻמָּה)
= "roter Davidsstern"; Ambulanz *f*, isr. erste Hilfe — =מָגֵן-דָּוִד ~
= das Rote Kreuz — =הַצְּלָב הָ~
= Rotkehlchen *n* (Erithacus rubecula) *Zo.* — =~-הֶחָזֶה ז'
[‘odem] Röte *f*; Lippenstift *m* — אֹדֶם ז', אודם
[‘adam] Mensch *m* — אָדָם ז' (רַבִּים: בְּנֵי-אָדָם)
= Übermensch *m* — =~ עֶלְיוֹן
= Urmensch, prähistorischer Mensch — =הָ~ הַקַּדְמוֹן
= der erste Mensch Adam *m* *bibl.* — =~ הָרִאשׁוֹן
= Mensch(enkind *n*) *m* — =בֶּן-~
= Wilder *m* — =פֶּרֶא-~
= Personal *n*, Arbeitskräfte *f/pl.* — =כֹּחַ ~
[‘adamdam] rötlich *Adj.* — אֲדַמְדַּם ת'
= leichte Röte — =~מוּת נ'
[‘adam'demet] Röteln *f/pl.* (Rubella) *Med.* — אֲדַמְדֶּמֶת נ' ראה: אַדֶּמֶת
[‘adama] Boden *m*, Erde *f* — אֲדָמָה
= verbrannte Erde *f* — =~ חֲרוּכָה
= Brachfeld *n* — =אַדְמַת-בּוּר
= Niemandsland *n* — =~-הֶפְקֵר
= Fremde *f* — =~-נֵכָר
= das Heilige Land — =~-הַקֹּדֶשׁ
[‘admoni] rötlich *Adj.* — אַדְמוֹנִי ת'
[‘admonit] Päonie *f*, Pfingstrose *f Bot.* — אַדְמוֹנִית נ'
[‘admor] Titel e-s chassidischen Rabbis — אַדְמוֹ"ר ר"ת אֲדוֹנֵנוּ מוֹרֵנוּ וְרַבֵּנוּ
[‘admimut] leichte Röte *f* — אַדְמִימוּת נ'
[‘a'demet] Röteln *f/pl.* (Rubella) *Med.* — אַדֶּמֶת נ'
[‘eden] Basis *f* (e-r Säule, Wand) — אֶדֶן ז' (אֲדָנִים)
= Sohlbank *f*, Fensterbank *f* — =~-הַחַלּוֹן
= Kontinentalsockel *m*, Schelf *m od. n* — =~-יַבָּשָׁה
= Eisenbahnschwellen *f/pl.* — =אַדְנֵי מְסִלַּת-בַּרְזֶל
[‘adnut] Herrentum *n* — אַדְנוּת נ'

[‘adanit] Blumenkasten *m* — אֲדָנִית נ'
[ne’dar] *nif.* stark, prächtig sein — (אדר) נֶאְדַּר נפ' (לְהֵאָדֵר)
= *hif.* preisen *v/t* — -הֶאְדִּיר הפ' (לְהַאְדִּיר)
[‘eder] Feldahorn *m* (Acer) *Bot.* — אֶדֶר ז'
[‘éder] ausgestopftes Tier *n* — אֶדֶר ז' (אֲדָרִים) ראה גם: פּוּחְלָץ
[‘adar] 6. Monat d. jüd. Jahres (März) — אֲדָר ז'
= zweiter Adar (zusätzlicher Monat im Schaltjahr) — =~ שֵׁנִי
[‘adraba] im Gegenteil, doch, gerade! — אַדְרַבָּא ת"פ (ארמ')
[‘idra] Fischgräte *f* — אִדְרָה נ', אידרה (אֲדָרוֹת)
[‘adrixal] Architekt *m* — אַדְרִיכָל ז'
= Architektur *f* — =~וּת נ'
[‘a'deret] Mantel *m* — ★אַדֶּרֶת נ' (אֲדָרוֹת)
[‘idaʃon] Gleichgültigkeit *f*, Apathie *f* — אִדָּשׁוֹן ז'
[‘edʃoni] gleichgültig *Adj.* — אֶדְשׁוֹנִי ת'
[‘ahav] lieben, gern haben, mögen — אָהַב פעל (לֶאֱהֹב אֶת-, אוֹהֵב, אָהַב גם אֶאֱהַב, תֶּאֱהַב)
- *nif.* geliebt werden *od.* sein — -נֶאֱהַב נפ' (לְהֵאָהֵב)
- *hit.* sich verlieben — -הִתְאַהֵב הת'
= gerne singen — =אָהַב לָשִׁיר
[‘ahava] Liebe *f* — אַהֲבָה נ'
= platonische Liebe *f* — =~ אַפְּלָטוֹנִית
= eigennützige Liebe *f* — =~ הַתְּלוּיָה בְּדָבָר
= selbstlose, echte Liebe *f* — =~ שֶׁאֵינָהּ תְּלוּיָה בְּדָבָר
= Gewinnsucht *f* — =אַהֲבַת-בֶּצַע
= ewige Liebe *f* — =~-עוֹלָם
[‘ahavhavim] Liebesspiel *n*, Flirt *m*, Liebelei *f* — אֲהַבְהָבִים ז"ר
[‘ahad] *kal* gern haben, zugeneigt sein, sympathisieren (*mit*) — אָהַד פעל (לֶאֱהֹד אֶת-, יֶאֱהַד)
[‘ahadadé] gegenseitig *Adv.* — אֲהַדְדֵי ת"פ (ארמי)
[‘ahada] Sympathie *f*, Zuneigung *f*, Wohlwollen *n* — אַהֲדָה נ'
[‘ahuv, ‘ahuva] Geliebter *m*, Geliebte *f* — אָהוּב ת"ז, אֲהוּבָה ת"נ

אָהוּד ת׳ ['ahud] beliebt *Adj.*

אֱהִי מ״ש ['ehi] wo? *bibl.*

אָהִיל ז׳ ['ahil] Lampenschirm *m*; Sonnenschirm *m*

אֹהֶל ז׳, אוהל (אֹהָלִים) ['ohel] Zelt *n*

=~־מוֹעֵד = Stiftshütte *f bibl.*

=~־שֵׁם = Lehrhaus *n bsd.* für Talmud

אָהַל פעל (לֶאֱהֹל, יֶאֱהַל) ['ahal] *kal* zelten *v/i*

-הֶאֱהִיל הפ׳ (לְהַאֲהִיל עַל-) - *hif.* Zelt aufrichten; beschützen bedecken

אָהָל ז׳ ['ahal] Aloe *f* (Mesembryanthemum) *Bot.*

אַהֲלַן! (ערב׳) ['ahalan, 'alan] hallo! willkommen!

אוֹ מ״ח ['o] oder *Kj.*

=אוֹ... אוֹ... = entweder ... oder ...

=אוֹ-אָז = nur dann, nur so

★אוֹב ז׳ ['ov] Beschwörungskunst *f*, Zauber *m*

אוֹבֵד תו״ז ['ovéd] Irrender, Heimatloser *m*

=~ עֵצוֹת = ratlos, hilflos *Adj.*

אוֹבְּיֶקְטִיבִ|י ת׳ ['objektivi] objektiv *Adj.*

=~יוּת נ׳ = Objektivität *f*

אוּבָל ז׳ ['uval] Aquädukt *m*; Flußarm *m*

אוֹג ז׳ ['og] Rhus *m* (Zierstrauch) *Bot.*

אוֹגֵד תו״ז ['ogéd] verbindend *Adj.*; Kopula *f*, Satzband *n Gr.*

אוֹגְדָן ז׳ ['ogdan] Aktendeckel *m*

אוֹגוּסְט ז׳ ['ogust] August *m*

אוֹגֵר ז׳ ['ogér] Hamster *m* (Cricetus) *Zo.*

אוּד ז׳ ['ud] Holzscheit *n*

★אוֹדוֹת נ״ר ['odot] Sachen, Angelegenheiten *f/pl.*

=עַל ~ = betreffs, über *Prp.*

★אִוָּה פיעל (לְאַוּוֹת) ['iva] *pi.* wollen, begehren *v/t*

-הִתְאַוָּה הת׳ (לְהִתְאַוּוֹת) - *hit.* begehren, gelüsten

★אַוָּה ז׳ ['ava] Wille *m*, Wunsch *m*

=אַוַּת-נֶפֶשׁ = Begierde *f*

=כְּאַוַּת-נַפְשְׁךָ = nach deinem Belieben

אוֹהֵב ז׳ (אוֹהֶבֶת, אוֹהֲבִים) ['ohév] Liebender, Freund *m*; Liebhaber *m* (Hobby)

=~ יִשְׂרָאֵל = Anhänger Israels

אוֹהֵד תו״ז ['ohéd] sympathisierend, freundlich *Adj.*; Sympathisant *m*, Anhänger *m*

אַוָּז ז׳, אווז ['avaz] Gänserich *m*, Gans *f*

=אַוָּזָה נ׳, אווזה = Gans *f*

אוֹזוֹן ז׳ ['ozon] Ozon *n*

=חוֹר בַּ~ = Ozonloch *n*

אַוָּזִיָּה נ׳, אווזיה ['avazija] Gänsestall *m*

אוֹטוֹ ז׳ ['oto] Auto *n*, Wagen *m*, Kfz *n*

אוֹטוֹבּוּס ז׳ ['otobus] Autobus *m*, Omnibus *m*

אוֹטוֹמָטִי ת׳ ['otomati] automatisch *Adj.*

אוֹטוֹסְטְרָדָה נ׳ ['otostrada] Schnellstraße *f*, Autobahn *f*

אוּטוֹ|פְּיָה נ׳ ['utopja] Utopie *f*

=~פִּי ת׳ = utopisch *Adj.*

אוֹי,~ וַאֲבוֹי מ״ק ['oj, 'oj va-'avoj] oh je! (Klageruf)

אוֹיֵב ז׳ ['ojév] Feind *m*

=~ בְּנֶפֶשׁ = Erzfeind *m*, Todfeind *m*

=אוֹיְבוּת נ׳ = Feindschaft *f*

אֱוִיל תו״ז, אוויל ['evil] töricht *Adj.*; Tor *m*

=~וּת נ׳ = Torheit *f*

=~י ת׳ = töricht *Adj.*

אֲוִיר ז׳, אוויר ['avir] Luft *f*

=דֹּאַר-~ז׳ = Luftpost *f*, Air Mail *f*

=חֵיל-~ז׳ = Luftwaffe *f*, Air Force *f*

=מֶזֶג-~ז׳ = Wetter *n*

=מִזּוּג-~ז׳ = Klimatisierung *f*, Klimaanlage *f*

=יָצָא לַ~ הָעוֹלָם = gerboren werden; erscheinen *v/i*

אֲוִירָה נ׳, אווירה ['avira] Atmosphäre *f*, Stimmung *f fig.*

אֲוִירוֹבָּטִיקָה נ׳ ['avirobatika] Luftakrobatik *f*

אֲוִירוֹדִינָמִיקָה נ׳ ['avirodinamika] Aerodynamik *f*

אֲוִירוֹן ז׳, אווירון ['aviron] Flugzeug *n*

אֲוִירִי ת׳, אווירי ['aviri] luftartig *Adj.*, Luft-

=קַו ~ ז׳ = Luftlinie *f*

=רַכֶּבֶת-~ת = Luftbrücke *f*, Versorgung *f* auf dem Luftwege

אֲוִירִיָּה נ׳ ['avirija] Luftflotte *f*

אוכלוסיה ראה: אֻכְלוּסִיָּה ['uxlusija] Bevölkerung *f*

אוכמנית ראה: אֻכְמָנִית ['uxmanit] Preiselbeere *f*

אוּלַי מ"ח, ת"פ ['ulaj] vielleicht *Adv.*
אוֹלְיָר נ' ['oljar] Bademeister *m*
אוּלָם[1] מ"ח ['ulam] aber *Kj.*
אוּלָם[2] ז' (אוּלַמּוֹת, גם: אוּלַמִּים) ['ulam] Saal *m*, Halle *f*
=אוּלַם הִתְעַמְּלוּת = Turnhalle *f*
אוּלְקוּס ז' ראה גם: כִּיב ['ulkus] Magengeschwür *n*
אוֹלָר ז' ['olar] Taschenmesser *n*
אִוֶּלֶת נ', איוולת ['i'velet] Torheit *f*
או"ם ר"ת אֻמּוֹת מְאֻחָדוֹת ['um] UNO *f*, Organisation der Vereinten Nationen
אוֹם ז' ['om] Ohm *n El.*
אומדן ראה: אֻמְדָּן ['umdan] Voranschlag *m*
אוֹמֵן ז' ['omén] Erzieher *m*, Kinderbetreuer *m*
אוֹמֶנֶת נ' ['o'menet] Kindermädchen *n*
=מִשְׁפָּחָה ~ = Pflegefamilie *f*
אוּמָנִית (ראה: אָמָנִית) ['omanit] Künstlerin *f*
אוֹן ז' ['on] Kraft *f*, Stärke *f*
=אֵין אוֹנִים = kraft-, machtlos *Adj.*
★אָוֶן ז', אוון ['aven] Unrecht *n*, Sünde *f bibl.*
אוֹנָאָה נ' ראה גם: הוֹנָאָה ['ona'a] Betrug *m*, Täuschung *f*
אֶוַנְגֶּלְיוֹן ז' ['évangeljon] Evangelium *n*
אֲוַנְגַּרְד ז' אוואנגארד ['avangard] Avantgarde *f*
אוּנָה נ' ['una] Lappen *m* (Lunge, Gehirn)
אוֹנוּת נ' ['onut] Stärke *f*, Kraft *f*, Potenz *f*
אוּנִיבֶרְסִיטָ|ה נ' (~אוֹת) ['universita] Universität *f*
=~אִי ת' = Universitäts-
אוֹנָן ת' (אוֹנָנִית) ['onan] selbst befriedigend *Adj.*
=~נוּת נ' = Onanieren *n*
אוֹנֶס ז' ['onés] Vergewaltigung *f*, Zwang *m*
אוּנֶסְקוֹ ר"ת ['u'nesko] UNESCO (Organisation der UNO f. Erziehung, Wissenschaft u. Kultur)
אוּנְקָל ז' ['unkal] Haken *m*
אוֹסְרָנוּת ['osranot] Verbot *n*
אוּף מ"ק (דיבורי) ['uf] ach, Mann! F

אוֹפֶה ז' ['ofe] Bäcker *m*
אוֹפּוֹזִיצְ|יָה נ' ['opozitsja] Opposition *f*
=~יוֹנִי ת' = oppositionell *Adj.*
אוֹפְּטִי ת' ['opti] optisch *Adj.*
אוֹפְּטִימִ|י ת' ['optimi] optimistisch *Adj.*
=~יּוּת נ' = Optimismus *m*
=~יסְט ז' = Optimist *m*
אוֹפְּטִי|קָה נ' ['optika] Optik *f*
=~קַאי ז' = Optiker *m*
★אוֹפִיר ז' ['ofir] erlesenes Gold *n bibl.*
אוֹפָּל ז' ['opal] Opal *m* (Edelstein)
אוֹפַן ז' ['ofan] Rad *n*
אוֹפַנּוֹעַ ז' ['ofa'noa'] Motorrad *n*
=~נוֹעָן ז' = Motorradfahrer *m*
אוֹפַנַּיִם ז"ר ['ofa'najim] Fahrrad *n*
=רוֹכֵב־~ = Radfahrer *m*
אוֹפְּצְיָה נ' ['optsja] Option *f*
אוֹפֶּרָה נ' ['opera] Oper *f*
(אוץ) אָץ פעל (לָאוּץ) ['ats] *kal* eilen
־הֵאִיץ הפ' (בְּ־) - *hif.* zur Eile antreiben; hetzen
=אָצָה לוֹ דַּרְכּוֹ = er hat es eilig
אוֹצָר ז' (אוֹצָרוֹת, אוֹצְרוֹת־) ['otsar] Schatz *m*; Schatzkammer *f*
=אוֹצַר מִלִּים = Wortschatz *m*
=~ הַמְּדִינָה = Staatsvermögen *n*
=מִשְׂרַד הָאוֹצָר = Finanzministerium *n*
אוֹצֵר ז' ['otsér] Kurator *m* (im Maseum usw.)
אוֹקְטוֹבֶּר ז' ['oktober] Oktober *m*
אוֹקְיָנוֹס ז' ['okjanos] Ozean *m*
אוֹר ז' (אוֹרוֹת) ['or] Licht *n*
=~־עֵינַיִם = Augenlicht *n*
=~־פָּנִים = freundliches Gesicht *n*
=~יּוּת = Leuchten n, Helligkeit *f*, Glanz *m*
=~־תַּעְתּוּעִים = Irrlicht *n*
=לְ~ הַמַּצָּב = angesichts der Lage
=הִדְלִיק (כִּבָּה) ~ = Licht einschalten (ausschalten)
=הוֹצִיא לְ~ = herausgeben, verlegen (Buch)
=יָצָא לְ~, רָאָה ~ = erscheinen, verlegt werden (Buch)

=שְׁנַת ~ = Lichtjahr *n*

=~ לְיוֹם... = am Abend vor ...

★אוֹר פעל (יָאוֹר) ['or] *kal* leuchten, hell werden

-נָאוֹר נפ׳ (לְהֵאוֹר) - *nif.* hell werden, aufgehellt werden

-הֵאִיר הפ׳ (לְהָאִיר אֶת-, מֵאִיר) = *hif.* erhellen, beleuchten, klar machen

=אוֹרוּ עֵינָיו,~פָּנָיו = die Augen leuchten, strahlen

=מֵאִיר עֵינַיִם = klar und deutlich

★אוּר ז׳ ['ur] Feuer *n*

=חַג הָאוּרִים = Fest der Lichter, Chanukka

אוֹרֵב ז׳ ['orév] Lauerer *m*, Lauernde(r) *m*

אוֹרְבָנִי ת׳ ['orvani] lauernd *Adj.*

אוֹרֵג ז׳ ['orég] Weber *m*

אוֹרְגַזְם ז׳, אוֹרְגַזְמָה נ׳ ['orgazm, 'orgazma] Orgasmus *m*

אוֹרְגִיָה נ׳ ['orgja] Orgie *f*

אוֹרְגָן ז׳ ראה גם: עוּגָב ['organ] Orgel *f*

אוֹרְגָנִי ת׳ ['organi] organisch *Adj.*

=כִּימְיָה ~ת = organische Chemie

=כִּימְיָה אִי-~ת = anorganische Chemie

=~זְם ז׳ = Organismus *m*

★אוֹרָה נ׳ ['ora] Licht *n*, Lichtschein *m*; Heil *n*

=לְכְאוֹרָה ת״פ = dem Anschein nach

אִוְרוּר ז׳, איוורור ['ivrur] (Durch-)Lüftung *f*

אוֹרֵז ז׳ ['oréz] Packer *m*

אוֹרֵחַ ז׳ (אוֹרַחַת, אוֹרְחִים) ['o'réax] Gast *m*

=הַכְנָסַת-אוֹרְחִים = Gastfreiheit, -freundschaft *f*

אוֹרְחָה ז׳ ['orxa] Karawane *f*

=אוֹרְחַת-גְּמַלִּים = Kamelkarawane *f*

אור״ט ר״ת חֶבְרָה עוֹלָמִית לַהֲפָצַת הַשְׂכָּלָה מִקְצוֹעִית בֵּין הַיְּהוּדִים ['ort] *Abk. etwa* Volkshochschule *f*, Abendschule *f* zur beruflichen Weiterbildung

אוֹרָטוֹרְיָה נ׳ ['oratorja] Oratorium *n*

אוֹרְיוֹן ז׳ ['orjon] Orion *m Astr.*

★אוּרִים וְתֻמִּים ז״ר ['urim vetumim] autorisierte Quelle *f fig.*

אוֹרְיָנוּת נ׳ ['orjanut] Wissen *n*

אוֹרְיֶנְטַצְיָה נ׳ ['orjentatsja] Orientierung *f*

אַוְרִי|רוּת נ׳ ['avrirut] Unkörperlichkeit *f*

=~רִי ת׳ = luftig, leicht *Adj.*

=~רִיּוּת נ׳ = Luftigkeit *f*

★אוֹרָיְתָא (ארמ׳) ['orajta] Thora *f*, Lehre *f*

★אוֹרְלוֹגִין ז׳ ['orlogin] (Wand-)Uhr *f*

אוּרֶמְיָה נ׳ ['uremja] Urämie *f*, Harnvergiftung *f* *Med.*

אוּרַנְיוּם ז׳ ['uranjum] Uran *n* Cem.

אוֹרְצֵל ז׳ ['ortsél] Helldunkel *n*

אוֹרְקוֹלִי ת׳ ['orkoli] audiovisuell *Adj.*

אִוְרֵר פיעל ['ivrér] *pi.* lüften; auffrischen *fig.*

אוֹרְתוֹגְרַפְיָה נ׳ ['ortografja] Rechtschreibung *f*

אוֹרְתוֹפֶּ|דְיָה נ׳ ['ortopedja] Orthopädie *f*

=~ד ז׳ = Orthopäde *m*

אָוַשׁ פעל ['avaʃ] *kal* rascheln, knistern

אֶוֶשׁ ז׳ ['eveʃ] Rascheln *n*, Knistern *n*

אִוְשָׁה נ׳, אושה ['ivʃa] Säuseln *n*, Rascheln *n*

אִוְשֵׁשׁ פיעל ['ivʃéʃ] *pi.* ein Rascheln von sich geben

אוֹת[1] ז׳ (אוֹתוֹת) ['ot] Zeichen *n*; Auszeichnung *f*, Orden *m*

=לְ~ = zum Zeichen

=בְּ~וֹת וּבְמוֹפְתִים = mit Zeichen und Wundern *bibl.*

=~ גְּבוּרָה,~ הַקּוֹמְמִיּוּת = Auszeichnung für Tapferkeit (für Teilnehmer am Befreiungskrieg Israels)

=~-קַיִן = Kainszeichen *n*

=~-קָלוֹן = Schandmal *n*

=~-תּוֹדָה = Dankbarkeit *f*

=נָתַן בּוֹ אוֹתוֹתָיו = j-n zeichnen, Spuren hinterlassen

אוֹת[2] נ׳ (אוֹתִיּוֹת) ['ot] Buchstabe *m*

=אוֹתִיּוֹת-כְּתָב = Schreibschrift *f*

=~-דְּפוּס = Druckschrift *f*, Blockschrift *f*

=~-הַגָּרוֹן = Guttural-, Kehllaute *Ling.* (א,ה,ח,ע)

=~-הַחֵךְ = Palatallaute *Ling.* (כ,ג)

=~ הַלָּשׁוֹן = Zungenlaute *Ling.* (ל,ר)

=~ הַשִּׁמּוּשׁ = formative Buchstaben

(z.B. ″א″ in אֶשְׁמֹר)
~= הַשִּׁנַּיִם = (Dental) Zahnlaute *Ling.*
~= הַשְּׂפָתַיִם = (Labial) Lippenlaute *Ling.* (בומ״פ)
~= שֶׁל טַל וּמָטָר = sehr kleine Buchstaben
~= שֶׁל קִדּוּשׁ לְבָנָה = sehr große Buchstaben
=אוֹת רַבָּתִי = Großbuchstabe *m*, Majuskel *f*
(אות) **נֵאוֹת** נפ׳ [né'ot] *nif.* zustimmen, einverstanden sein (לְהֵאוֹת לְ-)
אוֹתֵת, אִתֵּת פיעל [‘otét, ‘itét] *pi.* signalisieren, blinken
אָז ת״פ [‘az] dann, damals *Adv.*
=מֵאָז = seitdem
~= וּמֵעוֹלָם,~ וּמִתָּמִיד = seit jeher
~= מַה? = na und?
אִזְדָּרֶכֶת נ׳ [‘izda'rexet] Paternosterbaum *m* (Melia Azedarach) *Bot.*
אַזְהָרָה נ׳ [‘azhara] Warnung *f*
אֵזוֹב ז׳, **איזוב** [‘ézov] Ysop *Bot.*
אֵזוֹבְיוֹן ז׳ **איזוביון** [‘ézovjon] Lavendel *m* (Lavandula) *Bot.*
אִזּוּן ז׳ **איזון** [‘izun] Gleichgewicht *n;* Bilanzieren *n,* Ausgleichen *n*
אָזוּק ת׳ [‘azuk] gefesselt, gefangen *Adj.*
אֵזוֹר ז׳ **איזור** (אֲזוֹרִים) [‘ézor] Zone *f*, Gürtel *m,* Gebiet *n,* Gegend *f*, Region *f;* Streifen *n*
=אֲזוֹרִי ת׳ = Zonen-, regional *Adj.*
=מוֹעָצָה אֲזוֹרִית = Kommunalverwaltung *f*
★**אֲזַי** ת״פ [‘azaj] dann *Adv.*
אֲזִילָה נ׳ [‘azila] Ausgehen *n* (v. Vorräten, Ware)
אֲזִימוּט ז׳ [‘azimut] Azimut *n Astr.*
אֲזִירָה נ׳ [‘azira] Rüstung *f* , Wappnung *f*
אִזְכּוּר ז׳, **איזכור** [‘izkur] Erwähnung *f*, Bezugnahme *f*
אִזְכֵּר פיעל [‘izkér] *pi.* erwähnen, Bezug nehmen auf (*Akk.*) (לְאַזְכֵּר אֶת-)
אַזְכָּרָה נ׳ [‘azkara] Gedächtnisfeier, Trauerfeier *f*
אָזַל פעל [‘azal] *kal* zu Ende gehen, ausgehen (Vorrat); vergriffen sein (Buch) (לֶאֱזֹל, יֶאֱזַל)
אָזְלַת-יָד נ׳ [‘ozlat-jad] Ohnmacht *f*, Schwäche *f*, Machtlosigkeit *f*
אִזְמֵל ז׳ **איזמל** [‘izmél] Meißel *m*; Skalpell *n*
אִזְמָרַגְד ז׳ [‘izmaragd] Smaragd *m*
אֹזֶן נ׳ **אוזן** (אָזְנַיִם) [‘ozen] Ohr *n*; Öse *f*; Henkel *m*
=~-הָמָן = Hamanstasche *f* (Gebäck zu Purim)
~= כְּלִי = Griff *m*
~= עֲרֵלָה = taub sein (für)
~= קַשֶּׁבֶת = bereit zuzuhören
=בְּדַל-~ = Ohrläppchen *n*
=תְּנוּךְ-~ = Ohrknorpel *m*
=כֻּלִּי ~ = ich bin ganz Ohr
=הִטָּה ~, עָשָׂה אָזְנָיו כַּאֲפַרְכֶּסֶת = gut zuhören
=הֵעִיר אָזְנוֹ = aufmerksam machen
=צָרַם אֶת הָאֹזֶן = das Ohr beleidigen
=תָּלַשׁ בְּאָזְנוֹ = am Ohr zupfen
=הָיְתָה אָזְנוֹ קַשֶּׁבֶת = wohlwollend (*od.* aufmerksam) zuhören
=אָזְנַיִם לַכֹּתֶל = die Wände haben Ohren
=עָשָׂה לוֹ חוֹר בָּאֹזֶן (דיבורי) = belabern, das Ohr abkauen F
(אזן)[1] **הֶאֱזִין** הפ׳ [he'ezin] *hif.* zuhören *v/i* (לְהַאֲזִין לְ-)
אִזֵּן[2] פיעל (לְאַזֵּן אֶת-) [‘izén] *pi.* ausgleichen (Gewicht, Bilanz), ins Gleichgewicht bringen
אָזְנִיָּה, אָזְנִית נ׳ (אָזְנִיּוֹת) [‘oznija, ‘oznit] Kopfhörer *m*; Headset *n* (Handy) *Tel.*
אַזְעָקָה נ׳ [‘az’aka] Alarm *m*
אֲזִקִּים ז״ר **אזיקים** [‘azikim] Fesseln *f/pl.*
★**אָזַר** פעל (לֶאֱזֹר, יֶאֱזֹר) [‘azar] *kal* gürten *v/t*
~= מָתְנָיו, ~ עֹז = Mut fassen
=הִתְאַזֵּר בְּסַבְלָנוּת = sich gedulden
אִזְרוּחַ ז׳ **איזרוח** [‘iz’ruax] Einbürgerung *f*; Zivilbesiedlung *f*
אֶזְרוֹעַ נ׳ [‘ez'roa’] Arm *m bibl.*

אִזְרוּר ז' ['izrur] Aufteilung *f* in Zonen, Regionen

אֶזְרָח ז' ['ezrax] Bürger *m*; Staatsangehöriger *m*, Zivilist *m*

=מִלְחֶמֶת-אֶזְרָחִים = Bürgerkrieg *m*

אִזְרֵחַ פיעל (לְאַזְרֵחַ אֶת-) ['izrax] *pi.* einbürgern *v/t*

-הִתְאַזְרֵחַ הת' - *hit.* sich einbürgern, Staatsbürgerschaft erhalten

אֶזְרָחוּת נ' ['ezraxut] Staatsbürgerschaft *f;* Staatsbürgerkunde *f*

אֶזְרָחִי ת' ['ezraxi] bürgerlich, zivil; (Kalender) nicht- religiös *Adj.*

=נִשּׂוּאִים אֶזְרָחִיִּים = standesamtliche Trauung *f*

אָח¹ ז' (אֲחִי-, אָחִי, אָחִיךָ, אָחִיו, אַחִים, אֲחֵי-, אַחֶיךָ, אֶחָיו, אַחֵינוּ) ['ax] Bruder *m*; Sanitäter *m*

=~ חוֹרֵג = Stiefbruder *m*

=~ לְצָרָה = Freund in der Not, Leidensgenosse *m*

=אֵין לוֹ ~ = er hat nicht seinesgleichen

אָח² זו"נ ['ax] Kamin *m*

אֹחַ ז', אוח ['oax] Uhu *m* (Bubo) *Zo.*

אַחָאִים ז"ר ['axa'im] Geschwister *pl.*

אֶחָד ש"מ ז' (אַחַד-, אֲחָדִים) ['exad] ein, einer *m Num.*

=אֲחָדִים (אֲחָדוֹת) = einige *pl.*

=אֶחָד ~ = jeder einzeln; ausgezeichnet *Adj.*

=אַף ~ לֹא = niemand

=כָּל ~ = jeder

=כְּ~ = zusammen

=כְּ~ הָאָדָם = wie ein ganz normaler Mensch, wie du und ich

=~ בְּמַאי = 1. Mai

=עַד ~ = bis auf den Letzten

=פֶּה ~ = einstimmig *Adv.*

=~ בַּפֶּה ~ בַּלֵּב = unaufrichtig *Adj.*

=אַחַד-עָשָׂר ז' = elf (11) *m. Num.*

אִחֵד פיעל ['ixéd] *pi.* vereinigen *v/t*

-הִתְאַחֵד הת' (עִם-) - *hit.* sich vereinigen (*mit*)

-הֶאֱחִיד הפ' - *hif.* vereinheitlichen *v/t*

אַחְדוּת נ' ['axdut] Einigkeit *f*

=אַחְדוּתִ|י ת' = einheitlich *Adj.*

=~יּוּת נ' = Einheitlichkeit *f*

אִחָה פיעל (לְאַחוֹת אֶת-) ['ixa] *pi.* zusammenfügen; zusammennähen, flicken

=~ אֶת הַקְּרָעִים = *wörtl.* "die Flicken zusammennähen"; vereinigen

אחה"צ ר"ת אַחֲרֵי-הַצָּהֳרַיִם ['axaré hatsoho'rajim] *Abk.* nachmittags *Adv.*

אָחוּ ז' (אֲחָוִים) ['axu] Wiese *f*, Weide *f*

אִחוּד ז', איחוד ['ixud] Vereinigung *f*, Union *f*

=~ מִשְׁפָּחוֹת = Familienzusammenführung *f*

=הָאִחוּד הָאֵירוֹפִּי = Europäische Union (EU) *f*

אַחֲוָה נ', אחווה ['axava] Brüderlichkeit *f*

אָחוּז ז' ['axuz] Prozent (%) *n*

=מֵאָה ~ = hundertprozentig, vollkommen!

=~ הַחֲסִימָה = Mindestprozentsatz *m*

אחוזה ראה: אֲחֻזָּה ['axuza] Landbesitz *m*

אִחוּי ז' איחוי ['ixuj] Zusammenfügung *f*; Zusammennähen *n*, Flicken *n*

אִחוּל ז' איחול ['ixul] Glückwunsch *m*

אָחוֹר ז' ['axor] Rückseite *f*, Hinterteil *m*

=לְ~ = nach hinten

=מֵאָחוֹר = von hinten

=מֵאֲחוֹרֵי הַקְּלָעִים = hinter den Kulissen

=אָחוֹרָה = nach hinten; zurück!

אִחוּר ז', איחור ['ixur] Verspätung *f*

אֲחוֹרִי ת' ['axori] hintere *Adj.*

=דֶּלֶת אֲחוֹרִית = Hintertür *f*

אֲחוֹרַיִם ז"ר ['axo'rajim] Gesäß *n*, Hintern *m*

אֲחוֹרָנִי ת' ['axorani] hintere *Adj.*

=אֲחוֹרַנִּית ת"פ = nach hinten, rückwärts *Adv.*

אָחוֹת נ' (אֲחוֹת-, אֲחוֹתִי, אֲחָיוֹת) ['axot] Schwester *f*; Krankenschwester *f*

=~ חוֹרֶגֶת = Stiefschwester *f*

=~ רַחֲמָנִיָּה = Krankenschwester *f*

אָחַז פעל (לֶאֱחֹז בְּ-, אֶת-, אֹחֵז, יֹאחַז) ['axaz] *kal* festhalten, ergreifen

-נֶאֱחַז נפ' (לְהֵאָחֵז בְּ-) - *nif.* festgehalten werden;

sich an etwas halten; sich festsetzen
=אָחַז אֶת הָעֵינַיִם = täuschen
=~ אֶמְצָעִים = Maßnahmen ergreifen
=~ בְּקַרְנוֹת הַמִּזְבֵּחַ = Zuflucht suchen (am Altar) *bibl.*
=~ אֶת הַחֶבֶל בִּשְׁנֵי רָאשָׁיו = *wörtl.* den Strick an beiden Enden fassen; auf zwei Hochzeiten gleichzeitig tanzen wollen
=נֶאֱחַז בְּקַשׁ = sich an einen Strohhalm klammern
=~ בְּצִפָּרְנָיו,~ בְּשִׁנָּיו = sich an etwas/j-n klammern; nicht loslassen
אֹחֶז ז' ['exez] Henkel *m*, Griff *m*
אֲחֻזָּה נ', אחוזה ['axuza] Landbesitz *m*, Landgut *n*
=אֲחֻזַּת|-אָבוֹת = Erbbesitz *m*
=~-קֶבֶר = Familiengrab *n*
=בַּעַל|-אֲחֻזָּה = Gutsbesitzer *m*
=סִפְרֵי-~ ז"ר = Grundbuch *n*
אִחְזֵק פיעל (לְאַחְזֵק אֶת-) ['ixzék] *pi.* instand, in Stand halten
אַחְזָקָה נ' ['axzaka] Wartung *f*, Pflege *f*
אח"י ר"ת אֳנִיַּת חֵיל-הַיָּם ['axi] *Kurzw.* Schiff der isr. Marine
אָחִיד ת' ['axid] einheitlich *Adj.*
=~וּת נ' = Einheitlichkeit *f*
אֲחִיזָה נ' ['axiza] Festhalten *n*; Anhaltspunkt *m*
=בֵּית-~ = Griff *m*; Stützpunkt *m*
=אֲחִיזַת-עֵינַיִם = Augenwischerei *f*, Täuschung *f*
אֲחִילוּ ז' ['axilu] Fieber *n*, Schauer *m*
אַחְיָן ז' אחיין ['axjan] Neffe *m*
=~נִית נ' = Nichte *f*
אח"כ ר"ת אַחַר-כָּךְ ['axar-kax] *Abk.* nachher, hinterher *Adv.*
אִחֵל פיעל (לְאַחֵל לְ-, אֶת-) ['ixél] *pi.* beglückwünschen, wünschen *v/t*
אַחְלָה! ['axla] super, toll *Adv.* F
אַחְלָמָה[1] ז' ['ax'lama] Amethyst *m*
אַחְלָמָה[2] נ' ['axlama] Genesung *f*

אח"ם ר"ת אֲנָשִׁים חֲשׁוּבִים מְאֹד ['axam] VIPs, Promis *m/pl.*, Prominente *m/pl.*
אִחְסוּן ז' איחסון ['ixsun] Einlagerung *f*
אִחְסֵן פיעל ['ixsén] *pi.* einlagern *v/t*
אַחְסָנָה נ' ['axsana] Lagerung *f*
אַחַר מ"י ['axar] nach *Prp.*
=~ כָּךְ = nachher, später *Adv.*
=לְאַחַר = nach *Prp.*
=~ מִכֵּן,~ מִכָּאן = nachher, später *Adv.*
=~ זְמַן = später, in Zukunft *Adv.*
=מֵאַחַר שֶׁ = weil, da *Kj.*
=כִּלְאַחַר יָד = nebenbei *Adv.*
אֵחַר פיעל (לְאַחֵר אֶת-) ['éxar] *pi.* sich verspäten, zu spät kommen *v/i*; versäumen *v/t*
=אֵחַר אֶת הַמּוֹעֵד = verpassen *v/t*
=מְאֻחָר = spät *Adj.*
=לֹא יְאֻחַר מִן-, לְכָל הַמְאֻחָר בְּ- = spätestens, nicht später als
אַחֵר ת' (אַחֶרֶת, אֲחֵרִים) ['axér] and(e)re *Adj.*
אַחֲרַאי ז' ['axraj] Verantwortliche(r) *m*
אַחֲרָאִי ת' ['axra'i] verantwortlich, verantwortungsvoll *Adj.*
=תַּפְקִיד ~ = verantwortungsvolle Aufgabe
אַחֲרוֹן ת' ['axaron] letzte(r) *Adj.*
=~ ~ חָבִיב = *wörtl.* der Letzte aber der Liebste; nicht zuletzt, nicht zu vergessen
=נְבִיאִים אַחֲרוֹנִים = die späteren Propheten (Jesaja, Jeremias, Ezechiel etc.)
=בָּ|אַחֲרוֹנָה, לָ~ = schließlich; kürzlich, unlängst, zuletzt *Adv.*
אַחֲרֵי מ"י (אַחֲרַי, אַחֲרֶיךָ, אַחֲרֵינוּ) ['axaré] nach, hinter; hinterher, nach... *Prp.*
=רָץ אַחֲרָיו = j-m hinterherrennen
=~ שֶׁ- = nachdem *Kj.*
=~-כֵן = nachher *Adv.*
=~ כִּכְלוֹת הַכֹּל = schließlich, letztendlich *Adv.*
אַחֲרָיוּת נ' ['axrajut] Verantwortung *f*; Garantie *f*
=עַל אַחֲרָיוּתְךָ = auf deine Verantwortung hin

★אַחֲרִית נ' ['axarit] Ende *n*; Rest *m*
=~-דָּבָר = Schlusswort *n*, Epilog *m*
=~-הַיָּמִים = Zukunft *f bibl.*
אַחֶרֶת ת"פ ['a'xeret] andernfalls, sonst *Adv.*
אַחַת ש"מ נ' ['axat] eins, eine (1) *f Num.*
=~ אַחַת = eine nach der anderen
=~ הִיא = es ist gleich, kein Unterschied
=~ וּלְתָמִיד = ein für alle Mal
=~-שְׁתַּיִם = eins-zwei, schnell!
=~ עֶשְׂרֵה נ' = elf (11) *f Num.*
=יָד ~ = gemeinsam, zusammen
=כְּ~ = zusammen, in einem
=בְּבַת ~ = auf einmal
=לֹא ~ = nicht selten, oft
=עַל ~ כַּמָּה וְכַמָּה = umso mehr
אַט ת"פ ['at] langsam *Adv.*
=אַט אַט = ganz vorsichtig, langsam
אִטְאֵט פיעל ['itét] verlangsamen, die Geschwindigkeit verringern
אֶטֶב ז' (אֲטָבִים) ['etev] Klammer *f* (Büro-,Wäsche-) ראה גם: מְהַדֵּק
אָטָד ז' ['atad] Bocksdorn *m* (Lycium) *Bot.*
אָטוּם ת' ['atum] verschlossen; undurchsichtig; undurchlässig, dicht *Adj.*
=אֲטוּם-לֵב = gefühllos, herzlos *Adj.*
=אָזְנַיִם אֲטוּמוֹת = taube Ohren *pl.*
אִטּוּם ז' ['itum] Verschließen *n*; Verstopfen *n*
אָטוֹם ז' ['atom] Atom *n*
=אֲטוֹמִי ת' = atomar *Adj.*, Atom-
=כּוּר ~ = Atomkraftwerk *n*
=פְּצָצָה אֲטוֹמִית = Atombombe *f*
אָטוֹנָלִי ת' ['atonali] atonal *Adj. Mus.*
(אטט) הֵאֵט הפ' (לְהָאֵט אֶת-) [hé'ét] *hif.* verlangsamen *v/t*
אִטִּי ת' איטי ['iti] langsam *Adj.*
אֶטְיוּד ז' ['etjud] Etüde *f Mus.*
אִטִּיּוּת נ', איטיות ['itijut] Langsamkeit *f*
אָטִים ת' ['atim] undurchlässig *Adj.*
=אֲטִים מַיִם = wasserdicht *Adj.*
אֲטִימָה נ' ['atima] Abdichten *n*
אֶטִימוֹלוֹ|גְיָה נ' ['etimo'logja] Etymologie *f*
=~גִי ת' = etymologisch *Adj.*
אֲטִימוּת נ' ['atimut] Dichtheit *f*, Undurchlässigkeit *f*
אִטְלִיז ז' ['itliz] Schlächterei *f*, Metzgerei *f*
אַטְלַס ז' ['atlas] Atlas *m*
אָטַם פעל (לֶאֱטֹם אֶת-, יֶאֱטֹם) ['atam] *kal* hermetisch verschließen, vermauern
=אָטַם אָזְנוֹ = sein Ohr verschließen
אֹטֶם ז', אוטם ['otem] Verstopfung *f*, Verschluss *m*
=~ שְׁרִיר-הַלֵּב = Herzinfarkt *m Med.*
אִטֵּר תו"ז איטר ['itér] linkshändig *Adj.*
=אִטְּרוּת נ' = Linkshändigkeit *f*
אִטְרִיָּה נ', איטריה ['itrija] Nudel *f*
אַטְרַקְצְיָה נ' [atraktsja] Attraktion *f*; Anziehung *f*, Attraktivität *f*
אִי[1] ז' (אִיִּים) ['i] Insel *f*
=חֲצִי-~ = Halbinsel *f*
=~-תְּנוּעָה = Verkehrsinsel *f*
אִי[2] (מִלַּת שְׁלִילָה) ['i] nicht, un- (Verneinungswort)
=~-אֵמוּן ז' = Misstrauen *n Pol.*
=הַצְבָּעַת ~ = Misstrauensvotum *n Pol.*
=~-אֶפְשָׁר ת"פ = unmöglich *Adv.*
=~-בִּטָּחוֹן ז' = Unsicherheit *f*
=~-הֲבָנָה = Missverständnis *n*
=~-יְדִיעָה = Unkenntnis *f*
=~-יְכֹלֶת = Unvermögen *n*
=~-נְעִימוּת = Unannehmlichkeit *f*
=~-סֵדֶר ז' = Unordnung *f*
=~ סְפִיקָה = Insuffizienz *f*, Unzulänglichkeit *f*
=~-צֶדֶק ז' = Ungerechtigkeit *f*
=~-רָצוֹן ז' = Unwillen *m*
=~-שְׂבִיעַת-רָצוֹן = Unzufriedenheit *f*
=~-שֶׁקֶט ז' = Unruhe *f*
=~-שִׁתּוּף-פְּעֻלָּה ז' = Mangel *m* an Zusammenarbeit, passiver Widerstand *Pol.*
★אֵי מ"ש ['é] wo, wer, welche(r) *mst. im Fragesatz*

=~-אָז = jemals, irgendwann

=~-זֶה, אֵיזֶה = welcher, welche

=~-אֵלֶּה = welche *pl.*

=~-לָזֹאת = deswegen, daher

=~-פַּעַם = jemals, eines Tages, irgendwann

=~-שָׁם = irgendwo

א״י ר״ת אֶרֶץ-יִשְׂרָאֵל [‘erets jisraél] *Abk.* Land Israel

אִיֵּב פיעל [‘ijév] *pi.* hassen, feindlich gesinnt sein

אֵיבָה נ׳ [‘éva] Feindschaft *f*, Hass *m*

=פְּעֻלּוֹת-~ = Kampfhandlungen *f/pl.*

=אֵיבַת עוֹלָם = ewiger Hass, ewige Feindseligkeit

★אֵיד ז׳ [‘éd] Unglück *n*, Not *f*

=שִׂמְחָה לְ~ = Schadenfreude *f*

אִיֵּד פיעל [‘ijéd] *pi.* verdunsten lassen, zum Verdunsten bringen *v/t*

-הִתְאַיֵּד הת׳ - *hit.* verdunsten *v/i*

אִידֵיאוֹלוֹגְיָה נ׳ [‘idéologja] Ideologie *f*

אִידֵיאָ|ל ז׳ [‘idéal] Ideal *n*

=~י ת׳ = ideal *Adj.*

=~לִיזַצְיָה נ׳ = Idealisierung *f*

אִידִילְיָה נ׳ [‘idilja] Idyll *n*

אִידִישׁ, אִידִית נ׳ [‘idiʃ, ‘idit] Jiddisch *n*

★אִידָךְ (ארמ׳) [‘idax] jener

=מֵאִידָךְ, ~ גִּיסָא = andererseits

אֵידְס ז׳ [‘éids] Aids *n*

=נָשָׂא ~ ז׳ = HIV-Positiver *m*

=נַשָּׂאִית ~ נ׳ = HIV-Positive *f*

★אַיֵּה מ״ש [‘ajé] wo?

=אַיֶּכָּ? = wo bist du?

אי״ה ר״ת אִם יִרְצֶה הַשֵּׁם [‘im jirtse haʃém] *Abk.* so Gott will

אִיּוּד ז׳ [‘ijud] Verdunstung *f*

אִיּוּם ז׳ [‘ijum] Drohung *f*

אִיּוּן ז׳ [‘ijun] Verneinung *f*, Negierung *f*

אִיּוּר ז׳ [‘ijur] Illustrierung *f*

אִיּוֹר ז׳ [‘ijor] Fehlzündung *f Mil.*

אִיּוּשׁ ז׳ [‘ijuʃ] Bemannung *f*, Besatzung *f*

אִיּוּת ז׳ [‘ijut] Buchstabieren *n*

אֵיזֶה מ״ג ז׳ [‘éze] wer?, was?, welcher?, welches? *(m)*

=~ אָדָם! = was für ein Mensch!

=~ יֹפִי! = wie schön!

אֵיזֹה, אֵיזוֹ מ״ג נ׳ [‘ézo] welche? *(f)*

=אֵיזוֹ שְׁאֵלָה! = natürlich, selbstverständlich!

אֵיזוֹשֶׁהִי מ״ג נ׳ [‘ézoʃehi] irgendeine *f*

=אֵיזֶשֶׁהוּ ז׳ = irgendeiner *m*

אִיטָן ז׳ [‘itan] Schilf *n*

אֵיךְ מ״ש [‘éx] wie?, wie bitte?

=~ שֶׁהוּא = irgendwie

=~ שֶׁיִּהְיֶה = wie auch immer

★אֵיכָה מ״ש [‘éxa] wie?; wo? *bibl.*

=מְגִלַּת ~ = hebr. Name der “Klagelieder Jeremias”

אֵיכוּ|ת נ׳ [‘éxut] Qualität *f* Güte *f*

=~תִי ת׳ = qualitativ *Adj.*

אִיכְס! אִיכְסָה! [‘ixs, ‘ixsa] igitt igitt!

אַיִל ז׳ (אֵיל-, אֵילִים, אֵילֵי-) [‘ajil] Widder *m* (Ovis) *Zo.* Anführer *m*; Mächtiger *m*

=אֵיל-בַּרְזֶל = Rammbock *m* (Belagerungsmaschine)

=~-הַהוֹן = Finanzmagnat *m*

=~-הַנֵּפְט = Ölmagnat *m*

אַיָּל ז׳ אייל (אַיַּל-, אַיָּלִים) [‘ajal] Hirsch *m* (Cervidae) *Zo.*

=אַיַּל-הַכַּרְמֶל = Reh *n* (Capreolus) *Zo.*

=~-הַצָּפוֹן = Elch *m* (Rangifer tarandus) *Zo.*

=אַיָּלָה נ׳, איילה = Hindin *f*, Hirschkuh *f*, Gazelle *f*

=אַיֶּלֶת-הַשַּׁחַר = Morgenröte *f*; Morgenstern *m*

★אֵילָךְ ת״פ [‘élax] weiter *Adv.*

=~ וְ~ = hin und her

=מִכָּאן וְ~ = von hier ab

=מֵהַיּוֹם וְ~ = von heute ab

אִילָן ז׳ (אִילָנוֹת, אִילָנֵי-) [‘ilan] Baum *m*

=אִילַן-מַאֲכָל = Baum mit essbaren Früchten

=~-סְרָק = Baum ohne essbare Früchte

=~-הַיַּחַס = Stammbaum *m*

=רֹאשׁ הַשָּׁנָה = Neujahrsfest der Bäume

לָאִילָנוֹת (ט"ו בִּשְׁבָט) (am 15. Schwat)
אִילָ"ן ר"ת ['ilan] *Kurzw.* israelischer Verband *m* f. behinderte Kinder
אִגּוּד יִשְׂרְאֵלִי לִילָדִים נִפְגָּעִים
אִילָנִית נ' ['ilanit] Laubfrosch *m* (Hyla arborea) *Zo.*
אִיֵּם פיעל (עַל-) ['ijém] *pi.* drohen, bedrohen *v/t*
אָיֹם ת', איום ['ajom] furchtbar, schlimm, ätzend F *Adj.*
=~ וְנוֹרָא! = ganz furchtbar, schrecklich!
אֵימָה נ' (אֵימוֹת, גם אֵימִים) ['éma] Grauen *n*, Schrecken *m*
=אֵימַת-מָוֶת = Todesangst *f*
=~ הַצִּבּוּר = Lampenfieber *n*
אִימְפּוֹטֶנְטִ|י ת' ['impotenti] impotent *Adj.*
=~יּוּת נ' = Impotenz *f*
אִימְפּוּלְסִיבִי ת' ['impulsivi] impulsiv *Adj.*
אִימְפֶּרְיָ|ה נ' ['imperja] Imperium *n*, Weltreich *n*, Kaiserreich *n*
=~אלִיזְם ז' = Imperialismus *m*
אִימְפְּרֶסְיוֹנִי|זְם ז' ['impresjonizm] Impressionismus *m*
אֵימָתַי מ"ש ['émataj] wann?
=מֵ~ = seit wann?
=עַד ~ = bis wann?
=כָּל אֵימַת שֶׁ- = solange wie
אֵימְתָנִי ת' ['émtani] Furcht einflössend *Adj.;*
אַיִן[1] ז', ת"פ (אֵין-) ['ajin] Nichts *n*; kein (e,r) *Adj.* nicht *Adv.;* nichts *Adv.;* un-, in-
=אֵינוֹ בַּבַּיִת = er ist nicht daheim
=אֵין| בְּכָךְ כְּלוּם = es ist nichts dabei
=~ לִי כֶּסֶף = ich habe kein Geld
=~ אוֹנוּת = Impotenz *f*
=~ אוֹנִים = Hilflosigkeit *f*
=~ בְּרֵרָה = man hat keine andere Wahl, es geht nicht anders
=~ דָּבָר = es macht nichts
=~ לְ- = bitte nicht, es ist verboten zu
=~ סוֹף = unendlich *Adj. Adv.;* Ewigkeit *f*, Unendlichkeit *f*
=~ סָפֵק שֶׁ- = es besteht kein Zweifel
=בְּ~ = ohne; wenn nicht
=כְּאַיִן וּכְאֶפֶס = nicht zu vergleichen
=לְאֵין מִסְפָּר, לְאֵין סְפוֹר = unzählig
=מֵאֵין- = ohne
=אֵין לִי אֶלָּא = ich habe nur (nichts als)
(אַיִן)[2] מֵאַיִן? [mé'ajin] woher?
אִינְדִיבִידוּאָלִי ת' ['individu'ali] individuell *Adj.*
=~אָלִיסְט ז' = Individualist *m*
אִינְטוּאִי|צְיָה נ' ['intuitsja] Intuition, Eingebung *f*
=~טִיבִי ת' = intuitiv *Adj.*
אִינְטִימִ|י ת' ['intimi] intim *Adj.*
=~יּוּת נ' = Intimität *f*
אִינְטֶלִיגֶנְ|צְיָה נ' ['inteligentsja] Intelligenz *f*
=~טִי ת' = intelligent *Adj.*
אִינְטֶלֶקְטוּאָלִי ת' ['intelektu'ali] intellektuell *Adj.*
אִינְטֶנְסִי|בִי ת' ['inten'sivi] intensiv *Adj.*
=~בִיּוּת נ' = Intensität *f*
אִינְטֶרְנֶט ז' ['internet] Internet *n*
אִינְטֶרֶ|ס ז' ['interes] Interesse *n*
=~סַנְט ז' = Interessent *m*
אִינְטֶרְקוֹם ז' ['interkom] Gegensprechanlage *f* (an der Haustür)
אֵינְסוֹ|ף ז' ['ensof] das Unendliche
=~פִי ת' = unendlich, endlos *Adj.*
=~פִיּוּת נ' = Unendlichkeit *f*
אִינְסְטִינְקְ|ט ז' ['instinkt] Instinkt *m*
=~טִיבִי ת' = instinktiv *Adj.*
אִינְפְלַצְיָה נ' ['inflatsja] Inflation *f*
אִינְקוּבָטוֹר ז' ['inkubator] Brutkasten *m Med.*
אִינְתִּיפָאדָה נ' ['intifada] Intifada *f* (bewaffneter Widerstand der Palästinenser gegen Israel)
אִיסִי ז' ['isi] Essäer *m*
אִיסְתָ"א ר"ת ['ista] *Abk.* Studentenreisebüro

אִרְגּוּן סְטוּדֶנְטִים לְתִיּוּר אֲקָדֶמָאִי in Israel

★אֵיפָה ['éfa] altes Getreidemaß *bibl.*

=~ וְ~ = zweierlei Gewicht, ungleiches Maß; Diskriminierung *f*

אֵיפֹה מ״ש ['éfo] wo?

=~ אֲנִי וְ~ הוּא? (דיבורי) = uns verbindet nichts, wir haber nichts gemeinsam

★אִיפְּכָא מִסְתַּבְּרָא (ארמ׳) ['ipxa mistabra] das Gegenteil ergibt sich

אֵיפשֶׁהוּ ת״פ ['éfoʃehu] irgendwo *Adv.*

אִיקוֹנִין ז׳ (אִיקוֹנִיוֹת) ['ikonin] Ikone *f*, Heiligenbild *n*

אֵיקָלִיפְּטוּס ז׳ ['ékaliptus] Eukalyptus *m Bot.*

אִיקְס ז׳ ['iks] X *n* (Buchstabe)

=קַרְנֵי־~ = Röntgenstrahlen *m/pl.*

אַיָּר ז׳ ['ajar] Illustrator *m*

אִיָּר ז׳, אייר ['ijar] 8. Monat d. jüd. Jahres (April-Mai)

=ה׳ בְּ~ = 5. Ijar, Unabhängigkeitstag Israels

אִיֵּר פיעל ['ijér] *pi.* illustrieren, ausmalen

אֵירוֹבִּי ת׳ ['érobi] aerob *Adj.*

=הִתְעַמְּלוּת אֵירוֹבִּית, מָחוֹל אֵירוֹבִּי = Aerobic *n*

אִירוֹ|נְיָה נ׳ ['ironja] Ironie *f*

=~נִי ת׳ = ironisch *Adj.*

אִירוּס ז׳ ['irus] Schwertlilie *f*, Iris *f*

אֵירוֹ|פָּה נ׳ ['éropa] Europa *n*

=~פִּי ת׳ = europäisch *Adj.*

אִישׁ ז׳ (אֲנָשִׁים, אַנְשֵׁי־) ['iʃ] Mensch *m*, Mann *m*; Ehemann *m*

=אִישִׁים ז״ר = Persönlichkeiten *f/pl.*

=אֲנָשִׁים ז״ר = Leute *pl.*

=אִישׁ ~ = jeder Einzelne

=~ אֶת רֵעֵהוּ = einer den andern

=~ אֲדָמָה = Bauer m, Landwirt *m*

=~ אֱלֹהִים = Prophet m, Gottesmensch *m*

=~ אֱמוּנִים = treuer Mensch *m*

=~ אֶשְׁכּוֹלוֹת = Gelehrter m, Geisteswissenschaftler *m*

=~ מַדָּע = Wissenschaftler *m*

=~ מוֹפֵת = herausragender Mensch *m*

=~ מְזִמּוֹת = Unruhestifter *m*

=~ מְלָאכָה = Handwerker *m*

=~ מִלְחָמָה = Held *m*, Krieger *m*, Kämpfer *m*

=~־סוֹדוֹ = sein Vertrauter

=~ עֵט = Schriftsteller *m*; Journalist *m*

=~־עֲסָקִים = Geschäftsmann *m*

=~־צָבָא = Krieger *m*, Soldat *m*

=~ צִבּוּר = ein im öffentlichen Leben stehender Mensch

=~־רוּחַ = Geistesarbeiter *m*, Denker *m*; Prophet *m bibl.*

=~ רֵעִים = geselliger Mensch *m*

=~ שֵׂיבָה = alter Mensch *m*

=~ שִׂיחָה = gesprächiger, kommunikativer Mensch *m*

=חֲדַל־אִישִׁים = wertlos *Adj.*

=אַנְשֵׁי־בְּרֵאשִׁית = die Ersten, die Gründer

=~־שְׁלוֹמוֹ,~־שְׁלוֹמֵנוּ = die Nahestehenden

אִיֵּשׁ פיעל ['ijéʃ] *pi.* bemannen, besetzen (mit Personal)

אִישׁוֹן ז׳ ['iʃon] Pupille *f*

=כְּ~־עֵינוֹ = wie s-n Augapfel

=בְּ~־לַיְלָה = mitten in der Nacht

אִישׁוּת נ׳ ['iʃut] Ehestand *m*

=חַיֵּי־~, דִּינֵי־~ = Eheleben *n*; Eherecht *n*

אִישִׁי ת׳ ['iʃi] persönlich, privat *Adj.*

=~ת ת״פ = persönlich, privat *Adv.*

אִישִׁיּוּת נ׳ ['iʃijut] Persönlichkeit *f*

=בַּעַל־~ ז׳ = Mensch mit Charakter

=~ מִשְׁפָּטִית = juristische Person *f*

אֵי־שָׁם ת״פ ['éʃam] irgendwo *Adv.*

אִיֵּת פיעל ['ijét] *pi.* buchstabieren *v/t*

אִיתוֹן ז׳ ['iton] Eingang *m*, Halle *f*

אֵיתָן ת׳ ['étan] stark, kräftig; stabil *Adj.*

=אֵיתָנֵי-הַטֶּבַע = Naturkräfte *f/pl.*
=נַחַל אֵיתָן = Fluss, der das ganze Jahr Wasser führt
=שָׁב לְאֵיתָנוֹ, חָזַר~ = wieder gesund werden
=הוּא אֵיתָן בְּדַעְתּוֹ = er bleibt bei seiner Meinung
=אֵיתָנוּת נ׳ = Stärke *f*, Stabilität *f*
אַךְ מ״ח ['ax] aber; nur; eben (jetzt) *Kj.*
=~ הַפַּעַם = aber dieses Mal, nur dieses Mal
=~ וְרַק = nur, einzig und allein
אָכוּל ת׳ ['axul] zerfressen *Adj.*
אִכּוּל ז׳, איכול ['ikul] Korrosion *f*
אָכוּף ת׳ ['axuf] aufgebürdet, aufgezwungen *Adj.*
אִכּוּף ז׳ ['ikuf] Satteln *n*
אַכְזָב תו״ז ['axzav] lügnerisch, trügerisch *Adj.*; Enttäuschung *f*
=נַחַל ~ = Fluss, der im Sommer austrocknet
=לֹא ~ = unerschöpflich *Adj.*
אִכְזֵב פיעל ['ixzév] *pi.* (j-n) enttäuschen *v/t*
-הִתְאַכְזֵב הת׳ - *hit.* enttäuscht werden, enttäuscht sein
=מְאֻכְזָב ת׳ = enttäuscht *Adj.*
אַכְזָבָה נ׳ ['axzava] Enttäuschung *f*
אַכְזָר ז׳ ['axzar] grausamer Mensch *m*
=אַכְזָרִי ת׳ = grausam *Adj.*
(אכזר) הִתְאַכְזֵר הת׳ [hit'axzér] *hit.* grausam behandeln, grausam sein
אַכְזְרִיּוּת נ׳ ['axzerijut] Grausamkeit *f*
אֲכָטִיס ז׳ ['axatis] Achat *m*
אָכִיל ת׳ ['achil] essbar *Adj.*
אֲכִילָה נ׳ ['axila] Essen *n* (Tätigkeit)
=~ גַּסָּה = unmanierliches Essen *n*
=עִם הָ~ יִגְדַּל הַתֵּאָבוֹן = der Appetit kommt beim Essen
אֲכִיפָה נ׳ ['axifa] Zwang *m*; Auferlegung *f*
אָכַל פעל (לֶאֱכֹל אֶת-, אָכַל, תֹּאכַל, אֱכוֹל!) ['axal] *kal* essen; vernichten *v/t bibl.*
-נֶאֱכַל נפ׳ (לְהֵאָכֵל) - *nif.* verzehrt werden
-אִכֵּל פיעל - *pi.* verzehren, verbrennen; ätzen
-הֶאֱכִיל הפ׳ - *hif.* füttern
=אָכַל לָשׂבַע = sich satt essen
=~ אוֹתָהּ (סלנג) = es geschieht ihm recht F
=אֵיךְ אוֹכְלִים אֶת זֶה? (דיבורי) = wie geht man mit e-r solchen Situation um?
אֹכֶל ז׳, אוכל ['oxel] Futter *n*; Essen *n*
=חֲדַר-~ז׳ = Speisesaal *m*, Esszimmer *n*
אִכְלוּס ז׳ איכלוס ['ixlus] Bevölkern, Besiedeln *n*
אֻכְלוּסִיָּה נ׳, אוכלוסיה ['uxlusija] Bevölkerung *f*
★אֻכְלוּסִין ז״ר ['uxlusin] Bevölkerung *f*
=מִפְקַד-~ = Volkszählung *f*
אַכְלָן ז׳ ['axlan] Fresser *m*
אִכְלֵס פיעל ['ixlés] *pi.* bevölkern, besiedeln *v/t*
=מְאֻכְלָס, מאוכלס ת׳ = bevölkert *Adj.*
אַכְמוּמִית נ׳ ['axmumit] Mitesser *m*
אֻכְמָנִית נ׳, אוכמנית ['uxmanit] Heidelbeere *f*
אָכֵן ת״פ ['axén] wahrlich *Adv.*
אִכֵּן פיעל ['ikén] *pi.* ausfindig machen *v/t Mil.*
★אַכְסַדְרָה נ׳ ['axsadra] Vorhalle *f*, Veranda *f*
אִכְסוּן ז׳, איכסון ['ixsun] Beherbergen *n*, Unterbringen *n* e-s Gastes, Einquartierung *f*
אִכְסֵן פיעל (לְאַכְסֵן אֶת-) ['ixsén] *pi.* beherbergen, einquartieren, unterbringen (Gast)
-הִתְאַכְסֵן הת׳ - *hit.* als Gast wohnen, beherbergt werden
אַכְסַנְיָה נ׳ ['axsanja] Herberge *f*, Gaststätte *f*
=אַכְסַנְיַת-נֹעַר = Jugendherberge *f*
=בַּעַל-אַכְסַנְיָה = Wirt *m*, Gastwirt *m*
אָכַף פעל (לֶאֱכֹף עַל-, יֶאֱכֹף) ['axaf] *kal* aufzwingen *v/t*
אִכֵּף פיעל ['ikéf] *pi.* satteln *v/t*
אֻכָּף ז׳, אוכף ['ukaf] Sattel *m*
אַכָּף ז׳ ['akaf] Sattler *m*
אִכְפַּת ת״פ, איכפת ['ixpat] es geht j-n an, es ist wichtig, es kommt (mir) darauf an
=~ לִי = es ist mir wichtig
=מָה ~ לִי? = was geht mich das an?
=לֹא ~ לִי = es kümmert mich nicht
=אִם לֹא ~ לְךָ = wenn es dir nichts ausmacht

=אִכְפַּתִּיּוּת נ׳, איכפתיות — = Interessiertsein *n*

=לֹא-~ — = Gleichgültigkeit *f*, Uninteressiertheit *f*

אִכָּר ז׳, איכר — [‘ikar] Bauer *m*, Landwirt *m*

=אִכָּרִית נ׳ — = Bäuerin *f*

אַל (מִלַּת-שְׁלִילָה) — [‘al] nicht (*bsd.* vor Imperativ)

=~ תִּפְחַד! — = fürchte dich nicht!

=שָׂם לְ~ — = negieren *v/t*

=~ גַּעַת! — = nicht anfassen!

אֶל מ״י (אֵלַי, אֵלֶיךָ, אֵלַיִךְ, אֵלָיו, אֵלֶיהָ, אֵלֵינוּ, אֲלֵיכֶם, אֲלֵיכֶן, אֲלֵיהֶם, אֲלֵיהֶן) — [‘el] zu, hin, nach *Prp.*

=~-נָכוֹן — = ohne Zweifel, zweifellos *Adj.*

=~ עָל — = in den Himmel hinauf

=מֵאֵלָיו — = von selbst

אֵל ז׳ — [‘él] Gott *m*; Kraft *f*

=יֵשׁ לְ~ יָדוֹ — = es steht in seiner Macht

=אֵין לְ~ יָדוֹ — = es steht nicht in seiner Macht

אֶלָּא מ״ח — [‘ela’] sondern *Kj.*

=~ אִם כֵּן — = nur wenn, es sei denn

=~ מָה? (דיבורי) — = was denn sonst?

אַלִּבָּא מ״י (ארמ׳) — [‘aliba] entsprechend

=~ דֶאֱמֶת — = tatsächlich, wirklich

=~ דִּידִי — = meiner Meinung nach

אַלְבּוֹם ז׳ — [‘albom] Album *n*

אֶלְגָּבִישׁ ז׳ — [‘elgaviʃ] Kristall *m*

אַלְגֹּם ז׳ אלגום — [‘algom] Sandelholz *n*

אֶלֶגַנְטִי ת׳ — [‘eleganti] elegant *Adj.*

אַלְדְּקָן ז׳ — [‘aldekan] bartloser, glatt raiserter Mann *m*

אֵלָה[1] נ׳ — [‘éla] Pistazienbaum *m* (Pistacia vera) *Bot.*

=~ אֶרֶצִישְׂרְאֵלִית — = Palästina-Terebinthe *f* (P. palestina) *Bot.*

=אֵלַת הַמַּסְטִיק — = Mastix-Terebinthe *f* (P. lentiscus) *Bot.*

אֵלָה[2] נ׳ — [‘éla] Göttin *f*

אַלָּה נ׳ — [‘ala] Keule *f*

★אָלָה נ׳ — [‘ala] Fluch *m*; Beschwörung *f*

(אלה) הֶאֱלִיהַּ הפ׳ — [he’eliha] *hif.* zu Göttern erheben

אֵלֶּה מ״ג ר׳ — [‘éle] diese *pl.*

=הָ~ — = die Folgenden

אֱלוֹהַּ ז׳, אלוה (אֱלֹהִים) — [‘e'loha] Gott *m*

אֱלֹהוּת נ׳ — [‘elohut] Göttlichkeit *f*

אֱלֹהִי ת׳, אלוהי — [‘elohi] göttlich *Adj.*

אֱלֹהִים ז׳ אלוהים — [‘elohim] Gott Israels

אֵלּוּ מ״ג ר׳ — [élu] diese *pl.*

אִלּוּ, אילו מִלַּת תְּנַאי — [‘ilu] wenn (negativ, Zweifel) *Kj.*

=וְ~ — = während (jedoch)

=כְּ~ — = als ob; so ungefähr

אָלוּחַ ת׳ — [‘a'luax] infiziert *Adj.*

אִלּוּחַ ז׳, אילוח — [‘i'luax] Verschmutzung *f*; Infektion *f*

אַלְוַי ז׳, אלווי — [‘alvaj] Aloe *f Bot.*

אֱלוּל ז׳ — [‘elul] 12. Monat des jüdischen Jahres (Aug.-Sept.)

אִלּוּלֵא, אִלּוּלֵי, אִילוּלָא, אילולי מִלַּת-תְּנַאי — [‘ilulé] wenn nicht

אַלּוֹם ז׳ — [‘alom] Alaun *m*

אֲלוּמִינְיוּם ז׳ ראה גם: חַמְרָן — [‘aluminjum] Aluminium *n*

אַלּוֹן, אֵלוֹן ז׳ — [‘alon, élon] Eiche *f* (Quercus) *Bot.*

אֲלוּנְקָה נ׳ — [‘alunka] Tragbahre *f*

אַלּוּף ז׳ — [‘aluf] Fürst *m*; Anführer, Herrscher; Generalmajor *m*; Champion *m Sp.*

=~-נְעוּרִים — = Gatte *m* von Jugend auf

=~-הָעוֹלָם — = Weltmeister *m*

=~-שְׂחִיָּה — = Meisterschwimmer *m*

=~-שַׁחְמָט — = Schachmeister *m*

=רַב-~ — = Generalstabschef *m*, höchster Offiziersrang in der isr. Armee

=תַּת-~ — = *etwa* Brigade-General

=סְגַן-~ — = *etwa* Oberstleutnant

=~-מִשְׁנֶה — = *etwa* Oberst

אִלּוּף ז׳, אילוף — [‘iluf] Dressur *f*, Zähmung *f*

אָלוּץ ת׳ — [‘aluts] gezwungen, genötigt *Adj.*

אִלּוּץ ז׳, אילוץ — [‘iluts] Zwang *m*

(אלח) נֶאֱלַח נפ׳ (לְהֵאָלַח) — [ne'elax] *nif.* verdorben werden; verschmutzt werden
-אִלֵּחַ פיעל — - *pi.* verschmutzen; infizieren *v/t*
★אֶלַח ז׳ — ['elax] Verschmutzung *f*
אַלְחָדִיר ת׳ — ['alxadir] dicht *Adj.*
אַלְחוּ|ט ז׳ — ['alxut] drahtlose Übertragung *f* Radio *n*
=~טָאוּת נ׳ — = Radiotechnik *f*
=~טִי ת׳ — = drahtlos *Adj.*; drahtloses Telefon *n*
=~טָן ז׳ — = Funker *m*
אַלְחוּשׁ ז׳ — ['alxuʃ] Anästhesie *f*, Schmerzbetäubung *f*
אִלְחוּשׁ ז׳, אילחוש — ['ilxuʃ] Betäubung *f* Anästhesierung *f* *Med.*
אַלְחֶלֶד ז׳ — ['al'xeled] rostfreier Stahl *m*
אִלְחֵשׁ פיעל — ['ilxéʃ] *pi.* betäuben *v/t Med.*
אַלְט, אַלְטוֹ ז׳ — ['alt, 'alto] Altstimme *f*
אַלְטְרוּאִי|זְם ז׳ — ['altruizm] Altruismus *m*, Selbstlosigkeit *f*
=~סְט ז׳ — = Altruist *m*
=~סְטִי ת׳ — = altruistisch, selbstlos *Adj.*
★אַלִּיבָּא ת״פ (ארמ׳) — ['aliba] nach Meinung von, nach
=~ דְּאֱמֶת — = in Wahrheit
אַלְיָה נ׳ — ['alja] Fettschwanz *m* (Schaf)
=~ וְקוֹץ בָּהּ — = *wörtl.* ein Fettschwanz (aber) mit einem Dorn; es ist ein Haken dabei
אֶלִיטָה נ׳ — ['élita] Elite *f*
אֱלִיל ז׳ — ['elil] Götze *m*
=עוֹבֵד-אֱלִילִים — = Götzendiener *m*, Heide *m*
=עֲבוֹדַת-~ — = Götzendienst *m*
=רוֹפֵא-אֱלִיל — = Quacksalber, Kurpfuscher *m*
=אֱלִילָה נ׳ — = Göttin *f*
=אֱלִילוּת נ׳ — = Götzendienst *m*, Heidentum *n*
=אֱלִילִי ת׳ — = heidnisch *Adj.*
אַלִּים ת׳ (ארמ׳) — ['alim] gewalttätig *Adj.*
=כָּל דְּ~ גָּבַר (ארמ׳) — = *wörtl.* Gewalt geht vor Recht
=~וּת נ׳ — = Gewalttätigkeit *f*, Terror *m*
אַלִּיפוּת נ׳ — ['alifut] Meisterschaft *f Sp.*
אֶלִיפְּ|סָה נ׳ — ['elipsa] Ellipse *f*
=~סִי,~טִי ת׳ — = elliptisch *Adj.*
אַלְכּוֹהוֹ|ל ז׳ — ['alkohol] Alkohol *m*
=~יזְם ז׳ — = Alkoholismus *m*
אַלְכִּימְיָה נ׳ — ['al'kimja] Alchimie *f*
=אַלְכִּימַאי ז׳ — = Alchimist *m*
אֲלַכְסוֹ|ן ז׳ — ['alaxson] Diagonale *f*
=בַּ~ ת״פ — = diagonal, schräg *Adv.*
=~נוּת נ׳ — = Schrägheit *f*
=~נִי ת׳ — = diagonal, schräg *Adj.*
=~נִית ת״פ — = diagonal, schräg *Adv.*
(אלל) הֶאֱלִיל הפ׳ — [he'elil] *hif.* vergöttern
אִלֵּם פיעל — ['ilém] *pi.* Garben binden
(אלם) נֶאֱלַם נפ׳ (לְהֵאָלֵם) — [ne'elam] *nif.* verstummen *v/i*
אִלֵּם ת׳, אילם — ['ilém] stumm *Adj.*
אֵלֶם ז׳ — ['élem] Stummheit *f*, Schweigen *n*
אַלְמֹג ז׳, אלמוג — ['almog] Koralle *f* (Anthozoa); Sandelholz *n* (Santalum) *Bot.*
אֲלֻמָּה נ׳, אלומה — ['aluma] Garbe *f*
=אֲלֻמַּת|-אוֹר — = Strahlenbündel *n*
=~-אֵשׁ — = Salve *f Mil.*
אַלְמוֹנִי ת׳ — ['almoni] unbekannt, namenlos, anonym *Adj.*
=פְּלוֹנִי ~ — = Unbekannter *m*; irgendjemand
=הַחַיָּל הָ~ — = der unbekannte Soldat
=אַלְמוֹנִיּוּת נ׳ — = Anonymität *f*, Unbekanntheit *f*
אִלְּמוּת נ׳, אילמות — ['ilmut] Stummheit *f*
אַלְמָוֶת ז׳, אלמוות — ['al'mavet] Unsterblichkeit *f*; Immortelle (Paronychia) *Bot.*
=אַלְמוֹתִי ת׳ — = unsterblich *Adj.*
אַלְמֵימָה נ׳ — ['alméma] Anhydrid *n Chem.*
אַלְמֵימָר ז׳ — ['almémar] Kanzel, Podium für die Verlesung der Thora in d. Synagoge
אִלְמָלֵא, אִלְמָלֵי מִלַּת-תְּנַאי — ['ilmalé] wenn nicht
★=~ (לִפְנֵי פֹּעַל) — = wenn (vor Verb)
אִלְמֵן פיעל — ['ilmén] *pi.* zur Witwe machen

-נִתְאַלְמֵן הת׳ - *hit.* verwitwen *v/i*
אַלְמָן ז׳ [‘alman] Witwer *m*
=אַלְמַן-קַשׁ = Strohwitwer *m*
=לֹא אַלְמָן יִשְׂרָאֵל = das Volk Israel ist nicht verlassen *bibl.*
=אַלְמָנָה נ׳ = Witwe *f*
=~ חַיָּה = verlassene Frau *f*
אַלְמְנוּת נ׳ [‘almenut] Witwenstand *m*
אֶלֶמֶנְט ז׳ [‘element] Element *n*
=~טָרִי ת׳ = elementar *Adj.*
אַלְמַתֶּכֶת נ׳ [‘alma'texet] Nichtmetall *n Chem.*
אֲלֻנְקָה ראה: אלונקה [‘alunka] Tragbahre *f*
אַלְסוֹפִי ת׳ [‘alsofi] unendlich *Adj.*
אֶלַסְטִי ת׳ [‘elasti] elastisch *Adj.*
=~יּוּת נ׳ = Elastizität *f*
אִלְסָר ז׳, אילסר [‘ilsar] Haselnussstrauch *m*
אִלֵּף פיעל [‘iléf] *pi.* zähmen; lehren
=בִּרְכּוֹת מַאֲלִיפוֹת = tausend Wünsche *pl.*
אֶלֶף ז׳ (אֲלָפִים, אַלְפֵי-) [‘elef] tausend (1000)
=אַלְפַּיִם = zweitausend (2000)
=אֶלֶף לַיְלָה וָלַיְלָה = 1001 Nacht
אָלֶף נ׳ [‘alef] 1. Buchstabe des hebr. Alphabets
=מֵ~ עַד תָּו = von A bis Z
=~-בֵּית = Alphabet *n*
=כִּתָּה ~ = (Schule) erste Klasse
=אָלֶפְבֵּיתִי ת׳, אַלְפָא-בֵּיתִי ת׳ = alphabetisch *Adj.*
אַלְפוֹן ז׳ [‘alfon] Fibel *f*
אַלְפִּית נ׳ [‘alpit] ein Tausendstel (1/1000), Promille
אֻלְפָּן ז׳, אולפן [‘ulpan] Lehrstätte *f* (in Israel: intensive Sprachschule); Studio *n*
אִלְפָּס ז׳, אילפס [‘ilpas] Kasserolle *f*
אִלֵּץ פיעל [‘iléts] *pi.* zwingen
-נֶאֱלַץ נפ׳ (לְהֵאָלֵץ) - *nif.* gezwungen werden
אֶלֶקְטְרוֹן ז׳ [‘elektron] Elektron *n*
=~נִי ת׳ = elektronisch *Adj.*
=~נִיקָה נ׳ = Elektronik *f*
אֱלֹקוּת נ׳ [‘elokut] Göttlichkeit *f*
אֱלֹקִי ת׳ [‘eloki] göttlich *Adj.*

אֱלֹקִים ז״ר [‘elokim] Name Gottes im Munde frommer Juden
אַלְקֻרְאָן ז׳ [‘alkur’an] der Koran
אַלֶרְגְיָה נ׳ [‘alergja] Allergie *f*
=אַלֶרְגִּי ת׳ = allergisch *Adj.*
אִלְתּוּר ז׳, אילתור [‘iltur] Improvisation *f*
אִלְתִּית נ׳, אילתית [‘iltit] Lachs *m*, Salm *m*
(אַלְתַּר) לְאַלְתַּר ת״פ (ארמ׳) [le’altar] auf der Stelle, sofort *Adv.*
אִלְתֵּר פיעל [‘iltér] *pi.* improvisieren
אֵם נ׳ (אִמִּי, אִמּוֹת גם: אִמָּהוֹת) [‘ém] Mutter *f*
=~-הַבַּיִת = Hausmutter *f*
★=~-הַדֶּרֶךְ = Wegkreuzung *f*
=~ זְקֵנָה = Großmutter *f*
=~-חוֹרֶגֶת = Stiefmutter
=~-הַחִטָּה = Urweizen *m*
=~-הַמַּרְגָּלִית = Perlmutter *f*
=~ שִׁלֵּשָׁה = Urgroßmutter *f*
=אִמּוֹת-הַקְּרִיאָה (א,ה,ו,י) = Lesehilfen *f/pl.* (Matres lectionis) zur Bezeichnung von Vokalen
=לְשׁוֹן|-אֵם, שְׂפַת-~ = Muttersprache *f*
אִם מ״ח [‘im] wenn, falls; unter der Bedingung, dass; ob *Kj.*
=~ כִּי = obwohl *Kj.*
=~ כֵּן = wenn es so ist, dann also
★=בְּ~ = wenn (nur in Bedingungssätzen)
=הַ~ = ob (vor direkter Frage); Fragewort (in Briefen) meist unübersetzt
=כִּי ~ = sondern, nur (nach Verneinung)
=עַד-~ = bis dass
=אֶלָּא ~ כֵּן = nur dann, wenn
=אִם יִרְצֶה הַשֵּׁם (אי״ה) = so Gott will!
אֹם נ׳ אוֹם (אֻמִּים) [‘om] Mutter *f* (Schraubenteil)
אִמָּא נ׳ (ארמ׳) [‘ima] Mama *f*
אִמָּא׳לֶה! [‘imale] Mama mia! Oh je! Au weia!
אֲמֶבָּה נ׳ [‘ameba] Amöbe *f*
אַמְבּוּלַנְס ז׳ [‘ambulans] Ambulanz *f*,

Krankenwagen *m*, Rettungswagen *m*
אַמְבַּטְיָה נ׳ [‘ambatja] Badewanne *f;* Bad *n*
=חֲדַר-~ = Badezimmer *n*
=אַמְבַּטְיַת-שֶׁמֶשׁ = Sonnenbad *n*
אַמְבִּיוָלֶנְטִי ת׳ [‘ambivalenti] ambivalent, zweideutig *Adj.*
ראה גם: דוּ-עֶרְכִּי
אָמַד פעל (לֶאֱמֹד אֶת-, יֶאֱמֹד) [‘amad] *kal* abschätzen, einschätzen *v/t*
=~ בְּדַעְתּוֹ = sich überlegen
אֹמֶד ז׳, אומד [‘omed] Einschätzung *f*
אֻמְדָּן ז׳, אומדן, אֻמְדָּנָה נ׳ [‘umdan, ‘umdana] Voranschlag *m*, Schätzung *f*
=אֻמְדָּנַת-יֶתֶר = Überschätzung *f*
=~-חֶסֶר = Unterschätzung *f*
=אֻמְדָּנִי ת׳ = auswertend *Adj.*
★אָמָה נ׳ (אֲמָהוֹת) [‘ama] Magd *f*
אַמָּה[1] נ׳ (אַמּוֹת) [‘ama] Elle *f*, Länge des Unterarms
=אַמַּת-מִדָּה = Maßstab *m*
=ד׳ (אַרְבַּע) אַמּוֹת = vier Ellen (sehr kleines Maß)
אַמָּה[2] נ׳ [‘ama] Mittelfinger *m*
★אַמָּה[3] נ׳ [‘ama] offene Wasserleitung *f*
=אַמַּת-מַיִם = Aquädukt *m*
אֻמָּה נ׳, אומה [‘uma] Volk *n*, Nation *f*
=אֻמּוֹת הָעוֹלָם = die Völker der Welt (Nichtjuden)
=חֲסִידֵי ~ ~ = die Gerechten unter den Nichtjuden, die sich durch Rettung verfolgter Juden ausgezeichnet haben
=הָאֻמּוֹת הַמְאֻחָדוֹת = Vereinte Nationen, UNO
אִמָּה נ׳ (אִמָּהוֹת) [‘ima] Matrize *f*
אִמָּהוּת נ׳ [‘imahut] Mutterschaft *f*
אִמָּהִי ת׳ [‘imahi] mütterlich *Adj.*
אָמוֹדָאוּת נ׳ [‘amoda’ut] Taucherberuf *m*
=אָמוֹדַאי ז׳ ראה גם: צוֹלְלָן = Taucher *m*
אָמוּל ת׳ [‘amul] elend, schwach *Adj.*
אִמּוּם ז׳, אימום [‘imum] Schaufensterpuppe *f*; Schuhleiste *f*
אִמּוּן ז׳, אימון [‘imun] Training *n*, Übung *f*
אֵמוּן ז׳ [‘émun] Vertrauen *n*; Treue *f*
=אִישׁ אֱמוּנוֹ = s-e Vertrauensperson
=שְׁבוּעַת-אֱמוּנִים = Treueschwur *m*
=שָׁמַר אֱמוּנִים לְ- = Treue halten
אָמוּן ת׳ (אֲמוּנָה, אֲמוּנִים) [‘amun] ausgebildet; gewohnt *Adj.*
אֱמוּנָה נ׳ [‘emuna] Glaube(n) *m*
=אֱמוּנוֹת טְפֵלוֹת = Aberglaube *m*
=אֱמוּנַת שָׁוְא = Betrug *m*, Täuschung *f*
אִמּוּנִית נ׳ [‘imunit] Trainingsanzug *m*
אִמּוּץ ז׳, אימוץ [‘imuts] Stärkung *f*, Festigung *f*
=~ לְבֵן, ~ לְבַת = Adoption *f*
אֶמוֹצְיוֹנָלִי ת׳ [‘emotsjonali] emotional *Adj.*
(אָמוֹק) רִיצַת-~ [ritsat ‘amok] Amoklauf *m*
אָמוּר ת׳ [‘amur] gesagt, besagt, erwähnt *Adj.*
=~ לְהִנָּשֵׂא = versprochen (verlobt)
=הוּא ~ לְ- = er ist bestimmt zu ...; er soll ...; es wird von ihm angenommen, dass...
=כָּ~ = wie gesagt
אָמוֹרָא ז׳ [‘amora’] Amoräer *m* (Erklärer des Talmuds)
אֲמוֹרְפִי ת׳ [‘amorfi] formlos, amorph *Adj.*
אִמּוּת ז׳, אימות [‘imut] Nachprüfung *f*, Bestätigung der Richtigkeit, Verifikation *f*
אָמִיד ת׳ [‘amid] wohlhabend *Adj.*
=אֲמִידוּת נ׳ = Wohlstand *m*
אֵמַיְל ז׳ [‘emajl] Email *n*
אָמִין ת׳ [‘amin] glaubwürdig, zuverlässig, vertrauenswürdig; authentisch, echt *Adj.*
=אֲמִינוּת נ׳ = Glaubwürdigkeit *f*, Zuverlässigkeit *f*, Vertrauenswürdigkeit *f*
אַמִּיץ ת׳ [‘amits] mutig, kühn, tapfer *Adj.*
=~-לֵב = mutig *Adj.*
=קֶשֶׁר ~ = feste Bande *pl.*, feste Verbindung
=~וּת נ׳ = Mut *m*
★אָמִיר ז׳ (אֲמִירִים) [‘amir] Baumwipfel *m*
אֲמִירָה נ׳ [‘amira] Sprechen *n*, Sagen *n*, Reden *n*
=~ בְּעָלְמָא = leeres Gerede *n*
אֲמִתָּה נ׳ [‘amita] Axiom *n*

אָמַל פעל ['amal] *kal* unglücklich, elend sein

אָמֵל ת׳ ['amél] unglücklich, elend *Adj.*

אִמֵּל פיעל ['imél] *pi.* emaillieren *v/t*

אֲמַלְגָּמָה נ׳ ['amalgama] Amalgam *n*

אִמְלֵל פיעל ['imlél] *pi.* ins Unglück stürzen, unglücklich machen

אֻמְלָל ת׳, אומלל ['umlal] unglücklich *Adj.*

=~וּת נ׳ = Niedergeschlagenheit *f*

★אָמַן פעל (לֶאֱמֹן אֶת-, יֶאֱמֹן) ['aman] *kal* aufziehen, erziehen

-אִמֵּן פיעל - *pi.* lehren, trainieren, ausbilden *v/t*

-הִתְאַמֵּן הת׳ - *hit.* üben, trainieren *v/i*

-הֶאֱמִין הפ׳ (לְ-) - *hif.* (j-m) glauben

(בְּ-) glauben an

(אֶת-) Vollmacht, Beglaubigung erteilen

=לֹא יֵאָמֵן (יְאֻמַּן) כִּי יְסֻפַּר = es ist nicht (*oder* kaum) zu glauben

=אַשְׁרֵי הַמַּאֲמִין = wer's glaubt, wird selig

אָמֵן ז׳ ['amén] Amen!

=עָנָה ~ אַחֲרָיו = j-m zustimmen

אָמָן ז׳, אומן ['oman] Künstler *m*

=מַעֲשֵׂה יְדֵי ~ = Kunstwerk *n*

אֻמָּן ז׳, אומן ['uman] Handwerker *m*

אַמַ"ן ר"ת אֲגַף מוֹדִיעִין ['aman] *Kurzw.* Nachrichtendienst-abteilung *f Mil.*

אֲמָנָה נ׳ ['amana] Vertrag *m*, Pakt *m*, Konvention *f Pol.*

=הָ~ הָאַטְלַנְטִית = Nordatlantikpakt *m* (NATO)

אָמְנָה נ׳, אומנה ['omna] Erziehung *f*, Pflege *f* (v. Kindern)

אַמְנוּן ז׳ ['amnun] St.- Peters-Fisch *m Zo.*

אַמְנוֹן-וְתָמָר ז׳ ['amnon vetamar] Stiefmütterchen *n* (Viola tricolor) *Bot.*

אָמָּנוּת נ׳, אומנות ['omanut] Kunst *f*

אֻמָּנוּת נ׳, אומנות ['umanut] Handwerk *n*

אָמָּנוּתִי ת׳, אומנותי ['omanuti] künstlerisch *Adj.*

אָמְנָם ת"פ, אומנם ['omnam] zwar

=הַאֻמְנָם? = wirklich?; kann es sein?

אֶמַנְצִיפַּצְיָה נ׳ ['emantsipatsja] Emanzipation *f*

=אוֹטוֹ~ = Autoemanzipation *f* (Titel des Buches von J. L. Pinsker)

אַמְפּוּלָה נ׳ ['ampula] Ampulle *f*

אַמְפִיבִי ת׳ ['amfibi] Wasser-, amphibisch *Adj.*

אֶמְפִּירִי ת׳ ['empiri] empirisch *Adj.*

אַמְפִיתֵיאַטְרוֹן ז׳ ['amfitéatron] Amphitheater *n*

אָמַץ פעל (לֶאֱמֹץ, אַמִּיץ, יֶאֱמַץ) ['amats] *kal* stark sein

-אִמֵּץ פיעל - *pi.* stärken, stark machen; adoptieren

-הִתְאַמֵּץ הת׳ - *hit.* sich anstrengen, sich bemühen; sich aufraffen

=חֲזַק וֶאֱמַץ! = sei stark und mutig! (Gruß der Pfadfinder)

=אִמֵּץ יְדֵי פְּלוֹנִי = j-n ermutigen, ermuntern

=~ לְעַצְמוֹ אֶת- = sich etwas zu eigen machen

=~ אֶל לִבּוֹ = an sein Herz drücken, umarmen

=~ לְבֵן (לְבַת) = adoptieren, an Kindesstatt annehmen

אֹמֶץ ז׳, אומץ ['omets] Kraft *f*, Stärke *f*

=~-לֵב,~-רוּחַ = Mut *m*; seelische Stärke *f*

אַמְצָאָה נ׳ ['amtsa'a] Erfindung *f*

אֻמְצָה נ׳, אומצה ['umtsa] Steak *n*

אֶמְצַע ז׳ ['emtsa'] Mitte *f*

=בְּ~ ת"פ = mittendrin, inmitten

אֶמְצָעוּת נ׳ ['emtsa'ut] Mittel *n*

=בְּאֶמְצָעוּת מ"י = mittels; durch Vermittlung von

=אֶמְצָעִי ת׳ = durchschnittliche, mittlere *Adj.*

=בִּלְתִּי-~ ת׳ = unmittelbar *Adj.*

אֶמְצָעִי ז׳ ['emtsa'i] Mittel *n*

=אֶמְצָעִים ז"ר = Mittel *pl.*, Geldmittel *pl.*

=בַּעַל-~ = vermögend *Adj.*

=חֲסַר (מְחֻסַּר)-~ = mittellos *Adj.*

=הַמַּטָּרָה מְקַדֶּשֶׁת אֶת הָ~ = der Zweck heiligt die Mittel

אֶמְצָעִיּוּת נ׳ ['emtsa'ijut] Mittelbarkeit *f*

=אִי-~ = Unmittelbarkeit *f*

=אֶמְצָעִית נ׳ = Mitte *f*

אָמַר פעל (לֵאמֹר גם לוֹמַר, אֹמַר, יֹאמַר) [‘amar] *kal* sagen *v/t;* ausdrücken, besagen
-נֶאֱמַר נפ׳ (לְהֵאָמֵר) - *nif.* gesagt werden
-הִתְאַמֵּר הת׳ - *hit.* angeben; sich großtun
-הֶאֱמִיר הפ׳ - *hif.* steigen (Preise)
=אָמַר | בְּלִבּוֹ = bei sich denken
=~ נוֹאָשׁ = verzweifeln
★=אֱמֹר מֵעַתָּה = *wörtl.* von nun ab sage!; daraus lernen wir
=לֵאמֹר = wie folgt; das heißt
=זֹאת אוֹמֶרֶת, כְּלוֹמַר = das heißt
=אוֹמְרִים = man sagt
=נֹאמַר = sagen wir; nehmen wir an
★=הֱוֵי אוֹמֵר = das bedeutet
=בַּמֶּה דְּבָרִים אֲמוּרִים = dies ist nur richtig, wenn ...
=רוֹצֶה לוֹמַר = will sagen; das heißt
=שֶׁנֶּאֱמַר, כְּמַה ~ = wie in der Bibel steht
=נִתְּנָה הָאֱמֶת לְהֵאָמֵר = man muss zugeben; die Wahrheit ist
אֹמֶר ז׳, אומר (אֲמָרִים, אִמְרֵי-) [‘omer] Wort *n*; Spruch *m*; Laut *m*
=גָּמַר ~ = beschließen
=אִמְרֵי-שֶׁפֶר = schöne Reden *f/pl.*
=בְּלִי אֹמֶר וּדְבָרִים = ohne viele Worte
אֲמַרְגָּן ז׳ [‘amargan] Impresario *m*, Theater- *od.* Konzertagent *m*
אִמְרָה¹ נ׳, אימרה (אֲמָרוֹת, אִמְרוֹת-) [‘imra] Rede *f*, Redensart *f*
=אִמְרַת-כָּנָף = geflügeltes Wort, Zitat
אִמְרָה² נ׳, אימרה (אִמְרוֹת) [‘imra] Saum *m*
אֲמֶרִיקָ|אִי,~נִי תו״ז [‘amerika’i, -ni] amerikanisch *Adj.*; Amerikaner *m*
אֲמַרְכָּ|ל ז׳ [‘amarkal] Administrator *m*, Verwalter *m*
=~לוּת נ׳ = Administration *f*
=~לִי ת׳ = administrativ *Adj.*
אֶ|מֶשׁ ת״פ [‘emeʃ] gestern Abend *Adv.*
אַמְשִׁי ת׳ [‘amʃi] nächtlich *Adj.*

אַמְשָׁלָה נ׳ [‘amʃala] Vorwand *m*, Ausrede *f*
אֱמֶת נ׳ (אֲמִתּוֹת) [‘emet] Wahrheit *f*
=בֶּ~ = wirklich *Adv.*
=הָ~ הִיא = es ist (war) folgendermaßen
=~ וְיַצִּיב = sehr richtig
=~ לַאֲמִתָּהּ = absolute Wahrheit
=אִישׁ-~ = aufrichtiger Mensch
=שְׁלוֹם-~ = wahrer, echter Friede
=לַאֲמִתּוֹ שֶׁל דָּבָר, אַלִּיבָּא דְ|אֱמֶת = in Wahrheit, der Wahrheit gemäß
=חֶסֶד שֶׁל ~ = letzte Ehre (dem Toten)
=רֶגַע שֶׁל ~ = Stunde der Wahrheit
=עוֹלַם-הָ~ = das Jenseits
אִמֵּת פיעל [‘imét] *pi.* bestätigen
-הִתְאַמֵּת הת׳ - *hit.* sich als Wahrheit erweisen
אֲמִתָּה נ׳ [‘amita] Wahrheit *f*; Axiom *n*
אֲמִתּוּת נ׳, אמיתות [‘amitut] Richtigkeit *f*
=הֶעֱמִיד אֶת הַדְּבָרִים עַל אֲמִתּוּתָם = die Dinge richtig stellen
★אַמְתַּ|חַת נ׳ [‘am’taxat] Sack *m*
=בְּאַמְתַּחְתּוֹ = bei sich, in seinem Repertoire
אֲמִתִּ|י ת׳ אמיתי [‘amiti] echt, wirklich, eigentlich, richtig *Adj.*
=~יּוּת נ׳ = Echtheit *f*, Aufrichtigkeit *f*
אֲמַתְלָה נ׳ [‘amatla] Ausrede *f*, Vorwand *m*
(אָן) לְאָן מ״ש [le’an] wohin?
א״נ, א.נ. ר״ת אָדוֹן נִכְבָּד [‘adon nixbad] *Abk.* sehr geehrter Herr (am Briefanfang)
★אָנָּא מ״ק [‘ana] bitte!
אַנְאוֹרְגָנִי ת׳ [‘an’organi] anorganisch *Adj.*
אַנְאַלְפָבֵּית ז׳ [‘an’alfabét] Analphabet *m*
ראה גם: בּוּר
אַנְגִּינָה נ׳ [‘angina] Angina *f*
אַנְגְּלִ|י תו״ז [‘angli] englisch *Adj.*; Engländer *m*
=~יָּה נ׳ = Engländerin *f;* England *n*
=~ית נ׳ = Englisch *n*
אַנְדַּרְטָה נ׳ [‘andarta] Standbild *n*, Denkmal *n*
אַנְדְּרוֹלוֹמוּסְיָה, [‘androlo'musja, ‘andrala'musja]

אַנְדְּרָלָמוּסְיָה נ' Durcheinander *n*, Unordnung *f*, Wirrwarr *m*

★אִנָּה פיעל ['ina] *pi.* treffen lassen, begegnen lassen *bibl.*

-אֻנָּה פועל (יְאֻנֶּה) - *pu.* begegnen, geschehen

-הִתְאַנָּה הת' - *hit.* Streit suchen, provozieren

★אָנָה מ"ש ['ana] wohin?

=אָנֶה וָאָנָה = hin und her

=עַד ~? = wie viel noch?; wie lange noch?

אָנוּ מ"ג ['anu] wir *Pron. (1. Pers. pl.)*

אֲנוֹנָה נ' ['anona] Annone *f* (trop. Baum u. Frucht), Zimtapfel *m Bot.*

אַנּוֹנָה נ' ['anona] Jahresrente *f*

אֲנוֹנִימ|י ת' ['anonimi] anonym *Adj.*

=~יּוּת נ' = Anonymität *f*

אִנּוּס ז', אינוס ['inus] Zwang *m*

אָנוּס תו"ז (אֲנוּסִים) ['anus] gezwungen *Adj.*; Marrano *m*

אֲנוֹרְמָלִי ת' ['anormali] anormal, abnorm *Adj.*

אָנוּשׁ ת' ['anuʃ] gefährlich, unheilbar (Krankheit), hoffnungslos *Adj.*

=חוֹלֶה ~ = schwer krank, todkrank

=~וֹת ת"פ = unheilbar *Adv.*

אֱנוֹשׁ ז' (אֲנָשִׁים) ['enoʃ] Mensch *m*

=יַחֲסֵי ~ = zwischenmenschliche Beziehungen *f/pl.*

אִנּוּשׁ ז', אינוש ['inuʃ] Vermenschlichung *f*, Anthropomorphismus *m*

אֱנוֹשׁוּת נ' ['enoʃut] Menschheit *f*

אֱנוֹשִׁ|י ת' ['enoʃi] menschlich, human *Adj.*

=עַל-~י ת' = übermenschlich *Adj.*

=~יּוּת נ' = Menschlichkeit *f*

אֶנְזִים ז' ['enzim] Enzym *n*, Ferment *n*

(אנח) נֶאֱנַח נפ' (לְהֵאָנַח) [ne'enax] *nif.* seufzen

אֲנָחָה נ' ['anaxa] Seufzer *m*

=אַנְחַת-רְוָחָה = Seufzer der Erleichterung

=עָזַב אוֹתוֹ לַאֲנָחוֹת = im Stich lassen

אֲנַחְנוּ מ"ג ['a'naxnu] wir *Pron. (1. Pers. pl.)*

אַנְטַארְקְטִיקָה ר' ['ant'arktika] Antarktis *f*
גם: קוטב דרומי

אֲנָטוֹמְיָה נ' ['anatomja] Anatomie *f*

=אֲנָטוֹמִי ת' = anatomisch *Adj.*

אַנְטִי- ['anti]-, gegen- (Präfix)

אַנְטִיבִּיּוֹטִיקָה נ' ['antibijotika] Antibiotikum *n*

אַנְטִילוֹפָּה נ' ['antilopa] Antilope *f Zo.*

אַנְטִיסֶפְּטִי ת' ['antisepti] antiseptisch *Adj.*

אַנְטִיפָּתִי ת' ['antipati] unsympathisch *Adj.*

=אַנְטִיפַּתְיָה נ' = Abneigung *f*

אַנְטִישֵׁמ|י תו"ז ['antiʃémi] Antisemit *m*; antisemitisch *Adj.*

=~יּוּת נ' = Antisemitismus *m*

אַנְטֶנָּה נ' ['antena] Antenne *f*

אֹנִי ז' ['oni] Trauer *f*

אֲנִי מ"ג ['ani] ich *Pron. (1.Pers. sg.)* (z.B.אֲנִי לוֹמֵד,~ עָיֵף)

=בִּלְשׁוֹן ~ = in der 1. Person *Gr.*

="אֲנִי מַאֲמִין" = ich glaube; Credo *n*, Glaubensbekenntnis *n*

="אֲנִי מַאֲשִׁים" = ich klage an

אֳנִיָּה נ', אונייה ['onija] Schiff *n*

=אֳנִיַּת-הַדֶּגֶל = Flaggschiff *n*

=~-מִלְחָמָה = Kriegsschiff *n*

=~ מִסְחָר = Handelsschiff *n*

=~-מִפְרָשׂ,~ מִפְרָשִׂים = Segelschiff *n*

=~-מַשָּׂא = Lastschiff *n*, Frachter *m*

=~ מַשְׁחִית = Zerstörer *m* (Kriegsschiff)

=~-נוֹסְעִים = Fähre *f*

=~-סִיּוּר = Kreuzer *m Mil.*

=~-קִיטוֹר = Dampfer *m*

=~-קְרָב = Schlachtschiff *n*

=~-שִׁרְיוֹן = Panzerschiff *n*

★אָנִין ת' ['anin] zart, milde *Adj.*

=~ הַדַּעַת = empfindsam; schöne Seele

=~-הַטַּעַם = von feinem Geschmack; Ästhet *m*

אֲנִיסָה נ' ['anisa] Verletzung *f*, Vergwaltigung *f*

אָנִיץ ז' ['anits] Flocke *f* (von Fasern)

אֲנָךְ ז' ['anax] Lot *n*, Senkblei *n*; senkrechter Strich

אֲנָכִי ת' ['anaxi] lotrecht, senkrecht *Adj.*

אָנֹכִ|י מ"ג, אנוכי ['anoxi] ich *Pron. (1. Pers. sg.)*

=~יּוּת נ' = Selbstsucht *f*, Egoismus *m*

=~יִּי ת' = egoistisch *Adj.*

אֲנָכִית ת"פ ['anaxit] senkrecht, vertikal *Adv.*

אֲנַכְרוֹנִי|זְם ז' ['anaxronizm] Anachronismus *m*

=~סְטִי ת' = anachronistisch *Adj.*

אֲנָלוֹגְיָה נ' ['analogja] Analogie *f*

=אֲנָלוֹגִי ת' = analog, ähnlich *Adj.*

אֲנָלִי|זָה נ' ['analiza] Analyse *f*

=~טִי ת' = analytisch *Adj.*

אֲנֶמְיָה נ' ['anemja] Anämie *f*, Blutarmut *f*

=אֲנֶמִי ת' = anämisch, blutarm *Adj.*

(אנן) הִתְאוֹנֵן הת' [hit'onén] *hit.* sich beschweren, sich beklagen

אֲנָנָס ז' ['ananas] Ananas *f*

אָנַס פעל (לֶאֱנֹס אֶת-, יֶאֱנֹס) ['anas] *kal* zwingen; vergewaltigen

-נֶאֱנַס נפ' (לְהֵאָנֵס) - *nif.* gezwungen -, vergewaltigt werden

אֹנֶס ז', אונס ['ones] Zwang *m*; Vergewaltigung *f*

=בְּ~ = aus Zwang, zwangsweise *Adv.*

=נְחִיתַת-~ = Notlandung *f*

אַנָּס ז' ['anas] Vergewaltiger *m*, Sexualverbrecher *m*

אַנְסַמְבְּל ז' ['ansambl] Ensemble *n*

אֶנֶף ז' ['enef] Ärger *m*, Zorn *m*, Wut *f*

אִנֵּף פיעל ['inéf] *pi.* irritieren, ärgern

אֲנָפָה נ' ['anafa] Fischreiher *m* (Ardea) *Zo.*

אִנְפּוּף ז' ['inpuf] Näseln *n*

אַנְפִּי ת' ['anpi] Nasen-, nasal *Adj.*

★אַנְפִּילָא נ' (אַנְפִּילָאוֹת) ['anpila] (warmer) Hausschuh *m*

(אַנְפִּין) זְעֵיר-~ (ארמ') [z'ér 'anpin] sehr klein; verkleinert, Miniatur

אֲנָפִית נ' ['anafit] Kuhreiher *m* (Ardeola) *Zo.*

אִנְפֵּף פיעל ['inpéf] *pi.* näseln

אַנְצ'וֹבִי ז' ['antʃovi] Sardelle *f*, Anchovis *f*

אֶנְצִיקְלוֹפֶּ|דְיָה נ' ['entsiklopedja] Enzyklopädie *f*

=~דִי ת' = enzyklopädisch *Adj.*

(אנק) נֶאֱנַק נפ' (לְהֵאָנֵק) [ne'enak] *nif.* stöhnen

אֲנֶקְדּוֹטָה נ' ['anekdota] Anekdote *f*

אֲנָקָה[1] נ' ['anaka] Stöhnen *n*

אֲנָקָה[2] נ' ['anaka] Waran *m* (tropische Echse, Varanus) *Zo.*

אַנְקוֹ|ל ז' ['ankol] (Wand-)Haken *m*

=~לִית נ' = kleiner (Wand-)Haken *m*

אַנְקוֹר ז' ראה גם: דְּרוֹר[2] ['ankor] Sperling *m*, Spatz *m*

אֻנְקִיָּה נ' ['unkja] Unze *f*

אֶנֶרְגְיָה נ' ['energja] Energie *f*

=~ סוֹלָארִית = Sonnenenergie *f*

אֲנַרְכְיָה נ' ['anarxja] Anarchie *f*

=אֲנַרְכִי ת' = anarchisch *Adj.*

=~זְם ז' = Anarchismus *m*

=~סְט ז' = Anarchist *m*

אִנֵּשׁ פיעל ['inéʃ] *pi.* vermenschlichen, menschliche Eigenschaften zuschreiben

-הֶאֱנִישׁ הפ' - *hif.* personifizieren *v/t*

אַנְשׁוֹבִי ז' ['anʃovi] Anchovis *f*, Sardelle *f*

אַנְתּוֹלוֹגְיָה נ' ['antologja] Anthologie *f*

אַנְתְּרוֹפּוֹלוֹגְיָה נ' ['antropologja] Anthropologie *f*

אָסוּךְ ז' ['asux] Ölkännchen *n*

אִסּוּם ז', איסום ['isum] Lagerung *f* (in der Scheune)

אָסוֹן ז' (אֲסוֹנוֹת) ['ason] Unglück *n*, Missgeschick *n*; Unfall *m*

אָסוּף ת' ['asuf] gesammelt, angehäuft *Adj.*

אִסּוּף ז', איסוף ['isuf] Sammlung *f*, Einsammeln *n*

אֲסוּפִי תו"ז ['asufi] Findling *m*, Findelkind *n*

אַסּוֹצִיאַ|צְיָה נ' ['asotsi'atsija] Assoziation *f*

=~טִיבִי ת' = assoziativ *Adj.*

אָסוּר ת' ['asur] verboten; gefesselt, gefangen *Adj.*

אֵסוּר ז' ['ésur] Fessel *f*, Kette *f*

אִסּוּר ז׳, איסור ['isur] Verbot *n*

★אָסוּתָא נ׳ (ארמ׳) ['asuta'] Heilung *f*, Genesung *f*, Gesundheit!

אִסְטְנִיס ת׳ איסטניס ['istenis] feinfühlig; wählerisch *Adj.*

אַסְטְרוֹלוֹג|יָה נ׳ ['astrologja] Astrologie *f*

=~ ז׳ = Astrologe *m*

אַסְטְרוֹנָאוּ|טִיקָה נ׳ ['astronautika] Raumfahrt *f*

=~ט ז׳ = Astronaut *m*, Weltraumfahrer *m*

אַסְטְרוֹנוֹ|מְיָה נ׳ ['astronomja] Astronomie *f*

=~ם ז׳ = Astronom *m*

=~מִי ת׳ = astronomisch *Adj.*

אַסְטְרָטֶ|ג, אִסְטְרָטֶ|ג ז׳ ['astrateg, 'istrateg] Stratege *m*

=~גִי ת׳ = strategisch *Adj.*

=~גְיָה נ׳ = Strategie *f*

אֲסִימָה ['asima] Lagerung *f*, Speicherung *f*

אֲסִימוֹן ז׳ ['asimon] Telefonmünze *f*

אֲסִימֶטְרִ|יָּה נ׳ ['asimetrija] Asymmetrie *f*

=~י ת׳ = asymmetrisch *Adj.*

אַסִּימִי|לַצְיָה נ׳ ['asimilatsja] Assimilation *f*, Anpassung *f*

=~לָטוֹרִי ת׳ = assimilatorisch *Adj.*

אַסְיָנִי תו״ז ראה גם אַסְיָתִי ['asjani] Asiat *m*; asiatisch *Adj.*

אַסִיסְטֶנְט ז׳ ראה גם: עוֹזֵר ['asistent] Assistent *m*

אָסִיף ז׳ ['asif] Ernte *f*

=חַג הָ-~ = Erntefest *n*, Laubhüttenfest *n*

אֲסִיפָה נ׳ ['asifa] Versammlung *f*, Zusammenkunft *f*; Tod *m bibl.*; Sammeln *n*

אָסִיר ז׳ ['asir] Gefangener *m*, Häftling *m*

=אֲסִיר-צִיּוֹן = verfolgt aufgrund s-s Zionismus

=~ תַּאֲוָה = wollüstig, lüstern *Adj.*

=~-תּוֹדָה לְ- = dankbar *Adj.*

אֲסִירָה נ׳ ['asira] Gefangene *f*; Verhaftung *f*

אֲסִירוּת-תּוֹדָה ['asirut-toda] Dankbarkeit *f*

אַסְיָתִי ת׳ ['asjati] asiatisch *Adj.*

אַסְכּוֹלָה נ׳ ['askola] Schule *f*, System *n*, Lehre *f*

אִסְכּוּם ז׳ ['iskum] Integration *f Math.*

אַסְכָּלָה נ׳ ['askala] Rost *m*; Gangway *f*

אִסְכֵּם פיעל ['iském] *pi.* integrieren

אֵסֶל ז׳ ['ésel] Tragjoch *n*

אִסְלָאם ז׳, איסלאם ['islam] Islam *m*

אַסְלָה נ׳ ['asla] Toilettenbecken *n*; F Kloschüssel *f*

אִסְלֵם פיעל ['islém] *pi.* zum Islam bekehren

-הִתְאַסְלֵם הת׳ - *hit.* zum Islam übertreten

אָסָם ז׳ ['asam] Scheune *f*, Scheuer *f*, Silo *m*

אֹסֶם ז׳, אוסם ['osem] reiche Ernte

אָסַם פעל (לֶאֱסֹם, יֶאֱסֹם) ['asam] *kal* im Speicher lagern (Getreide)

אַסְמַכְתָּא נ׳ (ארמ׳) ['asmaxta] Unterlage *f*, Dokument *n*, Quelle *f fig.*

אָסַף פעל (לֶאֱסֹף אֶת-, יֶאֱסֹף) ['asaf] *kal* sammeln, einsammeln; versammeln; F abholen

-נֶאֱסַף נפ׳ (לְהֵאָסֵף) - *nif.* eingesammelt werden; sich versammeln; sterben *bibl.*

-הִתְאַסֵּף הת׳ - *hit.* sich versammeln

★=אֱסֹף יָדֶיךָ! = lass die Hände davon

=אָסַף מִן הַבַּיִת = von zu Hause abholen

★=נֶאֱסַף אֶל אֲבוֹתָיו = *wörtl.* zu s-n Vätern versammelt werden; sterben

אֹסֶף ז׳, אוסף ['osef] Sammlung *f*

אֲסֻפָּה נ׳ ['asupa] Gruppe *f*; Anthologie *f*

אֲסֵפָה נ׳, אסיפה ['aséfa] Versammlung *f*

=אֲסֵפַת-הַנִּבְחָרִים = Abgeordnetenversammlung *f*

אַסְפַלְט ז׳ ראה גם: חֵמָר ['asfalt] Asphalt *m*

אִסְפְּלָנִית נ׳ ['isplanit] Pflaster *n*

★אַסְפַּמְיָא ['aspamja] Spanien (talmud. Name)

=רוֹאֶה חֲלוֹמוֹת בְּ-~ = er träumt von Luftschlössern

אַסְפָן ז׳ ['asfan] Sammler *m*

=~וּת נ׳ = Sammeln *n*

אַסְפָּנָה נ׳ ['aspana] Docken *n* (Schiff)

אֲסַפְסוּ|ף ז׳ ['asafsuf] Menge *f*, Pöbel *m*, Mob *m*

=~פִי ת׳ = vulgär, plebejisch *Adj.*

[‘as'peset] Luzerne *f* (Medicago) *Bot.* אַסְפֶּסֶת נ׳
[‘aspaka] Versorgung *f*; Proviant אַסְפָּקָה נ׳
[‘aspekt] Aspekt *m*, Gesichtspunkt *m* אַסְפֶּקְט ז׳ ראה גם: הֶבֵּט, פָּן
[‘aspaklarja] Spiegel *m*, *bsd. poet.* אַסְפַּקְלַרְיָה נ׳
[‘asparagos] Spargel *m* אַסְפָּרָגוֹס ז׳
[‘eskimo] Eskimo *m* אֶסְקִימוֹ ז׳
[‘askupa] Schwelle *f* ★אַסְקֻפָּה נ׳, אסקופה
[‘asar] *kal* verhaften, einkerkern; fesseln אָסַר פעל (לֶאֱסֹר אֶת-, יֶאֱסֹר)
= verbieten =~ עַל-
[‘isru-xag] Tag *m* nach dem Fest (Pessach, Schawuot, Sukkot) אִסְרוּ-חַג
[‘esteti] ästhetisch *Adj.* אֶסְתֶּטִ|י ת׳
= Ästhetik *f* =~יּוּת,~יקָה נ׳
= Ästhet *m* =אֶסְתֶּט ז׳
[‘astma] Asthma *n Med.* אַסְתְּמָה ראה גם: קַצֶּרֶת
[‘astér] Aster *f Bot.* אַסְתֵּר ז׳
[‘af-'al-pi] *Abk.* obwohl אעפ״י ר״ת אַף-עַל-פִּי
= *Abk.* trotzdem =אעפי״כ ר״ת אַף-עַל-פִּי כֵן
[‘af] Nase *f*; Schnauze *f* (Tier); Zorn *m bibl.* אַף ז׳ (אַפִּים)
= Gesicht *n* =אַפַּיִם ז״ר
= *wörtl.* aus der Nase herauskommen; die Nase voll haben F =יָצָא לוֹ מֵהָאַף
= trotz *Prp.* =עַל אַף
= gegen s-n Willen ★=עַל אַפּוֹ וְעַל חֲמָתוֹ
= Geduld *f*, Langmut *f* ★=אֶרֶךְ-אַפַּיִם ז׳
= *wörtl.* Schweiß *m* des Angesichts; Mühe *f*, harte Arbeit *f* =זֵעַת-אַפַּיִם
= doppelte Portion =מָנָה אַחַת אַפַּיִם
[‘af] auch *Kj.* אַף מ״ח
= wenn auch =~-כִּי
= obwohl *Kj.* =~-עַל-פִּי שֶׁ-
= trotzdem *Kj.* =~-עַל-פִּי-כֵן
= trotz *Prp.* =עַל-~
[‘afad] *kal* gürten, (an)kleiden אָפַד פעל
- *pi.* (an)kleiden; umfassen -אִפֵּד פיעל

[‘afuda] Pullunder *m* אֲפֻדָּה נ׳, אפודה
[‘a'peden] Sommerpalast *m*, Pavillon *m* אַפֶּדֶן ז׳
[‘afa] *kal* backen אָפָה פעל (לֶאֱפוֹת אֶת-, יֹאפֶה)
[‘éfo’] also *Kj.* אֵפוֹא, איפוא (מלת-הדגשה)
[‘éfod] Priestergewand *n bibl.* ★אֵפוֹד ז׳, איפוד
= kugelsichere Weste *f* =~ מָגֵן
[‘apotropos] Vormund *m*; Treuhänder *m* אַפּוֹטְרוֹפּ|וֹס נ׳
= Vormundschaft *f* =~סוּת נ׳
[‘afuj] gebacken *Adj.* אָפוּי ת׳
[‘ipuj] Backen *n* אִפּוּי ז׳
[‘aful] dunkel, überschattet *Adj.* אָפוּל ת׳
[‘ipul] Verdunkelung *f*; Geheimhaltung *f* אִפּוּל ז׳, איפול
[‘apoliti] unpolitisch *Adj.* אַפּוֹלִיטִי ת׳
[‘apon] kleine Nase *f* אַפּוֹן ז׳
[‘afuna] Erbse *f* (Pisum sativum) *Bot.* אֲפוּנָה נ׳ (אֲפוּנִים)
= Duftwicke *f* (Lathyrus odoratus) *Bot.* =~ רֵיחָנִית ראה גם: טֹפַח
[‘epos] Epos *n* אֶפּוֹס ז׳
[‘afus] wertlos, schwach *Adj.* אָפוּס ת׳
[‘ipus] Nullstellung *f*; Reset *m* אִפּוּס ז׳, איפוס
[‘afuf] eingehüllt, umgeben *Adj.*; umnachtet, verträumt *Adj.* F אָפוּף ת׳
[‘ipuk] Selbstbeherrschung *f*, Zurückhaltung *f* אִפּוּק ז׳
[‘apokalipsa] Apokalypse *f* אַפּוֹקָלִיפְּ|סָה
= apokalyptisch *Adj.* =~טִי ת׳
[‘ipur] Schminke *f*, Make-Up *n* אִפּוּר ז׳, איפור
[‘after] (Kaserne) Ausgang *m*, dienstfreier Abend *Mil.* אַפְטֶר ז׳
[‘api] nasal *Adj.* אַפִּי ת׳
[‘ofi] Charakter *m* אֹפִי ז׳, אופי
= charaktervoll *Adj.* =בַּעַל-~
= charakterlos *Adj.* =חֲסַר ~
[‘epi] episch *Adj.* אֶפִּי ת׳

אֲפִיָּה נ׳, אפייה ['afija] Backen *n*

אִפְיוּן ז׳ ['ifjun] Charakterisierung *f*

אֶפִּיזוֹדָה נ׳ ['epizoda] Episode *f*

אָפְיִי ת׳ ['ofji] charakteristisch *Adj.*

אָפִיל ת׳ ['afil] spät gereift, spät reifend *Adj.*

אֶפִּילֶפְּ|סְיָה נ׳ ['epilepsja] Epilepsie *f Med.*

~טִי ת׳ = epileptisch *Adj.*

אִפְיֵן פיעל ['ifjén] *pi.* charakterisieren

אָפְיָנִי ת׳, אופייני ['ofjani] charakteristisch *Adj.*

אֲפִי|סָה נ׳ ['afisa] Fehlen *n*; Zuendegehen *n*

~סוּת נ׳ = Anhalten *n*, Stillstand *m*

אֲפִיסַת כּחוֹת = Erschöpfung *f*

אַפִּיפְיוֹ|ר ז׳ ['apifjor] Papst *m*

~רוּת = Papsttum *n*

~רִי ת׳ = päpstlich *Adj.*

יוֹתֵר צַדִּיק מֵהָאַפִּיפְיוֹר = päpstlicher als der Papst sein

אֲפִיפִית נ׳ ['afifit] Waffel *f*; Biskuit *n*

אָפִיק ז׳ ['afik] Flussbett *n*; Rinne *f*; Bahn *f*; Kanal *m Rdf.*

אֶפִּיקָ|ה נ׳ ['epika] Epik *f*

אֲפִיקוֹמָן ז׳ ['afikoman] am Sederabend aufbewahrtes und verstecktes Matzestück; Nachtisch *m*; Leckerbissen *m*

אֶפִּיקוֹר|וֹס ז׳ ['epikoros] Ketzer *m*; Freidenker *m*

~סוּת נ׳ = Ketzerei *f*; Freidenkertum *n*

~סִי ת׳ = ketzerisch *Adj.*

★אֹפֶל ז׳, אופל ['ofel] Finsternis *f*

יִקָּחֵהוּ ~ = der Teufel soll ihn holen!

אָפֵל ת׳ ['afél] finster, dunkel *Adj.*

★אָפַל פעל (לֶאֱפֹל, יֶאֱפַל) ['afal] *kal* dunkel werden

-אִפֵּל פיעל - *pi.* verdunkeln *v/t*

-הֶאֱפִיל הפ׳ - *hif.* abdunkeln; verdecken; in den Schatten stellen

אֲפֵלָה נ׳, אפילה ['aféla] Dunkelheit *f*

גִּשֵּׁשׁ בָּ~ = im Dunkeln tappen

אֲפִלּוּ, אפילו מ״ח ['afilu] sogar *Adv.*; selbst wenn

לֹא ~ = nicht einmal

אַפְלוּלִ|י ת׳ ['afluli] halbdunkel *Adj.*

~יּוּת, ~ית נ׳ = Halbdunkel *n*

אַפְּלָטוֹנִי ת׳ ['aplatoni] platonisch *Adj.*

אַפְלָיָה נ׳ ['aflaja] unterschiedliche Behandlung, Diskriminerung *f*

אַפְּלִיקַצְיָה נ׳ ראה גם: יִשּׂוּם ['aplikatsja] Applikation *f*, Anwendung *f*

אִפְלֵל פיעל ['iflél] *pi.* leicht verdunkeln

אֹפֶן ז׳, אופן (אֳפָנִים, אָפְנֵי-) ['ofen] Art *f*, Weise *f*

בְּכָל ~ = auf jeden Fall, jedenfalls

בְּשׁוּם ~ (בְּמִשְׁפָּט שְׁלִילָה) = auf keinen Fall, keinesfalls

בְּ~ שֶׁ- = sodass

אָפְנַאי ז׳, אופנאי ['ofnaj] Modedesigner *m*

★אֲפֻנְדָּה נ׳ ['afunda] Brieftasche *f*

אַפֶּנְדִּיצִיט ז׳ ['apenditsit] Blinddarmentzündung *f*

אָפְנָה נ׳, אופנה ['ofna] Mode *f*; Trend *m*

יָצָא מִן הָ~ = nicht mehr modern sein, veralten

אִפְנוּן ז׳, איפנון ['ifnun] Modulation *f Rdf.*; Formieren *n*, Gestaltung *f*

~-תֶּדֶר = Frequenzmodulation *f*

~-תְּנוּפָה = Verstärkungsmodulation *f*

אַפְנָן ז׳ ['afnan] Modulator *m Rdf.*

אִפְנֵן פיעל ['ifnén] *pi.* modulieren *Rdf.*; formieren, gestalten *v/t*

אָפְנָתִי ת׳, אופנתי ['ofnati] modern, modisch *Adj.*

אָפֵס פעל (לֶאֱפֹס, יֶאֱפַס) ['afés] *kal* zu Ende gehen

-אִפֵּס פיעל - *pi.* zunichte machen; auf Null zurücksetzen

אָפְסוּ כֹּחוֹתָיו = erschöpft sein

אִפְּסוּ שְׁעוֹנֵיהֶם = die Uhren stellen

אֶפֶס[1] ז׳ (אֲפָסִים) ['efes] Null *f*; Nichts *n*

בְּ~ מַעֲשֶׂה = tatenlos; faul *Adj.*

כְּאַיִן וּכְ~ = wie nichts, wertlos; gar nichts

עַד ~ מָקוֹם = bis auf den letzten Platz

שְׁעַת הָ~ = die Stunde der Entscheidung; Stunde *f* Null

['afor] grau *Adj.* — אָפֹר ת׳, אפור
= gelangweiltes Gesicht *n* — ★=פָּנִים אֲפֹרִים (אֲפֹרוֹת)
['ipér] *pi.* schminken — אִפֵּר¹ פיעל
['ipér] Asche entfernen — אִפֵּר² פיעל
- *hif.* grau werden — -הֶאֱפִיר הפ׳
['afar] Weide *f* — אֲפָר ז׳
['apar] Maskenbildner *m Thea.* — אַפָּר ז׳
['ef'roax] Küken *n* — אֶפְרוֹחַ ז׳
['ifrur] Einäscherung *f* — אִפְרוּר ז׳
['afruri] gräulich; eintönig; farblos *Adj.* — אַפְרוּרִ|י ת׳
= Grauton *m;* Farblosigkeit *f*; Eintönigkeit *f* — =~יוּת נ׳
['apirjon] Sänfte *f* — אַפִּרְיוֹן ז׳
['april] April *m* — אַפְּרִיל ז׳
['afrika'i, 'afrikani] afrikanisch *Adj.* — אַפְרִיקָא|י, ~נִי ת׳
['afar'keset] Ohrmuschel *f*; (Telefon) Hörer *m* — אֲפַרְכֶּסֶת
= genau zuhören — =עָשָׂה (הֵשִׂים) אָזְנָיו כַּ~
['afarsemon] Scharon *f*, Khaki *f* (Frucht) *Bot.* — אֲפַרְסְמוֹן ז׳
['afarsék] Pfirsich *m* (Prunus persica) *Bot.* — אֲפַרְסֵק ז׳
['afarpar] gräulich, leicht angegraut *Adj.* — אֲפַרְפַּר ת׳
['aprakdan] auf dem Rücken liegend *Adv.* — אַפְּרַקְדָּן ת״פ ראה גם: פְּרַקְדָּן
['efrati] zum Stamm Ephraim gehörig; vornehm *Adj.* — אֶפְרָתִי ת׳
['i-'efʃi] ich will nicht — ★(אֶפֶשׁ) אִי אֶפְשִׁי
['efʃar] möglich *Adv.* — אֶפְשָׁר ת״פ
= kann man? darf ich? — =~ ?
= unmöglich *Adv.* — =אִי-~
= übertreib nicht! — =~ לַחְשֹׁב! (דיבורי)
['ifʃér] *pi.* ermöglichen — אִפְשֵׁר פיעל
- *hit.* ermöglicht werden — -נִתְאַפְשֵׁר הת׳
['efʃarut] Möglichkeit *f* — אֶפְשָׁרוּת נ׳
= für ausgeschlossen halten — =הוֹצִיא מִכְּלַל ~

= absolute Null; völlig wertlos — =~ גָּמוּר (דיבורי)
= null zu null (0:0) — =~ ~
['efes] aber — ★אֶפֶס² מ״ח
= aber, sondern — =~ כִּי
= nur ganz wenig — =~ קְצֵהוּ
['ofes] Knöchel *m* — אֹפֶס ז׳ (אָפְסַיִם ז״ז)
['afsut] Nichts *n*; Nichtigkeit *f* — אַפְסוּת נ׳
= unwesentlich, geringfügig *Adj.* — =אַפְסִ|י ת׳
= Nichtigkeit *f* — =~יוּת נ׳
['afsan] Nihilist *m* — אַפְסָן ז׳
['afsena'ut] Logistik *f*; Versorgungsdienst *m Mil.*, Quartiermeisterei *f Mil.* — אַפְסְנָאוּת נ׳
= Proviantmeister *m Mil.* — =אַפְסְנַאי ז׳
= Versorgung *f*, Verproviantierung *f M*il. — =אַפְסְנְיָה נ׳
['afsar] Zaum *m* — אַפְסָר ז׳
['ifsér] *pi.* zäumen *v/t* — אִפְסֵר פיעל
['ef'e] Sandrasselotter *f*, Viper *f* (Echis) *Zo.* — אֶפְעֶה ז׳
['afaf] *kal* umgeben, umhüllen — אָפַף פעל (לֶאֱפֹף אֶת-, עַל-, יֶאֱפֹף)
['afats] Galle *f* (krankhaftes Gewächs an Pflanzen) — אָפָץ ז׳ ראה גם: עָפָץ
[hit'apék] *hit.* sich zurückhalten, sich beherrschen — (אפק) הִתְאַפֵּק הת׳
= zurückhaltend, beherrscht *Adj.* — =מְאֻפָּק ת׳
['ofek] Horizont *m* — אֹפֶק ז׳, אופק (אֳפָקִים)
= engstirnig, beschränkt *Adj.* — =צַר-~ת׳
= weitblickend *Adj.* — =רְחַב-~ת׳
= außer Sicht; vom Erdboden verschluckt — =נֶעֱלַם מִן הָ~
['efekt] Effekt *m*, Wirkung *f* — אֶפֶקְט ז׳
= wirksam, effektiv *Adj.* — =אֶפֶקְטִיבִ|י ת׳
= Wirksamkeit *f* — =~יוּת נ׳
['ofki] horizontal *Adj.* — אָפְקִ|י ת׳, אופקי
= horizontale Lage, Waagerechte *f* — =~יוּת נ׳
['éfer] Asche *f* — אֵפֶר ז׳
= Staub und Asche — =עָפָר וָ~

=אֶפְשָׁרִי ת׳ = möglich *Adj.*
-בִּלְתִּי-~ ת׳ = unmöglich *Adj.*
אַפַּתְיָה נ׳ ['apatja] Apathie *f*, Teilnahmslosigkeit *f*
אַפַּתִּי ת׳ = apathisch, teilnahmslos, gleichgültig *Adj.*
אַפְתָּעָה ראה גם: הַפְתָּעָה ['afta'a] Überraschung *f*
אָץ ת׳ ['ats] eilend *Adj.*
אִצְבַּע פיעל ['itsba'] *pi.* Fingersatz markieren *Mus.*
אֶצְבַּע נ׳ (אֶצְבָּעוֹת) ['etsba'] Finger *m; Zehe f*
=אֵינוֹ נוֹקֵף ~ = er rührt keinen Finger
=מָצוּץ מִן הָ~ (דיבורי) = aus den Fingern gesaugt *fig.*
=אֵינוֹ שָׁוֶה אֶת הָ~ הַקְּטַנָּה שֶׁל פְּלוֹנִי (דיבורי) = nichts wert sein
=הֶחֱזִיק לוֹ אֶצְבָּעוֹת (דיבורי) = j-m die Daumen drücken
אֶצְבָּעוֹן ז׳ ['etsba'on] Fingerhut *m*
=אֶצְבְּעוֹנִי תו״ז = Däumling *m*; winzig klein
=~ת נ׳ = Fingerhut *m* (Digitalis) *Bot.*
אַצָּה נ׳ ['atsa] Alge *f*
אָצוּר ת׳ ['atsur] verborgen, latent *Adj.*
אִצּוּר ז׳ ['itsur] Speichern *n*, Lagern *n*
אִצְטַבָּה נ׳, איצטבא ['itstaba] Brett *n*; Fach *n*; Regal *n*
★אִצְטַגְנִין ז׳ ['itsagnin] Astrologe *m*
=~וּת נ׳ = Astrologie *f*
אִצְטַדְיוֹן ז׳, איצטדיון ['itstadjon] Stadion *n*, Sportarena *f*
אֲצֶטוֹן ז׳ ['atseton] Azeton *m;* Nagellackentferner *m*
★אִצְטְוָנָה נ׳ ['itstevana] Zylinder *m*
אִצְטְלָה נ׳, איצטלה (אִצְטְלָאוֹת) ['itstela] Talar *m*
אִצְטְרֻבָּל ז׳, איצטרובל ['itstrubal] Tannenzapfen *m*
אָצִיל תו״ז ['atsil] vornehm; edel; adlig *Adj.;* Adliger *m*
=מַתֶּכֶת אֲצִילָה = Edelmetall *n*
=אֲצִילוּת נ׳ = Adel *m*; Vornehmheit *f*
=הָ~ מְחַיֶּבֶת = Adel verpflichtet

=אֲצִילִי ת׳ = edel *Adj.*
אֲצִילָה נ׳ ['atsila] Inspiration *f; Adlige f*
אַצִּין ז׳ ['atsin] Infusion *f*
אֲצִירָה נ׳ ['atsira] Speichern *n*
אֵצֶל מ״י (אֶצְלִי, אֶצְלְךָ, אֶצְלֵךְ, אֶצְלוֹ, אֶצְלֵנוּ, אֶצְלְכֶם, אֶצְלָם) ['étsel] bei, neben *Prp.*
אֶצ״ל ר״ת אִרְגּוּן צְבָאִי לְאֻמִּי ['étsel] "Irgun Zevai Le'umi", Untergrundbewegung während Mandatszeit
אָצַל פעל (לֶאֱצֹל, יֶאֱצֹל) ['atsal] *kal* teilhaben lassen, abgeben
-הֶאֱצִיל הפ׳ - *hif.* erteilen; adeln
=אָצַל סַמְכוּת = bevollmächtigen, Rechte übertragen
אֲצֻלָּה נ׳, אצולה ['atsula] Adelsstand *m*, Aristokratie *f*
אָצָן ז׳ ['atsan] Läufer *m Sp.*
=אָצָנִית נ׳ = Läuferin *f*
אֶצְעָדָה נ׳ ['ets'ada] Armband *n*, Armring *m*
אָצַר פעל (לֶאֱצֹר אֶת-, יֶאֱצֹר) ['atsar] *kal* sammeln; speichern
א״ק ר״ת אֳנִיַּת קִיטוֹר ['oniat kitor] *Abk.* Dampfschiff *n*
אֶקָ״ג ר״ת אֶלֶקְטְרוֹ-קַרְדְּיוֹגְרַמָּה ['ekage] *Abk.* Elektrokardiogramm (EKG) *n Med.*
אֶקְדָּח, אֶקְדּוֹחַ ז׳ ['ekdax, 'ek'doax] Revolver *m*, Pistole *f*
=אֶקְדְּחָן ז׳ = Revolverheld *m*
אַקְדָּמָה נ׳ ['akdama] Präludium *n Mus.;* Einleitung *f*; Vorwort *n*
אֲקָדֶמְיָה נ׳ ['akademja] Akademie *f*
=אֲקָדֶמִי ת׳ = akademisch *Adj.*
=אֲקָדֶמַאי ז׳ = Akademiker *m*
אַקּוֹ ז׳ ['ako] Steinbock *m Zo.*
אֶקוֹלוֹגְיָה נ׳ ['ekologja] Ökologie *f*, Umweltforschung *f*
אַקוּ״ם ר״ת אֲגוּדַּת קוֹמְפּוֹזִיטוֹרִים מְחַבְּרִים ['akum] *Kurzw.* Vereinigung *f* der Komponisten, Autoren und

וּמוֹ"לִים לְמוּסִיקָה — Musikverleger in Israel

אֶקוֹנוֹמִיקָה נ' (שם מסחרי) — ['ekonomika] säurehaltiges Putzmittel *n* (für Wc, Küche)

★אֲקוּסְטִי|קָה נ' — ['akustika] Akustik *f*

=~ ת' — = akustisch *Adj.*

אָקוּפּוּנְקְטוּרָה נ' — ['akupunktura] Akupunktur *f*

אַקוֹרְד ז' ראה גם: תַּצְלִיל — ['akord] Akkord *m*

אַקוֹרְדְיוֹן ז' — ['akordjon] Akkordeon *n*, Ziehharmonika *f*

אַקְוַרְיוֹן ז', אקווריון — ['akvarjon] Aquarium *n*

אֶקְזוֹטִי ת' — ['ekzoti] exotisch *Adj.*

אֶקְזֶמָה נ' — ['ekzema] Ekzem *n Med.*

אַקְט ז' — ['akt] Akt *f*

=~וּאָלִי ת' — = aktuell *Adj.*

=~וּאָלִיּוּת נ' — = Aktualität *f*

=~וּאָלִיזַצְיָה נ' — = Aktualisierung *f*

אַקְטִי|ב ז' — ['aktiv] Aktiv *Gr.* (Verben)

=~בִי ת' — = aktiv *Adj.*

=~בִיּוּת נ' — = Aktivität *f*

=~בִיזְם ז' — = Aktivismus *m*

=~בִיסְט ז' — = Aktivist *m*

אָקִי"ם ר"ת אֲגֻדָּה לְקִדּוּם יְלָדִים מְפַגְּרִים — ['akim] *Kurzw.* Vereinigung zur Förderung behinderter Kinder

אִקְלוּם ז', איקלום — ['iklum] Akklimatisierung *f*

אַקְלִי|ם ז' — ['aklim] Klima *n*

=~מָאוּת נ' — = Klimakunde *f*, Klimatologie *f*

=~מַאי ז' — = Klimatologe *m*

=~מִי ת' — = klimatisch *Adj.*

אֶקָלִיפְּטוּס ז' — ['ékaliptus] Eukalyptus *m*

אִקְלֵם פיעל — ['iklém] *pi.* akklimatisieren, dem Klima anpassen *v/t*

-הִתְאַקְלֵם הת' — - *hit.* sich akklimatisieren

אַקָמוֹל ז' (שם מסחרי) — ['akamol] Paracetamol *n* (Schmerzmittel)

אֶקְס-לִיבְּרִיס ז' — ['eks-libris] Exlibris *n*
ראה גם: תַּו-סֵפֶר

אֶקְסְטָ|זָה נ' — ['ekstaza] Ekstase *f*, Verzückung *f*

=~טִי ת' — = ekstatisch *Adj.*

אַקְסְיוֹמָה נ' — ['aksjoma] Axiom *n*, Lehrsatz *m*

אֶקְסְפְּרֶס ז' — ['ekspres] Schnellzug *m*, -bus *m*; eilig *Adj.*, Eil-

★אַקְרַאי ז' (ארמי) — ['akraj] Zufall *m*
ראה גם: מִקְרֶה

=בְּ~ ת"פ — = zufällig *Adv.*; gelegentlich *Adv.*

=אַקְרָאִי ת' — = zufällig; gelegentlich *Adj.*

אַקְרוֹבָּ|ט ז' — ['akrobat] Akrobat *m*

=~טִי ת' — = akrobatisch *Adj.*

=~טִיקָה נ' — = Akrobatik *f*

אֶקְרָן ז' — ['ekran] Leinwand *f*

אֶרְאֵל ז' — ['er'él] Engel *m*; Bote *m bibl.*

אָרַב פעל (לֶאֱרֹב לְ-, יֶאֱרֹב) — ['arav] *kal* lauern, auflauern *v/i*

אַרְבֶּה ז' — ['arbe] Heuschrecke *f*

אֲרֻבָּה נ', ארובה — ['aruba] Schornstein *m*, Abzug *m*, Rauchfang *m*

=אֲרֻבַּת-הָעַיִן — = Augenhöhle *f*

=נִפְתְּחוּ אֲרֻבּוֹת הַשָּׁמַיִם — = wie aus Eimern schütten

אַרְבָּה נ' — ['arba] Lastkahn *m*

אַרְבַּע ש"מ נ' — ['arba'] vier (4) *Num.(f)*

=~-כַּנְפוֹת — = *wörtl.* 4 Ecken; kleiner Gebetsschal

=~-~ הָאָרֶץ — = die 4 Himmelsrichtungen

=~-עֶשְׂרֵה ש"מ נ' — = vierzehn (14) *Num.* (*f*)

אַרְבָּעָה ש"מ ז' (אַרְבַּעַת-) — ['arba'a] vier (4) *Num.* (*m*)

=~ עָשָׂר ש"מ ז' — = vierzehn (14) *Num.* (*m*)

אַרְבָּעִים ש"מ — ['arba'im] vierzig (40) *Num.*

אָרַג פעל (לֶאֱרֹג, יֶאֱרֹג) — ['arag] *kal* weben

אֶרֶג ז' — ['ereg] Gewebe *n*, Stoff *m*

אִרְגּוּ|ן ז', אירגון — ['irgun] Organisierung *f*, Organisation *f*

=~נִי ת' — = organisatorisch *Adj.*

אַרְגָּז ז' — ['argaz] Kiste *f*

אַרְגָּמָן ז' — ['argaman] Purpur *m*

=אַרְגְּמָנִי ת' — = purpurrot *Adj.*

=~ת נ' = Purpurschnecke *f* (Thais haemastoma) *Zo.*

אִרְגֵּן פיעל ['irgén] *pi.* organisieren

-הִתְאַרְגֵּן הת' - *hit.* sich organisieren; sich fertig machen, zurecht machen

אַרְגָּעָה נ' ['arga'a] Beruhigung *f*

=אוֹת-~ = Entwarnungszeichen *n*

אָרָד ז' ['arad] Bronze *f*

=תְּקוּפַת-הָ~ = Bronzezeit *f*

★אָרָה פעל (לֶאֱרוֹת אֶת-, יֶאֱרֶה) ['ara] *kal* pflücken; ernten (Feigen); sammeln (Honig)

ארה"ב ר"ת אַרְצוֹת הַבְּרִית ['ar'hab, 'ar'hav] *Abk.* Vereinigte Staaten von Amerika

אָרוּג ת' ['arug] gewebt *Adj.*

אֻרְוָה נ', אורווה ['urva] Pferdestall *m*

אָרוּז ת' ['aruz] verpackt, eingewickelt *Adj.*

אֶרוֹזְיָה נ' ['érozja] Erosion *f*

אֵרוּחַ ז', אירוח ['é'ruax] Bewirtung *f*; Gastfreundschaft *f*

אֲרוּחָה נ' ['aruxa] Mahlzeit *f*

=~ חַמָּה = warme Mahlzeit

=~ קַלָּה = leichte Mahlzeit *f*

=אֲרוּחַת|-בֹּקֶר = Frühstück *n*

=~-צָהֳרַיִם,~-עֶרֶב = Mittagessen *n*; Abendbrot *n*

אֶרוֹטִ|י ת' ['éroti] erotisch *Adj.*

=~יוּת,~יקָה נ' = Erotik *f*

אָרוֹן, אֲרוֹן ז' (אֲרוֹנוֹת) ['aron] Schrank *m*; Sarg *m*; Schrein *m*

=~-בְּגָדִים = Kleiderschrank *m*

=אֲרוֹן|-הַבְּרִית = Bundeslade *f*

=~-הַקֹּדֶשׁ = Thoraschrein *m*

=~-סְפָרִים = Bücherschrank *m*

=~-קִיר = Wandschrank *m*

=יָצָא מֵהַ~ (סלנג) = sich outen F

אֻרְוָן ז', אורוון ['urvan] Stallarbeiter *m*, Stallknecht *m*

אֲרוֹנִית נ' ['aronit] Nachtschränkchen *n*, Nachttisch *m*

אָרוּס ז' ['arus] Verlobter *m*

=אֲרוּסָה נ' = Verlobte *f*

=אֵרוּסִ|ים,~ן ז"ר אירוסין = Verlobung *f*

אֵרוּעַ ז', אירוע ['ér'ua'] Ereignis *n*, Geschehnis *n*; Veranstaltung *f*, Event *m*

אָרוּר ת' ['arur] verflucht *Adj.*

אֵרוּר ז' ['érur] Fluch *m*, Verwünschung *f*

אֵרוּשִׂים ז"ר ['érusim] Verlobung *f*

אֻרְוָתָן ז' ['urvatan] Stallknecht *m*

אֶרֶז ז' (אֲרָזִים) ['erez] Zeder *f* (Cedrus) *Bot.*

=בָּחוּר כָּ~ = kräftiger Bursche

אָרַז פעל (לֶאֱרֹז, יֶאֱרֹז) ['araz] *kal* packen, einpacken, verpacken

אֹרֶז ז', אורז ['orez] Reis *m*

אֹרַח ז', אורח (אֳרָחוֹת, אָרְחוֹת-) ['orax] Weg *m*; Weise *f*

=~-חַיִּים = Lebensweise *f*, Lebensgewohnheiten *f/pl.*

=~-נָשִׁים ראה גם: וֶסֶת = Menstruation *f*, Regel *f* *Med.*

=~-עוֹבֵר = Wanderer *m*, Vorübergehender *m*

=בְּ~ רִשְׁמִי = auf amtlichem Wege, amtlich *Adv.*

=בְּ~ הַטֶּבַע = naturgemäß *Adv.*

אֵרַח פיעל (לְאָרֵחַ) ['érax] *pi.* bewirten, als Gast aufnehmen

-הִתְאָרֵחַ הת' - *hit.* zu Gast sein

★אָרְחֵי פָּרְחֵי ז"ר (ארמ') ['arxé parxé] Landstreicher *m/pl.*, Vagabunden *m/pl.*

אַרְטִילֶרְיָה נ' ['artilerja] Artillerie *f*

אַרְטִיסְט ז' ['artist] Künstler *m*

אַרְטִישׁוֹק ז' ['artiʃok] Artischocke *f*

אָרִי ת' ['ari] "arisch" *Adj.*

אֲרִי, אַרְיֵה ז' (אֲרָיוֹת) ['ari, 'arjé] Löwe *m* (Felis leo) *Zo.*

=גּוּר-אַרְיֵה = Löwenjunges *n*

=חֵלֶק-הָאֲרִי = Löwenanteil *m*

=לֹעַ-הָאֲרִי = Löwenmaul *n* (Antirrhinum) *Bot.*

=אֲרִי-הַיָּם,~-הַמַּיִם = Seelöwe *m*

[ʻariél] Held *m*, tapferer Mensch *m bibl.* אֲרִיאֵל ז׳
[ʻariva] Hinterhalt *m* אֲרִיבָה נ׳
[ʻarig] Stoff *m* (gewebt), Gewebe *n* אָרִיג ז׳
= Weben *n* =אֲרִיגָה נ׳
= Weberei *f* =בֵּית-~
[ʻarja] Arie *f Mus.* אַרְיָה נ׳
[ʻariza] Verpackung *f*; Packen *n* אֲרִיזָה נ׳
= Packhaus *n* =בֵּית-~
[ʻa'riax] (halber) Ziegel *m*; Kachel *f*, Fliese *f* אָרִיחַ ז׳
= eckige Klammern *f/pl.* [ ] =אֲרִיחִים ז״ר
[ʻarix] lang *Adj.* אָרִיךְ ת׳ ראה גם: אָרֹךְ
= Langspielplatte *f* =אֲרִיךְ-נֶגֶן (תַּקְלִיט)
= Länge *f*, Langwierigkeit *f* =אֲרִיכוּת נ׳
= langes Leben *n* =~-יָמִים
[ʻarixa] Länge *f;* Geduld *f* אֲרִיכָה נ׳
[ʻarinamal] Ameisenlöwe *m* (Myrmeleonidae) *Zo.* אֲרִינָמָל ז׳
[ʻaris] Fronarbeiter *m* אָרִיס ז׳
= Fronarbeit *f* =אֲרִיסוּת נ׳
[ʻaristokratja] Aristokratie *f* אֲרִיסְטוֹקְרַטְיָה נ׳
= Aristokrat *m* =~רָט ז׳
= aristokratisch *Adj.* =~רָטִי ת׳
[ʻaritmetika] Arithmetik *f* אֲרִיתְמֶטִיקָה נ׳
= arithmetisch *Adj.* =~ ת׳
[ʻarax] *kal* dauern, lange dauern, lang sein אָרַךְ פעל (לֶאֱרֹךְ, יֶאֱרַךְ)
- *nif.* länger werden, sich hinziehen -נֶאֱרַךְ נפ׳ (לְהֵאָרֵךְ)
- *hif.* verlängern; dehnen -הֶאֱרִיךְ הפ׳
= lange leben; lange andauern; lange halten =~ יָמִים
[ʻarox] lang *Adj.* אָרֹךְ, ת׳, ארוך (אֶרֶךְ-, אֲרֻכָּה, אֲרֻכִּים)
= langmütig *Adj.* ★=אֶרֶךְ-אַפַּיִם
= weitreichend, auf lange Sicht =~-טְוָח
= lange *Adv.* =אֲרֻכּוֹת ת״פ

= extra langer Schultag *m* (bis 16 Uhr) =יוֹם לִמּוּדִים אָרֹךְ
[ʻerex] Heilmittel *n*, Arznei *f* אֶרֶךְ ז״ת
[ʻorex] Länge *f* אֹרֶךְ ז׳, אורך
= Langmut *f* =~-אַפַּיִם
= langes Leben, lange Zeit =~-יָמִים
= Geduld *f* =~-רוּחַ
= Meridian *m*, Längenkreis *m* =קַו-~
= *wörtl.* lang wie das Exil; unendlich lang, seit Urzeiten F =כְּ~ הַגָּלוּת
[ʻarxa'i] archaisch *Adj.* אַרְכָאִי ת׳
= Archaismus *m* =~זְם ז׳
[ʻarkuba] Kniegelenk *n*; Kurbel *f Kfz* אַרְכֻּבָּה נ׳, ארכובה
[ʻarkubit] Knöterich *m* (Polygonium] *Bot.* אַרְכֻּבִּית נ׳, ארכובית
[ʻarka] Verlängerung *f*, Aufschub *m* אַרְכָּה נ׳
[ʻarkut] Länge *f* אַרְכּוּת נ׳
[ʻarukot] ausführlich, langatmig, lang *Adv.* אֲרֻכּוֹת ת״פ
[ʻorki] der Länge nach, längs- אָרְכִּי ת׳, אורכי
= Längsschnitt *m* =חֲתָךְ ~
[ʻarxéologja] Archäologie *f* אַרְכֵיאוֹלוֹגְיָה נ׳
= archäologisch *Adj.* =~גִי ת׳
= Archäologe *m* =~ג ז׳
[ʻarxibiʃof] Erzbischof *m* אַרְכִיבִּישׁוֹף ז׳
[ʻarxijon] Archiv *n* אַרְכִיּוֹן ז׳
= Archivar *m* =~נַאי ז׳
[ʻarxitekt] Architekt *m* אַרְכִיטֶקְט ז׳ ראה גם: אַדְרִיכָל
= architektonisch *Adj.* =~וֹנִי ת׳
= Architektur *f* =~וּרָה נ׳
[ʻarxan] Mensch mit langen Gliedern; langatmiger Mensch *m* אַרְכָן ז׳
= Langatmigkeit *f* =~נוּת נ׳
= langwüchsig; langatmig *Adj.* =~נִי ת׳
[ʻarmadil] Gürteltier *n* (Dasypus) *Zo.* אַרְמָדִיל ז׳
[ʻarmon] Palast *m*, Schloss *n* אַרְמוֹן ז׳ (אַרְמוֹנוֹת)

אֲרַמִּי ת׳ו״ז ['arami] aramäisch *Adj.*; Aramäer *m*

=אֲרָמִית נ׳ = Aramäisch *n*

אַרְמְ|לוּת נ׳ ['armelut] Witwenstand *m*

=~לִי נ׳ = Witwer *m*; einsam *Adj.*

אֹרֶן ז׳, אורן (אֳרָנִים) ['oren] Kiefer *f* (Pinus)

=-יְרוּשָׁלַיִם = Aleppokiefer *f* (Pinus halepensis) *Bot.*

=-הַסֶּלַע = Pinie *f* (Pinus pinea) *Bot.*

אַרְנָב ז׳ ['arnav] Hase *m* (Lepus) *Zo.*

=~וֹן ז׳ = Häschen *n*; Kaninchen *n*

=אַרְנֶבֶת נ׳ = Hase *m*; Häsin *f*

=שְׂפַת-~ = Hasenscharte *f*

אַרְנוֹנָה נ׳ ['arnona] jährliche Steuer *f* (auf Immobilien)

אָרְנִיָּה נ׳, אורנייה ['ornija] Butterpilz *m* (Boletus)

אַרְנָק ז׳ ['arnak] Handtasche *f*; Geldbörse *f*, Portemonnaie *n*

אֵרַס פיעל ['éras] *pi.* Bedingungen der Heirat festlegen, verloben *v/t*

-הִתְאָרֵס הת׳ - *hit.* sich verloben

אֶרֶס ז׳ ['eres] tierisches Gift *n*

=אַרְסִ|י ת׳ = giftig *Adj.*

=~יּוּת נ׳ = Giftigkeit *f*

אַרְס ז׳ (סלנג) ['ars] Prolet *m*, Proll *m* F, Zuhälter *m*

אַרְסָן ז׳ ['arsén] Arsen *n*

אֵרַע פיעל ['éra'] *pi.* geschehen, passieren *v/i*

-נִתְאָרֵעַ הת׳ - *hit.* sich zutragen

★(ארעא) כְּעַפְרָא דְאַרְעָא (ארמ׳) [ke'afra de'ar'a] *wörtl.* wie der Staub der Erde; wertlos

=סַדְנָא דְאַרְעָא חַד הוּא = *wörtl.* die Achse der Erde ist eins; es gibt nichts Neues unter der Sonne

אֲרָעִי ת׳ ['ara'i] zeitweilig, vorübergehend, provisorisch *Adj.*

אַרְעַי ת״פ, ז׳ ['ar'aj] zufällig *Adv.*; Zufall *m*

=בְּדִיקַת-~ = Stichprobe *f*

=אֲרָעִיּוּת נ׳ = Zufälligkeit *f*; Zeitweiligkeit *f*

אֶרֶץ נ׳ (הָאָרֶץ, אֲרָצוֹת, אַרְצוֹת-) ['erets] Land *n*; Erde *f*

=הָאָרֶץ = das Land Israel (heute)

=~ אָבוֹת = Vaterland *n*

=~ חֶמְדָּה = schönes Land *n*

=~-מוֹלֶדֶת = Heimat *f*

=~-הַצְּבִי, ~ הַקֹּדֶשׁ = das Heilige Land

=~ זָבַת חָלָב וּדְבַשׁ = das Land, in dem Milch und Honig fließen

=אַרְצוֹת-הַבְּרִית = Vereinigte Staaten *pl.*

=~-הַשְּׁפֵלָה = Beneluxländer *pl.*

=~ מִתְפַּתְּחוֹת = Entwicklungsländer *n/pl.*

=דֶּרֶךְ-אֶרֶץ = Sitten *f/pl.*, Gebräuche *m/pl.*, Höflichkeit *f*; Ehrung *f*

=חוּץ-לָאָרֶץ = Ausland *n*

=עַם-הָאָרֶץ = *wörtl.* Volk des Landes; ungebildeter Mensch, Ignorant *m*

=עַם-הָאַרְצוּת = Unbildung *f*, Unwissenheit *f*

=אַרְצָה ת״פ = in das Land, nach Israel

=אַרְצִ|י ת׳ = irdisch, erdgebunden *Adj.*; Landes-

=~יּוּת נ׳ = Erdgebundenheit *f*; Materialismus *m*

אֶרֶצְיִשְׂרְאֵלִי, אֶרֶץ־יִשְׂרְאֵלִי נ׳ ['eretsjisre'éli] zu Erez Israel gehörend

(ארק) הֶאֱרִיק הפ׳ [he'erik] *hif.* erden *El.*

אַרְקָה נ׳ ['arka] Erdung *f El.*

אַרְקְטִי ת׳ ['arkti] arktisch *Adj.*

אָרֶקֶת נ׳ ['areket] Gelbsucht *f*

★אָרַר פעל, אֵרַר פיעל ['arar, 'érar] *kal, pi.* verfluchen, verdammen

★אֶרֶר ז׳ ['érer] Fluch *m*, Verwünschung *f*

אֲרֶשֶׁת נ׳ ['a'reʃet] Ausdruck *m*

=~-פָּנִים = Gesichtsausdruck *m*

אֵשׁ נ׳ (אִשּׁוֹ, אִשִּׁים) ['éʃ] Feuer *n*; Herd *m*, Grill *m*

=~ צוֹלֶבֶת = Kreuzfeuer *n Mil.*

=~ תָּמִיד = immerwährendes Feuer *n*

=~ תֹּפֶת = Höllenfeuer *n*

=הַפְסָקַת-~ = Waffenstillstand *m*, Waffenruhe *f*

=טְבִילַת ~ = Feuertaufe *f*

=הֵשִׁיב ~ = zurückschießen

=עָלָה בְּ~ = in Flammen aufgehen *v/i*
=הֶעֱלָה בְּ~ = in Brand stecken *v/t*
אֶשְׁבּוֹל ז׳ ['eʃbol] Kolben *m Bot.*
אֶשֶׁד ז׳ (אֲשָׁדִים) ['eʃed] Wasserfall *m*; Stromschnelle *f*
אֲשֵׁדָה נ׳ (אֲשֵׁדוֹת) ['aʃéda] Abhang *m*
=אַשְׁדוֹת-הָרִים = Berghänge *m/pl.*
אִשָּׁה (אֵשֶׁת-, אִשְׁתּוֹ, נָשִׁים, נְשֵׁי-גם: נְשׁוֹת-) ['iʃa] Frau *f*; Ehefrau *f*
=אֵשֶׁת-אִישׁ = verheiratete Frau *bibl.*
=~~-חַיִל = tüchtige, fleißige Frau *f*
=אִשָּׁה אֶל רְעוּתָהּ (אֲחוֹתָהּ) = eine zu der andern
אַשְׁוָה נ׳ ['aʃva] Haspel *f*, Spule *f*
אַשׁוּחַ ז׳ ['a'ʃuax] Tanne *f* (Abies) *Bot.*
אִשּׁוּם ז׳, אישום ['iʃum] Anklage *f*
=גִּלְיוֹן-~, כְּתַב-~ = Anklageschrift *f*
אָשׁוּן ז״ת ['aʃun] rau, steif *Adj.*
★אֱשׁוּן ז׳ ['eʃun] Dunkelheit *f;* Zeitepoche *f*
אָשׁוּר ז׳ ['aʃur] Buche *f* (Fagus) *Bot.*
(אשור) לַאֲשׁוּרוֹ [la'aʃuro] richtig, genau *Adv.*
אִשּׁוּר ז׳, אישור ['iʃur] Bestätigung *f*, Zertifikat *n*
=~ מֵהַצָּבָא = (Militär) Beurlaubung *f*
אַשּׁוּרוֹלוֹגְיָה נ׳ ['aʃurologja] Assyriologie *f*
=אַשּׁוּרִי ת׳ = assyrisch *Adj.*
אִשּׁוּשׁ ז׳, אישוש ['iʃuʃ] Bekräftigung *f*
אִשּׁוּת נ׳ ראה: אִישׁוּת ['isut] Ehestand *m*
אֶשְׁחָר ז׳ ['eʃxar] Kreuzdorn *m* (Rhamnus) *Bot.*
אִשִּׁי ת׳ ['iʃi] feurig *Adj.*, Feuer-
אָשְׁיָה נ׳, אושיה (אֻשִּׁיּוֹת) ['oʃja] Grundfesten *pl.* (*mst. pl.)*
אָשִׁין ת׳ ['aʃin] (Mensch) streng, schwierig *Adj.*
אֶשֶׁךְ ז׳ (אֲשָׁכִים) ['eʃex] Hoden *m Anat.*
אַשְׁכָּבָה נ׳ ['aʃkava] Trauerfeier *f*
=תְּפִלַּת-~ = Requiem *n*
אֶשְׁכּוֹל[1] ז׳ (אֶשְׁכּוֹלוֹת) ['eʃkol] Traube *f*, Büschel *n* von Beeren; traubenförmiger Blütenstand
★אֶשְׁכּוֹל[2] ז׳ ['eʃkol] Gelehrter *m*
=אִישׁ-הָאֶשְׁכּוֹלוֹת = Gelehrter *m*
אֶשְׁכּוֹלִית נ׳ ['eʃkolit] Grapefruit *f* (Citrus paradisi)
=מִיץ-אֶשְׁכּוֹלִיּוֹת = Grapefruitsaft *m*
אַשְׁכְּנַז ז׳ ['aʃkenaz] Name e-s nördlichen Volkes (Gen. 10), heute: Deutschland *n*
=~~זִי ת׳ = aschkenasisch *Adj.*; Juden in Mittel- u. Osteuropa, Abkömmlinge dieser Juden
★אֻשְׁכָּף ז׳ ['uʃkaf] Schuster *m*, Schuhmacher *m*
אֶשְׁכָּר ז׳ ['eʃkar] Geschenk *n*
אֶשְׁכְּרוֹעַ ז׳ ['eʃke'roa'] Buchsbaum *m* (Buxus) *Bot.*
אֶשֶׁל ז׳ ['éʃel] Tamariske *f* (Tamarix) *Bot.*
אֶשֶׁ״ל ר״ת אֲכִילָה, שְׁתִיָּה, לִינָה ['éʃel] *Kurzw.* Verpflegung u. Unterkunft
=דְּמֵי-~-, הוֹצָאוֹת-~- = Spesen für Verpflegung u. Unterkunft; Reisespesen *pl.*
אַשְׁלָג ז׳ ['aʃlag] Pottasche *f*, Kaliumkarbonat *n* (zur Seifenproduktion usw.)
=אַשְׁלְגָן ז׳ = Kalium *n*
אַשְׁלָיָה נ׳ ['aʃlaja] Illusion *f*, Selbsttäuschung *f*, Wunschtraum *m*
אָשַׁם פעל (לֶאְשֹׁם, יֶאְשַׁם) ['aʃam] *kal* schuldig sein, sich schuldig machen
-נֶאְשַׁם נפ׳ (לְהֵאָשֵׁם) - *nif.* angeklagt werden
-הֶאְשִׁים הפ׳ - *hif.* anklagen
אָשֵׁם ת׳ ['aʃém] schuldig *Adj.*
אָשָׁם ז׳ ['aʃam] Schuld *f*; Sünde *f*
★אַשְׁמַאי ז׳, אַשְׁמָאִי ת׳ ['aʃmaj, 'aʃma'i] sündig, böse *Adj.*
=זָקֵן ~ = alter Sünder
אַשְׁמְדַאי ז׳ ['aʃmedaj] Aschmodai, Asmodi (König der Dämonen) *Myth.*
אַשְׁמָה נ׳ ['aʃma] Schuld *f*
=בְּאַשְׁמָתִי = durch meine Schuld
=כְּתַב-אַשְׁמָה ראה גם: כְּתַב-אִשּׁוּם = Anklageschrift *f*
אַשְׁמוּרָה, אַשְׁמֹרֶת נ׳, אשמורת ['aʃmura, 'aʃ'moret] Nachtwache *f*

['eʃnav] kleines Fenster *n*, Schalter *m*; Luke *f* — אֶשְׁנָב ז׳ (אֶשְׁנַבִּים)
['eʃef] Zauberei *f*, Magie *f*, Hexerei — אֶשֶׁף ז׳
['aʃaf] Zauberer *m* — אַשָּׁף ז׳
= Küchenchef *m* — =אַשַּׁף-מִטְבָּח
['aʃaf] PLO, *Abk.* palästinensische Befreiungsbewegung — אַשַּׁ"ף ר״ת אִרְגּוּן שִׁחְרוּר פַלַשְׂתִּין
['aʃpa] Müll *m*, Abfälle *m/pl.* — אַשְׁפָּה¹ נ׳
= Misttor *n* (in Jerusalem) — =שַׁעַר הָאַשְׁפּוֹת
= Misthaufen *m* — =אַשְׁפַּתּוֹת נ״ר
['aʃpa] Köcher *m* — אַשְׁפָּה² נ׳
['iʃpuz] Aufnahme *f* in e-m Krankenhaus — אִשְׁפּוּז ז׳, אישפוז
['iʃpéz] *pi.* in e-m Krankenhaus unterbringen; einweisen — אִשְׁפֵּז פיעל
= stationär im Krankenhaus — =מְאֻשְׁפָּז ת׳
['uʃpiz] 1. Herberge *f* 2. Besucher *m* — אֻשְׁפִּיז ז׳
= Besucher *m/pl.* in der Laubhütte *Rel.* — =~זִין ז״ר
['aʃpar] Dekorateur *m* — אַשְׁפָּר ז׳
['aʃpara] Appretur *f*, (Kleider) Stärke *f* — אַשְׁפָּרָה נ׳
['iʃkuka, 'iʃkuké] Schachspiel *n* — ★אִשְׁקוּקָה, אִישְׁקוּקֵי נ׳ ראה: שחמט
['aʃka'a] Investition *f* — אַשְׁקָעָה נ׳ ראה: הַשְׁקָעָה
['iʃér] *pi.* bestätigen, bescheinigen; beglaubigen *v/t* — אִשֵּׁר פיעל
- *pu.* bestätigt werden; verifiziert werden — -אֻשַּׁר פֻּעַל
['oʃer] Glück *n*; Glücksgefühl *n* — אֹשֶׁר ז׳, אושר
= zu meinem Glück — =לְאָשְׁרִי
['aʃer] welche (r, -s) *Relativpron.* — אֲשֶׁר מ״ח
= was ... anbetrifft — =~ לְ-, בַּ~ לְ-
= weil — =בַּ~
= als, wenn; wie — =כַּ~
= (mehr) als — =מֵ~
['aʃra'a] Inspiration *f* — אַשְׁרָאָה נ׳ ראה: הַשְׁרָאָה
['aʃra'i] Kredit- — אַשְׁרָאִי ת׳
['aʃraj] Kredit *m* — אַשְׁרַאי ז׳
= Kreditkarte *f* — =כַּרְטִיס-~

['aʃra] Visum *n* — אַשְׁרָה נ׳ (אֲשָׁרוֹת)
= Einreisevisum *n* — =אַשְׁרַת-כְּנִיסָה
['iʃrur] Ratifikation *f*, Annahme *f Pol.* — אִשְׁרוּר ז׳, אישרור
['aʃré] heil dem ...; glücklich ist, wer ...; Name und Beginn e-s Gebets — אַשְׁרֵי מ״ק
= ich bin -, du bist -, wir sind glücklich — =אַשְׁרַי, אַשְׁרֶיךָ, אַשְׁרֵינוּ
['iʃrér] *pi.* ratifizieren — אִשְׁרֵר פיעל
['iʃéʃ] *pi.* bekräftigen — אִשֵּׁשׁ פיעל
- *hit.* sich kräftigen; überwinden — -נִתְאַשֵּׁשׁ הת׳
- *pi.* ermutigen, stärken *v/t* — -אוֹשֵׁשׁ פיעל
- *hit.* sich wieder aufraffen, wieder zu Kräften kommen — -הִתְאוֹשֵׁשׁ הת׳
['eʃtakad] voriges Jahr — אֶשְׁתָּקַד ת״פ (ארמ׳)
= Schnee von gestern — =שֶׁלֶג דְּ~
['et] Partikel des determinierten Akkusativ *Gr.*, *z.B.* — אֶת¹ מ״י
= ich habe das Haus gesehen — =רָאִיתִי ~-הַבַּיִת
= mich, dich (*m*, *f*) — =אוֹתִי, אוֹתְךָ, אוֹתָךְ
= ihn, sie — =אוֹתוֹ, אוֹתָהּ
= uns, euch — =אוֹתָנוּ, אֶתְכֶם, -ן
= sie (*m*, *f*) — =אוֹתָם, -ן
= dieser, jener — =אוֹתוֹ
= derselbe, der gleiche — =אוֹתוֹ הָאִישׁ
= den, welcher — =אֶת אֲשֶׁר
= zur gleichen Zeit — =אוֹתָהּ שָׁעָה, בְּ ~ ~
['et] mit *bibl.* — אֶת² מ״י (אִתִּי, אִתְּךָ, אִתָּךְ, אִתּוֹ, אִתָּהּ, אִתָּנוּ, אִתְּכֶם-ן, אִתָּם, -ן)
= was ist damit? was ist mit ihm los? — =מָה אִתּוֹ? (דיבורי)
= von — =מֵאֵת
['ét] Spaten *m* — אֵת ז׳ (אִתִּים)
['at] du (*f*) — אַתְּ מ״ג נ׳
['etgar] schwierige, lockende Aufgabe; Herausforderung *f* — אֶתְגָּר ז׳
['itgér] *pi.* herausfordern — =אִתְגֵּר פיעל
['ata] du (*m*) — אַתָּה מ״ג ז׳

Ruhepause *f* (ארמ׳)
['etni] Volks-, Ethno-, ethnisch *Adj.* אֶתְנִי ת׳
['etnan] Geschenk *n*; Lohn *m, bsd.* Buhlerlohn *m bibl.* אֶתְנָן ז׳
['etna'] Motivation *f*, Impuls *m*, Motiv *n* אֶתְנָע ז׳
['atar] Stätte *f;* Sehenswürdigkeit *f* אֲתָר ז׳
= Internetseite *f*, Homepage *f* ~= (אִינְטֶרְנֶט)
= überall *Adv.* =בְּכָל ~ וָ~
= historische Stätte ~= הִיסְטוֹרִי
= archäologische Stätte ~= אַרְכֵיאוֹלוֹגִי
['itér] *pi.* lokalisieren, orten, den Ort bestimmen; auffinden, ausfindig machen אִתֵּר פיעל
['eter] Äther *m* אֶתֶ|ר ז׳
= ätherisch *Adj.* =~רִי ת׳
= im Radio =עַל גַּלֵּי הָ~
['atra'a] Warnung *f* אַתְרָאָה נ׳
['etrog] Zitrusfrucht *f*, eins der 4 Bestandteile des Sukkoth-Feststrauß אֶתְרוֹג ז׳
['itra' mazalo] es geschah ihm ein Unglück ★אִתְּרַע מַזָּלוֹ (ארמ׳)
['atat] Funker *m*, Fernmelder *m Mil.* אַתָּת ז׳
['atatut] Signalsystem *n;* Nachrichtenübermittlung *f* (über Signale) *Mil.* אֲתָתוּת נ׳

['ita] *pi.* duzen אִתָּה פיעל
['aton] Eselin *f* אָתוֹן נ׳ (אֲתוֹנוֹת)
['itur] Lokalisierung *f*, Ortung *f*; Beschränkung auf einen Ort (Feuer, Epidemie); Auffinden *n* אִתּוּר ז׳, איתור
['itut] Signalisieren *n* אִתּוּת ז׳, איתות
['atxalta] Beginn *m* ★אַתְחַלְתָּא נ׳ (ארמ׳)
= Beginn der Erlösung =~ דִגְאֻלָּה
['até'izm] Atheismus *m* אַתֵּיאִי|זְם ז׳
= nicht gottgläubig, atheistisch *Adj.* =~סְטִי ת׳
['etika] Ethik *f* אֶתִי|קָה נ׳
= ethisch *Adj.* =~ ת׳
['atlét] Athlet *m* אַתְלֵ|ט ז׳
= Schwerathletik *f Sp.* =~טִיקָה כְּבֵדָה
= Leichtathletik *f Sp.* =~ קַלָּה
['atem] ihr (*m/pl.*) אַתֶּם מ״ג ז׳
['etmeha] erstaunlich!, wirklich? ★אֶתְמְהָא! מ״ק (ארמ׳)
['etmol] gestern אֶתְמוֹל ת״פ, ז׳
= gestern Abend =~ בַּלַּיְלָה
= früher, bisher =~ שִׁלְשׁוֹם, תְּמוֹל-שִׁלְשׁוֹם
['aten] ihr (*f/pl.*) אַתֶּן מ״ג, נ׳
['etnografja] Ethnographie *f* אֶתְנוֹ|גְרַפְיָה נ׳
= Ethnologie *f* =~לוֹגְיָה נ׳
['etnax] Zäsur *f*, Einschnitt *m*, אֶתְנָח ז׳ אֶתְנַחְתָּא נ׳

ב

ב Beth (B), 2. Buchstabe d. hebr. Alphabets; Zeichen der Zahl 2

=בּ = Beth (mit Dagesch) z.B. am Satz- und Wortanfang, z.B. בָּא

=ב = Veth (ohne Dagesch) z.B. am Silben- und Wortende, z.B. תָּבוֹא, לֵב

=יוֹם ב׳ = Montag *m*

=כִּיתָּה ב׳ = zweite Klasse (Schule)

בְּ- (אוֹת-יַחַס) [be] in, an, durch, mittels; gegen (Entgelt) *Prp.*

=בְּבַקָּשָׁה = bitte

=בְּתוֹךְ, בְּקֶרֶב; בַּבַּיִת, בָּאָרֶץ = in, inmitten; im Hause; im Lande

=בְּאֶמְצָעוּת; בַּמְּכוֹנִית = mittels; mit dem Auto

=בַּיָּד = mit der Hand

=בְּלֶכְתּוֹ; בְּשִׁבְתְּךָ; בְּצֵאתְךָ = als er ging; wenn du sitzt; wenn du ausgehst

=תָּלוּי בְּ-; הִכִּיר בְּ- הוֹדָה בְּ- = abhängig von; etwas anerkennen; etwas eingestehen

=זֶה לֹא תָּלוּי בִּי = das hängt nicht von mir ab

=בִּי, בְּךָ, בָּךְ, בּוֹ, בָּהּ = in mir, in dir (*m*, *f*), in ihm, in ihr

=בָּנוּ, בָּכֶם, בָּכֶן, בָּהֶם בָּהֶן = in uns, in euch (*m*, *f*), in ihnen (*m*, *f*)

=בְּ-(בֶּאֱמֶת, בְּגָלוּי, בְּנַחַת) = Adverbbildung mit Präfix

בָּא תוֹ״ז [ba'] kommend *Adj.*

=הַ~ = der Nächste

=~ בַּיָּמִים = alter Mensch

=~-כֹּחַ = Bevollmächtigter *m*

=לְהַ~ = in Zukunft

=בָּרוּךְ הַ~! = willkommen!

=הָעוֹלָם הַ~ = das Jenseits

ב״א ר״ת בּוֹגֵר אוּנִיבֶרְסִיטָה [bogér universita] *Abk.* B.A., erster akademischer Grad der geisteswissenschaftlichen Fakultäten; Absolvent der Universität

בָּאוּר ת׳ [ba'ur] erklärt, erläutert *Adj.*

בֵּאוּר ז׳, ביאור [bé'ur] Erklärung *f*

★בָּאוּשׁ ת׳ [ba'uʃ] stinkend; verfault *Adj.*

בְּאִחוּר ת״פ [be'ixur] mit Verspätung

בֵּאֵר פיעל (לְבָאֵר אֶת-) [be'ér] *pi.* erklären, auseinander setzen *v/t*

-הִתְבָּאֵר הת׳ - *hit.* klar werden *v/i*

בְּאֵר נ׳ (בְּאֵרוֹת) [be'ér] Brunnen *m*

=~ שַׁחַת = Grabstätte *f*, Grab *n*

★בָּאַשׁ פעל (לִבְאוֹשׁ, יִבְאַשׁ) [ba'aʃ] stinken *v/i*

-הִבְאִישׁ הפ׳ - *hif.* stinken *v/i*; verhasst machen *v/t*

=הִבְאִישׁ אֶת רֵיחוֹ בְּעֵינֵי- = j-n vor anderen schlecht machen *fig.*

בְּאֹשׁ ז׳ [b'oʃ] Gestank *m*

בָּבָא ז׳ (ארמ׳) [bava] Tor *n* (*aram.*), Teil der Mischna, des Talmuds

=~ קַמָּא = "das erste Tor"

=~ מְצִיעָא = "das mittlere Tor"

=~ בָּתְרָא = "das letzte Tor"

בָּבָה נ׳ [bava] Pupille *f*

=בָּבַת-עַיִן = Augapfel *m*

בֻּבָּה נ׳, בובה [buba] Puppe *f*

=תֵּיאַטְרוֹן-בֻּבּוֹת = Puppentheater *n*

בָּבוּאָה, נ׳ [bavu'a] Spiegelbild *n*, Spiegelung *f*

בֻּבּוֹן ז׳ [bubon] Püppchen *n*

בַּבּוֹנָג ז׳ [babonag] Kamille *f* (Matricaria) *Bot.*
בַּבְּל״ט ר״ת בִּלְבּוּל בֵּיצִים לְלֹא טַעַם [bablat] Blödsinn *m*, Quatsch *m*
בַּבְלִי ת׳ [bavli] babylonisch *Adj.*
=תַּלְמוּד ~ = Babylonischer Talmud
בְּבַקָּשָׁה ת״פ [bevaka'ʃa] bitte!
בַּג ז׳ [bag] Ration *f*, Portion *f*
בָּגַד פעל (לִבְגּוֹד בְּ-, יִבְגּוֹד) [bagad] *kal* verraten; fremdgehen, betrügen
בֶּגֶד ז׳ ['beged] Kleid *n*; Kleidung *f*
=~-יָם = Badeanzug *m*
=בִּגְדֵי-שְׂרָד = Amtskleidung *f*
בֶּגֶ״ד כֶּפֶ״ת [beged kefet] Merkwort für die 6 hebr. Buchstaben, deren Aussprache durch Dagesch geändert wird (heute nur Beth, Kaf, Pé)
בְּגֶדֶר ת״פ [begeder] im Rahmen
★ בְּגוֹ ת״פ (ארמ׳) ר׳ גם: גוֹ [bego] drinnen
=דְּבָרִים ~ = es ist etwas daran
בִּגּוּד ז׳, ביגוד [bigud] Einkleidung *f*; Versorgung *f* mit Kleidung
בֶּגוֹנְיָה נ׳ [begonja] Begonie *f Bot.*
בְּגִידָה נ׳ [bgida] Verrat *m*, Vertrauensbruch *m*
=גם ובעיקר: = *auch* Ehebruch
בְּגִידוּת נ׳ [bgidut] Untreue *f*, Betrug *m*
★ בְּגִין מ״י [begin] wegen *Prp.*, *bsd Jur.*
בַּגִּיר ז׳ [bagir] Volljähriger *m*
בַּגִּירוּת נ׳ [bagirut] Reife *f*
בִּגְלַל מ״י [biglal] wegen, dank *Prp.*
בְּגַפּוֹ ת״פ ['begapo] allein, ohne s-e Familie
בַּגַ״ץ ר״ת בֵּית-דִּין גָּבוֹהַּ לְצֶדֶק ראה: בֵּית-הַדִּין [bagats] *Kurzw.* Oberster Gerichtshof
בָּגַר פעל (לִבְגּוֹר, יִבְגַּר) [bagar] *kal* heranwachsen, erwachsen werden
-הִתְבַּגֵּר הת׳ - *hit.* erwachsen werden
בַּגְרוּת נ׳ [bagrut] Reife *f* (d. Menschen), Erwachsensein *n*; Abitur *n*, Matura *f*
=בְּחִינַת-~, תְּעוּדַת-~ = Reifeprüfung *f*; Reifezeugnis *n*
=פִּצְעֵי ~ = Akne *f*
בַּד^{1} ז׳ [bad] Leinen *n*, Leinwand *f*; Stoff *m*
★בַּד^{2} ז׳ [bad] Zweig *m*; Balken *m* in Ölpresse
=בֵּית הַ~ = Ölpresse *f*
(בַּד^{3}) בַּד בְּבַד [bad bevad] gleichzeitig, zusammen *Adv.*
★בַּד^{4} ז׳ [bad] Lüge *f*, Erfindung *f bibl.*
=סִפּוּר-בַּדִּים = erdichtete Geschichte *f*
בַּדָּאוּת נ׳ [bada'ut] Lüge *f*
בַּדַּאי ז׳ [badaj] Lügner *m*, Betrüger *m*
בָּדַד פעל [badad] *kal* allein sein
-בּוֹדֵד, בִּדֵּד פיעל (לְבוֹדֵד אֶת-) - *pi.* isolieren, verschließen
-הִתְבּוֹדֵד הת׳ - *hit.* sich verschließen
★ בָּדָד, לְבָדָד ת״פ [badad, levadad] allein, für sich *Adv.*
בָּדָה פעל (בָּדָא) (לִבְדּוֹת אֶת-, יִבְדֶּה) [bada] *kal* erdichten (lügen)
-בִּדָּה פיעל - *pi.* als unwahr beweisen
-הִתְבַּדָּה הת׳ - *hit.* sich als unwahr erweisen
בָּדוּא ת׳ [badu'] unwahr, erfunden *Adj.*
בִּדּוּד ז׳, בידוד [bidud] Isolierung *f*
בִּדּוּחַ ז׳, בידוח [bi'duax] Erheiterung *f*
בָּדוּחַ ת׳ [ba'duax] erheitert *Adj.*
=דַּעְתּוֹ בְּדוּחָה = heiter, guter Stimmung sein
בָּדוּי ת׳ [baduj] erlogen, erdichtet *Adj.*
=שֵׁם ~ = Deckname *m*, Pseudonym *n*
בֶּדְוִי, בֶּדוּאִי ז׳ [bedvi, bédu'i] Beduine *m*
בָּדוּל ת׳ [badul] abgesondert *Adj.*
בִּדּוּל ז׳, בידול [bidul] Absonderung *f*; Differenzierung *f*
בַּדּוֹן ז׳ [badon] *etwa* Notzelt *n*
בָּדוּק ת׳ [baduk] erprobt *Adj.*
בִּדּוּק ז׳, בידוק [biduk] Prüfung *f*
בְּדוּקִי ז׳ [bduki] Halbwaise *m*
בִּדּוּר ז׳, בידור [bidur] Unterhaltung *f*,

nennen (*bsd. Heiliges u. Profanes*)
[badél] abgesondert, einsam *Adj.* — בָּדֵל ת'
[badal] Rest *m*; Ende *n* — ★בָּדָל ז'
= Ohrläppchen *n* — =בְּדַל-אֹזֶן
= Zigarettenstummel *m* — =~-סִיגַרְיָה
[bidalon] Separatismus *m* — בִּדָּלוֹן ז'
[b'dolax] Kristall *m* — בְּדֹלַח ז', בדולח
= Bergkristall *m*, Quarz *m* — =~-הֶהָרִים
= Reichskristallnacht *hist.* — =לֵיל הַ~
[badlan] Separatist *m* — בַּדְלָן ז'
= Separatismus *m*, Isolationismus *m* — =~נוּת נ'
= separatistisch *Adj.* — =~נִי ת'
[badak] *kal* prüfen, untersuchen, kontrollieren — בָּדַק פעל (לִבְדּוֹק אֶת-, יִבְדּוֹק)
- *pi.* zensieren — -בִּדֵּק פיעל
['bedek-'bajit] Hausreparatur *f*; Überholung *f* — בֶּדֶק-בַּיִת
[badak] Zensor *m* — בַּדָּק ז'
[bi'doket] (staatliche) Zensur *f* — בִּדֹּקֶת נ', בידוקת ראה גם: צֶנְזוּרָה
[bidér] *pi.* zerstreuen; unterhalten, erheitern; flattern lassen — בִּדֵּר פיעל
- *hit.* sich amüsieren; flattern *vli* — -הִתְבַּדֵּר הת'
[badran] Komiker *m* — בַּדְּרָן ז'
= Unterhaltung *f* — =~נוּת נ'
= unterhaltend *Adj.* — =~נִי ת'
[ba] in ihr, sie — בָּהּ מ"ג
[miné uvé] auf der Stelle, aus dem Stegreif, improvisiert *Adv.* — (בֵּהּ) מִנֵּהּ וּבֵהּ (ארמ')
[barux haʃém, be'ezrat haʃém] *Abk.* Gelobt sei Gott; mit Gottes Hilfe — ב"ה ר"ת בָּרוּךְ הַשֵּׁם; בְּעֶזְרַת הַשֵּׁם
[baha] *kal* verlegen sein; sich wundern; angaffen — ★בָּהָה פעל (לִבְהוֹת, יִבְהֶה)
= staunend — =תּוֹהֶה וּבוֹהֶה
['bohu, tohu vavohu] Tohuwabohu *n*, Chaos *n*; Leere *f*, Öde *f* — בֹּהוּ ז', תֹּהוּ וָבֹהוּ

Amüsement *n*, Belustigung *f*
= unterhaltend, belustigend *Adj.* — =~רִי ת'
[bdut, bduta] Erdichtung *f*, Fiktion *f* — בְּדוּת, בְּדוּתָא נ' (ארמ')
[bidax] *pi.* erheitern — בִּדַּח פיעל (לְבַדֵּחַ אֶת-)
- *hit.* spaßen, scherzen — -הִתְבַּדֵּחַ הת'
[ba'déax] munter, heiter *Adj.* — בָּדֵחַ ת'
[bidxilu urximu] mit Ehrfurcht und Liebe — בִּדְחִילוּ וּרְחִימוּ ראה: דְּחִילוּ
[badxan] Spaßmacher *m* — בַּדְחָן ז'
= Spaß *m*; Belustigung *f* — =~וּת נ'
= wie ein Spaßmacher — =בַּדְּחָנִי ת'
[bdidut] Einsamkeit *f* — בְּדִידוּת נ'
[bdaja] Erdichtung *f*, Märchen *n* — בְּדָיָה נ', בדייה
[bidjon] Fiktion *f*, Phantasie *f* — בִּדְיוֹן ז'
[bidjoni] erdichtet, fiktiv *Adj.* — בִּדְיוֹנִי ת'
= Science Fiction *f*; Fantasy *f* — =מַדָּע ~
[bedijuk] exakt, genau *Adv.* — בְּדִיּוּק ת"פ
[bdixa] Witz *m*; witzige Anekdote *f* — בְּדִיחָה נ'
[bdixut] Heiterkeit *f*, Fröhlichkeit *f* — בְּדִיחוּת נ'
= gute Laune *f* — =~-הַדַּעַת
[bdil] Zinn *n* — בְּדִיל ז'
[bdilut] Abgesondertheit *f* — בְּדִילוּת נ'
[badjan] Geschichtenerzähler *m*, Märchenerzähler *m* — בַּדְיָן ז'
[bedi'avad] nachträglich, im Nachhinein *Adv.* — בְּדִיעֲבַד ת"פ (ארמ')
[bdika] Prüfung *f*, Untersuchung *f*, Kontrolle *f* — בְּדִיקָה נ'
[nivdal] *nif.* abgesondert sein, abseits sein — (בדל) נִבְדַּל נפ' (לְהִבָּדֵל מִן-)
- *hif.* unterscheiden, trennen — -הִבְדִּיל הפ'
- *pi.* abtrennen, isolieren — -בִּדֵּל פיעל
- *hit.* sich absondern, sich isolieren — -הִתְבַּדֵּל הת'
= "lang soll er leben" (Formel mach Erwähnung eines Verstorbenen) — =יִבָּדֵל לְחַיִּים
= *wörtl.* es soll unterschieden werden; nicht in einem Atemzug zu — =לְהַבְדִּיל

בָּהוּל ת׳ [bahul] aufgeregt, ängstlich *Adj.* sehr dringend; besorgt *Adj.*

בה״ח ר״ת בֵּית-הַחוֹלִים [bét-haxolim] *Abk.* Krankenhaus *n*

בְּהֶחְלֵט ראה גם: הֶחְלֵט [behexlét] absolut, ganz sicher *Adv.*

בַּהַט ז׳ [ʻbahat] Alabaster *m*; Porphyr *m*

בְּהִילָה נ׳ [behila] Panik *f*, Angst *f*

בְּהִילוּת נ׳ [behilut] Hektik *f*; Gier *f*

בְּהִיקָה נ׳ [behika] Glanz *m*

בְּהִיקוּת נ׳ [behikut] Glanz *m*, Lumineszenz *f*

בָּהִיר ת׳ [bahir] hell, klar; heiter (Wetter) *Adj.*

=בְּיוֹם ~ אֶחָד = eines schönen Tages; am hellichten Tage

בְּהִירוּת נ׳ [behirut] Helligkeit *f*, Klarheit *f*

(בהל) נִבְהַל נפ׳ (לְהִבָּהֵל) [nivhal] *nif.* sich erschrecken

-הִבְהִיל הפ׳ - *hif.* erschrecken *v/t*; zur Eile treiben

בֶּהָלָה נ׳ [behala] Panik *f*; große Eile *f*

=בֶּהָלַת-שָׁוְא = grundlose Panik *f*

בָּהֶם מ״ג [bahem] in ihnen (*m*), sie

בִּהֵם פיעל [bihém] *pi.* verwildern lassen *v/t*

-הִתְבַּהֵם הת׳ - *hit.* verwildern *v/i*

בְּהֵמָה נ׳ (בֶּהֱמַת-, בְּהֶמְתִּי) [behéma] Vieh *n*

=~ גַּסָּה = Rindvieh *n*

=~ דַּקָּה = Kleinvieh *n*

=~ טְהוֹרָה = reines (koscheres) Vieh *n*

=~ טְמֵאָה = unreines Vieh *n*

★בְּהֵמוֹת ז׳ ראה גם: סוּס-הַיְאוֹר [behémot] Nilpferd *n* (Hippopotamus); *Zo.*

בַּהֲמוּת נ׳ [bahamut] viehisches, brutales Benehmen *n*

בַּהֲמִי ת׳ [bahami] viehisch, grob *Adj.*

=~יּוּת נ׳ = Bestialität *f*, tierisches Wesen *n*

בָּהֶן מ״ג [bahen] in ihnen (*f*), sie

בֹּהֶן זו״נ, בּוֹהֶן (בְּהוֹנוֹת) [ʻbohen] Daumen *m*; großer Zeh *m*

בה״ס ר״ת בֵּית-הַסֵּפֶר [bét-haséfer] *Abk.* die Schule

בָּהַק פעל, (לִבְהוֹק, יִבְהַק) [bahak] *kal* glänzen

-הִבְהִיק הפ׳ - *hif.* glänzen, blitzen

בְּהַקְהַנִי ת׳ [bahakani] hell, weiß (*bsd.* Haut, Haar) *Adj.*

בֹּהַק ז׳, בּוֹהַק [ʻbohak] Glanz *m*

(בהר) הִבְהִיר הפ׳ [hivhir] *hif.* aufklaren; erklären, erläutern

-הִתְבַּהֵר הת׳ - *hit.* klar werden; sich aufhellen

בַּהַר ז׳ [bahar] Klarheit *f*

בַּהֶרֶת נ׳ [ba'heret] weißer Hautfleck *m*

=בַּהֲרוֹת-קַיִץ נ״ר ראה גם: נֶמֶשׁ = Sommersprossen *f/pl.*

=טִיפוּס-הַבֶּהָרוֹת = Flecktyphus *m Med.*

בּוֹ מ״ג [bo] in ihm, ihn

=~ בַּיּוֹם, ~ בַּזְּמַן = am gleichen Tage, zur selben Zeit

=~-זְמַנִּי ת׳ = gleichzeitig *Adj.*

(בוא) בָּא פעל (לָבוֹא, בָּאתִי, יָבוֹא, בּוֹא!) [ba'] *kal* kommen, ankommen

-הֵבִיא הפ׳ - *hif.* bringen; verursachen *v/t*, führen zu

★=בָּא| אֶל אִשָּׁה = beschlafen (eine Frau) *bibl.*

=~ אֵלָיו בִּטְעָנוֹת = j-m Vorwürfe machen

=~ בִּבְרִית = einen Bund schließen

=~ בִּדְבָרִים = verhandeln

=~ בְּחֶשְׁבּוֹן = in Frage, *auch* infrage kommen, möglich sein

=לֹא ~ ~! = kommt nicht in Frage!

=~ בַּיָּמִים = alt werden

=~ בִּמְבוּכָה = verlegen sein

=~ בְּרִיב = Streit anfangen

=~ לִידֵי-, ~ לִכְלַל- = gelangen zu

=~ עַל הֶחָתוּם = unterschreiben (Vertrag *usw.*), unterzeichnen

=~ עַל עָנְשׁוֹ = seine Strafe bekommen

=~ עַל שְׂכָרוֹ = seinen Lohn bekommen

★=בָּאָה הַשֶּׁמֶשׁ = untergehen (Sonne)

=בָּאוּ מַיִם עַד נֶפֶשׁ	= das Wasser steht *j-m* bis zum Hals
=יָבוֹא!	= herein!
=תָּבוֹא עָלָיו בְּרָכָה	= er soll gesegnet sein!
=הַבָּא	= der Nächste, der Kommende, der Folgende
=לְהַבָּא	= in Zukunft
=הָעוֹלָם הַבָּא	= das Jenseits
=בָּרוּךְ הַבָּא! בְּרוּכִים הַבָּאִים! בּוֹאֲךָ לְשָׁלוֹם!	= willkommen!
=בָּא לוֹ (דיבורי)	= er hat Lust, es passt ihm
=לֹא בָּא לוֹ (דיבורי)	= er hat keine Lust, es passt ihm nicht
=מְמַשְׁמֵשׁ וּבָא	= nahend *Adj.*
=הֵבִיא לְבֵית הַדְּפוּס	= herausgeben, drucken lassen
★בּוֹאֲךָ, בּוֹאֲכָה	[boaxa] wenn du nach ... kommst; in Richtung
בּוֹגֵד ז'	[bogéd] Verräter *m*
בּוֹגְדָנוּת נ'	[bogdanut] Betrug *m*, Treulosigkeit *f*
בּוֹגְדָנִי ת'	[bogdani] betrügerisch *Adj.*
בּוּגֶנְוִילֵיאָה נ'	[bugenvilé'a] Bougainvillea *f Bot.*
בּוֹגֵר ז'	[bogér] Erwachsener *m*; Absolvent *m*
=~ אוּנִיבֶרְסִיטָה, ראה: ב.א.	= B.A. Baccalaureus Absolvent der Universität
=~ לְמַדָּעֵי הַטֶּבַע	= Baccalaureus der Naturwissenschaften (B.Sc.)
בְּוַדַּאי ת"פ	[bevadaj] sicherlich *Adv.*
בּוֹדֵד ת'	[bodéd] einsam; einzig; einzeln; abgelegen *Adj.*
בּוּדְהִיזְם ז'	[budhizm] Buddhismus *m*
בּוֹדֵק ז'	[bodék] Prüfer *m* (Fleisch; *rituell*)
בּוֹהֶה ת'	[bohe] staunend *Adj.*
בּוֹהֵק ת'	[bohék] glänzend, strahlend *Adj.*
(בוז) בָּז פעל (לָבוּז לְ-, יָבוּז)	[baz] *kal* verachten, gering schätzen
בּוּז ז'	[buz] Spott *m*; Verachtung *f*, Geringschätzung *f*
=הָיָה לָבוּז	= zum Gegenstand des Spotts werden, zum Gespött machen
בּוֹחֵן ז'	[boxén] Prüfer *m* (Schule)
בּוֹחֵר ז'	[boxér] Wähler *m Pol.*
בּוֹטֶה ת'	[bote] scharf, stechend *Adj.*, *fig.*
=דְּבָרִים בּוֹטִים	= scharfe Worte *n/pl.*
בּוֹטָנִי|קָה נ'	[botanika] Botanik *f*
=~ ת'	= botanisch *Adj.*
=גַּן ~	= botanischer Garten *m*
בּוֹיְדֶם ז'	[bojdem] Oberschrank *m* (Stauraum im Flur *usw.*)
(בוך) נָבוֹךְ נפ' (לְהִבּוֹךְ, יִבּוֹךְ)	[navox] *nif.* verlegen werden, verlegen sein
-הֵבִיךְ הפ'	- *hif.* in Verlegenheit bringen, verlegen machen
=מוֹרֵה נְבוּכִים	= "Führer der Verirrten" (Werk des Maimonides)
בּוּכְטָה נ' (סלנג)	[buxta] Haufen *m*
בּוּל[1] ז'	[bul] Block *m*
=~-עֵץ	= Holzblock *m*
בּוּל[2] ז'	[bul] Briefmarke *f*
בּוּל[3] (דיבורי)	[bul] Volltreffer!
בּוּלָאוּת נ'	[bula'ut] Philatelie *f*, Briefmarkensammeln *n*
בּוּלַאי ז'	[bulaj] Philatelist *m*, Briefmarkensammler *m*
בּוּלְדוֹזֶר ראה גם: דַּחְפּוֹר	[buldozer] Bulldozer *m*
בּוֹלֵט ת'	[bolét] herausragend, hervorragend, hervorstechend *Adj.*
=אִישִׁיּוּת בּוֹלֶטֶת	= hervorragende Persönlichkeit *f*
בּוֹלֵם ז"ת	[bo'lem] Stopper *m*, Bremse *f*
בּוֹלְעָנִי ת'	[boláni] verschlingend *Adj.*
בּוֹלֶשֶׁת נ'	[bo'leʃet] Geheimpolizei *f*
בּוֹמְבַּסְטִי ת'	[bombasti] grandios *Adj.*
בּוּמַ"ף	[bumaf] die 4 Lippenlaute Beth, Vav, Mem, Pé *Gr.*
בּוּמֶרַנְג ז'	[bumerang] Bumerang *m*
בּוֹנְבּוֹנְיֵרָה נ'	[bonbonjera] Pralinenschachtel *f*

בּוּנְגָּלוֹ ז' [bungalo] Bungalow *m*
בּוֹנֶה[1] ז' [bone] Baumeister *m*, Erbauer *m*
=בּוֹנִים חָפְשִׁים = Freimaurer *m/pl.*
בּוֹנֶה[2] ז' (גם: בִּיבָר) [bone] Biber *m* (Castor) *Zo.*
בּוֹס ז', בּוֹסִית נ' [bos, bosit] Chef *m*,
Direktor *m*; Chefin *f*
(בוס) בּוֹסֵס פיעל [bosés] *pi.* zertreten, zertrampeln *v/t*; schwer gehen *v/i*, stapfen *v/i*
-הִתְבּוֹסֵס הת' - *hit.* sich wälzen
-הֵבִיס הפ' - *hif.* schlagen (den Feind),
Niederlage beibringen
בּוּעָה נ' [bu'a] Blase *f* (Luft-, Seifen-)
=בּוּעוֹת-שֶׁל-סַבּוֹן = Seifenblasen *pl.*, *fig*
בּוֹעֵר ת' [bo'ér] sehr dringend, wichtig *Adj.*
=עוֹנָה בּוֹעֶרֶת = Hochsaison *f*
בּוֹץ ז' ראה: בֹּץ [bots] Matsch *m*, Schlamm *m*
★בּוּץ ז' [buts] Byssus *m* (feines Gewebe)
בּוּצִין ז' [butsin] königskerze *f*
(Verbascum) *Bot.*
בּוּצִית נ' [butsit] kleines Schiff, Boot *n*
בּוֹצָנִי ת' [botsani] matschig *Adj*
בּוֹצֵר ז' [botsér] Winzer *m*
★בּוּקָה נ' [buka] Öde *f*, Leere *f*
בּוּקִיצָה נ' [bukitsa] Ulme *f*
בּוּקְסִיט ז' [buksit] Bauxit *m*
(Aluminiumerz) *Chem.*
בּוֹקְעָנִי ת' [bok'ani] durchberchend,
durchdringend *Adj.*
בּוֹקֵר ז' [bokér] Viehzüchter *m*
בּוֹקְרוּת נ' [bokrut] Viehzucht *f*
בּוֹר[1] ז' (בּוֹרוֹת) [bor] Grube *f*, Loch *m*
=~ סוּד = *wörtl* gekalkte Grube; Mensch mit
hervorragendem Gedächtnis
=~-סְפִיגָה,~ רָקָב = Senkgrube *f*
=~-שׁוֹפְכִין = Abwässergrube *f*
בּוֹר[2] ז' [bor] Bor *n* *Chem.*
בּוּר תו"ז [bur] brach *Adj.*; Brachland *n*;
Unwissender *m*; Ignorant *m*

=~ וְעַם-הָאָרֶץ = völlig ungebildeter Mensch
(בור)[1] בָּר פעל (לָבוּר) [bar] *kal* brachliegen
-הֵבִיר, הוֹבִיר הפ' - *hif.* brachliegen lassen
★(בור)[2] בָּר פעל (לָבוּר) [bar] wählen, auswählen
בּוֹרֵא ז' [boré'] Schöpfer *m* (Gott)
בּוּרוּת נ' [burut] Unwissenheit *f*, Unbildung *f*
בּוֹרֵחַ ז' [bo'réax] Ausbrecher *m*
בּוּרְסָה נ' [bursa] Börse *f* *Econ.*
בּוּרֶקָס ז' [burekas] herzhaft gefülltes
Blätterteiggebäck *n*
בּוֹרֵר ז' [borér] Schiedsrichter *m*;
(Früchte-)Sortierer *m*
=~-אֲפִיקִים = Frequenzband *n* *Rdf.*
בּוֹרְרוּת נ' [borerut] Schiedsgericht *n*
=~ זַבְלָ"א ר"ת: = unabhängiger Schlichter *m*,
זֶה בּוֹרֵר לוֹ אֶחָד Ombudsmann *m*
בּוֹשׁ פעל (לֵבוֹשׁ, [boʃ] *kal* sich schämen
בֹּשְׁתִּי, יֵבוֹשׁ)
-בּוֹשֵׁשׁ פיעל[1] - *pi.*[1] zaudern; sich verspäten
-בִּיֵּשׁ פיעל[2] - *pi.*[2] beschämen *v/t*
-הִתְבַּיֵּשׁ הת' - *hit.* sich schämen; sicn nicht trauen
-הֵבִישׁ, הוֹבִישׁ הפ' - *hif.* zur Schande gereichen
=עַד בּוֹשׁ = *wörtl.* bis zur Beschämung;
sehr lange *Adv.*
בּוֹשׁ ת' [boʃ] schamhaft *Adj.*
בּוּשָׁה נ' [buʃa] Schande *f*
=~ וְחֶרְפָּה! = Schmach und Schande!
=עָשָׂה לוֹ בּוּשׁוֹת (דיבורי) = j-m Schande machen,
j-n blamieren
בַּז ז' [baz] Falke *m* (Falco) *Zo.*
בֶּז' ז' [bež] Beige *n* (Farbe)
בִּזְבּוּז ז', ביזבוז [bizbuz] Verschwendung *f*
בִּזְבֵּז פיעל (לְבַזְבֵּז אֶת-) [bizbéz] *pi.* verschwenden
בַּזְבְּזָן ז' [bazbezan] Verschwender *m*
=~נוּת נ' = Verschwendungssucht *f*
=~נִי ת' = verschwenderisch *Adj.*
בָּזָה פעל (לִבְזוֹת [baza] *kal* gering schätzen,
אֶת-, יִבְזֶה) verachten

-נִבְזָה נפ׳ (לְהִבָּזוֹת) - *nif.* gering geschätzt, verachtet werden
-בִּזָּה פיעל (לְבַזּוֹת אֶת-) - *pi.* (Ehre) herabsetzen
-הִתְבַּזָּה, נִתְבַּזָּה הת׳ - *hit.* sich zum Gespött machen
בִּזָּה נ׳, ביזה [biza] Diebesgut *n*, Beute *f*
בָּזוּי ת׳ [bazuj] verachtet *Adj.*
בִּזּוּי ז׳ ביזוי [bizuj] Mißachtung *f*, Verachtung *f*
בְּזוֹל ת״פ [bezol] billig *Adv.*
בָּזוּק ת׳ [bazuk] verschüttet, gestreut (z.B. Salz) *Adj.*
בָּזוּקָה נ׳ [bazuka] Bazooka *f*, Panzerfaust *f Mil.*
בִּזּוּר ז׳, ביזור [bizur] Verteilung *f*, Dezentralisierung *f*
★בָּזַז פעל (לָבֹז אֶת-, יָבֹז) [bazaz] rauben, Beute machen, plündern
בִּזָּיוֹן ז׳ ביזיון (בִּזְיוֹנוֹת) [bizajon] Schande *f*; Missachtung *f*
=בִּזְיוֹן בֵּית-הַמִּשְׁפָּט = Missachtung des Gerichtes (z.B. Nichterscheinen vor Gericht)
בִּזְיוֹנִי ת׳ [bizjoni] schändlich *Adj.*
בְּזִיזָה נ׳ [bziza] Raub *m*, Plünderung *f*
בָּזִיךְ, בָּזָךְ ז׳ (ארמ׳) [bazix, bazax] Becher *m*
בְּזִיל-הַזּוֹל ת״פ [bezil hazol] sehr billig, günstig *Adv.*; Schnäppchen *n*
בַּזֶּלֶת נ׳ [baz'elet] Basalt *m*
=בַּזַּלְתִּי ת׳ = aus Basalt, Basalt-
בָּזָק ז׳ ראה גם: בָּרָק [bazak] Blitz *m*
=בִּמְהִירוּת הַ~ = in Blitzesschnelle
=מִלְחֶמֶת-~ = Blitzkrieg *m*
★בָּזַק[1] פעל (לִבְזוֹק אֶת-) [bazak] streuen (z.B. Salz)
בָּזַק[2] פעל (לִבְזוֹק) [bazak] *kal* blitzen, glänzen
-הִבְזִיק הפ׳ - *hif.* Glanz verbreiten: mit Blitzlicht erhellen
בֶּזֶק ז׳ [bezek] *etwa* Telekom *f*
בִּזֵּר פיעל [bizér] *pi.* zerstreuen; dezentralisieren
בָּזָר ז׳ [bazar] Markt *m*, Messe *f*
בַּזְרָן ז׳ [bazran] Unordentlicher *m*
בָּחוּל ת׳ [baxul] früh reifend; widerlich, ekelhaft Adj.
בָּחוּן ת׳ [baxun] geprüft, erprobt *Adj.*
בָּחוּר[1] ז׳ [baxur] Junge *m*, junger Mann *m* Junggeselle *m*
=בַּחוּר-יְשִׁיבָה = Jeschiwa-Student *m*, Talmudschüler *m*
בָּחוּר[2] ת׳ [baxur] ausgewählt, ausgezeichnet *Adj.*
★=~ וָטוֹב = hervorragend *Adj.*
בַּחוּרָה נ׳ [baxura] junges Mädchen *n*
בָּחוּשׁ ת׳ [baxuʃ] umgerührt *Adj.*
בִּחוּשׁ ז׳ [bixuʃ] Umrühren *n*; Vermischen *n*
בְּחֶזְקַת ת״פ ראה: חֲזָקָה [bexezkat] in der Eigenschaft als
בְּחַיֵּי [bexajaj] *etwa* ich schwörs dir!
בְּחִילָה נ׳ [bxila] Übelkeit *f*; Brechreiz *m*; Ekel *m*
בְּחִינָה נ׳ [bxina] Prüfung *f*, Examen *n*; Aspekt *m*, Gesichtspunkt *m*
=עָמַד בַּ~ = die Prüfung bestehen
=עָמַד לִבְחִינָה = sich prüfen lassen, zur Prüfung gehen
=בְּחִינַת- = so etwas wie, ähnlich wie
=בִּבְחִינַת- = zu vergleichen mit; ist anzusehen als
=מִבְּחִינָה זוֹ = so gesehen
בָּחִיר ת׳ [baxir] ausgewählt; beste(r) *Adj.*
=בְּחִיר-לִבָּהּ = Erwählter ihres Herzens
=בְּחִירַת-לִבּוֹ = Erwählte s-s Herzens
בְּחִירָה נ׳ [bxira] Wahl *f*
=אֶרֶץ-הַ~ = Gelobtes Land
=זְכוּת-~ = Wahlrecht *n*
בְּחִירוֹת נ״ר [bxirot] Wahlen *f/pl. Pol.*
=~ אֲזוֹרִית = Kommunalwahl *f Pol.*
=~ אִישִׁיּוֹת = Direktwahl *f Pol.*
=~ כְּלָלִיּוֹת = allgemeine Wahlen *f/pl. Pol.*
=~ מֻקְדָּמוֹת = erster Wahlgang *m*, Vorwahlen *f/pl. Pol.*
בְּחִישָׁה נ׳ [bxiʃa] Umrühren *n*
בָּחַל פעל (לִבְחוֹל בְּ-, יִבְחַל) [baxal] *kal* sich ekeln vor *(D)*, verabscheuen (*Akk.*)

-הִבְחִיל הפ' - *hif.* Ekel erregen
בַּחַל ז' ['baxal] Ekel *n*, Verabscheuung *f*
בֹּחַל ז' ['boxal] Pubertät *f*
בח"ל ר"ת: בְּחִיר-לִבָּהּ, בְּחִירַת-לִבּוֹ [bxir liba, bxivat libo] *Abk.* Erwählte ihres (seines) Herzens
בָּחַן פעל (לִבְחוֹן אֶת-, יִבְחַן) [baxan] *kal* prüfen, untersuchen *v/t*
-הִבְחִין הפ' - *hif.* unterscheiden; gewahren, wahrnehmen
בֹּחַן ז', בוחן (בְּחָנִים) ['boxan] Teilprüfung *f*
=אֶבֶן-~ = Prüfstein *m*
בָּחַר פעל (לִבְחוֹר אֶת-, בְּ-, יִבְחַר) [baxar] *kal* wählen, auswählen, vorziehen
-נִבְחַר נפ' (לְהִבָּחֵר) - *nif.* gewählt werden
=בָּחַר בָּרָע בְּמִעוּטוֹ = das kleinere Übel wählen
בַּחֲרוּת נ' [baxarut] Jugend *f*
בַּחֲרָן תו"ז [baxaran] wählerisch *Adj.*
בָּחַשׁ פעל (לִבְחוֹשׁ אֶת-, יִבְחַשׁ) [baxaʃ] *kal* umrühren, vermischen *v/t*
=~ בִּקְדֵרָה (בְּקַלַּחַת) = sich einmischen
בַּחֲשָׁה נ' [baxaʃa] Kochlöffel *m*
בִּטֵּא פיעל [bité'] *pi.* ausdrücken, aussprechen, Ausdruck geben
-הִתְבַּטֵּא הת' - *hit.* sich ausdrücken
בִּטָּאוֹן ז', ביטאון [bita'on] Zeitschrift *usw.* (für eine Institution *od.* Ideologie)
בָּטָה פעל [bata] *kal* ausdrücken, aussprechen
בִּטּוּא ז' [bitu'] Ausdruck *m*; Aussprache *f*
בָּטוּחַ ת' [ba'tuax] sicher, vertrauensvoll *Adj.*
=~ בְּעַצְמוֹ = selbstsicher *Adj.*
=לִבִּי סָמוּךְ וּבָטוּחַ = ich bin ganz sicher
=בְּטוּחַנִי = ich bin sicher
=מַה שֶּׁבָּטוּחַ - בָּטוּחַ (דיבורי) = sicher ist sicher
=הָלַךְ עַל בָּטוּחַ (דיבורי) = auf der sicheren Seite sein, kein Risiko eingehen
בִּטּוּחַ ז', ביטוח [bit'uax] Versicherung *f*
=~ לְאֻמִּי = staatliche Sozialversicherung *f*
=חֶבְרַת-~ = Versicherungsgesellschaft *f*
=דְּמֵי-~ = Versicherungsprämie *f*
=~-מִשְׁנֶה = Rückversicherung *f*
בַּטּוּחָה נ' [batuxa] Sicherheit *f*, Garantie *f*
=בַּטּוּחוֹת נ"ר = Wertpapiere *n/pl.*
בִּטּוּי ז', ביטוי [bituj] Ausdruck *m*; Aussprache *f*
=כְּלֵי-~ ז"ר = Sprechwerkzeuge *n/pl.*
בָּטוּל ת' [batul] faul *Adj.*
בִּטּוּל ז', ביטול [bitul] Verneinung *f*; Absage *f*, Annullierung *f*; Geringschätzung *f*
=~ הַצָּגָה וכו' = Absage *f* e-r Vorstellung *usw.*
=~ חוֹזֶה = Rückgängigmachen *n*-, Annullierung *f* e-s Vertrages
=~ מְלָאכָה = Arbeitsunterbrechung *f*
=~ פְּסַק-דִּין = Aufhebung *f* des Urteils
=~ תּוֹרָה = Abhalten *n* vom Lernen (Thora)
בֶּטוֹן ז' [beton] Beton *m*
=~-מְזֻיָּן = Eisenbeton *m*
בָּטַח פעל, (לִבְטוֹחַ בְּ-, עַל-, יִבְטַח) [batax] *kal* sicher sein; sich verlassen *auf*
-בִּטַּח פיעל (לְבַטֵּחַ אֶת נֶגֶד-) - *pi.* versichern (gegen Schaden)
-הִבְטִיחַ הפ' - *hif.* versprechen; *j-m* versichern
=בָּטַח בְּ- = vertrauen auf, glauben an (*Akk.*)
=מֻבְטָחְנִי, מֻבְטְחַנִי = ich bin überzeugt, ich bin sicher
=הִבְטִיחַ הָרִים וּגְבָעוֹת = j-m goldene Berge (od. den Himmel auf Erden) versprechen
★בֶּטַח ז' ['betax] Sicherheit *f*
=~ (דיבורי) =klar, sicher, bestimmt!
=לָבֶטַח ת"פ = sicher, sorglos *Adv.*
בִּטְחָה נ', ביטחה [bitxa] Sicherheit *f*, Ruhe *f*, Geborgenheit *f*
בִּטָּחוֹן ז', ביטחון (בִּטְחוֹנוֹת) [bitaxon] Sicherheit *f*, fester Glauben; Verteidigung des Staates
=~ עַצְמִי = Selbstvertrauen *n*
=כּוֹחוֹת הַ-~ = Militär- und Polizeikräfte *f/pl.*
=מִשְׂרַד-הַ-~ = Verteidigungsministerium *n*

=~שַׂר-הַ~	= Verteidigungsminister *m*
=סִכַּת-~~	= Sicherheitsnadel *f*
בִּטְחוֹנִי ת׳	[bitxoni] Sicherheits-
בָּטָטָה נ׳	[ba'tata] Batate *f* (Süßkartoffel)
בְּטִיחוּ|ת נ׳	[betixut] Sicherheit *f* (gegen Unfälle), Unfallschutz *m*
=~תִי ת׳	= uufallsicher *Adj.*
=אֶמְצָעֵי-~~	= Sicherheitsvorkehrumgen *f/pl.*
★ בְּטִילָה נ׳	[btila] Arbeitslosigkeit *f*
בַּטִּישׁ ז׳	[batiʃ] Handwalze *f*; Stampfer *m*
בְּטִישָׁה נ׳	[betiʃa] Rammen *n*
בָּטַל פעל (לִבְטוֹל, בָּטֵל, יִבְטַל)	[batal] *kal* nicht mehr sein, aufhören zu sein
-נִבְטַל נפ׳ (לְהִבָּטֵל)	- *nif.* müßig sein
-בִּטֵּל פיעל	- *pi.* zunichte machen; für nichtig halten; aufheben, absagen, stornieren, annullieren
-הִתְבַּטֵּל הת׳	- *hit.* storniert werden, ausfallen; müßig gehen; sich selbst geringschätzen
-הִבְטִיל הפ׳	- *hif.* zum Nichtstun veranlassen; abhalten
בָּטֵל ת׳	[batél] müßig; ungültig; wertlos *Adj.*
=~ וּמְבֻטָּל	= null und nichtig
=דְּבָרִים בְּטֵלִים	= leere Worte *n/pl.*; wertlose Dinge *n/pl.*
=הוֹלֵךְ בָּטֵל	= nichts tun, müßig gehen
=שִׂיחָה בְּטֵלָה	= leeres Gerede, müßiges Gespräch *n*
=בָּטֵל בְּשִׁשִּׁים	= bedeutungslose Minderheit
=כַּמּוּת מְבֻטֶּלֶת	= sehr wenig
בַּטָּלָה נ׳	[batala] Nichtstun *n*; Nichts *n*
=לְבַטָּלָה ת״פ	= vergeblich, umsonst *Adv.*
=בְּרָכָה לְ~	= vergebene Liebesmüh'
בַּטְלָ|ן ז׳	[batlan] Müßiggänger *m*
=~נוּת נ׳	= Müßiggang *m*; Untüchtigkeit *f*
=~נִי ת׳	= untüchtig, unpraktisch; faul *Adj.*
בֶּטֶן נ׳ (בְּטָנִים)	['beten] Bauch *m*
=מִ~ וּמִלֵּדָה	= von Geburt an
בִּטֵּן פיעל	[bitén] *pi.* (Stoff) füttern
בִּטְנָה נ׳, ביטנה (בְּטָנוֹת)	[bitna] Futter *n* (Kleidung)
בָּטְנֶה ז׳, בוטנה, בֹּטֶן ז׳ בוטן (בָּטְנִים)	[botne] Pistazie *f*
=בָּטְנֵי-אֲדָמָה ז״ר (ראה: אֱגוֹזֵי-אֲדָמָה)	= Erdnüsse *f/pl.*
בָּטְנָה נ׳, בוטנה ראה: אֵלָה	[botna] Pistazie f (Baum), Pistacia vera *Bot.*
בַּטְנוּ|ן ז׳	[batnun] Kontrabass *m*
=~נִית נ׳	= Cello *n*
בָּטַשׁ פעל (לִבְטוֹשׁ אֶת-, יִבְטוֹשׁ)	[bataʃ] *kal* stoßen; stampfen
בִּי מ״ג	[bi] in mir, mich
★בִּי מ״ק	[bi] bitte *int.*
בִּיאָה נ׳	[bi'a] Kommen *n*, Eintreten *n*; Beischlaf *m* (v. Manne) *bibl.*
=בִּיאַת-הַשֶּׁמֶשׁ	= Sonnenuntergang *m*
בִּיאֶנָּלֶה ז׳	[bi'enale] Biennale *f*
בִּיב ז׳	[biv] Abwasserkanal *m*, Abwasserrohr *n*, Kloake *f*
=גּוֹרֵף-בִּיבִים	= Kloakenreiniger *m*
בִּיֵּב פיעל (לְבַיֵּב)	[bijév] *pi.* Kanalisation, Abwasserrohre legen
בֵּיבָר ז׳	[bévar] Tierpark *m*, zoologischer Garten *m*
בִּיבָר ז׳ ראה גם: בּוֹנֶה[2]	[bivar] Biber *m* (Castor) *Zo.*
בִּיגַמְיָה נ׳	[bigamja] Bigamie *f*
ביה״ח ר״ת בֵּית-הַחוֹלִים	[bét-haxolim] *Abk.* das Krankenhaus
ביהכ״נ ר״ת בֵּית-הַכְּנֶסֶת	[bét-ha'kneset] *Abk.* die Synagoge
ביה״ס ר״ת בֵּית-הַסֵּפֶר	[bét-ha'séfer] *Abk.* die Schule
בִּיּוּב ז׳	[bijuv] Kanalisation *f*; Abfluss *m* (Spüle *usw.*)
בִּיוֹכִימְיָה נ׳	[bioximja] Biochemie *f*
בִּיּוּל ז׳	[bijul] Frankierung *f*
בִּיוֹלוֹ|גְיָה נ׳	[biologja] Biologie *f*

= biologisch *Adj.* =~גִי ת׳
[bijum] Inszenierung *f*; Regie *f* בִּיּוּם ז׳
[bijun] Nachrichtendienst *m*, Geheimdienst *m* בִּיּוּן ז׳
[bijuts] Eisprung *m*, Ovulation *f* בִּיּוּץ ז׳
[bjurokratja] Bürokratie *f* בְּיוּרוֹקְרַטְיָה נ׳
[bijuʃ] Beschämung *f*, Blamage *f* בִּיּוּשׁ ז׳
[bijut] Domestizierung *f* בִּיּוּת ז׳
[bejotér] meist; ganz besonders, sehr *Adv.* בְּיוֹתֵר ת״פ
= der Größte; am größten =הַגָּדוֹל ~
[bizantini] byzantinisch *Adj.* בִּיזַנְטִינִי ת׳
[bét-xolim] *Abk.* Krankenhaus *n* בי״ח ר״ת בֵּית-חוֹלִים
[bejixud] besonders *Adv.* בְּיִחוּד ת״פ
[bét-xa'roʃet] *Abk.* Fabrik *f* ביח״ר ר״ת בֵּית-חֲרֹשֶׁת
[bijél] *pi.* frankieren בִּיֵּל פיעל
[bilu] *Kurzw.* Bewegung russischer Juden zur Kolonisation Palästinas בִּיל״וּ ר״ת ״בֵּית-יַעֲקֹב לְכוּ וְנֵלְכָה״
[bijém] *pi.* inszenieren, Regie führen בִּיֵּם פיעל
[bimaj] Regisseur *m* בִּימַאי ז׳ ראה: בַּמַּאי
[bima] Bühne *f*, Podium *n* בִּימָה נ׳
[bét-misxar] *Abk.* Geschäft *n*, Laden *m* בימ״ס ר״ת בֵּית-מִסְחָר
= Buchhandlung *f* =בֵּית-מִסְחַר-סְפָרִים
[bét-miʃpat] *Abk.* Gericht *n*, Gerichtshof *m* בימ״ש ר״ת בֵּית-מִשְׁפָּט
[bimati] Theater-, Bühnen- בִּימָתִי ת׳
[ban] *kal* verstehen ★(בין) בָּן פעל (לָבִין, בַּנְתִּי)
- *nif.* vernünftig werden, klug werden -נָבוֹן נפ׳
- *hit.* betrachten -הִתְבּוֹנֵן הת׳
- *hif.* verstehen, begreifen -הֵבִין הפ׳ (לְהָבִין אֶת-, הֵבַנְתִּי, גם: הֲבִינוֹתִי, יָבִין)
- *hof.* verstanden werden -הוּבַן הופ׳
= verständlich, natürlich *Adj.* =מוּבָן ת׳
= selbstverständlich, natürlich *Adv.* =כַּמּוּבָן ת״פ
[bén] zwischen *Prp.*; inter- בֵּין מ״י
= sowohl als auch =~...~
= zwischen ... und ... =~ וּבֵין,~ לְבֵין
= ob ... oder ... =~ שֶׁ- וּבֵין שֶׁ~
= inzwischen; sowieso =~ כֹּה וָכֹה
= sowieso =~ כָּךְ
= auf jeden Fall, sowieso =~ כָּךְ וּבֵין כָּךְ
= unter vier Augen =בֵּינוֹ לְבֵינוֹ
= für sich, allein =בֵּינוֹ לְבֵין עַצְמוֹ
= unter uns =בֵּינֵינוּ (לְבֵין עַצְמֵנוּ)
= gegen Abend, Dämmerung =בֵּין הָעַרְבַּיִם
= zwischen den Zeilen =~ הַשִּׁיטִין (הַשּׁוּרוֹת)
= in der Dämmerung =~ הַשְּׁמָשׁוֹת
= zwischen Rosch Haschana und Jom-Kippur (Neujahr u. Versöhnungsfest) =~ כֶּסֶה לְעָשׂוֹר
= intime Dinge, zwischen Mann und Frau =דְּבָרִים שֶׁבֵּינוֹ לְבֵינָהּ
= interkontinental *Adj.* =בֵּין-יַבַּשְׁתִּי ת׳
= international *Adj.* =~-לְאֻמִּי ת׳
= überregional *Adj.*, interurban *Adj.*, Überland- =~-עִירוֹנִי
= aus, heraus aus =מִבֵּין
[bénguʃi] zwischen den Supermächten בֵּינְגּוּשִׁי ת׳
[bina] Verstand *m*, Einsicht *f*, Verständnis *n* בִּינָה נ׳
= Intuition *f*, Eingebung *f* =בִּינַת-הַלֵּב
= Alter des Verstandes (40 Jahre) *Rel.* =גִּיל הַבִּינָה
= 40 Jahre alt werden =הִגִּיעַ לְבִינָה
[bénoni] mittlere; mittelmäßig *Adj.*; Präsens *n* *Gr.* בֵּינוֹנִי ת׳
= Gegenwartsform *f* d. hebr. Verbs, Partizip *n* Aktiv *Gr.* =~ פּוֹעֵל
= Partizip *n* Passiv *Gr.* =~ פָּעוּל
= Mittelstand *m* =מַעֲמָד ~
= Mittelmäßigkeit *f* =בֵּינוֹנִיּוּת נ׳
[bénot] zwischen, unter *Prp.* ★בֵּינוֹת מ״י
[bé'najim] Mittel- בֵּינַיִם ז״ז

=חֲטִיבַת־~	= Unterstufe *f* (im Gymnasium)
=יְמֵי הַ~	= Mittelalter *n*
=קְרִיאַת־~	= Zwischenruf *m*
בֵּינְלְאֻמִּ|י ת'	[bénle'umi] international *Adj.*
=~יוּת נ'	= Internationalismus *m*
בֵּינְמוֹסָדִי ת'	[bénmosadi] institutionsübergreifend, kooperativ *Adj.*
בֵּינְמִפְלַגְתִּי ת'	[bénmiflagti] parteiübergreifend, interfraktionell *Adj.*
בֵּינְעִירוֹנִי ת'	[bén'ironi] regional, interurban *Adj.*, Überland-
בֵּינְתַּיִם ת"פ	[béntajim] inzwischen *Adv.*
בִּיסְקְוִיט ז'	[biskvit] Biskuit *n*; Keks *m*
בֵּיצָה נ' (בֵּיצִים)	[bétsa] Ei *n*
=~ מְקוּשְׁקֶשֶׁת	= Rührei *n*
=בֵּיצַת עַיִן	= Spiegelei *n*
=בֵּיצָה קָשָׁה,~ שְׁלוּקָה	= hart gekochtes Ei *n*
=~ רַכָּה	= weich gekochtes Ei *n*
בֵּיצִי ת'	[bétsi] eiförmig, oval *Adj.*
בֵּיצִיָּה נ'	[bétsija] Spiegelei *n*
בֵּיצִית נ'	[bétsit] Samenkapsel *f Bot.*, Eizelle *f*
בִּירָה[1]	[bira] Hauptstadt *f*, Regierungssitz *m*
בִּירָה[2]	['bira] Bier *n*
בִּירוֹקְרָט ז'	[birokrat] Bürokrat *m*
=~י ת'	= bürokratisch *Adj.*
=~יָה נ'	= Bürokratie *f*
בִּירִית נ'	[birit] Strumpfband *n*
★ בִּירָנִית נ'	[biranit] Schloss *n*, Festung *f bibl.*
★ בִּישׁ ת'	[biʃ] schlecht, böse *Adj.*
=~־גַּדָּא,~ מַזָּל	= Pechvogel *m*; Unglück *n*; kein Glück
=עֵסֶק־~	= schlechtes Geschäft; unangenehme Affäre
★=עֵינָא בִּישָׁא (ארמ')	= *fig.* böser Blick
בִּישׁוֹף ז' ראה גם: הֶגְמוֹן	[biʃof] Bischof *m*
=אַרְכִי~	= Erzbischof *m*
בַּיְשָׁן ת', ביישן	[bajʃan] schüchtern *Adj.*
=~וּת נ'	= Schüchternheit *f*
=לֹא הַבַּיְשָׁן לָמֵד	= wer nicht fragt, bleibt dumm
=בַּיְשָׁנִי ת'	= schüchtern, verschämt *Adj.*
בֵּית נ'	[bét] Beth, 2. Buchstabe d. hebr. Alphabets
בַּיִת ז' (בֵּית, בָּתִּים)	['bajit] Haus *n*, Heim *n*; Strophe *f*; Stamm *m bibl.*
=מִ~	= von innen
=הַ~ הַלְּאֻמִּי	= *wörtl.* nationale Heimstätte; Erez Israel zur Mandatszeit
=הַ~ הָעֶלְיוֹן	= Oberhaus *n*; Bundesrat *m Pol.*
=הַ~ הַתַּחְתּוֹן	= Unterhaus *n*; Bundestag *m Pol.*
=הַ~ הָרִאשׁוֹן	= erster Tempel (in Jerusalem)
=הַ~ הַשֵּׁנִי	= zweiter Tempel
=~ מְשֻׁתָּף	= Hausgemeinschaft *f*, WG
=~ טְרוֹמִי	= Fertighaus *n*
=בֶּן־~	= zur Familie gehörig; im Hause geborener Sklave *bibl.*
=בְּנֵי־בֵּיתוֹ	= s-e Familienangehörigen
=בַּעַל־בַּיִת	= Hausherr *m*, Hausbesitzer *m*; Gastgeber *m*; Chef *m*
=בַּהֲמוֹת־~, חַיּוֹת־~	= Haustiere *n/pl.*
=מֶשֶׁק־~	= Haushalt *m*
=עֲקֶרֶת־~	= Hausfrau *f*
=בֵּית|־אָב	= Elternhaus *n*, Familienangehörige *pl.*
=~־אָבוֹת	= Altersheim *n*
=~־הַבְּלִיעָה	= Rachen *m*
★=~־הַבַּעַל	= unbewässertes Feld *n*
=~־בֹּשֶׁת	= Bordell *n*, Freudenhaus *n*
=~־גְּנִיזָה,~־גְּנָזִים	= Archiv *n*; Schatzkammer *f*
=~־דֹּאַר	= Postamt *n*
=~־דִּין	= Gericht *n*
=~־הַדִּין הַגָּבוֹהַּ לְצֶדֶק (בַּגַּ"ץ)	= oberster Gerichtshof
=~־דִּין צֶדֶק (בד"צ)	= rabbinisches Gericht
=~־דִּין שֶׁל מַטָּה	= Gericht auf Erden
=~־דִּין שֶׁל מַעְלָה	= Gottes Gericht *n*
=~־דִּירוֹת	= Wohnhaus *n*
=~־דְּפוּס	= Druckerei *f*

= Gericht *n Jur.* =~-מִשְׁפָּט

= Amtsgericht *n* =~-~-הַשָּׁלוֹם

= Bezirksgericht *n* =~-~ מְחוֹזִי

= Oberstes Gericht *n* =~-~ עֶלְיוֹן

= Abgeordnetenhaus *n*, Parlament *n* =~-נִבְחָרִים

= Fassung *f El.* =~-נוּרָה

= Museum *n* =~-נְכוֹת

= Bahnhof *m;* Terminal *n* =~-נְתִיבוֹת

= Zuchthaus *n* =~-סֹהַר

= Schule *f* =~-סֵפֶר

= Hochschule *f* =~-~ גָּבוֹהַּ

= Grundschule *f* =~-~ יְסוֹדִי,~-~ עֲמָמִי

= staatliche Schule *f* =~-~ מַמְלַכְתִּי

= Gesamtschule *f* =~-~ מַקִּיף

= Berufsschule *f*, Fachschule *f* =~-~ מִקְצוֹעִי

= Oberschule *f*; Gymnasium *n* =~-~ תִּיכוֹן, ~-~עַל-יְסוֹדִי

= Pfandleihe *f* =~-הָעֲבוֹט,~-הָעבוט

= Friedhof *m* =~-עוֹלָם,~-עָלְמִין

= Klubhaus *n,* Festsaal *m* =~-עָם

= Handelshaus *n*; Geschäft *n* =~-עֵסֶק

= Friedhof *m* =~-קְבָרוֹת

= Kaffeehaus *n*, Café *n* =~-קָפֶה

= Kühlhaus *n,* Kühllager *n* =~-קֵרוּר

= Lehrhaus *n*, Schule *f* ★=~-רַבָּן

= Quelle *f* (aus der das Wasser am Sukkotfest geschöpft wurde) =~-הַשּׁוֹאֵבָה

= Achselhöhle *f* =~-הַשֶּׁחִי

= Schlachthaus *n* =~-הַשְּׁחִיטָה

= bewässertes Feld *n* ★=~-הַשְּׁלָחִין

= Toilette *f*, Klo *n* F =~-שִׁמּוּשׁ

= Volksküche *f,* Armenspeisung *f* =~-תַּמְחוּי

[bijét] *pi.* zähmen, domestizieren בִּיֵּת פיעל

- *hit.* domestiziert werden; auf das Ziel zusteuern; (Rakete) -הִתְבַּיֵּת הת׳

[béti] häuslich *Adj.*, zum Haus gehörig בֵּיתִ|י ת׳

= Häuslichkeit *f*; Gemütlichkeit *f* =~יּוּת נ׳

[bitan] Pavillon *m*, Gartenhaus *n;* בִּיתָן ז׳

= Gästehaus *n* =~ הַאֲרָחָה

= Kurheim *n*, Reha *f* =~-הַבְרָאָה

= Verlag *m* =~-הוֹצָאָה

= Asyl *n*, Herberge *f* =~-הַכְנָסַת-אוֹרְחִים

= Versammlungshaus *n*, Klub *m* =~-וַעַד

= Bordell *n*, Freudenhaus *n* =~-זוֹנוֹת

= Raffinerie *f* =~-זִקּוּק

= Krankenhaus *n* =~-חוֹלִים

= Brustkorb *m* =~-הֶחָזֶה

= Fabrik *f* =~-חֲרֹשֶׁת

= Reinigungsraum *m* für Leichen =~-טָהֳרָה

= Töpferwerkstatt *f*, Töpferei *f* ★=~-הַיּוֹצֵר

= *wörtl.* das Haus Jakob; das Volk Israel =~-יַעֲקֹב

= Gießerei *f* =~-יְצִיקָה

= Gotteshaus *n* (Kirche, Moschee) =~-יִרְאָה

= Waisenhaus *n* =~-יְתוֹמִים

= Gefängnis *n*, Knast *m* F =~-כֶּלֶא

= Synagoge *f* =~-כְּנֶסֶת

= Toilette *f*, Klosett *n* =~-כִּסֵּא

= Wohnblock *m* =~-מְגוּרִים

= Lehrhaus *n* (für Mischna u. Talmud) =~-מִדְרָשׁ

= Lehrerseminar *n* =~-~ לְמוֹרִים

= gesetzgebende Körperschaft *f*, Parlament *n* =~-מְחוֹקְקִים

= Asyl *n*, Armenhaus *n* =~-מַחֲסֶה

= Schlachthaus *n* =~-מִטְבָּחַיִם

= Zollamt *n* =~-הַמֶּכֶס

= Werkstatt *f* =~-מְלָאכָה

= Königshaus *n* =~-מְלוּכָה

= Hotel *n* =~-מָלוֹן

= Geschäft *n*, Laden *m*, Handelshaus *n* =~-מִסְחָר

= der Tempel in Jerusalem =~-הַמִּקְדָּשׁ

= Erholungsheim *n*, Kurheim *n* =~-מַרְגּוֹעַ

= Bier- oder Weinlokal *n*; Schenke *f* =~-מַרְזֵחַ

= Badehaus *n* =~-מֶרְחָץ

= Apotheke *f* =~-מִרְקַחַת

= Pfandleihe *f* =~-מַשְׁכּוֹן

Stand *m* (Verkauf)

בֵּיתָ"ר ר"ת בְּרִית יוֹסֵף טְרוּמְפֶּלְדוֹר — [bétar] *Kurzw.* zionist. revisionistische Jugendorganisation

בְּךָ מ"ג ז', בָּךְ נ' — [bexa, bax] in dir (*m*, *f*), dich

(בָּכָא) עֵמֶק הַ~ — ['émek habaxa] Jammertal *n*

★בִּכְדִי ת"פ — [bixdi] vergeblich, umsonst *Adv.*

בִּכְדֵי ת"פ — [bixdej] um

בָּכָה פעל (לִבְכּוֹת, יִבְכֶּה) — [baxa] *kal* weinen

-בִּכָּה פיעל (לְבַכּוֹת אֶת-) — - *pi.* beweinen *v/t*

בָּכוּי ת' — [baxui] beklagt *Adj.*

בִּכּוּר ז', ביכור — [bikur] Reife *f* der ersten Früchte; Bevorzugung *f*

=בִּכּוּרִים ז"ר — = Erstlingsfrüchte *f/pl.*; Frühernte *f*

=חַג הַ~ — = Fest *n* der Erstlingsfrüchte

בְּכוֹר ז' — [bexor] Erstgeborener *m*

=~-אָבִיב — = Primel *f*, Schlüsselblume *f* (Primula) *Bot.*

=~-שָׂטָן — = Teufelskerl *m*

=מַכַּת-~וֹת — = die 10. Plage, Tod *m* der Erstgeborenen

בְּכוֹרָה נ' — [bexora] Erstgeburtsrecht *n*, Vorrecht *n*; Erstgeborene *f*

=הַצָּגַת-~ — = Erstaufführung *f*, Premiere *f*

=מְנָיוֹת-~ — = Vorzugsaktien *f/pl.*

בִּכּוּרָה, ביכורה, בַּכּוּרָה נ' — [bikura, bakura] frühreife Frucht *f*

בְּכוֹרוּת נ' — [bexorut] Erstgeburt *f*, Stand *m* d. Erstgeborenen

בֶּכִי ז' (בִּכְיוֹ, בהפסק: בֶּכִי) — [bexi] Weinen *n*

בְּכִיָּה נ', בכייה — [bxija] Weinen *n*, Jammer *m*

=~ לְדוֹרוֹת — = *wörtl.* Jammer für die kommenden Generationen; endloser Kummer *m*

=גָּעָה בִּבְכִיָּה — = in Weinen ausbrechen

בַּכְיָן ז', בכיין — [baxjan] Heulsuse *f*, Jammerlappen *m* F

=~וּת נ' — = Weinerlichkeit *f*

=בַּכְיָנִי ת' — = weinerlich *Adj.*

בָּכִיר ת' — [baxir] älter, höher im Rang, Ober- *Adj.*; Senior *m*

=פָּקִיד ~ — = höherer Beamter *m*

=קָצִין ~ — = höherer Offizier *m*

בַּכִּיר ת' — [bakir] früh *Adj.* (reifend)

בַּכְלַ"ם ר"ת בַּבַּיִת, כְּגוֹן, לִלְמוֹד, מִגֶּרְמַנְיָה — [baxlam] *Kurzw.* die 4 Buchstaben Bet, Khaf, Lamed, Mem, die als Präfixe dienen, z.B:

בָּכֶם מ"ג ז', בָּכֶן נ' — [baxem, baxen] in euch (*m*, *f*)

בֻּכְנָה נ', בוכנה — [buxna] Kolben *m*

בִּכֵּר פיעל — [bikér] *pi.* vorziehen, bevorzugen

-הִבְכִּיר הפ' — - *hif.* zeitig zum Reifen bringen

-הִבְכִּירָה הפ' נ' — - *hif.* (*f*) den Erstling gebären

בֵּכֶר ז', בִּכְרָה נ' — ['béxer, bixra] junges Kamel

★ בַּל (מִלַּת-שְׁלִילָה) — [bal] nicht

=לְבַל — = dass nicht, damit nicht

=בְּבַל יֵרָאֶה וּבְבַל יִמָּצֵא — = überhaupt nicht vorhanden sein, nicht existieren

בְּלֹא מ"י — [beló] ohne *Prp.*

בְּלָאו הָכֵי ת"פ (ארמ') — [belav haxé] ohnedies, sowieso

בַּלָּאט ת"פ — [balat] insgeheim, leise, heimlich *Adv.*

בְּלַאי ז' — [blaj] Abnutzung *f*, Verschleiß *m*; Amortisation *f*

בְּלָאִים ז"ר — [bla'im] Lumpen *m/pl.*

בִּלְבַד ת"פ — [bilvad] nur, allein *Adv.*

=וּבִלְבַד שֶׁ- — = nur wenn, nur dass

בִּלְבַדִּי ת' — [bilvadi] exklusiv *Adj.*

בֻּלְבּוּל^{1} ז', בולבול — [bulbul] Gelbsteiß-Bülbül *m*, (Pychonotus capensis) *Zo.*

בֻּלְבּוּל^{2} ז' (סלנג) — [bulbul] Penis *m* (beim Kind), Pipimann *m* F

בִּלְבּוּל ז', בילבול — [bilbul] Verwirrung *f*, Unordnung *f*

=~-מֹחַ — = Verrücktmachen *n* F

★בֻּלְבּוּס ז', בולבוס — [bulbus] Kartoffel *f*
ראה גם: תַּפּוּחַ-אֲדָמָה

בִּלְבֵּל פיעל (לְבַלְבֵּל אֶת-) — [bilbél] *pi.* verwirren, stören, durcheinander bringen
-הִתְבַּלְבֵּל הת' — - *hit.* verwirrt werden
=אַל תְּבַלְבֵּל אֶת הַמֹּחַ! — = mach mich nicht verrückt!
=בִּלְבֵּל אֶת הַיּוֹצְרוֹת — = die gewohnte Ordnung stören
(בלג) הִבְלִיג הפ' — [hivlig] *hif.* sich zurückhalten, an sich halten
בָּלָגָן ז' — [balagan] Durcheinander *n*, Unordnung *f*
בִּלְגֵּן פיעל (סלנג) — [bilgén] *pi.* Unordnung machen
בַּלְדָּר ז' — [baldar] Kurier *m*
בָּלָה פעל (לִבְלוֹת, בָּלֶה, יִבְלֶה) — [bala] *kal* sich abnutzen
בִּלָּה פיעל (לְבַלּוֹת אֶת-) — -*pi.* abnutzen *v/t*; sich die Zeit vertreiben
-הִתְבַּלָּה הת' — -*hit.* abgenutzt werden, veralten, verbraucht sein
=בַּלֵּה בַּנְּעִימִים! — = viel Spaß! viel Vergnügen!
=לְבַלּוֹת (דיבורי) — = ausgehen, sich amüsieren
בָּלֶה ת' — [bale] abgenutzt, alt (Kleider *usw.*) *Adj.*
בַּלָּהָה נ' ראה גם: **בֶּהָלָה** — [balaha] Angst *f*, Panik *f*
=חֲלוֹם בַּלָּהוֹת — = Albtraum *m*
בְּלוֹ ז' — [blo] Verbrauchsteuer *f*, Akzise *f*
בְּלוֹאוֹת נ"ר, **בְּלוֹאִים** ז"ר — [blo'ot, blo'im] Lumpen *m/pl.* alte Sachen *f/pl.*
בַּלּוּט ז' — [balut] Eichel *f*
בַּלּוּטָה נ' — [baluta] Drüse *f*
-בַּלּוּטַת-הַכְּרֵס (ר': לַבְלָב) — = Pankreas *f*, Bauchspeicheldrüse *f* *Med.*
=~-הַתְּרִיס (הַמָּגֵן) — = Schilddrüse *f* (Thyroid) *Med.*
בִּלּוּי ז' **בילוי** — [biluj] Zeitvertreib *m*, (Freizeit) Vergnügen *n*
=~ נָעִים! — = amüsiere dich gut!
בָּלוּי ת' — [baluj] abgenutzt, abgerissen *Adj.*
בָּלוּל ת' — [balul] gemischt; wirr (Sprache) *Adj.*
בָּלוּם ת' — [balum] verschlossen; verstopft *Adj.*
=אוֹצָר ~ — = eine Fundgrube *fig.*
בְּלוֹנְדִּינִי ת' — [blondini] blond *Adj.*
בְּלוֹף ז' — [blof] Bluff *m*, Irreführung *f*
בִּלּוּף ז', **בילוף** (דיבורי) — [biluf] Bluffen *n*
בְּלוֹרִית נ' — [blorit] Schopf *m*, Tolle *f*
בִּלּוּשׁ ז', **בילוש** — [biluʃ] Nachforschen *n*, Ermitteln *n*
בְּלוֹת נ' — [blot] Wechseljahre *n/pl.* der Frau, Klimakterium *n*
(בלח) הִבְלִיחַ הפ' — [hiv'liax] *hif.* flackern
בָּלַט פעל (לִבְלוֹט, יִבְלַט) — [balat] *kal* herausragen, hervorragen *v/i*
-הִבְלִיט הפ' — - *hif.* herausstrecken; betonen, hervorheben *v/t*
-הִתְבַּלֵּט הת' — - *hit.* sich hervortun, sich auszeichnen; sich bemerkbar machen
בַּלֶּט ז' — [balet] Ballett *n*
בְּלִי (מִלַּת-שְׁלִילָה) — [bli] ohne
=~לְ-, מִ~ לְ- — = ohne zu
=~ שֶׁ-, מִ~ שֶׁ- — = ohne dass
=~ גְּבוּל — = grenzenlos *Adv.*
=~ הֶרֶף — = unaufhörlich *Adv.*, ohne Unterlass
=~ מֵשִׂים — = wie von selbst, unbeabsichtigt *Adv.*
=~ נֶדֶר — = ohne es beschwören zu wollen
=~ סָפֵק — = zweifellos *Adv.*
=עַד ~ דַּי — = ohne Ende
=לִבְלִי חָת — = furchtlos *Adj.*
בְּלִיָּה נ' — [blija] Verfall *m*; Abnutzung *f*
בְּלָיָה נ' — [blaja] Verwitterung *f*
בִּלְיוֹן ז' — [biljon] Billion *f*
בְּלִיטָה נ' — [blita] Vorsprung *m*, Erhöhung *f* (e-r Fläche)
בְּלִיל ז' — [blil] Mischfutter *n*; Mischung *f*
=~ שָׂפוֹת — = Durcheinander *n* von Sprachen, Sprachengewirr *n*
בְּלִילָה נ' — [blila] Mischen *n*
בְּלִימָה[1] נ' — [blima] Nichts *n*
=הֶעֱמִיד עַל ~ — = auf unsicheren Grund stellen

בְּלִימָה[2] נ׳ [blima] Bremsen *n*, Stoppen *n*

בַּלְיָן ז׳ (דיבורי) [baljan] Partygänger *m*, Partylöwe *m* F

בַּלִּיסְטִיקָה נ׳ [balistika] Ballistik *f*

בָּלוּעַ ת׳ [balua'] versteckt *Adj.*

בְּלִיעָה נ׳ [bli'a] Schlucken *n*

=בֵּית-הַ~ = Rachen *m*

בְּלִיַּעַל ז׳ [bli'ja'al] Bosheit *f*, Schlechtigkeit *f*

=אִישׁ-~, בֶּן-~ = Bösewicht *m*

בָּלַל פעל (לִבְלוֹל אֶת-, יִבְלוֹל) [balal] *kal* mischen, vermischen; Mehl mit Flüssigkeit mischen

-בּוֹלֵל פיעל - *pi.* assimilieren *v/t*

-הִתְבּוֹלֵל הת׳ - *hit.* sich angleichen, sich assimilieren

בל״ל ר״ת בַּנְק לְאֻמִּי לְיִשְׂרָאֵל [bank le'umi lejisra'él] *Abk.* Nationalbank von Israel

בָּלַם פעל (לִבְלוֹם אֶת-, יִבְלוֹם) [balam] bremsen, aufhalten

=בְּלוֹם פִּיךָ! = halte deinen Mund!

בֶּלֶם ז׳ (בְּלָמִים) ['belem] Bremse *f*

בֻּלְמוּס ז׳, בולמוס [bulmus] Heißhunger *m*, Gier *f*; Raserei *f*

★בַּלָּן ז׳ [balan] Bademeister *m*

בְּלֶנְדֶר ז׳ [blender] Mixer *m*

בָּלַע פעל (לִבְלוֹעַ אֶת-, יִבְלַע) [bala'] *kal* schlucken, verschlingen; absorbieren

-הִבְלִיעַ הפ׳ - *hif.* verschlucken; verschwinden lassen

=פֶּן יְבֻלַּע לוֹ = damit ihm kein Schaden daraus entstehe

★ בֶּלַע ז׳ ['bela'] Verschlucktes *n*; Verderben *n*

=דִּבְרֵי ~ = verderbliche Worte *n/pl.*

בִּלְעֵד פיעל [bil'éd] *pi.* exklusiv machen

בִּלְעֲדֵי מ״י [bil'adé] ohne, außer *Prp.*

בִּלְעָדִי ת׳ [bil'adi] ausschließlich, exklusiv *Adj.*

=~יּוּת נ׳ = Ausschließlichkeit *f*, Exklusivität *f*

בַּלְעָן ז׳ [bal'an] Vielfraß *m*

בִּלֵּף פיעל (דיבורי) [biléf] *pi.* bluffen

בְּלָק ז׳ [bilak] Jemand *m*, Geselle *m*

בָּלַשׁ פעל (לִבְלוֹשׁ אֶת-, יִבְלוֹשׁ) [balaʃ] *kal* spionieren, ermitteln (Detektiv)

בַּלָּשׁ ז׳ [balaʃ] Detektiv *m*; Geheimpolizist *m*

=~וּת נ׳ = Tätigkeit *f* des Detektivs

=בַּלָּשִׁי, רוֹמָן ~ = Detektiv-, Kriminalroman *m*

בַּלְשָׁן ז׳ [balʃan] Sprachforscher *m*, Philologe *m*

=~נוּת נ׳ = Philologie *f*, Linguistik *f*

=~נִי ת׳ = philologisch; linguistisch *Adj.*

בִּלְתִּי (מִלַּת שְׁלִילָה) (לִפְנֵי שֵׁם תֹּאַר אוֹ בֵּינוֹנִי) (לְמָשָׁל) ~-אֶפְשָׁרִי, ~-נִסְבָּל [bilti] nicht; außer (vor Adjektiv oder Partizip) un- z.B. unmöglich, unerträglich

=מְדִינָה ~-מִזְדַּהָה = blockfreier, neutraler Staat *m*

=~ אִם = nur wenn, nur, erst (negativ)

בַּמָּאוּת נ׳ [bama'ut] Regie *f*

בַּמַּאי ז׳ [bamaj] Regisseur *m*

בַּמְבּוּק ז׳ ראה: חִזְרָן [bambuk] Bambus *m*

בִּמְבֵּם פיעל [bimbém] *pi.* summen, (bim-bam) singen

בָּמָה נ׳ [bama] Bühne *f*; Podium *n*; Altar *m*; Podest *m*

בְּמוֹ יָדָיו [bemo jadav] mit s-n eigenen Händen, selbst

=~ עֵינָיו = mit s-n eigenen Augen

בִּמּוּי ז׳, בימוי [bimuj] Regie *f*

בֶּמוֹל ז׳ [bemol] B *n Mus.*

בָּמְיָה נ׳ [bamja] Okraschoten *f/pl.* (Hibiscus esculentus) *Bot.*

בִּמְקוֹם ז׳ ['bimkom] Stellvertreter *m*; Füllsel *n*, Ersatz *m* (eigentlich; anstatt, anstelle)

בֵּן ז׳ (בֶּן-, בָּנִים, בְּנֵי-) [ben] Sohn *m*; Einwohner *m*, Bürger *m bibl.*

=הוּא בֶּן שֶׁבַע = er ist sieben Jahre alt

=בֶּן-אָדָם = Mensch *m*

=~-אָח, ~-אָחוֹת = Neffe *m*

=~-אַלְמָוֶת = Unsterblicher *m*
=~-בַּיִת = zum Hause, zur Familie gehörig
=~-בְּלִיַּעַל = Bösewicht *m*, Schurke *m*
=~-בְּרִית = Glaubensgenosse *m* (Jude)
=~-גִּילוֹ = sein Altersgenosse *m*
=~-דּוֹד = Vetter *m*, Cousin *m*
=~-זוּג = Partner *m* (eines Paares)
=~-זוֹנָה = Hurensohn *m* (Fluch)
=~-זְקוּנִים = *wörtl.* Sohn des Alters; Nachkömmling *m*, Benjamin *m*
=~-חוֹרֵג = Stiefsohn *m*
=~-חוֹרִין = freier Mensch *m*
=~-חַיִל = mutiger, tüchtiger Mensch *m*; Held *m*
=~-חָסוּת = Schützling *m*
=~-טוֹבִים = Sohn aus guter Familie
=~-יוֹמוֹ = einen Tag alt, Eintags-
=~-לְוָיָה = Begleiter *m*
=~-מִינוֹ = von der gleichen Art, gleichartig *Adj.*
=~-מִשְׁפָּחָה = Familienmitglied *n*
=~-עֲרֻבָּה = Geisel *f*
=~-שִׂיחַ = Halbstrauch *m Bot.*
=~-שִׂיחָה = Gesprächspartner *m*
=~-תּוֹרָה = Gelehrter *m*
=~-תְּמוּתָה = Sterblicher *m*
=~-תַּעֲרֹבֶת = Mischling *m*
=~-תַּרְבּוּת = kultivierter, zivilisierter Mensch
(בֵּן) בִּן-לַיְלָה [bin-lajla] während einer Nacht, über Nacht
=בִּן-רֶגַע = im Augenblick, im Nu
בִּנְאוּם ז׳, **בינאום** [bin'um] Internationalisierung *f*
בַּנָּאוּת נ׳ [bana'ut] Baufach *n*; Hoch- und Tiefbau *m*
בַּנַּאי ז׳ [banaj] Bauarbeiter *m*, Maurer *m*
בִּנְאֵם פיעל [bin'ém] *pi.* internationalisieren
בָּנָה פעל (לִבְנוֹת אֶת-, יִבְנֶה) [bana] *kal* bauen, errichten, konstruieren
-בִּנָּה פיעל - *pi.* aufbauen; bebauen

בָּנוּ מ״ג ['banu] in uns
בִּנּוּי ז׳, **בינוי** [binuj] Aufbau *m*; Bebauung *f*
=~ עָרִים = Städtebau *m*
בָּנוּי ת׳ [banuj] aufgebaut, bebaut; gebaut *fig. Adj.*
בֶּנְזִין ז׳ [benzin] Benzin *n*
בְּנִיָּה נ׳, **בנייה** [bnija] Bauen *n;* Gründung *f*
בֶּנְיוּת, בְּנִיּוּת נ׳ [benjut, bnijut] Kindschaftsverhältnis *n*
בִּנְיָן ז׳, **בניין** (בִּנְיַן-, בִּנְיָנִים, בִּנְיְנֵי-) [binjan] Bau *m*, Gebäude *n*; Bauwesen *n*; Konjugation *f Gr.*
=בִּנְיַן-אָב = Grundprinzip *n*; Grundgesetz *n*
=~-עַל = Überbau *m*
=הַבִּנְיָן| הַגּוֹרֵם (הִפְעִיל) = kausative Konjugation (Hif'il)
=הַ~ הַחוֹזֵר (הִתְפַּעֵל) = reflexive Konjugation (Hitpa'el)
=~ הַכָּבֵד (פִּעֵל, פֻּעַל, הִתְפַּעֵל) = "schwere" Konjugation (Pi'el, Pu'al, Hitpa'él)
=~ הַקַּל (פָּעַל) = "leichte" Konjugation *(Kal)*
בָּנָלִ|י ת׳ [banali] gewöhnlich, banal *Adj.*
=~יּוּת נ׳ = Banalität *f*
בָּנָנָה נ׳ [banana] Banane *f*
בַּנְק ז׳ [bank] Bank *f Econ.*
=~-הַדָּם = Blutbank *f*
=בַּנְקָאוּת נ׳ = Bankwesen *n*
=בַּנְקָאִי ת׳ = Bank-
=בַּנְקַאי ז׳ = Bankier *m*
בַּס ז׳ [bas] Bass *m Mus.*
ב״ס ר״ת **בֵּית-סֵפֶר** [bét-séfer] *Abk.* Schule *f*
בָּסָה פעל [basa] *kal* trampeln
בס״ה ר״ת **בְּסַךְ-הַכֹּל** [besax-hakol] *Abk.* insgesamt, jedenfalls
בַּסּוֹן ז׳ [bason] Fagott *n Mus.*
בִּסּוּס ז׳, **ביסוס** [bisus] Fundierung *f*, Bekräftigung *f*
בָּסִיס ז׳ [basis] Basis *f*, Sockel *m*; Base *f Chem.;*

Fundament *n*
=(צְבָאִי) = Militärstützpunkt *m*, Kaserne *f*
בְּסִיסִי ת׳ [bsisi] Grund-, fundamental *Adj.*
בֹּסֶם ז׳ בוסם (ראה גם: בֹּשֶׂם) [‘bosem] Parfüm *n*
★בָּסַם פעל [basam] *kal* angenehm sein
-הִתְבַּסֵּם הת׳ - *hit.* sich berauschen
★ בַּסָּם ז׳ [basam] Parfümhändler *m*
בְּסֹמֶת נ׳, בסומת [b’somet] Aroma *n*
בִּסֵּס פיעל [bisés] *pi.* fundieren *v/t;* gründen (auf)
-הִתְבַּסֵּס הת׳ - *hit.* sich auf festen Grund stellen; sich berufen auf
בֹּסֶר ז׳, בוסר [‘boser] unreife Frucht; unfertige, unvollkommene Sache *f*
בִּסָּרוֹן ז׳ [bisaron] Verachtung *f*
בֻּסְתָּן ז׳, בוסתן [bustan] Obstgarten *m*
בֻּסְתָּנַאי ז׳, בוסתנאי [bustanaj] Obstzüchter *m*
בַּעְבּוּעַ ז׳ [ba’bua’] Blase *f* (Luft, Haut)
בִּעְבּוּעַ ז׳, ביעבוע [bi’bua’] Blasenbildung *f*
בַּעֲבוּר מ״י [ba’avur] für; dank; wegen, um ... willen
בִּעְבַּע פיעל (לְבַעְבֵּעַ) [bi’ba’] *pi.* Blasen bilden
בְּעַד מ״י [be’ad] für, zu Gunsten; pro; durch; dafür *Prp.*
=~ הַחַלּוֹן = durch das Fenster
=מִבַּעַד לְ- = hinter, zwischen
בע״ה ר״ת בְּעֶזְרַת הַשֵּׁם (גם: ב״ה) [be’ezrat haʃém] *Abk.* mit Gottes Hilfe
(בָּעָה) נִבְעָה נפ׳ [niv’a] *nif.* zum Vorschein kommen
בעה״ק ר״ת בְּעִיר הַקֹּדֶשׁ [be’ir ha’kodéʃ] *Abk.* in der heiligen Stadt (Jerusalem)
בְּעוֹד מ״י [be’od] während; in (zeitlich) *Prp.*
=~ שְׁלֹשָׁה יָמִים = in (nach) drei Tagen
=~וֹ = während er noch ...
=~ שֶׁ- = während *Kj.*
=~ מוֹעֵד = zur rechten Zeit; rechtzeitig *Adv.*
=מִ~ יוֹם = solange es noch Tag ist
בָּעוּט ת׳ [ba’ut] getreten *Adj.*

★בְּעוּלָה [be’ula] (verheiratete) Frau *f*
בִּעוּר ז׳, ביעור [bi’ur] Ausrodung *f*
=~-חָמֵץ = Entfernung alles Gesäuerten (vor Pessach)
=~ הַבַּעֲרוּת = Bekämpfung des Analphabetentums
בָּעוּת ת׳ [ba’ut] in Panik
בִּעוּת ז׳, ביעות (בִּעוּתִים) [bi’ut] Schreck *m*, panische Angst *f*
בע״ח ר״ת בַּעַל חַיִּים [ba’al xajim] Tier *n*
בָּעַט פעל (לִבְעוֹט בְּ-, יִבְעַט) [ba’at] *kal* stoßen; treten, ausschlagen
בְּעָטָה נ׳ [be’ata] Stoß *m*, Fußtritt *m*
בְּעֶטְיוֹ ת״פ [be’etjo] durch seine Schuld
בַּעֲטָן ז׳ [ba’atan] Kicker *m*
=~נִי = stoßend, kickend
בְּעָיָה נ׳ [be’aja] Problem *n*, Frage *f*
בְּעִיטָה נ׳ [be’ita] Fußtritt *m*; Stoß *m* (Fußball)
=בְּעִיטַת-עוֹנְשִׁין = Strafstoß *m*
בְּעִילָה נ׳ [be’ila] Begattung *f*
בְּעִירָה נ׳ [be’ira] Verbrennung *f*
בְּעָיָתִי ת׳, בעייתי [be’ajati] problematisch *Adj.*
=~יּוּת נ׳ = Problematik *f*
בָּעַל פעל (לִבְעוֹל אֶת-, יִבְעַל) [ba’al] *kal* begatten
בַּעַל ז׳ (בְּעָלִים, בַּעֲלֵי-) [‘ba’al] Herr *m*; Ehemann *m*; Eigentümer *m*, Besitzer *m;* Mensch *n* von (Eigenschaft)
=~ בְּעָמָיו = angesehener, wohlhabender Mann *m*
=~-אֶגְרוֹף = Gewaltmensch *m*
=~-אֲחֻזָּה = Gutsbesitzer *m*
=~-אַחְרָיוּת = verantwortungsbewusster Mann *m*
=~-אַכְסַנְיָה = Gastwirt *m*, Herbergsvater *m*
=~-אֹפִי = charaktervoller Mann *m*
=~-בַּיִת = Hausbesitzer *m*, Hausherr *m*; Chef *m*
=~-בֵּיתִי ת׳ = kleinbürgerlich *Adj.*
=~-בְּרִית = Bundesgenosse *m*
=~-גּוּף = kräftiger (beleibter) Mann *m*

bürgerlich *Adj*

בַּעֲלָה נ' [ba'ala] Herrin *f;* Frau *f* von (Eigenschaft)

=בַּעֲלַת-בַּיִת נ' = Hausfrau *f*; Wirtin *f*

=~-בְּרִית = Verbündeter *m* (Staat)

=~-מוּם = Invalidin *f*, Körperbehinderte *f*

בַּעֲלוּת נ' [ba'alut] Besitzrecht *n*

בַּעֲלִיל ת"פ [ba'alil] offenbar, deutlich *Adv.*

בְּעַל-כָּרְחוֹ ת"פ [be'al-korxo] wider seinen Willen

בְּעָלְמָא ת"פ (ארמ') [be'alma] unbeabsichtigt, nur so *Adv.*

בְּעַל-פֶּה ת"פ (בע"פ) [be'al-pe] mündlich, auswändig *Adv.*

בע"מ ר"ת בְּעֵרָבוֹן מֻגְבָּל [be'éravon mugbal] *Abk.* mit beschränkter Haftung (mbH)

בַּעַץ ז' [ba'ats] weißes Metall *n*

בִּעֵץ פיעל [bi'éts] *pi.* löten

בְּעֶצֶם ת"פ [be'etsem] eigentlich *Adv.*

בַּעֲקִיפִין ת"פ [ba'akifin] indirekt *Adv.*, auf Umwegen

בָּעַר[1] פעל (לִבְעוֹר, יִבְעַר) [ba'ar] *kal* brennen *(a. fig.)*, in Feuer aufgehen, lodern

-הִבְעִיר הפ' - *hif.* anzünden (Feuer)

=עוֹנָה בּוֹעֶרֶת = Hochsaison *f*

=שְׁאֵלָה ~ = brennende Frage

בִּעֵר[2] פיעל [bi'ér] *pi.* wegräumen, wegschaffen

-נִבְעַר נפ' - *nif.* verblöden

בַּעַר ת' ['ba'ar] unwissend *Adj.*

בְּעֵרָה נ' [be'éra] Brand *m*

בַּעֲרוּת נ' [ba'arut] Unwissenheit *f;* Analphabetentum *n*

בְּעֶרֶךְ ת"פ [be'erex] ungefähr *Adv.*

בֶּעשׁ"ט ר"ת בַּעַל-שֵׁם-טוֹב [beʃt] *Kurzw.* Israel ben Elieser, Baal Schem-Tow (Gründer der chassidischen Bewegung)

(בעת) נִבְעַת נפ' (לְהִבָּעֵת) [niv'at] *nif.* vom Schrecken überwältigt werden, sehr erschrocken sein

=~-דָּבָר = wichtig *Adj.*

=~-הוֹן = Kapitalist *m*

=~-זְרוֹעַ = Gewaltmensch *m*

=~-חוֹב = Gläubiger *m*, *auch* Schuldner *m*

=~-חַיִּים = Lebewesen *n*; Tier *n*

=~-חֲלוֹמוֹת = Träumer *m*

=~-חֻלְיוֹת = Wirbeltier *n*

=~-חֲנוּת = Ladeninhaber *m*, Ladenbesitzer *m*

=~-יָזְמָה = aktiver Mensch, Mann von Initiative

=~-יְכֹלֶת = Wohlhabender *m*; Könner *m*

=~-כִּשְׁרוֹן = Begabter *m*

=~-הַמֵּאָה = Reicher *m*

=~-מוּם = Invalide *m*, Körperbehinderter *m*

=~-מְלָאכָה = Handwerker *m*

=~-מִקְצוֹעַ = Fachmann *m*

=~-מַרְפְּקִים = Mensch *m* mit Ellenbogenmentalitiät

=~-מֶרֶץ = energischer Mensch *m*

=~-מִשְׁפָּחָה = Familienvater *m*

=~-מִשְׁקָל = gewichtig *Adj.*

=~-נִסָּיוֹן = erfahrener Mann *m*

=~-עֲגָלָה (ראה: עֶגְלוֹן) = Fuhrmann *m*

=~-עֵרֶךְ = wertvoll *Adj.*

=~ קִצְבָּה = Pensionär *m*, Rentner *m*

=~-שֵׁם = Wundertäter *m*; berühmter Mensch, Berühmtheit *f*

=~-שִׂמְחָה = Veranstalter *m* des Festes, Gastgeber *m*

=~-תְּפִיסָה = schnell von Begriff, von rascher Auffassungsgabe

=~-תְּפִלָּה = Vorbeter *m* (in der Synagoge)

=~-תְּשׁוּבָה = zum jüdischen Glauben Zurückkehrender *m*

=גִּדּוּלֵי-~ = unbewässerte Kulturen *pl.*

=שְׂדֵה-~ = unbewässertes Feld

בַּעַלְבָּתִּי ת' [ba'albati] wohlhabend; klein-

-הִבְעִית הפ' - *hif.* (plötzlich) erschrecken *v/t*

בַּעַת ז' ['ba'at] krankhafte Angst, Phobie *f;* Panik *f*

=~-גְּבָהִים = Höhenangst *f*

=~-חֹשֶׁךְ = Angst *f* vor der Dunkelheit

=~-מַיִם = Wasserscheu *f*, Hydrophobie *f*

=~-סֶגֶר = Klaustrophobie *f*, Angst *f* vor geschlossenen Räumen

בִּפְנֵי מ"י [bifné] vor, in Gegenwart von

בִּפְנִים ת"פ [bifnim] innen; drin *Adv.*

בְּפֹעַל ת"פ [be'fo'al] in Wirklichkeit, in der Praxis *Adv.*; de facto; amtierend *Adj.*

בְּפֵרוּשׁ ת"פ [beféruʃ] ausdrücklich *Adv.*

בִּפְרָט ת"פ [bifrat] besonders *Adv.*

בֹּץ ז', בוץ [bots] Schlamm *m*, Matsch *m*

בִּצְבּוּץ ז' [bitsbuts] Schiessen *n*, Sprießen *n*

בִּצְבֵּץ פיעל [bitsbéts] *pi.* herausbrechen, hervorschauen

בִּצָּה נ', ביצה [bitsa] Sumpf *m*, Morast *m*; Moor *n*

בִּצּוּעַ ז', ביצוע [bi'tsua'] Ausführung *f* Durchführung *f*; Verwirklichung *f*

=בַּר-~ = durchführbar *Adj.*

בָּצוּר ת' [batsur] befestigt, verstärkt *Adj.*

בִּצּוּר ז', ביצור [bitsur] Befestigung *f*, Stärkung *f*

בְּצַוְתָּא ת"פ, בצוותא [betsavta] zusammen, in Gesellschaft, gemeinsam *Adv.*

בֻּצִּי ת', בוצי [butsi] sumpfig, schlammig *Adj.*

בְּצִיעָה נ' [betsi'a] Abschneiden *n* (Brot)

בָּצִיר ז' [batsir] Weinlese *f*

בָּצָל ז' [batsal] Zwiebel *f*, Zwiebeln *f/pl.*

=~ יָרֹק = Frühlingszwiebel *f*

בְּצַלִית נ' [batslit] Schnittlauch *n*

בְּצַלְצָל, בְּצַלְצוּל ז' [btsaltsal, btsaltsul] Brutzwiebel *f Bot.*

בִּצָּנִית נ', ביצנית [bitsanit] Wasserläufer *m* (Sumpfvogel) *Zo.*

בָּצַע פעל (לִבְצוֹעַ אֶת-, יִבְצַע) [batsa'] *kal* abschneiden (Brot)

-בִּצַּע פיעל (לְבַצֵּעַ - *pi.* ausführen, durchführen, in die Tat umsetzen, ausüben

-הִתְבַּצֵּעַ הת' - *hit.* ausgeführt werden

בֶּצַע ז' ['betsa'] Vorteil *m*, Gewinn *m ver.*

=מַה ~? = was haben wir davon? was ist der Gewinn? was nutzt es? (rhetorische Frage)

=~-כֶּסֶף = zu Unrecht erworbener Gewinn an Geld

=רוֹדֵף ~ = geldgierig, zu sehr auf den Vorteil bedacht

בָּצֵק ז' [batsék] Teig *m*

=בְּצֵק-עָלִים = Blätterteig *m*

=בָּצֵק פָּרִיר = Mürbeteig *m*

בָּצֵק ת' [batsék] geschwollen *Adj.*

בְּצֵקִי ת' [betséki] teigig *Adj.*

בַּצֶּקֶת נ' [ba'tseket] Ödem *n*, Gewebewassersucht *f Med.*

בָּצַר[1] פעל (לִבְצוֹר אֶת-, יִבְצוֹר) [batsar] *kal* Trauben lesen, Trauben ernten

(בצר)[2] נִבְצַר נפ' (לְהִבָּצֵר) [nivtsar] *nif.* unzugänglich, unausführbar sein

-בִּצֵּר פיעל - *pi.* befestigen

-הִתְבַּצֵּר הת' - *hit.* sich verschanzen, sich festigen, sich sichern

=נִבְצַר מִמֶּנִּי לְ- = es ist mir unmöglich, zu

★בִּצָּרוֹן ז', ביצרון [bitsaron] befestigter Platz *m*

בַּצֹּרֶת נ', בצורת [ba'tsoret] Dürre *f*, Regenmangel *m*; Trockenheit *f*

בִּצָּתִי ת', ביצתי [bitsati] sumpfig *Adj.*

בַּקְבּוּק ז' [bakbuk] Flasche *f*

=צַוַּאר-~ = Flaschenhals *m*; Engpass *m*, verengte Fahrbahn *fig.*

בַּקָּה נ' [baka] Stechmücke *f*

בַּקּו"ם ר"ת בְּסִיס קְלִיטָה וּמִיּוּן [bakum] *Abk. etwa* Kleider- und Ausrüstungskammer *f Mil.*

בָּקוּעַ ת' [bakua'] gespalten *Adj.*

[bikua'] Spaltung *f* — בִּקּוּעַ ז׳
[bikur] Besuch *m* — בִּקּוּר ז׳, ביקור
= Visitenkarte *f* — =כַּרְטִיס-~
= Krankenbesuch *m* — =~-חוֹלִים
= Höflichkeitsbesuch — =~ נִימוּסִים
[bikuʃ] Nachfrage *f*; Suchen *n* — בִּקּוּשׁ ז׳, ביקוש
[baki] bewandert, ausgebildet, belesen *Adj.* — בָּקִי, בָּקִיא ת׳ (בְּקִיאָה, בְּקִיאִים)
= Bewandertsein *n*, Expertentum *n* — =בְּקִיאוּת נ׳
[b'kia'] Riss *m*, Spalte *f*, Sprung — בְּקִיעַ ז׳
[ba'kia'] spaltbar *Adj.* — בָּקִיעַ ת׳
[bki'a] Ausschlüpfen *n* — בְּקִיעָה נ׳
[bakala] Kabeljau *m* (Fisch) *Zo.* — בַּקָּלָה נ׳
[baka'] *kal* spalten; durchbrechen — בָּקַע פעל (לִבְקוֹעַ אֶת-, יִבְקַע)
- *hif.* durchbrechen — -הִבְקִיעַ הפ׳
= das Licht brach durch — =בָּקַע אוֹר
= ein Tor schießen (Fußball) — =הִבְקִיעַ שַׁעַר
['beka'] Riss *m*; Einbruch *m*, Senke *f Geogr.*; (Leisten)Bruch *m*, Härnie *f Med.* — בֶּקַע ז׳ (בְּקָעִים)
[bik'a] Tal *n* — בִּקְעָה נ׳
[bakak] *kal* leeren *bibl.* — ★ בָּקַק פעל
[bikér] *pi.* kritisieren; kontrollieren; besuchen — בִּקֵּר פיעל (לְבַקֵּר אֶת-, אֵצֶל)
['boker] Morgen *m* — בֹּקֶר ז׳, בוקר (בְּקָרִים)
= jeden Morgen — =~-~
= heute Morgen — =הַ~
= guten Morgen! — =~ טוֹב, ~ אוֹר!
= eines schönen Morgens — =בְּבֹקֶר לֹא עָבוֹת
= häufig, öfter *Adv.* — ★=חֲדָשִׁים לַבְּקָרִים
= Frühstück *n* — =אֲרוּחַת-בֹּקֶר
[bakar] Rind *n (a. Pl.)* — בָּקָר ז׳
[bakara] Kontrolle *f*, Revision *f* — בַּקָּרָה נ׳
= Feuerkontrolle *f Mil.* — =בַּקָּרַת-אֵשׁ
= Kontrollraum *m* — =חֲדַר-בַּקָּרָה
= kontrollierbar *Adj.* — =בַּר-~
[bekéruv] ungefähr, annähernd *Adv.* — בְּקֵרוּב ת״פ, בקירוב
[bekarov] bald *Adv.* — בְּקָרוֹב ת״פ
[bakran] Kritiketr *m* — בַּקְּרָן ז׳
[bi'koret] Kritik *f*, Beurteilung *f*, Rezension *f* — בִּקֹּרֶת נ׳, ביקורת
= Bibelkritik *f* — =~ הַמִּקְרָא
= unter aller Kritik — =לְמַטָּה מִכָּל ~
= Kritik üben, kritisieren — =מָתַח ~ עַל-
[bikorti] kritisch *Adj.* — בִּקָּרְתִּי ת׳, ביקורתי
= kritische Einstellung, kritische Veranlagung — =~יּוּת נ׳
[bikéʃ] *pi.* suchen: bibl.; *j-n* bitten; mögen, gern wollen — בִּקֵּשׁ פיעל (לְבַקֵּשׁ אֶת-) ~ מִן -
- *hit.* gesucht werden *bibl.*; gebeten werden — -נִתְבַּקֵּשׁ הת׳
= um Verzeihung bitten — =בִּקֵּשׁ סְלִיחָה
= s-e Bitte erfüllen — =מִלֵּא אֶת מְבֻקָּשׁוֹ
[bakaʃa] Bitte *f*, Ersuchen *n* — בַּקָּשָׁה נ׳
= bitte! — =בְּבַקָּשָׁה
[bakʃiʃ] Bakschisch *n*, Almosen *n*; Bestechung *f*; Trinkgeld *n* — בַּקְשִׁישׁ ז׳
[bakʃani] flehend *Adj.* — בַּקְשָׁנִי ת׳
[bikta] Hütte *f* — בִּקְתָּה נ׳
[bar] Getreide *n* (ausgedroschen) — ★בַּר[1] ז׳
[bar] rein *Adj.* — ★בַּר[2] ת׳
= reinen Herzens, lauter *Adj.* — =~ לֵבָב
[bar] freies Feld — בַּר[3] ז׳
= wild wachsende Pflanzen *f/pl.* — =גִּדּוּלֵי-~, צִמְחֵי-~
= Tiere *n/pl.* des Feldes — =חַיּוֹת-~
[bar] Äußeres *n* — ★בַּר[4] ז׳
= sein Inneres gleicht nicht s-m Äußeren — =אֵין תּוֹכוֹ כְּבָרוֹ
= von außen — -מִלְּבַר ת״פ
[bar] außer *Prp.* — ★בַּר[5] מ״י (ארמ׳)
= Leichnam *m* — =~-מִנַּן
[bar] Sohn *m* — בַּר[6] ז׳ (ארמ׳)
= Gelehrter *m* (i.d. Thora) — =~-אוּרְיָן

=~-בֵּי-רַב = Schüler *m*; Anfänger *m*

=~-בִּצּוּעַ = durchführbar *Adj.*

=~-דַּעַת = vernünftig, klug *Adj.*

=~-הֲגַנָּה = leicht zu verteidigen

=~-הָכֵי = erfahrener Fachmann, Autorität *f* auf s-m Gebiet

=~-הַסְגָּרָה = auslieferbar *Adj. Pol.*

=~-הֲמָרָה = auswechselbar *Adj.*

=~-חֲלוֹף = vorübergehend *Adj.*; instabil *Adj.*

=~-מַזָּל = Glückskind *n*, Glückspilz *m*

=~-מִצְוָה = "Bar-Mizwah", jüd. Junge, der 13 Jahre alt wird, relig. mündig

=~-מֶצֶר = Nachbar *m*; Besitzer *m* des Vorkaufsrechtes, Anleger *m*

=~-נָשׁ = Kerl *m*, Mensch *m ver.*

=~-סַמְכָא = Autorität *f* auf s-m Gebiet, Experte *m*

=~-עֳנָשִׁים, ~-עוֹנְשִׁין = stafmündig

=~-פְּלֻגְתָּא = Gegner *m* im Streit

=~-קְיָמָא = lebensfähig, dauerhaft *Adj.*

=~-שִׂיחַ,~-שִׂיחָה = Gesprächspartner *m*

=~-תְּפִיסָה = wahrnehmbar *Adj.*

=~-תֹּקֶף = gültig *Adj.*, in Kraft

בצרופים ממין נקבה: בַּת (בְּנוֹת-)

בָּרָא[1] פעל (לִבְרוֹא אֶת-, יִבְרָא) [bara'] *kal* erschaffen (von Gott)

=~ יֵשׁ מֵאַיִן = aus dem Nichts erschaffen

=בּוֹרֵא פְּרִי הַגָּפֶן = Segenspruch über den Wein

(ברא)[2] **הִבְרִיא** הפ' [hivri'] *hif.* gesunden *v/i*; gesund machen *v/t*

בְּרֵאשִׁית ת"פ [bereʃit] *wörtl* im Anfang; Name des 1. Buch Moses, Genesis

=מִ~ = von Anbeginn

=מַעֲשֵׂה ~ ז' = Schöpfung *f*

=מִשֵּׁשֶׁת יְמֵי ~ = von der Erschaffung der Welt an

בַּרְבּוּר ז' [barbur] Schwan *m* (Cygnus) *Zo.*

=שִׁירַת-הַ~ = *wörtl.* Schwanengesang *m;* Spätwerk *n*

בִּרְבּוּר ז' (בִּרְבּוּרִים) [birbur] Plappern *n*; Blabla *n* F

בַּרְבָּ|רִי ז' [barbar] Barbar *m*

=~רִי ת' = barbarisch *Adj.*

=~רִיּוּת נ' = Barbarei *f*

בֹּרֶג ז', **בורג** (בְּרָגִים, בָּרְגֵי-) ['boreg] Schraube *f*

בָּרַג פעל [barag] *kal* einschrauben

-הִבְרִיג הפ' - *hif.* verschrauben

בְּרֹגֶז, ברוגז [b'rogez] zornig, böse auf j-n

בָּרְגִּי ת', **בורגי** [borgi] spiralig *Adj.*

(ברגן) **הִתְבַּרְגֵּן** הת' [hitbargén] zum Bourgeois werden, verbiedern

בֻּרְגָּנוּת נ', **בורגנות** [burganut] Bürgertum *n*, Bourgeoisie *f*

=~ זְעִירָה = Kleinbürgertum *n*

בֻּרְגָּנִי תו"ז, **בורגני** [burgani] bürgerlich *Adj.*

=~ זָעִיר = kleinbürgerlich *Adj.*

בָּרָד ז' [barad] Hagel *m*

בָּרֹד ת', **ברוד** [barod] gescheckt *Adj.*

בַּרְדְּלָס ז' [bardelas] Gepard *m* (Acinonyx jubatus) *Zo.*

בַּרְדָּס ז' [bardas] Kapuze *f*

בַּרְדַּק ז' [bardak] Durcheinander *n*

בָּרָה פעל [bara] *kal* wählen *bibl.*

ברה"מ ר"ת **בְּרִית-הַמּוֹעָצוֹת** [brit-hamo'atsot] *Abk.* Sowjetunion *f hist.*

בָּרוּא תו"ז [baru'] erschaffen *Adj.*; Geschöpf *n*

בַּרְוָ|ז ז', **ברווז** [barvaz] Enterich *m*, Erpel *m* (Anas) *Zo.*

=~זָה נ' = Ente *f*

=~זוֹן ז' = Entenküken *n*, Entlein *n*

=~זִיָּה נ' = Entenstall *m*

=~זָן ז' = Schnabeltier *n* (Ornitorhynchus anatinus) *Zo.*

בְּרוּטוֹ ז' [bruto] Brutto *n*

בְּרוּטָלִ|י ת' [brutali] brutal *Adj.*

=~יּוּת נ' = Brutalität *f*

בָּרוּךְ ת' [barux] gesegnet, gelobt *Adj.*

=~ הַבָּא! = herzlich willkommen!

=~ אֶת הַגְּבוּל	= illegal die Grenze überschreiten	
בַּרְחָן ז׳	[barxan] Fliehender, Deserteur *m*	
בַּרְחָשׁ ז׳	[barxaʃ] Stechmücke *f* (Lepto conops) *Zo.*	
בֶּרֶט ז׳	[beret] Barett *n*	
★בָּרִי ת״פ	[bari] klar, sicher *Adv.*	
=~ וְשֶׁמָּא ~ עָדִיף	= lieber den Spatz in der Hand als die Taube aut dem Dach	
בֹּרִי ז׳, בורי	['bori] Stärke *f*, Stabilität *f*	
=שׁוֹלֵט בַּשָּׂפָה עַל בֻּרְיָהּ	= die Sprache perfekt beherrschen	
בָּרִיא ת׳	[bari'] gesund; kräftig *Adj.*	
=תִּהְיֶה ~	= gute Besserung!; lebe wohl!	
=לְהַכְנִיס רֹאשׁ ~ לְמִטָּה חוֹלָה	= *wörtl.* e-n gesunden Menschenverstand krank machen; wenn dem Esel zu wohl ist, geht er aufs Eis und bricht sich ein Bein	
בְּרִיאָה נ׳	[bri'a] Schöpfung *f*	
=בְּרִיאַת הָעוֹלָם	= Erschaffung *f* der Welt	
בְּרִיאוּת נ׳	[bri'ut] Gesundheit *f*	
=לִבְרִיאוּת!	= Gesundheit!	
=בְּקַו הַבְּרִיאוּת	= in gutem Gesundheitszustand	
בְּרִיָּה נ׳	[brija] Geschöpf *n;* Schöpfung *f*	
=הַבְּרִיּוֹת ז״ר, נ״ר	= die Leute *pl.*, die Menschen *m/pl.*	
בַּרְיוֹן ז׳	[barjon] Barium *n Chem.*	
בִּרְיוֹן ז׳	[birjon] Rowdy *m*, gewalttätiger Mensch, Rohling *m*	
=~נוּת נ׳	= Rowdytum *n*	
=~נִי ת׳	= rowdyhaft *Adj.*	
בְּרִיחַ ז׳	[b'riax] Riegel *m*; Querbalken *m*; Gewehrschloss *n*	
=עֶצֶם-הַ~	= Schlüsselbein *n*	
בְּרִיחָה נ׳	[brixa] Flucht *f*	
בְּרִיסְטוֹל ז׳	[bristol] (Zeichen-, Bastel-) Karton *m*, Tonpapier *n*	
בְּרִירָה נ׳	[brira] Auslese *f*	
=~ טִבְעִית	= natürliche Auslese *f*	

בְּרוּכִים הַבָּאִים!	
=~ הַנִּמְצָא, ~ הַמְּבָרֵךְ	= gesegnet sei der Anwesende, der Begrüßende (Antwort auf den Wilkommensgruß)
=~ דַּיַּן הָאֱמֶת	= *wörtl.* gelobt sei der Richter der Wahrheit (Gott) (bei Empfang e-r Todesnachricht)
=~ הַשֵּׁם	= gelobt sei Gott! Gott sei Dank!
=~ שֶׁפְּטָרַנִי	= Gott sei Dank bin ich etwas/ j-n los
בְּרוֹנְזָה נ׳	[bronza] Bronze *f*
=תְּקוּפַת-הַ~	= Bronzezeit *f*
בְּרוֹנְכִיטִיס ז׳	[bronxitis] Bronchitis *f*, Bronchialkatarrh *m Med.*
בָּרוֹק ז׳, בארוק	[barok] Barock *m*
בָּרוּר ת׳	[barur] klar, verständlich *Adj.*
=~ כַּשֶּׁמֶשׁ	= sonnenklar *Adj.*
בֵּרוּר ז׳, בירור	[bérur] Klärung *f*, Beweisführung *f*
=בְּבֵרוּר ת״פ	= klar, eindeutig, deutlich *Adv.*
בְּרוֹשׁ ז׳	[broʃ] Zypresse *f* (Cupressus) *Bot.*
בֶּרֶז ז׳	['berez] Wasserhahn *m*
בִּרְזוּל ז׳, בירזול	[birzul] Beschlagen *n* (mit Eisen)
בַּרְזֶל ז׳	[barzel] Eisen *n*
=~-יְצִיקָה	= Gusseisen *n*
=מְנַת-~	= eiserne Ration
=מָסַךְ-~	= eiserner Vorhang *Pol.*
=מְסִלַּת-~	= Eisenbahnschiene *f*
=נִכְסֵי צֹאן-~	= zeitloses Kulturgut *n*
=תְּקוּפַת-הַ~	= Eisenzeit *f*
בִּרְזֵל פיעל	[birzél] *pi.* mit Eisen beschlagen
בַּרְזִלָּן ז׳	[barzilan] Arbeiter *m* in der Schwerindustrie
בְּרֶזֶנְט ז׳ גם: אַבַּרְזִין	[brezent] Zeltplane *f*, Tarpaulin
בָּרַח פעל (לִבְרוֹחַ מִפְּנֵי-, מִן-, יִבְרַח)	[barax] *kal* fliehen
-הִבְרִיחַ הפ׳	- *hif.* in die Flucht schlagen, vertreiben; schmuggeln

בְּרִירוּת נ׳ [brirut] Klarheit *f*; Evidenz *f*

בְּרֵישׁ גְּלֵי (ארמי) [beréʃ glé] öffentlich *Adv.*

בְּרִית נ׳ (בְּרִיתוֹת) [brit] Bund *m*, Freundschaftsbund *m*

=~-מִילָה = (rituelle) Beschneidung *f*

=~-הַמּוֹעָצוֹת = Sowjetunion *f*

=הַ~ הַחֲדָשָׁה = das Neue Testament

=אֲרוֹן-הַ~ = Bundeslade *f*

=אַרְצוֹת-הַ~ = Vereinigte Staaten von Amerika

=בֶּן-~ = Glaubensgenosse *m* (Jude)

=בַּעַל-~ = Bundesgenosse *m*

=לוּחוֹת-הַ~ = Gesetzestafeln *f/pl.*

★בֹּרִית נ׳, בורית [borit] Lauge *f*, Seife *f*

בָּרַיְתָא נ׳, ברייתא [barajta] Ergänzung zur Mischna

★בָּרַךְ פעל (לִבְרוֹךְ, יִבְרַךְ) [barax] *kal* knien

-הִבְרִיךְ הפ׳ - *hif.* in die Knie zwingen

בֵּרַךְ פיעל (לְבָרֵךְ אֶת-) [bérax] *pi.* segnen; beglückwünschen; begrüßen

-הִתְבָּרֵךְ הת׳ - *hit.* gesegnet werden, gesegnet sein

=בֵּרַךְ עַל הַמֻּגְמָר = den Abschluss feiern

=יְבָרֶכְךָ ה׳ = Gott segne dich!

בֶּרֶךְ נ׳, (בִּרְכַּיִם, בִּרְכֵּי-) [‘berex] Knie *n*

=פִּיק-בִּרְכַּיִם = Schlottern *n* der Knie

בְּרָכָה נ׳ (בִּרְכַּת-, בְּרָכוֹת, בִּרְכוֹת-) [braxa] Segen *m*, Glückwunsch *m*

=בִּבְרָכָה = mit freundlichem Gruß (Briefschluss)

=בְּרָכָה לְבַטָּלָה = verlorene Liebesmüh

=בִּרְכַּת-הַגּוֹמֵל = Segensspruch *m* nach Rettung aus Gefahr

=~-הַמָּזוֹן = Tischgebet *n*

=~-כֹּהֲנִים = Priestersegen *m*

=~-הַמּוֹצִיא = Segensspruch *m* über das Brot

=גֶּשֶׁם-בְּרָכָה = gesegneter Regen

=כּוֹס-שֶׁל-בְּרָכָה = Glas *n* Wein, über das ein Segensspruch gesagt wird

=זִכְרוֹנוֹ לִבְרָכָה = Gott hab ihn selig

=תָּבוֹא עָלָיו בְּרָכָה = er soll gesegnet sein (Dankformel)

=שֶׁבַע בְּרָכוֹת = die 7 Segenssprüche für das Brautpaar (Judentum)

בְּרֵכָה נ׳, בריכה [beréxa] Wasserbassin *n*; Teich *m*; Schwimmbad *n*, Pool *m*

=בְּרֵכַת-שְׂחִיָּה = Schwimmbecken *n*

★בְּרַם ת״פ [bram] aber, zwar

בַּרְנָשׁ ז׳ [barnaʃ] Kerl *m*, Mensch *m ver.*

בֻּרְסִי ז׳, בורסי [bursi] Gerber *m*

בֻּרְסְקָאוּת נ׳ [burska’ut] Gerberei *f*

בֻּרְסְקִי נ׳, בורסקי [burski] Gerberwerkstatt *f*

בָּרָק ז׳ [barak] Blitz *m;* Glanz *m*

בָּרַק פעל (לִבְרוֹק, יִבְרוֹק) [barak] *kal* Blitz schleudern; strahlen

-הִבְרִיק הפ׳ - *hif.* strahlen, blitzen; polieren; telegrafieren

בַּרְקִית נ׳ [barkit] grüner Star *m* (Glaucoma) *Med.*

בַּרְקָן ז׳ [barkan] südländische Distel *f* (Notobasis) *Bot.*

בְּרֶקְס ז׳ [breks] Bremse *f Kfz.*

=בְּרֶקְסִים = Bremsbeläge *m/pl.*

בָּרֶקֶת נ׳ [ba’reket] Smaragd *m*

בָּרַר פעל (לִבְרוֹר או לָבֹר, בָּרוֹתִי, יִבְרוֹר או יָבֹר) [barar] *kal* auswählen, unterscheiden

-בֵּרֵר פיעל - *pi.* klären, klar machen; ausfindig machen

-הִתְבָּרֵר הת׳ - *hit.* klar werden; herausstellen *v/i*

-הִבְרִיר הפ׳ - *hif.* klären

-הֻבְרַר הופ׳ - *hof.* klar gemacht werden

בְּרָרָה נ׳ [brara] Abfall *m*; zweite Wahl (Früchte)

בְּרֵרָה נ׳, ברירה [bréra] Alternative *f*, Möglichkeit *f* der Wahl

=אֵין ~ = (ich habe *usw.*) keine andere Wahl

=בְּאֵין ~, בְּלֵית ~ = da es nicht anders geht

=בְּרֵרַת מֶחְדָּל = Auslassungswahl *f*

בַּרְרָן ז׳ — [bareran] Feinschmecker *m*; wählerischer Mensch

=~נוּת נ׳ — = anspruchsvolles, wählerisches Wesen

=~נִי ת׳ — = wählerisch, anspruchsvoll *Adj.*

בֵּרֵשׁ פיעל — [béréʃ] *pi* bürsten, abbürsten

-הִבְרִישׁ הפ׳ — - *hif.* abbürsten *v/t*

בִּשְׁבִיל מ״י — [biʃvil] für, zugunsten, zu Gunsten zuliebe *Prp.*

=~ שֶׁ- — = damit

=זֶה לֹא ~י — = das ist nichts für mich

בִּשּׁוּל ז׳, בישול — [biʃul] Kochen *n*

בָּשׂוּם ת׳ — [basum] duftend, parfümiert *Adj.*

בִּשּׂוּם ז׳, בישום — [bisum] Parfümieren *n*

בְּשׂוֹרָה נ׳ — [besora] Botschaft *f*, (gute) Nachricht *f*

=בְּשׂוֹרַת-אִיּוֹב — = Hiobsbotschaft *f*

=אִישׁ-בְּשׂוֹרָה — = Überbringer *m* e-r guten Nachricht

בְּשִׁילוּת נ׳ — [bʃilut] Reifen *n*

בָּשַׁל פעל (לִבְשׁוֹל, בָּשֵׁל, יִבְשַׁל) — [baʃal] *kal* reifen; kochen *v/i*

-בִּשֵּׁל פיעל — - *pi.* kochen *v/t*

-הִתְבַּשֵּׁל הת׳ — - *hit.* reifen; gekocht werden; vorgehen *fig.*

-הִבְשִׁיל הפ׳ — - *hif.* reifen

=מְבֻשָּׁל — = gekocht, warm *Adj.*

בָּשֵׁל ת׳ — [baʃél] reif *Adj.*; gekocht *Adj.*

בְּשֶׁל מ״י — [beʃel] wegen *Prp.*

=הוּא בְּשֶׁלּוֹ — = er besteht auf seiner Ansicht

בְּשֵׁלוּת נ׳ — [bʃélut] Reife *f*

בַּשְׁלָן ז׳ — [baʃlan] Hobbykoch *m*

בֹּשֶׂם ז׳, בושם (בְּשָׂמִים, בָּשְׂמֵי-) — [ʻbosem] Wohlgeruch *m*, Duft *m*; Parfüm *n*

=מֵי-~ — = Duftwasser *n*, Eau de Cologne

★בַּשָּׂם ז׳ — [basam] Parfümhersteller *m*, Parfümverkäufer *m*

בָּשַׂם פעל (לִבְשׂוֹם, יִבְשַׂם) — [basam] *kal* duften *v/i*

-בִּשֵּׂם פיעל — - *pi.* parfümieren; berauschen *v/t*

-הִתְבַּשֵּׂם הת׳ — - *hit.* sich parfümieren; sich berauschen

=מְבֻשָּׂם ת׳ — = berauscht *Adj.*

=יְבֻשַּׂם לְךָ! — = wohl bekomms!

בַּשָּׂמוּת נ׳ — [basamut] Parfümherstellung *f*

בָּשְׂמִי ת׳, בושמי — [bosmi] duftend *Adj.*

בִּשֵּׂר פיעל — [bisér] *pi.* verkünden

-הִתְבַּשֵּׂר הת׳ — - *hit.* eine Botschaft empfangen, e-e gute Nachricht bekommen

בָּשָׂר ז׳ — [basar] Fleisch *n*

=~-וָדָם — = *wörtl.* Fleisch u. Blut; Sterblicher *m*

=~ חַי — = rohes Fleisch *n*

=~ מְצֻמָּת — = Pökelfleisch *n*

=בְּשַׂר-עָצֶה — = Roastbeef *n*

=בַּעַל-בָּשָׂר — = dicker, korpulenter Mensch *m*

=כְּלֵי-~ — = Fleischgeschirr (in koscherem Haushalt)

★=שְׁאֵר-~ — = Verwandter *m*

=חֲוִיתִי אֶת זֶה עַל בְּשָׂרִי — = ich habe es am eigenen Leibe erfahren

=תַּאֲוֹת|-בְּשָׂרִים — = fleischliche (sinnliche) Gelüste *n/pl.*

בְּשָׂרִי ת׳ — [besari] Fleisch-, fleischig *Adj.*

בַּשְׂרָנִי ת׳ — [basrani] beleibt *Adj.*

בֹּשֶׁת נ׳, בושת — [ʻboʃet] Schande *f*

=לְבָשְׁתּוֹ — = zu seiner Schande

=בֹּשֶׁת-פָּנִים — = Beschämung *f*

=בֵּית-בֹּשֶׁת — = Bordell *n*, Freudenhaus *n*

בַּת נ׳ (בִּתִּי, בָּנוֹת, בְּנוֹת-) — [bat] Tochter *f*; Mädchen *n*

=דָּנָה בַּת שָׁלֹשׁ — = Dana ist drei Jahre alt

=~-אָח,~-אָחוֹת — = Nichte *f*

=~-גִּילוֹ — = Altersgenossin *f*

=~-גַּלִּים — = Nixe *f*

=~-דּוֹד,~-דּוֹדָה — = Kusine *f*, Base *f*

=~-זוּג — = Partnerin *f*, Gattin *f*

=~-חַוָּה — = Evas Tochter

=~-יַעֲנָה — = (Vogel) Strauß *m*

=~-מִצְוָה = jüdisches Mädchen von 12 Jahren

=~-צְחוֹק = Lächeln *n*

=~-קוֹל = Echo *n*

רְאֵה גַּם אֶת הַצֵּרוּפִים עִם בֵּן, בַּר s. auch Zssgn. mit [ben], [bar]

(בת) בְּבַת-אַחַת ת״פ [bevat-axat] auf einmal, mit einem Mal

=בְּבַת-רֹאשׁ = mit einer Kopfbewegung

בַּתָּה נ׳ [bata] brachliegendes Feld *n*

בְּתוּלָה נ׳ [betula] Jungfrau *f*

=בְּתוּלַת-הַיָּם = Meerjungfrau *f*

=קַרְקַע-בְּתוּלָה = unberührter Boden *m*

בְּתוּלִ|י ת׳ [betuli] jungfräulich, unberührt *Adj.*

=~יּוּת נ׳ = Jungfräulichkeit *f*, Unschuld *f*

בְּתוּלִים ז״ר [betulim] Jungfernschaft *f*; Hymen *n*, Jungfernhäutchen

בָּתוּק ת׳ [batuk] zerrissen, geschnitten, durchgebrochen Adj.

בִּתּוּר ז׳, ביתור [bitur] Zerschneiden *n*, Zerteilen *n* (*bsd.* Fleisch)

בְּתוֹר, בְּתוֹרַת- [betor, betorat] als; in der Eigenschaft als

בתי״ס ר״ת בָּתֵּי-סֵפֶר [baté-séfer] *Abk.* Schulen *f/pl.*

בִּתֵּק פיעל [biték] *pi.* zerreißen; durchbohren

בִּתֵּר פיעל [bitér] *pi.* zerlegen, klein schneiden

בָּתַר מ״י (ארמ׳) [batar] nach *Kj.*; post-(Präfix)

=~-מִלְחַמְתִּי ת׳ = Nachkriegs-

=~-מִקְרָאִי ת׳ = nachbiblisch *Adj.*

(בָּתְרָא) בָּבָא ~ (ארמ׳) [bava-batra] *wörtl.* das letzte Tor; Teil des Talmuds

בִּתְרוֹן ז׳ (בִּתְרוֹנוֹת) [bitron] tiefes Tal *n*; Felsenkluft *f*

בְּתָרִים ז״ר [btarim] Opfer *n/pl.*

=בְּרִית בֵּין הַבְּתָרִים = Bund *m* der Tieropfer *bibl.* (*zwischen Gott und Abraham*)

ג

ג Gimel (G), 3. Buchstabe des hebr. Alphabets, Zeichen der Zahl 3

=יוֹם ג׳ (יוֹם שְׁלִישִׁי) = Dienstag *m*, 3. Tag d. jüd. Woche

גֵּא, גֵּאֶה ת׳ [gé, gé'e] stolz, selbstbewusst *Adj.*

גָּאָה פעל (לִגְאוֹת, יִגְאֶה) [ga'a] *kal* sich heben; steigen (Wasser); stolz sein

-נִתְגָּאָה הת׳ - *hit.* sich brüsten; stolz sein

גַּאֲוָה נ׳, גאווה [ga'ava] Stolz *m*

=גַּאֲוַת יְחִידָה = Stolz *m* auf die eigene Mannschaft

גָּאוּל ת׳ [ga'ul] erlöst, befreit *Adj.*

גֵּאוּל ז׳ [gé'ul] Schmutz *m*

גָּאוֹן¹ ז׳ [ga'on] Stolz *m*; Hoheit *f*, Herrlichkeit *f*

★=גְּאוֹן הַנָּהָר = Uferrand *m*

גָּאוֹן² ז׳ [ga'on] Ehrentitel *m* für e-n Weisen *Rel.*; Genie *n*

=גְּאוֹנוּת נ׳ = Amt *n* des Weisen *bibl.;* Genialität *f*

=גְּאוֹנִ|י ת׳ = genial *Adj.*

=~יּוּת נ׳ = Genialität *f*

גֵּאוּת נ׳ [gé'ut] Erhebung *f*; Erhabenheit *f*; Stolz *m*

=~-הַיָּם = Flut *f*

=~ וְשֵׁפֶל = Ebbe und Flut

=~ כַּלְכָּלִית = Prosperität *f*, wirtschaftlicher Aufschwung *m*

גַּאַוְתָ|ן ת׳, גאוותן [ga'avtan] überheblich, prahlerisch *Adj.*

=~נוּת נ׳ = Überheblichkeit *f*

=~נִי ת׳, גאוותני = überheblich, prahlerisch *Adj.*

גְּאִיָּה נ׳ [ge'ija] Dünung *f*

גָּאַל¹ פעל (לִגְאֹל אֶת-, יִגְאַל) [ga'al] *kal* erlösen, befreien

=גּוֹאֵל-הַדָּם = Bluträcher *m*

גָּאַל² פעל [ga'al] *kal* beschmutzen; entweihen

גֹּ|אַל ז׳ ['go'al] Profanierung *f*, Entweihung *f*

גְּאֻלָּה נ׳, גאולה [ge'ula] Erlösung *f*

=גְּאֻלַּת-דָּם = Blutrache *f*

גַּב ז׳ [gav] Rücken *m*; Rückseite *f*

=~ הַיָּד = Handrücken *m*

=~-כִּסֵּא = Rückenlehne *f*

=~-סֵפֶר = Buchrücken *m*

=עַל-~, עַל-גַּבֵּי- = auf *Kj.*

=שָׁחוֹר עַל גַּבֵּי לָבָן = schwarz auf weiß

=לְגַבֵּי מ״י = in Bezug auf , im Verhältnis zu

=לְגַבֵּי דִידִי = was mich betrifft

★גֹּב ז׳, גוב [gov] Grube *f*, Höhle *f*

=~-אֲרָיוֹת = Löwengrube *f bibl.*

★גֶּ|בֶא ז׳ ['geve'] Zisterne *f*; Lagune *f*

גַּבָּאוּת נ׳ [gaba'ut] Vorstandsamt *n* (Synagoge)

גַּבַּאי ז׳ [gabaj] Vorsteher *m* (der Synagoge)

גָּבַב פעל (לִגְבֹּב, יִגְבֹּב) [gavav] *kal* aufhäufen (Holz, Stroh)

=גִּבֵּב דְּבָרִים = leere Worte schwatzen

גְּבָבָה נ׳ [gvava] Spreu *f*, Abfall *m fig.*

גַּבְבָן ז׳ [gabevan] Schwätzer *m*

גָּבַהּ פעל (לִגְבֹּהַּ, גָּבוֹהַּ, יִגְבַּהּ) [gava] *kal* hoch sein; wachsen

-הִגְבִּיהַּ הפ׳ - *hif.* hochheben, erhöhen

★=גָּבַהּ לִבּוֹ = stolz werden, stolz sein

=הִגְבִּיהַּ| עוּף,~ טוּס = hoch fliegen

=~ קוֹלוֹ = die Stimme erheben

גֹּ|בַהּ ז׳, גובה (גְּבָהִים, גָּבְהֵי-) ['gova] Höhe *f*

=~ פְּנֵי הַיָּם = Meeresspiegel *m*

גָּבֹהַּ ת׳, גבוה [ga'voa] hoch, groß *Adj.*

=בְּקוֹל ~ = laut

=גְּבַה-גַּלִּים = mit hohen Wellen

★=גְּבַה-לֵב = stolz, hochmütig *Adj.*

★=~-~-עֵינַיִם = überheblich *Adj.*

=-קוֹמָה = hoch gewachsen *Adj.*

=הַחַלּוֹנוֹת הַגְּבוֹהִים = die höchsten Stellen

=דִּבֵּר גְּבוֹהָה גְבוֹהָה = Phrasen dreschen

גָּבָה פעל (לִגְבּוֹת אֶת-, יִגְבֶּה) [gava] *kal* einkassieren, Schulden einziehen

=~ עֵדוּת = Zeugen vernehmen

גַּבָּה נ׳ (גַּבּוֹת-עֵינַיִם) [gaba] Braue *f*, Augenbrauen *f/pl.*

★גַּבְהוּת נ׳ [gavhut] Hochmut *m*

★=~-אַף,~-לֵב = Hochmut *m*

=~-עֵינַיִם = Selbsteingenommenheit *f*

גִּבּוּב ז׳, גיבוב [gibuv] Anhäufen *n*

=~-דְּבָרִים = Wortschwall *m*, leeres Gerede *n*

גָּבוּב ת׳ [gavuv] angehäuft *Adj.*

גָּבוּי ת׳ [gavuj] eingesammelt, bezahlt *Adj.*

גִּבּוּי ז׳, גיבוי ראה: תְּמוּכִין [gibuj] Deckung *f*, Rückendeckung *f*

גְּבוּ|ל ז׳, (גְּבוּלוֹת) [gvul] Grenze *f*

=לְלֹא ~ = grenzenlos *Adj.*

=~לִי ת׳ = angrenzend; knapp *Adj.*

=הַסָּגַת-~ = Überschreitung *f* der Grenze, unbefugtes Betreten; Grenzverletzung *f*

=מִשְׁמַר הַגְּבוּל (ר"ת מַגַּ"ב) = Bundesgrenzschutz *m*

=עוֹבֵר כָּל ~ = *etwa* unter aller Kritik

גִּבּוּן ז׳, גיבון [gibun] Entstehung *f* e-s Buckels

גִּבּוּס ז׳ [gibus] Eingipsen *n Med.*

גִּבּוֹר ז׳, גיבור [gibor] Held *m;* Hauptfigur *f* (Roman, Erzählung *usw.*)

גְּבוּרָה נ׳ [gvura] Heldenmut *m*; Kraft *f*

=הַ~, מִפִּי הַ~ = einer der Namen Gottes; vom Munde Gottes

=גְּבוּרוֹת, הִגִּיעַ לְ~ = Greisenalter *n* (80 Jahre); 80 Jahre alt werden

גִּבּוֹרִ|י ת׳, גיבורי [gibori] heldenhaft *Adj.*

=~יּוּת נ׳ = Heldenhaftigkeit *f*

גִּבּוּשׁ ז׳, גיבוש [gibuʃ] Kristallisierung *f*; Materialisierung *f*, Gestaltwerden *n;* Zusammenschweissen *n* (Gruppe)

גִּבֵּחַ ת׳, גיבח [gi'béax] kahl (an der Stirn) *Adj.*

גַּבַּחַת נ׳ [gabaxat] Kahlheit *f*

גְּבִיָּה נ׳, גבייה [gvija] Einkassierung *f*, Inkasso *n*

=גְּבִיַּת-עֵדוּת = Zeugenvernehmung *f*

גָּבִין ז׳ (גְּבִינִים) [gavin] Augenbraue *f*

גְּבִינָה נ׳ [gvina] Käse *m*

=~ צְהוּבָּה = Hartkäse *f* (z.B. Gouda, alle gelben Käsesorten)

=~ לְבָנָה = Quark *m;* Frischkäse *m*

גָּבִיעַ ז׳ [ga'via'] Kelch *m*, Pokal *m*; Becher *m*

גְּבִיעוֹן ז׳ [gvi'on] Hüllkelch *m Bot.*

גְּבִיעִי ת׳ [gvi'i] kelchförmig *Adj.*

גְּבִיר ז׳ [gvir] Herr *m*; reicher Mann *m*

=גְּבִירָה נ׳ (גְּבֶרֶת-, גְּבִרְתּוֹ, גְּבִירוֹת) = Herrin *f*, Dame *f*; Königin *f*

=גְּבִירוּת נ׳ = Herrentum *n*; Reichtum *m*

=גְּבִירִי ת׳ = herrschaftlich *Adj.*

גָּבִישׁ ז׳ [gaviʃ] Kristall *m*

=גְּבִישׁוּת נ׳ = Kristallform *f*

=גְּבִישִׁי ת׳ = kristallförmig *Adj.*

גָּבַל פעל (לִגְבֹּל אֶת-, בְּ-, יִגְבֹּל) [gaval] *kal* grenzen, angrenzen *v/i*

-הִגְבִּיל הפ׳ - *hif.* begrenzen, abgrenzen *v/t*

=מֻגְבָּל ת׳ = begrenzt, beschränkt *Adj.*

גַּבְלוּל ז׳ [gavlul] Erdklumpen *m*

גַּבְלִית נ׳ [gavlit] Erker *m*

גִּבֵּן ז׳, גיבן (גִּבֶּנֶת) [gibén] Buckliger *m*

גִּבֵּן פיעל [gibén] *pi.* krümmen *v/t* (Rücken)

-הִתְגַּבֵּן הת׳ - *hit.* e-n Buckel bekommen

גַּבְנוּן ז׳ [gavnun] Buckel *m*

=גַּבְנוּנִי ת׳ = bucklig; konvex *Adj.*

גִּבֶּנֶת נ׳, גיבנת [gi'benet] Buckel *m;* Bucklige *f*

גֶּבֶס ז׳ ['geves] Gips *m*

גִּבֵּס פיעל [gibés] *pi.* gipsen, eingipsen *v/t*

גֶּבַע ז׳ ['geva'] Hügel *m*

גִּבְעָה נ׳ (גְּבָעוֹת) [giv'a] Hügel *m*

גִּבְעוֹל ז׳ [giv'ol] Stängel *m*; Blütenkelch *m Bot.*

גָּבַר פעל (לִגְבֹּר עַל-, יִגְבַּר) [gavar] *kal* stark werden; siegen (über)

-הִתְגַּבֵּר הת׳ (עַל-) - *hit.* überwinden *v/t*

-הִגְבִּיר הפ׳ - *hif.* verstärken

גֶּבֶר ז׳ ['gever] Mann *m*; Hahn *m*

★גַּבְרָא ז׳ (ארמ׳) [gavra] Mann *m*

=חִלּוּפֵי גַּבְרֵי = Personalwechsel *m*

=כֹּחַ-גַּבְרָא = Manneskraft *f*, Zeugungsfähigkeit *f*, Potenz *f*

גַּבְרוּת נ׳ [gavrut] Männlichkeit *f*

גַּבְרִ|י ת׳ [gavri] männlich *Adj.*

=~יּוּת נ׳ = Männlichkeit *f*

=~ית ת״פ = männlich *Adv.*

גְּבֶרֶת נ׳, (גְּבִרְתִּי, גְּבָרוֹת) [ge'veret] Dame *f*, Herrin *f*

=גְּבִירוֹתַי! = meine Damen!

=גְּבֶרֶת נִכְבָּדָה (ג״נ) = sehr geehrte Dame

=אוֹתָהּ הַגְּבֶרֶת בְּשִׁנּוּי אַדֶּרֶת = dasselbe in Grün *F*

גְּבַרְתָּ|ן,~נִי תו״ז [gvartan] Kraftmensch *m*

=~נוּת נ׳ = Kraftmeierei *f*

גִּבֵּשׁ פיעל [gibéʃ] *pi.* kristallisieren *v/t*; zusammenschweißen *fig.*

-הִתְגַּבֵּשׁ הת׳ - *hit.* sich kristallisieren; zu fester Form werden; sich verdichten

גַּבְשׁוּשִׁי ת׳ [gavʃuʃi] warzig *Adj.*

גַּבְשׁוּשִׁית נ׳ [gavʃuʃit] Häufchen *n*

גִּבְתּוֹן ז׳, גיבתון [gibton] Ammer *f*, Weidenammer *f* (Emberiza) *Zo.*

=~ עֶפְרוֹנִי = Grauammer *f* (Emberiza calandra) *Zo.*

=~-גַּנִּים = Gartenammer *f* (Emberiza hortulana) *Zo.*

=~ צָהֹב = Goldammer *f* (Emberiza citrinella) *Zo.*

גַּג ז׳ (גַּגּוֹת) [gag] Dach *n*

=אִרְגּוּן-~ = Dachorganisation *f*

=גַּגּוֹן ז׳ = Vordach *n*

גַּד1 ז׳ ראה גם: כֻּסְבָּר [gad] Koriander *m Bot.*

★גַּד2 ז׳ [gad] Glück *n*; Jupiter *m* (Planet)

=בִּישׁ-גַּדָּא (ארמ׳) = Pechvogel *m*

★גֻּדְגְּדָנִית נ׳ [gudgedanit] Kirsche *f*

(גדד) הִתְגּוֹדֵד הת׳ [hitgodéd] *hit.* sich ansammeln

גָּדָה נ׳ [gada] Ufer *n*; Rand *m*

="הַגָּדָה", הַ~ הַמַּעֲרָבִית = Westbank *f*, Cisjordanien *n*, Westufer *n* des Jordan

=מָלֵא עַל כָּל גְּדוֹתָיו = zum Überlaufen voll

גָּדוּד ת׳ [gadud] abgeerntet *Adj.* (Palme)

גְּדוּד ז׳ [gdud] Regiment *n*; Schar *f*, Gruppe *f*

גְּדוּדִי ת׳ [gdudi] zum Regiment gehörig, Regiments-

גָּדוֹל ת׳ [gadol] groß; F toll *Adj.*

=בְּ~ (דיבורי) = im großen Stil

גִּדּוּל ז׳, גידול [gidul] Wachsen *n*; Aufzucht *f*; Entwicklung *f*; Gewächs *n* (am Körper)

=~ סַרְטָנִי = Geschwulst *f*, Tumor *m*

=גִּדּוּלֵ|י-בַּעַל ז״ר = unbewässerte Kulturen *f/pl.*

=~-בָּר = Wildpflanzen *f/pl.*

=~-פֶּרֶא = Unkraut *n*

=~-שְׁלָחִים = bewässerte Kulturen *f/pl.*

=בֵּית-גִּדּוּל = Habitat *n Bot., Zo.*

=צַעַר ~ בָּנִים = Erziehungssorgen *f/pl.*

גָּדוּם ת׳ ראה גם: קָטוּעַ [gadum] amputiert *Adj.*

גִּדּוּם ז׳, גידום ראה גם: קְטִיעָה [gidum] Amputation *f*

גָּדוּעַ ת׳ [ga'dua'] gefällt *Adj.* (Bäume)

גִּדּוּעַ ז׳, גידוע [gi'dua'] Fällen *n* (Bäume)

גִּדּוּף ז׳, גידוף [giduf] Beschimpfen *n*

גָּדוּר ת׳ [gadur] umzäunt, abgezäunt *Adj.*

גִּדּוּר ז׳, גידור [gidur] Umzäunung *f*, Umzäunen *n*

גָּדוּשׁ ת׳ [gaduʃ] angefüllt, überfüllt *Adj.*

=מָלֵא וְ~ = bis an den Rand voll

=מִדָּה גְּדוּשָׁה = volles Maß

גְּדִי ז׳ (גְּדָיִים) [gdi] junger Ziegenbock *m*, Zicklein *n*

=חוּג-הַ~ = Wendekreis *m* des Steinbocks

=מַזַּל-הַ~ = Steinbock *m Astr.*

(גַּדְיָא) חַד-~(ארמ׳) [xad-gadja] ein Lämmchen *n* (aus der Pessach-Hagada)

גְּדִיל ז׳ [gadil] Franse *f*, Quaste *f*, Troddel *f*

גְּדִילָה נ׳ [gdila] Wachstum *n*

גְּדִילָן ז׳ [gdilan] Mariendistel *f* (Silybum) *Bot.*

גְּדִיעָה נ׳ [gdi'a] Fällen *n* (Bäume)

גָּדִישׁ ז׳ [gadiʃ] Getreidegarben *f/pl.*

=גְּדִישָׁה נ׳ = Aufstellen *n* von Hocken

=גְּדִישַׁת-הַסְּאָה = Übertreibung *f*

גָּדַל פעל (לִגְדֹּל, גָּדֵל, יִגְדַּל) [gadal] *kal* groß werden, wachsen; aufwachsen

-גִּדֵּל פיעל - *pi.* großziehen, aufziehen; wachsen lassen, anbauen

-הִתְגַּדֵּל הת׳ - *hit.* groß werden, größer werden; sich stolz gebärden, überheblich sein

-הִגְדִּיל הפ׳ - *hif.* groß machen, vergrößern

=גָּדַל פֶּרֶא = wild wachsen

=הִגְדִּיל לַעֲשׂוֹת = große Taten vollbringen

גָּדֵל ת׳ [gadél] wachsend *Adj.*

גֹּדֶל ז׳, גודל (גְּדָלִים) ['godel] Größe *f*

גְּדֻלָּה נ׳, גדולה [gdula] Größe *f*; Ehre *f*

=עָלָה לִ~ = hochkommen, zu Ehren gelangen

=יָרַד מִגְּדֻלָּתוֹ = in Vergessenheit geraten

גַּדְלוּת נ׳ [gadlut] Stolz *m*; Größe *f*

=שִׁגְעוֹן הַ~ = Größenwahn *m*

גִּדֵּם תו״ז, גידם [gidém] Einarmiger *m*

גֶּדֶם, גֹּדֶם ז׳, גודם ['gedem, 'godem] Stumpf *m*

גַּדְנָ״ע ר״ת גְּדוּדֵי-נֹעַר [gadna'] *Kurzw.* vormilitärische Jugendorganisation in Israel

גָּדַע פעל (לִגְדֹּעַ אֶת-, יִגְדַּע) [gada'] *kal* fällen (Bäume)

גִּדֵּף פיעל [gidéf] *pi.* beschimpfen

גָּדַר פעל (לִגְדֹּר אֶת-, יִגְדֹּר) [gadar] *kal* e-n Zaun errichten

-גִּדֵּר פיעל - *pi.* umzäunen

-הִתְגַּדֵּר הת׳ - *hit.* sich abgrenzen; sich auszeichnen

-הִגְדִּיר הפ׳ - *hif.* definieren, bestimmen

גָּדֵר נ׳ (גֶּדֶר-, גְּדֵרוֹת) [gadér] Zaun *m*; Gitter *n*

=גָּדֵר חַיָּה = Hecke *f*

=גָּדֵר-תַּיִל = Stacheldrahtzaun *m*

=יָצָא מִגְּדֵרוֹ = außer sich geraten

=בְּגֶדֶר- = anzusehen als ...

גְּדֵרָה נ׳ [gdéra] Pferch *m*

גִּדְרוֹן ז׳ [gidron] Zaunkönig *m* (Troglodytes) *Zo.*

גָּדַשׁ פעל (לִגְדֹּשׁ יִגְדֹּשׁ) [gadaʃ] *kal* anhäufen (Garben), reichlich füllen

-הִגְדִּישׁ הפ׳ - *hif.* anhäufen, füllen

=גָּדַשׁ אֶת הַסְּאָה, הִגְדִּישׁ אֶת הַסְּאָה = übertreiben

גֹּדֶשׁ ז׳, גודש ['godeʃ] Überfülle *f*

גֵּהָה נ׳ [géha] Heilung *f*

גִּהוּץ ז׳, גיהוץ [gihuts] Plätten *n*, Bügeln *n*

גִּהוּק ז׳, גיהוק [gihuk] Aufstoßen *n*, Rülpsen *n*

גָּהוּר ת׳ [gahur] gebeugt, gebückt *Adj.*

גֵּהוּת נ׳ [géhut] Hygiene *f*

=~תִי ת׳ = hygienisch *Adj.*

גִּהֵץ פיעל [gihéts] *pi.* plätten, bügeln

גַּהָץ ז׳, גַּהֶצֶת נ׳ [gehats, ga'hetset] Bügler *m*, Büglerin *f*

גִּהֵק פיעל [gihék] *pi.* aufstoßen, rülpsen F

גָּהַר פעל (לִגְהֹר, יִגְהַר) [gahar] *kal* sich bücken, sich herunterbeugen

גֵּו, גַּו[1] ז׳ [gév, gav] Rücken *m*

=הִשְׁלִיךְ אַחֲרֵי גֵּווֹ = wegwerfen, als wertlos verwerfen

★גֵּו, גַּו[2], גֹּו ז׳ (ארמ׳) [gév, gav, go] Inneres *n*

=מִלְּגֵו, מִלְּגַו = von innen

=דְּבָרִים בְּגוֹ = es ist etwas daran

גּוֹאֵל ז׳ (גּוֹאֲלִים) [go'él] Erlöser *m*, Retter *m*

=~-הַדָּם = Bluträcher *m*, Verwandter, der zur Blutrache verpflichtet ist

גּוּאָשׁ ז׳ [guaʃ] Gouache *f* (Malerei)

(גוב) הֵגִיב הפ׳ [hégiv] *hif.* reagieren

גּוֹבֶה ז' [gove] Einkassierer *m*, Eintreiber *m*

גּוּבַיְנָא, גּוּבַיְנָה נ' (ארמ') [guvajna] Einkassierung *f*

=שִׂיחַת- = R-Gespräch *n*, Collect Call *m*, *Tel.*

גּוֹבְלֶן ז' [goblen] Gobelin *m*

ג'וּבְנִיק ז' [džobnik] *etwa* Soldat in der Schreibstube *Mil.* (nicht im Feld)

ג'וּדוֹ ז' [džudo] Judo *n*

גִּוּוּן ז', גיוון [givun] Nuancierung *f*, Variierung *f*, Abwandlung *f*

(גוז) גָּז פעל (לָגוּז, יָגוּז) [gaz] *kal* vorübergehen, verschwinden

-נָגוֹז נפ' - *nif.* vorübergehen, verschwinden

גּוֹזָל ז' [gozal] Vogeljunges *n*, Küken *n*; junge Taube *f*

גּוֹי ז' [goj] Volk *n*; Fremder *m*, Nichtjude *m*

=גּוֹיָה נ' = Nichtjüdin

=גּוֹי שֶׁל שַׁבָּת = "Schabbes-Goj", Nichtjude, der für fromme Juden am Sabbat arbeitet

גּוּיָבָה נ' [gujava] Guave *f* (Psidium guayaba) *Bot.*

גְּוִיָּה נ', גוויה [gvija] Körper *m*; Leiche *f*

גּוֹיִי ת' [goji] nicht jüdisch, fremd *Adj.*

גְּוִיל ז', גוויל [gvil] Pergament *n*

גְּוִיעָה נ', גוויעה [gvi'a] Im-Sterben-Liegen *n*

גּוֹל ז' [gol] Tor (Fußball)

גּוֹלָה נ' [gola] Verbannung *f*, Fremde *f*; Diaspora *f*; Exil *n*

גּוֹלֶה ז' [gole] Vertriebener *m*, Flüchtling *m*, in Exil lebende Person

גּוֹלֵל ז' [golél] Stein *m* (zum Verschluss von Höhle oder Grab)

=סָתַם אֶת הַ~ (עַל-) = das Grab bedecken, endgültig begraben *fig.*

גּוּמְאָנִי ת' [gom'ani] schnell, rasch *Adj.*

גּוּמִ|י ז' [gumi] Gummi *m*

=~יָּה נ' = Gummiring *m*

גָּוֶן ז', גוון (גּוֹן-, גְּוָנִים, גּוֹנֵי-) ['gaven] Farbe *f*; Nuance *f*; Schattierung *f*, Farbton *m*

=גּוֹנֵי-גְּוָנִים = leichte Nuancen *f/pl.*

=גּוֹן-בֵּינַיִם = Mittelton *m*

=כְּגוֹן = wie zum Beispiel

גִּוֵּן פיעל (לְגַוֵּן אֶת-) [givén] *pi.* Farbe geben, Farbe verleihen, farbig machen; variieren *v/t*

ג'וּנְגֶל ז' ['džungel] Dschungel *m*

גּוֹנְדוֹלָה נ' [gondola] Gondel *f*

גַּוְנוּן ז', גוונון [gavnun] Schattierung *f*, Nuance *f*

=~נִי ת' = nuancenreich, farbig, bunt *Adj.*

=~נִיּוּת נ' = Farbenreichtum *m*

(גּוֹנִי) חַדְגּוֹנִי ת' [goni] eintönig *Adj.*

=סַסְגּוֹנִי ת' = farbenfreudig *Adj.*

=רַבְגּוֹנִי ת' = bunt; vielfältig *Adj.*

גִּוְנֵן פיעל [givnen] *pi.* bunt gestalten, variieren

גּוֹסֵס ת' [gosés] sterbend, im Sterben liegend *Adj.*

גָּוַע פעל (לִגְוֹעַ, יִגְוַע) [gava'] *kal* hinsterben

גּוֹעֵשׁ ת' [go'éʃ] stürmisch (Meer) *Adj.*

גּוּף ז' [guf] Körper *m*; Rumpf *m*; Körperschaft *f*

=~ הַדָּבָר, ~ הַמַּעֲשֶׂה = die Sache selbst, Hauptsache *f*

=גּוּפוֹ, הוּא ~ = er selbst

=גּוּף מִשְׁפָּטִי = juristische Person

=~ רִאשׁוֹן, ~ שֵׁנִי, ~ שְׁלִישִׁי = erste, zweite, dritte Person *Gr.*

=מִלַּת-~ = Fürwort *n*, Pronomen *n Gr.*

=לְגוּפוֹ שֶׁל דָּבָר = zur Sache selbst

(גוף) הֵגִיף הפ' [hégif] *hif.* schließen (Fenster)

גּוּפָה נ' [gufa] Leiche *f*

גּוּפִי ת' [gufi] körperlich; materiell *Adj.*

גּוּפִיָּה נ' [gufija] Body *m*, Unterhemd *n*

גּוּפִיף ז' [gufif] Körperchen *n* (*bsd.* Blut)

גּוֹפָן ז' [gofan] Schriftart *f*, Font *m Typ.*

גּוּפָנִ|י ת' [gufani] körperlich *Adj.*

=~יּוּת נ' = Körperlichkeit *f*

גּוּץ ת' [guts] klein; untersetzt *Adj.*

ג'וּק[1] ז' [džuk] Küchenschabe *f*, Kakerlake *f Zo.*

=נִכְנַס לוֹ ~ בָּרֹאשׁ = eine fixe Idee haben F

גּוּר ז' [gur] Jungtier *n*

=גּוּרָה נ' = weibliches Jungtier
(גור) גָּר פעל (לָגוּר בְּ-, יָגוּר) [gar] *kal* wohnen
-הִתְגּוֹרֵר הת' - *hit.* zeitweilig wohnen
גְּוַרְדְּיָה נ', גוורדיה [gvardja] Garde *f*
גּוֹרָל ז' (גּוֹרָלוֹת) [goral] Los *n*; Schicksal *n*
=הֵטִיל ~, הִפִּיל ~ = durch das Los entscheiden
=זָכָה בְּ~ = in der Lotterie (bei der Verlosung) gewinnen
=נָפַל בְּגוֹרָלוֹ = es ist ihm beschieden
=חָרַץ אֶת גּוֹרָלוֹ = sein Schicksal entscheiden
=צְחוֹק הַגּוֹרָל = Ironie des Schicksals
=תַּהְפּוּכוֹת הַגּוֹרָל = Schicksalswendungen *f/pl.*, *etwa* wie das Leben so spielt
=גּוֹרָלִ|י ת' = schicksalhaft, entscheidend *Adj.*
=~יּוּת נ' = Schicksalhaftigkeit *f*
גּוֹרֵם ז' [gorém] Faktor *m*, Veranlassung *f*, Ursache *f*
גּוֹרֵר ז' [gorér] Abschleppwagen *m*
גּוּשׁ ז' [guʃ] Erdscholle *f*; Block *m*; Staatenbund *m*
=~ עָרִים = Städtekomplex *m*
=גּוּשִׁי ת' = zu einem Block gehörig
=בֵּין-~ ת' = zwischen den Supermächten *Pol.*
גּוֹתִי ת' [goti] gotisch *Adj.*
=כְּתַב ~ = gotische Schrift *f*
=סִגְנוֹן ~ = gotischer Stil *m*
גֵּז ז' [géz] geschorene Wolle *f*
גַּז ז' [gaz] Gas *n*
=~ בִּשּׁוּל = Haushaltsgas *n*
=~-הַמָּאוֹר = Leuchtgas *n*
=מַסֵּכַת-~ = Gasmaske *f*
גַּ'ז' ז', ג'אז [džaz] Jazz *m*
גִּזְבָּר ז' [gizbar] Schatzmeister *m*, Kassenwart *m*
=~וּת נ' = Amt *n* des Schatzmeisters *od.* Kassenwarts
גִּזָּה נ', גיזה [giza] Schur *f*; Schafwolle *f*
גָּזָה נ' [gaza] Gaze *f* (Stoff)
גָּזוּז ת' [gazuz] abgeschnitten, kurz - geschnitten, geschoren *Adj.*

גִּזּוּז ז', גיזוז [gizuz] Abschneiden *n*, Kurzschneiden *n*
גַּזּוֹז ז' [gazoz] Sodawasser *n*, Mineralwasser *n*
גְּזוּזְטְרָה נ' [gzuztra] Balkon *m*
גִּזּוּם ז', גיזום [gizum] Beschneiden *n* (von Bäumen *usw.*)
גָּזוּם ת' [gazum] beschnitten *Adj.* (Baum, Strauch)
גִּזּוּר ז', גיזור [gizur] Zuschnitt *m*
גָּזוּר ת' [gazur] geschnitten *Adj.*
גָּזַז פעל (לִגְזֹז או לָגֹז) [gazaz] *kal* schneiden (mit der Schere)
גַּזֶּזֶת נ' [ga'zezet] Scherpilzflechte *f* (Trichophytosis) *Med.*
גַּזִּ|י ת' [gazi] gasförmig *Adj.*
=~יָּה = Campingkocher *m*
גְּזִיזָה [gziza] Schneiden (mit Schere) *n*, Schur *f*
גְּזִימָה נ' [gzima] Baumschnitt *m*
גְּזִיר ז' [gzir] Baumstamm *m*
גְּזִירָה נ' [gzira] Abschneiden *n*, Zuschneiden *n*
גָּזִית נ' [gazit] behauener Stein
גָּזַל פעל (לִגְזֹל אֶת-, יִגְזֹל) [gazal] *kal* rauben, berauben
גָּזֵל, גֶּזֶל ז' [gazél, 'gezel] Raub *m*
גְּזֵלָה נ' [gzéla] Diebesgut *n*, Beute *f*
גַּזְלָן ז' [gazlan] Räuber *m*
גָּזַם[1] פעל (לִגְזֹם אֶת-, יִגְזֹם) [gazam] *kal* beschneiden (Bäume, Sträucher)
(גזם)[2] הִגְזִים הפ' [higzim] *hif.* übertreiben
גֶּזֶם ז', גְּזֹמֶת נ', גזומת ['gezem, g'zomet] abgeschnittene Äste, Zweige *m/pl.*
גֻּזְמָה נ', גוזמה [guzma] Übertreibung *f*
גֶּזַע ז' ['geza'] Baumstamm *m*; Rasse *f*
=הַ~ הָאֱנוֹשִׁי = menschliche Rasse *f*
=תּוֹרַת-הַ~ = Rassenlehre *f*
גִּזְעִי ת' [giz'i] rassig *Adj.*; cool F
גִּזְעָנוּת נ' [giz'anut] Rassismus *m*, Rassenhass *m*
=גִּזְעָנִי ת' = rassistisch *Adj.*
גָּזַר פעל (לִגְזֹר אֶת-, [gazar] *kal* schneiden,

יִגְזֹר) ausschneiden; entscheiden; ableiten *Gr.*

=~ עַל- = verbieten

=~ אֶת דִּינוֹ = verurteilen

גֶּזֶר ז' ['gezer] Mohrrübe *f*, Karotte *f* (*mst. pl.*)

גְּזַר-דִּין ז' [gzar-din] Strafmaß *n*

גְּזֵרָה נ', גזירה [gezéra] Gesetz *n*, *bsd.* judenfeindliches; Verbot *n*

=~ שָׁוָה = Analogieschluss *m*, Vergleich *m*

=גְּזֵרוֹת תַּ"ח וְתַ"ט = Judenverfolgungen von 1648-49 unter Chmelnizki in Südrussland

=אֶרֶץ-גְּזֵרָה = Land *n* der Verbannung, Exil *n*

גִּזְרָה נ', גיזרה [gizra] Schnitt *m*; Gestalt *f*, Figur *f*; Sektor *m*; hebr. Verbgruppe *f* (z.B. כתב drei starke Radikale) *Gr.*

גִּזְרוֹן ז' [gizron] Etymologie *f*

=גִּזְרוֹנִי ת' = etymologisch *Adj.*

גַּזְרָן ז' [gazran] Zuschneider *m*

גַּזְרָנִיָּה נ' [gazranija] Zuschneiderei *f* (Stoff)

גַּזְרַקָּשׁ ז' [gzarkaʃ] Strohschneidemaschine *f*

גִּחוּךְ ז', גיחוך [gixux] Lächeln *n*; Grinsen *n*

גִּחוּכִיּוּת נ' [gixuxijut] Lächerlichkeit *f*

גָּחוּם ת' [gaxum] kapriziös, launisch *Adj.*

גָּחוֹן ז' [gaxon] Bauch *m* (von Kriechtieren)

גָּחוּן ת' [gaxun] gebückt, gebeugt *Adj.*

גִּחֵךְ פיעל [gixéx] *pi.* lächeln; grinsen

גַּחֲכָן ז' [gaxaxan] Spaßmacher *m*

=~נוּת נ' = Spaß *m*

גַּחְלִילִית נ' [gaxlilit] Glühwürmchen *n* (Lampyris) *Zo.*

גַּחֲלִית נ' [gaxalit] Karbunkel *m* (*bsd.* im Nacken) *Med.*

גַּחֶלֶת נ' (גֶּחָלִים) [ga'xelet] (glühende) Kohle *f*

=~ לוֹחֶשֶׁת = glimmende Kohle, Glut *f*

=יָשַׁב עַל גֶּחָלִים = auf glühenden Kohlen sitzen

גַּחְמָה נ' [gaxama] Eigenwilligkeit *f*; Laune *f*

גָּחַן פעל (לִגְחֹן עַל-, יִגְחַן) [gaxan] *kal* sich beugen über

גֶּחָן ז' [gexan] Ginsterkatze *f* (Raubkatze) *Zo.*

גַּחַר ז' ['gaxar] Höhle *f*, Grotte *f*

גֵּט ז' (גִּטִּים או גִּטִּין) [gét] Scheidebrief *m*, Scheidung *f*

=~-פִּטּוּרִין = Scheidebrief *m*

=נָתַן ~ לְאִשְׁתּוֹ = sich (von seiner Frau) scheiden lassen

גֶּטוֹ ז', גיטו [geto] Judenviertel *n*, Ghetto *n*

גַּי, גַּיְא ז' (גֵּיא-, גֵּיאָיוֹת) [gaj] Tal *n*, Niederung *f*, Schlucht *f*

=גֵּיא-צַלְמָוֶת = Tal *n* des Todes *bibl.*

=גֵּי-הִנֹּם, גֵּיהִנֹּם = Gehenna *f*, Hölle *f*

גֵּיאוֹגְרַפְיָה נ' [géografja] Geographie *f*

גֵּיאוֹלוֹגְיָה נ' [géologja] Geologie *f*

גֵּיאוֹמֶטְרִיָּה נ' [géometrja] Geometrie *f*

גִּיגִית נ' [gigit] Wanne *f*

גִּיד ז' [gid] Sehne *f* *Anat.*

=~ הַנָּשֶׁה = Ischiasnerv *m*

גֵּיהִנֹּם זו"נ [géhinom] Gehenna *f*, Hölle *f*

=שִׁבְעָה מְדוֹרֵי ~ = *wörtl.* die sieben Stufen der Hölle; Höllenqualen *f/pl.*

גִּיּוּד ז' [gijud] Schneiden v. Sehnen

גִּיּוּז ז' [gijuz] Vergasung *f*

גִּיּוּס ז' [gijus] Mobilisierung *f*

=לִשְׁכַּת ~ = Musterungsbüro *n*, -stelle *f* *Mil.*

גִּיּוּר ז' [gijur] Aufnahme *f* von Nichtjuden ins Judentum, Übertritt *m*

גִּיּוֹר ז', גִּיּוֹרֶת נ' [gijor, gi'joret] Proselyt(in), Neubekehrte(r) *m*, *f*

גיזרון ראה: גִּזְרוֹן [gizron] Etymologie *f*

(גיח) גָּח פעל (לָגִיחַ מִן-, יָגִיחַ) [gax] *kal* hervorbrechen

-הֵגִיחַ הפ' - *hif.* aufspringen (aus Hinterhalt), losstürmen

גִּיחָה נ' [gixa] Aufspringen *n*, Aufsteigen *n* *Flgw.*

גִּיטָרָה נ' [gitara] Gitarre *f*

★ (גיל) גָּל פעל (לָגִיל, יָגִיל) [gal] *kal* sich freuen, fröhlich sein

גִּיל[1] ז׳ — [gil] Freude *f*
גִּיל[2] ז׳ — [gil] Lebensalter *n*
=בֶּן-גִּילוֹ — = sein Altersgenosse
=גִּיל-הַהִתְבַּגְּרוּת — = Pubertät *f*
=~-הָעֲמִידָה — = mittleres Alter
=~ רַךְ — = frühes Kindesalter *n*
גִּילַאי ז׳ — [gilaj] zur Altersgruppe, zum Jahrgang gehörig, altersgerecht *Adj.*
גִּילָה נ׳ — [gila] Frohlocken *n*
גִּילְיוֹטִינָה נ׳ — [giljotina] Guillotine *f*
גִּימַטְרִיָּה נ׳ — [gi'matrija] Zahlenwert der hebr. Buchstaben, Zahlenmystik *f*
גִּימֶל נ׳ — ['gimel] Name des 3. Buchstabens d. hebr. Alphabets
גִּימְנַסְיָה נ׳ — [gimnasja] Gymnasium *n*
ג׳ינְג׳י ז׳ — ['džindži] rothaarig *Adj.*
גֵּינֵיאָלוֹגְיָה נ׳ — [généalogja] Genealogie *f*
גִּינֵיקוֹלוֹג|יָה נ׳ — [ginékologja] Gynäkologie *f*
=~ ז׳ — = Gynäkologe *m*
גִּיס ז׳, גִּיסָה נ׳ — [gis, gisa] Schwager *m*; Schwägerin *f*
גַּיִס ז׳, ~ (גֵּיס-, גְּיָסוֹת, גֵּיסוֹת-) — ['gajis] Legion *f*, Armeekorps *n*
=~ חֲמִישִׁי — = fünfte Kolonne *Mil.*
גִּיֵּס פיעל — [gijés] *pi.* mobilisieren, zu den Fahnen rufen, einziehen *Mil.*
-הִתְגַּיֵּס הת׳ — - *hit.* Soldat werden, sich zum Militärdienst melden
(גִּיסָא (ארמ׳) מֵחַד ~ — [méxad gisa] einerseits
=מֵאִידָךְ ~ — = andererseits
גִּיסָ|ן ז׳ — [gisan] Bruder *m* des Schwagers
=~נִית נ׳ — = Schwester *f* des Schwagers
גַּיִף ז׳ — ['gajif] Dreidimensionalität *f*
ג׳יפּ ז׳ — [džip] Jeep *m*
גַּיָּץ ז׳ — [gajats] Graveur *m*
גִּיֵּץ פיעל — [gijéts] *pi.* fräsen
גַּיֶּצֶת נ׳, גייצת — [ga'jetstet] Fräse *f*, Fräsmaschine *f*

גִּיֵּר פיעל — [gijér] *pi.* Nichtjuden zum Juden konvertieren
-הִתְגַּיֵּר, נִתְגַּיֵּר הת׳ — - *hit.* Jude werden
גִּיר ז׳ — [gir] Kreide *f*
גִּירִית נ׳ — [girit] Dachs *m* (Meles taxus) *Zo.*
=~-דְּבַשׁ — = Honigdachs *m* (Mellivora capensis) *Zo.*
ג׳ירָף ז׳, ג׳ירָפָה נ׳ — [džiraf, džirafa] Giraffe *f Zo.*
גִּישָׁה נ׳ — [giʃa] Einstellung *f* (zu); Zugang *m* (zu); Verhältnis *n* (zu)
גֵּישָׁה נ׳ — [géʃa] Geisha *f*
★גַּל[1] ז׳ — [gal] Haufen *m* (Steine)
=~-עֵד — = Gedenkstätte *f*
=~ שֶׁל עֲצָמוֹת — = Haut und Knochen
גַּל[2] ז׳ — [gal] Welle *f*
=גַּלֵּי עַל-שֵׁמַע — = Ultraschall *m*
=גַּלִּים| אֲרֻכִּים, ~ בֵּינוֹנִיִּים, ~ קְצָרִים — = Lang-, Mittel-, Kurzwellen *f/pl.*
=רַצֵּי-~ — = kleine Wellen *f/pl.*
=הִכָּה ~ — = Wellen schlagen
גְּלַאי ז׳ — [glaj] leere Stelle; (Kleid) Ausschnitt *m*, Dekolleté *a.* Dekolletee *n*
גַּלַּאי ז׳ — [galaj] Detektor *m Rdf.*
★גַּלָּב ז׳ — [galav] Barbier *m*, Friseur *m*
גִּלְגּוּל ז׳, גילגול — [gilgul] Umdrehung *f*; Umwandlung *f*, Metamorphose *f*
=~-נְשָׁמָה — = Seelenwanderung *f*
גִּלְגֵּל פיעל — [gilgél] *pi.* rollen *v/t*, drehen *v/t*
-הִתְגַּלְגֵּל הת׳ — - *hit.* sich herumdrehen; sich rollen lassen
=הִתְגַּלְגֵּל מִצְּחוֹק — = sich ausschütten vor Lachen
גַּלְגַּל ז׳ — [galgal] Rad *n*
=~-חִלּוּף — = Reserverad *n*
=~-הַמַּזָּלוֹת — = Tierkreis *m Astr.*
=~ מַצְמִיד — = Kupplungsrad *n*
=~ מְשֻׁנָּן (גַּלְגַּל-שִׁנַּיִם) — = Zahnrad *n*
=~-תְּנוּפָה — = Schwungrad *n*
=גַּלְגַּלִּי ת׳ — = radförmig *Adj.*

גַּלְגִּלִּית נ׳, גלגילית [galgilit] Rollschuh *m*
גַּלְגֶּלֶת נ׳ [gal'gelet] Flaschenzug *m*
גֻּלְגֹּלֶת נ׳, גולגולת [gul'golet] Schädel *m*; Kopf *m*
=~-הַמֵּת = Totenkopf *m* (Schmetterling) *Zo.*
גֶּלֶד ז׳ ['geled] Kruste *f*; Schorf *m*
=גִּלְדֵי-שֻׁמָּן = Gänsegrieben *f/pl.*
גָּלַד פעל (לִגְלֹד, יִגְלַד) [galad] *kal* fest werden, sich verhärten
-הִגְלִיד הפ׳ - *hif.* gelieren; verkrusten, vernarben
גֻּלָּה נ׳, גולה [gula] Säulenknauf *m*, Kugel *f*; Murmel *f*
=גֻּלַּת הַכּוֹתֶרֶת = Kapitell *n*; Höhepunkt *m fig.*
(גלה)¹ נִגְלָה נפ׳ (לְהִגָּלוֹת) [nigla] *nif.* aufgedeckt werden, sichtbar werden, erscheinen
-גִּלָּה פיעל - *pi.* aufdecken, entdecken; bekannt geben
-הִתְגַּלָּה הת׳ - *hit.* sich entblößen; sichtbar werden, bekannt werden, zum Vorschein kommen
=גִּלָּה אֶת דַּעְתּוֹ = s-e Meinung sagen
=~ אֶת לִבּוֹ = sein Herz ausschütten
=~ אֶת קְלָפָיו = s-e Karten aufdecken
גָּלָה² פעל (לִגְלוֹת, יִגְלֶה) [gala] *kal* ins Exil gehen
-הִגְלָה הפ׳ - *hif.* verbannen
גָּלוּב ת׳ [galuv] rasiert *Adj.*
גְּלוֹבּוּס ז׳ [globus] Globus *m*
גְּלוֹבָּלִי ת׳ [globali] global *Adj.*
גָּלוּד ת׳ [galud] gefroren *Adj.*
גִּלְוּוּן ז׳ [gilvun] Galvanisierung *f*
גָּלוּחַ ת׳ [ga'luax] rasiert *Adj.*
גִּלּוּחַ ז׳, גילוח [gi'luax] Rasur *f*, Rasieren *n*
=מְכוֹנַת-~ = Rasierapparat *m*
גָּלוּי ת׳ [galuj] offen, aufgedeckt, bekannt *Adj.*
=גְּלוּי-לֵב = offenherzig, aufrichtig *Adj.*
=~-רֹאשׁ = barhäuptig *Adj.*
=גְּלוּיוֹת, בְּגָלוּי ת״פ = offen *Adv.*
=מִכְתָּב גָּלוּי = offener Brief *m*

גִּלּוּי ז׳, גילוי ז׳ [giluj] Aufdeckung *f*, Entdeckung *f*; Erscheinung *f*
=~-דַּעַת = Manifest *n*; Meinungsäußerung *f*
=~-לֵב = Aufrichtigkeit *f*, Offenheit *f*
=~-עֲרָיוֹת = Unzucht *f*; Inzest *m*, Blutschande *f*
=~-רֹאשׁ = Barhäuptigkeit *f*
גְּלוּיָה נ׳ [gluja] Postkarte *f*
גָּלוּל ת׳ [galul] eingerollt *Adj.*
★גִּלּוּל ז׳ [gilul] Götzenbild *n*
גְּלוּלָה נ׳ [glula] Tablette *f*; (Antibaby-) Pille *f*
=גְּלוּלַת-שֵׁנָה = Schlaftablette *f*
גָּלוּם ת׳ [galum] eingehüllt, verborgen, latent; formlos, roh *Adj.*
גִּלּוּם ז׳, גילום [gilum] Verkörperung *f*
גְּלוּמָה נ׳ [gluma] Spelze *f Bot.*
גִּלְוֵן פיעל [gilvén] *pi.* galvanisieren
גַּלּוֹנִי ת׳ [galoni] wellig *Adj.*
גַּלְוָנִי ת׳, גלווני [galvani] galvanisch *Adj.*
=~יוּת נ׳ = Galvanismus *m*
★גְּלוֹסְקָמָה נ׳ [gloskama] Sarkophag *m*
גִּלּוּף ז׳, גילוף [giluf] Schnitzwerk *n*; Meißeln *n*; Gravierung *f*
=בְּגִלּוּפִין = angetrunken, beschwipst F *Adv.*
גָּלוּף ת׳ [galuf] gemeißelt; eingraviert *Adj.*
גְּלוּפָה נ׳ [glufa] Klischee *n*
גָּלוּת נ׳ (גָּלֻיּוֹת) [galut] Exil *n*, Verbannung *f*; Diaspora *f*, Zerstreuung *f* der Juden unter den Völkern
=~ בָּבֶל = babylonisches Exil *n*
=קִבּוּץ גָּלֻיּוֹת = Sammlung *f* der Verstreuten (in Israel)
=גָּלוּתִי ת׳ = in der Diaspora
=~יוּת נ׳ = Lebensweise *f* in der Diaspora
גִּלֵּחַ פיעל (לְגַלֵּחַ) [gilax] *pi.* rasieren
-הִתְגַּלֵּחַ הת׳ = *hit.* sich rasieren
גַּלָּח ז׳ [galax] katholischer Priester *m ver.*
גַּלַּחַת נ׳ [ga'laxat] rasierte Stelle am Körper
גֶ׳לָטִין נ׳ [dželatin] Gelatine *f*

גַּלִּי ת׳ — [gali] gewellt *Adj.*, mäßig bewegt (Meer)

גְּלִידָה נ׳ — [glida] Speiseeis *n*, Eiscreme *f*

גִּלָּיוֹן ז׳, גיליון (גִּלְיוֹן-, גִּלְיוֹנוֹת) — [gilajon] Blatt *n* Papier, Druckbogen *m*; Nummer *f* einer Zeitung

=גִּלְיוֹן-אִשּׁוּם — = Anklageschrift *f*

=~-דְּפוּס — = Druckbogen *m*

גַּלִּיּוּת נ׳ — [galijut] Welligkeit *f*

גָּלִיל[1] ז׳ — [galil] Zylinder *m*, Walze *f*, Rolle *f*

גָּלִיל[2] ז׳ — [galil] Bezirk *m*

=הַ~ — = Galiläa

גְּלִילָה נ׳ — [glila] Einrollen *n*; Roulade *f*; Biskuitrolle *f*

גְּלִילִי[1] ת׳ — [glili] zylindrisch *Adj.*

גְּלִילִי[2] ת׳ — [glili] Bezirks-; galiläisch *Adj.*

גְּלִילִית נ׳ — [glilit] Röllchen *n*

גְּלִימָה נ׳ — [glima] Talar *m*, Amtstracht *f;* Umhang *n*

גַּלְיָנִי ת׳ — [galjani] wellenförmig *Adj.*

גְּלִיפָה נ׳ — [glifa] Schnitzen *n*, Gravieren *n*

גָּלִישׁ ת׳ — [galiʃ] glatt, glitschig *Adj.*

גְּלִישָׁה נ׳ — [gliʃa] Gleiten *n*; Schlittschuhlaufen *n*; (Milch) Überlaufen *n;* Surfen *n* (Internet)

גָּלַל פעל (לִגְלֹל אֶת-, יִגְלֹל) — [galal] *kal* drehen, rollen

-נָגֹל, נִגְלַל נפ׳ (לְהִגָּלֵל או לְהִגּוֹל) — - *nif.* (auf)gerollt werden; dargestellt werden

-גּוֹלֵל פיעל — - *pi.* aufrollen; darstellen *v/t*

-הִתְגּוֹלֵל הת׳ — - *hit.* sich rollen, sich wälzen

=אֶבֶן נָגֹלָּה מֵעַל לִבּוֹ — = ein Stein fiel ihm vom Herzen

(גלל) בִּגְלַל מ״י — [biglal] wegen *Prp.*

גָּלָל, גֶּלֶל ז׳ — [galal, ‘gelel] Kot *m*, Mist *m*

גָּלַם פעל (לִגְלֹם אֶת-, יִגְלֹם) — [galam] *kal* gestalten; einhüllen

-גִּלֵּם פיעל — - *pi.* verkörpern, Form verleihen; (Rolle) spielen *Thea.*

-הִתְגַּלֵּם הת׳ — - *hit.* sich verpuppen; verkörpert werden; zum Ausdruck kommen

גֹּלֶם ז׳, גולם (גְּלָמִים) — [‘golem] Golem *m*; ungeschlachter Mensch; Puppe *f* (e-s Insekts)

(גֹּלֶם) ז׳, חֹמֶר-~ — [xomer 'gelem] Rohstoff *m*

גִּלְמֵד פיעל — [gilméd] *pi.* isolieren *v/t*

גַּלְמוּד ת׳ — [galmud] einsam, alleinstehend *Adj.*

=~דִּיּוּת נ׳ — = Einsamkeit *f*, Alleinsein *n*

גָּלְמִי ת׳, גולמי — [golmi] roh, unbearbeitet *Adj.*

=חֹמֶר ~ — = Rohstoff *m*

=מִשְׁקָל ~ — = Bruttogewicht *n*

גָּלְמִיּוּת נ׳, גולמיות — [golmijut] Schwerfälligkeit *f*; Unfertigkeit *f*

גָּלְמִית נ׳, גולמית — [golmit] Schmetterlingspuppe *f*, Kokon *m*

גָּלְמָנִי ת׳, גולמני — [golmani] golemhaft, schwerfällig, unbeholfen *Adj.*

★גָּלַע פעל (לִגְלֹעַ אֶת-, יִגְלַע) — [gala’] *kal* aufdecken

-הִתְגַּלַּע הת׳ (לְהִתְגַּלֵּעַ) — - *hit.* ausbrechen *v/i*

גַּלְעֵד ז׳ — [gal’éd] Gedenkstelle *f*

גַּלְעִין ז׳ — [gal’in] Kern *m* (in harter Schale)

גִּלְעֵן פיעל — [gil’én] *pi.* entsteinen, entkernen

גָּלַף פעל (לִגְלֹף אֶת-, יִגְלֹף) — [galaf] *kal* schnitzen, meißeln, gravieren

-גִּלֵּף פיעל — - *pi.* schnitzen, meißeln, gravieren

גַּלָּף ז׳ — [galaf] Graveur *m*, Zinkograph *m*

גֶּלֶף, גֹּלֶף ז׳ — [‘gelef, golef] Schnitzen *n*

גל״ץ ר״ת גַּלֵּי צַהַ״ל — [galats] *Abk.* Militärradiosender mit Musik und Infobeiträgen (in Israel)

גָּלַקְסְיָה נ׳ — [galaksja] Galaxis *f*, Milchstraße *f Astr.*

גָּלֶרְיָה נ׳ — [galerja] Galerie *f*

גָּלַשׁ פעל (לִגְלֹשׁ, יִגְלֹשׁ) — [galaʃ] *kal* gleiten, hinuntergleiten; überlaufen (Milch); surfen (Internet)

גַּלְשָׁן ז׳ — [galʃan] Skiläufer, Skifahrer *m*

גַּם מ״ח, ~ כֵּן — [gam] auch

=~... וְ~... — = sowohl... als auch...

=וּמָה ~ — = besonders wenn, zumal

גַּמָּא ז׳ — [gama’] Gamma *n* (griech. Buchstabe)

=קַרְנֵי-~ = Gammastrahlen *m/pl.*

גָּמָא פעל (לִגְמֹא, יִגְמָא) [gama'] *kal* schlucken, schlürfen

=גָּמָא אֶרֶץ (מֶרְחַקִּים, קִילוֹמֶטְרִים) = Entfernungen zurücklegen, Kilometer fressen

גֻּמָּא, גֻּמָּה נ׳, גומה [guma'] Grube *f*, Loch *n*

=גֻּמַּת-חֵן = Grübchen *n*

גֹּמֶא, גומא ז׳ ['gome'] Papyrusstaude *f Bot.*

גִּמְגּוּם ז׳, גימגום [gimgum] Stottern *n*

גִּמְגֵּם פיעל [gimgém] *pi.* stottern

גַּמְגְּמָן ז׳ [gamgeman] Stotterer *m*

=~נִי ת׳ = stotternd, gestottert *Adj.*

גַּמָּד ז׳ (גַּמֶּדֶת) [gamad] Zwerg *m*

גָּמַד פעל (לִגְמֹד אֶת-, יִגְמֹד) [gamad] *kal* schrumpfen *v/i*; klein machen *v/t*

-גִּמֵּד פיעל - *pi.* klein erscheinen lassen

-הִתְגַּמֵּד, נִתְגַּמֵּד הת׳ - *hit.* klein werden

גַּמָּדִי ת׳ [gamadi] zwerghaft *Adj.*

גָּמוּל ת׳ [gamul] entwöhnt *Adj.*

גְּמוּל ז׳ [gmul] Entgelt *n*, Vergütung *f*, Lohn *m*

=שִׁלֵּם לוֹ כִּגְמוּלוֹ = Gleiches mit Gleichem vergelten

גִּמּוּל ז׳, גימול [gimul] Entwöhnung *f*

גָּמוּר ת׳ [gamur] beendet, fertig *Adj.*; sicher *Adj.*

=מָנוּי וְ-~ = fest beschlossen

=אֲנִי ~ (דיבורי) = ich bin fix und fertig, am Ende F

גִּמּוּר ז׳, גימור [gimur] Fertigstellung *f*, letzter Schliff *m*

גָּמַז פעל [gamaz] *kal* scharfe Kritik ausüben

גְּמַ"ח ר"ת גְּמִילוּת חֶסֶד [gemax] *Kurzw.* zinslose Anleihe; Gefälligkeit *f*; Wohltat *f*

גֻּמְחָה נ׳, גומחה [gumxa] Nische *f*

גַּמְחוֹן ז׳ [gamxon] launenhafter Mensch *m*

=~נִי ת׳ = launenhaft *Adj.*

גִּמַּטְרִיָּה נ׳ ראה: גִּימַטְרִיָּה [gimatrija] Zahlenwert der hebr. Buchstaben, Zahlenmystik *f*

גְּמִילָה¹ נ׳ [gmila] Reifen *n* der Frucht; Entwöhnung *f*

גְּמִילָה² נ׳ [gmila] Entgelten *n*

גְּמִילוּת-חֶסֶד, ~-חֲסָדִים [gmilut-xesed]zinslose Anleihe; Gefälligkeit *f*, Wohltat *f*

גְּמִיעָה נ׳ [gmi'a] Schluck *m*

גְּמִירָא ז׳ (ארמ׳) [gmira] Schluss *m*

=עַד ~ = bis zum Schluss

גְּמִירָה נ׳ [gmira] Schlussmachen *n*, Abschluss *m*

גָּמִישׁ ת׳ [gamiʃ] biegsam, elastisch; flexibel *Adj.*

=גְּמִישׁוּת נ׳ = Biegsamkeit *f*, Elastizität *f;* Flexibilität *f*

גָּמַל¹ פעל (לִגְמֹל, יִגְמַל, יִגְמֹל) [gamal] *kal* reif werden; entwöhnen *v/t*

-נִגְמַל נפ׳ (לְהִגָּמֵל מִן-) - *nif.* sich abgewöhnen

גָּמַל² פעל (לִגְמֹל אֶת-, עַל-, לְ-, יִגְמֹל) [gamal] *kal* vergelten

=בִּרְכַּת הַגּוֹמֵל = Dankgebet *n* f. Rettung aus Gefahr

=גָּמַל חֶסֶד לְ- = einen Gefallen tun *(D)*

=גּוֹמְלִים, ~ ן = Gegenseitigkeit *f*

=יַחֲסֵי-~ = wechselseitige Beziehungen *f/pl.*

=מִשְׂחַק-~ = Revanche *f*, Rückspiel *n*

גָּמָל ז׳ (גְּמַלִּים) [gamal] Kamel *n Zo.*

=גְּמַל-שְׁלֹמֹה = Gottesanbeterin *f* (Mantidae) *Zo.*

גַּמָּל ז׳ (גַּמָּלִים) [gamal] Kameltreiber *m*

(גֶּמֶל) חֹק-הַ- ~ [gemel] Rentengesetz *n*

גִּמְלָאוּת נ׳, גימלאות [gimla'ut] Pensionsrecht *n*

=גִּמְלַאי ז׳ = Rentner *m*, Pensionär *m*

גַּמְלָה נ׳ [gamla] Landungsbrücke *f*

גִּמְלָה נ׳, גימלה (גְּמָלָאוֹת) [gimla] Pension *f*, Altersrente *f* Rente *f*, Versicherungsgeld *n*

גַּמְלוֹן ת׳ [gamlon] groß, lang (*bsd.* Körper) *Adj.*

גָּמַע פעל (לִגְמֹעַ, יִגְמַע) [gama'] *kal* schlucken

גָּמַר פעל (לִגְמֹר אֶת-, יִגְמֹר) [gamar] *kal* beenden, abschließen, fertig machen; F leer, alle sein

-גִּמֵּר פיעל - *pi.* fertig machen, fertig bearbeiten

=גָּמַר אֹמֶר = entschlossen sein

=גָּמַר עָלָיו אֶת הַהַלֵּל = j-n sehr loben, preisen

★וְגוֹמֵר (וגו׳)= = und so weiter, und so fort

בֵּרֵךְ עַל הַמֻּגְמָר= = die Fertigstellung segnen

גָּמַר אֶת הַקַּרְיֵרָה שֶׁלּוֹ= = er hat seine Chancen verspielt

★גָּמַרְנוּ! (דיבורי)= = schluß! vorbei!

גְּמָר ז׳, גֶּמֶר ז׳ [gmar, ‘gemer] Ende *n*, Schluss *m*, Finale *n*

הֵבִיא לִידֵי גְּמָר= = abschließen, zu Ende führen

בְּחִינַת-~; תְּעוּדַת-~= = Abschlussprüfung *f*; Abschlusszeugnis *n*

גְּמַר חֲתִימָה טוֹבָה= = Segensspruch zu Rosch-Haschana u. Jom-kippur

לְגַמְרֵי ת״פ= = gänzlich, völlig *Adv.*

גְּמָרָא, גְּמָרָה נ׳ [gmara] Erklärung der Mischna, Teil des Talmud

גִּמֵּשׁ פיעל [gimé∫] *pi.* elastisch machen

-נִתְגַּמֵּשׁ הת׳ - *hit.* elastisch werden

-הִגְמִישׁ הפ׳ - *hif.* elastisch machen, flexibilisieren

גַּן ז׳ (גַּנִּים) [gan] Garten *m*, Park *m*

~ חוֹבָה= = Kindergarten *m* für 5-6-Jährige, Vorschule *f*

~-חַיּוֹת= = Zoo *m*

~-יְלָדִים= = Kindergarten *m*

~-יָרָק= = Gemüsegarten *m*

~-עֵדֶן= = Garten *m* Eden, Paradies *n*

~-~ שֶׁל כְּסִילִים= = Narrenparadies *n*

~-הָעִיר, ~ צִבּוּרִי= = Stadtpark *m*

~-שַׁעֲשׁוּעִים= = Spielplatz *m*

גְּנַאי ז׳ [gnaj] Schmach *f*, Schande *f*

גָּנַב פעל (לִגְנֹב אֶת-, יִגְנֹב) [ganav] *kal* stehlen

-הִתְגַּנֵּב הת׳ - *hit.* sich einschleichen

-הִגְנִיב הפ׳ - *hif.* hineinschmuggeln

גָּנַב | אֶת דַּעְתּוֹ= = j-n täuschen, betrügen, überlisten

~ אֶת הַגְּבוּל= = illegal die Grenze überschreiten

גַּנָּב ז׳ (גַּנָּבִים) [ganav] Dieb *m*

פִּרְצָה קוֹרֵאת לְ~= = Gelegenheit macht Diebe

גְּנֵבָה נ׳, גניבה [gnéva] Diebstahl *m*; Diebesgut *n*

בִּ~ ת״פ= = heimlich, verstohlen *Adv.*

גְּנֵבַת-דַּעַת= = Täuschung *f*, Betrug *m*

גְּנֵבָה סִפְרוּתִית= = Plagiat *n*

גֻּנְדָּה נ׳, גונדה [gunda] Batterie *f Mil.*

גִּנְדּוּר ז׳, גינדור [gindur] Koketterie *f*, Gefallsucht *f*

גִּנְדֵּר פיעל [gindér] *pi.* schmücken, verschönern, dekorieren

-הִתְגַּנְדֵּר הת׳ - *hit.* sich schön machen, kokettieren

גֻּנְדָּר ז׳, גונדר [gundar] Kommandant *m* im Gefängnisdienst

גַּנְדְּרָן ז׳ [gandran] Stutzer *m*, Geck *m*

~נִי ת׳= = stutzerhaft; kokett *Adj.*

~נוּת נ׳= = Geckenhaftigkeit *f*, Koketterie *f*

גִּנָּה נ׳, גינה [gina] Garten *n*, Gärtchen *n*

גִּנָּה פיעל [gina] *pi.* tadeln, missbilligen, verurteilen

מַעֲשֶׂה מְגֻנֶּה= = unzüchtige Handlung

גָּנוּב ת׳ [ganuv] gestohlen *Adj.*

מַיִם גְּנוּבִים יִמְתָּקוּ= = *wörtl.* gestohlenes Wasser ist süß; *etwa* man will immer das, was man nicht hat

גָּנוּז ת׳ [ganuz] verborgen *Adj.*

סְפָרִים גְּנוּזִים= = Apokryphen *n/pl. Bibl.*

הַמְּגִלּוֹת הַגְּנוּזוֹת= = (Schrift-)Rollen *f/pl.* vom Toten Meer

גִּנּוּי ז׳, גינוי [ginuj] Missbilligung *f*; Rüge *f*

גַּנּוֹן ז׳ [ganon] Krippe *f*, Laufkrippe *f*

גִּנּוּן[1] ז׳, גינון [ginun] Höflichkeit *f*, Manier *f*, Sitte *f*

גִּנּוּנֵי-טֶקֶס ז״ר= = Förmlichkeiten *f/pl.*

גִּנּוּן[2] ז׳, גינון [ginun] Anlegen *n* e-s Gartens

גְּנוּת נ׳ [gnut] Schande *f*

גָּנַז פעל (לִגְנֹז אֶת-, יִגְנֹז) [ganaz] *kal* zu den Akten legen, im Archiv aufbewahren

★גֶּנֶז ז׳ [‘genez] Schatz *m*

בֵּית-גְּנָזִים= = Schatzkammer *f*; Archiv *n*

★גַּנָּז ז׳ (גַּנָּזִים) [ganaz] Archivar *m*

גַּנְזַךְ ז׳ [ganzax] Regierungsarchiv *n*

גָּנַח פעל (לִגְנֹחַ, יִגְנַח) [ganax] *kal* seufzen;

[ga'gu'im] Sehnsucht *f* גַּעְגּוּעִים ז״ר
[hitga'géa'] *hit.* sich sehnen (געגע) הִתְגַּעְגֵּעַ הת׳
(nach) (עַל-, לְ-)
[ga'a] *kal* muhen, brüllen גָּעָה פעל (לִגְעוֹת, יִגְעֶה)
= in Weinen ausbrechen =~ בִּבְכִיָּה
= in Lachen ausbrechen =~ בִּצְחוֹק
[gi'ul] Abscheu *m*; Erbrechen *n* גְּעוּל[1] ז׳, גיעול
[gi'ul] (rituelle) Reinigung *f* von Geschirr גְּעוּל[2] ז׳, גיעול
[ge'ija] Muhen *n*, Brüllen *n* גְּעִיָּה נ׳, געייה
[ge'ila] Widerwille *m* גְּעִילָה נ׳
[ga'al] *kal* verabscheuen גָּעַל[1] פעל (לִגְעֹל אֶת-, בְּ-, יִגְעַל)
- *hif.* Abscheu erregen -הִגְעִיל הפ׳
[hig'il] *hif.* Haushaltsgeräte zum Pessachfest reinigen (געל)[2] הִגְעִיל הפ׳
['go'al] Ekel *m*, Abscheu *m* גֹּעַל ז׳, גועל,
= widerlich, ätzend F =~-נֶפֶשׁ
[go'oli] ekelhaft, abscheulich *Adj.* גָּעֳלִי ת׳, גועלי
[ga'ar] *kal* schelten, tadeln; anschreien גָּעַר פעל (לִגְעֹר בְּ-, יִגְעַר)
[ge'ara] Schelte *f*, Tadel *m*, Rüge *f* גְּעָרָה נ׳
[ga'aʃ] *kal* stürmen (Meer) גָּעַשׁ פעל (לִגְעֹשׁ, יִגְעַשׁ)
- *hit.* (Vulkan) ausbrechen, toben -הִתְגָּעֵשׁ הת׳
[har-'ga'aʃ] Vulkan *m* (גַּעַשׁ) הַר-~
= vulkanisch *Adj.* =גַּעֲשִׁי ת׳
[gaf] Flügel *m* ★גַּף זו״נ (גַּפּוֹ, גַּפִּים, גַּפַּיִם)
= Gliedmaßen *f/pl.*, Hände und Füße *pl.* =גַּפַּיִם ז״ר
= er allein, sie allein =בְּגַפּוֹ, בְּגַפָּהּ
[gapa] Oberleder *n* גַּפָּה נ׳
[gipuf] Umarmung *f*, Streicheln *n* גִּפּוּף ז׳, גיפוף
[gipur] Vulkanisierung *f*; Schwefelung *f* גִּפּוּר ז׳, גיפור
['gefen] Weinrebe *f* גֶּפֶן נ׳ (גְּפָנִים, גַּפְנֵי-)
= Watte *f* =~-צֶמֶר
= gesegnet sei der Schöpfer der Weinreben (Segen über den Wein) =בּוֹרֵא פְּרִי-הַגָּפֶן
[gipéf] *pi.* umarmen, streicheln גִּפֵּף פיעל
krächzen, ächzen
= Blut spucken =~ דָּם
[geneti] genetisch *Adj* גֶּנֶטִי ת׳
= Genetik *f* =~קָה נ׳
[gniza] Versteck *n;* Aufbewahrungsort von beschädigten od. abgenutzten heiligen Schriften גְּנִיזָה נ׳
= hebr. und aramäische Manuskripte (Kairo, 1896) =הַ~
= Schatzkammer *f*, Archiv *n* =בֵּית-~
= nicht zur Veröffentlichung =נִדּוֹן לְ~
[gnixa] tiefer Seufzer *m*; Krächzen *n*, Ächzen *n* גְּנִיחָה נ׳
= Blutspucken *n* =גְּנִיחַת-דָּם
[gonén] *pi.* schützen (גנן) גּוֹנֵן פיעל (עַל-)
- *hit.* sich schützen, sich verteidigen -הִתְגּוֹנֵן הת׳
- *hif.* schützen, verteidigen *v/t* -הֵגֵן הפ׳ (מֵגֵן עַל-)
[ginén] *pi.* Garten anlegen, pflanzen גִּנֵּן פיעל
[ganan] Gärtner *m* גַּנָּן ז׳
= Gärtnerei *f*, Gartenbau *m* =~וּת נ׳
= Kindergärtnerin *f*, Gärtnerin *f* =גַּנֶּנֶת נ׳
[generator] Generator *m* גֶּנֶרָטוֹר ז׳
[generativi] generativ *Adj. Gr.* גֶּנֶרָטִיבִי ת׳
[gas] grob, roh; frech, gewagt F *Adj.* גַּס ת׳
= grob, frech *Adj.* =~-רוּחַ
= Vieh *n* =בְּהֵמָה גַּסָּה
= unanständiges Wort *n* =מִלָּה ~
= rohe Skizze =מִרְשָׁם גַּס
= grobe Lüge =שֶׁקֶר ~
[gasut] Grobheit *f*, Rohheit *f*, Frechheit *f* גַּסּוּת נ׳, ~-רוּחַ
[džesta] Geste *f* גֶ׳סְטָה נ׳ ראה גם: מֶחֱוָה
[gsisa] Im - Sterben - Liegen *n* גְּסִיסָה נ׳
[gasas] *kal* im Sterben liegen גָּסַס[1] פעל (לִגְסֹס, יִגְסֹס)
[gas] *kal* stolz sein ★(גסס)[2] גַּס פעל (לָגוּס)
- *hif.* verhärten ★-הֵגֵס הפ׳
= gering schätzen; wagen ★=הֵגֵס לִבּוֹ בְּ-

liebkosen

גִּפֵּר פיעל [gipér] *pi.* schwefeln; vulkanisieren

גָּפְרָה נ׳, גופרה [gofra] Sulfat *n Chem.*

גַּפְרוּר ז׳ [gafrur] Streichholz *n*

גָּפְרִי ת׳, גופרי [gofri] sulfidisch *Adj.*

גָּפְרִית ז׳ גופרית [gofrit] Schwefel *m Chem.*

=גָּפְרִיתִי ת׳, גופריתי = schwefelhaltig *Adj.*

=חֻמְצָה גָּפְרִיתָנִית = Schwefelsäure *f Chem.*

גֵּץ ז׳ (גִּצִּים) [géts] Funke *m*

גָ׳קוּזִי ז׳ (שם מסחרי) [džakuzi] Sprudelbad *n,* Whirlpool *n,* Jacuzzi *n*

גֵּר ז׳ [gér] Fremder *m*; Proselyt *m*

=~-צֶדֶק = Proselyt *m*

גָּרָב ז׳ [garav] Ekzem *n Med.*

גֶּרֶב ז׳ (גַּרְבַּיִם) [‘gerev] Strumpf *m*

=כּוֹבַע-~ = gestrickte Wollmütze

=גַּרְבֵּי-נַיְלוֹן = Nylon-, Seidenstrümpfe *m/pl.*

גָּרַב פעל (לִגְרֹב, יִגְרֹב) [garav] *kal* Strümpfe anziehen

גִּרְבֵּב פיעל [girbév] *pi.* mit einem Strumpf bedecken

גַּרְבּוֹן, גַּרְבִּיּוֹן ז׳ [garbon, garbijon] Strumfhose *f*

גָּרֶבֶת נ׳ [ga’revet] Krätze *f Med.*

גִּרְגּוּר ז׳, גירגור [girgur] Gurgeln *n*; Schnurren *n*

גַּרְגִּיר ז׳ [gargir] Korn *n*, Samenkorn *n*

גַּרְגֵּר ז׳ [gargér] Beere *f*

=גַּרְגְּרֵי-יַעַר = wilde Beeren, Waldbeeren *f/pl.*

=גַּרְגֵּר-חוֹל = Sandkorn

=גַּרְגֵּר-מֶלַח = Salzkorn *n*

גִּרְגֵּר פיעל [girgér] *pi.* gurgeln; schnurren *v/i*

גַּרְגְּרָן תו״ז [gargeran] Vielfraß *m* F

=~וּת נ׳ = Fresssucht *f*

גַּרְגֶּרֶת נ׳ [gar’geret] Gurgel *f* (Trachea) *Anat.*

גָּרַד פעל (לִגְרֹד, יִגְרֹד) [garad] *kal* kratzen

-גֵּרֵד פיעל - *pi.* jucken, kratzen; herauskratzen, abkratzen *v/t*

-הִתְגָּרֵד הת׳ - *hit.* sich kratzen

=גּוֹרֵד-שְׁחָקִים = Wolkenkratzer *m*

גֶּרֶד ז׳ [‘gered] Juckreiz *m*

=אַבְקַת-~ = Juckpulver *n*

גִּרְדֵּד פיעל [girdéd] *pi.* leicht kratzen

גַּרְדּוֹם ז׳ [gardom] Schafott *n* (Galgen)

=עָלָה לְ~ = hingerichtet werden

גָּרֶדֶת נ׳ [ga’redet] Krätze *f* (Scabies) *Med.*

גֵּרָה נ׳ [géra] Wiedergekäutes *n*

=הֶעֱלָה ~ = wiederkäuen

גֵּרָה פיעל [géra] *pi.* reizen, aufhetzen

-הִתְגָּרָה בְּ- הת׳ - *hit.* provozieren

גְּרוֹגֶרֶת נ׳ [gro’geret] getrocknete Feige *f*

גֵּרוּד ז׳, גירוד [gérud] Abkratzen *n*, Schaben *n*

גֵּרוּז ז׳ [géruz] Eingravieren *n*

גְּרוּזִינִי ת׳ [gruzini] georgisch *Adj.*

גְּרוּטָה נ׳, (גְּרוּטָאוֹת, גְּרוּטוֹת) [geruta] Schrott *m*, Altmaterial *n*; Trödel *m*

גֵּרוּי ז׳, גירוי [géruj] Reiz *m*, Anreiz *m*

גָּרוּי ת׳ [garuj] gereizt *Adj.*

גָּרוּם ת׳ [garum] knochig *Adj.*

גָּרוֹן נ׳ [garon] Kehle *f* (Larynix); Hals *m* (innen) *Anat.*

=כְּאֵב-~ = Halsschmerzen *m/pl.*

=כְּעֶצֶם בַּ~ = wie ein Knochen im Hals

גְּרוֹנִ|י ת׳ [groni] kehlig *Adj.*, Kehl-

=הֲגָאִים ~יִּים, אוֹתִיּוֹת ~יּוֹת = Kehllaute *m/pl.*

גָּרוּעַ ת׳ [ga’rua’] schlimm, schlecht *Adj.*

גָּרוּר ת׳ [garur] nachgezogen, nachgeschleppt *Adj.*

גָּרוּר ז״ר [garur] Anhänger *m* (Wagen)

גְּרוּרָה נ׳ [grura] Metastase *f Med.*

גֵּרוּשׁ ז׳, גירוש [géruʃ] Vertreibung *f*, Verbannung *f*, Ausweisung *f*

=~ סְפָרַד = die Vertreibung aus Spanien

=גֵּרוּשִׁים ז״ר = Ehescheidung *f*

גְּרוּשׁ ז׳ [gruʃ] Groschen *m*, Piaster *m*

=עוֹלֶה גְּרוּשִׁים = wenig kosten

גָּרוּשׁ ז׳ [garuʃ] geschiedener Ehemann *m*

=גְּרוּשָׁה נ׳ = geschiedene Ehefrau *m*

גֵּרוּת נ׳ [gérut] Übertritt *m* zum Judentum

גָּרַז פעל [garaz] *kal* schneiden; fällen (Baum)
גַּרְזֶן ז' [garzen] Beil *n*, Axt *f*
גְּרֵידָא ת"פ (ארמ') [gréda] bloß, nur, allein *Adv.*
גְּרִידָה נ' [grida] Kratzen *n*, Auskratzen *n*, Schaben *n;* Abtreibung *f Med.*
גְּרִיּוּת [gerijut] Reizbarkeit *f*; Erregbarkeit *f*
גְּרִיז ז' [griz] Schmieröl *n Tech.*
גְּרִיל ז' [gril] Grill, Bratrost *m*
גֶּרִילָה נ' [gerila] Guerilla *m*
=מִלְחֶמֶת־~ = Kleinkrieg *m*, Guerillakrieg *m*
גְּרִימָה נ' [grima] Verursachen *n*, Veranlassen *n*
גְּרִיס ז' (גְּרִיסִים) [gris] Graupe *f*
=גְּרִיסֵי־פְּנִינָה = Perlgraupen *f/pl.*
גְּרִיסָה נ' [grisa] grobes Mahlen *n*
=מְכוֹנַת־~ = Aktenvernichter *m*, Reisswolf *m*
גְּרִיעָה נ' [gri'a] Verringerung *f*
גְּרִיפָה נ' [grifa] Ausfegen *n*; Wegschwemmen *n*
גֶּ'רִיקָן ז' [džerikan] Kanister *m*
גְּרִירָה נ' [grira] Schleppen *n*, Nachziehen *n*
גְּרִישָׁה נ' [griʃa] Ausweisung *f*
(גרל) הִגְרִיל הפ' [higril] *hif.* verlosen
גָּרַם פעל (לִגְרֹם אֶת־, לְ־, יִגְרֹם) [garam] *kal* veranlassen, verursachen, dazu führen
-נִגְרַם נפ' - *nif.* verursacht werden
גֶּרֶם ז' (גְּרָמִים, גַּרְמֵי־) ['gerem] Knochen *m*; Himmelskörper *m*
★=~ הַמַּעֲלוֹת = Treppe *f*
★=חֲמוֹר ~ = Packesel *m*
=רְחַב־~ ת' = breitknochig *Adj.*
=גַּרְמֵי־הַשָּׁמַיִם = Himmelskörper *m/pl.*
גְּרַם ז' [gram] Gramm *n*
גַּרְמִ|י ת' [garmi] knochig *Adj.*
=~ִיּוּת נ' = Knochigkeit *f*
גֶּרְמָנִי ת' [germani] deutsch *Adj.*
=~ ז',~ִיָּה נ' = Deutscher *m*, Deutsche *f*
=גֶּרְמַנְיָה נ' = Deutschland *n*
=גֶּרְמָנִית ת' = deutsche Sprache, Deutsch *n*
גֹּרֶן נ', גורן (גְּרָנוֹת) ['goren] Tenne *f* (Dreschplatz in der Scheune)
=חֲצִי־עֲגֻלָּה = Halbrund *n*, Halbkreis *m*
גֶּרַנְיוֹן ז' [geranjon] Geranie *f Bot.*
★גָּרַס[1] פעל (לִגְרֹס, יִגְרֹס) [garas] *kal* kauen, zermalmen
גָּרַס[2] פעל (לִגְרֹס, יִגְרֹס) [garas] *kal* meinen, für richtig halten; e-e Lesart festlegen
גִּרְסָה נ', גירסה [girsa] Lesart *f*, Version *f*, Fassung *f*
=גִּירְסָא דְּיַנְקוּתָא (ארמ') = in der Kindheit Gelerntes
גָּרַע פעל (לִגְרֹעַ, יִגְרַע) [gara'] *kal* verringern, vermindern *v/t*
=כָּל הַמּוֹסִיף גּוֹרֵעַ = wer hinzufügt, mindert nur; *etwa* weniger ist mehr
=לֹא גָּרַע מִמֶּנּוּ עַיִן = er hat ihn nicht aus den Augen gelassen
גֵּרָעוֹן ז', גירעון (גִּרְעוֹן־, גֵּרְעוֹנוֹת) [géra'on] Defizit *n*, Fehlbetrag *m*, Verlust *m*
גַּרְעִין ז' [gar'in] Kern *m* (*auch* Obst)
=~־הָאָטוֹם = Atomkern *m*
=גַּרְעִינִי ת' = atomar *Adj.*
=גַּרְעִינִים שְׁחוֹרִים = geröstete Sonnenblumenkerne *pl.*
=~ לְבָנִים = geröstete Kürbiskerne *pl.*
גִּרְעֵן פיעל [gir'én] *pi.* entkernen *v/t*
גָּרַף פעל (לִגְרֹף אֶת־, יִגְרֹף) [garaf] *kal* wegfegen, wegschwemmen; zusammenraffen, scheffeln
=גּוֹרֵף זָהָב = er scheffelt Gold
=גָּרַף עַרְמוֹנִים מִן הָאֵשׁ = die Kastanien aus dem Feuer holen
גֶּרֶף ז' ['geref] durch Erosion weggeschwemmter Boden
גְּרָפוֹלוֹגְ|יָה נ' [grafologja] Graphologie *f*
=~ ז' = Graphologe *m*
גְּרָפוֹ|מַנְיָה נ' [grafomanja] Graphomanie *f*, Schreibsucht *f*
=~מָן ז' = Schreibsüchtiger *m*, Vielschreiber *m*

גְּרָפִי ת' [grafi] grafisch, graphisch *Adj.*

=אָמָּנֻיּוֹת ~יוֹת = grafische Künste *f/pl.*, Grafik, Graphik *f*

=תֵּאוּר ~י = grafische Darstellung *f*

=~יקָה נ' = Grafik, Graphik *f*

=~יקַאי ז' = Grafiker, Graphiker *m*

גְּרֹפֶת נ' [g'rofet] Kies *m*

גָּרַר[1] פעל (לִגְרֹר אֶת-, יִגְרֹר) [garar] *kal* schleppen, nach sich ziehen

גָּרַר[2] פעל (לִגְרֹר אֶת-, יִגְרֹר) [garar] *kal* zerkleinen; reiben *v/t*

גְּרָר ז' [grar] Schleppen *n*, Ziehen *n*

=מְכוֹנִית-~, סְפִינַת-~ = Abschleppwagen *m*; Schleppschiff *n*

גְּרָרָה נ' [grara] (Gewehr) Visier *n*; Rechenschieber *m*

גֵּרֵשׁ פיעל [géréʃ] *pi.* vertreiben, ausweisen; sich scheiden

-הִתְגָּרֵשׁ הת' - *hit.* sich scheiden lassen

גֶּרֶשׁ ז' [géréʃ] Apostroph *m*

=גֵּרְשַׁיִם ז"ר = Anführungsstriche *m/pl.*

גָּשׁוּם ת' [gaʃum] regnerisch, verregnet *Adj.*

גָּשׁוּר ת' [gaʃur] überbrückt *Adj.*

גִּשּׁוּר ז', גישור [giʃur] Überbrückung *f*

גִּשּׁוּשׁ ז', גישוש [giʃuʃ] Abtasten *n*, Suchen *n*

=כֶּלֶב-~ = Spürhund *m*

גַּשּׁוֹשׁ ז' [gaʃoʃ] Lot *n*; Minensucher *m*

גָּשִׁיר ת' [gaʃir] überbrückbar *Adj.*

גְּשִׁירָה נ' [gʃira] Überbrücken *n*

=בִּלְתִּי-~ = unüberbrückbar *Adj.*

גֶּשֶׁם ז' ['geʃem] Regen *m*

=~ שׁוֹטֵף = strömender Regen *m*

=יְמוֹת הַגְּשָׁמִים = Regenzeit *f*

=יוֹרֵד ~ = es regnet

=הַ~ נִפְסַק = der Regen hört auf

(גשם) הִגְשִׁים הפ' [higʃim] *hif.* verwirklichen, in die Tat umsetzen

-הִתְגַּשֵּׁם הת' - *hit.* verwirklicht werden, sich verwirklichen

גַּשְׁמִי ת' [gaʃmi] körperlich, materiell, physisch *Adj.*

=~יוּת נ' = Körperlichkeit *f*

גֻּשְׁפַּנְקָה נ', גושפנקא (ארמ') [guʃpanka] Stempel *m*

=נִתְּנָה לוֹ ~ רִשְׁמִית = offiziell bestätigt werden

גֶּשֶׁר ז' ['geʃer] Brücke *f*

=~ עִלִּי = Überführung *f*

=~-סִירוֹת = Landesteg *m Mar.*

=~-פִּקּוּד = Kommandobrücke *f*

=~ תַּחְתִּי = Unterführung *f*

=~ תָּלוּי = Hängebrücke *f*

=רֹאשׁ-~ = Brückenkopf *m*

גָּשַׁר פעל (לִגְשֹׁר, יִגְשֹׁר) [gaʃar] *kal* e-e Brücke bauen

-גִּשֵּׁר פיעל - *pi.* überbrücken *v/t*

גִּשְׁרוֹן ז' [giʃron] kleine Brücke *f*; Bootssteg *m*

גָּשַׁשׁ פעל (לִגְשֹׁשׁ, יִגְשֹׁשׁ) [gaʃaʃ] *kal* betasten, leicht berühren

-גִּשֵּׁשׁ פיעל - *pi.* abtasten; vorfühlen

-הִתְגּוֹשֵׁשׁ הת' - *hit.* ringen, kämpfen

= גִּשֵּׁשׁ בָּאֲפֵלָה = im Dunkeln tappen

גַּשָּׁשׁ ז' [gaʃaʃ] Späher *m*, Spurenleser *m Mil.*

גַּת נ' (גִּתּוֹת גם גִּתִּים) [gat] Weinkelter *f*

ד

ד Dalet (D), 4. Buchstabe des hebr. Alphabets; Zeichen der Zahl 4

=יוֹם ד׳ = Mittwoch, eigenen vier Wochentag im jüdischen Kalender

=ד׳ אַמּוֹת = 4 Ellen, altes Maß für minimale Entfernung

=בְּד׳ אַמּוֹתָיו = in s-n eigenen vier Wänden

(**דָּא**) **עַל דָּא וְעַל הָא** (ארמ׳) [‘al da v’al ha] über dieses und jenes

=דָּא עָקָא = darin liegt das Übel

★**דָּאַב** פעל (לִדְאֹב, יִדְאַב) [da’av] *kal* schmerzen, trauern

-הִדְאִיב הפ׳ - *hif.* wehtun, Schmerz zufügen

-לֹא תוֹסִיפוּ לְדַאֲבָה עוֹד - *wörtl.* Ihr möget keine Trauer mehr erleben (Beileid)

★**דָּאֵב** ת׳ [da’év] schmerzend, trauernd *Adj.*

דַּאַב ז׳, **דְּאָבָה** נ׳ [‘da’av, de’ava] Schmerz *m*, Trauer *f*, Kummer *m*

דְּאָבוֹן ז׳ [de’avon] Leid *n*

=לְדַאֲבוֹנִי, לְדַאֲבוֹן לִבִּי = zu meinem Bedauern, zu meinem Leidwesen

דָּאַג פעל (לִדְאֹג לְ־, אֶת־, יִדְאַג) [da’ag] *kal* sorgen; sich um j-n/etwas kümmern; besorgt sein

-הִדְאִיג הפ׳ - *hif.* Sorge bereiten

=אַל תִּדְאַג = sei unbesorgt

דְּאָגָה נ׳ [de’aga] Fürsorge *f*; Sorge *f*, Besorgnis *f*

=אַל ~! = keine Sorge!

=דַּאֲגַת הַכְּלָל = Sorge *f* um das Gemeinwohl

דְּאַגְתָּ|נוּת נ׳ [de’agtanut] übertriebene Besorgnis *f*

=~נִי ת׳ = überfürsorglich *Adj.*

דָּאָה פעל (לִדְאוֹת, יִדְאֶה) [da’a] *kal* (in der Luft) gleiten

דָּאוּב ת׳ [da’uv] bekümmert *Adj.*

דָּאוֹן ז׳ [da’on] Gleitflugzeug *n*, Segelflugzeug *n*

דְּאִיבָה נ׳ [de’iva] Besorgnis *f*; Kummer *m*

דְּאִיָּה נ׳, **דאייה** [de’ija] Gleitflug *m*

דֹּאַר ז׳, **דואר** [‘do’ar] Post *f*

=~־אֲוִיר = Luftpost *f*, Air Mail *f*

=~ אֶלֶקְטְרוֹנִי = E-Mail *f*

=~ נָע = mobile Post (*etwa* postlagernd)

=~ צְבָאִי = Militärpost *f*, Feldpost *f*

=~ רָשׁוּם = Einschreiben *n*

=בּוּל־~ = Briefmarke *f*

=סוֹכְנוּת־~ = Poststelle *f*

=תָּא־~, תֵּבַת־~ = Postfach *n*; Briefkasten *m*

דֹּב ז׳, **דוב** (דֻּבִּים) [dov] Bär *m* (Ursus) *Zo.*

=~־הַקֶּרַח, ~ לָבָן = Eisbär *m*

=שֵׁרוּת־~ = schlechter Dienst *m*

★**דָּבַב** פעל (לִדְבֹּב, יִדְבֹּב) [davav] *kal* flüstern, murmeln

-דּוֹבֵב פיעל - *pi.* zum Sprechen bringen; synchronisieren *vlt*

דֻּבְדְּבָ|ן ז׳, **דובדבן** [duvdevan] Kirsche *f*

=~נִיָּה נ׳, עֵץ ~ = Kirschbaum *m*

דִּבָּה נ׳, **דיבה** [diba] üble Nachrede, Verleumdung *f*

=הֵבִיא דִבָּתוֹ רָעָה, הוֹצִיא דִבָּה עַל־ = in schlechten Ruf bringen, verleumden

דֻּבָּה נ׳, **דובה** [duba] Bärin *f*

=הַ~ הַגְּדוֹלָה = der große Bär *Astr.*
=הַ~ הַקְּטַנָּה = der kleine Bär *Astr.*
דִּבּוּב ז׳, דיבוב [dibuv] Zum-Sprechen-Bringen *n;* Synchronisierung *f*
דֻּבּוֹן ז׳, דובון [dubon] Bärchen *n*, junger Bär, Teddybär *m*; militärische Daunenjacke *f;* Anorak *m*
דָּבוּק ת׳ [davuk] angeklebt, angeheftet *Adj.*
דִּבּוּק ז׳, דיבוק [dibuk] Seele e-s Toten im Körper e-s lebenden Menschen
=נִכְנַס בּוֹ ~ = er ist vom Dybbuk besessen
דִּבּוּר ז׳, דיבור [dibur] Reden *n*
=לְשׁוֹן-הַ~ = Umgangssprache *f*
=רְשׁוּת-הַ~ = Rederecht *n Parl.*
=הִרְחִיב אֶת הַ~ (עַל-) = ausführlich über etwas sprechen
=יִחֵד אֶת הַ~ (עַל-) = sich bsd. mit e-m Thema befassen
דָּבוּר ת׳ [davur] gesprochen *Adj.*
דַּבּוּר ז׳ (דַּבּוּרִים) [dabur] Hornisse *f*
דְּבוֹרָה (דְּבוֹרִים) נ׳ [dvora] Biene *f*
דִּבּוּרִי ת׳ [diburi] das Sprechen betreffend, alltags-, umgangssprachlich *Adj.*
דְּבוֹרִית נ׳ [dvorit] Bienenschwarm *m*
דֻּבִּי ת׳, דובי [dubi] bärenhaft *Adj*; Teddybär *m*
דֶּבִּילִ|י ת׳ [debili] debil *Adj.*, leicht schwachsinnig *Adj.*
=~ יּוּת נ׳ = Debilität *f*
דָּבִיק ת׳ [davik] klebrig *Adj.*
=דְּבִיקוּת נ׳ = Klebrigkeit *f*
דְּבִיר ז׳ [devir] Allerheiligste *n bibl.*
דְּבֵלָה נ׳, דבילה [dvéla] Kuchen *m* aus getrockneten Feigen
דַּבְלוּל ז׳ [davlul] Franse *f*
דִּבְלוּל ז׳ [divlul] Ausdünnung *f*
דִּבְלֵל פיעל [divlél] *pi.* ausdünnen; kraus machen
דָּבַק פעל (לִדְבֹּק בְּ־, לְ־, אֶל-, דָּבֵק, יִדְבַּק) [davak] *kal* kleben *v/i*; sich anheften; festhalten an, treu bleiben
-נִדְבַּק נפ׳ (לְהִדָּבֵק) - *nif.* angeklebt werden; angesteckt werden (Krankheit); F eine Klette sein
-הִדְבִּיק הפ׳ - *hif.* ankleben, aufkleben; einholen (verfolgen); anstecken, übertragen (Krankheit)
=מַחֲלָה מִדַּבֶּקֶת = Infektionskrankheit *f*
דָּבֵק ת׳ [davék] angeheftet, eng verbunden *Adj.*
דֶּבֶק ז׳ [ˈdevek] Klebstoff *m*, Leim *m*
דְּבֵקָה נ׳ [dvéka] Labkraut *n* (Galium) *Bot.*
דֶּבְּקָה נ׳ (ערב׳) [debka] arabischer Tanz *m*
דִּבְקוֹן ז׳ [divkon] Mistel *f* (Viscum) *Bot.*
דְּבֵקוּת נ׳, דביקות [dvékut] Anhänglichkeit *f*; Treue *f;* Anhaften *Rel.*
=~ בַּמַּטָּרָה = Zielstrebigkeit *f*
דִּבְקִית נ׳ [divkit] Aufkleber *m*
דָּבָר ז׳ [davar] Sache *f*, Angelegenheit *f*; Wort *n*; (in negativem Satz) nichts
=אֵין ~ = macht nichts
=אַחֲרִית-~ = Nachwort *n*, Schlusswort *n*
=יוֹדֵעַ~ = Sachverständiger *m*
=לַאֲמִתּוֹ שֶׁל ~ = in Wahrheit
=עַל לֹא-~ = nicht der Rede wert, nichts zu danken (Antwort auf Dank)
=בִּדְבַר- = in der Angelegenheit, in Sachen
=דְּבַר-מָה = etwas
=הֵבִין דָּבָר מִתּוֹךְ דָּבָר = e-e Sache aus e-r anderen schließen
=דְּבָרִים = 5. Buch Moses, Deuteronomium *n*
=לֹא הָיוּ ~ מֵעוֹלָם (להד"ם) = auf keinen Fall
=דִּבְרֵי-דְּפוּס = Drucksachen *f/pl.*
=~ הַיָּמִים = Bücher der Chronik *bibl.*
דָּבַר[1] פעל (דּוֹבֵר) [davar] *kal* sprechen (nur Partizip Präsens)
-נִדְבַּר נפ׳ (לְהִדָּבֵר) - *nif.* sich verabreden; zum Einvernehmen gelangen, übereinkommen
-דִּבֵּר פיעל - *pi.* sprechen

-הִדַּבֵּר הת' - *hit.* zum Einverständnis gelangen, übereinkommen
=דּוֹבֵר ז' = Sprecher *m*
=דִּבֵּר אֶל (עִם-, בְּ-, עַל-) לִבּוֹ = sich überlegen
=דִּבֵּר עַל לֵב פְּלוֹנִי = j-m zureden
=מְדַבֵּר = 1. Person sg. *Gr.*
=אֵין עִם מִי לְדַבֵּר (דיבורי) = *wörtl.* es gibt keinen Ansprechpartner; es ist hoffnungslos
(דבר)² **הִדְבִּיר** הפ' [hidbir] *hif.* unterdrücken
=~ מַזִּיקִים = Schädlinge bekämpfen
★**דִּבֵּר** ז', **דיבר** [dibér] Wort *n*; Sprechfähigkeit *f*
=עֲשֶׂרֶת הַדִּבְּרוֹת = die Zehn Gebote *n/pl.*
=חֶלְקֵי הַדִּבֵּר = Wortarten *f/pl. Gr.*
דֶּבֶר ז' [‘dever] Pest *f*
דִּבְרָה נ', **דיברה** [divra] Sache *f*, Wort *n*, Anliegen *n*
=עַל דִּבְרָתִי = auf mein Ehrenwort
דַּבְּרָן ז' [dabran] Schwätzer *m*
=~וּת נ' = Redseligkeit *f*
דַּבֶּרֶת נ' [da’beret] Geschwätzigkeit *f*
דְּבַשׁ ז' [dvaʃ] Honig *m*
=חַלַּת-~, יַעֲרַת-~ = Honigwabe *f*
=יֶרַח-הַ-~ = Flitterwochen *f/pl.*
=אֶרֶץ זָבַת חָלָב וּ~ = das Land, wo Milch und Honig fließt
=לֹא מִדֻּבְשֵׁךְ וְלֹא מֵעֻקְצֵךְ = darauf kann ich verzichten
=לֹא לֶקֶק דְּבַשׁ = kein Honigschlecken
דִּבְשָׁה נ' [divʃa] Melasse *f*
דִּבְשׁוֹנִי, דִּבְשִׁי ת' [divʃoni, divʃi] honigartig *Adj.*
דֻּבְשָׁן ז', **דובשן** [duvʃan] Honigkuchen *m*
=~נִית נ' = kleiner Honigkuchen *m*
דַּבֶּשֶׁת נ' [da’beʃet] Kamelhöcker *m*
דָּג ז' [dag] Fisch *m*
=דַּג הַדְּיוֹ, ראה גם: דְּיוֹנוּן = Tintenfisch *m*
=~ הַחֶרֶב,~ הַסַּיִף = Schwertfisch *m*
=~ הַמַּשּׂוֹר = Zackenbarsch *m*
=~ הַפַּטִּישׁ = Hammerhai *m*
=~ הַשֶּׁמֶךְ = Forelle *m*
=~-זָהָב = Goldfisch *m*
=דָּג מָלוּחַ = Hering *m*
=~ מְעֻשָּׁן = Räucherfisch *m*
=~-מֹשֶׁה-רַבֵּנוּ = Seezunge *f*, Scholle *f* (Pleuronectidae) *Zo.*
=דָּגִים מְמֻלָּאִים = gefillte Fisch (jüd. Spezialität)
=דְּגֵי-רְקָק = kleine Fische *m/pl.*; unbedeutende Menschen *m/pl. fig.*
דִּגְדֵּג פיעל [digdég] *pi.* kitzeln
דַּגְדְּגָן ז' [dagdegan] Klitoris *f*, Kitzler *m Anat.*
=~נוּת נ' = Kitzeln *n*
=~נִי ת' = kitzelnd *Adj.*
דִּגְדּוּג ז', **דיגדוג** [digdug] Kitzel *m*
דָּגָה נ' [daga] Fische *m/pl.*
דָּגוּל ת' [dagul] ausgezeichnet, hervorragend *Adj.* (Persönlichkeit)
דִּגּוּל ז', **דיגול** [digul] Fahnenhissen *n*; Erhebung *f* e-r Sache zum Symbol od. Ideal
=~-נֶשֶׁק = Präsentieren *n* des Gewehrs
דִּגּוּם ז', **דיגום** [digum] Beispielgeben *n*
דָּגוּר ת' [dagur] ausgebrütet *Adj.*
דִּגּוּר ז', **דיגור** [digur] Brut *f*
דָּגוּשׁ ת' [daguʃ] betont *Adj.*, mit "Dagesch" *Gr.* (z.B.כֶּלֶב)
דִּגּוּשׁ ז', **דיגוש** [diguʃ] Versehen e-s Buchstabens mit "Dagesch" *Gr.*; Betonung *f*
דָּגִיג ז' [dagig] kleiner, junger Fisch *m*
דְּגִימָה נ' [dgima] Probeentnahme *f*
דְּגִירָה נ' [dgira] Brüten *n*; Inkubation *f*
דֶּגֶל ז' [‘degel] Fahne *f*, Flagge *f*; Abzeichen *m* (Einheit) *Mil.*
דָּגַל פעל (לִדְגֹּל, יִדְגֹּל בְּ-) [dagal] *kal* flaggen; zum Ziel, zum Ideal wählen *fig.*
-דִּגֵּל פיעל - *pi.* Fahne hissen
-הִדְגִּיל הפ' - *hif.* mit Fahnen schmücken
=דִּגֵּל נֶשֶׁק = das Gewehr präsentieren
דַּגָּל, דַּגְלָן ז' [dagal, daglan] Fahnenträger *m*

דִּגְלוֹן ז׳, דיגלון — [diglon] Fähnchen *n*, Wimpel *m*
דִּגֵּם פיעל — [digém] *pi*. zum Standard machen
-הִדְגִּים הפ׳ — - *hif*. als Beispiel bringen, illustrieren an
דֶּגֶם, דְּגָם ז׳ — [ʻdegem, dgam] Modell *n*, Muster *n*
דֻּגְמָה, דֻּגְמָא נ׳, דוגמה (דֻּגְמוֹת או דֻּגְמָאוֹת) — [dugma] Beispiel *n*, Muster *n*
=לְ~ — = zum Beispiel (z.B.)
דֻּגְמָן ז׳, דוגמן — [dugman] Gliederpuppe *f*; männliches Model *n*, Dressman *m*
=~נוּת נ׳ — = Mannequin-Beruf *m*, Modeln *n*
=~נִית נ׳ — = Mannequin *n*, Model *n*
דֻּגְמָתִי ת׳, דוגמתי — [dugmati] beispielhaft, vorbildlich *Adj*.
דָּגָן ז׳ — [dagan] Korn *n*, Getreide *n*
דְּגָנִיָּה נ׳ — [dganja] blaue Distel *f Bot*.
דְּגָנִיִּים ז״ר — [dganijim] Getreidesorten *f/pl*.
דָּגַר פעל (לִדְגֹּר אֶת-, עַל-, יִדְגֹּר) — [dagar] *kal* brüten
-הִדְגִּיר הפ׳ — - *hif*. ausbrüten
דֶּגֶר ז׳ — ['deger] Brüten *n*, Brut *f*
דֻּגְרִי תה״פ (ערב׳) (סלנג) — [dugri] geradeheraus, ohne Umschweife *Adv*.
דַּגְרָנִית נ׳ — [dagranit] Glucke *f*
דָּגֵשׁ ז׳ — [dagéʃ] Punkt *m* in hebräischen Konsonanten (zur Differenzierung der Aussprache) *Gr*.
=~ חָזָק — = verdoppelndes Dagesch (z.B. שַׁמָּשׁ)
=~ קַל — = Dagesch zur Umwandlung "schwacher" Konsonanten in "starke" (z. B. vet >bet wie im Wort בֶּגֶד)
=שָׂם אֶת הַ~ עַל- — = die Betonung auf etwas legen, betonen
דִּגֵּשׁ פיעל — [digéʃ] *pi*. mit Dagesch versehen *v/t*; betonen *v/t*
-הִדְגִּישׁ הפ׳ — - *hif*. betonen, hervorheben
דַּד ז׳ — [dad] Mutterbrust *f*; Brustwarze *f*
דִּדָּה פיעל — [dida] *pi*. hüpfen
דִּדּוּי ז׳ — [diduj] Hüpfen *n*
דַּדּוֹן ז׳ — [dadon] Warze *f*, Nippel *m*
דָּהָה פעל (לִדְהוֹת, יִדְהֶה) — [daha] *kal* ausbleichen, verblassen *v/i*
-הִדְהָה הפ׳ — - *hif*. bleichen *v/t*
דֵּהֶה, דיהה ת׳ — [déhe] verblichen; matt *Adj*.
דָּהוּהַ, דָּהוּי ת׳ — [dahua, dahuj] ausgeblichen *Adj*.
דִּהוּי ז׳, דיהוי — [dihuj] Bleichen *n*
דָּהוּם ת׳ — [dahum] entsetzt *Adj*.
דְּהִיָּה נ׳, דהייה — [dehija] Verblassen *n* (Farbe)
דְּהַיְנוּ ת״פ, דהיינו (ארמ׳) — [dehajnu] das heißt (d.h.), also, nämlich
דְּהִירָה נ׳ — [dehira] Galoppieren *n*
(דהם) נִדְהַם נפ׳ (לְהִדָּהֵם) — [nidham] *nif*. entsetzt sein, bestürzt sein
-הִדְהִים הפ׳ — - *hif*. entsetzen, sehr erstaunen *v/t*
דִּהֵן פיעל — [dihén] *pi*. polieren *v/t*
דָּהַר פעל (לִדְהֹר, יִדְהַר) — [dahar] *kal* galoppieren
דְּהָרָה נ׳ — [dehara] Galopp *m*
דּוֹ ז׳ — [do] c, C *n Mus*.
דּוּ ש״מ (ארמ׳) — [du] zwei (nur in *Zssgn*)
=~-אוֹפַן ז׳ — = Zweirad *n*
=~-בֵּיתִי ת׳ — = zweihäusig *Adj. Bot*.
=~-חַי ראה גם: דוחי ז׳ — = Amphibie *f Zo*.
=~-חֶלְקִי ת׳ — = zweiteilig *Adj*.
=~-חָדְשִׁי ת׳ — = zweimonatlich *Adj*.
=~-טוּרִי ת׳ — = zweispaltig, zweireihig *Adj*.
=~-לְשׁוֹנִי ת׳ — = zweisprachig *Adj*.
=~-מוֹשָׁבִי ת׳ — = Zweisitzer *m*
=~-מִינִי ת׳ — = bisexuell *Adj*.
=~-מְמַדִּי ת׳ — = zweidimensional *Adj*.
=~-מִפְלַגְתִּי ת׳ — = Zweiparteien-(System)
=~-מַשְׁמָעִי ת׳ — = zweideutig *Adj*.
=~-סִטְרִי ת׳ — = mit Gegenverkehr
=~-עֶרְכִּי ת׳ — = ambivalent; zweideutig *Adj*.
=~-פַּרְצוּפִי ת׳ — = heuchlerisch, falsch *Adj*.
=~-~יּוּת נ׳ — = Heuchelei *f*, Falschheit *f*
=~-צְדָדִי ת׳ — = doppelseitig, zweiseitig *Adj*.

=~-קוֹלִי ת׳	= zweistimmig *Adj.*
=~-קִיּוּם ז׳	= Koexistenz *f*, Nebeneinanderbestehen *n*
=~-קוֹמָתִי ת׳	= zweistöckig *Adj.*
=~-קְרָב ז׳	= Zweikampf *m*, Duell *n*
=~-שְׁבוּעִי ת׳	= vierzehntägig *Adj.*
=~-שִׂיחַ ז׳	= Dialog *m*, Zwiegespräch *n*
=~-שְׁנָתִי ת׳	= zweijährig *Adj.*
=~-תַּחְמֹצֶת	= Dioxyd *n*
=~-~ הַפַּחְמָן	= Kohlendioxyd *n*
=~-תַּכְלִיתִי	= mit doppelter Funktion
=~-תְּנוּעָה	= Diphthong *m*, Doppellaut *m Gr.*
דּוּאֶט ז׳	[duet] Duett *n Mus.*
דּוּבִּי ז׳	[dubi] Teddy *m*; Stofftier *n*
דּוֹבֵר ז׳	[dovér] Sprecher *m*
דּוֹבְרָה נ׳	[dovra] Floß *n*
(דוג) **דָּג** פעל (לָדוּג, יָדוּג)	[dag] *kal* fischen
=דָּג בְּמַיִם עֲכוּרִים	= im Trüben fischen
(דוּגָה) **סִירַת ~** נ׳	[sirat duga] Fischerboot *n*
דּוּגִית נ׳	[dugit] Beiboot *n*, Hilfsboot *n*
דּוֹגְמָה נ׳	[dogma] Dogma *n*
=דּוֹגְמָטִי ת׳	= dogmatisch *Adj.*
דּוּגְרִי תה"פ (ערבי) (סלנג) ראה גם: דֻּגְרִי	[dugri] direkt, gerade heraus *Adv.*
דּוֹגֶרֶת נ׳	[do'geret] Bruthenne *f*, Glucke *f*
דּוּד ז׳ (דְּוָדִים, דּוּדֵי-)	[dud] großer Kessel *m*
=~ חַשְׁמַלִּי	= Boiler *m*
=~-שֶׁמֶשׁ	= Sonnenboiler *m* (durch Sonnenenergie geheizter Warmwasserspeicher)
דּוֹד ז׳ (דּוֹדִים)	[dod] Onkel *m*; Freund *m*; Geliebter *m bibl.*
=בֶּן-~, בַּת-~	= Cousin *m*, Vetter *m*; Kusine *f*, Base *f*
★**דּוּדָ|א** ז׳ (דּוּדָאִים)	[duda] Alraun *m* (Mandragora) *Bot.*
=~-אִים	= Liebesäpfel *m/pl.*, Aphrodisiakum *n*

דּוֹדָה נ׳	[doda] Tante *f*
=בַּת-~	= Kusine *f*, Base *f*
דּוֹדִים ז"ר	[dodim] Liebeleien *f/pl.*, Liebschaften *f/pl. bibl.*
=שִׁירֵי-~	= Liebeslieder *n/pl.*
דּוֹדָן ז׳	[dodan] Cousin *m*, Vetter *m*
=דּוֹדָנִית נ׳	= Kusine *f*, Base *f*
★**דָּוָה** (לִדְווֹת עַל-, דָּוֶה, יִדְוֶה)	[dava] *kal* Schmerz erleiden
=דָּוֶה, דָּווּי ת׳	= schmerzvoll, traurig, leidend *Adj.*
דּוֹהֵר ת׳	[dohér] galoppierend *Adj.*; rasend *Adj. a. fig.*
דִּוּוּחַ ז׳, **דיווח**	[di'vuax] Berichterstattung *f*
=~ יָשִׁיר	= Live-Reportage *f*
(דוח) **הֵדִיחַ** הפ׳	[hédiax] *hif.* spülen
=~ כֵּלִים	= Geschirr spülen, abwaschen
דִּוַּח פיעל (לְדַוֵּחַ)	[divax] *pi.* berichten, Bericht erstatten
דּוּ"חַ ז׳ ר"ת: **דִּין-וְחֶשְׁבּוֹן** (דו"חות)	[duax] *Kurzw.* Bericht *m*; Strafzettel *m*
דּוֹחֶה ת׳	[doxe] abstoßend *Adj.*
דּוּחַי ז׳	[duxaj] Amphibie *f Zo.*
דּוּחָל|שְׁחוֹר-הַגָּרוֹן ז׳	[duxal] Schwarzkehlchen *n* (Saxicola) *Zo.*
=~ חוּם-הַגָּרוֹן	= Braunkehlchen *n Zo.*
★**דְּוַי** ז׳, **דווי**	[dvaj] Schmerz *m*, Leiden *n*
=עֶרֶשׂ-~	= Krankenlager *n*
דּוּכִיפַת נ׳	[duxifat] Wiedehopf *m* (Upupa epops) *Zo.*
דּוּכָן ז׳	[duxan] Ladentisch *m*; Podium *n*; Marktstand *m*; Kutscherbock *m*
דּוֹלְפִין ז׳	[dolphin] Delphin, Delfin *m Zo.*
דּוֹמֶה ת׳	[dome] ähnelnd, ähnlich *Adj.*
=~ אֲנִי, דּוֹמַנִי	= es scheint mir
=~ שֶׁ-	= es scheint, dass
=וְכַ~	= und so weiter (*usw.*), und Ähnliches
דּוּמָה נ׳	[duma] Stille *f; Grab n;* Todesengel *m*
דּוּמִיָּה נ׳	[dumija] Stille *f*, Schweigen *n*

=דּוּמִיַּת-מָוֶת = Totenstille *f*
=בְּדוּמִיָּה ת״פ = schweigend, still *Adv.*
דּוֹמֵם ז׳ [domém] leblose Materie *f* (Mineralien, Metalle)
דּוֹמֵם ת׳ [domém] still *Adj.*
=טֶבַע ~ = Stillleben *n*
דּוֹמֵעַ ת׳ [domea'] tränenreich *Adj.*
(דון) דָּן פעל (לָדוּן, יָדוּן) [dan] *kal* urteilen; folgern
=דָּן אֶת-לְ- = verurteilen *v/t* zu (*D*)
=~ בְּ-, עַל- = besprechen, beraten über (*Akk.*), behandeln *v/t*
-נָדוֹן, נִדּוֹן נפ׳ (לְהִדּוֹן) - *nif.* besprochen werden; verurteilt werden
=נִדּוֹן לְמָוֶת = zum Tode verurteilt
=~ לְכִשָּׁלוֹן = zum Scheitern verurteilt
=הַנִּדּוֹן = Betreff *m*, betrifft (im Anfang v. Geschäftsbriefen)
=בְּנִדּוֹן = in Sachen, betreffs
דּוֹנַג ז׳ [donag] Wachs *n*
=רַךְ כַּ~ = weich wie Wachs *fig.*
דּוּנָם ז׳ [dunam] Flächenmaß (1000 qm)
דּוֹס ז׳ (סלנג) [dos] orthodoxer Jude *m* (*verächtliche Bezeichnung*)
(דוץ) דָּץ פעל [dats] *kal* springen, hüpfen, tanzen
★(דוק) דָּק פעל (לָדוּק, יָדוּק) [dak] *kal* betrachten, prüfen
=וְדוּק = prüfe gut!; die Sache bedarf der Prüfung
דַּוְקָא, דווקא ת״פ [davka] gerade! zum Trotz; jetzt erst recht! *Adv.*
=לָאו ~ = nicht unbedingt, es ist auch anders möglich
=עָשָׂה לוֹ ~ = aus Trotz das Gegenteil tun
=דַּוְקָ|ן ז׳ = Dickkopf *m fig.*
=~נוּת נ׳ = Widerspruchsgeist *m*, Trotz *m*
דּוּקְרָב ז׳ [dukrav] Duell *n*, Zweikampf *m*
דּוֹקְרָנִי ת׳ [dokrani] stechend, stach(e)lig *Adj.*

דּוֹר ז׳ (דּוֹרוֹת) [dor] Generation *f*; Zeit *f*; Epoche *f*
=לְ~ ~, לְ~ וָ~, לְ~וֹת = für alle Zeiten, für immer
=דּוֹרֵי-~וֹת = viele Generationen
=דּוֹר-הַמַּבּוּל = zur Zeit der Sintflut
=~-הַמִּדְבָּר = Generation der Wüstenwanderung
=~-הַפְּלָגָה = Generation des Turmbaus zu Babel
=עַד ~ אַחֲרוֹן, עַד סוֹף כָּל הַ~וֹת = bis ans Ende aller Zeiten
=בֶּן-~וֹ = sein Zeitgenosse *m*
(דור) דָּר פעל (לָדוּר בְּ-, יָדוּר) [dar] *kal* wohnen
דַּוָּר, דַּוָּאר ז׳, דוור [davar] Briefträger *m*
דּוּרֶגֶל ז׳ [duregel] Zweibeiner *m*
דּוּרָה נ׳ [dura] Dhurra *f*, Sorghum *n*
דּוֹרוֹן ז׳ (דּוֹרוֹנוֹת) [doron] Geschenk *n*
דּוֹרִ|י ת׳ [dori] dorisch *Adj.*
=עַמּוּדִים ~יִּים = dorische Säulen *f/pl.*
דּוֹרֵס ת׳ [dorés] räuberisch *Adj.*
דּוֹרְסָ|ן ז׳ [dorsan] Verkehrsrowdy *m*, rücksichtsloser Autofahrer *m*
=~נִי ת׳ = überfahrend *Adj.*; Raub-
דּוֹרֵשׁ ז׳, ת׳ [doréʃ] Ausleger *m* der Thora; provokant, gewagt *Adj.*
(דוש) דָּשׁ פעל (לָדוּשׁ אֶת-, בְּ-, יָדוּשׁ) [daʃ] *kal* dreschen; zertreten; bis zum Überdruss behandeln *fig.*
-נָדוֹשׁ נפ׳ (לְהִדּוֹשׁ) - *nif.* gedroschen werden
=דָּבָר ~ = abgedroschen, banal *Adj.*
=דָּשׁ בַּעֲקֵבָיו = missachten *v/t*
דִּוֵּשׁ פיעל [diveʃ] *pi.* in die Pedale treten
דַּוְשָׁה נ׳, דוושה [davʃa] Pedal *n*
=דַּוְשַׁת-הַבֶּלֶם = Bremspedal *n*
דּוּשִׂיחַ ז׳ [du'siax] Dialog *m*, Zwiegespräch *n*
דּוּת נ׳ [dut] Brunnen *m*; Keller *m*
דָּחָה פעל (לִדְחוֹת אֶת-, יִדְחֶה) [daxa] *kal* stoßen, fortschieben; aufschieben, vertagen; ablehnen; abstoßen

-הִדְחָה הפ' – - *hif.* verdrängen *Psych.*
=דָּחָה בְּקַשׁ, ~ בְּלֵךְ וָשׁוּב – = vertrösten, abspeisen *fig.*
=~ עַל הַסַּף – = sofort ablehnen
=פִּקּוּחַ נֶפֶשׁ דּוֹחֶה שַׁבָּת – = Lebensgefahr hebt Sabbat-Gesetze auf
דָּחוּי ת' – [daxuj] verschoben *Adj.*
=שֶׁק ~, הַמְחָאָה דְחוּיָה – = vordatierter Scheck *m*
דִּחוּי ז', דיחוי – [dixuj] Aufschub *m*
=לְלֹא ~ – = ohne Aufschub, auf der Stelle
=הַדָּבָר אֵינוֹ סוֹבֵל ~ – = *wörtl.* die Sache verträgt keinen Aufschub; es ist dringend
דָּחוּס ת' – [daxus] zusammengepresst, überfüllt *Adj.*
דָּחוּף ת' – [daxuf] eilig, dringend, dringlich *Adj.*
=מִכְתָּב ~ – = Eilbrief *m*
דָּחוּק ת' – [daxuk] bedrängt; bedürftig *Adj.*
=פֵּרוּשׁ ~ – = zweifelhafte, unbefriedigende Auslegung *f*
=בַּת-צְחוֹק | דְּחוּקָה – = gezwungenes Lächeln *n*
=תְּשׁוּבָה ~ – = unbefriedigende Antwort *f*
★(דְּחִי) מִדְּחִי אֶל דֶּחִי – [midexi el 'dexi] von einem Misserfolg zum nächsten
דְּחִיָּה נ', דחייה – [dxija] Aufschub *m*; Ablehnung *f*
★(דְּחִילוּ) בְּ~ וּרְחִימוּ (ארמ') – [bidxilu urximu] mit Ehrfurcht und Liebe
דָּחִיס ת' – [daxis] komprimierbar *Adj.*
דְּחִיסָה נ' – [dxisa] Kompression *f*, Zusammenpressen *n*
דְּחִיסוּת נ' – [dxisut] Komprimierbarkeit *f*; Verdichtung *f*
דְּחִיפָה נ' – [dxifa] Stoß *m*; Ansporn *m*, Antrieb *m*; Impuls *m*
דְּחִיפוּת נ' – [dxifut] Dringlichkeit *f*
דְּחִיקָה נ' – [dxika] Drängen *n*
=דְּחִיקַת | הַקֵּץ – = Beschleunigung *f* des Endes (*bsd.* Erscheinen des Messias)

=~ רַגְלָיו – = Verdrängung *f* des Nächsten *bibl.*
דַּחְלִיל ז' – [daxlil] Vogelscheuche *f*
דֹּחַן ז', דוחן – ['doxan] Hirse *f* (Panicum) *Bot.*
דָּחַס פעל (לִדְחֹס אֶת-, יִדְחֹס גם יִדְחַס) – [daxas] *kal* pressen
-הִדְחִיס הפ' – - *hif.* hineinpressen
דֹּחַס ז' – ['doxas] Gedrängtheit *f*, Enge *f*
דְּחָסָה נ' – [dxasa] Druck *m*, Pressen *n*
דְּחֹסֶת נ' – [d'xoset] Überfüllung *f*
דָּחַף פעל (לִדְחֹף אֶת-, יִדְחַף) – [daxaf] *kal* stoßen, schubsen
-נִדְחַף נפ' – - *nif* sich vordrängeln
דַּחַף ז' – ['daxaf] Anstoß *m*, Antrieb *m*; Impuls *m*
דַּחֲפוֹנִי ת' – [daxfoni] impulsiv *Adj.*
דַּחְפּוֹר ז' – [daxpor] Bulldozer *m*, Großräumpflug *m*, Planierraupe *f*
דַּחֲפָן ז' – [daxfan] impulsiver Mensch *m*
=~נוּת נ' – = Impulsivität *f*
דָּחַק פעל (לִדְחֹק אֶת-, בְּ-, עַל-, יִדְחַק) – [daxak] *kal* stoßen, drängen; antreiben
-נִדְחַק נפ' (לְהִדָּחֵק) – - *nif.* sich vordrängeln
-הִתְדַּחֵק, הִדַּחֵק הת' – - *hit.* sich vordrängeln
-הִדְחִיק הפ' – - *hif.* verdrängen *Psych.*
=דָּחַק אֶת הַקֵּץ – = das Ende beschleunigen wollen (*bsd.* das Kommen des Messias)
=~ אֶת רַגְלֵי פְּלוֹנִי – = j-n verdrängen
=דָּחֲקָה לוֹ שַׁעְתּוֹ – = in Not geraten
דֹּחַק ז', דוחק – ['doxak] Gedränge *n*; Not *f*
=בְּ~ ת"פ – = mit Ach und Krach F, zur Not *Adv.*
=שְׁעוֹת-~ – = Stoßzeit *f*, Hauptverkehrszeit *f*
דְּחָק ז' – [dxak] Notstand *m*
=בִּשְׁעַת הַ~ – = in Zeiten der Not
=עֲבוֹדוֹת-~ – = Arbeitsbeschaffungsmaßnahmen *f/pl.*
=פּוֹעֲלֵי-~ – = Notstandsarbeiter *m/pl.*
דַּחֲקוּת נ' – [daxkut] Druck *m*, Not *f*; Notzeit *f* (nach Krieg)

דַּי ז׳ (דֵּי-, דַּיִּי, דַּיֶּךָ, דַּיּוֹ, דַּיֵּנוּ) ת״פ	[daj] genug, genügend *Adv.*; es reicht! lass das!
=~ וְהוֹתֵר	= mehr als genug
=עַד בְּלִי ~	= unbegrenzt *Adv.*
=יוֹתֵר מִדַּי	= zu viel
=כְּדֵי-	= genug für
=כְּדֵי שֶׁ-	= damit
=עַד כְּדֵי	= bis zu
=תּוֹךְ כְּדֵי	= während
=מִדֵּי-	= jedes Mal wenn
=מִדֵּי יוֹם (לַיְלָה וְכוּ׳)	= jeden Tag (jede Nacht *usw.*)
=מִדֵּי שָׁנָה בְּשָׁנָה	= Jahr für Jahr
=מִדֵּי כַּמָּה?	= wie oft?
=לְמַדַּי	= ziemlich
=דַּי לְחַכִּימָא בִּרְמִיזָא	= *wörtl.* dem Weisen reicht eine Andeutung; *etwa* kleiner Wink genügt
=דַּיָּהּ לְצָרָה בְּשַׁעְתָּהּ	= kommt Zeit, kommt Rat
★דִּי מ״ח (ארמ׳)	[di] welche(r); von
=~-נוּר	= des Feuers
=לְדִידִי	= meiner Ansicht nach, von meiner Seite aus
=לְגַבֵּי דִידִי	= was mich betrifft
דִּיאָה נ׳	[di'a] Gleitflug *m*
דִּיאֶטָה נ׳	[dieta] Diät *f*
=מִטְבָּח דִּיאֶטִי (דִּיאֶטֶטִי)	= Diätküche *f*
דִּיאָלֶקְטִי|קָה נ׳	[dialektika] Widersinn *m*, Dialektik *f*
=~ ת׳	= dialektisch *Adj.*
דִּיבִיזְיָה נ׳	[divizja] Divison *f Mil.*
(דיג) דָּג פעל	[dag] *kal* fischen *vlt*
דַּיָּג ז׳, דייג	[dajag] Fischer *m*
דַּיִג ז׳	[‘dajig] Fischfang *m*; Fischzucht *f*, Aquakultur *f*
דַּיָּגוּת נ׳	[dajagut] Fischerei *f*
דִּידַקְ|טִיקָה נ׳	[didaktika] Didaktik *f*
=~טִי ת׳	= didaktisch *Adj.*
דַּיָּה, דָּאָה נ׳	[daja, da’a] Milan *m* (Raubvogel, Milvus) *Zo.*
דְּיוֹ זו״נ (דְּיוֹאוֹת)	[djo] Tinte *f*
דְּיוֹטָה נ׳	[djota] Stockwerk *n*, Etage *f*
דִּיּוּן ז׳	[dijun] Beratung *f*, Besprechung *f*
דְּיוּנָה נ׳ ראה: חוֹלִית	[djuna] Düne *f*
דְּיוֹנוּן ז׳	[djonun] Tintenfisch *m* (Cephalopoda) *Zo.*
דִּיּוּק ז׳	[dijuk] Genauigkeit *f*; Pünktlichkeit *f*
=בְּ~ ת״פ	= genau; pünktlich *Adv.*
דְּיוֹקָן ז׳ (דְּיוֹקְנוֹ, דְּיוֹקְנָאוֹת או דְּיוֹקָנִים)	[djokan] Angesicht *n*; Porträt *n*; Antlitz *n*
=~ עַצְמִי	= Selbstporträt *n*
=דְּיוֹקְ|נָאוּת נ׳	= Porträtmalerei *f*
=~נַאי ז׳	= Porträtmaler *m*
דִּיּוּר ז׳	[dijur] Wohnungsbeschaffung *f*
דִּיּוּת נ׳	[dijut] Retusche *f Fot.*
דְּיוֹתָה נ׳	[djota] Tintenfass *n*
דִּיכִּי ז׳ (סלנג)	[‘diki] Frust *m* F
=אֲנִי בְּ~	= ich bin gefrustet
דַּיָּל ז׳, דייל	[dajal] Steward *m*, Flugbegleiter *m*
=דַּיֶּלֶת נ׳	= Stewardess *f*, Flugbegleiterin *f*
=דַּיָּלוּת נ׳	= Flugbegleitung *f*
דִּילֶמָּה נ׳	[di'lema] Dilemma *n*
★דִּימוֹס ז׳	[dimos] Freiheit *f*
(דין) דָּן פעל (ראה גם דון) (לָדִין אֶת-, יָדִין)	[dan] *kal* richten, verurteilen
-נִדּוֹן נפ׳ (לְהִדּוֹן)	- *nif.* verurteilt werden
-דִּיֵּן פיעל	- *pi.* diskutieren
-הִתְדַּיֵּן הת׳	- *hit.* polemisieren; vor Gericht verhandeln
★=דָּן אוֹתוֹ לְכַף | זְכוּת	= j-n freisprechen
★=~ ~ ~ חוֹבָה	= j-n verurteilen
★=~ ~ בְּרוֹתְחִין	= j-n schwer angreifen, schwer beschuldigen
=אַל תָּדִין אֶת חֲבֵרְךָ עַד שֶׁתַּגִּיעַ לִמְקוֹמוֹ	= verurteile nicht deinen Nächsten, bis du nicht an seiner Stelle stehst
דִּין ז׳	[din] Recht *n*; Gericht *n*; Gesetz *n*

=וְ~ הוּא = es ist logisch

=בְּ~ = mit Recht

=כַּ~ = nach dem Gesetz

=הוּא הַ~ לְ-, בְּ- = das Gleiche gilt auch für

=מִן הַ~ שֶׁ- = es ist logisch, dass

=וְהַ~ נוֹתֵן = die Logik verlangt, dass

=הַ~ עִמּוֹ = er hat Recht

=~-וּדְבָרִים = Auseinandersetzung *f*, Wortwechsel *m*

=~-וְחֶשְׁבּוֹן (דו"חַ) = Rechenschaftsbericht *m*, Bericht *m*

=~-קְדִימָה = Vorrecht *n*

=~-תּוֹרָה = Gesetz *n* der Thora, das jüdische Recht, rabbinisches Recht

=דִּינֵי-מָמוֹנוֹת = Zivilrecht *n*

=~-נְפָשׁוֹת = Strafrecht *n*

=~-עֳנָשִׁין = Strafgesetz *n*

=בֵּית-|דִּין = Gerichtshof *m*

=גְּזַר-~ = Gerichtsurteil *n*, Strafzumessung *f*

=חֹמֶר-הַ~ = Strenge *f* des Gesetzes

=יוֹם-הַ~ = Tag *m* des Gerichts, das Jüngste Gericht

=עִוּוּת-הַ~ = Rechtsbeugung *f*

=עוֹרֵךְ-~ = Rechtsanwalt *m*, Advokat *m*

=פְּסַק-~ = Gerichtsentscheidung *f*

=צִדּוּק-הַ~ = Annahme *f* des Urteils Gottes (Gebet am Grabe)

=לִפְנִים מִשּׁוּרַת הַ~ = buchstabengetreu, dem Wortlaut entsprechend *Adv.*

=כַּדָּת וְכַ~ = nach dem Gesetz; wie es sein muss

=הִטָּה אֶת הַ~ = das Recht beugen

=הִצְדִּיק (צִדֵּק) עָלָיו אֶת הַ~ = das Urteil auf sich nehmen

=יָשַׁב בְּ~ = als Richter amtieren

=מִצָּה אֶת עֹמֶק הַ~ = streng urteilen

=נָתַן אֶת הַ~ = sich vor Gericht verantworten; Rechenschaft ablegen

=עָמַד בְּ~ = vor Gericht stehen

=~ פְּרוּטָה כְּ~ מֵאָה = vor dem Gesetz sind alle gleich

=יִקֹּב הַ~ אֶת הָהָר = *wörtl.* das Gesetz soll den Berg durchbohren; Gerechtigkeit um jeden Preis

=לֵית ~ וְלֵית דַּיָּן = *wörtl.* kein Recht und kein Richter; Anarchie *f*

דַּיָּן ז', דיין [dajan] Richter *m* (religiös), Beisitzer im Rabbinatsgericht; Religions- u. Gesetzeslehrer *m*

=בָּרוּךְ דַּיַּן הָאֱמֶת = "gelobt sei der Richter der Wahrheit" (Spruch bei Erhalt e-r Todesnachricht)

=דַּיָּנוּת נ', דיינות = Amt *n* des rel. Richters

דִּינוּר ז' [dinur] aus Feuer

דִּינָמוֹ ז' [dinamo] Dynamo *m*

=דִּינָמִ|י ת' = dynamisch *Adj.*

=~יקָה נ' = Dynamik *f*, Bewegungslehre *f*

=~ קְבוּצָתִית = Gruppendynamik *f*

דִּינָמִיט ז' [dinamit] Dynamit *n*

דִּינָר ז' [dinar] Dinar *m* (Währungseinheit in Jordanien, Irak u. Iran)

דַּיְסָה נ', דייסה [dajsa] Brei *m*, Grütze *f*

דִּיסְלֶקְסְיָה נ' [disleksja] Legasthenie *f*

דִּיסְק ז' [disk] Album *m*, CD *f*; CD-Rom *f*

=צוֹרֵב ~ים = CD-Brenner *m*

דִּיסְקוֹטֶק ז' [diskotek] Diskothek *f*

דִּיפְּלוֹמָ|ט ז' [diplomat] Diplomat *m*

=~טְיָה נ' = Diplomatie *f*

=~טִי ת' = diplomatisch *Adj.*

דִּיפְתֶּרְיָה [difterja] Diphtherie *f Med.*

ראה גם: קָרֶמֶת

★דִּיצָה נ' [ditsa] Freude *f*

דִּיֵּק פיעל [dijék] *pi.* genau sein, es genau nehmen; pünktlich sein

★דָּיֵק ז' [dajék] Belagerungsschanze *f bibl.*

דַּיְּקוּת נ' [dajkut] Pünktlichkeit *f*

דִּיקְטָט|וֹר ז' ראה: רוֹדָן [diktator] Diktator *m*

=~וּרָה נ' = Diktatur *f*

דִּיקְלוּם ראה: דִּקְלוּם [diklum] Deklamation *f* (Gedicht, im Theater usw.)

דַּיְקָן ז', דייקן [dajkan] genauer, pünktlicher Mensch; Grammatiker *m*

דַּיְקָנוּת נ', דייקנות [dajkanut] Genauigkeit *f*, Pünktlichkeit *f*; Pingeligkeit *f* F

=דַּיְקָנִי ת' = genau, pünktlich *Adj.*

דִּיר ז' [dir] Stall *m* (für Kleinvieh)

=~-חֲזִירִים = Schweinestall *m*

דַּיָּר ז', דייר (דַּיֶּרֶת) [dajar] Mieter *m*; Wohnungsinhaber *m*

=דַּיַּר-מִשְׁנֶה = Untermieter *m*

דִּירָה נ' [dira] Wohnung *f*, Appartment *n*

=בֵּית-~, בֵּית-דִּירוֹת = Wohnhaus *n*

=הֶעְתִּיק דִּירָתוֹ, עָקַר ~ = umziehen, die Wohnung wechseln

דִּירָתִי ת' [dirati] zur Wohnung gehörig

דַּיִשׁ ז', דייש [ˈdajiʃ] Dreschen *n*, Dreschzeit *f*

דִּיֵּשׁ פיעל [dijéʃ] *pi.* dreschen

דִּישָׁה נ' [diʃa] Dreschen *n*

דִּישׁוֹן ז' [diʃon] Mendes-Antilope *f* (Addax nasomaculata) *Zo.*

דִּיֵּת פיעל [dijét] *pi.* retuschieren *Fot.*

★דַּךְ ת' (דַּכָּה, דַּכִּים) [dax] unterdrückt; elend *Adj.*

דִּכָּא פיעל [dika'] *pi.* deprimieren; unterdrücken, niederdrücken

★דַּכָּא ת' [daka] unterdrückt *Adj.*

=עַד ~ = bis zur völligen Verzweiflung

דִּכָּאוֹן ז', דיכאון [dika'on] Depression *f*, gedrückte Stimmung *f*, Schwermut *f*

דִּכְדּוּךְ ז', דיכדוך [dixdux] Depression *f*, Schwermut *f*

=~-נֶפֶשׁ = Schwermut *f*, Niedergeschlagenheit *f*

דִּכְדֵּךְ פיעל [dixdéx] *pi.* deprimieren

דִּכָּה פיעל [dika] *pi.* unterdrücken

דִּכּוּי ז', דיכוי [dikuj] Unterdrückung *f*

★דֳּכִי ז' (דֳּכִי-, דֳּכָיִים) [doxi] Brandung *f*

דֻּכָּס ז', דוכס [dukas] Herzog *m*,

=דֻּכָּסִית נ' = Herzogin *f*

=דֻּכָּסוּת נ' = Herzogtum *n*

דַּל ת' [dal] arm; mager; light *Adj.*

=~-קָלוֹרִיּוֹת ת' = kalorienarm *Adj.*

דַּל ז' [dal] Tür *f*; Öffnung *f*

=הֶעֱלָה עַל ~ שְׂפָתָיו = über s-e Lippen bringen

דֹּלֶב ז', דולב ['dolev] Platane *f* (Platanus) *Bot.*

דָּלַג פעל (לִדְלֹג עַל-, יִדְלֹג) [dalag] *kal* springen, hüpfen; überspringen

-דִּלֵּג פיעל - *pi.* überspringen, übergehen

דֶּלֶג ז' ['deleg] Hüpfer *m*, Sprung *m*

דַּלְגָן ז' [dalgan] Springer *m*

דִּלְדּוּל ז', דילדול [dildul] Verarmung *f*; Auslaugen *n* (Boden)

דִּלְדֵּל פיעל [dildél] *pi.* schwächen; arm machen

-נִתְדַּלְדֵּל הת' - *hit.* verarmen; degenerieren

(דַּלָּה) דַּלַּת-הָעָם [dalat-ha'am] die Armen *pl.* im Volk, Proletariat *n*

דָּלָה פעל (לִדְלוֹת אֶת-, יִדְלֶה) [dala] *kal* schöpfen (Wasser)

=~ פְּרָטִים = Details zusammentragen

דִּלּוּג ז', דילוג [dilug] Springen *n*, Hüpfen *n*; Überspringen *n*

=מַסַּע דִּלּוּגִים = kurze diplomatische Reise

דָּלוּחַ ת' [da'luax] trübe, getrübt *Adj.*

=מַיִם דְּלוּחִים = trübes Wasser

דִּלּוּחַ ז', דילוח [di'luax] Verschmutzung *f*, Trüben *n*

דָּלוּל ת' [dalul] armselig; dünn *Adj.*

דִּלּוּל ז', דילול [dilul] Ausdünnung *f*

דִּלּוּעִיִּים ז"ר [dilu'ijim] Kürbisgewächse *n/pl.*

דִּלּוּף ז', דילוף [diluf] Tröpfeln *n*

דָּלוּק ת' [daluk] brennend, angesteckt, angezündet; an F (Lampe) *Adj.*

דַּלּוּת נ' [dalut] Armut *f* *bsd. fig.*; Magerkeit *f*

דָּלַח פעל (לִדְלֹחַ [dalax] *kal* trüben

אֶת-, יִדְלַח)
-הִדְלִיחַ הפ׳ - *hif.* trüben, schmutzig machen, verschmutzen
★דִּלְטֵר פיעל [diltér] *pi.* denunzieren
דְּלִי ז׳ (דְּלָיִים) [dli] Eimer *m*
דְּלִיָּה נ׳ [dlija] Schöpfen *n* (Wasser)
=דְּלִיַּת מֵידָע = Nachforschung
דָּלִיָּה[1] נ׳ [dalija] Ranke *f*
דָּלִיָּה[2] נ׳ [dalija] Krampfader *f*
דַּלְיָה נ׳ [dalja] Dahlie *f Bot.*
דְּלִיחָה נ׳ [dlixa] Verschmutzung *f*, Trübung *f*
דְּלִיחוּת נ׳ [dlixut] Getrübtsein *n*
דָּלִיל ת׳ [dalil] dünn, nicht dicht *Adj.*
=דְּלִילוּת נ׳ = Dünne *f*, Dünnheit *f*
דְּלִיפָה נ׳ [dlifa] Durchsickern *n*, Lecken *n* (Boot), Tröpfeln *n*
דָּלִיק ת׳ [dalik] feuergefährlich, leicht brennbar *Adj.*
דְּלִיקָה נ׳ [dlika] Brand *m;* Verfolgung *f*
דְּלִיקוּת נ׳ [dlikut] Brandgefahr *f*
דָּלִית נ׳ [dalit] Weinranke *f*
דָּלַל פעל (לִדֹּל, דַּלּוֹתִי, יִדַּל) [dalal] *kal* arm werden; verkümmern
-דִּלֵּל פיעל - *pi.* verdünnen, ausdünnen *v/t*
-הִדְלִיל הפ׳ - *hif.* dünn werden
דִּלְעֵיל ת״פ (ארמ׳) [dil'él] oben erwähnt
דְּלַעַת נ׳ [d'la'at] Kürbis *m*
דָּלַף פעל (לִדְלֹף, יִדְלֹף) [dalaf] *kal* träufeln, durchsickern *v/i*
-הִדְלִיף הפ׳ - *hif.* durchsickern lassen
דֶּלֶף ז׳ ['delef] Tröpfeln *n*; Leck *n*
★דַּלְפוֹן ז׳ [dalfon] Hungerleider *m*, Armer *m*
דֶּלְפֵּק ז׳ [delpék] Abfertigungsschalter *m*; Ladentisch *m*; Anrichte *f*; Theke *f*
דָּלַק[1] פעל (לִדְלֹק, יִדְלַק) [dalak] *kal* brennen *v/i*
-הִדְלִיק הפ׳ - *hif.* machen (Licht usw.)
דָּלַק[2] פעל (לִדְלֹק אַחֲרֵי-, יִדְלֹק) [dalak] *kal* verfolgen, nachstellen

דֶּלֶק ז׳ ['delek] Benzin *n*, Treibstoff *m*
דָּלָק ז׳ [dalak] Steinmarder *m* (Martes foina) *Zo.*
דְּלֵקָה נ׳, דליקה [dléka] Brand *m*, Feuersbrunst *f*
=פָּרְצָה ~ בְּ- = ein Brand ist ausgebrochen in
דִּלְקַמָּן ת״פ [dilkeman] wie folgt
דַּלֶּקֶת נ׳ [da'leket] Entzündung *f Med.*
=~ קְרוּם הַמֹּחַ = Hirnhautentzündung *f Med.*
=דַּלַּקְתִּי ת׳ = Entzündungs-
דֶּלֶת (דַּלְתּוֹ, דְּלָתוֹת, דַּלְתוֹת-) ['delet] Tür *f*
=~-הֲזָזָה, ~ נִגְרֶרֶת = Schiebetür *f*
=~-זְכוּכִית = Glastür *f*
=~ מִסְתּוֹבֶבֶת = Drehtür *f*
=~ מִתְקַפֶּלֶת = Falttür *f*
=~ צוֹנַחַת = Falltür *f*
=~-רְפָפוֹת = Jalousietür *f*
דָּלֶת נ׳ ['dalet] Dalet (D) 4. Buchstabe des hebr. Alphabets
דֶּלְתָּא נ׳ [delta] Delta *n*
דַּלְתּוֹן ז׳ [dalton] Rhombus *m;* Raute *f*
דָּם ז׳ [dam] Blut *n*
=~-הַמַּכַּבִּים = Katzenpfötchen *n* (Helichrysum) *Bot.*
=גְּאֻלַּת-דָּם, נִקְמַת-~ = Blutrache *f*
=לַחַץ-דָּם = Blutdruck *m*
=עֵרוּי-~ = Bluttransfusion *f*
=תְּרוּמַת-~ = Blutspende *f*
=שֶׁטֶף-~ = Bluterguss *m Med.*
=שְׁפִיכוּת-דָּמִים = Blutvergießen *n*
דֹּם ת״פ, דום [dom] still, schweigend *Adv.*
=עֲמֹד ~! = stillgestanden!
=~-לֵב = Herzstillstand *m Med.*
דִּמְדּוּם ז׳, דימדום [dimdum] Unklarheit *f*
=דִּמְדּוּמִים ז״ר = Zwielicht *n*, Dämmerung *f*
=דִּמְדּוּמֵי-עֶרֶב = Abenddämmerung *f*
=~-שַׁחַר = Morgendämmerung *f*
דַּמְדְּמָנִית נ׳ [damdemanit] Johannisbeere *f*
דָּמָה פעל (לִדְמוֹת [dama] *kal* ähneln, gleichen,

ל-, יִדְמֶה) ähnlich sein

-נִדְמָה נפ׳ (לְהִדָּמוֹת) - *nif.* scheinen

-דִּמָּה פיעל - *pi.* vergleichen; sich vorstellen; glauben

=דּוֹמֶה, דּוֹמַנִי = mir scheint

=דִּמָּה בְּדַעְתּוֹ, ~ בְּנַפְשׁוֹ = sich vorstellen

=כִּמְדֻמַּנִי = wie mir scheint

דֶּמֶה ז׳ (דְּמָיִים) ['deme] Attrappe *f*, Dummy *m*

דֶּמוֹגְ|רַפְיָה נ׳ [demografja] Demographie *f*

=~רָפִי ת׳ = demographisch *Adj.*

דִּמּוּי ז׳, דימוי [dimuj] Vergleich *m*; Image *n*

דָּמוּי ת׳ [damuj] in Form von, so wie, -förmig

=דְּמוּי בֵּיצָה,~-לֵב = eiförmig; herzförmig *Adj.*

דָּמוּם^1 ת׳ [damum] stumm *Adj.*

דָּמוּם^2 ת׳ [damum] blutig *Adj.*

דִּמּוּם ז׳, דימום [dimum] Blutung *f*

דְּמוּמִית נ׳ [dmumit] Blutströpfchen *n* (Adonis) *Bot.*

דָּמוּעַ ת׳ [da'mua'] verweint; tränenreich *Adj.*

דֶּמוֹקְ|רַטְיָה נ׳ [demokratja] Demokratie *f*

=~רָטִי ת׳ = demokratisch *Adj.*

דְּמוּת נ׳ (דְּמֻיּוֹת) [dmut] Gestalt *f*; Vorstellungsbild *n*, Image *n*; Held *m* (Roman)

=~-דְּיוֹקָן = Porträt *n*

=מִעֵט אֶת הַ~ = mindern, herabsetzen

דָּמִי ת׳ [dami] blutig *Adj.*, Blut-

דֳּמִי, דְּמִי ז׳ ['domi, demi] Schweigen *n*, Stille *f*

★=אַל דֳּמִי לָךְ = schweige nicht und sei nicht still! *bibl.*

=בִּדְמִי יָמָיו = in der Blüte seiner Jahre

דִּמְיוֹ|ן ז׳, דימיון (דִּמְיוֹנוֹת) [dimjon] Ähnlichkeit *f*; Fantasie *f*

=בַּעַל-~ = fantasievoll *Adj.*

=~נִי ת׳ = unwirklich, fantastisch *Adj.*

★דָּמִים ז״ר [damim] Geld *n*; Wert *m*, Kosten *pl.*

=דְּמֵי-אַבְטָלָה = Arbeitslosenunterstützung *f*

=~-אֵשֶׁ״ל = Verpflegungsspesen *pl.*

=~-חֲנֻכָּה = Taschengeld *n* für Kinder an Chanukka

=~-כִּיס = Taschengeld *n*

=~-כְּנִיסָה = Eintrittspreis *m*

=~ "לֹא-יֶחֱרַץ" = Schweigegeld *n*

=~-מַפְתֵּחַ = Abstandssumme *f*

=~-קְדִימָה = Anzahlung *f*, Vorauszahlung *f*

=~-שֵׁרוּת = Trinkgeld *n*

★=בְּדָמִים מְרֻבִּים = teuer *Adv.*

=דָּמִים תַּרְתֵּי מַשְׁמַע (דָּמִים רִבּוּי מ״דָּם") = in beiden Bedeutungen des Wortes ("Blut" und "Geld")

דְּמִימָה^1 נ׳ [dmima] Verstummen *n*, Schweigen *n*

דְּמִימָה^2 נ׳ [dmima] Bluten *n*

דִּמְיֵן פיעל [dimjén] *pi.* sich vorstellen, fantasieren; sich einbilden

דְּמִיעָה נ׳ [dmi'a] Weinen *n*, Tränenvergießen *n*

דָּמַךְ פעל [damax] *kal* schlafen *bibl.*

דָּמַם פעל (לָדֹם, דּוֹמֵם, יִדֹּם) [damam] *kal* schweigen, verstummen

-נָדַם נפ׳ (לְהִדּוֹם, יִדַּם) - *nif.* still werden, verstummen

-דּוֹמֵם פיעל - *pi.* stilllegen *v/t;* (Motor) abstellen

דִּמֵּם פיעל [dimém] *pi.* bluten

דְּמָמָה נ׳ [dmama] Stille *f*, Schweigen *n*

=דִּמְמַת-מָוֶת = Totenstille *f*

=בִּ|דְמָמָה = leise *Adv.*

★=קוֹל ~ דַּקָּה = leises Säuseln, Flüstern *n*

דַּמֶּמֶת נ׳ [dememet] Bluterkrankheit *f*

דֹּ|מֶן ז׳ ['domen] Müll *m*; Mist *m*

דָּמַע פעל (לִדְמֹעַ, יִדְמַע) [dama'] *kal* weinen, Tränen vergießen

-הִדְמִיעַ הפ׳ - *hif.* zum Weinen bringen

=גַּז מַדְמִיעַ = Tränengas *n*

★דֶּ|מַע ז׳ ['dema'] Träne *f*

דִּמְעָה נ׳ (דְּמָעוֹת) [dim'a] Träne *f*

=דִּמְעוֹת-גִּיל = Freudentränen *f/pl.*

=~-תַּנִּין = Krokodilstränen *f/pl.*

=בִּדְמָעוֹת-שָׁלִישׁ = mit Tränen und Flehen, mit bitterlichem Weinen

=סוֹחֵט דְּמָעוֹת = tränenreich *Adj.*
דַּמְקָה נ׳ [damka] Dame *f* (Spiel)
דָּן ראה: דון, דין (urteilen; besprechen)
★דְּנָא, דְּנָה מ״ג (ארמ׳) [dena] diese(r), dieses
=מִן קַדְמַת ~ = seit jeher
דִּנֵּג פיעל [dinég] *pi.* wachsen *v/t*, mit Wachs überziehen
דִּנְדּוּן ז׳, דינדון [dindun] Läuten *n*, Klingeln *n*
דִּנְדֵּן פיעל [dindén] *pi.* läuten, klingeln
דַּנְדַּנָּה נ׳ [dandana] Milzfarn *m* (Ceterach officinalis) *Bot.*
דִּנּוּג ז׳, דינוג [dinug] Wachsen *n* (mit Wachs)
★דְּנַן מ״ג (ארמ׳) [denan] das oben Erwähnte
=עִנְיָן ~, עֵסֶק ~ = die hier behandelte Sache
דִּסְקָה נ׳, דיסקה [diska] runde Tafel, Scheibe *f*; Diskette *f*
דִּסְקוּס ז׳, דיסקוס [diskus] Diskus *m Sp.*
דִּסְקֶט ז׳ [disket] Diskette *f*
דִּסְקִית נ׳, דיסקית [diskit] Täfelchen *n*, kleine Scheibe *f*
★דֵּעַ ז׳, דיע (דֵּעִים) [‘déa'] Wissen *n*, Kenntnis *f*
=תְּמִים דֵּעִים = einverstanden, der gleichen Ansicht
דֵּעָה נ׳, דיעה [dé’a] Ansicht *f*, Meinung *f*
=לְדַעְתִּי = meiner Ansicht nach *f*
=~ מְיָעֶצֶת = beratende Stimme *m*
=~ צְלוּלָה = klarer Verstand
=~ קְדוּמָה = Vorurteil *n*
=~ רוֹוַחַת = herrschende Meinung *f*
=הוֹגֵה-|דֵעוֹת = Denker *m*, Philosoph *m*
=חִלּוּקֵי-~ = Meinungsverschiedenheiten *f/pl.*
=לְכָל הַ~ = nach allgemeiner Ansicht
דָּעוּךְ ת׳ [da’ux] verloschen *Adj.*
דְּעִיכָה נ׳ [de’ixa] Verlöschen *n auch fig.*
דָּעַךְ פעל (לִדְעֹךְ, יִדְעַךְ) [da’ax] verlöschen; verklingen *v/i fig.*
דַּעַת נ׳ [‘da’at] Wissen *n*; Meinung *f*; Absicht *f*
=לְפִי דַּעְתִּי = meiner Ansicht nach
=~-הַקָּהָל = öffentliche Meinung *f*
=בֶּן-~, בַּר-~ = vernünftiger Mensch *m*
=בְּדִיחוּת-הַ~ = Heiterkeit *f*, heitere Stimmung
=גִּלּוּי-~ = Kundgebung *f*, amtl. Meinungsäußerung *f*
=גְּנֵבַת-~ = Täuschung *f*
=הֶסַּח-הַ~ = Unabsichtlichkeit *f*, Ablenkung *f* der Aufmerksamkeit, Zerstreutheit *f*
★=הַרְחָבַת-הַ~ = gehobene Stimmung *f*
=חַוַּת-~ = Gutachten *n*
★=חֻלְשַׁת-הַ~ = Verlegenheit *f*
=זְחִיחוּת-~ = Dünkel *m*, Hochmut *m*
=חֲסַר-~ = Dummkopf *m*, Narr *m*
=טֵרוּף-~ = Wahnsinn *m*
=יִשּׁוּב-הַ~ = Gesetztheit *f*
=קַל-~ ת׳ = leichtsinnig *Adj.*
=שִׁקּוּל-~ = Überlegung *f*
=דַּעְתּוֹ | בְּדוּחָה עָלָיו = er ist heiterer Stimmung
=~ זְחוּחָה עָלָיו = er ist mit sich zufrieden
=~ טְרוּפָה עָלָיו = er ist verrückt, wahnsinnig
=מִדַּעַת = mit Absicht, bewusst *Adv.*
=מִבְּלִי דַּעַת = unwissentlich *Adv.*
=עַל | דַּעַת- = mit Zustimmung von, im Namen von
=עַל ~ עַצְמוֹ = auf eigene Verantwortung
=הַ~ נוֹתֶנֶת = es ergibt sich
=מִתְקַבֵּל עַל הַ~ = es leuchtet ein
=אִבֵּד עַצְמוֹ לָ~ = er nahm sich das Leben
=אֵין הַ~ סוֹבַלְתּוֹ = es leuchtet nicht ein, es ist nicht akzeptabel
=לְדַעְתּוֹ = seiner Ansicht nach
=לְפִי עֲנִיּוּת דַּעְתִּי = nach meiner (bescheidenen) Ansicht
=שְׁפוּי בְּדַעְתּוֹ = bei vollem Verstand
=תַּקִּיף בְּדַעְתּוֹ = entschlossen, fest in seiner Meinung
=גִּלָּה אֶת דַּעְתּוֹ = er äußerte s-e Meinung (Ansicht)

=גָּמַר בְּדַעְתּוֹ = er hat beschlossen

=גָּנַב דַּעַת פְּלוֹנִי = j-n täuschen

=הָיָה בְּדַעְתּוֹ לְ- = er beabsichtigte zu

=הֵנִיחַ אֶת דַּעַת פְּלוֹנִי = er hat ihn zufrieden gestellt

=הִסִּיחַ | דַּעְתּוֹ | מִן = er hat seine Aufmerksamkeit abgelenkt von

=הֶעֱבִירוֹ עַל ~ = er hat ihn aus der Fassung gebracht

=יָצָא מִ~ = er ist verrückt geworden

=יָרַד לְסוֹף ~ = er hat s-e Absicht verstanden

=יֵשׁ בְּ~ = es ist s-e Absicht

=אֵין בְּ~ = es ist nicht s-e Absicht

=נִטְרְפָה ~ עָלָיו = er ist wahnsinnig geworden

=נָתַן ~ לְ- = er achtete darauf, *j-m* seine Aufmerksamkeit schenken

=עָלָה עַל ~ = es fiel ihm ein

=עָמַד עַל ~ = er bestand auf seiner Meinung

=שָׁקַל בְּ~ = er überlegte sich

=תָּנוּחַ דַּעְתְּךָ! = sei beruhigt!

דַּעְתָּן תו"ז [da'tan] intelligent; resolut *Adj.*

=~נוּת נ' = Entschließung *f*, Intelligenz *f*

דַּף ז' (דַּפִּים) [daf] Blatt *n* (Buch, Papier); Platte *f*

=~ זְעוּר = Mikrofiche *m*

=~ מָגֵן = Deckblatt *n*

=מֵעֵבֶר לַ~ = auf der anderen Seite (Buch)

=דַּפֵּי זָהָב (שם מסחרי) = Gelbe Seiten *f/pl.*

דִּפְדּוּף ז', דיפדוף [difduf] Blättern *n*

דִּפְדֵּף פיעל [difdéf] *pi.* blättern *v/i*

דַּפְדֶּפֶת נ' [daf'defet] Album *n*; Loseblattsammlung *f*

דָּפוּן ת' [dafun] eingesetzt *Adj*, (in der Wand) angebracht *Adj.*

דְּפוּס ז' [dfus] Druck *m*; Backform *f*, Gussform *f*

=~־אֶבֶן = Lithographie *f*

=~־בֶּלֶט = Reliefdruck *m Typ.*

=~־שֶׁקַע = Tiefdruck *m Typ.*

=אוֹתִיּוֹת־~ = Druckbuchstaben *m/pl.*

=בֵּית־~ = Druckerei *f*

=דְּפוּסֵי הִתְנַהֲגוּת = Verhaltensmuster *n/pl.*

דָּפוּף ת' [dafuf] blätterig *Adj.*

דִּפּוּף ז' [dipuf] Seitennummerierung *f*

דָּפוּק ת' [dafuk] geschlagen; bekloppt *Adj.* F

דֹּפִי ז', דופי ['dofi] Makel *m*

=לְלֹא ~ = makellos *Adj.*

דְּפִיקָה נ' [dfika] Klopfen *n*, Schlag *m*

=דְּפִיקוֹת־לֵב נ"ר = Herzklopfen *n*

דִּפְלֵם פיעל [diplém] *pi.* diplomieren *v/t*

=מְדֻפְלָם ת' = diplomiert *Adj.*

דֹּפֶן זו"נ, דופן (דְּפָנוֹת, דָּפְנוֹת־) ['dofen] Seitenwand *f*

=יוֹצֵא־~ = Außenseiter *m*; Ausnahme *f;* außergewöhnlich *Adj.*

דַּפְנָה נ' [dafna] Lorbeer *m* (Laurus nobilis) *Bot.*

דָּפַס פעל (לִדְפֹּס יִדְפֹּס) [dafas] *kal* drucken *vlt*

-נִדְפַּס נפ' (לְהִדָּפֵס) - *nif.* gedruckt werden

-הִדְפִּיס הפ' - *hif.* drucken, ausdrucken

דַּפָּס ז' [dapas] Drucker *m*

דֶּפֶס ז' ['defes] Gussform *f*

דִּפֵּף פיעל [dipéf] *pi.* Seiten nummerieren

דָּפַק פעל (לִדְפֹּק, עַל־, אֶת־, יִדְפֹּק) [dafak] *kal* klopfen, pochen, schlagen; klappen; schießen F

-הִתְדַּפֵּק הת' (עַל־) - *hit.* anklopfen (stark, wiederholt), pochen

דֶּפֶק ז' ['defek] Pulsieren *n*

דֹּפֶק ז', דופק ['dofek] Puls *m*, Pulsschlag *m*

=מִשֵּׁשׁ אֶת הַ~ = den Puls fühlen

דַּפְרוֹן ז' [dafron] Notenblatt *n*

ד"צ ר"ת: דֹּאַר צְבָאִי [do'ar tsva'i] *Abk.* Feldpost *f Mil.*

דֶּצִימֶטֶר ז' [detsimeter] Dezimeter *m*

דֶּצֶמְבֶּר ז' [detsember] Dezember *m*

דַּק ת' [dak] dünn; fein *Adj.*

=~ ~ = ganz dünn, hauchdünn

=~־גֵּו = schlank *Adj.*

=~־הַרְגָּשָׁה, ~־רֶגֶשׁ = feinfühlig, empfindsam *Adj.*

= Kleinvieh *n* =בְּהֵמָה דַקָּה

[dok] dünner Schleier *m* (vor den Augen) דֹּק ז׳, דוק

[dikduk] Grammatik *f*; Genauigkeit *f* דִּקְדּוּ|ק ז׳, דיקדוק

= Pedanterie *f* =~קֵי-עֲנִיּוֹת ז״ר

= grammatikalisch *Adj.* =~קִי ת׳

[dikdék] *pi.* genau sein, es genau nehmen דִּקְדֵּק פיעל (לְדַקְדֵּק בְּ-, עִם-)

[dakdekan] Pedant *m*; Grammatiker *m* דַּקְדְּקָ|ן ז׳

= Pedanterie *f* =~נוּת נ׳

= pedantisch *Adj.* =~נִי ת׳

[daka] Minute *f* דַּקָּה נ׳

= in letzter Minute, F auf den letzten Drücker =בַּ~ ה-90

[dakur] erstochen *Adj.* דָּקוּר ת׳

[dikur] Akupunktieren *n* דִּקּוּר ז׳

[dekorativi] dekorativ *Adj.* דֶּקוֹרָטִיבִי ת׳

= Dekoration *f* =דֶּקוֹרַצְיָה נ׳

[dakut] Feinheit *f*, Dünne *f* דַּקּוּת נ׳

= Feingefühl *n* =~-רֶגֶשׁ

[dakik] sehr dünn *Adj.* דַּקִּיק ת׳

[dkira] Stich *m* דְּקִירָה נ׳

['dekel] Palme *f* (mst. ohne Datteln) דֶּקֶל ז׳

[diklum] Deklamation *f*, Aufsagen *n* (von Gedichten usw.) דִּקְלוּם ז׳

[diklém] *pi.* deklamieren דִּקְלֵם פיעל

[dekan] Dekan *m* דֶּקָן ז׳ דיקן

[dakar] *kal* stechen דָּקַר פעל (לִדְקֹר אֶת-, יִדְקֹר)

['deker] Spitzhacke *f*; Minensucher *m* דֶּקֶר ז׳

[dakar] Zackenbarsch *m* (Epinephelus) (Raubfisch) *Zo.* דָּקָר ז׳

[dikrur] Prickeln *n*; Stechen *n* דִּקְרוּר ז׳, דיקרור

[dakrani] stechend *Adj.* דַּקְרָנִי ת׳

[dikrér] *pi.* prickeln; stechen דִּקְרֵר פיעל

[déra'on] Schande *f*, Schmach *f* ★דֵּרָאוֹן ז׳

= ewige Schande *f* =דִּרְאוֹן-עוֹלָם

[dirbun] Anspornen *n*, Antrieb *m* דִּרְבּוּן ז׳, דירבון

[dorvon, dorvan] Sporn *m*, Stachelstock *m* (des Viehtreibers); Stachel *m* (Stachelschwein) דָּרְבוֹן, דָּרְבָן ז׳

= scharfe Worte *n/pl.* =מִלִּים כַּדָּרְבוֹנוֹת

[darban] Stachelschwein *n* (Hystrix) *Zo.* דַּרְבָּן ז׳

[dirbén] *pi.* anspornen דִּרְבֵּן פיעל

[dorvanit] Rittersporn *m* (Delphinium) *Bot.* דָּרְבָנִית נ׳

[dérég] *pi.* Stufen machen, abstufen, terrassieren; einstufen דֵּרֵג פיעל

- *hif.* in Stufen einteilen -הִדְרִיג הפ׳

['dereg] Rang *m*, Stufe *f* דֶּרֶג ז׳

[darga] Dienstgrad *m* דַּרְגָּה נ׳ (דְּרָגוֹת, דַּרְגוֹת-)

= untergeordnet, von niederem Rang =נְחוּת-~

= Beförderung *f* (im Rang) =עֲלִיָּה בְּ~

[drag'noa'] Rolltreppe *f* דְּרַגְנוֹ|עַ ז׳

[dragrag] Stufenleiter *f* דְּרַגְרָג ז׳

[dargaʃ] Schemel *m*, Pritsche *f* דַּרְגָּשׁ ז׳

[dirdur] Herunterrollen *n* (Steine) דִּרְדּוּר ז׳

[dardas] Sandale *f*; Pantoffel *m* דַּרְדָּס ז׳

= Schlümpfe *m/pl.* (Comicfiguren) =דַּרְדָּסִים

[dardak] kleines Kind *n* ★דַּרְדָּק ז׳ (ארמ׳)

= Lehrer *m* für Kleinkinder (im Cheder, *etwa* religiöse Vorschule) =מְלַמֵּד-דַּרְדְּקֵי

[dardaka'ut] Kindlichkeit *f* דַּרְדְּקָ|אוּת נ׳

= kindisch, infantil *Adj.* =~אִי ת׳

[dardar] Distel *f* (Centaurea) *Bot.* דַּרְדַּר ז׳

[dirdér] *pi.* herunterrollen *v/t* דִּרְדֵּר פיעל

- *hit.* herunterrollen *v/i*; herunterkommen *v/i*, *fig.*; verschlimmern -הִתְדַּרְדֵּר הת׳

= den Drogen verfallen =הִתְדַּרְדֵּר לְסַמִּים

[dar'deret] Steinschlag *m* דַּרְדֶּרֶת נ׳

[dérug] Abstufung *f*, Staffelung *f* דֵּרוּג ז׳

[darug] gestaffelt, (ab)gestuft *Adj.* דָּרוּג ת׳

[derviʃ]Derwisch *m* דֶּרְוִישׁ ז׳

[darux] gespannt; bereit *Adj.* דָּרוּךְ ת׳

דָּרוֹם ז׳ [darom] Süd *m*, Süden *m*

=דְּרוֹמִי ת׳ = südlich *Adj.*

=דָּרוֹמָה = südwärts, nach Süden

דְּרוֹר[1] ז׳ [dror] Freiheit *f*

=צִפּוֹר־~ = freier Vogel *f*

=קָרָא ~ (לְ־) = befreien, freigeben, in die Freiheit entlassen

דְּרוֹר[2] ז׳ ראה גם: אַנְקוֹר [dror] Sperling *m*, Spatz *m* (Passer) *Zo.*

דָּרוּשׁ ת׳ [daruʃ] benötigt, gesucht *Adj.*

דְּרוּשׁ ז׳ [druʃ] Auslegung *f* (der Bibel); talmudische Predigt *f*

=דְּרוּשִׁי ת׳ = auslegend, exegetisch *Adj.*

דְּרִיכָה נ׳ [drixa] Treten *n*; Spannen *n* (Bogen, Gewehr)

=~ בַּמָּקוֹם = Auf-der-Stelle-Treten *n*

דְּרִיכוּת נ׳ [drixut] Gespanntheit *f*, Bereitschaft *f*

דְּרִיסָה נ׳ [drisa] Zertreten *n*; Überfahren *n*

=דְּרִיסַת־רֶגֶל = Zutritt *m*, Zugang *m*; Zugangsrecht *n*

=קָנָה ~־~ = Fuß fassen

דְּרִישָׁה נ׳ [driʃa] Forderung *f*; Verlangen *n;* Nachfrage *f* (Ware)

=דְּרִישַׁת־שָׁלוֹם = Gruß *m*, Bestellung *f* von Grüßen

=חֲקִירָה וּדְרִישָׁה = Untersuchung *f*

דָּרַךְ פעל (לִדְרֹךְ, יִדְרֹךְ) [darax] *kal* treten; spannen (Bogen, Gewehr)

-הִדְרִיךְ הפ׳ - *hif.* den Weg weisen, führen; (Reise) leiten

=דָּרַךְ בַּמָּקוֹם = auf der Stelle treten, keine Fortschritte machen

=~ כּוֹכָבוֹ = sein Stern ging auf

=~ עַל יַבָּלוֹת = *j-m* auf die Hühneraugen treten F

★=הִדְרִיךְ מְנוּחָה = keine Ruhe lassen, stören

דֶּרֶךְ זו״נ (דְּרָכִים, דַּרְכֵי־) ['derex] Weg *m*; Art *f* und Weise; Methode *f*; Mittel *n*; Modus *m Gr.*

=~ מ״י = durch *Prp.*

=בְּ~ = mittels *Prp.*

=כְּ~ = wie es üblich ist bei

=בְּ~ כְּלָל = im Allgemeinen

=~ אַגַּב = übrigens

=~ מָשָׁל = zum Beispiel (z.B.)

=~־אֶרֶץ = Sitten und Gebräuche; Achtung *f*, Respekt *m*

=~־הַמֶּלֶךְ = wichtige Verbindungsstraße *f bibl.*

★=~־נָשִׁים ראה גם: וֶסֶת = Menstruation *f*, Regel *f Med.*

=~ עֲקַלָּתוֹן = Umweg *m*

=~ צְלֵחָה! = Glück auf den Weg! gute Reise!

=אֵם־הַ~ = Scheideweg *m*, Wegkreuzung *f*

=הוֹצָאוֹת־הַ~ = Reisespesen *pl.*

=~־לֹא־~ = querfeldein, offroad *Adv.*

=פְּרִיצַת דֶּרֶךְ = Durchbruch *m Pol.*

=פָּרָשַׁת־דְּרָכִים = Kreuzweg *m*

★=מִפְּנֵי דַּרְכֵי שָׁלוֹם = um des lieben Friedens willen

דַּרְכּוֹן ז׳ [darkon] Reisepass *m*

(דרם) הִדְרִים הפ׳ [hidrim] *hif.* sich nach Süden wenden; nach Süden ziehen

דְּרָמָה נ׳ [drama] Drama *n*

=דְּרָמָטִיזַצְיָה נ׳ = Dramatisierung *f*

=דְּרָמָתִי ת׳ = dramatisch *Adj.*

דָּרַס פעל (לִדְרֹס אֶת־, עַל־, יִדְרֹס) [daras] *kal* treten *v/i*; überfahren *v/t*

דְּרַסְטִי ת׳ [drasti] drastisch *Adj.*

דַּרְסָן ז׳ [darsan] Trampeltier *n*

דְּרָקוֹן ז׳ [drakon] Drache *m*

=שִׁנֵּי־~ = Panzersperre *f*

דָּרַר פעל [darar] *kal* befreien

דְּרָרָה נ׳ (ארמ׳) [drara] Affäre *f*, Angelegenheit *f*

דָּרַשׁ פעל (לִדְרֹשׁ אֶת־, בְּ־, יִדְרֹשׁ) [daraʃ] *kal* fordern, herausfordern; untersuchen; (Text) auslegen; predigen

-נִדְרַשׁ נפ׳ - *nif.* gefordert werden; erklärt

דִּשְׁדֵּשׁ פיעל [diʃdeʃ] *pi.* stampfen; auf der Stelle treten

דִּשּׁוּן ז׳, דישון [diʃun] Düngung *f*

דֶּשֶׁן ז׳ [ʻdeʃen] chemischer Dünger *m*

דָּשֵׁן ת׳ [daʃén] fett, saftig *Adj.*

דִּשֵּׁן פיעל [diʃén] *pi.* düngen *v/t*

=מְדֻשַּׁן-עֹנֶג = vergnügt; glückselig *Adj.*

דַּשְׁנוּת נ׳ [dʃénut] Fruchtbarkeit *f*

דָּת נ׳ (דָּתוֹת) [dat] Religion *f*, Glaube(n) *m*; Gesetz *n bibl.*

=כַּ~, כַּ~ וְכַדִּין = wie es sich gehört, wie vorgeschrieben

=הֵמִיר אֶת דָּתוֹ = s-n Glauben wechseln

=מִשְׂרַד הַדָּתוֹת = Ministerium *n* für religiöse Angelegenheiten

=שַׂר ~ = Minister *m* für religiöse Angelegenheiten

דָּתִ|י ת׳ [dati] religiös, fromm; orthodox *Adj.*

=~יּוּת נ׳ = Religiosität *f*, Frömmigkeit *f*

(לְהִדָּרֵשׁ) (לְ־) werden; brauchen, bedürfen

=דָּרַשׁ בִּשְׁלוֹמוֹ = Grüße übermitteln

=נָאֶה דוֹרֵשׁ וְנָאֶה מְקַיֵּם = er predigt nicht nur, sondern lebt auch danach

=הַדָּבָר אוֹמֵר דָּרְשֵׁנִי = die Sache verlangt nähere Prüfung

דְּרָשׁ ז׳ [draʃ] Auslegung *f* der Bibel (homiletisch)

דְּרָשָׁה נ׳ [draʃa] Predigt *f*

דַּרְשָׁן ז׳ [darʃan] Prediger *m*

דַּשׁ ז׳ [daʃ] Latz *m*, Rockaufschlag *m*; Revers *n*; Umschlagklappe *f* (Buch)

ד״ש ז׳ ר״ת דְּרִישַׁת שָׁלוֹם [daʃ] *kurzw.* Übermittlung *f* e-s Grußes, Gruß *m* an

דֶּשֶׁא ז׳ (דְּשָׁאִים) [ʻdeʃe'] Rasen *m*, frisches Grün *n*, Gras *n*

(דשא) הִדְשִׁיא הפ׳ [hidʃi'] *hif.* Gras hervorbringen, sich mit Gras bedecken

דִּשְׁדּוּשׁ ז׳ [diʃduʃ] Stampfen *n*

ה

ה, הֵא Hé (H), 5. Buchstabe des hebr. Alphabets; Zeichen der Zahl 5

ה׳ (סִימָן לְשֵׁם ״יְיָ״, הַשֵּׁם) Abkürzung für den Namen Gottes (= ha-shem)

=יוֹם ה׳ = Donnerstag, 5. Tag im jüd. Kalender

=הֵא-הַיְדִיעָה = der, die, das (bestimmter Artikel) *Gr.* (הַיֶּלֶד, הָאִישׁ, הֶחָלוּץ)

=בְּ~-~ = der ... par excellence, der ... schlechthin

=הֵא-הַשְּׁאֵלָה = Präfix vor dem ersten Wort der direkten Frage *Gr.*, z.B. הֲשָׁמַעְתָּ? (הֲ-, הַ־, הֶ-)

=הֵא-הַמְּגַמָּה (בְּסוֹף שֵׁם לְצִיּוּן כִּוּוּן וּמְגַמָּה) = Suffix der Richtungs- oder Ortsangabe (in, nach Jesusalem) (יְרוּשָׁלַיְמָה)

★הָא מ״ג (ארמ׳) [ha] dies

=הָא בְּהָא תַּלְיָא = eins hängt vom andern ab

=עַל דָּא וְעַל הָא = über dies und das

=הָא כֵּיצַד? = wie denn das?

הֶאֱבִיס ראה: אבס (mästen)

הַאֲבָסָה נ׳ [ha'avasa] Mästung *f*, Mast *f*

הַאֲבָקָה נ׳ [ha'avaka] Bestäubung *f*

הֵאָבְקוּת נ׳, היאבקות [hé'avkut] Ringkampf *m*; Führung e-s Kampfes

הַאְדָּמָה נ׳ [ha'dama] Rötung *f*

הַאְדָּרָה נ׳ [ha'dara] Verherrlichung *f*, Verklärung *f*

הַאֲהָלָה נ׳ [ha'ahala] Bedeckung *f*

הַאוּ-הַאוּ [hau hau] wau wau (Hund)

הַאֲזָנָה נ׳ [ha'azana] Abhören *n*, Zuhören *n*

הֶאָח מ״ק [he'ax] Hurra!

הַאֲחָדָה נ׳ [ha'axada] Vereinheitlichung *f*

הֵאָחֲזוּת נ׳, היאחזות [hé'axazut] Ansiedlung *f*; Pionierdorf *n*

הַאֲחָרָה נ׳ [ha'axra] Verspätung *f*, Aufschub *m*

הֵאֵט ראה: אטט (verlangsamen)

הֶאָטָה נ׳ [he'ata] Verlangsamung *f*

=שְׁבִיתַת-~ = Bummelstreik *m*

הֵאִיץ ראה: אוּץ (beschleunigen)

הֵאִיר ראה: אוֹר (erleuchten)

הַאֲכָלָה נ׳ [ha'axala] Füttern *n*

הַאֲלָהָה נ׳ [ha'alaha] Vergötterung *f*

הַאֲלָחָה נ׳ [ha'alaxa] Verschmutzung *f*

הֵאָלְחוּת נ׳ [hé'alxut] Verunreinigung *f*, Verseuchung *f*

הֵאָלְמוּת נ׳, היאלמות [hé'almut] Verstummen *n*

הֵאָלְצוּת נ׳ [hé'altsut] Zwang *m*

הַאֲמָדָה נ׳ [ha'amada] Schätzung *f*

הַאֲמָנָה נ׳ [ha'amana] Beglaubigung *f* (e-s Gesandten), Vollmacht *f*

=כְּתַב-~ = Beglaubigungsschreiben *n*

הַאֻמְנָם? [ha'umnam] wirklich?

הַאֲמָרָה נ׳, הַאֲמָרַת-מְחִירִים [ha'amara] Teuerung *f*

הַאֲמָתָה נ׳ [ha'amata] Beglaubigung *f*

הֵאָנְסוּת נ׳ [hé'ansut] Zwang *m*, Druck *m*

הַאֲנָשָׁה נ׳ [ha'anaʃa] Vermenschlichung *f*, Anthropomorphismus *m*

הַאֲסָמָה נ׳ [ha'asama] Lagerung *f*

הֵאָסְפוּת נ׳ [hé'asfut] Zusammenkunft *f*; Tod *m*

הַאֲפָלָה נ׳ [ha'afala] Verdunkelung *f*

הֶאָצָה נ׳ [he'atsa] Antreiben *n*, Beschleunigen *n*

הַאֲצָלָה נ׳ [ha'atsala] Übertragung *f* göttlichen

[hibatlut] Beschäftigungs- הִבָּטְלוּת נ׳, היבטלות
losigkeit *f*, Müßiggang *m*
(bringen) הֵבִיא ראה: בוא
(ansehen) הֵבִיט ראה: נבט
[havil] dunstig, schwül *Adj.* הָבִיל ת׳
(verstehen) הֵבִין ראה: בין
(schlagen) הֵבִיס ראה: בוס
(ausdrücken) הִבִּיעַ ראה: נבע
[havira] Aussprache *f*, Artikulation *f* הֲבִירָה
(blamieren, beleidigen) הֵבִישׁ ראה: בוש
[havkara] Erstgeburt *f* הַבְכָּרָה נ׳
['hevel] Hauch *m*, Dunst *m*; Nichts *n* הֶבֶל ז׳
[hibél] *pi*. dämpfen; anhauchen *v/t* הִבֵּל פיעל
- *hif*. dampfen *v/i*; -הֶהְבִּיל הפ׳ (לְהַהְבִּיל,
betrügen *v/t* מַהְבִּיל)
[havlaga] Zurückhaltung *f*, הַבְלָגָה נ׳
Selbstbeherrschung *f*
[havlut] Nichtigkeit *f* הֲבָלוּת נ׳
[hev'léax] Aufflackern *n* הֶבְלֵחַ ז׳
[havlaxa] Blinklicht *n* הַבְלָחָה נ׳
[hevlét] Betonung *f* הֶבְלֵט ז׳
[havlata] Betonung *f*, Hervorhebung *f* הַבְלָטָה נ׳
[hibaltut] Hervorragen *n* הִבָּלְטוּת נ׳, היבלטות
[havli] absurd *Adj*.; nichtig *Adj*. הַבְלִי ת׳
[hibalmut] Unterbrechung *f* הִבָּלְמוּת נ׳
[havla'a] Verschlucken *n* הַבְלָעָה נ׳
[hibal'ut] Verschluckt- הִבָּלְעוּת נ׳, היבלעות
werden *n*
[havana] Verständnis *n* הֲבָנָה נ׳
= Missverständnis *n* =אִי־~
= Intuition *f* =הֲבָנַת-הַלֵּב
[hovne] Ebenholz *n* הָבְנֶה ז׳, הובנה
[hovnit] Ebonit *n* הָבְנִית נ׳, הובנית
[havasa] Schlagen *n Mil*., Besiegen *n* הֲבָסָה נ׳
[haba'a] Ausdruck *m*, Ausdrücken *n* הַבָּעָה נ׳
[hev'ér] Brennen *n*, Brandstifung *f* הֶבְעֵר ז׳
[hav'ara] Anzünden *n*, Anbrennen *n* הַבְעָרָה נ׳
[hav'ata] Einschüchterung *f* הַבְעָתָה נ׳

Geistes; Sublimierung *f*; Erhebung *f*
in den Adelsstand
= Rechte übertragen =הַאֲצָלַת סַמְכֻיּוֹת
[he'ara] Erhellung *f*, Beleuchtung *f* הֶאָרָה נ׳
[ha'araxa] Bewirtung *f*, Unter- הַאֲרָחָה נ׳
bringung *f*
[ha'araxa] Verlängerung *f*, Dehnung *f* הַאֲרָכָה נ׳
[hé'arxut] Längerwerden *n* הֵאָרְכוּת נ׳, היארכות
[ha'araka] Erdung *f El*. הַאֲרָקָה נ׳
[ha'aʃama] Beschuldigung *f*, הַאֲשָׁמָה נ׳
Anklage *f*
[hav] gib her! ★הַב! (צִיוּוּי מִן יהב)
[hav hav] wau wau (Hund) הַב-הַב
[hava'a] Darbringung *f*; Zitieren *n* הֲבָאָה נ׳
[hav'aʃa] Beleidigung *f*, Verleumdung *f* הַבְאָשָׁה נ׳
[hevdél] Unterschied *m*, Differenz *f* הֶבְדֵּל ז׳
[havdala] Unterscheidung *f*; הַבְדָּלָה נ׳
Segensspruch am Sabbat-Ausgang
[hibadlut] Absonderung *f* הִבָּדְלוּת נ׳, היבדלות
['hava] Lass mich, uns *usw*. הָבָה מ״ק
[hivhév] *pi*. flackern, flimmern *v/i* הִבְהֵב פיעל
[hivhuv] Flackern *n* הִבְהוּב ז׳, היבהוב
[havhala] Alarmieren *f*, Panikmache *f* הַבְהָלָה נ׳
[hevhék] Aufblitzen *n* הֶבְהֵק ז׳
[havhara] Erklärung *f*; Erhellung *f* הַבְהָרָה נ׳
[hibaharut] Aufhellung *f* הִבָּהֲרוּת נ׳, היבהרות
[havur] artikuliert *Adj*. הָבוּר ת׳
[hevzék] Aufblitzen *n* הֶבְזֵק ז׳
[havzaka] Blitzlicht *n Fot*. הַבְזָקָה נ׳
[havxala] künstliche Förderung הַבְחָלָה נ׳
der Reife (Obst)
[havxana] Unterscheidung *f* הַבְחָנָה נ׳
[hibaxarut] Wahl *f*, Auswahl *f* הִבָּחֲרוּת נ׳
[hebét] Gesichtspunkt *m*, Aspekt *m* הֶבֵּט ז׳, היבט
[habata] Blicken *n* הַבָּטָה נ׳
[havtaxa] Versprechen *n*; Sichern *n* הַבְטָחָה נ׳
[havtala] Aussperren *n* (v. Arbeitern); הַבְטָלָה נ׳
Arbeitslosigkeit *f*

הַבָּעָתִי ת׳ — [haba'ati] ausdrucksvoll *Adj.*
הַבְקָעָה נ׳ — [havka'a] Durchbrechen *n*, Durchbruch *m*
הֶבְקֵר ז׳ — [hevkér] Niemandsland *n*
הַבְרָאָה נ׳ — [havra'a] Genesung *f*, Erholung *f*
=בֵּית־~ ז׳ — = Erholungsheim *n*
הַבְרָגָה נ׳ — [havraga] Verschraubung *f*
הֲבָרָה נ׳ — [havara] Silbe *f*; Aussprache *f*
=~ אַשְׁכְּנַזִּית — = aschkenasische Aussprache
=~ סְפָרַדִּית — = sephardische Aussprache
=(הֲבָרָתִי) ת׳, חַד־~ — = einsilbig *Adj.*
=דּוּ־~ — = zweisilbig *Adj.*
הַבְרָזָה נ׳ (סלנג) — [havraza] Schwänzen *n*
הַבְרָחָה נ׳ — [havraxa] Schmuggel *m*, Schmuggeln *n*; Vertreiben *n*
=הַבְרָחַת גְּבוּל — = illegaler Grenzübertritt *m*
הַבְרָקָה נ׳ — [havraka] Blitzen *n*; Polieren *n*; Geistesblitz *m*
הַבְרָשָׁה נ׳ — [havraʃa] Bürsten *n*
הַבְשָׁלָה נ׳ — [havʃala] Reifung *f*
הַבְשָׂמָה נ׳ — [havsama] Aromatisierung *f*, Parfümierung *f*
הָגָ״א ר״ת: הֲגַנָּה אֶזְרָחִית — [haga'] *Abk.* Bürgerwehr *f* in Israel
הַגַּאי ז׳ — [hagaj] Steuermann *m*
הֲגָאִי ת׳ — [haga'i] phonetisch *Adj.*
הֲגָבָה נ׳ — [hagava] Reaktion *f* (das Reagieren)
הַגְבָּהָה נ׳ — [hagbaha] Erhöhung *f*, Hochheben *n*
הַגְבָּלָה נ׳ — [hagbala] Einschränkung *f*, Beschränkung *f*
הַגְבָּנָה נ׳ — [hagbana] Käsezubereitung *f*
הַגְבָּרָה נ׳ — [hagbara] Verstärkung *f*
הֶגֶג ז׳ — ['hegeg] Sinnen *m*, Gedankengang *m*
הֶגֵּד ז׳, היגד — [hegéd] Behauptung *f*, Erklärung *f Phil.*
הַגָּדָה — [hagada] Sage *f*, Märchen *n*; erzählender Teil von Talmud u. Midraschim
=~ שֶׁל פֶּסַח — = Pessach-Haggada

הֶגְדֵּל ז׳ — [hegdél] Vergrößerung *f* (das Erzeugnis)
הַגְדָּלָה נ׳ — [hagdala] Vergrößerung *f* (die Tätigkeit)
הַגְדָּרָה נ׳ — [hagdara] Definition *f*, Begriffsbestimmung *f*
=~ עַצְמִית — = Selbstbestimmung *f Pol.*
הָגָה פעל (לַהֲגוֹת אֶת־, יֶהְגֶּה בְּ־) — [haga] *kal* aussprechen; ausdenken *v/t*, sinnen, nachdenken *v/i*
=הוֹגֵה־דֵעוֹת — = Denker *m*, Philosoph *m*
הֶגֶה[1] ז׳ (הֲגָאִים) — ['hege] Laut *m*, Ton *m*
=תּוֹרַת הַהֲגָאִים — = Lautlehre *f*, Phonologie *f*
הֶגֶה[2] ז׳ (הֲגָאִים) — ['hege] Steuer *n*, Lenkrad *n*
הַגָּהָה נ׳ — [hagaha] Korrektur *f*, Korrekturlesen *n*
=עֲלֵה ~ ז׳ — = Korrekturabzug *m*, Korrekturbogen *m*, Fahne *f Typ.*
הָגוּי ת׳ — [haguj] ausgesprochen, ausgedrückt *Adj.*
הִגּוּי[1] ז׳, היגוי — [higuj] Aussprache *f*
=תּוֹרַת־הַ־~ — = Phonetik *f*
הִגּוּי[2] ז׳, היגוי — [higuj] Steuerung *f*
הַגּוֹמֵל ראה: גמל — [hagomél] Name e-s Segens
הָגוּן ת׳ — [hagun] anständig, passend *Adj.*
הָגוּת נ׳ — [hagut] Denken *n*, Philosophie *f*
הָגוּתִי ת׳ — [haguti] gedanklich *Adj.*
הַגְזָמָה נ׳ — [hagzama] Übertreibung *f*
הֲגָחָה נ׳ — [hagaxa] Ausfall *m Mil.*
הֵגִיב ראה: גוב — (reagieren)
הָגִיג ז׳ — [hagig] Sinnen *n*, Gedankengang *m*
הֲגִיגָה נ׳ — [hagiga] Sinnen *n*, Gedankengang *m*
הִגִּיד ראה: נגד — (sagen)
הִגִּיהַּ ראה: נגה — (korrigieren)
הֲגִיָּה נ׳, הגייה — [hagija] Aussprache *f*; Bücherstudium *n*
הִגָּיוֹן ז׳, היגיון (הֶגְיוֹן־, הֶגְיוֹנוֹת) — [higajon] Logik *f*
הֶגְיוֹנִי ת׳ — [hegjoni] logisch *Adj.*
הֵגִיחַ ראה: נגח — (anfallen)
הֵגִיחַ ראה: גיח — (aufspringen)
הֲגִינוּת נ׳ — [haginut] Anständigkeit *f*, Geradheit *f*
הִגְיֵנִי ת׳ — [higjeni] hygienisch *Adj.*

הִגִּיעַ ראה: נגע (ankommen)
הֵגִיף ראה: גוף (Fenster schließen)
הִגִּיר ראה: נגר (ausgießen)
הֲגִירָה נ׳ (מֵאֶרֶץ-) [hagira] Auswanderung *f*, Emigration *f*
=~ (לְאֶרֶץ-) = Einwanderung *f*
הִגִּישׁ ראה: נגש (servieren)
הַגְלָדָה נ׳ [haglada] Heilung *f*, (Wunde) Schorfbildung *f*
הִגָּלוּת נ׳, היגלות [higalut] Offenbarung *f*
הַגְלָיָה נ׳ [haglaja] Verbannung *f*, Ausweisung *f*
הַגְמָדָה נ׳ [hagmada] Herabsetzung *f*, Verkleinerung *f*
הֶגְמוֹן ז׳ [hegmon] Bischof *m*
הִגָּמְלוּת נ׳, היגמלות [higalmut] Entwöhnung *f*, Abgewöhnung *f*
הַגְמָשָׁה נ׳ [hagmaʃa] Flexibilisierung *f*
(הֹגֶן) ז׳, הוגן, כַּ~ ת״פ [ka'hogen] wie es sich gehört, wie es sich ziemt
הֵגֵן ראה: גנן (verteidigen)
הַגְנָבָה נ׳ [hagnava] Einschmuggeln *n*
הֲגַנָּה נ׳ [hagana] Schutz *m*, Verteidigung *f*; jüd. Widerstandsbewegung in der britischen Mandatszeit
=~ עַצְמִית = Selbstschutz *m*
=צְבָא-~-לְיִשְׂרָאֵל (צַהַ״ל) = israelische Armee *f*
=מְקַדֵּם ~ = Schutzfaktor *m*
הֲגַנָּתִי ת׳ [haganati] defensiv *Adj.*
הֵגֵס ראה: גסס² (verhärten)
★הֲגַסָּה נ׳, הֲגַסַּת-לֵב, ~-דַּעַת [hagasa] Missachtung *f*
הַגָּעָה נ׳ [haga'a] Ankommen *n*
הַגְעָלָה נ׳ [hag'ala] rituelle Reinigung der Hausgeräte (vor Pessach)
הַגְעָשָׁה נ׳ [hag'aʃa] Erregung *f*
הֲגָפָה נ׳ [hagafa] Schließen *n* (Türe, Fensterladen)
הִגֵּר פיעל (לְהַגֵּר לְ-, מִן-) [higér] *pi.* auswandern, einwandern

הַגָּרָה נ׳ [hagara] Verschütten *n;* Blutung *f*
הַגְרָלָה נ׳ [hagrala] Verlosung *f*, Lotterie *f*
הִגָּרְמוּת נ׳ [higarmut] Motivation *f* Anstoss *m*, Impuls *m* (zur Tat)
הַגְרָסָה נ׳ [hagrasa] Vernichtung *f*
הִגָּרְפוּת נ׳, היגרפות [higarfut] Mitgerissenwerden *n*
הִגָּרְרוּת נ׳, היגררות [higarerut] Nachgezogenwerden *n*, blinde Gefolgschaft *f*
הַגָּשָׁה נ׳ [hagaʃa] Hinreichen *n*, Zureichen *n;* Präsentation *f*
=הַגָּשַׁת אֹכֶל = Servieren *n* von Speisen
=~ בַּקָּשָׁה = Stellen *n* e-s Antrags
הַגְשָׁמָ|ה נ׳ [hagʃama] Verwirklichung *f*, Ausführung *f*, Realisierung *f*
=~תִי ת׳ = verwirklichend *Adj.*
הֵד ז׳ [héd] Echo *n*, Widerhall *m*
הַדְאָגָה נ׳ [had'aga] Verursachung *f* von Sorge, Angst
הַדְבָּקָה נ׳ [hadbaka] Kleben *n*, Anheften *n*; Ansteckung *f*; Einholen *n* (von Verfolgten)
הִדָּבְקוּת נ׳, הידבקות [hidabkut] Ansteckung *f* (angesteckt werden)
הַדְבָּרָה נ׳ [hadbara] Unterdrückung *f*; (Schädlings-)Bekämpfung *f*
הִדָּבְרוּת נ׳, הידברות [hidavrut] Verständigung *f*
הַדְגָּמָה נ׳ [hadgama] Vorführung *f*, Präsentation *f*; Veranschaulichung *f*
הַדְגָּרָה נ׳ [hadgara] Brüten *n*
הֶדְגֵּשׁ ז׳ [hedgéʃ] Betonung *f* (Betontheit)
הַדְגָּשָׁה נ׳ [hadgaʃa] Betonung *f*, Betonen *n*
הֲדָדִי ת׳ [hadadi] gegenseitig *Adj.*
=עֶזְרָה ~ = gegenseitige Hilfe *f*
=אֲגֻדָּה ~ = Genossenschaft *f*
=~ת ת״פ = gegenseitig *Adv.*
=הֲדָדִיּוּת נ׳ = Gegenseitigkeit *f*
הִדְהֵד פיעל [hidhéd] *pi.* widerhallen *v/i*

הִדְהוּד ז׳, הידהוד [hidhud] Widerhall *m*, Nachhall *m*
הַדְהָמָה נ׳ [hadhama] Erstaunen *n*
הֲדוֹם ז׳ [hadom] Fußschemel *m*
הִדּוּק ז׳, הידוק [hiduk] Festmachen *n*, Straffziehen *n*; Verstärken *n*
=~-הַחֲגוֹרָה = Einschränkung *f* (den Gürtel enger schnallen)
הָדוּק ת׳ [haduk] fest, eng *Adj.*
הָדוּר ת׳ [hadur] prächtig *Adj.*
הֲדוּרִים ז״ר [hadurim] Hindernisse *n/pl.*, Unebenheiten *f/pl.*
=יִשֵּׁר אֶת הַ~ = Meinungsverschiedenheiten bereinigen
הִדּוּר ז׳, הידור [hidur] Pracht *f*; Ehrung *f*
הֲדָחָה נ׳ [hadaxa] Geschirrspülen *n*
הֲדָחָה נ׳ [hadaxa] Absetzung *f*, Abwahl *f Pol.*
הַדְחָסָה נ׳ [hadxasa] Zusammenpressen *n*
הַדְחָקָה נ׳ [hadxaka] Verdrängung *f Psych.*
הֶדְיוֹט ז׳ [hedjot] Laie *m*; Idiot *m*
הֵדִיחַ ראה: דוח (spülen)
הֵדִיחַ ראה: נדח (absetzen)
הִדַּיְּנוּת נ׳ [hidajnut] Diskutieren *n*
הֲדִיפָה נ׳ [hadifa] Stoß *m*, Zurückschlagen *n*
הִדַּלְדְּלוּת נ׳, הידלדלות [hidaldelut] Verarmung *f*; Verkümmerung *f*
הַדְלָחָה נ׳ [hadlaxa] Trübung *f*
הַדְלָלָה נ׳ [hadlala] (Unkraut-)Jäten *n*
הַדְלָפָה נ׳ [hadlafa] Durchsickernlassen *n*
הַדְלָקָה נ׳ [hadlaka] Anzünden *n*
הִדָּלְקוּת נ׳, הידלקות [hidalkut] (Selbst-)Zündung *f*
הִדַּמּוּת נ׳, הידמות [hidamut] Ähneln *n*; Angleichung *f*
הַדְמָיָה נ׳ [hadmaja] Simulation *f*
הַדְמָמָה נ׳ [hadmama] Stilllegung *f*, Schließung *f*; Abschalten *n*, Ausmachen *n* (Motor usw.)
הַדְמָעָה נ׳ [hadma'a] Weinen *n*

הִדֵּס פיעל [hidés] *pi.* trippeln *v/i*
הֲדַס ז׳ [hadas] Myrte *f Bot.*
הֲדַסָּה [hadasa] Myrtenstrauch *m*; Zionist. Frauenorganisation in Amerika; *auch* Krankenhaus in Jerusalem
הָדַף פעל (לַהֲדוֹף אֶת-, יֶהְדוֹף) [hadaf] *kal* stoßen
=~ הַתְקָפָה = Angriff zurückschlagen
הֶדֶף ז׳ ['hedef] Erschütterung *f*, Rückstoß *m*
=~-אֲוִיר = Druckwelle *f* (bei Explosion)
הֲדָפָה נ׳ [hadafa] Duften; Verstreuen *n*
הֶדְפֵּס ז׳ [hedpés] Aufdruck *m*; Reproduktion *f*
הַדְפָּסָה נ׳ [hadpasa] Drucken *n*
הִדַּפְּקוּת נ׳ [hidapkot] Schlagen *n*, Klopfen *n*
הָדַק פעל (לַהֲדוֹק אֶת-, יַהֲדוֹק) [hadak] *kal* drücken, anpressen *v/t*
-הִדֵּק פיעל (לְהַדֵּק אֶת-) - *pi.* eng schließen, befestigen, fest anziehen
=~ אֶת הַחֲגוֹרָה = den Gürtel enger schnallen
=~ אֶת הַקְּשָׁרִים = die Beziehungen intensivieren
הֶדֶק ז׳ (הֲדָקִים) ['hedek] Hahn *m* (Gewehr); Klammer *f*
הָדָר[1] ז׳ [hadar] Pracht *f*, Glanz *m*
הָדָר[2] ז׳, פְּרִי-~ [hadar] Zitrusfrucht *f* (Cytrus) *Bot.*, Zitrusfrüchte *f/pl.*
הָדַר פעל (לַהֲדוֹר אֶת-, יֶהְדַּר) [hadar] *kal* ehren *v/t*
-נֶהְדַּר נפ׳ (לְהֵהָדֵר) ראה גם: נֶהְדָּר - *nif.* geehrt sein, ausgezeichnet sein
-הִדֵּר פיעל (לְהַדֵּר אֶת-, בְּ-) - *pi.* preisen; genau nehmen
-הִתְהַדֵּר הת׳ - *hit.* sich schmücken; sich erheben
=מְהַדְּרִין ז״ר = Orthodoxe *m/pl.*
=מְהַדְּרִין מִן הַמְהַדְּרִין = die ganz Strengen (in Bezug auf rituelle Gebote)
(הדר) הֶהְדִּיר הפ׳ (לְהַהְדִּיר אֶת-) [hehedir] *hif.* neue Ausgabe e-s Buches redigieren u. herausgeben
הַדְרָגָה נ׳ [hadraga] Abstufung *f*, allmählicher

Übergang *m*

=בְּ~ ת״פ = stufenweise, allmählich *Adv.*

=הַדְרָגָתִי ת׳ = stufenweise, allmählich *Adj.*

=~יּוּת נ׳ = stufenweise Entwicklung *f*

הַדְרָגָתִי ראה: הַדְרָגִי (schrittweise)

הִדַּרְדְּרוּת נ׳, הידרדרות [hidarderut] Verschlimmerung *f*, Hinunterstürzen *n*

(הֲדָרָה) נ׳, הַדְרַת-פָּנִים נ׳ [hadrat-panim] Ehrfurcht gebietendes Aussehen *n*

=~ קֹדֶשׁ = Ehrfurcht *f*

הַדָּרָה נ׳ [hadara] Enthaltung *f*

=הַדָּרַת-הֲנָאָה = Verzicht *m* auf Genuss, Enthaltsamkeit *f*

הַדְרָכָה נ׳ [hadraxa] Anleitung *f*, Führung *f* Instruktion *f*; Reiseleitung *f*

=~תִי ת׳ = anleitend, instruktiv *Adj.*

הִדָּרְכוּת נ׳ [hidarxut] Wachsamkeit *f*

הַדְרָן ז׳ [hadran] Zugabe *f*

הִדָּרְסוּת נ׳ [hidarsut] Überrolltwerden *n*

הוֹ מ״ק [ho] oh, oha *Int.*

הוּא מ״ג [hu'] er *m/sg. Pron.*

=הַ~ = jener, der da

=~ הַדִּין לְ-, בְּ- = das gleiche gilt auch für

=כָּל-שֶׁ~, כָּלְשֶׁהוּ = ein wenig, etwas

=אֵיךְ שֶׁ~ = irgendwie

=מַה-שֶּׁ~, מַשֶּׁהוּ = etwas

=כְּ~-זֶה = im Geringsten

הוֹאִיל ראה: יאל (bereit sein)

הוֹאִיל וְ-,~שֶׁ- [ho'il] da, weil *Kj.*

הוֹבִיל ראה: יבל (führen)

הוֹבָלָה נ׳ [hovala] Transport *m*, Spedition *f*

הוֹבֵר ז׳ [hovér] Astrologe *m bibl.*

הוֹגֵה-דֵעוֹת ראה: הגה (Philosoph)

הוֹגִיעַ ראה: יגע (ermüden)

הוֹגֵן ת׳ [hogén] anständig; gerecht, fair *Adj.*

הוּגָן ז׳ [hugan] junges Kamel *n*

הוֹגָעָה נ׳ [hoga'a] Ermüdung *f*; Ermüden *n*

הוֹד ז׳ [hod] Herrlichkeit *f*, Pracht *f*

=~ וְהָדָר = Glanz *m*, Pracht *f*

=~ מַלְכוּתוֹ = Seine Majestät

=~ מַעֲלָתוֹ = Seine Exzellenz

=~ קְדֻשָּׁתוֹ = Seine Heiligkeit

=~ רוֹמְמוּתוֹ = Seine Durchlaucht

הוֹדָאָה נ׳ [hoda'a] Geständnis *n*; Dankbarkeit *f*

הוֹדָה ראה: ידה (danken)

הוֹדוּ[1] נ׳ [hodu] Indien n

הוֹדוּ[2] ז׳ [hodu] (Fleisch von) Truthahn *m*, Pute *f*

הוֹדוֹת לְ-מ״י [hodot] dank *(D) Prp.*

הוֹדִי תו״ז [hodi] indisch *Adj.*; Inder *m*

הוֹדָיָה נ׳ [hodaja] Dankgebet *n*; Geständnis *n*

הוֹדִיעַ ראה: ידע (mitteilen, ankünden)

הוֹדָעָה נ׳ [hoda'a] Mitteilung *f*, Ankündigung *f*; Nachricht *f*; E-Mail *f*; SMS *f*

הִוָּדְעוּת נ׳ [hivad'ut] Bekanntmachung *f*, Veröffentlichung *f*

הַוָּה נ׳, הווה [hava] Unglück *n bibl.*

=לְהַוָּתֵנוּ = zu unserem Unglück

★הָוָה פעל [hava] *kal* sein

-הִוָּה פיעל (לְהַווֹת אֶת-) - *pi.* darstellen, sein

-הִתְהַוָּה הת׳ (לְהִתְהַווֹת) - *hit.* entstehen

★=לֶהֱוֵי = sein *(Inf.)*

=הֹוֶה = seiend; Präsens *n Gr.*

=הֱוֵה, הֱוֵי = sei!

=לֶהֱוֵי יָדוּעַ = du sollst wissen, es soll bekannt gemacht werden

=הֱוֵי אוֹמֵר = das bedeutet

הֹוֶה ז׳, הווה [hove] Gegenwart *f*, Präsens *n Gr.*

הִוּוּן ז׳, היוון [hivun] Kapitalisierung *f*

הוֹזֶה ז׳ [hoze] Träumer *m*, Fantast *m*

הוֹזִיל ראה: זול (billiger machen)

הוֹזָלָה נ׳ [hozala] Ermäßigung *f*, Preissenkung *f*

הוּטַב ראה: טוב, יטב (besser werden)

הוֹי! מ״ק [hoj] ach!, wehe!

הֲוַי ז׳, הווי [havaj] Lebensweise *f*, Sitten und Gebräuche *pl.*, Volksleben *n*; Folklore *f*

★הֲוָיָה נ׳, הוויה [havaja] Existenz *f*, Sein *n*,

Werden *n*; Wesen *n*

=כַּהֲוָיָתוֹ = wie es wirklich ist

=דְּבָרִים כַּהֲוָיָתָם = Tatsachen, wie sie sind

=הֲוָיוֹת-הָעוֹלָם = Sitten u. Gebräuche *pl.*

=הֲוָיָתִי ת' = existenziell *Adj.*, realiastisch *Adj.*

הוֹכָחָה נ' [hoxaxa] Beweis *m*; Tadel *m*

הִוָּכְחוּת נ' [hivaxexut] Realisieren *n*

הוֹכִיחַ ראה: יכח (beweisen)

הוֹלָדָה [holada] Zeugung *f*

הִוָּלְדוּת נ' [hivaldut] Geburt *f*

הוֹלִיד ראה: ילד (Kind zeugen)

הוֹלִיךְ ראה: הלך (leiten)

הוֹלָכָה נ' [holaxa] Transport *m*; Leitung *f Phys.*

הוֹלֵ|ל ז' [holél] Tor *m*; Wüstling *m*

=~לָה,~לוּת נ' = Torheit *f*; Ausschweifung *f*

הוֹלֵם ת' [holém] passend, angemessen *Adj.*

הוֹמֶה ת' [home] lärmend, laut *Adj.* (*bsd.* Straße)

הוֹמוֹגֶנִ|י ת' [homogeni] homogen, gleichartig *Adj.*

=-~יּוּת נ' = Homogenität *f*, Gleichartigkeit *f*

הוֹמוֹנִים ז' [homonim] Homonym *n*

הוֹמוֹסֶקְסוּאָלִ|יּוּת נ' [homoseksu'alijut] Homosexualität *f*

=~י ת' = homosexuell *Adj.*

=~, הוֹמוֹ ז' = Homosexueller *m*, Schwule(r) *m*

הוּמוֹ|ר ז' [humor] Humor *m*

=חוּשׁ ~ = (Sinn für) Humor

=~רִיסְטִי ת' = humoristisch *Adj.*

הוֹמֵיאוֹפָּתִ|י ת' [homéopati] homöopathisch *Adj.*

=~יָה נ' = Homöopathie *f*

הוּמָנִ|י ת' [humani] human, menschenfreundlich *Adj.*

=~יּוּת נ' = Humanität *f*, Menschlichkeit *f*

=~יזְם ז' = Humanismus *m*

=~יטָרִי ת' = humanitär *Adj.*

הוֹמַר ראה: מור (ausgetauscht)

הוֹן ז' [hon] Vermögen *n*, Besitz *m*, Kapital *n*

=~ חוֹזֵר = Betriebskapital *n*

=~ תּוֹעָפוֹת = viel Geld, großes Vermögen *n*

(הון) ★הֵהִין הפ' (לְהָהִין) [héhin] *hif.* wagen *v/i*

הִוֵּן פיעל [hivén] *pi.* kapitalisieren *v/t*

הוֹנָאָה נ' [hona'a] Betrug *m*, Täuschung *f*, Irreführung *f*

הוֹנָה ראה: ינה (betrügen)

הוּנַח ראה: נוח (abgelegt)

הוֹנָיָה נ' [honja] Betrug *m.*, Täuschung *f*

הוֹסִיף ראה: יסף (hinzufügen)

הוֹסָפָה נ' [hosafa] Zusatz *m*, Beilage *f* (Zeitung)

הִוָּסְפוּת נ' [hivasfut) Zusatz *m*

הִוָּעֲדוּת נ' [hiva'adut] Treffen *n*

הוֹעִיד ראה: יעד (vorladen; festsetzen)

הוֹעִיל ראה: יעל (nützen)

הִוָּעֲצוּת נ' [hiva'atsut] Beratung *f*, Besprechung *f*

הוֹפִיעַ ראה: יפע (erscheinen)

הוֹפָעָה נ' [hofa'a] Auftritt *m*; Erscheinung *f*, Auftreten *n*; Aussehen *n*

=בְּ~ חַיָּה = live

הוֹצָאָה נ' [hotsa'a] Ausgabe *f*; Herausgabe *f*, Veröffentlichung *f*

=~ לְאוֹר = Verlegen *n*, Veröffentlichen *n*; Herausgabe *f*

=~ לְהוֹרֵג = Hinrichtung *f*

=~ לְפֹעַל = Vollstreckung *f*

=הוֹצָאַת סְפָרִים = Buchverlag *m*

=~ דִּבָּה,~ לַעַז, ~ שֵׁם רַע = Verleumdung *f*

=הוֹצָאוֹת נ"ר = Kosten *pl.*

=~-שׁוֹטְפוֹת = laufende Kosten *pl.*

=~-תִּפְעוּל = Betriebskosten *pl.*

הוֹצִיא ראה: יצא (ausgeben; herausgeben; wegmachen, wegbringen)

הִוָּצְרוּת נ', היווצרות [hivatsrut] Entstehung *f*

הוֹקִיעַ ראה: יקע (anprangern)

הוֹקִיר ראה: יקר (achten)

הוֹקָעָה נ' [hoka'a] Verdammung *f*

הוֹקָרָה נ' [hokara] Wertschätzung *f*, Hochachtung *f*

הוֹרָאָה נ' [hora'a] Unterricht *m*, Lehrtätigkeit *f*;

Anleitung *f*, Anweisung *f*; Bedeutung *f*

הוֹרֵג ז׳ [horég] Mörder *m*

=הוֹצִיא לְ~ = hinrichten *vlt*

הַוְרָדָה נ׳ [havrada] Erröten *n*

הוֹרָדָה נ׳ [horada] Abnehmen *n*; Hinunterlassen *n*; Verringerung *f*, Reduzieren *n*; Download *m*

הוֹרֶה ז׳ [hore] Elternteil *m*

=הוֹרִים ז״ר = Eltern *pl.*

=~ אוֹמְנִים = Pflegeeltern *pl.*

★הוֹרָה נ׳ [hora] Empfängnis *f*

=הוֹרָתוֹ וְלֵדָתוֹ = Geburt *f*, Herkunft *f*

הוֹרָה נ׳ ['hora] isr. Volkstanz *m*

הוֹרוּת נ׳ [horut] Elternschaft *f*, Abstammung *f*

הוֹרִי ת׳ [hori] Eltern-

=חַד-~ = allein Erziehende (r) *f (m)*

הוֹרִים ז״ר [horim] Eltern *pl.*

הוֹרִיד ראה: ירד (wegnehmen; reduzieren; hinunterbringen; downloaden)

הוֹרִישׁ ראה: ירש (vererben)

הוֹרְמוֹן ז׳ [hormon] Hormon *n*

הוֹרֵס ז״ת [horés] Zerstörer *m*, zerstörend *Adj.*

הוּרַע ראה: רעע (schlechter werden)

הוֹרָקָה נ׳ [horaka] Grünen *n*, Grünwerden *n*

הוּרָקָן ז׳ [hurakan] Orkan *m*

הוֹרָשָׁה נ׳ [horaʃa] Vererbung *f*

הוֹשָׁבָה נ׳ [hoʃava] Setzen *n*

הוֹשָׁטָה נ׳ [hoʃata] Ausstrecken *n*

הוֹשִׁיב ראה: ישב (Kind usw. hinsetzen)

הוֹשִׁיט ראה: ישט (ausstrecken)

הוֹשִׁיעַ ראה: ישע (retten)

הוֹשַׁעְנָא נ׳ [hoʃa'na] Gebet *n* um Erlösung; Weidenzweige *m/pl.* (zum rituellen Gebrauch am Laubhüttenfest)

=~-רַבָּה = 7. Tag des Laubhüttenfestes

(הוֹתֵר) דַּי וְ~ [daj vehotér] mehr als genug

הִוָּתְרוּת נ׳ [hivatrut] Zurückbleiben *n*

הַזָּאָה נ׳ [haza'a] Sprengen *n*

הִזְדַּהָה ראה: זהה (sich ausweisen; sich identifizieren mit)

הִזְדַּהוּת נ׳ [hizdahut] Identifizierung *f*, Solidarität *f*; Identifikation *f* (*refl.*)

=לְאוֹת ~ = als Zeichen der Solidarität

הִזְדַּוֵּג ראה: זוג (sich paaren)

הִזְדַּוְּגוּת נ׳, הזדווגות [hizdavgut] Paarung *f*

הִזְדַּחֵל ראה: זחל (kriechen, gleiten)

הִזְדַּיֵּן[1] ראה: זין (sich wappnen)

הִזְדַּיֵּן[2] (סלנג) [hizdajen] V es sich selber machen

=לֵךְ לְ~ = *etwa* leck mich am Arsch V

★הִזְדַּיְּנוּת נ׳, הזדיינות [hizdajnut] Wappnen *n*, Gerüstetsein *n*

הִזְדַּכְּכוּת נ׳ [hizdakxut] Läuterung *f* (*refl.*)

הִזְדַּמֵּן ראה: זמן (passieren, sich ergeben)

הִזְדַּמְּנוּת נ׳ [hizdamnut] Gelegenheit *f*

=~תִי ת׳ = gelegentlich *Adj.*

הִזְדַּנֵּב ראה: זנב (Schlange stehen)

הִזְדַּעֲזֵעַ ראה: זעזע (erschüttert sein oder werden)

הִזְדַּעְזְעוּת נ׳ [hizda'ze'ut] Erschütterung *f*

הִזְדַּעֲמוּת נ׳ [hizda'amut] Ärger *m*, Reizung *f*

הִזְדַּעֲקוּת נ׳ [hizda'akut] Aufschrei *m*, Schrei *m*

הִזְדַּקֵּן ראה: זקן (alt werden)

הִזְדַּקְּנוּת נ׳ [hizdaknut] Altern *n*

הִזְדַּקֵּף ראה: זקף (sich aufrichten)

הִזְדַּקְּפוּת נ׳ [hizdakfut] gerades Stehen *n*, Aufrichtung *f*

הִזְדַּקֵּק ראה: זקק (benötigen)

הִזְדַּקְּקוּת נ׳ [hizdakekut] Abhängigkeit *f*, Unentbehrlichkeit *f*

הִזְדַּקֵּר ראה: זקר (hervorstechen)

הִזְדַּקְּרוּת נ׳ [hizdakrut] Herausragen *n*

הִזְדָּרֵז ראה: זרז (sich beeilen)

הִזְדָּרְזוּת נ׳ [hizdarzut] Eile *f*

הָזָה פעל (לַהֲזוֹת, יֶהֱזֶה) [haza] *kal* wachträumen, fantasieren

הַזְהָבָה נ׳ [hazhava] Vergoldung *f*

הַזְהָמָה נ׳ [hazhama] Verunreinigung *f*,

Verseuchung *f*

הִזָּהֲמוּת נ' [hizahamut] Schmutz *n*, Dreck *m*

הַזְהָרָה נ' [hazhara] Warnen *n*

הִזָּהֲרוּת נ' [hizaharut] Vorsicht *f*

הַזְוָגָה נ', הזווגה [hazvaga] Kuppeln *n Kfz.*

הָזוּי ת' [hazuj] geträumt; unwahr *Adj.*

הֲזָזָה נ' [hazaza] Schieben *n*

=דֶּלֶת־~ = Schiebetür *f*

הֶזֵּחַ ז', היזח [he'zéax] Verschiebung *f* (im Raum)

הֲזָיָה [hazaja] Tagtraum *m*, Halluzination *f*, Fantasie *f*

הֵזִיז ראה: זוז (wegrücken)

הֵזִיל ראה: זול (verbilligen, ermäßigen)

הִזִּיל ראה: נזל (fließen lassen)

הֵזִין ראה: זון (ernähren)

הֵזִיעַ ראה: זוע (wegrücken)

הִזִּיעַ ראה: יזע (schwitzen)

הֲזַכָּה נ' [hazaka] Reinigung *f*, Säuberung *f*

הַזְכָּרָה נ' [hazkara] Mahnung *f*; Erinnerung *f*, Erwähnung *f*

=הַזְכָּרַת נְשָׁמוֹת = *etwa* Gedenkgottesdienst *m*

הִזָּכְרוּת נ' [hizaxrut] Erinnern *n*

הַזְלָפָה נ' [hazlafa] Bespritzen *n*

הֵזֵם ראה: זמם (Lüge entlarven, Intrige aufdecken)

הֲזָמָה נ' [hazama] Widerlegung *f*

הַזְמָנָה נ' [hazmana] Einladung *f*; Bestellung *f*, Reservierung *f*

הֲזָנָה נ' [hazana] Ernährung *f*, Speisung *f*

=~ מְלָאכוּתִית = künstliche Ernährung *f*

הַזְנָחָה נ' [haznaxa] Vernachlässigung *f*

הֲזָעָה נ' [haza'a] Schwitzen *n*

הַזְעָקָה נ' [haz'aka] Alarmruf *m*

הַזְעָרָה נ' [haz'ara] Verkleinerung *f*

★הֶזֵּק ז', היזק [hezék] Schaden *m*

הַזְקָפָה נ' [hazkafa] Aufrichtung *f*, Zuschreibung *f*

הַזְרָמָה נ' [hazrama] Strömenlassen *n*

הַזְרָעָה נ' [hazra'a] Befruchtung *f*, Insemination *f*

הַזְרָקָה נ' [hazraka] Einspritzen *n*, Injektion *f*

הֶחְבִּיא ראה: חבא (verstecken)

הַחְבָּאָה נ' [haxba'a] Verstecken *n*, Verbergen *n*

הַחְדָּרָה נ' [haxdara] Eindringen *n*

הַחְוָרָה נ', החוורה [haxvara] Erblassen *n*, Erbleichen *n*; Erläutern *n*

הַחְזָקָה נ' [haxzaka] Festhalten *n*; Arrest *m*; Instandhaltung *f*

=הַחְזָקַת־טוֹבָה = Dankbarkeit *f*

=~־מַעֲמָד = Standhalten *n*

הֶחְזֵר ז' [hexzér] Rückzahlung *f* (Summe); Reflex *m*

הַחְזָרָה נ' [haxzara] Rückgabe *f*

הַחְטָאָה נ' [haxta'a] Verfehlen *n*; Verführung *f*

הַחֲיָאָה נ', החייאה [haxja'a] Wiederbelebung *f*

הֵחִיל ראה: חול (anwenden; gelten lassen)

הֵחִישׁ ראה: חוש (beschleunigen)

הַחְכָּרָה נ' [haxkara] Verpachtung *f*

הֵחֵל ראה: חלל (anfangen)

הַחְלָדָה נ' [haxlada] Verrosten *n*

הֶחָלָה נ' [hexala] Inkraftsetzung *f*

(הֶחְלֵט) בְּ־~ ת"פ [behexlét] sicher, absolut *Adv.*

הַחְלָטָה נ' [haxlata] Entscheidung *f*, Beschluss *m*

הֶחְלֵטִ|י ת' [hexléti] absolut, endgültig, entschieden *Adj.*

=~יּוּת נ' = Endgültigkeit *f*, Entschlossenheit *f*, Entschiedenheit *f*

הַחְלָמָה נ' [haxlama] Genesung *f*, Erholung *f*

הַחְלָפָה נ' [haxlafa] Auswechslung *f*, Umtausch *m*; Austausch *m*

=הַחְלָפַת כֹּחַ = Ausruhen *n*, Erholen *n*

הֵחָלְצוּת נ', היחלצות [héxaltsut] Hilfsbereitschaft *f*; Rettung *f*

הַחְלָקָה נ' [haxlaka] Gleiten *n*, Ausgleiten *n*; Eislauf *m*; Glätten *n*

הַחְלָשָׁה נ' [haxlaʃa] Schwächung *f*

הֵחָלְשׁוּת נ' [héxalʃut] Schwachwerden *n*

הַחְמָאָה נ' [haxma'a] Komplimentemachen *n*,

Schmeicheln *n*

הַחְמָצָה נ׳ [haxmatsa] Säuern *n*; Versäumnis *n*

=~־מִגְדַּל = Gärfuttersilo *n*

הֶחָמְצוּת נ׳, היחמצות [héxamtsut] Säuerung *f*

הַחְמָרָה נ׳ [haxmara] Verschärfung *f*, Verschlechterung *f*

הַחְנָטָה נ׳ [haxnata] Mumifizierung *f*; Keimen *n*

הַחֲנָיָה נ׳, החנייה [haxnaja] Parken *n*

הַחְנָפָה נ׳ [haxnafa] Schmeichelei *f*, Schmeicheln *n*

הַחְנָקָה נ׳ [haxnaka] Erwürgen *n*, Erstickung *f*

הֵחָנְקוּת נ׳, היחנקות [héxankut] Erstickung *f*

הַחְסָמָה נ׳ [haxsama] Schließen *n*, Blockieren *n*

הַחְסָנָה נ׳ [haxsana] Lagerung *f*

הַחְסָרָה נ׳ [haxsara] Subtraktion *f*

הֵחָפְזוּת נ׳ [héxafzut] Eile *f*

הַחְפָּשָׂה נ׳ [haxpasa] Verkleiden *n*

הַחְצָנָה נ׳ [haxtsana] Extravertiertheit *f*

הֵחָקְרוּת נ׳ [héxakrut] Vernehung *f*, Befragtwerden *n*

הַחְרָבָה נ׳ [haxrava] Zerstörung *f*

הַחְרָדָה נ׳ [haxrada] Aufschrecken *n*

הַחְרָמָה נ׳ [haxrama] Beschlagnahme *f*; Bann *m*; Boykott *m*

הַחְרָפָה נ׳ [haxrafa] Verschärfung *f*; Zuspitzung *f*

הַחְרָשָׁה נ׳ [haxraʃa] Schweigen *n*; Taubmachen *n*

הֵחָרְשׁוּת נ׳, היחרשות [héxarʃut] Taubwerden *n*

הַחְשָׁבָה נ׳ [haxʃava] Wertschätzung *f*

הַחְשָׁדָה נ׳ [haxʃada] Verdächtigung *f*

הֶחָשָׁה נ׳ [hexaʃa] Beschleunigung *f*

הַחְשָׁכָה נ׳ [haxʃaxa] Verdunk(e)lung *f*

הַחְשָׂפָה נ׳ [haxsafa] Enthüllung *f*

הֵחָשְׂפוּת נ׳ [héxasfut] Enthüllung *f* (Presse), Aufdeckung *f*; Entblößung *f*, Entkleidung *f*

הַחְתָּמָה נ׳ [haxtama] Vorlegen *n* zur Unterschrift; Abstempeln *n*

הַטָּאָה נ׳ [hata'a] Biegen *n*, Ablenkung *f*, Abweichung *f*

הֲטָבָה נ׳ [hatava] Verbesserung *f*; Vergütung *f*; Bonus *m*

הַטְבָּלָה נ׳ [hatbala] Eintauchen *n*; Taufen *n*

הַטְבָּעָה[1] נ׳ [hatba'a] Versenkung *f* *Mar.*

הַטְבָּעָה[2] נ׳ [hatba'a] Prägung *f*

הִטַּגְּנוּת נ׳ [hitagnut] Braten *n*

הִטָּה ראה: נטה (neigen; konjugieren)

הִטַּהֲרוּת נ׳ [hitaharut] Reinigung *f*

הֲטָחָה נ׳ [hataxa] Werfen *n*; Verputzen *n*

=הֲטָחַת הָאֲשָׁמוֹת = Vorwerfen *n*

הֵטִיב ראה: טוב (gut tun; verbessern)

הַטָּיָה נ׳, הטייה [hataja] Beugung *f*, Neigung *f*

=הַטָּיַת־אֹזֶן = Zuhören *n*

=~־מִשְׁפָּט = Rechtsbeugung *f*

=הַטָּיָה אַחֲרֵי רַבִּים = Sichanschließen *n* an die Mehrheit *n*

הֵטִיל ראה: טול (werfen, projizieren)

הֵטִיל ראה: נטל (auferlegen)

הִטִּיף ראה: נטף (tropfen lassen; predigen)

הֶטֵּל[1] ז׳, היטל [hetél] Werfen *n*; Projizierung *f*

הֶטֵּל[2] ז׳, היטל [hetél] Steuer *f*

הַטְלָאָה נ׳ [hatla'a] Flicken *n*

הֲטָלָה נ׳ [hatala] Werfen *n*; Projektion *f*

הַטָּלָה נ׳ [hatala] Auferlegung *f*

הִטַּלְטְלוּת נ׳, היטלטלות [hitaltelut] Rütteln *n*, Schütteln *n*, Hin- und Hergeworfenwerden *n*

הִטַּמְּאוּת נ׳, היטמאות [hitam'ut] Unreinsein *n*, Unreinwerden *n* (von Speisen) *Rel.*

הַטְמָנָה נ׳ [hatmana] Verbergen *n*

הַטְמָעָה נ׳ [hatma'a] Assimilation *f*, Assimilieren *n*

=הַטְמָעַת הַפַּחְמָן = Photosynthese *f*

הִטָּמְעוּת נ׳, היטמעות [hitam'ut] Assimilation *f*

הֲטָסָה נ׳ [hatasa] Lufttransport *m*

הַטְעָיָה נ׳ [hat'aja] Irreführung *f*

הַטְעָמָה נ׳ [hat'ama] Betonung *f*, Hervorhebung, Intonation *f*

הַטְעָנָה נ׳ [hat'ana] Beladen *n*
הַטָפָה נ׳ [hatafa] Predigen *n*
=הַטָפַת-מוּסָר = Moralpredigt *f*
הִטַפְּלוּת נ׳ [hitaplut] Behandeln *n*
הַטְרָדָה נ׳ [hatrada] Belästigung *f*
הִטָרְדוּת נ׳ [hitardut] Ärgernis *n*, Plage *f*
הַטְרָחָה נ׳ [hatraxa] Bemühen *n*
הֶטְרֵם ז׳ ראה גם: הֶקְדֵם [hetrém] Vorwegnahme *f*, Antizipation *f Psych.*
הַטְרָפָה נ׳ [hatrafa] Erklären *n* v. Speisen als unrein *Rel.*
הִטָרְפוּת נ׳ [hitarfut] Zerfleischung *f*
הִטַשְׁטְשׁוּת נ׳ [hitaʃteʃut]Verwischung *f*, Vertuschung *f*
הִיא מ״ג [hi'] sie *f/sg. Pron.*
=~ הַנּוֹתֶנֶת = gerade dies beweist es
=וְלֹא ~ = so ist es nicht
★הֵיאַךְ מ״ש [héx] wie?
הִיבִּיסְקוּס ז׳ [hibiskus] Hibiskus *m Bot.*
הִיגְיֶ|נָה נ׳, היגיינה [higjena] Hygiene *f*
=~נִי ת׳ = hygienisch *Adj.*
הי״ד ר״ת הַשֵּׁם יִקֹּם דָּמוֹ [haʃém jikom damo] *Abk.* Gott möge sein Blut rächen
הֵידָד [hédad] Hurra!
הִידְרָאוּ|לִי ת׳ [hidrauli] hydraulisch *Adj.*
=~לִיקָה נ׳ = Hydraulik *f*
הִידְרוֹפוֹבְּיָה נ׳ [hidrofobja] Hydrophobie *f*, Wasserscheu *f*
הָיָה פעל (הֱיוֹת, לִהְיוֹת, יִהְיֶה) ראה גם: הוה [haja] sein, bestehen, vorhanden sein, sich befinden *v/i*
-נִהְיָה נפ׳ - *nif.* werden
=הָיָה עָלָיו = müssen
=~ עָלָיו לַעֲנוֹת לוֹ = er musste ihm antworten
=הָיָה לְאִישׁ = zum Mann werden; stark werden
=~ לִפְלֵטָה = gerettet werden, überleben
=~ בְּדַעְתּוֹ = beabsichtigen, vorhaben
=יְהִי-מָה, וִיהִי-מָה, יִהְיֶה מַה שֶּׁיִּהְיֶה = was auch kommen möge, komme, was da wolle
=יְהִי רָצוֹן = so Gott will!
=הֱיוֹת שֶׁ- ראה: היות
=הֱוֵי אוֹמֵר = daraus lässt sich schließen
=הָיֹה הָיָה = es war einmal ...
=לִהְיוֹת אוֹ לֹא לִהְיוֹת, לִהְיוֹת אוֹ לַחְדּוֹל = Sein oder Nichtsein
=אַל תִּהְיֶה כָּזֶה (סלנג) = sei doch nicht so!
=הוּא לֹא הָיָה = er was nicht da
=אָז זֶה לֹא הָיָה = das gab es damals nicht
הִיוּלִ|י ת׳ [hijuli] im Urzustand, anfänglich *Adj.*
=חֹמֶר-~ = Urstoff *m*
=~יּוּת נ׳ = Urzustand *m*, Uranfang *m*
הִיּוּן ז׳ [hijun] Genehmigung *f*, Bejahen *n*
הֱיוֹת (שֵׁם פּוֹעַל) [hejot] Sein *n*
=~ שֶׁ- = da, weil
הֵיטֵב ת״פ [hétév] gut *Adv.*
הֵיטִיב ראה: יטב (gut tun, Gutes tun)
הֵיכָל ז׳ [héxal] Palast *m*; Tempel *m*; Thoraschrein *m*
הֵיכָן? מ״ש [héxan] wo?
=לְ~? = wohin?
=מֵ~? = woher?
הֵימִין ראה: ימן (nach rechts neigen)
הִימְנוֹן ז׳ [himnon] Hymne *f*
★הִין ז׳ [hin] alte Maßeinheit
הַיְנוּ ת״פ, היינו [hajnu] das heißt (d.h.), also
=~ הָךְ = es ist gleich, es ist egal
= דְּ~ = das heißt (d.h.), nämlich
הִינוּמָא, הִינוּמָה נ׳ [hinuma] Brautschleier *m*
הִיסְטוֹ|רְיָה נ׳ [historja] Geschichte *f*, Historie *f*
=~רִי ת׳ = geschichtlich, historisch *Adj.*
=~רְיוֹן ז׳ = Geschichtsforscher *m*, Historiker *m*
הִיסְטֶ|רִי ת׳ [histeri] hysterisch *Adj.*
=~רְיָה נ׳ = Hysterie *f*
הִיפְּנוֹ|זָה נ׳ [hipnoza] Hypnose *f*
=~טִי = hypnotisch *Adj.*
הֵירוֹאִי ת׳ [héro'i] heroisch *Adj.*
הִירוֹגְלִיפִים ז״ר [hiroglifim] Hieroglyphen *f/pl.*;

Gekritzel *n* F

הִיֵרַרְכְיָה נ׳ [hijerarxja] Hierarchie *f*

הֵיְשִׁיר ראה: ישר (geradeaus gehen)

הַיְשֵׁר ת״פ, היישר [hajʃér] geradeaus, direkt *Adv.*

הֲיִתָּכֵן מ״ש [hajitaxén] kann es sein?

היתר ראה: הֶתֵּר (Erlaubnis, Genehmigung)

הַכְאָבָה נ׳ [hax'ava] Verletzung *f* eines Anderen

הַכָּאָה נ׳ [haka'a] Schlagen

=~ עַל חֵטְא = Reue *f*

הַכְבָּדָה נ׳ [haxbada] Erschwerung *f*

הִכָּבְלוּת נ׳ [hikavlut] Ankettung *f*

הִכָּה ראה: נכה (schlagen; erschlagen)

הַכְהָיָה נ׳ [haxhaja] Verdunkeln *n*

הִכָּווּת נ׳ [hikavut] Verbrennen *n* (Hand o.Ä)

הִכּוֹן ראה: כון (richtig sein; bereit sein)

הֶכְוֵן ז׳, הכוון [hexvén] Ausrichtung *f;* Einstellen *n* auf e-e Richtung; Uhr Stellen *n*

=~ בִּבְחִירַת מִקְצוֹעַ = Berufsberatung *f*

הַכְוָנָה נ׳, הכוונה [haxvana] Ausrichten *n*; Anleitung *f*

=~ מִקְצוֹעִית = Berufsberatung *f*

הַכְזָבָה נ׳ [haxzava] Enttäuschung *f*; Leugnen *n*

הִכָּזְבוּת נ׳ [hikazvut] Ernüchterung *f*

הַכְחָדָה נ׳ [hax'xada] Vertilgung *f*

הִכָּחֲדוּת נ׳ [hikaxdut] Vernichtung *f*, Auslöschen *n*

הֶכְחֵשׁ ז׳ [hex'xéʃ] Dementi *n*

הַכְחָשָׁה נ׳ [hax'xaʃa] Dementierung *f*, Leugnung *f*

הֲכִי (לפני תואר) [haxi] Superlativpartikel (vor Adjektiv)

=~ טוֹב = der Beste, das Beste, am besten

=~ רַע = der Schlechteste, das Schlechteste, am schlechtesten

★הָכֵי ת״פ (ארמ׳) [haxé] so *Adv.*

=~-בַּר = Fachmann *m*, Sachverständiger *m*

=בְּלָאו ~ = ohnedies, sowieso

הֵכִיל ראה: כול (enthalten)

הֵכִין ראה: כּוּן (vorbereiten)

הַכֵּיצַד? [haxétsad] wie?

הִכִּיר ראה: נכר (kennen; kennen lernen; bekannt machen)

הִכִּישׁ ראה: נכש (klopfen; beißen)

הַכְלָאָה נ׳ [haxla'a] ungleiche Paarung, Kreuzung *f Bot.*

הַכְלָבָה נ׳ [haxlava] Heften *n* (Näharbeit)

הַכְלָלָה נ׳ [haxlala] Verallgemeinerung *f;* Einbeziehung *f*

הִכָּלְלוּת נ׳ [hikalelut] Einschließen *n,* Zugehörigkeit *f*; Inbegriffensein *n* (im Preis o.Ä)

הַכְלָמָה נ׳ [haxlama] Beleidigung *f*

הַכְלָרָה נ׳ [haxlara] Chlorung *f Tech.*

הָכֵן ת״פ [haxén] bereit *Adv.*

=מַצַּב-~ = Alarmbereitschaft *f*, Einsatzbereitschaft *f*

הֲכָנָה נ׳ [haxana] Vorbereitung *f*

הַכְנָסָה נ׳ [haxnasa] Einnahme *f*, Einkommen *n*; Hineinbringen *n*

=מַס-~ ז׳ = Einkommensteuer *f*

=הַכְנָסַת-אוֹרְחִים = Gastfreundschaft *f*, Gastfreundlichkeit *f*

=הַכְנָסַת-כַּלָּה = Veranstaltung *f* der Hochzeit

הִכָּנְסוּת נ׳ [hikansut] Eingang *m*

הַכְנָעָה נ׳ [haxna'a] Unterdrückung *f*; Demut *f*

הִכָּנְעוּת נ׳ [hikan'ut] Unterwerfung *f*, Ergebenheit *f*

הַכְסָפָה נ׳ [haxsafa] Versilberung *f*

הַכְעָסָה נ׳ [hax'asa] Ärgern *n*, Erzürnen *n*

הַכְעָרָה נ׳ [hax'ara] Verunstaltung *f*

הַכְפָּלָה נ׳ [haxpala] Vervielfältigung *f*, Multiplikation *f*, Verdoppelung *f*

הַכְפָּשָׁה נ׳ [haxpaʃa] Degradierung *f*; Verleumdung *f*

הֶכֵּר ז׳, היכר [hekér] Erkennung *f*

=סִימַן-~ = Erkennungszeichen *n*

הַכָּרָה נ׳ [hakara] Erkenntnis *f*; Bewusstsein *n*

=~ בְּ- = Anerkennung *f*

Ehrentitels

[hél] Kardamom *m* הֵל ז׳

[halo'] ob nicht?, ist nicht?; doch הֲלֹא, הֲלוֹא מ״ש

['hala] weiter *Adv.* הָלְאָה ת״פ

= und so weiter (*usw.*) =וְכֵן ~

[hal'ama] Nationalisierung *f* הַלְאָמָה נ׳

[halbana] Ergrauen *n* הַלְבָּנָה נ׳

[halbaʃa] Bekleiden *n*; Kleidung *f* הַלְבָּשָׁה נ׳

[hu'ledet] Geburt *f* הֻלֶּדֶת נ׳, הולדת

= Geburtstag *m* =יוֹם-~ ז׳

[hala] jener, jene, jenes *sg.* הַלָּה מ״ג לזו״נ

[hila] Glanz *m*; Lichthof *m* (Sonne, Mond); Heiligenschein *m* הִלָּה נ׳, הילה

[halo] hallo! הַלּוֹ מ״ק

[halva'a] Anleihe *f*, Darlehen *n* הַלְוָאָה נ׳, הלוואה

= einen Kredit aufnehmen =לָקַח ~

[halevaj] so Gott will!; schön wärs! הַלְוַאי מ״ק, הלוואי

[hilavut] Begleiten *n* הִלָּווּת נ׳

[halvaja] Beerdigung *f* הַלְוָיָה נ׳, הלוויה

[hilux] Gang *m Kfz.* הִלּוּךְ ז׳, הילוך

= erster Gang, zweiter Gang =~ רִאשׁוֹן, ~ שֵׁנִי

= Zeitlupe *f*; Schneckentempo *n* =~ אִטִּי

[hilul] Lob *n*, Preisen *n* הִלּוּל ז׳

[hilula] Freudenfest *n* ★הִלּוּלָא נ׳, הילולא

= Tanzfestlichkeit *f* =~ וְחִנְגָּא (ארמ׳)

[hiluli] festlich, fröhlich *Adj.* הִלּוּלִי ת׳

[halom] hier, hierher ★הֲלוֹם ת״פ

[halum] geschlagen *Adj.* הָלוּם ת׳

[halaz] jener, jene, jenes *sg.* הַלָּז מ״ג לזו״נ

[halaze] jener הַלָּזֶה מ״ג לז׳

[halxama] Löten *n* הַלְחָמָה נ׳

[halxana] Komponieren *n*, Vertonen *n* הַלְחָנָה נ׳

[halata] Bedecken *n*, Umhüllen *n* הֲלָטָה נ׳

[halix] Prozessverlauf *m* הָלִיךְ ז׳

[halixa] Gehen *n*, Gang *m* הֲלִיכָה נ׳

= Haushaltsführung *f* =הֲלִיכוֹת-הַבַּיִת נ״ר

= Verhaltenskodex *m* =~ הַחַיִּים, ~-עוֹלָם

= Unterbewusstsein *n* =תַּת-~

= Dankbarkeit *f* =הַכָּרַת-טוֹבָה

= zur Erkenntnis gelangen, - kommen =בָּא לִידֵי | הַכָּרָה

= j-n kennenlernen =עָשָׂה ~ עִם פְּלוֹנִי

[hekérut] Kennenlernen *n* הֶכֵּרוּת נ׳, היכרות

[haxraza] Erklärung *f amtl.*, Deklaration *f* הַכְרָזָה נ׳

[hex'réax] Zwang *m*, Notwendigkeit *f* הֶכְרֵחַ ז׳ (הֶכְרַח-)

= Not kennt kein Gebot =הַ~ לֹא יְגֻנֶּה

= notwendigerweise *Adv.* =בְּ~, מִן הַ~

[hexréxut] Unvermeidlichkeit *f* הֶכְרֵחוּת נ׳

[hexréxi] notwendig, unvermeidlich *Adj.* הֶכְרֵחִ|י ת׳

= Notwendigkeit *f* =~יּוּת נ׳

[hakarani] kognitiv *Adj.* הַכָּרָנִי ת׳

[hex'réa'] Entscheidung *f* הֶכְרֵעַ ז׳

[haxra'a] Entscheidung *f*, Ausschlaggeben *n* הַכְרָעָה נ׳

[haxrata] Ausrottung *f*, Zerstörung *f* הַכְרָתָה נ׳

[hikartut] Schließung *f* (e-s Abkommens) *Pol.* הִכָּרְתוּת נ׳

[hakarati] bewusst *Adj.* הַכָּרָתִי ת׳

[hakaʃa] Schlag *m*; Schlangenbiss *m* הַכָּשָׁה נ׳

[haxʃala] (Prüfung) Durchfallenlassen *n*, Scheitern(lassen) *n* הַכְשָׁלָה נ׳

[hikaʃlut] Straucheln *n* הִכָּשְׁלוּת נ׳, היכשלות

[hexʃér] "Koscher"-Bestätigung *f*; amtl. Zustimmung *f*; Gültigkeitserklärung *f* הֶכְשֵׁר ז׳

[haxʃara] Vorbereitung *f*; Berufsausbildung *f*; "Koscher"-Machen *n* הַכְשָׁרָה נ׳

[haxtava] Diktieren *n*, Diktat *n* הַכְתָּבָה נ׳

[hikatvut] Geschriebensein *n*; Verfassen *n* (Brief, Aufsatz) הִכָּתְבוּת נ׳

[haxtama] Verschmutzung *f*, Färbung *f* הַכְתָּמָה נ׳

[haxtafa] Schultern *n* הַכְתָּפָה נ׳

[haxtara] Krönung *f*; Verleihung *f* e-s הַכְתָּרָה נ׳

הֲלִיכוֹן ז׳ [halixon] Gehhilfe *f*
הָלַךְ פעל (לָלֶכֶת, יֵלֵךְ, לֵךְ!) [halax] *kal* gehen *v/i*; verschwinden *v/i*; kaputtgehen
-הִלֵּךְ פיעל (לְהַלֵּךְ) - *pi.* wandeln, umhergehen; auferlegen
-הִתְהַלֵּךְ הת׳ - *hit.* hin und her gehen; umgehen (mit)
-הוֹלִיךְ הפ׳ - *hif.* führen, leiten *v/t*
=הוֹלֵךְ וְגָדֵל; ~ וְגוֹבֵר; ~ וָרַע = es wird immer größer, stärker; es verschlechtert sich
=הָלַךְ לְאִבּוּד = verloren gehen
=~ לוֹ (סלנג) = Erfolg haben
=~ לָמוּת = im Sterben liegen
=~ לְמֵישָׁרִים = glatt gehen
=~ לְעוֹלָמוֹ = er ist gestorben
=~ רָכִיל = Gerüchte verbreiten
=~ שְׁבִי אַחֲרֵי- = angezogen werden von
=~ שׁוֹלָל (אַחֲרֵי) = betrogen werden
=לֵךְ! (ציווי ז׳), לְכִי! (ציווי נ׳) = geh! hau ab!
=~ לַעֲזָאזֵל! = geh zum Teufel!
=הָלוֹךְ וָשׁוֹב, הָלוֹךְ וְחָזוֹר = hin und zurück
=כַּרְטִיס-~ = Rückfahrkarte *f*
=הוֹלִיךְ שׁוֹלָל = irreführen, täuschen
הֵלֶךְ ז׳ (הֲלָכִים) [‘hélex] vorübergehender Gast *m bibl.*, Wanderbursche *m*
הֲלָךְ ז׳ [halax] Gang *m*, Bewegung *f*
=~-נֶפֶשׁ = Gedankengang *m*
=~-רוּחַ = Gemütsstimmung *f*; Denkweise *f*
הֲלָכָה נ׳ (הִלְכַת-) [halaxa] Gesetzesteil des Talmuds, jüdische Ge- und Verbote für das Verhalten im Alltag (Speise, Hygiene, Soziales usw.) *Rel.*
=כַּ~ = wie es sich gehört
=לַ~ = theoretisch *Adv.*
=~ לְמַעֲשֶׂה = in der Praxis, praktisch *Adv.*
=~ לְמֹשֶׁה מִסִּינַי = Gesetz, wie es Moses am Sinai gegeben wurde; Axiom *n*
=כְּהִלְכָתוֹ = wie im Gesetz vorgeschrieben *Rel.*

הֲלָכִי ת׳, הִלְכָתִי ת׳, הילכתי [halaxi, hilxati] zur "Halacha" gehörig, halachisch *Rel.*
הִלְכָּךְ מ״ח [hilkax] deshalb
הִלֵּל¹ פיעל [hilél] *pi.* lobpreisen, rühmen *v/t*
-הִתְהַלֵּל הת׳ - *hit.* sich rühmen
=הַלְלוּיָהּ ראה: הללויה (Hallelujah! lobet Gott!)
=אַל יִתְהַלֵּל חוֹגֵר כִּמְפַתֵּחַ = man soll den Tag nicht vor dem Abend loben
(הלל)² הִתְהוֹלֵל הת׳ [hitholél] *hit.* rasen, toben, sich austoben
הַלֵּל ז׳ [halél] Lobgesang *m Rel.*
=גָּמַר עָלָיו אֶת הַ~ = j-n lobpreisen, rühmen
הַלָּלוּ מ״ג רזו״נ [halalu] diese *m, f/pl.*; jene *m, f/pl.*
הַלְלוּיָהּ [haleluja] Hallelujah! Lobet Gott!
הָלַם¹ פעל (לַהֲלוֹם אֶת-, יַהֲלוֹם) [halam] *kal* schlagen, klopfen, rammen *v/t*
הָלַם² פעל (לַהֲלוֹם אֶת-, יַהֲלוֹם) [halam] *kal* passen *(D)*
-הֶהֱלִים הפ׳ (לְהַהֲלִים) - *hif.* passend machen
הֶלֶם ז׳ [‘helem] Schock *m*
=הָיָה בְּ~ = geschockt sein
הַלְמוּת נ׳ [halmut] Klopfen *n*, Schlagen *n*
=~-לֵב = Herzschlag *m*, Pulsschlag *m*
הַלְמָן ז׳ [halman] Holzhammer *m*, Ramme *f*
הַלָּן (ארמ׳) ת״פ [halan] weiter *Adv.*
=לְ~ = im Folgenden
הֲלָנָה נ׳ [halana] Beherbergung *f*; Aufschub *m* über Nacht
=הֲלָנַת שָׂכָר = Verzögerung *f* der Lohnzahlung
הַלְעָבָה נ׳ [hal'ava] Beleidigung *f*; Verachtung *f*
הַלְעָגָה נ׳ [hal'aga] Hohn *m*, Spott *m*
הַלְעָזָה נ׳ [hal’aza] üble Nachrede *f*; Verfremdung *f* der Sprache
הַלְעָטָה נ׳ [hal’ata] Überfüttern *n*, Mästen *n*
הֲלָצָה נ׳ [halatsa] Witz *m*, Ulk *m*
=הֲלָצִי ת׳ = witzig *Adj.*
הַלְקָאָה נ׳ [halka'a] Auspeitschen *n*, Schlagen *n*
=~ עַצְמִית = Selbstanklage *f*, Selbstquälerei *f*,

Selbstpeinigung *f*

הֶלְקֵט ז׳ [helkét] Kapsel *f Bot.*

הַלְקָטָה נ׳ [halkata] Füttern *n* (v. Tieren)

הַלְשָׁנָה נ׳ [halʃana] Denunzierung *f*, Anschwärzung *f*

הֵם מ״ג ר״ז, ★הֵמָּה [hém] sie *m/pl.*

=הָ~ = jene, die da *m/pl.*

הַמְאָסָה נ׳ [ham'asa] Abscheu verursachen

הִמָּאֲסוּת נ׳ [hima'asut] Abscheu *f*; Geekeltsein *n*, Satthaben *n*

הָמָה פעל (לַהֲמוֹת, הוֹמֶה, יֶהֱמֶה) [hama] *kal* brummen (Bär), knurren (Hund), gurren (Taube), rauschen (Meer)

=~ לִבּוֹ לְ- = mitfühlen

הִמְהוּם ז׳ [himhum] Summen *n*

הִמָּהֲלוּת נ׳ [himahalut] Mischen *n*

הִמְהֵם פיעל [himhém] *pi.* brummen, summen, murmeln

הַמּוֹכָ״ז ר״ת הַמּוֹסֵר כְּתָב זֶה [hamokaz] *Kurzw.* der Überbringer *m*

הַמּוֹ״ל ר״ת הַמּוֹצִיא לְאוֹר [hamol] *Kurzw.* der Verleger *m*

הִמּוּם ז׳ [himum] Entsetzen *n*

הָמוּם ת׳ [hamum] entsetzt, schockiert *Adj.*

הָמוֹן ז׳ [hamon] Menge *f*, Fülle *f*; Masse *f*; Geräusch *n*, Lärm *m;* ein Haufen..., viel F

=הֲמוֹנֵי הֲמוֹנִים = großes Publikum *n*

הִמּוּן ז׳, הימון [himun] Popularisierung *f*

הֲמוֹנִ|י ת׳ [hamoni] vulgär, plebejisch, gemein *Adj.*

=~יוּת נ׳ = Vulgarität *f*

הֲמוֹנִית נ׳ ותה״פ [hamonit] Slang *m*; Umgangssprache *f*

הַמּוֹצִיא נ׳ [hamotsi'] Segensspruch über das Brot

הִמּוּר ז׳, הימור [himur] Wette *f*, Wetten *n*

הִמָּזְגוּת נ׳ [himazgut] Mischung *f*, Assimilation *f*

הַמְחָאָה נ׳ [hamxa'a] Scheck *m*, Zahlungsanweisung *f*

=הַמְחָאוֹת נוֹסְעִים = Reiseschecks *m/pl.*

הִמָּחוּת נ׳ [himaxut] Löschung *f*

הַמְחָזָה נ׳ [hamxaza] Dramatisierung *f*

הַמְחָשָׁה נ׳ [hamxaʃa] Konkretisierung *f*

הֲמָתָה נ׳ [hamata] Verursachen *n* (*bsd.* Katastrophe)

הַמְטָרָה נ׳ [hamtara] Bewässerung *f*, Besprengen *n*

הֶמְיָה נ׳ [hemja] Rauschen *n*

=הֶמְיַת-לֵב = Erregung *f*

הֵמִיט ראה: מוט (werfen)

הֵמִיר ראה: מור (wechseln)

הִמָּלְאוּת נ׳ [himal'ut] Auffüllung *f*

הֲמֻלָּה נ׳, המולה [hamula] Lärm *m*, Geräusch *n*

הַמְלָחָה נ׳ [hamlaxa] Salzen *n*

הַמְלָטָה נ׳ [hamlata] Gebären *n*, Werfen *n* (v. Tieren)

הִמָּלְטוּת נ׳, הימלטות [himaltut] Entkommen *n*

הַמְלָכָה נ׳ [hamlaxa] Krönung *f*

הִמָּלְכוּת נ׳ [himalxut] Beratung *f*

הַמְלָצָה נ׳ [hamlatsa] Empfehlung *f*

הָמַם פעל (לַהֲמוֹם, יָהוֹם) [hamam] *kal* verwirren, erschrecken *v/t*

-הִמֵּם פיעל -*pi.* schockieren, entsetzen *v/t*

הִמָּנוּת נ׳, הימנות [himanut] Zugehörigkeit *f*

הִמָּנְעוּת נ׳, הימנעות [himan'ut] Zurückhaltung *f*

=~ מֵהַצְבָּעָה = Stimmenthaltung *f*

הֲמַסָּה נ׳ [hamasa] Schmelzen *n* (Erze usw.)

הִמַּסּוּת נ׳, הימסות [himasut] Schmelzen *n*, Geschmolzenwerden *n*

הַמְעָדָה נ׳ [ham'ada] Stolpernlassen *n*, Strauchelnlassen *n*

הִמָּעֲדוּת נ׳ [hima'adut] Stolpern *n*

הַמְעָטָה נ׳ [ham'ata] Verringern *n*; Unterbewertung *f*

=לְשׁוֹן~- = Untertreibung *f* (gelinde gesagt)

הִמָּעֲטוּת נ׳, [hima'atut] Verringerung *f*

הימעטות (intransitiv)
הִמָּעֲכוּת נ' [hima'axut] Zerquetschen *n*, Zerdrücktwerden *n*
הַמְצָאָה נ' [hamtsa'a] Erfindung *f*
הִמָּצְאוּת נ', הימצאות [himats'ut] Vorhandensein *n*
הֲמַקָּה נ' [hamaka] Fäulnis *f*, Verwesung *f*
הִמֵּר פיעל (עַל-) [himér] *pi.* wetten *v/i*
הֵמַר ראה: מרר (erbittern)
הַמְרָאָה נ' [hamra'a] Abflug *m*, Start *m Flgw.*
הַמְרָדָה נ' [hamrada] Aufwiegelung *f*
הֲמָרָה נ' [hamara] Wechseln *n*, Auswechseln *n*
=הֲמָרַת-דָּת = Religionsübertritt *m*
הַמְרָצָה נ' [hamratsa] Antrieb *m*, Anspornen *n*
הַמְשָׂגָה נ' [hamsaga] Begriffsbildung *f*
הֶמְשֵׁךְ ז' [hemʃéx] Fortsetzung *f*
=בְּ~ הַדְּבָרִים = im Folgenden
=בְּ~ הַזְּמַן = im Laufe der Zeit
=~ יָבוֹא = Fortsetzung folgt
הַמְשָׁכָה נ' [hamʃaxa] Fortsetzen *n*, Weiterführung *f*
הִמָּשְׁכוּת נ', הימשכות [himaʃxut] Verzögerung *f*
הֶמְשֵׁכִ|י ת' [hemʃéxi] kontinuierlich, andauernd *Adj.*
=~יּוּת נ' = Kontinuität *f;* Stetigkeit *f*
הַמְשָׁלָה נ' [hamʃala] Beweis *m* mittels Gleichnis
הֲמָתָה נ' [hamata] Tötung *f*
הִמָּתְחוּת נ' [himatxut] Sichstrecken *n*, Recken *n;* Gespanntsein *n* (Muskeln), Gestrecktsein *n*
הַמְתָּנָה נ' [hamtana] Warten *n*
=חֲדַר-~ = Warteraum *m*, Wartezimmer *n*
הַמְתָּקָה נ' [hamtaka] Versüßung *f*; Entsalzung *f*
=הַמְתָּקַת-דִּין, ~ עֹנֶשׁ = Milderung *f* des Urteils, Strafmilderung *f*
=~ מַיִם = Sußwasserbereitung *f*
הֵן[1] מ"ג נ"ר [hén] sie *f/pl. Pron.*
הֵן[2] מ"ק [hén] ja

=בְּ~ צֶדֶק שֶׁל- = auf j-s Ehrenwort
★הֵן[3] מ"ח [hén] doch
=הֵן הֵן = sowohl ... als auch ...
הֲנָאָה נ' [hana'a] Genuss *m*, Vergnügen *n*
=טוֹבַת-~ = materieller Vorteil *m*
=נָדַר ~ מִן- = entsagen, sich enthalten von
הֲנָאתָ|ן ז' [hana'atan] Genießer *m*
=~נוּת נ' = Genusssucht *f*
=~נִי ת' = genießerisch *Adj.*
הִנָּבְאוּת נ', הינבאות [hinav'ut] Prophezeien *n*
הַנְבָּטָה נ' [hanbata] Keimen *n,* Sprießen *n*
הַנְגָּדָה נ' [hangada] Gegenüberstellung *f*
הִנָּגְעוּת נ' [hinag'ut] Ansteckung *f*, Inkubation *f*, Infektion *f*
הַנְדָּסָאוּת נ' [handasa'ut] praktisches Ingenieurwesen *n* (FH)
הַנְדָּסַאי ז' [handasaj] praktischer Ingenieur *m* (FH)
הַנְדָּסָה נ' [handasa] Ingenieurwesen *n*, Technik *f*; Geometrie *f*
=הַנְדָּסַת-מְכוֹנוֹת = Maschinenbau *m*
=~-חַשְׁמַל = Elektrotechnik *f*
הַנְדָּסִי ת' [handasi] Ingenieurs-; geometrisch *Adj.*
הִנָּדְפוּת נ', הינדפות [hinadfut] Verdunstung *f*
(הֵנָּה)[1] כָּ~ וְכָ~ [kahéna vexahéna] doppelt, vielfach
הֵנָּה[2] ת"פ [héna] hierher
=הֵנָּה וָ~ = hin und her
=עַד ~ = bis hierher
הִנֵּה מ"י [hiné] siehe da!; hier ist
=הִנְנִי; הִנְּךָ, הִנָּךְ; הִנּוֹ או הִנֵּהוּ; הִנָּהּ, הִנְנוּ; הִנְּכֶם-ן, הִנָּם-ן = hier bin ich! usw., du, er, sie (betont), wir, ihr, sie (betont)
(הנה) נֶהֱנָה נפ' (לֵהָנוֹת מִן-, נֶהֱנֵיתִי, יֵהָנֶה) [nehena] *nif.* genießen *v/t*
-הִנָּה פיעל (לְהַנּוֹת אֶת-, מְהַנֶּה, יְהַנֶּה) - *pi.* Genuss verschaffen, Vergnügen bereiten *(D)*
=נֶהֱנֵית מִזֶּה? = hat es dir gefallen?
הַנְהָגָה נ' [hanhaga] Führung *f*, Leitung *f*

=הַנְהָגַת-הַמְּדִינָה = Staatsführung f

הִנְהוּן ז׳, הינהון [hinhun] Kopfnicken n (zur Bejahung)

הַנְהָלָה נ׳ [hanhala] Leitung f, Direktion f, Management n

=הַנְהָלַת חֶשְׁבּוֹנוֹת = Buchhaltung f

הִנְהֵן פיעל (לְהַנְהֵן) [hinén] pi. zustimmend nicken v/i

הַנְהָרָה נ׳ [hanhara] Beleuchtung f

הִנּוֹ, הִנֵּהוּ, הִנֵּה הוּא [hino] da ist er; er (betont)

הִנּוּמָה נ׳ [hinuma] Schleier m, Brautschleier m

הִנָּזְרוּת נ׳, הינזרות [hinazrut] Enthaltung f, Enthaltsamkeit f

הֲנָחָה נ׳ [hanaxa] Nachlass m, Rabatt m, Ermäßigung f

הַנָּחָה נ׳ [hanaxa] Annahme f, Voraussetzung f; These f; Hinlegen n (von Dingen)

הַנְחָיָה נ׳ [hanxaja] Richtlinie f, Anleitung f, Anweisung f

הַנְחָלָה נ׳ [hanxala] Gewährung f, Erteilung f

הִנָּחֲמוּת נ׳ [hinaxamut] Bedauern n

הַנְחָתָה נ׳ [hanxata] Landeanflug m

הִנָּטְעוּת נ׳ [hinat'ut] Pflanzen n, Anpflanzung f

הִנָּטְשׁוּת נ׳ [hinatʃut] Verbreitung f

הֵנִיב ראה: נוב (Früchte tragen)

הֵנִיד ראה: נוד (hin und herbewegen)

הֵנִיחַ ראה: נוח (liegen lassen)

הִנִּיחַ ראה: נוח (legen)

הֵנִיס ראה: נוס (in die Flucht schlagen)

הֵנִיעַ ראה: נוע (veranlassen, bewegen)

הֲנִיעָה נ׳ [hani'a] Motivieren n

הֵנִיקָה ראה: ינק (säugen, stillen)

הִנְּךָ, הִנֵּה אַתָּה, הִנָּךְ, הִנֵּה אַתְּ [hinxa] da bist du; du m (betont), du f (betont)

הִנְּכֶם, הִנֵּה אַתֶּם, הִנְּכֶן, הִנֵּה אַתֶּן [hinxem] da seid ihr; ihr m (betont), ihr f (betont)

הַנְכָּרָה נ׳ [hankara] Verfremdung f Thea.

הַנַּ"ל ר"ת הַנִּזְכָּר [hanal] Kurzw. der, die, das

לְמַעְלָה oben erwähnte

הִנָּם, הִנֵּה הֵם, הִנָּן, הִנֵּה הֵן [hinam] da sind sie; sie m/pl. (betont), sie f/pl. (betont)

הַנְמָכָה נ׳ [hanmaxa] Demütigen n

הַנְמָקָה נ׳ [hanmaka] Begründung f, Argumentation f

הִנְנִי, הִנֵּה אֲנִי, [hineni] da bin ich; ich (betont)

הִנְנוּ, הִנֵּה אָנוּ [hinenu] da sind wir; wir (betont)

הֲנָסָה נ׳ [hanasa] Vertreibung f

הֶנֵעַ ז׳, הינע [he'néa'] Antrieb m; (Motor) Triebwerk n

הֲנָעָה נ׳ [hana'a] Antrieb m, Motivierung f

הַנְעָלָה נ׳ [han'ala] Beschuhung f

הִנָּעֲלוּת נ׳ [hina'alut] Eingesperrtsein n, Abriegelung f

הַנְעָמָה נ׳ [han'ama] Befriedigung f, Genugtuung f

הִנָּעֲצוּת נ׳ [hina'atsut] Festsitzen n

הִנָּעֲרוּת נ׳, הינערות [hina'arut] Sichregen n, Sicherneuern n, Verjüngung f

הֶנֶף ז׳, הינף ['henef] Schwung m

=~ ראש = Zurückwerfen n des Kopfes

הֲנָפָה נ׳ [hanafa] Schwingen n

=הֲנָפַת-דְּגָלִים = Fahnenhissen n

הַנְפָּקָה נ׳ [hanpaka] Emission f, Ausgabe f v. Wertpapieren

הַנְפָּשָׁה נ׳ [hanpaʃa] Animismus m, Naturbeseelung f; Herstellung f v. Zeichentrickfilmen

הִנָּפְשׁוּת נ׳, הינפשות [hinafʃut] Erholung f

★הָנֵץ הַחַמָּה ז׳ [hanéts haxama] Sonnenaufgang m

הַנְצָחָה נ׳ [hantsaxa] Verewigung f

הִנָּצְלוּת נ׳ [hinatslut] Entkommen n, Überleben n

הֲנָקָה נ׳ [hanaka] Säugen n, Stillen n

הִנָּקְטוּת נ׳ [hinaktut] Unternehmung f

הִנָּשְׁלוּת נ׳ [hinaʃlut] Enteignung f

הַנְשָׁמָה נ׳ [hanʃama] Beatmen n Med.

הִנָּתְקוּת נ׳, הינתקות [hinatkut] Entfremdung f,

Loslösung *f*

הִנָּתְשׁוּת נ' [hinatʃut] Enteignung *f*

הַס! מ"ק [has] still! pst! *lut.*

=~ מִלְּהַזְכִּיר = darüber spricht man nicht

הֵסֵב ראה: סבב (wenden; übertragen; an Festmahl teilnehmen)

הֵסֵב ז', היסב [hesév] Angelehnt-Sitzen *n*; Drehung *f*

הֲסָבָה, הֲסִבָּה נ' [hasava, hasiba] Übertragung *f*; Wechsel *m*

=הֲסָבַת-מִקְצוֹעַ = Berufswechsel *m*

הִסָּבְכוּת נ' [hisavxut] Durcheinander *n*

הֶסְבֵּר ז' [hesbér] Erklärung *f*

=~-פָּנִים = Freundlichkeit *f*

הַסְבָּרָה נ' [hasbara] Erklären *n*, Aufklären *n*; Propaganda *f Pol.*

=הַסְבָּרַת-פָּנִים = freundlicher Empfang *m*

הַסְבָּרָתִי ת' [hasbarati] aufklärend *Adj.*

הֲסָגָה נ' [hasaga] Übertragung *f*, Transfer *m*

=הֲסָגַת-גְּבוּל = Übertretung *f*, unbefugtes Betreten *n*; Verdrängung *f*

הֶסְגֵּר ז' [hesgér] Quarantäne *f*; Blockade *f*; Einschub *m* (Parenthese) *Gr.*

=מַחֲנֵה-~ = Untersuchungsgefängnis *n*

הַסְגָּרָה נ' [hasgara] Auslieferung *f Jur., Pol.*

הִסָּגְרוּת נ' [hisagrut] Geschlossensein *n*, Schließung *f*

הִסָּדְקוּת נ' [hisadkut] Brüchigkeit *f*, Rissigsein *n*; Gesprungensein *n*

הֶסְדֵּר ז' [hesdér] Regelung *f*

=יְשִׁיבַת ~ = Militärdienst *m* kombiniert mit religiösen Studien (für relig. Juden)

הַסְדָּרָה נ' [hasdara] Regeln *n*

הִסָּה פיעל (לְהַסּוֹת, יְהַסֶּה, הַס!) [hisa] *pi.* schweigen *v/i*; zum Schweigen bringen

הַסְוָאָה נ', הסוואה [hasva'a] Tarnung *f*

הִסּוּס ז', היסוס [hisus] Zögern *n*

הֶסַּח-הַדַּעַת ז' [hesax-ha'da'at] Abgelenktsein *n*; Zerstreutheit *f*

=בְּ~- = unbeabsichtigt, unachtsam *Adv.*; unerwartet *Adv.*

הֲסָחָה נ', הֲסָחַת-הַדַּעַת [hasaxa] Ablenkung *f*

=תִּמְרוֹן-~ = Ablenkungsmanöver *n*

הִסָּחֲפוּת נ' [hisaxafut] Übertreibung *f*

הֶסֵּט ז', היסט [hesét] Wegrücken *n*

הֲסָטָה נ' [hasata] Ablenkung *f*; Schieben *n*

הִסִּיג ראה: נסג (entfernen, wegrücken)

הִסִּיחַ ראה: נסח (ausreißen)

הִסִּיעַ ראה: נסע (fahren, transportieren)

הִסִּיק ראה: נסק (anstecken, heizen; folgern)

הֶסְכֵּם ז' [heském] Einverständnis *n*, Abkommen *n*

=בָּא לִידֵי ~ = übereinkommen *v/i*

הַסְכָּמָה נ' [haskama] Zustimmung *f*

הֶסְכֵּמִיּוּת נ' [heskémijut] Konformismus *m*

הַסְלָמָה נ' [haslama] Verschärfung *f*, Steigerung *f bsd. Mil.*; Eskalation *f*

הַסְמָכָה נ' [hasmaxa] Näherbringen *n*; Verleihung *f* e-s akademischen Ranges

הַסְמָלָה נ' [hasmala] Symbolisierung *f*; Kodifizierung *f*

הַסְמָקָה נ' [hasmaka] Erröten *n*

הִסֵּס פיעל [hisés] *pi.* zögern, zaudern *v/i*

הַסְסָן ז' [hasesan] Zauderer *m*

=~נוּת נ' = Unschlüssigkeit *f*

=~נִי ת' = unschlüssig, zögernd *Adj.*

הַסְעָדָה נ' [has'ada] Bewirtung *f*

הֲסָעָה נ' [hasa'a] Beförderung *f*, Transport *m* (Personen)

הִסָּפְגוּת נ' [hisafgut] Absorption *f*

הֶסְפֵּד ז' [hespéd] Trauerrede *f*, Nachruf *m*

הִסָּפְחוּת נ' [hisafxut] Anschluss *m*

הֶסְפֵּק ז' [hespék] Leistung *f*

הַסְפָּקָה נ' [haspaka] Versorgung *f*, Lieferung *f*

הֶסֵּק ז' [hesék] Heizung *f*; Beschluss *m*

הֲסָקָה[1] נ' [hasaka] Heizung *f*

=~ מֶרְכָּזִית = Zentralheizung *f*

הַסָּקָה[2] נ' [hasaka] Folgern *n*

הֲסָרָה נ' [hasara] Entfernen *n*, Fortnehmen *n*

הַסְרָחָה נ' [hasraxa] Gestank *m*

הַסְרָטָה נ' [hasrata] Verfilmung *f*

הִסְתָּאֵב ראה: סאב (beschmutzen)

הִסְתָּאֲבוּת נ' [hista'avut] Sittenverderbnis *f*, "Sodom und Gomorra"

הִסְתַּבֵּךְ ראה: סבך (verwickelt sein in; sich einlassen mit)

הִסְתַּבְּכוּת נ' [histabxut] Verwicklung *f*, Kornplikation *f*

הִסְתַּבֵּן ראה: סבן (sich einseifen)

הִסְתַּבְּנוּת נ' [histabnut] Einseifen *n*

הִסְתַּבֵּר ראה: סבר (sich herausstellen; sich ergeben)

הִסְתַּבְּרוּת נ' [histabrut] Wahrscheinlichkeit *f*

הִסְתַּגֵּל ראה: סגל (sich anpassen)

הִסְתַּגְּלוּת נ' [histaglut] Anpassung *f*

הִסְתַּגֵּף ראה: סגף (sich kasteien)

הִסְתַּגְּפוּת נ' [histagfut] Kasteiung *f*

הִסְתַּגֵּר ראה: סגר (sich verschließen)

הִסְתַּגְּרוּת נ' [histagrut] Verschlossenheit *f*, Abgeschlossenheit *f*

הִסְתַּדֵּק ראה: סדק (reißen)

הִסְתַּדְּקוּת נ' [histadkut] Spalten *n*

הִסְתַּדֵּר ראה: סדר (zurechtkommen)

הִסְתַּדְּרו|ת נ' [histadrut] Organisation *f*

=הַהִסְתַּדְּרוּת, ~ הַכְּלָלִית שֶׁל הָעוֹבְדִים בְּאֶרֶץ-יִשְׂרָאֵל = allgemeine Gewerkschaft der Arbeiter in Erez-Israel

הֲסָתָה נ' [hasata] Hetze *f*

הִסְתּוֹבֵב ראה: סבב (sich umdrehen; herumkommen)

הִסְתּוֹדֵד ראה: סוד (Geheimnisse besprechen)

הִסְתּוֹדְדוּת נ' [histodedut] Geheimnistuerei *f*

הִסְתַּוָּה ראה: סוה (sich tarnen)

הִסְתַּוּוּת נ' [histavut] Tarnung *f*

הִסְתּוֹפֵף ראה: ספף (oft besuchen)

הִסְתּוֹפְפוּת נ' [histofefut] häufiges Besuchen *n*

הִסְתַּיֵּג ראה: סוג (sich distanzieren)

הִסְתַּיְּגוּת נ' [histajgut] Distanzierung *f*

הִסְתַּיְּדוּת נ' [histajdut] Verkalkung *f*

=~ הָעוֹרְקִים = Arterienverkalkung *f*

הִסְתַּיֵּם ראה: סים (zu Ende gehen)

הִסְתַּיֵּעַ ראה: סיע (unterstützt werden; sich behelfen)

הִסְתַּיְּפוּת נ' [histajfut] Fechten *n*

הִסְתַּכֵּל ראה: סכל (ansehen)

הִסְתַּכְּלוּת נ' [histaklut] Betrachtung *f*, Beobachtung *f*

=שִׁעוּרֵי-~ = Anschauungsunterricht *m*

הִסְתַּכֵּם ראה: סכם (sich summieren)

הִסְתַּכֵּן ראה: סכן (sich in Gefahr bringen)

הִסְתַּכְּנוּת נ' [histaknut] Gefährdung *f*, Riskieren *n*

הִסְתַּכְסֵךְ ראה: סכסך (sich streiten)

הִסְתַּכְסְכוּת נ' [histaxsexut] Zerstrittensein *n*, Zerwürfnis *f*

הִסְתַּלֵּק ראה: סלק (weggehen; sterben)

הִסְתַּלְּקוּת נ' [histalkut] Weggehen *n*; Sterben *n* (*bsd*. v. Persönlichkeiten)

הִסְתַּמֵּךְ ראה: סמך (sich stützen auf)

הִסְתַּמְּכוּת נ' (עַל-) [histamxut] Berufung f, Stützen *n* (*auf*)

הִסְתַּמֵּם ראה: סמם (Rauschgift nehmen, sich dopen)

הִסְתַּמֵּן ראה: סמן (sich zeigen)

הִסְתַּנֵּן ראה: סנן (einsickern)

הִסְתַּנְּנוּת נ' [histanenut] Einsickern *n*, Infiltration *f*; ungesetzliches Eindringen *n*

הִסְתַּנֵּף ראה: סנף (angegliedert sein)

הִסְתָּעֵף ראה: סעף (sich verzweigen)

הִסְתָּעֲפוּת נ' [hista'afut] Abzweigung *f*, Verzweigung *f*

הִסְתָּעֵר ראה: סער (sich stürzen auf)

הִסְתָּעֲרוּת נ' [hista'arut] Sturmangriff *m*

הִסְתַּפֵּחַ ראה: ספח (sich anschließen)

הִסְתַּפְּחוּת נ' [histapxut] Anschluss *m Pol.*; Annexion *f Pol.*
הִסְתַּפֵּק ראה: ספק (sich begnügen mit)
הִסְתַּפְּקוּת נ' [histapkut] Genügsamkeit *f*
הִסְתַּפֵּר ראה: ספר (sich die Haare schneiden lassen)
הִסְתַּקְרֵן ראה: סקרן (neugierig werden)
הֶסְתֵּר ז' [hestér] Versteck *n*
=בְּ~ ת"פ = im Geheimen *Adv.*
=~ פָּנִים = Ignorieren *n*
הִסְתַּרְבֵּל ראה: סרבל (schwerfällig sein)
הִסְתַּרְבְּלוּת נ' [histarbelut] Schwerfallen *n*
הַסְתָּרָה נ' [hastara] Verstecken *n*, Verbergen *n*
הִסְתָּרֵךְ ראה: סרך (schleppen)
הִסְתָּרְכוּת נ' [histarxut] Schleppen *n*
הִסְתָּרֵק ראה: סרק (sich kämmen)
הִסְתַּתֵּם ראה: סתם (verstopft sein)
הִסְתַּתֵּר ראה: סתר (sich verstecken)
הִסְתַּתְּרוּת נ' [histatrut] Verbergen *n*, Verstecken *n*
הַעֲבָדָה נ' [ha'avada] Beschäftigung *f*
הַעֲבָטָה נ' [ha'avata] Pfänden *n*, Leihen *n*
הַעֲבָרָה נ' [ha'avara] Übertragung *f*, Transfer *m*, Überführung *f*
הַעֲגָנָה נ' [ha'agana] Verankerung *f*
הַעֲדָאָה נ' [ha'ada'a] Aussage *f;* Warnung *f*
הֶעָדָה נ' [he'ada] Zeugenaussage *f*
הַעְדָּפָה נ' [ha'dafa] Bevorzugung *f*
הֶעְדֵּר ז' [he'dér] Abwesenheit *f*, Nichterscheinen *n*, Fehlen *n*
הֵעָדְרוּת נ' [hé'adrut] Abwesenheit *f*
הַעֲוָיָה נ', העוויה [ha'avaja] Grimasse *f*
הֵעֵז ראה: עזז (wagen)
הֵעָזְבוּת נ' [he'azvut] Verlassenwerden *n*
הֶעָזָה נ' [he'aza] Wagemut *m*, Wagnis *n*
הַעֲטָפָה נ' [ha'atafa] Deckel *m*, Umhüllung *f*
הֵעָטְפוּת נ' [hé'atfut] Verpacktsein *n*, Eingehülltsein *n*
הֵעִיד ראה: עוד (bezeugen, aussagen)
הֵעִיף ראה: עוף (fliegen lassen; hinauswerfen)

הֵעִיק ראה: עוק (bedrücken, belasten)
הֵעִיר ראה: עור (wecken; bemerken)
הַעֲכָרָה נ' [ha'axara] Trübung *f*
הַעֲלָאָה נ' [ha'ala'a] Erhöhung *f*
=~ לְכִתָּה = Versetzung *f* (Schule)
=~ בְּדַרְגָּה = Beförderung *f* (Rang)
=הַעֲלָאַת גֵּרָה = Wiederkäuen *n*
=~ חֲלוּדָה = Rosten *n*
הַעֲלָבָה נ' [ha'alava] Beleidigung *f*
★הֶעְלֵם ז' [he'lém] Verschwinden *n* (aus dem Gedächtnis)
=בְּ~ אֶחָד = mit einem Schlag, auf einmal
הַעֲלָמָה נ' [ha'alama] Verheimlichung *f*, Verschweigen *n*
=הַעֲלָמַת-עַיִן = absichtliches Übersehen *n*
=~ הַכְנָסוֹת (מִמַּס-הַכְנָסָה) = Steuerhinterziehung *f*
הֵעָלְמוּת נ', היעלמות [hé'almut] Verschwinden *n*
הַעֲמָדָה נ' [ha'amada] Hinstellen *n*, Aufstellen *n*
=הַעֲמָדַת-פָּנִים = Verstellung *f*, Vortäuschung *f*
הַעֲמָסָה נ' [ha'amasa] Aufladen *n*
הַעֲמָקָה נ' [ha'amaka] Vertiefung *f*, Vertiefen *n*
הַעֲמָתָה נ' [ha'amata] Konfrontation *f*
הֵעָנוּת נ', היענות [hé'anut] positive Antwort *f*, Gewährung *f*
הַעֲנָפָה נ' [ha'anafa] Verzweigung *f*
הַעֲנָקָה נ' [ha'anaka] Erteilung *f* v. Bonus *m*, Gratifikation *f*
=הַעֲנָקַת אוֹת-הִצְטַיְּנוּת = Ordensverleihung *f*
=~-פְּרָס = Preisverleihung *f*
הַעֲנָשָׁה נ' [ha'anaʃa] Bestrafung *f*
הַעֲסָקָה נ' [ha'asaka] Beschäftigen *n*
הַעְפָּלָה נ' [ha'pala] Bergbesteigung *f*; illegale Einwanderung *f* (nach Palästina in der Mandatszeit)
הַעֲצָמָה נ' [ha'atsama] Verstärkung *f*, Intensivierung *f*

הֶעָצְמוּת נ׳, היעצמות [hé'atsmut] Zufallen *n*, Zugehen *n* (Augen) F

הֶעָקְרוּת[1] נ׳, היעקרות [hé'akrut] Loslösen *n*

הֶעָקְרוּת[2] נ׳, היעקרות [hé'akrut] Sterilwerden *n*, Kastration *f*

הֶעָרָה נ׳ (הֶעָרַת-, הֶעָרוֹת) [he'ara] Bemerkung *f*, Anmerkung *f*

הַעֲרָכָה נ׳ [ha'araxa] Bewertung *f*, Schätzung *f*, Würdigung *f*

הֵעָרְכוּת נ׳, היערכות [he'arxut] Vorbereitung *f*; Aufstellung *f*, Aufmarsch *m Mil.*

הַעֲרָמָה[1] נ׳ [ha'arama] Überlistung *f*

הַעֲרָמָה[2] נ׳ [ha'arama] Aufhäufung *f*

הַעֲרָצָה נ׳ [ha'aratsa] Verehrung *f*, Bewunderung *f*

הַעֲשָׁרָה נ׳ [ha'aʃara] Bereicherung *f*

הֶעְתֵּק ז׳ [he'ték] Abschrift *f*, Kopie *f*

=~-צִלּוּם = Fotokopie *f*

הַעְתָּקָה נ׳ [ha'taka] Abschreiben *n*, Kopieren *n*

=הַעְתָּקַת | מְקוֹם הַמְּגוּרִים,~ דִּירָה = Umzug *m*, Wohnungswechsel *m*

הֵעָתְקוּת נ׳ [hé'atkut] Transferieren *n*

הֵעָתְרוּת נ׳, היעתרות [hé'atrut] Dienstwilligkeit *f*

הֲפָגָה נ׳ [hafaga] Milderung *f*

=הֲפָגַת הַמְּתִיחוּת = Entspannung *f*

הַפְגָּזָה נ׳ [hafgaza] Bombardement *n*

הִפָּגְמוּת נ׳ [hipagmut] Beschädigung *f*

הַפְגָּנ|ָה נ׳ [hafgana] Demonstration *f*, Kundgebung *f*

=~תִי ת׳ = demonstrativ *Adj.*

הִפָּגְעוּת נ׳ [hipag'ut] Verletzbarkeit *f*

הִפָּגְשׁוּת נ׳ [hipagʃut] Treffen *n*

הִפָּדוּת נ׳ [hipadut] Abzahlung *f*, Tilgung *f*

הֲפוּגָה נ׳ [hafuga] Nachlassen *n*, Atempause *f*; zeitweilige Feuereinstellung *f*, Feuerpause *f Mil.*

הִפּוּךְ ז׳, היפוך [hipux] Umkehrung *f*, Inversion *f*; Gegensatz *m*

=הִפּוּכוֹ שֶׁל דָּבָר = das Gegenteil

=ו׳ הַהִפּוּךְ = Vav der Umkehrung *Gr.* (z.B. וַיֹּאמֶר er sagte *bibl.*)

הָפוּךְ ת׳ [hafux] umgekehrt, umgedreht; andersherum, vekehrt herum *Adj.*; durcheinander *Adv.*

=קָפֶה ~ = Milchkaffee *m*

הַפְחָדָה נ׳ [hafxada] Einschüchterung *f*

הַפְחָתָה נ׳ [hafxata] Verringerung *f*; Abschreibung *f*

הַפְטָרָה נ׳ [haftara] Kapitel aus den Propheten, nach der Thoravorlesung zu lesen

הִפָּטְרוּת נ׳ [hipatrut] Befreiung *f*, Erlösung *f*

הֵפִיחַ ראה: פּוּחַ (wehen lassen, duften lassen)

הִפִּיחַ ראה: נפח (Feuer entfachen)

הָפִיךְ ת׳ [hafix] wandelbar *Adj.*

=בִּלְתִּי-~ = unwiderruflich *Adj.*

הֲפִיכָה נ׳ [hafixa] Umdrehen *n*; Umwälzung *f*, Umsturz *m*

=הֲפִיכַת הַקְּעָרָה עַל פִּיהָ = Umwälzung *f Pol.*

הִפִּיל ראה: נפל (umwerfen, stürzen)

הֵפִיץ ראה: פוץ (verbreiten)

הֵפִיק ראה: פּוּק (produzieren; gewinnen)

הֵפִיר ראה: פּוּר (Vertrag usw. brechen)

הָפַךְ פעל (לַהֲפוֹךְ אֶת-, בְּ-, יַהֲפוֹךְ) [hafax] *kal* umdrehen *v/t;* durcheinander bringen

-נֶהְפַּךְ נפ׳ (לְהֵהָפֵךְ) - *nif.* sich ändern, sich verwandeln; werden zu

-הִתְהַפֵּךְ הת׳ - *hit.* sich umdrehen, umkippen

=הָפַךְ וְהָפַךְ בְּ- = sich *etw.* hin und her überlegen

=הָפַךְ אֶת הַיּוֹצְרוֹת = die gewohnte Ordnung umstürzen

=~ עוֹלָמוֹת = die Welt auf den Kopf stellen

=~ עֹרֶף לְ- = j-m den Rücken kehren

=~ הַקְּעָרָה עַל פִּיהָ = die Sache in ihr Gegenteil verwandeln

=הֲפוֹךְ! = bitte wenden!

=נַהֲפוֹךְ הוּא = im Gegenteil

=נֶהְפַּךְ עָלָיו הַגַּלְגַּל = sein Schicksal hat sich

=יָצָא שְׂכָרוֹ בְּהֶפְסֵדוֹ = der Schaden war größer als der Nutzen

=יָצָא הֶפְסֵדוֹ בִּשְׂכָרוֹ = der Gewinn war größer als der Verlust

הִפָּסְלוּת נ׳ [hipaslut] Disqualifikation *f*

הֶפְסֵק ז׳ [hefsék] Pause *f*, Unterbrechung *f*

הַפְסָקָה נ׳ [hafsaka] Unterbrechen *n*, Pause *f*

=הַפְסָקַת-אֵשׁ = Waffenstillstand *m Mil.*

הִפָּסְקוּת נ׳ [hipaskut] Aufhören *n*, Stillstand *m*

הִפְעִיל [hif'il] veranlassende (kausative) Konjunktion des hebr. Verbs, *Gr.*

הָפְעַל, הופעל [hof'al] Passiv des Hif'il, *Gr.*

הַפְעָלָה נ׳ [haf'ala] Aktivierung *f*

הִפָּעֲלוּת נ׳, היפעלות [hipa'alut] Beeindruckung *f*, Gemütsbewegung *f*, Affekt *m*

הַפְעָמָה נ׳ [haf'ama] Erregen *n*

הִפָּעֲמוּת נ׳, היפעמות [hipa'amut] Erregung *f*

הִפָּעֲרוּת נ׳ [hipa'arut] Gähnen *n*, Klaffen *n* (Abgrund)

הֲפָצָה נ׳ [hafatsa] Verbreiten *n*, Vertrieb *m*

הַפְצָעָה נ׳ [haftsa'a] Durchbrechen *n*

הַפְצָצָה נ׳ [haftsatsa] Bombardement *n*

הַפְצָרָה נ׳ [haftsara] dringende Bitte *f*, Drängen *n*

הַפְקָדָה נ׳ [hafkada] Deposit *n*, Hinterlegung *f*

הִפָּקְדוּת נ׳ [hipakdut] (Volks-)Zählung *f*

הֲפָקָה [hafaka] Produktion *f*, Erzeugung *f*, Gewinnung *f*

=הֲפָקַת לְקָחִים = e-e Lehre ziehen (aus)

=~ תּוֹעֶלֶת = Profitieren *n*

הַפְקָעָה נ׳ [hafka'a] Enteignung *f*, Beschlagnahme *f*, Verwirkung *f*

=הַפְקָעַת | שְׁעָרִים, ~ מְחִירִים = Preistreiberei *f*

הֶפְקֵר ז׳ [hefkér] herrenloses Gut *n*; Gesetzlosigkeit *f*; Verantwortungslosigkeit *f*

=יַלְדֵי-~ = verwahrloste Kinder *n/pl.*

=אַדְמַת-~ = Niemandsland *n*

הַפְקָרָה נ׳ [hafkara] Verlassen *n*; Verzicht *m* auf gewendet

הֶפֶךְ ז׳ (הֲפָכִים) ['héfex] Gegenteil *n*

=לְ~ = im Gegenteil

הֲפֵכָה נ׳ [haféxa] Umsturz *m*, Revolution *f*

=הֲפֵכַת חָצֵר = Palastrevolution *f*

הַפְכִּיּוּת נ׳ [hafkijut] Gegensätzlichkeit *f*

הַפְכָן תו״ז [hafxan] unstet, unberechenbar, launisch *Adj.*; Neinsager *m*

=~וּת נ׳ = Unstetigkeit *f*; Widerspruchsgeist *m*

הֲפַכְפַּךְ ת׳ [hafaxpax] gekrümmt, gewunden; unbeständig, wankelmütig *Adj.*

=הֲפַכְפְּכוּת נ׳ = Unbeständigkeit *f*, Launenhaftigkeit *f*

הֲפַכְפְּכָן ת׳,~נִי ת׳ [hafaxpexan] labil, unbeständig *Adj.*

★הַפְלֵא וָפֶלֶא [haflé' va'fele'] wunderbar!, nicht zu glauben!

הִפָּלְאוּת נ׳ [hipal'ut] Erstaunen *n*, Überraschung *f*

הַפְלָגָה נ׳ [haflaga] Abfahrt *f* (Schiff); Übertreibung *f*

=עַל דֶּרֶךְ הַ~ = übertrieben gesagt

=עֶרֶךְ הַ~ = Superlativ *m Gr.*

הִפָּלְגוּת נ׳, היפלגות [hipalgut] Teilung *f*, Spaltung *f*

הַפָּלָה נ׳ [hapala] Werfen *n*; Abgang *m*, Fehlgeburt *f*

=~ מְלָאכוּתִית = Abtreibung *f*

הַפְלָטָה נ׳ [haflata] Ausscheiden *n*

הִפָּלְטוּת נ׳ [hipaltut] Entkommen *n*, Entrinnen *n*

הַפְלָיָה נ׳ [haflaja] Diskriminierung *f*, Benachteiligung *f*, Zurücksetzung *f*

הַפְלָלָה נ׳ [haflala] Belastung *f* (durch Aussage) *Jur.*

הִפְּנוּט ז׳, היפנוט [hipnut] Hypnotisierung *f*

הִפְנֵט פיעל [hipnét] *pi.* hypnotisieren

הַפְנָיָה נ׳ [hafnaja] Überweisung *f*

הַפְנָמָה נ׳ [hafnama] Introversion *f Psych.*

הֶפְסֵד ז׳ [hefséd] Verlust *m*, Schaden *m*

Besitz, Preisgabe *f*

הֶפְקֵרוּת נ' [hefkérut] Gesetzlosigkeit *f*, Anarchie *f*

הֶפְקֵרִי ת' [hefkéri] herrenlos, gesetzlos *Adj.*

הֵפֵר ז' [hefér] Annullierung *f*, Aufhebung *f*

הַפְרָאָה נ' [hafra'a] Befruchtung *f*

הַפְרָדָה נ' [hafrada] Trennung *f*

=הַפְרָדַת-כֹּחוֹת = Entflechtung *f Mil.*

הִפָּרְדוּת נ' [hipardut] Teilung *f*, Trennung *f*

הֲפָרָה נ' [hafara] Brechen *n fig.*

=הֲפָרַת | אֱמוּנִים = Treuebruch *m*

=~ חוֹזֶה = Vertragsbruch *m*

הַפְרָזָה נ' [hafraza] Übertreibung *f*

הַפְרָחָה נ' [hafraxa] Fruchtbarmachen *n*; Urbarmachung *f*

=הַפְרָחַת הַשְּׁמָמָה = Fruchtbarmachung *f* der Wüste

הַפְרָטָה נ' [hafrata] Differenzierung *f*; Privatisierung *f*; Gliederung *f*

הַפְרָיָה נ' [hafraja] Befruchtung *f*

=~ מְלָאכוּתִית = künstliche Befruchtung *f*

=~ חוּץ גּוּפָנִית = IVF, In-vitro-Fertilisation *f Med.*

הַפְרָכָה נ' [hafraxa] Widerlegung *f*

הִפָּרְסוּת נ' [hiparsut] Ausschwärmen *n Mil.*

הַפְרָעָה נ' [hafra'a] Störung *f*

הֶפְרֵשׁ ז' [hefréʃ] Unterschied *m*, Differenz *f*

הַפְרָשָׁה נ' [hafraʃa] Absonderung *f*, Ausscheidung *f*

הֶפְרֵשִׁיּוּת נ' [hefréʃijut] Differenziertheit *f*, Unterschiedlichkeit *f*

הַפְשָׁטָה נ' [hafʃata] Abstraktion *f*; Ausziehen *n* (Kleid); Häutung *f*

הַפְשָׁלָה נ' [hafʃala] Aufkrempeln *n*

הַפְשָׁרָה נ' [hafʃara] Schmelzen *n*, Auftauen *n*; Entspannung *f fig.*

הִפָּתְחוּת נ' [hipatxut] Öffnung *f*

הִפָּתְלוּת נ' [hipatlut] Winden *n*, Spulen *n*

הַפְתָּעָה נ' [hafta'a] Überraschung *f*

הַצָּבָה נ' [hatsava] Aufstellung *f*

הַצְבָּעָה נ' [hatsba'a] Abstimmung *f*; Hinweisen *n*

=הַצְבָּעַת-אֵמוּן = Vertrauensvotum *n*

=~-אִי-אֵמוּן = Misstrauensvotum *n*

הֶצְבֵּר ז' [hetsbér] Speichern *n*

הֶצֵּג ז' [hetség] Show *f*, Präsentation *f*

הַצָּגָה נ' [hatsaga] Vorstellung *f*, Aufführung *f*, Vorführung *f*

=הַצָּגַת בְּכוֹרָה = Premiere *f*

הַצְדָּעָה נ' [hatsda'a] Salutieren *n Mil.*

הַצְדָּקָה נ' [hatsdaka] Rechtfertigung *f*

הַצְהָבָה נ' [hatshava] Gelbfärbung *f*, Vergilben *n*

הַצְהָרָה נ' [hatshara] Deklaration *f*, feierliche Erklärung *f*

=הַצְהָרַת בַּלְפוּר = Balfour-Deklaration *f*

הַצְחָקָה נ' [hatsxaka] Erheiterung *f*, Aufheitern *n*

הִצְטַבֵּר ראה: צבר (sich ansammeln)

הִצְטַבְּרוּת נ' [hitstabrut] Aufspeicherung *f*; Ansammlung *f*

הִצְטַדֵּד ראה: צדד (sich seitwärts neigen)

הִצְטַדֵּק ראה: צדק (sich rechtfertigen)

הִצְטַדְּקוּת נ' [histadkut] Entschuldigung *f*, Rechtfertigung *f* (*refl.*)

הִצְטוֹפֵף ראה: צפף (zusammenrücken)

הִצְטוֹפְפוּת נ' [hitstofefut] Gedränge *n*

הִצְטַיֵּד ראה: ציד (sich ausstatten)

הִצְטַיְּדוּת נ' [hitstajdut] Ausrüsten *n*

הִצְטַיֵּן ראה: צין (sich auszeichnen)

הִצְטַיְּנוּת נ' [hitstajnut] Auszeichnung *f* (*refl.*)

הִצְטַיֵּר ראה: ציר (sich abzeichnen)

הִצְטַלֵּב ראה: צלב (sich bekreuzigen; sich kreuzen)

הִצְטַלְּבוּת נ' [hitstalvut] Wegkreuzung *f*; Bekreuzigung *f*

הִצְטַלֵּל ראה: צלל[1] (klar werden)

הִצְטַלֵּם ראה: צלם (sich fotografieren lassen)

הִצְטַמְצֵם ראה: צמצם (sich einschränken)

הִצְטַמְצְמוּת נ' [hitstamtsemut] Einschränkung *f*, Genügsamkeit *f*

הִצְטַמֵּק ראה: צמק (eintrocknen)

הִצְטַמְּקוּת נ' [hitstamkut] Eintrocknen *n*,

Schrumpfen *n*

הִצְטַנֵּן ראה: צנן (sich erkälten)

הִצְטַנְּנוּת נ׳ [hitstanenut] Erkältung *f*; Abkühlung *f*

הִצְטַעֲצֵעַ ראה: צעצע (sich zieren, sich bitten lassen)

הִצְטַעַצְעוּת נ׳ [hitst'atse'ut] Sich-Zieren *n*, Kokettieren *n*

הִצְטַעֵר ראה: צער (bedauern, Leid tun)

הִצְטָרֵךְ ראה: צרך (benötigen)

הִצְטָרְכוּת נ׳ [hitstarxut] Bedürftigkeit *f*; Abhängigkeit *f*

הִצְטָרֵף ראה: צרף (sich anschließen)

הִצְטָרְפוּת [hitstarfut] Anschluss *m (refl.)*

הִצִּיב ראה: יצב (aufstellen)

הִצִּיג ראה: יצג (vorstellen; vorführen)

הִצִּיל ראה: נצל (helfen)

הִצִּיעַ ראה: יצע (vorschlagen)

הֵצִיף ראה: צוף (überschwemmen)

הֵצִיץ ראה: צִיץ (kurz hinschauen)

הֵצִיק ראה: צוק (quälen)

הִצִּית ראה: יצת (anzünden)

הַצְלָבָה נ׳ [hatslava] Kreuzung *f* (v. Tieren u. Pflanzen)

הִצָּלְבוּת נ׳ [hitsalvut] Kreuzigung *f*

הַצָּלָה נ׳ [hatsala] Rettung *f*

=~ פּוּרְתָּא = Erleichterung *f*

הִצָּלוּת נ׳ [hitsalut] Rösten *n*, Braten *n*, Grillen *n*

הַצְלָחָה נ׳ [hatslaxa] Erfolg *m*, Gelingen *n*

=בְּ~! = viel Erfolg! viel Glück!

הַצְלָלָה נ׳ [hatslala] Beschatten *n*; Assonanz *f*

הַצְלָפָה נ׳ [hatslafa] Peitschen *n*

הַצְמָדָה נ׳ [hatsmada] Anschließen *n*, Verknüpfung *f*, Bindung *f Fin.*

הִצָּמְדוּת נ׳, היצמדות [hitsamdut] Verknüpfung *f*

הַצְמָחָה נ׳ [hatsmaxa] Wachsen *n*, Sprießen *n*

הַצְנָחָה נ׳ [hatsnaxa] Abwerfen *n* (mit Fallschirm)

הֶצְנֵעַ ז׳ [hets'néa'] Bescheidenheit *f*

=בְּ~ = bescheiden *Adv.*; heimlich *Adv.*

הַצְנָעָה נ׳ [hatsna'a] Verbergen *n*

הֶצֵּעַ ז׳ [he'tséa'] Angebot *n*

=~ וּבִקּוּשׁ = Angebot und Nachfrage

הַצְעָדָה נ׳ [hats'ada] Förderung *f*

הַצָּעָה נ׳ [hatsa'a] Vorschlag *m*, Angebot *n*

=הַצָּעַת-מְחִיר = Kostenvoranschlag *m*

הֶצֵּף ז׳, היצף [hetséf] Dumping *n*

הֲצָפָה נ׳ [hatsafa] Überflutung *f*

הַצְפָּנָה נ׳ [hatspana] Verbergung *f*; Verschlüsselung *f*

הֲצָצָה נ׳ [hatsatsa] Blick *m*, Hinschauen *n* (flüchtig, verstohlen)

הֲצָקָה נ׳ [hatsaka] Bedrängen *n*, Belästigung *f*

הַצָּקָה נ׳ [hatsaka] Schmelzen *n*, Gießen *n*

הֵצֵר ראה: צרר (einengen; besorgt sein)

הִצָּרְבוּת נ׳ [hitsarvut] Verbrennen *n*

הֲצָרָה נ׳ [hatsara] Beengung *f*

=הֲצָרַת צְעָדִים = Einschränkung *f*, Hindern *n*

הֶצְרֵךְ ז׳ [hetsréx] Rektion *f Gr.*

הִצָּרְפוּת נ׳ [hitsarfut] Veredelung *f*, Reinigung *f*

הַצָּתָה נ׳ [hatsata] Anzünden *n*, Brandstiftung *f*

=~ מְאֻחֶרֶת = Spätzünder *m*

הֲקָאָה נ׳ [haka'a] Erbrechen *n*

הקב״ה ר״ת הַקָּדוֹשׁ-בָּרוּךְ-הוּא [hakadoʃ barux hu'] *Abk.* Gott *m* (der Heilige, gelobt sei er)

הַקְבָּלָה נ׳ [hakbala] Gegenüberstellung *f*, Vergleich *m*; Parallelismus *m*

הַקְבָּצָה נ׳ [hakbatsa] Gruppierung *f*

הִקָּבְרוּת נ׳ [hikavrut] Beerdigung *f*

הַקְדָּחָה נ׳ [hakdaxa] Verwöhnen *n*, Übertreiben *n*

הֶקְדֵּם ז׳ [hekdém] (im) Voraus

=בְּ~ ת״פ = bald, in Kürze *Adv.*

=בַּ~ הָאֶפְשָׁרִי = sobald wie möglich

הַקְדָּמָה נ׳ [hakdama] Vorverlegung *f*, Vorwegnahme *f*; Einleitung *f*

הֶקְדֵּשׁ ז׳ [hekdéʃ] Tempelschatz *m*, Geweihtes *n*, Besitz *m* religiöser Institutionen

הַקְדָּשָׁה נ׳ [hakdaʃa] Widmung *f*

הַקְהָיָה נ׳ [hakhaja] Abstumpfung *f*

הִקָּהֲלוּת נ׳, היקהלות [hikahalut] Menschenmenge *f*, -auflauf *m*

הַקָּזָה נ׳, הַקָּזַת-דָּם [hakaza] Aderlass *m*

הַקְטָנָה נ׳ [haktana] Verkleinerung *f*

הַקְטָרָה נ׳ [haktara] Räuchern *n*

הֵקִיא ראה: קיא (erbrechen; F kotzen)

הִקִּיז ראה: נקז (zur Ader lassen)

הֵקִים ראה: קום (aufstellen; einrichten, gründen)

הֵקִיץ ראה: קוץ (aufwachen; aufwecken)

(הָקִיץ) בְּהָקִיץ ת״פ [behakits] im Wachen *Adv.*

הִקִּישׁ ראה: נקש (klopfen; folgern)

הֵקֵל ראה: קלל (erleichtern)

הֲקַלָּה נ׳ [hakala] Erleichterung *f*

הַקְלָטָה נ׳ [haklata] Aufnahme *f* (Ton-, Datenträger)

הִקָּלְטוּת נ׳, היקלטות [hikaltut] Integration *f*

הֲקָמָה נ׳ [hakama] Errichtung *f*, Aufstellung *f*

הַקְנָטָה נ׳ [haknata] Sticheln *n*, Ärgern *n*

הַקְנָיָה נ׳ [haknaja] (Besitz) Übertragung *f*, Überschreibung *f*

=הַקְנָיַת הֶרְגֵּלִים = Weitergabe *f* von Sitten und Gebräuchen

הַקְסָמָה נ׳ [haksama] Faszination *f*

הֶקֵּף ז׳, היקף [hekéf] Umfang *m*

הַקְפָּאָה נ׳ [hakpa'a] Erstarrung *f*; Eisbildung *f*; Einfrieren *n*

=תָּא-~ = Gefrierkammer *f*, Gefrierfach *n*

=הַקְפָּאַת הוֹן = Sperrung *f* von Vermögen

=~ חֶשְׁבּוֹן = Kontosperrung *f*

הַקְפָּדָה נ׳ [hakpada] Genauigkeit *f*; Strenge *f*

הַקָּפָה נ׳ [hakafa] Umzug mit den Thorarollen *Rel.*; Umgehung *f*; Umdrehung *f*

הַקָּפָה נ׳ [hakafa] Kreditgeschäft *n*

הֶקֵּפִי ת׳, היקפי [hekéfi] umfassend *Adj.*

הַקְפָּצָה נ׳ [hakpatsa] Überspringen *n* (*auch Schulklasse*); Erhöhung *f*

הַקְצָאָה נ׳ [haktsa'a] Zuweisung *f*, Bestimmung *f*

הַקְצָבָה נ׳ [haktsava] Zuteilung *f*, Zuweisung *f*

הַקְצָנָה נ׳ [haktsana] Radikalisierung *f*

הַקְצָעָה נ׳ [haktsa'a] Hobeln *n*

הַקְצָפָה נ׳ [haktsafa] Schaumschlagen *n*, Sahneherstellung *f*

הַקְרָאָה נ׳ [hakra'a] Vorlesen *n*, Rezitation *f*

הַקְרָבָה נ׳ [hakrava] Opferung *f*, Aufopferung *f*

=~ עַצְמִית = Selbstaufopferung *f*

הִקָּרְבוּת נ׳ [hikarvut] Nähe *f*

הַקְרָחָה נ׳ [hakraxa] Haarausfall *m*

הַקְרָמָה נ׳ [hakrama] Krustenbildung *f*

הַקְרָנָה נ׳ [hakrana] Strahlung *f*; Dia-Show *f*; Filmvorführung *f*

=הַקְרָנוֹת = Bestrahlungen *f/pl. Med.*

הִקָּרְעוּת נ׳ [hikar'ut] Reißen *n*, Zerrissenheit *f*

הַקְרָשָׁה נ׳ [hakraʃa] Gerinnen *n*, Erstarrung *f*

הֶקֵּשׁ ז׳, היקש [hekéʃ] Analogie *f*, (logische) Schlussfolgerung *f*

הַקְשָׁאָה נ׳ [hakʃa'a] Verhärtung *f*

הַקְשָׁבָה נ׳ [hakʃava] Aufmerksamkeit *f*, Zuhören *n*

הַקָּשָׁה[1] נ׳ [hakaʃa] Klopfen *n*

=כְּלֵי-~ = Schlagzeug *n*

הַקָּשָׁה[2] נ׳ [hakaʃa] Vergleich *m*, Analogieschluss *m*

הַקְשָׁחָה נ׳ [hakʃaxa] Verhärtung *f*, Versteifung *f*

הֶקֵּשִׁי ת׳ היקשי [hekéʃi] analog; diskursiv; schlussfolgernd *Adj.*

הַקְשָׁיָה נ׳ [hakʃaja] Verhärtung *f*

הֶקְשֵׁר ז׳ [hekʃér] Kontext *m*, Zusammenhang *m*

=~-דְּבָרִים = Assoziation *f*

=בְּ~ זֶה = in diesem Zusammenhang

הַר ז׳ (הָרִים גם: הֲרָרִים) [har] Berg *m*

=~-גַּעַשׁ = Vulkan *m*

=~ הַבַּיִת = Tempelberg *m* (in Jerusalem)

=~ קֶרַח = Eisberg *m*

=הָרֵי הָרִים = große Berge *m/pl.*

הַרְאֵל ז׳ [har'él] Altar *m*; Berg *m* Sinai

הַרְבֵּה ת״פ ות׳ [harbé] viel *Adv. u. Adj.* (*unveränderlich*); oft *Adv.*
=~ מִ- = mehr als
=~ יוֹתֵר מִ- = viel mehr als
=~ מְאֹד = sehr viel
=כְּ~ = sehr, in großem Maße
הַרְבָּיָה נ׳ [harbaja] Vermehrung *f* (transitiv)
הַרְבָּכָה נ׳ [harbaxa] Verdickung *f*
הַרְבָּעָה נ׳ [harba'a] Paarung *f*, Decken *n*
הַרְבָּצָה נ׳ [harbatsa] Schlagen *n*; Rasten *n*, Weiden (v. Tieren)
הָרַג פעל (לַהֲרוֹג אֶת-, יַהֲרוֹג) [harag] *kal* erschlagen, ermorden, töten
-נֶהֱרַג נפ׳ (לְהֵהָרֵג) - *nif.* erschlagen, ermordet werden
=הוֹצִיא לְהוֹרֵג = hinrichten
הֶרֶג ז׳ ['hereg] Morden *n*, Gemetzel *n*, Blutbad *n*
הֲרֵגָה נ׳, הריגה [haréga] Massaker *n*
★=גֵּיא הַ~ = *wörtl.* Tal *n* des Gemetzels; Schlachtfeld *n*
הַרְגָּזָה נ׳ [hargaza] Ärgern *n*, Erzürnen *n*
הֶרְגֵּל ז׳ [hergél] Gewohnheit *f*, Routine *f*
הַרְגָּלָה נ׳ [hargala] Gewöhnung *f*
הֶרְגֵּלִי ת׳ [hergéli] gewohnt *Adj.*
הֵרָגְנוּת נ׳ [héragnut] Beschwerde *f*
הַרְגָּעָה נ׳ [harga'a] Beruhigen *n*, Beruhigung *f*
הֵרָגְעוּת נ׳ [hérag'ut] Entspannung *f*, Ruhe *f*
הַרְגָּשָׁה נ׳ [hargaʃa] Gefühl *n*; Stimmung *f*
הֶרְגֵּשִׁי ת׳ [hergéʃi] emotional, gefühlsbedingt *Adj.*
הַרְדּוּף ז׳ [harduf] Oleander *m* (Nerium Oleander) *Bot.*
הַרְדָּמָה נ׳ [hardama] Einschläfern *n*, Narkose *f*
הֵרָדְמוּת נ׳, הירדמות [héradmut] Einschlafen *n*
(הָרָה) הָרְתָה פעל (לַהֲרוֹת, הָרָה, תַּהֲרֶה) [hara] *kal*, schwanger werden, empfangen, schwanger sein
הָרָה ת׳ [hara] schwanger *Adj.*
הַרְהָבָה נ׳ [harhava] Kühnheit *f*, Verwegenheit *f*

הִרְהוּר ז׳, הירהור [hirhur] Sinnen *n*, Nachdenken *n*
=רָאָה מֵהִרְהוּרֵי לִבּוֹ = wünschen
הִרְהֵר פיעל (לְהַרְהֵר אַחֲרֵי-, עַל-) [hirhér] *pi.* sinnen, nachdenken *v/i*
=מְהַרְהֵר ת׳ = versonnen, nachdenklich *Adj.*
הָרוּג תו״ז [harug] erschlagen *Adj.*; Erschlagener *m*, Ermordeter *m*
=הֲרוּגֵי מַלְכוּת = von den Herrschern erschlagene Märtyrer *m/pl.*
=אֲנִי הָרוּג (דיבורי) = ich bin fix und fertig, am Ende F
הַרְוָחָה נ׳, הרווחה [harvaxa] Bequemlichkeit *f*
הַרְוָיָה נ׳, הרוויה [harvaja] Durststillen *n*
הָרוּס ת׳ [harus] ruiniert, kaputt, zerstört *Adj.*
הַרְזָיָה נ׳ [harzaja] Abmagerung *f*
הַרְחָבָה נ׳ [harxava] Erweiterung *f*; Verbreiterung *f*
=הַרְחָבַת-הַדַּעַת = Wohlbehagen *n*, Behagen *n*
=בְּהַרְחָבָה ת״פ = ausführlich *Adv.*
הֲרָחָה נ׳ [haraxa] Riechen *n*
=חוּשׁ-~ = Geruchssinn *m*
הַרְחֵק ת״פ [harxék] weit entfernt *Adv.*
=~ ~ = sehr weit
הַרְחָקָה נ׳ [harxaka] Entfernen *n*
הַרְטָבָה נ׳ [hartava] Befeuchtung *f*; Bettnässen *n*
הֵרָטְבוּת נ׳ [hératvut] Nässe *f*; Nasswerden *n*
הַרְטָטָה נ׳ [hartata] Vibrieren *n*, Beben *n*
הֲרֵי[1] [haré] siehe da, doch
=שֶׁ~ = denn, da
=~נִי = siehe (mich), ich (betont)
=~ אַתְּ = siehe, du (bist mir angetraut); Beginn des Segensspruches des Bräutigams
★הֲרֵי[2] ז׳ (רק בצירוף:) [haré] Natur *f*, Gestalt *f*; nur in folgender Redensart:
=לֹא ~... כְּ~... = dies ist nicht wie jenes, ist nicht zu vergleichen
הֲרִיגָה נ׳ [hariga] Tötung *f*, Totschlag *m*

הֵרָיוֹן ז׳ [hérajon] Schwangerschaft *f*

=נִכְנְסָה לְ~ = schwanger werden

הֲרִיסָה נ׳ [harisa] Zerstörung *f*; Abbruch *m*, Niederreißen *n*

הֲרִיסוּת נ׳ [harisut] Zerstörung *f*, Ruin *m*

הֵרִיעַ ראה: רוע (zurufen, zujubeln; applaudieren)

הֵרִיץ ראה: רוץ (anlaufen lassen)

הֵרִיק ראה: ריק (leer machen, entleeren)

הֶרְכֵּב ז׳ [herkév] Zusammensetzung *f*, Konstruktion *f*

הַרְכָּבָה נ׳ [harkava] Zusammensetzen *n*, Zusammenstellen *n*; Aufsetzen *n*; Pfropfen *n*; (Pflanzen) Veredelung *f*

=הַרְכָּבַת אֲבַעְבּוּעוֹת = Pockenimpfung *f*

הַרְכָּנָה נ׳ [harkana] Neigen *n*, Neigung *f*, Senken *n* (des Kopfes)

הֲרָמָה נ׳ [harama] Aufheben *n*, Erhöhen *n*

הַרְמוֹן ז׳ (הַרְמוֹנוֹת) [harmon] Harem *m*

הַרְמוֹנִ|י ת׳ [harmoni] harmonisch *Adj.*

=~יָה נ׳ = Harmonie *f*

הֶרְמֵטִי ת׳ [hermeti] hermetisch *Adj.*

הָרַס פעל (לַהֲרוֹס אֶת-, יַהֲרוֹס) [haras] *kal* zerstören; ruinieren, kaputtmachen, abreißen

הֶרֶס ז׳ ['heres] Zerstörung *f*

הַרְסָ|נוּת נ׳ [harsanut] Zerstören *n*, Destruktion *f*

=~נִי ת׳ = zerstörerisch, destruktiv *Adj.*

הַרְעָבָה נ׳ [har'ava] Aushungern *n*

הַרְעָדָה נ׳ [har'ada] Schütteln *n*, Vibration *f*

הֲרָעָה נ׳ [hara'a] Verschlechterung *f*

=הֲרָעַת תְּנָאֵי עֲבוֹדָה = Verschlechterung *f* der Arbeitsbedingungen

הַרְעָלָה נ׳ [har'ala] Vergiftung *f*

הַרְעָמָה נ׳ [har'ama] Erzürnen *n*

=הַרְעָמַת-פָּנִים = Trotzen *n*, Schmollen *n*

הַרְעָפָה נ׳ [har'afa] Tröpfeln *n*

הַרְעָשָׁה נ׳ [har'aʃa] Bombardement *n*; Lärmen *n*

הר״פ ר״ת הָרָצוּף פֹּה [haratsuf po] *Abk.* (Brief) Anlage *f*

(הֶרֶף) בְּלִי ~ [bli 'heref] ohne Unterlass

=כְּ~-עַיִן = im Nu

הַרְפָּיָה נ׳, הרפיה [harpaja] Entspannung *f*, Lockerung *f*

הֶרְפֶּס ז׳ [herpes] Herpes *m Med.*

הַרְפַּתְקָ|ה נ׳ [harpatka] Abenteuer *n*

=~ן ז׳ = Abenteurer *m*

=~נוּת נ׳ = Abenteuerlust *f*

=~נִי ת׳ = abenteuerlich *Adj.*

הַרְצָאָה נ׳ [hartsa'a] Vortrag *m*

הֲרָצָה נ׳ [haratsa] Anlaufen *n* (Maschine), Einfahren *n* (Auto)

הֵרָצְחוּת נ׳ [hératsxut] Mord *m*, Ermordung *f*

הַרְקָבָה נ׳ [harkava] Verschimmelnlassen *n*

הֵרָקְבוּת נ׳ [hérakvut] Zerfallen *n*, Verrotten *n*

הַרְקָדָה נ׳ [harkada] Tanzenlassen *n*, Anleiten *n* zum Tanzen; Tanzveranstaltung *f*

הֲרָקָה נ׳ [haraka] Entleerung *f*, Leerung *f*

הֵרָקְמוּת נ׳ [hérakmut] Komposition *f*, Formation *f*

הַרְקָעָה נ׳ [harka'a] Erhebung *f*

הֲרָרִי ת׳ [harari] bergig *Adj.*, Gebirgs-

הַרְשָׁאָה נ׳ [harʃa'a] Vollmacht *f*

הַרְשָׁמָה נ׳ [harʃama] Eintragung *f*, Registrierung *f*; Anmeldung *f*

הֵרָשְׁמוּת נ׳, הירשמות [héraʃmut] Eingetragensein *n*, gültige Eintragung *f*, Einschreibung *f*

הַרְשָׁעָה נ׳ [harʃa'a] Schuldspruch *m*

הֶרֶת נ׳ ['heret] Thymusdrüse *f Anat.*

הַרְתָּחָה נ׳ [hartaxa] Kochen *n*, Aufkochen *n*

הַרְתָּמָה נ׳ [hartama] Einspannen *n*

הֵרָתְמוּת נ׳, הירתמות [hératmut] Eingespanntsein *n*; Angeschirrtsein *n* (Pferd); begeisterte Mitwirkung *f*

הַרְתָּעָה נ׳ [harta'a] Abschreckung *f*

הֵרָתְעוּת נ׳, הירתעות [hérat'ut] Zurückschrecken *n*

הַרְתָּעָתִי ת׳ [harta'ati] abschreckend *Adj.*

הַשָּׂאָה נ' [hasa'a] Übertragung *f*
=הַשָּׂאַת הַבֵּן או הַבַּת = Verheiratung *f* (transitiv)
=עֵצָה-~ = Beratung *f*
הַשָּׁאָה נ' [haʃa'a] Suggestion *f*
=~ עַצְמִית = Autosuggestion *f*
הַשְׁאָיָה נ' [haʃ'aja] Zerstörung *f*, Verwüstung *f*
הַשְׁאָלָה נ' [haʃ'ala] Ausleihe *f*; Metapher *f*
=סִפְרִיַּת-~ = Leihbibliothek *f*, Leihbücherei *f*
=לָקַח בְּ~ = sich leihen, sich ausborgen
הַשְׁאָפָה נ' [haʃ'afa] Inhalation *f*
הַשְׁאָרָה נ' [haʃ'ara] Zurücklassen *n*
הִשָּׁאֲרוּת נ', הישארות [hiʃa'arut] Zurückbleiben *n*; (Schule) Sitzenbleiben *n*
=הַנֶּפֶשׁ-~ = Unsterblichkeit *f* der Seele
הֲשָׁבָה נ' [haʃava] Rückgabe *f*
=הֲשָׁבַת-אֲבֵדָה = Rückgabe *f* e-r Fundsache
הַשָּׁבָה נ' [haʃava] Wehen *n* (Wind)
הַשְׁבָּחָה נ' [haʃbaxa] Verbesserung *f*
הַשְׁבָּעָה נ' [haʃba'a] Vereidigung *f*; (Geister-) Beschwörung *f*
הַשְׂבָּעָה נ' [hasba'a] Sättigung *f* (transitiv)
הַשְׁבָּתָה נ' [haʃbata] Störung *f*; Aussperrung *f*; Anhalten *n* (Maschine)
הֶשֵּׂג ז', הישג [heség] Errungenschaft *f*, Leistung *f*
=יָד-~ = Reichweite *f*, Erreichbarkeit *f*
הַשָּׂגָה נ' [hasaga] Erlangung *f*; Auffassungsgabe *f*; Einwand *m*, kritische Bemerkung *f*
הַשְׁגָּחָה נ' [haʃgaxa] Aufsicht *f*
=~ עֶלְיוֹנָה = göttliche Vorsehung *f*
הֶשֵּׂגִיּוּת נ' [heségijut] Bewertung *f* nach Leistung
הֶשְׁגֵּר ז' [heʃgér] Fluss m, Gewandtheit *f*
הַשְׁגָּרָה נ' [haʃgara] Gewöhnung *f*, Einübung *f*
הַשְׁהָיָה נ' [haʃhaja] Aufschub *m*, Aufhalten *n*
הַשְׁוָאָה נ', השוואה [haʃva'a] Vergleich *m*
=בְּ~ לְ- = im Vergleich zu
=הַשְׁוָאָתִי ת' = vergleichend *Adj.*
הַשְׁוָיָה נ', השוויה [haʃvaja] Angleichung *f*, Anpassung *f*
הֲשָׂחָה נ' [hasaxa] Erzählen *n*
הַשְׁחָזָה נ' [haʃxaza] Schleifen *n*
=אֶבֶן-~ = Schleifstein *m*
הַשְׁחָלָה נ' [haʃxala] Einfädeln *n*
הַשְׁחָמָה נ' [haʃxama] Braunwerden *n*
הַשְׁחָקָה נ' [haʃxaka] Abnutzung *f*
הִשָּׁחֲקוּת נ' [hiʃaxakut] Abnutzung *f*, Verschleiß *m*
הַשְׁחָרָה נ' [haʃxara] Anschwärzen *n*
הַשְׁחָתָה נ' [haʃxata] Verderben *n*
=הַשְׁחָתַת-הַמִּדּוֹת = Sittenverderbnis *f*
הֲשָׁטָה נ' [haʃata] Segeln *n*
הַשְׂטָנָה נ' [hastana] Beschuldigung *f*, Denunzierung *f*
הִשִּׂיא ראה: נשא (j-n verheiraten)
הִשִּׁיב הפ' מן נשב (wegpusten; wehen lassen)
הֵשִׁיב ראה: שוב (antworten; zurückgeben)
הִשִּׂיג ראה: נשג (erreichen; kritisieren; begreifen)
הִשִּׁיק ראה: נשק (berühren; vom Stapel laufen lassen)
הִשִּׁיר ראה: נשר (fallen lassen; Blätter abwerfen)
הַשְׁכָּבָה נ' [haʃkava] Hinlegen *n* (transitiv) *f*
=תְּפִלַּת-~ = Trauergebet *n*; Requiem *n*
הַשְׁכָּחָה נ' [haʃkaxa] Vergessenlassen *n*
הִשָּׁכְחוּת נ' [hiʃaxexut] Vergesslichkeit *f*
הַשְׂכֵּל ז' [haskél] Einsicht *f*, Verständnis *n*
=מוּסַר-~ = die Moral der Geschichte
הַשְׂכָּלָה נ' [haskala] Bildung *f*; Aufklärung *f*
=~ גְּבוֹהָה = akademische Bildung
=~ כְּלָלִית = Allgemeinbildung
=בַּעַל-~ = Gebildeter *m*
=תְּקוּפַת הַ~ = Aufklärung *f* (Epoche)
=הַשְׂכָּלָתִי ת' = Bildungs-
הַשְׁכֵּם ת"פ [haʃkém] früh (am Morgen) *Adv.*
=~ וְהַעֲרֵב = früh und spät; immer wieder
הַשְׁכָּמָה נ' [haʃkama] Aufstehen *n*; Weckruf *m*
=בְּ~ = frühmorgens
(הַשְׁכָּנָה) הַשְׁכָּנַת- [haʃkanat ʃalom] Befrie-

dung *f*; Schlichtung *f* שָׁלוֹם
[haskara] Vermietung *f* הַשְׂכָּרָה נ׳
= Autovermietung *f* =הַשְׂכָּרַת-רֶכֶב
[haʃkara] Trunkenmachen *n*, Berauschen *n* הַשְׁכָּרָה נ׳
[haʃala] Abwerfen *n* (Früchte vom Baum) הַשָּׁלָה נ׳
[haʃlata] Herrschenlassen *n*; Durchsetzen *n*, Erzwingen *n* הַשְׁלָטָה נ׳
= Wiederherstellung *f* der Ordnung =הַשְׁלָטַת הַסֵּדֶר
[haʃlaja] Irreführung *f* הַשְׁלָיָה נ׳, השלייה
[haʃlaxa] Wurf *m*; Projektion *f*; Auswirkung *f* הַשְׁלָכָה נ׳
[haʃlama] Ergänzung *f*, Vervollständigung *f*, Vollendung *f*; Beilegung *f*, Schlichtung *f* הַשְׁלָמָה נ׳
= Sich-Abfinden *n (mit)* =~ עִם-
[haʃlaʃa] Hinterlegung *f* הַשְׁלָשָׁה נ׳
[haʃém] der Name (Gottes) הַשֵּׁם ז׳
[hasmala] Linksruck *m*, Wendung *f* nach links *Pol.* הַשְׂמָאלָה נ׳
[haʃmada] Vernichtung *f*, Vertilgung *f* הַשְׁמָדָה נ׳
[haʃmata] Weglassen *n*, Auslassung *f*; Schuldenerlass *m* הַשְׁמָטָה נ׳
[hiʃamtut] Verlagerung *f*, Auslassung *f* הִשָּׁמְטוּת נ׳
[haʃmana] Fettansatz *m*, Dickwerden *n* הַשְׁמָנָה נ׳
[haʃma'a] Erklärung *f*; Spielen *n* הַשְׁמָעָה נ׳
[hiʃam'ut] Gehorsam *m* הִשָּׁמְעוּת נ׳
[haʃmatsa] Verleumdung *f* הַשְׁמָצָה נ׳
[hiʃamrut] Vorsicht *f*; Diskretion *f* הִשָּׁמְרוּת נ׳
[hiʃanut] Wiederholung *f (intrans.)* הִשָּׁנוּת נ׳, הישנות
[haʃ'aja] Suspension *f*, zeitweilige Amtsenthebung *f* הַשְׁעָיָה נ׳
[hiʃa'anut] Anlehnung *f*, Sich-Stützen *n* הִשָּׁעֲנוּת נ׳, הישענות
[haʃ'ara] Vermutung *f*, Annahme *f*, Hypothese *f* הַשְׁעָרָה נ׳
[haʃpala] Erniedrigung *f*, Demütigung הַשְׁפָּלָה נ׳

[haʃpa'a] Einfluss *m*, Einwirkung *f* הַשְׁפָּעָה נ׳
= gegenseitige Beeinflussung *f* =הַשְׁפָּעַת-גּוֹמְלִין
[haʃpara] Appretur *f*, Wäschestärke *f* הַשְׁפָּרָה נ׳
[haʃka'a] Bewässerung *f* הַשְׁקָאָה נ׳
[haʃaka] Anstoßen *n*; Stapellauf *m* הַשָּׁקָה נ׳
[haʃkét] Ruhe *f*, Sicherheit *f*; ruhig *Adv.* הַשְׁקֵט ז, ת״פ
[haʃkaja] Tränken *n*; Bewässern *n* הַשְׁקָיָה נ׳
[haʃka'a] Investition *f* הַשְׁקָעָה נ׳
[haʃkafa] Anschauung *f* הַשְׁקָפָה נ׳
= Weltanschauung *f* =הַשְׁקָפַת-עוֹלָם
[haʃkatsa] Abscheu *f* הַשְׁקָצָה נ׳
[haʃra'a] Inspiration *f*, Eingebung *f*; Induktion *f El.* הַשְׁרָ|אָה נ׳
= induktiv *Adj. El.* =~אִי ת׳
[hisardut] Überleben *n* הִשָּׂרְדוּת נ׳
[haʃraja] Einweichen *n* הַשְׁרָיָה נ׳
[hisarfut] Brennen *n*; Verbrennen *n* הִשָּׂרְפוּת נ׳
[haʃratsa] Laichen *n* הַשְׁרָצָה נ׳
[haʃraʃa] Verwurzelung *f* הַשְׁרָשָׁה נ׳
[haʃata] dieses Jahr ★הָשַׁתָּא ת״פ (ארמ׳)
(staunen) הִשְׁתָּאָה ראה: שאה
[hiʃta'ut] Staunen *n* הִשְׁתָּאוּת נ׳
(besser werden; sich preisen) הִשְׁתַּבֵּחַ ראה: שבח
[hiʃtabxut] Verbesserung *f*; Selbstlob *n* הִשְׁתַּבְּחוּת נ׳
(sich integrieren, anpassen, einfügen in Muster, System usw.) הִשְׁתַּבֵּץ ראה: שבץ
[hiʃtabrut] Brechung *f (refl.)* הִשְׁתַּבְּרוּת נ׳
= Strahlenbrechung *f* =~ קֶרֶן-אוֹר
(gestört werden) הִשְׁתַּבֵּשׁ ראה: שבש
[hiʃtabʃut] Fehler *m*, Konfusion *f* הִשְׁתַּבְּשׁוּת נ׳
(verrückt werden) הִשְׁתַּגֵּעַ ראה: שגע
[hiʃtadxut] Heirat *f* הִשְׁתַּדְּכוּת נ׳
(sich bemühen) הִשְׁתַּדֵּל ראה: שדל
[hiʃtadlut] Bemühung *f* הִשְׁתַּדְּלוּת נ׳
[hiʃtahut] Verzögerung *f (refl.)* הִשְׁתַּהוּת נ׳
(sich austoben; übermütig sein) הִשְׁתּוֹבֵב ראה: שוב[2]

הִשְׁתּוֹבְבוּת נ׳ [hiʃtovevut] Toben *n*, Übermut *m*, Ausgelassenheit *f*

הִשְׁתַּוָּה ראה: שוה (sich einigen; sich vergleichen, vergleichbar sein mit)

הִשְׁתַּווּת נ׳ [hiʃtavut] Einigung *f*

הִשְׁתּוֹלֵל ראה: שלל[2] (herumtoben; F unsicher machen)

הִשְׁתּוֹלְלוּת נ׳ [hiʃtolelut] Ausschreitung *f*; Toben *n*, Wüten *n*

הִשְׁתּוֹמֵם ראה: שמם (erstaunt sein)

הִשְׁתּוֹמְמוּת נ׳ [hiʃtomemut] Erstaunen *n*

הִשְׁתּוֹקֵק ראה: שקק[2] (begehren)

הִשְׁתּוֹקְקוּת נ׳ [hiʃtokekut] Begierde *f*

הִשְׁתַּזֵּף ראה: שזף (braun werden, sich in die Sonne legen)

הִשְׁתַּזְּפוּת נ׳ [hiʃtazfut] Sonnenbaden *n*

הִשְׁתַּזֵּר ראה: שזר (verflochten sein)

הִשְׁתַּחֲוָה ראה: שחה (sich verbeugen vor)

הִשְׁתַּחֲווּת נ׳ [hiʃtaxavut] tiefe Verbeugung *f*

הִשְׁתַּחְרֵר ראה: שחרר (sich befreien; aus dem Militärdienst scheiden)

הִשְׁתַּחְרְרוּת נ׳ [hiʃtaxrerut] Befreiung *f*, Emanzipation *f*; (Militärdienst) Beenden *n*

הִשְׁתַּטֵּחַ ראה: שטח (sich niederwerfen)

הִשְׁתַּטְּחוּת נ׳ [hiʃtatxut] Niederwerfen *n*, Hinlegen *n Mil*

הִשְׁתַּיֵּךְ ראה: שיך (zu etwas gehören, zusammengehören)

הִשְׁתַּיְּכוּת נ׳, השתייכות [hiʃtajxut] Zugehörigkeit *f*

הִשְׁתַּכְלֵל ראה: שכלל (verbessert werden)

הִשְׁתַּכֵּן ראה: שכן (sich ansiedeln)

הִשְׁתַּכְנֵעַ ראה: שכנע (überzeugt sein *oder* werden)

הִשְׂתַּכֵּר ראה: שׂכר (verdienen)

הִשְׁתַּכֵּר ראה: שכר (sich betrinken)

הִשְׁתַּכְשְׁכוּת נ׳ [hiʃtaxʃexut] Planschen *n*

הִשְׁתַּלֵּב ראה: שלב (sich einfügen, sich integrieren)

הִשְׁתַּלְּבוּת נ׳ [hiʃtalvut] Integration *f*, Eingliederung *f*

הַשְׁתָּלָה נ׳ [haʃtala] Einpflanzung *f*; Verpflanzung *f*, Transplantation *f Med.*

הִשְׁתַּלְהֲבוּת נ׳ [hiʃtalhavut] Begeisterung *f*

הִשְׁתַּלֵּט ראה: שלט (an die Macht kommen; überwinden)

הִשְׁתַּלְּטוּת נ׳ [hiʃtaltut] Machtergreifung *f*

הִשְׁתַּלֵּם ראה: שלם (sich lohnen; sich fortbilden)

הִשְׁתַּלְּמוּת נ׳ [hiʃtalmut] Vervollkommnung *f*; Fortbildung *f*

הִשְׁתַּלְשֵׁל ראה: שלשל (herabhängen; sich entwickeln)

הִשְׁתַּלְשְׁלוּת נ׳ [hiʃtalʃelut] Entwicklung *f*; Verkettung *f*

הִשְׁתַּמֵּד ראה: שמד (Christ werden, sich taufen lassen)

הִשְׁתַּמֵּט ראה: שמט (sich entziehen; sich drücken vor)

הִשְׁתַּמְּטוּת נ׳ [hiʃtamtut] Sich-Entziehen *n*; Drückebergerei *f*

הִשְׁתַּמַּע ראה: שמע (aufgefasst werden)

הִשְׁתַּמֵּר ראה: שמר (sich hüten vor; erhalten werden)

הִשְׁתַּמְּרוּת נ׳ [hiʃtamrut] Erhaltung *f*

הִשְׁתַּמֵּשׁ ראה: שמש (benutzen)

הַשְׁתָּנָה נ׳ [haʃtana] Urinieren *n*, F Pinkeln *n*

הִשְׁתַּנָּה ראה: שנה (sich ändern)

הִשְׁתַּנּוּת נ׳ [hiʃtanut] Veränderung *f*

=~ הַקּוֹל = Stimmwechsel *m*, Stimmbruch *m*

הִשְׁתַּנֵּק ראה: שנק (erwürgt werden)

הִשְׁתַּעְבֵּד ראה: שעבד (sich unterwerfen; verpfändet werden)

הִשְׁתַּעְבְּדוּת נ׳ [hiʃta'bdut] Versklavung *f*; Verpfändung *f (refl.)*

הִשְׁתַּעֵל ראה: שעל (husten)

הִשְׁתַּעֲמֵם ראה: שעמם (sich langweilen)

הִשְׁתָּעֵר ראה: שער (stürmen, angreifen)

הִשְׂתָּעֲרוּת נ׳ [hista'arut] Sturmangriff *m*

הִשְׁתַּעֲשֵׁעַ ראה: שעשע (sich amüsieren; spielen)

הִשְׁתַּעַשְׁעוּת נ׳ [hiʃta'ʃe'ut] Unterhaltung *f*

הִשְׁתַּפֵּךְ ראה: שפך (sich ergießen, vergossen werden)

הִשְׁתַּפְּכוּת נ׳ [hiʃtapxut] Erguss *m*

=~-הַנֶּפֶשׁ = Überschwänglichkeit *f*

הִשְׁתַּפֵּר ראה: שפר (besser werden)

הִשְׁתַּפְּרוּת נ׳ [hiʃtaprut] Besserung *f*, Verbesserung *f*

הִשְׁתַּפְשֵׁף ראה: שפשף (sich abnutzen; abgeschliffen werden)

הִשְׁתַּפְשְׁפוּת נ׳ [hiʃtafʃefut] Abnutzung *f*

הַשְׁתָּקָה נ׳ [haʃtaka] Versiegen *n*, Verstummen *n*

הִשְׁתַּקְּמוּת נ׳ [hiʃtakmut] Rehabilitation *f*

הִשְׁתַּקַּע ראה: שקע (versinken; sich ansiedeln)

הִשְׁתַּקְּעוּת נ׳ [hiʃtak'ut] Niederlassen *n*

הִשְׁתַּקֵּף ראה: שקף (sich widerspiegeln)

הִשְׁתַּקְּפוּת נ׳ [hiʃtakfut] Spiegelung *f*

הִשְׁתַּרְבֵּב ראה: שרבב (sich als Fehler einschleichen)

הִשְׁתַּרְבְּבוּת נ׳ [hiʃtarbevut] Strecken *n*

הִשְׂתָּרְכוּת נ׳ [histarxut] Sich-Schleppen *n*

הִשְׂתָּרֵעַ ראה: שרע (sich ausdehnen, sich ausstrecken)

הִשְׂתָּרֵר ראה: שרר (herrschen, sich durchsetzen)

הִשְׁתָּרֵשׁ ראה: שרש (verwurzelt sein; Wurzeln schlagen)

הִשְׁתָּרְשׁוּת נ׳ [hiʃtarʃut] Verwurzelung *f*

הַשְׁתָּתָה נ׳ [haʃtata] Fundieren *n*

הִשְׁתַּתֵּף ראה: שתף (sich beteiligen; mitmachen)

הִשְׁתַּתְּפוּת נ׳ [hiʃtatfut] Teilnahme *f*

הִשְׁתַּתֵּק ראה: שתק (still werden)

הִשְׁתַּתְּקוּת נ׳ [hiʃtatkut] Stillschweigen *n*

הִתְאַבְּדוּת נ׳ [hit'abdut] Selbstmord *m*

הִתְאַבְּכוּת נ׳ [hit'abxut] Interferenz *f*, Überlagerung *f*

הִתְאַבְּנוּת נ׳ [hit'abnut] Versteinern *n*

הִתְאַבְּקוּת נ׳ [hit'abkut] Ringkampf *m*

הִתְאַגְּדוּת נ׳ [hit'agdut] Vereinigung *f*, Organisation *f*

הִתְאַגְרְפוּת נ׳ [hit'agrefut] Boxkampf *m*

הִתְאַדּוּת נ׳ [hit'adut] Verdunstung *f*

הִתְאַהֲבוּת נ׳ [hit'ahavut] Verlieben *n*; Verliebtsein *n*

הִתְאוֹנֵן ראה: אנן (sich beschweren; sich beklagen)

הִתְאוֹשֵׁשׁ ראה: אשש (stark werden; sich erholen)

הִתְאוֹשְׁשׁוּת נ׳ [hit'oʃeʃut] Erholung *f*, Kräftigung *f*

הִתְאַזְרְחוּת נ׳ [hit'azrexut] Einbürgerung *f*

הִתְאַחֲדוּת נ׳ [hit'axadut] Vereinigung *f*

הִתְאַחֲזוּת נ׳ [hit'axazut] Ansiedlung *f*

הִתְאַיְּדוּת נ׳ [hit'ajdut] Verdunstung *f*

הִתְאַיְּשׁוּת נ׳ [hit'ajʃut] Individualisierung *f*

הִתְאַכְזְבוּת נ׳ [hit'axzevut] Enttäuschung *f*

הִתְאַכְזְרוּת נ׳ [hit'axzerut] Grausamkeit *f*

הֶתְאֵם ז׳ [het'ém] Entsprechung *f*

=בְּ~ לְ- = entsprechend, gemäß *(D)*

הַתְאָמָה נ׳ [hat'ama] Anpassung *f*, Anpassen *n*

הִתְאַמְּצוּת נ׳ [hit'amtsut] Anstrengung *f*

הִתְאַסְלְמוּת נ׳ [hit'aslemut] Übertritt *m* zum Islam

הִתְאַפְּקוּת נ׳ [hit'apkut] Zurückhaltung *f*, Selbstbeherrschung *f*

הִתְאַקְלְמוּת נ׳ [hit'aklemut] Akklimatisierung *f*

הִתְאַרְגְּנוּת נ׳ [hit'argenut] (Selbst-) Organisation *f*; (Selbst-, Eigen-) Vorbereitung *f*

הִתְבַּגְּרוּת נ׳ [hitbagrut] Pubertät *f*

הִתְבַּדְּלוּת נ׳ [hitbadlut] Absonderung *f*, Isolation *f (refl.)*

הִתְבַּדְּרוּת נ׳ [hitbadrut] Zerstreuung *f*; Flattern *n*

הִתְבַּהֲרוּת נ׳ [hitbaharut] Aufhellung *f*, Aufklärung *f*

הִתְבּוֹדְדוּת נ׳ [hitbodedut] (Sich-) Isolieren *n* Abkapseln *n*

הִתְבּוֹלְלוּת נ׳ [hitbolelut] Assimilation *f*

הִתְבּוֹנֵן ראה: בין (ansehen, betrachten)

הִתְבּוֹנְנוּת נ׳ [hitbonenut] Betrachtung *f*
הִתְבּוֹסֵס ראה: בוס (sich wälzen)
הִתְבּוֹסְסוּת נ׳ [hitbosesut] Sich-Wälzen *n*
הִתְבּוֹשֵׁשׁ (=הִתְבַּיֵּשׁ) ראה: בוש (sich schämen)
הִתְבַּזְבְּזוּת נ׳ [hitbazbezut] Verschwendung *f*
הִתְבַּזּוּת נ׳ [hitbazut] Selbsterniedrigung *f*
הִתְבַּטְּאוּת נ׳ [hitbat'ut] Äußerung *f*
הִתְבַּטְּלוּת נ׳ [hitbatlut] Selbstverleugnung *f*; Müßiggang *m*
הִתְבַּלּוּת נ׳ [hitbalut] Abnutzung *f*; Veralten *n*
הִתְבַּלְּטוּת נ׳ [hitbaltut] Herausragen *n*, Herausstechen *n*
הִתְבַּסְּסוּת נ׳ [hitbasesut] Verstärkung *f*, Festigung *f*; Beziehen *n (auf)*
הִתְבַּצְּרוּת נ׳ [hitbatsrut] Stärkung *f*
הִתְבַּקְּעוּת נ׳ [hitbak'ut] Spaltung *f*
הִתְבַּרְגְּנוּת נ׳ [hitbargenut] Verbiederung *f*
הִתְבַּשְּׁלוּת נ׳ [hitbaʃlut] Reife *f*
הִתְגָּאוּת נ׳ [hitga'ut] Prahlen *n*, Stolzsein *n*
הִתְגַּבְּרוּת נ׳ (עַל) [hitgabrut] Überwindung *f*, Sieg *m*
הִתְגַּבְּשׁוּת נ׳ [hitgabʃut] Kristallisierung *f*
הִתְגּוֹדֵד ראה: גדד (sich zusammenscharen)
הִתְגּוֹנֵן ראה: גנן (sich verteidigen gegen; sich schützen vor)
הִתְגּוֹנְנוּת נ׳ [hitgonenut] Selbstschutz *m*, (Selbst-)Verteidigung *f*
=~ אֶזְרָחִית (ר"ת הג"א) = Bürgerwehr *f*
הִתְגּוֹשֵׁשׁ ראה: גשש (ringen, kämpfen)
הִתְגּוֹשְׁשׁוּת נ׳ [hitgoʃeʃut] Ringen *n*, Kampf *m*
הִתְגַּיְּרוּת נ׳, התגיירות [hitgajrut] Übertritt *m* zum Judentum
הִתְגַּלּוּת נ׳ [hitgalut] Erscheinung *f*, Offenbarung *f*
הִתְגַּלְּמוּת נ׳ [hitgalmut] Verkörperung *f*
הִתְגַּנְּבוּת נ׳ [hitganvut] Schleichen *n*
הִתְגַּנְדְּרוּת נ׳ [hitganderut] Gefallsucht *f*
הִתְגָּרוּת נ׳ [hitgarut] Provokation *f*, Herausforderung *f*, Aufreizung *f*
הִתְגַּשְּׁמוּת נ׳ [hitgaʃmut] Verwirklichung *f*

הִתְדַּרְדְּרוּת נ׳ [hitdarderut] Verschlimmerung *f*; Hinunterstürzen *n*
הִתְהַדְּקוּת נ׳ [hithadkut] Intensivieren *n*
הִתְהַוּוּת נ׳ [hithavut] Entstehung *f*
הִתְהוֹלְלוּת נ׳ [hitholelut] Toben *n*, Randalieren *n*
הִתְוַדָּה ראה: ידה (beichten, bekennen)
הִתְוַדַּע ראה: ידע (kennen lernen; sich zu erkennen geben)
הַתְוָיָה נ׳, התוויה [hatvaja] Markierung *f*
הִתּוּךְ ז׳, היתוך [hitux] Schmelzen *n* (Metall)
=~-כּוּר= = Schmelztiegel *m*
הִתּוּ|ל ז׳, היתול [hitul] Witz *m*, Scherz *m*
=~לִי ת׳ = humoristisch *Adj.*
הִתּוֹסֵף ראה: יסף (dazukommen, hinzugefügt werden)
הִתְוַעֲדוּת נ׳ [hitva'adut] Konferenz *f*, Treffen *n*, Zusammenkunft *f*
הֶתֵּז ז׳, היתז [hetéz] Spritzer *m;* Splitter *m*
הַתָּזָה נ׳ [hataza] Verspritzen *n;* Köpfen *n*
הִתְחַבְּרוּת נ׳ [hitxabrut] Vereinigung *f*, Verbindung *f*
הִתְחַדְּדוּת נ׳ [hitxadedut] Verschärfung *f*, Zuspitzung *f*
הִתְחַדְּשׁוּת נ׳ [hitxadʃut] Erneuerung *f*
הִתְחַזּוּת נ׳ [hitxazut] Verstellung *f*, Vortäuschung *f* einer anderen Persönlichkeit
הִתְחַזְּקוּת נ׳ [hitxazkut] Stärkung *f*
הִתְחַיְּבוּת נ׳, התחייבות [hitxajvut] Verpflichtung *f;* Überweisung *f*
הִתְחַכְּמוּת נ׳ [hitxakmut] Spitzfindigkeit *f*, Sophisterei *f*
הַתְחָלָה נ׳ [hatxala] Anfang *m*, Beginn *m*
=כָּל הַהַתְחָלוֹת קָשׁוֹת = aller Anfang ist schwer
הִתְחַלּוּת נ׳ [hitxalut] Simulieren *n* (Krankheit)
הַתְחָלִ|י,~לָתִי ת׳ [hatxali, hatxalati] anfänglich *Adj.*
הִתְחַלְּפוּת נ׳ [hitxalfut] Veränderung *f*, Austausch *m*

הִתְחַלְּקוּת נ' [hitxalkut] Teilbarkeit *f*
הִתְחַלְּשׁוּת נ' [hitxalʃut] Schwächung *f*
הַתְחָמָה נ' [hatxama] Grenzziehung *f*
הִתְחַמְּמוּת נ' [hitxamemut] Erwärmen *n*
הִתְחַמְּצוּת נ' [hitxamtsut] Säuerung *f*
הִתְחַמְצְנוּת נ' [hitxamtsenut] Oxidation *f Chem.*
הִתְחַמְּקוּת נ' [hitxamkut] Ausweichen *n*, Sich-Entziehen *n*, Drückebergerei *f*
הִתְחַמְּשׁוּת נ' [hixamʃut] Bewaffnung *f*
הִתְחַנְּחֲנוּת נ' [hitxanxenut] Anbiedern *n*; Flirtlaune *f*
הִתְחַנְּפוּת נ' [hitxanfut] Schmeichelei *f*
הִתְחַסְּדוּת נ' [hitxasdut] Frömmelei *f*, Heuchelei *f Rel.*
הִתְחַפְּרוּת נ' [hitxaprut] Eingraben *n*, Verschanzung *f Mil.*
הִתְחַפְּשׂוּת נ' [hitxapsut] Verkleidung *f*
הִתְחַצְּפוּת נ' [hitxatsfut] Respektlosigkeit *f*
הִתְחָרְדוּת ז' [hitxardut] Hinwendung *f* zur Orthodoxie (Religiosität)
הִתְחָרוּת נ' [hitxarut] Wettstreit *m*, Konkurrenz *f*
הִתְחַשְּׁבוּת נ' [hitxaʃvut] Rücksichtnahme *f*
=אִי-~, חֹסֶר-~ = Rücksichtslosigkeit *f*
הִתְחַשְּׁלוּת נ' [hitxaʃlut] Erstarken *n*
הִתְיַבְּשׁוּת נ' [hitjabʃut] Austrocknung *f*, Dehydrieren *n*
הִתְיַדְּדוּת נ' [hitjadedut] Anfreunden *n*, Verbrüderung *f*
הִתְיַהֲרוּת נ' [hitjaharut] Prahlen *n*
הִתְיַוְּנוּת נ', התייוונות [hitjavnut] Hellenisierung *f*
הִתִּיז ראה: נתז (spritzen; überbetonen)
הִתְיַחֲדוּת נ', התייחדות [hitjaxadut] Zurückgezogenheit *f*
=~ עִם זֵכֶר הַמָּנוֹחַ = andächtiges Gedenken an e-n Toten
הִתְיַחֲמוּת נ' [hitjaxamut] Brunst *f*, Paarungsbereitschaft *f*, Läufigkeit *f*

הִתְיַחֲסוּת נ', התייחסות [hitjaxasut] Bezugnahme *f*, Einstellung *f*; Zugehörigkeit *f*
הִתִּיךְ ראה: נתך (Metall schmelzen)
הִתְיַסְּרוּת נ' [hitjasrut] Leiden *n*
הִתְיַעֲלוּת נ' [hitja'alut] Straffung *f*, Rationalisierung *f*, Synergie *f*, Effektivwerden *n*
הִתְיָעֲצוּת נ', התייעצות [hitja'atsut] Beratung *f*
הִתְיַפְּחוּת נ', התייפחות [hitjapxut] Schluchzen *n*
הִתְיַצְּבוּת נ', התייצבות [hitjatsvut] Gestellung *f Mil.*; Festigung *f*
הִתְיַקְּרוּת נ', התייקרות [hitjakrut] Teuerung *f*
הִתִּיר ראה: נתר[2] (lösen von; erlauben)
הִתִּישׁ ראה: תשש (schwächen)
הִתְיַשְּׁבוּ|ת נ', התיישבות [hitjaʃvut] Kolonisation *f*, Ansiedlung *f*
=~תִי ת' = kolonisatorisch *Adj.*
הִתְיַשְּׁנוּת נ', התיישנות [hitjaʃnut] Veralten *n*, Verjährung *f*
=חֹק-הַ-~ = Verjährungsgesetz *n*
הַתָּכָה נ' [hataxa] Guss *m* (Metall)
=נְקֻדַּת-הַ-~ = Schmelzpunkt *m*
הִתְכּוֹנֵן ראה: כון (sich vorbereiten, sich bereit machen)
הִתְכּוֹנְנוּת נ' [hitkonenut] Vorbereitung *f*
הִתְכּוֹפֵף ראה: כפף (sich bücken)
הִתְכַּוְּצוּת נ', התכווצות [hitkavtsut] Schrumpfung *f*, Zusammenziehung *f*; Krampf *m*
הִתְכַּחֲשׁוּת נ' [hitkaxaʃut] Verleugnung *f*; Abwendung *f*
הִתְכַּנְּסוּת נ' [hitkansut] Zusammentreffen *n*; Zurückgezogenheit *f*
הִתְכַּתְּבוּת נ' [hitkatvut] Briefwechsel *m*, Korrespondenz *f*
הִתֵּל פיעל (בְּ-) [hitél] *pi.* verspotten *v/t*
הִתְלַבְּטוּת נ' [hitlabtut] Konflikt *m*, innerer Kampf *m*, Ringen *n fig.*
הִתְלַהֲבוּת נ' [hitlahavut] Begeisterung *f*, Hype *m*

F; Wirbel *m*, Aufregung *f*

הִתְלַהֲטוּת נ' [hitlahatut] Lodern *n*

הִתְלוֹנֵן ראה: לון[2] (sich beklagen)

הִתְלוֹצֵץ ראה: ליץ[1] (scherzen)

הִתְלוֹצְצוּת נ' [hitlotsetsut] Scherzen *n*

הַתְלָיָה נ' [hatlaja] Aufschub *m Jur.*

הִתְלַכְּדוּת נ' [hitlakdut] Zusammenschluss *m*

הַתְלָעָה נ' [hatla'a] Verfall *m*

הִתְלַעְלְעוּת נ' [hitla'le'ut] Sich-Verschlucken *n*

הִתְלַקְּחוּת נ' [hitlakxut] Entbrennen *n*; Entzünden *n* (Feuer)

=~ יְצָרִים = Aufheizen *n* (Stimmung)

הִתְלַקְּקוּת נ' [hitlakekut] Schmeichelei *f*

הֶתְמֵד ז' [hetméd] Dauer *f*

הַתְמָדָה נ' [hatmada] Beharrlichkeit *f*, Ausdauer *f*

=חֹק-הַ~ = Trägheitsgesetz *n*

הִתְמַהְמְהוּת נ' [hitmah'mehut] Verweilen *n*

הִתְמוֹגֵג ראה: מוג (vor Wonne vergehen)

הִתְמוֹגְגוּת נ' [hitmogegut] Hinschmelzen *f fig.* (vor Freude)

הִתְמוֹדֵד ראה: מדד (wetteifern, konkurrieren)

הִתְמוֹדְדוּת נ' [hitmodedut] Rivalität *f*, Wettbewerb *m*, Konkurrenz *f*

הִתְמוֹטֵט ראה: מוט (einstürzen, zusammenbrechen)

הִתְמוֹטְטוּת נ' [hitmotetut] Einsturz *m*, Zusammenbruch *m*

=~ עֲצַבִּים = Nervenzusammenbruch *m*

הִתְמוֹסְסוּת נ' [hitmosesut] Auflösen *n*

הִתְמַזְּגוּת נ' [hitmazgut] Fusionierung *f*, Vermischung *f*

הִתְמַחוּת נ' [hitmaxut] Praktikum *n*; Spezialisierung *f*

הִתְמַכְּרוּת נ' [hitmakrut] Hingabe *f*, Hang *m*, Sucht *f*

=~ לְסַמִּים = Drogensucht *f*

הִתְמַלְּטוּת נ' [hitmaltut] Fliehen *n*, Entkommen *n*

הִתְמַסְחֲרוּת נ' [hitmasxerut] Kommerzialisierung *f*, Vermarktung *f*

הִתְמַסְּרוּת נ' [hitmasrut] Hingabe *f*, Aufopferung *f*

הִתְמַצְּאוּת נ' [hitmats'ut] Orientierung *f*

הִתְמַקְּחוּת נ' [hitmakxut] Feilschen *n*

הִתְמַקְצְעוּת נ' [hitmaktse'ut] berufliche Enfaltung *f*, Weiterentwicklung *f*

הִתְמָרְדוּת נ' [hitmardut] Aufstand *m*, Rebellion *f*

הִתְמַרְמְרוּת נ' [hitmarmerut] Erbitterung *f*

הִתְמַתְּנוּת נ' [hitmatnut] Mäßigung *f*; Wechsel *m* ins gemäßigte Lager *Pol.*

הַתְנָאָה נ' [hatna'a] Diktieren *n* v. Bedingungen

הִתְנַבְּאוּת נ' [hitnab'ut] Prophezeiung *f*

הִתְנַגְּדוּת נ' [hitnagdut] Widerstand *m*, Gegnerschaft *f*

הִתְנַגְּשׁוּת נ' [hitnagʃut] Zusammenstoß *m*

הִתְנַדְּבוּת נ' [hitnadvut] Freiwilligkeit *f*, Ehrenamt *n*; Volontariat *n* (Kibbutz)

=~תִי ת' = freiwillig *Adj.*

=בְּ~ת ת"פ = freiwillig *Adv.*, ehrenamtlich *Adv.*

הִתְנַהֲגוּת נ' [hitnahagut] Betragen *n*, Benehmen *n*, Verhalten *n*

=~תִי ת' = Verhaltens-

=פְּסִיכוֹלוֹגְיָה ~תִית = Behaviorismus *m Psych.*

הִתְנַוְּנוּת נ', התנוונות [hitnavnut] Entartung *f*, Degeneration *f*, Dekadenz *f*

הִתְנוֹסְסוּת נ' [hitnosesut] Flattern *n*

הִתְנוֹצְצוּת נ' [hithotsetsut] Glitzern *n*, Glänzen *n*

הִתְנַזְּרוּת נ' [hitnazrut] Enthaltung *f*

הִתְנַחֲלוּת נ' [hitnaxalut] Ansiedlung *f*, Siedlung *f*

הִתְנַחֲמוּת נ' [hitnaxamut] Trost *m*, Bedauern *n*

הַתְנָיָה ראה: הַתְנָאָה [hatnaja] Diktieren *n* v. Bedingungen

הִתְנַכְּלוּת נ' [hitnaklut] Anschlag *m*, Machenschaften *f/pl.*

הִתְנַכְּרוּת נ' [hitnakrut] Entfremdung *f*; Ignorieren *n*

הִתְנַסּוּת נ' [hitnasut] e-e Erfahrung machen

הַתְנָעָה נ' [hatna'a] Starten *n*, Anlassen *n*

הִתְנַעֲרוּת נ' [hitna'arut] Aufraffen *n*; Erwachen *n*

הִתְנַפְּחוּת נ׳ [hitnapxut] Anschwellen *n*; Aufgeblasenheit *f*

הִתְנַפְּלוּת נ׳ [hitnaplut] Überfall *m*

הִתְנַצְּחוּת נ׳ [hitnatsxut] Wortgefecht *n*

הִתְנַצְּלוּת נ׳ [hitnatslut] Entschuldigung *f*, Rechtfertigung *f (refl.)*

הִתְנַצְּרוּת נ׳ [hitnatsrut] Übertritt *m* zum Christentum

הִתְנַקְּשׁוּת נ׳ [hitnakʃut] Attentat *n*, Mordanschlag *m*

הִתְנַשְּׂאוּת נ׳ [hitnas'ut] Überheblichkeit *f*, Arroganz *f*

הִתְנַשְּׁפוּת נ׳ [hitnaʃfut] Keuchen *n*

הִתְנַשְּׁקוּת נ׳ [hitanʃkut] Küssen *n* (gegenseitig)

הַתְסָסָה נ׳ [hatsasa] Vergärung *f*; Aufwiegelung *f*

הִתְעַבּוּת נ׳ [hit'abut] Verdickung *f*

הִתְעַבְּרוּת נ׳ [hit'abrut] Empfängnis *f*

הִתְעַגְּלוּת נ׳ [hit'aglut] Sich-Runden *n*

הִתְעַדְּנוּת נ׳ [hit'adnut] Verfeinerung *f*

הִתְעוֹדְדוּת נ׳ [hit'odedut] Aufmuntern *n*

הִתְעוֹלְלוּת נ׳ [hit'olelut] Verfolgung *f*, schlechte Behandlung *f*

הִתְעַוְּרוּת נ׳, התעוורות [hit'avrut] Erblindung *f*

הִתְעוֹרְרוּת נ׳ [hit'orerut] Aufwachen *n*, Wachwerden *n*

הִתְעַטְּשׁוּת נ׳ [hit'atʃut] Niesen *n*

הַתְעָיָה נ׳ [hat'aja] Irreführung *f*

הִתְעַיְּפוּת נ׳, התעייפות [hit'ajfut] Ermüdung *f*

הִתְעַלּוּת נ׳ [hit'alut] Erhebung *f*; Vergeistigung *f*

הִתְעַלְּלוּת נ׳ [hit'alelut] Misshandlung *f*

הִתְעַלְּמוּת נ׳ (מִן) [hit'almut] Übersehen *n*, Ignorieren *n*

הִתְעַלְּסוּת נ׳ [hit'alsut] Liebesspiel *n*

הִתְעַלְּעוּת נ׳ [hit'al'ut] Verschlucken *n*

הִתְעַלְּפוּת נ׳ [hit'alfut] Ohnmacht *f*

הִתְעַמְּלוּת נ׳ [hit'amlut] Turnen *n*, Gymnastik *f*; körperliches Training *n*

הִתְעַמְּקוּת נ׳ [hit'amkut] Vertiefung *f*, Tiefgründigkeit *f*

הִתְעַנְּגוּת נ׳ [hit'angut] Freude *f*

הִתְעַנְיְנוּת נ׳, התעניינות [hit'anjenut] Interesse *n*

הִתְעַסְּקוּת נ׳ [hit'askut] Beschäftigung *f*

הִתְעַצְּבוּת נ׳ [hit'atsvut] Trauer *f*, Traurigkeit *f*

הִתְעַצְבְּנוּת נ׳ [hit'atsbenut] Nervosität *f*, Reizbarkeit *f*

הִתְעַצְּלוּת נ׳ [hit'atslut] Faulheit *f*, Nachlässigkeit *f*

הִתְעַצְּמוּת נ׳ [hit'atsmut] Erstarkung *f*

הִתְעַקְּרוּת נ׳ [hit'akrut] Unfruchtbarkeit *f*, Sterilität *f*; Sterilisation *f (refl.) Med.*

הִתְעַקְּשׁוּת נ׳ [hit'akʃut] Sturheit *f*, Starrsinn *m*

הִתְעָרְבוּת[1] נ׳ [hit'arvut] Einmischung *f*

הִתְעָרְבוּת[2] נ׳ [hit'arvut] Wette *f*, Wetten *n*

הִתְעַרְטְלוּת נ׳ [hit'artelut] Entblößung *f*

הִתְעַרְעֲרוּת נ׳ [hit'ar'erut] Erschütterung *f*, Zusammenbruch *m*

הִתְעַשְּׁרוּת נ׳ [hit'aʃrut] Reichwerden *n*, Bereicherung *f*

הִתְעַתְּדוּת נ׳ [hit'atedut] Vorhaben *n*; Vorbereitung *f*

הִתְפָּאֲרוּת נ׳ [hitpa'arut] Prahlerei *f*, Eigenlob *n*

הִתְפּוֹצֵץ ראה: פצץ (explodieren)

הִתְפּוֹצְצוּת נ׳ [hitpotsetsut] Explosion *f*

הִתְפּוֹרֵר ראה: פרר (zerfallen, sich auflösen)

הִתְפּוֹרְרוּת נ׳ [hitporerut] Zerbröseln *n*; Auflösung *f*, Zerfall *m*

הִתְפַּחֲמוּת נ׳ [hitpaxamut] Verkohlung *f*

הִתְפַּטְּרוּת נ׳ [hitpatrut] Rücktritt *m*, Amtsniederlegung *f*

הִתְפַּיְּסוּת נ׳, התפייסות [hitpajsut] Versöhnung *f*, Aussöhnung *f*

הִתְפַּכְּחוּת נ׳ [hitpakxut] Ernüchterung *f*

הִתְפַּלְּאוּת נ׳ [hitpal'ut] Staunen *n*

הִתְפַּלְּגוּת נ׳ [hitpalgut] Aufspaltung *f*

הַתְפָּלָה נ׳ ראה גם: הַמְתָּקָה [hatpala] Entsalzung *f*

הִתְפַּלְסְפוּת נ׳ [hitpalsefut] Philosophieren *n*

הִתְפַּנּוּת נ׳ [hitpanut] Freiwerden *n*, Verfügbarkeit *f*
הִתְפַּנְּקוּת נ׳ [hitpankut] Sichverwöhnen *n*; Verweichlichtsein *n*; Schonung *f* (der eigenen Person)
הִתְפַּעֵל נ׳ [hitpa'él] Konjugation des reflexiven hebr. Verbs, *Gr*.
הִתְפַּעֲלוּת נ׳ [hitpa'alut] Bewunderung *f*; Entzücken *n*
הִתְפַּעֲמוּת נ׳ [hitpa'amut] Erregung *f*
הִתְפַּצְּלוּת נ׳ [hitpatslut] Aufspaltung *f*
הִתְפַּקְּדוּת נ׳ [hitpakdut] Nummerieren *n*, Durchzählen *n*
הִתְפָּרְאוּת נ׳ [hitpar'ut] Verrohung *f*
הִתְפָּרְדוּת נ׳ [hitpardut] Teilung *f*
הִתְפַּרְחֲחוּת נ׳ [hitparxaxut] Ausgelassenheit *f*, Toben *n*
הִתְפַּרְכְּסוּת נ׳ [hitparkesut] Feinmachen *n*, Herausputzen *n*
הִתְפָּרְנְסוּת נ׳ [hitparnesut] Ernähren *n*
הִתְפָּרְעוּת נ׳ [hitpar'ut] Ausschreitung *f*
הִתְפָּרְצוּת נ׳ [hitpartsut] Einbruch *m*; Ausbruch *m*
הִתְפָּרְקוּת נ׳ [hitparkut] Entladung *f*; Entspannung *f*
הִתְפַּשְּׁטוּת נ׳ [hitpaʃtut] Ausbreitung *f*, Ausdehnung *f*, Expansion *f*
הִתְפַּשְּׁרוּת נ׳ [hitpaʃrut] Kompromiss *m*
הִתְפַּתְּחוּת נ׳ [hitpatxut] Entwicklung *f*
הִתְפַּתְּלוּת הַמֵּעַיִם נ׳ [hitpatlut-hamé'ajim] Darmverschlingung *f* (Volvulus) *Med*.
הִתְקַדְּמוּת נ׳ [hitkadmut] Fortschritt *m*
הֲתָקָה נ׳ [hataka] Verschiebung *f*
הִתְקַהוּת נ׳ [hitkahut] Abstumpfung *f*
הִתְקַהֲלוּת נ׳ [hitkahalut] Ansammlung *f*, Auflauf *m*
הִתְקוֹטֵט ראה: קוט (sich streiten, raufen)
הִתְקוֹטְטוּת נ׳ [hitkotetut] Streit *m*, Raufen *n*
הִתְקוֹמֵם ראה: קום (rebellieren, aufstehen gegen)

הִתְקוֹמְמוּת נ׳ [hitkomemut] Aufstand *m*
הִתָּקְלוּת נ׳, היתקלות [hitaklut] Anstoßen *n*, Zusammenstoß *m*
הֶתְקֵן ז׳ [hetkén] Vorrichtung *f*
הַתְקָנָה נ׳ [hatkana] Einrichten *n*, Installation *f*
הֶתְקֵף ז׳ [hetkéf] Anfall *m Med.*
=~-לֵב = Herzanfall *m Med.*
הַתְקָפָה נ׳ [hatkafa] Angriff *m*
=הַתְקָפַת-מֵצַח = Frontalangriff *m*
=~-נֶגֶד = Gegenangriff *m*
=הַתְקָפִי ת׳ = offensiv *Adj.*
הִתְקַפְּלוּת נ׳ [hitkaplut] Faltung *f*; Nachgeben *n fig.*
הִתְקָרְבוּת נ׳ [hitkarvut] Annäherung *f*
הִתְקָרְרוּת נ׳ [hitkarerut] Erkältung *f*, Abkühlung *f*
הִתְקָרְשׁוּת נ׳ [hitkarʃut] Erstarrung *f*, Gerinnen *n*
הִתְקַשּׁוּת נ׳ [hitkaʃut] Erhärtung *f*, Verhärtung *f*
הִתְקַשְּׁרוּת נ׳ [hitkaʃrut] Verbindung *f*
הֶתֵּר ז׳, היתר [hetér] Erlaubnis *f*, Genehmigung *f*
=~-הוֹרָאָה = Lehrerlaubnis *f*
=~-יְצִיאָה = Ausreiseerlaubnis *f*
הַתְרָאָה נ׳ [hatra'a] Warnung *f*
הִתְרַבּוּת נ׳ [hitrabut] Vermehrung *f*
הִתְרַבְרְבוּת נ׳ [hitravrevut] Angeberei *f*
הִתְרַגְּזוּת נ׳ [hitragzut] Ärger *m*, Aufregung *f*
הִתְרַגְּלוּת נ׳ [hitraglut] Gewöhnung *f*
הִתְרַגְּשׁוּת נ׳ [hitragʃut] Erregung *f*, Aufregung *f*
הַתָּרָה נ׳ [hatara] Lösen *n* (Knoten); Erlauben *n*; Abschirren *n*
הִתְרוֹמְמוּת נ׳ [hitromemut] Hochstimmung *f*
הִתְרוֹפְפוּת נ׳ [hitrofefut] Lockerung *f*
הִתְרוֹצְצוּת נ׳ [hitrotsetsut] Hin- und Herlaufen *n*; Lauferei *f*
הִתְרוֹשְׁשׁוּת נ׳ [hitroʃeʃut] Verarmung *f*
הִתְרַחֲבוּת נ׳ [hitraxvut] Erweiterung *f*
הִתְרַחֲקוּת נ׳ [hitraxkut] Entfernen *n*; Distanzieren *n*

הִתְרַחֲשׁוּת נ׳ [hitraxaʃut] Geschehnis *n*

הִתְרַכְּזוּת נ׳ [hitrakzut] Konzentration *f*

הִתְרַכְּכוּת נ׳ [hitrakxut] Erweichung *f*

הַתְרָמָה נ׳ [hatrama] Spendenaktion *f*, Sammlung *f* von Spenden

הַתְרָסָה נ׳ [hatrasa] Widerstand *m*

הִתְרַסְּנוּת נ׳ [hitrasnut] Selbstbeherrschung *f*

הִתְרַסְּקוּת נ׳ [hitraskut] Zerschmetterung *f*, Absturz *m*, Bruchlandung *f* *Flgw.*

הַתְרָעָה נ׳ [hatra'a] Alarmruf *m*, Warnung *f*

הִתְרָעֲמוּת נ׳ [hitra'amut] Beschweren *n*

הִתְרַעְנְנוּת נ׳ [hitra'nenut] Frischmachen *n*, Erfrischen *n*

הִתְרַפּוּת נ׳ [hitraput] Erschlaffung *f*

הִתְרַפְּסוּת נ׳ [hitrapsut] Selbsterniedrigung *f*

הִתְרַפְּקוּת נ׳ [hitrapkut] Anschmiegen *n*

הִתְרַצּוּת נ׳ [hitratsut] Ergebung *f*, Einwilligung *f*

הִתְרַקְּבוּת נ׳ [hitrakvut] Faulen *n*, Fäulnis *f*

הִתְרַשְּׁלוּת נ׳ [hitraʃlut] Nachlässigkeit *f*, Lässigkeit *f*

הִתְרַשְּׁמוּת נ׳ [hitraʃmut] Eindruck *m*

הֵתֵשׁ ראה: תשש (schwächen, erschöpfen)

הֲתַשָּׁה נ׳ [hataʃa] Schwächung *f*, Erschöpfung *f*

=מִלְחֶמֶת-~ = Zermürbungskrieg *m*

ו

ו, וָיו נ' Waw, 6. Buchstabe des hebr. Alphabets (v, w); Zeichen der Zahl 6

=יום ו' = Freitag, 6. Tag im jüd. Kalender

וְ, וּ, וַ, וָ, (וָיו הַחִבּוּר) [ve, u, va] und

★=וְ-, וּ-, וַ- (וָיו ההיפוך) = Waw der Umkehr vor dem Verb (Zukunft in Vergangenheit u. umgekehrt) *Gr.* (z.B. וַיֹּאמֶר er sagte)

וָאדִי ז' [vadi] Wadi *n (*meist wasserloses Flusstal)

וְגוֹ' קיצור: וְגוֹמֵר [vegomér] *Abk.* und so weiter (usw.)

וִדֵּא פיעל (אֶת-) [vidé'] *pi.* sich vergewissern über

-הִתְוַדֵּא הת' - *hit.* sich bewahrheiten

וַדָּאוּת נ' [vada'ut] Gewissheit *f*

וַדַּאי ז' [vadaj] das Gewisse, das Sichere, das Zweifellose

=בְּ~ ת"פ = gewiss, sicher *Adv.*

=וַדַּאי וּוַדַּאי = auf jeden Fall

וַדָּא|י ת' [vada'i] gewiss, sicher *Adj.*

=~יּוּת נ' = Gewissheit *f*, Sicherheit *f*

(ודה) הִתְוַדָּה הת' [hitvada] *hit.* beichten

וִדּוּא ז', וידוא [vidu'] Bewahrheitung *f*

וִדּוּי ז', וידוי [viduj] Beichte *f*, Sündenbekenntnis *n*, Geständnis *n*

וִדּוּעַ ז', וידוע [vi'du'a] Vorstellung *f*, Bekanntmachen *n*

וִדֵּעַ פיעל (אֶת-) [vida'] vorstellen, bekanntmachen *v/t*

-הִתְוַדַּע הת' - *hit.* sich zu erkennen geben

וָו ז' (וָוִים) [vav] Haken *m*

=וָוִית = Häkchen *n*

=וָו הַהִפּוּךְ, הַמְהַפֵּךְ = Waw der Umkehr vor dem Verb (Zukunft in Vergangenheit u. umgekehrt) *Gr.*

=וָו הַחִבּוּר = "und-Waw"

וּוּלְגָרִ|י ת' [vulgari] vulgär *Adj.*

=~יּוּת נ' = Vulgarität *f*

וָזָה נ' [vaza] Vase *f*

וֶטוֹ ז' [veto] Veto *n*, Einspruch(srecht *n*) *m*

וֶטֶרִינָר ז' [veterinar] Veterinär *m*, Tierarzt *m*

וִידֵאוֹ ז' ['vidéo] Videogerät *n*

=מַצְלֵמַת וִידֵאוֹ = Videokamera *f*

וָיו נ' [vav] Vav, der 6. Buchstabe (v, w)

וְיוֹלָ|ה נ' [vjola] Viola *f*, Bratsche *f*

=~ן ז' = Bratschenspieler *m*

וִיזָה נ' [viza] Visum *n*; Visa-Karte *f*

ראה גם: אַשְׁרָה

וִיזוּאָלִיזַצְיָה נ' [vizu'alizatsja] Sichtbarmachung *f*

וִיטְרָז' ז' (וִיטְרָזִ'ים) [vitraž] farbiges Fenster, Kirchenfenster *n*

וִילָה נ' [vila] Villa *f;* Einfamilienhaus *n* mit Garten

וִילוֹן ז' (וִילוֹנוֹת, גם: וִילָאוֹת) [vilon] Vorhang *m*, Gardine *f*

וִיצ"וֹ ר"ת [vitso] WIZO, *Kurzw.* internationale zionistische Frauenorganisation

וַיִּקְרָא [vajikra] Drittes Buch Moses, Leviticus

וכד' קיצור: וְכַדּוֹמֶה [vexadome] *Abk.* und Ähnliches (u.Ä.)

וכו' קיצור: וְכֻלֵּהּ [vexulé] *Abk.* und so weiter (usw.)

וִכּוּחַ ז', ויכוח [vi'kuax] Diskussion *f*, Debatte *f*; Streitgespräch *n*, Auseinandersetzung *f*

=~-סְרָק = leere, sinnlose Diskussion *f*

(וכח) הִתְוַכֵּחַ הת' (עַל-) [hitva'kéax] *hit.* diskutieren, debattieren; sich streiten (wegen)

וַכְּחָן ז' [vakxan] Diskutierer *m*, Polemiker *m*

=~וּת נ' = Diskutierlust *f*

=וַכְּחָנִי ת' = diskutierfreudig *Adj.*

וָלָד ז' (וְלָדוֹת) [valad] Neugeborene(s) *n*

וַלְדָנִית נ' [valdanit] kinderreiche Frau *f bibl.*

וַלְס ז' [vals] Walzer *m*

וָלֶרְיָנָה נ' [valerjana] Baldrian *m* (Valeriana) *Med.*, *Bot.*

וָנִיל ז' ראה גם: שֶׁנֶף [vanil] Vanille *f Bot.*

וִסּוּת ז', ויסות [visut] Regulierung *f*

וַסָּל ז' [vasal] Höriger *m*

וֶסֶת זו"נ (וְסָתוֹת) ['veset] Regel *f*, Monatsblutung *f*, Menstruation *f*

וִסֵּת פיעל [visét] *pi.* regulieren *v/t*

וַסָּת ז' [vasat] Regler *m*

=וַסַּת-בְּהִירוּת = Helligkeitsregelung *f*, Dimmer *m*

=~-חֹם = Thermostat *m*, Wärmeregler *m*

=~-נִגּוּד = Kontrastkontrolle *f*

=~-עָצְמָה = Lautstärkeregler *m*

=~-צְלִיל = Tonkontrolle *f*

וִעֵד פיעל [vi'éd] *pi.* bestimmen, festsetzen *v/t*

-הִתְוַעֵד הת' - *hit.* zur Beratung zusammentreffen

וַעַד (וְעָדִים, וַעֲדֵי-) ז' ['va'ad] Komitee *n*, leitender Ausschuss *m*

=~-אַרְבַּע אֲרָצוֹת = Vierländer-Synode *f* (der polnischen Juden)

=~-עוֹבְדִים = Betriebsrat *m*

=~ פּוֹעֵל = Exekutive *f*

=בֵּית-~ = Klub *m*

וָעֶד ת"פ [va'ed] auf ewig

=לְעוֹלָם ~ = für immer

וַעֲדָה נ' [va'ada] Kommission *f*, Sonderausschuss *m*

=~ מַתְמֶדֶת = Dauerausschuss *m*

=~ פָּרִיטֶטִית = Paritätsausschuss *m*

=וַעֲדַת-תַּרְבּוּת = Kulturkommission *f*

=~ הִגּוּי = Lenkungsausschuss *m*

וְעִידָה נ' [ve'ida] Kongress *m*, Tagung *f*

=וְעִידַת-פִּסְגָּה = Gipfeltreffen *n*, Gipfelkonferenz *f*

וֶרֶד ז' (וְרָדִים) ['vered] Rose *f* (Rosa) *Bot.*

וָרֹד ת' ורוד (וְרֻדִּים) [varod] rosa; pink *Adj.*

וַרְדִּינוֹן ז' [vardinon] Rosenöl *n*

וַרֶדֶת נ' (גם: שושנה) [va'redet] Wundrose *f* (Erysipela) *Med.*

וַרְיַאצְיָה נ' [varjatsja] Variation *f*

וָרִיד (וְרִידִים) ז' [varid] Vene *f*

ושות' קיצור: וְשֻׁתָּפוֹ, וְשֻׁתָּפָיו [veʃut] *Abk.* und Partner (& Co.) (Handelsgesellschaft)

וֶשֶׁט ז' ['véʃet] Speiseröhre *f*

=הִקְדִּים קָנֶה לְ~ = sich verschlucken

וְתוּ לֹא [vetu lo'] und nichts weiter, und sonst nichts

וִתּוּר ז' ויתור [vitur] Verzicht *m*

וָתִיק ת' (וָתִיקִים, וָתִיקֵי-) [vatik] erfahren, altgedient *Adj.*; Veteran *m*, alteingesessen *Adj.*

וֶתֶק ז' (וִתְקוֹ) ['vetek] Dienstalter *n*

וִתֵּר פיעל (עַל-, לְ-) [vitér] *pi.* verzichten, nachgeben; (Rauchen usw.) aufgeben

וַתְּרָן תו"ז [vatran] nachgiebig *Adj.*

=~נוּת נ' = Nachgiebigkeit *f*

=~נִי ת' = nachgiebig *Adj.*

ז

ז Zajin (S), 7. Buchstabe des hebr. Alphabets; Zeichen der Zahl 7

ז״א ר״ת זֹאת אוֹמֶרֶת [zot 'o'meret] *Abk.* das heißt (d. h.)

זְאֵב ז׳ [ze'év] Wolf *m* (canis lupus) *Zo.*

=~~-עֲרָבוֹת = Steppenwolf *m*

=~ בְּעוֹר כֶּבֶשׂ = Wolf *m* im Schafspelz

=~~-הַיָּם = Seehecht *m* (Merluccius vulgaris) *Zo.*; alter Seemann, Seebär *m fig.*

=זְאֵבָה נ׳ = Wölfin *f*

זְאֵבִית, זָאֶבֶת נ׳ [ze'évit, za'evet] Lupus *m Med.*

זַאֲטוּט ז׳ [za'atut] kleines Kind *n*, Bengel *m*

זֹאת מ״ג, נ׳ [zot] diese *f/sg.*; diese Sache

=בָּ~ = hiermit, somit

=אִי לְ~ = wenn es so ist, daher *Kj.*

=בְּכָל-~ = trotzdem

=~ אוֹמֶרֶת = das heißt (d. h.)

=~ וְעוֹד = überdies

זָב ז׳ [zav] Gonorrhöe-Kranker *m*; fließend *Adj.*

=~~-דָּם = blutig *Adj.*

=~~-חֹטֶם = Rotznase *f F*

זָבַד פעל [zavad] *kal* schenken, stiften *bibl.*

זֶבֶד ז׳ [zeved] Geschenk *n*, Stiftung *f*

זִבְדָּה נ׳ [zivda] Dickmilch *f*

זֶבּוּ ז׳ [zebu] Zebu *n*, Buckelrind *n* (Bos indicus) *Zo.*

זְבוּב ז׳ [zvuv] Fliege *f* (Musca domestica) *Zo.*

=~~-הַסּוּס = Pferdebremse *f* (Hippobosca equira) *Zo.*

=בַּעַל-~ = Beelzebub *m*, Teufel *m*

זָבוּחַ ת׳ [za'vuax] geschlachtet *Adj.*

זִבּוּל ז׳, זיבול [zibul] Düngung *f*

זִבּוּרִי ת׳, זיבורי [ziburi] minderwertig, schlecht *Adj.*

=~ת נ׳ = minderwertiger Boden *m*; schlechte Ware *f*

זָבַח פעל (לִזְבּוֹחַ אֶת-, יִזְבַּח) [zavax] *kal* schlachten (Opfer)

זֶבַח ז׳ ['zevax] Schlachtopfer *n*

זְבִיל ז׳ [zvil] Raketenträger *m Mil.*

זֶבֶל ז׳ ['zevel] Dung *m*, Dünger *m*; Müll *m*; Mist *m*

=~ אוֹרְגָּנִי = organischer Dünger *m*, Kompost *m*

=~ כִּימִי = Kunstdünger *m*

זִבֵּל פיעל [zibél] *pi.* düngen

זַבְלִית נ׳ [zavlit] Blatthornkäfer *m* (Scarabaeidae) *Zo.*

זַבְלָנִית נ׳ [zavlanit] Mistkäfer *m* (Geotrupes) *Zo.*

זַבָּן ז׳, זַבָּנִית נ׳ [zaban, -it] Verkäufer(in *f*) *m*, Ladenangestellter(r *m*) *f*

=זַבָּנוּת נ׳ = Beruf *m* des Verkäufers

זְבֶנְג (דיבורי) [zbeng] bums!

זֶבְּרָה נ׳ [zebra] Zebra *n* (Equus zebra) *Zo.*

זַגָּג ז׳ [zagag] Glaser *m*

זִגֵּג פיעל [zigég] *pi.* verglasen *v/t*

זַגָּגוּת נ׳ [zagagut] Glaserei *f*

זִגּוּג ז׳, זיגוג [zigug] Verglasung *f*, Glasierung *f*

זָגוּג ת׳ [zagug] glasiert *Adj.*

זְגוּגִי ת׳ [zgugi] verglast *Adj.*; glasartig *Adj.*; glasig *Adj.*

זְגוּגִית נ׳ [zegugit] Fensterscheibe *f*, Glasscheibe *f*; Zahnschmelz *m*

זַגּוּת נ׳ [zagut] Transparenz *f*
זִגְזָג ז׳ [zigzag] Zickzack *m*
זָגִיג ת׳ [zagig] transparent, durchsichtig *Adj.*
★זֵד ז׳ [zéd] Bösewicht *m*
זָדוּי ת׳ [zaduj] böse, schlecht *Adj.*
זָדוֹן ז׳ [zadon] Bosheit *f*, Böswilligkeit *f*
=בְּ~ = mit böser Absicht, böswillig *Adv.*
=זְדוֹנ|י ת׳ = böswillig *Adj.*
=~יּוּת נ׳ = Böswilligkeit *f*
זֶה מ״ג ז׳ [ze] dieser, dieses
=בָּ~ = hiermit, hierdurch; damit
=כָּ~ = so einer, ein solcher
=מִזֶּה = von hier, hieraus; davon
=זֶה כְּבָר = schon lange
=~ לֹא כְּבָר = vor kurzem
=~ שָׁלֹשׁ שָׁנִים = seit 3 Jahren
=~ עַתָּה = eben, vor kurzem, soeben
=~ לֹא תָלוּי בִּי = darauf habe ich keinen Einfluss
זָהָב ז׳ [zahav] Gold *n*
=חִתּוּךְ הַ~ = goldener Schnitt
=חֲתֻנַּת-זָהָב = goldene Hochzeit *f*
=יְדֵי-~ = geschickte Hände *f/pl.*
=עֵגֶל-הַ~ = das Goldene Kalb
=תּוֹר-הַ~ = das goldene Zeitalter, Glanzzeit *f*
=תַּפּוּחַ-זָהָב = Apfelsine *f*, Orange *f*
זָהֹב ת׳, זהוב (זְהֻבִּים) [zahov] golden, goldfarben *Adj.*
(זהב) הִזְהִיב הפ׳ [hizhiv] *hif.* vergolden
=מֻזְהָב ת׳ = vergoldet *Adj.*
זְהָבִי ת׳ [zehavi] golden *Adj.*, aus Gold
זְהָבִית נ׳ [zehavit] Waldgelbstern *m*, Yellow Star of Betlehem (Gagea) *Bot.*
זַהֲבָן ז׳ [zahavan] Pirol *m* (Oriolus oriolus) *Zo.*
זִהָה פיעל [zihah] *pi.* identifizieren, die Identität feststellen
-הִזְדַּהָה הת׳ (עִם-) - *hit.* sich ausweisen; sich einig sein
זֶהֶה ת׳ [zéhe] identisch, wesensgleich *Adj.*

זֶהוּ מ״ג [zehu] das ist er, das ist es
=וְ~, ~ זֶה = genug, es reicht! das wars!
זָהוּב ת׳ [zahuv] golden, goldfarben *Adj.*
זִהוּב ז׳, זיהוב [zihuv] Vergoldung *f*
זִהוּי ז׳, זיהוי [zihuj] Identifizierung *f*, Identitätsfeststellung *f*
זִהוּ|ם ז׳, זיהום [zihum] Verunreinigung *f*; Infektion *f*
=~ אֲוִיר = Luftverschmutzung *f*
=~מִי = infektiös *Adj.*
זְהוֹרִית נ׳ [zehorit] Kunstseide *f*
זֶהוּת נ׳ [zehut] Identität *f*, Wesensgleichheit *f*
תְּעוּדַת-~ = Personalausweis *m*
=זֶהוּתִי ת׳ = identisch, wesensgleich *Adj.*
זָהִיר ת׳ [zahir] vorsichtig *Adj.*
=זְהִירוּת נ׳ = Vorsicht *f*; Achtung!
זִהֵם פיעל [zihém] *pi.* verschmutzen, verunreinigen
-נִזְדַּהֵם הת׳ - *hit.* verunreinigt werden
זֻהֲמָה נ׳, זוהמה [zuhama] Schmutz *m*
זֹ|הַר ז׳, זוהר ['zohar] Glanz *m*, Strahlen *n*
=~, סֵפֶר הַזֹּהַר = Buch Sohar (aus der Kabbala)
=~-הַקֹּטֶב = Polarlicht *n*, Nordlicht *n*
זָהַר פעל (לִזְהוֹר, יִזְהַר) [zahar] *kal* strahlen, blitzen
-הִזְהִיר הפ׳ - *hif.* glänzen; warnen
-נִזְהַר נפ׳ (לְהִזָּהֵר) - *nif.* sich vorsehen, scheuen
זַהֲרִית נ׳ [zaharit] Phosphor *m Chem.*
זוֹ מ״ג נ׳ [zo] diese *f/sg.*
זוֹאוֹלוֹ|גְיָה נ׳ [zo'ologja] Zoologie *f*
=~גִי ת׳ = zoologisch *Adj.*
=גַּן ~גִי = zoologischer Garten *m*
★(זוב) זָב פעל (לָזוּב) [zav] *kal* fließen *v/i*
=אֶרֶץ זָבַת חָלָב וּדְבַשׁ = das Land, wo Milch und Honig fließt
זוֹב-דָּם ז׳ [zov-dam] Bluten *n*
זוֹג ז׳ [zog] Glockenhelm *m*
זוּג ז׳ (זוגות) [zug] Paar *n*

=בֶּן-~ ז' = Partner *m*; Ehemann *m*; Bräutigam *m*

=בַּת-~ נ' = Partnerin *f*; Ehefrau *f*; Braut *f*

=בְּנֵי-~ ז"ר = Mann und Frau

=~ אוֹ פֶּרֶט = *wörtl.* gerade oder ungerade; Zahlenspiel *n ähnlich* "Schere, Stein, Papier"

(זוג) זִוֵּג פיעל (אֶת-) [zivég] *pi.* paaren *v/t*

=נִזְדַּוֵּג הת' (לְהִזְדַּוֵּג) - *hit.* sich paaren

★זוּגָה נ' [zuga] Gattin *f*, Ehefrau *f*

=זוּגָתִי = meine Frau

זוּגִי ת' [zugi] paarweise *Adj.*

=מִסְפָּר ~ = gerade Zahl *f*

=מִסְפָּר אִי-~, בִּלְתִּי-~ = ungerade Zahl *f*

זוּגִיּוּת נ' [zugijut] Paarbeziehung *f*

זָוָד ז' [zvad] Proviant *m*, Ausrüstung *f*

זוֹהִי מ"ג [zohi] das ist sie; sie (betont)

זוֹהֵר ת' (זוֹהֶרֶת, זוֹהֲרִים) [zohér] strahlend *Adj.*

זִוּ|וּג ז' זיווג [zivug] Verkupplung *f*; Paarung *f*

(זוז) זָז פעל (לָזוּז מִן-) [zaz] *kal* weichen, rücken *v/i;* sich bewegen, zur Seite gehen

-הֵזִיז הפ' (לְהָזִיז אֶת-) - *hif.* zu Seite schieben

=זַזְנוּ! (דיבורי) = lasst uns gehen!

=לֹא הֵזִיז לוֹ (סלנג) = es machte ihm nichts aus

זוֹחֵל ז' (זוֹחֶלֶת, זוֹחֲלִים) [zoxél] Kriechtier *n*, Reptil *n*

זוּטָא ת' (ארמ') [zuta] klein *Adj.*

זוּטָה נ' [zuta] Kleinigkeit *f*, Bagatelle *f*

=זוּטוֹת = Miniaturen *f/pl.*

זוּטָר ת' (זוּטֶרֶת, זוּטָרִים) [zutar] jüngerer *Adj.*; Junior *m*

=פָּקִיד ~ = unterer Beamter *m*

=קָצִין ~ = subalterner Offizier (in niedrigem Dienstgrad)

זָוִית נ', זווית (זָוִיּוֹת) [zavit] Winkel *m*, Ecke *f*

=~ חַדָּה = spitzer Winkel

=~ יְשָׁרָה = rechter Winkel

=~ קֵהָה = stumpfer Winkel

=מַד-~ ז' = Winkelmesser *m;* Geodreieck *n*

=קֶרֶן-~ נ' = entlegener Winkel

=~-רְאִיָּה = Gesichtswinkel *m*

=~וֹן = Winkeleisen *n*

(זול) זָל פעל (לָזוּל) [zal] *kal* billig sein, billig werden

-הִזִּיל, הֵזִיל, הוֹזִיל הפ' - *hif.* verbilligen

זוֹל ת' [zol] billig *Adj.*

=בְּ~ ת"פ = billig, günstig *Adv.*

=בְּזִיל-הַזּוֹל = sehr billig, spottbillig *Adv.*

=~וּת נ' = Billigkeit *f*; Vulgarität *f*

זוֹלֵל ת' [zolél] verfressen, gefräßig *Adj.*

=זוֹלְלוּת נ' = Gefräßigkeit *f*

=זוֹלְלָן ז' (~נִית) = Vielfraß *m*

=~נִי ת' = gefräßig *Adj.*

זוּלַת מ"י [zulat] außer *Prp.*

=הַזּוּלַת ז' = der andere, der Nächste, der Mitmensch

זוֹמֵם ת' [zomém] Böses im Schilde führend

זוֹמְמָנִי ת' [zomemani] schlecht, böswillig *Adj.*

(זון) זָן פעל (לָזוּן אֶת-) [zan] *kal* ernähren *v/t*

-נִזּוֹן נפ' (לְהִזּוֹן) - *nif.* ernährt werden

-הֵזִין הפ' (לְהָזִין אֶת-, מֵזִין, יָזִין) - *hif.* nähren, ernähren *v/t*

=הֵזִין עֵינָיו בְּ- = sich satt sehen an

זוּן ז' [zun] Taumellolch *m* (Lolium) *Bot.*

זו"נ ר"ת זָכָר וּנְקֵבָה [zaxar unekéva] *Abk.* männlich und weiblich (*m* und *f*)

זוֹנָה נ' [zona] Hure *f*, Prostituierte *f*

=אֶתְנַן-~ = Hurenlohn *m bibl.*

=בֶּן-~ = V Hurensohn, V Arsch (Fluch)

=בֵּית-זוֹנוֹת ר' גם זְנוּת = Bordell *n*, Puff *m* F

(זוע) זָע פעל (לָזוּעַ, יָזוּעַ) [za'] *kal* weichen *v/i,* sich bewegen

-הֵזִיעַ הפ' (לְהָזִיעַ אֶת-) - *hif.* zu Seite schieben *v/t*

זִוֵּעַ פיעל (לְזַוֵּעַ) [ziva'] *pi.* entsetzen *v/t*

-הִזְדַּוֵּעַ הת' - *hit.* entsetzt sein

זְוָעָה נ׳, זוועה (זַוְעַת-) [zva'a] Entsetzen *n*, Schrecken *m*, Horror *m*
זוֹעֵם ת׳ [zo'ém] zornig, böse *Adj.*
זוֹעֲפָנִי ת׳ [zo'afani] zornig, böse *Adj.*
זַוְעָתִי ת׳ [zav'ati] entsetzlich *Adj.*
זוֹרֶה ת׳ [zure] zerstreut *Adj.*
זוֹרֵם ת׳ [zorém] fließend *Adj.*
זוֹרֵעַ ז׳ [zoréa'] Säer *m*
זוֹרֵר פיעל [zorér] *pi.* niesen
★זָחוּחַ ת׳ [za'xuax] hochmütig *Adj.*
=זְחוּחַ-לֵב, ~ דַּעַת = hochmütig *Adj.*
=דַּעְתּוֹ זְחוּחָה עָלָיו = mit sich zufrieden
זָחִיחַ ת׳ [za'xiax] verschiebbar *Adj.*
זְחִיחוּת נ׳ [zxixut] Hochmut *m;* Euphorie *f Psych.*
=~-דַּעַת, ~-לֵב = Stolz *m*, Selbstgefälligkeit *f*
זְחִילָה נ׳ [zxila] Kriechen *n*, Krabbeln *n*
זָחַל פעל (לִזְחוֹל, יִזְחַל) [zaxal] *kal* kriechen, krabbeln; schleichen
-נִזְדַּחֵל הת׳ (לְהִזְדַּחֵל) - *hit.* herumkriechen, hineinkriechen
זַחַל ז׳ ['zaxal] Raupe *f*; Raupenfahrzeug *n*
=זַחְלִי ת׳ = Raupen-; mit Kettenantrieb
=זַחְלָ"ם ז׳ ר"ת: זַחְלִי לְמַחֲצָה = leichter Panzer *m Mil.*
זַחְלָן תו"ז [zaxlan] kriecherisch *Adj.*; Kriecher *m*; Gleitstück *n Tech.*
זִיבָה נ׳ [ziva] Gonorrhöe *f*, Tripper *m Med.*
זִיג ז׳ [zig] Blazer *m*, Mantel *m*
זִיו ז׳ [ziv] Glanz *m*
=~ פָּנִים = leuchtendes Gesicht *n*
זִיּוּן ז׳ [zijun] Bewaffnung *f;* V Fick *m*
זִיוָנִי, זיווני ת׳ [zivani] strahlend *Adj.*
זִיוָנִית נ׳, זיוונית [zivanit] Maiglöckchen *n* (Convallaria) *Bot.*
זִיּוּף ז׳ [zijuf] Fälschung *f*; Versingen *n*
זִיז ז׳ [ziz] Vorsprung *m*; Stütze *f*, Konsole *f*
זִיזִית נ׳ [zizit] Konsole *f*
זִיחָה נ׳ [zixa] Verschiebung *f*, Bewegung *f*
זִילָה נ׳ [zila] Nieselregen *m*
זִילוּת נ׳ [zilut] Billigkeit *f;* Verachtung *f*
זִים ז׳ [zim] Kieme *f*
זַיִן[1] ז׳ (זֵין-) ['zajin] Waffe *f*; V Penis *m*
=כְּלֵי-~ ז"ר = Waffen *f/pl.*
זַיִן[2] נ׳ [zajin] Zajin, 7. Buchstabe des hebr. Alphabets (S)
★זִיֵּן פיעל [zijén] *pi.* bewaffnen *v/t*
★הִזְדַּיֵּן הת׳ - *hit.* sich bewaffnen, sich rüsten
=הִזְדַּיֵּן (סלנג) = V ficken
=לֵךְ תִּזְדַּיֵּן (סלנג) = V verpiss dich!
=~ בְּסַבְלָנוּת = sich gedulden, sich mit Geduld wappnen
זִינָה נ׳ [zina] Fütterung *f*
זִיף ז׳ [zif] Borste *f*
זִיֵּף פיעל [zijéf] *pi.* fälschen *v/t;* falsch singen
זִיפְזִיף ז׳ [zifzif] grobkörniger Sand *m*
זַיְּפָן ז׳, זייפן [zajfan] Fälscher *m*
זִיפָנִי ת׳ [zifani] borstig *Adj.*
זִיק ז׳ [zik] Funke(n) *m*
=~-בָּרָק = Blitzstrahl *m*
זִיקָה ז׳ [zika] Verhältnis *n;* Korrelation *f*
זִיר ז׳ [zir] Staubfaden *m Bot.*
זִירָה נ׳ [zira] Arena *f*, Forum *n*
זַיִת ז׳ (זֵית-, זֵיתִים) ['zajit] Olivenbaum *m* (Olea); Olive *f*
=שֶׁמֶן-~ = Olivenöl *n*
=כַּ~ = ganz wenig
זֵיתִי, זֵיתָנִי ת׳ [zéti, zétani] olivgrün *Adj.*
זַךְ ת׳ (זַכָּה, זַכִּים) [zax] rein, lauter *Adj.*
זֹךְ ז׳, זוך [zox] Reinheit *f*, Lauterkeit *f*
זַכָּאוּת נ׳ [zaka'ut] Anrecht *n*
זַכַּאי ת׳ (זַכָּאִית) [zakaj] unschuldig; freigesprochen; berechtigt *Adj.*
זָכָה פעל (לִזְכּוֹת לְ־, בְּ־) [zaxa] *kal* für unschuldig befunden werden; würdig sein; Erfolg, Glück

haben, gewinnen

-זִכָּה פיעל (לְזַכּוֹת אֶת-) - *pi.* freisprechen; das Recht verleihen; gutschreiben

=זָכָה בַּמִּשְׁפָּט = freigesprochen werden, Prozess gewinnen

=~ בְּגוֹרָל, בַּהַגְרָלָה = (Verlosung) gewinnen

=~ לְכָבוֹד = zu Ehren gelangen

=~ לְהַכָּרָה = Anerkennung erlangen

=~ בִּפְרָס = e-n Preis gewinnen

=~ מִן הַהֶפְקֵר = j-m zufallen, ohne Mühe erlangen

=בַּמֶּה זָכִיתִי לְכָךְ? = wie habe ich das verdient?

=כָּל הַקּוֹדֵם זוֹכֶה = wer zuerst kommt, mahlt zuerst

=תִּזְכֶּה לְשָׁנִים רַבּוֹת! = lange sollst du leben!

זִכּוּי ז׳, זיכוי [zikuj] Freisprechung *f*; Gutschrift *f*

זָכוּךְ ת׳ [zaxux] klar, rein *Adj.*

זִכּוּךְ ז׳ [zikuz] Reinigung *f*, Säuberung *f*

זְכוּכִית נ׳ [zxuxit] Glas *n*

=~ מַגְדֶּלֶת = Vergrößerungsglas *n*, Lupe *f*

=~-שׂוֹרֶפֶת = Brennglas *n*

=~-מוּעֶמֶת = Mattglas *n*

=~-חָלָב = Milchglas *n*

זָכוּר ת׳ [zaxur] erinnerlich *Adj.*

=לֹא ~ לִי = ich erinnere mich nicht

זַכּוּת נ׳ [zakut] Unschuld *f*, Reinheit *f*, Klarheit

זְכוּת נ׳ (זְכֻיּוֹת) [zxut] Recht *n*; Aktiva *n/pl. Fin.;* Vorzug *m*; Verdienst *n*

=בִּ~-; בִּ~ חֲרִיצוּתוֹ = dank *(D)*; dank seinem Fleiß

=~ אָבוֹת = Lohn für die guten Taten der Ahnen

=~-יוֹצְרִים = Copyright *n*, Urheberrecht *n*

=לִמֵּד ~ עַל- = verteidigen *Jur.*

=כָּל הַזְּכֻיּוֹת שְׁמוּרוֹת = alle Rechte vorbehalten

=שִׁוְיוֹן-זְכֻיּוֹת = Gleichberechtigung *f*

=זְכֻיּוֹת יֶתֶר = Privilegien *n/pl.*

זְכִיָּה נ׳ [zxija] Gewinn *m*

זִכָּיוֹן ז׳, זיכיון (זִכְיוֹן-, זִכְיוֹנוֹת) [zikajon] Konzession *f*, Nutzrecht *n*

זְכִירָה נ׳ [zxira] Erinnerungsvermögen *n*

(זכך) זַךְ פעל (לִזְךְ, יִזַּךְ) [zax] *kal* lauter sein

-זִכֵּךְ פיעל - *pi.* läutern

-הִזְדַּכֵּךְ הת׳ - *hit.* sich läutern

זָכַר פעל (לִזְכּוֹר אֶת-) [zaxar] *kal* sich erinnern; im Gedächtnis behalten

-נִזְכַּר נפ׳ (לְהִזָּכֵר בְּ- אֶת, לְ-) - *nif.* daran denken, sich plötzlich erinnern; erwähnt werden

-הִזְכִּיר הפ׳ (לְהַזְכִּיר) - *hif.* in Erinnerung bringen, erinnern; erwähnen

=יִזְכֹּר = Seelenandacht *f*, “Jiskor”

=הַנִּזְכָּר לְעֵיל, הַנַּ״ל = der (das) oben Erwähnte

זִכֵּר פיעל [zikér] *pi* als Maskulin verwenden *Gr.*

זָכָר ז׳ [zaxar] Mann *m*; männlich *Adj.*

=לָשׁוֹן ~, מִין ~ = maskulin, männlich *Adj. Gr.*

זֵכֶר, זֶכֶר ז׳ [‘zexer] Gedenken *n*, Erinnerung *f*

=לְ~ = zum Andenken, zum Gedächtnis

=~ לַחֻרְבָּן = Erinnerung *f* an den Untergang des Tempels

=יִמַּח שְׁמוֹ וְזִכְרוֹ = sein Andenken soll ausgelöscht werden (Fluch)

=זִכְרוֹ לִבְרָכָה = sein Andenken soll gesegnet sein

זִכְרָה נ׳ [zixra] Assoziation *f*

זִכָּרוֹן ז׳, זיכרון (זִכְרוֹן-, זִכְרוֹנוֹת) [zikaron] Gedächtnis *n*, Andenken *n*

=~ חֲזוּתִי = visuelles Gedächtnis

=~ שְׁמִיעָתִי, אֲקוּסְטִי = akustisches Gedächtnis

=זִכְרוֹן דְּבָרִים = Protokoll *n;* Vorvereinbarung *f*

=זִכְרוֹנוֹ לִבְרָכָה (זַ״ל) = sein Andenken soll gesegnet sein

=זִכְרוֹנוֹת = Memoiren *pl.*, Erinnerungen *f/pl.*

=מַצֶּבֶת זִכָּרוֹן = Mahnmal *n*

זַכְרוּת נ׳ [zaxrut] Männlichkeit *f*

זִכְרִי ת׳ [zxari] männlich *Adj.*

זִכְרִיָּה נ׳, זִכְרִינִי ז׳ [zixrija, zixrini] Vergissmeinnicht *n* (Myosotis) *Bot.*

זָלַג פעל (לִזְלוֹג, יִזְלוֹג) [zalag] *kal* Tränen vergießen

זַלְגָּנִי ת׳ [zalgani] tränend *Adj.*

זַלְדְּקָן ת׳ [zaldekan] Person mit leichtem Bartwuchs

זִלּוּחַ ז׳ [zi'luax] Sprenkeln *n*, Sprühen *n*

זִלְזוּל ז׳, זילזול [zilzul] Missachtung *f*, Geringschätzung *f*, Verachtung *f*

=דֶּרֶךְ ~ ת״פ = verächtlich *Adv.*

זִלְזֵל פיעל (לְזַלְזֵל בְּ־) [zilzél] *pi.* missachten, gering schätzen, verachten

זַלְזַל ז׳ [zalzal] Spross *m Bot.*

זֶ׳לָטִין ז׳ [želatin] Gelatine *f*

זְלִילָה נ׳ [zlila] Fressen *n*

זְלִיפָה נ׳ [zlifa] Tröpfeln *n*

זָלַל פעל (לִזְלוֹל, יִזְלוֹל) [zalal] *kal* fressen

זַלְלָן ז׳ [zalelan] Vielfraß *m*

זִלְעָפָה נ׳ [zil'afa] Zittern *n*, Beben *n*

=רוּחַ זִלְעָפוֹת = Sturmwind *m*

זָלַף פעל (לִזְלוֹף, יִזְלוֹף) [zalaf] *kal* tröpfeln

-הִזְלִיף הפ׳ - *hif.* bespritzen

זִמָּה נ׳, זימה [zima] böse Absicht *f*; Schandtat *f*; Unzucht *f*

זְמוּם ז׳ [zemum] Maulkorb *m*

זִמּוּן ז׳, זימון [zimun] Einberufung *f*, Vorladung *f*

זְמוֹרָה נ׳ [zmora] Weinranke *f*

זִמְזוּם ז׳, זימזום [zimzum] Summen *n*

זַמְזָם ז׳ [zamzam] elektrischer Türöffner *m*

זִמְזֵם פיעל [zimzém] *pi.* summen

זָמִין ת׳ [zamin] erreichbar, lieferbar *Adj.*

זָמִיר ז׳ [zamir] Nachtigall *f* (Luscinia megarhyncha) *Zo.*

זְמִירָה[1] נ׳ [zmira] Gesang *m*

=זְמִירוֹת נ״ר = relig. Tischgesänge *m/pl.*

זְמִירָה[2] נ׳ [zmira] Beschneiden *n* (Reben, Bäume)

זָמַם פעל (לָזֹם, יָזֹם) [zamam] *kal* sinnen, Böses planen

-הֵזֵם הפ׳ (לְהָזֵם אֶת־) - *hif.* Lügen aufdecken, widerlegen

זְמָם[1] ז׳ [zmam] böse Absicht *f*

=הֵפִיק זְמָמוֹ = s-e böse Absicht ausführen

זְמָם[2] ז׳ [zmam] Maulkorb *m*

זְמַן ז׳ [zman] Zeit *f*; Semester *n*

=בַּ~ שֶׁ־ = als, zur Zeit als; während

=בְּ~ מִן הַזְּמַנִּים = irgendwann, einmal

=מִזְּמַן = schon lange, längst

=כָּל זְמַן שֶׁ־ = so lange wie

=בִּזְמַנּוֹ = zu seiner Zeit, damals

=קֹדֶם זְמַנּוֹ = vorzeitig

=בְּהֶמְשֵׁךְ הַזְּמַן, בְּמֶשֶׁךְ הַ~ = im Laufe der Zeit

=לְפִי רוּחַ הַ~ = im Zeitgeist

=זְמַן רַב = lange Zeit

זִמֵּן פיעל (לְזַמֵּן אֶת־) [zimén] *pi.* einberufen, zusammenbringen, vorladen *v/t*

-נִזְדַּמֵּן הת׳ - *hit.* zufällig treffen; passieren *v/i*

-הִזְמִין הפ׳ - *hif.* einladen; reservieren, bestellen *v/t*

=לְעִתִּים מְזֻמָּנוֹת = zu bestimmten Zeiten

=בִּמְזֻמָּן, בִּמְזֻמָּנִים = in bar

=מוּכָן וּמְזֻמָּן = bereit

זְמַנִּי ת׳ [zmani] zeitweilig, vorläufig *Adj.*

זְמַנִּית תה״פ [zmanit] vorübergehend *Adv.*

=בּוֹ־~ = gleichzeitig *Adv.*

זִמֵּר פיעל [zimér] *pi.* singen

זֶמֶר ז׳ ['zemer] Lied *n*; Gesang *m*

=כְּלֵי־~ ז״ר = Musikinstrumente *n/pl.*; Musikanten *m/pl.*

זַמָּר ז׳ (זַמֶּרֶת) [zamar] Sänger *m*

זִמְרָה נ׳ [zimra] Gesang *m*

זַמָּרוּת נ׳ [zamarut] Sängerberuf *m*

זִמְרִיָּה נ׳ [zimrija] Sängerfest *n*

זַמְרִיר ז׳ [zamrir] Werbespot *m*; Jingle *m*

זַמֶּרֶת נ׳ [za'meret] Sängerin *f*

זַמְשׁ ז׳ [zamʃ] Wildleder *n*

זַן ז׳ [zan] Art *f*, Gattung *f*, Sorte *f*

★זַנַּאי ז׳ [zanaj] Ehebrecher *m*

זָנָב ז׳ (זְנָבוֹת) [zanav] Schwanz *m*

=זְנַב הַסְּנוּנִית = Schwalbenschwanz *m* (Papilio machano) *Zo.*

=~-סִיגָרִיָּה = Zigarettenstummel *m*

=קִפֵּל אֶת הַזָּנָב = den Schwanz einziehen, sich aus dem Staub machen F

זִנֵּב פיעל [zinév] *pi*. kupieren (Hund)

-הִזְדַּנֵּב הת' - *hit*. sich nachschleppen; sich (in der Reihe) anstellen

זַנְבָן ז' [zanvan] Drossling *m* (Turdoides squamiceps) *Zo*.

זַנַבְנוֹעַ ז' [znavnoa'] Bachstelze *f Zo*.

זַנְגְּבִיל ז' [zangvil] Ingwer *m* (Zingiber) *Bot*.

★זָנָה פעל (לִזְנוֹת אֶל-, מִן-, אַחֲרֵי-, יִזְנֶה) [zana] *kal* huren; vom rechten Weg abweichen

זָנוּחַ ת' [za'nuax] verlassen *Adj*.

★זְנוּנִים ז"ר [znunim] Hurerei *f*

זִנּוּק ז', זינוק [zinuk] Losspringen *n*; Start *m*

זְנוּת נ' [znut] Prostitution *f*

זַנְזֹנֶת נ' (דיבורי) [zanzonet] Flittchen *n*, leichtes Mädchen *n*, Schlampe *f* F; Luder *n*

זָנַח פעל (לִזְנוֹחַ אֶת-, יִזְנַח) [zanax] *kal* im Stich lassen, aufgeben *v/t*

-הִזְנִיחַ הפ' - *hif*. vernachlässigen

זָנִיחַ ת' [zaniax] Einmal-; unwichtig *Adj*.

זְנִיחָה נ' [znixa] Vernachlässigung *f*, Verlassen *n*

זְנִיקָה נ' [znika] Sprung *m*, Start *m*

זֶנִית נ' [zenit] Zenit *m*

זָנַק פעל (לִזְנוֹק, יִזְנוֹק) [zanak] *kal* aufspringen

-זִנֵּק פיעל - *pi*. losstürmen, starten

ז'נְר ז' [žaner] Genre *n*

זֵעָה נ', זיעה (זֵעַת-) [zé'a] Schweiß *m*

=בְּזֵעַת אַפָּיו = im Schweiße seines Angesichts

=מֶרְחַץ-זֵעָה ז' = Schwitzbad *n*

זָעוּם ת' [za'um] klein, gering; zornig *Adj*.

=פָּנִים זְעוּמוֹת = zorniges Gesicht *n*

זָעוּף ת' [za'uf] wütend *Adj*.

זַעֲזוּעַ ז' [za'a'zu'a] Erschütterung *f*; Schock *m*; Erdstoß *m*; Oszillation *f Phys*.

=~-מֹחַ = Gehirnerschütterung *f*

זִעְזַע פיעל (לְזַעְזֵעַ) [zi'za'] *pi*. erschüttern

-הִזְדַּעְזֵעַ הת' - *hit*. erschüttert werden, erschüttert sein

זַעֲטוּט ז' (ארמ') ראה גם זַאֲטוּט [za'atut] kleiner Junge *m*, Bursche *m*

זְעִימָה נ' [ze'ima] Ärger *m*, Zorn *m*, Wut *f*

★זְעֵיר ת' (ארמ') [ze'er] klein *Adj*.

=~-אַנְפִּין = Miniatur *f*, Verkleinerung *f*

=בְּ~-אַנְפִּין = en miniature *Adv*.

=~ בּוּרְגָּנִי = kleinbürgerlich *Adj*.

זָעִיר ת' [za'ir] klein *Adj*.

זְעִירוּת נ' [ze'irut] Belanglosigkeit *f*, Nichtigkeit *f*

זָעַם פעל (לִזְעוֹם עַל-, יִזְעַם) [za'am] *kal* zürnen *v/i*

-נִזְעַם נפ' (לְהִזָּעֵם) - *nif*. zornig sein

-הִזְעִים הפ' (לְהַזְעִים אֶת-) - *hif*. erzürnen *v/t*

זַעַם ז' ['za'am] Zorn *m*, Grimm *m*

=עַד יַעֲבֹר ~ = bis die Gefahr (Krise) vorbei ist

=שָׁפַךְ זַעְמוֹ עַל- = s-n Zorn ergießen über

זַעֲמָן שָׁחוֹר ז' [za'aman ʃaxor] Karbonarschlange *f* (Coluber jugularis) *Zo*.

זָעַף פעל (לִזְעוֹף, יִזְעַף) [za'af] *kal* zürnen

זַעַף ז' ['za'af] Zorn *m*

=גִּשְׁמֵי-~ = strömender Regen *m*

זָעֵף ת' [za'éf] zornig *Adj*.

זַעֲפָנִי ת' [za'afani] jähzornig, cholerisch *Adj*.

זָעַק פעל (לִזְעוֹק עַל-, אֶל-, לְ-, יִזְעַק) [za'ak] *kal* wehklagen

-הִזְעִיק הפ' - *hif*. Hilfe holen

זְעָקָה נ' (זַעֲקַת-) [ze'aka] Wehklage *f*

★זַעֲרוּר, זַעֲרוּרִי ת' [za'arur, za'aruri] sehr klein, winzig *Adj*.

זִפּוּת ז', זיפות [ziput] Asphaltierung *f*, Teeren *n*

זֶפֶק ז' ['zefek] Kropf *m*

זַפֶּקֶת נ' [za'peket] Kropferkrankung *f*

זִפֵּת פיעל [zipét] *pi*. teeren, asphaltieren

זֶפֶת נ' ['zefet] Pech *n*; Asphalt *m*, Teer *m*

זִפְתִּי ת' [zifti] schlecht, scheußlich *Adj*.

זצ"ל ר"ת: זֵכֶר ['zexer tsadik livraxa] *Abk*. das

צַדִּיק לִבְרָכָה Andenken des Gerechten sei gesegnet

זִקָּה נ׳, זיקה [zika] Verhältnis *n*, Beziehung *f*

=מִשְׁפַּט-~ = Relativsatz *m Gr.*

זַקּוּם ז׳ [zakum] Balsambaum *m* (Balanites) *Bot.*

זְקוּנִים ז״ר [zkunim] Greisenalter *n*

=בֶּן-~, בַּת-~, יֶלֶד-~ = *wörtl.* Sohn -, Tochter -, Kind des Alters; Nachkömmling *m*

זִקּוּף ז׳, זיקוף [zikuf] Aufrichten *n*

זָקוּף ת׳ [zakuf] aufrecht, gerade; in Rechnung gestellt, gebucht *Adj.*

זָקוּק ת׳, הוּא ~ לְ- [zakuk] er braucht, er hat nötig

זִקּוּק ז׳, זיקוק [zikuk] Läuterung *f*; Raffinieren *n*, Destillation *f*

=בָּתֵּי-~ז״ר = Raffinerien *f/pl.*

זִקּוּקִין דִּי-נוּר ז״ר (ארמ׳) [zikukin di-nur] Feuerwerk *n*

זִקּוּקִית נ׳, זיקוקית [zikukit] Leuchtrakete *f*

זָקוּר ת׳ [zakur] aufgerichtet *Adj.*

זִקּוּר ז׳, זיקור [zikur] Aufrichten *n*

זָ׳קֶט ז׳ [žaket] Jackett *n*

זָקִיף ז׳ [zakif] Schildwache *f*

זְקִיפָה נ׳ [zkifa] Aufstellung *f*; Gutschrift *f*

זְקִיפוּת נ׳ [zkifut] Aufrechtstehen *n*, aufrechte Haltung *f*

זְקִיקָה נ׳ [zkika] Läuterung *f*

זְקִיקוּת נ׳ [zkikut] Bedürftigkeit *f*

זִקִּית נ׳, זיקית [zikit] Chamäleon *n Zo.*

זָקֵן פעל (לִזְקוֹן, יִזְקַן) [zakén] *kal* alt sein

-הִזְקִין הפ׳ - *hif.* altern, alt werden

-הִזְדַּקֵּן הת׳ - *hit.* altern, alt werden

זָקֵן ת׳ [zakén] alt *Adj.*

זָקֵן ז׳ (זְקַן-זִקְנֵי, זְקֵנִים, זִקְנֵי-) [zakén] Alte(r) *m*, Greis *m*, Großvater *m*

=זְקַן-הַכְּפָר = Dorfältester *m*

=זָקֵן מֻפְלָג = hochbetagter Greis *m*

זָקָן ז׳ (זְקַן-) [zakan] Bart *m*

=חֲתִימַת-~ = Flaum *m* (Bart)

=זְקַן-תַּיִשׁ = Ziegenbart *m*

★~= תַּחְתּוֹן = Schamhaare *n/pl.*

זְקֵנָה נ׳ (זְקֶנְתּוֹ) [zkéna] Alte *f*, Greisin *f*, Großmutter *f*

זִקְנָה ה׳, זיקנה [zikna] hohes Alter *n*

=~ קָפְצָה עָלָיו = sehr schnell gealtert

זְקַנְקַן ז׳ [zkankan] Bärtchen *n*

זָקַף פעל (לִזְקוֹף אֶת-, עַל-, יִזְקוֹף) [zakaf] *kal* aufrichten; gutschreiben; zuschreiben

-נִזְקַף נפ׳ (לְהִזָּקֵף) - *nif.* sich aufrichten; gebucht werden

-זִקֵּף פיעל - *pi.* aufstellen, hochstellen

-הִזְדַּקֵּף הת׳ - *hit.* sich aufrichten, sich geraderichten

זִקְפָּה נ׳ [zikpa] Erektion *f*

זִקֵּק פיעל [zikék] *pi.* läutern; destillieren

זָקַק פעל (לִזְקוֹק, יִזְקוֹק) [zakak] *kal* verpflichten, auferlegen

-נִזְקַק נפ׳ (לְהִזָּקֵק לְ-) - *nif.* bedürfen, brauchen, benutzen

-הִזְדַּקֵּק הת׳ - *hit.* nötig haben

(זקר) הִזְדַּקֵּר הת׳ [hizdaker] *hit.* hervorstechen; sich aufrichten

זֵר ז׳ [zér] Kranz *m*

=~ פְּרָחִים = Blumenstrauß *m*

זָר תו״ז [zar] fremd *Adj.*; Fremder *m*

=מִלָּה | זָרָה = Fremdwort *n Gr.*

=עֲבוֹדָה ~ = Götzendienst *m*

ז״ר ר״ת: זָכָר רַבִּים [zaxar rabim] *Abk.* Maskulinum Plural *Gr.*

★זָרָא ז׳ [zara] Ekel *m*

=הָיָה לְ~ = etwas satt haben

זִרְבָּה נ׳ [zirba] (Augen) Schleimfluss *m*, Blennorrhoe *f Med.*

זַרְבּוּבִית נ׳ [zarbuvit] Tülle *f*, Schnauze *f* e-r Kanne

זַ׳רְגוֹן ז׳ [žargon] Jargon *n*

זֶרֶד ז׳ [‘zered] Reisig *n*

זָרָה פעל (לִזְרוֹת אֶת-, יִזְרֶה) [zara] *kal* streuen; worfeln

=~ מֶלַח עַל פְּצָעָיו = Salz in s-e Wunden streuen

זָרוּד ת' [zarud] geschnitten, beschnitten *Adj.* (*bsd.* Bäume)

זֵרוּד ז' [zérud] Schneiden *n*, Beschneiden *n* (*bsd.* Bäume)

זֵרוּז ז', זירוז [zéruz] Antreiben *n*; Beschleunigen *n*

זָרוּי ת' [zaruj] bestreut *Adj.*

זֵרוּי ז' [zéruj] Verstreuung *f*

זֵרוֹן ז' [zéron] Weih(e *f*) *m* (Circus) *Zo.*

זְרוֹעַ נ' (זְרוֹעוֹת) [z'roa'] Arm *m*, Oberarm *m*; Zweig *m fig.*

=אִישׁ-~, בַּעַל-~ = Kraftmensch *m*, Gewaltmensch *m*

=שְׁלוּבֵי ~ = Arm in Arm

=בְּכֹחַ הַזְּרוֹעַ = mit Gewalt, mit Brachialgewalt

=בִּזְרוֹעוֹת פְּתוּחוֹת = mit offenen Armen

זָרוּעַ ת' [za'rua'] gesät *Adj.*; übersät *Adj.*

זָרוּק ת' [zaruk] nachlässig *Adj.*; weggeworfen *Adj.*; Hippie *m*; Punk *m* F

זָרוּת נ' (זָרֻיּוֹת) [zarut] Fremdheit *f*

זֵרֵז פיעל (לְזָרֵז אֶת-) [zéréz] *pi.* beschleunigen

-הִזְדָּרֵז הת' - *hit.* sich beeilen

זָרָז ז' [zaraz] Katalysator *m*

זִרְזוּף ז' [zirzuf] Niesel - , Sprühregen *m*

זַרְזִיף ז' [zarzif] Regentropfen *m*, Schauer *m*

זַרְזִיר ז' [zarzir] Star *m* (Sturnus vulgaris) *Zo.*

=~ מָתְנַיִם = Windhund *m*

זָרַח פעל (לִזְרוֹחַ, יִזְרַח) [zarax] *kal* strahlen, leuchten; aufgehen (Sonne)

זֶרַח ז' ['zerax] Glanz *m*

זַרְחָה נ' [zarxa] Phosphat *n Chem.*

זַרְחָן ז' [zarxan] Phosphor *m Chem.*

=~נִי ת' = phosphorhaltig *Adj.*

זְרִיבָה [zriva] Fließen *n*, Tröpfeln *n*

זְרִיָּה נ' [zrija] Streuen *n*

זָרִיז ת' [zariz] schnell, tüchtig, flink, geschickt, gewandt *Adj.*

=זְרִיזוּת נ' = Schnelligkeit *f*, Tüchtigkeit *f*, Geschicklichkeit *f*

זְרִיחָה נ' [zrixa] Sonnenaufgang *m*

זְרִימָה נ' [zrima] Strömen *n*

זְרִימוּת נ' [zrimut] Viskosität *f*, Fliesseigenschaften *f/pl.*

זְרִיעָה נ' [zri'a] Säen *n*, Saat *f*

זְרִיקָה נ' [zrika] Wurf *m*, Werfen *n*; Spritze *f* Einspritzung *f*, Injektion *f*

=זְרִיקַת עִדּוּד = Motivationsspritze *f fig.*

זְרִירָה נ' [zrira] Niesen *n*

זָרַם פעל (לִזְרוֹם, יִזְרוֹם) [zaram] *kal* strömen, fließen

-הִזְרִים הפ' - *hif.* strömen lassen

זֶרֶם ז' (זְרָמִים) ['zerem] Strom *m*, Fluss *m fig.*

=שָׂחָה עִם הַזֶּרֶם, נֶגֶד הַ~ = mit dem Strom, gegen den Strom schwimmen

=~-חִלּוּפִין = Wechselstrom *m El.*

=~-יָשָׁר = Gleichstrom *m El.*

זִרְמָה נ' [zirma] Strömen *n*; Samenerguss *m*

זַרְנוּק ז' [zarnuk] Wasserschlauch *m*

זַרְנִיךְ ז' [zarnix] Arsen *n*

זָרַע פעל (לִזְרוֹעַ אֶת-, יִזְרַע) [zara'] *kal* säen

=~ אוֹר = aufhellen; aufleuchten

=~ בֶּהָלָה = j-n erschrecken, Panik verbreiten

=~ מוֹקְשִׁים = Minen legen

=הַזּוֹרְעִים בְּדִמְעָה בְּרִנָּה יִקְצֹרוּ = die in Tränen säen, werden in Freuden ernten

זֶרַע ז' ['zera'] Samen *m*, Saat *f*; Nachkommenschaft *f*

זֵרָעוֹן ז' (זֵרְעוֹנִים) [zéra'on] Frucht *f* der Korbblütler (*Bot.*); Samentierchen *n* (Spermatozoon) *Zo.*

★זַרְעִית נ' [zar'it] Nachkommenschaft *f*

זַרְעִית הַשָּׂדֶה [zar'it hasade] Feldlerche *f* (Alauda arvensis) *Zo.*

זָרַק פעל [zarak] *kal* werfen, F schmeißen

(לִזְרוֹק, יִזְרוֹק אֶת־)

־הִזְרִיק הפ׳ - *hif.* injizieren, (ein)spritzen

=זָרַק מָרָה בִּפְלוֹנִי = j-m Furcht einflößen

=~ אוֹר עַל־ = Licht werfen auf *fig.*

=~ חוֹל בְּעֵינֵי הַבְּרִיּוֹת = Sand in die Augen streuen *fig.*

=זָרְקָה שֵׂיבָה בּוֹ = ergrauen, graue Haare bekommen

זַרְקוֹר ז׳ [zarkor] Scheinwerfer *m*

זֶרֶת נ׳ [ʻzeret] kleiner Finger *m*

ח

ח Chet (ch wie in "ach"), 8. Buchstabe des hebr. Alphabets; Zeichen der Zahl 8

★חֹב ז׳, חוב [xov] Schoß *m*

=בְּחֻבּוֹ = in seinem Innern

חָב ת׳ [xav] schuldig *Adj.*

(חבא) נֶחְבָּא נפ׳ (לְהֵחָבֵא) [nexba] *nif.* sich verstecken, sich verbergen

-הֶחְבִּיא הפ׳ - *hif.* verstecken, verbergen *v/t*

-הִתְחַבֵּא הת׳ - *hit.* sich verstecken

=בְּהֶחְבֵּא ת״פ = im Verborgenen, heimlich *Adv.*

=נֶחְבָּא אֶל הַכֵּלִים = scheu, bescheiden, zurückgezogen *Adj.*

חִבֵּב פיעל [xibév] *pi.* gern haben, lieb haben

-נִתְחַבֵּב הת׳ (עַל-) - *hit.* sich beliebt machen, gefallen *v/i*

חַבַּ״ד ר״ת: חָכְמָה, בִּינָה, דַּעַת [xabad] *Kurzw* Name e-r chassidischen Sekte

חִבָּה נ׳, חיבה [xiba] Liebe *f*, Zuneigung *f*, Sympathie *f*

=כִּנּוּי-~ = Kosename *m*

=חִבַּת-צִיּוֹן = Liebe zu Zion, Name e-r zionist. Bewegung

חֻבָּה נ׳, חובה [xuba] Trappe *f* (Otididae) *Zo.*

=~ גְּדוֹלָה = Großtrappe *f*

=~ קְטַנָּה = Zwergtrappe *f*

חָבוּא ת׳ [xavu'] versteckt, verschlossen *Adj.*

חֲבוּב ז׳ (סלנג) [xabub] mein Lieber *iron.*

חִבּוּב ז׳, חיבוב [xibuv] Schätzen *n*, Lieben *n*

חִבּוּט ז׳, חיבוט [xibut] Schlagen *n*; innerer Konflikt *m*

=~-עֲרָבָה, -~הוֹשַׁעְנוֹת = rituelles Schlagen der Weidenzweige (am Laubhüttenfest)

חָבוּט ת׳ [xavut] geschlagen *Adj.*; abgedroschen *Adj.*

חָבוּי ת׳ [xavuj] versteckt, verborgen; latent *Adj.*

חָבוּל[1] ת׳ [xavul] verwundet, verletzt *Adj.*

חָבוּל[2] ת׳ [xavul] verschnürt *Adj.*

חִבּוּל ז׳ [xibul] Zerstören *n*, Sabotage *f*

חֲבוֹלָה נ׳ [xavola] Pfand *n*, Faustpfand *n*

חִבּוּק ז׳, חיבוק [xibuk] Umarmung *f*

=~-יָדַיִם = Untätigkeit *f*, Tatenlosigkeit *f*, Nichtstun *n*

חָבוּר ז׳ [xavur] Kontrollabschnitt *m*, Bon *m*

חִבּוּר ז׳, חיבור [xibur] Verbindung *f*; Aufsatz *m*, Essay *n*; Addition *f Math.*

=וָיו הַ~ = und *Gr.*

=מִלַּת-~ = Bindewort *n*, Konjunktion *f Gr.*

חַבּוּרָה נ׳ [xabura] Beule *f*

חֲבוּרָה נ׳ [xavura] Gruppe *f* (v. Kameraden)

חָבוּשׁ ת׳ [xavuʃ] verbunden (Wunde) *Adj.*; gefangen *Adj.*; bedeckt (Kopf) *Adj.*

חַבּוּשׁ ז׳ [xabuʃ] Quitte *f* (Cydonia vulgaris) *Bot.*

חָבוּת נ׳ [xavut] Schuldigkeit *f*

=~ חֹק = Haftpflicht *f*

חָבַט פעל (לַחְבּוֹט אֶת-, יַחְבּוֹט) [xavat] *kal* schlagen, ausklopfen

-הִתְחַבֵּט הת׳ - *hit.* zappeln; wälzen (Problem), grübeln

חֲבָטָה נ׳ [xavata] Schlag *m*

חֲבִיאָה נ׳ [xavi'a] Versteck *n*, Zufluchtsort *m*

חָבִיב ת׳ [xaviv] lieb, nett *Adj.*

=אַחֲרוֹן אַחֲרוֹן ~ = das Letzte ist das Beste; *etwa* je später der Abend, desto besser die Gäste

=חֲבִיבוּת נ' = Liebenswürdigkeit *f*, Nettigkeit *f*

חֲבִיבִּי ז' [xabibi] mein Lieber *iron.* F

חֶבְיוֹן ז' [xevjon] Versteck *n*; Latenz *f*

חֶבְיוֹנָה נ' [xevjona] kleines Fass *n*, Fässchen *n*

חֲבִיטָה נ' [xavita] Schlag *m*

חֲבִילָה נ' [xavila] Paket *n*

=עִסְקַת-~ = Pauschalabmachung *f*

=נִתְפָּרְדָה הַ~ = die Gesellschaft (Freundschaft) hat sich aufgelöst

חֲבִיסָה נ' [xavisa] Kompression *f*, Zusammenpressen *n*

חֲבִישָׁה נ' [xaviʃa] Verbinden *n* (Wunde); Aufsetzen *n* (Hut, Mütze)

חָבִית נ' (חָבִיּוֹת) [xavit] Fass *n*, Tonne *f*

חֲבִיתָה נ' [xavita] Eierkuchen *m*, Omelett *n*

חֲבִיתִית נ' [xavitit] gefüllter Eierkuchen *m*, Palatschinken *pl.*

חָבַל פעל (לַחְבּוֹל בְּ- יַחְבּוֹל) [xaval] *kal* schlagen, verletzen *v/t*

-נֶחְבַּל נפ' (לְהֵחָבֵל) - *nif.* verletzt werden

-חִבֵּל פיעל (לְחַבֵּל בְּ-) - *pi.* sabotieren, Schaden zufügen

חֶבֶל ז' (חֲבָלִים, חַבְלֵי-) ['xevel] Seil *n;* Schnur *f*, Band *n;* Bezirk *m*

=~ קְפִיצָה = Springseil *n*

=חַבְלֵי-אַהֲבָה = Liebesbande *n/pl.*

=~-שֵׁנָה = in Morpheus' Armen

=הוּא מְהַלֵּךְ עַל חֶבֶל דַּק = er bewegt sich auf dünnem Eis (*wörtl.* auf einem dünnen Seil)

חֵבֶל ז' (חֲבָלִים, חֶבְלֵי-) ['xével] Schmerz *m*, Weh *n*

=חֶבְלֵי-גְאֻלָּה = durch Qualen zur Erlösung *Rel.*

=~-יְצִירָה = Mühen *f/pl.* des Schaffens

=~-לֵדָה = Geburtswehen *f/pl.*

=~ מָוֶת = Todesqualen *f/pl.*

חֲבָל מ"ק [xaval] schade, es ist schade

=~ עַל הַזְּמַן (סלנג) = Wahnsinn! F

חֲבַלְבָּל ז' [xavalbal] Winde *f* (Convolvulus) *Bot.*

חַבָּלָה נ' [xabala] Zerstörung *f*, Sabotage *f*

=מַעֲשֵׂה-חַבָּלָה = Terrorakt *m*

חִבְלוּל ז' [xivlul] Absperrung *f*

חֶבְלִי ת' [xevli] regional *Adj.*; Bezirks -

חִבְלֵל פיעל [xivlél] *pi.* absperren

חַבְלָן[1] ז' [xablan] Saboteur *m*

חַבְלָן[2] ז' [xablan] Sprengstofffachmann *m*, Entschärfer *m Mil.*

=~וּת נ' = Sabotage *f*, Terror *m*

= חַבְּלָנִי ת' = zerstörend *Adj.*, Sabotage-

חִבֵּץ פיעל [xibéts] *pi.* buttern

חֻבְצָה נ', חובצה [xuvtsa] Buttermilch *f*

חֲבַצֶּלֶת נ' [xava'tselet] Narzisse *f* (Pancratium) *Bot.*

=~-הַחוֹל = Meeresnarzisse *f Bot.*

חָבַק פעל (לַחֲבוֹק אֶת-, יַחֲבוֹק) [xavak] *kal* umarmen

-חִבֵּק פיעל - *pi.* umarmen

=חוֹבֵק עוֹלָם ת' = weltumspannend *Adj.*

חֶבֶק ז' ['xevek] Kontrollstreifen *m*, Banderole *f*

חָבַר פעל (לַחֲבוֹר אֶל- יַחֲבוֹר) [xavar] *kal* sich zusammentun

-חִבֵּר פיעל - *pi.* verbinden; zusammenzählen, addieren; verfassen

-הִתְחַבֵּר הת' - *hit.* sich anschließen; sich befreunden; online gehen *od.* sein

=הִתְחַבֵּר לָאִינְטֶרְנֶט = ins Internet gehen

=חָבְרוּ יַחַד לְ- = sich zusammentun um

=לֹא הִתְחַבַּרְנוּ (סלנג) = wir haben uns nicht gefunden, getroffen; wir sind nicht auf derselben Wellenlänge F

חֶבֶר ז' ['xever] Gruppe *f*, Organisation *f*, Liga *f*

=~ מֻשְׁבָּעִים = die Geschworenen *pl.*

=~ נֶאֱמָנִים = Kuratorium *n*

חָבֵר ז' [xavér] Freund *m*; Genosse *m*, Kamerad *m*; Mitglied *n*
=חֲבֵר-כְּנֶסֶת (ר"ת: ח"כ) = Mitglied *n* der Knesseth, israel. Parlamentsabgeordneter *m*
=~-מוֹעָצָה = Ratsmitglied *n*, Stadtrat *m*
=כָּל יִשְׂרָאֵל חֲבֵרִים (ר"ת כִּי"חַ) = *wörtl.* alle Juden sind Brüder; Alliance Israélite Universelle
=מַס חָבֵר = Mitgliedsbeitrag *m*
=פְּרוֹפֶסוֹר-חָבֵר (פְּרוֹפֶסוֹר-מִשְׁנֶה) = außerordentlicher Professor
חֲבַרְבּוּר ת' [xavarbur] (Tier) gestreift, getigert *Adj.*
חֲבַרְבּוּרָה נ' [xavarbura] Streifen *m* (des Tigers)
חֲבֵרָה נ' (חֲבֶרֶת-, גם: חֲבֵרַת-, חֲבֵרוֹת, חַבְרוֹת-) [xavéra] Freundin *f*, Kameradin *f*, Genossin *f*, Mitglied *n* (weibliches)
חֶבְרָה נ' (חֲבָרוֹת, חֶבְרוֹת-) [xevra] Gesellschaft *f*, Vereinigung *f*
=~-בַּת (חֶבְרוֹת-בָּנוֹת) = Tochtergesellschaft *f*
=חֶבְרַת-גַּג = Dachorganisation *f*, Konzern *m*
=חֶבְרָה קַדִּישָׁא = Bestattungsunternehmen in jüd. Gemeinden u. in Israel
=~ בע"מ (בְּעֵרָבוֹן מֻגְבָּל) = Gesellschaft mit beschränkter Haftung (GmbH)
=מַדְּעֵי-הַחֶבְרָה = Sozialwissenschaft *f*
חֶבְרֶ'ה (סלנג) ז"ר ['xevre] Bande *f*, Leute *pl.* F, Clicque *f*
חֻבָּרָה נ', חוברה [xubara] Kragentrappe *f* (Chlamidotis undulata) *Zo.*
חֲבֵרוּת נ' [xavérut] Freundschaft *f*; Mitgliedschaft *f*
חִבְרוּת נ', חיברות [xivrut] Sozialisierung *f*, Vergesellschaftung *f*
חַבְרוּתִ|י ת' [xavruti] freundschaftlich; gesellig *Adj.*
=~יּוּת נ' = Herzlichkeit *f*; Geselligkeit *f*
חֲבֵרִי ת' [xavéri] kameradschaftlich *Adj.*
חַבְרַיָּא, חֶבְרַיָּה (ארמ') [xavraja, xevraja] Gruppe *f* von Kameraden, Freunden
חִבְרֵת פיעל [xivrét] *pi.* sozialisieren; vergesellschaften
חֶבְרָתִי ת' [xevrati] gesellschaftlich *Adj.*, Sozial-
חָבַשׁ פעל (לַחֲבוֹשׁ אֶת-, יַחֲבוֹשׁ) [xavaʃ] *kal* verbinden (Wunde); umbinden, (Hut) aufsetzen; einsperren *bibl.*
=~ אֶת סַפְסָל הַלִּמּוּדִים = die Schule besuchen
חֲבִתִּית נ' [xavitit] Pfannkuchen *m*, Eierkuchen *m*
חַג ז' (הֶחָג) [xag] Fest *n*, Feiertag *m*
=~ שָׂמֵחַ! = frohes Fest!
=~-הָאוּרִים, ~-הַחֲנֻכָּה = Chanukka-Fest *n* (Fest der Lichter)
=~-הַסֻּכּוֹת = Laubhüttenfest *n*
=~-הָעַצְמָאוּת = Unabhängigkeitsfest *n*
=~-הַפֶּסַח, ~-הַמַּצּוֹת = Pessach-Fest *n*
=~ הַשָּׁבוּעוֹת, ~-הַבִּכּוּרִים = Wochenfest *n*
=אִסְרוּ-~ = erster Tag nach dem Fest
=~-הַמּוֹלָד = Weihnachten *n*
=~-הַפַּסְחָא = Ostern *n*
חָגָב ז' [xagav] Feldheuschrecke *f* (Acridida) *Zo.*
חָגַג, חַג פעל (לָחוֹג אֶת-, חַגּוֹתִי, גם: חָגַגְתִּי, חוֹגֵג, יָחוֹג) [xagag] *kal* feiern
-נָחֹג, נֶחְגַּג נפ' (לְהֵחוֹג גם: לְהֵיחָגֵג) - *nif.* gefeiert werden
חָגָו ז' [xagav] Felsspalte *f*
חֲגוֹר ז' [xagor] Ausrüstung *f* (individuell) *Mil.*
חָגוּר ת' [xagur] gegürtet *Adj.*
חֲגוֹרָה נ' [xagora] Gürtel *m*
=חֲגוֹרַת-בִּטָּחוֹן = Sicherheitsgurt *m*
=~ בֶּטֶן = Bauchgurt *m*
=~-הַצָּלָה = Rettungsring *m*
=הִכָּה מִתַּחַת לַ~ = unter die Gürtellinie schlagen
חֲגִיגָה נ' [xagiga] Feier *f*, Festlichkeit *f*
חֲגִיגִ|י ת' [xagigi] feierlich *Adj.*
=~יּוּת נ' = Feierlichkeit *f*; feierliche Stimmung *f*
חָגְלָה נ', חוגלה [xogla] Steinhuhn *n*

(Alectoris graeca) *Zo.*

[xagar] *kal* gürten, umgürten חָגַר פעל (לַחְגּוֹר אֶת-, יַחְגּוֹר)

[xigér] Hinkender, Lahmer *m* חִגֵּר ז׳, חיגר

[xad] spitz, scharf *Adj.* חַד ת׳

= scharfsinnig *Adj.* =~-חוּשִׁים, ~-מֹחַ

= scharfblickend, scharfsichtig *Adj.* =~-עַיִן

= feinhörig *Adj.* =~-שְׁמִיעָה

= spitzer Winkel *m* =זָוִית חַדָּה

[xad] eins *Num., meist in Zssgn* ein-, Einmal-, mono- חַד (-אֶחָד) ש״מ

= "Chad Gadja" *wörtl.* ein Lämmchen; Lied aus der Pessach-Haggada =~ גַּדְיָא (ארמ׳)

= monoton, langweilig *Adj.* =~-גּוֹנִי ת׳

= einerseits-andrerseits =מֵחַד גִּיסָא-מֵאִידָךְ גִּיסָא

= allein erziehend *Adj.* =חַד-הוֹרִי

= eingeschlechtig *Bot.* =~ מִינִי

= eindeutig *Adj.* =~-מַשְׁמָעִי, ~-מַשְׁמָעוּתִי ת׳

= Einbahn- =~-סִטְרִי

= einmalig *Adj.; Einweg-, Wegwerf-* =~-פַּעֲמִי

= einseitig *Adj.* =~-צְדָדִי

= einstimmig *Adj. Mus.* =~-קוֹלִי

= einjährig *Adj.* =~-שְׁנָתִי

= einzellige Lebewesen *n/pl. Zo.* =~-תָּאִיִּים

= klipp und klar =חַד וְחָלָק (דיבורי)

[xod] Spitze *f* חֹד ז׳, חוד (חֻדּוֹ, חֻדִּים)

[xadgonut, xadgonijut] Eintönigkeit *f*, Monotonie *f* חַדְגּוֹ|נוּת, חַדְגּוֹ|נִיּוּת נ׳

= eintönig, monoton *Adj.* =~נִי ת׳

[xidéd] *pi.* schärfen, scharfmachen; anspitzen חִדֵּד פיעל

[xidud] Schärfen *n*, Anspitzen *n*; Witz *m*, Sarkasmus *m* חִדּוּד ז׳, חידוד

[xedva] Freude *f* חֶדְוָה נ׳, חדווה

= Lebensfreude *f* =חֶדְוַת-הַחַיִּים

[xadur] durchdrungen, erfüllt *Adj.* חָדוּר ת׳

[xidur] Einsickern *n,* Eindringen *n* חִדּוּר ז׳

[xiduʃ] Neuerung *f*, Erneuerung *f* חִדּוּשׁ ז׳, חידוש

[xadut] Schärfe *f* חַדּוּת נ׳

[xadir] durchlässig *Adj.* חָדִיר ת׳

= undurchdringlich *Adj.* =בִּלְתִּי-חָדִיר

[xadira] Eindringen *n* חֲדִי|רָה נ׳

= Durchlässigkeit *f* =~רוּת נ׳

[xadiʃ] modern, neuartig *Adj.* חָדִישׁ ת׳

= Modernität *f*, Neuartigkeit *f* =חֲדִישׁוּת נ׳

[xadal] *kal* aufhören, ablassen von (*D*) חָדַל פעל (לַחְדּוֹל מִן-, חָדֵל, יֶחְדַּל)

[xadal-'onim] kraftlos *Adj.* חֲדַל|-אוֹנִים ת׳

= wertlos *Adj.*; verlassen *Adj.* =~-אִישִׁים

= hilflos *Adj.* =~-יֶשַׁע

= hoffnungslos *Adj.* =~-תִּקְוָה

[xidalon] das Nichts חִדָּלוֹן ז׳, חידלון

= Wechseljahre *n/pl.*, Klimakterium *n* =חֶדְלוֹן וֶסֶת

[xadaf] Spitzmaus *f* (Soricidae) *Zo.* חַדַּף ז׳

[xadpa'ami] einmalig *Adj.*, Einweg-, Wegwerf- חַד|פַּעֲמִי ת׳

= einseitig *Adj.* =~ צְדָדִי ת׳

= Einseitigkeit *f* =~ צְדָדִיּוּת נ׳

['xédek] Rüssel *m* חֵדֶק ז׳

[xidkan] Stör *m* (Fisch) *Zo.* חִדְקָן ז׳

[xadar] *kal* eindringen in *Akk.* חָדַר פעל (לַחְדּוֹר אֶל-, יַחְדּוֹר)

- *hif.* eindringen lassen, einflößen, einschleusen -הֶחְדִּיר הפ׳

['xeder] Zimmer *n*; Talmud-Thoraschule *f* חֶדֶר ז׳ (חֲדַר-, חֲדָרִים)

= Aufwachraum *m* (nach Operation) =חֲדַר-הִתְאוֹשְׁשׁוּת

= Speisesaal *m* =חֲדַר-אֹכֶל

= Fitnessraum *m* (mit Geräten) =~ כֹּשֶׁר

= durchsickern lassen; tratschen, weitersagen =גִּלָּה סוֹדוֹת מִן הַחֶדֶר

= im Innersten =בְּחַדְרֵי-חֲדָרִים

[xadron] Zimmerchen *n*, Kammer *f* חַדְרוֹן ז׳

[xadranit] Zimmermädchen *n* חַדְרָנִית נ׳

חִדֵּשׁ פיעל [xidéʃ] *pi.* erneuern; reformieren
-הִתְחַדֵּשׁ הת' - *hit.* sich erneuern
=תִּתְחַדֵּשׁ! תִּתְחַדְּשִׁי! = freu dich an diesem neuen Stück! (Glückwunsch zum neuen Kleid *usw.*)
חָדָשׁ ת' [xadaʃ] neu *Adj.*
=מֵ~ ת"פ = aufs Neue *Adv.*
=הַבְּרִית הַחֲדָשָׁה = das Neue Testament
חֹדֶשׁ ז', חודש (חֳדָשִׁים) [ʻxodeʃ] Monat *m*
=רֹאשׁ-~ = Neumond *m*
=~ הָאָבִיב = früherer Name des Monats Nisan
=חָדְשַׁיִם = zwei Monate
חֲדָשָׁה נ' [xadaʃa] Neuigkeit *f*
=חֲדָשׁוֹת נ"ר = Nachrichten *f/pl.*
חָדְשִׁי ת', חודשי [xodʃi] monatlich *Adj.*
חַדְשָׁן ז' [xadʃan] Erneuerer *m*, Reformator *m;* Vorreiter *m*
=~נוּת נ' = Neuerungsdrang *m*
=~נִי ת' = bahnbrechend *Adj.*
חַדְתָּאִיִּים ת"ר [xadta'ijim] einzellige Lebewesen *n/pl.*
חַוַּאי ז', חוואי [xavaj] Landwirt, Farmer *m*
(חוב) חָב (לָחוּב לְ-, יָחוּב) [xav] *kal* schulden, schuldig sein *bsd. fig.*
-חִיֵּב פיעל - *pi.* verpflichten, auferlegen; bejahen; anklagen; belasten *Fin.*
-הִתְחַיֵּב הת' - *hit.* sich verpflichten
=~ בְּנַפְשׁוֹ = s-n Leben aufs Spiel setzen
=הִתְחַיֵּב מִן- = sich ergeben, folgern aus *(D)*
=~ כְּמַסְקָנָה = sich als Folgerung ergeben
=מְחֻיַּב הַמְּצִיאוּת = den Umständen entsprechend
חוֹב ז' (חוֹבוֹת) [xov] Schuld *f*, Schulden *f/pl.*
=בַּעַל-~ = Gläubiger *m*; Schuldner *m*
=שְׁטַר-~ = Schuldverpflichtung *f*, Schuldschein *m*
חוֹבֵב ז' [xovév] Liebhaber *m*, Amateur *m*, Hobby-
=חוֹבְבֵי צִיּוֹן = "Chowewej Zion", *wörtl.* Freunde Zions (vorzionist. Bewegung)
=~ הַטֶּבַע = Naturfreunde *m/pl.*
חוֹבְבָן ז' [xovevan] Amateur *m*, Freizeit-, Hobby-
=~נוּת נ' = Dilettantismus *m*
=~נִי ת' = Amateur-, dilettantisch *Adj.*
חוֹבָה נ' (חוֹבוֹת) [xova] Schuld *f*, Pflicht *f*; Passiva *n/pl.*, Soll *n* (Buchhaltung)
=יָצָא יְדֵי חוֹבָתוֹ = s-e Pflicht erfüllen
=רָאָה חוֹבָה לְעַצְמוֹ = als s-e Pflicht ansehen
חוֹבֵל ז' [xovél] Seemann *m*, Matrose *m*
=רַב-~ (רַבֵּי-חוֹבְלִים) = Kapitän *m*
חוֹבְלָנִי ת' [xovlani] zerstörerisch *Adj.*
★חוֹבֵר ז' [xover] Zauberer *m*
חוֹבֶרֶת נ' (חוֹבְרוֹת) [xo'veret] Broschüre *f*, Heft *n*
חוֹבֵשׁ ז' [xovéʃ] Sanitäter *m*
חוֹבֶשֶׁת נ' [xo'veʃet] Krankenschwester *f*, Sanitäterin *f*
(חוג) חָג פעל (לָחוּג, יָחוּג) [xag] *kal* e-n Kreis beschreiben, abzirkeln; sich drehen
חוּג ז' [xug] Kreis *m*, Zirkel *m*, gesellschaftlicher Kreis; Wendekreis *m*
=~ דְּרָמָתִי = Theatergruppe *f*
=~-לִמּוּד = Lernzirkel *m*
=~ לְסִפְרוּת, ~ לְחִנּוּךְ (בָּאוּנִיבֶרְסִיטָה) = Seminar *n* für Literatur, Pädagogik
חוֹגֵג ת' [xogég] feiernd *Adj.*
חוּגָה[1] [xuga] Wählscheibe *f* (Telefon)
חוּגָה[2] [xuga] Heidelerche *f* (Lullula arborea) *Zo.*
חוֹגֵר ז' [xogér] Soldat *m* (Unteroffizier)
(חוד) חָד פעל (לָחוּד חִידָה, יָחוּד) [xad] *kal* Rätsel aufgeben
חוֹדְרָנִי ת' [xodrani] durchdringend *Adj.*
חִוָּה פיעל (לְחַוּוֹת אֶת-) [xiva] *pi.* aussagen, ausdrücken
-הֶחֱוָה הפ' = *hif.* zeigen
=~ דֵּעָה, ~ דַּעְתּוֹ = (s-e) Meinung äußern, begutachten

=הֶחֱוָה קִדָּה = sich verbeugen

חָוָה פעל (לַחֲווֹת, יֶחֱוֶה) [xava] *kal* erleben, ein Erlebnis haben

חַוָּה נ׳, חווה [xava] Farm *f*, Gehöft *n*

(חַוָּה) חַוַּת-דַּעַת נ׳ [xavat-'da'at] Gutachten *n*, Begutachtung *f*, Expertise *f*

חִוּוּי ז׳, חיווי [xivuj] Aussage *f*, Feststellung *f*

=מִשְׁפַּט-~ = Aussagesatz *m Gr.*

חוֹזֶה¹ ז׳ [xoze] Seher *m*, Prophet *m*

=~ בַּכּוֹכָבִים = Astrologe *m*, Sterndeuter *m*

חוֹזֶה² ז׳ [xoze] Vertrag *m*, Abkommen *n*

חוֹזִי ת׳ [xozi] Vertrags-, vertraglich *Adj.*

חוֹזֵר ת״ז [xozér] Rundschreiben *n*; wiederholend *Adj.*

=~ בִּתְשׁוּבָה = zum jüd. Glauben Zurückkehrender *m*

=הַבִּנְיָן ה~ = "Hitpa'él", reflexive Konjugation des hebr. Verbs, *Gr.*

=הוֹן ~ = Betriebskapital *n*

★חוֹחַ ז׳ (חֲוָחִים) ['xoax] Felsspalte *f*

חוֹחִית נ׳ [xoxit] Stieglitz *m* (Carduelis) *Zo.*

חוּט ז׳ [xut] Faden *m*, Garn *n;* Kabel *n El.*

=~-בַּרְזֶל ראה גם: תַּיִל = Eisendraht *m*

=~-חַשְׁמַל = Kabel *n El.*

=~-הַשִּׁדְרָה = Rückenmark *n*

=~-הַשָּׁנִי = der rote Faden *fig.*

=כְּ~-הַשַּׂעֲרָה = um Haaresbreite

=מוֹשֵׁךְ בַּחוּטִים = Drahtzieher *m*

חוֹטֵא ז׳ [xoté'] Sünder *m*

חוֹטֵב-עֵצִים ז׳ [xotév-'étsim] Holzhacker *m*

=חוֹטְבֵי-עֵצִים וְשׁוֹאֲבֵי-מַיִם = *wörtl.* Holzhacker u. Wasserträger; Knechte *m/pl. bibl.*

חִוְיַאי ז׳, חיויאי [xivjaj] Schlangenadler *m* (Circaetus gallicus) *Zo.*

חֲוָיָה נ׳, חוויה [xavaja] Erlebnis *n*, Abenteuer *n*

חֲוִילָה נ׳, חווילה [xavila] Villa *f*

★חוּכָּא וְאִטְלוּלָא (ארמ׳) [xuxa ve'itlula] Hohn und Spott

חוֹכֵךְ ת׳ [xoxéx] zögernd *Adj.*, schwankend *Adj.*

חוֹכֵר ז׳ [xoxér] Pächter *m*

(חול) חָל פעל (לָחוּל, יָחוּל) [xal] *kal* fallen auf *Akk. bsd. zeitl.*; gelten

-הֵחִיל הפ׳ (לְהָחִיל אֶת-) - *hif.* Gültigkeit festsetzen, in Kraft treten lassen, anwenden (*auf*)

-חוֹלֵל פיעל - *pi.* tanzen

=הַחֹק חָל עַל- = das Gesetz gilt für

=הַהֶסְדֵּר יָחוּל מִ- = die Regelung tritt in Kraft ab

=חַג הֶחָל בְּשַׁבָּת = ein Fest, das auf Schabat fällt

חוֹל¹ ז׳ (חוֹלוֹת) [xol] Sand *m*

=כְּ~ הַיָּם, כַּ~ אֲשֶׁר עַל שְׂפַת הַיָּם = wie Sand am Meer

★חוֹל² ז׳ [xol] Phönix *m* (sagenhafter Vogel)

חו״ל ר״ת: חוּץ-לָאָרֶץ [xul] *Abk.* Ausland *n* (außerhalb von Israel)

חוֹלַאַת נ׳ [xo'la'at] schwere Krankheit *f*

חוֹלֵב ז׳ [xolév] Melker *m*, Milchmann *m*

=פָּרָה חוֹלֶבֶת = Milchkuh *f*

חוֹלֶה תו״ז [xole] krank *Adj.*; Kranker *m*, Patient *m*

=בֵּית-חוֹלִים = Krankenhaus *n*

=בִּקּוּר-חוֹלִים = Krankenbesuch *m*

=קֻפַּת-~ = Krankenkasse *f*

=חוֹלֵה נוֹפְלִים = Epileptiker *m*

=חוֹלֵה-נֶפֶשׁ = Geisteskranker *m*

=בָּרוּךְ רוֹפֵא חוֹלִים = Gelobt sei (Gott), der die Kranken heilt

חוֹלִי ת׳ [xoli] sandig *Adj.*

חוּלִיגָן ז׳ [xuligan] Unruhestifter *m*

חוֹלִירָע ז׳ [xolira'] Cholera *f Med.*

חוֹלִית נ׳ (חוֹלִיּוֹת) [xolit] Düne *f*

חוֹלֵל פיעל [xolél] *pi.* herbeiführen, hervorrufen

-הִתְחוֹלֵל הת׳ - *hit.* entstehen; ausbrechen; geschaffen werden

חוֹלָם ז׳ [xolam] Zeichen des Vokals o: וֹ, אֹ

חוֹלְמָנִי ת׳ [xolmani] träumerisch *Adj.*

חוֹלָנִי ת' [xolani] kränklich, krankhaft *Adj.*

=~יוּת נ' = Kränklichkeit *f*

חוֹלְצָן ז' [xoltsan] Korkenzieher *m; Zange f*

חוּם ת' [xum] braun *Adj.*

חוֹמָה נ' [xoma] Mauer *f*

=~ וּמִגְדָּל = *wörtl.* Mauer und Turm; befestigte Siedlung (der 20er Jahre in Palästina)

חוּמוּס ז' [xumus] Humus, Kichererbsenmus *n Gastr.*

חוּמִית נ' [xumit] Kalorie *f*; Alge *f*

חוֹמְלָנִי ת' [xomlani] mitleidig, barmherzig *Adj.*

חוֹמְקָנִי ת' [xomkani] ausweichend, schlüpfrig *Adj.*

חוֹנֵךְ ז' [xonéx] Betreuer *m*; Tutor *m* Trainer *m*

(חוס) חָס פעל (לָחוּס עַל-, יָחוּס) [xas] *kal* sich erbarmen, Leid tun; schonen, Rücksicht nehmen

=~ עַל כְּבוֹדוֹ = auf s-e Ehre achten

=חַס וְחָלִילָה, ~ וְשָׁלוֹם = Gott behüte! um Himmels willen!

חוֹף ז' (חוֹפִים) [xof] Küste *f*, Strand *m*

=~-מִבְטַחִים = sicherer Hafen, Zuflucht *f*

חוֹפָמִי ז' [xofami] Regenpfeifer *m* (Charadrius) *Zo.*

חוֹפֵף ת' [xoféf] deckungsgleich, identisch *Adj.*

חוֹפֵר ז' [xofér] Ausgräber *m*

חוּץ ז' (חוּצוֹת) [xuts] draußen; Straße *f bibl.*

=חוּצָה, הַחוּצָה = nach außen *Adv.*; raus!

=בַּחוּץ = draußen *Adv.*

=בַּחוּצוֹת, בְּחוּצוֹת הָעִיר = draußen, auf den Straßen (der Stadt)

=מִ|חוּץ לְ- = außerhalb von

=מִבַּ~ = von außen

=~-לָאָרֶץ = Ausland *n*

=~ לַתְּחוּם, מִ~לַתְּחוּם = außerhalb der Sabbatgrenze; Zutritt verboten *Mil.*

=יַלְדֵי-~ (בַּקִּיבּוּץ) = Externe *m/pl.* (im Kibbutz)

=מִבַּיִת וּמִ~ = von innen und außen

=מִשְׂרַד-הַ~ = Außenministerium *n*, Auswärtiges Amt *n*

=כְּלַפֵּי ~ = nach außen

=שַׂר-הַ~ = Außenminister *m*

=מִן הַשָּׂפָה וְלַ~ = Lippenbekenntnis *n*

חוּץ ת"פ [xuts] außer *Adv.*

=~ מִן- = außer, ausgenommen *Prp.*

חוֹצֵב ז' [xotsév] Steinhauer *m*

חוֹצֶה ת' [xotse] halbierend *Adj.*; Bisektrix *f*, Winkelhalbierende *f Geom.*

חוֹצֶלֶת נ' [xo'tselet] Matte *f*

חָוָק ז', חווק [xavak] Sprosse *f* (Leiter)

חוֹקֵר ז' [xokér] Forscher *m*; Untersuchungsrichter *m*; Ermittler *m*

חוֹקְרָנִי ת' [xokrani] forschend *Adj.*

(חור) נִתְחַוֵּר הת' [nitxavér] *hit.* klar werden

-הֶחֱוִיר הפ' - *hif.* erblassen, blass werden

חִוֵּר ת', חיוור (חִוֶּרֶת, חִוְּרִים) [xivér] blass *Adj.*

חוֹר^{1} ז' [xor] Loch *n*

★חוֹר^{2} ז' [xor] Edler *n*

=בֶּן-חוֹרִין = Freigeborener *m*

חֲוַרְבַּר ז' [xavarbar] gestreifte Eidechse *f bibl.*

חוֹרֵג תו"ז [xoreg] Stief- (*m*)

=אָב ~ = Stiefvater *m*

=אָח ~ = Stiefbruder *m*

=בֵּן ~ = Stiefsohn *m*

חוֹרֶגֶת תו"נ [xo'reget] Stief- (*f*)

=אֵם ~ = Stiefmutter *f*

=אָחוֹת ~ = Stiefschwester *f*

=בַּת ~ = Stieftochter *f*

חִוָּרוֹן ז', חיוורון [xivaron] Blässe *f*

חֲוַרְוָר, חֲוַרוּר ז' [xavarvar, xavrur] (Auge) Leukom *n; weißer Star m Med.*

חוֹרִי ת' [xori] durchlöchert *Adj.*

חֲוַרִירוּת נ' [xavrirut] Blässe *f*

חוֹרֵף ת' [xoréf] überwinternd *Adj.*

חורף ראה: חֹרֶף [xoref] Winter *m*

חוֹרְפִּי ז' [xorfi] Zeisig *m* (Carduelis spinus) *Zo.*

חוֹרְקָנִי ת' [xorkani] knarrend *Adj.*

(חוּשׁ)[1] חָשׁ פעל (לָחוּשׁ, יָחוּשׁ) [xaʃ] *kal* eilen *v/i*, sich beeilen
-הֵחִישׁ הפ׳ (לְהָחִישׁ אֶת-) - *hif*. beschleunigen *v/t*
(חוּשׁ)[2] חָשׁ פעל (לָחוּשׁ אֶת-) [xaʃ] *kal* fühlen, empfinden *v/t*
=~ בְּרֹאשׁוֹ, ~ בְּשִׁנָּיו וכו׳ = an Kopfschmerzen (Zahnschmerzen *usw.*) leiden
חוּשׁ ז׳ [xuʃ] Sinn *m*; Gefühl *n*
=~ שֶׁל הוּמוֹר, ~ הוּמוֹר = Sinn *m* für Humor
חוֹשֵׁב ז׳ [xoʃév] Denker *m bibl.*
חוֹשְׁדָנִי ת׳ [xoʃdani] misstrauisch *Adj.*
חוּשָׁה ת׳ [xuʃa] Lehmhütte *f*
חוּשִׁי ת׳ [xuʃi] sensorisch *Adj.*
חוּשָׁנִי ת׳ [xuʃani] sinnlich *Adj.*
=~יּוּת נ׳ = Sinnlichkeit *f*
חוֹשְׂפָנִי ת׳ [xosfani] aufdeckend, entblößend *Adj.*
חוֹשֵׁק ת׳ [xoʃék] begehrend *Adj.*
חוֹשְׁשָׁנִי ת׳ [xoʃeʃani] skeptisch, zweifelnd *Adj.*
חוֹתֵךְ תו״ז [xotéx] schneidend (Linie) *Adj.*; Querstrich *m*; schlagend, entscheidend *Adj.*
=הוֹכָחָה חוֹתֶכֶת = schlagender Beweis *m*
=שִׁנַּיִם חוֹתְכוֹת = Schneidezähne *m/pl.*
חוֹתָל ז׳ [xotal] Gamasche *f;* Korb *m*
חוֹתֶלֶת נ׳ (חוֹתָלוֹת) [xo'telet] Wickelgamasche *f*, Binde *f*; Windel *f*; Blattscheide *f Bot.*
חוֹתָם ז׳ (חוֹתָמוֹת) [xotam] Siegel *n;* Spur *f*
=חֹמֶר-~ = Siegellack *m*
=לְהַטְבִּיעַ אֶת חוֹתָמוֹ עַל- = s-n Stempel aufdrücken auf *bsd. fig.*
חוֹתֵם ז׳ [xotém] Unterzeichner *m*
חוֹתֶמֶת נ׳ (חוֹתָמוֹת) [xo'temet] Stempel *m*
חוֹתֵן ז׳ [xotén] Schwiegervater *m*
=חוֹתֶנֶת (חוֹתַנְתּוֹ, חוֹתְנוֹת) = Schwiegermutter *f*
חוֹתְרָנִי ת׳ [xotrani] untergrabend, unterwühlend, subversiv *Adj.*

חַזַּאי ז׳ [xazaj] Meteorologe *m*
חָזָה פעל (לַחֲזוֹת אֶת, יֶחֱזֶה, לַחֲזוֹת בְּ-) [xaza] *kal* schauen; im Geiste sehen; voraussehen
-חִזָּה פיעל (לְחַזּוֹת אֶת-) - *pi*. Wetter vorhersagen
-הִתְחַזָּה הת׳ (לְהִתְחַזּוֹת כְּ-) - *hit*. sich als etwas anderes ausgeben, sich verstellen
=חָזָה מִבְּשָׂרוֹ = am eigenen Leib erleben
חָזֶה ז׳ (חֲזֵה-, חָזוֹ, חָזוֹת) [xaze] Brust *f*
=בֵּית-~ = Brustkorb *m*
חִזּוּי ז׳, חיזוי [xizuj] Voraussage *f*, Prognose *f*
חָזוּי ת׳ [xazuj] vorhergesehen, vorausgesehen *Adj.*
חָזוֹן ז׳ (חֶזְיוֹנוֹת) [xazon] Vision *f*; Ideal *n*
=~ נִפְרָץ = häufige Erscheinung *f*
=עוֹד ~ לַמּוֹעֵד = die Zeit ist noch nicht gekommen
חִזּוּק ז׳, חיזוק [xizuk] (Ver)Stärkung *f*; Kräftigung *f*
חִזּוּר ז׳, חיזור [xizur] Umkehr *f*; Reduktion *f Chem.*
=~ (אַחֲרֵי אִשָּׁה) = Werbung *f* (um eine Frau)
=~ עַל הַפְּתָחִים = Betteln *n*, Hausieren *n*
חָזוּת נ׳ (חֲזֻיּוֹת) [xazut] Ansehen *n*, Aussehen *n*
=~ הַכֹּל = Hauptsache *f*, erstrebtes Ziel *n*
חָזוּתִי ת׳ [xazuti] visuell *Adj.*
=זִכָּרוֹן ~ = visuelles Gedächtnis
חֲזָזִית[1] נ׳ [xazazit] Akne *f Med.*
חֲזָזִית[2] נ׳ [xazazit] Flechte *f* (Lichenes) *Bot.*
חָזִי ת׳ [xazi] Brust-
חָזִיָּה נ׳ (חָזִיּוֹת) [xazija] Büstenhalter (BH) *m*; Weste *f*
חֲזִיָּה נ׳ [xazija] Sehen *n*, Beobachten *n*
חִזָּיוֹן ז׳, חיזיון [xizajon] Schauspiel *n*; Vision *f*, Offenbarung *f*; Erscheinung *f*
חֲזִיז ז׳ [xaziz] Blitz *m*, Aufblitzen *n*; Feuerwerkskörper *m*
=~ וָרַעַם = Donnerwetter!
חֲזִיר ז׳ [xazir] Schwein *n* (Sus) *Zo.*
=~-בָּר = Wildschwein *m* (Sus scrofa) *Zo.*

=~-יָם = Meerschweinchen *n* (Cavia cobaya) *Zo.*
ראה גם: קָבִיָּה
=חֲזִירָה נ' = Sau *f*
=חֲזִירוֹן ז' = Ferkel *n*
=~וּת נ' = Schweinerei *f*
=חֲזִירִי ת' = schweinisch *Adj.*, Schweine-
חֲזִית נ' (חֲזִיתוֹת) [xazit] Front *f*; Vordergrund *m*
=חֲזִיתִי ת' = frontal *Adj.*
חַזַ"ל ר"ת: חֲכָמֵינוּ זִכְרוֹנָם לִבְרָכָה [xazal] *Kurzw.* unsere Weisen (selig) *Rel.*
חַזָּן ז' [xazan] Kantor *m*, Vorbeter *m*
=חַזָּנוּת נ' = Kantorat *n*
=פִּרְקֵי ~ = liturgische Gesänge *m/pl.*
חָזַק פעל (לַחֲזוֹק עַל-, מִן-, בְּ-, יֶחֱזַק) [xazak] *kal* stark sein, stark werden
-חִזֵּק פיעל - *pi.* stärken, festmachen
-הִתְחַזֵּק הת' - *hit.* stark werden
-הֶחֱזִיק הפ' (אֶת-, בְּ־) - *hif.* fassen, (fest) halten; enthalten; besitzen
=חֲזַק וֶאֱמַץ! = sei stark! (Gruß der israel. Pfadfinder)
=חִזֵּק אֶת יְדֵי פְּלוֹנִי = j-n unterstützen, ermutigen
=הִתְחַזֵּק בְּדַעְתּוֹ = an seiner Ansicht festhalten
=הֶחֱזִיק לוֹ טוֹבָה = dankbar sein *(j-m)*
=~ טוֹבָה לְעַצְמוֹ = sich etwas zugute halten
=~ מַעֲמָד = standhalten, durchhalten
=~ מִפְּלוֹנִי = viel von j-m halten
חָזָק ת' [xazak] stark, fest *Adj.*
=חֲזַק-אֹפִי = charakterfest *Adj.*
=בְּיָד חֲזָקָה = mit starker Hand
חֹזֶק ז', חוזק ['xozek] Stärke *f*, Kraft *f*, Festigkeit *f*
=בְּ~ יָד = mit starker Hand, mit Gewalt
=~ הָרוּחַ = Windstärke *f*
חָזְקָה נ', חוזקה [xozka] Kraft *f*
=בְּ~ ת"פ = kräftig *Adv.*
חֶזְקָה נ' [xezka] Potenz *f* *Math.*
=בְּ~ = in Potenz

=שְׁתַּיִם בְּחֶזְקַת שָׁלֹשׁ = 2^3 (zwei hoch drei)
חֲזָקָה נ' (חֲזָקוֹת) [xazaka] Besitzrecht *n*
=בְּחֶזְקַת- = im Zustand von, anzusehen als
=חֲזָקָה עַל פְּלוֹנִי שֶׁ- = man kann sich darauf verlassen, dass er; Gewissheit, dass
חָזַר פעל (לַחֲזוֹר, יַחֲזוֹר) [xazar] *kal* wiederkommen, zurückkehren; wiederholen, wiederholt tun
-חִזֵּר פיעל (עַל-, אַחֲרֵי-) - *pi.* werben
-הֶחֱזִיר הפ' - *hif.* zurückgeben, wiedergeben
=חָזַר בּוֹ מִדְּבָרָיו = s-e Worte zurücknehmen, widerrufen
=~ בִּתְשׁוּבָה = bereuen; zum jüd. Glauben zurückkehren
=~ לְאֵיתָנוֹ = genesen
=~ עַל עֲקֵבָיו = umkehren
=חֲזוֹר! = noch einmal! *Mil.*, *Sp.*
=וְחוֹזֵר חֲלִילָה = und so weiter, und so fort
=הַהִיסְטוֹרְיָה חוֹזֶרֶת עַל עַצְמָהּ = die Geschichte wiederholt sich
=טָעוּת לְעוֹלָם חוֹזֵר = Irrtümer vorbehalten
=הַבִּנְיָן הַחוֹזֵר = Reflexiv-Konjugation (Hitpa'el) *Gr.*
=הֶחֱזִיר לוֹ שָׁלוֹם = Gruß erwidern
חֲזָרָה נ' [xazara] Rückkehr *f*; Wiederholung *f*; Probe *f* *Thea.*
=~ כְּלָלִית = Generalprobe *f*
=בַּ~ = zurück; gleichfalls *Adv.*
חֲזַרְזִיר ז' [xazarzir] Schweinchen *n*, Ferkel *n*
חֲזַרְזָר ז' [xazarzar] Stachelbeere *f* (Ribes) *Bot.*
חִזְרָן ז' [xizran] Bambus *m*
חֲזֶרֶת[1] נ' [xa'zeret] Meerrettich *m* (Cochlearia) *Bot.*
חַזֶּרֶת[2] נ' [xa'zeret] Ziegenpeter *m*, Mumps *m* (Parotitis) *Med.*
חָח ז' [xax] Spitzhaken *m*; Angelhaken *m*; Drehgelenk *n*
חֵטְא ז' (חֶטְאוֹ, [xét] Sünde *f*, Vergehen *n*

(חֲטָאִים)
=~-מָוֶת = Todsünde *f*
=הַ~ הַקַּדְמוֹן = Sündenfall *m bibl.*
=הִרְהוּרֵי ~ = sündige Gedanken *m/pl.*
★=הִכָּה עַל ~ = bereuen
חָטָא פעל (לַחֲטוֹא, יֶחֱטָא) [xata] *kal* sündigen
-חִטֵּא פיעל - *pi.* desinfizieren, entseuchen
-הֶחֱטִיא הפ׳ - *hif.* verführen; verfehlen
=~ אֶת הַמַּטָּרָה = das Ziel verfehlen
★חַטָּאת נ׳ [xatat] Sünde *f*
★=לַפֶּתַח ~ רוֹבֵץ = die Sünde lauert vor der Tür *bibl.*
חַטָּב ז׳ [xatav] Holzbildhauer *m*, Schnitzer *m*
חָטַב פעל (לַחְטוֹב אֶת-, יַחְטוֹב) [xatav] *kal* (Holz) hacken
-חִטֵּב פיעל (לְחַטֵּב אֶת-) - *pi.* schnitzen, formen
חִטָּה נ׳, חיטה (חִטִּים) [xita] Weizen *m* (Triticum) *Bot.*
=~-אֵם-הַ~ = Urweizen *m*
חִטּוּא ז׳ [xitu'] Desinfektion *f*, Reinigung *f*
חָטוּב ת׳ [xatuv] geschnitzt, geformt *Adj.*; wohlproportioniert *Adj.*
חִטּוּב ז׳, חיטוב [xituv] Schnitzen *n*, Former *n*
חָטוּט ת׳ [xatut] narbig *Adj.*
חִטּוּט ז׳, חיטוט [xitut] Herumwühlen *n*, Stöbern *n*, Schnüffeln *n*
חֲטוֹטְרָה, חֲטוֹטֶרֶת נ׳ [xatotra, xato'teret] Buckel *m*, Höcker *m*
חִטּוּי ז׳, חיטוי [xitui] Desinfektion *f*, Entseuchung *f*
חָטוּף ת׳ [xatuf] entführt; übereilt *Adj.*
=מִיתָה חֲטוּפָה = plötzlicher Tod *m*
=חֲטוּפֵי ת׳ = entführtes Kind *n*
חָטַט פעל (לַחְטוֹט בְּ- יַחְטוֹט) [xatat] *kal* wühlen, stöbern
-חִטֵּט פיעל (בְּ-) - *pi.* wühlen, stöbern, stochern
=~ בָּאַף = in der Nase bohren
★חָטָט ז׳ [xatat] (Pocken) Narbe *f*
חַטְטָן ז׳ [xatetan] Wühler *m*
=~וּת נ׳ = Wühlerei *f*; pedantisches Suchen *n*
חַטֶּטֶת נ׳ [xa'tetet] Furunkulose *f Med.*
חֲטִיבָה נ׳ [xativa] Einheit *f*; Brigade *f*, Regiment *n;* (Holz) Hacken *n*
=~ אַחַת = ein Guss, ein Stück
=חֲטִיבַת בֵּינַיִם = Mittelstufe *f* (Schule)
=חֲטִיבָתִי ת׳ = zur Brigade (zum Regiment) gehörig
חֲטִיף ז׳ [xatif] Happen *m*
חֲטִיפָה נ׳ [xatifa] Entführung *f*, Verschleppung *f*
★חֹטֶם ז׳, חוטם (חֲטָמִים) ['xotem] Nase *f*
★=מֵי-~ = Nasenschleim *m*
=דָּחַק (דָּחַף) חָטְמוֹ בְּ- = s-e Nase hineinstecken in (*Akk.*)
=עִקֵּם (עִקָּם) אֶת ~ = die Nase rümpfen
חָטְמִי ת׳ [xotmi] nasal *Adj.*
חָטְמִית נ׳, חוטמית [xotmit] Stockrose *f* (Althaea) *Bot.*
חָטְמָנִי ת׳ [xotmani] nasal *Adj.*
חָטַף פעל (לַחְטוֹף אֶת-, יַחְטוֹף) [xataf] *kal* entreißen; entführen, verschleppen
=~ מַכּוֹת, ~ עֹנֶשׁ = Schläge bekommen, s-e Strafe bekommen
=~ שִׂיחָה = ein flüchtiges Gespräch führen
=~ שֵׁנָה = einnicken
חֲטָף[1] ז׳ [xataf] Halbvokal A+Schwa *Gr.* (z.B. אֱמֹר)
חֲטָף[2] ז׳ [xataf] schnappen *n*, Kriegen *n*
=בַּחֲטָף = schnell *Adv.*
חַטְפָן ז׳ [xatfan] Entführer *m*
חֹטֶר ז׳, חוטר ['xoter] Zweig *m*, Reis *n*
=~ מִגֶּזַע- = Abkömmling *m*, Nachkomme *m*
חַי תו״ז (חַיָּה, חַיִּים, חַיּוֹת) [xaj] Lebewesen *n*; lebendig, lebhaft; live *Adj.*
=בָּשָׂר חַי = rohes Fleisch *n*
=יָרָק חַי, יְרָקוֹת חַיִּים = rohes Gemüse *n*
=מַיִם חַיִּים = Quellwasser *n*, Brunnenwasser *n*
=הָרוּחַ הַחַיָּה = treibende Kraft *f*

=חַי נוֹשֵׂא אֶת עַצְמוֹ	= selbsterhaltend, sich selbst versorgend
=חַי וְקַיָּם	= gesund und munter
חַיָּב ת׳, חייב	[xajav] schuldig, verpflichtet *Adj.*; man muss
חַיְבַּר ז׳	[xajbar] Safaripark *m*, Wildpark *m*
חִיֵּג פיעל (אֶת-)	[xijég] *pi.* wählen (Telefon)
חִיגָה נ׳	[xiga] Drehen *n*, Wenden *n*
חִידָה נ׳	[xida] Rätsel *n*
חִידוֹן ז׳	[xidon] Rätselspiel *n*, Preisrätsel *n*
חַיְדַּק ז׳	[xajdak] Bakterie *f*
חִידָתִי ת׳	[xidati] rätselhaft *Adj.*
חָיָה פעל (לִחְיוֹת, חָיִיתִי, חַי, יִחְיֶה)	[xaja] *kal* leben; bestehen, erleben *v/t*
-חִיָּה פיעל (לְחַיּוֹת אֶת-)	- *pi.* am Leben lassen; wieder beleben, lebendig machen
-הֶחֱיָה הפ׳ (לְהַחֲיוֹת אֶת-, הבינוני והעתיד בפיעל: מְחַיֶּה, יְחַיֶּה)	- *hif.* beleben, das Leben retten
=חָיָה עַל-	= leben von *(D)*
=שֶׁיִּחְיֶה, שֶׁתִּחְיֶה!	= er (sie) soll lang leben!
=שֶׁהֶחֱיָנוּ	= Name e-s Dankgebets
חַיָּה נ׳	[xaja] Tier *n*
=חַיַּת-מַחְמָד	= Haustier *n*
חִיּוּב ז׳	[xijuv] Belastung *f* (Schuld); Schuldigsprechung *f*; Bejahung *f*
=בְּ~ ת״פ	= bejahend, positiv *Adv.*
חִיּוּבִי ת׳	[xijuvi] bejahend, positiv *Adj.*; unbedingt *Adv.*
חִיּוּג ז׳	[xijug] Wählen *n* (Telefon)
=~ יָשִׁיר	= Durchwahl *f* (Telefon)
חִיּוּד ז׳	[xijud] Neutralisierung *f*
=~דִי ת׳	= neutral *Adj.*
=~דִיּוּת נ׳	= Neutralität *f*
חִיּוּט ז׳	[xijut] Schneiderhandwerk *n*
חִיּוּךְ ז׳	[xijux] Lächeln *n*
חִיּוּל ז׳	[xijul] Rekrutierung *f*
חִיּוּנִי ת׳	[xijuni] lebenswichtig; vital *Adj.*
=~יּוּת נ׳	= Lebensnotwendigkeit *f*; Vitalität *f*, Lebenskraft *f*
חַיּוּת נ׳	[xajut] Lebendigkeit *f*
חִיּוּת נ׳	[xijut] Lebenskraft *f*
חַיָּט ז׳, חייט	[xajat] Schneider *m*
=~וּת נ׳, חַיִט ז׳	= Schneiderei *f*, Näharbeit *f*
חַיִּים ז״ר	[xajim] Leben *n*
=לְ~!	= Prosit! Prost!
=אֹרַח-~	= Lebensweise *f*
=בִּטּוּחַ-~	= Lebensversicherung *f*
=בַּעַל-~	= Tier *n*; Lebewesen *n*
=מִפְעַל-~	= Lebenswerk *n*
=קוֹרוֹת ~	= Lebenslauf *m*
=יָרַד לְחַיָּיו	= j-n quälen, j-m zusetzen
=עָשָׂה חַיִּים (דיבורי)	= das Leben genießen, sich vergnügen
=שָׁבַק ~ לְכָל חַי	= sterben
=בְּחַיַּי!	= so wahr ich lebe! auf jeden Fall!
=בְּחַיַּי שֶׁלֹּא!	= nie im Leben! ehrlich nicht!
חִיֵּךְ פיעל	[xijéx] *pi.* lächeln
חַיְּכָן תו״ז, חייכן	[xajxan] immer lächelnd *Adj.*
=~נִי ת׳	= lächelnd *Adj.*
חַיִל ז׳ (חֵיל-, חֲיָלוֹת, חֵילוֹת-)	['xajil] Armee *f* Truppe *f*; Kraft *f*, Stärke *f*
=חֵיל-אֲוִיר	= Luftwaffe *f*
=~-יָם	= Marine *f*
=~-יַבָּשָׁה	= Bodentruppen *f/pl.*
=~-הַנְדָּסָה	= Pionierkorps *n*
=~-מִלּוּאִים	= Reservistenkorps *n*
=~-מוֹדִיעִין	= Nachrichtenkorps *n*
=~-חִמּוּשׁ	= Feldzeugreferat *n*
=~-מַצָּב	= Garnison *f*
=~-הַסְּפָר	= Grenzkorps *n*
=~-עֵזֶר	= Hilfskorps *n*, Hilfstruppen *f/pl.*
=~-רַגְלִים	= Infanterie *f*
=~-שִׁרְיוֹן	= Panzerkorps *n*
=~-תּוֹתְחָנִים	= Artillerie *f*
=אִישׁ-חַיִל	= tüchtiger Man *m;* Kämpfer *m*
=אֵשֶׁת-~	= tüchtige Frau *f*

=בֵּן־~ = tüchtiger, erfolgreicher Mensch *m*
=גִּבּוֹר־~ = Held *m*
=הָלַךְ מֵ~ אֶל ~ = von e-m Erfolg zum nächsten eilen
=עָשָׂה ~ = Erfolg haben, aufsteigen
חַיָּל ז׳, חייל (חַיָּלִים) [xajal] Soldat *m*
★(חיל) חָל פעל (לָחִיל, יָחִיל) [xal] *kal* vor Angst zittern, beben
-חוֹלֵל פיעל - *pi.* hervorbringen, hervorrufen
-הִתְחוֹלֵל הת׳ - *hit.* entstehen, geschaffen werden
חַיֵּל פיעל [xijél] *pi.* anwerben, rekrutieren
★חִיל ז׳ [xil] Wehe *f*; Schauder *m*
=~ וּרְעָדָה = Angst und Bangen, Zittern und Zagen
חִילָף ז׳ [xilaf] Liebesgras *n* (Eragrostis) *Bot.*
חַיֶּלֶת נ׳, חיילת (חַיָּלוֹת) [xa'jelet] Soldatin *f*
חִיסָה נ׳ [xisa] Mitleid *n*, Gnade *f*
חַיְעַד ז׳ [xaj'ad] Hauswurz *f* (Aizoon) *Bot.*
חַיִץ ז׳ (חֲיָצִים) ['xajits] Trennwand *f*
=מְדִינַת־~ = Pufferstaat *m*
חַיֵּץ פיעל [xijéts] *pi.* durch Scheidewand trennen
חִיצוֹן תו״ז [xitson] äußere *Adj.*; Externe(r) *m*
=הַסְּפָרִים הַחִיצוֹנִים = Apokryphen *n/pl.*
=חִיצוֹנִ|י ת׳ = äußere *Adj.*
=בְּחִינוֹת ~יוֹת = externe Prüfungen *f/pl.*
=~יוּת נ׳ = Äußere(s) *n*, Aussehen *n*
חֵיק ז׳ [xék] Schoß *m*
=בְּ~־הַטֶּבַע = im Schoße der Natur
חִי״ר ר״ת: חֵיל רַגְלִים [xir] *Kurzw.* Infanterie *f*
חִירִיק ז׳ [xirik] Vokalzeichen (i)
=~ גָּדוֹל = großes "Chirik" (langes i, z.B. im Wort: שִׁיר) *Gr.*
=~ קָטָן = kleines "Chirik" (kurzes i, z.B. im Wort: לִבּוֹ) *Gr.*
חִישׁ ת״פ [xiʃ] schnell *Adv.*
=~ קַל = sehr schnell, flott *Adv.*
חִישָׁה נ׳ [xiʃa] Fühlen *n*
חישוב ראה: חִשּׁוּב [xiʃuv] Berechnung *f*

חִישׁוֹ|נוּת נ׳ [xiʃonut] Empfindsamkeit *f*, Reizbarkeit *f*
=~נִי ת׳ = empfindlich, reizbar *Adj.*
חִישָׁן ז׳ [xiʃan] Sensor *m*
חֵית נ׳ [xét] "Cheth", 8. Buchstabe des hebr. Alphabets
חַיָּתִ|י ת׳ [xajati] bestialisch, tierisch *Adj.*
=~יּוּת נ׳ = Bestialität *f*
חֵךְ ז׳, חיך (חִכּוֹ, חִכִּים) [xéx] Gaumen *m*
=עָרֵב לְ~ = schmackhaft, wohlschmeckend *Adj.*
=דָּבְקָה לְשׁוֹנוֹ לְחִכּוֹ = die Zunge verschlucken, verstummen
ח״כ ר״ת חֲבֵר־כְּנֶסֶת [xavér-kneset] *Abk.* Mitglied der Knesseth, Parlamentsabgeordneter *m*
חִכָּה פיעל (לְחַכּוֹת, יְחַכֶּה לְ־) [xika] *pi.* warten auf
חַכָּה נ׳ [xaka] Angel *f*
חִכּוּךְ ז׳, חיכוך [xikux] Reiben *n*, Reibung *f*
חִכּוּם ז׳ [xikum] geistreiche Bemerkung *f*, witziger Spruch *m*
חָכוֹר ז׳ [xaxor] Pächter *m*, Mieter *m*
חָכוּר ת׳ [xaxur] vermietet, verpachtet *Adj.*
חִכּוּר ז׳ [xikur] Pacht *f*
חִכְחוּךְ ז׳ [xix'xux] Aushusten *n*; Räuspern *n*
חִכִּי ת׳, חיכי [xiki] Gaumen-, palatal *Adj.*
חִכִּיָּה נ׳ [xikija] Warten *n*
חֲכִירָה, חֲכִירוּת נ׳ [xaxira, xaxirut] Pacht *f*, Pachtung *f*
חָכַךְ פעל (לַחֲכוֹךְ בְּ־ יַחְכּוֹךְ) [xaxax] *kal* reiben, kratzen; zögern
-חִכֵּךְ פיעל - *pi.* reiben, kratzen; sich räuspern
=חָכַךְ בְּדַעְתּוֹ = sich überlegen; erwägen
חַכְלִילִי ת׳ [xaxlili] rötlich, rot, rosig *Adj.*
חַכְלִילִית נ׳ [xaxlilit] Rotschwanz *m* (Phoenicurus) *Zo.*
חָכַם פעל (לַחְכּוֹם, יֶחְכַּם) [xaxam] *kal* weise sein, weise werden
-הִתְחַכֵּם הת׳ - *hit.* sich weise, klug stellen;

(לְ־) überlisten (j-n); spitzfindig sein
-הֶחְכִּים הפ׳ (לְהַחְכִּים) - *hif.* Weisheit lehren; weise werden, lernen *v/i*
חָכָם תו״ז [xaxam] klug *Adj.*; Weiser *m*, Gelehrter *m*
=לְשׁוֹן-חֲכָמִים = hebr. Sprache der Mischna- und Talmudzeit
=תַּלְמִיד-חָכָם = Thora-Gelehrter *m*
חָכְמָה נ׳ [xoxma] Weisheit *f*; Lehre *f*, Wissenschaft *f*
=חָכְמַת יִשְׂרָאֵל = Wissenschaft *f* des Judentums
=~-הַכּוֹכָבִים = Astrologie *f*
=~-הַטֶּבַע = Naturwissenschaft *f*
=~-הַיָּד = Chiromantie *f*, Handlesekunst *f*
=~-הַנֶּפֶשׁ = Psychologie *f*
=חָכְמָה נִסְתֶּרֶת = Kabbala *f*
חַכְמָנִי ת׳ [xaxmani] neunmal klug *Adj. F*
חָכַר פעל (לַחְכּוֹר אֶת-, יַחְכּוֹר) [xaxar] *kal* pachten
-הֶחְכִּיר הפ׳ (לְהַחְכִּיר אֶת-) - *hif.* verpachten
חֹל ז׳, חול [xol] Weltliche(s) *n*
=יְמוֹת הַ~ = Wochentage, Werktage *m/pl.*
=~-הַמּוֹעֵד = Zwischenfeiertage *m/pl.* (zwischen Pessach u. Sukkoth)
=לִמּוּדֵי-~ = weltliche Lehrfächer *n/pl.*
=חֻלִּין ז״ר, חולין = profane Dinge *n/pl.*
=שִׂיחַת-~ = alltägliches, weltliches Gespräch *n*
חֵל ז׳ [xél] Wall *m*, Graben *m*
★חֶלְאָה ה׳ [xel'a] Schmutz *m*
=חֶלְאַת הַמִּין הָאֱנוֹשִׁי = Abschaum *m* der Menschheit
חָלָב ז׳ (חֲלֵב-) [xalav] Milch *f*
=~ עָמִיד = H-Milch *f*
=~ רָזֶה = Magermilch *f*
=~ מְפֻסְטָר = pasteurisierte Milch *f*
=~ מְרֻכָּז = Kondensmilch *f*
=כְּלֵי-~ = Milchgeschirr *n* (in koscherem Haushalt)
=מוּצְרֵי-~ = Milchprodukte *n/pl.*
=שְׁבִיל (נְתִיב-) הֶ~ = Milchstraße *f Astr.*
=שִׁנֵּי-~ = Milchzähne *m/pl.*
חָלַב פעל (לַחֲלוֹב אֶת-) [xalav] *kal* melken *v/t*; Milch geben
=פָּרָה חוֹלֶבֶת = Milchkuh *f*
חֵלֶב ז׳ (חֶלְבּוֹ-, חֲלָבִים) ['xélev] Talg *m*, tierisches Fett *n*
חֶלְבּוֹן ז׳ [xelbon] Protein *n*, Eiweißstoff *m*; Eiweiß *n*
=חֶלְבּוֹנִי ת׳ = eiweißhaltig *Adj.*
חֲלָבִי ת׳ [xalavi] Milch-
חֲלַבְלוּב ז׳ [xalavluv] Wolfsmilch *f* (Euphorbia) *Bot.*
חַלְבָּן ז׳ [xalban] Milchmann *m*
=~וּת נ׳ = Milchverkauf *m*
חֶלְבְּנָה נ׳ [xelbena] Räucherharz *n*
(חלד) נֶחֱלַד נפ׳ (לְהֵחָלֵד) [nexlad] *nif.* rosten *v/i*
-הֶחֱלִיד הפ׳ - *hif.* rosten *v/i*; rostig machen
חָלֵד ת׳ [xaléd] rostig, verrostet *Adj.*
חֶלֶד ז׳ ['xeled] Welt *f*; Lebensdauer *f*
חֹלֶד ז׳, חולד ['xoled] Blindmaus *f* (Spalax ehrenbergi) *Zo.*
חֻלְדָּה נ׳, חולדה [xulda] Ratte *f* (Rattus) *Zo.*
חֲלֻדָּה נ׳ [xaluda] Rost *m*
חָלָה פעל (לַחֲלוֹת, חוֹלֶה, יֶחֱלֶה) [xala] *kal* erkranken, krank sein
-הִתְחַלָּה הת׳ (לְהִתְחַלּוֹת) - *hit.* sich krank stellen, simulieren
-הֶחֱלָה הפ׳ (לְהַחֲלוֹת אֶת-) - *hif.* krank machen
חַלָּה נ׳ [xala] süßes Hefebrot *n* zum Sabbat
=חַלַּת-דְּבַשׁ = Honigwabe *f*
חָלוּד ת׳ [xalud] rostig, verrostet *Adj.*
=~דָה נ׳ = Rost *m*
חַלְוָה נ׳, חלווה [xalva] Halva *f*, Zuckerkonfekt *n* aus Sesamöl u. Nüssen

(חָלוּט) לַחֲלוּטִין ת״פ [laxalutin] absolut, gänzlich *Adv.*
חִלּוּט ז׳, חילוט [xilut] Beschlagnahme *f*
חָלוּל ת׳ [xalul] hohl *Adj.*
חִלּוּל ז׳, חילול [xilul] Entweihung *f*, Profanierung *f*
=~-הַשֵּׁם = Gotteslästerung *f*
=~ שַׁבָּת = Entweihung *f* des Sabbat
חֲלוּלִיּוּת נ׳ [xalulijut] Hohlheit *f*
חֲלוֹם ז׳ (חֲלוֹמוֹת) [xalom] Traum *m*
=~-בַּלָּהוֹת = Alptraum *m*
=~ בְּהָקִיץ = Tagtraum *m*
=חֲלוֹמוֹת | פָּז (מְתוּקִים) = träume was Schönes! gute Nacht!
=בַּעַל-~ = Träumer *m*
חָלוּם ת׳ [xalum] verträumt *Adj.*
חֲלוֹמִ|י ת׳ [xalomi] traumhaft *Adj.*
=~יּוּת נ׳ = Verträumtheit *f*
חַלּוֹן זו״נ (חַלּוֹנוֹת) [xalon] Fenster *n*
=~ צָרְפָתִי = Verandatür *f*, Glastür *f*
=~-רַאֲוָה = Schaufenster *n*
=הַחַלּוֹנוֹת הַגְּבוֹהִים = die höchsten Stellen *f/pl.*
חִלּוּן ז׳, חילון [xilun] Säkularisierung *f*, Verweltlichung *f*
=חִלּוֹנִ|י ת׳ = weltlich, nicht-religiös *Adj.*
=~יּוּת נ׳ = Weltlichkeit *f*
חֲלוֹף ז׳ [xalof] Vergängliche(s) *n*
=בֶּן-~ = vergänglich, sterblich *Adj.*
חָלוּף ת׳ [xaluf] alternativ *Adj.*
=לַחֲלוּפִין ת״פ = alternativ *Adv.*
חִלּוּף ז׳, חילוף [xiluf] Tausch *m*, Austausch *m*
=~-מִכְתָּבִים = Briefwechsel *m*
=~-חֳמָרִים = Stoffwechsel *m*
=~-כֹּחַ = Erholung *f*
=~-מִשְׁמָרוֹת = Schichtwechsel *m*, Ablösung *f*
=חִלּוּפֵי-גַבְרֵי = Personalwechsel *m*
=חִלּוּפֵי-דְבָרִים = Wortwechsel *m*
=גַּלְגַּל-חִלּוּף = Ersatzrad *n*, Reserverad *n*

=זֶרֶם-חִלּוּפִין = Wechselstrom *m El.*
חֲלוּפָה נ׳ [xalufa] Alternative *f*
חִלּוּץ ז׳, חילוץ [xiluts] Rettung *f*; Herausziehen *n*
=~-עֲצָמוֹת = Turnen *n*
חָלוּץ ז׳ [xaluts] Vorkämpfer *m*, Pionier *m*; Vorhut *f*; Stürmer *m Sp.*
=חֲלוּצָה נ׳ = Pionierin *f*
★חֲלוּצָה נ׳ [xalutsa] kinderlose Witwe, deren Schwager verpflichtet ist, sie zu heiraten (Leviratsehe) *Rel.*
חֲלוּצִי ת׳ [xalutsi] pionierhaft, bahnbrechend *Adj.*
חָלוּק ז׳ [xaluk] Kittel *m*, Hauskleid *n*; Morgenrock *m*, Bademantel *m*
=~ עֲבוֹדָה = Arbeitskittel *m*, Staubmantel m
=~ רַחֲצָה = Bademantel *m*
חָלוּק ת׳ [xaluk] geteilt *Adj.* (Meinung)
=לִבּוֹ ~ = er ist unschlüssig
=הַדֵּעוֹת חֲלוּקוֹת = die Meinungen sind geteilt
חִלּוּק ז׳, חילוק [xiluk] Teilung *f*, Division *f Math.*
=חִלּוּקֵי-דֵעוֹת = Meinungsverschiedenheiten *f/pl.*
חַלּוּקֵי-אֲבָנִים ז״ר [xaluké-avanim] Kiesel *m/pl.*
חָלוּשׁ ת׳ [xaluʃ] geschwächt *Adj.*
חֲלוּשָׁה נ׳ [xaluʃa] Schwäche *f*
חָלוּת נ׳ [xalut] Gültigkeit *f*, Inkrafttreten *n*
חִלָּזוֹן ז׳ חילזון (חֶלְזוֹנוֹת גם: חֶלְזוֹנִים) [xilazon] Schnecke *f* (Gastropoda) *Zo.*
=חֶלְזוֹן-הָאַרְגָּמָן = Purpurschnecke *f*
=חֶלְזוֹנִי ת׳ = schneckenförmig, spiralförmig *Adj.*
חִלְחוּל[1] ז׳, חילחול [xilxul] Beben *n*
חִלְחוּל[2] ז׳, חילחול [xilxul] Einsickern *n*
חִלְחֵל[1] פיעל [xilxél] *pi.* zittern lassen
-הִתְחַלְחֵל הת׳ - *hit.* erschüttert werden; hin und her schwanken
חִלְחֵל[2] פיעל [xilxél] *pi.* eindringen, einsickern *v/i*
-הִתְחַלְחֵל הת׳ - *hit.* versickern *v/i*

חַלְחָלָה נ׳ [xalxala] Zittern *n*, Beben *n*
חַלְחֹלֶת נ׳, חלחולת [xal'xolet] Mastdarm *m*
(חלט)¹ הֶחְלִיט הפ׳ [hexlit] *hif.* beschließen, bestimmen
-הָחְלַט הופ׳ - *hof.* beschlossen werden
חִלֵּט² פיעל [xilét] *pi.* beschlagnahmen, einziehen
חָלַט³ פעל (לַחְלוֹט אֶת-) [xalat] *kal* aufgießen (Tee *usw.*)
חַלְטוּרָה נ׳ [xaltura] billige Unterhaltung *f*; Job *m*, Nebenverdienst *m*
★חֹלִי ז׳, חולי ['xoli] Krankheit *f*, Leiden *n*
=יְדוּעַ-~ = kränklich *Adj.*
=חֳלִי נְפִילָה, ~ נֵפֶל = Epilepsie *f*
=~ רַע = Cholera *f*
חֲלִיבָה נ׳ [xaliva] Melken *n*
חָלִיד ת׳ [xalid] rostanfällig *Adj.*
חֻלְיָה נ׳, חוליה [xulja] Kettenglied *n*; Wirbel *m* *Anat.*; kleine Einheit für e-e bestimmte Aufgabe *Mil.*
=בַּעֲלֵי-חֻלְיוֹת = Wirbeltiere *n/pl.* (Vertebrata)
חֲלִיטָה נ׳ [xalita] Aufguss *m*
חָלִיל ז׳ [xalil] Flöte *f*
חָלִילָה מ״ק [xa'lila] Gott behüte!
=~ וְחַס! חַס וְ~ = Gott behüte! bloß nicht!
חֲלִילָה נ׳ [xalila] Rundgang *m*
=וְחוֹזֵר ~ = und das Gleiche noch einmal, und so fort
חֲלִילוֹן ז׳ [xalilon] Pikkoloflöte *f*
חֲלִילִית נ׳ [xalilit] Blockflöte *f*
חֲלִילָן ז׳ [xalilan] Flötist *m*
חָלִים ת׳ [xalim] gesund *Adj.*
חֻלִּין ז״ר [xulin] Weltlichkeit *f* (Talmund-Traktat)
חֵלִיף ז׳ [xalif] Ersatz *m*, Ersatzteil *m*, *n*
=חֲלִיפִין = Tausch *m*
=שַׁעַר-הַ~ = Wechselkurs *m*
חָלִיף ת׳ [xalif] auswechselbar, austauschbar *Adj.*
חֲלִיפָה¹ נ׳ [xalifa] Wechsel *m*, Tausch *m*
=חֲלִיפַת-מִכְתָּבִים = Briefwechsel *m*

=חֲלִיפוֹת ת״פ = abwechselnd *Adv.*
חֲלִיפָה² נ׳ [xalifa] Anzug *m*; Kostüm *n*
חֲלִיצָה¹ נ׳ [xalitsa] Windjacke *f*
חֲלִיצָה² נ׳ [xalitsa] Schuhausziehen *n*, Befreiung *v.* der Leviratsehe *Rel.*
חֲלִיקוּת נ׳ [xalikut] Glattheit *f*, Glätte *f*
חֲלִישׁוּת נ׳ [xaliʃut] Schwäche *f*
חֶלְכָּאוּת נ׳ [xelka'ut] Arnut *f*, Not *f*
=חֶלְכָּאִים וְנִדְכָּאִים = unterdrückt und elend
חִלֵּל¹ פיעל [xilél] *pi.* entweihen, profanieren
(חלל)² הֵחֵל הפ׳ (לְהָחֵל, הַחִלּוֹתִי, מֵחֵל, יָחֵל-) [héxél] *hif.* beginnen, anfangen
=הָחֵל בְּיוֹם..., הָחֵל מִיּוֹם... = beginnend *mit* (*D*), ab (*D*)
חִלֵּל³ פיעל [xilél] *pi.* flöten
חָלָל¹ ז׳ [xalal] Gefallene(r) *m*; Erschlagene(r) *m*
=נָפַל ~ = fallen *Mil.*
חָלָל² ז׳ [xalal] Raum *m*, Hohlraum *m*
=חֲלַל הָעוֹלָם = Weltraum *m*
=חֵקֶר-הֶחָלָל = Raumforschung *f*
חֲלָלִית נ׳ [xalalit] Raumschiff *n*
=חֻלָּלִי ת׳ = profan, weltlich; leer *Adj.*
חָלַם¹ פעל (לַחֲלוֹם אֶת-, יַחֲלוֹם) [xalam] *kal* träumen
=~ בְּהָקִיץ = im Wachen träumen
(חלם)² הֶחֱלִים הפ׳ [hexlim] *hif.* genesen
חֶלְמָאִי ז׳ [xelma'i] Einwohner v. Chelm *fig.*, Tollpatsch *m* (*etwa* Schildbürger)
חֶלְמוֹן ז׳ [xelmon] Eigelb *n*, Eidotter *n*
=~נָה = Eierlikör *m*
=~נִית נ׳ = Herbstkrokus *m* (Sternbergia) *Bot.*
חַלָּמִישׁ ז׳ [xalamiʃ] Feuerstein *m*
=חַלְמִישִׁי ת׳ = steinhart *Adj.*
חֶלְמִית נ׳ [xelmit] Malve *f* (Malva) *Bot.*
חַלְמָן ז׳ [xalman] Träumer *m*
חַלְמָנוּת נ׳ [xalmanut] Träumerei *f*
חִלֵּן פיעל [xilén] *pi.* verweltlichen, profanieren
-הִתְחַלֵּן הת׳ - *hit.* weltlich, profan werden

חֲלָסָה, חֲלְסִית נ' [xulsa, xulsit] Kieselerde *f*, Quarz *m*

חָלַף פעל (לַחֲלוֹף, יַחֲלוֹף) [xalaf] *kal* vorübergehen; vorbeigehen, vergehen

-נֶחֱלַף נפ' (לְהֵחָלֵף) - *nif*. ausgewechselt werden

-חִלֵּף פיעל - *pi*. (aus)wechseln, ersetzen

-הִתְחַלֵּף הת' - *hit*. sich ändern, gewechselt werden

-הֶחֱלִיף הפ' - *hif*. auswechseln; (um)tauschen

=~ וְעָבַר = vergangen und vergessen

=הֶחֱלִיף בְּגָדִים = sich umziehen

=~ דֵּעוֹת (רְשָׁמִים) = Meinungen (Eindrücke) austauschen

=~ אֶת הַיּוֹצְרוֹת = die gewohnte Ordnung ändern

=~ כֹּחַ = wieder zu Kräften kommen, sich erholen

=~ מִכְתָּבִים = korrespondieren, sich schreiben

=~ הִלּוּךְ = den Gang wechseln, schalten *Kfz*.

חֵלֶף[1] מ"י ['xélef] anstatt, für, im Austausch gegen *Prp*.

חֵלֶף[2] ז' (חֲלָפִים) ['xélef] Ersatzteil *m*, *n*

חַלְפָן ז' [xalfan] Geldwechsler *m*

=~וּת נ' = Wechselgeschäft *n*

חָלַץ פעל (לַחֲלוֹץ אֶת-, יַחֲלוֹץ) [xalats] *kal* ausziehen, herausziehen

-נֶחֱלַץ נפ' (לְהֵחָלֵץ לְ-) - *nif*. gerettet werden; sich rüsten; sich zur Verfügung stellen

-חִלֵּץ פיעל - *pi*. retten, befreien

=~ עַצְמוֹתָיו = sich die Beine vertreten

★חֶלֶץ ז' (חֲלָצַיִם) ['xelets] Hüfte *f*, Lende *f*

★=אָזַר חֲלָצָיו = s-e Lenden gürten *bibl*.

★=יָצָא מֵ~ = sein Nachkomme sein

חֻלְצָה נ', חולצה [xultsa] Bluse *f*, Oberteil *n;* Hemd *n;* T-Shirt *n*

חָלַק[1] פעל (לַחֲלוֹק אֶת-) [xalak] *kal* verteilen, unter sich aufteilen;

(~ עַל-) anderer Meinung sein, wider-sprechen

-חִלֵּק פיעל - *pi*. teilen, verteilen; dividieren

-הִתְחַלֵּק הת' - *hit*. sich teilen

=חָלַק לוֹ כָּבוֹד = Ehre erweisen, ehren

=~ לוֹ אֶת הַכָּבוֹד הָאַחֲרוֹן = die letzte Ehre erweisen

=~ עַל דַּעְתּוֹ = eine andere Meinung äußern

חָלַק[2] פעל (לַחֲלוֹק, יֶחֱלַק) [xalak] *kal* glatt sein

-הֶחֱלִיק הפ' (עַל-) (אֶת-) - *hif*. gleiten, ausgleiten, rutschen; glätten; streicheln

חָלָק ת' [xalak] glatt *Adj*.

=לוּחַ ~ = Tabula rasa; unbeschriebenes Blatt *fig*.

=לָשׁוֹן חֲלָקָה = Schmeichelei *f*

=הָעִנְיָן אֵינוֹ חָלָק = die Sache geht nicht glatt

=חַד וְחָלָק = klipp und klar

חֵלֶק ז' (חֲלָקִים, חֶלְקֵי-) ['xélek] Teil *m*, Anteil *m*

=~ הָאֲרִי = Löwenanteil *m*

=~ כְּחֵלֶק = gleich

=לָקַח (נָטַל) ~ בַּדָּבָר = Anteil nehmen, teilnehmen

=נָפַל בְּחֶלְקוֹ = es fiel ihm zu

=שָׁפַר חֶלְקוֹ = er hat es gut gehabt

=חֶלְקֵי|-חִלּוּף ז"ר = Ersatzteile *n/pl*.

=~-דִּבּוּר ז"ר = Wortarten *f/pl*.

=שָׁלֹשׁ ~ אַחַת-עֶשְׂרֵה = drei Elftel (3/11)

חֶלְקָה[1] נ' (חֲלָקוֹת, חֶלְקוֹת-) [xelka] Feldbesitz *m*, Parzelle *f*

חֶלְקָה[2] נ' [xelka] kahle, glatte Stelle;

=חֶלְקַת|-לָשׁוֹן, ~-שְׂפָתַיִם = Schmeichelreden *f/pl*.

חֲלֻקָּה נ', חלוקה [xaluka] Teilung *f*; Einteilung *f*; Verteilung *f* (Almosen)

חֲלָקוֹת נ"ר [xalakot] Schmeicheleien *f/pl*.

חֶלְקִי ת' [xelki] teilweise *Adj*., Teil-

=~ת ת"פ = teilweise *Adv*.

חֶלְקִיק ז' [xelkik] Teilchen *n*, kleinster Teil *m*

חֲלַקְלַק ת' [xalaklak] (aal)glatt *Adj*.

=~קּוֹת נ"ר = glatte Worte *n/pl*.

חֲלַקְלַקָּה נ' [xalaklaka] schlüpfriger Boden, Eisbahn *f*; Glacis *n*

חֲלַקְלַקּוּת נ' [xalaklakut] Schlüpfrigkeit *f*

חָלַשׁ פעל (לַחֲלוֹשׁ, יֶחֱלַשׁ) [xalaʃ] *kal* schwach werden
(~ עַל-) beherrschen
-נֶחֱלַשׁ נפ׳ - *nif.* schwach werden
-הֶחֱלִישׁ הפ׳ - *hif.* schwächen *v/t*
=חָלְשָׁה דַעְתּוֹ = bedrückt, entmutigt werden
חַלָּשׁ ת׳ [xalaʃ] schwach, erschöpft *Adj.*
חֶלֶשׁ ז׳ [ˈxeleʃ] Los *n*
חֻלְשָׁה נ׳, חולשה [xulʃa] Schwäche *f*
חֲלַשְׁלַשׁ ת׳ [xalaʃlaʃ] schwächlich *Adj.*
חַם ת׳ [xam] warm, heiß *Adj.*
=~-מֶזֶג ת׳ = heißblütig *Adj.*
=נֶשֶׁק ~ ז׳ = Feuerwaffe *f*
=עַל ~ (דיבורי) = auf frischer Tat, in flagranti
=חַמִּים, חַמִּין ז״ר = heißes Wasser *n*; "Tscholent" (Sabbat - Eintopf)
=חַמֵּי-טְבֶרְיָה = heiße Quellen von Tiberias
חֹם ז׳, חום (חוּמּוֹ) [xom] Wärme *f*, Hitze *f*; Fieber *n*
=כְּ~ הַיּוֹם = in der Mittagshitze
=מַד-~ ראה: מַדְחֹם = Thermometer *n*
חָם ז׳ (חֲמִי-, חָמִי, חָמִיךְ, חָמִיהָ) [xam] Schwiegervater *m*
(חמא) הֶחֱמִיא הפ׳ (לְהַחֲמִיא לְ-) [hexmi] *hif.* Komplimente machen
חֶמְאָה נ׳ [xemˈa] Butter *f*
חָמַד פעל (לַחְמוֹד אֶת-, יַחְמוֹד) [xamad] *kal* begehren
-נֶחְמַד נפ׳ (לְהֵחָמֵד) ראה גם: נֶחְמָד - *nif.* begehrenswehrt sein
=חָמַד לוֹ לָצוֹן = sich e-n Spaß machen
חֶמֶד ז׳ [ˈxemed] Anmut *f*, Schönheit *f*
=בַּחוּר-~ = schöner Junge, - Jüngling *m*
=צֶמֶד-~ = ein schönes Paar
חֹמֶד ז׳ [ˈxomed] Liebling *m;* Anmut *f*, Schönheit *f*
חֶמְדָּה נ׳ [xemda] Begehren *n*, Lust *f*; Objekt *n* der Begierde

=חֶמְדַּת-לִבִּי, ~-נַפְשִׁי = Schatz, Liebling *m;* Liebste *f*
★=שְׁכִיּוֹת ~ = Kostbarkeiten *f/pl.*, Schätze *m/pl.*
=בְּלֹא ~ = lustlos
=חֶמְדַּת-בְּשָׂרִים = Fleischeslust *f*, Sinneslust *f*, Begierde *f*
חַמְדָן, ~נִי ת׳ [xamdan, xamdani] begehrlich *Adj.*
=~נוּת נ׳ = Begehrlichkeit *f*
חַמָּה ראה גם: שֶׁמֶשׁ [xama] Sonne *f*
=הָנֵץ הַ~ = Sonnenaufgang *m*
=דִּמְדּוּמֵי-~ = Dämmerung *f*
=יְמוֹת-הַ~ = Sommerzeit *f*, Sommertage *m/pl.*
=לִקּוּי-~ = Sonnenfinsternis *f*
=שְׁקִיעַת-הַ~ = Sonnenuntergang *m*
★חֵמָה נ׳ (חֲמַת-) [xéma] Zorn *m*, Wut *f*
=עַל אַפּוֹ וְעַל חֲמָתוֹ = ihm zum Trotz
=חֲמַת-זַעַם = sehr großer Zorn *m*, Wut *f*
=מֵחֲמַת- מ״י = wegen *Prp.* (negativ)
חָמוּד ת׳ [xamud] begehrenswert, lieb, liebenswürdig *Adj.*
=חֲמוּדוֹת נ״ר = Kostbarkeiten *f/pl.*
חֲמוּלָה נ׳ (ערבית) [xamula] Sippe *f* (in orientalischen Gemeinden), Clan *m*, Großfamilie *f*
חִמּוּם ז׳, חימום [ximum] Erwärmung *f*
=~ מֶרְכָּזִי = Zentralheizung *f*
חָמוּם ת׳ [xamum] erhitzt; hitzig *Adj.*
=חֲמוּם-מֹחַ = jähzornig *Adj.*; Heißsporn *m*, Hitzkopf *m*
חָמוּץ ת׳ [xamuts] sauer *Adj.*
=חָלָב ~ = Sauermilch *f*
=חֲמוּצִים ז״ר = saure Gurken, Mixed Pickles *pl.*
חִמּוּץ ז׳, חימוץ [ximuts] Säuerung *f*
חַמּוּק ז׳ [xamuk] Rundung *f* (Frau)
חֲמוֹר ז׳ [xamor] Esel *m* (Equus asinus) *Zo.*
=~-הִתְעַמְּלוּת = Bock *m* (Turngerät)
חָמוּר ת׳ [xamur] streng, ernst *Adj.*

חָמוּשׁ ת׳ [xamuʃ] bewaffnet, gerüstet *Adj.*

חִמּוּשׁ ז׳, חימוש [ximuʃ] Rüstung *f*, Aufrüstung *f*, Bewaffnung *f*

חָמוֹת נ׳ (חֲמָיוֹת) [xamot] Schwiegermutter *f*

חֹמֶט ז׳, חומט [ʻxomet] Echse *f* (Scincidae) *Zo.*

חָמִים ת׳ [xamim] lauwarm; gemütlich *Adj.*

חֲמִימוּת נ׳ [xamimut] mittlere Hitze *f*; angenehme Wärme *f*; Herzlichkeit *f*; Gemütlichkeit *f fig.*

חֲמִיצָה נ׳ [xamitsa] Borschtsch *m*

=חֲמִיצוּת נ׳ = Säure *f* (*Ggs.* Süße)

חָמִיק ת׳ [xamik] ausweichend, entgleitend *Adj.*

חֲמִישִׁ|י ש״מ (חֲמִישִׁית) [xamiʃi] fünfte; Donnerstag *m*

=~יָּה נ׳ = Quintett *n*; Fünfergruppe *f*

=~ית נ׳ = ein Fünftel (1/5)

חָמַל פעל (לַחְמוֹל עַל-, אֶת-, יַחְמוֹל) [xamal] *kal* Mitleid haben mit *(D)*, bemitleiden

חֶמְלָה נ׳ [xemla] Mitleid *n*, Erbarmen *n*

חִמֵּם פיעל [ximém] *pi.* (auf)wärmen

-הִתְחַמֵּם הת׳ - *hit.* sich erwärmen; vor Wut kochen *F*

חֲמָמָה נ׳ [xamama] Treibhaus *n*, Gewächshaus *n*

חַמָּנִית נ׳ (חַמָּנִיּוֹת) [xamanit] Sonnenblume *f* (Helianthus) *Bot.*

★חָמַס פעל (לַחְמוֹס אֶת-, יַחְמוֹס) [xamas] *kal* berauben; bedrücken

★חָמָס ז׳ [xamas] Raub *m*, Gewalttat *f*

חַמְסָה נ׳ (ערב׳) [xamsa] Amulett *n* in Form e-r Hand (gegen bösen Blick)

חַמְסִין ז׳ (ערב׳) [xamsin] heißer Wüstenwind *m*

חַמְסָן ז׳ [xamsan] Räuber *m*, Unterdrücker *m*, Tyrann *m*

=~נוּת נ׳ = Raub *m*, Gewalt *f*, Unterdückung *f*

=~נִי ת׳ = räuberisch; gewalttätig *Adj.*

חֻמְעָה ז׳, חומעה [xum'a] Sauerampfer *m* (Rumex) *Bot.*

חָמַץ פעל (לַחְמוֹץ, יֶחְמַץ) [xamats] *kal* sauer werden

-נֶחְמַץ נפ׳ (לְהֵחָמֵץ) - *nif.* sauer werden *v/i*

-חִמֵּץ פיעל - *pi.* sauer werden lassen *v/t*

-הֶחֱמִיץ הפ׳ (לְהַחְמִיץ אֶת-) - *hif.* sauer werden *v/i*; versäumen *v/t*

=~ הִזְדַּמְּנוּת = die Gelegenheit versäumen

=~ פָּנָיו = ein saures Gesicht machen

חָמֵץ ז׳ [xaméts] Sauerteig *m*; Sammelbegriff für alle Lebensmittel und Haushaltswaren, die nicht für Pessach geeignet sind

=בִּעוּר-~ = Ausräumen *n* des "Chamez" vor Pessach

חֹמֶץ ז׳, חומץ [ʻxomets] Essig *m*

=~ בֶּן יַיִן = unwürdiger Sohn *m bibl.*

חֻמְצָה נ׳, חומצה [xumtsa] Säure *f Chem.*

=~ גָּפְרִיתָנִית = Schwefelsäure *f*

=חֻמְצַת-מֶלַח = Salzsäure *f*

חִמְצָה נ׳, חימצה [ximtsa] Kichererbse *f* (Cicer) *Bot.*

חִמְצוּן ז׳, חימצון [ximtsun] Oxidierung *f*

חֻמְצִ|י ת׳ [xumtsi] sauer *Adj. Chem.*

=~יּוּת נ׳ = Säuregehalt *m*

חֲמַצִּיץ ז׳ [xamtsits] Sauerklee *m* (Oxalis) *Bot.*

חֲמַצְמַץ ת׳ [xamatsmats] säuerlich *Adj.*

חַמְצָ|ן ז׳ [xamtsan] Sauerstoff *m Chem.*

=~נִי ת׳ = -oxid

חִמְצֵן פיעל [ximtsén] *pi.* oxidieren *v/t*

חַמֶּצֶת נ׳ [xaʻmetset] Säurevergiftung *f* (Acidosis) *Med.*

חֻמְצָתִי ת׳ חומצתי [xumtsati] säurehaltig *Adj.*

חָמַק פעל (לַחְמוֹק, יֶחְמַק) [xamak] *kal* entschlüpfen

-הִתְחַמֵּק הת׳ - *hit.* ausweichen, sich entziehen, sich drücken

חֲמַקְמַק ת׳ [xamakmak] entschlüpfend; aalglatt *Adj.*

=~וּת נ׳ = Ausweichen *n*, Entgleiten *n*

חַמְקָן ז׳ [xamkan] Drückeberger *m*

=~נוּת נ׳ = Drückebergerei *f*

=~נִי ת׳ = ausweichend *Adj.*

(חמר) הֶחְמִיר הפ׳ [hexmir] *hif.* erschweren, schwerer machen; streng sein

★חִמֵּר פיעל (לְחַמֵּר אַחַר-) [ximér] *pi.* Vieh treiben

חֵמָר ז׳ [xémar] Asphalt *m*

חֹמֶר¹ ז׳, חומר (חֳמָרִים) [ʻxomer] Stoff *m*, Material *n*; Ton *m*, Lehm *m*

=~ גָּלְמִי, ~ גֶּלֶם = Rohstoff *m*

=~ הִיוּלִי = Urstoff *m*

=~-חוֹתָם = Siegellack *m*

=~-נֶפֶץ = Sprengstoff *m*

=כַּ~ בְּיַד הַיּוֹצֵר = wie Ton in des Töpfers Hand *bibl.*

חֹמֶר² ז׳, חומר [ʻxomer] Strenge *f*, Schwere *f*, Ernst *m*

=בְּכָל ~ הַדִּין = mit aller Strenge des Gesetzes

=קַל וָ~ = umso mehr, besonders wenn

חַמָּר ז׳ [xamar] Eseltreiber *m*

חֻמְרָה נ׳, חומרה [xumra] Strenge *f*; Ernst *m*

חָמְרָה נ׳ חומרה [xomra] Hardware *f*

חַמְרָה נ׳ [xamra] Terrarossa-Boden *m*

חָמְרִי ת׳, חומרי [xomri] materiell, körperlich; wirtschaftlich *Adj.*

חִמְרִיָּה נ׳ [ximrija] Heckensänger *m* (Erythropygia galact) *Zo.*

חָמְרִיּוּת נ׳, חומריות [xomrijut] Körperlichkeit *f*, Stofflichkeit *f*

חֲמַרְמֹרֶת נ׳ [xamarmoret] Kater *m*

חַמְרָן ז׳ [xamran] Aluminium *n*

חָמְרָנוּת נ׳, חומרנות [xomranut] Materialismus *m*

=~נִי ת׳ = materialistisch *Adj.*

=~נִיּוּת נ׳ = Stofflichkeit *f*

חָמֵשׁ ש״מ נ׳ [xaméʃ] fünf (5) *Num.* (*f*)

=חֲמֵשׁ עֶשְׂרֵה נ׳ = fünfzehn (15) *Num.* (*f*)

חֹמֶשׁ ז׳, חומש [ʻxomeʃ] fünf Jahre *n/pl.*

=~-תָּכְנִית = Fünfjahresplan *m*

חֻמָּשׁ ז׳, חומש [xumaʃ] eins der Bücher Moses

=חֲמִשָּׁה חֻמְשֵׁי תוֹרָה = Pentateuch *m* (die 5 Bücher Moses)

חִמֵּשׁ פיעל [ximéʃ] *pi.* bewaffnen, ausrüsten, aufrüsten *v/t*

חֲמִשָּׁה ש״מ ז׳ (חֲמֵשֶׁת-) [xamiʃa] fünf (5) *Num.* (*m*)

=חֲמִשָּׁה עָשָׂר ז׳ = fünfzehn (15) *Num.* (*m*)

חֲמִשִּׁים ש״מ, חמישים [xamiʃim] fünfzig (50)

חַמְשִׁיר ז׳ [xamʃir] Fünfzeiler *m*; Limerick *m*

חַמְשִׁית נ׳ [xamʃit] Quintett *n*

★חֵמֶת נ׳ (חֵמַת-, חֲמָתוֹת) [ʻxémet] Schlauch *m*

=חֵמַת-חֲלִילִים = Dudelsack *m*

חֵן ז׳ (חִנּוֹ, חִנִּים, גם: חִנּוֹת) [xén] Anmut *f*, Schönheit *f*, Charme *m*

=אֶבֶן-~ נ׳ (אַבְנֵי-~) = Edelstein *m*

=מָצָא ~ בְּעֵינֵי- = Gefallen finden, gefallen

=~ ~! = danke! vielen Dank!

ח״ן ר״ת: 1) חָכְמָה נִסְתֶּרֶת; 2) חֵיל-נָשִׁים [xén] *Kurzw.* Geheimwissenschaft *f*, Kabbala *f*; Frauenkorps *n* (in Israel)

=יוֹדְעֵי ~ = in die Geheimwissenschaft Eingeweihte *pl.*, Kabbalisten *pl.*

חָן, חָאן ז׳ (ערב׳) [xan] Karawanserei *f*

חִנְגָּא ז׳, חינגא [xinga] Tanzfest *n*, Feier *f*

חָנָה פעל (לַחֲנוֹת בְּ, יַחֲנֶה) [xana] *kal* lagern *v/i*, ein Lager aufschlagen

-הֶחֱנָה הפ׳ (לְהַחֲנוֹת אֶת-) - *hif.* parken, abstellen *Kfz.*

חִנָּה נ׳, חינה (ערב׳) [xina] Henna *f*; Henna-Zeremonie der oriental. Braut

חָנוּט תו״ז (חֲנוּטִים) [xanut] Mumie *f*; einbalsamiert; erstarrt *Adj. fig.*

חִנּוּךְ ז׳, חינוך [xinux] Erziehung *f*, Unterricht *m*, Bildung *f*

=~-חוֹבָה = Schulpflicht *f*

=~ יְסוֹדִי = Grundschulbildung *f*

=~ מְיֻחָד = Sonderpädagogik *f*

=~ מְחֻדָּשׁ = Resozialisierung *f*

=~ מְעֹרָב = Koedukation *f* (von Mädchen und Jungen)

=~ מְשֻׁתָּף = gemeinsame Erziehung *f* (im Kibbuz)

=~ תִּיכוֹן = Gymnasialbildung *f*

=מִשְׂרַד הַ~ וְהַתַּרְבּוּת = Ministerium *n* für Bildung u. Kultur

=חִנּוּכִי ת', חינוכי = erzieherisch, pädagogisch *Adj.*

חַנּוּן ת' [xanun] barmherzig *Adj.*

חָנוּן ת' [xanun] begnadigt *Adj.*

חֶנְוָנוּת נ', חנוונות [xenvanut] Einzelhandel *m*, Kleinhandel *m*

=חֶנְוָנִי ז', חנווני = Ladenbesitzer *m*; Kaufmann *m*, Krämer *m*

חָנוּק ת' [xanuk] erstickt *Adj.*; eingeengt *Adj.*

חֲנוּת נ' (חֲנֻיּוֹת) [xanut] Laden *m*

=~ לִסְפָרִים יְשָׁנִים = Antiquariat *n*

(חנחן) הִתְחַנְחֵן הת' [hitxanxén] *hit.* sich zieren, sich anschmiegen, kokettieren

חָנַט[1] פעל (לַחֲנוֹט אֶת-, יַחֲנוֹט) [xanat] *kal* einbalsamieren

חָנַט[2] פעל (לַחֲנוֹט, יַחֲנוֹט) [xanat] *kal* Fruchtansätze treiben *Bot.*

חַנְטָרִישׁ ז' (סלנג) [xantariʃ] Quatsch *m* mit Soße F, Stuss *m*

חֲנִיָּה נ' [xanija] Parken *n*; Rastmachen

חֲנָיָה נ' [xanaja] Parkplatz *m*; Parken *n*

חֶנְיוֹן ז' [xenjon] Picknickplatz *m*; Parkplatz *m*

חֲנִיטָה נ' [xanita] Einbalsamierung *f*

חָנִיךְ ז' [xanix] Lehrling *m*, Azubi *m*

=חֲנִיכָה נ' = Lehrmädchen *n*

=חֲנִיכוּת נ' = Lehre *f*

חֲנִיכַיִם ז"ז [xani'xajim] Zahnfleisch *n*

חֲנִינָה נ' [xanina] Begnadigung *f*, Amnestie *f*

חֲנִיפָה נ' [xanifa] Schmeichelei *f*

חֲנִיקָה נ' [xanika] Ersticken *n*, Erdrosseln *n*

חֲנִית נ' (חֲנִיתוֹת) [xanit] Lanze *f*

חָנַךְ פעל (לַחֲנוֹךְ אֶת-, יַחֲנוֹךְ) [xanax] *kal* einweihen

-חִנֵּךְ פיעל - *pi.* erziehen; führen, anleiten

-הִתְחַנֵּךְ הת' - *hit.* erzogen werden

חֲנֻכָּה ז', חנוכה [xanuka] Einweihung *f*

=חֲנֻכַּת-הַבַּיִת = Einweihung *f* des Hauses

=חַג הַחֲנֻכָּה = Chanukka-Fest *n*

=חֲנֻכִּיָּה נ', חנוכיה = Chanukka-Leuchter *m*

חִנָּם ת"פ, חינם [xinam] umsonst, unentgeltlich, gratis; grundlos, vergebens *Adv.*

=בְּ~ = umsonst, vergebens, vergeblich *Adv.*

=בַּחֲצִי-~ = billig, reduziert

=שִׂנְאַת-~ = grundloser Hass *m*

חֲנָמַל ז' [xanamal] Frost *m*; Hagel *m*

חָנַן פעל (לָחֹן אֶת-, חַנּוֹתִי, גם: חָנַנְתִּי; יָחֹן) [xanan] *kal* gnädig sein, sich erbarmen; begnadigen; (aus Gnade) schenken

-נֵחַן, נֶחֱנַן נפ' (לְהֵחָן, נֵחַן, יֵחַן; לְהֵחָנֵן, יֵחָנֵן) - *nif.* begnadigt werden: begnadet sein

-חוֹנֵן פיעל - *pi.* begnaden

-חוֹנַן פועל - *pu.* gesegnet, begnadet sein

-הִתְחַנֵּן הת' - *hit.* anflehen

=מְחוֹנָן ת' = begabt *Adj.*

חִנָּנִי ת', חינני [xinani] anmutig *Adj.*

=~יּוּת נ' = Anmut *f*

=~ית נ' = Gänseblümchen *n*, Tausendschön *n* (Bellis) *Bot.*

(חנף) הֶחֱנִיף הפ' (לְהַחֲנִיף לְ-) [hexnif] *hif.* schmeicheln

-הִתְחַנֵּף הת' - *hit.* sich einschmeicheln

חָנֵף ת' [xanéf] heuchlerisch *Adj.*

חֲנֻפָּה נ', חנופה [xanupa] Heuchelei *f*

חַנְפָן ז' [xanfan] Heuchler *m*, Schmeichler *m*

=~נוּת נ' = heuchlerisches Benehmen *n*, Schmeichelei *f*

=~נִי ת' = heuchlerisch *Adj.*

חָנַק פעל (לַחֲנוֹק אֶת-, יַחֲנוֹק) [xanak] *kal* erwürgen, ersticken *v/t*

-נֶחֱנַק נפ׳ (לְהֵחָנֵק) - *nif.* ersticken *v/i*; erstickt werden

-הֶחֱנִיק הפ׳ - *hif.* ersticken *v/t*

חֶנֶק ז׳ ['xenek] Erstickungstod *m*

חַנְקָה נ׳ [xanka] Nitrat *n Chem.*

חִנְקוּן ז׳, חינקון [xinkun] Nitrifikation *f Chem.*

חַנְקָן[1] ז׳ [xankan] Stickstoff *m Chem.*

חַנְקָן[2] ז׳ [xankan] Würger *m* (Lanius) *Zo.*

חַס | וְשָׁלוֹם [xas veʃalom] Gott behüte!; um Gottes willen!

=~ וְחָלִילָה = Gott behüte!; um Gottes willen!

(חסד) הִתְחַסֵּד הת׳ [hitxaséd] *hit.* sich fromm stellen, frömmeln

חֶסֶד ז׳ (חַסְדּוֹ, חֲסָדִים) ['xesed] Gunst *f*, Gnade *f*; Gefallen *m*, Gefälligkeit *f*

=~ נְעוּרִים = alte Freundschaft *f*

=בְּ~ עֶלְיוֹן = von Gott begnadet

=גְּמִילוּת-~ = zinsloses Darlehen

=גְּמִילוּת-חֲסָדִים = Vollbringen *n* guter Taten, Wohltätigkeit *f*

=לְשֵׁבֶט אוֹ לְ~ = auf Gedeih und Verderb

=חוּט שֶׁל ~ = Anmut *f*

=יָצָא בְּ~ = Glück im Unglück haben

חָסָה פעל (לַחֲסוֹת בְּ-, יֶחֱסֶה) [xasa] *kal* Schutz finden

-חִסָּה פיעל (לְחַסּוֹת אֶת-) - *pi.* Geheimhaltung sichern

חַסָּה נ׳ [xasa] Kopfsalat *m* (Lactuca) *Bot.*

חָסוּד ת׳ [xasud] anmutig *Adj.*; frömmelnd *Adj.*

חָסוּי ת׳ [xasuj] geschützt *Adj.*; geheim gehalten, vertraulich *Adj.*

חִסּוּי ז׳, חיסוי [xisuj] Schutz *m*; Geheimhaltung *f*

חָסוּךְ ת׳ ראה גם: חָשׂוּךְ [xasux] gespart; mangelnd *Adj.*

=חֲסוּךְ-בָּנִים = kinderlos

=~-מַרְפֵּא = unheilbar

חִסּוּל ז׳, חיסול [xisul] Liquidation *f*, Auflösung *f* (e-s Unternehmens)

=מְכִירַת ~ = Räumungsverkauf *m*

חִסּוּם ז׳, חיסום [xisum] Schmieden *n*, Erhärten *n*

חָסוּם ת׳ [xasum] abgesperrt *Adj*; mit verbundenem Maul

=חֶשְׁבּוֹן ~ = Sperrkonto *n*

חִסּוּן ז׳, חיסון [xisun] Immunisierung *f*; Impfung *f*

חִסּוּר ז׳, חיסור [xisur] Abziehen *n*, Subtraktion *f Math.;* Verminderung *f*; Abwesenheit *f*, Fehlen *n*, Versäumen *n*

חָסוּת נ׳ (חָסוּת-) [xasut] Schutz *m*, Schutzherrschaft *f*, Protektorat *n*

=אֶרֶץ-~ = Schutzgebiet *n*, Protektorat *n*

=יְהוּדֵי-הַ~ = Schutzjuden *pl.*

חָסִיד תו״ז [xasid] fromm *Adj.*; Anhänger *m* des Chassidismus; treuer Anhänger *m*

=~ שׁוֹטֶה = fanatischer Frommer; bigott *Adj.*

=~ אֻמּוֹת הָעוֹלָם, מֵחֲסִידֵי אֻמּוֹת הָעוֹלָם = Wohltäter *m* der Menschheit (Ehrentitel *f.* Nichtjuden, die sich durch Wohltaten an Juden ausgezeichnet haben)

חֲסִידָה נ׳ [xasida] Storch *m* (Ciconia) *Zo.*

חֲסִידוּת נ׳ [xasidut] Chassidismus *m*, mystisch-religiöse Richtung im Judentum

חֶסְיוֹן ז׳ [xesjon] geschützte Fläche *f Mil.*

חֲסִיכָה נ׳ [xasixa] Sparen *n*

חָסִיל ז׳ [xasil] Heuschrecke *f*

חֲסִילוֹן ז׳ [xasilon] Krabbe *f*

חֲסִימָה נ׳ [xasima] Absperrung *f*, Blockierung *f*

=אֲחוּז-הַ~ = Mindeststimmenzahl *f Parl.*

חָסִין ת׳ [xasin] stark, gefeit, fest *Adj.*

=חֲסִין-אֵשׁ = feuerfest

=~-חֲלוּדָה = rostfrei

=~-מַיִם = wasserbeständig

=חֲסִינוּת נ׳ = Immunität *f*, Unverletzbarkeit *f auch Pol.*

חָסַךְ פעל (לַחֲסוֹךְ [xasax] *kal* sparen

(אֶת-, בְּ-, יַחְסוֹךְ

חִסָּכוֹן ז׳, חיסכון [xisaxon] Sparen *n*, Ersparnis *f*
(חֶסְכוֹן-, חֶסְכוֹנוֹת)

חַסְכָן ז׳ [xasxan] Sparer *m*

=~נִי ת׳ = sparsam *Adj.*

חִסֵּל פיעל [xisél] *pi.* liquidieren; vernichten

=~ אֶת הָאֹכֶל = Essen verschlingen

חֲסַל! מ״ק [xasal] genug!; es ist zu Ende!

חַסְלָן ז׳ [xaslan] Liquidator, Abwickler *m*

חָסַם פעל (לַחְסוֹם, יַחְסוֹם) [xasam] *kal* absperren; Maulkorb anlegen

חֶסֶם ז׳ [ʻxesem] Hindernis *n*; Hemmung *f*

חַסָּם ז׳ [xasam] Aderpresse *f Med.*

חִסֵּן פיעל [xisén] *pi.* stärken; immun machen

חֹסֶן ז׳, חוסן [ʻxosen] Kraft *f*

=לֹא לְעוֹלָם ~ = auf das Glück ist auf Dauer kein Verlass

חָסֹן ת׳, חסון [xason] kräftig, stark, gesund *Adj.*
(חֲסֻנִּים)

חִסְפּוּס ז׳, חיספוס [xispus] Unebenheit *f*, Rauheit *f*, Ungeschliffenheit *f*

חִסְפֵּס פיעל (לְחַסְפֵּס אֶת-) [xispés] *pi.* rau machen, aufrauen

חִסְפֹּסֶת נ׳, חיספוסת [xisʻposet] Unebenheit *f*

חֲסָקָה נ׳ [xasaka] Brandungsboot *n*, Katamaran *m* (für Rettungspersonal)
(ערב׳)

חָסַר פעל (לַחְסוֹר אֶת-, חָסֵר, יֶחְסַר) [xasar] *kal* fehlen, mangeln *v/i*

-חִסֵּר פיעל - *pi.* abziehen, abstrahieren; mangeln lassen

-הֶחְסִיר הפ׳ - *hif.* auslassen, weglassen

חָסֵר ת׳ [xasér] mangelnd, fehlend *Adj.*; ohne, weniger

=~ לִי = mir fehlt

=חֲסַר-אוֹנִים = kraftlos, machtlos *Adj.*; hilflos *Adj.*

=~-דֵּעָה = unverständig *Adj.*

=~-טַעַם = sinnlos *Adj.*

=~-יֶשַׁע = hilflos *Adj.*

=~-כֹּחַ = schwach, kraftlos *Adj.*

=~-תַּקְדִּים = erstmalig *Adj.*; Protoyp *m*; der, die, das Erste s-r Art

=כְּתִיב חָסֵר = defektive hebr. Orthographie (ohne Vav und Jod als Vokalzeichen) *Gr.*

חֹסֶר ז׳, חוסר [ʻxoser] Mangel *m*, Fehlen *n*

=~-אוֹנוּת = Impotenz *f*

=~ טַעַם = Geschmack-, Taktlosigkeit *f*

=~-כֹּל = Armut *f*, Mangel *m*

=~-מַעַשׂ = Tatenlosigkeit *f*, Untätigkeit *f*

=~-עֲבוֹדָה = Arbeitslosigkeit *f*

חֶסֶר ז׳ [ʻxeser] Mangel *m*

=~-דָּם = Blutarmut *f*, Anämie *f*

חֶסְרוֹן, חִסָּרוֹן ז׳, חיסרון (חֶסְרוֹנוֹת) [xesron, xisaron] Mangel *m*, Fehlen *n*; Nachteil *m*

=חֶסְרוֹן-כִּיס = Geldmangel *m*, Armut *f*

חַף ת׳ (חַפָּה, חַפִּים) [xaf] unschuldig *Adj.*

=~ מִפֶּשַׁע = unschuldig

חָפָה פעל (לַחְפּוֹת אֶת-, יֶחְפֶּה) [xafa] *kal* bedecken, abdecken, verhüllen

-חִפָּה פיעל (לְחַפּוֹת אֶת-, עַל-) - *pi.* verdecken; decken *Mil.*

חֻפָּה נ׳ , חופה [xupa] Baldachin *m* für das Brautpaar; Trauung *f*

=נִכְנַס לְ~ = sich trauen lassen, heiraten

חִפָּה נ׳, חיפה [xipa] Lampenschirm *m*

=חִפַּת הַמָּנוֹעַ = Motorhaube *f Kfz.*

חָפֶה ז׳ [xafe] Deckblatt *n Bot.*

חָפוּז ת׳ [xafuz] hastig *Adj.*

חִפּוּי ז׳, חיפוי [xipuj] Deckung *f Mil.*; Überzug *m*, Verkleidung *f*; (Straße) Oberflächenbelag *m*

חָפוּי ת׳ [xafuj] bedeckt *Adj.*

=חֲפוּי-רֹאשׁ = beschämt *Adj.*

חָפוּף ת׳ [xafuf] (Haare) gewaschen *Adj.*

חָפוּר ת׳ [xafur] gegraben *Adj.*

חִפּוּשׂ ז׳, חיפוש [xipus] Suchen *n*; Durchsuchung *f*

חִפּוּשִׁית נ׳, חיפושית [xipuʃit] Käfer *m* (Coleopte-

ra) *Zo.*; *auch Kfz.*

=~ מֹשֶׁה רַבֵּנוּ = Marienkäfer *m*

=~~-פַּרְעֹה = Skarabäus *m Zo.*

=~~-רְפוּאָה = Blasenkäfer *m* (Meloe proscarabaeus) *Zo.*

חֲפוּת נ׳ [xaput] Unschuld *f*

חָפוּת ת׳ [xafut] aufgekrempelt *Adj.*

(חפז) נֶחְפַּז נפ׳ (לְהֵחָפֵז, יֵחָפֵז) [nexpaz] *nif.* sich beeilen, hasten

חִפָּזוֹן ז׳, חיפזון (חֶפְזוֹן-) [xipazon] Eile *f*, Hetze *f*

=חֶפְזוֹנִי ת׳ = übereilt *Adj.*

חֲפִיָּה נ׳ [xafija] Bedecken *n*; Überlappen *n Geom.*

חֲפִינָה נ׳ [xafina] Hand voll

חֲפִיסָה נ׳ [xafisa] Päckchen *n*

חֲפִיפָה[1] נ׳ [xafifa] Kongruenz *f*, Deckung *f*, Überlappung *f*

חֲפִיפָה[2] נ׳ [xafifa] Waschen *n* (Haare)

חֲפִיר ז׳ [xafir] Graben *m* (Burg)

חֲפִירָה נ׳ [xafira] Grube *f*, Graben *m*; Schützengraben *m*

=חֲפִירוֹת = archäolog. Ausgrabung

חָפִית נ׳ [xafit] Topfdeckel *m*; Deckblättchen *n Bot.*

חַפְלָה נ׳ (ערב׳, סלנג) [xafla] Party *f*, Fest *n*, Fete *f*

חֹפֶן ז׳, חופן (חָפְנַיִם) [‘xofen] Hand voll, hohle Hand *f*

=מְלֹא חָפְנַיִם = beide Hände voll; Fülle *f*

חָפַן פעל (לַחְפּוֹן אֶת-, יַחְפּוֹן) [xafan] *kal* e-e Hand voll nehmen; mit der Hand umfassen

חָפַף[1] פעל (לַחְפּוֹף אֶת-, יַחְפּוֹף) [xafaf] *kal* sich genau decken, kongruieren

חָפַף[2] פעל (לָחוֹף אֶת-, יָחוֹף) [xafaf] *kal* waschen (Haare)

חֲפַף ז׳ [xafaf] Art Karpfen (Varicorhinus) *Zo.*

חָפֵץ פעל (לַחְפּוֹץ בְּ-, חָפֵץ, יַחְפּוֹץ) [xaféts] *kal* wollen; Gefallen haben an *(D)*

=בְּנֶפֶשׁ חֲפֵצָה = von Herzen gern

חֵפֶץ ז׳ (חֲפָצִים, חֶפְצֵי-) [‘xéfets] das Gewünschte; Ding *n*, Gegenstand *m*

=~ כַּפַּיִם = Fleiß *m*

=בְּחֵפֶץ-לֵב = sehr gern

★=מְחוֹז חֶפְצוֹ = sein Ziel *n*, Bestimmungsort *m*

=חֶפְצֵי-חֵן = Kunstgegenstände *m/pl.*; Nippes *m*

=~ חָשׁוּד = verdächtiges Objekt

חָפַר[1] פעל (לַחְפּוֹר אֶת-, יַחְפּוֹר) [xafar] *kal* graben

-הִתְחַפֵּר הת׳ - *hit.* F sich begraben lassen; sich vergraben

(חפר)[2] הֶחְפִּיר הפ׳ [hexpir] *hif.* Schande bringen über (*Akk.*)

=מַחְפִּיר ת׳ = schändlich *Adj.*

חֵפֶר ז׳ [xéfer] Graben *n*, Ausgraben *n*

חַפָּר ז׳ [xapar] Sappeur *m Mil.*

חֲפַרְפֶּרֶת נ׳ (חֲפַרְפָּרוֹת) [xafar‘peret] Maulwurf *m* (Talpa) *Zo.*

★חָפַשׂ פעל (לַחְפּוֹשׂ אֶת-, יַחְפּוֹשׂ) [xafas] *kal* erforschen, prüfen

-חִפֵּשׂ פיעל - *pi.* suchen

-הִתְחַפֵּשׂ הת׳ - *hit.* sich verkleiden

=חִפֵּשׂ אוֹתוֹ בְּנֵרוֹת = intensiv suchen

חֹפֶשׁ ז׳, חופש ראה גם: חֻפְשָׁה [‘xofeʃ] Freiheit *f*; Ferien *pl.*, Urlaub *m*

=הַ~ הַגָּדוֹל = die großen Ferien *pl.*

=~-הַדִּבּוּר = Redefreiheit *f*

=~-פְּעֻלָּה = freie Hand *f fig.*

=~-תְּנוּעָה = Bewegungsfreiheit *f*, Freizügigkeit *f*

חֻפְשָׁה נ׳, חופשה (חֻפְשׁוֹת) [xufʃa] Urlaub *m*, Ferien *pl.*

=חֻפְשַׁת לֵידָה = Mutterschutzurlaub *m*

חָפְשִׁי ת׳, חופשי [xofʃi] frei, zugänglich; gratis *Adj.*; gerade heraus *Adv.*

=מִקְצוֹעַ ~ = Selbstständiger *m*

=כְּנִיסָה ~ת = freier Eintritt *m*

=~ יוּת נ׳, חופשיות = Freiheit *f*; Unbefangenheit *f*

חָפַת פעל (לַחְפּוֹת אֶת-, יַחְפֹּת) [xafat] *kal* aufkrempeln

חֵפֶת ז׳ [‘xéfet] Einschlag *m*, Saum *m*;

Manschette *f*

חֵץ ז׳ (חִצִּים) [xéts] Pfeil *m*

=כְּ~ מִקֶּשֶׁת = pfeilschrell *Adv.*

חֲצָאִיּוּת נ׳ [xatsa'ijut] Halbheit *f*

חֲצָאִית נ׳ [xatsa'it] Rock *m*

חָצַב פעל (לַחְצוֹב אֶת-, יַחְצוֹב) [xatsav] *kal* herushauen, Steine brechen

=חוֹצֵב לֶהָבוֹת = flammend *Adj.*

חָצָב ז׳ [xatsav] Meerzwiebel *f* (Urginea) *Bot.*

חַצָּב ז׳ [xatsav] Steinmetz *m*, Bildhauer *m*

חַצֶּבֶת נ׳ [xa'tsevet] Masern *pl.* (Rubeola) *Med.*

חָצָה פעל (לַחֲצוֹת אֶת-, יֶחֱצֶה) [xatsa] *kal* zweiteilen, halbieren; überqueren

(בֵּין-) Scheidewand bilden

חָצוּב ת׳ [xatsuv] aus dem Fels gehauen *Adj.*

חִצּוּב ז׳, חיצוב [xitsuv] Steinbrechen *n*

חֲצוּבָה נ׳ [xatsuva] Gestell *n*, Ständer *m*; Stativ *n*; Dreifuß *m*

חָצוּי ת׳ [xatsuj] zweigeteilt *Adj.*

=אִישִׁיּוּת חֲצוּיָה = gespaltene Persönlichkeit *f*

חִצּוּי ז׳, חיצוי [xitsuj] Halbierung *f*

חָצוּף ת׳ [xatsuf] frech, dreist *Adj.*

חֲצוֹצְרָה, חֲצוֹצֶרֶת נ׳ [xatsotsra, xatso'tseret] Trompete *f*

=~רָן ז׳ = Trompeter *m*

=חֲצוֹצְרַת הָרֶחֶם = Eileiter *f*

חֲצוֹת נ׳, ~-הַלַּיְלָה [xatsot] Mitternacht *f*

=תִּקּוּן-~ = Mitternachtsgebet *n*

חֵצִי ז׳ (הַחֵצִי, חֲצִי-, חֲצָאִים, חֲצָאֵי-) [xatsi] Hälfte *f*

=לַחֲצָאִין ת״פ = halb, teilweise *Adv.*

=בַּחֲצִי-אֹזֶן = mit halbem Ohr *fig.*

=חֲצִי-אִי ז׳ = Halbinsel *f*

=~-גְּמָר = Halbfinale *f*

=~ גֹּרֶן עֲגֻלָּה = Halbkreis *m*

=בַּ~ חִנָּם = billig, fast geschenkt

=בַּ~ הַיּוֹם = mittags *Adv.*

=בַּ~ הַלַּיְלָה = um Mitternacht

=בַּ~-פֶּה = kleinlaut *Adv.*

=חֲצִי-חֲצִי (דיבורי) = fifty-fifty (50:50), zu gleichen Teilen

=עַד חֲצִי הַמַּלְכוּת = *wörtl.* ein halbes Königreich; soviel dein Herz begehrt

=צָרַת רַבִּים חֲצִי נֶחָמָה = geteiltes Leid ist halbes Leid

חִצִּי ת׳ [xitsi] pfeilförmig *Adj.*

חֲצִיבָה נ׳ [xatsiva] Aushauen *n* (Stein)

חֲצִיָּה נ׳ [xatsija] Halbierung *f*, Überquerung *f*

=מַעֲבַר-~ = Fußgängerüberweg *m*, Zebrastreifen *m*

חֶצְיוֹן ז׳ [xetsjon] Mediane *f* (halbierende Linie); Medianwert *m*

חָצִיל ז׳ [xatsil] Aubergine *f* (Solanum melongena) *Bot.*

חָצִין ז׳ [xatsin] Hobel *m*

חֲצִיצָה נ׳ [xatsitsa] Aufstellung *f* e-r Trennwand, Trennung *f*

חָצִיר ז׳ [xatsir] Heu *n*; Grünfutter *n*

★חֹצֶן ז׳, חוצן ['xotsen] Schoß *m*; Busen *m fig.*

=נָעַר (נִעֵר) אֶת חָצְנוֹ מִן- = sich distanzieren von *(D)*, nichts damit zu tun haben wollen

(חצן) הֶחְצִין הפ׳ [hextsin] *hif.* sich nach außen wenden; extrovertiert sein

★חָצַף פעל (לַחְצוֹף, יַחְצוֹף) [xatsaf] *kal* frech sein

-הִתְחַצֵּף הת׳ - *hit.* sich frech benehmen, frech sein

-הֶחֱצִיף הפ׳, ~ פָּנָיו - *hif.* frech sein, frech werden

חֻצְפָּה נ׳, חוצפה [xutspa] Frechheit *f*

=~ן ז׳ = Frechdachs *m*, Flegel *m*

=~נוּת נ׳ = unverschämtes Benehmen *n*, frecher Charakter *m*

=~נִי ת׳ = frech *Adj.*

חָצָץ ז׳ [xatsats] Kies *m*, grober Sand

חָצַץ פעל (לַחְצוֹץ, יַחְצוֹץ) [xatsats] *kal* trennen, scheiden *v/t*

=חָצַץ (חִצֵּץ) אֶת שִׁנָּיו = in den Zähnen stochern

חִצְצוֹר ז׳, חיצצור [xitsetsur] Trompeten *n*

חִצְצֵר פיעל [xitsetsér] *pi.* trompeten *v/i*

חַצֶּצֶת נ׳ [xa'tsetset] Lithiasis *f*, Steinleiden *n Med.*

=~ בַּלּוּטוֹת הָרֹק = Sialdithiasis *f*

=~ הַכְּלָיוֹת = Nephrolithiasis *f*

=~ הַמָּרָה = Cholelithiasis *f*

=~ הַשֶּׁתֶן = Urolithiasis *f*

חָצֵר נ׳ (חֲצַר-, חֲצֵרוֹת, גם: חֲצֵרִים, חַצְרוֹת-) [xatsér] Hof *m*

=חֲצֵרִים = Besitztum *n*

=אַנְשֵׁי-הֶחָצֵר = Höflinge *m/pl.*

חַצְרָן ז׳ [xatsran] Hausmeister *m*

=~נִי ת׳ = höfisch *Adj.*

חֹק ז׳, חוק (חָק-, חֻקֵּי, חֻקִּים) [xok] Gesetz *n*; Regel *f*; festgesetztes Maß *n*

=חֹק-הַשְּׁבוּת = Gesetz *n* des Rückkehrrechts (*f.* Juden in Israel)

=~~-עֵזֶר = *wörtl.* Hilfsgesetz *n*; Verordnung *f*

=הַחֹק הַפְּלִילִי = Strafrecht *n*

=~ וְלֹא יַעֲבוֹר = unabänderliches Gesetz

=לֶחֶם חֻקּוֹ = sein tägliches Brot

=הִשְׁלִים חֹק לִמּוּדָיו = promovieren, Studium abschließen

חֻקָּה נ׳, חוקה [xuka] Verfassung *f Pol.*

חִקָּה פיעל (לְחַקּוֹת אֶת-) [xika] *pi.* nachahmen, imitieren

-הִתְחַקָּה הת׳ (לְהִתְחַקּוֹת עַל-, אַחֲרֵי-) - *hit.* nachforschen, verfolgen

חִקּוּי ז׳, חיקוי [xikuj] Nachahmung *f*, Imitation *f*

חִקּוּק ז׳, חיקוק [xikuk] Gravur *f*; Gesetzgebung *f*

חָקוּק ת׳ [xakuk] eingraviert *Adj.*; geprägt *Adj.*

חִקּוּר ז׳, חיקור [xikur] Forschen *n*

חָקִי ז׳, חאקי ['xaki] Khaki *n*

חֻקִּי ת׳, חוקי [xuki] gesetzlich *Adj.*

=לֹא-~, בִּלְתִּי-~ ת׳ = ungesetzlich, illegal *Adj.*

=חֻקִּיּוּת נ׳ = Gesetzlichkeit *f*, Legalität *f*

חַקְיָן ז׳, חקיין [xakjan] Imitator *m*

=~נוּת נ׳ = Imitationskunst *f*

=~נִי נ׳ = imitierend *Adj.*

חֲקִיקָה נ׳ [xakika] Gesetzgebung *f*; Gravur *f*

חֲקִירָה נ׳ [xakira] Untersuchung *f*, Ermittlung *f*

=דְּרִישָׁה וַ~ = gründliche Untersuchung *f*, Verhör *n*

=~ שֶׁכְּנֶגֶד, חֲקִירַת שְׁתִי-וָעֵרֶב = Kreuzverhör *n*

חַקְלָאוּת נ׳ [xakla'ut] Landwirtschaft *f*

חַקְלַאי ז׳ [xaklaj] Landwirt *m*

חַקְלָאִי ת׳ [xakla'i] landwirtschaftlich *Adj.*

חֹקֶן ז׳, חוקן ['xoken] Klistier *n*, Einlauf *m*

חָקַן פעל (לַחְקוֹן, יַחְקוֹן) [xakan] *kal* Klistier geben, e-n Einlauf machen

חָקַק פעל (לַחְקוֹק או לָחֹק, יָחֹק או יַחְקֹק) [xakak] *kal* einhauen; einritzen; Gesetz geben

-חוֹקֵק פיעל - *pi.* Gesetz geben; eingravieren

חָקַר פעל (לַחְקוֹר אֶת-, יַחְקוֹר) [xakar] untersuchen; forschen

-נֶחֱקַר נפ׳ - *nif.* untersucht, befragt werden

חֵקֶר ז׳ ['xéker] Erforschung *f*

=אֵין ~ לְ- = unerforschlich *Adj.*

חַקְרָנִי ת׳ [xakrani] forschend *Adj.*, Forschungs-

חֻקָּתִי ת׳, חוקתי [xukati] verfassungsmäßig, konstitutionell *Adj.*

חָרָא ז׳ (חֲרָאִים) [xara'] Kot *m*; Scheiße *f V*

חָרַב פעל (לַחֲרוֹב, חָרֵב, יֶחֱרַב) [xarav] *kal* zerstört werden; austrocknen *v/i*

-הֶחֱרִיב הפ׳ - *hif.* zerstören *v/t*

חָרֵב ת׳ [xarév] zerstört; öde; trocken, dürr *Adj.*

★חֹרֶב ז׳, חורב ['xorev] Trockenheit *f*, Öde *f*

חֶרֶב נ׳ (חַרְבּוֹ, חֲרָבוֹת) ['xerev] Schwert *n*

=~ פִּיפִיּוֹת = zweischneidiges Schwert *n*

=צִחְצוּחַ חֲרָבוֹת = Säbelrasseln *n*

חָרְבָּה, חֻרְבָּה נ׳, חורבה (חֳרָבוֹת) [xorba, xurba] Ruine *f*

חֲרָבָה נ׳ [xarava] arides Land *n*, Halbwüste *f*

חֶרְבּוֹן ז׳ (חֶרְבּוֹנוֹת) (המוני)	[xerbon] Reinfall *m*, Pech *n*
חֻרְבָּן ז׳, חורבן	[xurban] Zerstörung *f*
=חֻרְבַּן בַּיִת רִאשׁוֹן	= Zerstörung *f* des ersten Tempels
=~ בַּיִת שֵׁנִי	= Zerstörung *f* des zweiten Tempels
חִרְבֵּן פיעל (המוני)	[xirbén] *pi.* hineinlegen, herein-fallen lassen *fig.*; vermasseln; scheißen *V*
-הִתְחַרְבֵּן הת׳ (המוני)	- *hit.* hineinfallen, Pech haben
חָרַג פעל (לַחֲרוֹג מִן-, יַחֲרוֹג)	[xarag] *kal* herausragen *v/i*
=~ מִן הַמִּסְגֶּרֶת	= aus dem Rahmen fallen, e-e Ausnahme bilden
חַרְגּוֹל ז׳	[xargol] Laubheuschrecke *f* (Tettigoniidae) *Zo.*
חַרְגּוֹלָן ז׳	[xargolan] Grasmücke *f* (Locustella) *Zo.*
חָרַד פעל (לַחֲרוֹד, חָרֵד, יֶחֱרַד)	[xarad] *kal* zittern, bangen, sich sorgen um (*Akk.*)
-נֶחֱרַד נפ׳	- *nif.* sich erschrecken; Angst bekommen
-הִתְחָרֵד הת׳	- *hit.* orthodox werden *Rel.*
חָרֵד תו״ז (חֲרֵדִים)	[xaréd] besorgt, ängstlich *Adj.*; fromm, orthodox *Adj.*; orthodoxer Jude *m*
חֲרָדָה נ׳	[xarada] Besorgnis *f*, Schrecken *m*
=חֶרְדַּת-גִּיל	= freudiger Schreck
=~-לֵבָב, ~-נֶפֶשׁ	= Aufregung *f*
=~-קֹדֶשׁ	= Ehrfurcht *f*, Andacht *f*
חַרְדּוֹן ז׳	[xardon] Agame *f* (Echse, Agama) *Zo.*
=~ מָצוּי	= Schleuderschwanz *m* (Agama stellio) *Zo.*
=-הַצָּב	= Dornschwanz *m* (Uromastix) *Zo.*
חֲרֵדִ|י ת׳	[xarédi] orthodox *Adj.*
=~יּוּת נ׳	= Ultra-Orthodoxie *f*
חַרְדָּל ז׳	[xardal] Senf *m*, Mostrich *m*
★חָרָה פעל (לַחֲרוֹת לְ-, יֶחֱרֶה)	[xara] *kal* (vor Zorn) brennen
-הִתְחָרָה הת׳ (לְהִתְחָרוֹת בְּ-)	- *hit.* wetteifern, konkurrieren
★=חָרָה אַפּוֹ בְּ-, עַל-	= zürnen
-הֶחֱרָה הֶחֱזִיק אַחֲרָיו	= mit Worten unterstützen
חָרוּב ז׳	[xaruv] Johannisbrotbaum *m* (Ceratonia siliqua) *Bot.*; Johannisbrot *n* (Frucht)
חָרוּז[1] ז׳	[xaruz] Perle *f*, Koralle *f*
חָרוּז[2] ז׳	[xaruz] Reim *m*
חָרוּז[1] ת׳	[xaruz] aufgezogen, aufgereiht *Adj.*
חָרוּז[2] ת׳	[xaruz] gereimt *Adj.*
חָרוּט ת׳	[xarut] eingraviert *Adj.*
חָרוּט ז׳	[xarut] Konus *m*, Kegel *m*
חָרוּךְ ת׳	[xarux] angesengt, leicht verbrannt *Adj.*
=אֲדָמָה חֲרוּכָה	= verbrannte Erde (*fig.*)
חָרוּל ז׳	[xarul] Dorn *m*, Nessel *f*
חָרוּם, חֲרוּמַף ז׳	[xarum, xarumaf] stupsnasig *Adj.*
חֵרוּם ז׳, חירום	[xérum] Not *f*
=מַצַּב-~	= Notzustand *m*, Ausnahmezu-stand *m*
=שְׁעַת-~	= Notzeit *f*
=מְנַת ~	= eiserne Ration
חָרוֹן ז׳, חֲרוֹן-אַף	[xaron, xaron-af] (göttlicher) Zorn *m*
חֵרוּף ז׳, חירוף	[xéruf] Verfluchen *n*, Schelten *n*
=-נֶפֶשׁ	= Todesverachtung *f*; Wagnis *n*
חָרוּף ת׳	[xaruf] verschmäht *Adj.*
חֲרוּפָה נ׳	[xarufa] Verlobte *f*
חָרוּץ ת׳	[xaruts] fleißig *Adj.*
חֵרוּק ז׳, חירוק	[xéruk] Knirschen *n*
=~-שִׁנַּיִם	= Zähneknirschen *n*
חֵרוּר ז׳, חירור	[xérur] Lochen *n*
חָרוּר ת׳	[xarur] durchlöchert *Adj.*
חָרוּשׁ ת׳	[xaruʃ] gepflügt *Adj.*
חֵרוּת נ׳, חירות	[xérut] Freiheit *f*
=חַג הַ-~	= Freiheitsfest *n*, Pessachfest *n*
=~ פִּיּוּטִית	= dichterische Freiheit *f*
חֲרוּת נ׳	[xarut] Palmwedel *m*
חָרוּת ת׳	[xarut] eingraviert *Adj.*
חָרַז פעל (לַחֲרוֹז אֶת-,	[xaraz] *kal* auffädeln

(יַחֲרוֹז) (von Perlen *usw.*); reimen

-נִתְחָרֵז הת' - *hit.* sich reimen

חַרְזָן ז' [xarzan] Verseschmied *m*

חַרְחֲבִינָה נ' [xarxavina] Männertreu *f*, Ehrenpreis *m* (Eryngium) *Bot.*

חִרְחוּר ז', חירחור, ~ רִיב [xirxur] Hetze *f*, Aufwiegelung *f*

=~-מִלְחָמָה = Kriegstreiberei *f*

חִרְחֵר פיעל [xirxér] *pi.* hetzen; röcheln *v/i*

חַרְחֲרָן ז' [xarxeran] Anstifter *m*, Hetzer *m*

=~נוּת נ' = Anstiftung *f*, Provokation *f*

=~נִי ת' = provokativ, hetzend *Adj.*

חָרַט[1] פעל (לַחֲרוֹט אֶת-, יַחֲרוֹט) [xarat] *kal* drehen (Holz, Metall); gravieren, radieren

(חרט)[2] הִתְחָרֵט הת' [hitxarét] *hit.* bereuen

חֶרֶט ז' ['xeret] Griffel *m*, Stichel *m*, *f* Radiernadel

=אָמַּן-~ = Grafiker *m*

חָרָט ז' [xarat] Dreher *m*; Graveur *m*

חֲרָטָה נ' [xarata] Reue *f*

חַרְטוֹם ז' [xartom] Schnabel *m*; Spitze *f*

=~-הַנַּעַל = (Schuh-) Spitze *f*, Kappe *f*

=~-סִירָה (סְפִינָה) = Bug *m*

חַרְטוֹמָן ז' [xartoman] Schnepfe *f* (Scolopacidae) *Zo.*

=~-הַיָּם = Hornhecht *m* (Centriscus scolopax) *Zo.*

חַרְטֹם ז', חרטום (חַרְטֻמִּים) [xartom] ägyptischer Priester, Zauberer *m*

=כְּתַב-הַחַרְטֻמִּים = Hieroglyphe *f*

★חֳרִי ז', (~-אַף) ['xori] Zorn *m*

חָרִיג ז' [xarig] Ausnahme *f*

=חָרִיג ת' = anomal, regelwidrig *Adj.*

=חֲרִיגָה נ' = Regelwidrigkeit *f*, Ausnahme *f*

=חֲרִיגוּת נ' = Anomalie *f*

חִרְיוֹנִים ז"ר [xirjonim] Taubenmist *m*

חֲרִיזָה נ' [xariza] Auffädeln *n* (von Perlen *usw.*); Dichten *n* von Versen

חֲרִיטָה נ' [xarita] Drehen *n* (Metall), Drechseln *n*

חֲרִיכָה נ' [xarixa] Versengen *n*, Anbrennen *n*

חֲרִיעַ ז' [xa'ri'a] Saflor *m* (Färberdistel, Carthamus) *Bot.*

חָרִיף ת' [xarif] scharf; scharfsinnig *Adj.*

חֲרִיפָה נ' [xarifa] Überwintern *n*

חֲרִיפוּת נ' [xarifut] Schärfe *f*; Scharfsinn *m*

חָרִיץ[1] ז' [xarits] Einschnitt *m*, Schlitz *m*, Nut *f*

חָרִיץ[2], ~שֶׁל גְּבִינָה [xarits] Stück *n* Käse

חָרִיצוּת נ' [xaritsut] Fleiß *m*

חֲרִיקָה נ' [xarika] Knirschen *n*, Knarren *n*

חָרִיר ז' [xarir] kleines Loch *n*, Nadelöhr *n*

חָרִישׁ ז' [xariʃ] Zeit des Pflügens

=חֲרִישָׁה נ' = Pflügen *n*

חֲרִישִׁי ת' [xariʃi] still, leise *Adj.*

חֲרִיתָה נ' [xarita] Eingravieren *n*

חָרַךְ פעל (לַחֲרוֹךְ אֶת-, יַחֲרוֹךְ) [xarax] *kal* rösten, sengen

חָרָךְ ז' (חֲרַכִּים) [xarax] Luke *f*

=חֲרַךְ-יְרִיָּה = Schießscharte *f*

חֵרָכוֹן ז' [xéraxon] Trockenheit *f*, sengende Hitze *f*

חָרֶלֶת נ' [xa'relet] Nesselausschlag *m* (Urticaria) *Med.*

(חרם) הֶחֱרִים הפ' [hexerim] *hif.* bannen; boykottieren; beschlagnahmen

חֵרֶם ז' ['xérem] Bann *m*; Boykott *m*

★חָרְמָה נ' [xorma] Vernichtung *f*

=עַד ~ = bis zur völligen Vernichtung

חֶרְמוֹנִית ז' [xermonit] Schneeanzug *m*, gefütterter Overall *m*

חַרְמָן תו"ז (סלנג) [xarman] geil *Adj.* F

חֶרְמֵשׁ ז' [xerméʃ] Sense *f*

חֶרֶס ז' ['xeres] Ton *m*; Steingut *n*; Tonscherbe *f*

=כְּ~ הַנִּשְׁבָּר = wertlos *Adj.*

=הֶעֱלָה ~ בְּיָדוֹ = Misserfolg haben, nichts erreichen, scheitern

חָרָס ז' [xaras] Töpfer *m*

חַרְסִינָה נ' [xarsina] Porzellan *n*

חַרְסִית נ׳ [xarsit] rote Erde, Tonerde *f*

חֲרֹסֶת נ׳, חרוסת [xa‘roset] Mus *n* aus Äpfeln u. Nüssen, Teil der Seder-Schüssel zum Pessachfest

חֹרֶף ז׳, חורף [‘xoref] Winter *m*

חָרַף^1 פעל (לַחֲרוֹף אֶת-, יַחֲרוֹף) [xaraf] *kal* schmähen, verhöhnen

-חֵרֵף פיעל - *pi.* schmähen, verhöhnen; fluchen

-הֶחֱרִיף הפ׳ - *hif.* verschärfen

=חֵרֵף נַפְשׁוֹ = sein Leben aufs Spiel setzen, der Gefahr trotzen

חָרַף^2 פעל (לַחֲרוֹף, יֶחֱרַף) [xaraf] *kal* überwintern

-הֶחֱרִיף הפ׳ - *hif.* überwintern

★חֶרֶף מ״י [‘xéref] trotz *Prp.*

חֶרְפָּה נ׳ (חֲרָפוֹת) [xerpa] Schande *f*, Schmach *f*

=בּוּשָׁה ו~ = Schmach und Schande

=חֶרְפַּת רָעָב = Hungersnot *f*

חִרְפּוּשִׁית נ׳ [xarpuʃit] Skarabäus-Siegel *n*

חָרְפִּי ת׳, חורפי [xorpi] winterlich *Adj.*

חָרְפָּן ז׳, חורפן [xorpan] Nerz *m* (Mustela lutreola) *Zo.*

חָרַץ פעל (לַחֲרוֹץ אֶת-, יֶחֱרַץ, גם: יַחֲרוֹץ) [xarats] *kal* einritzen; bestimmen

=~ מִשְׁפָּט = entscheiden, urteilen

=~ אֶת לְשׁוֹנוֹ = hecheln, Zunge heraushängen lassen (Hund)

=דְּמֵי "לֹא יֶחֱרַץ" = Schweigegeld *n*

חַרְצֹב ז׳, חרצוב [xartsov] Ganglion *n*, Nervenknoten *m Med.*

★חַרְצֻבּוֹת נ״ר, חרצובות [xartsubot] Bande *n/pl.*, Fesseln *f/pl.*

חַרְצִית נ׳ [xartsit] Chrysantheme *f Bot.*

חַרְצָן ז׳ [xartsan] Kern *m* (Frucht)

חָרַק פעל (לַחֲרוֹק, יַחֲרוֹק) [xarak] *kal* knirschen, quietschen; kreischen

=~ שִׁנָּיו = mit den Zähnen knirschen

חֶרֶק ז׳ (חֲרָקִים) [‘xerek] Insekt *n*

חֲרָקָה נ׳ [xaréka] Quietschen *n*, Knirschen *n*

חֲרָקִירִי ז׳ [xarakiri] Harakiri *n*

חָרַר^1 פעל (לַחֲרוֹר, יַחֲרוֹר) [xarar] *kal* ein Loch machen, bohren

(חָרַר)^2 נִחַר נפ׳ (לְהֵחָרֵר) [nixar] *nif.* austrocknen *v/i*

=~ גְּרוֹנוֹ = Kehle austrocknen, heiser werden

חֲרָרָה נ׳ [xarara] Schweiß-, Hitzeausschlag *m Med.*

חָרַשׁ^{1} פעל (לַחֲרוֹשׁ אֶת-, יַחֲרוֹשׁ) [xaraʃ] *kal* pflügen

חָרַשׁ^{2} פעל (לַחֲרוֹשׁ, חֵרֵשׁ, יֶחֱרַשׁ) [xaraʃ] *kal* schweigen; taub werden

-הֶחֱרִישׁ הפ׳ - *hif.* schweigen, still zuhören

=~ אֶת- = zum Schweigen bringen; übertönen; taub machen

=~ לְ- = still zuhören *(D)*

=מַחֲרִישׁ אָזְנַיִם = ohrenbetäubend *Adj.*

חֵרֵשׁ ת׳ [xéréʃ] taub *Adj.*; Taube(r) *m*

=~-אִלֵּם ת׳ = taubstumm *Adj.*; Taubstummer *m*

=שִׂיחַ חֵרְשִׁים = Aneinandervorbeireden *n*

חֶרֶשׁ ת״פ [‘xereʃ] im Geheimen *Adv.*

=שׁוֹטֵר-~ = Geheimpolizist *m*

חָרָשׁ ז׳ [xaraʃ] Handwerker *m*

=חָרַשׁ-אֶבֶן = Steinmetz *m*

=~-בַּרְזֶל = Metallarbeiter *m*, Schmied *m*

=~-עֵץ = Tischler *m*

=~-כֵּלִים = Werkzeugmacher *m*

חֹרֶשׁ ז׳, חורש [‘xoreʃ] niedriger Wald *m*

חֻרְשָׁה נ׳, חורשה (ראה גם: יַעַר) [xurʃa] Hain *m*, Schonung *f*

חֵרְשׁוּת נ׳ [xérʃut] Schwerhörigkeit *f*, Taubheit *f*

חֻרְשָׁף ז׳, חורשף ראה גם: קִנְרֵס [xurʃaf] Artischocke *f* (Cynara) *Bot.*

חֲרֹשֶׁת נ׳, חרושת [xa‘roʃet] Industrie *f*

=בֵּית-~ = Fabrik *f*

=חֲרָשְׁתִּי ת׳ = industriell *Adj.*

חָרַת פעל (לַחֲרוֹת אֶת-, יַחֲרוֹת) [xarat] *kal* eingravieren, einritzen
(חֲשַׁאי) בַּחֲשַׁאי ת״פ [baxaʃaj] im Geheimen, heimlich *Adv*.
חֲשָׁאִי ת׳ [xaʃa'i] geheim *Adj*.
=בְּחִירוֹת ~יּוֹת = geheime Wahlen *f/pl*.
=מִשְׁטָרָה ~ית = Geheimpolizei *f*
=~יּוּת נ׳ = Heimlichkeit *f*, Geheimhaltung *f*
חָשַׁב פעל (לַחְשׁוֹב אֶת, לְ-, יַחְשׁוֹב) [xaʃav] *kal* denken, sinnen
=~ אוֹתוֹ לְ- = j-n für etwas halten
=~ עַל = denken an
-חִשֵּׁב פיעל - *pi*. rechnen, berechnen
-הִתְחַשֵּׁב הת׳ (בְּ-) - *hit*. berücksichtigen, Rücksicht nehmen *auf* (*Akk*.)
-הֶחְשִׁיב הפ׳ (אֶת-) - *hif*. achten, für wichtig halten
=חִשֵּׁב וּמָצָא = herausfinden
חַשָּׁב ז׳ [xaʃav] Buchhalter *m*, Rechnungsführer *m*
=~ כְּלָלִי = Hauptbuchhalter *m*
חֶשְׁבּוֹן ז׳ (חֶשְׁבּוֹנוֹת) [xeʃbon] Rechnen *n*, Arithmetik *f*; Rechnung *f*; Konto *n*
=~ עוֹבֵר-וָשָׁב (עו״ש) = Girokonto *n*
=חֶשְׁבּוֹן שְׁבָרִים = Bruchrechnung *f*
=~ נֶפֶשׁ = Selbstkritik *f*
=הַנְהָלַת-חֶשְׁבּוֹנוֹת = Buchhaltung *f*, Buchführung *f*
=מְנַהֵל-~ = Buchhalter *m*
=רוֹאֵה-חֶשְׁבּוֹן = Bücherrevisor *m*, Buchprüfer *m*
=עַל ~ = auf Rechnung *Fin*.; auf Kosten von (*D*) *fig*.
=עַד לְ~ = Anzahlung *f*
=בָּא בְּ~ = infrage kommen
=הֵבִיא בְּ~ = berücksichtigen
=עָשָׂה ~ = abrechnen
חֶשְׁבּוֹנָאוּת נ׳ [xeʃbona'ut] Buchhaltung *f*
=~נַאי ז׳ = Buchhalter *m*
=~נִיָּה נ׳ = Rechenschieber *m*
חֶשְׁבּוֹנִית נ׳ [xeʃbonit] Kassenbon *m*
=~-מַס = Quittung *f*
חִשְׁבֵּן פיעל [xiʃbén] *pi*. berechnen
-הִתְחַשְׁבֵּן הת׳ - *hit*. aufrechnen; sich teilen, gemeinsame Kasse machen
חָשַׁד פעל (לַחְשׁוֹד בְּ-, יַחְשׁוֹד) [xaʃad] *kal* misstrauen *v/i*, verdächtigen *v/t*
-הֶחְשִׁיד הפ׳ - *hif*. Misstrauen, Verdacht erregen
=כַּבְּדֵהוּ וְחָשְׁדֵהוּ = respektiere ihn, aber sei auf der Hut
חֲשָׁד, חֶשֶׁד ז׳ (חֲשָׁדוֹת) [xaʃad, ʻxeʃed] Misstrauen *n*, Verdacht *m*
=חַשְׁדָן ת׳ = misstrauisch, ungläubig *Adj*.
=~נוּת נ׳ = Neigung *f* zum Misstrauen
=~נִי ת׳ = misstrauisch *Adj*.
★חָשָׁה פעל (לַחֲשׁוֹת, יֶחֱשֶׁה) [xaʃa] *kal* schweigen
-הֶחֱשָׁה הפ׳ (לְהַחְשׁוֹת) - *hif*. schweigen; zum Schweigen bringen
חָשׁוּב ת׳ [xaʃuv] wichtig *Adj*.
חִשּׁוּב ז׳, [xiʃuv] Berechnung *f*
=מְכוֹנַת-~ = Rechenmaschine *f*
חָשׁוּד ת׳ [xaʃud] verdächtig, verdächtigt *Adj*.
חָשׁוּךְ ת׳ [xaʃux] dunkel *Adj*.
חָשׂוּךְ ת׳ [xasux] mangelnd *Adj*., -los
=חֲשׂוּךְ-בָּנִים = kinderlos *Adj*.
=~-מַרְפֵּא = unheilbar *Adj*.
חִשּׁוּל ז׳, חישול [xiʃul] Schmieden *n*, Formen *n*
חֶשְׁוָן ז׳, חשוון (מַרְחֶשְׁוָן) [xeʃvan] 2. Monat im jüd. Jahr (Oktober-November)
חָשׂוּף ת׳ [xasuf] entblößt, nackt *Adj*.; ausgesetzt *Adj*.
חִשּׂוּף ז׳, חישוף [xisuf] Entblößung *f*; Aufdeckung *f*
חָשׁוּק תו״ז (חֲשׁוּקָה) [xaʃuk] geliebt, begehrt *Adj*.
חִשּׁוּק ז׳, חישוק [xiʃuk] Reifen *m*; Radfelge *f*
חִשּׁוּר ז׳, חישור [xiʃur] (Rad) Speiche *f*
חֻשְׁחָשׁ ז׳, חושחש [xuʃxaʃ] wilder Orangenbaum *m* (Citrus aurantium) *Bot*.

חֲשִׁיבָה נ' [xaʃiva] Denken *n*, Sinnen *n*
חֲשִׁיבוּת נ' [xaʃivut] Wichtigkeit *f*, Bedeutung *f*
חֲשִׁידָה נ' [xaʃida] Verdächtigung *f*
חֲשִׂיפָה נ' [xasifa] Entblößung *f*, Aufdeckung *f*; Belichtung *f Fot.*; Aufhebung *f* des Zollschutzes; Abtragung *f Geol.*
=חֲשִׂיפַת-יֶתֶר = Überbelichtung *f Fot.*
=~-חֹסֶר = Unterbelichtung *f Fot.*
חֲשִׁיקָה [xaʃika] Lust *f*, Verlangen *n*
חֲשִׁישׁ ז' [xaʃiʃ] Haschisch *n*
חָשַׁךְ פעל (לַחְשׁוֹךְ, חָשֵׁךְ, יַחְשׁוֹךְ) [xaʃax] *kal* dunkel werden
-הֶחְשִׁיךְ הפ' (לְהַחְשִׁיךְ אֶת-) - *hif.* verdunkeln *v/t*; dunkel sein, dunkel werden
=חָשְׁכוּ עֵינָיו = niedergeschmettert, entsetzt sein *fig.*
חָשׁוֹךְ ת', חשוך (חֲשֻׁכִים) [xaʃox] dunkel, finster; unwissend *Adj.*
חֹשֶׁךְ ז', חושך [‘xoʃex] Dunkelheit *f*, Finsternis *f*
=~ מִצְרַיִם = stockfinster *Adj.*
חָשַׂךְ פעל (לַחְשׂוֹךְ אֶת-, מִן-) [xasax] *kal* vorenthalten, zurückhalten; sparen
חֲשֵׁכָה נ', חשיכה [xaʃéxa] Dunkelheit *f*, Finsternis *f*
=עִם ~ = bei Einbruch der Dunkelheit
(חשל)[1] נֶחֱשַׁל נפ' (לְהֵחָשֵׁל) [nexʃal] *nif.* zurückbleiben; unterentwickelt, schwach sein
חִשֵּׁל[2] פיעל [xiʃél] *pi.* schmieden, formen, stählen; stark machen
-נִתְחַשֵּׁל הת' - *hit.* gestählt werden; geformt werden
חַשְׁלָן ז' [xaʃlan] Schmied *m*
חִשְׁמוּל ז', חישמול [xiʃmul] Elektrifizierung *f*
חַשְׁמַל ז' [xaʃmal] Elektrizität *f*
=מְהַנְדֵּס-~ = Elektrotechniker *m*
חִשְׁמֵל פיעל [xiʃmél] *pi.* elektrisieren
-הִתְחַשְׁמֵל הת' - *hit.* elektrisiert werden, e-n (elektr.) Schlag bekommen

חַשְׁמַל|אוּת נ' [xaʃmala’ut] Elektrotechnik *f*; Beruf *m* des Elektrikers
=~לַאי ז' = Elektriker *m*
=~לִי ת' = elektrisch *Adj.*
=~לִית נ' = Straßenbahn *f*, Tram *f*
חַשְׁמָן ז' [xaʃman] Kardinal *m*, Kirchenfürst *m*
★חֹשֶׁן ז', חושן [‘xoʃen] Brustschild *m* des Hohenpriesters *bibl.*
חָשַׂף פעל (לַחְשׂוֹף אֶת-, יַחְשׂוֹף) [xasaf] *kal* aufdecken, entblößen; aussetzen; belichten *Fot.*
=חָשַׂף שִׁנַּיִם = Zähne fletschen
חַשְׂפָן ז' [xasfan] Stripteasetänzer *m*
=~נוּת נ' = Striptease *m*
=~נִית נ' = Stripteasetänzerin *f*
חָשַׁק פעל (לַחְשׁוֹק בְּ-, יַחְשׁוֹק) [xaʃak] *kal* an etwas hängen (in Liebe); gelüsten nach (*D*)
-הִתְחַשֵּׁק הת' - *hit.* Lust haben, gern wollen
=חָשַׁק שְׂפָתַיִם = die Lippen zusammenpressen
חֵשֶׁק ז' [‘xéʃek] Lust *f*, Begehren *n*
=שִׁיר-~ = Liebeslied *n*
=שִׁירַת-~ = erotische Lyrik *f*
חֶשְׁקָה נ' [xeʃka] Begehren *n*, Lust *f*
חַשְׁקָן ז' [xaʃkan] Lüstling *m*
=~נוּת נ' = Lüsternheit *f*
=~נִי ת' = begehrlich *Adj.*
חֶשֶׁר, חֹשֶׁר ז' [‘xeʃer, ‘xoʃer] Regen *m*, Nieseln *n*
חַשְׁרָה נ' [xaʃra] Dickicht *n*; Verdichtung *f* (Wasser)
חָשַׁשׁ פעל (לַחְשׁוֹשׁ, יַחְשׁוֹשׁ) [xaʃaʃ] *kal* befürchten, besorgt sein
=חוֹשְׁשַׁנִי = ich befürchte
חֲשָׁשׁ ז' (חֲשָׁשׁוֹת) [xaʃaʃ] Befürchtung *f*, Besorgnis *f*
=חַשְׁשָׁן ז' = Zauderer *m*
=~נוּת נ' = Zaudern *n*, Unschlüssigkeit *f*
=~נִי ת' = ängstlich, zaudernd *Adj.*
★חַת ז' (חִתּוֹ) [xat] Furcht *f*
=עָשׂוּי לִבְלִי חָת = ohne Furcht und Tadel,

furchtlos *Adj.*

חַת שְׁתַּיִם (דיבורי) [xat ʃtajim] los, jetzt! dalli! F

חָתָה פעל (לַחְתּוֹת אֶת-, יַחְתֶּה) [xata] *kal* schüren; herausholen (Kohlen aus dem Feuer)

=~ גֶּחָלִים עַל רֹאשׁוֹ = glühende Kohlen auf sein Haupt häufen *fig.*

★חִתָּה נ׳, חיתה (חִתָּתוֹ) [xita] Furcht *f*

חָתוּךְ ת׳ [xatux] geschnitten *Adj.*; entschieden *Adj.*

חִתּוּךְ ז׳, חיתוך [xitux] Schnitt *m*

=~-עֵץ = Holzschnitt *m*

=~-הַדִּבּוּר, ~-הַקּוֹל = Artikulation *f*, deutliche Aussprache *f*

=~-הַזָּהָב = der goldene Schnitt *Math.*

חִתּוּל ז׳, חיתול [xitul] Windel *f*

חָתוּל ז׳ [xatul] Katze *f*, Kater *m* (Felis domestica) *Zo.*

=עָבַר בֵּינֵיהֶם ~ שָׁחוֹר (דיבורי) = *wörtl.* e-e schwarze Katze lief zwischen ihnen durch; sie haben sich zerstritten

=חֲתוּלָה נ׳ = Katze *f*

=חֲתוּלִי ת׳ = katzenhaft *Adj.*

חָתוּם תו״ז [xatum] unterschrieben *Adj.*; der Unterzeichnete; Abonnent *m*

=הֶ~ מַטָּה = der Unterzeichnete *m*

חִתּוּן ז׳, חיתון [xitun] Verheiratung *f*

חַתְחַת ז׳ (רק ברבים: חַתְחַתִּים) [xatxat] Unebenheit *f*, Hindernis *n*

חָתִיךְ ז׳ (סלנג) [xatix] Schönling *m*, schöner Mann *m*

חֲתִיכָה נ׳ [xatixa] Stück *n*; Schneiden *n*

=חֲתִיכָה נ׳ (סלנג) = hübsche Frau *f*

חֲתִימָה נ׳ [xatima] Unterschrift *f*, Signatur *f*; Abschluss *m*; Nachwort *n*, Epilog *m*; Abonnement *n*, Subskription *f*

=חֲתִימַת-זָקָן = Flaum *m*

=כְּתִיבָה וַחֲתִימָה טוֹבָה = "gute Eintragung im Buche des Lebens"

=גְּמַר חֲתִימָה טוֹבָה = "guter Abschluss der Eintragung im Buche des Lebens" (Segenswünsche zu Rosch-ha-schana u. Jom-Kippur)

חֲתִירָה נ׳ [xatira] Rudern *n*; Streben *n*

=~ תַּחַת פְּלוֹנִי = Untergrabung *f*, Unterminierung *f fig.*

חִתִּית נ׳ [xitit] Terror *m*, Furcht *f*

חָתַךְ פעל (לַחְתּוֹךְ אֶת-, יַחְתּוֹךְ) [xatax] *kal* abschneiden, schneiden; aussprechen

-נֶחְתַּךְ נפ׳ - *nif.* sich scneiden; abgeschnitten sein *oder* werden; artikuliert werden

=חָתַךְ גּוֹרָלוֹ שֶׁל- = sein Schicksal entscheiden

=~ דִּין = entscheiden, Urteil abgeben

חֲתָךְ, חֶתֶךְ ז׳ [xatax, 'xetex] Schnitt *m* (Längs-, Quer-)

=לֵדַת-חֲתָךְ = Kaiserschnittentbindung *f*

ראה: נִתּוּחַ קֵיסָרִי

חִתֵּל פיעל [xitél] *pi.* wickeln

חֲתַלְתּוּל ז׳ [xataltul] Kätzchen *n*

חָתַם פעל (לַחְתּוֹם אֶת-, עַל-, יַחְתּוֹם) [xatam] *kal* unterschreiben; versiegeln; abonnieren; abschließen

-נֶחְתַּם נפ׳ - *nif.* unterschrieben, besiegt werden; beendet werden

-הֶחְתִּים הפ׳ - *hif.* zur Unterschrift vorlegen; abonnieren lassen; abstempeln

=חָתַם קֶבַע = sich als Berufssoldat verpflichten *Mil.*

חִתֵּן פיעל [xitén] *pi.* verheiraten *v/t*

-הִתְחַתֵּן הת׳ - *hit.* heiraten; einheiraten

חָתָן ז׳ [xatan] Bräutigam *m*; Schwiegersohn *m*

=חֲתַן-הַיּוֹם = Held *m* des Tages

=~-הַיּוֹבֵל = Jubilar *m*

=~-הַפְּרָס = Preisträger *m*

חֲתֻנָּה נ׳, חתונה [xatuna] Hochzeit *f*

=חֲתֻנַּת-זָהָב = goldene Hochzeit

=~-כֶּסֶף = silberne Hochzeit

חָתַר פעל (לַחְתּוֹר תַּחַת-, אֶל-, לְ-, [xatar] *kal* untergraben, unterminieren *fig.*; rudern;

(יַחְתּוֹר hinstreben

חַתְרָן ז׳ [xatran] Umstürzler, Verschwörer *m*

=~נוּת נ׳ = Untergrabung *f*, umstürzlerische Umtriebe *pl*.

=~נִי ת׳ = umstürzlerisch *Adj*.

חֲתַת ז׳ [xatat] Furcht *f*

חִתֵּת פיעל [xitét] *pi*. brechen, zerspringen; erschrecken

ט

ט Tet (T), 9. Buchstabe des hebr. Alphabets; Zeichen der Zahl 9

טָאוּט ת' [ta'ut] ausgekehrt, gefegt *Adj.*

טֵאטֵא פיעל [tité'] *pi.* fegen

טַאטְאָן ז' [tat'an] Straßenfeger *m*

טֵאטוּא ז', טיטוא [titu'] Fegen *n*

טַבּוּ ז' [tabu] Grundbuchamt *n*; tabu *Adj.*, Tabu *n*

טָבוּחַ ת' [ta'vuax] geschlachtet *Adj.*

טִבּוּחַ ז' [ti'buax] Schlachten *n*

טָבוּל ת' [tavul] eingetaucht, eingetunkt *Adj.*

טִבּוּל ז', טיבול [tibul] Eintauchen *n*, Eintunken *n*

טַבּוּן ז' [tabun] Steinofen *m*

טִבּוּעַ^{1} ז', טיבוע [ti'bua'] Versenken *n*, Untertauchen *n* (transitiv)

=~ סְפִינָה = Versenkung *f*

טִבּוּעַ^{2} ז', טיבוע [ti'bua'] Prägung *f*

טָבוּעַ^{1} ת' [ta'vua'] ertränkt *Adj.*

טָבוּעַ^{2} ת' [ta'vua'] geprägt *Adj.*

טַבּוּר ז' [tabur] (Bauch) Nabel *m*

=~-הָאוֹפַן = Nabe *f*

=~ הָאָרֶץ = Zentrum *n* des Landes

טָבַח פעל (לִטְבּוֹחַ אֶת-, יִטְבַּח-) [tavax] *kal* schlachten, töten, niedermetzeln

טֶבַח ז' ['tevax] Schlachten *n*; Morden *n*, Massaker *n*

טַבָּח ז' [tabax] Koch *m*

=~וּת נ' = Kochkunst *f*

=טַבָּחִית, טַבַּחַת נ' = Köchin *f*

טִבְחָה נ' [tivxa] Schlachtfleisch *n*; Massaker *n*

טְבִיחָה נ' [tvixa] Schlachten *n*

טְבִילָה נ' [tvila] Eintauchen *n*; Taufe *f*

=בֵּית-הַטְּבִילָה = Tauchbad *n*; Taufkapelle *f*, Baptisterium *n*

=טְבִילַת-אֵשׁ = Feuertaufe *f*

טָבִין ז"ר (טָב) [tavin] Bonus *m*

=~ וּתְקִילִין = gutes Geld, bares Geld

=טָבֵי דוֹלָר = dollargebundene Wertpapiere *n/pl.*

טְבִיעָה^{1} נ' [tvi'a] Ertrinken *n*, Untergehen *n*

טְבִיעָה^{2} נ' [tvi'a] Münzprägung *f*

=~-אֹזֶן = akustische Wahrnehmung *f*

=טְבִיעַת-אֶצְבָּעוֹת = Fingerabdruck *m*

=~-עַיִן = visuelle Wahrnehmung *f*

=~-עַיִן חַדָּה = scharfes Auge *fig.*

טָבַל פעל (לִטְבּוֹל, יִטְבּוֹל) [taval] *kal* eintauchen; baden *v/i*

-הִטְבִּיל הפ' - *hif.* eintauchen, eintunken; taufen *v/t*

טַבְלָה נ' (טַבְלָאוֹת) [tavla] Chart *m;* Tabelle *f*

טַבְלִית נ' [tavlit] Täfelchen *n*; Tablette *f*

טַבְלָן ז' [tavlan] Taucher *m* (Podiceps) *Zo.*

טַבְלָר ז' [tavlar] Tabulator *m*

טָבַע^{1} פעל (לִטְבּוֹעַ בְּ-, יִטְבַּע) [tava'] *kal* versinken, untergehen *v/i*

-נִטְבַּע נפ' (לְהִטָּבַע, יִטָּבַע) - *nif.* ertrinken *v/i*

-טִבַּע פיעל - *pi.* versenken *v/t*

-הִטְבִּיעַ הפ' - *hif.* ertränken; versenken *v/t*

טָבַע^{2} פעל (לִטְבּוֹעַ אֶת-, יִטְבַּע) [tava'] *kal* prägen, formen

-הִטְבִּיעַ הפ' - *hif.* (Münze) prägen

=~ חוֹתָמוֹ עַל- = s-n Stempel aufdrücken

טָבַע[3] פיעל [tiba'] *pi.* beringen (Vögel)
טֶבַע ז' ['teva'] Natur *f*
=~ דּוֹמֵם = Stillleben *n*
=~ שֵׁנִי = zweite Natur *f*
=אֵיתָנֵי-הַטֶּבַע ז"ר = Naturgewalten *f*/pl.
=מַדָּעֵי-הַ~ ז"ר = Naturwissenschaften *f*/pl.
טִבְעוֹ|נוּת נ' [tiv'onut] Rohkosternährung *f*
=~נִי ז' = Rohköstler *m*
טִבְעִ|י ת' [tiv'i] natürlich *Adj.*
=~יּוּת נ' = Natürlichkeit *f*
טַבַּעַת נ' [ta'ba'at] Ring *m*
=~-קִדּוּשִׁין = Ehering *m*
=פִּי-הַטַּבַּעַת ז' = After *m Anat.*
=טַבַּעְתִּי ת' = ringförmig *Adj.*
טַבָּק ז' [tabak] Tabak *m* (Nicotiana Tabacum) *Bot.*
טְבֶרְיָנִי ת' [tverjani] tiberianisch *Adj.*
=הַנִּקּוּד הַטְּבֶרְיָנִי = tiberianische Punktierung (der hebr. Schrift) *Gr.*
טֵבֵת ז' [tévét] 4. Monat des jüdischen Jahres (Dezember-Januar)
טִגּוּן ז', טיגון [tigun] Braten *n* (in Fett), Fritieren *n*
טִגֵּן פיעל [tigén] *pi.* in Fett braten *v/t*
טֻגָּן ז', טוגן [tugan] Pommes Frites *pl.*
טִגְרִיס ז' [tigris] Tiger *m* (Panthera tigris) *Zo.*
טָהוֹר ת' [tahor] rein *Adj.*
=טְהָר-לֵב = ehrlich, gerecht; rechtschaffen *Adj.*
טִהוּר ז', טיהור [tihur] Reinigung *f*, Läuterung *f*
טִהֵר פיעל [tihér] *pi.* reinigen, säubern; läutern
=~ אֶת הַשֶּׁרֶץ = einen Fehler ausmerzen
-הִטַּהֵר הת' - *hit.* sich reinigen
טֹהַר ז', טוהר ['tohar] Reinheit *f*; Lauterkeit *f*
=~ הַמִּדּוֹת = Makellosigkeit *f*
=~ הַנֶּשֶׁק = bewaffnete Notwehr *f*
טָהֳרָה נ', טוהרה [tohora] Beachtung *f* der rituellen Reinigungsvorschriften
=חֲדַר-~ = Totenwaschhalle *f*
=טָהֳרַת-הַלָּשׁוֹן = Reinheit *f* der Sprache
=עַל טָהֳרַת- = unter strenger Einhaltung der Reinheit
טַהֲרָ|ן ז' [taharan] Purist *m*
=~נוּת נ' = Purismus *m*
=~נִי ת' = puristisch *Adj.*
ט"ו ש"מ (חֲמִשָּׁה-עָשָׂר) [tu] *Kurzw.* fünfzehn, Zeichen für die Zahl 15 (9 + 6)
=ט"ו בִּשְׁבָט, רֹאשׁ הַשָּׁנָה לָאִילָנוֹת = 15. Schwat, Neujahrsfest der Bäume
טַוַּאי ז', טוואי [tavaj] Spinner *m*
=~-מֶשִׁי = Seidenraupe *m Zo.*
טוּאָלֶט ז' [to'alet] Toilette *f;* Toliettentisch *m*
=נְיַר-~ = Toilettenpapier *n*
טוֹב ת' [tov] gut *Adj.*
=כְּ~ ת"פ = gut, wohl *Adv.*
=תַּרְגִּישׁ ~ = machs gut! gute Besserung!
=~-לֵב = gutherzig, gutmütig *Adj.*
=בְּכִי-~ = mit Erfolg
=בֹּקֶר ~! = guten Morgen!
=יוֹם-~ = Feiertag *m*
=לַיְלָה ~! = gute Nacht!
=מַזָּל ~! = viel Glück! herzlichen Glückwunsch!
=עֶרֶב ~! = guten Abend!
=שָׁבוּעַ ~! = gute Woche! (Gruß am Sabbat-Ausgang)
=רוּחַ טוֹבָה = Wohlwollen *n*
=שָׁנָה ~! = gutes neues Jahr!
=בְּשָׁעָה ~! = guten Erfolg!
=עַל הַצַּד הַיּוֹתֵר טוֹב = auf die beste Weise
=בֶּן-טוֹבִים = Sohn *m* aus guter Familie
=טוֹבֵי הָעִיר = Honoratoren *pl.*
=אִם לְטוֹב אִם לְמוּטָב, לְטוֹב אוֹ לְמוּטָב = ob so oder so; jedenfalls
טוֹב פעל (טוֹבָה, טוֹבוּ; עָתִיד מִן יטב - יִיטַב) [tov] *kal* gut sein, angenehm sein
-הֵטִיב, הֵיטִיב הפ' (לְהֵטִיב עִם-) - *hif.* j-m Gutes tun
(אֶת-) verbessern
(לְ-) gut tun *(D)*

=~ לַעֲשׂוֹת = etwas gut tun
-הוּטַב הופ׳ - *hof.* besser werden
-טִיֵּב פיעל - *pi.* (Boden) verbessern, ameliorieren *Agr.*
=הֵיטֵב ת״פ = gut, wohl *Adv.*
=מַצָּבוֹ הוּטַב = sein Zustand hat sich gebessert, es geht ihm besser
=כְּטוֹב לִבּוֹ = guter Stimmung sein
טוּב ז׳ [tuv] Güte *f*
=בְּטוּבוֹ = in seiner Güte
=טוּב|-לֵב = Gutherzigkeit *f*; Güte *f*; Gutmütigkeit *f*
=~-טַעַם = guter Geschmack *m*
=כָּל-~! = alles Gute!
טוֹבָה נ׳ (טוֹבוֹת) [tova] das Gute; gute Tat *f*; Wohl *n*; Gefallen *m*, Gefälligkeit *f*
=לְטוֹבַת- = zugunsten, zu Gunsten *(G)*
=טוֹבַת-הֲנָאָה = materieller Vorteil, Nutzen *m*
=~ עַיִן = Großzügigkeit *f*
=גַּם זוֹ לְ|טוֹבָה = auch dies wird zum Guten gereichen
=כָּל עַכָּבָה לְ~ = auch das Schlechte hat sein Gutes, alles kann sich zum Guten wenden
=הַכָּרַת ~ = Dankbarkeit *f*
=הִכִּיר ~ לִפְלוֹנִי = j-m dankbar sein
=הֶחֱזִיק ~ לְעַצְמוֹ = sich zugute halten
=עָשָׂה ~ = e-n Gefallen tun
=טוֹבַת הַכְּלָל = Allgemeinwohl *n*, Gemeinwohl *n*
טוּבִים, טוּבִין ז״ר [tuvim, tuvin] Waren *f/pl.*, Güter *n/pl.*
טוֹבֵל ז׳ [tovél] Badegast *m*
טוֹבְלָן ז׳ [tovlan] Tauchkolben *m Tech.*
טוֹבְעָנִי ת׳ [tov'ani] sumpfig, morastig *Adj.*
=חוֹל ~ = Treibsand *m*
טָוָה פעל (לִטְווֹת, יִטְוֶה) [tava] *kal* spinnen
=~ זָהָב = Erfolg haben, zu Geld kommen
טוֹוֶה, טַוֶּה ז׳ [tove] Spinner *m* (Handwerk)

טָווּי ת׳ [tavuj] gesponnen *Adj.*
★טַוְזִיג, טוּזִיג ז׳ (ארמ׳) [tavzig, tuzig] Picknick *n*
(טוח) טָח פעל (לָטוּחַ אֶת-, יָטוּחַ) [tax] *kal* tünchen; verputzen
-טִיַּח פיעל (לְטַיֵּחַ) - *pi.* tünchen; verputzen
-הֵטִיחַ הפ׳ (לְהָטִיחַ אֶת-) - *hif.* werfen; bewerfen
=~ הַאֲשָׁמוֹת כְּלַפֵּי מִישֶׁהוּ = j-n beschuldigen
טִוַּח פיעל (לְטַוֵּחַ אֶת-) [tivax] *pi.* die Schussweite (Entfernung) festsetzen *Mil.*, sich einschießen
טְוָח ז׳, טווח [tvax] Schussweite *f*; Spielraum *m*; Reichweite *f*
=לְ~ אָרֹךְ = auf lange Sicht, langfristig
טוֹחֵן ז׳ (טוֹחֲנִים) [toxén] Müller *m*
=טוֹחֶנֶת (טוֹחֲנוֹת) = Müllerin *f*; Backenzahn *m*
טוֹטָלִיטָרִי ת׳ [totalitari] totalitär *Adj.*
★טוֹטֶפֶת נ׳ [to'tefet] Kopfschmuck *m*; Kopf-Gebetsriemen *pl.*
טְוִיָּה נ׳, טוויה [tvija] Spinnen *n*
(טול) הֵטִיל הפ׳ (לְהָטִיל אֶת, מֵטִיל) [hétil] *hif.* werfen; legen (Eier)
=~ גּוֹרָל = ein Los werfen
=~ מַיִם = Wasser lassen
=~ צֵל = Schatten werfen
טוּמְטוּם ז׳ [tumtum] Hermaphrodit *m*, Zwitter *m*; Dummerchen *n* F
טוֹנָה נ׳ [tona] Tonne *f* (1000 *kg*)
טוּנָה נ׳ [tuna] Thunfisch, Tunfisch *m Zo.*
טוֹנָז׳ ז׳ [tonaž] Tonnage *f*
(טוס) טָס פעל (לָטוּס יָטוּס) [tas] *kal* fliegen *v/i Flgw.*
-הֵטִיס הפ׳ (לְהָטִיס אֶת-, מֵטִיס) - *hif.* fliegen *v/t*, fliegen lassen *v/t*
טַוָּס ז׳, טווס [tavas] Pfau *m* (Pavo cristatus) *Zo.*
טוֹסְטֶר ז׳ [toster] Toaster *m*
טוֹעֶה ת׳: הוּא ~ [to'e] er irrt sich
טוֹעֵן ז׳ [to'én] Kläger *m*, Ankläger *m*

=~ לַכֶּתֶר = Kronprätendent *m*, Thronfolger *m*

טוֹפוֹגְרַפְיָה נ׳ [topografja] Topografie *f*

טוֹפְפָנִי ת׳ [tofefani] trippelnd *Adj.*

טוּקָן ז׳ [tukan] Tukan *m* (Ramphastos toco) *Zo.*

טוּר ז׳ [tur] Reihe *f*; Kolonne *f Mil.*; Spalte *f Typ.*; Kolumne *f*

=~ חֶשְׁבּוֹנִי ז׳ = arithmetische Reihe *f*

=~ הַנְדָּסִי (גֵיאוֹמֶטְרִי) = geometrische Reihe *f*

טוּרַאי ז׳ [turaj] Schütze *m*

=~ רִאשׁוֹן = Gefreiter *m*

=רַב-~ = Stzbsunteroffizier *m*

טוֹרְדָן ז׳ [tordan] Plagegeist *m*

=~נוּת נ׳ = Plage *f*

=~נִי ת׳ = lästig *Adj.*

טוּרִי ת׳ [turi] Reihen-

=בָּתִּים טוּרִיִּים = Reihenhäuser *n/pl.*

טוּרִיָּה נ׳ [turija] Hacke *f*

טוּרִית נ׳ [turit] Sämaschine *f*, Drillmaschine *f Agr.*

טוֹרֵף ת׳ [toréf] reißend (Tier) *Adj.*

=טוֹרְפִים ז״ר = Raubtiere *n/pl.*

=טוֹרְפָנִי ת׳ = raubgierig, räuberisch *Adj.*

טוּשׁ ז׳ [tuʃ] Tusche *f;* Filzstift *m*

ט״ז ש״מ: שֵׁשׁ-עֶשְׂרֵה [tet-zajin] *Abk.* sechzehn, Zeichen der Zahl 16 (9+7)

טַחַב ז׳ ['taxav] Feuchtigkeit *f*, Moderigkeit *f*

טְחָב ז׳ [txav] Moos *n* (Bryophyta) *Bot.*

טְחָבִית נ׳ [txavit] Mauerassel *f Zo.*

טָחוּב ת׳ [taxuv] muffig, feucht *Adj.*

טְחוֹל ז׳ [txol] Milz *f*

טָחוּן ת׳ [taxun] gemahlen *Adj.*

טְחוֹרִים ז״ר [txorim] Hämorriden *f/pl. Med.*

★(טחח) טַח פעל (לָטוּחַ) [tax] *kal* überstrichen, verklebt sein

=טַחוּ עֵינָיו מֵרְאוֹת = nicht sehen können *fig.*

טְחִיבוּת נ׳ [txivut] Feuchtigkeit *f*

טְחִינָה[1] נ׳ [txina] Mahlen *n*

טְחִינָה[2] נ׳ (ערב׳) [txina] Sesampaste *f*

טָחַן פעל (לִטְחוֹן אֶת-, יִטְחַן) [taxan] *kal* mahlen; weiderkäuen *fig*

=~ קֶמַח טָחוּן = *wörtl.* gemahlenes Mehl mahlen; Eulen nach Athen tragen; etwas noch mal tun F

טַחֲנָה נ׳, (טְחָנוֹת) [taxana] Mühle *f*

=טַחֲנַת-רוּחַ = Windmühle *f*

=נִלְחַם בְּטַחֲנוֹת-רוּחַ = gegen Windmühlen kämpfen *fig.*

טֶטָנוּס ז׳ ראה גם: צַפֶּדֶת [tetanus] Tetanus *m*, Wundstarrkrampf *m Med.*

טִיב ז׳ [tiv] Beschaffenheit *f*, Qualität *f*

טִיגְרִיס ז׳ [tigris] Tiger *m* (Panthera tigris) *Zo.*

טִיּוּב ז׳ [tijuv] (Boden) Verbesserung *f*, Amelioration *f*

טִיּוּחַ ז׳ [ti'juax] Verputzen *n*

טְיוּטָה נ׳ [tjuta] (Text) Entwurf *m*, Konzept *n*

טִיּוּל ז׳ [tijul] Ausflug *m*, Spaziergang *m*; Reise *f*

=~לִית נ׳ = Ausflugsautobus *m* (umgebautes Lastauto)

טִיחַ ז׳ ['tiax] Putz *m*, Mörtel *m*; Anstrich *m*

טַיָּח ז׳ [tajax] Verputzer *m*, Stuckateur *m*

טִיחָה נ׳ [tixa] Verputzen *n*, Anstreichen *n*

טִיט ז׳ [tit] Lehm *m*, Mörtel *m*

טֵיפּ ז׳ [téjp] (Kassetten)Rekorder *m*

טִיֵּל פיעל [tijél] *pi.* reisen, spazieren, Ausflug machen

טַיָּל ז׳, טייל [tajal] Spaziergänger *m*, Wanderer *m*, Ausflügler *m*

טִיל ז׳ [til] Wurfgeschoss *n*, Geschoss *n*, Projektil *n*; Rakete *f*, Fernlenkgeschoss *n*

טִילְיָה נ׳ [tilja] Linde *f*, Lindenbaum *m* (Tilia) *Bot.*

טַיֶּלֶת נ׳, טיילת [ta'jelet] Promenade *f*; Spaziergängerin *f*

טִין ז׳ [tin] Schlamm *m*

טִינָה נ׳ [tina] Groll *m*, Missgunst *f*

טַיָּס ז׳, טייס [tajas] Flieger *m*, Pilot *m*

=טַיַּס-חָלָל = Astronaut *m*, Kosmonaut *m*, Weltraumfahrer *m*

טַיִס ז׳ ['tajis] Flugwesen *n*

טִיסָה נ׳ [tisa] Flug *m*, Fliegen *n*

=טִיסַת שֶׂכֶר = Charterflug *m*

=כַּרְטִיס-טִיסָה = Flugticket *n*

טִיסָן ז׳ [tisan] Flugzeugmodell *n*

טַיֶּסֶת נ׳, טייסת [ta'jeset] Flugstaffel *f*; Fliegerin *f*, Pilotin *f*

טִיפ ז׳ [tip] Trinkgeld *n*

★טִיף ז׳ [tif] Tropfen *m*

=~-טִפָּה (טִיפ-טִפָּה) = ein Tröpfchen, ganz wenig

טִיפּוּס ז׳ [tipus] Typ *m*, Typus *m*; Type *f Typ.*

=~סִי ת׳ = typisch *Adj.*

טִיפוּס ז׳ [tifus] Typhus *m Med.*

=~-הַבֶּהָרוֹת = Fleckfieber *n Med.*

=~-הַמֵּעַיִם = Bauchtyphus *m Med.*

טִיפ-טוֹפ ת׳ [tip-top] tipptopp, erstklassig *Adj.*

טִיק ז׳ [tik] Teakbaum *m* (Tectona grandis) *Bot.*

טִירָה נ׳ [tira] Schloss *n*, Burg *f*

טִירוֹן ז׳ [tiron] Rekrut *m*; Anfänger *m*

=~נוּת נ׳ = militärische Grundausbildung *f*

טֵית נ׳ [tét] Tet (T), 9. Buchstabe des hebr. Alphabets

טִכּוּס ז׳ [tikus] Anordnung *f*, Organisation *f*

=~ עֵצָה = Konsultation *f*

טֶכְנָאוּת נ׳ [texna'ut] Technikerberuf *m*

=טֶכְנַאי ז׳ = Techniker *m*

=טֶכְנוֹלוֹגְיָה נ׳ = Technologie *f*

=טֶכְנוֹלוֹגְיַת מַחְשְׁבִים = Computertechnologie *f*

=טֶכְנִי ת׳ = technisch *Adj.*

=~יוֹן ז׳ = Technische Hochschule *f*

=~יקָה נ׳ = Technik *f*

★טִכֵּס פיעל [tikés] *pi.* vorbereiten, einrichten

=~ עֵצָה = sich beraten, Rat suchen

טַכְסִיס ז׳ [taxsis] Taktik *f*, List *f*, Trick *m*

=~סִי ת׳ = taktisch *Adj.*

=~סָן ז׳ = Taktiker *m*

טַל ז׳ (טְלָלִים) [tal] Tau *m*

טְלֵא פיעל [tilé'] *pi.* flicken

-הִטְלִיא הפ׳ - *hif.* (durch Flicken) ausbessern

טְלַאי ז׳ [tlaj] Flicken *m*

=~ צָהֹב = gelber Stern *m*, Judenstern *m*

טַלַּאי ז׳ [talaj] Flickschneider *m*, Flickschuster *m*

טֶלֶגְרָף ז׳ [telegraf] Fernschreiber *m*

=~פִי ת׳ = telegrafisch *Adj.*

טִלְגְרֵף פיעל [tilgréf] *pi.* telegrafieren

טָלֶה ז׳ (טְלֵה-, טְלָאִים, גם: טְלָיִים) [tale] Lamm *n*

טָלוּא ת׳ [talu'] geflickt *Adj.*

טֶלֶוִיזְיָה נ׳ [tele'vizja] Fernsehen *n*

טָלוּל ת׳ [talul] betaut, taufrisch *Adj.*

טִלְטוּל ז׳, טילטול [tiltul] Hin-und Herbewegung *f*; Herumtragen *n*; Schlingern *n*

=~ דְּרָכִים = Mühen *f/pl.* des Weges

טִלְטֵל פיעל [tiltél] *pi.* hin- und herbewegen; herumtragen; schwenken

-נִטַלְטֵל הת׳ - *hit.* umherwandern; sich herumtreiben; hin- und hergerissen werden

=טִלְטֵל עַצְמוֹ = von einem Ort zum anderen gehen

טַלְטָל ז׳ [taltal] Pleuelstange *f Kfz.*

טְלִיאָה נ׳ [teli'a] Flicken *n*

טַלִּית נ׳ (טַלִּיתוֹת) [talit] Gebetsschal *m*

=~ שֶׁכֻּלָּה תְּכֵלֶת = Ausbund an Tugend; *etwa* es ist nicht alles Gold, was glänzt

טֶלֶסְקוֹפּ ז׳ [teleskop] Teleskop *n*

טֶלֶף ז׳ (טַלְפּוֹ, טְלָפַיִם) ['telef] Klaue *f*

=מַחֲלַת הַפֶּה וְהַטְּלָפַיִם = Maul- und Klauenseuche *f*

טֶלֶפוֹן ז׳ ['telefon] Telefon *n*, Fernsprecher *m*

=~ נַיָּד,~ סֶלּוּלָרִי = Handy *n*

=~ צִבּוּרִי = Telefonzelle *f*

=טֶלֶפוֹ|נַאי ז׳ = Telefonist *m*
=~ נִי ת׳ = telefonisch *Adj.*
=~ נִית ת״פ = telefonisch *Adv.*
=~ שָׁבוּר = Stille Post *f* (Spiel)
טִלְפֵּן פיעל (אֶל-) [tilpén] *pi.* telefonieren
טֶלֶפְּרִינְטֶר ז׳ [teleprinter] Fernschreiber *m*
טֶלֶקְס ז׳ [teleks] Telex *n*
טֶלֶפַּתְיָה נ׳ [tele'patja] Gedankenübertragung *f*
טָמֵא פעל (לִטְמוֹא, יִטְמָא) [tamé'] *kal* unrein werden, unrein sein
-נִטְמָא נפ׳ (לְהִטָּמֵא) - *nif.* sich verunreinigen
-טִמֵּא פיעל - *pi.* verunreinigen, entweihen *v/t*
-הִטַּמֵּא הת׳ - *hit.* sich verunreinigen
טָמֵא ת׳ [tamé'] unrein *Adj.*
טֻמְאָה נ׳, טומאה [tum'a] Unreinheit *f*
טֶמְבֶּל ז׳ (טֶמְבֶּלִית) (ערבית-טורקית) [tembel] tölpelhaft, dusselig, dumm *Adj.*
=~כּוֹבַע- = Khakihut *m*
טָמוּן ת׳ [tamun] verborgen *Adj.*
טִמְטוּם ז׳, טימטום [timtum] Stumpfheit *f fig.*
=~-הַלֵּב = Gefühllosigkeit *f*
=~-הַמֹּחַ = Verständnislosigkeit *f*
טֻמְטוּם ז׳, טומטום [tumtum] Dummkopf *m F*
טִמְטֵם פיעל [timtém] *pi.* verdicken; abstumpfen *v/t bsd. fig.*
★**טִמְיוֹן** ז׳, טימיון [timjon] Staatsschatz *m*
=יָרַד לַטִּמְיוֹן = verloren gehen
טְמִינָה נ׳ [tmina] Verbergung *f*, Verheimlichung *f*
טְמִיעָה נ׳ [tmi'a] Assimilation *f*, Anpassung *f*
★**טָמִיר** ת׳ [tamir] verborgen, geheim *Adj.*
=טְמִירוּת נ׳ = Verborgenheit *f*
טָמַן פעל (לִטְמוֹן אֶת-, יִטְמוֹן) [taman] *kal* verbergen, verstecken
-הִטְמִין הפ׳ - *hif.* verbergen, verstecken
=טָמַן אֶת יָדוֹ בַּצַּלַּחַת = untätig sein
=~ חַמִּין = Speisen warm halten (*bsd.* zum Sabbat)
=~ לוֹ רֶשֶׁת,~ פַּחִים = eine Falle stellen
=~ מוֹקְשִׁים = Minen legen
=~ רֹאשׁוֹ בַּחוֹל = den Kopf in den Sand stecken *fig.*
=פֹּה נִטְמַן (פ״נ) = Hier liegt begraben
(טמע) **נִטְמַע** נפ׳ (לְהִטָּמַע בְּ-, בֵּין-) [nitma'] *nif.* assimiliert werden, aufgehen in (*D*)
-הִטְמִיעַ הפ׳ - *hif.* assimilieren *v/t*
טֶמְפֶּרָטוּרָה נ׳ [temperatura] Temperatur *f*
★**טֶנֶא** ז׳ (טַנְאוֹ, טְנָאִים) ['tene'] Weidenkorb *m*
טַנְבּוּר ז׳ [tanbur] Tamburin *n*
טַן-דּוּ, טַנְדוּ ת״פ (ארמ׳) [tandu] zu zweit *Adv.*
טֶנְדֶּר ז׳ [tender] Lieferwagen *m*, Kleinlaster *m*
טִנּוּף ז׳, טינוף [tinuf] Verschmutzung *f*
טֶנִיס ז׳ [tenis] Tennis *n*
=~-שֻׁלְחָן ראה גם: פִּינְג-פּוֹנְג = Tischtennis *n*, Pingpong *n*
=טֶנִיסַאי ז׳ = Tennisspieler *m*
טִנֵּף פיעל [tinéf] *pi.* beschmutzen
טִנֹּפֶת נ׳, טינופת [ti'nofet] Schmutz *m*; Kot *m*
טַנְק ז׳ [tank] Panzer *m Mil.*
=טַנְקִיסְט ז׳ = Panzergrenadier *m*
טַס ז׳ [tas] Tablett *n*
=טַסִּית נ׳ = kleines Tablett *n*
טֶסְט ז׳ [test] Test *m*, Fahrprüfung *f*
טָעָה פעל (לִטְעוֹת, יִטְעֶה) [ta'a] *kal* sich irren
-הִטְעָה הפ׳ (מַטְעֶה) - *hif.* irreführen, täuschen
טָעוּן ת׳ [ta'un] belastet; nötig habend; geladen *Adj.*
=טָעוּן אִשּׁוּר = ... bedarf e-r Bestätigung
=~ טִפּוּחַ = pflegebedürftig *Adj.*
=~ לַעֲיֵפָה = voll beladen
=~ תִּקּוּן = reparaturbedürftig *Adj.*
טִעוּן ז׳, טיעון [ti'un] Beweisführung *f*, Argumentation *f*; Argument *n*
טָעוּת נ׳ (טָעֻיּוֹת) [ta'ut] Irrtum *m*, Fehler *m*
=בְּ~ = aus Versehen, fälschlicherweise
=~ אוֹפְּטִית = optische Täuschung *f*
=~-דְּפוּס = Druckfehler *m*
=מִקָּח-~ = schlechtes Geschäft *n*
=~-לְעוֹלָם חוֹזֵר (טל״ח) = Irrtum vorbehalten

טְעִיָּה נ׳, טעייה [te'ija] Irren *n*
טָעִים ת׳ [ta'im] schmackhaft, wohlschmeckend, lecker *Adj.*
טְעִימָה נ׳ [te'ima] Kosten *n*, Abschmecken *n*
טְעִינָה נ׳ [te'ina] Aufladen *n*, Laden *n*
טָעַם פעל (לִטְעוֹם אֶת-, מִן-, יִטְעַם) [ta'am] *kal* (Speise) probieren, kosten, abschmecken
-טִעֵם פיעל - *pi.* abschmecken
-הִטְעִים הפ׳ - *hif.* betonen, hervorheben
טַעַם ז׳ (טְעָמִים, טַעֲמֵי-) ['ta'am] Geschmack *m*, Geschmackssinn *m*; Sinn *m*, Bedeutung *f*; Grund *m*; Betonung *f Gr.*
=בְּ~ ת״פ = geschmackvoll *Adv.*
=מִטַּעַם ת״פ = im Auftrag
=מָה הַטַּעַם? = was hat das für einen Sinn? was soll das?
=~ לִפְגָם = schlechter Beigeschmack
=~ לְשֶׁבַח = gute Seite, Lobenswertes
=בַּעַל-~ ז׳ = Mann von gutem Geschmack
=אֲנִין-~ = Ästhet *m*
=אָמַר דְּבָרִים שֶׁל ~ = sagen, was Hand und Fuß hat
=חוּשׁ-הַטַּעַם ז׳ = Geschmackssinn *m*
=חֲסַר-טַעַם ת׳ = geschmacklos; sinnlos *Adj.*
=בְּטוּב-~ ת״פ = mit gutem Geschmack
=מִלּוֹת-הַטַּעַם נ״ר = Konjunktionen *f/pl. Gr.*
=סַר-טַעַם ת׳ = ohne Sinn und Verstand
=רַב מִטַּעַם = von den Behörden eingesetzter Rabbiner (im zarist. Russland)
=טַעֲמֵי הַמִּקְרָא = Betonungszeichen *n/pl.* der Bibel
=טַעְמוֹ וְנִמּוּקוֹ עִמּוֹ = er hat seine Gründe
=עַל ~ וָרֵיחַ אֵין לְהִתְוַכֵּחַ = über Geschmack lässt sich nicht streiten
=שִׁנָּה אֶת טַעְמוֹ = s-e Ansicht, s-n Weg ändern
טָעַן[1] פעל (לִטְעוֹן אֶת-, יִטְעַן) [ta'an] *kal* laden, aufladen; beladen
-הִטְעִין הפ׳ - *hif.* aufladen
טָעַן[2] פעל (לִטְעוֹן אֶת-, יִטְעַן) [ta'an] *kal* fordern; behaupten, Gründe vorbringen; Ansprüche stellen, beanspruchen
טַעֲנָה נ׳ (לְ-) [ta'ana] Behauptung *f*; Forderung *f*; Anspruch *m*
=טַעֲנַת נֶגֶד = Gegenbehauptung *f*, Gegenargument *n*
=~ שָׁוְא = grundlose Behauptung *f*
=בְּלִי טְעָנוֹת וּמַעֲנוֹת = ohne Widerspruch, ohne Wenn und Aber
טַף ז׳ (רַק יָחִיד) [taf] kleine Kinder *n/pl. Koll.*
טִפָּה נ׳, טיפה [tipa] Tropfen *n*
=~ מָרָה = alkoholisches Getränk *n*
=טִפּ-~ = eine Spur, ganz wenig
=טִפַּת-חָלָב = Station *f.* Mütterberatung u. Säuglingspflege
=טִפִּין-טִפִּין = tropfenweise *Adv.*
=אֶבֶן-טִפִּין = Tropfstein *m*
=הֵן דּוֹמוֹת כִּשְׁתֵּי טִפּוֹת-מַיִם = sie gleichen sich wie ein Ei dem anderen (*wörtl.* wie zwei Wassertropfen)
טְפוּ מ״ק [tfu] pfui!
טִפּוּחַ ז׳, טיפוח [ti'puax] Pflege *f*; Entwickeln *n*
=בֶּן-טִפּוּחוֹ = Schützling *m*
טָפוּל ת׳ [taful] verbunden, zusammengeführt *Adj.*
טִפּוּל ז׳, טיפול [tipul] Pflege *f*, Behandlung *f* (*a. Med.*), Therapie *f*
=~ נִמְרָץ = Intensivstation *f*
=~ רְפוּאִי = ärztliche Behandlung *f*
=טִפּוּלִי ת׳ = Behandlungs-
טִפּוּס ז׳ [tipus] Klettern *n*, Kletterei *f*
טַפּוּת נ׳ [taput] Kindheit *f*
טֶפַח ז׳ (טְפָחִים, גם: טְפָחוֹת) ['tefax] Hand breit
=מְגַלֶּה ~ וּמְכַסֶּה טְפָחַיִם = *wörtl.* er deckt e-e Hand breit auf und bedeckt zwei; er verdeckt mehr als er enthüllt
=גִּלָּה ~ מִן- = durchblicken lassen, andeuten
טֹפַח ז׳, טופח ['tofax] Platterbse *f* (Lathyrus) *Bot.*
טִפֵּחַ פיעל [tipax] *pi.* pflegen; hätscheln;

(לְטַפֵּחַ אֶת-) aufziehen

טָפַח פעל (לִטְפּוֹחַ עַל-, יִטְפַּח) [tafax] *kal* schlagen, klopfen

=~ לוֹ עַל כְּתֵפוֹ = auf die Schulter klopfen

=~ עַל פָּנָיו = widersprechen, zurechtweisen

טְפָחָה נ׳, טיפחה (טְפָחוֹת) [tifxa] Dachbalken *m*

=מִמַּסָּד עַד הַטְּפָחוֹת = vom Grund auf, von oben bis unten

טִפְטוּף ז׳, טיפטוף [tiftuf] Tröpfeln *n*, Nieselregen *m*

טִפְטֵף פיעל [tiftéf] *pi.* tröpfeln *v/i*

טַפְטָפָה נ׳ [taftafa] Beriesler *m*

טַפְטֶפֶת נ׳ [taf'tefet] Pipette *f*, Saugheber *m*

טְפִי ז׳ (טְפָיִים) [tfi] Tropfenflasche *f*

טְפִיחָה נ׳ [tfixa] leichter Schlag, Klopfen *n*

טַפֵּיט ז׳ [tapét] Tapete *f*

טַפִּיל ז׳ (טַפִּילִים) [tapil] Parasit *m*, Schmarotzer *m*

=טַפִּילִי ת׳ = parasitär, parasitisch, schmarotzerhaft *Adj.*

טְפִיפָה נ׳ [tfifa] Trippeln *n*, trippelnder Gang *m*

★טָפַל פעל (לִטְפּוֹל עַל-, יִטְפּוֹל) [tafal] *kal* ankleben; anschmieren; (Lüge) andichten

-נִטְפַּל נפ׳ (לְהִטָּפֵל לְ-, אֶל-) - *nif.* sich heranmachen, sich aufdrängen

-טִפֵּל פיעל (בְּ-) - *pi.* pflegen, behandeln; sich kümmern (um)

=מְטֻפָּל בְּבָנִים, בִּילָדִים = kinderreich *Adj.*

=טָפַל עָלָיו שֶׁקֶר = verleumden, falsch beschuldigen

טָפֵל ת׳ [tafél] nebensächlich *Adj.*

=מִשְׁפָּט ~ = Nebensatz *m Gr.*

=אֱמוּנוֹת טְפֵלוֹת = Aberglaube *m*

טַפָּל ז׳ [tapal] Lügner *m*, Verleumder *m*

טְפֵלָה נ׳ [tféla] Zusatz *m;* Unwichtiges *n*

טְפֵלוּת נ׳ [tfélut] Nichtigkeit *f*

טִפֹּנֶת נ׳, טיפונת [ti'ponet] Tröpfchen *n*

טֹפֶס ז׳, טופס (טְפָסִים, טָפְסֵי-) ['tofes] Formular *n*, feststehender Text *m*

טִפֵּס פיעל (בְּ-, עַל-) [tipés] *pi.* klettern

=צֶמַח מְטַפֵּס = Kletterpflanze *f*

טַפְסָן ז׳ [tafsan] Verschaler *m* (für Betonarbeit)

טַפְסָר, טִפְסָר ז׳ [tafsar, tifsar] Engel *m;* Feuerwehrkommandant *m*

טָפַף פעל (לִטְפּוֹף) [tafaf] *kal* trippeln

-טוֹפֵף פיעל - *pi.* trippeln

טֹפֶר ז׳, טופר (טְפָרִים, טָפְרֵי-) ['tofer] Kralle *f*

טִפֵּשׁ פיעל (אֶת-) [tipéʃ] *pi.* verdummen *v/t*

-נִטַפֵּשׁ הת׳ (לְהִטַּפֵּשׁ) - *hit.* dumm werden

טִפֵּשׁ ת׳ טיפש [tipéʃ] dumm; blöd *Adj.*; Dummkopf *m*, Verrückter *m*

=בְּנֵי (בְּנוֹת) טִפֵּשׁ-עֶשְׂרֵה = Teenager *m.f/pl.*

=טִפְּשׁוּת נ׳ = Dummheit *f*, Torheit *f*

=טִפְּשִׁי ת׳ = dumm, verrückt *Adj.*

טָקוּס ת׳ [takus] feierlich, förmlich, zeremoniell *Adj.*

טַקְט ז׳ [takt] Takt *m,* Benimm *m*

=טַקְטִי ת׳ = taktisch *Adj.*

טִקְטוּק ז׳ [tiktuk] Ticken *n*, Ticktack *n*

טַקְטִיקָה נ׳ [taktika] Taktik *f*

טִקְטֵק פיעל [tikték] *pi.* ticken (Uhr); tippen (Schreibmaschine)

טֶקֶס ז׳ (טְקָסִים, טִקְסֵי-) ['tekes] Zeremonie *f,* Ritual *m*

=רֹאשׁ הַטֶּקֶס = Protokollchef *m*, Zeremonienmeister *m*

טֶקְסְט ז׳ [tekst] Text *m*

טֶקְסְטִיל ז׳ [tekstil] Textilien *pl. Koll.*

טִקְסִיּוּת נ׳ [tiksijut] Zeremoniell *n*

טְרָגֶדְיָה נ׳ [tra'gedja] Tragödie *f*

=טְרָגִי ת׳ = tragisch *Adj.*

★טָרַד פעל (לִטְרוֹד אֶת-, יִטְרוֹד) [tarad] *kal* rinnen; belästigen; vertreiben, verdrängen

-נִטְרַד נפ׳ (לְהִטָּרֵד) - *nif.* beschäftigt sein

-הִטְרִיד הפ׳ - *hif.* belästigen *v/t, j-m* Mühe

machen; stören, nerven F

=נִטְרַד מִשְּׁנָתוֹ = nicht schlafen können

טִרְדָּה נ׳ (טְרָדוֹת, טִרְדוֹת-) [tirda] Bemühung *f*; Belästigung *f*; Mühe *f*

טֵרָדוֹן ז׳ [téradon] Besessenheit *f*, Zwangsvorstellung *f*

טַרְדָן ז׳ [tardan] lästiger Mensch, Störenfried *m*

=~נוּת נ׳ = Lästigkeit *f*

=~נִי ת׳ = lästig, störend *Adj.*

טָרוּד ת׳ [tarud] beschäftigt, belastet, bemüht *Adj.*

טָרוּז ת׳ [taruz] verkeilt, festgeklemmt *Adj.*

(טָרוּט) עֵינַיִם טְרוּטוֹת [tarut] triefende Augen *n/pl.*

טְרוּטָה נ׳ ראה גם: שֶׁמֶךְ [truta] Forelle *f* (Salmo Trutta fario) *Zo.*

טְרוֹם מ״י [trom] vor-, prä- (Präfix)

=~-הִיסְטוֹרִי = prähistorisch *Adj.*

=~-צְבָאִי = vormilitärisch *Adj.*

=טְרוֹמִי ת׳ = vorherig; vorfabriziert *Adj.*

=בִּנְיָן ~, בָּתִּים ~ים = Fertigbau *m*; Fertighäuser *n/pl.*

טְרוּנְיָה נ׳ [trunja] Vorwurf *m*

=בָּא בִּ~ עָלָיו = Vorwürfe machen

טָרוּף^{1} ת׳ [taruf] abgerissen; zerfleischt *Adj.*

טָרוּף^{2} ת׳ [taruf] gemischt (Karten) *Adj.*

=בֵּיצָה טְרוּפָה = gequirltes Ei

=יָמִים טְרוּפִים = unruhige Zeiten *f/pl.*

טֵרוּף ז׳, טירוף [téruf] Verrücktheit *f*, Wahnsinn *m*

=~-הַדַּעַת = Geistesstörung *f*

=מַעֲשֵׂה-~ = Wahnsinnstat *f*

טְרוֹפִּי ת׳ [tropi] tropisch *Adj.*

=סוּבּ-~ = subtropisch *Adj.*

טֶרוֹ|ר ז׳ [teror] Terror *m*

=~רִיזְם ז׳ = Terrorismus *m*

=~רִיסְט ז׳ = Terrorist *m*

טָרוּשׁ ת׳ [taruʃ] felsig *Adj.*

טַרְזָן ת׳,~נִי ת׳ [tarzan, tarzani] geckenhaft, stutzerhaft *Adj.*

טָרַח פעל (לִטְרוֹחַ, יִטְרַח) [tarax] *kal* sich bemühen

-הִטְרִיחַ הפ׳ - *hif.* bemühen, belasten *v/t*

טֹרַח ז׳, טורח ['torax] Mühe *f*, Last *f*

=הָיָה עָלָיו לְ~ = j-m zur Last fallen

טִרְחָה נ׳, טירחה (טְרָחוֹת, טִרְחוֹת-) [tirxa] Bemühung *f*, Mühe *f*

=שְׂכַר-~ = Honorar *n*

טַרְחָן תו״ז [tarxan] lästig, beschwerlich *Adj.*

=~נוּת נ׳ = Lästigkeit *f*

=~נִי ת׳ = ärgerlich, lästig *Adj.*

טִרְטוּר ז׳, טירטור [tirtur] Rattern *n*, Knattern *n;* Schikanieren *n*

טִרְטֵר פיעל [tirtér] *pi.* rattern, knattern; schikanieren

טָרִי ת׳ (טְרִיָּה, טְרִיִּים) [tari] frisch *Adj.*

=מַכָּה טְרִיָּה, פֶּצַע טָרִי = frische Wunde, offene Wunde *f*

=טְרִיּוּת נ׳ = Frische *f*

טְרִיז ז׳ [triz] Keil *m*

=תָּקַע ~ בֵּין- = e-n Keil treiben zwischen *(Akk.)*, trennen

טְרִיטוֹן ז׳ [triton] Bandmolch *m* (Triturus vittatus) *Zo.*

טֶרִיטוֹרְ|יָה נ׳ [teritorija] Territorium *n*

=~לִי ת׳ = territorial, Gebiets-

טִרְיָן ז׳ [tirjan] Tablett *n*

טְרֵינִינְג ז׳ ראה גם: אִמּוּנִית [tréning] Trainingsanzug *m*

טְרִיפָה נ׳ [trifa] Schlagen *n*, Rühren *n*, Mischen *n*

טְרִיקָה נ׳ [trika] Zuschlagen *n* (Tür)

טְרִיקוֹ ז׳ [triko] Trikot *n*, T-Shirt *n*

טָרִית ה׳ [tarit] Sardine *f* (Sardinella) *Zo.*

טְרָכוֹמָה ר׳ גם: גַּרְעֶנֶת [traxoma] Trachom *n*, Körnerkrankheit *f* (Augen) *Med.*

טִרְלוּל ז׳ [tirlul] Trillern *n*

טִרְלֵל פיעל [tirlél] *pi.* trillern

טָרַם פעל [taram] *kal* zuvorkommen

טֶרֶם ת"פ ['terem] noch nicht; bevor, vor *(zeitlich)*

=בְּטֶרֶם (לִפְנֵי פֹּעַל) = bevor *Kj.*

טְרֶמְפּ ז' (אנגלית) [tremp] Reisen *n* per Anhalter, Trampen *n* F

=טְרֶמְפִּיסְט ז' = Anhalter *m*

=טְרֶמְפִּיָּדָה נ' = Unterstand *m*, Wartehäuschen *n* für Anhalter (*bsd.* Soldaten)

טְרַנְזִיסְטוֹר ז' [tranzistor] Transistor *m*

טָרַף[1] פעל (לִטְרוֹף אֶת-, יִטְרוֹף) [taraf] *kal* zerreißen, zerfleischen; rauben, berauben, wegreißen

-הִטְרִיף הפ' - *hif.* für unrein erklären, unrein machen *Rel.;* verrückt machen *F*

טָרַף[2] פעל (לִטְרוֹף אֶת, יִטְרוֹף) [taraf] *kal* mischen, durcheinander bringen, verwirren

-טֵרֵף פיעל (לְטָרֵף אֶת-) = *pi.* verrühren

=נִטְרְפָה דַעְתּוֹ (עָלָיו) = verrückt werden

=נִטְרְפָה סְפִינָה, אֳנִיָּה = kentern *Mar.*

טֶרֶף ז' (טַרְפּוֹ) ['teref] Beute *f*, Nahrung *f*

=חַיּוֹת-~ = Raubtiere *n/pl.*

טָרָף ת' [taraf] (Blatt) abgerissen *Adj.*

★טָרָף ז' [taraf] Blatt *n Bot.*

טָרֵף ת' [taréf] (rituell) unrein *Adj.*

טִרְפֵּד פיעל (לְטַרְפֵּד אֶת-) [tirpéd] *pi.* torpedieren

טַרְפֶּדֶת נ' (טַרְפָּדוֹת) [tar'pedet] Torpedoboot *n*

טְרֵפָה נ', טריפה [tréfa] unreines Fleisch, unreines Tier

טִרְפּוּד ז' [tirpud] Torpedierung *f*

טְרַפֶּז ז' [trapez] Trapez *n*

טַרְפֵּשׁ ז' [tarpéʃ] Zwerchfell *n,* Diaphragma *n*

טָרַק פעל (לִטְרוֹק אֶת-, יִטְרוֹק) [tarak] *kal* (Tür) zuschlagen

=~ שְׁפוֹפֶרֶת = Telefonhörer auflegen

טְרַקְטוֹר ז' [traktor] Traktor *m*, Trecker *m*

=~רַאי,~רִיסְט ז' = Traktorfahrer *m*

טְרַקְלִין ז' [traklin] Salon *m*

טֶרַרְיוֹן ז' [terarjon] Terrarium *n*

טְרָרָם ז' (דיבורי) [tararam] Trara *n,* großes Tamtam *n F*

טֶרֶשׁ ז' ['tereʃ] Felsen *m*

=אַדְמַת טְרָשִׁים = felsiger Boden *m*

טְרֵשָׁה נ', טרישה [tréʃa] felsiger Boden *m*

טַרְשִׁי ת' [tarʃi] felsig *Adj.*

טָרֶשֶׁת נ' [ta'reʃet] Verkalkung *f*, Sklerose *f Med.*

טִשְׁטוּשׁ ז' טישטוש [tiʃtuʃ] Verwischen *n*, Vertuschung *f*; Verheimlichen *n*

טִשְׁטֵשׁ פיעל (לְטַשְׁטֵשׁ אֶת-) [tiʃtéʃ] *pi.* verwischen, vertuschen, verheimlichen

=בִּמְטֻשְׁטָשׁ ת"פ = undeutlich, verwischt *Adv.*

י

י Jod, Jud (J), 10. Buchstabe des hebr. Alphabets; Zeichen der Zahl 10

י״א [jud'alef] Zeichen der Zahl 11; 11. Klasse (Gymnasium)

יָאַב פעל [ja'av] *kal* sich nach etwas sehnen, wünschen

יָאָה פעל [ja'a] *kal* geeignet sein *bibl.*

יָאֶה ת׳ [ja'e] gebührend, passend *Adj.*

★יְאוֹר ז׳ [je'or] Nil *m*; Flussarm *m*

יֵאוּשׁ ז׳ [jé'uʃ] Verzweiflung *f*

=אַל ~! = nicht verzweifeln!

=לְאַחַר ~ = hoffnungslos *Adv.*

=תָּפַס ~ = verzweifeln

יָאוּת ת׳ [ja'ut] gebührend, passend *Adj.*

=כַּיָּאוּת ת״פ = wie es sich gehört

(יאל) הוֹאִיל הפ׳ [ho'il] *hif.* sich bereit finden, geneigt sein

=הוֹאֶל-נָא בְּטוּבְךָ (לְ-) = sei so gut!

=הוֹאִיל וְ- = da, weil *Kj.*

(יאשׁ) נוֹאַשׁ נפ׳ (לְהִוָּאֵשׁ) [no'aʃ] *nif.* verzweifeln

-יֵאֵשׁ פיעל (מְיָאֵשׁ) - *pi.* zur Verzweiflung bringen

-הִתְיָאֵשׁ הת׳ (מִן) - *hit.* verzweifeln an (D)

=אָמַר נוֹאָשׁ = Hoffnung aufgeben

יִבֵּא פיעל [jibé'] *pi.* importieren, einführen

יִבֵּב פיעל [jibév] *pi.* heulen, wimmern

יְבָבָה נ׳ [jevava] Geheul *n*, Wimmern *n*

יַבְבָנִי ת׳ [jabevani] heulend, wimmernd *Adj.*

יִבּוּא ז׳ [jibu'] Importieren *n*

יְבוּא ז׳ [jevu'] Import *m*, Einfuhr *f*

=~אָן ז׳ = Importeur *m*

יִבּוּב ז׳ [jibuv] Heulen *n*

יְבוּל ז׳ [jevul] Ernte *f*, Ertrag *m*

★יִבּוּם ז׳ [jibum] Leviratsehe *f* (Heirat d. kinderlosen Witwe m. Bruder des verstorbenen Mannes) *jüd.*

יִבּוּשׁ ז׳ [jibuʃ] Trockenlegung *f*, Austrocknung *f*

יַבְחוּשׁ ז׳ [javxuʃ] Mücke *f*, Moskito *m*

(יבל) הוֹבִיל הפ׳ [hovil] *hif.* befördern, transportieren, bringen; führen *Sp.*

יַבְּלִית נ׳ [jablit] Hundszahngras *n* (Cynodon dactylon) *Bot.*

יַבַּלְנִי ת׳ [jablani] schwielig *Adj.*

יַבֶּלֶת נ׳ (יַבָּלוֹת) [ja'belet] Hühnerauge *n*; Hornhaut *f*, Schwiele *f*

=דָּרַךְ לוֹ עַל הַיַּבָּלוֹת = j-m auf die Hühneraugen treten

★יָבָם ז׳ [javam] Schwager *m bibl.*

★יִבֵּם פיעל [jibém] *pi.* Leviratsehe vollziehen *bibl.*

★יְבָמָה, יְבֶמֶת נ׳ [jevama, je'vemet] Schwägerin *f bibl.*

יָבֵשׁ פעל (ליבוש, יָבֵשׁ, ייבַשׁ) [javéʃ] *kal* trocken sein, austrocknen *v/i*, versiegen *v/i*

-יִבֵּשׁ פיעל - *pi.* trocknen, austrocknen *v/t*

-הִתְיַבֵּשׁ הת׳ - *hit.* trocknen *v/i*, trocken werden

=הִתְיַבַּשְׁתִּי (סלנג) = ich habe Wurzeln geschlagen *fig.*

יָבֵשׁ ת׳ [javéʃ] trocken *Adj.*

=מִדַּת הַיָּבֵשׁ = Trockenmaß *n*

=נִקּוּי ~ = chemische Reinigung

יֹבֶשׁ ז׳, יובש ['joveʃ] Trockenheit *f*

יַבָּשָׁה נ׳ (יַבֶּשֶׁת-) [jabaʃa] Festland *n*

יַבֶּשׁוּת, יַבֶּשֶׁת נ׳, יבושת [jevéʃut, je'voʃet] Trockenheit *f*

יַבֶּשֶׁת נ׳ (יַבָּשׁוֹת) [ja'beʃet] Erdteil *m*, Kontinent *m*

=תַּת-~ = Subkontinent *m*

=יַבַּשְׁתִּי ת׳ = kontinental *Adj.*

יָגֵב ז׳ [jagév] Feld *m*

יָגוֹן ז׳ [jagon] Trauer *f*, Kummer *m*

=~ קוֹדֵר = tiefe Trauer

★יָגוֹר ת׳ [jagor] ängstlich, furchtsam *Adj.*

יְגִיעַ ז׳ [jegia'] Mühsal *f*

=~-כַּפַּיִם = der Hände Arbeit

יְגִיעָה נ׳ [jegi'a] Anstrengung *f*, Mühe *f*

יָגַע פעל (לִיגֹעַ, יָגֵעַ, יִיגַע) [jaga'] *kal* sich mühen, sich bemühen, sich abmühen

-יִגַּע פיעל (לְיַגֵּעַ אֶת-) - *pi.* ermüden, anstrengen *v/t*

-הוֹגִיעַ הפ׳ - *hif.* ermüden, anstrengen *v/t*

=יָגַעְתִּי וּמָצָאתִי = wer sucht, der findet

יָגֵעַ ת׳ [ja'géa'] ermüdet, erschöpft *Adj.*

יֶגַע ז׳ [jega'] Anstrengung *f*

★יָגֹר פעל [jagor] *kal* fürchten *bibl.*

=אֲשֶׁר יָגֹרְתִּי בָּא לִי = was ich fürchtete, ist eingetroffen *bibl.*

יָד נ׳ (יָדַיִם, יְדֵי-) [jad] Hand *f;* Arm *m*; Denkmal *n,* Mahnmal *n;* Anteil *m*

=יַד אַבְשָׁלוֹם = Absaloms Grab *n*

=~ וָשֵׁם = *wörtl.* Denkmal und Name; Gedenkstätte für die jüd. Opfer des Holocaust

=~ לַבָּנִים = Gredenkstätte für die Gefallenen des Unabhängigkeitskriegs

=~ בְּיָד = Hand in Hand; mit vereinten Kräften

=~ לַפֶּה! = still!

=~ פְּתוּחָה, ~ רְחָבָה = Großzügigkeit *f*

=יַד-יְמִינוֹ = s-e rechte Hand

=~ קָשָׁה, ~ בַּרְזֶל = eiserne Hand *f*; streng *Adj.*

=כְּיַד = gemäß, nach *Prp.*

=~ הַמֶּלֶךְ = großzügig *Adv.*

=לְיַד = bei, neben *Prp.*

=מִיָּד = sofort

=מִיַּד- = von (e-r Person)

=עַל-יַד- = neben *Prp.*

=בְּיָד רְחָבָה = in Fülle, großzügig *Adv.*

=יָדוֹ עַל הָעֶלְיוֹנָה = er hat die Oberhand

=~ עַל הַתַּחְתּוֹנָה = er unterliegt, er ist im Nachteil

=כִּלְאַחַר יָד = nebenbei, unabsichtlich

=אָזְלַת-~ = Schwäche *f*, Machtlosigkeit *f*

=בִּמְחִי-~ = mit Schwung

=כַּדּוּר-~ = Handball *m*

=כַּף-הַיָּד = Handfläche *f*

=כְּתַב-יָד = Handschrift *f*

=מְלֶאכֶת-~ = Handarbeit *f*

=מִשְׁלַח-~ = Beruf *m*

=פּוֹשֵׁט-~ = Bettler *m*

=קֹצֶר-יָד = Unzulänglichkeit *f*, Schwäche *f*

=רִמּוֹן-~ = Handgranate *f*

=שְׁעוֹן-~ = Armbanduhr *f*

=אֵין לְאֵל יָדוֹ = es steht nicht in seiner Macht

=הוֹשִׁיט ~ לְ- = *j-m* die Hand reichen

=יֵשׁ לְאֵל ~ = es steht in seiner Macht

=יֵשׁ בְּ-~, יֵשׁ תַּחַת ~ = er hat, er besitzt

=לָחַץ אֶת ~ = j-m die Hand drücken

=מִלֵּא ~ = bevollmächtigen

=מָשַׁךְ ~ מִן- = sich von etwas zurückziehen, ablassen von

=נָתַן ~ = teilnehmen, mitmachen

=סָמַךְ אֶת ~ עַל- = bevollmächtigen; bestätigen

=עָלָה בְּ-~ = gelingen

=עָשׂוּ יָד אַחַת = gemeinsam handeln

=קָצְרָה יָדוֹ = es ist ihm verwehrt

=שָׁלַח ~ בְּ- = sich vergreifen an *(D)*

=שָׁלַח יָד בְּנַפְשׁוֹ = sich das Leben nehmen

=עַל-יְדֵי = durch, mittels

=מִיְּדֵי- = von (e-r Person)

=לִידֵי- = zu Händen von *(D)*

=בָּא לִידֵי, הִגִּיעַ ~ = in e-n Zustand gelangen

=יְדֵי זָהָב = geschickte Hände *f/pl.*

=חִזּוּק | יָדַיִם ראה גם: עִדּוּד = Ermutigung *f*

=נְטִילַת-~ = Händewaschen *n (rituell)*

=רְחַב-~ = groß und weit

=רִפְיוֹן-~ = Schwäche *f*

=בְּמוֹ יָדוֹ, בְּמוֹ יָדָיו = mit eigenen Händen

=יָצָא יְדֵי חוֹבָתוֹ = s-e Pflicht erfüllen

=לֹא מָצָא יָדָיו = sich nicht zurechtfinden; durcheinander kommen

=מִכָּל הַבָּא לַיָּד = alles, was e-m unterkommt

=לָקַח אֶת הָעִנְיָנִים בַּיָּדַיִם (דיבורי) = etwas in die Hand nehmen

(ידד) הִתְיַדֵּד הת' [hitjadéd] *hit.* sich anfreunden

(ידה) הוֹדָה הפ' (לְהוֹדוֹת, מוֹדֶה, יוֹדֶה) [hoda] *hif.* danken; anerkennen; zugeben, eingestehen

=~ בְּ- = anerkennen; zugeben

=~ לְ- עַל- = danken *j-m* für *(Akk.)*

-הִתְוַדָּה הת' - *hit.* beichten, bekennen

=הוֹדוֹת לְ- = dank *Prp. (D)*

=אוֹדֶה וְלֹא אֵבוֹשׁ = ich zögere nicht einzugestehen *bibl.*

יִדָּה פיעל [jida] *pi.* werfen (Steine)

יְדוֹד ז' [jedod] Funken *m;* Wassertank *m*

יִדּוּי ז' [jiduj] Werfen *n* (v. Steinen)

יָדוּעַ ת' [ja'dua'] bekannt, berühmt *Adj.*

=~ לְשִׁמְצָה = e-n schlechten Ruf haben

=יְדוּעָה בַּצִּבּוּר = Lebensgefährtin *f*

יִדּוּעַ ז' [ji'dua'] Versehen e-s Hauptworts mit bestimmtem Artikel od. Poss.-Pronomen *Gr.;* Informieren *n*

=הֵ-הַיִּדּוּעַ = bestimmter Artikel *Gr.*

יָדִיד ז' **יְדִידָה,** (יְדִידִים) [jadid] Freund(in *f*) *m,* Kamerad (in *f*) *m*

יְדִידוּ|ת נ' [jedidut] Freundschaft *f*

=~תִי ת' = freundschaftlich *Adj.*

יְדִיעָה נ' [jedi'a] Kenntnis *f;* Nachricht *f*

=הֵא-הַיְדִיעָה = bestimmter Artikel *Gr.*

=יְדִיעַת-הָאָרֶץ = Heimatkunde *f*

=בִּידִיעָתוֹ = mit s-m Wissen

יְדִיעוֹן ז' [jedi'on] Nachrichtenblatt *n,* Bulletin *n*

יָדִית נ' [jadit] Griff *m,* Henkel *m*

יָדְנִי ת' [jadani] manuell *Adj.,* von Hand gemacht

יָדַע פעל (לָדַעַת אֶת-, יוֹדֵעַ, אֵדַע) [jada'] *kal* wissen; erkennen *bibl.*

-נוֹדַע נפ' (לְהִוָּדַע) - *nif.* bekannt werden

-יִדַּע פיעל - *pi.* Hauptwort *n* mit bestimmtem Artikel versehen *Gr.;* informieren

-הִתְוַדַּע הת' (לְהִתְוַדַּע אֶל-, לְ-) - *hit.* sich zu erkennen geben, sich vorstellen, kennen lernen

-הוֹדִיעַ הפ' - *hif.* mitteilen, bekannt geben

=לֹא יָדַע נַפְשׁוֹ = aufgeregt sein, aus dem Häuschen sein F

=בְּיוֹדֵעַ, בְּיוֹדְעִים ת"פ = wissentlich *Adv.*

=יוֹדֵעַ חֵן = Kabbalist *m*

=~ סֵפֶר = Gelehrter *m*

=מִי יוֹדֵעַ = wer weiß, vielleicht

=אֱלֹהִים יוֹדֵעַ = weiß Gott; das weiß Gott allein

=מָה אֲנִי יוֹדֵעַ? (דיבורי) = was weiß ich? hätte ja sein können

=הַמּוּדָע = das Bewusste *Psych.*

=הַבִּלְתִּי-מוּדָע = das Unbewusste *Psych.*

יֶדַע ז' ['jeda'] Wissen *n,* Kenntnisse *f/pl. Koll.*

=~-עַם = Folklore *f,* Volkskunde *f*

יִדְּעוֹנִי ז' [jid'oni] Wahrsager *m;* Zauberer *m*

יַדְעָ|ן ז' [jad'an] Gelehrter *m*

=~נוּת נ' = Gelehrsamkeit *f*

=~נִי ת' = gelehrsam *Adj.*

יָהּ ז' [ja] Gott *m (Abk. u. Suffix)*

★**יָהַב** פעל [jahav] *kal* geben *bibl.*

=הַב! = gib her!

=הָבָה! = komm!, gib!, lasst uns ...
★יְהָב ז' [jehav] Hoffnung *f*
=הִשְׁלִיךְ יְהָבוֹ עַל- = die Hoffnung auf etwas setzen
יִהֵד פיעל [jihéd] *pi.* zum Juden machen, judaisieren
-הִתְיַהֵד הת' - *hit.* Jude werden, zum Judentum übertreten
יַהֲדוּ|ת נ' [jahadut] Judentum *n*
=~תִי ת' = judaistisch *Adj.*
=~תִיוּת נ' = Judentum *n*
=חָכְמַת הַיַּהֲדוּת, מַדָּעֵי-~ = Judaistik *f*
יִהוּד ז' [jihud] Judaisierung *f*
יְהוּדוֹן ז' [jehudon] *wörtl.* kleiner Jude *m* (Schimpfwort)
יְהוּדִי תו"ז [jehudi] Jude *m*; jüdisch *Adj.*
=הַיְּהוּדִי הַנּוֹדֵד = Dreimasterblume *f* (Tradescantia) *Bot.*
=יְהוּדִ|יּוּת נ' = Judentum *n*
=~ית נ' = jiddisch
יְהוָה [jehova] Jahve, Jehova (Name Gottes)
יָהִיר ת' [jahir] hochmütig, überheblich *Adj.*
=יְהִירוּת נ' = Hochmut *m*, Überheblichkeit *f*, Dünkel *m*
יַהֲלוֹ|ם ז' [jahalom] Diamant *m*
=~מָן ז' = Diamantenhändler *m*; Diamantenschleifer *m*
=~מָנוּת נ' = Diamantenhandel *m*; Diamantenschleifen *n*
יֻהֲרָה, יָהֳרָה נ' [juhara, johora] Überheblichkeit *f*, Hochmut *m*
יָהֳרָנוּת נ' [joharanut] Arroganz *f*, Hochmut *m*
★יוֹבֵל[1] ז' [jovél] Widder *m bibl.*; Widderhorn *n*
יוֹבֵל[2] ז' [jovél] Jubeljahr *n*, 50. Jahr, Jubiläum *n*
=חַג-~, חֲגִיגַת-~ = Jubiläumsfeier *f*
=חֲתַן-~ = Jubilar *m*

=פַּעַם בְּ~ = alle Jubeljahre, sehr selten
יוּבַל ז' [juval] Flussarm *m*, Nebenfluss *m*
יוֹגֵב ז' [jogév] Bauer *m*, Landwirt *m*
יוֹגָה נ' [joga] Joga *m*
יוֹגוּרְט ז' [jogurt] Joghurt, Jogurt *m*
יוֹד, יוּד[1] נ' [jod, jud] 10. Buchstabe des hebr. Alphabets
=קוֹצוֹ שֶׁל ~ = I-Tüpfelchen *n*
יוֹד[2] ז' [jod] Jod *n Chem.*
יוּדָאִיקָה נ' [juda'ika] Judaika *pl.*
יִוּוּן ז' [jivun] Hellenisierung *f*
יוֹזֵם ז' [jozém] Initiator *m*, Urheber *m*; Gründer *m*
יוֹזְמָנִי ת' [jozmani] initiativ, unternehmend *Adj.*
יוּחֲסִין ז"ר [juxasin] Herkunft *f*, Abstammung *f*
=מְגִלַּת-~ = Stammbuch *n*
=שַׁלְשֶׁלֶת-~ = Stammbaum *m*
יוּטָה נ' [juta] Jute *f*
יוֹכָנִי, בַּר-~ ז' [joxani] Vogel Greif *m Myth.*
יוֹלֶדֶת נ' [jo'ledet] Wöchnerin *f*
★יוֹלְדִים ז"ר ראה: הוֹרִים [joldim] Eltern *pl.*
יוּלִי ז' ['juli] Juli *m*
יוֹם ז' (יָמִים, יְמֵי-, יוֹמַיִם) [jom] Tag *m*
=הַיּוֹם = heute
=כַּיּוֹם = heutzutage
=יוֹם-~ = täglich *Adv.*
=~-יוֹמִי ת' = alltäglich *Adj.*
=~-הֻלֶּדֶת ז' = Geburtstag *m*
=~-טוֹב = Feiertag *m*, Fest *n*
=~-כִּפּוּר,~-הַכִּפּוּרִים = Versöhnungstag *m* (Jom Kippur)
=~-עִיּוּן = Workshop *m*
=~-הָעַצְמָאוּת ז' = Unabhängigkeitstag *m*
=~-הַפְּטִירָה ז' = Todestag *m*
=~ רִאשׁוֹן = Sonntag *m*
=~ שֵׁנִי = Montag *m*
=~ שְׁלִישִׁי = Dienstag *m*
=~ רְבִיעִי = Mittwoch *m*
=~ חֲמִישִׁי = Donnerstag *m*

=~ שִׁשִּׁי = Freitag *m*
=~ שַׁבָּת = Sabbat, Sonnabend, Samstag *m*
=הַיּוֹם הַשִּׁשִּׁי = der sechste Tag
=יְמֵי שִׁשִּׁי = Freitage *m/pl.*
=יוֹם-הַשָּׁנָה ז׳ = Jahrestag *m*
=גִּבּוֹר-הַיּוֹם ז׳ = Held *m* des Tages
=מִבְּעוֹד יוֹם = vor Einbruch der Nacht
=סֵדֶר הַיּוֹם ז׳ = Tagesordnung *f*
=שְׂכִיר-יוֹם ז׳ = Tagelöhner *m*
=בֶּן-יוֹמוֹ = einen Tag alt
=יוֹמַיִם = zwei Tage
★=לְיָמִים = später
=יָמִים נוֹרָאִים = hohe Feiertage *m/pl.* (Neujahr u. Versöhnungstag)
=מִיָּמִים יָמִימָה = Jahr für Jahr
=יְמֵי-הַבֵּינַיִם ז״ר = Mittelalter *n*
=~~-הַקֶּדֶם ז״ר = Altertum *n*
=יְמוֹת-הַגְּשָׁמִים ז״ר = Regenzeit *f*
★=~~-הַחַמָּה ז״ר = Sommer *m*
=~~-הַמָּשִׁיחַ ז״ר = die messianische Zeit
=אַחֲרִית-הַיָּמִים נ׳ = in ferner Zukunft
=אֹרֶךְ יָמִים, אֲרִיכוּת ~ = lange Lebensdauer
=בָּא בַּיָּמִים = alt *Adj.*
=דִּבְרֵי-הַ~ ז״ר = Geschichte *f*, Historie *f;* Bücher der Chronik *bibl.*
=הֶאֱרִיךְ-יָמִים = lange leben
=מִשֶּׁכְּבָר הַיָּמִים = vor langer Zeit
=עוּל-יָמִים, צְעִיר לְ~ = jung *Adj.*
=שְׂבַע ~ ת׳ = alt, hochbetagt *Adj.*
=מִדֵּי יוֹם בְּיוֹמוֹ = täglich, jeden Tag
=מַה יֵּלֶד יוֹם? = was wird der nächste Tag bringen?
=יָמִים יַגִּידוּ = die Zeit wird es zeigen; es wird sich zeigen
(יוֹמָא) עִנְיָנֵי דְיוֹמָא (ארמ׳) [injené dejoma] Tagesgeschehen *n*, aktuelle Angelegenheiten *f/pl.*
=עַתִּיק יוֹמִין = alt, antik *Adj.*

יוֹמוֹן ז׳ [jomon] Tageszeitung *f*
יוֹמִי ת׳ [jomi] täglich *Adj.*
=עִתּוֹן ~ = Tageszeitung *f*
=פּוֹעֵל ~ = Tagelöhner *m*
יוֹמְיוֹ|ם ת״פ [jomjom] jeden Tag, alle Tage, täglich
=~מִי ת׳ = alltäglich *Adj.*
=~מִיּוּת נ׳ = Alltäglichkeit *f*
יוֹמָם ת״פ [jomam] am Tage *Adv.*
=~ וָלַיְלָה ת״פ = Tag und Nacht *Adv.*
יוֹמָ|ן ז׳ [joman] Tagebuch *n;* Klassenbuch *n;* Tagesnachrichten *f/pl.*
=~נַאי ז׳ = Tagebuchführer *m*; Dienst habender Polizist (im Polizeirevier)
יָוָן ש״פ [javan] Griechenland *n*
★יָוֵן ז׳ [javén] Schlamm *m bibl.*
=~ מְצוּלָה = tiefer Schlamm *bibl.*
יִוֵּן פיעל [jivén] *pi.* hellenisieren *v/t*
-הִתְיַוֵּן הת׳ - *hit.* sich an griech. Kultur anpassen
יוֹן ז׳ [jon] Ion *n Phys.*
יוֹנָה (יוֹנִים) נ׳ [jona] Taube *f* (Columba domestica) *Zo.*; Besänftigungspolitiker *m*
=יוֹנַת-דֹּאַר = Brieftaube *f*
יְוָנִי ת׳, יווני [jevani] griechisch *Adj.*
יוֹנִי ת׳ [joni] ionisch *Adj.*
יוּנִיצֶ״ף ר״ת [junitsef] UNICEF *f*, Weltkinderhilfswerk *n* der UNO
יוֹנֵק ז׳ [jonék] Säugling *m*
=יוֹנְקִים ז״ר = Säugetiere *n/pl.*
=יוֹנֵק-הַדְּבַשׁ ז׳ ראה גם: צוּפִית = Nektarvogel *m* (Cinnyris osea) *Zo.*
יוֹנֶקֶת, יוֹנְקָה נ׳ [jo'neket, jonka] Sprössling *m*, Wurzelschössling *m Bot.*
יוֹעֵץ ז׳ [jo'éts] Ratgeber *m*, Berater *m*, Ratsherr *m*
=~~-סְתָרִים = Geheimrat *m*
=~ מִשְׁפָּטִי = juristischer Berater

=~ המשפטי לממשלה = Bundesrichter *m/pl.*, Bundespräsidialamt *n*

יוצא ת׳ [jotsé'] hinausführend *Adj.; transitiv (Verb) Gr.*

=~ דופן = außergewöhnlich

=~ ובא, ~ ונכנס = kommt und geht

=~ מן הכלל = Ausnahme *f*

=~ צבא = Person *f*, die ihren Wehrdienst beendet hat

יוצאנית נ׳ [jots'anit] Prostituierte *f*, Hure *f*

יוצר תו״ז [jotsér] Schöpfer *m*, Urheber *m*, schaffender Künstler; Töpfer *m bibl.*

=בית היוצר = Töpferwerkstatt *f*

=דמיון יוצר = schöpferische Fantasie

=זכות-יוצרים = Urheberrecht *n*, Copyright *n*

=כחמר ביד היוצר = wie Ton in des Töpfers Hand

=הפך את היוצרות = die Tatsachen (Dinge) durcheinander bringen

יוצרני ת׳ [jotsrani] schöpferisch, kreativ *Adj.*

יוקב ז׳ [jokév] Kellermeister *m*

יוקד ת׳ [jokéd] brennend *Adj.*

יוקרה ראה: יקרה [jukra] Prestige *n*

יוקשת נ׳ [jo'keʃet] Minenleger *m Mar.*

יו״ר ר״ת **יושב-ראש** (היושב-ראש) [joʃév-roʃ] *Abk.* Vorsitzender *m*

יורד ז׳ [joréd] Auswanderer *m* (aus Israel)

=~-ים = Seefahrer *m*

יורה ז׳ [jore] erster Regen *m*

★**יורה** נ׳ [jora] Kochkessel *m*

יורו ז׳ [juro] Euro *m*

יורש ז׳ [joréʃ] Erbe *m*

=~ עצר = Thronfolger *m*

יושב ז׳ [joʃév] Einwohner *m*

=~-אהל = Einsiedler *m*

=~-קרנות = Müßiggänger *m*

=~-ראש (ה~-ראש, היושבים-ראש) = Vorsitzender *m*

יותר ת״פ [jotér] mehr *Adv.*

=אין ~ = nichts od. keine(r) mehr da

=~ ו~ = immer mehr

=ב~ = sehr, besonders, in höchstem Maße (Superlativ)

=~ מש- = mehr als

=היותר = sehr (vor Adjektiv: Superlativ)

=~ מדי = zu viel

=לכל היותר = höchstens

=פחות או יותר = mehr oder weniger

=על הצד היותר טוב = bestenfalls

יזום ת׳ [jazum] initiiert, geplant *Adj.*

=עבודה יזומה = Notstandsarbeit *f*

יזכר [jizkor] Gedächtnisgebet *n* für Verstorbene

יזם פעל (ליזום, יוזם, ייזום) [jazam] *kal* ersinnen, initiieren, ins Leben rufen

יזם ז׳ [jazam] Initiator *m*

יזמ|ה נ׳, יוזמה [jozma] Initiative *f*

=בעל ~ה = tatkräftig; innovativ *Adj.*

=~נות נ׳ = Unternehmungsgeist *m*, Entschlusskraft *f*

=~ני ת׳ = initiativ, unternehmungslustig *Adj.*

★**יזע** ז׳ ['jeza'] Schweiß *m*

(יזע) הזיע הפ׳ (מזיע) [hizia'] *hif.* schwitzen

יחד פיעל [jixéd] *pi.* bestimmen für *(Akk.)*; auszeichnen; widmen

-**התיחד** הת׳ - *hit.* mit sich allein sein, sich absondern

=יחד את הדבור על- = über ein Thema sprechen, sich äußern über *(Akk.)*

=התיחד עם זכרו של- = in Trauer gedenken *(G)*

יחד ת״פ, **יחדו, יחדיו, ביחד** ['jaxad, jaxdav] zusammen

יחוד ז׳ [jixud] Bestimmung *f*; Besonderheit *f*, Eigentümlichkeit *f*; Einzigartigkeit *f*; Alleinsein *n*

=ב~ ת״פ = besonders *Adv.*

führen auf *(Akk.)*

['jaxas] Verhältnis *n*, Beziehung *f* יַחַס ז׳

= Akkusativ *m Gr.* =~ הַפָּעוּל

= Genitiv *m Gr.* =~ הַקִּנְיָן

= zwischenmenschliche Beziehungen *f/pl.* =יַחֲסֵי־אֱנוֹשׁ ז״ר

= Gegenseitigkeit *f* =~־גּוֹמְלִין

= Geschlechtsverkehr *m* =~־מִין

= Public Relations (PR) *pl.*, Öffentlichkeitsarbeit *f* =~־צִבּוּר

= die Beziehungen abbrechen *Dipl.* =נִתֵּק אֶת הַיְּחָסִים

= Präposition *f Gr.* =מִלַּת־יַחַס

[jaxasa] Kasus *m*, Fall *m Gr.* יַחֲסָה נ׳

= Genitiv *m Gr.* =יַחֲסַת שֶׁל־

= Dativ *m Gr.* =~ אֶל־

= Akkusativ *m Gr.* =~ אֶת־

[jaxasut] Relativität *f*, Bedingtheit *f* יַחֲסוּת נ׳

= Relativitätslehre *f*, Relativitätstheorie *f* =תּוֹרַת הַיַּחֲסוּת

[jaxasi] relativ, verhältnismäßig *Adj.* יַחֲסִי ת׳

= Verhältniswahlen *f/pl.* =בְּחִירוֹת ~יוֹת

= relativ, verhältnismäßig *Adv.* =~ית ת״פ

[jaxasijut] Relativismus *m Phil.* יַחֲסִיּוּת נ׳

[jaxsan] von vornehmer Herkunft יַחְסָן תו״ז

= Arroganz *f*, Hochmut *m* =~נוּת נ׳

= arrogant, hochmütig *Adj.* =~נִי ת׳

[jaxéf] barfuß *Adv.*; barfüßig *Adj.* יָחֵף ת׳

[jaxfan] Barfüßler *m*; Landstreicher *m*, Bettler *m* יַחְפָן ז׳

['jaxats] Brechen der mittl. Matze am Sederabend *Rel.* ★יַחַץ

[jaxtsan] PR- Berater *m* יַחְצָ״ן ז׳

[jitav] *kal* es wird gut sein (יטב) יִיטַב פעל עָתִיד

- *hif.* gut tun, Gutes tun ־הֵיטִיב הפ׳

- *hof.* besser werden ־הוּטַב הופ׳

[adonaj, haʃém] Gott *m* ★יְיָ

[jidiʃ] Jiddisch *n* יִידִישׁ ז׳

= ausschließlich, exklusiv; spezifisch *Adj.* =יִחוּדִי ת׳

= Ausschließlichkeit *f*, Exklusivität *f* =~יוּת נ׳

[jixul] Hoffnung *f*, Erwartung *f* ★יִחוּל ז׳

[jixum] Brunst *f* יִחוּם ז׳

[jixus] Herkunft *f*; Familienbeziehung *f*; Zuschreiben *n*, Beimessen *n* יִחוּס ז׳

= aus gut situierter Familie =~־אָבוֹת

[jixuf] Barfüßigkeit *f* יִחוּף ז׳

[jixur] Sprössling *m*, Ableger *m Bot.* יִחוּר ז׳

[jexi] es lebe!, hoch soll er leben! יְחִי!

[jaxid] einzig, einzeln *Adj.*; Singular *m Gr.* יָחִיד תו״ז

=*wörtl.* einzigartig in s-r Generation; Idol *n*, Lichtgestalt *f* =~ בְּדוֹרוֹ

= Auserwählte *pl.* =יְחִידֵי־סְגֻלָּה ז״ר

= Einzahl *f*, Singular *m Gr.* =לְשׁוֹן־יָחִיד

= Privatbesitz *m*; Privatbereich *m* =רְשׁוּת־הַיָּחִיד

[jexida'i] einmalig *Adj.*; Unikum *n* יְחִידָאִי ת׳

[jexida] Einheit *f* יְחִידָה נ׳

[jexidut] Einmaligkeit *f*; Alleinsein *n* יְחִידוּת נ׳

[jexidi] allein *Adv.* יְחִידִי ת״פ

= alleinig, einzig *Adj.* =~ ת׳

[jexidani] individuell *Adj.* יְחִידָנִי ת׳

[jixél] *pi.* hoffen, erwarten ★יִחֵל פיעל

[jaxam] *kal* brünstig sein יָחַם פעל (לִיחוֹם, יוֹחֵם, יַחֵם)

- *pi.* brünstig machen ־יִחֵם פיעל

- *hit.* brünstig werden; sich erhitzen *fig.* ־הִתְיַחֵם הת׳

[jaxama] Sexualtrieb *m* יַחֲמָה נ׳

[jaxmur] Kuhantilope *f* (Alcelaphus bubalis); Damhirsch *m* (Dama dama) *Zo.* יַחְמוּר ז׳

[jaxnun] Nieswurz *f* (Helleborus) *Bot.* יַחְנוּן ז׳

[jixés] *pi.* zuschreiben יִחֵס פיעל

- *hit.* sich beziehen; sich verhalten; sich einstellen; dazu gehören; s-e Abstammung zurück- ־הִתְיַחֵס הת׳ (אֶל־, לְ־)

יַיִן ז׳ (יֵין-, יֵינוֹת) [‘jajin] Wein *m*

=~ בֶּן חֹמֶץ = gerechter Sohn eines schlechten Vaters *bibl.*

=~ הַמְשֻׁמָּר = alter erlesener Wein *m*

=~ חַי = reiner Wein

=יֵין-שֻׁלְחָן = Tafelwein *m*

=יֵין שָׂרוּף, יֵי״שׁ = Branntwein *m*

=בֵּית הַיַּיִן = Weinstube *f*, Schenke *f*

=נִכְנַס יַיִן יָצָא סוֹד = Wein löst die Zunge

יֵינִי ת׳ [jéni] wie Wein; Wein-

יֵינָן ז׳ [jénan] Weinhändler *m;* Winzer *m*

(יכח) נוֹכַח נפ׳ (לְהִוָּכַח) [noxax] *nif.* sich überzeugen

-הוֹכִיחַ הפ׳ (לְ-) (אֶת-) - *hif.* beweisen; zurechtweisen; Vorwürfe machen *bibl.*

-הִתְוַכַּח הת׳ (לְהִתְוַכֵּחַ עִם-) - *hit.* diskutieren, disputieren; (sich) streiten

יָכִיחַ ת׳ [ja’xiax] beweisbar, nachweislich *Adj.*

יָכִין ז׳ [jaxin] rechte Säule in Salomos Tempel *bibl.*

=~ וּבֹעַז = die tragenden Säulen der Gesellschaft

יָכֹל פעל (לִיכוֹל, יָכוֹלְתִּי, יָכוֹל, יוּכַל) [jaxol] *kal* können; dürfen

=~ לְ- = siegen (über), bewältigen

=יְכוֹלְנִי, יְכוֹלַנִי = ich kann

=כִּבְיָכוֹל = sozusagen

=יָכוֹל לִהְיוֹת = vielleicht, es kann sein

=כֹּל יָכוֹל = der Allmächtige, Gott *m*

=לֹא יָכוֹל שֶׁלֹּא = nicht umhinkönnen

יְכֹלֶת נ׳, יכולת [je’xolet] Können *n*, Fähigkeit *f*

=בַּעַל-~ = kompetent *Adj.*; Wohlhabender *m*

=כְּפִי יְכָלְתּוֹ = nach s-n Kräften

=לְמַעְלָה מִיְּכָלְתּוֹ = über s-e Kräfte

יָלַד פעל (לָלֶדֶת אֶת-, יוֹלֶדֶת, תֵּלֵד) [jalad] *kal* gebären *v/t*

-נוֹלַד נפ׳ (לְהִוָּלֵד) - *nif.* geboren werden

-יִלֵּד פיעל - *pi.* Geburtshilfe leisten

-הוֹלִיד הפ׳ - *hif.* zeugen *v/t*

=מַה יֵּלֶד יוֹם = was der kommende Tag bringen wird

=רָאָה אֶת הַנּוֹלָד = voraussehen

=יוֹם הֻלֶּדֶת = Geburtstag *m*

יֶלֶד ז׳ (יַלְדִּי, יְלָדִים, יַלְדֵי-) [‘jeled] Kind *n*, Sohn *m*

=~ טוֹב = braves Kind

=~-זְקוּנִים = Nachzügler *m*, Nachkömmling *m*

=~-טִפּוּחִים = Lieblingskind *n*

=~ פֶּלֶא Wunderkind *n*

יַלְדָּה נ׳ (יְלָדוֹת) [jalda] Mädchen *n*; Tochter *f*

יַלְדוֹן ז׳ [jaldon] Kindchen *n*, kleines Kind *n*

יַלְדוּת נ׳ [jaldut] Kindheit *f*

=~תִי ת׳ = kindlich; kindisch, albern *Adj.*

=~תִיּוּת נ׳ = Kindlichkeit *f*; Infantilität *f*

יַלְדֹּנֶת נ׳, ילדונת [jal’donet] Mädelchen *n*

יָלוּד תו״ז [jalud] Neugeborenes *n*

★=יְלוּד-אִשָּׁה = Mensch, vom Weibe geboren *bibl.*

יִלּוּד ז׳ [jilud] Geburtshilfe *f*

★יִלּוֹד ת׳ [jilod] geboren *Adj. bibl.*

יְלוּדָה נ׳ [jeluda] Geburtenziffer *f*

יָלִיד ז׳ [jalid] Geborener *m*

=יְלִיד-הָאָרֶץ = in Israel Geborener *m*

★=~-בַּיִת = im Hause geborener (Sklave) *bibl.*

יִלֵּל פיעל [jilél] *pi.* heulen

יְלָלָה נ׳ [jelala] Geheul *n*, Heulen *n*

יַלְלָן ז׳ [jalelan] Krakeler *m*, Schreihals *m*

=~נִי ת׳ = heulend *Adj.*

יֶלֶק ז׳ ['jelek] Heuschrecke *f;* Heuschreckenlarve *f bibl.*

יַלְקוּט ז׳ [jalkut] Tasche *f*, Schulranzen *m;* Hirtentasche *f* (Capsella) *Bot.*; Sammelbuch *n*; Anthologie *f*

יָם ז׳ (יַמִּים) [jam] Meer *n*, großer See *m*; Westen *m bibl.*

יִנֵּן פיעל [jinén] *pi.* ionisieren *El.*

יָנַק פעל (לִינוֹק, יִינַק) [janak] *kal* saugen

-הֵינִיק הפ׳ (לְהָנִיק) - *hif.* säugen, stillen

=יוֹתֵר מִמַּה שֶׁהָעֵגֶל רוֹצֶה לִינוֹק הַפָּרָה רוֹצָה לְהָנִיק = mehr, als das Kalb saugen will, will die Kuh säugen

יַנְקוּ|ת נ׳ [jankut] Säuglingsalter *n*

=~תִי ת׳ = Säuglings-

יַנְשׁוּף ז׳ [janʃuf] Eule *f* (Asio otus) *Zo.*

יָסַד פעל (לִיסוֹד, יִיסַד) [jasad] *kal* gründen, den Grundstein legen

-נוֹסַד נפ׳ (לְהִוָּסֵד) - *nif.* gegründet werden

-יִסֵּד פיעל - *pi.* gründen; errichten

יְסוֹד ז׳ (יְסוֹדוֹת) [jesod] Grundlage *f*, Basis *f*, Fundament *n*; Element *n*, Urstoff *m*

=מִיסוֹדוֹ שֶׁל- = gegründet von *(D)*

=עַל יְסוֹד = auf Grund, aufgrund

=נְטוּל-~ = grundlos *Adj.*

=קֶרֶן הַ~ = "Keren Hajessod", Grundfonds der Zionist. Organisation

יִסּוּד ז׳ [jisud] Gründung *f*

יְסוֹדִי ת׳ [jesodi] gründlich; elementar *Adj.*; Grund-, Basis-

=בֵּית-סֵפֶר ~ = Grundschule *f*, Volksschule *f*

=מִסְפָּר ~ = Primzahl *f Math.*

=יְסוֹדִיּוּת נ׳ = Gründlichkeit *f*

יִסּוּף ז׳ [jisuf] Aufwertung *f Fin.*

יִסּוּרִים ז״ר [jisurim] Qualen *f/pl.*, Leiden *n/pl.*

=~ שֶׁל אַהֲבָה = Liebesqualen *f/pl.*, Herzschmerz *m*

=דֶּרֶךְ הַ~ = Via Dolorosa *f*, Kreuzweg *m Christ.*

יַסְמִין ז׳ [jasmin] Jasmin *m Bot.*

יַסְעוּר ז׳ [jas'ur] Schwarzschnabel *m*, Sturmtaucher *m* (Puffinus) *Zo.*

★יָסַף פעל [jasaf] *kal* hinzufügen, fortfahren *bibl.*

-נוֹסַף נפ׳ (לְהִוָּסֵף עַל-) - *nif.* hinzugefügt werden, hinzukommen

-יִסֵּף פיעל - *pi.* aufwerten *Fin.*

=יוֹרֵד-~ = Seefahrer *m*

=לְשׁוֹן-~ = Bucht *f*

=מֵעֵבֶר לַיָּם = Übersee *f*

=~ תִּיכוֹן = Mittelmeer *n*

=~ כִּנֶּרֶת = See Genezareth

=~ הַמֶּלַח = Totes Meer

=יַם-סוּף = Rotes Meer *n*

יַמָּאוּת נ׳ [jama'ut] Schifffahrt *f*

יַמַּאי ז׳ [jamaj] Seefahrer *m*

יַמָּה נ׳ [jama] großer Binnensee *m*

יַמִּי ת׳ [jami] maritim *Adj.*, Meeres-

יַמִּיָּה נ׳ [jamija] Flotte *f*, Kriegsmarine *f*

יָמִין ז׳ [jamin] rechte Seite, Rechte *f*; Rechtsparteien *f/pl. Pol.*

=יָמִינָה! = rechts um!, nach rechts!

=יַד יְמִינוֹ = s-e rechte Hand *fig.*

=עָמַד לִימִינוֹ = j-m zur Seite stehen

יְמִינִי ת׳ [jemini] rechts, rechtshändig *Adj.*

יְמָמָה נ׳ [jemama] ein Tag u. e-e Nacht, ein Kalendertag

(ימן) הֵימִין הפ׳ [hémin] *hif.* nach rechts wenden, tendieren *Pol.*

יְמָנִ|י ת׳ [jemani] rechts, rechtsgerichtet *Adj. Pol.*

=~יּוּת נ׳ = Rechte *f Pol.*

יִמְקָ"א ר"ת [imka] (Y.M.C.A) *Kurzw.* Christl. Verein junger Männer (CVJM)

(ימר) הִתְיַמֵּר הת׳ [hitjamér] *hit.* sich anmaßen; sich rühmen

יָמְרָ|ה נ׳, יומרה [jomra] Anmaßung *f*, Prätention *f*

=~נוּת נ׳ = anmaßendes Wesen *n*

=~נִי ת׳ = anmaßend, prätentiös *Adj.*

★יָנָה פעל [jana] *kal* unterdrücken

-הוֹנָה הפ׳ - *hif.* betrügen, täuschen

יָנוּאָר ז׳ [januar] Januar *m*

יִנּוּן ז׳ [jinun] Ionisation *f El.*

★יַנּוּקָא ז׳ (ארמ׳) [januka] Kind *n*, Säugling *m*

יְנִיקָה נ׳ [jenika] Saugen *n*; Einsaugen *n*

-הוֹסִיף הפ׳ — - *hif.* hinzufügen; fortfahren, weitermachen

-הִתּוֹסֵף, נִתּוֹסַף הת׳ — - *hit.* dazukommen, hinzugefügt werden

=נוֹסָף עַל- — = zusätzlich, außerdem

=הוֹסִיף שֶׁמֶן עַל הַמְּדוּרָה — = Öl ins Feuer gießen

יָסַר פעל — [jasar] *kal* strafen, ermahnen

-יִסֵּר פיעל — - *pi.* züchtigen, strafen; peinigen

יָעַד פעל (לִיעוֹד, ייעַד) — [ja'ad] *kal* bestimmen, zuteilen

-נוֹעַד נפ׳ (לְהִוָּעֵד) — - *nif.* bestimmt werden; sich treffen, zusammenkommen

-יִעֵד פיעל — - *pi.* bestimmen, zuteilen

-הוֹעִיד הפ׳ — - *hif.* vorladen; festsetzen

=מוּעָד ת׳ — = notorisch, allgemein bekannt; neigend *Adj.*

=~ לְפֻרְעָנוּת — = gewaltbereit, gewalttätig

יַעַד ז׳ — ['ja'ad] Ziel *n*

יָעֶה ז׳ — [ja'e] Schaufel *f*, Kohlenschaufel *f*, Müllschippe *f*

יִעוּד ז׳ — [ji'ud] Bestimmung *f*, Berufung *f*; Lebenszweck *m*

יִעוּל ז׳ — [ji'ul] Leistungssteigerung *f*; Rationalisierung *f*

יִעוּץ ז׳ — [ji'uts] Beratung *f*, Ratgeben *n*

יִעוּר ז׳ — [ji'ur] Bewaldung *f*, Aufforstung *f*

יָעִיל ת׳ — [ja'il] nutzbringend, wirksam; tüchtig, leistungsfähig, effizient *Adj.*

=יְעִילוּת נ׳ — = Nützlichkeit *f*, Wirksamkeit *f*, Tüchtigkeit *f*, Leistungsfähigkeit *f*, Effizienz *f*

יִעֵל פיעל — [ji'él] *pi.* leistungsfähig, machen, rationalisieren

-הוֹעִיל הפ׳ — - *hif.* nutzen, nützen, Nutzen bringen

=לְלֹא ~, לִבְלִי ~ — = erfolglos, nutzlos *Adv.*

יָעֵל ז׳ — [ja'él] nubischer Steinbock *m* (Capra ibex nubiana) *Zo.*

יְעֵלָה נ׳ — [je'éla] Bergziege *f*

=יַעֲלַת-חֵן — = Beiname f. geliebte, anmutige Frau *bibl.*

יָעֵן ז׳ — [ja'én] Strauß *m* (Struthio camelus) *Zo.*

יַעַן מ״י — ['ja'an] wegen *Prp.*; weil *Kj.*

=~ כִּי — = weil

=יַעֲנִי (סלנג) — = das heißt; nämlich; und zwar F

יַעֲנָה, בַּת-~ נ׳ — [ja'ana] Strauß *m* (weibl. Tier)

יְעָף ז׳ — [je'af] Übereilung *f*

=בִּיעָף — = im Fluge *Adv.*

יַעֶפֶת נ׳ — [ja'efet] Jetlag *m*

יָעַץ פעל (לִיעַץ, יוֹעֵץ, ייעַץ, עוּץ!) — [ja'ats] *kal* raten, Rat geben

-נוֹעַץ נפ׳ (לְהִוָּעֵץ עִם-) — - *nif.* sich beraten lassen

-יִעֵץ פיעל (לְיָעֵץ אֶת-) — - *pi.* Rat geben, raten

-הִתְיָעֵץ הת׳ — - *hit.* sich beraten

יַעַר ז׳ (יְעָרוֹת, יַעֲרוֹת-) — ['ja'ar] Wald *m*

=~ בְּרֵאשִׁית, ~ עַד — = Urwald *m*

יִעֵר פיעל — [ji'ér] *pi.* bewalden, aufforsten

יַעְרָה נ׳ — [ja'ra] Honigwabe *f*

יַעֲרָן ז׳ — [ja'aran] Förster *m*

=~נוּת נ׳ — = Forstwesen *n*

יָפָה פעל (לִיפוֹת, יָפֶה, ייפֶה) — [jafa] *kal* schön werden, schön sein

=יִפָּה פיעל (לְיַפּוֹת) — - *pi.* schön machen, verschönern, zieren

=יִפָּה אֶת כֹּחוֹ — = bevollmächtigen

יָפֶה ת׳, ת״פ (יְפֵה-, יְפַת-) — [jafe] schön, hübsch; nett; gut, geeignet *Adj.*, *Adv.*

=~ כֹּחוֹ, כֹּחוֹ ~ — = gültig

=יְפֵה-נוֹף — = schöne Landschaft *od.* Aussicht

=~-נֶפֶשׁ — = verfeinert, edel *Adj.*; Schöngeist *m*

=~-עֵינַיִם — = mit schönen Augen

=~-תֹּאַר — = von schönem Aussehen, hübsch *Adj.*

=בְּעַיִן יָפָה — = großzügig *Adv.*

=יָפָה שָׁעָה אַחַת קֹדֶם — = je schneller, desto besser

יְפֵהפֶה ת׳ — [jeféfe] sehr schön *Adj.*

=יְפֵהפִיָּה נ׳ — = schöne Frau; eine Schönheit *f*

יִפּוּי ז' [jipuj] Verschönerung *f*

=~ כֹּחַ = Vollmacht *f*

(יפח) הִתְיַפֵּחַ הת' [hitja'péax] *hit.* schluchzen

יֹפִי ז', יוֹפִי (יְפִי-) ['jofi] Schönheit *f*

=~! מ"ק = schön! super!

=כְּלִיל-~ = vollendete Schönheit *f*

יַפְיוּף ז' (סלנג) [jafjuf] Hübscher *m*, Schönling *m*

יְפֵיפֶה ת' [jeféfe] sehr schön *Adj.*

(יפע) הוֹפִיעַ הפ' [ho'fia'] *hif.* erscheinen

יִפְעָה נ' [jif'a] Schönheit *f*, Pracht *f*

יַפְרוּק ז' [jafruk] Anabasis *f Bot.*

יָצָא פעל (לָצֵאת מִן-, אֶת-, יוֹצֵא, צֵא! יֵצֵא) [jatsa'] *kal* herausgehen, herauskommen; fortgehen, ausgehen; erschienen (Buch); Ausnahme sein

-הוֹצִיא הפ' - *hif.* herausführen; hereusholen; ausgeben; herausgeben (Buch)

-יִצֵּא פיעל - *pi.* exportieren, ausführen (Waren)

=יָצָא דֹּפֶן = außergewöhnlich sein, Ausnahme bilden

=~ יְדֵי חוֹבָה = seine Pflicht erfüllen

=~ לָאוֹר = erscheinen (Buch usw.)

=~ לוֹ מוֹנִיטִין, ~ לוֹ שֵׁם = berühmt werden

=~ לַפֹּעַל = ausgeführt werden, in die Tat umgesetzt werden

=~ מִדַּעְתּוֹ = verrückt werden

=~ מִכֵּלָיו = außer sich geraten

=~ בְּשֵׁן וָעַיִן = Schaden davontragen; mit Verlust abschließen

=~ לְתַרְבּוּת רָעָה = auf Abwege geraten

=~ הֶפְסֵדוֹ בִּשְׂכָרוֹ = der Gewinn war größer als der Verlust

=~ שְׂכָרוֹ בְּהֶפְסֵדוֹ = der Verlust war größer als der Gewinn

=~ כִּלְעֻמַּת שֶׁבָּא = unverrichteter Dinge abziehen

=יָצָא לוֹ (דיבורי) = es ist ihm gelungen F; er hatte Zeit dafür

=הוּא יוֹצֵא אִתָּהּ (דיבורי) = er geht mit ihr F

=מַה יֵּצֵא לוֹ מִזֶּה? (דיבורי) = was hat er davon? was bringt es ihm?

=יָצְאָה נַפְשׁוֹ אֶל- = sich sehnen nach (*D*)

=יוֹצֵא צָבָא ז' = Person *f*, die ihren Wehrdienst geleistet hat

=~ מִן הַכְּלָל ת' = ungewöhnlich, außergewöhnlich *Adj.*

=כְּיוֹצֵא בּוֹ = ebenso

=פֹּעַל יוֹצֵא ז' = transitives Verb *n Gr.;* Funktion *f*; Folgerung *f*

=צֵא! = raus!

=לְהוֹצִיא אֶת- = außer, mit Ausnahme von *(D)*

=הוֹצִיא דִּבָּה עַל- = verleumden

=הוֹצִיא לָאוֹר = verlegen, herausgeben

=~ מִלִּבּוֹ = j-m etwas ausreden

=~ לְהוֹרֵג = hinrichten

=~ אוֹתוֹ מִן הַכֵּלִים = j-n aus der Fassung bringen

=~ לַפֹּעַל = ausführen, in die Tat umsetzen

=~ שֵׁם רַע עַל = verleumden

=~ מִכְּלַל אֶפְשָׁרוּת = für ausgeschlossen halten

=~ שֹׁרֶשׁ = Wurzel ziehen *Math.*

=הַמּוֹצִיא = Segensspruch über das Brot

יַצְאָ|נִית נ' [jats'anit] Hure *f*, Prostituierte *f*

=~נוּת נ' = Prostitution *f*

(יצב) נִצָּב נפ' [nitsav] *nif.* aufrechtstehen, stehen

-יִצֵּב פיעל - *pi.* stabilisieren, dauerhaft machen

-הִתְיַצֵּב הת' - *hit.* sich aufstellen, sich stellen *Mil.*; stabil werden

-הִצִּיב הפ' (לְהַצִּיב, מַצִּיב) - *hif.* aufstellen, errichten

=נִצָּב, קַו ~ = Senkrechte *f*

=הִצִּיב גְּבוּל = Grenze festsetzen

יִצֵּג פיעל [jitség] *pi.* repräsentieren, vertreten

-הִצִּיג הפ' (לְהַצִּיג אֶת-, מַצִּיג) - *hif.* vorstellen, bekannt machen; ausstellen; aufführen *Thea.*; demonstrieren, veranschaulichen; vorzeigen

יַצְגָן ז' [jatsgan] Aussteller *m*

★יִצְהָר ז׳ [jitshar] heuriges Öl *bibl.*
יְצוּא ז׳ [jetsu'] Export *m*, Ausfuhr *f*
יִצּוּא ז׳ [jitsu'] Exportieren *n*, Ausführen *n*
יְצוּאָן ז׳ [jetsu'an] Exporteur *m*
=~ וּת נ׳ = Exporthandel *m*
יִצּוּב ז׳ [jitsuv] Stabilisierung *f*, Festigung *f*
יִצּוּג ז׳ [jitsug] Repräsentation *f*, Vertretung *f*
=~ גִי ת׳ = repräsentativ, würdig *Adj.*
יָצוּל ז׳ [jatsul] Deichsel *f*
=יְצוּל-הַמִּשְׁקָפַיִם = Brillenbügel *m*
★יָצוּעַ ז׳ [ja'tsua'] Lager *n*; Bett *n* *bibl.*
=עָלָה עַל יְצוּעוֹ = schlafen gehen *bibl.*
יָצוּק ת׳ [jatsuk] gegossen *Adj.* (Eisen)
=בַּרְזֶל ~ = Gusseisen *n*
יְצוּקָה נ׳ [jetsuka] Giesßform *f*, Matrix *f*
יְצוּר ז׳ [jetsur] Geschöpf *n*, Kreatur *f*
יָצוּר ת׳ [jatsur] geschaffen *Adj.*
יִצּוּר ז׳ [jitsur] Produktion *f*, Herstellung *f*, Erzeugung *f*
יָצִיא, יְצִיא מֵעַיִם ז׳ [jatsi', jetsi' me'ajim] Nachkömmling *m*
יְצִיאָה נ׳ [jetsi'a] Ausgang *m*; Ausfahrt *Kfz.*; Auszug *m*, Hinausgehen *n*; Kosten *pl.*, Ausgabe *f*
=~ מִן הַכֵּלִים = Wutausbruch *m*
=יְצִיאַת-מִצְרַיִם = Auszug *m* aus Ägypten, Exodus *m*
יַצִּיב ת׳ (יַצִּיבָה, יַצִּיבִים) [jatsiv] stabil, fest; standhaft, beständig, unveränderlich *Adj.*
=אֱמֶת ו-~ = wirklich wahr, tatsächlich
יְצִיבָה נ׳ [jetsiva] Haltung *f*
יַצִּיבוּת נ׳ [jatsivut] Stabilität *f*, Festigkeit *f*, Beständigkeit *f*
יָצִיג ת׳ (יְצִיגָה, יְצִיגִים) [jatsig] repräsentativ *Adj.*
=שַׁעַר ~ = Wechselkurs *m*
יָצִיעַ ז׳ [ja'tsia'] Galerie *f*, Tribüne *f*, Rang *m*

יָצִיק ת׳ [jatsik] gussfähig *Adj.*
יְצִיקָה נ׳ [jetsika] Guss *m*, Gießen *n*
=בֵּית-~ = Gießerei *f*
=בַּרְזֶל-~ = Gusseisen *n*
יְצִיר ז׳ [jetsir] Geschöpf *n*, Gebilde *n*
=~-כַּפָּיו = das Werk s-r Hände
יְצִירָה נ׳ [jetsira] Schöpfung *f*, Werk *n*; Kreation *f*; Schaffen *n*
=יְצִירַת מוֹפֵת = Klassiker *m*
יְצִירִי, יְצִירָתִי ת׳ [jetsiri, jetsirati] schöpferisch, kreativ *Adj.*
(יצע) הִצִּיעַ הפ׳ (לְהַצִּיעַ, מַצִּיעַ) [hi'tsia'] *hif.* vorschlagen, anbieten
=~ מִטָּה = Bett machen
יָצַק פעל (לָצֶקֶת, יִצֹּק גם: יָצַק) [ja'sak] *kal* gießen (Metall); eingießen
=~ שֶׁמֶן עַל הַמְּדוּרָה = Öl ins Feuer gießen,
יָצַר פעל (לִיצוֹר אֶת-, יִיצַר גם יִצֹּר) [jatsar] *kal* schaffen, gestalten
-נוֹצַר נפ׳ (לְהִוָּצֵר) - *nif.* geschaffen werden, entstehen
-יִצֵּר פיעל - *pi.* herstellen, erzeugen, produzieren, fabrizieren
יֵצֶר ז׳ ['jétser] Trieb *m*, Instinkt *m*
=~-הַטּוֹב = guter Trieb
=~-הַמִּין = Geschlechtstrieb *m*
=~-הָרָע = böser Trieb
=~ לֵב = natürlich, instinktiv
=כָּבַשׁ אֶת יִצְרוֹ = s-n Trieb beherrschen, sich beherrschen
יִצְרִי ת׳ [jitsri] triebhaft, instinktiv *Adj.*
יַצְרָן ז׳ [jatsran] Erzeuger *m*; Industrieller *m*; Produzent *m*
=~נוּת נ׳ = Manufaktur *f*, Fabrikation *f*
=~נִי ת׳ = produktiv *Adj.*; Produktions-
★יָצַת פעל [jatsat] *kal* brennen *bibl.*
-נִצַּת נפ׳ - *nif.* sich entzünden (Feuer)
-הִצִּית הפ׳ (לְהַצִּית - *hif.* entzünden, anstecken

=תּוֹסֶפֶת-~ = Teuerungszulage *f*

יְקָרָה נ' [jekara] Gefallen *m*, Kostbarkeit *f*

יְקָרָה נ', יוקרה [jukra] Prestige *n*, Ansehen *n*, Geltung *f*

יַקְרָן תו"ז [jakran] Preistreiber *m*; teuer *Adj.*

יַקְרַנְדָּה נ' [jakar'anda] Judasbaum *m* (Ceratonia Siliqa)

★יָקֹשׁ פעל [jakoʃ] *kal* Falle stellen; Mine legen

-נוֹקַשׁ נפ' (לְהִוָּקֵשׁ) - *nif.* in die Falle gehen; auf e-e Mine treten

יָרֵא פעל (לִירֹא מִן-, מִפְּנֵי-, אֶת-, יָרֵא, יִירָא) [jaré'] *kal* fürchten *v/i*, *v/t*; ehren

-נוֹרָא נפ' - *nif.* furchtbar sein

-הִתְיָרֵא הת' - *hit.* sich fürchten

יָרֵא ת' [jaré'] furchtsam, ängstlich *Adj.*

=יְרֵא|שָׁמַיִם, ~ אֱלֹהִים = gottesfürchtig *Adj.*

=סִפְרֵי-יְרֵאִים = religiöse Schriften *f/pl.*

יִרְאָה נ' [jir'a] Furcht *f*

=יִרְאַת | אֱלֹהִים = Gottesfurcht *f*

=~-כָּבוֹד = Ehrfurcht *f*

=בֵּית-יִרְאָה = Kirche *f*

יַרְבּוּז ז' [jarbuz] Amarant *m Bot.*

יַרְבּוּעַ ז' [jar'bua'] Springmaus *f* (Dipus) *Zo.*

יַרְגָּזִי ז' [jargazi] Kohlmeise *f* (Parus major) *Zo.*

יָרַד פעל (לָרֶדֶת, יוֹרֵד, יֵרֵד, רֵד!) [jarad] *kal* hinabsteigen, herunterkommen, heruntergehen; verringern; (aus Israel) auswandern

-הוֹרִיד הפ' - *hif.* herunterlassen; herunternehmen, abnehmen; senken

=יָרַד בְּמִשְׁקָל = (Gewicht) abnehmen

=~ לְחַיֵּי פְּלוֹנִי = j-n plagen

★=~ לַטְמִיוֹן = verloren gehen

=~ לַמַּחְתֶּרֶת = untertauchen (in den Untergrund)

=~ לְסוֹף דַּעְתּוֹ = die Absicht verstehen

=~ מְחִירוֹ = billiger werden

=~ מִנְּכָסָיו = verarmen

אֶת-, מַצִּית)

יְקָ"א ר"ת [ika] *Kurzw.* J.C.A. *(Jewish Colonization Association)*, jüd. Siedlungsgesellschaft *f*

יֶקֶב ז' (יְקָבִים, יִקְבֵי-) ['jekev] Weinkeller *m*; Kelter *f*

★יָקַד פעל (לִיקוֹד, יִיקַד או יֵקַד) [jakad] *kal* brennen *bibl.*

יֶקֶה ז' [jeke] Spitzname f. Juden aus Deutschland

יְקוֹד ז' [jekod] Brennen *n*, Feuer *n*

יְקוּ|ם ז' [jekum] Kosmos *m*, Universum *n*

=~מִי ת' = kosmisch *Adj.*

יִקּוּר ז' [jikur] Verteuerung *f*, Erhöhung *f* der Preise

יָקוֹשׁ, יַקּוּשׁ ז' [jakoʃ, jakuʃ] Jäger *m*

יְקִידָה נ' [jekida] Brennen *n*

יְקִיזָה נ' [jekiza] Aderlass *m*, Bluten *n*

יָקִינְטוֹן ז' [jakinton] Hyazinthe *f Bot.*

יְקִיעָה נ' [jeki'a] Verrenkung *f*

יְקִיצָה נ' [jekitsa] Erwachen *n*

יַקִּיר ת' (יַקִּירֵי, יַקִּירָתִי) [jakir] teuer, lieb *Adj.*

=יַקִּירֵי הָעִיר = Honoratioren *pl.* der Stadt

(יקע) הוֹקִיעַ הפ' [ho'kia'] *hif.* anprangern

יָקַר פעל (לִיקוֹר, יִיקַר) [jakar] *kal* teuer, lieb sein

-יִקֵּר פיעל - *pi.* verteuern, Preis erhöhen

-נִתְיַקֵּר הת' - *hit.* teurer werden

-הוֹקִיר הפ' - *hif.* achten, wertschätzen

=~ רַגְלוֹ מִבֵּית פְּלוֹנִי = sich selten blicken lassen, selten besuchen

יָקָר ת' [jakar] teuer; geachtet, lieb *Adj.*

=יְקַר-הַמְּצִיאוּת = sehr selten

=~-עֵרֶךְ = wertvoll *Adj.*

=אֶבֶן יְקָרָה = Edelstein *m*

★יְקָר ז' [jekar] Ehre *f*, Respekt *m*

יֹקֶר ז', יוקר ['joker] Teuerung *f*

=בְּ~ = teuer *Adv.*

=~-הַמִּחְיָה = teure Lebenshaltung *f*

=~ (מֵהָאוֹטוֹבּוּס, מֵהָרַכֶּבֶת וְכוּ') = aussteigen
=~ מֵהַפֶּרֶק (דיבורי) = es steht nicht mehr an, es ist nicht mehr relevant
=~ עָלָיו (דיבורי) = sich über j-n lustig machen, j-n auslachen
=רֵד מִמֶּנִּי (דיבורי) = lass mich in Ruhe, hau ab! F

יָרָה[1] פעל (לִירוֹת אֶת-, בְּ-, יוֹרֶה, יִירֶה) [jara] *kal* schießen
-נוֹרָה נפ' (לְהִיָּרוֹת, נוֹרֶה, יִיָּרֶה) - *nif*. geschossen-, erschossen werden
=יָרָה מִן הַמֹּתֶן = wie aus der Pistole schießen

(ירה)[2] הוֹרָה הפ' (לְהוֹרוֹת אֶת-, מוֹרֶה, יוֹרֶה) [hora] *hif*. lehren, unterrichten; anweisen, anleiten

יָרוּד ת' [jarud] heruntergekommen; (im Wert) gesunken; unentwickelt *Adj*.

יֵרוּט ז' [jérut] Abfangen *n*; Ablenkung *f* (v. der Bahn) *Flgw*.

יְרוֹקָה נ' [jeroka] Seetang *m*, Seegras *n*

יְרוֹקִית נ' [jerokit] Teichrohrsänger *m Zo*.

יָרוּשׁ ת' [jaruʃ] geerbt *Adj*.

יָרֵחַ ז' ראה גם: לְבָנָה [ja'réax] Mond *m*
=חֶרְמֵשׁ-הַיָּרֵחַ = Mondsichel *f*
=לֵיל יָרֵחַ = klare Mondnacht *f*
=לִקּוּי-~ = Mondfinsternis *f*
=מֻכֵּה-~ = mondsüchtig *Adj*.
=~ מָלֵא = Vollmond *m*

יֶרַח ז' ['jerax] Monat *m bibl*.
=~ הַדְּבַשׁ = Flitterwochen *f/pl*.

יַרְחוֹן ז' [jarxon] Monatsschrift *f*

יְרֵחִי ת' [jeréxi] lunar *Adj*.; Mond-

יַרְחִי ת' [jarxi] monatlich *Adj*.

יֵרֵט פיעל [jérét] *pi*. abfangen, von d. Bahn ablenken *Flgw*.

יְרִי ז' [jeri] Schießen *n*, Feuer *n Mil*.

יָרִיב ז' [jariv] Gegner *m*, Feind *m*, Rivale *m*
=יְרִיבוּת נ' = Gegnerschaft *f*, Rivalität *f*

יָרִיד ז' [jarid] Großmarkt *m*, Messe *f*, Jahrmarkt *m*

יְרִידָה נ' [jerida] Abfahrt *f*; Niedergang *m;* Abhang *m*, Abstieg *m;* Auswanderung *f* aus Israel
=~ מִנְּכָסִים = Verarmung *f*

יְרִיָּה נ' [jerija] Schuß *m;* Schießen *n*

יְרִיעָה נ' [jeri'a] Zeltplane *f*; große Bahn *f* (Papier, Stoff)

יְרִיקָה נ' [jerika] Spucken *n*

יָרֵךְ נ' (יְרֵכַיִם, יַרְכֵי-) [jaréx] Oberschenkel *m*
=הִכָּה שׁוֹק עַל ~ = entscheidend schlagen

יַרְכָה נ' [jarxa] Ende *n*, hinterer Teil *m*, Rückseite *f*; Hintergrund *m*
=יַרְכְּתֵי-הַסְּפִינָה = Schiffsheck *n*

יָרַק[1] פעל (לִירוֹק, יִירַק) [jarak] *kal* ausspucken, ausspeien

יָרַק[2] פעל (לִירַק, יָרוֹק, יִירַק) [jarak] *kal* grün sein, grün werden
-הוֹרִיק הפ' - *hif*. grünen *v/i*

יָרֹק ת', ירוק [jarok] grün *Adj*.
=~-עַד = immergrün *Adj*.

יֶרֶק ז' ['jerek] Grünes *n*, Grünzeug *n*

יָרָק ז', יְרָקוֹת ז"ר [jarak, jerakot] Gemüse *n*
=גַּן-~ = Gemüsegarten *m*
=וּשְׁאָר יְרָקוֹת (דֶּרֶךְ הִתּוּל) = und alles übrige

יֵרָקוֹן ז' ראה: צַהֶבֶת [jérakon] Gelbsucht *f* (Icterus) *Med*.; Bleichsucht *f* (Chlorose) *Bot*.

יַרְקוֹן ז' [jarkon] Grünfink *m* (Chloris chloris) *Zo*.

יַרְקוּעַ ז' [jar'kua'] Nudel-, Wellholz *n*

יַרְקָן ז' [jarkan] Gemüsehändler *m*, Gemüsezüchter *m*

יְרַקְרַק ת' [jerakrak] grünlich *Adj*.

יְרֹקֶת נ' [je'roket] Seegras *n*

יָרַשׁ פעל (לָרֶשֶׁת אֶת-, יִירַשׁ) [jaraʃ] *kal* erben *v/t*
-הוֹרִישׁ הפ' - *hif*. vererben *v/t*
=יוֹרֵשׁ-עֶצֶר = Thronfolger *m*

יְרֻשָּׁה נ', ירושה [jeruʃa] Erbe *n*, Erbschaft *f*

= Erbrecht *n* =מִשְׁפַּט־~
= erben =קִבֵּל בְּ~
= sich vererben =עָבַר בְּ~
= enterben *v/t* =נִשֵּׁל מִירֻשָּׁתוֹ
[jéʃ] das Bestehende; es gibt, es existiert; verstanden! *Mil.* יֵשׁ ז׳, ת״פ
= es kommt vor, dass =~ אֲשֶׁר, ~ שֶׁ־
= er beabsichtigt, er hat vor =~ בְּדַעְתּוֹ לְ־
= es ist genug darin, um zu =~ בּוֹ כְּדֵי־
= es hat was; da ist was Wahres daran F = בְּזֶה מַשֶּׁהוּ
= er hat, er besitzt =~ לוֹ
= er kann, er vermag =~ לְאֵל יָדוֹ לְ־
= man muss (mit *inf.*, z.B. יֵשׁ לִשְׁתּוֹת, man muss trinken) =~ לְ־ (שֵׁם הַפּוֹעַל)
= was gibts?, was ist los? =מַה ~?
= was hast du?, was ist mit dir los? =מַה ~ לְךָ?
= etwas aus dem Nichts schaffen =יָצַר ~ מֵאַיִן
= es gibt ihn, er ist da =יֶשְׁנוֹ
[jaʃav] *kal* sitzen; wohnen יָשַׁב פעל (לָשֶׁבֶת, יֵשֵׁב)
- *pi.* ansiedeln; besiedeln, kolonisieren; beilegen, regeln *v/t* -יִשֵּׁב פיעל
- *hit.* sich setzen; sich ansiedeln; sich vertragen mit *(D)* -הִתְיַשֵּׁב הת׳
- *hif.* setzen, hinsetzen *v/t* -הוֹשִׁיב הפ׳
= den Vorsitz führen =יָשַׁב רֹאשׁ
= wie auf Kohlen sitzen *fig.* =~ עַל גֶּחָלִים
= er saß Trauer (sieben Tage nach dem Begräbnis) *Rel.* =~ שִׁבְעָה
= *wörtl.* sitz und tue nichts! abwarten und Tee trinken F =שֵׁב וְאַל תַּעֲשֶׂה
= Streit beilegen =יִשֵּׁב סִכְסוּךְ
= besonnen sein, wohl überlegt sein =דַּעְתּוֹ מְיֻשֶּׁבֶת עָלָיו
[jaʃvan] Hintern *m*, Gesäß *n* יַשְׁבָן ז׳
[jiʃuv] Bevölkerung *f*, Ansiedlung *f*; zivilisierte Gesellschaft *f*; Schlichtung *f* (Streit) יִשּׁוּב ז׳
= Gesetztheit *f*, klares Denken *n* =~־הַדַּעַת
= Grenzort *m* =~־סְפָר
= zivilisierter Mensch *m* =אָדָם־מִן־הַיִּשּׁוּב
[jaʃuv] sitzend *Adj.* יָשׁוּב ת׳
[jisum] Anwendung *f* (e-r Regel *usw.*) יִשּׂוּם ז׳
[jeʃu'a] Heil *n*, Erlösung *f* יְשׁוּעָה נ׳
[jéʃu'i] Jesuit *m* יֵשׁוּעִי ז׳
[jiʃur] Nivellierung *f*, Ebnung *f*, Planierung *f* יִשּׁוּר ז׳
= Ausgleich *m* von Meinungsverschiedenheiten; Überwindung *f* von Schwierigkeiten =~ הֲדוּרִים
= Kieferorthopädie *f* =~ שִׁנַּיִם
[jéʃut] Wesen *n*; Sein *n*, Existenz *f*, Identität *f* יֵשׁוּת נ׳
[hoʃit] *hif.* ausstrecken, j-m ehwas reichen (ישט) הוֹשִׁיט הפ׳
= helfen =~ יָד, ~ עֶזְרָה
[jeʃiva] Sitzen *n*; Sitzung *f*; Jeschiwe *f*, Talmudschule *f* יְשִׁיבָה נ׳
= Himmel *m* =~ שֶׁל מַעְלָה
= Schneidersitz *m* =~ מִזְרָחִית
= Militärdienst *m* kombiniert mit rel. Studien (für rel. Juden) =יְשִׁיבַת הֶסְדֵּר
= Vorsitz *m* =יְשִׁיבַת־רֹאשׁ
= Jeschiwa-Schüler *m*, Talmudstudent *m* =בַּחוּר־יְשִׁיבָה
[jasim] anwendbar *Adj.* יָשִׂים ת׳
[jeʃimon] Wüste *f*, Öde *f bibl.* ★יְשִׁימוֹן ז׳
[jaʃir] direkt *Adj.* יָשִׁיר ת׳
= direkt *Adv.* =יְשִׁירוּת ת״פ
[jaʃiʃ] Greis *m*; alt *Adj.* יָשִׁישׁ תו״ז
[jeʃiʃut] fortgeschrittenes Alter *n* יְשִׁישׁוּת נ׳
[jisém] *pi.* anwenden; umsetzen יִשֵּׂם פיעל
[jaʃén] *kal* schlafen יָשֵׁן[1] פעל (לִישׁוֹן, יָשֵׁן, יִישַׁן)
- *pi.* einschläfern *v/t* -יִשֵּׁן פיעל
[noʃan] *nif.* alt werden, alt sein (ישן)[2] נוֹשַׁן נפ׳ (לְהִוָּשֵׁן)

-נִתְיַשֵּׁן הת' - *hit.* veralten
יָשָׁן ת' [jaʃan] alt *Adj.*
=~ נוֹשָׁן = veraltet; uralt *Adj.*
יֹשֶׁן ז', יושן [ˈjoʃen] Alter *n*, Altsein *n*
=חָזַר הַדָּבָר לְיָשְׁנוֹ = in den früheren Zustand zurückkehren
=הֶחֱזִיר עֲטָרָה לְיָשְׁנָהּ = in den früheren Zustand zurückführen
יַשְׁנוּנִי ת' [jaʃnuni] verschlafen *Adj.*
יַשְׁנוּת נ' [jaʃnut] Altern *n*
(ישע) נוֹשַׁע נפ' (לְהִוָּשַׁע מִן-) [noʃaˈ] *nif.* gerettet werden
-הוֹשִׁיעַ הפ' - *hif.* retten
יֶשַׁע, יֵשַׁע ז' [ˈjeʃaˈ] Rettung *f*, Heil *n*
=חֲדַל-~, חֲסַר-~ ת' = hilflos *Adj.*
=חֹסֶר-~ ז' = Hilflosigkeit *f*
=חֵיל הַיֶּשַׁע ז' = Heilsarmee *f*
יֶשַׁ"ע ר"ת יְהוּדָה, שׁוֹמְרוֹן (וְחֶבֶל) עַזָּה [jeʃaˈ] *Abk.* Westbank *f* und Gaza-Streifen *m* (besetzte Gebiete *n/pl.)*
יָשְׁפֵה ז' [jaʃfé] Jaspis *m*
★יָשַׁר פעל (לִישׁוֹר, יִישַׁר) [jaʃar] *kal* den geraden Weg gehen *bibl.*
-יִשֵּׁר פיעל - *pi.* gerade machen, glätten, ausgleichen
-הִתְיַשֵּׁר הת' - *hit.* sich ausrichten; stramm stehen *Mil.*
-הֵיְשִׁיר הפ' - *hif.* geradeaus gehen
=יִשֵּׁר הֲדוּרִים = Unebenheiten ausgleichen;
=יִישַׁר כֹּחֲךָ! = *wörtl.* Gott stärke deine Kraft; dank! (feierlich)
=הַיְשֵׁר! = geradeaus! *Mil.*
=הֵיְשִׁיר מַבָּט = *j-m* direkt in die Augen schauen
יָשָׁר ת' [jaʃar] gerade, aufrecht; anständig, ehrlich *Adj.*
=~ ת"פ = sofort *Adv.*
יֹשֶׁר ז', יושר [ˈjoʃer] Geradheit *f*, Ehrlichkeit *f*, Anständigkeit *f*

=תְּעוּדַת-~ = Führungszeugnis *n*
יִשְׂרָאֵל ז' [jisraˈél] Israel *n*; Jude *m*; Volk *n* Israel; Königreich *n* Israel *bibl.*
=אֶרֶץ-~ נ' = Erez Israel *n*, Palästina *n*
=מְדִינַת-~ נ' = Staat *m* Israel
=עַם-~ז', בְּנֵי-~ = Volk *n* Israel
יִשְׂרְאֵלִי תו"ז [jisreˈéli] Israeli *m*; israelisch *Adj.*
=אֶרֶץ-יִשְׂרְאֵלִי ת' = zu Erez Israel gehörig
★יְשֻׁרוּן ז', ישורון [jeʃurun] poetischer Name Israels
יַשְׁרוּת נ' [jaʃrut] Geradheit *f;* Ehrlichkeit *f*
יָתֵד נ' (יְתֵדוֹת) [jatéd] Pflock *m*, Hering *m (Zelt)*; Keil *m*, Dübel *m*
=כְּתַב-הַיְתֵדוֹת = Keilschrift *f*
=יְתֵדִי ת' = keilförmig *Adj.*
יִתּוּד ז' [jitud] Nageln *n,* Dübeln *n*
יָתוֹם ז' [jatom] Waise *f*, Waisenkind *n*, Waisenknabe *m*
=בֵּית יְתוֹמִים = Waisenhaus *n*
=יְתוֹמָה נ' = Waisenmädchen *n*
יִתּוּר ז' [jitur] Überschuss *m*, Rest *m*
יַתּוּשׁ ז' (יַתּוּשִׁים) [jatuʃ] Mücke *f* (Culex) *Zo.*
=~ הָאֲנוֹפֶלֶס = Anophelesmücke *f* (Malaria)
יַתִּיר ת' [jatir] überflüssig *Adj.*
=לָקוּי בְּ~ = an Überfluss leidend
יִתָּכֵן ת"פ [jitaxén] es ist möglich, es kann sein, vielleicht
=לֹא ~ = es ist ausgeschlossen
=הֲ~? = ist es denn möglich?
=תִּתָּכֵן = sie ist möglich
=יִתָּכְנוּ = sie sind möglich
יָתַם פעל (לִיתּוֹם, יָתוֹם, יִיתַם) [jatam] *kal* verwaisen *v/i*
-יִתֵּם פיעל - *pi.* zum Waisen machen
-נִתְיַתֵּם הת' - *hit.* zum Waisen werden
יַתְמוּת נ' [jatmut] Waise- Sein *n*
יִתֵּר פיעל [jitér] *pi.* hinzufügen; überflüssig machen

-נוֹתַר נפ׳ (לְהִוָּתֵר) - *nif.* übrig bleiben, zurückbleiben
-הוֹתִיר הפ׳ - *hif.* übrig lassen
=דַּי וְהוֹתֵר = mehr als genug
יָתֵר ת׳ [jatér] überschüssig, überzählig; groß, viel *Adj.*
=~ עַל הַמִּדָּה = übermäßig *Adv.*
=~ עַל כֵּן = überdies *Adv.*
=יְתֵרָה מִזּוֹ = mehr als das
יֶתֶר ז׳ ['jeter] Rest *m*; Überschuss *m*; Über-
=~ עַל כֵּן = überdies *Adv.*
=בֵּין הַיֶּתֶר = unter anderem (u.a.)
=בְּ~ שְׂאֵת = mit vermehrter Kraft
=מְשִׁיכַת-~ = Überziehen *n* des Kontos
=עֹמֶס-~ = Überbelastung *f*
יִתְרָה נ׳ (יִתָרוֹת) [jitra] Restbetrag *m*, Saldo *m*
=יִתְרַת זְכוּת = Guthabenbetrag *m*, Plus
=~ חוֹבָה = Minusbetrag *m*
יִתְרוֹן ז׳ (יִתְרוֹנוֹת) [jitron] Vorteil *m*, Vorzug *m*; Vorsprung *m*
=עֶרֶךְ הַיִּתְרוֹן = Komparativ *m Gr.*
יְתֶרֶת-הַכִּלְיָה [je'teret-hakilja] Adrenaldrüse *f Anat.*
יְתֶרֶת-הַמֹּחַ [je'teret-hamoax] Hirnanhangdrüse *f* (Hypophyse) *Anat.*

כ

כ Kaf (K), 11. Buchstabe des *hebr.* Alphabets*;* Zeichen der Zahl 20

=כּ = Kaf (mit Dagesch) (K)

=כ = Chaf (ohne Dagesch) (Ch)

=ך = Schluss-Chaf (am Schluss des Wortes)

-כְּ [ke] wie, ähnlich wie; ungefähr; als (in Eigenschaft als); (vor inf.) als, wenn

=כַּ- = vor direkt. Artikel

=כָּ- = vor ר, ע, א

=כִּ- = vor Schwa (z.B. כִּרְצוֹנוֹ)

=כָּעֵת = zur Zeit

=כַּהֲלָכָה = wie es sich gehört

=כַּנִּרְאֶה = wie es scheint

=כַּמּוּבָן = natürlich, selbstverständlich

כ"א ר"ת כָּל אֶחָד [kol exad] *Abk.* jeder (Einzelne)

כָּאַב פעל (לִכְאוֹב, כּוֹאֵב, יִכְאַב) [ka'av] *kal* schmerzen *v/i*; fühlen, mitfühlen

-הִכְאִיב הפ' - *hif.* Schmerz verursachen, weh tun

כְּאֵב ז' [ke'év] Schmerz *m*

=~-גָּרוֹן = Halsschmerzen *m/pl.*

=~-לֵב = Herzbeschwerden *f/pl.*

=~-רֹאשׁ = Kopfschmerzen *m/pl.*

=~-שִׁנַּיִם = Zahnschmerzen *m/pl.*

כָּאוּב ת' [ka'uv] schmerzhaft, schmerzlich *Adj.*

=בְּעָיָה כְּאוּבָה = schweres Problem *n*

כָּאוֹס ז' [ka'os] Chaos *n*

כְּאִלּוּ [ke'ilu] als ob; quasi; eigentlich

כְּאָמוּר ת"פ [ka'amur] wie gesagt

כָּאן ת"פ [kan] hier *Adv.*

=לְכָאן = hierher

=~ וּ~ = hin und her

=מִכָּאן = von hier; daraus folgt

=~ וּ~ = von beiden Seiten

=~ וָאֵילָךְ = von hier ab, von jetzt ab

=עַד כָּאן = bis hierher

כַּאֲשֶׁר מ"ח [ka'aʃer] als, während

כַּבָּאוּת נ' [kaba'ut] Feuerwehrwesen *n*

כַּבַּאי ז' [ka'baj] Feuerwehrmann *m*

כַּבָּב ז' (ערב') (ר' גם: קַבָּב) [kabab] Kebab *n*, am Spieß gebratene Fleischstückchen

כָּבֵד[1] פעל (לִכְבּוֹד, כָּבֵד, יִכְבַּד) [kavéd] *kal* schwer sein

-נִכְבַּד נפ' (לְהִכָּבֵד) - *nif.* geehrt sein, geehrt werden

-כִּבֵּד פיעל - *pi.* ehren; achten; bewirten

-הִתְכַּבֵּד הת' - *hit.* beehrt werden; sich bedienen (als Gast)

-הִכְבִּיד הפ' (לְהַכְבִּיד עַל-) - *hif.* erschweren, Mühe bereiten; schwerfallen

=כַּבְּדֵהוּ וְחָשְׁדֵהוּ = sei höflich, aber übe Vorsicht

★כִּבֵּד[2] פיעל [kibéd] *pi.* fegen, säubern

כָּבֵד ת' [kavéd] schwer *Adj.*; schwermütig *Adj.*

=מִן הַקַּל אֶל הַ~ = *wörtl.* vom Leichten zum Schwierigen; mit dem Leichtesten anfangen

=בִּנְיָן ~ = "schwere" Konjugation (Piél, Pual, Hitpaél) *Gr.*

=מִשְׁקָל ~ = Schwergewicht *n Sp.*

=כְּבַד-אֹזֶן = schwerhörig *Adj.*

=~-פֶּה = mit schwerer Zunge

=~-תְּנוּעָה = schwerfällig, schwer beweglich *Adj.*

כָּבֵד ז' [kavéd] Leber *f*

כֹּבֶד ז', כובד ['koved] Gewicht *n*, Schwere *f*

=~-רֹאשׁ = Ernst *m*
=כֹּחַ-הַ~ = Schwerkraft *f*
=מֶרְכַּז-הַ~, נְקֻדַּת-הַ~ = Schwerpunkt *m*
★כְּבֻדָּה נ׳, כבודה [kvuda] wertvoller Besitz *m* *bibl.*; Gepäck *n*
כְּבֵדוּת נ׳ [kvédut] Schwere *f*, Schwerfälligkeit *f*
כָּבָה פעל (לִכְבּוֹת, יִכְבֶּה) [kava] *kal* verlöschen *v/i*, ausgehen (Licht, Feuer)
-נִכְבָּה נפ׳ (לְהִכָּבוֹת) - *nif.* gelöscht werden
-כִּבָּה פיעל - *pi.* löschen, auslöschen *v/t*, ausschalten
=~ סִיד = Kalk löschen
כָּבוֹד ז׳ [kavod] Ehre *f*, Würde *f*
=כְּבוֹד-, כְּבוֹדוֹ = Euer Wohlgeboren
=לִכְבוֹד = an (in Briefadressen vor d. Namen)
=בְּכָבוֹד רַב = hochachtungsvoll
=כָּבוֹד עַצְמִי = Selbstachtung *f*, Würde *f*
=אוֹת-~ = Ehrenzeichen *n*, Orden *m*
=בִּכְבוֹדוֹ וּבְעַצְמוֹ = er persönlich, in eigener Person
=יִרְאַת-כָּבוֹד = Ehrfurcht *f*
=כָּל הַ~! = alle Achtung! gut gemacht!
=חָלַק לוֹ ~, נָהַג ~ בְּ- = j-m Ehre erweisen
=בִּמְחִילָה מִכְּבוֹדוֹ = mit Verlaub
=כְּבוֹדוֹ בִּמְקוֹמוֹ מֻנָּח = s-e Ehre bleibt unangetastet
=רְצוֹנוֹ שֶׁל אָדָם כְּבוֹדוֹ = des Menschen Wille ist sein Himmelreich
כִּבּוּד ז׳, כיבוד [kibud] Ehrung *f*; Aufwartung *f*, Bewirtung *f* (für Gäste)
כָּבוּי ת׳ [kavuj] aus, erloschen
כִּבּוּי ז׳, כיבוי [kibuj] Löschen *n*, Ausschalten *n*
כָּבוּל ת׳ [kavul] gefesselt *Adj.*
כָּבוּל ז׳ [kavul] Torf *m* *bibl.*
כָּבוּס ת׳ [kavus] gewaschen *Adj.*
כִּבּוּס ז׳ [kibus] Waschen *n*
כִּבּוּשׁ ז׳, כיבוש [kibuʃ] Eroberung *f*; Okkupation *f*, Besetzung *f* *Mil.*; Pressen *n*
=~-הַיֵּצֶר = Überwindung *f* des Triebes, Selbstbeherrschung *f*
=דִּבְרֵי כִּבּוּשִׁין ז״ר = Ermahnungen, Vorwürfe *pl.*
כָּבוּשׁ ת׳ [kavuʃ] erobert, besetzt *Mil.*; eingelegt (Gemüse *usw.*); gepresst; (Weg) ausgetreten *Adj.*
=שִׂנְאָה כְּבוּשָׁה = versteckter Hass *m*
כְּבִידָה [kvida] Schwerkraft *f*, Gravitation *f*
כְּבִיָּה נ׳ [kvija] Erlöschen *n*
=כְּבִיַּת-סִיד = Kalklöschen *n*
כִּבְיָכוֹל ת״פ [kivjaxol] sozusagen *Adv.*
כְּבִילָה נ׳ [kvila] Fesseln *n*; Einschränkung *f* *fig.*
=~לוּת נ׳ = Beschränkung *f*
כָּבִיס ת׳ [kavis] (ab)waschbar *Adj.*
כְּבִיסָה נ׳ [kvisa] Wäsche *f*
=אַבְקַת-~ = Waschpulver *n*
=מְכוֹנַת-~ = Waschmaschine *f*
כַּבִּיר ת׳ [kabir] mächtig, gewaltig *Adj.*
כְּבִירָה נ׳ [kvira] Sieben *n*
כְּבִישׁ ז׳ [kviʃ] Straße *f*, Landstraße *f*, Fahrbahn *f*
=~-גִּישָׁה = Zugangsstraße *f*
=~ מָהִיר = Autobahn *f*, Schnellstraße *f*
=~ עוֹקֵף = Umleitung *f*
=~-עָפָר = Piste *f* (ungeteert)
כָּבִישׁ ת׳ [kaviʃ] einlegbar *Adj.*
כְּבִישָׁה נ׳ [kviʃa] Zusammenpresser *n*; Einlegen *n* (Gurken *usw.*); Beherrschung *f*
כָּבַל פעל (לִכְבּוֹל, כּוֹבֵל, יִכְבּוֹל) [kaval] *kal* fesseln
כֶּבֶל ז׳ [ʻkevel] Kette *f* *bibl.*; Kabel *n*, Seil *n*
★כְּבֵנָה נ׳ [kevéna] Haarnetz *n*, Spange *f*
כִּבֵּס פיעל [kibés] *pi.* (Wäsche) waschen
כְּבָסִים ז״ר [kvasim] Wäsche *f* (Unter-, Tisch-, Bettwäsche)
כָּבַר פעל (לִכְבּוֹר אֶת-) [kavar] *kal* sieben (Mehl *usw.*) *v/t*
הִכְבִּיר הפ׳ [hixbir] *hif.* vermehren *v/t*, viel machen
כְּבָר ת״פ [kvar] schon, bereits *Adv.*

=מִ~, זֶה ~ = seit langem, schon lange
=זֶה לֹא ~ = vor kurzem
=בְּשֶׁ~ הַיָּמִים, מִשֶּׁ~ הַיָּמִים = vor langer Zeit
כְּבָרָה נ׳ [kvara] Sieb *n* (für Mehl *usw.*)
(כברה) כִּבְרַת-אֲדָמָה, ~-קַרְקַע נ׳ [kivrat-adama, - karka'] Stück *n* Land, Stück *n* Boden
=~ אֶרֶץ = Wegstunde *f*, Meile *f*
=~-דֶּרֶךְ = ein Stück Weg
כֶּבֶשׂ ז׳, כִּבְשָׂה נ׳ ['keves, kivsa] Schaf *n* (Ovis laticaudata) *Zo.*
=וְגָר זְאֵב עִם כֶּבֶשׂ = Wolf und Lamm sollen weiden gleich *bibl.*
כֶּבֶשׁ נ׳ ['keveʃ] Laufplanke *f*, Gangway *f*, Rampe *f*
כָּבַשׁ פעל (לִכְבּוֹשׁ אֶת-, יִכְבּוֹשׁ) [kavaʃ] *kal* erobern, unterwerfen, besetzen *Mil.*; pressen; marinieren
=~ אֶת יִצְרוֹ = s-n Trieb unterdrücken, sich beherrschen
=~ אֶת כַּעְסוֹ = s-n Zorn beherrschen
=~ אֶת עֵינָיו בַּקַּרְקַע = die Augen senken (vor Scham)
★כִּבְשׁוֹן ז׳ [kivʃon] Geheimnis *n*
כִּבְשָׁן ז׳ [kivʃan] Schmelzofen *m*
כַּבֶּשֶׁת נ׳ [ka'beʃet] Eingelegtes *n*, Konserven *f/pl.*
כְּגוֹן ת״פ [kegon] wie zum Beispiel
כַּד ז׳ [kad] Krug *m*
כְּדַאי, כְּדַי ת׳, ת״פ [kedaj] lohnend, wert *Adj.*; es lohnt sich
כְּדָאִיּוּת נ׳ [keda'ijut] Einträglichkeit *f*, Rentabilität *f*
★כִּדְבָעֵי ת״פ (ארמ׳) [kidva'é] wie es sich gehört
כַּדּוּר ז׳ [kadur] Kugel *f*; Ball *m*; Pille *f*
=~-הָאָרֶץ = Erdkugel *f*
=~-בָּסִיס = Baseball *m*
=~-יָד = Handball *m*
=~-מִשְׂחָק = Spielball *m*
=~-נוֹצָה = Federball *m*, Badminton *n*
=~-סַל = Basketball *m*
=~-עָף = Volleyball *m*
=~-פּוֹרֵחַ = Luftballon *m*
=~-רֶגֶל, כַּדּוּרֶגֶל = Fußball *m*
=~ שׁוֹטֶה, ~ תּוֹעֶה = Blindschuss *m*
כַּדּוּרַגְלָן ז׳ [kaduraglan] Fußballspieler *m*
כַּדּוּרִי ת׳ [kaduri] kugelförmig *Adj.*
כַּדּוּרִית נ׳ [kadurit] Blutkörperchen *n*
כַּדּוּרְסַל ז׳ [kadursal] Basketball *m*
=~לָן ז׳ = Basketbalspieler *m*
כְּדֵי מ״י [kedé] genug für, im Maße von
כְּדַי ת״פ [kedaj] es lohnt sich
=~ שֶׁ-, ~ לְ- ראה גם: דַּי = um zu, damit *Kj.*
כִּדְלְהַלָּן ת״פ (ארמ׳) [kedilhalan] wie folgt
כִּדְלְקַמָּן ת״פ (ארמ׳) [ke'dilkaman] wie folgt
כָּדַר פעל [kadar] *kal* rund sein
כִּדְרוּר ז׳ [kidrur] Dribbeln *n*
כַּדֹּרֶת נ׳, כדורת [ka'doret] Kegeln *n*, Bowling *n*
כֹּה ת״פ [ko] so *Adv.*
=~ וָכֹה = hin und her
=עַד ~ = bis jetzt, bis hierher
=בֵּין ~ וָכֹה = sowieso, jedenfalls
=~ לֶחָי! = weiter so!
כָּהָה פעל (לִכְהוֹת, כֵּהֶה, יִכְהֶה) [kahah] *kal* dunkel werden
★=כָּהֲתָה עֵינוֹ, כָּהוּ עֵינָיו = die Augen wurden trübe *bibl.*
כֵּהֶה ת׳ [kéhe] dunkel (Farbe); matt, glanzlos *Adj.*
כָּהוּי ת׳ [kahuj] matt (Glas) *Adj.*
כִּהוּל ז׳, כיהול [kihul] Alkoholisierung *f*
כֵּהוּת נ׳ [kéhut] Mattheit *f*, Glanzlosigkeit *f*, Stumpfheit *f*
כֹּהַל ז׳, כוהל ['kohal] Alkohol *m*
כִּהֵל פיעל [kihél] *pi.* alkoholisieren
כָּהֳלִי ת׳, כוהלי [koholi] alkoholisch *Adj.*
=~יּוּת נ׳ = Alkoholgehalt *m*
כַּהֲלָכָה ת״פ [kahalaxa] wie es sich gehört,

Mus.; Stimmen *n* v. Instrumenten
Mus.; Stellen *n* (Uhr)
[kivuts] Schrumpfen *n*, Einlaufen *n* (Stoff) כִּוּוּץ ז׳, כיווץ
[kozév] lügnerisch *Adj.* כּוֹזֵב ת׳
[kvija] Brandwunde *f* כְּוִיָּה נ׳, כוויה
[kvitsa] Krampf *m* כְּוִיצָה נ׳, כוויצה
[kvitsut] Schrumpfung *f* כְּוִיצוּת נ׳
[kux] Grabnische *f*, Mauernische *f* כּוּךְ ז׳
[koxav] Stern *m* כּוֹכָב ז׳
= Sonne *f bibl.* =~-חַמָּה
= Seestern *m* (Asteroidea) *Zo.* =כּוֹכַב-יָם
= Planet *m* =~-לֶכֶת
= Belvoir (Burgruine) =~ הַיַּרְדֵּן
= Polarstern *m* =~-הַצָּפוֹן
= Meteorit *m* =~ נוֹפֵל
= Komet *m* =~-שָׁבִיט, ~-שֵׁבֶט
= Fixstern *m* =~-שֶׁבֶת
= Sternwarte *f* =מִצְפֵּה-כּוֹכָבִים ז׳
= Götzenanbeter *m*, Heide *m* =עוֹבֵד כּוֹכָבִים וּמַזָּלוֹת (ר״ת עכו״ם)
[koxavi] sternförmig *Adj.* כּוֹכָבִי ת׳
[koxavit] Vogelmiere *f*, Sternmiere *f* (Stellaria media) *Bot.* כּוֹכָבִית[1] נ׳
[koxavit] Sternchen *n* (*), Asterisk *m* כּוֹכָבִית[2] נ׳
[ko'xevet] (weibl.) Filmstar *m* כּוֹכֶבֶת נ׳
[héxil] *hif.* enthalten *v/t* (כול) הֵכִיל הפ׳
[kolél] imklusive; umfassend, einschließlich *Adj.* כּוֹלֵל ת׳
[kolél] Gemeinde v. orthodoxen Juden gleicher Herkunft כּוֹלֵל ז׳
[kolelut] Universalismus *m*, Vielseitigkeit *f* כּוֹלְלוּ|ת נ׳
= universal, umfassend *Adj.* =~תִי ת׳
[kolelanut] Holistik *f*, Ganzheitlichkeit *f* כּוֹלְלָ|נוּת נ׳
= total, umfassend *Adj.* =~נִי ת׳
= Gesamtschule *f* =בֵּית-סֵפֶר ~נִי

wie es im Gesetz steht *Rel.*;
ordentlich *Adv.*
[kihén] *pi.* als Priester dienen *bibl.*; ein hohes Amt bekleiden, amtieren כִּהֵן פיעל
[kohén] Priester *m* כֹּהֵן ז׳, כוהן (כֹּהֲנִים)
= Hohepriester *m* =הַ~ הַגָּדוֹל
= Geistlicher *m* =~-דָּת
= Priestersegen *m* =בִּרְכַּת-כֹּהֲנִים
[kehuna] Priesteramt *n*, Bekleidung *f* e-s hohen Amtes כְּהֻנָּה נ׳, כהונה
= Priesteranwärter *m/pl.* Novizen *m/pl.* =פִּרְחֵי-~ ז״ר
[kahéna vexahéna] noch und noch כָּהֵנָּה וְכָהֵנָּה
[ko'henet] Frau -, Tochter *f* e-s Priesters; Priesterin *f* כֹּהֶנֶת נ׳, כוהנת
[ko'év] schmerzhaft, weh, schmerzend *Adj.* כּוֹאֵב ת׳
[kovél] einschränkend *Adj.*, *fig.* כּוֹבֵל ת׳
[ko'veset] Wäscherin *f* כּוֹבֶסֶת נ׳
[ko'va'] Hut *m*, Mütze *f* כּוֹבַע ז׳
= Wollmütze *f* =~-גֶּרֶב
= Stahlhelm *m* =~-פְּלָדָה
= man sieht es ihm an der Nasenspitze an (dass er es getan hat) =עַל רֹאשׁ הַגַּנָּב בּוֹעֵר הַכּוֹבַע
= Hutmacher *m* =כּוֹבָעָן ז׳
[kova'on] Kondom *n*, Präservativ *n* כּוֹבָעוֹן ז׳
[kovéʃ] Eroberer *m* כּוֹבֵשׁ ז׳
= Herzensbrecher *m* =~ לְבָבוֹת
[kodéd] rundlich, oval *Adj.* כּוֹדֵד ת׳
[kava] *kal* verbrennen, verbrühen *v/t*; Brandwunden verursachen כָּוָה פעל (לִכְווֹת אֶת- כּוֹוֶה, יִכְוֶה)
- *nif.* sich verbrennen, sich verbrühen -נִכְוָה נפ׳ (לְהִכָּווֹת)
- *pi.* ausbrennen *v/t* -כִּוָּה פיעל
[kava] Luke *f* כַּוָּה נ׳
= Schießscharte *f* =כַּוַּת-יְרִיָּה
[kivun] Richtung *f*; Intonation *f* כִּוּוּן ז׳, כיוון

כּוֹלֵף ז׳ [koléf] Steinmeißel *m*

כּוֹלֶרָה ראה גם: חֲלִירָע [kolera] Cholera *f* (auch Fluch)

כּוֹלֵרִי ת׳ [koleri] cholerisch *Adj.*

(כון)[1] נָכוֹן נפ׳ (לְהִכּוֹן, יִכּוֹן, הִיכּוֹן!) [naxon] *nif.* richtig sein; bereit sein

-כּוֹנֵן פיעל - *pi.* richten, errichten

-הִתְכּוֹנֵן הת׳ - *hit.* sich vorbereiten

-הֵכִין הפ׳ - *hif.* vorbereiten, bereiten

=הִכּוֹן! = fertig! *Sp.*, Achtung! *Mil.*

=הָכֵן ת״פ = bereit *Adv.*

=אֲסֵפָה מְכוֹנֶנֶת = Vollversammlung *f*

כִּוֵּן[2] פיעל [kivén] *pi.* zielen, auf etwas richten, stellen (Uhr)

-הִתְכַּוֵּן הת׳ - *hit.* beabsichtigen

-הִכְוִין הפ׳ - *hif.* einstellen auf *(Akk.)*, abstimmen

=כִּוֵּן אֶת הַשָּׁעָה = die richtige Zeit abpassen

=~ לְדַעַת פְּלוֹנִי = gleicher Meinung sein, übereinstimmen

=לֹא הִתְכַּוַּנְתִּי = das war keine Absicht

=בִּמְכֻוָּן ת״פ, בְּמִתְכַּוֵּן ת״פ = absichtlich *Adv.*, mit Absicht

=שֶׁלֹּא בְּמִתְכַּוֵּן = unabsichtlich *Adv.*

כַּוָּנָה נ׳, כוונה [kavana] Absicht *f*; Andacht *f*

=בְּכַוָּנָה ת״פ = mit Absicht, absichtlich *Adv.*

=שֶׁלֹּא ~ = unabsichtlich *Adv.*

כִּוְנוּן ז׳, כיוונון [kivnun] Einstellen *n*, Anpassen *n*, Justierung *f*; Stimmen *n Mus.*

כִּוְנֵן פיעל [kivnén] *pi.* einstellen, anpassen; stimmen *Mus.*; justieren

כַּוְנָן ז׳, כוונן [kavnan] Stimmer *m Mus.*

=כַּוְנַן-פְּסַנְתְּרִים = Klavierstimmer *m*

כּוֹנְנוּת נ׳ [konenut] Bereitschaft *f*, Alarmbereitschaft *f*

כּוֹנָנִית נ׳ [konanit] Regal *n*

כּוֹנֵס-נְכָסִים ז׳ [konés-nexasim] Konkursverwalter *m*

כַּוֶּנֶת נ׳, כוונת [ka'venet] Visier(korn) *n* (Gewehr)

=שָׂם אוֹתוֹ עַל הַ~ = aufs Korn nehmen *fig.*

כּוֹס[1] נ׳ (כּוֹסוֹת) [kos] Becher *m*, Trinkglas *n*

=~ רִאשׁוֹן, ~ שֵׁנִי ז׳ = erster, zweiter Becher (Pessach-Hagada)

=~-רוּחַ = Schröpfglas *n*, Saugglocke *f*

=הֵרִים ~ = Toast ausbringen, auf j-s Wohl trinken

=נָתַן עֵינוֹ בַּכּוֹס = sich dem Trunk ergeben

כּוֹס[2] ז׳ (כּוֹסִים) [kos] Steinkauz *m* (Athene noctua) *Zo.*

כּוֹסִית נ׳ [kosit] Gläschen *n*, Likörglas *n*

כּוֹפֵל ז׳ [kofél] Multiplikator *m Math.*

כּוֹפֵר ז׳ [kofér] Ketzer *m*, Ungläubiger *m*

=~ בָּעִקָּר = Atheist *m*

כֹּפֶת ז׳ [kofet] Holzstück *n*

כָּוַץ פעל (לִכְוֹץ, כָּוֵץ, יִכְוַץ) [kavats] *kal* zusammenschrumpfen

-כִּוֵּץ פיעל - *pi.* quetschen, zusammendrücken

-הִתְכַּוֵּץ הת׳ - *hit.* einschrumpfen, sich zusammenziehen

כֶּוֶץ ז׳ ['kevets] Schrumpfung *f*, Verkleinerung *f*

כַּוֶּצֶת נ׳, כווצת [ka'vetstet] Eklampsie *f*, Krampfanfall *m Med.*

כּוּר ז׳ [kur] Schmelzofen *m*

=~ אֲטוֹמִי, ~ גַּרְעִינִי = Reaktor *m*, Atomkraftwerk *n*

=~-הַתִּוּךְ = Schmelztiegel *m a. fig.*

כּוֹרֶה ז׳ (כּוֹרִים) [kore] Bergarbeiter *m*, Bergmann *m*

כּוֹרֵךְ ז׳ [koréx] Buchbinder *m*

כּוֹרֵם ז׳ [korém] Weinbauer *m*, Winzer *m*

כַּוְרָן ז׳, כוורן [kavran] Imker *m*, Bienenzüchter *m*

=כַּוְרָנוּת נ׳, כוורנות = Bienenzucht *f*

=כַּוֶּרֶת נ׳, כוורת = Bienenkorb *m*

כּוּרְסָה נ׳ [kursa] Lehnstuhl *m*, Sessel *m*

כּוֹרֵת ז׳ [korét] Holzfäller *m*

כּוֹשׁ ז׳ [koʃ] Spindel *f*; Lenksäule *f Kfz.*

כּוּשִׁי ז׳ [kuʃi] Neger *m*, Schwarzer *m*

=הַ~ עָשָׂה אֶת = der Mohr hat s-e Schuldig-

מְלַאכְתּוֹ (אֶת שֶׁלּוֹ) keit getan

כּוֹשֵׁל ת' [koʃél] strauchelnd; mangelhaft; erfolglos *Adj.*; Miss-, Fehl-

כּוֹתֵב ז' [kotév] Schreiber *m*

כּוּתִי ז' [kuti] Nichtjude *m*, Samariter

כּוֹתֶ|פֶת [ko'tefet] Epaulette *f*, Achselstück *n Mil.*

כּוֹתָר ז' [kotar] Titel *m (*Buch *usw.)*

=נְיַר ~ = Papier *n* mit Briefkopf

כּוֹתֶרֶת נ' [ko'teret] Überschrift *f*, Schlagzeile *f*; Kapitell *n*

=~ מִשְׁנֶה = Untertitel *m*

=גֻּלַּת הַ~ = Höhepunkt *m*

=עֲלֵי-~ ז"ר = Blütenblätter *n/pl. Bot.*

כּוֹתֵשׁ ז' [kotéʃ] Mörtel *m*

★כָּזַב פעל [kazav] *kal* lügen

-נִכְזַב נפ' (לְהִכָּזֵב) - *nif.* sich als Lüge (Trug) erweisen

-הִכְזִיב הפ' ראה: אִכְזֵב - *hif.* enttäuschen *v/t*

★כָּזָב ז' [kazav] Lüge *f*

=שֶׁקֶר וְכָזָב = das ist eine Lüge!

כַּזְבָ|ן ז' [kazvan] Lügner *m*

=~נוּת נ' = Lügen *n*, Täuschung *f*

=~נִי ת' = lügnerisch *Adj.*

כֹּ|חַ ז', כּוֹח (כֹּחוֹת) ['koax] Kraft *f*, Macht *f*; Truppe *f*, Streitkraft *f*, Formation *f Mil.*

=~-אָדָם = Personal *n*

=~-גַּבְרָא = Manneskraft *f*, Zeugungsfähigkeit *f*

=~-הַתְמָדָה = Trägheitsgesetz *n*; Beharrungsvermögen *n*

=~-הַכֹּבֶד = Gravitationsgesetz *n*, Schwerkraft *f*

=~-מְדַמֶּה = Fantasie, Phantasie *f*, Vorstellungsvermögen *n*

=~-מְשִׂימָה = Kampfverband *n* für Sonderaufgaben *Mil.*

=~-סוּס = Pferdestärke *f* (PS)

=~ עֶלְיוֹן = höhere Gewalt *f*

=~-רָצוֹן = Willenskraft *f*

=~-שִׁפּוּט = Urteilskraft *f*

=~-כֹּחוֹ = indirekte Wirkung *f*

=בְּכֹחַ = fest, mit Gewalt *Adv.*; potenziell, der Anlage nach

=מִכֹּחַ = aufgrund, auf Grund

=כֹּחוֹת הַבִּטָּחוֹן = Sicherheitskräfte *f/pl.*

=כֹּחוֹת-הַטֶּבַע = Naturgewalten *f/pl.*

=בָּא|-כֹּחַ = Bevollmächtigter *m*

=יִפּוּי-~ = Vollmacht *f*

=תַּחֲנַת-~ = Kraftwerk *n*

=תְּשִׁישׁוּת-~ = Erschöpfung *f*

=מַקְבִּילִית-הַכֹּחוֹת = Parallelogramm *n* der Kräfte (Mechanik)

=כֹּחוֹ יָפֶה = gültig, in Kraft

=הֶחֱלִיף כֹּחַ = sich erholen

=יִפָּה אֶת כֹּחוֹ = bevollmächtigen

=עָצַר כֹּחַ = standhalten

=תַּשׁ כֹּחוֹ = erschöpft sein

=כֹּחוֹ בְּמָתְנָיו = er ist im Vollbesitz seiner Kräfte

=הוֹצִיא מִן הַכֹּחַ אֶל הַפֹּעַל = in die Tat umsetzen, verwirklichen

=בַּמֶּה כֹּחוֹ גָּדוֹל? = worin zeichnet er sich aus?

= אֵין לִי כֹּחַ (סלנג) = ich hab keine Lust (keinen Bock F); ich kann mich nicht aufraffen

כִּחֵד פעל [kixéd] *pi.* verhehlen, verbergen

-נִכְחַד נפ' (לְהִכָּחֵד מִן-) - *nif.* vertilgt werden

-הִכְחִיד הפ' - *hif.* verbergen; (ver)tilgen

כָּחָה פעל [kaxa] *kal* ausspucken

כְּחוֹל ז' [kxol] Bläue *f*

כָּחוּשׁ ת' [kaxuʃ] mager, abgemagert, dürr *Adj.*

כִּחוּשׁ ז' [kixuʃ] Verweigerung *f*

כֹּחִ|י ת' כּוֹחִי [koxi] kräftig *Adj.*; potenziell *Adj.*

=~יּוּת נ' = Potenz, Kraft *f*

כְּחִי|שָׁה נ' [kxiʃa] Abmagerung *f*

=~שׁוּת נ' = Magerkeit *f*, Dürre *f*

כִּחְכּוּחַ ז׳ [kix'kuax] Räuspern *n*
כִּחְכֵּחַ פיעל [kixkax] *pi.* sich räuspern
★כָּחַל פעל (לִכְחוֹל אֶת-, יִכְחַל) [kaxal] *kal* schminken (Augen)
-הִכְחִיל הפ׳ - *hif.* blau werden; blau färben
כָּחֹל ת׳, כחול (כְּחֻלָּה) [kaxol] blau *Adj.*
=כָּחֹל לָבָן, תוֹצֶרֶת ~ = *wörtl.* weiß-blau (Landesfarben); hergestellt in Israel
=סֶרֶט כָּחֹל = Pornofilm *m*
כָּחָל, כֹּחַל ז׳, כוחל [kaxal, 'koxal] Augenschminke *f*; Bläue *f*
=בְּלֹא ~ וּבְלֹא שָׂרָק = ungeschminkt *fig.*
=כֹּחַל-כְּבִיסָה = Wäscheblau *n*, Bleichpulver *n*
כָּחָל ז׳ [kaxal] Blauracke *f* (Coracias garrula) *Zo.*
כְּחֹל-חָזֶה ז׳ [kxol-xaze] Blaukehlchen *n* (Luscinda) *Zo.*
כַּחֲלוֹן ז׳ [kixalon] Zyanose *f* *Med.*
כְּחַלְחַל ת׳ [kxalxal] bläulich; hellblau *Adj.*
כֹּחָנִי ת׳, כוחני [koxani] stark, potenziell *Adj.*
=~יּוּת נ׳ = Kraft, Potenz *f*
כָּחַשׁ[1] פעל (לִכְחוֹשׁ, יִכְחַשׁ) [kaxaʃ] *kal* abnehmen, abmagern
★כִּחֵשׁ[2] פיעל [kixéʃ] *pi.* leugnen
-הִתְכַּחֵשׁ הת׳ - *hit.* sich lossagen von *(D)*, sich verleugnen
-הִכְחִישׁ הפ׳ - *hif.* leugnen, widerrufen, dementieren
★כַּחַשׁ[1] ז׳ ['kaxaʃ] Dürre *f*
★כַּחַשׁ[2] ז׳ ['kaxaʃ] Lüge *f*
כ״ט ר״ת כִּמְעַט טוֹב [kaf-tet] *Abk.* fast gut
=כ״ט בְּנוֹבֶמְבֶּר = 29. November
כִּי מ״ח [ki] denn, weil; dass; als, wenn
=~ אָז = dann (nach Bedingungssatz)
=~ אִם = sondern; nur wenn
=בְּכִי טוֹב = sehr gut *Adv.*
=~ רַע = sehr schlecht *Adv.*
=וְכִי = und wenn; etwa (in rhetorischer Frage)
=אַף כִּי = obwohl
=אִם ~ = wenn auch, obwohl
=יַעַן ~ = weil
=לֹא כִי = nicht doch
כַּיָּאוּת ת״פ [kaja'ut] angemessen, fair *Adv.*
כִּיב ז׳ [kiv] Geschwür *n*, Ulkus *n* *Med.*
כִּיבִי ת׳ [kivi] geschwürig *Adj.* *Med.*
כִּידוֹד ז׳ [kidod] Funke *m*
כִּידוֹן ז׳ [kidon] Lanze *f*, Spieß *m*, Bajonett *n*; Lenker *n* (Fahrrad)
כְּיָדוּעַ ת״פ [kejadua'] bekanntlich *Adv.*
כִּיּוּב ז׳ [kijuv] Geschwürbildung *f* *Med.*
כיו״ב ר״ת כַּיּוֹצֵא בָּזֶה [kajotsé baze] *Abk.* und dergleichen
כִּיּוּל ז׳ [kijul] Eichung *f*, Messung *f*
כַּיּוֹם ת״פ [kajom] heutzutage, heute *Adv.*
כֵּיוָן (שֶׁ-) [kévan] als, da *Kj.*
=מִ~ שֶׁ- = weil, da *Kj.*
כִּיּוּס ז׳ [kijus] Taschendiebstahl *m*
כִּיּוֹר ז׳ [kijor] Waschbecken *n*, Spüle *f*
כִּיּוּר ז׳ [kijur] Modellieren *n*, Formen *n*
כִּיחַ ז׳ ['kiax] Speichel *m*, Schleim *m*, Auswurf *m*
כי״ח ר״ת: כָּל יִשְׂרָאֵל חֲבֵרִים ['kiax] *Kurzw.* Alliance Israelite Universelle (Allgemeiner Jüdischer Bund; 1860 in Frankreich gegründet)
כִּיֵּל פיעל [kijél] *pi.* eichen, messen, kalibrieren, justieren
כִּילָאוּת, כִּילוּת נ׳ [kila'ut, kilut] Geiz *m*
כִּילוּת [kilut] Knauserei *f*, Geiz *m*
כִּילַי ז׳ [kilaj] Geiziger *m*, Geizhals *m*
כֵּילָף ז׳ [kélaf] Axt *f*, Breitbeil *n*
כִּימַאי ז׳ [kimaj] Chemiker *m*
כִּימָה [kima] Plejaden *pl.* *Astr.*
כִּימִי ת׳ [kimi] chemisch *Adj.*
=כִּימְיָה נ׳ = Chemie *f*
=~ אִי-אוֹרְגָנִית = anorganische Chemie *f*

כִּימִיקָלִים ז״ר [kimikalim] Chemikalien *f/pl.*
כִּינִין, חִינִין ז׳ [kinin, xinin] Chinin *n*
כִּיס ז׳ [kis] Tasche *f*
=~־אֲוִיר = Luftloch *n*
=חֶסְרוֹן־~ ז׳ = Geldmangel *m*; Geldverlust *m*
=מִלּוֹן־~ ז׳ = Taschenwörterbuch *n*
=סֵפֶר־~ ז׳ = Taschenbuch *n*
=פָּנַס־~ ז׳ = Taschenlampe *f*
=שָׂם אוֹתוֹ בַּכִּיס הַקָּטָן (סלנג) = j-n in die Tasche stecken F
כַּיָּס ז׳, כייס [kajas] Taschendieb *m*
כִּיֵּס פיעל [kijés] *pi.* Taschendiebstahl begehen, stehlen
כַּיָּסוּת נ׳, כייסות [kajasut] Taschendiebstahl *m*
כִּיסָן ז׳ [kisan] Teigtasche *f*
כִּיֵּף פיעל (סלנג) [kijéf] *pi.* sich amüsieren
כֵּיף ז׳ (סלנג) [kéf] Spaß *m*, Vergnügen *n*
=אֵיזֶה ~ לוֹ! (סלנג) = er hat's gut! F
=בְּ~! (סלנג) = gerne, mit Vergnügen
כֵּיצַד מ״ש [kétsad] wie?
כִּיֵּר פיעל [kijér] *pi.* modellieren, formen
כִּירָה נ׳ [kira] Kocher *m*
כִּירוּרְ|גְיָה נ׳ [kirurgja] Chirurgie *f*
=~ג ז׳ = Chirurg *m*
=~גִי ת׳ = chirurgisch *Adj.*
כִּירַיִם ז״ז גם נ׳ [ki'rajim] Kochherd *m*
כָּךְ ת״פ [kax] so *Adv.*
=אַחַר־~ = danach, später
=כָּל ~ = so sehr
=מַה בְּכָךְ? = was ist dabei?
=דָּבָר שֶׁל מַה בְּכָךְ = Kleinigkeit *f*, Bagatelle *f*, Lappalie *f*
=מִתּוֹךְ כָּךְ = hieraus
=עַד־כְּדֵי־~ = so sehr, so weit
=בֵּין ~ וּבֵין ~ = jedenfalls, auf jeden Fall
=אֵין בְּכָךְ כְּלוּם = es macht nichts, es ist nichts dabei
=עַל יְדֵי כָּךְ = dadurch

כָּכַב פעל (לִכְכּוֹב, יִכְכּוֹב) [kaxav] *kal* funkeln
-כִּכֵּב פיעל - *pi.* als Star mitwirken
(בלשון הדיבור: כִּכֵּב)
כָּכָה ת״פ ['kaxa] so *Adv.*
=~! = darum!
=~ זֶה = so ist es (nun mal)
=~ ~ (סלנג) = so la la F
כָּכוּב ת׳ [kaxuv] mit Sternen übersät sein *Adj.*
כִּכּוּב ז׳, כיכוב [kikuv] Erscheinen *n* als Star
(בלשון הדיבור: כִּכּוּב)
כִּכָּר[1] נ׳, כיכר (כִּכָּרוֹת) [kikar] (öffentlicher) Platz; Ebene *f*
=~ הַיַּרְדֵּן = Jordantal *n*
★כִּכָּר[2] זו״נ כיכר (כִּכָּרִים) [kikar] Talent *n bibl.* (Gewicht)
כִּכָּר[3] זו״נ, כיכר (כִּכָּרִים, כִּכָּרוֹת) [kikar] Laib *m* Brot
כֹּל, כָּל־ ז׳ [kol] alles, die Gesamtheit, ganz, alle
=כֻּלִּי, כֻּלְּךָ, כֻּלֵּךְ, כֻּלּוֹ, כֻּלָּהּ = ich (du, er, sie) ganz
=כֻּלָּנוּ, כֻּלְּכֶם, כֻּלְּכֶן, כֻּלָּם, כֻּלָּן = wir (ihr, sie) alle
=כֻּלִּי אֹזֶן = ich bin gamz Ohr
=כְּכָל שֶׁ...כֵּן = je mehr ... desto mehr ...
=~ אֶחָד, ~ אֶחָד וְאֶחָד = jeder (Einzelne)
=~ אֵימַת שֶׁ־ = jedes Mal, wenn
=~־בּוֹ ז׳ = Kaufhaus *n*
=~ דִּכְפִין (ארמ׳) = jeder Bedürftige
=~ זְמַן שֶׁ־ = solange
=~ טוּב! = alles Gute!
=~ יָכוֹל = Allmächtiger *m*
=~ כָּךְ = so sehr
=~ כֻּלּוֹ = ganz und gar
=~ כַּמָּה שֶׁ־ = so sehr auch
=~ נִדְרֵי (ארמ׳) = "Kol Nidrei" (alle Gelübde), Gebet am Vorabend des Versöhnungstages
=~ עוֹד = so lange, bis

=~-עִקָּר = überhaupt
=~-צְדָדִי ת' = umfassend, allseitig *Adj.*
=~-צָרְכּוֹ = zur Genüge, genügend *Adv.*
=~-שֶׁהוּא, כָּלְשֶׁהוּ = etwas, ein wenig
=~-שֶׁכֵּן = umso mehr, besonders
=לֹא ~ שֶׁכֵּן = erst recht
=~-תַּכְלִיתִי ת' = Mehrzweck-
=הַ~ ר' = alle, alles, jeder
=בְּכָל אֹפֶן = auf jeden Fall, jedenfalls
=~-זֹאת = trotzdem
=~-לְבָבוֹ, ~-מְאֹדוֹ, ~-נַפְשׁוֹ = mit s-m ganzen Herzen, aus tiefster Seele
=~-מְחִיר = um jeden Preis
=~ רָע = in sehr schlechtem Zustand
=בַּ|כֹּל מִ~ ~ = im Ganzen, vollständig *Adv.*
=כְּ|כָל הַנִּרְאֶה = allem Anschein nach, wahrscheinlich
=לְ~ הַיּוֹתֵר = höchstens
=לְ~ הַמּוּטָב = bestenfalls
=לְ~ הַפָּחוֹת = wenigstens
=לְ~ הָרוּחוֹת! = zum Teufel!
=מִכֹּל-וָכֹל = völlig, absolut, im Ganzen
=מִכָּל מָקוֹם = jedenfalls, wie auch immer
=סַךְ הַכֹּל = alles in allem, insgesamt
=עַל כָּל פָּנִים = auf jeden Fall
=רֻבּוֹ כְּכֻלּוֹ = die überwiegende Mehrheit
="שֶׁהַכֹּל" = "Schehakol", Name des Segensspruches über das Wasser, Fleisch *usw.*

כָּלָא[1] פעל (לִכְלוֹא אֶת-, כּוֹלֵא, יִכְלָא) [kala'] *kal* einsperren, inhaftieren
=~ אֶת נְשִׁימָתוֹ = s-n Atem anhalten
(כלא)[2] **הִכְלִיא** הפ' [hixli'] *hif.* kreuzen (Tiere, Pflanzen), bastardieren
כֶּלֶא, בֵּית-~ ז' (בָּתֵּי-כֶּלֶא) ['kele'] Gefängnis *n*
כַּלַּאי ז' ראה גם: סוֹהֵר [kalaj] Gefängniswärter *m*
כִּלְאַיִם ז"ז [kil'ajim] Kreuzung *f*, Zwitterbildung *f*
=בֶּן-~ = Kreuzung *f*, Bastard *m*

כֶּלֶב ז' (כְּלָבִים, כַּלְבֵי-) ['kelev] Hund *m* (Canis) *Zo.*
=~ גִּשּׁוּשׁ = Spürhund *m*
=~ זְאֵב = Schäferhund *m*
=~-נְחִיָּה = Blindenhund *m*
=~ צַיִד = Jagdhund *m*
=~ שׁוֹטֶה = tollwütiger Hund *m*
=~ שְׁמִירָה = Wachhund *m*
=קֹר-כְּלָבִים = Eiseskälte *f*, Lausekälte *f*
=חַיֵּי-כֶּלֶב = Hundeleben *n*
=~-הַיָּם = Seehund *m*, Robbe *f* (Phocidae) *Zo.*
=~-נָהָר = Otter *m* (Lutra) *Zo.*
(כלב) **הִכְלִיב** הפ' [hixliv] *hif.* heften, mit Heftfäden nähen
כַּלְבָּה נ' (כְּלָבוֹת, כַּלְבוֹת-) [kalba] Hündin *f*
=כַּלְבּוֹן ז' = Hündchen *n*
=כַּלְבִּי ת' = hündisch *Adj.*
=כְּלַבְלַב ז' = Hündchen *n*
כַּלְבָּן ז' [kalban] Hundezüchter *m*
=~וּת נ' = Hundezucht *f*
כַּלֶּבֶת נ' [ka'levet] Tollwut *f* (Lyssa) *Med.*
כְּלַבְתָּא נ' [klavta] Xanthippe *f*
כָּלָה פעל (לִכְלוֹת, כָּלֶה, יִכְלֶה) [kala] *kal* zu Ende, fertig sein
-**כִּלָּה** פיעל - *pi.* beenden; vertilgen
=כָּלְתָה נַפְשׁוֹ לְ- = sich sehr sehnen nach *(D)*, schmachten
=כָּלוּ עֵינָיו = ungeduldig, vergeblich warten
=כָּלוּ כָּל הַקִּצִּין = alle Stricke sind gerissen *fig.*
★=כָּלְתָה רֶגֶל מִן הַשּׁוּק = die Straßen sind menschenleer
=כָּלְתָה פְּרוּטָה מִן הַכִּיס = das Geld ist ausgegangen
=אַחֲרֵי כְּכְלוֹת הַכֹּל = schließlich und endlich, letztendlich
=הָחֵל בְּ-... וְכַלֵּה = von ... bis ...

בְּ...-

★כָּלָה נ׳ [kala] Vernichtung *f*, Ende *n*

★כָּלֶה ת׳ [kale] vergänglich, vorübergehend *Adj.*

כַּלָּה[1] נ׳ [kala] Braut *f*; Schwiegertochter *f*

★כַּלָּה[2] נ׳ [kala] Versammlung der Weisen in Babylon in den Monaten Adar u. Elul *Rel.*

כִּלָּה נ׳, כילה [kila] Moskitonetz *n*; Himmelbett *n*

(כלה) וְכֻלֵּהּ (ארמ׳) [vexulé] und so weiter (usw.)

כָּלוּא ת׳ [kalu'] eingesperrt, gefangen *Adj.*

כְּלוּב ז׳ [kluv] Käfig *m*

כִּלּוּי ז׳ [kiluj] Beenden *n*

כָּלוּל ת׳ [kalul] enthalten, einbegriffen *Adj.*

כְּלוּלוֹת נ״ר [klulot] Hochzeit *f*

כְּלוּם [kelum] *in Frage- u. Verneinungssätzen*: nichts; *seltener:* etwas; etwa (am Beginn e-s Fragesatzes) *Gr.*

=אֵין בְּכָךְ ~ = es macht nichts, es ist nichts dabei

=לֹא-כְלוּם = nichts

=שׁוּם כְּלוּם! (דיבורי) = gar nichts!

כְּלוֹמַר מ״ח [klomar] das heißt (d. h.)

כְּלוֹנָס ז׳ (כְּלוֹנְסָאוֹת) [klonas] Pfahl *m*; Stelze *f*

=בִּנְיְנֵי-כְלוֹנְסָאוֹת = Pfahlbauten *m/pl.*

=הָלַךְ עַל ~ = auf Stelzen gehen

כְּלוֹר ז׳ [klor] Chlor *n*

=~וֹזִיס ז׳ = Chlorose *f*, Bleichsucht *f Med.*

=~וֹפוֹרְם ז׳ = Chloroform *n*

=~וֹפִיל ז׳ = Chlorophyll *n*, Blattgrün *n*

כְּלוֹת-הַנֶּפֶשׁ נ׳ [klot ha'nefeʃ] heftige Sehnsucht *f*

★(כֶּלַח) אָבַד עָלָיו הַ~ [avad 'alav ha'kelax] veraltet sein

כְּלִי ז׳ (כֵּלִים, כְּלֵי-) [kli] Behälter *m*, Gefäß *n*; Gerät *n*, Werkzeug *n*; Waffe *f*; Organ *n*

=כְּלֵי-בַּיִת ז״ר = Haushaltsgeräte *n/pl.*

=~-דָם = Blutgefäße *n/pl.*

=~-הַקָּשָׁה = Schlaginstrumente *n/pl*

=~-זַיִן = Waffen *f/pl.*

=~-זֶמֶר = Musikinstrumente *n/pl.;* Musikanten *m/pl.*

=~-מִטָּה = Bettzeug *n*

=~-מֵיתָרִים = Saiteninstrumente *n/pl*

=~-מִלְחָמָה = Waffen *f/pl.*

=~-נְגִינָה = Musikinstrumente *n/pl.*

=~-נְשִׁיפָה, ~-רוּחַ = Blasinstrumente *n/pl.*

=~-פְּרִיטָה = Zupfinstrumente *n/pl.*

=~-קֹדֶשׁ = Kultgegenstände *m/pl.*, Tempelgeräte *n/pl.*; in der Synagoge Amtierende *pl.*

=~-קֶשֶׁת = Streichinstrumente *n*/pl.

=כְּלִי-רֶכֶב = Fahrzeuge *n/pl.*

=~-שַׁיִט = Wasserfahrzeuge *n/pl.*

★=כְּלִי-שָׁרֵת = Werkzeug *n auch fig.*

=כֵּלִים שְׁלוּבִים = kommunizierende Röhren *f/pl. Phys.*

=כְּלִי אֵין חֵפֶץ בּוֹ = nutzloses Zeug *n*

=יָצָא מִכֵּלָיו = außer sich geraten

=נוֹשֵׂא-כֵּלִים = Waffenträger *m*; Diener *m*, Gehilfe *m bibl.*

★=נֶחְבָּא אֶל הַכֵּלִים = zurückgezogen, bescheiden *Adj.*

=שָׁבַר אֶת הַכֵּלִים = gegen die guten Sitten verstoßen

כַּלִּיא-בָרָק ז׳ [kali'-barak] Blitzableiter *m*

כְּלִיאָה נ׳ [kli'a] Einsperren n, Inhaftierung *f*

כְּלִיב ז׳ [kliv] Heftklammer *f*

כְּלִיבָה[1] נ׳ [kliva] Schraubstock *m*; Nähkasten *m*

כְּלִיבָה[2] נ׳ [kliva] Heften *n*

כִּלְיָה נ׳ (כְּלָיוֹת) [kilja] Niere *f*

=מוּסַר-כְּלָיוֹת = Reue *f*, Gewissensbisse *m/pl.*

כְּלָיָה נ׳ [klaja] Vernichtung *f*

כִּלָּיוֹן ז׳ [kilajon] Vernichtung *f*

=~ חָרוּץ = vollständige Vernichtung *f*

=כִּלְיוֹן-עֵינַיִם = Ungeduld *f*, sehnsüchtige Erwartung *f*

=~ רוּחַ = Ungeduld *f*

כָּלִיל ת׳, ת״פ [kalil] vollkommen, vollendet *Adj.*; vollständig *Adv.*

=כְּלִיל-הַיֹּפִי = vollendete Schönheit *f*

=~-הַשְּׁלֵמוּת = vollkommene Vollendung *f*

★כְּלִיל ז׳ [klil] Krone *f*

=~-סוֹנֶטוֹת = Sonettenfolge *f*, Sonettenkranz *m Lit.*

=~-הַחֹרֶשׁ = Judenbaum *m* (Cercis), Jacaranda *m Bot.*

כְּלִילָה ת׳ [klila] Einbeziehung *f*

כְּלִילִי ת׳ [klili] koronar *Adj.*

=וְרִידִים וְעוֹרְקִים כְּלִילִיִּים = Kranzgefäße *n*/pl. *Anat.*

כָּלִיף ז׳ [kalif] Kalif *m*

=~וּת נ׳ = Kalifat *n*

כַּלִּי|רַעַם ז׳ [kali'ra'am] Blitzableiter *m*

כֶּלֶךְ ז׳ ['kelex] Steckenkraut *n* (Ferula) *Bot.*

★כַּלֵּךְ! [kaléx] geh!, geh fort!

כִּלְכּוּל ז׳ [kilkul] Unterhalt *m*, Unterstützung *f*

כִּלְכֵּל פיעל [kilkél] *pi.* versorgen, ernähren, erhalten

=~ עִנְיָנָיו = s-e Angelegenheiten regeln

כַּלְכָּל ז׳ [kalkal] Chefsteward *m Flgw.*

כַּלְכָּלָה נ׳ [kalkala] Wirtschaft *f*, Ökonomie *f*; Bwtriebswirtschalt *f*; Ernährung *f*, Unterhalt *m*

=כַּלְכָּלַת-הַבַּיִת = Hauswirtschaftskunde *f*

=תּוֹרַת הַכַּלְכָּלָה = Volkswirtschaft *f*, Nationalökonomie *f*

כַּלְכָּ|לִי ת׳ [kalkali] wirtschaftlich, ökonomisch *Adj.*

=~לָן ז׳ = Wirtschaftswissenschaftler *m*, Ökonom *m*

כָּלַל פעל (לִכְלוֹל אֶת-, כּוֹלֵל, יִכְלוֹל) [kalal] *kal* enthalten; dazurechnen

-נִכְלַל נפ׳ (לְהִכָּלֵל) - *nif.* enthalten sein, inklusive sein

-הִכְלִיל הפ׳ - *hif.* verallgemeinern; einbeziehen

כְּלָל ז׳ [klal] Regel *f*, Gesetz *n*; Allgemeinheit *f*, Gesamtheit *f*

=~ , ~ וּכְלָל, ~ וְעִקָּר = überhaupt, im Großen und Ganzen

=~וֹ שֶׁל דָּבָר = zusammenfassend, also

=בְּדֶרֶךְ כְּלָל = im Allgemeinen

=בִּכְלָל לֹא = überhaupt nicht

=בָּא (הִגִּיעַ) לִכְלַל- = zu etwas gelangen

=יָצָא מִכְּלַל שִׁמּוּשׁ = außer Gebrauch kommen, nicht mehr benutzbar sein

=עַד... וְעַד בִּכְלָל = bis ... einschließlich

=יָצָא מִן הַ|כְּלָל = eine Ausnahme bilden

=יוֹצֵא מִן הַ~ = außergewöhnlich; ausgezeichnet *Adj.*

=טוֹבַת הַ~ = Allgemeinwohl *n*

=~וּת נ׳ = Allgemeinheit *f*; Allgemeine(s) *n*

כְּלָלִי ת׳ [klali] allgemein, universal *Adj.*; General-

=אֲסֵפָה ~ת = Generalversammlung *f*

=הַסְּפִירָה הַ~ת = christliche Zeitrechnung

=הַשְׂכָּלָה ~ת = Allgemeinbildung *f*

=מַטֶּה ~, ר״ת: מַטְכַּ״ל = Generalstab *m Mil.*

=מְכִירָה ~ת = Ausverkauf *m*

=מַזְכִּיר ~ = Generalsekretär *m*

=מְנַהֵל ~ = Generaldirektor *m*

=שֵׁם-עֶצֶם ~ = Gattungsname, Sammelname *m Gr.*

=תּוֹבֵעַ ~ = Staatsanwalt *m*

=בְּאוֹפֶן ~ = im Allgemeinen

=כְּלָלִיּוּת נ׳ = Allgemeinheit *f*; Allgemeingültigkeit *f*

(כלם) נִכְלַם נפ׳ (לְהִכָּלֵם) [nixlam] *nif.* sich beschämt fühlen

-הִכְלִים הפ׳ - *hif.* beschämen, Schande bereiten

כְּלִמָּה נ׳, כלימה [kelima] Schande *f*, Schmach *f*

=בּוּשָׁה וּכְלִימָּה = Schmach und Schande

כַּלָּנִית נ׳ (כַּלָּנִיּוֹת) [kalanit] Anemone *f Bot.*

כְּלַפֵּי מ״י [klapé] gegenüber, zugewandt; in Bezug auf *(Akk.)*

=~ חוּץ = nach außen hin

[koltsdadi] allseitig, multilateral *Adj.* כָּלְצְדָדִי ת׳

[kalkoliti] chalkolithisch, jungsteinzeitlich *Adj.* כַּלְקוֹלִיתִי ת׳

[kolʃehu] irgendwelches, irgendein כָּלְשֶׁהוּ

= Haben Sie irgendwelche Information über... =יֵשׁ לָכֶם מֵידָע ~ לְגַבֵּי...

[koltaxliti] Mehrzweck-, Universal- כָּלְתַכְלִיתִי ת׳

[kimdumé] wie es scheint, wie es mir scheint כִּמְדֻמֶּה, כִּמְדֻמַּנִי

[kama] wie viel? כַּמָּה מ״ש

= einige Leute *pl.* =~ אֲנָשִׁים

= wie groß sind ...! =~ גְּדוֹלִים...

= schon viele ★=זֶה ~

= so und so viel =~ וְכַמָּה

= wie alt ist er? =בֶּן ~ הוּא?

= wie lange?, bis wann? =עַד ~

= wie sehr auch =~ שֶׁ-, ~ שֶׁלֹּא, כָּל ~ שֶׁ-

= umso mehr =עַל אַחַת ~ וְכַמָּה

[kema ʃene'emar] wie geschrieben steht כְּמָה שֶׁנֶּאֱמַר

[kama] *kal* sich sehnen, schmachten ★כָּמַהּ פעל (לִכְמוֹהַּ, כָּמֵהַּ, יִכְמַהּ)

[ka'méa] schmachtend, sehnsüchtig *Adj.* כָּמֵהַּ ת׳

[kméha] Trüffel *f* (Tuber) *Bot.* כְּמֵהָה נ׳

[kimahon] Sehnen *n*, Schmachten *n* כִּמָּהוֹן ז׳

[kméhut] Verwandtschaft *f* כְּמַהוּת נ׳

[kmo] wie; als ob כְּמוֹ

= wie ich (du, er, sie) =כָּמוֹנִי, ~ךָ, ~ךְ, ~הוּ, ~הָ

= wie wir (ihr, sie) =~נוּ, כְּמוֹכֶם, ~הֶם, ~הֶן

= ebenso =~-כֵן

= pseudowissenschaftlich *Adj.* =~-מַדָּעִי

= so, wie er ist; als solcher =~-שֶׁהוּא

= er ist einzigartig =אֵין כָּמוֹהוּ

[kamuvan] selbstverständlich *Adv.* כַּמּוּבָן ת״פ

[kamon] Kreuzkümmel *m* (Cuminum) *Bot.* כַּמּוֹן ז׳

[kamus] verborgen, geheim *Adj.* כָּמוּס ת׳

= latente Hitze *Phys.* =חֹם ~

= strengstes Geheimnis =סוֹד ~

[kmusa] Kapsel *f Med.* כְּמוּסָה נ׳

[kmura] Priesterschaft *f*, Priesterstand *m* כְּמוּרָה נ׳

[kamuʃ] welk *Adj.* כָּמוּשׁ ת׳

[kmot ʃehu'] so, wie er ist כְּמוֹת שֶׁהוּא

= so einer =שֶׁכְּמוֹתוֹ

[kamut] Menge *f*, Quantität *f* כַּמּוּת נ׳ (כַּמֻּיּוֹת)

= unbedeutende Größe, Menge *f* =~ מְבֻטֶּלֶת

[kamuti] quantitativ *Adj.*, der Menge nach כַּמּוּתִי ת׳

= quantitative Bewertung *f* =~יּוּת נ׳

[kimtaxavé] in Schussweite *bibl.* ★כִּמְטַחֲוֵי ת״פ

[kmiha] Sehnsucht *f* כְּמִיהָה נ׳

[kmina] Verstecken *n* כְּמִינָה נ׳

[kmiʃa] Welken *n* כְּמִישָׁה נ׳

[kmana] Falle *f* כְּמָנָה נ׳

[kamnon] Anis *m* (Pimpinella anisum) *Bot.* כַּמְנוֹן ז׳

[kimnapéts] Merkwort für die Buchstaben Kaf, Mem, Nun, Pe, Zade, die e-e besondere Endform haben *Gr.* כְּמְנַפֵּ״ץ

[kamas] *kal* verstecken ★כָּמַס פעל (לִכְמוֹס, יִכְמוֹס)

[kim'at] fast, beinahe כִּמְעַט ת״פ

[nixmar] *nif.* erhitzt werden ★(כמר) נִכְמַר נפ׳

= sich erbarmen =נִכְמְרוּ רַחֲמָיו

['komer] Priester *m* (nicht jüd.) כֹּמֶר ז׳, כומר

[kamaʃ] *kal* welken כָּמַשׁ פעל (לִכְמוֹשׁ, יִכְמוֹשׁ)

[kaméʃ] welkend *Adj.* כָּמֵשׁ ת׳

['kemeʃ] Welken *n*, Verblassen *n* כֶּמֶשׁ ז׳

[kimaʃon] Mehltau *m* (Phytophtosa) *Bot.* כִּמָּשׁוֹן ז׳, כימשון

[kumta] Barett *n* (Filzkappe der Soldaten) כֻּמְתָּה נ׳, כומתה

[kan] hier, an diesem Platz כָּן ת״פ ראה גם: כָּאן

[kén] ja, richtig; so, also, ebenso כֵּן ת״פ

= also =וּבְכֵן

= und so weiter (usw.) =וְכֵן הָלְאָה

= daher =לָכֵן

=שֶׁכֵּן = da, weil, denn
=אִם כֵּן = wenn dem so ist
=אֶלָּא אִם כֵּן = es sei denn dass
=אַף-עַל-פִּי-כֵן = trotzdem
=כָּל-שֶׁכֵּן; לֹא כָּל שֶׁכֵּן = umso mehr; erst recht
=כְּמוֹ-כֵן = ebenso
=לֹא כֵן? = nicht wahr?
=עַל-כֵּן = daher, also
=יָתֵר עַל כֵּן = mehr als das, darüber hinaus
כֵּן ת' [kén] aufrichtig, ehrlich *Adj.*
כֵּן, כַּן ז' (כַּנִּים) [kén, kan] Basis *f*; Gestell *n*, Ständer *m*
=הֵשִׁיב עַל כַּנּוֹ = in den ursprünglichen Zustand zurückbringen
כִּנָּה נ', כינה (כִּנִּים) [kina] Laus *f* (Pediculus) *Zo.*
כַּנָּה נ' [kana] Gestell *n*, Staffelei *f*
כִּנָּה פיעל [kina] *pi.* benennen, e-n Beinamen geben
=מְכַנֶּה ז' = Nenner *m Math.*
=~ מְשֻׁתָּף = gemeinsamer Nenner *Math.*
כִּנּוּי ז', כינוי [kinuj] Benennung *f*, Beiname *m*; Pronomen *n*, Fürwort *n Gr.*
=~-זִקָּה = Relativpronomen *n Gr.*
=~-קִנְיָן = Possessivpronomen *n Gr.*
=~ רוֹמֵז = Demonstrativpronomen *n Gr.*
=~-שֵׁם = Pronomen *n Gr.*
=~-חִבָּה = Kosename *m*
=~ סִפְרוּתִי = Pseudonym *n*, Schriftstellername *m*
כִּנּוּן ז', כינון [kinun] Errichtung *f*
כִּנּוּס ז', כינוס [kinus] Versammlung *f*, Kongress *m*; Sammlung *f*
כָּנוּעַ ת' [ka'nua'] demütig; unterwürfig *Adj.*
כָּנוּף ת' [kanuf] geflügelt *Adj.*
כְּנוּפְיָה נ' [knufja] Bande *f*, Gang F, Rotte *f*
כִּנּוֹר ז', כינור (כִּנּוֹרוֹת) [kinor] Geige *f*, Violine *f*
כֵּנוּת נ' [kénut] Aufrichtigkeit *f*, Ehrlichkeit *f*
כְּנִימָה נ' [knima] Blattlaus *f*
=כְּנִימוֹת-מָגֵן = Schildläuse *f/pl.* (Coccidae) *Zo.*
=~-עָלִים = Blattläuse *f/pl.* (Aphididae) *Zo.*
כְּנִיסָה נ' [knisa] Eintritt *m*, Eingang *m*
כְּנִיעָה נ' [kni'a] Kapitulation *f*, Unterwerfung *f*, Ergebung *f*
כַּנַּ"ל ר"ת: כַּנִּזְכָּר לְמַעְלָה [kanal] wie oben erwähnt
כִּנָּם נ' [kinam] Ungeziefer *n Koll.*
כִּנֶּמֶת נ', כינמת [ki'nemet] Verlausung *f* (Pediculosis) *Med.*
כַּנָּן ז' [kanan] Richtkanonier *m Mil.*
כַּנֶּנֶת נ' [ka'nenet] Windemaschine *f*, Haspel *f Tech.*
כָּנַס פעל (לִכְנוֹס, יִכְנוֹס) [kanas] *kal* zusammenrufen; einsammeln; einbringen
-נִכְנַס נפ' (לְהִכָּנֵס) - *nif.* eintreten, hereinkommen; hineingehen, -passen
-כִּנֵּס פיעל - *pi.* versammeln, einberufen
-הִתְכַּנֵּס הת' - *hit.* sich versammeln; (in sich) zurückziehen
-הִכְנִיס הפ' - *hif.* hereinbringen; Gewinne bringen; hineinstecken
=כּוֹנֵס נְכָסִים = Konkursverwalter *m*
=נִכְנַס בָּעֳבִי הַקּוֹרָה = in die Tiefe gehen; sich eingehend beschäftigen (mit)
=~ לַחֻפָּה = heiraten, sich trauen lassen
=~ לְמִצְווֹת = "Barmitzwah" werden (13 Jahre *f.* Knaben) *Rel.*
=~ לְתוֹךְ דְּבָרָיו = j-m ins Wort fallen
=נִכְנְסָה לְהֵרָיוֹן = schwanger werden
=מַכְנִיס אוֹרְחִים = gastfreundlich *Adj.*
=הִכְנִיס לַתְּמוּנָה = ins Spiel bringen *fig.*
=הִכְנִיס אֶת הַיֶּלֶד בִּבְרִיתוֹ שֶׁל אַבְרָהָם אָבִינוּ = ein Kind beschneiden (lassen) *Rel.*
כֶּנֶס ז' ['kenes] Versammlung *f*, Konferenz *f*, Kongress *m*
כְּנֵסִיָּה נ' [knesija] christl. Kirche *f*
=~תִי ת' = kirchlich *Adj.*

כְּנֶסֶת נ׳ [k'neset] Versammlung *f*

~הַ= = Knesset *f*, israelisches Parlament *n*

=חֲבֵר הַ~ (ח"כ) = Mitglied *m* der Knesset

=יוֹשֵׁב-רֹאשׁ הַ~ = Vorsitzender *m* der Knesset

=~ הַגְּדוֹלָה = *wörtl.* die Große Versammlung; oberster Rat zur Zeit des 2. Tempels

=~-יִשְׂרָאֵל = "Knesset Jisrael", Volk *n* Israel; jüd. Bevölkerung Palästinas während der Mandatsregierung

=בֵּית-~ = Synagoge *f*

(כנע) נִכְנַע נפ׳ (לְהִכָּנֵעַ) [nixna'] *nif.* sich unterwerfen, nachgeben

-הִכְנִיעַ הפ׳ - *hif.* unterwerfen *v/t*

כְּנַעַן ז׳ [kna'an] Kanaan (Land); Kaufmann *m bibl.*

כְּנַעֲנִי ת׳ [kna'ani] kanaanitisch *Adj.*

כָּנָף נ׳ (כְּנָפַיִם, כַּנְפֵי- גם כְּנָפוֹת, כַּנְפוֹת-) [kanaf] Flügel *m*; Geschwader *n Flgw.*

=אִמְרַת-~ = geflügeltes Wort *n*

=כַּנְפֵי-צַנְחָן = Abzeichen *n* der Fallschirmspringer

=אַרְבַּע כַּנְפוֹת = (kleiner) Gebetsschal *m*

=~ ~ הָאָרֶץ = die 4 Ecken der Welt *fig.*

=פְּסַנְתֵּר-כָּנָף = Flügel *m Mus.*

=עָשָׂה לוֹ כְּנָפַיִם = sich schnell verbreiten

=עַל כַּנְפֵי נְשָׁרִים = *wörtl.* auf Adlerschwingen *fig.*; schnell und sicher

כְּנָפִי ת׳ [knafi] -flügelig *Adj.*

=חַד-~, דּוּ-~ = ein-, zweiflügelig *Adj.*

כְּנֻפְיָה נ׳ [knufja] Bande *f*

כַּנְפִית נ׳ [knafit] Flügelfrucht *f* (Samara) *Bot.*

כַּנָּר ז׳ [kanar] Geiger *m*

=~וּת נ׳ = Geigenspiel *n*

כַּנָּרִית נ׳ [kanarit] Kanarienvogel *m* (Serinus canarius); Geigerin *f*

כִּנְרֵר פיעל [kinrér] *pi.* fiedeln

★**כֵּס** ז׳ [kés] Stuhl *m*

=~-הַמִּשְׁפָּט = Richterstuhl *m*

כ"ס ר"ת: **כֹּחַ-סוּס** [koax-sus] *Abk.* Pferdekraft *f* (PS)

כִּסֵּא ז׳, **כיסא** (כִּסְאוֹת) [kisé'] Stuhl *m*

=~-גַּלְגַּלִּים = Rollstuhl *m*

=~-חַשְׁמַל = elektrischer Stuhl

=~-הַמַּלְכוּת = Thron *m*

=~-נוֹחַ = Liegestuhl *m*

=בֵּית-~ = Klosett *n*, Toilette *f*, WC *n*

כֶּסֶה ז׳ ['kese] Neumond *m*

★=בֵּין ~ לְעָשׂוֹר = 10 Tage zwischen Neujahr und Versöhnungstag *Rel.*

כִּסְאוֹן ז׳ [kis'on] Babystuhl *m*, Kinder(hoch)stuhl *m*

כֻּסְבָּר ז׳, **כֻּסְבֶּרֶת, כֻּסְבָּרָה** נ׳ [kusbar, kus'beret, kusbara] Koriander *m Bot.*

כִּסָּה פיעל [kisa] *pi.* bedecken, verdecken; berichten über (*Akk.*)

=~ אֶת הַהוֹצָאוֹת = Ausgaben, Kosten decken

כִּסּוּחַ ז׳, **כיסוח** [ki'suax] Rasenmähen *n*

כָּסוּחַ ת׳ [ka'suax] gemäht, abgeschnitten *Adj.*

כָּסוּי ת׳ [kasuj] bedeckt *Adj.*

=כְּסוּי-רֹאשׁ ת׳ = mit Kopfbedeckung

כְּסוּי ז׳ [ksuj] Überzug *m*, Abdeckung *f*

כִּסּוּי ז׳, **כיסוי** [kisuj] Bedeckung *f*; Deckung *f*; Berichterstattung *f*

=אֵין לוֹ ~ (שֶׁק) = (Scheck) ohne Deckung

כָּסוּס ת׳ [kasus] abgekaut, abgebissen *Adj.*

כִּסּוּס ז׳ [kisus] Nagen *n*

כִּסּוּף ז׳, **כיסוף** (כִּסּוּפִים) [kisuf] Sehnen *n*, Sehnsucht *f*,

כָּסוּף[1] ת׳ [kasuf] ersehnt *Adj.*

כָּסוּף[2] ת׳ [kasuf] silbern *Adj.*

כִּסּוּפִי ת׳, **כיסופי** [kisufi] sehnsüchtig *Adj.*

כְּסוּת נ׳ [ksut] Kleidung *f*, Bekleidung *f*

כִּסֵּחַ פיעל (לְכַסֵּחַ) [kisax] *pi.* Rasen mähen; *j-n* fertig machen F

כַּסַּח ז׳ (סלנג) [kasax] gewalttätiger Streit *m*

כְּסָיָה, כַּסְיָה נ׳ [ksaja, kasja] Handschuh *m*

כְּסִיחָה נ׳ [ksixa] Mähen *n;* Roden *n*

★כְּסִיל¹ ז׳ [ksil] Narr *m*, Tor *m*

כְּסִיל² ז׳ [ksil] Orion *m Astr.*

כְּסִי|לוּת נ׳ [ksilut] Torheit *f*

=~לִי ת׳ = töricht *Adj.*

כְּסִיסָה נ׳ [ksisa] Kauen *n*, Knabbern *n*

★כֶּסֶל ז׳ ['kesel] Torheit *f*

כִּסְלֵו ז׳, כסליו [kislév] 3. Monat des jüdischen Kalenders (Nov. - Dez.)

כִּסְלוּת נ׳ [kislut] Torheit *f*, Narrheit *f*

כֻּסֶּמֶת נ׳, כוסמת [ku'semet] Dinkel *m* (Triticum dicoccum) *Bot.*

כָּסַס פעל (לִכְסוֹס, יִכְסוֹס) [kasas] *kal* nagen, knabbern

★כָּסַף פעל (לִכְסוֹף, יִכְסוֹף) [kasaf] *kal* sich sehnen

-נִכְסַף נפ׳ (לְהִכָּסֵף לְ-) - *nif.* sich sehnen; ersehnt werden

-הִכְסִיף הפ׳ - *hif.* weiß werden; versilbern

כֶּסֶף ז׳ ['kesef] Geld *n*; Silber *n*

=כְּסָפִים ז״ר = Finanzen *pl.*

=כֶּסֶף עוֹבֵר לַסּוֹחֵר = gutes Geld, bares Geld *n*

=~ אֲמִתִּי = echt Silber

כָּסֹף ת׳, כסוף [kasof] silbrig *Adj.*

כַּסְפִּי ת׳ [kaspi] silbern; finanziell *Adj.*; Geld-

כַּסְפִּית נ׳ [kaspit] Quecksilber *n*

כַּסֶּפֶת נ׳ [ka'sefet] Geldschrank *m*, Safe *m*; Stahlkammer *f*; Registrierkasse *f*

כֶּסֶת נ׳ ['keset] Federbett *n*

כַּעְבָּה נ׳ [ka'ba] Kaaba *f*, islam. Heiligtum

כָּעוּס ת׳ [ka'us] zornig, wütend, erzürnt *Adj.*

כִּעוּר ז׳, כיעור [ki'ur] Hässlichkeit *f*

כָּעוּר ת׳ [ka'ur] hässlich *Adj.*

כְּעֵין נ׳ [ke'én] ähnlich wie, eine Art

כְּעִיסָה נ׳ [ke'isa] Wut *f*, Ärger *m*

כְּעִירוּת נ׳ [ke'irut] Hässlichkeit *f*

כַּעַךְ ז׳ (כְּעָכִים) ['ka'ax] Sesamkringel *m*, Beigel *n*

כִּעְכּוּעַ ז׳ [ki'kua'] Hüsteln *n*, Räuspern *n*

כִּעְכֵּעַ פיעל [ki'ka'] *pi.* hüsteln, sich räuspern

כָּעַס פעל (לִכְעוֹס עַל-, יִכְעַס) [ka'as] *kal* zürnen, sich ärgern, (*j-m*) böse sein

-הִכְעִיס הפ׳ - *hif.* erzürnen, ärgern *v/t*, wütend machen

=לְהַכְעִיס = böswillig, aus Trotz

כַּעַס ז׳ ['ka'as] Zorn *m*; Wut *f*; Ärger *m*

כַּעֲסָ|ן ז׳ [ka'asan] reizbarer, jähzorniger Mensch *m*

=~-נוּת נ׳ = Jähzorn *m*

=~נִי ת׳ = reizbar, jähzornig *Adj.*

כִּעֵר פיעל [ki'er] *pi.* verunstalten, hässlich machen

-הִתְכַּעֵר הת׳ = *hit.* hässlich werden

כָּעֵת ת״פ [ka'ét] jetzt *Adv.*

כַּף נ׳ (כַּפַּיִם, כַּפּוֹת) [kaf] Handfläche *f;* Löffel *m*

=~-רֶגֶל = Fußsohle *f*

=~-בְּחִישָׁה = Rührlöffel *m*

=~-בַּנָּאִים = Maurerkelle *f*

=~-זְכוּת = Entscheidung *f* zugunsten

=~-חוֹבָה = Entscheidung *f* zuungunsten

★=~-יָרֵךְ = Hüftpfanne *f bibl.*

=~-מֹאזְנַיִם = Waagschale *f*

=~-הַמַּנְעוּל = Türgriff *m*, Klinke *f*

=~-הַנַּעַל = Schuhlöffel *m*

=~-סַיָּדִים = Spachtel *f*, *m*

★=~-הַקֶּלַע = Pfanne *f* der Schleuder *bibl.*

=~ תָּמָר, ~-תְּמָרִים = Palmzweig *m*, Palmwedel *m*

=הִכְרִיעַ אֶת הַ~ = den Ausschlag geben

=מָחָא ~, מָחָא כַּפַּיִם = Beifall klatschen

=מְלֹא הַ~ = Hand *f* voll

=תָּקַע ~ = durch Handschlag bekräftigen

=שָׂם נַפְשׁוֹ בְּכַפּוֹ = sein Leben einsetzen

=יְגִיעַ כַּפַּיִם = seiner Hände Arbeit *f*

=מְחִיאוֹת-~ = Beifall *m*, Händeklatschen *n*

=נִקְיוֹן-~ ז׳ = moralische Reinheit, Unbestechlichkeit *f*

=תְּבוּנַת-~ = Fingerfertigkeit *f*, Geschicklichkeit *f*

=נָשָׂא אותו עַל ~ = auf Händen tragen
=סָפַק אֶת כַּפָּיו = die Hände über dem Kopf zusammenschlagen
=רָחַץ בְּנִקָּיוֹן ~ = s-e Hände in Unschuld waschen
כַּף נ׳ [kaf] Kaf (K) 11. Buchstabe des hebr. Alphabets
=~ סוֹפִית (ך) = Schluss-Kaf (am Ende des Wortes)
כֵּף ז׳ [kéf] Felsen *m*; Kap *n*
כִּפָּה נ׳, כיפה [kipa] Käppchen n, Kappe *f*; Kipah (Kopfbedeckung der Juden) *f*; Kuppel *f*; Kuppe *f*
=כִּפַּת-הַשָּׁמַיִם = Himmelsgewölbe *n*
=תַּחַת ~ ~ = unter freiem Himmel
=מָלַךְ בְּכִפָּה = unbeschränkt herrschen
=כִּפַּת הַסֶּלַע = Felsendom *m*
=~ אֲדֻמָּה = Rotkäppchen
כָּפָה פעל (לִכְפּוֹת אֶת-, יִכְפֶּה) [kafa] *kal* aufdrängen, aufzwingen; erzwingen
-נִכְפָּה נפ׳ (לְהִכָּפוֹת) - *nif.* aufgezwungen werden; an Epilepsie erkranken
=כְּמִי שֶׁנִּכְפָּאוֹ שֵׁד = wie vom Teufel besessen
כָּפוּי ת׳ [kafuj] aufgezwungen, erzwungen *Adj.*
=כְּפוּי-טוֹבָה, ~-תוֹדָה = undankbar *Adj.*
כָּפוּל ת׳ [kaful] doppelt *Adj.*; mal *Math.*
כִּפּוּל ז׳ [kipul] Falten *n;* Verdoppelung *f*
כְּפוּלָה נ׳ [kfula] Vielfache(s) *n Math.*; Duplikat *n*
כָּפוּן ת׳ [kafun] ausgehungert, hungrig *Adj.*
כָּפוּף ת׳ [kafuf] gebückt, gebogen; untergeben, unterworfen *Adj.*
כִּפּוּף ז׳ [kipuf] Verbeugung *f*, Bücken *n*
כְּפוֹר ז׳ [kfor] Frost *m*, Reif *m;* Eiseskälte *f*
★כִּפּוּר ז׳, כיפור [kipur] Versöhnung *f*
=יוֹם ~, יוֹם הַכִּפּוּרִים = Versöhnungsfest *n*, Versöhnungstag *m*
כָּפוּת ת׳ [kafut] gefesselt, gebunden *Adj.*
כִּפֵּחַ ת׳, כיפח [ki'péax] übergroß, lang (Mensch) *Adj.*

כְּפִי מ״י [kfi] gemäß, entsprechend, je nach
=~ שֶׁ- = weil, demzufolge
כְּפִיָּה נ׳ [kfija] Zwang *m*
=כְּפִיַּת-טוֹבָה = Undankbarkeit *f*
כָּפִיָּה נ׳ (ערב׳) [kafija] arab. Kopftuch *n*, Keffije *f*
כִּפְיוֹן ז׳ [kifjon] Epilepsie *f Med.*
כְּפִיוּת-טוֹבָה נ׳ [kfijut-tova] Undankbarkeit *f*
כָּפִיל ז׳ [kafil] Doppelgänger *m*
=כְּפִילָה נ׳ = Verdoppelung *f*
=~לוּת נ׳ = Doppelheit *f*, Duplizität *f*
★(כפין) כָּל דִּכְפִין (ארמ׳) [kol dixfin] alle Hungrigen, alle Bedürftigen
כָּפִיס ז׳ [kafis] Sparren *m*, Dachbalken *m*
כָּפִיף ת׳ [kafif] biegsam *Adj.*
כְּפִיפָה[1] נ׳ [kfifa] Biegen *n*, Beugen *n*
(כְּפִיפָה)[2], בִּכְפִיפָה אַחַת [kfifa] *wörtl.* in e-m Korb; unter e-m Dach
כְּפִיפוּת נ׳ [kfifut] Biegsamkeit *f*; Unterordnung *f*; Abhängigkeit *f*
=בִּכְפִיפוּת לְ- = entsprechend, gemäß *(D) Prp.*
כְּפִיר ז׳ [kfir] junger Löwe *m*
כְּפִירָה נ׳ [kfira] Ketzerei *f*, Ableugnung *f*
כְּפִישָׁה נ׳ [kfiʃa] Weidenkorb *m*
כַּפִּית נ׳ [kapit] Teelöffel *m*, Löffelchen *n*
כְּפִיתָה נ׳ [kfita] Fesselung *f*
=~תוּת נ׳ = Bindung *f*
כְּפִיָּתִי ת׳ [kfijati] zwanghaft *Adj.*
=~וּת נ׳ = Zwanghaftigkeit *f*, Neurose *f*
כָּפַל פעל (לִכְפּוֹל, יִכְפּוֹל) [kafal] *kal* doppelt tun, doppelt geben; multiplizieren *Math.*
-כִּפֵּל פיעל - *pi.* verdoppeln
-הִכְפִּיל הפ׳ - *hif.* verdoppeln; multiplizieren
-כּוֹפֵל ז׳ - Multiplikator *m Math.*
-נִכְפָּל ז׳ - Multiplikand *m Math.*
כֶּפֶל ז׳ ['kefel] Verdoppelung *f*; Multiplikation *f Math.*
=~ לָשׁוֹן, ~ מִלִּים = Pleonasmus *m*, Tautologie *f*
=לוּחַ הַ~ = Einmaleins *n*

=כִּפְלַיִם = doppelt, zweimal
=כֶּפֶל-כִּפְלַיִם = viel mehr, vielfach
כַּפָּן ז' [kapan] Löffler *m* (Platalea leucorodia) *Zo.*
כָּפָן ז' [kafan] Hunger *m*, Hungersnot *f*
כַּפָּנִי ת' [kapani] handförmig *Adj.*
כָּפַף פעל (לָכוֹף אֶת-, גם לִכְפּוֹף, יִכְפּוֹף) [kafaf] *kal* biegen, beugen; zwingen
-כּוֹפֵף פיעל - *pi.* biegen
-הִתְכּוֹפֵף הת' - *hit.* sich bücken
-הִכְפִּיף הפ' - *hif.* niederdrücken
=בִּמְכֻפָּף ת"פ = gebückt *Adv.*
כֶּפֶף ז' ['kefef] Biegen *n*, Beugen *n*, Bücken *n*
כְּפָפָה נ' [kfafa] Handschuh *m*
=כְּפָפוֹת-אֶגְרוֹף = Boxhandschuhe *m/pl.*
כִּפֵּר פיעל [kipér] *pi.* sühnen
=בַּל יְכֻפַּר = unverzeihlich, nicht wieder gutzumachen
כָּפַר פעל (לִכְפּוֹר בְּ-) [kafar] *kal* leugnen, abschwören; nicht gläubig sein
=~ בָּעִקָּר = Gott leugnen
כֹּפֶר[1] ז', כופר ['kofer] Sühnegeld *n*, Lösegeld *n*
=~ נֶפֶשׁ = Lösegeld
כֹּפֶר[2] ז', כופר ['kofer] Asphalt *m*, Bitumen *n*
כֹּפֶר[3] ז', כופר ['kofer] Hennarispe *f*, Hennastrauch *m* (Lansonia) *Bot.*; Kampfer *m*
כְּפָר ז' [kfar] Dorf *n*
=בֶּן-~ = Dorfbewohner *m*; *neg.* Provinzler *m*
כַּפָּרָה נ' [kapara] Sühne *f*; Sühneopfer *n*
=כַּפָּרוֹת נ"ר = Sühneopfer *n*; Sündenbock *m*
=אֲנִי צָרִיךְ אוֹתוֹ לְ~ = ich brauche ihn nicht
כְּפָרִי, כַּפְרִי ת' [kfari, kafri] dörflich, ländlich, provinziell *Adj.*
~יּוּת נ' = Ländlichkeit *f*
כַּפֹּרֶת נ', כפורת [ka'poret] Vorhang *m* vor dem Thoraschrein *Rel.*
(כפש) הִכְפִּישׁ הפ' [hixpiʃ] *hif.* verschmutzen; besudeln *v/t.*

כָּפַת פעל (לִכְפּוֹת אֶת-, יִכְפּוֹת) [kafat] *kal* fesseln
כֻּפְתָּה נ', כופתה [kufta] Kloß *m*, Knödel *m*; Feischklößchen *n*
כַּפְתּוֹר ז' [kaftor] Knopf *m*; Knauf *m*; Kapitell *n*
=~ הַקָּנֶה = Adamsapfel m *Anat.*
=~ וָפֶרַח = wunderbar!, großartig! bravo!
כִּפְתּוּר ז', כיפתור [kiftur] Zuknöpfen *n*
כַּפְתּוֹרִית נ' [kaftorit] Manschettenknopf *m*
כִּפְתֵּר פיעל [kiftér] *pi.* zuknöpfen
כַּ"ץ ר"ת: כֹּהֵן צֶדֶק [kats] *Kurzw.* jüd. Priester *m*
כַּר[1] ז' [kar] Kissen *n*
כַּר[2] ז' [kar] Aue *f*, Weide *f*
=~ נִרְחָב = weites Feld *n fig.*
=כָּרֵי-דֶשֶׁא ז"ר = Wiese *f*
כָּרָאוּי ת"פ [kara'uj] wie es sich gehört *Adv.*
=כִּרְאוֹת עֵינָיו = wie er es für richtig hält
כִּרְבֵּל פיעל [kirbél] *pi.* einhüllen
-הִתְכַּרְבֵּל הת' - *hit.* sich zudecken
כַּרְבֹּלֶת נ', כרבולת [kar'bolet] Hahnenkamm *m*
כָּרָגִיל ת"פ [karagil] wie gewöhnlich
כָּרֶגַע ת"פ [kerega'] jetzt gerade, derzeit
כָּרָה פעל (לִכְרוֹת, כּוֹרֶה, יִכְרֶה) [kara] *kal* graben
=~ אֶת אָזְנָיו = s-e Ohren aufsperren
=~ רָעָה = aushecken, intrigieren
כֵּרָה נ' [kéra] Fest *n*, Bankett *n*
כְּרוּב[1] ז' [kruv] Kohl *m*, Kraut *n*
=~ אָדֹם = Rotkohl *m*
=~-הַקֶּלַח = Kohlrabi *m*
=~ כָּבוּשׁ = Sauerkraut *m*
=~ נִצָּנִים = Rosenkohl *m*
כְּרוּב[2] ז' [kruv] Cherub *m*, Engel *m* Gottes
כְּרוּבִית נ' [kruvit] Blumenkohl *m*
כְּרוּז ז' [kruz] Aufruf *m*
כָּרוֹז ז' (כָּרוֹזִים גם כָּרוֹזוֹת) [karoz] Herold *m*, Ausrufer *m*
כָּרוּי ת' [karuj] gegraben *Adj.*
★=אָזְנַיִם כְּרוּיוֹת = offene Ohren *n/pl. fig.*

כָּרוּךְ ת׳ [karux] verbunden, gebunden *Adj.*
=~ אַחֲרָיו = anhänglich *Adj.*
=~ בִּקְשָׁיִים = mit Schwierigkeiten verbunden
כְּרוּכְיָה נ׳ ראה גם: עָגוּר [kruxja] Kranich *m*
=צָוַח כִּכְרוּכְיָה = kreischen, schreien wie ein Kranich
כְּרוּכִית נ׳ [kruxit] Strudel *m* (Kuchen)
כְּרוֹם ז׳ [krom] Chrom *n*
כְּרוֹמָטִי ת׳ [kromati] chromatisch *Adj. Mus.*
כֶּרְוָן ז׳, כרוון [kérvan] Triel *m* (Burhinus oedicnemus) *Zo.*
כְּרוֹנוֹלוֹגְיָה נ׳ [kronologja] zeitliche Reihenfolge, Chronologie *f*
=~גִי ת׳ = chronologisch *Adj.*
כְּרוֹנִי ת׳ [kroni] chronisch *Adj.*
=מַחֲלָה ~ת = chronische Krankheit *f*
כְּרוֹנִיקָה נ׳ [kronika] Chronik *f*
כָּרוּעַ ת׳ [karua'] knieend, ergeben *Adj.*
כָּרוּת ת׳ [karut] abgeschnitten, abgeschlagen *Adj.*
(כרז) הִכְרִיז הפ׳ [hixriz] *hif.* ausrufen, verkünden
כְּרָזָה נ׳ [kraza] Plakat *n*
(כרח) הִכְרִיחַ הפ׳ [hix'riax] *hif.* zwingen, nötigen
כֹּרַח ז׳, כורח ['korax] Zwang *m*, Notwendigkeit *f*
=עַל-כָּרְחוֹ, בְּ~-~ = wider Willen
כִּרְטוּס ז׳ [kirtus] Katalogisierung *f*, Anlegen *n* e-r Kartei; Abstempeln *n*
כַּרְטִיס ז׳ [kartis] Karte *f* (Fahr-, Eintrittskarte), Ticket *n*
=~ אַשְׁרַאי = Kreditkarte *f*
=~-בִּקּוּר = Visitenkarte *f*
=~-מָנוּי = Abonnement *n*
=כַּרְטִיסִיָּה נ׳ = Zehnerkarte *f*; Sammelkarte *f*
=~סָן ז׳ = Fahrkartenverkäufer *m*
כִּרְטֵס פיעל [kirtés] *pi.* aufnehmen in e-e Kartei; abstempeln
כַּרְטֶסֶת נ׳ [kar'teset] Katalog *m* aus Karteikarten

כְּרִיבָה נ׳ [kriva] Pflügen *n*
כְּרִיָּה נ׳ [krija] Graben *n*; Bergbau *m*
כָּרִיזְמָה נ׳ [ka'rizma] Charisma *n*, Ausstrahlung *f*
כָּרִיךְ ז׳ [karix] Sandwich *n*, belegtes Brot *n*
כְּרִיכָה נ׳ [krixa] Buchbinden *n*; (Buch) Einband *m*
=~כִיָּה נ׳ = Buchbinderei *f*
כְּרִיעָה נ׳ [kri'a] Knien *n*, Kniefall *m*
כָּרִישׁ ז׳ [kariʃ] Haifisch *m* (Carcharinus) *Zo.*
כָּרִית נ׳ [karit] Kopfkissen *n*; Sofakissen *n*
=~-דְּיוֹ, ~-חוֹתָם = Stempelkissen *n*
כְּרִיתָה נ׳ [krita] Fällen *n* (v. Bäumen)
=כְּרִיתַת-בְּרִית = Abkommen schließen
כְּרִיתוּת נ׳ [kritut] Scheidung *f*
=סֵפֶר-~ = Scheidebrief *m*, Scheidungsurkunde *f*
כָּרַךְ פעל (לִכְרוֹךְ אֶת-, יִכְרוֹךְ) [karax] *kal* umwickeln, zusammenbinden; (Buch) binden
-נִכְרַךְ נפ׳ - *nif.* gebunden sein; umwickelt werden
★כֶּרֶךְ ז׳ (כְּרָכִים, כִּרְכֵי-) ['kerex] Band *m* (Buch)
כְּרַךְ ז׳ (כְּרַכִּים, כְּרַכֵּי-) [krax] Großstadt *f*
=בֶּן-~ = Großstädter *m*
כַּרְכֹּב ז׳, כרכוב [karkov] Rand *m*, Kante *f*
כִּרְכּוּר ז׳, כרכור [kirkur] Hüpfen *n*, Herumtanzen *n*
כְּרַכִּי ת׳ [kraki] großstädtisch *Adj.*
=~יּוּת נ׳ = Großstadtwesen *n*
כַּרְכֹּם ז׳, כרכום [karkom] Krokus *m*, Safran *m Bot.*
כִּרְכֵּם פיעל [kirkém] *pi.* safrangelb färben
=נִתְכַּרְכְּמוּ פָּנָיו = sich schämen
כִּרְכָּר ז׳ [kirkar] Spindel *f*
כִּרְכֵּר פיעל [kirkér] *pi.* tanzen, sich drehen, hüpfen
=~ מְסָבִיב לְ- = sich um j-n herumdrehen
כִּרְכָּרָה נ׳ [kirkara] Droschke *f*
★כַּרְכֶּשֶׁת נ׳ [kar'keʃet] Rektum *n*, Mastdarm *m*
כְּרֹכֶת נ׳ [kroxet] Bündel *n*

כֶּרֶם ז׳ ['kerem] Weinberg *m*
=~ זַיִת = Olivenplantage *f*
כַּרְמִיל ז׳ [karmil] karmesinrot *Adj.*
כַּרְמֶל ז׳ [karmel] Berg *m* Karmel; Obstgarten *m bibl.*
כַּרְמְלִית נ׳ [karmelit] U-Bahn *f* in Haifa; Platz zwischen privatem u. öffentl. Boden; Rasenplatz *m*, vor dem Haus
כָּרֵס, כֶּרֶס נ׳ (כְּרֵסוֹת) [karés, 'keres] Bauch *m*
★=מִלֵּא כְּרֵסוֹ = sich den Bauch vollschlagen
=בַּלּוּטַת הַכָּרֵס ראה: לַבְלָב = Bauchspeicheldrüse *f* (Pankreas) *Anat.*
=כְּרֵסָהּ בֵּין שִׁנֶּיהָ = sie ist hochschwanger
=סְבָרַת-כָּרֵס = unbegründete Vermutung *f*
כֻּרְסָה נ׳, כורסה [kursa] Sessel *m*
כִּרְסוּם ז׳ [kirsum] Nagen *n*, Abnagen *n*; Fräsen *n*
כְּרֵסִי ת׳ [krési] bauchig *Adj.*
כִּרְסֵם פיעל [kirsém] *pi.* nagen; fräsen
כַּרְסֹם ז׳, כרסום [karsom] Fräsmaschine *f*
כַּרְסְמָן ז׳ [karseman] Nagetier *n*
כַּרְסָן ז׳ [karsan] Schmerbauch *m*
=~נִי ת׳ = dick, korpulent *Adj.*
כַּרְסְתָן, ~ נִי ת׳ [karsetan, -i] korpulent *Adj.*
כָּרַע פעל (לִכְרוֹעַ, יִכְרַע) [kara'] *kal* knien, auf die Knie fallen; zusammenbrechen
-הִכְרִיעַ הפ׳ - *hif.* in die Knie zwingen; entscheiden, den Ausschlag geben
=כָּרַע תַּחְתָּיו = einstürzen, zusammenbrechen
=כָּרְעָה לָלֶדֶת = gebären, niederkommen, entbinden
=הִכְרִיעַ לְכַף-, ~ אֶת הַכַּף = entscheiden
=דֵּעָה מַכְרַעַת = entscheidende Stimme *f*
כֶּרַע ז׳ (כְּרָעַיִם, כַּרְעֵי-) ['kera'] Unterschenkel *m* (Geflügel); oberes Glied n (Insekten); Bein *n* (Möbel)
=עַל כַּרְעֵי תַרְנְגֹלֶת = auf schwachen (*oder* tönernen) Füßen
=עַל כְּרָעָיו וְעַל קִרְבּוֹ = mit Haut und Haaren
כַּרְפַּס ז׳ [karpas] Sellerie *m* (Apium)
כֶּרֶץ ז׳ ['kerets] Fadenwurm *m* (Ascaris lumbricoides)
כְּרֵשָׁה נ׳ [kréʃa] Lauch *m*, Porree *m* (Allium porrum)
כַּרְשִׁינָה נ׳ [karʃina] Linsenwicke *f* (Vicia ervilia) *Bot.*
כָּרַת פעל (לִכְרוֹת אֶת-, יִכְרוֹת) [karat] *kal* abschneiden, abhauen, fällen (Baum)
-הִכְרִית הפ׳ - *hif.* ausrotten
=כָּרַת אֲמָנָה,~ בְּרִית = einen Bund, ein Abkommen schließen
★כָּרֵת ז׳ [karét] frühzeitiger Tod *m* als Gottesstrafe
כְּרֵתִי וּפְלֵתִי [kréti ufléti] Krethi und Plethi *pl.*, das gemeine Volk
כְּשֶׁ- (=כַּאֲשֶׁר) [kʃe] als; wie *Kj.*
כַּשְׂדִּי ת׳ [kasdi] chaldäisch, babylonisch *Adj.*
כִּשּׁוּף ז׳, כישוף [kiʃuf] Zauberei *f*, Hexerei *f*, Magie *f*
כָּשׁוּף ת׳ [kaʃuf] verzaubert, verhext *Adj.*
כִּשּׁוּר ז׳ [kiʃur] Qualifikation *f*; Kapazität *f*
כַּשּׁוּרָה ת״פ [kaʃura] in Ordnung, ordentlich, befriedigend *Adv.*
כְּשׁוּת נ׳ [kʃut] Hopfen *m*; Flaum *m*
★כַּשִּׁיל ז׳ [kaʃil] Holzhammer *m*
כָּשִׁיר ת׳ [kaʃir] befähigt, geeignet, tauglich *Adj.*
=כְּשִׁירוּת נ׳ = Eignung *f*, Tauglichkeit *f*
כִּשְׁכּוּשׁ ז׳ [kiʃkuʃ] (Schwanz) Wedeln *n*
כִּשְׁכֵּשׁ פיעל [kiʃkéʃ] *pi.* wedeln (Schwanz)
כָּשַׁל פעל (לִכְשׁוֹל, יִכְשַׁל) [kaʃal] *kal* straucheln; misslingen
-נִכְשַׁל נפ׳ (לְהִכָּשֵׁל) - *nif.* straucheln; scheitern, nicht schaffen, durchfallen (Prüfung)
-הִכְשִׁיל הפ׳ - *hif.* straucheln lassen; irreführen; durchfallen lassen

= sich verhaspeln; ins Fettnäpfchen treten =נִכְשַׁל בִּלְשׁוֹנוֹ
= geschwächt sein =כָּשַׁל כֹּחוֹ
['keʃel] Scheitern *n*, Misserfolg *m* **כֶּשֶׁל** ז׳
= Fehler, Fehlleistung *f* =מַעֲשֵׂי-~ ז"ר
= unfehlbar *Adj.* =אַל-~
[kiʃalon] Misserfolg *m*, Versagen *n*, Reinfall *m*, Pleite *f* F **כִּשָּׁלוֹן** ז׳ (כִּשְׁלוֹנוֹת)
= vollkommener Fehlschlag m =~ חָרוּץ
[keʃém ʃe] so wie **כְּשֵׁם שֶׁ-**
[kiʃéf] *pi.* zaubern, hexen **כִּשֵּׁף** פיעל
[kaʃaf] Zauberer *m*, Magier *m* **כַּשָּׁף** ז׳
['keʃef] Zauberei *f* **כֶּשֶׁף** ז׳, (כְּשָׁפִים)
[kaʃafut] Zauberei *f*, Hexerei *f* **כַּשְּׁפוּת** נ׳
[kaʃar] *kal* gelingen, passend sein ★**כָּשַׁר** פעל (לִכְשׁוֹר, יִכְשַׁר)
- *pi.* koscher machen *(rituell)* -כִּשֵּׁר פיעל
- *hit.* sich vorbereiten, trainieren, (sich) üben; e-n Beruf erlernen -הִתְכַּשֵּׁר הת׳
- *hif.* bereit machen; für geeignet erklären; für rechtsgültig erklären; trainieren -הִכְשִׁיר הפ׳
= begabt *Adj.* =מֻכְשָׁר ת׳
[kaʃér] koscher, rein; erlaubt, tauglich; passend, gut, geeignet *Adj.* **כָּשֵׁר** ת׳
= koscheres Fleisch *n* =בָּשָׂר ~
= koschere Küche *f* =מִטְבָּח ~
['koʃer] Fähigkeit *f*, Eignung *f*, Tauglichkeit *f*; Können *n* **כֹּשֶׁר** ז׳, **כושר**
= die passende Stunde *f* =שְׁעַת הַ~
= gute Ausdrucksfähigkeit *f* =~ בִּטּוּי
= körperliche Kondition *f*, Tauglichkeit *f* =~ גּוּפָנִי
= Saugfähigkeit *f* =~ סְפִיגָה
= Kampffähigkeit *f* =~ קְרָבִי
= Fitnessraum *m* (Geräte) =חֲדַר ~
[kiʃron, kiʃaron] Begabung *f*, Talent *n* **כִּשְׁרוֹן, כִּשָּׁרוֹן** ז׳ (כִּשְׁרוֹנוֹת)

= talentierter Mensch, Begabter *m* =בַּעַל-~
[kiʃroni] begabt *Adj.* **כִּשְׁרוֹנִי** ת׳
= Begabung *f* =~יּוּת נ׳
[kaʃrut] Koscher-Sein n (jüd. Reinheitsgesetz) **כַּשְׁרוּת** נ׳
[kat] Sekte *f*, Gruppe *f* **כַּת** נ׳ (כִּתּוֹת)
[katav] *kal* schreiben **כָּתַב** פעל (לִכְתּוֹב, יִכְתּוֹב)
- *pi.* beschriften -כִּתֵּב פיעל
- *hit.* korrespondieren, in Briefwechsel stehen -הִתְכַּתֵּב הת׳
- *hif.* diktieren; vorschreiben *fig.* -הִכְתִּיב הפ׳
= Bedingungen stellen, diktieren =הִכְתִּיב תְּנָאִים
[ktav] Schrift *f*; literarisches Werk *n* **כְּתָב** ז׳ (כְּתָבִים, כִּתְבֵי-)
= Beglaubigungsschreiben *n* =כְּתַב-הָאֲמָנָה
= Anklageschrift *f* =~-אִשּׁוּם
= Vollmacht *f* =~-הַרְשָׁאָה
= Vertrag *m* =~-הִתְקַשְּׁרוּת
= Hieroglyphen *f/pl.* =~-הַחַרְטֻמִּים
= Keilschrift *f* =~-הַיְתֵדוֹת
= alte hebräische (kanaanitische) Schrift *f* =~-דַּעַץ, ~עִבְרִי
= Handschrift *f*; Manuskript *n* =~-יָד
= Ernennungsurkunde *f* =~-מִנּוּי
= hebräische (assyrische) Quadratschrift *f* =כְּתָב מְרֻבָּע
= Geheimschrift *f* =כְּתַב-סְתָרִים
= Zeitschrift *f* =~-עֵת
= Pamphlet *n*, Schmähschrift *f* =~-פְּלַסְתֵּר
= Heilige Schrift *f* =כִּתְבֵי-הַקֹּדֶשׁ
= sämtliche Werke *n/pl.* von =כָּל כִּתְבֵי-
= schriftlich *Adv.* =בִּכְתָב ת"פ
= Schreibschrift *f* =אוֹתִיּוֹת-כְּתָב
= geschriebene Lehre, Thora *f* =תּוֹרָה שֶׁבִּכְתָב
= wörtlich *Adv.* =כִּכְתָבוֹ וְכִלְשׁוֹנוֹ
= zu Papier bringen =הֶעֱלָה עַל הַכְּתָב
[katav] Korrespondent *m*, Journalist *m* **כַּתָּב** ז׳
[katava] Reportage *f*, **כַּתָּבָה** נ׳

Zeitungsbericht *m*, Artikel *m*

כְּתֻבָּה נ׳, כתובה [ktuba] Ehevertrag *m*

כַּתָּבוּת נ׳ [katavut] Journalismus *m*

כְּתָבִי ת׳ [ktavi] grafisch, geschrieben *Adj.*

כַּתְבָן ז׳ [katvan] Schreiber *m*, Datentypist *m*

=~נוּת נ׳ = Schreibmaschinenarbeit *f*

=~נִית נ׳ = Datentypistin *f*

כְּתֹבֶת נ׳, כתובת [k'tovet] Adresse *f*, Anschrift *f* Inschrift *f*

=~ קַעֲקַע = Tätowierung *f*

כַּתֶּבֶת נ׳ [ka'tevet] Korrespondentin *f*, Journalistin *f*

כִּתָּה נ׳, כיתה [kita] (Schul-)Klasse *f*; Zug *m Mil.*

כָּתוּב ת׳ [katuv] geschrieben *Adj.*

=כְּתוּבִים ז״ר = Hagiographen *pl.*, 3. Teil des Alten Testaments (Psalmen, Salomonische Schriften, Buch Ruth, Hiob, Estner usw.)

=~ אַחֲרוֹנִים = Apokryphen *n/pl.*

=בַּכְּתוּבִים ת״פ = im Manuskript

כִּתּוּב ז׳ [kituv] Beschriftung *f*, Inschrift *f*

כְּתוּבִית נ׳ (כְּתוּבִיּוֹת) [ktuvit] Untertitel *f* (im Originalfilm)

כִּתּוּר ז׳, כיתור [kitur] Belagerung *f*, Umzingelung *f*, Einkreisung *f*

כִּתּוּשׁ ז׳, כיתוש [kituʃ] Handgemenge *n*

כָּתוּשׁ ת׳ [katuʃ] zerstoßen, fein gemahlen *Adj.*

כָּתוּת ת׳ [katut] zerbrochen *Adj.*

כִּתּוּת רַגְלַיִם ז׳ [kitut raglajim] sich die Hacken ablaufen; e-n Gewaltmarsch absolvieren

כְּתִיב ז׳ [ktiv] Rechtschreibung *f*, Orthographie *f*

=~ חָסֵר = traditionelle hebr. defektive Schreibung (ohne Lesehilfen, mit Punktierung)

=~ מָלֵא = moderne hebr. Plenae-Schreibung (mit Vokalbezeichnung durch Lesehilfen, ohne Punktierung)

=~ דִּקְדּוּקִי = grammatische Orthographie

=~ פוֹנֶטִי = Lautschrift *f*

כְּתִיבָה נ׳ [ktiva] Schreiben *n* (Tätigkeit)

=~ תַּמָּה = Schönschrift *f*

=כְּתִיבַת-הָאָרֶץ = Erdkunde *f*

=~-מַרְאָה = Spiegelschrift *f*

=מַכְשִׁירֵי-כְּתִיבָה ז״ר = Schreibutensilien *pl.*, Schreibwaren *f/pl.*

=מְכוֹנַת-~ = Schreibmaschine *f*

=שֻׁלְחַן-~ = Schreibtisch *m*

כְּתִישָׁה נ׳ [ktiʃa] Zerstoßen *n*, Zerstampfen *n*

כֹּתֶל ז׳, כותל (כְּתָלִים, כָּתְלֵי-) ['kotel] Wand *f*, Mauer *f*

=~ הַמִּזְרָח = Ostwand *f* (in e-r Synagoge)

=מָקוֹם בְּכֹתֶל-הַמִּזְרָח = Ehrenplatz *m*

=הַכֹּתֶל הַמַּעֲרָבִי = Westmauer *f*, Klagemauer *f* in Jerusalem

=אָזְנַיִם לַ~ = die Wände haben Ohren *fig.*

=עוֹמֵד אַחַר כָּתְלֵנוּ = es steht bevor

כָּתְלִית נ׳ [kotlit] Glaskraut *n*, Mauerkraut *n* (Parietaria) *Bot.*

(כתם) נִכְתַּם נפ׳ (לְהִכָּתֵם) [nixtam] *nif.* befleckt werden

-הִכְתִּים הפ׳ - *hif.* beflecken; Schande bringen

כָּתֹם ת׳ [katom] orange *Adj.*

כֶּתֶם[1] ז׳ ['ketem] Fleck *m*

=כִּתְמֵי-שֶׁמֶשׁ ז״ר = Sonnenflecke *m/pl.*

כֶּתֶם[2] ז׳ ['ketem] Gold *n*

=~ אוֹפִיר = Gold *n*

כֻּתְנַאי ז׳, כותנאי [kutnaj] Baumwollpflanzer *m*; Baumwollhändler *m*

כֻּתְנָה נ׳, כותנה [kutna] Baumwolle *f*

כֻּתֹּנֶת נ׳, כותונת [ku'tonet] Hemd *n*

=כְּתֹנֶת-לַיְלָה = Nachthemd *n*

=~ פַּסִּים = bunter Leibrock *m bibl.*

כָּתֵף נ׳ (כְּתֵפַיִם) [katéf] Schulter *f*, Achsel *f*; Flanke *f*

=כֶּתֶף הַחֶרְמוֹן = Abhang *m* des Hermon

=מָשַׁךְ בִּכְתֵפָיו = die Schultern zucken, die Achsel zucken

=בַּעַל כְּתֵפַיִם רְחָבוֹת	= breitschultrig *Adj.*
כִּתֵּף פיעל	[kitéf] *pi.* schultern, auf die Schulter nehmen
כְּתֵפָה נ׳	[ktéfa] Achselband *n*
כְּתֵפִיָּה נ׳	[ktéfija] Hosenträger *m*; Umhang *m*, Cape *n*
כִּתֵּר פיעל	[kitér] *pi.* umzingeln, einkreisen; Überschrift verfassen
-הִכְתִּיר הפ׳	- *hif.* krönen; Ehrentitel verleihen
=הֻכְתַּר בְּהַצְלָחָה	= mit Erfolg gekrönt werden
כֶּתֶר ז׳	['keter] Krone *f*
=נְאוּם הַ~	= Thronrede *f*
כִּתְרוֹן ז׳	[kitron] Kronwicke *f* (Coronilla) *Bot.*
כָּתַשׁ פעל (לִכְתּוֹשׁ אֶת-, יִכְתּוֹשׁ)	[kataʃ] *kal* zerkleinern, zerstoßen
-הִתְכַּתֵּשׁ הת׳	- *hit.* sich schlagen, ins Handgemenge kommen
כֹּתֶשׁ ז׳	['koteʃ] Mörser *m*
★כָּתַת פעל (לָכוֹת אֶת-, יָכוֹת או יִכְתּוֹת)	[katat] *kal* zerschlagen
-כִּתֵּת פיעל	- *pi.* umschmieden; zerschlagen
=וְכִתְּתוּ חַרְבוֹתָם לְאִתִּים	= sie werden ihre Schwerter zu Pflugscharen machen *bibl.*
=כִּתֵּת אֶת רַגְלָיו	= sich die Füße wund laufen
כִּתָּתִ|י ת׳, כיתתי	[kitati] klassenmäßig *Adj.*; Sekten-
=~יּוּת נ׳	= Sektierertum *n*

ל

ל	Lamed (L), 12. Buchstabe des hebr. Alphabets; Zeichen der Zahl 30
לְ-	[le] zu, nach, hin, für, um zu; entspricht der Präposition des Dativ
=לִי, לְךָ, לָךְ, לוֹ, לָהּ, לָנוּ, לָכֶם, לָכֶן, לָהֶם, לָהֶן	= mir, dir, ihm, ihr, uns, euch, ihnen; für mich usw.
=יֵשׁ לְ-	= haben
=יֵשׁ לוֹ	= er hat
=לִכְשֶׁ-	= nachdem
לֹא	[lo'] nicht, nein
=בְּ~, לְ~	= ohne
=וְ~	= sonst, wenn nicht
=שֶׁ~	= dass nicht, nicht zu ...
=~ כִּי	= so ist es nicht; doch
=~ כָּל שֶׁכֵּן	= umso mehr, besonders *Adv.*
=~ כְלוּם	= nichts, gar nichts
=~ כֵן?	= nicht wahr?
=~ לוֹ, ~ שֶׁלּוֹ	= e-m andern gehörend, fremd
=~ בְּאֶלֶף רַבָּתִי	= entschiedenes Nein
=~ כְּהוּא זֶה	= nicht im Geringsten, auch nicht so viel
=וְ~ עוֹד אֶלָּא	= nicht nur das, sondern
=~ עָלֵינוּ	= Gott behüte
=~ עַד שֶׁ~	= bevor nicht, bis nicht; ohne dass
=~ תַעֲשֶׂה	= es ist verboten
=~ יְאֻמַּן	= kaum zu glauben
=~ יִתָּכֵן	= es kann nicht sein, es ist unmöglich
★לָאָה פעל (לִלְאוֹת, לֶאֱה, יִלְאֶה)	[la'a] *kal* ermüden; sich abmühen
-נִלְאָה נפ'	- *nif.* ermüdet, erschöpft sein
-הֶלְאָה הפ'	- *hif.* ermüden *v/t*
★לֶאֶה ת'	[lé'e] müde *Adj.*
לָאו (ארמ')	[lav] nein (betont)
=~ דַּוְקָא	= nicht gerade, nicht unbedingt
=בְּ~ הָכֵי	= sowieso
=מִכְּלָל ~ אַתָּה שׁוֹמֵעַ הֵן	= *wörtl.* aus der Verneinung hört man die Bejahung; man hört heraus, was erlaubt ist und was nicht
לָאוּט ת'	[la'ut] geflüstert *Adj.*
לְאוֹר נ'	[le'or] bei Betrachtung
לֵאוּת נ'	[lé'ut] Müdigkeit *f*, Ermüdung *f*, Erschöpfung *f*
לְאַט ת"פ	[le'at] langsam *Adv.*
=~ לְךָ!	= immer langsam!, vorsichtig!
לְאִיטָה נ'	[le'ita] Murmeln *n*, Flüstern *n*
לְאַלְתַּר ת"פ (ארמ')	[le'altar] auf der Stelle, sofort *Adv.*
לְאֹם ז', לאום (לְאֻמִּים)	[le'om] Nation *f*, Volk *n*
=חֶבֶר הַלְּאֻמִּים	= Völkerbund *m*
(לאם) הִלְאִים הפ'	[hil'im] *hif.* verstaatlichen
לְאֻמִּי ת', לאומי	[le'umi] national *Adj.*
=בַּיִת ~	= nationale Heimstätte
=בֵּין-~ ת'	= international *Adj.*
=שֵׁרוּת ~	= Zivildienst *m*
=לְאֻמִּיּוּת	= Nationalität *f*
לְאֻמָּ|נוּת נ', לאומנות	[le'umanut] Nationalismus *m*
=~נִי ת', לאומני	= nationalistisch *Adj.*
לֵאמֹר	[léemor] das heißt (d.h.), nämlich, wie folgt
לְאָן מ"ש	[le'an] wohin?

=~ שֶׁהוּא = irgendwohin

לֵב ז' (לְבָבוֹת, לִבּוֹת-) [lév] Herz *n*

=~ אֶחָד = alle zusammen, einstimmig *Adv.*

=~-יָם = hohe See

=~ הָעִיר = Stadtkern *m*

=בַּ~, בְּלִבּוֹ = innerlich

=בְּ~ וָ~ = unaufrichtig

=בְּ~ וָנֶפֶשׁ, בְּ~ שָׁלֵם = mit ganzem Herzen

=בְּכָל ~ = mit Leib und Seele

=אֹמֶץ-~ = Mut *m*

=בְּחִיר-~, בְּחִירַת-~ = Geliebte(r), Auserwählte(r) *m/f*

=גְּלוּי-~ ת' = offenherzig, aufrichtig *Adj.*

=דְּמוּי-~ ת' = herzförmig *Adj.*

=הֲגוּת-~, הֶגְיוֹן-~ = Nachdenken *n*

=הַלְמוּת-~ = Herzpochen *n*

=חוֹלֵה-~ ת' = herzkrank *Adj.*

=חֲכַם-~ ת' = weise *Adj.*

=חֲסַר-~ ת' = herzlos, gefühllos *Adj.*

=טוּב-~ ז' = Gutmütigkeit *f*, Güte *f*

=מְגִנַּת-~ = Leidwesen *n*

=מוּג-~ ת' = feige *Adj.*

=מֵעֹמֶק הַלֵּב ת"פ = aus tiefstem Herzen

=מִשְׁאֶלֶת-לֵב = sehnlicher Wunsch

=נְדִיב-~ ת' = großzügig, hilfsbereit *Adj.*

=קְשֵׁה-~, קְשׁוּחַ-~ ת' = hart, grausam *Adj.*

=רֹחַב-~ ז' = Großmut *f*

=רַךְ-~ ת' = furchtsam, feige *Adj.*

=רֹעַ-~ ז' = Schlechtigkeit *f*, Bosheit *f*

=שְׁבַץ-~ ז' = Schlaganfall *m Med.*

=שֶׁבֶר-~ ז' = Herzeleid *n*

=שְׁרִירוּת-~ = Willkür *f*

=שִׂימַת-~, תְּשׂוּמֶת-~ = Aufmerksamkeit *f*, Rücksichtnahme *f*

=בְּשִׂים ~ לְ- = mit Rücksicht *auf (Akk.)*

=לִבּוֹ חָלוּק עָלָיו = unschlüssig sein

=~ טוֹב עָלָיו = guten Mutes sein

=~ כָּבֵד = schweren Herzens

=~ סָמוּךְ וּבָטוּחַ = sicher sein

=אֵין בְּ~ עָלָיו = er hat nichts gegen ihn

=אָמַר אֶל ~, דִּבֵּר אֶל ~ = sich selbst sagen, bei sich denken

=בָּדָה מִלִּבּוֹ = sich ausdenken (Lügen)

=דִּבֵּר עַל לֵב פְּלוֹנִי = j-m zureden

=הֵיטִיב אֶת לִבּוֹ = sich gütlich tun, genießen, sich schmecken lassen

=יוֹצֵא מִן הַלֵּב = vom Herzen kommen

=לָקַח לְ~ = sich zu Herzen nehmen

=מָשַׁךְ אֶת הַ~ = anziehen, interessieren

=נָגַע לְלִבּוֹ = rühren, das Herz ergreifen

=נְקָפוֹ ~ = Reue fühlen

=נִשְׁכַּח מִלֵּב = in Vergessenheit geraten

=נָתַן אֶל לִבּוֹ = Aufmerksamkeit schenken

=סָעַד אֶת ~ = speisen, sich satt essen

=צוֹדֵד לֵב, שָׁבָה אֶת לִבּוֹ = anziehen, faszinieren

=שָׂם לִבּוֹ לְ-, אֶל-, עַל- = auf etwas, darauf achten, Aufmerksamkeit schenken

=שִׂמַּח אֶת ~ = erfreuen

=שָׁמַר בְּ~ = im Gedächtnis bewahren

=שָׁפַךְ אֶת ~ = sein Herz ausschütten *fig.*

=דִּבֵּר אֶחָד בַּפֶּה וְאֶחָד בַּלֵּב = unaufrichtig sprechen

=פִּיו וְלִבּוֹ שָׁוִים = aufrichtig sprechen

=רָאָה מֵהִרְהוּרֵי לִבּוֹ = Wunschträume haben

(לבא) (ארמ') **אַלִּבָּא דְ-** ['aliba de] nach Ansicht *von (D)*

=אַלִּבָּא דֶאֱמֶת = um die Wahrheit zu sagen

★**לֵבָב** ז' (לְבָבוֹת) [lévav] Herz *n*

=כִּלְבָבוֹ = nach s-m Herzen

=בְּכָל ~ = mit s-m ganzen Herzen

לִבֵּב פיעל [libév] *pi.* das Herz gewinnen, das Herz erwärmen

-נִלְבַּב נפ' (לְהִלָּבֵב) - *nif.* herzlich sein

לְבָבִי ת' [levavi] herzlich *Adj.*

=~יוּת נ' = Herzlichkeit *f*
לְבַד ת"פ [levad] allein *Adv.*
=לְבַדִּי, לְבַדּוֹ = ich allein, er allein
=לְבַד מִן = außer
=בְּ~ = nur
=וּבְ~ שֶׁ- = nur wenn; nur unter der Bedingung, dass
=מִלְּבַד = außer, zusätzlich
לֶבֶד ז' ['leved] Filz *m*
לְבַדּוּת, לְבַדִּיּוּת נ' [levadut, levadijut] Einsamkeit *f*, Alleinsein *n*
לַבָּה נ' [laba] Lava *f*
★לִבָּה נ' [liba] Herz *n*; Kern *m*
לִבָּה פיעל [liba] *pi.* anfeuern, anfachen
לִבּוּב ז' [libuv] Zuneigug *f*; Faszination *f*
לְבוּבָה נ' [levuva] Latz *m*
=~בִית נ' = Lätzchen *n*
לָבוּד ת' [lavud] angeheftet, zusammengeklebt *Adj.*
=עֵץ ~ = Sperrholz *n*
לָבוּט ת' [lavut] zögernd, fragwürdig *Adj.*
לִבּוּט ז' (לִבּוּטִים) [libut] Zögern *n*
לִבּוּי ז', ליבוי [libuj] Anfeuerung *f*
לִבּוּן ז', ליבון [libun] Erhitzung *f* zur Weißglut; Klärung *f*
★לְבוֹנָה נ' [levona] Weihrauch *m* (aus Harz)
לְבוּשׁ ז' [levuʃ] Kleidung *f*, Kleid *n*, Gewand *n*
לָבוּשׁ ת' [lavuʃ] bekleidet *Adj.*
(לבט) הִתְלַבֵּט הת' [hitlabét] *hit.* mit sich kämpfen, innere Konflikte haben; sich abmühen
לֶבֶט ז' (לְבָטִים, לִבְטֵי-) ['levet] Mühe *f*, Plage *f*, Leiden *n*, innerer Konflikt *m*
לָבֶטַח ת"פ [lavetax] sicherlich, mit Sicherheit *Adv.*
לְבַטָּלָה ת"פ [levatala] vergeblich, umsonst *Adv.*
★לָבִיא ז', לְבִיאָה נ' (לְבִיאִים) [lavi', levi'a] Löwe *m* (-in *f*)
לְבִיבָה נ' [leviva] Kartoffelpuffer *m*, Reibekuchen *m*
לָבִיד ז' [lavid] Sperrholz *n*
לְבִישָׁה נ' [leviʃa] Ankleiden *n*, Anziehen *n*
★לְבַל מ"ח [leval] dass nicht, damit nicht *Kj.*
לִבְלֵב פיעל [livlév] *pi.* ausschlagen (Bäume), sprießen, knospen, treiben
לַבְלָב ז' [lavlav] Pankreas *n*, Bauchspeicheldrüse *f* *Anat.*
לִבְלוּב ז' [livluv] Ausschlagen *n* (Bäume), Beginn *m* der Blüte
לַבְלָר ז' [lavlar] Bürobeamter *m*
=~וּת נ' = Büroarbeit *f*
לִבְלִי ת"פ [livli] ohne
=~ חֹק = unbegrenzt
=~ חַת = ohne Furcht
לְבִלְתִּי [levilti] damit nicht
לִבֵּן פיעל [libén] *pi.* weißen, weiß färben; klären
-הִלְבִּין הפ' - *hif.* weiß werden; bleichen
=~ פְּנֵי פְּלוֹנִי = j-n beschämen
=~ רֹאשׁוֹ = graue Haare bekommen
לָבָן ת' [lavan] weiß *Adj.*
=לְבָנִים ז"ר = weiße Wäsche, Unterwäsche *f*
= הַסֵּפֶר הַלָּבָן = Weißbuch *n* *hist., Pol.*
=שָׁחוֹר עַל גַּבֵּי לָבָן = schwarz auf weiß
לֹבֶן ז', לובן ['loven] weiße Farbe, Weiß *n*
לֶבֶּן ז' (ערב') ['leben] Dickmilch *f*
לְבַנְבַּן ת' [levanban] weißlich *Adj.*
★לְבָנָה נ' ראה גם: יָרֵחַ [levana] Mond *m*
=לִקּוּי-~ = Mondfinsternis *f*
=קִדּוּשׁ-~ = Gebet *n* zum Neumond
לְבֵנָה נ' (לְבֵנִים) [levéna] Ziegel *m*, Backstein *m*
לַבֶּנֶה ז' ['labane] Johurt-Brotaufstrich *m*
לַבְנוּן ז' [lavnun] Laube *f* (Fisch, Alburnus), Genezareth-Sardine *f* *Zo.*
לַבְנוּנִית נ' [lavnunit] Weiß *n*

לְבָנִים ז"ר [levanim] Unterwäsche *f*

לַבְנִין ז', ~-הַכְּרוּב [lavnin] Kohlweißling *m* (Pieris brassicae) *Zo.*

לִבְנִית נ' [livnit] das Weiße des Auges

לְבַסּוֹף ת"פ [levasof] schließlich *Adv.*

לַבְקָן ז', ~ נִי ת' [lavkan, -i] Albino *m*

=~נוּת נ' = Albinismus *m*

לְבַר ת"פ [levar] außerhalb, ohne

לִבְרִיאוּת ת"פ [livri'ut] Gesundheit!

לִבְרִית נ' [livrit] Libretto *n*, Operntext *m*

לָבַשׁ פעל (לִלְבּוֹשׁ אֶת-, יִלְבַּשׁ) [lavaʃ] *kal* anziehen, tragen (Kleid)

-הִתְלַבֵּשׁ הת' - *hit.* sich anziehen; sich kleiden

=~ עַל- = sich heranmachen an *j-n*; sich *j-n* vornehmen F, j-n nicht in Ruhe lassen

-הִלְבִּישׁ הפ' - *hif.* kleiden, anziehen *v/t*

=לָבַשׁ צוּרָה = Form annehmen

=פָּשַׁט צוּרָה וְלָבַשׁ צוּרָה = die Form verändern

ל"ג [lag] *Abk.* dreiunddreißig (33)

=לַ"ג בָּעֹמֶר = 33. Tag der Omer-Zählung *(zwischen Pessach und Wochenfest)*

לְגַבֵּי מ"י [legabéj] betreffs, in Bezug auf

לָגַז פעל (לִלְגּוֹז אֶת-, יִלְגּוֹז) [lagaz] *kal* aufhäufen (mit Mistgabel)

לִגְיוֹן ז' (לִגְיוֹנוֹת) [ligjon] Legion *f*

=~-זָרִים = Fremdenlegion *f*

=לִגְיוֹנָר ז' = Legionär *m*

לֶגִיטִי|מִי ת' [legitimi] legitim, rechtmäßig *Adj.*

=~מַצְיָה נ' = Legitimierung *f*

לְגִימָה נ' [legima] Schluck *m*

לָגִין ז' [lagin] Wasserkaraffe *f*

לִגְלֵג פיעל [liglég] *pi.* spotten

לַגְלְגָן ז' [laglegan] Spötter *m*

=~נוּת נ' = Spottlust *f*

=~נִי ת' = spöttisch *Adj.*

לִגְלוּג ז' [liglug] Spott *m*

לֶגָלִ|י ת' [legali] legal, gesetzlich *Adj.*

=~יוּת נ' = Gesetzmäßigkeit *f*, Legalität *f*

=~זַצְיָה נ' = Legalisierung *f*

לֹגֶם ז', לוגם ['logem] Mundhöhle *f*

לָגַם פעל (לִלְגּוֹם, יִלְגּוֹם) [lagam] *kal* schlucken

לְגַמְרֵי ת"פ [legamré] gänzlich, völlig, absolut *Adv.*

לְדֻגְמָה ת"פ [ledugma] zum Beispiel (z.B.)

לֵדָה נ', לידה [léda] Geburt *f*, Entbindung *f*; Entstehung *f*

=מִבֶּטֶן וּמִלֵּדָה = von Geburt an, von Natur

=חֶבְלֵי לֵדָה = Geburtswehen *pl.*

לְדִידִי מ"ג [ledidi] was mich betrifft, was mich angeht

לָדִינוֹ ז' [la'dino] Ladino *n*, Sprache der sephard. Juden

לָה [la] g, G *n Mus.*

לָהּ מ"ג [la] ihr *f/sg.* (Pers.-Pron., D)

לַהַב ז' (לְהָבִים, לַהֲבֵי-) ['lahav] Flamme *f*; Messerklinge *f*, Schneide

לָהַב פעל (לִלְהוֹב, יִלְהַב) [lahav] *kal* strahlen; brennen

-נִלְהַב נפ' (לְהִלָּהֵב) - *nif.* begeistert sein

-הִתְלַהֵב הת' - *hit.* sich begeistern; sich aufregen

-הִלְהִיב הפ' - *hif.* begeistern, anfeuern *v/t*

לְהַבָּא ת"פ [lehaba'] in Zukunft *Adv.*

לֶהָבָה נ' [lehava] Flamme *f*

=אֵשׁ-~ = loderndes Feuer; brennender Zorn *m fig.*

=עָלָה בַּלֶּהָבוֹת = in Flammen aufgehen

לַהֲבִיוֹר ז' [lehavjor] Flammenwerfer *m Mil.*

לַהַג ז' (לְהָגִים, לַהֲגֵי-) ['lahag] Geschwätz *n*; Dialekt *m*

לָהַג פעל (לִלְהוֹג, יִלְהַג) [lahag] *kal* schwatzen

-לִהֵג פיעל - *pi.* aussprechen

לַהֲגָן ז' [lahagan] Schwätzer *m*

=~נוּת נ' = Geschwätzigkeit *f*

=~נִי ת' = geschwätzig *Adj.*

לַהֲדַ"ם ר"ת: לֹא הָיוּ דְבָרִים מֵעוֹלָם [lahadam] *Kurzw.* es ist kein wahres Wort daran

לֵהֶה ת׳ [léhe] müde, erschöpft *Adj.*

לִהוּג ז׳ [lihug] Geschwätz *n*, Geschwafel *n*

לָהוּט ת׳ (אַחַר-) [lahut] versessen, begierig *Adj.*

לִהוּק ז׳, ליהוק [lihuk] Ensemblebildung *f*

לָהַט פעל (לִלְהוֹט, יִלְהַט) [lahat] *kal* lodern, glühen

-הִתְלַהֵט הת׳ - *hit.* sich entzünden, sich erwärmen; sich begeistern

-הִלְהִיט הפ׳ - *hif.* erwärmen, begeistern *v/t*

לַהַט ז׳ ['lahat] Glut *f*; Begeisterung *f*

לַהֲטוּ|ט ז׳ [lahatut] Zauberkunststück *n*

=~טָן ז׳, ~טָר ז׳ = Zauberkünstler *m*, Jongleur *m*

לְהָטִים ז״ר [lehatim] Zauberkünste *f/pl.*

לְהִיגָה נ׳ [lehiga] Geschwätz *n*

לָהִיט ז׳ [lahit] Schlager *m*, Hit *m Mus.*

לְהִיטוּת נ׳ [lehitut] Begierde *f*; Versessenheit *f*

לְהֵיכָן מ״ש [lehéxan] wohin?

לְהַכְעִיס ת״פ [lehax'is] bösartig, gehässig sein

לַהֲלָכָה ת״פ [lahalaxa] theoretisch *Adv.*

לְהַלָּן ת״פ [lehalan] im Folgenden *Adv.*

=כְּדִ~ = wie folgt

לָהֶם מ״ג, ז״ר [lahem] ihnen *m/pl.* (Pers.-Pron., D)

לָהֶן מ״ג, נ״ר [lahen] ihnen *f/pl.* (Pers. -Pron., D)

לְהֵפֶךְ ת״פ [lehéfex] im Gegenteil

לְהַפְלִיא ת״פ [lehafli'] erstaunlich *Adv.*

לַהַק ז׳ ['lahak] Kampfgruppe *f*; Flugzeugstaffel *f*, Geschwader *n Mil.*

לִהֵק פיעל [lihék] *pi.* Ensemble zusammenstellen

-נִתְלַהֵק הת׳ - *hit.* sich zusammentun, ein Ensemble bilden

לַהֲקָה נ׳ (לְהָקוֹת, לַהֲקוֹת-) [lahaka] Ensemble *n*, Band *f*; Schwarm *m*, Rudel *n*

לְהִתְ׳ (דיבורי) [lehit] ciao, tschüss! F

לְהִתְרָאוֹת [lehitra'ot] auf Wiedersehen!

לוֹ מ״ג ז׳ [lo] ihm *m/sg.* (Pers.-Pron., D)

לוּ מ״ח [lu] wenn (vor unerfüllter Bedingung)

=וְ~ = wenn auch nur

ל״ו [lamed vav] *Kurzw.* sechsunddreißig (36)

=ל״ו צַדִּיקִים = die 36 Gerechten (auf denen die Welt steht) *Judentum*

לְוַאי¹, וּלְוַאי, הַלְוַאי [levaj, ulevaj, halevaj] ach, wärs doch so!, schön wärs!

לְוַאי² ז׳ [levaj] Neben-, Begleiterscheinung *f*; Attribut *n Gr.*

=טַעַם-~ = Beigeschmack *m*

=מוּצַר-~ = Nebenprodukt *n*

=שֵׁם-~ = Beiname *m*

=תּוֹפָעַת-~ = Begleiterscheinung *f*

לַוַּאי ז׳ [lavaj] Begleiter *m*

לוֹגוֹ ז׳ [logo] Monogramm *n*, Logo *n*

לוֹגִיסְטִיקָה נ׳ [logistika] Logistik *f*

לוֹגִי|קָה ראה גם: הִגָּיוֹן [logika] Logik *f*

=~ ת׳ ראה גם: הֶגְיוֹנִי = logisch *Adj.*

לוֹגָרִיתְם ז׳ [logaritm] Logarithmus *m* (*pl.* -men) *Math.*

לוּדָר ז׳ [ludar] Gladiator *m*

לָוָה¹ פעל (לִלְווֹת מִן-, לוֹוֶה, יִלְוֶה) [lava] *kal* leihen von *(D)* (Geld)

-הִלְוָה הפ׳ - *hif.* verleihen *(D)* (Geld)

לִוָּה² פיעל (לְלַווֹת אֶת-) [liva] *pi.* begleiten

-נִלְוָה נפ׳ (לְהִלָּווֹת אֶל-) - *nif.* sich anschließen, begleiten

-נִתְלַוָּה הת׳ - *hit.* sich anschließen

=מְלַוֵּה מַלְכָּה = *wörtl.* Begleitung der Königin; Gebete n. Gesänge zum Sabbat-Ausgang

לוֹהֵט ת׳ [lohét] glühend heiß, brennend *Adj.*

לוֹוֶה ז׳ [love] Schuldner *m*

לִוּוּחַ ז׳, ליווח [li'vuax] Tabellarisierung *f*

לִוּוּי ז׳, ליווי [livuj] Begleitung *f*, Eskorte *f*

★לוּז ז׳ [luz] Mandelbaum *m*

★לוּזָה נ׳ [luza[Verleumdung *f*

★לָז פעל (לָלוּז מִן-, יָלוּז) [laz] *kal* abweichen

-נָלוֹז נפ׳ (לְהִלּוֹז) - *nif.* vom geraden Wege abweichen; abwegig, krumm sein

לוּ|חַ ז׳ (לוּחוֹת, גם לְוָחִים) ['luax] Tafel *f*, Platte *f*; Tabelle *f*; Kalender *m*

=בְּלְוְיַת- = in Begleitung von (D), zusammen mit (D)

לַוְיָן ז׳, לוויין [lavjan] Satellit m, Weltraumsonde f

לִוְיָתָן ז׳, לווייתן [livjatan] Leviathan m; Walfisch m (Catacea) Zo.

לוֹכְסָ|ן ת״פ [loxsan] schräg Adv.; Schrägstrich m

=~נִי ת׳ = schräg, schief Adj.

לוּל ז׳ [lul] Hühnerstall m; Laufgitter n, Laufställchen n; Gitterbett n

לוּלֵא (מִלַּת-תְּנַאי) [lulé] wenn nicht

לוּלָאָה נ׳ [lula'a] Schlinge f, Knoten m; Knopfloch n; Schleife f

לוּלָב ז׳ [lulav] Palmzweig, eine der 4 Pflanzen, die am Sukkothfest gesegnet werden

לוּלְיָ|ן ז׳ [luljan] Akrobat m, Seiltänzer m

=~נוּת נ׳ = Akrobatik f

=~נִי ת׳ = spiralförmig Adj.

=מַדְרֵגוֹת ~נִיּוֹת = Wendeltreppen f/pl.

לוּלָן ז׳ [lulan] Hühnerzüchter m

לוּמְבָּגוֹ נ׳ [lumbago] Hexenschuss m (Lumbago) Med.

לוֹמְדוּת [lomdut] Wissen n

(לוּן, לִין)[1] לָן פעל (לָלוּן, יָלוּן) [lan] kal übernachten

-הֵלִין הפ׳ - hif. über Nacht beherbergen; einbehalten (Lohn)

(לוּן)[2] הִלִּין הפ׳ [hilin] hif. murren

-הִתְלוֹנֵן הת׳ - hit. sich beschweren, sich beklagen

לֶוַנְ|ט ז׳ [levant] Levante f, östliches Mittelmeer

=~טִינִי ת׳ = levantinisch Adj., Levantiner m

לוֹנְכִית נ׳ [lonxit] Speer m

לוֹעַ ראה: לֹעַ [loa'] Rachen m

לוֹעֲגָנִי ת׳ [lo'agani] spöttisch Adj.

לוֹעֵז תו״ז [lo'éz] fremde Sprache sprechend

לוֹעֲזִ|י ת׳ [lo'azi] fremdsprachlich Adj.

=~יּוּת נ׳ = Fremdsprachigkeit f

=לוּחוֹת-הַבְּרִית = Gesetzestafeln f/pl.

=הַ|לּוּחַ הָעִבְרִי = der jüdische Kalender

=~ חָלָק = reiner Tisch, unbeschriebenes Blatt fig.

=~-זְמַנִּים = Fahrplan m

=~-כִּירָה = Herdplatte f

=~-הַכֶּפֶל = Einmaleins n Math.

=~-מוֹדָעוֹת = Informationstafel f, Info-Wand f

=~-שַׁחְמָט = Schachbrett n

=~-שָׁנָה = Kalender m

=~-שָׁעוֹן = Zifferblatt n

=לוּחַ-תְּלִישָׁה = Abreißkalender

לִוַּח פיעל (לְלַוֵּחַ אֶת-) [livax] pi. tabellarisieren

לוּחִית נ׳ [luxit] Täfelchen n, Plättchen n

=~ זִהוּי = Soldatenmarke, Erkennungsmarke f

לוֹחֵם ז׳ (לוֹחֲמִים) [loxém] Krieger m, Soldat m, Kämpfer m

לוֹחֲמָ|נוּת נ׳ [loxmanut] Kampflust f

=~נִי ת׳ = kriegerisch Adj.

לוֹחֵשׁ ת׳ [loxéʃ] flüsternd Adj.

לוֹחֲשָׁנִי ת׳ [loxʃani] geflüstert Adj.

(לוט) לָט פעל (לָלוּט אֶת-, יָלוּט) [lat] kal verhüllen, einhüllen

הֵלִיט הפ׳ = hif. bedecken, verhüllen

לוּט[1] ת׳ [lut] eingehüllt, bedeckt Adj.

לוּט[2] ז׳ [lut] Anlage f (Brief)

לוֹט ז׳ [lot] Bedeckung f, Verhüllung f

לוֹטוֹ ז׳ [loto] Lotto n

לוֹטוּס ז׳ [lotus] Lotus m Bot.

לוֹטְפָנִי ת׳ [lotfani] streichelnd, sanft, zärtlich Adj.

לוּטְרָה נ׳ [lutra] Fischotter m Zo.

לֵוִי ז׳ [lévi] Levit(e) m; zum Stamm Levi gehörig

לוֹיָאלִ|י ת׳ [lojali] loyal Adj.

=~יּוּת נ׳ = Loyalität f

לְוָיָה נ׳ [levaja] Begleitung f; Beerdigung f, Leichenzug m, letztes Geleit

=בֶּן-~ = Begleiter m

=~ית נ' = fremde Sprache f

לוֹעֲנִית נ' [lo'anit] Braunwurz f *Bot.*

לוּף ז' [luf] Aronstab m (Arum) *Bot.*

לוּפָה נ' [lufa] Schwammkürbis m (Luffa) *Bot.*

לוֹצֵץ תו"ז [lotséts] Spötter m; spöttelnd *Adj.*

=לוֹצְצָנִי ת' = spöttisch *Adj.*

★לוֹקֵחַ ז' [lo'keax] Kunde m, Klient m

לוּקְסוּס ז' ראה גם: מוֹתָרוֹת ['luksus] Luxus m

לוֹקְשׁ ז' (סלנג) [lokʃ] Ammenmärchen n

(לוּשׁ) לָשׁ פעל (לָלוּשׁ, יָלוּשׁ) [laʃ] *kal* kneten

-נִלּוֹשׁ נפ' (לְהִלּוֹשׁ) - *nif.* geknetet werden

לָז מ"ג [laz] dieser

לְזוּת נ' [lezut] Perversion f

=~ שְׂפָתַיִם = üble Nachrede, Verleumdung f

★לֵחַ ז', ליח ['léax] Frische f, Lebenskraft f

=נָס לֵחוֹ = alt, kraftlos werden

לַח ת' [lax] schwül; feucht *Adj.*

לֵחָה נ', ליחה [léxa] Feuchtigkeit f; Eiter m; Auswurf m

לְחוּד ת"פ [lexud] für sich, allein, separat *Adv.*

לִחוּךְ ז', ליחוך [lixux] Lecken n

=~-פִּנְכָּה = Speichellecken n, schmeichlerische Heuchelei

לָחוּץ ת' [laxuts] gedrängt, gestresst; gepresst! *Adj.*

לִחוּשׁ ז', ליחוש [lixuʃ] Flüstern n

לָחוּשׁ ת' [laxuʃ] geflüstert *Adj.*

לַחוּת נ' [laxut] Feuchtigkeit f; Schwüle f; Frische f

=מַד-~ז' = Hygrometer n, Feuchtigkeitsmesser m

לִחַח פיעל [lixax] *pi.* befeuchten

לְחִי נ' (לְחָיַיִם) ['lexi] Backe f, Wange f

=סְטִירַת-~ = Ohrfeige f

לֶח"י ר"ת: לוֹחֲמֵי חֵרוּת יִשְׂרָאֵל [lexi] *Kurzw.*, Kämpfer f. die Freiheit Israels

לֶחְיָה, לֶחְיוֹנִית נ' [lexja, lexjonit] Wange f

לְחַיִּים! [lexajim] zum Wohl! zur Gesundheit!, Prost!

לְחִיכָה נ' [lexixa] Lecken n, Kauen n

לָחִים ת' [laxim] kampffähig *Adj.*

לְחִימָה נ' [lexima] Kampf m, Kriegführung f

לְחִיץ ז' [lexits] Druckknopf m

=לְחִיצַיִם = ein Paar Druckknöpfe

לְחִיצָה נ' [lexitsa] Drücken n

=לְחִיצַת-יָד = Händedruck m

לְחִישָׁה נ' [lexiʃa] Flüstern n, Vorsagen n (Schule)

=לְחִישַׁת נָחָשׁ = Schlangenbeschwörung f

לָחַךְ פעל (לִלְחוֹךְ אֶת-, יִלְחוֹךְ) [laxax] *kal* lecken, belecken

=מְלַחֵךְ-פִּנְכָּה = Speichellecker m *fig.*

לֶחֶךְ ז' ['lexex] Wegerich m (Plantago) *Bot.*

לִחְלוּחַ ז', ליחלוח [lix'luax] Befeuchtung f

לַחְלוּחִ|י ת' [laxluxi] etwas feucht *Adj.*

=~יוּת, ~ית נ' = Feuchtigkeit f; Frische f

לַחֲלוּטִין ת"פ [laxalutin] absolut, gänzlich *Adv.*

לַחֲלוּפִין ת"פ [laxalufin] alternativ *Adv.*

לִחְלֵחַ פיעל (לְלַחְלֵחַ אֶת-) [lixlax] *pi.* befeuchten, benetzen

לָחַם[1] פעל (לִלְחוֹם) [laxam] *kal* kämpfen

-נִלְחַם נפ' - *nif.* kämpfen

(לְהִלָּחֵם בְּ-) gegen *(Akk.)*

(לְ-) für *(Akk.)*

(לחם)[2] הִלְחִים הפ' [hilxim] *hif.* löten

לֶחֶם ז' ['lexem] Brot n; Speise f

=~ חֻקּוֹ = sein tägliches Brot; Lebensnotwendigkeit f

=~-לַחַץ, ~-צַר = trockenes Brot *(Zeichen d. Armut)*

=~ מְחִיטָה מְלֵאָה = Vollkornbrot n

=~ שִׁפּוֹן = Roggenbrot n

=כִּכַּר-~ = Laib m Brot

=פְּרוּסַת-~ = Schnitte f, Brotscheibe f, Stulle f

=פַּת-~ = Stück n Brot

=שָׁבַר אֶת מַטֵּה לַחְמוֹ = der Existenz berauben

=הַמּוֹצִיא לֶחֶם מִן = (gelobt sei Gott), der

הָאָרֶץ das Brot aus der Erde her-vorbringt
=הָא לַחְמָא עַנְיָא = dies ist das Brot der
(ארמ׳) Armut *(Pessach-Haggada)*
לָחְמָה נ׳, לוחמה [loxma] Kampfweise *f*,
Kriegführung *f*
לַחְמִית נ׳ [laxmit] Bindehaut *f*
לַחְמָנִיָּה, לַחְמָנִית נ׳ [laxmanija, laxmanit]
Brötchen *n*
לַחַן ז׳ ['laxan] Melodie *f*
(לחן) הִלְחִין הפ׳ [hilxin] *hif.* vertonen, kom-
ponieren
לְחֵנָה נ׳ [lexéna] Konkubine *f*, Geliebte *f bibl.*
לְחִנָּם ת״פ [lexinam] vergeblich, sinnlos
לַחָפְשִׁי ת״פ [laxofʃi] in Freiheit, frei
לָחַץ פעל (לִלְחוֹץ [laxats] *kal* drücken,
אֶת, עַל-, יִלְחַץ) Druck ausüben,
pressen; bedrängen
-נִלְחַץ נפ׳ - *nif.* unter Druck sein; gestresst sein
-הִלְחִיץ הפ׳ - *hif.* unter Druck setzen, stressen *v/t* F
=לָחַץ (אוֹתוֹ) אֶל הַקִּיר = an die Wand drücken
=~ אֶת יָדוֹ = die Hand drücken, - schütteln
לַחַץ ז׳ (לְחָצִים ['laxats] Druck *m*, Zwang *m*,
לַחֲצֵי-) Bedrängung *f*, Stress *m*
=~-אֲוִיר = Luftdruck *m*
=~-דָּם = Blutdruck *m*
=סִיר-~ = Dampfkochtopf *m*
לַחֲצָאִין ת״פ [laxatsa'in] zur Hälfte
לַחְצָנִית נ׳ [laxtsanit] Druckknopf *m*
לָחַשׁ פעל (לִלְחוֹשׁ, [laxaʃ] *kal* flüstern, vorsagen,
יִלְחַשׁ) zischeln
-לִחֵשׁ פיעל (נַחַשׁ) - *pi.* beschwören (Schlangen)
-הִתְלַחֵשׁ הת׳ - *hit.* tuscheln, zischeln
=גַּחֶלֶת לוֹחֶשֶׁת = glimmende Kohle *f*
לַחַשׁ ז׳ (לְחָשִׁים) ['laxaʃ] Flüstern *n*;
Beschwörung *f*
=בְּ~ ת״פ = leise *Adv.*, im Flüsterton
=~ נַחַשׁ = Abrakadabra
=~-רַחַשׁ = Rascheln *n*

לַחֲשׁוּשׁ ז׳ [laxʃuʃ] Flüstern *n*, Murmeln *n*
לַחְשָׁן ז׳ [laxʃan] Souffleur *m Thea.*
=~נוּת נ׳ = Eingebung *f*, Stimme *f*
לְחֵשֵׁשׁ פיעל [lixʃéʃ] *pi.* murmeln, flüstern
לְחֹשֶׁת נ׳ [le'xoʃet] Flüstern *n*
לְטָאָה נ׳ [leta'a] Eidechse *f* (Lacerta) *Zo.*
לָטוּף ת׳ [latuf] gestreichelt *Adj.*
לִטּוּף ז׳, ליטוף [lituf] Streicheln *n*
לִטּוּשׁ ז׳, ליטוש [lituʃ] Schleifen *n*
לָטוּשׁ ת׳ [latuʃ] geschliffen *Adj.*; poliert *Adj.*
לָטִינִי ת׳ [la'tini] lateinisch *Adj.*
=~ ת נ׳ = Latein *n*
לְטִיפָה נ׳ [letifa] Streicheln *n*
לְטִישָׁה נ׳ [letiʃa] Schleifen *n*
=לְטִישַׁת-עֵינַיִם = Anstarren *n*
לֹטֶם ז׳, לוטם ['lotem] Zistrose *f* (Cistus) *Bot.*
לָטַף פעל (לִלְטוֹף, יִלְטוֹף) [lataf] *kal* streicheln
-לִטֵּף פיעל - *pi.* streicheln
לַטְפָנִי ת׳ [latfani] streichelnd, zärtlich *Adj.*
לָטַשׁ פעל (לִלְטוֹשׁ [lataʃ] *kal* schleifen, schärfen;
אֶת-, יִלְטוֹשׁ) abschrecken (Speisen)
-לִטֵּשׁ פיעל - *pi.* schleifen; vervollkommnen
=לָטַשׁ אֶת עֵינָיו אֶל- = starren auf, anstarren *(Akk.)*
לַטָּשׁ ז׳ [lataʃ] Diamantenschleifer *m*,
Glasschleifer *m*
לִי מ״י [li] mir, Pers.-Pron. *(D)*
לִיבֶּרָל ז׳ [liberal] Liberaler *m*
=~לִי ת׳ = liberal *Adj.*
=~לִיּוּת נ׳ = Liberalismus *m*
=~לִיזַצְיָה נ׳ = Liberalisierung *f*
לִיגָה נ׳ [liga] Liga *f*
לִיגוּסְטְרוּם ז׳ [ligustrum] Liguster *m Bot.*
לְיַד מ״י [lejad] bei, neben *Prp.*
לִידֵי מ״י [lidé] zu Händen von
★לִיזָה נ׳ [liza] Verleumdung *f*
לִיזוֹל ז׳ [lisol] Lysol *n*, Sagrotan *n Wz*
לִיטָאִי ז׳ [lita'i] Litauer *m*
לִיטֶר ז׳ [liter] Liter *m*

לִיטְרָה נ' [litra] Pfund *n*

לַיְלָה ז' (לֵיל-, לֵילוֹת) ['lajla] Nacht *f*

=הַלַּיְלָה = heute Nacht

=לַיְלָה טוֹב! לֵיל-מְנוּחָה! = gute Nacht!

=לֵיל-הַסֵּדֶר = Sederabend *m* (Vorabend des Pessachfestes)

=~-שַׁבָּת = Freitag Abend

=~-שִׁמּוּרִים = durchwachte Nacht

=אִישׁוֹן-לַיְלָה, חֲצוֹת-~ = Mitternacht *f*

=בֶּן-~ = während einer Nacht, über Nacht

=יוֹמָם וָ~ = Tag und Nacht

=כְּתֹנֶת-~ = Nachthemd *n*

=מִקְרֵה-~ = Pollution *f*

=סִיר-~ = Nachttopf *m*

=שׁוֹמֵר-~ = Nachtwächter *m*

=עָשָׂה לֵילוֹת כְּיָמִים = Tag und Nacht arbeiten

לֵילִי ת' [léli] nächtlich *Adj.*; Nacht-

לִילִית נ' [lilit] Waldkauz *m* (Strix aluco) *Zo.*; Lilith *f* (weibl. Dämon)

לִילָךְ ז' [lilax] Flieder *m* (Syringa) *Bot.*

לִימוֹן ז' [limon] Zitrone *f* (Citrus limon) *Bot.*

=~נָדָה נ' = Limonade *f*

לִימְפָה נ' [limfa] Lymphe *f*

לִינָה נ' [lina] Übernachtung *f*

לִינוֹל ז' [linol] Linoleum *n*

לֵיס ז' [lés] Löß *m*

לִיף ז' [lif] Faser *f*

=לִיפִי ת' = fasrig *Adj.*

★(ליץ)[1] לָץ פעל (לָלִיץ) [lats] *kal* spotten

-הֵלִיץ הפ' - *hif.* zum Gespött machen

-הִתְלוֹצֵץ הת' - *hit.* spaßen, scherzen

★(ליץ)[2] הֵלִיץ הפ' [hélits] *hif.* Fürsprache einlegen

=מֵלִיץ-יֹשֶׁר = Fürsprecher *m*, Verteidiger *m*

לִיצָה נ' [litza] Witz *m*, Spaß *m*

לֵיצָן ז' [létsan] Spötter *m*, Spaßvogel *m*, Narr *m*, Clown *m*

=~נוּת נ' = Spaß *m*, Spott *m*

=~נִי ת' = witzig, spaßig *Adj.*

לֵיקוֹצִיט ז' [lékotsit] Leukozyt *m* *Med.*

לִיקֶר ז' [liker] Likör *m*

לִירָה נ' [lira] Pfund *m* (Münze); ehemalige Münze in Israel

לִירִי ת' [liri] lyrisch *Adj.*

=~קָה נ' = Lyrik *f*

=~קָן ז' = Lyriker *m*

לי״ש ר״ת: לִירָה שְׁטֶרְלִינְג [lira sterling] *Abk.* Pfund *n* Sterling

לַיִשׁ[1] ז' ['laiʃ] Teig *m*

לַיִשׁ[2] ז' ['laiʃ] Löwe *m* *bibl.*

לִישָׁה נ' [liʃa] Kneten *n*

(לֵית) (ארמ') [lét] nicht, kein *in Zssgn.*

=בְּ~ בְּרֵרָה = da keine Wahl ist

=~ דִּין וְ~ דַּיָּן = *wörtl.* es gibt kein Recht und keinen Richter; Anarchie *f*

=~ מָאן דִּפְלִיג = niemand ist anderer Ansicht

לִיתוֹגְרַפְיָה נ' [litografja] Lithographie *f*

לְךָ, לָךְ מ״י [lexa, lax] dir *m*/*f*, Pers.-Pron. *(D),* für dich

לִכְאוֹרָה ת״פ [lix'ora] dem Anschein nach

לִכְבוֹד [lixvod] an (im Brief), zu Ehren von

לָכַד פעל (לִלְכּוֹד, יִלְכּוֹד) [laxad] *kal* fangen, fassen, gefangen nehmen

-לִכֵּד פיעל - *pi.* einigen, vereinigen, verschmelzen

-הִתְלַכֵּד הת' - *hit.* sich zusammentun

לַכָּה נ' [laka] Lack *m*

לִכּוּד ז', ליכוד [likud] Einigung *f*; Zusammenfassung *f*

לָכִיד ת' [laxid] klebbar *Adj.*

לְכִידָה נ' [lexida] Fangen *n*, Gefangennahme *f*; Erobern *n*

לָכִיס ז' [laxis] Weißfisch *m* *Zo.*

לִכְלוּךְ ז' [lixlux] Schmutz *m*

=~כִי ת' = verschmutzt *Adj.*

=~כִית נ' = Aschenbrödel *n*
לְכַלֵּךְ פיעל [lixléx] *pi.* beschmutzen, schmutzig machen
לַכְלְכָן ז' [laxlexan] Schmutzfink *m* F
לָכֶם, לָכֶן מ"י [laxem, laxen] euch *m/f, pl.* Pers.-Pron. *(D)*
לָכֵן מ"ח [laxén] daher *Kj.*
=קֹדֶם־~ = vorher
לְכסוּן ז', ליכסון [lixsun] Schräge *f*, Neigung *f*
לִכְסֵן פיעל [lixsén] *pi.* schräg stellen; aus den Augenwinkeln blicken
לִכְשֶׁ־ (לִפְנֵי פֹּעַל בְּעָתִיד) [lixʃe] wenn, nachdem *Kj.*
לֶכֶת ראה: הָלַךְ ['lexet] gehen (*inf.*)
=כּוֹכַב־~ = Planet *m*
=שִׁיר־~ = Marschlied *n*
לְכַתְּחִלָּה ת"פ [lexatxila] von vornherein *Adv.*
לְלֹא מ"י [lelo'] ohne
=~ גְבוּל = grenzenlos
=~ הוֹאִיל = unproduktiv, ineffektiv
=~ נְשֹׂא = untragbar
=~ סָפֵק = zweifellos
לָמַד פעל (לִלְמוֹד, לוֹמֵד, לָמַד, יִלְמַד) [lamad] *kal* lernen, studieren
-לִמֵּד פיעל - *pi.* lehren, unterrichten
-נִלְמַד נפ' - *nif.* gelernt werden *od.* sein; (Stoff) durchgenommen werden
-הִתְלַמֵּד הת' - *hit.* sich unterrichten, sich weiterbilden
=לִמֵּד זְכוּת (סָנֵיגוֹרְיָה) עַל־ = verteidigen
=~ חוֹבָה (קָטֵיגוֹרְיָה) = anklagen
=לָמַד לֶקַח = e-e Lehre ziehen
לָמֵד ת' [laméd] lernend, erfahrend *Adj.*
=מִכָּאן אַתָּה ~ = hieraus läßt sich schließen
=נִמְצֵאנוּ לְמֵדִים = hieraus können wir schließen
לָמֶד נ' [lamed] Lamed (L), 12. Buchstabe des hebr. Alphabets
=~ הַפֹּעַל = 3. Wurzelbuchstabe des hebr. Verbs *Gr.*
לָמְדָה נ' [lomda] Lern-Software *f*
לְמַדַּי ת"פ [lemadaj] ziemlich, genügend *Adv.*
לַמְדָן ז' [lamdan] Gelehrter *m*
=~נוּת נ' = Gelehrsamkeit *f*; Wissen *n*
=~נִי ת' = gelehrt *Adj.*
לָמָה, לָמָּה מ"ש ['lama] warum?
=לָמָּה לִי? (דיבורי) = was bringt mir das? warum soll ich? F
לָמָה[1] נ' [lama] Lama *n Zo.*
לָמָה[2] ז' [lama] Lama *m* (buddhistischer Priester)
לָמוּד ת' [lamud] gewohnt, geübt *Adj.*
=לְמוּד נִסָּיוֹן = erfahren *Adj.*
לִמּוּד ז', לימוד [limud] Lernen *n*; Unterricht *m*, Lehren *n*
=לִמּוּדִים ז"ר = Studium *n*
=חֹק־~ = Lehrgang *m*, vorgeschriebene Studienzeit
=שְׁנַת־~ = Schuljahr *n*, Lehrjahr *n*
לִמּוּדִי ת', לימודי [limudi] belehrend, didaktisch *Adj.*; Lehr-
לְמַטָּה ת"פ [le'mata] nach unten, unten
לָמִיד ת' [lamid] erlernbar *Adj.*
לְמִידָה נ' [lemida] Lernen *n*
לֶמֶךְ ז' [lemex] Tollpatsch *m*
לְמַכְבִּיר ת"פ [lemaxbir] in großer Menge, mächtig *Adv.*
לִמְלוּם ז' [limlum] Stottern *n*, Murmeln *n*
לִמְלֵם פיעל [limlém] *pi.* stottern, murmeln
לַמְלְמָן ז' [lamleman] Stotterer *m*
לְמַעֵט פיעל [lema'ét] außer, ausgenommen *Prp.*
לְמַעְלָה ת"פ [le'ma'la] nach oben, oben
לְמַעַן מ"ח, מ"י [le'ma'an] für, zugunsten; damit
=~ הַשֵּׁם = um Gottes Willen!
לְמַפְרֵעַ ת"פ [lemaf'réa'] rückwirkend *Adv.*, nachträglich *Adv.*
לַמְרוֹת ת"פ [lamrot] trotz *Prp.*
=~ שֶׁ־ = obwohl

לְמִשְׁעִי ת"פ [lemiʃ'i] ganz glatt, sauber *Adv.*
לָנוּ מ"ג ['lanu] uns, Pers.-Pron. *(D)*
לַנְטָנָה נ' [lantana] Wandelröschen *n Bot.*
לסה"נ ר"ת: לִסְפִירַת הַנּוֹצְרִים [lisfirat hanotsrim] *Abk.* nach Christi Geburt (n. Chr.)
★לִסְטִים, ליסטים ז' (ריבוי: לִסְטִים) [listim] Räuber *m*
★לִסְטֵם פיעל [listém] *pi.* berauben
לְסֵרוּגִין ת"פ [lesérugin] abwechselnd *Adv.*
לֶסֶת נ' (לְסָתוֹת) ['leset] Kinnbacken *m*
לֹעַ ז', לוֹע (לֹעוֹת) ['loa'] Rachen *m*
=~-הָאֲרִי = Löwenmaul *n* (Antirrhinum) *Bot.*
★(לעב) הִלְעִיב הפ' [hil'iv] *hif.* spotten *bibl.*
לָעַג פעל (לִלְעוֹג לְ-, עַל-, יִלְעַג) [la'ag] *kal* verspotten, spotten über *(Akk.)*
-נִלְעַג נפ' (לְהִלָּעֵג) - *nif.* zum Gespött werden
-הִלְעִיג הפ' (עַל-, לְ-) - *hif.* spotten
לַעַג ז' ['la'ag] Spott *m*, Hohn *m*
=~ לָרָשׁ = Verspottung *f* des Armen *bibl.*
לָעַד ת"פ [la'ad] auf ewig
לִעוּז ז', ליעוז [li'uz] Benutzen *n* von Fremdwörtern Barbarismus *m*
לְעוֹלָם ת"פ [le'olam] auf ewig, für immer
=~ לֹא = niemals
=~ וָעֶד = ewig
לָעוּס ת' [la'us] gekaut; abgedroschen *fig. Adj.*
לְעוֹס ז' [le'os] Kauen *n*
לָעַז[1] פעל (לִלְעוֹז, יִלְעַז) [la'az] *kal* e-e fremde Sprache sprechen
לָעַז[2] פעל (לִלְעוֹז עַל-, יִלְעַז) [la'az] *kal* verleumden, Übles nachreden
-הִלְעִיז הפ' (עַל-) - *hif.* verleumden
לַעַז[1] ז' ['la'az] Fremdsprache *f*
לַעַז[2] ז' ['la'az] Verleumdung *f*, üble Nachrede *f*
=הוֹצִיא ~ עַל- = in e-n schlechten Ruf bringen
לַעֲזָאזֵל [la'azazél] zum Teufel!
לָעַט פעל (לִלְעוֹט, יִלְעַט) [la'at] *kal* schlingen, essen
-הִלְעִיט הפ' - *hif.* füttern; mästen
לֹעִי ת', לועי [lo'i] guttural *Adj.*
לְעִיזָה נ' [le'iza] Verleumdung *f*
לְעִיטָה נ' [le'ita] Fressen *n*; Mästen *n*
לְעֵיל ת"פ (ארמ') [le'él] oben *Adv.*
=נִזְכָּר ~ (ר"ת: נַ"ל) = oben erwähnt
=מִלְעֵיל = Betonung *f* auf der vorletzten Silbe (hebr. Wörter) *Gr.*
לְעֵינֵי מ"י [le'éné] in Gegenwart von
=~ הַשֶּׁמֶשׁ = bei hellem Tageslicht
לָעִיס ת' [la'is] kaubar *Adj.*
לְעִיסָה נ' [le'isa] Kauen *n*
לְעֵלָּא וּלְעֵלָּא (ארמ') [le'éla ule'éla] das Allerbeste
לִעְלַע פיעל [li'la] *pi.* stammeln
לְעֻמַּת מ"י, לעומת [le'umat] gegenüber, im Vergleich zu *(D)*
=~ זֹאת = im Gegensatz dazu
=הָלַךְ כִּלְעֻמַּת שֶׁבָּא = unverrichteter Dinge umkehren
לַעֲנָה נ' [la'ana] Beifuß *m*, Wermut *m* (Artemista) *Bot.*
לֹעֲנִית נ', לוענית [lo'anit] Braunwurz *f* (Scrophularia) *Bot.*
לָעַס פעל (לִלְעוֹס אֶת-, יִלְעַס) [la'as] *kal* kauen
לְעֶרֶךְ ת"פ [le'erex] ungefähr, etwa *Adv.*
לפה"ס ר"ת: לִפְנֵי הַסְּפִירָה [lifné hasefira] *Abk.* vor Christi Geburt (v. Chr.)
לפה"צ ר"ת: לִפְנֵי הַצָּהֳרַיִם [lifné hatsoho'rajim] *Abk.* vormittags
לִפּוּף ז', ליפוף [lipuf] Wickeln *n*
לָפוּף ת' [lafuf] gewickelt *Adj.*
לְפוּפִית נ' [lefufit] Trichterwinde *f* (Ipomoea) *Bot.*
לָפוּת ת' [lafut] festgebunden *Adj.*
לְפָחוֹת ת"פ [lefaxot] wenigstens *Adv.*
לְפִי מ"י [lefi] gemäß, nach *Prp.*
=~ דַּעְתִּי = meiner Ansicht nach

=~ כָּךְ = demnach, daher
=~ שֶׁ- = da *Kj.*
=~ שָׁעָה = vorläufig
=~ תֻּמּוֹ = in gutem Glauben, unabsichtlich
לַפִּיד ז׳ [lapid] Fackel *f*
לְפִיפָה נ׳ [lefifa] Umwickeln *n*
לְפִיתָה נ׳ [lefita] Festhalten *n*, Umklammerung *f*
לִפְנוֹת מ״י [lifnot] nahe vor, kurz vor
=~ בֹּקֶר, ~ עֶרֶב = morgens, gegen Morgen; gegen Abend
לִפְנֵי מ״י [lifné] vor *Prp.*
=~ הַסְּפִירָה = vor Christi Geburt, (v. Chr.)
=~ הַצָּהֳרַיִם = vormittags
★לִפְנַי ת״פ [lifnaj] innen *bibl.*
=~ וְלִפְנִים = im Innersten; Allerheiligste(s) *n*
לְפָנִים ת״פ [lefanim] einst, früher; vorn *Adv.*
לִפְנִים ת״פ [lifnim] innen *Adv.*
לִפְעָמִים ת״פ [lif'amim] manchmal *Adv.*
לָפַף פעל (לִלְפּוֹף אֶת, יִלְפּוֹף) [lafaf] *kal* umwickeln
-לִפֵּף פיעל - *pi.* wickeln
לִפְרָקִים ת״פ [lifrakim] zuweilen, manchmal *Adv.*
לָפַת פעל (לִלְפּוֹת אֶת-, יִלְפּוֹת) [lafat] *kal* umschlingen, umklammern
לֶפֶת נ׳ ['lefet] Steckrübe *f*
לִפְתָּן ז׳ [liftan] Kompott *n*, Dessert *n*, Nachtisch *m*
לְפֶתַע ת״פ [le'feta'] plötzlich *Adv.*
=~ פִּתְאֹם = plötzlich
לֵץ ז׳ [léts] Spötter *m*; Spaßmacher *m*, Spaßvogel *m*
★מוֹשַׁב לֵצִים= = Spottlustige *m/pl. bibl.*
לְצַד מ״י [letsad] neben *Prp.*
לָצוֹן ז׳ [latson] Spaß *m*
=חָמַד לוֹ ~ = sich e-n Spaß machen
לִצְמִיתוּת ת״פ [litsmitut] für immer, auf die Dauer

לְצַעֲרִי ת״פ [letsa'ari] bedauerlicherweise, leider
לְצֹרֶךְ [letsorex] zwecks *Prp.*
לָקָה פעל (לִלְקוֹת בְּ-, יִלְקֶה) [laka] *kal* geschlagen werden; erkranken, leiden an *(D)*
-הִלְקָה הפ׳ - *hif.* schlagen, prügeln
=לָקְתָה הַחַמָּה = die Sonne verfinsterte sich
=~ הַלְּבָנָה = der Mond verfinsterte sich
=לָקָה בְּחָסֵר = fehlen, mangeln
לָקוֹחַ ז׳ (לָקוֹחוֹת) [la'koax] Kunde *m*, Klient *m*
=שֵׁרוּת לָקוֹחוֹת = Kundendienst *m*
לָקוּחַ ת׳ [la'kuax] genommen *Adj.*
לִקּוּט ז׳, ליקוט [likut] Sammeln *n*, Zusammenstellung *f*
לָקוּי ת׳ [lakuj] mangelhaft *Adj.*
לִקּוּי ז׳, ליקוי [likuj] Mangel *m*
=~ חַמָּה = Sonnenfinsternis *f*
=~ לְבָנָה = Mondfinsternis *f*
=~ מְאוֹרוֹת = Verfinsterung *f*, Finsternis *f*
לִקּוּק ז׳ [likuk] Lecken *n*; Schmeicheln *n*
לְקוּת נ׳ [lekut] Defekt *m*, Mangel *m*
לָקַח פעל (לָקַחַת אֶת-, לוֹקֵחַ, יִקַּח, קַח!) [lakax] *kal* nehmen
-הִתְלַקֵּחַ הת׳ (לְהִתְלַקֵּחַ) - *hit.* sich entzünden, ausbrechen (z. B. Streit)
=לָקַח חֵבֶל בְּ-, ~ חֵלֶק בְּ- = teilnehmen, teilhaben an, einen Anteil haben an
=~ אִשָּׁה = sich eine Frau nehmen, heiraten
=~ דְּבָרִים עִם- = verhandeln, Gespräch führen mit *(D)*
=~ לוֹ לֵב = Mut fassen
=~ לַלֵּב = zu Herzen nehmen, schwer nehmen
=~ אֶת הָעִנְיָנִים בַּיָּדַיִם (דיבורי) = e-e Sache in die Hand nehmen
=~ אֶת עַצְמוֹ בַּיָּדַיִם (דיבורי) = sich aufraffen, sich berappeln F
לֶקַח ז׳ ['lekax] Lehre *f*, Folgerung *f*
לַקְחָן ז׳ [lakxan] Dieb *m*

לָקַט פעל (לִלְקוֹט אֶת-, יִלְקוֹט) [lakat] *kal* sammeln, einsammeln

-לִקֵּט פיעל - *pi.* sammeln, einsammeln

לֶקֶט ז׳ ['leket] Mix *m*, Sammlung *f*, Zusammenstellung *f*; Nachlese *f*

לַקְטָן ז׳ [laktan] Sammler *m*, Kompilator *m*

לָקִיחַ ת׳ [la'kiax] entzündlich *Adj.*

לְקִיחָה נ׳ [lekixa] Nehmen *n*

לְקִיטָה נ׳ [lekita] Sammeln *n*; Pflücken *n*

לְקִיקָה נ׳ [lekika] Lecken *n*

לָקִישׁ תו״ז [lakiʃ] spät (Obst *usw.*); spät geboren *Adj.*; Spätzünder *m*

לִקְלֵק פיעל [liklék] *pi.* lecken, auflecken

=~ אֶצְבְּעוֹתָיו = sich die Finger lecken

(לְקַמָּן) דִּלְקַמָּן (ארמ׳) [dilkaman] unten (im Text)

=כְּ~ = wie folgt

לַקְס ז׳ [laks] Lachs *m*

לֶקְסִיקוֹן ז׳ [leksikon] Lexikon *n*

לָקַק פעל (לִלְקוֹק, יָלוֹק) [lakak] *kal* lecken

-לִקֵּק פיעל - *pi.* lecken; naschen; speichellecken

-הִתְלַקֵּק הת׳ - *hit.* sich anbiedern, schmeicheln F

=לִקֵּק אֶת אֶצְבְּעוֹתָיו = sich die Finger lecken

=לֹא ~ דְּבַשׁ = es war kein Honigschlecken *fig.*

לַקְקָן ז׳ [lakekan] Naschkatze *f*

=~וּת נ׳ = Naschhaftigkeit *f*, Naschsucht *f*

לִקְרַאת מ״י [likrat] entgegen, in Richtung auf *(Akk.)*

לִקֵּשׁ פיעל [likéʃ] *pi.* (Spätobst) ernten

-הִלְקִישׁ הפ׳ - *hif.* spät reifen lassen

לֶקֶשׁ ז׳ ['lekeʃ] Spätreife *f*; Grummet *n*

לָרֹב ת״פ, לרוב [larov] viel, meistens *Adv.*

לְרַבּוֹת ת״פ [lerabot] einschließlich, inklusive

לְרֶגֶל מ״י [le'regel] anlässlich, wegen *Prp.*

(לרע) מִלְּרַע [milra'] Betonung *f* auf der letzten Silbe *Gr.*

לְשַׁד ז׳ [leʃad] Mark *n*, Essenz *f*

לָשׁוֹן זו״נ (לְשׁוֹנוֹת) [laʃon] Zunge *f*; Sprache *f*; Ausdruck *m*

=~ אַחֵר = mit anderen Worten

=~-הַדִּבּוּר = gesprochene Sprache

=לָשׁוֹן מְדֻבֶּרֶת = Umgangssprache *f*

=לָשׁוֹן הָרָע ז׳ = Klatsch *m*, üble Nachrede, Verleumdung *f*

=לְשׁוֹן-זָכָר = Maskulinum *n Gr.*

=~-חֲכָמִים = *wörtl.* Sprache der Weisen; Sprache *f* der Mischna *(Ggs. Sprache des Alten Testaments)*

=~-יַבָּשָׁה = Landzunge *f*

=~-יָחִיד = Singular *m*, Einzahl *f Gr.*

=~-יָם = schmale Bucht *f*

=~ הַמֹּאזְנַיִם = Zünglein *n* an der Waage

=~ נְקֵבָה = Femininum *n Gr.*

=לָשׁוֹן נְקִיָּה = Euphemismus *m*, beschönigendes Wort

=לְשׁוֹן סַגִּי-נְהוֹר = Euphemismus *m*; Wort *n* in umgekehrter Bedeutung

=~ סְתָרִים = Geheimsprache *f*

=~ הַפָּר = Ochsenzunge *f* (Anchusa) *Bot.*

=~ הַקֹּדֶשׁ = heilige Sprache (Hebräisch), Sprache *f* der Bibel

=~ רַבִּים = Plural *m*, Mehrzahl *f Gr.*

=בַּעַל-לָשׁוֹן = Sprachkundiger *m*; Redner *m*

=חֶלְקַת-~ = glatte Worte *n/pl.*

=כְּבַד ~ = Stotterer *m*

=מַעֲנֵה-~ = schlagfertige Antwort

=תּוֹרַת-הַ~ = Grammatik *f*

=לָשׁוֹן נוֹפֵל עַל ~ = Wortspiel *n*

=חַיִּים וּמָוֶת בְּיַד הַ~ = Fremdsprachen helfen in jeder Lebenslage

=בִּלְשׁוֹן הַמְעָטָה = mild ausgedrückt, gelinde gesagt

=זֶה עוֹמֵד לִי עַל קְצֵה הַלָּשׁוֹן = es liegt mir auf der Zunge

לְשׁוֹנַאי ז׳ [leʃonaj] Linguist *m*, Sprachwissenschaftler *m*

לְשׁוֹנִי ת׳ [leʃoni] sprachlich; zungenförmig *Adj.*
=דּוּ-~ = zweisprachig *Adj.*
=~יִם = Rippenblütler *m/pl. Bot.*
לֶשֶׁךְ ז׳ [leʃex] Orchestergraben *m*
לִשְׁכָּה נ׳ (לְשָׁכוֹת, לִשְׁכוֹת-) [liʃka] Amt *n*, Büro *n*; Zelle *f*; Kabinett *n*; Loge *f*
=לִשְׁכַּת-מוֹדִיעִין = Auskunftsbüro *n*, Informationsbüro *n*
=~ עֲבוֹדָה = Arbeitsamt *n*
לִשְׁלֶשֶׁת נ׳ [liʃ'leʃet] Geflügelmist *m*
לְשֵׁם מ״י [leʃém] für, zugunsten, zu Gunsten *Prp.*
לֶשֶׁם ז׳ ['leʃem] Opal *m*
(לשן) הִלְשִׁין הפ׳ [hilʃin] *hif.* verleumden, verraten, anzeigen
לְשֶׁעָבַר ת״פ [leʃe'avar] früher, Ex-
לָתוּת ת׳ [latut] eingetaucht *Adj.*
לְתִיתָה נ׳ [letita] Eintauchen *n*
לְתָמִיד ת״פ [letamid] für immer, ewig *Adv.*
לָתַת פעל [latat] *kal* eintauchen
לֶתֶת ז׳ ['letet] Malz *n*

מ

מ Mem (M), 13. Buchstabe des hebr. Alphabets, Zeichen der Zahl 40

=ם =Schluss-Mem (am Schluss des Wortes)

מִ- (קִצּוּר שֶׁל מִן) [mi] von, aus; *(mehr)* als; wegen *(vor Inf.)*

מ"א ר"ת: מֻסְמַךְ-אוּנִיבֶרְסִיטָה [mem-'alef] *Abk.* M.A. (Master of Arts), Magister *m*, 2. akademischer Grad

מַאֲבוּס ז' [ma'avus] Getreidespeicher *m*, Silo *m*

מְאַבְטֵחַ ז' [me'avteax] Leibwächter *m*

מְאֻבְטָח ת', מאובטח [me'uvtax] abgesichert, gedeckt *Adj.*, *Mil.*

מְאֻבָּן תו"ז, מאובן [me'uban] versteinert *Adj.*; Fossil *n*

מְאֻבָּץ ת', מאובץ [me'ubats] verzinkt *Adj.*

מַאֲבָק[1] ז' [ma'avak] Ringen *n*, Kampf *m*

מַאֲבָק[2] ז' [ma'avak] Staubbeutel *m Bot.*

מְאַבֵּק ז' [ma'avék] Bestäuber *m*

מְאֻבָּק ת', מאובק [me'ubak] bestäubt; verstaubt *Adj.*

מְאֻגָּד ת', מאוגד [me'ugad] vereinigt; zusammengebunden *Adj.*

מְאֻגָּם ת', מאוגם [me'ugam] teichähnlich *Adj.*; (im Teich) gestaut

מְאֻגָּף ת', מאוגף [me'ugaf] umzingelt *Adj. Mil.*

מַאֲגָר ז' [ma'agar] Speicher *m (a. El.)*, Staubecken *n*, Sammelbecken *n*, Wasserreservoir *n*

מְאֻגְרָף ת', מאוגרף [me'ugraf] zur Faust geballt

מְאֹד ת"פ, מאוד [me'od] sehr *Adv.*; Macht *f*, Kraft *f bibl.*

=בְּכָל מְאֹדוֹ = mit aller Kraft

מַאֲדֶה ז' [ma'ade] gedünstetes Gericht

מְאֻדֶּה ת', מאודה [me'ude] gedünstet *Adj.*

מַאְדִּים ז' [ma'adim] Mars *m* (Planet)

מֵאָה ש"מ (מְאַת-, מֵאוֹת, מְאוֹת-) [mé'a] hundert (100)

=~ נ' = Jahrhundert *n*

=לְ~ = Prozent *n*

=~ אָחוּז = hundert Prozent (100%), ausgezeichnet! klasse! F

=אַתָּה ~ אָחוּז = du bist in Ordnung

=מָאתַיִם = zweihundert (200)

מְאַהֵב ז' [me'ahév] Liebhaber *m*

מְאֹהָב ז', מאוהב [me'ohav] verliebt *Adj.*

מְאַהֶבֶת נ' [me'ahevet] Geliebte

מַאֲהָל ז' [ma'ahal] Zeltlager *n*, Biwak *n*

מַאֲוָה, מַאֲוַי ז' (מַאֲוַיִּים) [ma'ave, ma'avaj] Begierde *f*; geheimer Wunsch

מְאוּמָה, מְאוּם ז' [me'uma] etwas

=במשפט שלילה: לֹא ~, אֵין ~ = *(in negativen Sätzen)* nichts

★מֵאוּן ז', מיאון [mé'un] Weigerung *f*

מָאוּס ת' [ma'us] verabscheut *Adj.*

מִאוּס ז', מיאוס [mi'us] Abscheu *m*

=מֻקְצֶה מֵחֲמַת ~ = verboten; unantastbar *Adj.*

מְאוֹץ הַגְּדִילָה [me'ots hagdila] Sprint *m*; Katapult *f*

מָאוֹר ז' (מְאוֹרוֹת) [ma'or] Licht *n*, Leuchtkörper

=מְאוֹר-עֵינַיִם = Sehkraft *f*

=~-פָּנִים = freundliches Gesicht; Wohlwollen *n*

=גַּז-מָאוֹר = Leuchtgas *n*

מְאֻוְרָר ת' [me'uvar] gelüftet *Adj.*

מְאוּרָה נ׳ [me'ura] Höhle *f*; Kellerloch *n fig.*

מְאַוְרֵר ז׳, מאוורר [me'avrér] Ventilator *m*

מְאֻוְרָר ת׳, מאוורר [me'uvrar] klimatisiert *Adj.*, mit Klimaanlage

מְאֻשָּׁשׁ ת׳ [me'oʃaʃ] gefestigt *Adj.*

מְאוֹתֵת ז׳ [me'otét] Signalbediener *m*, Melder *m*, Blinker *m* (am Auto)

מֵאָז ת״פ [me'az] seit *Prp.*

=~ וּמִקֶּדֶם = seit undenklichen Zeiten

מַאֲזִין ז׳ [ma'azin] Hörer *m*, Zuhörer *m*

מְאַזְכֵּר ת׳ [me'azker] Erinnern *n*

מְאֻזְכָּר ת׳ [me'uzkar] zitiert *Adj.*

מְאֻזָּן ת׳, מאוזן [me'uzan] waagerecht, horizontal; ausgeglichen *Adj.*

מַאֲזָן ז׳ [ma'azan] Bilanz *f*; Gleichgewicht *n*

מַאֲזֵנָה נ׳ [ma'azéna] Nivellierinstrument *n*

מֹאזְנַיִם ז״ז [moz'najim] Waage *f*

=מֹאזְנֵי-מִכְתָּבִים = Briefwaage *f*

=~-קְפִיץ = Federwaage *f*

=~-שֻׁלְחָן = Tischwaage *f*

=מֹאזְנַיִם עֶשְׂרוֹנִיִּים = Dezimalwaage *f*

=כַּף-מֹאזְנַיִם = Waagschale *f*

=לְשׁוֹן-הַ~ = Zünglein *n* an der Waage

מְאֻזְרָח ת׳, מאוזרח [me'uzrax] eingebürgert *Adj.*

מְאֻחָד ת׳, מאוחד [me'uxad] vereinigt *Adj.*

מְאֻחָד ת׳, מואחד [mo'oxad] einförmig, uniform *Adj.*

מְאֻחֶה ת׳, מאוחה [me'uxe] verbunden, zusammengefügt *Adj.*

מֵאָחוֹר ת״פ [me'axor] von hinten

מֵאֲחוֹרֵי מ״י [me'axorej] hinter *Prp.*

מַאֲחָז ז׳ (מַאֲחָזִים) [ma'axaz] Stützpunkt *m Mil.*

מַאֲחֶזֶת נ׳, מאחזת [ma'a'xozet] Halter *m*

=~-סְפָרִים = Bücherstütze *f*

מְאֻחְסָן ת׳, מאוחסן [me'uxsan] *(Ware)* gelagert *Adj.*

מְאֻחָר ת׳, מאוחר [me'uxar] spät, verspätet *Adj.*

=לְכָל הַ~ = spätestens *Adv.*

=בְּ~ = spät *Adv.*

מְאֻטָּם ת׳, מאוטם [me'utam] verstopft, vermauert *Adj.*

★מַאי? (ארמ׳) [maj] was?, wie?

★~ נָפְקָא מִנַּהּ? = was ist der Unterschied?

=~ קָא מַשְׁמַע לָן? = was geht daraus hervor?

מַאי ז׳ [maj] Mai *m*

=אֶחָד בְּ~ = 1. Mai

מְאַיֵּד ז׳, מאייד [me'ajéd] Vergaser *m*

מְאֻיָּד ת׳, מאויד [me'ujad] verdunstet *Adj.*

מֵאִידָךְ גִּסָּא ת״פ (ארמ׳) [mé'idax gisa] andrerseits *Adv.*

מֵאֵימָתַי? [mé'émataj] seit wann?

מֵאֵין מ״י [mé'én] mangels *Prp.*, aus Mangel

=מֵאֵין הֲפוּגוֹת = endlos, pausenlos, ununterbrochen

=מֵאֵין כָּמוֹהוּ = unnachahmbar, einzigartig *Adj.*

מֵאַיִן מ״ש [mé'ajin] von wo?

מְאַיֵּן ז׳ [me'ajén] Nihilist *m*

★מְאִיסָה נ׳ [me'isa] Ekel *m*, Verabscheuung *f*

מֵאִיץ ז׳ (מְאִיצִים) [mé'its] Beschleuniger *m*, Akzelerator *m*

מֵאִיר ת׳ [mé'ir] leuchtend *Adj.*

=~ עֵינַיִם = klar, deutlich

מְאֻיָּר ת׳, מאוייר [me'ujar] illustriert *Adj.*

מְאֻיָּשׁ ת׳, מאוייש [me'ujaʃ] bemannt *Adj.*

מֵאִית נ׳ [mé'it] Hundertstel (1/100) *n*

מְאֻכְזָב ת׳, מאוכזב [me'uxzav] enttäuscht *Adj.*

מַאֲכָל ז׳ [ma'axal] Speise *f*, Lebensmittel *n*

=שֶׁמֶן-~ = Speiseöl *n*

=רָאוּי-לְ~ = essbar *Adj.*

מְאַכֵּל ת׳ [me'akel] korrodiert *Adj.*

מְאֻכָּל ת׳ [me'ukal] zerfressen *Adj.*

מְאֻכְלָס ת׳, מאוכלס [me'uxlas] bevölkert, besiedelt *Adj.*

מְאַכְלֵס ת׳ [me'axles] Siedler *m*

מַאֲכֹלֶת נ׳, מאכולת [ma'axolet] Speise *f bibl.*

=~ אֵשׁ = Speiseopfer *m* (Feuer)

★מַאֲכֶלֶת נ׳ [ma'a'xelet] Schlachtmesser *n*

מְאֻכָּף ת׳, מאוכף [me'ukaf] gesattelt; sattelförmig *Adj.*

מְאַלְחֵשׁ ז׳ [me'alxéʃ] Betäubungsmittel *n Med.*; Anästhesist *m*
מֵאֵלָיו ת״פ [mé'élav] von selbst, von allein
=מוּבָן ~ = natürlich, selbstverständlich *Adj*
מַאֲלִיף ת׳ [ma'alif] tausendfach *Adj.*
מְאַלֶּמֶת נ׳ [me'a'lemet] Garbenbindemaschine *f*
מְאַלֵּף ז׳ [me'aléf] Tierbändiger *m*, Dresseur *m*, Dompteur *m*
=~ ת׳ = lehrreich, aufschlußreich *Adj.*
מְאֻלָּף ת׳, מאולף [me'ulaf] dressiert *Adj.*
מְאַלֵּץ ת׳ [me'alets] zwingend, nötigend
מְאֻלָּץ ת׳, מאולץ [me'ulats] gezwungen, erzwungen *Adj.*
מְאַלְתֵּר ז״ת [me'alter] Improviseur *m*, improvisierend
מְאֻלְתָּר ת׳, מאולתר [me'ultar] improvisiert *Adj.*, aus dem Stegreif
מְאֻמָּד ת׳, מאומד [me'umad] geschätzt, taxiert *Adj.*; schätzungsweise *Adv.*
מַאֲמִין ז׳ [ma'amin] Gläubiger *m Rel.*
מְאֻמָּל ת׳ [me'umal] emailliert *Adj.*
מְאַמֵּן ז׳ [me'amén] Trainer *m*
מְאֻמָּן ת׳, מאומן [me'uman] ausgebildet, trainiert *Adj.*
מָאֳמָן ת׳, מואמן [mo'oman] akkreditiert *Adj.* *(Diplomat)*
מַאֲמָץ ז׳ [ma'amats] Anstrengung *f*, Mühe *f*
מְאֻמָּץ ת׳, מאומץ [me'umats] adoptiert, angenommen (als Kind); intensiv *Adj*, angestrengt *Adj.*
מַאֲמָר ז׳ [ma'amar] Artikel *m (Zeitung usw.)*; Redensart *f*
=~ מֻסְגָּר = Zwischenbemerkung *f*
=~ רָאשִׁי, מַאֲמַר-מַעֲרֶכֶת = Leitartikel *m*
מְאֻמָּת ת׳, מאומת [me'umat] bewahrheitet, bestätigt *Adj.*
★מֵאֵן פיעל [mé'én] *pi.* sich weigern
★מָאן-דְּהוּ (ארמ׳) [man-dehu] irgend jemand

מְאֻנָּךְ ת׳, מאונך [me'unax] senkrecht, vertikal *Adj.*
=בְּ~ ת״פ = senkrecht, vertikal *Adv.*
מְאֻנָּס ת׳, מאונס [me'unas] erzwungen *Adj.*
מְאֻנְפָּף ת׳, מאונפף [me'unpaf] näselnd *Adj.*
מְאֻנְקָל ת׳, מאונקל [me'unkal] hakenförmig *Adj.*
מָאַס פעל (לִמְאוֹס בְּ-, יִמְאַס) [ma'as] *kal* verabscheuen, verschmähen, Widerwillen haben gegen *(Akk.)*, es satt haben
-נִמְאַס נפ׳ (לְהִמָּאֵס) ראה: נִמְאָס - *nif.* verabscheut werden, überdrüssig werden (sein)
-הִמְאִיס הפ׳ - *hif.* anekeln *v/t*, Abscheu erregen
-נִתְמָאֵס הת׳ - *hit.* zum Ekel werden
מְאֻסָּם ת׳ [me'usam] gelagert, auf Lager
מְאַסֵּף ז׳ [me'aséf] Nachhut *f Mil.*; Autobus *m* (nicht Express), Bummelbus *m* Sammelwerk *n (Buch)*
מְאֻסָּף ת׳ [me'usaf] gesammelt *Adj.*
מַאֲסָר ז׳ [ma'asar] Gefängnishaft *f*
=מַאֲסַר-בַּיִת = Hausarrest *m*
=~-עוֹלָם = lebenslängliche Haft
מַאֲסֶרֶת נ׳ [ma'aseret] Gefängishaft *f*
מַאֲפֶה ז׳ (מַאֲפֵה-, מַאֲפִים) [ma'afe] Gebäck *n*
מַאֲפִיָּה נ׳ [ma'afija] Bäckerei *f*
מְאַפְיֵן ז׳ מאפיין [me'afjén] Charakteristikum *n*
מְאֻפְיָן ת׳ [me'ufjan] charakterisiert *Adj.*
מַאֲפֵל ז׳ [ma'afel] Dunkelhelt *f*, Unheimlichkeit *f*
מְאֻפָּל ת׳, מאופל [me'upal] verdunkelt *Adj.*
מַאֲפֵלָה נ׳ [ma'aféla] Dunkelkammer *f*
מְאֻפְלָל ת׳ [me'uflal] dunkel, schattig *Adj.*
מְאֻפָּס ת׳, מאופס [me'upas] auf Null gestellt, zurückgesetzt
מְאֻפָּק ת׳, מאופק [me'upak] zurückhaltend, beherrscht *Adj.*
מְאֻפָּר ת׳, מאופר [me'upar] geschminkt *Adj.*
מַאֲפֵרָה נ׳ [ma'aféra] Aschenbecher *m*

מְאֻצְבָּע ת', מאוצבע [me'utsba'] fingerförmig *Adj.*
מְאֻקְלָם ת', מאוקלם [me'uklam] akklimatisiert *Adj.*
מַאֲרָב ז' [ma'arav] Hinterhalt *m*
מְאָרֵב ז' [me'arev] *jmd*, der einen Hinterhalt legt
מַאֲרָג ז' [ma'arag] Gewebe *n*
מְאַרְגֵּן ז' [me'argén] Organisator *m*
מְאֻרְגָּן ת', מאורגן [me'urgan] organisiert *Adj.*
=טִיּוּל ~ = Gruppenreise *f*
מְאָרֵחַ ז' [me'a'réax] Gastgeber *m*
מַאֲרִיךְ ת' [ma'arix] wortreich, weitschweifig *Adj*
מָאֳרָךְ ת', מוארך [mo'orax] länglich, gedehnt *Adj.*
מְאֹרָס ת"ז, מאורס [me'oras] Verlobter *m*
★=מְאֹרָסָה ת"נ = Verlobte *f*
מְאֹרָע ז', מאורע (מְאֹרָעוֹת) [me'ora'] Ereignis *n*
=מְאֹרְעוֹת-דָּמִים = blutige Unruhen *f*/pl.
מָאֳרָק ת', מוארק [mo'orak] geerdet *Adj.*, *El.*
מַאֲשָׁכָה נ' [ma'aʃaxa] Hodensack *m*
מְאֻשְׁנָב ת', מאושנב [me'uʃnav] mit Luke versehen
=מַעֲטָפָה מְאֻשְׁנֶבֶת = Fensterbriefumschlag *m*
מְאֻשְׁפָּז ת', מאושפז [me'uʃpaz] (Krankenhaus) eingeliefert, untergebracht *Adj.*
מְאַשֵּׁר ז"ת [me'aʃér] genehmigende (Person, Institution)
מְאֻשָּׁר ת', מאושר [me'uʃar] glücklich; bestätigt *Adj.*
מְאַשְׁרֵר ז"ת [me'aʃrér] Befürworter *m*, Ratifizierer *m*
מְאֻשָּׁשׁ ת', מאושש [me'uʃaʃ] gekräftigt *Adj.*
מֵאֵת מ"י [mé'ét] von *Prp.*
מָאתַיִם ש"מ [ma'tajim] zweihundert (200)
מְאַתֵּר ז"ת [me'atér] Fahnder *m*
מְאֻתָּר ת', מאותר [me'utar] geortet, lokalisiert *Adj.*
מַבְאִישׁ ת' [mav'iʃ] stinkend *Adj.*
מְבָאֵר ז"ת [meva'ér] Kommentator *m*
מְבֹאָר ת', מבואר [mevo'ar] erklärt *Adj.*

מְבֻגָּר ת"ז, מבוגר [mevugar] erwachsen, reif *Adj*; Erwachsene *m*
מְבֻדָּד ת', מבודד [mevudad] isoliert, abgeschlossen *Adj.*
מַבְדֵּד ז' [mavdéd] Isolator *m El.*
מְבֻדֶּה ת', מבודה [mevude] unwahr, fiktiv *Adj.*
מִבְדֶּה ז' [mivde] Fiktion *f*
מִבְדּוֹק ז' [mivdok] Dock *n*
=~ צָף = Schwimmdock *n*
מְבַדֵּחַ ת' [meva'déax] amüsant, lustig *Adj.*
מְבֻדָּח ת', מבודח [mevudax] amüsiert *Adj.*
מַבְדִּיל ת' [mavdil] trennend *Adj.*
מֻבְדָּל ת', מובדל [muvdal] abgetrennt *Adj.*
מַבְדֶּלֶת נ' [mav'delet] Falttür *f*
מִבְדָּק ז' [mivdak] Stichprobe *f*, Test *m*
מַבְדֵּק ז' [mavdék] Prüfgerät *n*
מִבְדָּקָה נ' [mivdaka] Prüfstelle *f*, Bewertungsstelle *f*; Versuchsanstalt *f*, Amt *n* des Zensors
מְבֻדָּר ת', מבודר [mevudar] erheitert *Adj.*
מַבְהִיל ת' [mavhil] erschreckend, *Adj.*
מַבְהִיק ת' [mavhik] blitzend, glänzend *Adj.*
מְבֹהָל ת', מבוהל [mevohal] gehetzt, übereilt; erschrocken, aufgeschreckt *Adj.*
מֻבְהָק ת', מובהק [muvhak] ausgezeichnet, hervorragend *Adj.*, par excellence
=סִימָן ~ = deutliches Zeichen
מָבוֹא ז' (מְבוֹאוֹת) [mavo'] Eingang *m*; Einleitung *f*, Vorwort *n*, Einführung *f*
★=מְבוֹא-יָם = Ankerplatz *m*
מְבוֹאָה נ' [mevo'a] Lobby *f*
מְבוֹדָד ת' [mevodad] abgesondert, Isolist A *Adj.*
מָבוֹי ז' [mavoj] Seitengasse *f*
=~ מְפֻלָּשׁ = Durchgangsgasse *f*
=~ סָתוּם = Sackgasse *f*
מָבוֹךְ ז' [mavox] Labyrinth *n*, Irrgarten *m*
מְבוּכָה נ' [mevuxa] Verlegenheit *f*, Verwirrung *f*
מַבּוּל ז' [mabul] Sintflut *f*

=אַחֲרַי הַמַּבּוּל = nach mir die Sintflut
מְבוּלָל ת׳ [mevolal] vermischt *Adj.*
מְבוּסָה נ׳ [mevusa] Niederlage *f*, Unterdrückung *f*
★מַבּוּעַ ז׳ [ma'bua'] Quelle *f*
מְבוּקָה נ׳ [mevuka] Öde *f*
מְבוּשִׁים ז״ר [mevuʃim] Genitalien, Schamteile *m/pl.*
מְבַזְבֵּז ז״ת [mevazbez] verschwenderisch *Adj.*
מְבֻזְבָּז ת׳, מבוזבז [mevuzbaz] verschwendet *Adj.*
מְבַזֶּה ת׳ [mevaze] Spötter *m*
מְבֻזֶּה ת׳, מבוזה [mevuze] verachtet, mißachtet *Adj.*
מַבְזֵק[1] ז׳ [mavzék] Streubüchse *f*
מַבְזֵק[2] ז׳ [mavzék] Blitzlicht *n fot.*
מִבְזֶקֶת נ׳ [miv'zeket] Streuer *m*
מִבַּחוּץ ת״פ [mibaxuts] von außen
מַבְחִיל ת׳ [mavxil] ekelerregend *Adj.*
מִבְחָל ז׳ [mivxal] Übelkeitsanfall *m*
מֻבְחָל ת׳ [muvxal] (künstlich) gereift *Adj.*
מִבְחָן ז׳ [mivxan] Prüfung *f*, Examen *n*; Bewährung *f*; Versuch *m*
=עָמַד בְּ~ = (Prüfung) bestehen, sich bewähren
=עָמַד לְ~ = zur Prüfung antreten, sich prüfen lassen
=קְצִין־~ = Bewährungshelfer *m*
=~ מִלּוּי = Prüfung *f* mit Lückentext
מַבְחֵן ז׳ [mavxén] Prüfapparat *m*
=~נָה נ׳ = Reagenzglas *n*
מִבְחָנָה נ׳ [mivxana] Prüfungskommission *f*
מִבְחָר ז׳ [mivxar] Auswahl *f*, Auserlesene *n*
מֻבְחָר ת׳, מובחר [muvxar] ausgewählt; das Beste
מַבָּט, מֶבָּט ז׳ [mabat] Blick *m*; Aspekt *m*
=נְקֻדַּת־~ = Gesichtspunkt *m*
=מִמַּבָּט רִאשׁוֹן = auf den ersten Blick
מִבְטָא ז׳ [mivta'] Aussprache *f*; Ausdruck *m*, Akzent *m*
=כְּלִי־~ = Sprechwerkzeug *n*

מְבֻטָּא ת׳ [mevuta'] ausgesprochen, ausgedrückt *Adj.*
מְבֻטְבָּט ת׳ [mevutbat] quellend *Adj.*
★מִבְטָח ז׳ [mivtax] Vertrauen *n*; sichere Zuflucht
=שָׂם מִבְטַחוֹ בְּ- = sein Vertrauen setzen auf *(Akk.)*
★=מִבְטַח־עֹז = Festung *f*
מַבְטֵחַ ז׳ [mav'téax] Sicherung *f El.*
מְבֻטָּח ת׳, מבוטח [mevutax] versichert *Adj.*, Versicherungsnehmer *m*
מֻבְטָח ת׳, מובטח [muvtax] gesichert *Adj.*
=מֻבְטָחְנִי, מֻבְטְחַנִי, מֻבְטַחַתְנִי = ich bin sicher *(m) (f)*
=הָאָרֶץ הַמֻּבְטַחַת = das gelobte Land
מַבְטִיחַ ת׳ [mav'tiax] (viel)versprechend *Adj.*
מְבַטֵּל ז״ת [mevatél] annullierend, negierend *Adj.*
מְבֻטָּל ת׳, מבוטל [mevutal] ungültig, entwertet, aufgehoben, abgesagt; storniert, wertlos, unbedeutend *Adj.*
=בָּטֵל וּ~ = ungültig *Adj.*
מֻבְטָל ז׳, מובטל [muvtal] Arbeitsloser *m*
מְבֻטָּן[1] ת׳, מבוטן [mevutan] (Stoff) gefüttert *Adj.*
מְבֻטָּן[2] ת׳ [mevutan] betoniert *Adj.*
מֵבִיךְ ת׳ [mévix] verlegen machend, in Verlegenheit bringend
מְבֻיָּל ת׳, מבוייל [mevujal] (Brief) frankiert *Adj.*
מְבֻיָּם ת׳, מבוים [mevujam] inszeniert *Adj.*, in Szene gesetzt; vorgetäuscht
מֵבִין ז׳ [mévin] Kenner *m*, Fachmann *m*
=מְבִינוּת נ׳ = Sachkenntnis *f*
מְבֻיָּשׁ ת׳, מבויש [mevujaʃ] beschämt *Adj.*
מֵבִישׁ ת׳ [méviʃ] beschämend, schändlich *Adj.*
מִבַּיִת ת״פ [mi'bajit] von innen
מְבֻיָּת ת׳, מבוית [mevujat] gezähmt, domestiziert, abgerichtet *Adj.*
מַבְכִּירָה נ׳ [mavkira] Erstgebärende *f*

[mevalbél] schlampiger Mensch *m*, Chaot *m* מְבַלְבֵּל ז״ת
[mevulbal] verwirrt *Adj.* מְבֻלְבָּל ת׳, מבולבל
[mevulgan] unordentlich, unaufgeräumt *Adj.* מְבֻלְגָּן ת׳
[muvlat] hervorgehoben, herausragend *Adj.* מֻבְלָט ת׳, מובלט
[mivlat] Vorsprung *m*, Erhöhung *f* מִבְלָט ז׳
[mavlét] Stanze *f* מַבְלֵט ז׳
= Stanzer *m* =מַבְלְטָן ז׳
[mibli] ohne *Prp.* מִבְּלִי מ״י
= ohne Absicht =~ מֵשִׂים
[mavlig] zurückhaltend *Adj.* מַבְלִיג ת׳
[mavlél] Mixer *m* מַבְלֵל ז׳
[muvla'] eingeschaltet, eingefügt *Adj.* מֻבְלָע ת׳, מובלע
= Enklave *f* =מֻבְלָעָה, מֻבְלַעַת נ׳
[mevulak] zerstört, zerschmettert *Adj.* מְבֻלָּק ת׳
[mivne] Gebäude *n*, Bau *m*; Gefüge *m*, Konstruktion *f*; Struktur *f*; Anlage *f* מִבְנֶה ז׳, (מִבְנֵה-, מִבְנִים)
[mevune] aufgebaut, bebaut *Adj.* מְבֻנֶּה ת׳, מבונה
[muvne] gebaut, eingebaut *Adj.* מֻבְנֶה ת׳
[mivni] strukturell *Adj.* מִבְנִי ת׳
[mabsut] zufrieden *Adj.* מַבְסוּט ת׳, (ערב׳) (סלנג)
[mevusam] parfümiert; leicht betrunken *Adj.* מְבֻסָּם ת׳, מבוסם
[mevasés] Gründer *m* מְבַסֵּס ז״ת
[mevusas] begründet, fest gegründet *Adj.* מְבֻסָּס ת׳, מבוסס
[maba'] Ausdruck *m* מַבָּע ז׳
[muba'] ausgedrückt *Adj.* מֻבָּע ת׳, מובע
[mib'od] während noch מִבְּעוֹד ת״פ
[mav'ir] Brandstifter *m* מַבְעִיר ז״ת
[mevo'ar] angezündet *Adj.* מְבֹעָר ת׳, מבוער
[mav'ér] Brenner *m*; Anzünder *m* מַבְעֵר ז׳
[mevo'at] erschrocken *Adj.* מְבֹעָת ת׳
[mibifnim] von innen מִבִּפְנִים ת״פ
[meva'tséa'] Ausführender *m*; ausführend, vollstreckend *Adj.* מְבַצֵּעַ ז׳
= Exekutivgewalt *f* =רָשׁוּת מְבַצַּעַת
[mevutsa'] ausgeführt *Adj.* מְבֻצָּע ת׳, מבוצע
[mivtsa'] Unternehmen *n;* Schlussverkauf *f*; Aktion *f*, Operation *f*, Einsatz *m Mil.* מִבְצָע ז׳
[mivtsa'i] operativ *Adj.*; Betriebs- מִבְצָעִי ת׳
[mivtsar] Festung *f*, Burg *f* מִבְצָר ז׳
= befestigte Stadt =עִיר-~
[mevutsar] befestigt *Adj.* מְבֻצָּר ת׳, מבוצר
[mevuka'] aufgeplatzt, gespalten *Adj.* מְבֻקָּע ת׳, מבוקע
[mivka'] Einbruch *m Geol.*; Durchbruch *m mil.* מִבְקָע ז׳
[mevakér] Kritiker *m*, Rezensent *m*; Kontrolleur *m*; Besucher *m*, Gast *m* מְבַקֵּר ז׳
= staatlicher Betriebsprüfer *m* =~ הַמְּדִינָה
= Rechnungsprüfer *m* =~ חֶשְׁבּוֹנוֹת
[mevukar] geprüft, kontrolliert; kritisiert *Adj.* מְבֻקָּר ת׳, מבוקר
[mevakéʃ] Bittsteller *m* מְבַקֵּשׁ ז׳
[mevukaʃ] gesucht, gefragt, gewünscht *Adj.* מְבֻקָּשׁ ת׳, מבוקש
[mibereʃit] seit Beginn, von Anfang an מִבְּרֵאשִׁית ת״פ
[mavrég] Schraubenzieher *m* מַבְרֵג ז׳
[mevorag] herausgeschraubt *Adj.* מְבֹרָג ת׳, מבורג
[muvrag] eingeschraubt *Adj.* מֻבְרָג ת׳, מוברג
[mavréz] Gewindebohrer *m* מַבְרֵז ז׳
[mevoraz] mit einem Hahn ausgestattet מְבֹרָז ת׳
[mevurzal] eisenbeschlagen *Adj.* מְבֻרְזָל ת׳, מבורזל
[muvrax] geschmuggelt *Adj.* מֻבְרָח ת׳, מוברח
[mavri'] Genesender *m*, מַבְרִיא ז׳

Reha-Teilnehmer *m*; Kurgast *m*

מַבְרִיחַ ז׳ [mav'riax] Schmuggler *m*

מַבְרִיק ת׳ [mavrik] glänzend, brillant *Adj.*

מֻבְרָךְ ת׳ [muvrax] knieend, auf den Boden gebeugt

מְבֹרָךְ ת׳, מבורך [mevorax] gesegnet, segensreich *Adj.*

מִבְרָסָה [mivrasa] Lederwerkstatt *f*

מְבֻרְסָק ת׳, מבורסק [mevursak] gegerbt *Adj.*

מִבְרָ|ק ז׳ [mivrak] Telegramm *n*, Depesche *f*

=~קָה נ׳ = Telegrafenamt *n*

=~קָן ז׳ = Telegrafist *m*

מְבֹרָר ת׳, מבורר [mevorar] geklärt *Adj.*

מְבֹרָשׁ ת׳, מבורש [mevoraʃ] gebürstet *Adj.*

מִבְרֶשֶׁת נ׳ [miv'reʃet] Bürste *f*

=~-תַּיִל = Drahtbürste *f*

מְבַשֵּׁל ז׳ [mevaʃél] Koch *m*

מְבֻשָּׁל ת׳, מבושל [mevuʃal] gekocht *Adj.*

מַבְשֵׁלָה נ׳ [mavʃéla] Kochherd *m*, Kocher *m*

מִבְשָׁלָה נ׳ [mivʃala] Brauerei *f*

מְבַשֶּׁלֶת נ׳ [meva'ʃelet] Köchin *f*

מְבֻשָּׂם ת׳, מבושם [mevusam] parfümiert; beschwipst, beschwingt *Adj.*

מְבַשֵּׂר ז׳ [mevasér] Überbringer von guten Nachrichten

מְבֻתָּק ת׳, מבותק [mevutak] zerrissen, gespalten *Adj.*

מְבֻתָּר ת׳, מבותר [mevutar] getrennt, zerklüftet *(Berge) Adj.*

מִבְתָּר ז׳ [mivtar] Einschnitt *m*; Graben *m Geol.*

מָג ז׳ [mag] Zauberer *m*

מְגֹאָל ת׳, מגואל [mego'al] befleckt *Adj. (mit Blut)*

מַגֵּב ז׳ (מַגְּבִים) [magév] Wischer *m*; Putzer *m*

=~ רִצְפָּה = Schrubber *m*

=~ שִׁמְשָׁה = Scheibenwischer *m*

מְגֻבָּב ת׳, מגובב [megubav] aufgehäuft *Adj.*

מַגְבֵּהַ ז׳ [magbéa] Hebebühne *f*, Wagenheber *m*

מֻגְבָּה ת׳, מוגבה [mugba] erhöht *Adj.*; nach oben gezogen

מַגְבּוֹן ז׳ [magvon] Reinigungstuch *n*, Feuchttuch *n*

מַגְבִּיל ת׳ [magbil] einschränkend, begrenzend *Adj.*

מַגְבִּיר תו״ז [magbir] verstärkend *Adj.*

=~-קוֹל = Megaphon *n*; Verstärker *m*

מַגְבִּית נ׳ [magbit] Sammelaktion *f*

מֻגְבָּל ת׳, מוגבל [mugbal] beschränkt, begrenzt *Adj.*

=בְּעֵרָבוֹן ~ (בע״מ) = mit beschränkter Haftung (mbH)

מִגְבָּלָה נ׳ [migbala] Einschränkung *f*

מֻגְבָּלוּת נ׳ [mugbalut] Begrenztheit *f*

מְגֻבְנָן ת׳, מגובנן [meguvnan] bucklig, krumm *Adj.*

מִגְבָּע ז׳ [migba'] Zylinderhut *m*

★מִגְבַּעַת נ׳ [mig'ba'at] Hut *m*

מֻגְבָּר ת׳, מוגבר [mugbar] verstärkt *Adj.*

מַגְבֵּר ז׳ [magbér] Tonverstärker *m Rdf.*

מִגְבָּשׁ ז׳ [migbaʃ] Kristallisierung *f*; Verkörperung *f*

מְגֻבָּשׁ ת׳, מגובש [megubaʃ] kristallisiert; in sich gefestigt

מַגֶּבֶת נ׳ [ma'gevet] Handtuch *n*

=~ רַחֲצָה = Badehandtuch *n*

מֶגֶד ז׳ ['meged] Götterspeise *f*; köstliche Gabe der Natur

★=פְּרִי-מְגָדִים = edle Früchte *f*/pl., Tafelobst *n*

מֻגָּד ת׳ [mugad] gesagt, erzählt *Adj.*

מַגְדִּיר ז׳ [magdir] Bestimmer *m*

=~ לִצְמָחִים = Pflanzenbestimmer *m*

מִגְדָּל ז׳ [migdal] Turm *m*

=מִגְדַּל-אוֹר (מִגְדַּלּוֹר) = Leuchtturm *m*

=~-הַחְמָצָה = Futtersilo *n*

=~-מַיִם = Wasserturm *m*

מָגוֹר ז׳ [magor] Angst *f*, Furcht *f*
מָגוּר ת׳ [magur] ausser Gefecht gesetzt
מִגּוּר ז׳, מיגור [migur] Vernichtung *f*, Sturz *m Pol.*
מְגוּרָה נ׳ [megura] Vorratskammer *f*, Kornspeicher *m*; Behälter *m*
=מְגוּרַת-דֶּלֶק = Brennstoffbehälter *m*, Öltank *m*
מְגוּרִים ז״ר [megurim] Wohnung *f*; Wohnen *n*
=בֵּית-~ = Wohnhaus *n*
=מְקוֹם-~ = Wohnort *m*
=רֹבַע-~ = Wohnviertel *n*
מַגְזֵזָה נ׳ [magzéza] Schermesser *n*
מֻגְזָם ת׳, מוגזם [mugzam] übertrieben *Adj.*
מְגֻזָּם ת׳ [meguzam] übertrieben *Adj.*
מִגְזָר ז׳, מיגזר [migzar] Ausschnitt *m*, Sektor *m*
מַגְזֵרָה נ׳ [magzéra] Schneidemaschine *f*
מִגְזָרַיִם ז״ז [migza'rajim] Drahtschere *f*
מִגְזֶרֶת נ׳ [mig'zeret] Scherenschnitt *m*
מַגָּח ז׳ [magax] Stoßen *n* (mit den Hörnern)
מְגֻחָךְ ת׳, מגוחך [meguxax] lächerlich *Adj.*
=~כוּת נ׳ = Lächerlichkeit *f*
מָגִי ת׳ [magi] magisch *Adj.*
מֵגִיב ז׳ [mégiv] Reaktor *m*
מְגֻיָּד ת׳, מגויד [megujad] geädert *Adj.*
★מַגִּיד ז׳ [magid] Bote *m*, Verkünder *m bibl.*; Prediger *m*
=~ עֲתִידוֹת ז׳ = Wahrsager *m*
=מַגֶּדֶת-~ נ׳ = Wahrsagerin *f*
מַגִּיהַּ ז׳ [ma'gia] Korrektor *m*
מַגְיָה נ׳ [magja] Magie *f*
מְגֻיָּס ת׳, מגויס [megujas] mobilisiert, einberufen *Mil. Adj.*
מְגַיֵּס ז׳ [megajés] Rekrutoffizier *m*
מֵגִיף דֶּלֶת ז׳ [mégif-'delet] automatischer Türschließer
מְגֻיָּר ת׳, מגויר [megujar] Proselyt *m*; zum Judentum übergetreten

=~-פִּקּוּחַ = Kontrollturm *m*
=~-צוֹפִים = Wachtturm *m*
=~ הַשֵּׁן = Elfenbeinturm *m*
מְגֻדָּל ת׳, מגודל [megudal] groß gewachsen, lang *Adj.*
מֻגְדָּל ת׳, מוגדל [mugdal] vergrößert *Adj.*
מִגְדַּלּוֹר נ׳ [migdalor] Leuchtturm *m*
מַגְדֶּלֶת נ׳, זְכוּכִית ~ [mag'delet] Vergrößerungsglas *n*
מְגֻדָּם ת׳ [megudam] amputiert *Adj.*
מִגְדָּן ז׳ [migdan] Süßigkeit *f*; Konfitüre *f*
מִגְדָּנִיָּה נ׳ [migdanija] Konditorei *f*
מְגֻדָּר ת׳, מגודר [megudar] eingezäunt, umzäunt *Adj.*
מֻגְדָּר ת׳, מוגדר [mugdar] definiert, bestimmt, abgegrenzt *Adj.*
מִגְדָּר ז׳ [migdar] Gender *n*, (soziales) Geschlecht *n*
מְגֻדָּשׁ ת׳, מגודש [meguda∫] überfüllt *Adj.*
מֻגָּה ת׳, מוגה [mugah] korrigiert, fehlerfrei *Adj.*
מֶגָה בַּיְט ז׳ [mega bajt] Megabyte *m*
מַגְהֵץ ז׳ (מַגְהֲצִים) [maghéts] Bügeleisen *n*
מְגֹהָץ ת׳, מגוהץ [megohats] gebügelt *Adj.*
מִגְהָצָה נ׳ [mighatsa] Bügeldienst *m*
מַגּוֹב ז׳ [magov] Harke *f*, Rechen *m*
מָגוֹב ז׳ [magov] Reaktor *m*
מַגּוֹד ז׳ [magod] Kleiderbügel *m*
מְגוֹדָד ת׳ [megodad] versammelt *Adj.*
מִגּוּל ז׳, מיגול [migul] Vereiterung *f*
מְגוֹלָל ת׳ [megolal] aufgerollt *Adj.*
מְגֻוָּן ת׳, מגוון [meguvan] vielfarbig, bunt; wechselvoll, mannigfaltig *Adj.*
מִגְוָן ז׳, מגוון [migvan] Farbskala *f*; Farbpalette *f*
מִגּוּן ז׳ [migun] Verteidigung *f*
מִגְוֶנֶת נ׳, מגוונת [mig'venet] Farbenreichtum *m*
מָגוֹף ז׳ [magof] Absperrschieber *m*
מְגוּפָה נ׳ [megufa] Pfropfen *m*, Stöpsel *m* *(Fässer)*, Zapfen *m*

מַגִּישׁ ז׳, מַגִּישָׁה [magiʃ] Servierer(in) *m* (*f*)

מַגָּל ז׳ [magal] Sichel *f*

מִגֵּל פיעל [migél] *pi.* eitern *v/i*

-נִתְמַגֵּל הת׳ - *hit.* vereitern *v/i*

מַגְלֵב ז׳ [maglév] Peitsche *f*

מְגֻלְגָּל ת׳, מגולגל [megulgal] gerollt *Adj.*

מֻגְלָד ת׳, מוגלד [muglad] vernarbt, verkrustet *Adj.*

מְגִלָּה נ׳, מגילה [megila] Buchrolle *f*, Schriftrolle *f*; das Buch Esther

=מְגִלַּת-יֻחֲסִין = Stammbaum *m*

=~-הַיְסוֹד = Gründungsurkunde *f*

=~-הָעַצְמָאוּת = Unabhängigkeitserklärung *f*

=חָמֵשׁ מְגִלּוֹת = die fünf Megillot *(Hohes Lied, Ruth, Klagelieder, Koheleth, Esther)*

=הַמְּגִלּוֹת הַגְּנוּזוֹת = die Rollen vom Toten Meer

מְגֻלֶּה ת׳, מגולה [megule] offen, aufgedeckt *Adj.*

מֻגְלָה נ׳, מוגלה [mugla] Eiter *m*

מְגַלֶּה ז׳ [megale] Entdecker *m*

=מְגַלֵּה-מוֹקְשִׁים = Minensucher *m*

מֶגָלוֹמַנְיָה נ׳ [megalomanja] Größenwahn *m*, Megalomanie *f*

מְגֻלְוָן ת׳, מגולוון [megulvan] galvanisiert *Adj.*

מְגֻלָּח ת׳, מגולח [megulax] rasiert *Adj.*

מַגְלֵחַ ז׳ [mag'léax] Rasierapparat *m*

מַגְלֵל ז׳ [maglél] Roller *m*

מַגְלָן ז׳ [maglan] Ibis *m*, brauner Sichler *m* (Plegadis) *Zo.*

מַגְלֵף ז׳ [magléf] Griffel *m*, Grabstichel *m*

מְגֻלָּף ת׳, מגולף [megulaf] ziseliert *Adj.*

מִגְלָפָה נ׳ [miglafa] Zinkographie *f*; Klischeewerkstatt *f*

מִגְלָשׁ ז׳ [miglaʃ] glatte Stelle

מַגְלֵשָׁה, מִגְלָשָׁה נ׳ [magléʃa, miglaʃa] Rutschbahn *f*

מִגְלָשַׁיִם ז״ז [migla'ʃajim] Schneeschuhe *m*/pl., Schier, Skier *m*/pl.

מֻגְלָתִי ת׳, מוגלתי [muglati] eitrig *Adj.*

מְגַמְגֵּם ז׳ [megamgém] Stotterer *m*

מְגֻמְגָּם ת׳, מגומגם [megumgam] gestottert *Adj.*

מְגֻמָּד ת׳, מגומד [mgumad] zusammengeschrumpft *Adj.*

מְגַמָּה נ׳ [megama] Ziel *n*, Tendenz *f*, Streben *n*, Trend *m*

מֻגְמָר ת׳, מוגמר [mugmar] abgeschlossen, vollendet, fertig *Adj.*

=~ לְמֶחֱצָה = halbfertig

=בֵּרַךְ עַל הַמֻּגְמָר = sich zur Beendigung e-s Werkes beglückwünschen

מְגַמָּתִי ת׳ [megamati] tendenziös, zweckbestimmt *Adj.*

=~יוּת נ׳ = Zweckbestimmtheit *f*

מָגֵן ז׳ (מָגִנִּים) [magén] Schild *m*, Schutz *m*

=~-דָּוִד = Davidstern *m*

=~-~-אָדֹם = Roter Davidstern *(entspricht dem Roten Kreuz)*

=~-רוּחַ = Windschutzscheibe *f*

=~-שֶׁמֶשׁ (במכונית) = Sonnenschutz *m*

=מִלְחֶמֶת-~ = Verteidigungskrieg *m*

=צֶבַע-~ = Tarnfarbe *f*

מֵגֵן ז׳ (מְגִנִּים) [mégén] Verteidiger *m*, Beschützer *m*

מַגָּן ז׳ [magan] wertloses Geschenk *n*

מֻגְנָב ת׳, מוגנב [mugnav] geschmuggelt *Adj.*

מְגֻנְדָּר ת׳, מגונדר [megundar] kokett, gefallsüchtig *Adj.*

מְגִנָּה נ׳ [megina] Leid *n*, Trauer *f*

=מְגִנַּת-לֵב = Leidwesen *n*

מְגֻנֶּה ת׳, מגונה [megune] ungehörig, unzüchtig, unanständig *Adj.*

=מַעֲשֶׂה ~ = unzüchtige Handlung

מִגְנוּט ז׳, מיגנוט [mignut] Magnetisierung *f*

מָגִנּוֹר ז׳ [maginor] Lampenschirm *m*

מְגֻנּוּת נ׳, מגונות [megunut] Unzüchtigkeit *f*

מִגְנָזָה נ׳ [mignaza] Archiv *n*

מַגְנֵט ז׳ [magnét] Magnet *m*

מִגְנֵט פיעל [mignét] *pi.* magnetisieren *v/t*

מַגְנֶטִי ת' [magnéti] magnetisch *Adj.*

=~ִיּוּת נ' = Magnetismus *m*

מַגְנִיּוֹן ז' [magnijon] Magnesium *n Chem.*

מִגְנָן ז' [mignan] Abwehrstellung *f*, Verteidigungsstellung *f*

=~נָה נ' = Abwehr *f*, Defensive *f*

מַגְנֶסְיָה נ' [magnesja] Magensia *f*, Magnesiumoxyd (MgO) *n Chem.*

מָגֵס ז' (מָגְסִים) [magés] grosser Topf

מַגָּע ז' (מַגָּעִים) [maga'] Berührung *f*, Kontakt *m*

=~ וּמַשָּׂא = Beziehungen *f*/pl.

=בָּא בְּ~ עִם- = Fühlung nehmen *mit(D)*

=עַדְשׁוֹת-~ נ"ר = Kontaktlinsen *f/pl.*

מַגְעִיל ת' [mag'il] Ekel erregend, widerlich *Adj.*

מְגֹעָל ת', מגועל [mego'al] blutbefleckt *Adj.*

מִגְעָשׁ ז' [mig'aʃ] Vulkanausbruch *m*

מַגָּף ז' (מַגָּפַיִם, מַגְפֵי־) [magaf] Stiefel *m*

מַגֵּפָה נ' [magéfa] Epidemie *f*; Niederlage *f*

מְגֻפָּף ת' [megupaf] eingeschlossen, umarmt *Adj.*

מַגְפֵּר ז' [magpér] Schwefelzerstäuber *m*

מְגַפֵּר ז' [megapér] Vulkanisierer *m*

מַגֵּפָתִי ת' [magéfati] epidemisch *Adj.*

מִגֵּר פיעל [migér] *pi.* vernichten, schlagen *Mil.*; stürzen *v/t Pol.*

מְגֹרָב ת', מגורב [megorav] bestrumpft *Adj.*

מְגֻרְגָּר ת', מגורגר [megurgar] kehlig, guttural *Adj.*

מַגְרֵד ז' [magréd] Fußabtreter *m*; Nivelliermaschine *f Agr.*

מְגֹרָד ת', מגורד [megorad] abgekratzt *Adj.*

מַגְרֶדֶת נ' [mag'redet] Striegel *m*

מְגָרֶה ת' [megare] Reiz verursachend, aufreizend, provokant *Adj.*

מְגֵרָה נ', מגירה [megéra] Schubfach *n* Schublade *f*

מַגְרוֹס ז' [magros] Mühle *f*

מַגְרוֹפִית נ' [magrofit] Teil des Mähdreschers, Spaten *m Agr.*

מֻגְרָל ת', מוגרל [mugral] verlost *Adj.*

מְגֻרְמָן ת', מגורמן [megurman] germanisiert *Adj.*

מַגְרֵסָה נ' [magrésa] Zerkleinerungsmaschine *f*; Steinbrecher *m*

מִגְרָעָה נ' [migra'a] Nische *f*

מְגֻרְעָן ת' [megur'an] entkernt *Adj.*

מִגְרַעַת נ' [mig'ra'at] Mangel *m*, Nachteil *m*; Nische *f*

מַגְרֵפָה נ' [magréfa] Harke *f*, Rechen *m*

מִגְרָר ז' [migrar] Anhänger *m Kfz.*

מִגְרָרָה נ' [migrara] Schlitten *m*

מִגְרֶרֶת נ' [mig'reret] Reibe *f*, Reibeisen *n*

מִגְרָשׁ ז' [migraʃ] Grundstück *n*, Bauplatz *m*

=~ מִשְׂחָקִים = Spielplatz *m*

מְגֹרָשׁ ת', מגורש [megoraʃ] vertrieben *Adj.*

מַגָּשׁ ז' [magaʃ] Tablett *n*

מְגֻשָּׁם ת', מגושם [meguʃam] grob, schwerfällig *Adj.*

מֻגְשָׁם ת' [mugʃam] verwirklicht *Adj.*

מְגֻשָּׁר ת', מגושר [meguʃar] überbrückt *Adj.*

(מד) מַדִּים ז"ר [madim] Uniform *f*

מַד- ז' [mad] Meßgerät *n* (*nur in Zssgn*)

=~-אוֹר = Belichtungsmesser *m*

=~-גֹּבַהּ = Höhenmesser *m*

מֻדְאָג ת', מודאג [mud'ag] besorgt *Adj.*

מַדְאִיג ת' [mad'ig] Besorgnis erregend *Adj.*

מַדְבִּיר ז' [madbir] Kammerjäger *m*

מְדֻבְלָל ת', מדובלל [meduvlal] dünn, spärlich *Adj.*

מֻדְבָּק ת', מודבק [mudbak] angeklebt *Adj.*

מִדַּבֵּק ת', מידבק [midabék] klebend, klebrig *Adj.*

=מַחֲלָה מִדַּבֶּקֶת = ansteckende Krankheit

מַדְבֵּקָה נ' [madbéka] Etikett *n*, Aufkleber *m*

מִדְבָּר ז' (מִדְבָּרִים, גם: מִדְבָּרוֹת) [midbar] Wüste *f*

=בְּ~, בַּמִּדְבָּר = 4. Buch *n* Mosis, Numeri *pl.*

=נְוֵה-~ ז', נְאוֹת-~ = Oase *f*, Oasen *f*/pl.

מְדַבֵּר ז' [medabér] Sprecher *m*; 1. Person

(ich) *m*/sg. *Gr.*

=מְדַבֶּרֶת = Sprecherin *f*; 1. Person (ich) *f*/sg. *Gr.*

=מְדַבְּרִים, מְדַבְּרוֹת = Sprecher *pl.*; 1. Person (wir) *m, f*/*pl. Gr.*

מְדֻבָּר ת׳, מדובר [medubar] besprochen *Adj.*

=הַמְּדֻבָּר בְּ- = es handelt sich um -

=כַּ~ = wie vereinbart

מַדְבֵּר ז׳ [madbér] Entstörungselement *n*, Bremsgitter *n Rdf.*

מִדְבָּרִ|י ת׳ [midbari] Wüsten-; wüst *Adj.*

=~יּוּת נ׳ = Wüstencharakter *m*

מְדֻגְדָּג ת׳, מדוגדג [medugdag] gekitzelt *Adj.*

מִדְגֶּה ז׳ [midge] Fischzucht *f*

מִדְגָּם ז׳ [midgam] Muster *n*, Beispiel *n*, Probe *f*, Modell *n*

=~ מִקְרִי = Stichprobe *f*

מֻדְגָּם ת׳, מודגם [mudgam] (*durch Beispiele*) erläutert

מִדְגָּר ז׳ [midgar] Brut *f*

מֻדְגָּר ת׳, מודגר [mudgar] ausgebrütet *Adj.*

מַדְגֵּרָה נ׳ [madgéra] Inkubator *m*, Brutmaschine *f*

מֻדְגָּשׁ ת׳, מודגש [mudgaʃ] betont *Adj.*; mit "Dagesch" *Gr.*

מַדְגֶּשֶׁם ז׳ (הַמַּדְגֶּשֶׁם, מַדְגְּשָׁמִים) [mad'geʃem] Regenmesser *m*

מָדַד פעל (לִמְדּוֹד אֶת-, יִמְדּוֹד) [madad] *kal* messen; anprobieren *v*/*t*

-הִתְמוֹדֵד הת׳ (עִם-) - *hit.* sich messen *mit (D)*; zu bewältigen versuchen

מַדָּד ז׳ גם: אִינְדֶּקְס [madad] Index *m*; Schlüsselzahl *f*; Meßziffer *f*

=מַדַּד יֹקֶר-הַמִּחְיָה = Lebenshaltungsindex *m*, Teuerungsindex *m*

מִדָּה נ׳, מידה [mida] Maß *n*; Eigenschaft *f*; Sitte *f*

=~ טוֹבָה = Tugend *f*

=בְּ~ שֶׁ- = in dem Maße wie

=בְּ|מִדַּת- = nach Maßgabe

=בְּ~ מָה = in gewissem Maße, etwas

=בָּהּ בְּמִדָּה שֶׁ- = im gleichen Verhältnis wie

=מִדַּת-אֹרֶךְ = Längenmaß *n*

=~-הַדִּין = Strenge *f* des Gesetzes

=~-הָרַחֲמִים = Milde *f*, Erbarmen *n*

=~-זְמַן = Zeiteinheit *f*

=~-הַיָּבֵשׁ = Trockenmaß *n*

=~-הַלַּח = Flüssigkeitsmaß *n*

=~-נֶפַח = Raummaß *n*

=~-שֶׁטַח = Flächenmaß *n*

=אִישׁ-מִדּוֹת ז׳ = Riese *m*; Persönlichkeit *f*

=בֵּית-~ז׳ = großes Haus

=טֹהַר-~ז׳ = moralische Integrität

=קְנֵה-מִדָּה ז׳ = Maßstab *m*

=תּוֹרַת-הַמִּדּוֹת = Ethik *f*

=מִדָּה כְּנֶגֶד מִדָּה = Maß für Maß, Vergeltung *f* mit gleicher Münze

מָדוּד ת׳ [madud] gemessen, bemessen, abgewogen *Adj.*

מִדּוּד ז׳ [midud] Messen *n*

★מַדְוֶה ז׳, מדווה [madve] Krankheit *f*, Seuche *f bibl.*

מֶדוּזָה נ׳ [meduza] Meduse *f*, Qualle *f* (Rhizostoma pulmo) *Zo.*

מְדֻוָּח ת׳ מדווח [meduvax] berichtet *Adj.*

מַדּוּחַ ז׳ [maduax] Verführung *f*, Verlockung *f*; Täuschung *f*

מָדוֹךְ ז׳ [madox] Stößel *m*; Ramme *f*

★מְדוֹכָה נ׳ [medoxa] Mörser *m bibl.*

=יָשַׁב עַל הַמְּדוֹכָה = sich mit einen Problem beschäftigen, nachdenken

★מָדוֹן ז׳ [madon] Streit *m bibl.*

=אִישׁ-~ = streitsüchtiger Mensch

מַדּוּעַ מ״ש [ma'dua'] warum? weshalb?

מִדּוּעַ ז׳, מידוע [mi'dua'] wissenschaftliche Unterbauung

מְדֻוָּר ת׳ [meduvar] geschickt *Adj.*

מָדוֹר ז׳ (מְדוֹרִים) [mador] Rubrik *f*, Abtei-

lung *f*; Zelle *f*, Sektion *f*

מְדוּרָה נ' [medura] Lagerfeuer *n*; Scheiterhaufen *m*

=הוֹסִיף שֶׁמֶן לַמְּדוּרָה = Öl ins Feuer gießen

מַדְזָוִית ז' (מַדְזָוִיתִים) [madzavit] Winkelmesser *m*

מַדְזְמַן ז' [madzman] Chronometer *m*

מַדְזֶרֶם ז' (הַמַּדְזֶרֶם, מַדְזְרָמִים) [mad'zerem] Strommesser *m*, Amperemeter *n*

מֻדָּח ת', מודח [mudax] ausgestoßen, vertrieben; abgesetzt *Adj.*

מַדְחָלָב ז' [madxalav] Laktometer *m*

מַדְחֹם ז', מדחום (הַמַּדְחֹם, מַדְחֻמִּים) [madxom] Thermometer *n*

מַדְחָן ז' [madxan] Parkuhr *f*

מַדְחֵס ז' (מַדְחֲסִים) [madxés] Kompressor *m*

מַדְחֵף ז' (מַדְחֲפִים) [madxéf] Propeller *m*

מַדְחֵפָה נ' [madxéfa] Niedergang *m*, Hindernis *n*

מֻדְחָק ת', מודחק [mudxak] verdrängt *Adj. Psych.*

מַדְחַשְׁמַל ז' (הַמַּדְחַשְׁמַל, מַדְחַשְׁמַלִּים) [madxaʃmal] Stromzähler *m*

מַדְטְוָח ז' [madtvax] Entfernungsmesser *m*

(מַדַּי) לְמַדַּי ת"פ [lemadaj] genug, ziemlich *Adv.*

מָדִיד ת' [madid] meßbar *Adj.*

מַדִּיד ז' [madid] Meßgerät *n*

=~ זָחִיחַ = Schieblehre *f*, Messschieber *m*

מְדִידָה נ' [medida] Messung *f*, Vermessung *f*

=מַחְלֶקֶת הַמְּדִידוֹת = Vermessungsamt *n*

מְדִידוּת נ' [medidut] Meßbarkeit *f*

מֶדְיוּם ז' [medjum] Medium *n*

מַדִּיחַ ז' [ma'diax] Anstifter *m*, Hetzer *m*, Verführer *m*

מֵדִיחַ-כֵּלִים ז' [médiax kélim] Greschirrspülmaschine *f*

מְדִינָאוּת נ' [medina'ut] Staatskunst *f*; Diplomatie *f*

=~נַאי ז' = [medinaj] Staatsmann *m*; Diplomat *m*

=~נָאִי ת' = [medina'i] staatsmännisch, diplomatisch *Adj.*

מְדִינָה נ' [medina] Staat *m*

=מְדִינַת-חַיִץ = Pufferstaat *m*

=~-חֹק = Rechtsstaat *m*

=~-סַעַד = Wohlfahrtsstaat *m*

מְדִינִי ת' [medini] politisch *Adj.*

=כַּלְכָּלָה ~ית = Nationalökonomie *f*

=~יּוּת נ' = Politik *f*, Staatsführung *f*; leitende Grundsätze *m*/pl.

מְדִינָתִי ת' [medinati] staatlich *Adj.*; Staats-

מְדֻיָּק ת', מדויק [medujak] genau, exakt *Adj.*

מְדֻיָּר ת', מדויר [medujar] bewohnt *Adj.*

מְדִישָׁה נ' [mediʃa] Dreschmaschine *f*

מְדַכֵּא ת' [medake'] deprimierend, niederdrückend *Adj.*

מְדֻכָּא ת', מדוכא (מְדֻכֵּאת, מְדֻכָּאִים) [meduka'] deprimiert, niedergedrückt *Adj.*

מְדֻכְדָּךְ ת' [meduuxdax] deprimiert *Adj.*

מַדְכֹּחַ ז', מדכוח [mad'koax] Dynamometer *n*

מְדֻלְדָּל ת', מדולדל [meduldal] spärlich, schütter; arm *Adj.*

מַדְלַחוּת ז' (מַדְלַחוּתִים) [madlaxut] Feuchtigkeitsmesser *m*, Hygrometer *n*

מַדְלַחַץ ז' [mad'laxats] Manometer *n*

מֶדַלְיָה נ' [medalja] Medaille *f*; Gedenkmünze *f*, Schaumünze *f*

מֶדַלְיוֹן ז' [medaljon] Medaillon *n*

מְדַלֵּל ז' [medalél] Verdünner *m*

מֻדְלָף ת', מודלף [mudlaf] durchgesickert *Adj.*

מַדְלֵק ז' [madlék] Anzünder *m*

מֻדְלָק ת', מודלק [mudlak] angezündet *Adj.*

מַדְלֶק ז', מַד-דֶּלֶק (הַמַּדְלֶק, מַדְלְקִים) [mad'delek] Benzinuhr *f*

מְדֻמֶּה ת', מדומה [medume] scheinbar, imaginär, vermeintlich, eingebildet *Adj.*

=כַּ~ = wie es scheint

=כִּמְדֻמַּנִי = wie es mir scheint, ich glaube

מַדְמְהִירוּת ז' [madmehirut] Geschwindigkeits-

(מַדְמְהִירוּתִים) messer *m*, Tacho *m*

מַדְמַיִם ז׳ (הַמַּדְמַיִם, מַדְמֵימִים) [mad'majim] Wasseruhr *f*

מְדֻמְיָן ת׳, מדומין [medumjan] fiktiv *Adj.*

מַדְמִיעַ ת׳ [mad'mia'] tränenhervorrufend *Adj.*

=גַּז ~ = Tränengas *n*

מַדְמֵנָה נ׳ [madména] Misthaufen *m*

=מֵי־~ = Jauche *f*

מְדֻנָּג ת׳, מדונג [medunag] gewachst *Adj.*

★מְדָנִים ז״ר [medanim] Streit *m*

=אִישׁ־~ = streitsüchtiger Mensch

מַדָּע ז׳ (מַדָּעִים) [mada'] Wissenschaft *f*

=~ בִּדְיוֹנִי ז׳ = Science-fiction-Roman *m*

=מַדָּעֵי־הַחֶבְרָה ז״ר = Soziologie *f*

=~־הַטֶּבַע ז״ר = Naturwissenschaften *f*/pl.

=~־הַיַּהֲדוּת ז״ר = Wissenschaft *f* des Judentums

=~ הָרוּחַ ז״ר = Geisteswissenschaften *f*/pl.

=מַדָּעִים מְדֻיָּקִים = exakte Wissenschaften *f*/pl.

מַדְעֹבִי ז׳, מדעובי (הַמַּדְעֹבִי, מַדְעָבִיִּים) [mad'ovi] Meßinstrument *n* für Durchmesser, für Dicke

מַדָּעִ|י ת׳ [mada'i] wissenschaftlich *Adj.*

=~יּוּת נ׳ = Wissenschaftlichkeit *f*

מַדְעָ|ן ז׳ (מַדְעָנִים) [mad'an] Wissenschaftler *m*

=~נִית נ׳ = Wissenschaftlerin *f*

מַדָּף ז׳ [madaf] Brett *n*, Bücherbrett *n*

=מַדַּף־הַיַּבָּשָׁה = Festlandsockel *m*

מַדְפִּיס ז׳ [madpis] Drucker *m*

מְדֻפְלָם ת׳, מדופלם [meduplam] diplomiert *Adj.*

מַדְפֵּן ז׳ [madpén] Diskuspflug *m*

מִדְפָּס ז׳ [midpas] Drucksache *f*

מֻדְפָּס ת׳, מודפס [mudpas] gedruckt *Adj.*

מַדְפֵּס־רַחַק ז׳ [madpés-raxak] Fernschreiber *m*

מַדְפֵּסָה נ׳ [madpésa] Druckerpresse *f*

מַדְפֶּסֶת נ׳ [madpeset] Drucker *m* *(PC)*

=~־לֵיְזֶר = Laserdrucker *m*

מְדַקְדֵּק ז״ת [medakdék] Grammatiker *m*; pedantisch *Adj.*

מְדֻקְדָּק ת׳, מדוקדק [medukdak] penibel, ganz genau *Adj.*

מְדַקְלֵם ז׳ [medaklém] Rezitator *m*

מְדֻקְלָם ת׳, מדוקלם [meduklam] vorgetragen; deklamiert *Adj.*

מְדֻקָּר ת׳, מדוקר [medukar] erstochen *Adj.*

מַדְקֵר ז׳ [madkér] Ahle *f*

מַדְקֵרָה נ׳ [madkéra] Stich *m*

=כְּמַדְקְרוֹת־חֶרֶב = *wörtl.* wie Schwertstiche; harsche Worte *bibl.*

מֻדָּר ת׳ [mudar] entfernt von, abgehalten von

מֶדֶר ז׳ ['meder] Knete *f*, Lehm *m*

מְדַרְבֵּן ת׳ [medarbén] anspornend *Adj.*

מְדֻרְבָּן ת׳, מדורבן [medurban] angespornt; gespornt *Adj.*

★מִדְּרַבָּנָן (ארמ׳) [miderabanan] von den Rabbinern vorgeschrieben *(nicht von der Thora)*

מְדֹרָג ת׳, מדורג [medorag] gestuft, abgestuft *Adj.*

מֻדְרָג ת׳, מודרג [mudrag] gestaffelt *Adj.*

מִדְרָג ז׳ [midrag] Terrasse *f* Staffel *f*; Rangordnung *f*

מִדְרֵג פיעל [midrég] *pi.* stufen, terrassieren *v/t*

מַדְרֵגָה נ׳ [madréga] Stufe *f*, Treppe *f*

=שֵׁפֶל הַמַּדְרֵגָה = Tiefstand *m*

=חֲדַר־מַדְרֵגוֹת = Treppenhaus *n*

מִדְרוּג ז׳, מידרוג [midrug] Terrassierung *f*

מַדְרוּחַ ז׳ [mad'ruax] Windmesser *m*

מַדְרוּם ז׳ [madrum] Höhenmesser *m*

מִדְרוֹ|ן ז׳ [midron] Abhang *m*, Böschung *f*

=~נִי ת׳ = abschüssig *Adj.*

מִדְרְחוֹב ז׳ [midrexov] Fußgängerzone *f*

מַדְרִיךְ ז׳ [madrix] Anführer *m*, Leiter *m*, Reiseleiter *m*; Berater *m*, Instruktor *m*, Ausbilder *m*; Handbuch *n*, Reiseführer *m*, Leitfaden *m*

מִדְרָךְ ז׳ [midrax] Fußbreit *m*, Trittbrett *n*

מֻדְרָךְ ת׳, מודרך [mudrax] geführt, geleitet *Adj.*

מַדְרֵךְ ז׳, מַד-דֶּרֶךְ (מַדְרְכִים) [mad'derex] Schrittmesser *m*; Kilometerzähler *m*

מִדְרָכָה נ׳ [midraxa] Gehweg *m*, Bürgersteig *m*, Gehsteig *m*

מִדְרָס, מַדְרֵס ז׳ [midras, madrés] Fußstütze *f*, Schuheinlage *f*; Pedal *n*, Fußhebel *m*, Abtreter *m*

מִדְרָסָה נ׳ [midrasa] Türvorleger *m*, Fußmatte *f*

מַדְרַעַשׁ ז׳ [mad'ra'aʃ] Seismograph *m*, Erdbebenmesser *m*

מִדְרָשׁ ז׳ [midraʃ] Lernen *n*, Forschen *n*; Auslegung *f* der Schrift

=מִדְרְשֵׁי-אַגָּדָה = Legendensammlung *f* zur Bibel

=~-הֲלָכָה = Gesetzessammlung *f* zur Bibel

=בֵּית-מִדְרָשׁ = Lehrhaus *n*, Schule *f* bsd. für Talmud

מִדְרָשָׁה נ׳ (מִדְרֶשֶׁת-) [midraʃa] Seminar *n*

מְדֻשָּׁא ת׳, מדושא [meduʃa'] grasbedeckt, gras-bewachsen *Adj.*

מִדְשָׁאָה נ׳ [midʃa'a] Rasenplatz *m*

מְדֻשָּׁן ת׳, מדושן [meduʃan] fetthaltig; satt *Adj.*

=~ עֹנֶג, ~ נַחַת = selbstgefällig; selbstzufrieden *Adj.*

מַה מ״ש [ma] was?; welches?; wieviel?; wie?; etwas

=מָה (לִפְנֵי א׳ ר׳ ע׳ לֹא קְמוּצָה)

=מֶה (לִפְנֵי ח׳ ע׳ ה׳ קְמוּצוֹת)

=מַה... אַף... = wie dies - so auch das

=~ בֵּין.. לְ- = was ist der Unterschied zwischen -?

=~ בְּכָךְ? = was ist dabei?

=שֶׁל ~ בְּכָךְ, עִנְיָן שֶׁל ~ בְּכָךְ = so gut wie nichts; Kleinigkeit *f*, Bagatelle *f*

=~ גַּם שֶׁ- = um so mehr als, besonders wenn

=~ טּוֹב! = wie gut!

=~ טַּעַם? = warum?, was ist der Grund?

=~ יֵּשׁ? = was ist los? was gibt es?

=~ עוֹד = besonders da

=בַּמֶּה? בַּמָּה (לִפְנֵי אוֹת גְּרוֹנִית) = wodurch?, wie?

=מָה הַשָּׁעָה? = wieviel Uhr ist es?

=לָמָּה? = wozu?

=וִיהִי מָה = sei es, wie es wolle; um jeden Preis

=~ שֶּׁהוּא, מַשֶּׁהוּ = etwas, ein wenig

=דְּבַר-מָה = etwas

=זְמַן-~ = eine Zeit lang

מְהַבְהֵב תו״ז [mehavhév] flackernd *Adj.*; Blinklicht *n*

מַהְבִּיל ת׳ [mahbil] dampfend *Adj.*

מְהֻגָּן ת׳, מהוגן [mehugan] anständig *Adj.*

מְהַגֵּר ז׳ [mehagér] Auswanderer *m*, Emigrant *m*, Immigrant *m*

מַהֲדוּרָה נ׳ [mahadura] Auflage *f*, Ausgabe *f* *Typ.*

מַהֲדִיר ז׳ [mahadir] Herausgeber *m*, Bearbeiter *m*

מַהֲדֵק, מְהַדֵּק ז׳ [mahadék, mehadék] Büroklammer *f*; Wäscheklammer *f*

מְהֻדָּק ת׳, מהודק [mehudak] festgemacht, angedrückt *Adj.*

מַהֲדֶקֶת נ׳ [maha'deket] Klammervorrichtung *f*, Blatthalter *m* (Schreibmaschine)

מְהַדֵּר ת׳ [mehadér] streng orthodox *Adj.*

=מְהַדְּרִין מִן הַמְּהַדְּרִין = die ganz Strenggläubigen

מְהֻדָּר ת׳, מהודר [mehudar] prächtig *Adj.*; Pracht-

מַהוּ מ״ש (מַה הוּא) ['mahu] was ist er (es)?

מָהוּהַ ת׳ [ma'hua] abgenutzt, (*Kleider*) abgetragen *Adj.*

מַהֲוֶה ז׳, מהווה [mahave] Vorgang *m*

מָהוּל ת׳ [mahul] gemischt, verwässert *Adj.*

מִהוּל ז׳, מיהול [mihul] Vermischung *f*, Verwässerung *f*

מהולל ראה: מְהֻלָּל [mehulal] gepriesen *Adj.*

מְהוּמָה נ׳ [mehuma] Lärm *m*, Unruhe *f*

=רֹב ~ עַל לֹא מְאוּמָה = viel Lärm um nichts

מִהוּר ז׳ [mihur] Eile *f*, Geschwindigkeit *f*
מהורהר [mehurhar] nachdenklich *Adj.*
ראה: מְהֻרְהָר
מַהוּ‌ת נ׳ (מַהֻיּוֹת) [mahut] Wesen *n*; Qualität *f*
=~תִי ת׳ = wesentlich *Adj.*
מַהִי מ״ש (מַה הִיא) ['mahi] was ist sie?
מְהִיהָה נ׳ [mehiha] Abnützung *f*
מֵהֵיכָן מ״ש [méhéxan] woher?
מְהִילָה נ׳ [mehila] Verwässerung *f*, Vermischung *f*
מְהֵימָן ת׳ [meheman] zuverlässig, vertrauenswürdig *Adj.*
=~וּת נ׳ = Zuverlässigkeit *f*
מָהִיר ת׳ [mahir] schnell; gewandt, geschickt, flink *Adj.*
=מְהִיר-חֵמָה = jähzornig *Adj.*
=~-תְּפִיסָה = schnell auffassend, gescheit *Adj.*
מְהִירוּת נ׳ [mehirut] Schnelligkeit *f*, Tempo *n*
=בִּמְהִירוּת הַבָּזָק = mit Blitzesschnelle
מָהַל¹ פעל (לִמְהוֹל אֶת-) [mahal] *kal* vermischen, verwässern, verdünnen
מָהַל² פעל ראה: מול [mahal] *kal* beschneiden *Med., rituell*
מַהֲלָךְ ז׳ [mahalax] Gang *m*, Weg *m*, Schritt *m* Entfernung *f*; Entwicklung *f*
=מָצָא לוֹ מַהֲלְכִים = Verbreitung finden
=מַהֲלָכִים טוֹבִים = gute Beziehungen *f/pl.*
מְהֻלָּל ת׳, מהולל [mehulal] gepriesen, berühmt, ruhmreich *Adj.*
מַהֲלֹם ז׳ [mahalom] Schlag *m*
מַהֲלֻמָּה נ׳, מהלומה [mahaluma] (schwerer, harter) Schlag *m*
מֵהֶם מ״י [méhem] von ihnen (*m*)
מָהֵם מ״ש (מָה הֵם) [mahém] was sind sie? (*m*)
(מהמה) הִתְמַהְמֵהַּ הת׳ [hitmahma] *hit.* sich verspäten, aufgehalten werden
מַהֲמוֹרָה נ׳ [mahamora] Grube *f*, Loch *n*
מְהֻמָּם ת׳, מהומם [mehumam] entsetzt *Adj.*

מֵהֶן מ״י [méhen] von ihnen (*f*)
מְהַנְדֵּס ז׳ [mehandés] Ingenieur *m*
=~דְּסוּת נ׳ = Beruf *m* des Ingenieurs
מְהַנֶּה ת׳ [mehane] vergnüglich *Adj.*, Genuss bereitend
מְהַסֵּס ת׳ [mehasés] zögernd, zaudernd *Adj.*
מְהֻפָּךְ ת׳, מהופך [mehupax] umgedreht *Adj.*
מַהְפָּךְ ז׳ [mah'pax] Wendekreis *m*, Wende *f*
מַהְפֵּכָה נ׳ [mah'péxa] Revolution *f*, Umsturz *m*, Umwälzung *f*
מַהְפְּכָן ז׳ [mahepexan] Revolutionär *m*, Umstürzler *m*
=~נוּת נ׳ = Umstürzlertum *n*
=~נִי ת׳ = revolutionär, umstürzlerisch *Adj.*
מְהַפְּנֵט ז׳ [mehapnét] Hypnotiseur *m*
מְהֻפְּנָט ת׳, מהופנט [mehupnat] hypnotisiert *Adj.*
מְהֻקְצָע ת׳, מהוקצע [mehuktsa'] gehobelt, geglättet *Adj.*
מִהֵר פיעל [mihér] *pi.* eilen, sich beeilen
-נִמְהַר נפ׳ - *nif.* voreilig, unbesonnen sein; überstürzt handeln
מַהֵר ת״פ [mahér] schnell *Adv.*
מֹהַר ז׳, מוהר ['mohar] Kaufpreis *m* f. die Braut
מְהֵרָה ת״פ [mehéra] schnell *Adv.*
=בִּ~, עַד ~, בִּ~ בְּיָמֵינוּ = bald; in den folgenden Tagen
מְהֻרְהָר ת׳, מהורהר [mehurhar] nachdenklich, in Gedanken versunken
מְהָרֵס ז׳ [meharés] Zerstörer *m*
מְהֻתָּךְ ת׳ [mehutax] geschmolzen, aufgelöst *Adj.*
מַהֲתַלָּה נ׳ [mahatala] Witz *m*, Spaß *m*, Posse *f*
מוּאַזִּין ז׳ [mu'azin] Muezzin *m* (Gebetsrufer im Islam)
מוּאָץ ת׳ [mu'ats] beschleunigt *Adj.*
מוּאָר ת׳ [mu'ar] beleuchtet *Adj.*
מוּבָא ת׳ [muva'] gebracht, eingeführt, importiert *Adj.*
מוּבָאָה נ׳ [muva'a] Zitat *n*
מוֹבִיל ז׳ [movil] Beförderer *m*, Trans-

porteur *m*; Rohrleitung *f*

=~-הַמַּיִם הָאַרְצִי = Überlandwasserleitung *f*

מוֹבִּילִיוּת נ׳ [mobilijut] Mobilität *f*, Beweglichkeit *f*

מוּבָן ז׳ [muvan] Bedeutung *f*, Sinn *m*

ת׳ verständlich, klar *Adj.*

=~ מֵאֵלָיו, כַּ~ = selbstverständlich, natürlich *Adv.*

=בִּמְלֹא ~ הַמִּלָּה = im vollen Sinn des Wortes

=~וּת נ׳ = Verständlichkeit *f*

מוּבָס ת׳ [muvas] geschlagen, besiegt *Adj.*

מוּבָר ת׳ [muvar] brach *Adj.*

★(מוג) מָג פעל (לָמוּג) [mag] *kal* schmelzen *v/i*

-נָמוֹג נפ׳ (לְהִמּוֹג) - *nif.* hinschmelzen *v/i*, vergehen, schwächer werden

-מוֹגֵג פיעל - *pi.* zum Schmelzen bringen

-הִתְמוֹגֵג הת׳ - *hit.* hinschmelzen (vor Wonne)

מוּג-לֵב ת׳ [mug-lév] feige *Adj.*

מוּגוּת-לֵב נ׳ [mugut-lév] Feigheit *f*

מוגזם ראה: מֻגְזָם [mugzam] übertrieben *Adj.*

מוּגָן ת׳ [mugan] geschützt *Adj.*

מוגנב ראה: מֻגְנָב [mugnav] geschmuggelt *Adj.*

מוּגָף ת׳ [mugaf] verschlossen *Adj.* *(bsd. Fenster, Fensterläden)*

מְוֻדָּא ת׳ [mevuda'] bestätigt, gestanden *Adj.*

מוֹדֵד ז׳ [modéd] Messinstrument *n*; Vermesser *m*; Index *m*

מוֹדָה נ׳ ['moda] Mode *f*, Trend *m*

מודוּלַצְיָה נ׳ [modulatsja] Modulation *f*

מוֹדוּס ז׳ ['modus] Art *f*, Weise *f*, Modus *m*

מוּדָח ת׳ [mudax] *(Geschirr)* gespült *Adj.*

מוֹדִיעִין ז׳ [modi'in] Information *f* Auskunftsstelle *f*

=~ צְבָאִי = Nachrichtendienst *m*, Spionageabwehr *f* *Mil.*

מוֹדִיעִינִי ת׳ [modi'ini] zum Nachrichtendienst gehörend

מוֹדֶם ז׳ [modém] Modem *m*

★מוֹדָע ז׳ [moda'] Bekannter *m*, Nahestehender *m* *bibl.*

מוּדָע ת׳ [muda'] bewusst *Adj.*; eingedenk

=הָיָה ~ לְ- = sich e-r Sache bewusst sein

=בִּלְתִּי-~, לֹא-~ = unbewusst

=בְּ~ = bewusst *Adv.*; mit Bewusstsein

מוֹדָעָה נ׳ [moda'a] Anzeige *f*

מוּדָעוּת נ׳ [muda'ut] Bewusstheit *f*

מוֹדֶרְנִ|י ת׳ [mo'derni] modern *Adj.*

=~יּוּת נ׳ = Modernität *f*

=~יזְם ז׳ = Modernismus *m*

=~יזַצְיָה נ׳ = Modernisierung *f*

מוֹהֵל ז׳ [mohél] Vollzieher *m* der rituellen Beschneidung

מוֹזָאִיקָה נ׳ ראה גם: פְּסֵיפָס [moza'ika] Mosaik *n*

מוֹזֵג ז׳ [mozég] Schankwirt *m*, Wirt *m*, Barmixer *m*

מוּזָה נ׳ ['muza] Muse *f*

מוּזֵיאוֹן ז׳ [muzé'on] Museum *n*

מוּזָל ת׳ [muzal] verbilligt *Adj.*

מוּזָר ת׳ [muzar] seltsam, eigenartig, sonderbar *Adj.*

=~וּת נ׳ = Seltsamkeit *f*

מוח ראה: מֹחַ [moax] Gehirn *n*

(מוח) נִמּוֹחַ נפ׳ [ni'moax] *nif.* zergehen, zerschmelzen

=הָעוּגָה נִמּוֹחָה בַּפֶּה = der Kuchen zergeht im Munde

מוּחָג ת׳ [muxag] gefeiert *Adj.*

מוּחָן ת׳ [muxan] begnadigt *Adj.*

מוֹחֲצָנִי ת׳ [moxtsani] vernichtend, erdrückend *Adj.*

מוֹחֵק ז׳ ר׳ גם: מַחַק [moxék] Radiergummi *m*

מוּחָ|שׁ[1] ת׳ [muxaʃ] beschleunigt *Adj.*

מוּחָ|שׁ[2] ת׳ [muxaʃ] konkret, greifbar *Adj.*; das Konkrete

=~שִׁי ת׳ = konkret, greifbar *Adj.*

=~שִׁיוּת נ׳ = Greifbarkeit *f*, Realität *f*

[mat] *kal* wanken — (מוט) מָט פעל
- *pi.* erschüttern *v/t*, zum Einsturz bringen — =מוֹטֵט פיעל
- *hit.* einstürzen, zusammenbrechen — -הִתְמוֹטֵט הת'
- *hif.* werfen — -הֵמִיט הפ'
= kippen, vor dem Einsturz sein — =מָט לִנְפּוֹל
= Unglück bringen über (*Akk.*) — =הֵמִיט אָסוֹן, ~ שׁוֹאָה עַל-
[mot] Stange *f* — מוֹט ז' (מוֹטוֹת)
= Joystick *m* — =~ הַגּוּי
[mutav] besser *Adv.* — מוּטָב[1] ת"פ
= sich bessern — =חָזַר לְ~
= ob zum Guten oder Bösen — =בֵּין טוֹב לְ~ אִם לְטוֹב וְאִם לְ~
= bestenfalls — =לְכָל הַמּוּטָב
[mutav] Nutznießer *m*, Empfänger *m* — מוּטָב[2] ז'
[moto] Motto *n* — מוֹטוֹ ז'
[motori] motorisch *Adj.* — מוֹטוֹר|י ת'
= Motorik *f* — =~יוּת נ'
[motiv] Motiv *n* — מוֹטִי|ב ז'
= Motivierung *f*, Motivation *f* — =~בַצְיָה נ'
[mutal] geworfen, hingelegt *Adj.* — מוּטָל ת'
[motel] Motel *n* (Hotel f. Autoreisende) — מוֹטֶל ז'
[mutas] mit Flugzeug befördert — מוּטָס ת'
[max] *kal* herunterkommen, verarmen — ★(מוך) מָךְ פעל (לָמוּךְ)
- *hif.* erniedrigen *v/t* — -הֵמִיךְ הפ'
[mox] Watte *f*, rohe Baumwolle *f* — מוֹךְ ז'
= Zahnnerv *m* — =~-הַשֵּׁן
[mokaz] *Kurzw.* Überbringer dieses Briefes — מוֹכָ"ז ר"ת: מוֹסֵר, מוֹלִיךְ כְּתָב זֶה
[muxax] bewiesen *Adj.* — מוּכָח ת'
[mo'xiax] Prediger *m*, Moralprediger *m* — מוֹכִיחַ ז'
[muxal] inbegriffen *Adv.* — מוּכָל ת'
[muxan] bereit, fertig *Adj.* — מוּכָן ת'

[moxés] Zöllner *m*, Zollbeamter *m* — מוֹכֵס ז'
[moxsan] Zollpächter *m* — מוֹכְסָן ז'
[moxér] Verkäufer *m* — מוֹכֵר ז'
[mal] *kal* beschneiden (Vorhaut) — (מול) מָל פעל (לָמוּל)
- *nif.* beschnitten werden — -נִמּוֹל נפ' (לְהִמּוֹל)
[mul] gegenüber *Prp.* — מוּל מ"י (מִמּוּל ל-)
[mol] *Kurzw.* Verleger *m* — מו"ל ר"ת: מוֹצִיא לְאוֹר
[molad] Geburt *f*; Neumond *m* — מוֹלָד ז'
= Weihnachten *n* (*pl.*) — =חַג-הַמּוֹלָד
[mo'ledet] Heimat *f* — מוֹלֶדֶת נ'
= Heimatland *n* — =אֶרֶץ-~
[molut] *Kurzw.* Verlagswesen *n* Verlagsbuchhandel *m* — מו"|לוּת נ'
= verlegerisch *Adj.* — =~לִי ת'
[multimedja] Multimedia *n* — מוּלְטִימֶדְיָה נ'
[molid] Vorfahr *m*, Ahn *m* — מוֹלִיד ז'
[molix] Leiter *m* *Phys.* — מוֹלִי|ךְ ז'
= Leitfähigkeit *f* — =~כוּת נ'
[molékula] Molekül *n* — מוֹלֵיקוּלָ|ה נ'
= molékular *Adj.* — =~רִי ת'
[mulit] Streifenbarbe *f* (Mullus, mediterraner Speisefisch) *Zo.* — מוּלִית נ'
[molasa] Melasse *f* — מוֹלַסָּה נ'
[mum] Gebrechen *n*, Körperbehinderung *f* — מוּם ז'
= Krüppel *m*, Invalide *m*, Körperbehinderter *m* — =בַּעַל-~
[masa'umatan] *kurzw.* Verhandlung *f* — מו"מ ר"ת: מַשָּׂא וּמַתָּן
[mumja] Mumie *f* — מוּמְיָה נ'
[mumas] geschmolzen, aufgelöst *Adj.* — מוּמָס ת'
[mumar] getauft, konvertiert *Adj.* — מוּמָר תו"ז
[mumat] getötet, hingerichtet *Adj.* — מוּמָת ת'
[munad] ausgestoßen *Adj.* — מוּנָד ת'
[mone] Zähler *m* — מוֹנֶה ז'
= zehnfach — =עֲשֶׂרֶת מוֹנִים

מוֹנוֹתֵיאִיזְם ז׳ [monoté'izm] Monotheismus *m*
מוֹנְטָז׳ ז׳, מונטאז׳ [montaž] Montage *f*
=פוֹטוֹ-~ = Fotomontage *f*
מוֹנִיטִין ז״ר [monitin] guter Ruf, Ruhm *m*, Ansehen *n*
=יָצְאוּ לוֹ ~ = berühmt werden, sich e-n Namen machen
=הוֹצִיא לוֹ ~ = berühmt machen
מוּנִיצִיפָּלִי ת׳ [munitsipali] städtisch *Adj.*
מוֹנִית נ׳ [monit] Taxi *n*
מוּנָע ת׳ [muna'] bewegt; vokalisiert *Adj.*
מוֹנֵעַ ת׳ [mo'néa'] hindernd; vorbeugend, prophylaktisch *Adj.*
=רְפוּאָה מוֹנַעַת = Prophylaxe *f*, Vorbeugung *f* *Med.*
מוּנָף ת׳ [munaf] geflogen, in die Höhe erhoben
מוֹנַרְ|כְיָה נ׳ [monarxja] Monarchie *f*
=~כִיסְט ז׳ = Monarchist *m*
מו״ס ר״ת: מוֹכֵר-סְפָרִים [mos] *Kurzw.* Buchhändler *m*
מוֹסָד ז׳ (מוֹסָדוֹת, מוֹסְדוֹת-) [mosad] Institut *n*, Anstalt *f*, Einrichtung *f*
=מוֹסָדִי ת׳ = institutional *Adj.*; Institutions-
מוּסָד ת׳ [musad] gegründet *Adj.*
מוּסָט ת׳ [musat] weggerückt *Adj.*
מוּסִי|קַאי ז׳ [musikaj] Musiker *m*, Musikant *m*
=~קָה נ׳ = Musik *f*
=~קָלִי ת׳ = musikalisch *Adj.*
מוּסָךְ ז׳, (מוּסַכִּים) [musax] Garage *f*, Werkstatt *f*
מוֹסֵס [mosés] schmelzend, auftauend, auflösend
מוּסָף תו״ז [musaf] "Mussaf" Gebet nach dem Morgengebet an Schabat u. Festtagen; Zusatz *m*; *(Zeitung)* Beilage *f*
=עֵרֶךְ ~ = Mehrwert *m*
=מַס ~ ~ = Mehrwertsteuer *f*
מוּסְקֶטֶר ז׳ [musketer] Musketier *m*

מוּסָר ז׳ [musar] Moral *f*, Ethik *f*; Zurechtweisung *f*, Belehrung *f*; Zucht *f*
=מוּסַר-הַשְׂכֵּל = die Moral der Geschichte
=~-כְּלָיוֹת = Gewissensbisse *m/pl.*
=לָקַח מוּסָר, קִבֵּל ~ = Lehre annehmen
מוֹסֵר ז׳ [mosér] Denunziant *m*; Petze *f* F
★מוֹסֵרָה נ׳ (מוֹסֵרוֹת) [moséra] Zügel *m*
ראה גם: רֶסֶן
מוּסָרִ|י ת׳ [musari] moralisch, ethisch, sittlich *Adj.*
=~יּוּת נ׳ = Sittlichkeit *f*
מוּסְרָ|ן ז׳ [musran] Moralist *m*
=~נוּת נ׳ = Moralismus *m*
=~נִי ת׳ = moralisierend *Adj.*
מוּסָת ת׳ [musat] aufgehetzt *Adj.*
מְוֻסָּת ת׳, מווסת [mevusat] reguliert *Adj.*
מוֹעֵד ז׳ [mo'éd] Termin *m*, Frist *f*; Feiertag *m*, Fest *n*; "Moéd" *(2. Teil der Mischna)*
=מוֹעֲדֵי-הַיָּם = Gezeiten *pl.*
=בְּמוֹעֲדוֹ, לַמּוֹעֵד = zur festgesetzten Zeit
=מוֹעֲדִים לְשִׂמְחָה = frohes Fest!
★=אֹהֶל מוֹעֵד = Stiftshütte *f* *bibl.*
=בְּעוֹד ~ = rechtzeitig *Adv.*
=חֹל-הַמּוֹעֵד = Zwischenfeiertage *m/pl.*, Halbfeiertage *m/pl.*
★=עוֹד חָזוֹן לַ~ = die Zeit ist noch nicht gekommen
מוּעָד[1] ת׳ [mu'ad] gewarnt *Adj.* *(als Übeltäter bekannt)*
=יוֹם ~ לְפֻרְעָנוּת = Unglückstag *m*
=מָקוֹם ~ ~ = Unglücksplatz *m*
=שׁוֹר הַמּוּעָד = als gefährlich bekannter Stier
=פּוֹשֵׁעַ מוּעָד = Rückfalltäter *m*
מוּעָד[2] ת׳ [mu'ad] gerichtet, gewendet *Adj.*
=אָנָה פָּנֶיךָ מוּעָדוֹת? = wo führt dich dein Weg hin? was ist deine Absicht?
מוֹעֲדוֹ|ן ז׳ [mo'adon] Klub *m*; Disco *f*

=~נִי ת׳ = Klub-
מוּעָט ת׳ [mu'at] wenig, gering *Adj.*
=~ הַמַּחֲזִיק אֶת הַמְּרֻבֶּה = klein, aber inhaltsreich
מוֹעִיל ת׳ [mo'il] nutzbringend, nützlich *Adj.*
מוֹעֵן ז׳ [mo'én] Absender *m*
מועסק ראה: מָעֳסָק [mo'asak] beschäftigt *Adj.*
מוּעָף ז״ת [mu'af] in Flug versetzt, geflogen *Adj.*
★מוֹעֵצָה נ׳ (מוֹעֲצַת-, מוֹעֵצוֹת) [mo'étsa] böser Rat, Anschlag *m*
מוֹעָצָה נ׳ (מוֹעֶצֶת-, מוֹעָצוֹת) [mo'atsa] Ratsversammlung *f*
=מוֹעֶצֶת-פּוֹעֲלִים = Arbeiterrat *m*
=בְּרִית הַמּוֹעָצוֹת = Bund *m* der Räterepubliken, Sowjetrußland *n*, UdSSR *f*
=מוֹעַצְתִּי ת׳ = Räte-
מוּעָקָה נ׳ [mu'aka] quälende Last *f*
מוּפָז ת׳ [mufaz] vergoldet *Adj.*
מוֹפָע ז׳ [mofa'] Veranstaltung *f*, Auftritt *m*, Vorstellung *f (Bühne)*
מוֹפָעָה נ׳ [mofa'a] Auftritt *m*, Vorstellung *f*
מוּפָץ ת׳ [mufats] verbreitet *Adj.*
מוּפָק ת׳ [mufak] erzeugt, erzielt, erreicht *Adj.*
מוּפָר ת׳ [mufar] gestört *Adj.*
מופרה ראה: מֻפְרֶה [mufre] befruchtet *Adj.*
מוֹפֵת ז׳ [mofét] Vorbild *n*, Muster *n*, Beispiel *n*; Wunder *n*
=לְ~ = vorbildlich *Adv.*
=בְּאוֹתוֹת וּבְמוֹפְתִים = mit Zeichen u. Wundern
=סִפְרֵי-~ = klassische Bücher *n/pl.*
=מוֹפְתִי ת׳ = vorbildlich, musterhaft *Adj.*
מוּפְתִּי ז׳ ['mufti] Mufti *m* (islam. Rechtsgelehrter und Würdenträger)
מוֹפְתִיּוּת נ׳ [moftijut] Vorbildlichkeit *f*
מוֹץ ז׳ [mots] Spreu *f*
=כְּ~ לִפְנֵי רוּחַ = wie Spreu im Wind *bibl.*
מוֹצָא ז׳ (מוֹצָאִים, מוֹצָאֵי-) [motsa'] Ausgang *m*, Ausweg *m*; Herkunft *f*
=~-פֶּה, ~-שְׂפָתַיִם = Äußerung *f*
=מוֹצָאֵי הֶחָג, ~ שַׁבָּת = Ausgang *m* des Festes, Schabatausgang *m*
(מוֹצִיא) ז׳ הַמּוֹצִיא [hamotsi] "Hamotsi", Segensspruch über das Brot; *wörtl.* der herausbringt *(Brot aus der Erde)*
=~ לְאוֹר (מו״ל) = Verleger *m*
=~ לְפֹעַל = Ausführender *m*
מוּצָל ת׳ [mutsal] beschattet *Adj.*
מוּצָף ת׳ [mutsaf] überschwemmt *Adj.*
מוֹצֵץ ז׳ [motséts] Schnuller *m*
מוּצָק ת׳ [mutsak] fest, stark *Adj.*
=~וּת נ׳ = Festigkeit *f*
מוּצָר ז׳ (מוּצָרִים, מוּצְרֵי-) [mutsar] Erzeugnis *n*, Produkt *n*
מוּצָר ת׳ [mutsar] enger gemacht, verengt *Adj.*
מוּקָא ת׳ [muka'] gewürgt, erbrochen *Adj.*
מוֹקֵד ז׳ [mokéd] Brennpunkt *m*, Fokus *m*, Zentrum *n*; Herd *m*; Krankheitsherd *m*
מוּקְיוֹ|ן ז׳ [mukion] Clown *m*, Spaßmacher *m*
=~נוּת נ׳ = Posse *f*, Clownerei *f*
=~נִי ת׳ = wie ein Clown
מוֹקִיר ת׳ [mokir] verehrend, achtend *Adj.*
מוקסם ראה: מֻקְסָם [muksam] verzaubert *Adj.*
מוּקָע ת׳ [muka'] zensiert, beschuldigt *Adj.*
מוֹקֵשׁ ז׳ [mokéʃ] Mine *f*; Falle *f*
=טָמַן ~ = e-e Falle stellen
=הָיָה לוֹ לְ~ = zum Verhängnis werden
=עָלָה עַל ~ = auf e-e Mine treten
מוּקָשׁ ת׳ [mukaʃ] analog, entsprechend *Adj.*
(מור) הֵמִיר הפ׳ [hémir] *hif.* vertauschen, wechseln, umwechseln
=~ דָּתוֹ = konvertieren *Rel.*
מוֹרָא ז׳ (מוֹרָאִים) [mora'] Furcht *f*
מוֹרָאָה נ׳ (מוֹרָאוֹת) [mora'a] Schrecknis *n*
★מוֹרַג ז׳ [morag] Dreschschlitten *m bibl.*
מוֹרָד ז׳ (מוֹרָדוֹת) [morad] Abhang *m*
=בְּמוֹרַד הַנָּהָר = flussabwärts *Adv.*

מוֹרֵד ז׳ [moréd] Empörer *m*, Aufrührer *m*
=מוֹרְדֵי-הַגֶּטָאוֹת ז״ר = Widerstandskämpfer *m/pl.* im Ghetto
מוּרָד ת׳ [murad] gesenkt, heruntergelassen *Adj.*
מוֹרֶה ז׳ (מוֹרִי, מוֹרִים) [more] Lehrer *m*
=מוֹרֵה-דֶרֶךְ = Reiseleiter *m*, Reiseführer *m*, Fremdenführer *m*
=~-הוֹרָאָה = "Rabbi", "Dajan" Religions- u. Gesetzeslehrer
=~ נְבוּכִים = "Führer der Verirrten" *(Buch des Maimonides)*
=מוֹרֶה מְסַיֵּעַ = Nachhilfelehrer *m*
מוֹרָה נ׳ [mora] Lehrerin *f*
מוֹרִיק ת׳ [morik] grünend *Adj.*
מוֹרִישׁ ז׳ [moriʃ] Erblasser *m*
מוּרָם ת׳ [muram] erhöht *Adj.*
מוֹרָן ז׳ [moran] Viburnum, Schneeball *m* (Zierstrauch)
מוֹרָנִית נ׳ [moranit] Lanze *f*, Speer *m*
מוֹרְס, כְּתַב-~ [mors] Morseschrift *f*
מוֹרְפְיוּם ז׳ [morfjum] Morphium *n*
מוֹרְפֵימָה נ׳ [morféma] Morphem *n Ling.*
מוּרָק ת׳ [murak] geleert, leer *Adj.*
מוֹרָשָׁה נ׳ [moraʃa] Erbe *n*, Vermächtnis *n*
=מוֹרֶשֶׁת אָבוֹת = von den Vätern Ererbtes
מוֹרֶשֶׁת נ׳ [moreʃet] Erbe *n*, Erbgut *n*
★(מוש)[1] מָשׁ פעל (לָמוּשׁ מִן-) [maʃ] *kal* weichen; aufhören *bibl.*
★(מוש)[2] מָשׁ פעל (לָמוּשׁ אֶת-) [maʃ] *kal* betasten *bibl.*
מוֹשָׁב ז׳ [moʃav] Sitz *m*; Sitzung *f Parl.*
=מוֹשַׁב זְקֵנִים = Altersheim *n*
★=~-לֵצִים = "Bank der Spötter" *bibl.*
=~-עוֹבְדִים = "Moschaw", kooperative landwirtschaftl. Siedlung
=תְּחוּם הַמּוֹשָׁב = Ansiedlungsrayon der Juden im zarist. Russland

=~ מִתְכַּוְנֵן = verstellbarer Sitz
=~ מִתְקַפֵּל = Klappsitz *m*
מוֹשָׁבָה נ׳ (מוֹשֶׁבֶת-) [moʃava] Kolonie *f*; landwirtschaftliche Siedlung auf privater Basis
מוּשָׁט ת׳ [muʃat] ausgestreckt *Adj.*
מוֹשִׁיט ז׳ [moʃit] Ausdehnung *f*
מוֹשִׁיעַ ז׳ [mo'ʃia'] Erlöser *m*, Helfer *m*
מוֹשְׁכָה נ׳ [moʃxa] Zügel *m*
מוֹשֵׁל ז׳ [moʃél] Gouverneur *m*, Statthalter *m*
מוּשְׁק ז׳ [muʃk] Moschusochse *n Zo.*
מוּשָׁר ת׳ [muʃar] gesungen *Adj.*
(מות) מֵת פעל (לָמוּת, מֵתִי, מֵת, יָמוּת) [mét] *kal* sterben *v/i*
-הֵמִית הפ׳ - *hif.* töten *v/t*
=מֵת לְ-, ~ עַל- = begierig, verrückt nach etwas sein F
מָוֶת ז׳, מוות (מוֹת-) ['mavet] Tod *m*
=מוֹת קְדוֹשִׁים = Märtyrertod *m*
=אֵימַת מָוֶת = Todesangst *f*
=בֶּן-~ = des Todes schuldig, Kind *n* des Todes, Todeskandidat *m*
=חֶבְלֵי-~ = Todeskampf *m*
=חֵטְא-~ = Todsünde *f*
=מַלְאַךְ הַמָּוֶת = Todesengel *m*
=מִשְׁפַּט-מָוֶת = Todesurteil *n*
=סַכָּנַת ~ = Lebensgefahr *f*
=סַם-~ = tödliches Gift
=פִּצְעֵי-~ = tödliche Wunden *f/pl.*
מוֹתָב ז׳ [motav] Rat *m*, Vorstand *m*
מוּתָג ז׳ [mutag] Firmenname *m*
מוֹתֵחַ ת׳, ז׳ [mo'téax] spannend *Adj.*, Streck-, Spannmuskel *m*
מוֹתְחָן ז׳ [motxan] Expander *m Sp.*
=~-קְפִיץ = Stahlfedern-Expander
מוֹתָן ז׳ [motan] Pest, Seuche *f*
=~נִי = fatal *Adj.*
מוֹתָר ז׳ [motar] Vorteil *m*, Gewinn *m*; Vorzug *m*; Überlegenheit *f*; Überflüssiges *n*

=מוֹתָרוֹת ז״ר = Luxus *m*

=לְמוֹתָר ת״פ = überflüssig, unnötig *Adv.*

מוּתָשׁ ת׳ [mutaʃ] erschöpft *Adj.*

מִזְבֵּחַ ז׳ (מִזְבַּח-, מִזְבְּחוֹת) [miz'béax] Altar *m*

מְזֻבָּל ת׳, מזובל [mezubal] gedüngt *Adj.*

מִזְבָּלָה נ׳ [mizbala] Abfallplatz *m*, Misthaufen *m*

מֶזֶג ז׳ (מִזְגוֹ, מְזָגִים) ['mezeg] Mischung *f*; Temperament *n*

=~-אֲוִיר = Wetter *n*, Witterung *f*

=~ חַם = Heißblütigkeit *f*

=~ קַר = Kaltblütigkeit *f*

=חַם-~ ת׳ = heißblütig, temperamentvoll *Adj.*

=קַר-~ ת׳ = kaltblütig *Adj.*

מָזַג פעל (לִמְזוֹג אֶת-, יִמְזוֹג) [mazag] *kal* mischen *v/t*; eingießen, einschenken

-מִזֵּג פיעל - *pi.* mischen *v/t*

-הִתְמַזֵּג הת׳ - *hit.* sich vermischen, verschmelzen *v/i*

מְזֻגָּג ת׳, מזוגג [mezugag] verglast, glasiert *Adj.*

מִזְגָּגָה נ׳ [mizgaga] Glaserei *f*

מְזֻגְזָג ת׳, מזוגזג [mezugzag] in Zickzacklinien

מַזְגַן-אֲוִיר ז׳ [mazgan-'avir] Klimaanlage *f*

מִזְדַּהֶה ת׳ [mizdahe] sich identifizierend, solidarisch *Adj.*

=בִּלְתִּי-~ = sich nicht identifizierend, neutral, blockfrei *Pol.*

★מָזֶה ת׳ [maze] erschöpft, verzehrt *Adj.*

=מְזֵה-רָעָב = verhungert *Adj.*

מַזֶּה מ״ש (מַה+זֶה) ['maze] was ist das?

מֻזְהָב ת׳, מוזהב [muzhav] vergoldet *Adj.*

מְזֹהֶה ת׳, מזוהה [mezohe] identifiziert *Adj.*

מַזְהִיר ת׳ [mazhir] glänzend, strahlend *Adj.*

מְזֹהָם ת׳, מזוהם [mezoham] schmutzig *Adj.*

מֻזְהָר ת׳, מוזהר [muzhar] gewarnt, verwarnt *Adj.*

מָזוּג ת׳ [mazug] gemischt, vermischt; eingegossen *Adj.*

מִזּוּג ז׳, מיזוג [mizug] Mischung *f*, Zusammensetzung *f*; Zusammenschluss *m*, Fusion *f*

=~-אֲוִיר = Klimatisierung *f*

מַזְוֵג ז׳, מזווג [mazvég] Kupplung *f Kfz.*

מִזְוָדָה נ׳, מזוודה [mizvada] Koffer *m*

מְזָוֶה ז׳, מזווה (מְזָוִים) [mezave] Speisekammer *f*

מְזוּזָה נ׳ [mezuza] Türpfosten *m*; "Mesusa" *(Pergamentrolle enth. 5. Buch Mosis VI 4-9, XI 13-21, in Kästchen am Türpfosten befestigt)*

מָזוּט ז׳ [mazut] Masut *n*, Rohöl *n*

מָזוֹכִיזְם ז׳ [mazoxizm] Masochismus *m*

מָזוֹן ז׳ (מְזוֹנוֹת) [mazon] Speise *f*, Nahrung *f*

=אַבוֹת-הַמָּזוֹן = Grundnährstoffe *m/pl.*

=בִּרְכַּת-הַ~ = Tischgebet *n*

=מְזוֹנוֹת ז״ר = Alimente *pl.*

מְזַוֵּעַ ת׳ [mezavéa'] erschreckend, schrecklich *Adj.*

★מָזוֹר ז׳ [mazor] Wunde *f*, Geschwür *n*; Heilung *f*

מָז'וֹר ז׳ [mažor] Dur *n* (Tonart) *Mus.*

מְזֻוָּת ת׳, מזוות [mezuvat] winklig *Adj.*

מֵזַח ז׳ ['mézax] Mole *f*, Landungssteg *m*

מַזְחִילָה נ׳ [mazxila] Dachrinne *f*, Regenrinne *f*

מִזְחֶלֶת נ׳ [miz'xelet] Schlitten *m*

מְזִיג ז׳ [mezig] Konsonanz *f*, Einklang *m mus.*

מְזִיגָה נ׳ [meziga] Mischung *f*; Einschenken *n*

מֵזִיד ת׳ [mézid] böswillig *Adj.*

=בְּ~ ת״פ = böswillig *Adv.*

מְזֻיָּן ת׳, מזוין [mezujan] bewaffnet *Adj.*

=בֶּטוֹן ~ = Eisenbeton *m*

=עַיִן מְזֻיֶּנֶת = mit Hilfe optischer Mittel

=עַיִן בִּלְתִּי ~ = bloßes Auge (ohne Fernglas)

מֵזִין ת׳ [mézin] nahrhaft *Adj.*

מְזֻיָּף ת׳, מזויף [mezujaf] gefälscht, verfälscht; verstimmt *Adj.*

מַזִּיק ז׳ (מַזִּיקִים) [mazik] Schädling *m*; böser Geist

=הַדְבָּרַת-מַזִּיקִים = Schädlingsbekämpfung *f*
מַזְכִּיר ז' [mazkir] Sekretär *m*; hoher Beamter
=~כְּלָלִי ר"ת מַזְכָּ"ל = Generalsekretär *m*
=~וּת נ' = Sekretariat *n*
=מַזְכִּירָה נ' = Sekretärin *f*; Anrufbeantworter *m*
מְזַכֵּךְ ז' [mezakéx] Luftverbesserer *m*
מְזֻכָּךְ ת', מזוכך [mezukax] geläutert *Adj.*
מֻזְכָּר ת', מוזכר [muzkar] erwähnt *Adj.*
מִזְכָּר ז' [mizkar] Memorandum *n*
מַזְכֶּרֶת נ' (מַזְכָּרוֹת) [maz'keret] Andenken *n*, Souvenir *n*
=לְ~-נֶצַח, לְ~-עוֹלָם = zur ewigen Erinnerung
מַזָּל ז' (מַזָּלוֹת) [mazal] Glück *n*, Glücksfall *m*; Erfolg *m*; Schicksal *n*; Stern *m*, Sternzeichen *n*
=~ בִּישׁ = kein Glück, Pech *n fig.*
=~ טוֹב = viel Glück!, gratuliere!
=~ רָע = kein Glück, Misserfolg *m*
=בִּישׁ ~, רַע-הַמַּזָּל = Pechvogel *m*, Unglücksrabe *m fig.*
=בֶּן-~, בַּר-~ = Glückskind *n*
=אֵין לוֹ ~ = er hat kein Glück
=הֵבִיא ~ = Glück bringen
=מִשְׂחֲקֵי-~ = Glücksspiele *n/pl.*
=לְמַזָּלוֹ = zu s-m Glück
=לְרֹעַ ~ = zu s-m Unglück
=שִׂחֵק לוֹ ~ = das Glück war ihm hold
=עוֹבֵד כּוֹכָבִים וּמַזָּלוֹת ר"ת: עכּו"ם = Götzendiener *m*
=הִתְמַזֵּל מַזָּלוֹ = Glück haben
=יוֹתֵר מַזָּל מִשֵּׂכֶל = mehr Glück als Verstand
מַזְלֵג ז' (מַזְלְגוֹת) [mazlég] Gabel *f*
=עַל קְצֵה הַ~ = nur ganz wenig
מְזַלְזֵל ז"ת [mezalzél] verachtend, spöttisch *Adj.*
מְזֻלְזָל ת' [mezulzal] verachtet, verhöhnt *Adj.*
מְזֻלְעָף ת' [mezul'af] stürmisch *Adj.*
מַזְלֵף ז' (מַזְלְפִים) [mazléf] Gießkanne *f*; Zerstäuber *m*

מְזִמָּה נ', מזימה [mezima] böser Plan, Arglist *f*, Tücke *f*
=אִישׁ-מְזִמּוֹת, בַּעַל-~ = Ränkeschmied *m*
=חָרַשׁ ~ = Ränke schmieden, etwas aushecken
מִזְמוּז ז' [mizmuz] Tätscheln *n*; Tändelei *f* F
מַזְמוּט ז', מַזְמוּטִים ז"ר [mazmut] Amüsement *n*, Spiel *n*
מִזְמוֹר ז' [mizmor] Lied *n*
=~ תְּהִלִּים = Psalm *m*
מִזְמֵז פיעל [mizméz] *pi.* verschwenden; tändeln, schäkern F
-הִתְמַזְמֵז הת' - *hit.* dahinschmelzen; flirten, kosen, sich abknutschen F*;* Zeit verschwenden *fig.*
מִזְמֵט פיעל [mizmét] *pi.* amüsieren *v/t*; flirten *v/i*
מְזֻמָּן ת', מזומן [mezuman] bereit *Adj.*; "Mesuman" *(Teilnehmer an e-r Mahlzeit von mindestens 3 Männern);* bar *(Geld)*
=מְזֻמָּנִים ז"ר = Bargeld *n*
=בְּ~ ת"פ = in bar *Adv.*
=בְּעִתִּים מְזֻמָּנוֹת = ab und zu, zu bestimmten Zeiten
=מוּכָן וּמְזֻמָּן = (vollständig) bereit *Adj.*
מֻזְמָן ת', מוזמן [muzman] eingeladen; aufgefordert *Adj.*
מִזְּמַן ת"פ [mizman] schon lange, seit langem *Adv.*
מַזְמֵרָה נ' [mazméra] Winzermesser *n*; Baumschere *f*
מְזֻנָּב ת', מזונב [mezunav] geschwänzt *Adj.*, mit Schwanz
מִזְנוֹן ז' [miznon] Buffet *n*, Büfett *n*, Anrichte *f*
=~ מָהִיר = Selfservice-Buffet *n*
מֻזְנָח ת', מוזנח [muznax] vernachlässigt *Adj.*

=~וּת נ' = Verlassenheit *f*

מִזְנָק ז' [miznak] Sprung *m*; Starten *n*

מְזַעֲזֵעַ ת' [meza'zéa'] erschütternd, entsetzlich *Adj.*

מְזֻעְזָע ת', מזועזע [mezu'za'] erschüttert, entsetzt *Adj.*

מִזְעָר ת"פ [miz'ar] wenig *Adv.*

=מְעַט ~ = ganz wenig

=לְמִזְעָר = wenigstens *Adv.*

=מִזְעָרִי ת' = minimal *Adj.*

מְזֻפָּת ת', מזופת [mezupat] asphaltiert, mit Pech bestrichen; schlecht, wertlos *Adj.*

מַזְקִין ת' [mazkin] alternd, Altern *n*

מְזֻקָּן ת', מזוקן [mezukan] bärtig *Adj.*

מִזְקַף־זְכוּת ז' [mizkaf-zxut] Gutschrift(zettel *m*) *f*

=~ חוֹבָה ז' = Lastschrift(beleg *m*) *f*

מְזֻקָּק ת', מזוקק [mezukak] geläutert *Adj.*

מַזְקֵקָה נ' [mazkéka] Destillierapparat *m*

מַזְרֵבָה נ' [mazréva] Garnrolle *f*, Spule *f*

מִזְרֶה ז' [mizre] Wurfschaufel *f*

מְזָרֵז ז' [mezaréz] Beschleuniger *m*; Katalysator *m*

מְזֹרָז ת', מזורז [mezoraz] beschleunigt *Adj.*

מִזְרָח ז' [mizrax] Ost, Osten *m*; Orient *m*; "Misrach" (Ostwand)

=הַמִּזְרָח הַקָּרוֹב, הַ~ הָרָחוֹק, הַ~ הַתִּיכוֹן = Naher Osten, Ferner Osten, Mittelost

=בְּנֵי הַ~, עֲדוֹת ה~ = Orientalen *m/pl.*

=מַדְּעֵי הַ~ = Orientalistik *f*

=מִזְרָחִי ת' = östlich *Adj.*; Orientale *m*

=~ ר"ת: מֶרְכָּז רוּחָנִי = "Misrachi" *(religiöse zionistische Partei)*

=מִזְרָחָן ז' = Orientalist *m*

=מִזְרָחָנוּת נ' = Orientalistik *f*

מְזָרִים ז"ר [mezarim] Nordwind *m bibl.*; Wolken *f/pl.*

מִזְרָם ז' [mizram] Fließen *n*, Fluss *m*

מַזְרֵם ז' [mazrém] Vorrichtung für Wasserfluss bei starker Strömung

מֻזְרָם ת' [muzram] geleitet, kanalisiert; kanneliert *Adj.*

מִזְרָן ז' [mizran] Matratze *f*

מִזְרָע ז' [mizra'] Saat *f*; Säen *n*; Anbaufläche *f*

=אֶרֶץ־~, אַדְמוֹת־~ = kultiviertes Land

מַזְרֵעָה נ' [mazré'a] Drillmaschine *f*

מַזְרֵק ז' (מַזְרְקִים) [mazrék] Spritze *f Med.*

מֻזְרָק ת' [muzrak] (ein)gespritzt, injiziert *Adj.*

מִזְרָקָה נ' [mizraka] Springbrunnen *m*

מֹחַ ז', מוח (מֹחוֹת) [moax] Gehirn *n*; Mark *n*

=~ הָעֲצָמוֹת = Knochenmark *n*

=בִּלְבּוּל־~ = Verwirrung *f*

=חֲמוּם־~ = hitzköpfig *Adj.*

=שְׁטִיפַת־~ = Gehirnwäsche *f fig.*

=אִגּוּד (טְרַסְט־) הַמֹּחוֹת = Beratungsausschuss *m*

=קַטְנוּת־מֹחִין = Engstirnigkeit *f*

=אַל תְּבַלְבֵּל אֶת הַמֹּחַ = verdreh mir nicht den Kopf! *fig.*

מָחָא פעל (לִמְחוֹא, יִמְחָא) [maxa'] *kal* schlagen *nur in folgenden Redensarten:*

=~ יָד, ~ כַּף, ~ כַּפַּיִם = in die Hände klatschen, applaudieren

מְחָאָה נ' [mexa'a] Protest *m*, Einspruch *m*

מַחֲאָן ז' [maxa'an] Claqueur *m*

מַחֲבֵא ז' [maxavé] Schlupfwinkel *m*, Versteck *n*

מְחֻבָּא ת', מחובא [mexuba'] versteckt *Adj.*

מְחֻבָּב ת', מחובב [mexubav] beliebt *Adj.*

מַחֲבוֹא ז' [maxavo'] Versteck *n*

=שִׂחֵק בְּמַחֲבוֹאִים = Versteck spielen

מַחְבּוֹשׁ ז' [maxboʃ] Haft *f mil.*, Karzer *m*

מַחְבֵּט ז' (מַחְבְּטִים) [maxbét] Ausklopfer *m*; Tennisschläger *m*

מַחְבֵּטָה נ' [maxbéta] Dreschmaschine *f*

מְחַבֵּל ז' [mexabél] Saboteur *m*, Terrorist *m*

מְחֻבָּל ת׳, מחובל [mexubal] beschädigt, verdorben *Adj.*

מְחֻבְלָל ת׳, מחובלל [mexuvlal] (durch Seile) abgetrennt, abgesperrt *Adj.*

מְחֻבָּץ ת׳ [mexubats] gebuttert, geschäumt *Adj.*

מַחְבֵּצָה נ׳ [maxbétsa] Buttermaschine *f*, Butterfass *n*

מְחֻבָּק ת׳, מחובק [mexubak] umschlungen *Adj.*

מְחַבֵּר ז׳ [mexabér] Verfasser *m*, Autor *m*; Komponist *m*

מַחְבָּר ז׳ [maxbar] Zapfen *m*

מַחְבֵּר ז׳ [maxbér] Verbindung *f Tech.*; (Draht) Heftmaschine *f*

מְחֻבָּר ת׳, מחובר [mexubar] verbunden *Adj.*

=~ מִשְׁפָּט = Parataxe *f*, Satzreihe *f Gr.*

מְחַבְּרוּת נ׳ [mexabrut] Urheberschaft *f*

מַחְבֶּרֶת נ׳ [max'beret] Heft *n*

מְחֻבָּשׁ ת׳, מחובש [mexubaʃ] verbunden *Adj. Med.*

מַחֲבַת נ׳ (מַחֲבַתּוֹת) [maxvat] Bratpfanne *f*

מְחֻגָּר ת׳, מחוגר [mexugar] umgürtet *Adj.*

מַחְגֵּר ז׳ [maxgér] Hemmung *f Tech.*

=~ מְשֻׁנָּן = Sperrrad *n*

מְחֻדָּד ת׳, מחודד [mexudad] angespitzt, zugespitzt; geschärft *Adj.*

מַחְדֵּ|ד ז׳ [maxdéd] Bleistiftspitzer *m*

=~דָה נ׳ = Spitzmaschine *f*

מֶחְדָּל ז׳ [mexdal] Unterlassung *f*, Versäumnis *n*; Nichtstun *n*

מְחַדֵּשׁ ז׳ [mexadéʃ] Erneuerer *m*, Erfinder *m*, Retormator *m*

מְחֻדָּשׁ ת׳, מחודש [mexudaʃ] erneuert *Adj.*

מֹחָה נ׳, מוחה [moxa] Großhirn *n*

מָחָה^{1} פעל (לִמְחוֹת, יִמְחֶה) [maxa] *kal* abwischen, auslöschen, tilgen

=יִמַּח שְׁמוֹ = sein Andenken soll ausgelöscht werden *(Fluchformel)*

מָחָה^{2} פעל (לִמְחוֹת עַל-, יִמְחֶה) [maxa] *kal* protestieren gegen *(Akk.)*

=~ בְּיָדוֹ = widersprechen, sich entgegenstellen

(מחה)^{3} הִמְחָה הפ׳ [himxa] *hif.* anweisen *(Zahlung)*

-הִתְמַחָה הת׳ - *hit.* sich ausbilden, sich spezialisieren

מִחָה פיעל [mixa] *pi.* auflösen

מָחוֹג ז׳ [maxog] Uhrzeiger *m*

מְחוּגָה נ׳ [mexuga] Zirkel *m*

מַחֲוֶה ז׳, מחווה (מַחֲוִים) [maxve] Zeiger *m (zum Lesen der Thora)*

מֶחֱוָה נ׳, מחווה (מֶחֱווֹת) [mexva] Geste *f*, Gebärde *f*

מָחוֹז ז׳ (מְחוֹזוֹת) [maxoz,-it] Bezirk *m*, Gebiet *n*

=מְחוֹז-חֶפְצוֹ = Ziel *n* seiner Wünsche

=מְחוֹזִי ת׳ = Bezirks-

מִחוּי ז׳, מיחוי [mixuj] Protestäußerung *f*

מָחוּי ת׳ [maxuj] ausgelöscht *Adj.*

מָחוֹךְ ז׳ [maxox] Korsett *n*

מְחוֹכָ|ר ז׳, ~רִית נ׳ [mexoxar, -it] Korsettmacher *m*, -macherin *f*

מָחוּל ת׳ [maxul] verziehen, gesühnt *Adj.*

מָחוֹל ז׳ (מְחוֹלוֹת) [maxol] Tanz *m*

=מְחוֹלוֹת-עַם = Volkstänze *m/pl.*

=מְחוֹלִית = Veitstanz *m (Chorea) med.*

=מְחוֹלֵ|ל ז׳, ~לֶלֶת נ׳ = Tänzer *m*, Tänzerin *f*

מְחוֹלָל ת׳ [mexolal] getötet, gefallen *Adj.*

מַחֲוָן ז׳, מחוון [maxvan] Indikator *m Tech.*

=לוּחַ-מַחֲוָנִים = Armaturenbrett *n*

מְחוֹנָ|ן ת׳ [mexonan] begabt, begnadet; begnadigt *Adj.*

=~נוּת נ׳ = Begabung *f*

מָחוּץ ת׳ [maxuts] zerdrückt *Adj.*

מָחוּק ת׳ [maxuk] gelöscht *Adj.*

=מִדָּה מְחוּקָה = gestrichenes (genaues) Maß

מְחוֹקֵק, מְחֹקֵק ז׳ [mexokék] Gesetzgeber *m*; Graveur *m*, Bildstecher *m*

=בֵּית-הַמְּחוֹקְקִים ראה = Parlament *n*
גם: כְּנֶסֶת

מְחֻוָּר ת׳, מחוור [mexuvar] geklärt, klar *Adj.*

מֻחְוָר ת׳, מוחוור [muxvar] klar *Adj.*

מֵחוֹשׁ ז׳, מיחוש (מֵחוֹשִׁים) [méxoʃ] Schmerz *m*

=מֵחוֹשֵׁי-רֹאשׁ ז״ר = Kopfschmerzen *m/pl.*

מָחוֹשׁ ז׳ [maxoʃ] Fühler *m*

(מחז) הִמְחִיז הפ׳ [himxiz] *hif.* dramatisieren *v/t*

מַחֲזָאוּת נ׳ [maxaza'ut] Dramaturgie *f*

=מַחֲזַאי ז׳ = Dramaturg *m*

מַחֲזֶה ז׳ (מַחֲזוֹת) [maxaze] Schauspiel *n*, Theaterstück *n*

=מַחֲזֵה-שָׁוְא = Halluzination *f*

=~-שַׁעֲשׁוּעִים = Lustspiel *n*

=~-תּוּגָה = Trauerspiel *n*

מֶחֱזָה נ׳ [mexeza] Anblick *m*

מַחֲזוֹר ז׳ [maxzor] Umlauf *m*, Kreislauf *m*; Serie *f*, Zyklus *m*, Periode *f*; Jahrgang *m*; Festgebetbuch *n*

=~ הַדָּם = Blutkreislauf *m*

=~ זְרָעִים = Fruchtfolge *f*

=~ הַכֶּסֶף = Geldumlauf *m*

מִחְזוּר ז׳ [mixzur] Rückgewinnung *f*, Recycling *n*

מַחֲזוֹרִ|י ת׳ [maxzori] periodisch, zyklisch *Adj.*

=~יּוּת נ׳ = Periodizität *f*, regelmäßige Wiederkehr

מַחֲזִירוֹר ז׳ [maxaziror] Reflektor *m*, Rückstrahler *m*

מַחֲזֶמֶר ז׳ (מַחֲזֶמְרִים) [maxa'zemer] Singspiel *n*, Musical *n*

מֻחְזָק ת׳, מוחזק [muxzak] festgehalten; ausgehalten; *(für etwas)* gehalten *Adj.*

מַחֲזֵק ז׳ [maxazék] Halter *m*, Feststeller *m (Tür)*

מְחַזֵּר ז׳ [mexazér] Freier *m*, Liebhaber *m*

מֻחְזָר ת׳, מוחזר [muxzar] zurückgegeben *Adj.*

מַחְזֵר ז׳ [maxzér] Rückschalter *m*, Rücktaste *f*

מַחֲזֹרֶת נ׳, מחזורת [max'zoret] Periode *f Gr.*

מַחַט נ׳ (מְחָטִים) ['maxat] Nadel *f*, Nähnadel *f*

=חֲרִיר הַמַּחַט, קוּף הַ~ = Nadelöhr *n*

=מַעֲשֵׂה-~ = Nadelarbeit *f*, Näharbeit *f*

=עֲצֵי-~ = Nadelbäume *m/pl.*

מְחֻטָּא ת׳, מחוטא [mexuta'] desinfiziert *Adj.*

מְחֻטָּב ת׳, מחוטב [mexutav] wohlgeformt *Adj.*

מְחֻטָּט ת׳, מחוטט [mexutat] pockennarbig *Adj.*

מַחְטֵטָה נ׳ [maxtéta] Stanzmaschine *f*

מַחֲטִי ת׳ [maxati] dünn *Adj.* (wie e-e Nadel)

=מַחְטָנִי ת׳ = nadelförmig *Adj.*

מְחִי ז׳ [mexi] Stoß *m*, Schlag *m*

=בִּ~-יָד = mit e-m Schlag, auf einmal

=~-כַּף = Händeklatschen *n*

מֹחִי ת׳, מוחי [moxi] zerebral *Adj.*, Gehirn-

מְחִיאוֹת-כַּפַּיִם נ״ר [mexi'ot-ka'pajim] Beifall *m*, Händeklatschen *n*

מְחַיֵּב ת׳, מחייב [mexajév] bejahend; verpflichtend; für schuldig erklärend

מְחֻיָּב ת׳, מחויב [mexujav] verpflichtet *Adj.*

=~-הַמְּצִיאוּת = notwendig, durch die Verhältnisse bedingt

מִחְיָה נ׳ [mixja] Lebenshaltung *f*, Lebensunterhalt *m*

=יֹקֶר-הַמִּחְיָה = Verteuerung *f* der Lebenshaltungskosten

=מֶרְחַב-מִחְיָה = Lebensraum *m*

=מָצָא מִחְיָתוֹ = s-n Lebensunterhalt verdienen

מְחִיטָה נ׳ [mexita] Naseputzen *n*

מְחֻיָּל ת׳, מחוייל [mexujal] rekrutiert *Adj.*

מְחִילָה נ׳ [mexila] Verzeihung *f*, Entschuldigung *f*

=בְּ~, בְּ~ מִכְּבוֹדוֹ = mit Ihrer (deiner) Erlaubnis, mit Verlaub

מְחֻיָּץ ת׳, מחוייץ [mexujats] abgeteilt *Adj.*

מָחִיק ת׳ [maxik] auslöschbar *Adj.*

מְחִיקָה נ' [mexika] Auslöschen *n*, Ausstreichen *n*, Radieren *n*

מְחִיקוֹן ז' [mexikon] Tipp-ex *n Wz*

מְחִיר ז' [mexir] Preis *m*, Kosten *pl.*

=~-הַקֶּרֶן = Entstehungskosten *pl.*, Selbstkostenpreis *m*

=בְּכָל ~ =um jeden Preis

=~וֹן ז' = Preisliste *f*, Tarif *m*

מְחִית נ' ראה גם: רֶסֶק [mexit] Püree *n*

מַחְכִּים ת' [maxkim] weise machend, erhellend; informativ *Adj.*

מַחְכִּיר ז' [maxkir] Verpächter *m*

מְחֻכָּם ת', מחוכם [mexukam] gewitzt *Adj.*

מֻחְכָּר ת', מוחכר [muxkar] verpachtet *Adj.*

מָחַל פעל (לִמְחוֹל, יִמְחוֹל, גם: יִמְחַל) [maxal] *kal* verzeihen, entschuldigen; verzichten

מַח"ל ר"ת: מִתְנַדְּבֵי חוּץ-לָאָרֶץ ['machal] "Machal" *Kurzw. (Auslandsfreiwillige im isr. Krieg 1948)*

מֹחַל ז' ['maxol] Saft *m*

מַחְלָבָה נ' [maxlava] Molkerei *f*; Milchgeschäft *n*

מֻחְלָד ת', מוחלד [muxlad] verrostet *Adj.*

מַחֲלָה נ' [maxala] Krankheit *f*

=~ מִדַּבֶּקֶת = ansteckende Krankheit

=מַחֲלַת-מִין = Geschlechtskrankheit *f*

=~-נֶפֶשׁ = Geisteskrankheit *f*

מְחִלָּה נ', מחילה [mexila] (unterirdische) Höhle *f*, Hohlraum *m*

★=גִּלְגּוּל-מְחִלּוֹת = Auferstehung *f* (der *Toten der Diaspora, die am Ende der Tage unterirdisch nach Erez-Israel "rollen" Myth.)*

מְחֻלְחָל ת', מחולחל [mexulxal] porös; erschüttert *Adj.*

מֻחְלָט ת', מוחלט [muxlat] absolut, unbedingt *Adj.*

=~טִיּוּת נ' = Unbedingtheit *f*

מַחֲלִיא ת' [maxli'] Ekel erregend

מַחֲלִים תו"ז [maxlim] genesend *Adj.*; Genesende *m*

מַחֲלִיף ז' [maxlif] Ersatzmann *m*, Stellvertreter *m*

מַחֲלִיקַיִם ז"ז [maxli'kajim] Schlittschuhe *m/pl.*

מְחֻלָּל ת', מחולל [mexulal] entweiht, profaniert *Adj.*

מְחֻלָּן ת', מחולן [mexulan] verweltlicht, säkularisiert *Adj.*

מַחְלֵף ז' [maxléf] Auswechsler *m Tech.*

מֶחְלָף ז', מיחלף [mexlaf] (mehrstöckige) Autobahnkreuzung *f*

מֻחְלָף ת', מחלף [muxlaf] vertauscht, umgetauscht *Adj.*

★מַחְלָפָה נ' [maxlafa] Haarflechte *f*

מַחְלֵץ ז' [maxléts] Korkenzieher *m*

★מַחֲלָצָה נ' [maxlatsa] Festkleid *n*

מַחְלֵק ז' [maxlék] Glätteisen *n* (des Schusters)

מְחַלֵּק ז' [mexalék] Verteiler *m*; Teiler *m Math.*

מְחֻלָּק ת', מחולק [mexulak] geteilt *Adj.*

מֻחְלָק ת', מוחלק [muxlak] geglättet *Adj.*

מֶחְלָק ז' [mexlak] (Polizei) Abteilung *f*

מַחְלָקָה נ' [maxlaka] Abteilung *f*; Kompanie *f*, Zug *m mil.*; Gruppe *f*; Klasse *f (z.B. Abteil, Fahrkarte)*

מַחֲלֹקֶת נ', מחלוקת [max'loket] Streit *m*, Meinungsverschiedenheit *f*

=סֶלַע הַמַּחֲלֹקֶת = Stein *m* des Anstoßes, Streitgegenstand *m*

=שָׁנוּי בְּמַחֲלֹקֶת = umstritten, strittig *Adj.*

מַחְלַקְתִּי ת' [maxlakti] Abteilungs-

מֻחְלָשׁ ת', מוחלש [muxlaʃ] geschwächt *Adj.*

מֵחַם ז', מיחם [méxam] Samowar *m*

מַחֲמָאָה נ' [maxma'a] Kompliment *n*, Lob *n*, Schmeichelei *f*

מַחְמָד ז' [maxmad] Liebling *m*; Gegenstand *m* der Liebe

=מַחְמַד-עַיִן = *wörtl.* Lust *f* der Augen; Geliebte(s) *n*

מַחְמִיא ת' [maxmi'] schmeichelnd; vorteilhaft *Adj.*

מַחְמִיר ת' [maxmir] streng, pedantisch *Adj.*

מַחְמָל ז' [maxmal] Geliebte(s) *n*

מְחֻמָּם ת', מחומם [mexumam] aufgewärmt *Adj.*

מֻחְמָץ ת', מוחמץ [muxmats] sauer gemacht; versäumt *Adj.*

מְחֻמְצָן ת', מחומצן [mexumtsan] oxidiert *Adj.*

מַחְמֶצֶת נ' [max'metset] Sauerteig *m*

מְחַמֵּר ז' [mexamér] Eseltreiber *m*

מְחֻמָּשׁ ת', מחומש [mexumaʃ] fünffach *Adj.*

מְחֻמָּשׁ ז', מחומש [mexumaʃ] Fünfeck *n*, Pentagon *n*

=כּוֹכָב ~ = fünfeckiger Stern, Pentagramm *n*, Drudenfuß *m*

מֵחֲמַת מ"י [méxamat] wegen, infolge *(bsd. negativ) Prp.*

=~ טִפּוּל = ärztlich bedingt

מַחֲנָאוּת נ' [maxana'ut] Lagerwesen *n*, Camping *n*

=~אִי ת' = Lager-, Camping-

מַחֲנֶה ז' (מַחֲנוֹת) [maxane] Lager *n*, Zeltlager *n*; Armee *f*

=מַחֲנֵה-הֶסְגֵּר = Quarantänelager *n*

=~-רִכּוּז = Konzentrationslager *n*

=מַחֲנַיִם ז"ז = Völkerball *m Sp.*

מֹחָנִי ת', מוחני [moxani] Gehirn-; verstandesmäßig *Adj.*

מַחֲנִיק ת' [maxnik] schwül, stickig *Adj.*

מְחַנֵּךְ ז' [mexanéx] Erzieher *m*, Pädagoge *m*

=~-כִּתָּה = Klassenlehrer *m*

מְחֻנָּךְ ת', מחונך [mexunax] erzogen *Adj.*

מְחֻנָּן ראה: מחונן [mexunan] begabt *Adj.*

מַחֲנָק ז' [maxnak] Ersticken *n*, Luftmangel *m*; Enge *f*

מַחְסֶה ז' [maxse] Deckung *f*, Zuflucht *f*, Schutz *m*, Unterstand *m*

=בֵּית-~ = Obdachlosenasyl *n*

מַחְסוֹם ז' [maxsom] Sperre *f*; Schranke *f*; Maulkorb *m*

=~-הַשּׁוּלַיִם = Randsteller *m (Schreibmaschine)*

מַחְסוֹר ז' [maxsor] Mangel *m*, Knappheit *f*

מְחֻסָּל ת', מחוסל [mexusal] liquidiert, erledigt *Adj.*

מְחֻסָּן ת', מחוסן [mexusan] immun, unempfänglich gemacht *Adj.*

מַחְסָן ז' [maxsan] Lager *n*, Lagerraum *m*, Lagerhaus *n*, Speicher *m*, Magazin *n*

=מַחְסַן-עֲרָבָה = Zollspeicher *m*

=מַחְסְנָאוּת נ' = Lagerverwaltung *f*

=מַחְסְנַאי ז' = Lagerist *m*

=מַחְסָנִית נ' = Patronenbehälter *m*

מְחֻסְפָּס ת', מחוספס [mexuspas] rau *Adj.*

מְחַסֵּר ז' [mexasér] Subtrahend *m*, abzuziehende Zahl *f Math.*

מְחֻסָּר תו"ז, מחוסר [mexusar] mangelnd *Adj.*; Minuend *m Math.*

=מְחֻסַּר-עֲבוֹדָה = arbeitslos *Adj.*

מְחֻפֶּה ת', מחופה [mexupe] bedeckt, überzogen *Adj.*

מַחֲפֶה ז' [maxafe] Überschuh *m*

מַחְפִּיר ת' [maxpir] schändlich, schmählich *Adj.*

מַחְפֵּר ז' [maxpér] Bagger *m*

מְחֻפָּר ת', מחופר [mexupar] eingegraben *Adj.*

מַחְפֹּרֶת נ', מחפורת [max'poret] Grube *f*; Mine *f* (Bergbau); Unterstand *m Mil.*

מְחֻפָּשׂ ת', מחופש [mexupas] verkleidet, maskiert *Adj.*

מְחֻפָּת ת', מחופת [mexupat] aufgekrempelt *Adj.*

מָחַץ פעל (לִמְחוֹץ אֶת-, יִמְחַץ) [maxats] *kal* zerquetschen, zermalmen, zerschmettern

מַחַץ ז' ['maxats] schwerer Schlag

=חֵיל-~, פְּלֻגַּת-~ = Sturmtrupp *m*, Stoßtrupp *m Mil.*

=~-רֹאשׁ = Spitze *f* der angreifenden Truppe

מַחְצֵב ז׳ (מַחְצְבִים) [maxtsév] Behauen *n* von Steinen

=~-אַבְנֵי = behauene Steine *m/pl.*

מַחְצָב ז׳ (מַחְצָבִים) [maxtsav] Mineral *n*

מַחְצָבָה נ׳ [maxtsava] Steinbruch *m*

=צוּר-מַחְצַבְתּוֹ, ~-מְקוֹר = sein Ursprung, s-e Herkunft

מַחְצָבִי ת׳ [maxtsavi] mineralisch *Adj.*

מֶחֱצָה נ׳ [mexetsa] Hälfte *f*

=~ לְ ~ = halb und halb

=~ עַל ~ = zu gleichen Teilen

=לְ~ = zur Hälfte

מְחֻצֶּה ת׳, מחוצה [mexutse] gespalten, zwiespältig *Adj.*

מְחִצָּה נ׳, מחיצה [mexitsa] Trennwand *f*; abgeschiedener Raum

=עָמַד בִּמְחִצָּתוֹ = in der Nähe leben, nahe stehen

מַחֲצִית נ׳ [maxatsit] Hälfte *f*

=~ הַיּוֹם = Mittag *m*

מַחְצֶלֶת נ׳ [max'tselet] Matte *f*

מֻחְצָן ת׳, מוחצן [muxtsan] extravertiert *Adj.*

מְחֻצָּף ת׳, מחוצף [mexutsaf] frech, dreist *Adj.*

מַחְצֵצָה נ׳ [maxtsétsa] Zahnstocher *m*

מְחַצְצֵר ז׳ [mexatsetsér] Trompeter *m*

מָחַק פעל (לִמְחוֹק אֶת-, יִמְחַק) [maxak] *kal* ausstreichen, auslöschen, (aus)radieren

מַחַק ז׳ ['maxak] Radiergummi *m*

מְחַקֶּה ז׳ [mexake] Imitator *m*, Nachahmer *m*

מְחֻקֶּה ת׳ [mexuke] eingraviert; imitiert *Adj.*

מְחֻקָּק ת׳ [mexukak] gesetzlich geregelt

מֶחְקָר ז׳ [mexkar] Forschung *f*, wissenschaftliche Arbeit

=~רִי ת׳ = Forschungs-

מָחָר ת״פ [maxar] morgen *Adv.*

מַחֲרָאָה נ׳ ['maxra'a] Latrine *f*

מָחֳרָב ת׳ [moxrav] zerstört *Adj.*

מֶחְרָב ז׳ [mexrav] (Moschee) "Mihrab", Gebetsnische *f*

מְחֻרְבָּן ת׳, מחורבן (המוני) [mexurban] verflixt *Adj.*

מֶחְרָד ז׳ [méxrad] Reflex *m*

מַחֲרוֹץ ז׳ [maxrots] Käsemesser *n*

מְחֹרָז ת׳, מחורז [mexoraz] aufgereiht; gereimt *Adj.*

מַחֲרֹזֶת נ׳, מחרוזת [max'rozet] Reihe *f*, aufgezogene Kette; (Melodie) Folge *f*

מְחַרְחֵר נ׳ [mexrxér] Hetzer *m*

=~-מִלְחָמָה = Kriegshetzer *m*

מַחֲרָטָה נ׳ [maxrata] Dreherwerkstatt *f*, Drechslerei *f*

מַחֲרֵטָה נ׳ [maxaréta] Drehbank *f*

מְחֻרְטָם ת׳, מחורטם [mexurtam] schnabelförmig *Adj.*

מַחֲרִיב ת׳ [maxriv] zerstörerisch *Adj.*

מַחֲרִיד ת׳ [maxrid] Furcht erregend, entsetzlich, unheimlich *Adj.*

מַחֲרִישׁ ת׳ [maxriʃ] schweigend; ohrenbetäubend *Adj.*

מְחֹרָךְ ת׳, מחורך [mexorax] (leicht) angebrannt *Adj.*

מְחֹרָל ת׳ [mexoral] distelig, stachelig *Adj.*

מָחֳרָם ת׳, מוחרם [moxram] in Bann getan, ausgestoßen; boykottiert; beschlagnahmt *Adj.*

מַחֲרֹסֶת נ׳ [maxroset] Nachtischschale *f*

מֶחְרָץ ז׳ [mex'rats] Einschnitt *m*, Einkerbung *f*

מְחֹרָץ ת׳ [mex'orats] eingekerbt, eingeschnitten *Adj.*

מַחֲרֵצָה נ׳ [maxrétsa] Nuthobel *m*, Spundhobel *m*

מַחֲרָקָה נ׳ [maxraka] Insektarium *n*

מְחֹרָר ת׳, מחורר [mexorar] durchlöchert *Adj.*

מַחֲרֵשָׁה נ׳ [maxréʃa] Pflug *m*

מָחֳרָת ת״פ, נ׳ [moxorat] nächste(r) Tag *m*

=לַמָּחֳרָת = am nächsten Tag

=מִ~ = vom nächsten Tag ab

=מָחֳרָתַיִם = übermorgen
(מחש) הִמְחִישׁ הפ' [himxiʃ] *hif.* veranschaulichen, durch Beispiel deutlich machen
מְחַשֵּׁב ז' (מְחַשְּׁבִים) [mexaʃév] Rechnungsführer *m*
מְחֻשָּׁב ת', מחושב [mexuʃav] berechnet, überlegt, durchdacht *Adj.*
מַחְשֵׁב ז' (מַחְשְׁבִים) [maxʃév] Computer *m*, Rechenzentrum *n*
=~ בִּרְכַּיִם = Laptop *m*
=~ שֻׁלְחָנִי = Desktop-Computer *m*
=אִישׁ-מַחְשְׁבִים = Computerfachmann *m*
מַחֲשָׁבָה נ' [maxʃava] Gedanke *m*
=בְּ~ תְּחִלָּה = mit Vorbedacht
=בַּעַל-מַחֲשָׁבוֹת = Denker *m*
=עָלָה בְּ~ = einfallen (Gedanke)
מַחְשְׁבוֹן ז' [maxʃevon] Taschenrechner *m*
מַחְשָׁבִי ת' [maxʃavi] gedanklich *Adj.*
מַחֲשֶׁבֶת נ', מְלֶאכֶת ~ [max'ʃevet] Kunstgewerbe *n*
מַחֲשַׁבְתִּי ת' [maxʃavti] Gedanken-, gedanklich *Adj.*
מִחְשׁוּב ז', מיחשוב [mixʃuv] Computerisierung *f*
מַחְשׂוֹף ז' [maxsof] (Kleid) Ausschnitt *m*, Dekolletee *n*
מֻחְשָׁךְ ת' [muxʃax] verdunkelt *Adj.*
★מַחֲשָׁךְ ז' [maxʃax] Finsternis *f*
מַחְשֵׁכָה נ' [maxʃéxa] Lochkamera *f*, Camera obscura *f*
מְחֻשָּׁל ת', מחושל [mexuʃal] abgehärtet *Adj. fig.*
מְחֻשְׁמָל ת', מחושמל [mexuʃmal] elektrisiert *Adj.*; mit Stromanschluss
מְחֻשָּׂף ת', מחושף [mexusaf] entblößt *Adj.*
מַחְשֵׂף ז' [maxséf] Auslöser *m Fot.*
מְחֻשָּׁק[1] ת', מחושק [mexuʃak] begehrt *Adj.*
מְחֻשָּׁק[2] ת', מחושק [mexuʃak] mit Reifen versehen, umschlungen *Adj.*

מַחְשָׁשָׁה נ' [maxʃaʃa] Haschischhöhle *f*
מַחְתָּה נ' [maxta] Kohlenschaufel *f*
מְחֻתָּךְ ת', מחותך [mexutax] geschnitten; artikuliert; klar gegliedert *Adj.*
מֶחְתָּךְ ז' [mextax] Schnitt *m*, Längsschnitt *m*
מַחְתֵּךְ ז' [maxtéx] (Metall) Schneidemaschine *f*
=~גִּידִים = Sehnenmesser *n*
=~עוֹר = Hautmesser *n*
מְחֻתָּל ת', מחותל [mexutal] umwickelt *Adj.*
מְחֻתָּם ת', מחותם [mexutam] besiegelt, versiegelt *Adj.*
=מְחֻתָּן ת', ז', מחותן [mexutan] verschwägert *Adj.*; Schwiegervater *m*
=~וּת נ' = Verschwägerung *f*
=מְחֻתֶּנֶת נ', מחותנת = Schwiegermutter *f*
מַחְתֶּרֶת נ' [max'teret] unterirdischer Gang; Untergrund *m*; geheime Widerstandsbewegung
=מַחְתַּרְתִּי ת' = Untegrund-, konspirativ *Adj.*
מְחֻתַּת ת' [mexutat] geschlagen
מֶטְאוֹר ז' [metéor] Meteor *m*
מֶטְאוֹרוֹלוֹגְיָה נ' [meteoro'logja] Meteorologie *f*
=~ג ז' = Meteorologe *m*
=~גִי ת' = meteorologisch *Adj.*
מַטְאֲטֵא ז' (מַטְאַטְאִים) [mat'até] Besen *m*
מְטַאטֵא ז' [metaté] Feger *m*
=~-רְחוֹב = Straßenfeger *m*
מְטֻאטָא ת', מטואטא [metuta'] gefegt *Adj.*
מִטֵּב פיעל [mitév] *pi.* optimieren *v/t Math.*
מִטְבָּח ז' [mitbax] Küche *f*
=~וֹן ז' = Kochnische *f*
(מִטְבָּחַיִם) בֵּית-~ [bét-mitba'xajim] Schlachthaus *n*
מַטְבִּיל ז' [matbil] Täufer *m*
מֻטְבָּל ת', מוטבל [mutbal] getauft *Adj.*
מְטֻבָּל ת', מטובל [metubal] eingetaucht *Adj.*
מִטְבָּלָה נ' [mitbala] Taufbecken *n*
מַטְבֵּעַ ז' (מַטְבְּעוֹת) [mat'béa'] Münze *f*,

geprägte Form; Medaille *f*; Währung *f*

=~~-חוּץ = ausländische Valuta, Devisen *f/pl. Fin.*

=~~-לָשׁוֹן = Redensart *f*

מְטֻבָּע ת׳, מטובע [metuba'] versenkt *Adj.*

מֻטְבָּע ת׳, מוטבע [mutba'] gesunken, versenkt *Adj.*

מִטְבָּעָה נ׳ [mitba'a] Münzanstalt *f*, Münzamt *n*

=מַטְבְּעָן ז׳ = Münzenpräger *m*; Münzensammler *m*, Numismatiker *m*

=~וּת נ׳ = Münzprägung *f*; Numismatik *f*

מַטְבַּעַת נ׳ [mat'ba'at] Stanze *f*

מִטְבַּעַת נ׳ [mit'ba'at] Plombe *f (Metallsiegel)*

מְטֻגָּן ת׳, מטוגן [metugan] gebraten *Adj.*

מִטָּה נ׳, מיטה [mita] Bett *n*

=מִטַּת-סְדוֹם = Prokrustesbett *n fig.*

=חֲדַר-הַמִּטּוֹת = Schlafzimmer *n*

=כְּלֵי-מִטָּה = Bettzeug *n*

=רָתוּק לְמִטָּתוֹ = bettlägerig

מַטֶּה ז׳ (מַטּוֹת) [mate] Stecken *m*; Stab *m* *Mil.*; (Volks-)Stamm *m*

=הַמַּטֶּה הַכְּלָלִי קיצור: מַטְכָּ"ל = Generalstab *m*

מַטָּה ת"פ ['mata] unten *Adv.*

=לְ~ = nach unten, unten (im Text)

=לְ~ מִן = weniger als

=מִלְּ~ = von unten

=לְ~ מִכָּל בִּקֹּרֶת = miserabel *Adv.*

=הֶחָתוּם ~ = der Unterzeichnete

=בֵּית-דִּין שֶׁל ~ = irdisches Gericht

=יְרוּשָׁלַיִם שֶׁל ~ = das irdische Jerusalem

מֻטֶּה ת׳, מוטה [mute] schräg, schief, geneigt *Adj.*

=אוֹתִיּוֹת מֻטּוֹת = Kursivbuchstaben *m/pl.*

מְטֹהָר ת׳, מטוהר [metohar] gereinigt, gesäubert *Adj.*

מַטְהֶרֶת נ׳ [mat'heret] Reinigungsbad *n*

מַטְוֶה ז׳, מטווה [matve] Gesponnenes, Gespinst *n*

מִטְוָח ז׳, מטווח [mitvax] Schießstand *m*, Schießübung *f*

מְטֻוָּח ת׳, מטווח [metuvax] zum Schuss eingestellt, entsichert (Waffe)

מִטּוּט ז׳, מיטוט [mitut] Zusammenbruch *m*; Schwächeanfall *m*

מַטְוִיָּה נ׳, מטוויה [matvija] Spinnmaschine *f*; Spinnerei *f*

מָטוֹל ז׳ (מְטוֹלִים) [matol] Diaskop *n*, Projektionsapparat *m*; Raketenwerfer *m*

=שְׁקוּפִיּוֹת = Diaprojektor *m*

מְטוֹלְנוֹעַ ז׳ [metol'noa'] Filmprojektor *m*

מָטוֹס ז׳ (מְטוֹס-, מְטוֹסִים) [matos] Flugzeug *n*

=מְטוֹס-סִילוֹן = Düsenflugzeug *n*, Jet *m*

=מְטוֹסָאוּת נ׳ = Flugzeugbau *m*

★(מָטוּתָא) בְּמָטוּתָא מִמְּךָ (ארמ׳) [matuta] ich bitte dich

מַטָּח ז׳ [matax] Salve *f mil.*

מט"ח ר"ת: מַטְבֵּעַ-חוּץ [matbéa'-xuts] *Abk.* Fremdwährung *f*, Devisen *f/pl.*

מַטְחֵן ז׳ (מַטְחֲנִים) [matxén] Handmühle *f*

=~נָה נ׳ = Küchenmaschine *f (z.B. für Fleisch)*

מְטֻטֶּלֶת נ׳, מטוטלת [metu'telet] Pendel *n*

מֵטִיב ז׳ [métiv] Wohltäter *m*, Gönner *m*

מְטֻיָּב ת׳, מטויב [metujav] *(Boden)* meliorisiert, verbessert *Adj.*

מְטֻיָּח ת׳, מטויח [metujax] verputzt, übertüncht *Adj.*

מְטֻיָּט ת׳, מטויט [metujat] entworfen; verschlammt *Adj.*

מְטַיֵּל ז׳, מטייל [metajél] Spaziergänger *m*, Ausflügler *m*, Wanderer *m*

מֵטִיל ת׳ [métil] werfend *Adj.*

מְטִיל ז׳ [metil] Stange *f*, Barren *m*, geschmiedeter Stab

=~ זָהָב = Goldbarren *m*

מְטִילָה נ׳ [metila] Leghuhn *n*, -henne *f*

מַטִּיף ז׳ (מַטִּיפִים) [matif] Prediger *m*

מַטְכָּ"ל ר"ת: מַטֶּה כְּלָלִי — [matkal] *Kurzw.* Generalstab *m Mil.*

מֻטָּל ת׳, מוטל — [mutal] auferlegt *Adj.*

=~ בְּסָפֵק — = zweifelhaft *Adj.*

מְטֻלָּא ת׳, מטולא — [metula'] geflickt *Adj.*

מְטֻלְגְּרָף ת׳, מטולגרף — [metulgraf] telegrafiert *Adj.*, telegrafisch übermittelt

מַטָּלָה נ׳ — [matala] Aufgabe *f*

מְטֻלְטָל ת׳, מטולטל — [metultal] beweglich, mobil *Adj.*

מִטַּלְטֵל ת׳, מיטלטל — [mitaltél] tragbar; auseinander nehmbar *Adj.*

=מְכוֹנַת-כְּתִיבָה מִטַּלְטֶלֶת — = Reiseschreibmaschine *f*

=מִטַּלְטְלִים, ~ן ז״ר — = Mobilien *pl.* bewegliches Gut; persönliche Sachen *f*/pl.

מְטֻלְטֶלֶת נ׳ — [metultelet] Pendel *n*

מַטְלִית נ׳ (מַטְלִיּוֹת) — [matlit] Putztuch *n*, Lappen *m*

מְטֻלָּל ת׳, מטולל — [metulal] taubedeckt *Adj.*

מְטֻמָּא ת׳, מטומא — [metuma'] verunreinigt *Adj.*

מַטְמוֹן ז׳ — [matmon] Schatz *m*, Fundgrube *f*

מַטְמוֹרָה נ׳ — [matmora] unterirdisches Versteck, geheimes Lager

מְטֻמְטָם ת׳, מטומטם — [metumtam] blöd, dumm *Adj.*

מֻטְמָן ת׳, מוטמן — [mutman] verborgen *Adj.*

מַטְמֵן ז׳ — [matmén] heiße Platte *n*

מַטְמֵנָה נ׳ — [matmana] Abladeplatz *m*, Müllhalde *f*

מֻטְמָע ת׳, מוטמע — [mutma'] assimiliert *Adj.*

מְטֻנָּף ת׳, מטונף — [metunaf] beschmutzt *Adj.*

מַטָּס ז׳ — [matas] Flug *m*, Schauflug *m*

מַטָּע ז׳ (מַטָּעִים) — [mata'] Anpflanzung *f*, Plantage *f*

מַטְעֶה ת׳ — [mat'e] irreführend *Adj.*

מֻטְעֶה ת׳, מוטעה — [mut'e] irrig, falsch *Adj.*

מִטְעָם ז׳ — [mit'am] Kostprobe *f*, Kosten *n*

מֻטְעָם ת׳, מוטעם — [mut'am] betont *Adj.*

מַטְעָם ז׳ (מַטְעַמִּים) — [mat'am] Leckerbissen *m*, Delikatessen *f*/*pl.*

מִטְעָן ז׳ — [mit'an] Gepäck *n*, Ladung *f*, Fracht *f*, Kargo *m*

מֻטְעָן ת׳, מוטען — [mut'an] geladen *Adj.*

מַטְעֵן ז׳ (מַטְעֲנִים) — [mat'én] Ladegerät *n*

מַטָּעָן ז׳ (מַטָּעָנִים) — [mata'an] Pflanzer *m*, Plantagenbesitzer *m*

מַטְעֵנָה נ׳ — [mat'éna] Lastenaufzug *m*

מַטָּף ראה גם: מַטְפֶּה — [mataf] Feuerlöscher *m*

מַטְפֶּה ז׳ (מַטְפִּים) — [matpe] Feuerlöscher *m*

מֶטָפוֹ|רָה נ׳ — [metafora] Metapher *f*

=~רִי ת׳ — = metaphorisch *Adj.*

מִטְפַּח ז׳ — [mitpax] Klaps *m*, Schlag *m*

מְטֻפָּח ת׳, מטופח — [metupax] gepflegt *Adj.*

מִטְפַּחַת נ׳ — [mit'paxat] Umhang *m* Kopftuch *n*, Halstuch *n*

=~~-אַף ראה גם: מִמְחָטָה — = Taschentuch *n*

מְטַפְטֵף ז׳ ת׳ — [metaftéf] Pipette *f*, Saugröhrchen *n*; tröpfelnd *Adj.*

מֶטָפִיסִי|קָה נ׳ — [metafisika] Metaphysik *f*

=~ ת׳ — = metaphysisch *Adj.*

מְטַפֵּל ז׳, מְטַפֶּלֶת נ׳ — [metapél, meta'pelet] Pfleger *m*, Wärter *m*; Pflegerin *f*, Wärterin *f*; Tagesmutter *f*

מְטֻפָּל ת׳ — [metupal] gepflegt *Adj.*

=~ בִּילָדִים — = jmd, der Kinder hat

=~ בִּדְאָגוֹת — = mit Sorgen belastet

מְטַפֵּס ז׳ — [metapés] Schlingpflanze *f*, Ranke *f*, Kletterpflanze *f*

מֻטְפָּס ת׳ — [mutpas] gedruckt, abgestempelt *Adj.*

מַטְפֵּסָה נ׳ — [matpésa] Stereotypdruckmaschine *f*

מִטְפָּסָה נ׳ — [mitpasa] Stereotypdruckerei *f*

מִטְפָּסַיִם ז׳ — [mitpa'sajim] Steigeisen *n*/*pl.*

מְטֻפָּשׁ ז׳, מטופש — [metupaʃ] verblödet *Adj.*

מָטָר ז׳ (מְטָרוֹת, מִטְרוֹת-) — [matar] Regen *m*

=~ סוֹחֵף — = strömender Regen

(מטר) הִמְטִיר הפ׳ [himtir] *hif.* regnen lassen; überschütten

מֶטֶר ז׳ ['meter] Meter *n*, *m*

=~ מְרֻבָּע = Quadratmeter *m*

=~ מְעֻקָּב = Kubikmeter *m*

מֻטְרָד ת׳, מוטרד [mutrad] beschäftigt; belästigt, gestört; besorgt *Adj.*

מִטְרָד ז׳ [mitrad] Störungsfaktor *m*, Anstoß *m*, Hindernis *n*, Ärgernis *n*

=~ סָנִיטָרִי = sanitäre Gefährdung

=~ צִבּוּרִי = öffentliches Ärgernis

=~ תַּחְבּוּרָתִי = Verkehrshindernis *n*

מַטָּרָה נ׳ (מַטָּרוֹת, מַטְּרוֹת־) [matara] Ziel *n*

מֶטְרוֹפּוֹלִין נ׳ (מֶטְרוֹפּוֹלִיּוֹת) [metropolin] Metropole *f*

מֻטְרָח ת׳, מוטרח [mutrax] bemüht; belästigt *Adj.*

מֶטְרִי ת׳ ['metri] metrisch *Adj.*

=הַשִּׁיטָה הַמֶּטְרִית = metrisches System

מָטֶרְיָאלִי|זְם ז׳ [materjalizm] Materialismus *m*

=~סְטִי ת׳ = materialistisch *Adj.*

=~ ת׳ = materiell *Adj.*

מִטְרִיָּה נ׳ [mitrija] Regenschirm *m*

מַטְרִיצָה נ׳ [mat'ritsa] Matrize *f*

מֶטְרִיקָה נ׳ [metrika] Metrik *f*

מְטֻרְלָל ת׳ [meturlal] verrückt, durchgedreht *Adj.*

מְטֹרָף ת׳, מטורף [metoraf] verrückt, wahnsinnig *Adj.*

מַטְרֵף ז׳ [matréf] Rührgerät *n*, Schneebesen *m*

מְטֻרְפָּד ת׳, מטורפד [meturpad] torpediert *Adj.*

מַטְרֵק ז׳ [matrék] Türklopfer *m*

מְטֹרָשׁ ת׳, מטורש [metoraʃ] felsig *Adj.*

מַטְרָתִיּוּת נ׳ [matratijut] Zielstrebigkeit *f*

מְטֻשְׁטָשׁ ת׳, מטושטש [metuʃtaʃ] vertuscht, undeutlich, verwischt; verwirrt *Adj.*

=בְּ~ ת״פ = vage, undeutlich; verwirrt *Adv.*

מִי מ״ש [mi] wer

=לְ~ = wem

=~...~ ~ = der eine - der andere

=מִמִּי = von wem

=~ וָמִי = Persönlichkeiten *f/pl.*; Wer ist wer?

=~־שֶׁהוּא, ~שֶׁהוּ = irgendwer

=~ יוֹדֵעַ = wer weiß, vielleicht

=~ יִתֵּן = gebe Gott!

=מִי שֶׁבֵּרַךְ = "Mi schebérach", Segensspruch für die zur Thora Aufgerufenen

מְיֹאָשׁ ת׳, מיואש [meju'aʃ] verzweifelt *Adj.*

מְיֻבָּא ת׳, מיובא [mejuba'] importiert, eingeführt *Adj.*

מְיֻבָּל ת׳, מיובל [mejubal] schwielig *Adj.*

מְיֻבָּשׁ ת׳, מיובש [mejubaʃ] getrocknet *Adj.*

מְיַבֵּשׁ שֵׂעָר ז׳ [mejabéʃ sé'ar] Haartrockner *m*

מְיַגֵּעַ ת׳, מייגע [meja'géa'] ermüdend, mühselig *Adj.*

מְיֻגָּע ת׳, מיוגע [mejuga'] ermüdet, erschöpft *Adj.*

מִיגְרֶנָה נ׳ [migrena] Migräne *f*

מִיָּד ת״פ [mijad] sofort, gleich, sogleich *Adv.*

=תֵּכֶף וּ~ = auf der Stelle, sofort *Adv.*

מְיֻדָּד ת׳, מיודד [mejudad] befreundet *Adj.*

מִידֵי מ״י [midé] von, aus den Händen von *(D)*

מִיָּדִ|י ת׳ [mijadi] sofortig, unmittelbar *Adj.*

=~יּוּת נ׳ = Unmittelbarkeit *f*

מְיֻדָּע ז׳, מיודע [mejuda'] Bekannter *m*, Freund *m*; Hauptwort *n* mit bestimmtem Artikel *Gr.*

מֵידָע ז׳ [méda'] Information *f*, Auskunft *f*

=קַו־~ = Hotline *f*

מְיֻהָד ת׳, מיוהד [mejuhad] judaisiert, jüdisch gemacht

מִיהוּ? ['mihu] wer ist das?

מִיּוּן ז' [mijun] Sortierung *f*, Klassifizierung *f*

מָיוֹנֶז ז' [majonez] Majonäse, Mayonnaise *f*

מָיוֹנִית ראה נ' גם: מָיוֹנֶז [majonit] Majonäse, Mayonnaise *f*

מְיֻזָּם ת', מיוזם [mejuzam] initiiert, geplant *Adj.*

מְיֻזָּע ת', מיוזע [mejuza'] verschwitzt *Adj.*

מְיֻחָד ת', מיוחד [mejuxad] besondere(r, -s) *Adj.*; Sonder-

=בְּ~, בְּאֹפֶן ~ ת"פ = besonders *Adv.*

=~ בְּמִינוֹ = einzigartig *Adj.*

=~וּת נ' = Besonderheit *f*, Einzigartigkeit *f*

מְיֻחָל ת', מיוחל [mejuxal] ersehnt, erhofft *Adj.*

מְיֻחָם ת', מיוחם [mejuxam] brünstig *Adj.*

מְיֻחָס ת', מיוחס [mejuxas] von vornehmer Herkunft; privilegiert; zugeschrieben *Adj.*

מֵיטָב ז' (מֵיטַב-) [métav] Beste *n*, Günstigste *n*, Bestmögliche *n*; Optimum *n*

=לְפִי ~ יְדִיעָתִי = nach meinem besten Wissen

=כְּ ~ יְכָלְתּוֹ = nach s-m besten Können, so gut er kann

=לְכָל הַמֵּיטָב = bestenfalls

מֵיטָבִי ת' [métavi] optimal, bestmöglich *Adj.*

מֵיטִיב ז' [métiv] Wohltäter *m*, Gönner *m*

מִיל[1] ז' [mil] Meile *f*

=אֶבֶן-~ = Meilenstein *m*

מִיל[2] ז' [mil] Mil, Millieme, 1/1000 des alten Palästina-Pfunds

מֵילָא מ"ק [méla'] nun gut!, soll es so sein! macht nichts!, nicht wichtig!

=מִמֵּילָא = von selbst, sowieso

מְיַלֵּד ז', מיילד [mejaléd] Gcburtshelfer *m*

=מְיַלְּדוּת נ' = Geburtshilfe *f*

=מְיַלֶּדֶת נ', מיילדת = Hebamme *f*

מִילָה נ' [mila] Beschneidung *f Med. (rituell)*

=בְּרִית-~ = "Brith Mila", Beschneidungszeremonie *f*

מֵילָה נ' [méla] Esche *f* (Fraxinus) *Bot.*

מילוי ראה: מִלּוּי [miluj] Füllung *f*

מִילִיגְרַם ז' [miligram] Milligramm *n*

מילון ראה: מִלּוֹן [milon] Wörterbuch *n*

מִילְיוֹ|ן ש"מ ז' [miljon] Million *f*

=~נֶר ז' = Millionär *m*

מִילִיטָרִי|זְם ז' [militarizm] Militarismus *m*

=~סְטִי ת' = militaristisch *Adj.*

מִילִימֶטֶר ז' [milimeter] Millimeter *m*

מִילְיַרְ|ד ש"מ, ז', מיליארד [miljard] Milliarde *f*

=~דֶּר ז' = Milliardär *m*

מַיִם ז"ר (מֵי-, גם: מֵימֵי-) ['majim] Wasser *n*

=~ חַיִּים = frisches Wasser; Quellwasser *n*

=~ טֶרִיטוֹרְיָאלִיִּים = Territorialgewässer *n/pl.*

=~ מְזֻקָּקִים = destilliertes Wasser

=~ מִינֶרָלִיִּים = Mineralwasser *n*

=~ מְלוּחִים = Salzwasser *n*

=~ מְתוּקִים = Süßwasser *n*

=~ קָשִׁים = hartes Wasser

=~ רְדוּדִים = flaches Wasser

=מֵי-בּוֹר = Borwasser *n*

=~-בֹּשֶׂם = Parfüm *n*

=~-גְּבִינָה = Molke *f*

=~-גְּשָׁמִים = Regenwasser *n*

=~-דְּבַשׁ = Met *m*

=~-חֹטֶם = Rotz *m*, Nasenschleim *m*

=~-מֶלַח = Salzwasser *n*, schwach salzhaltiges Wasser

=עַל-~-מְנוּחוֹת = in ruhigen Gewässern *n/pl.*; in Ruhe *fig.*

=~-סוֹדָה = Wasser *n*, mit Kohlensäure

=~-פֵּרוֹת = Fruchtsaft *m*

=~-רֹאשׁ, רוש = Gift *n*

★=~-רַגְלַיִם = Urin *m*

=~-שׁוֹפְכִים (שְׁפָכִין) = Abwässer *n/pl.*

=~-שְׁתִיָּה = Trinkwasser *n*

=~-תְהוֹם = Grundwasser *n*

=מִגְדַּל-מַיִם = Wasserturm *m*

=בָּאוּ ~ עַד נֶפֶשׁ = etwas ist nicht mehr auszuhalten

=הֵטִיל ~ = Wasser lassen
=יָצַק ~ עַל יְדֵי רַבּוֹ = s-m Lehrer dienen, ein treuer Schüler sein
=מִלֵּא פִּיו ~ = sich nicht äußern
=דָּג בְּ~ עֲכוּרִים = im Trüben fischen
מֵימָה נ' [méma] Hydrat *n Chem.*
מִימוּנָה נ' [mimuna] “Mimuna”, Fest nordafrikanischer Juden am Ende der Pessachtage
מִימוֹסָה נ' [mimosa] Mimose *f Bot.*
מֵימִי ת' [mémi] wäss(e)rig *Adj.*
מֵימִיָּה נ' [mémija] Feldflasche *f*
מֵימִיּוּת נ' [mémijut] Wässrigkeit *f*
מִיָּמִים ת"פ [mijamim] seit langem *Adv.*
=~ יָמִימָה = jedes Jahr, Jahr für Jahr
=מִשֶּׁכְּבָר הַיָּמִים = vor langer Zeit
מִימִיקָה נ' [mimika] Mimik *f*
מֵימָן ז' [méman] Wasserstoff *m Chem.*
מְיֻמָּן ת', מיומן [mejuman] gewandt, geübt, ausgebildet *Adj.*
=~וּת נ' = Fertigkeit *f*, Gewandtheit *f*
מֵימְרָה נ' [mémra] Redensart *f*, Spruch *m*
מַיֶּמֶת נ' ראה גם: בַּצֶּקֶת [ma'jemet] Ödem *n*
מִין[1] ז' [min] Geschlecht *n*; Art *f*, Sorte *f*, Spezies *f*; Qualität *f*, Güte *f*
=~ זָכָר = männlich, maskulin *Adj.*
=~ נְקֵבָה = weiblich, feminin *Adj.*
=~ סְתָמִי = sächlich, neutral *Adj.*
=כְּ~ = so etwas wie
=הַמִּין הָאֱנוֹשִׁי = das menschliche Geschlecht
=אַרְבָּעָה מִינִים = die 4 Pflanzengattungen zum Sukkothfest *(Ethrog, Lulav, Hadass, Arava)*
=שִׁבְעַת הַמִּינִים = die sieben Erzeugnisse des Landes, deren Erez-Israel sich rühmt *(Weizen, Gerste, Wein, Feige, Granatapfel, Öl, Honig)*
=חַיֵּי הַמִּין ז"ר = Geschlechtsleben *n*
=יַחֲסֵי-מִין = Geschlechtsverkehr *m*

=יֵצֶר הַמִּין ז' = Geschlechtstrieb *m*
=מַחֲלוֹת-מִין = Geschlechtskrankheiten *f/pl.*
=פִּצְצַת-~ = Sexbombe *f* F
=קִיּוּם הַמִּין ז' = Erhaltung *f* der Art
=בֶּן-מִינוֹ = e-r von der gleichen Art
=מָצָא מִין אֶת מִינוֹ = gleich und gleich gesellt sich gern
=כָּל מִינֵי- = alle Sorten, alle möglichen Sorten
מִין[2] ז' [min] Ketzer *m*
=סִפְרֵי-מִינִים = ketzerische Bücher *n/pl.*
מִיֵּן פיעל [mijén] *pi.* sortieren, klassifizieren *v/t*
מִינוּס ז' ['minus] Minus *n Math.*
מִינוֹר ז' [minor] Moll *n Mus.*
מִינוּת נ' [minut] Ketzerei *f*
מִינִי ת' [mini] geschlechtlich, sexuell *Adj.*
מִינְיָאטוּ|רָה נ' [minjatura] Miniatur *f*
=~רִי ת' = klein, in Miniatur
מִינְיוּם ז' [minijum] Mennige *f*
מִינִיּוּת נ' [minijut] Sexualität *f* Geschlechtlichkeit *f*
מִינִי|מוּם ז' [minimum] Minimum *n*, Mindestmaß *n*, Mindestwert *m*
=~מָלִי ת' = minimal *Adj.*
מִינִיסְטֶרְיוֹנִי ת' [ministerjoni] ministeriell *Adj.*
מְיֻנָּן ת', מיונן [mejunan] ionisiert *Adj.*, *El.*
מֵינֶקֶת נ' (מֵינִיקוֹת) [mé'neket] stillende Mutter; Amme *f*
מִינֶרָ|ל ז', מינראל [mineral] Mineral *n*
=~לִי ת' = mineralisch
מְיַסֵּד ז', מייסד [mejaséd] Gründer *m*
מְיֻסָּד ת', מיוסד (עַל) [mejusad] gegründet, aufgebaut auf *(D)*
מִיסְטִי|קָה נ' [mistika] Mystik *f*
=~ ת' = mystisch *Adj.*
=~וּת נ' = Mystizismus *m*
מִיסְיוֹ|ן ז' [misjon] Mission *f*
=~נֶר ז' = Missionar *m*
מֵיסָף ז' [mésaf] Steuerzuschlag *m*

מְיֻסָּר ת׳, מיוסר [mejusar] gepeinigt, geplagt *Adj.*
מְיֻעָד ת׳, מיועד (לְ-) [meju'ad] bestimmt zu *(D),* vorgesehen für *(Akk.)*
מְיָעֵץ ז׳, מייעץ [meja'éts] Ratgeber *m*, Berater *m*
מְיֹעָר ת׳, מיוער [meju'ar] bewaldet *Adj.*
מְיֻפֶּה ת׳, מיופה [mejupe] verschönt; bevollmächtigt *Adj.*
=~-כֹּחַ = Bevollmächtigter *m*
מִיץ ז׳ [mits] Saft *m*
=~-עִכּוּל = Verdauungssaft *m*
=~-פֵּרוֹת = Fruchtsaft *m*
מְיֻצָּא ת׳, מיוצא [mejutsa'] exportiert, ausgeführt *Adj.*
מְיֻצָּב ת׳, מיוצב [mejutsav] gefestigt *Adj.*
מְיַצֵּב ז׳, מייצב [mejatsév] Stabilisator *m*
מְיַצֵּג תו״ז, מייצג [mejatség] Repräsentant *m*, Vertreter *m*; repräsentierend *Adj.*
מְיֻצָּג ת׳, מיוצג [mejutsag] vertreten, repräsentiert *Adj.*
מְיֻצָּר ת׳, מיוצר [mejutsar] hergestellt, produziert *Adj.*
מִיקְסֶר ז׳ [mikser] Küchenmaschine *f*
מֵיקָר ת׳ [mékar] das Teuerste *n*
מְיֻקָּר ת׳, מיוקר [mejukar] verteuert; prunkvoll *Adj.*
מִיקְרוֹ|- [mikro] Mikro-
=~בִּיּוֹלוֹגְיָה נ׳ = Mikrobiologie *f*
=~גַל ז׳ = Mikrowelle *f*, Mikrowellenherd *m*
=~סְקוֹפ ז׳ = Mikroskop *n*
=~סְקוֹפִּי ת׳ = mikroskopisch *Adj.*
=~פוֹן ז׳ = Mikrofon, Mikrophon *n*
=~פִילְם ז׳ = Mikrofilm *m*
=~קוֹסְמוֹס ז׳ = Mikrokosmos *m*
מְיֹרָא ת׳ [mejora'] verängstigt *Adj.*
מַיִשׁ ז׳ ['majiʃ] Zürgelbaum *m*; (Ulmenart, Nutzholz) *Bot.*
מְיַשֵּׁב ז׳, מיישב [mejaʃév] Kolonisator *m*
מְיֻשָּׁב ת׳, מיושב [mejuʃav] besiedelt, angesiedelt; (Streit) beigelegt *Adj.*
=~ בְּדַעְתּוֹ = besonnen, gesetzt *Adj.*
מִישֶׁהוּ ז׳ [miʃehu] jemand *m*
מִישֶׁהִי נ׳ [miʃehi] jemand *f*, eine *f*
מִישׁוֹר ז׳ [miʃor] Ebene *f*, Fläche *f*
=~ מְשֻׁפָּע = schiefe Ebene
מִישׁוֹרִי ת׳ [miʃori] eben, flach *Adj.*
=צוּרָה ~ת = zweidimensionale Form
מְיֻשָּׁן ת׳, מיושן [mejuʃan] veraltet *Adj.*
מְיַשֵּׁר ז׳, מיישר [mejaʃér] Gleichrichter *m El.*
מְיֻשָּׁר ת׳, מיושר [mejuʃar] gerade gemacht
מֵישָׁרִים ז״ר [méʃarim] plainerte Fläche
=בְּ~, בְּמֵישָׁרִין ת״פ = geradezu, direkt *Adv.*
מִישֹׁרֶת נ׳, מישורת [mi'ʃoret] Plattform *f*
מְיֻתָּד ת׳, מיותד [mejutad] keilförmig *Adj.*
מִיתָה נ׳ [mita] Tod *m*; Tötung *f*
=~ חֲטוּפָה = plötzlicher Tod
=~ מְשֻׁנָּה = unnatürlicher Tod
מִיתוֹלוֹ|גְיָה נ׳ [mitologja] Mythologie *f*
=~גִי ת׳ = mythologisch *Adj.*
מִיתוֹס ז׳ ['mitos] Mythos *m*
מְיֻתָּם ת׳, מיותם [mejutam] verwaist *Adj.*
מְיֻתָּר ת׳, מיותר [mejutar] überflüssig *Adj.*
מֵיתָר ז׳ [métar] Saite *f*; Sehne *f (des Bogens)*; Zeltleine *f*
=מֵיתְרֵי-הַקּוֹל = Stimmbänder *n/pl.*
=כְּלֵי-מֵיתָרִים ז״ר = Saiteninstrumente *n/pl.*
מָךְ ת׳ [max] arm, elend, niedrig; bescheiden *Adj.*
מ״כ ר״ת: מְפַקֵּד-כִּתָּה [mem-kaf] *Abk.* Kompanieführer *m Mil.*
מַכְאוֹב ז׳ [max'ov] Schmerz *m*
מַכְאִיב ת׳ [max'iv] schmerzend, schmerzlich *Adj.*
מַכְבֵּד ז׳ [maxbéd] Rispe *f Bot.*
מְכֻבָּד ת׳, מכובד [mexubad] geehrt, angesehen *Adj.*
מְכַבֶּה ז׳ [mexabe] Feuerlöscher *m*

=מְכַבֵּה-אֵשׁ = Feuerwehrmann *m*

=מְכַבֵּי-אֵשׁ ז"ר = Feuerwehr *f*

מַכַּבִּ"י ר"ת: מִי כָּמֹכָה בָּאֵלִים ה' [makabi] *Kurzw.* "wer ist wie du unter den Göttern!"; ein Sportverein in u. außerhalb Israels

=מַכַּבִּי ז' = Makkabäer *m*

(מַכְבִּיר) לְמַכְבִּיר ת"פ [lemaxbir] in Fülle

מַכְבֵּנָה נ' [maxbéna] Haarspange *f*

מְכֻבָּס ת', מכובס [mexubas] (Stoff) gewaschen *Adj.*

מִכְבָּסָה נ' [mixbasa] Wäscherei *f*

מִכְבָּר ז' [mixbar] Gitterwerk *n*; Grill *n*, Bratrost *m*

מַכְבֵּשׁ ז' [maxbéʃ] Walze *f*; Presse *f*

=~-הַדְּפוּס = Druckerpresse *f*

=~-כְּבִישִׁים = Straßenwalze *f*

מְכֻדָּן ת', מכודן [mexudan] (Gewehr) aufgestellt *Adj.*

מְכֻדָּר ת', מכודר [mexudar] kugelförmig *Adj.*

מַכָּה נ' [maka] Schlag *m*; Wunde *f*; Unglück *n*, Plage *f*

=מַכַּת-הַמְּדִינָה = nationales Unglück

=~-מָוֶת = tödlicher Schlag

=~-שֶׁמֶשׁ = Sonnenstich *m*, Hitzschlag *m*

=עֶשֶׂר-הַמַּכּוֹת, מַכּוֹת-מִצְרַיִם = die zehn Plagen Ägyptens *bibl.*

=מַכּוֹת נִמְרָצוֹת, ~ נֶאֱמָנוֹת = kräftige Schläge *m/pl.*

=הִקְדִּים רְפוּאָה לְמַכָּה = vorsorgen, rechtzeitig für Heilung (Rettung) sorgen

=סָפַג מַכּוֹת = Schläge bekommen

מֻכֶּה ת', מוכה [muke] geschlagen *Adj.*

=מֻכֵּה-גוֹרָל = vom Schicksal geschlagen

=~-יָרֵחַ = mondsüchtig *Adj.*

=~-סַנְוֵרִים = mit Blindheit geschlagen *fig.*

=~-שְׁחִין = leprakrank *Adj.*

=~-תַּדְהֵמָה = entsetzt *Adj.*

מִכְוָה נ' [mixva] Brandwunde *f*

מְכוּלָה נ' [mexula] Großbehälter *m*, Container *m*

מָכוֹן ז' (מְכוֹן-, מְכוֹנִים) [maxon] Institut *n*, Anstalt *f*; Lehranstalt *f*, Fakultät *f*

מְכֻוָּן ת', מכוון [mexuvan] orientiert; (Uhr) gestellt, ausgerichtet, hingewendet *Adj.*

=בְּ~ ת"פ = absichtlich, mit Absicht *Adv.*

מֻכְוָן ת', מוכוון [muxvan] eingestellt *Adj.*

מִכּוּן ז', מיכון [mikun] Mechanisierung *f*, Automatisierung *f*

מַכְוֵן ז', מכוון [maxvén] Regler *m*

מְכוֹנָאוּת נ' [mexona'ut] Maschinenbau *m*

מְכוֹנַאי ז' [mexonaj] Mechaniker *m*, Maschinist *m*, Monteur *m*

=~-רֶכֶב ז' = Automechaniker *m*

מְכוֹנָה נ' [mexona] Maschine *f*

=מְכוֹנַת-חַשְׁמַל = Generator *m*, Dynamo *m*

=~-דְּפוּס = Druckerpresse *f*

=~-חִשּׁוּב (סִכּוּם) = Rechenmaschine *f*

=~-כְּבִיסָה = Waschmaschine *f*

=~-כְּתִיבָה = Schreibmaschine *f*

=~-קִדּוּחַ = Bohrmaschine *f*

=~-קִיטוֹר = Dampfmaschine *f*

=~-תְּפִירָה = Nähmaschine *f*

=~-תֹּפֶת = Mine *f*

=~-אֱמֶת = Lügendetektor *m*, Polygraph *m*

מְכֻוָּנוּת נ' [mexuvanut] Orientierung *f*; Einstellung *f*

מְכוֹנִית נ' [mexonit] Automobil *n*, Auto *n*, Kraftwagen *m*

מְכוֹנֵן ז' [mexonén] Mechaniker *m*; Gründer *m*, Urheber *m*

=אֲסֵפָה מְכוֹנֶנֶת = Gründungsversammlung *f*

מְכֻוְנָן ת', מכוונן [mexuvnan] eingestellt, abgestimmt *Adj.*

מְכֻוָּץ ת', מכווץ [mexuvats] zusammengeschrumpft; zusammengedrängt; verkrampft *Adj.*

מִכְוָץ ז׳, מיכווץ [mixvats] Krampf *m*
מָכוּר ת׳ [maxur] verkauft *Adj*; süchtig *Adj*.
מְכוֹרָה נ׳ [mexora] Heimat *f*, Vaterland *n*
מִכְוֶרֶת נ׳, מכוורת [mix'veret] Bienenstock *m*
מְכוֹרָתִי ת׳ [mexorati] heimatlich *Adj*.
מַכּוֹשׁ ז׳ [makoʃ] Hacke *f*
מַכּוֹשִׁית נ׳ [makoʃit] Xylophon *n*
מָכוּת נ׳ [maxut] Armut *f*
מְכֻזָּב ת׳ [mexuzav] fiktiv *Adj*.
מִכְחוֹל ז׳ [mix'xol] Pinsel *m*
מַכְחִיל ז׳ [max'xil] bläulich *Adj*.
מֻכְחָשׁ ת׳, מוכחש [mux'xaʃ] widerrufen, dementiert *Adj*.
מִכֵּיוָן שֶׁ- [mikévan ʃe-] da, weil *Kj*.
מַכִּיךְ ת׳ [makix] arm *Adj*. , einsam und verlassen
מֵכִיל ת׳ [méxil] beinhaltend, einschließlich *Adj*.
מְכִילְתָּא נ׳ [mexilta'] Kommentar *m* zum 2. Buch Mosis
מְכִינָה [mexina] Vorschule *f*, Vorbereitungsklasse *f*
מַכִּיר ז׳ (מַכִּירָה) [makir] Bekannter *m*
מְכֻיָּר ת׳, מכויר [mexujar] geformt (Ton), geknetet *Adj*.
מְכִירָה נ׳ [mexira] Verkauf *m*
=~ כְּלָלִית = Ausverkauf *m*
=~ פֻּמְבִּית = Versteigerung *f*
=שְׁטַר-~ = Verkaufsvertrag *m (bsd. von Gesäuertem vor Pessach)*
מְכֻכָּב ת׳, מכוכב [mexukav] gestirnt *Adj*.
מֵכָל ז׳, מיכל, מְכָל ז׳ [méxal, mexal] Behälter *m*, Tank *m*, Reservoir *n*
=~ הֲדָחָה = Spülkasten *m*
מִכְלָא ז׳ (מִכְלָאוֹת) [mixla'] Pferch *m*
מִכְלָאָה נ׳ [mixla'a] provisorisches Gefangenenlager
מִכְלָב ז׳ [mixlav] Heften *n*
מַכְלֵב ז׳ [maxlév] (Büro)Klammer *f*

מִכְלוֹל ז׳ [mixlol] Gesamtheit *f*, Ganzheit *f*, Komplex *m*
מְכָלִית נ׳ [mexalit] Tanker *m*, Tankfahrzeug *n*
מְכֻלְכָּל ת׳, מכולכל [mexulkal] ernährt, versorgt *Adj*.
מִכְלָל ז׳ [mixlal] Vollkommenheit *f*; Enzyklopädie *f*
מְכֻלָּל ת׳ [mexulal] vollendet *Adj*.
מֻכְלָל ת׳, מוכלל [muxlal] enthalten *Adj*.; umfassend *Adj*.
מִכְלָלָה נ׳ [mixlala] Hochschule *f*
מַכֹּלֶת נ׳, מכולת [ma'kolet] Lebensmittel *n/pl*.
=חֲנוּת-~ = Lebensmittelgeschäft *n*
מַכָּ״ם ר״ת מְגַלֵּה כִּוּוּן וּמָקוֹם [makam] *Kurzw*. Radar *m*, *n*
★מַכְמוֹר ז׳ [maxmor] Netz *n*; Falle *f*
★מִכְמָן ז׳ [mixman] Schatz *m*
מִכְמֹנֶת נ׳ (מִשְׁטַרְתִּית) [mixmonet] Radarfalle *f*
מִכְמָס ז׳ [mixmas] Versteck *n*
מִכְמָר ז׳ [mixmar] Netz *n*, Schlinge *f*
מִכְמֹרֶת, מִכְמֶרֶת נ׳ [mix'moret, mix'meret] großes Fischernetz, Schleppnetz *n*
=סִירַת-~ = Schleppnetzboot *n*, Trawler *m*
מִכֵּן פיעל [mikén] *pi*. mechanisieren, motorisieren *v/t*
מְכַנֶּה ז׳ [mexane] Nenner *m Math*.
=~ מְשֻׁתָּף = gemeinsamer Nenner, Generalnenner *m*
מְכֻנֶּה ת׳, מכונה [mexune] genannt *Adj*.
מְכָנִי ת׳ [mexani] mechanisch *Adj*.
=~יּוּת נ׳ = das Mechanische, Routine *f*
=~יזם ז׳ = Mechanismus *m*
מַכְנִיס ז׳ [maxnis] einträglich, rentabel Adj.
=~ אוֹרְחִים = gastfreundlich *Adj*.
מְכָנִיקָה נ׳ [mexanika] Mechanik *f*
=~ עֲדִינָה = Feinmechanik *f*
מְכֻנָּם ת׳, מכונם [mexunam] verlaust *Adj*.
מִכְנָס ז׳ [mixnas] Hosenbein *n*

=~סַיִם ז״ז = Hose *f*
=מִכְנְסֵי-רַחְצָה = Badehose *f*
מְכֻנָּס ת׳, מכונס [mexunas] eingesammelt; zusammengefaltet *Adj.*
מְכֻנָּף ת׳, מכונף [mexunaf] geflügelt *Adj.*
מֶכֶס ז׳ ['mexes] Zoll *m*
=בֵּית-הַמֶּכֶס = Zollstation *f*, Zollamt *n*
מִכְסָה נ׳ [mixsa] Quote *f*, festgesetzter Anteil
מִכְסֶה ז׳ (מִכְסִים, גם: מִכְסָאוֹת) [mixse] Deckel *m*
מְכַסָּה נ׳ [mexasa] Kleidungsstück *n*
מְכֻסֶּה ת׳, מכוסה [mexuse] bedeckt *Adj.*
מְכֻסָּח ת׳, מכוסח [mexusax] gemäht *Adj.*
מַכְסֵחָה נ׳ [maxséxa] Rasenmäher *m*
מַכְסִיף ת׳ [maxsif] weiß werdend; silbrig *Adj.*
מֻכְסָף ת׳, מוכסף [muxsaf] versilbert *Adj.*
מְכֹעָר ת׳, מכוער [mexo'ar] häßlich *Adj.*
מְכֻפָּל ת׳, מכופל [mexupal] verdoppelt *Adj.*
=כָּפוּל ו-~ = vervielfacht *Adj.*
מֻכְפָּל ת׳, מוכפל [muxpal] multipliziert *Adj.*
מַכְפֵּלָה נ׳ [maxpéla] Ergebnis *n* der Multiplikation
=מְעָרַת-הַמַּכְפֵּלָה = Höhle *f* Machpela (in Hebron)
מַכְפֶּלֶת נ׳ [max'pelet] Vervielfältigungsapparat *m*; Saum *m*
מְכַפֵּר ז׳ [mexaper] jmd, der Absolution erteilt
מֻכְפָּשׁ ת׳ [muxpaʃ] zertreten, verschlammt *Adj.*
מְכַפְתֵּר ז׳ [mexaftér] Schuhlöffel *m*
מְכֻפְתָּר ת׳, מכופתר [mexuftar] zugeknöpft *Adj.*
מָכַר פעל (לִמְכּוֹר אֶת-, יִמְכּוֹר) [maxar] *kal* verkaufen *v/t*
-הִתְמַכֵּר הת׳ - *hit.* sich hingeben, sich widmen
מֶכֶר ז׳ ['mexer] Verkauf *m*
=סַחַר-~ = Handel *m*, Geschäft, Feilschen *n*
=רַב-~ = Bestseller *m*
=שְׁטַר-~ = Verkaufsbestätigung *f*, Kaufvertrag *m*

מַכָּר ז׳, [makar] Bekannter *m*
=מַכָּרָה נ׳ = Bekannte *f*
מֻכָּר ת׳, מוכר [mukar] bekannt; anerkannt *Adj.*
מְכֻרְבָּל ת׳, מכורבל [mexurbal] eingehüllt *Adj.*
מִכְרֶה ז׳ (מִכְרוֹת) [mixre] Bergwerk *n*, Mine *f*
=מִכְרֵה-זָהָב = Goldgrube *f*
מִכְרָז ז׳ [mixraz] Ausschreibung *f bsd. amtl.*
מֻכְרָח ת׳, מוכרח [muxrax] gezwungen, notwendig *Adj.*
מַכְרִיז ז׳ [maxriz] Ansager *m*, Auktionator *n*
מַכְרִיחַ ז״ת [maxriax] Zwingen *n*, jmd, der zwingt
מַכְרִיס ת׳ [maxris] dickbaüchig *Adj.*
מַכְרִיעַ ת׳ [max'ria'] entscheidend, ausschlaggebend *Adj.*
=דֵּעָה מַכְרַעַת = entscheidende Stimme (Meinung)
מְכֹרָךְ ת׳, מכורך [mexorax] *(Buch)* gebunden *Adj.*
מְכֻרְכָּב ת׳ [mexurkav] eingefasst *Adj.*
מְכֻרְכָּם ת׳, מכורכם [mexurkam] gelblich *Adj.*
=פָּנִים מְכֻרְכָּמוֹת = eingefallenes Gresicht
מְכֹרָס ת׳ [mexoras] dickbäuchig, korpulent *Adj.*
מְכַרְסֵם ז׳ [mexarsém] Nager *m*
=מְכַרְסְמִים ז״ר = Nagetiere *n/pl.* (Rodentia) *Zo.*
מְכֻרְסָם ת׳, מכורסם [mexursam] angenagt, abgenagt *Adj.*
מְכַרְסֶמֶת נ׳ [mexar'semet] Fräsmaschine *f*
מֻכְרָע ת׳, מוכרע [muxra'] entschieden; besiegt *Adj.*
מִכְשׁוֹל ז׳ [mixʃol] Hindernis *n*
מִכְשׁוּר ז׳, מיכשור [mixʃur] Ausstattung *f* mit Instrumenten
מַכְשִׁיר ז׳ [maxʃir] Instrument *n*, Werkzeug *n*
=~רָן ז׳ = Werkzeugschlosser *m*
=~רָנוּת נ׳ = Werkzeugschlosserei *f*
מַכְשֵׁלָה נ׳ [maxʃéla] Hindernis *n*

מְכֻשָּׁף ת׳, מכושף [mexuʃaf] verzaubert, verhext *Adj.*

מְכַשֵּׁף ז׳ [mexaʃéf] Zauberer *m*, Hexer *m*

=~פָה נ׳ = Hexe *f*

=צֵיד־~פוֹת = Hexenjagd *f*

=מְכַשְּׁפוּת נ׳ = Hexerei *f*

מֻכְשָׁר ת׳, מוכשר [muxʃar] begabt *Adj.*; geeignet; koscher gemacht *Rel.*

=~וּת נ׳ = Begabung *f*, Eignung *f*, Begabtsein *n*

מַכְתֵּב ז׳ [maxtév] Stil *m*, Kopierstift *m*

מִכְתָּב ז׳ [mixtav] Brief *m*, Schreiben *n*

=~ אֶלֶקְטְרוֹנִי = E-Mail *f od n*

=~ דָּחוּף = Eilbrief *m*

=מִכְתַּב־הַמְלָצָה = Empfehlungsschreiben *n*

=מִכְתָּב חוֹזֵר = Rundschreiben *n*

=~ רָשׁוּם = Einschreibebrief *m*

מְכֻתָּב ז׳, מכותב [mexutav] Adressat *m*

מֻכְתָּב ת׳, מוכתב [muxtav] diktiert *Adj.*

מִכְתָּבָה נ׳ [mixtava] Schreibpult *n*, Schreibplatte *f*

מִכְתָּם ז׳ [mixtam] Epigramm *n*, Sinngedicht *n*

מֻכְתָּם ת׳, מוכתם [muxtam] befleckt *Adj.*

מְכֻתָּף ת׳, מכותף [mexutaf] geschultert *Adj.*

מְכֻתָּר ת׳, מכותר [mexutar] umzingelt, eingekreist *Adj.*

מֻכְתָּר[1] ת׳, מוכתר [muxtar] gekrönt *Adj.*

מֻכְתָּר[2] ז׳, מוכתאר (ערב׳) [muxtar] "Muchtar" *m*, Dorfvorsteher *m*

מַכְתֵּשׁ ז׳ [maxtéʃ] Mörser *m*; Mulde *f*; Krater *m*

מַכְתֵּת ז׳ [maxtét] Fleischhammer *m*

מָלֵא פעל (בִּמְלֹאת, לִמְלֹאת, יִמְלָא) [malé'] *kal* voll sein

-נִמְלָא נפ׳ (לְהִמָּלֵא) - *nif.* voll werden

-מִלֵּא פיעל - *pi.* füllen, erfüllen, ausfüllen, anfüllen, vollmachen

-הִתְמַלֵּא הת׳ - *hit.* sich füllen

=מָלְאוּ לוֹ ... שָׁנִים = ... Jahre alt werden

=מִלֵּא אֶת מְקוֹמוֹ = j-s Stelle vertreten

=~ חוֹבָתוֹ = s-e Pflicht erfüllen

=~ אֶת יַד פְּלוֹנִי = j-n ernennen, beauftragen

=~ אַחֲרָיו = j-s Worte ergänzen

=~ פִּיו מַיִם = sich nicht äußern, sich in Stillschweigen hüllen, schweigen

=~ תַּפְקִיד = e-e Aufgabe erfüllen

=נִתְמַלְּאָה הַסְּאָה = das Maß ist voll

מָלֵא ת׳ [malé] voll *Adj.*

=~ וָגָדוּשׁ = übervoll *Adv.*

=~ עַל כָּל גְּדוֹתָיו = übervoll *Adv.*

=כְּתִיב ~ = "volle" hebr. Orthographie, Plenae-Schreibung *Gr. (mit Lesestützen zur Bezeichnung der Vokale)*

=בְּכֶסֶף ~ = zum vollen Preis

=בְּפֶה ~ = ausdrücklich *Adv.*; ohne Zögern

מֶלֶא ז׳ ['mele'] Stauholz *n*

מְלֹא ז׳, מלוא [melo'] Fülle *f*, das Ganze

=כִּ~ נִימָא, כִּ~ הַשַּׂעֲרָה = um Haaresbreite

=~ חָפְנַיִם = beide Hände voll

=~ קוֹמָתוֹ = in seiner ganzen Länge

=בְּ~ כֹּחוֹ = mit seiner ganzen Kraft

=בְּ~ מוּבַן הַמִּלָּה = im wahrsten Sinne des Wortes

מַלְאֶה ת׳ [mal'e] ermüdend *Adj.*

מְלֵאוּת נ׳ [melé'ut] Vollsein *n*

מְלַאי ז׳ [melaj] Vorrat *m*; (Gewehr) Magazin *n*

מַלְאָךְ ז׳ [mal'ax] Engel *m*

=~־הַמָּוֶת = Todesengel *m*

=מַלְאֲכֵי־חַבָּלָה = Engel *m/pl.* der Zerstörung *(Dämonen)*

=~־הַשָּׁרֵת = die Gott dienenden Engel *m/pl.*

=~־שָׁלוֹם = Friedensbotschafter *m*

מְלָאכָה נ׳ [melaxa] Handwerk *n*, Arbeit *f*

=מְלֶאכֶת־יָד = Handarbeit *f*

=~־מַחֲשֶׁבֶת = Kunstgewerbe *n*

=בֵּית־מְלָאכָה = Werkstatt *f*

=בַּעַל־~ = Handwerker *m*

מְלָאכוּתִי ת׳ [melaxuti] künstlich *Adj.*

=~יוּת נ׳ = Künstlichkeit *f*

מַלְאָכִי ת׳ [mal'axi] engelhaft *Adj.*
מְלֻאָם ת׳, מולאם [mul'am] nationalisiert *Adj.*
מְלֵאת נ׳ [milét] Fülle *f*
מְלַבֵּב ת׳ [melabév] herzlich *Adj.*, herzerfreuend *Adj.*
מְלֻבָּב ת׳, מלובב [melubav] herzförmig *Adj.*
מִלְבַד מ״י [milvad] außer *Prp.*
מִלְבָּדָה נ׳ [milbada] Sperrholzfabrik *f*
מְלַבֶּה ז״ת [melabe] Anfeurer *m*
מְלֻבֶּה ת׳, מלובה [melube] angefeuert *Adj.*
מלבה״ד ר״ת: מֵבִיא לְבֵית-הַדְּפוּס [mévi' levét-hadfus] *Abk.* Herausgeber *m*
מַלְבּוּשׁ ז׳ [malbuʃ] Kleidung *f*
מְלֻבָּן ת׳, מלובן [meluban] zum Weißglühen gebracht; gestählt; geklärt; weiß gestrichen *Adj.*
מַלְבֵּן ז׳ [malbén] Rechteck *n*
=~-הַחַלּוֹן = Fensterrahmen *m*
מַלְבֵּ״ן ר״ת: מוֹסָד לְטִפּוּל בְּעוֹלִים נֶחֱשָׁלִים [malbén] "Malben" *Abk.*, Institut für bedürftige Einwanderer
מַלְבֵּנִי ת׳ [malbéni] rechteckig *Adj.*
מִלְּבַר ת״פ (ארמ׳) [milvar] von außen
מְלֻבָּשׁ ת׳, מלובש [melubaʃ] bekleidet, angezogen *Adj.*
מִלְגָּה נ׳ [milga] Stipendium *n*
מִלְּגַו ת״פ (ארמ׳) [milgév] von innen
מַלְגֵּז ז׳ [malgéz] Mistgabel *f*, Heugabel *f*
מַלְגֵּזָה נ׳ [malgéza] Lastauto *n* mit Hebevorrichtung, Wagen *m* mit Gabelstapler
מִלָּה (מִלִּים, מִלֵּי- גם: מִלּוֹת-) [mila] Wort *n*
=~ בְּ~ = Wort für Wort, wörtlich *Adv.*
=מִלַּת-גּוּף = Fürwort *n*, Pronomen *n*
=מִלָּה זָרָה = Fremdwort *n*
=מִלַּת-חִבּוּר = Bindewort *n*, Konjunktion *f*
=~-יַחַס = Verhältniswort *n*, Präposition *f*
=~-קְרִיאָה = Ausrufewort *n*, Empfindungswort *n*, Interjektion *f*
=~-קִשּׁוּר = Bindewort *f*, Konjunktion *f*
=~-שְׁאֵלָה = Fragewort *n*, Interrogativpronomen *n*
=מִשְׂחַק-מִלִּים = Wortspiel *n*
=בְּמִלִּים אֲחֵרוֹת = mit anderen Worten
מְלֻהָט ת׳, מלוהט [melohat] erhitzt *Adj.*; glühend *Adj.*
מַלְהִיב ת׳ [malhiv] begeisternd *Adj.*
מִלּוֹא ז׳ [nilo'] Festung *f*, Zitadelle *f*
מִלּוּא ז׳, מילוא [milu'] Füllung *f*; Gänze *f*
=מִלּוּאִים ז״ר = Ergänzung *f*; Füllung *f*; Reserve *f*
=חֵיל-~ קיצור: מִיל. = Reservearmee *f*
=שֵׁרוּת ~ = Reservedienst *m*
מִלּוּאָה נ׳, מילואה [milu'a] Edelsteinfassung *f*; Türfüllung *f*
מִלּוּאִים ז״ר [milu'im] Reserve *f* (Armee)
מְלוֹג ז׳ [melog] Nutznießung *f* von Zinsen, Nießbrauch *m*
=נִכְסֵי-~ = Besitz *m* der Frau *(von dem der Gatte nur Zinsen od. Erträge erhält)*
מֶלוֹדִי ת׳ [melodi] melodisch *Adj.*
מֶלוֹדִיּוּת נ׳ [melodijut] Melodik *f*
מַלְוֶה ז׳, מלווה [malve] Geldverleiher *m*
מִלְוֶה ז׳, מלווה (מִלְוִים, גם: מִלְווֹת) [milve] Anleihe *f*, Darlehen *n*
=קֻפַּת-~ = Darlehenskasse *f*
מִלְוָה נ׳, מילווה [milva] Summe *f* des Darlehens
מְלַוֶּה ז׳, מלווה [melave] Begleiter *m*
=מְלַוֵּה-מַלְכָּה = "Melave Malka", Lieder zum Schabat-Ausgang, *wörtl.* "Begleiter der Königin" *(Schabat)*
מְלֻוֶּה ת׳, מלווה [meluve] begleitet *Adj.*
מָלוּחַ ת׳ [ma'luax] gesalzen, salzig *Adj.*
=דָּג-מָלוּחַ = Hering *m*
מְלֻוָּח ז׳, מלווח [meluvax] tabellarisch *Adj.*
מְלַוַּחַת נ׳, מלווחת [mela'vaxat] Tabulator *m*

מִלּוּט ז׳ [milut] Flucht *f*, Erlösung *f*

מלוטש ראה: מְלֻטָּשׁ [melutaʃ] geschliffen *Adj.*

מִלּוּי ז׳, מילוי [miluj] Füllung *f*; Erfüllung *f*; Mine *f (für Kugelschreiber)*

=~-בַּקָּשָׁה = Erfüllung *f* e-r Bitte

=~-חוֹבָה = Pflichterfüllung *f*

=~-מָקוֹם = Stellvertretung *f*

מְלוּכָה נ׳ [meluxa] Königtum *n*, Monarchie *f*

=כִּסֵּא-הַמְּלוּכָה = Königsthron *m*

מְלוּכָן ז׳ [meluxan] Monarchist *m*, Königstreuer *m*

=~נוּת נ׳ = Monarchismus *m*

=~נִי ת׳ = monarchistisch, königstreu *Adj.*

מלוכסן ראה: מְלֻכְסָן [meluxsan] schräg *Adj.*

מִלּוּלִי ת׳, מילולי [miluli] wörtlich *Adj.*; mit Worten

=~יּוּת נ׳ = Wortreichtum *m*, wörtliche Auslegung

מֶלוֹן ז׳ [melon] Melone *f*

מָלוֹן ז׳ (מְלוֹנִים גם: מְלוֹנוֹת) [malon] Hotel *n*

מִלּוֹן ז׳, מילון [milon] Wörterbuch *n*

מִלּוֹנָאוּת נ׳ [milona'ut] Lexikographie *f*

מְלוֹנָאוּת נ׳ [melona'ut] Hotelwesen *n*, Hotelgewerbe *n*

מִלּוֹנַאי ז׳, מילונאי [milonaj] Lexikograph *m*

מִלּוֹנָאִי ת׳, מילונאי [milona'i] lexikographisch *Adj.*

מְלוֹנַאי ז׳ [melonaj] Hotelier *m*

מְלוּנָה נ׳ [meluna] Hundehütte *f*

מְלוֹנוֹעַ ז׳ [melo'noa'] Motel *n*

מִלּוֹנוּת נ׳, מילונות [milonut] Lexikographie *f*

מָלוֹשׁ ז׳ [maloʃ] Knetmaschine *f*

מֶלַח ז׳ (מְלָחִים, מִלְחֵי-) ['melax] Salz *n*

=~ אַנְגְּלִי = Grlaubersalz *n*

=~ גַּס = grobes Salz

=~ דַּק = feines Salz

=יָם-הַמֶּלַח = Totes Meer

=מֵי-מֶלַח = Salzwasser *n*

★=נְצִיב-~ = Salzsäule *f bibl.*

=זָרָה ~ עַל פְּצָעָיו = Salz auf s-e Wunden streuen *fig.*

מָלַח פעל (לִמְלוֹחַ אֶת-, יִמְלַח) [malax] *kal* salzen

מַלָּח ז׳ (מַלָּחִים) [malax] Matrose *m*, Seemann *m*

מְלֵחָה נ׳ [meléxa] salziges, unfruchtbares Land

מְלֵחוּת נ׳ [meléxut] Salzgehalt *m*

מַלָּחוּת נ׳ [malaxut] Seefahrt *f*

מִלְחִי ת׳ [milxi] salzhaltig *Adj.*

=חֻמְצָה מִלְחִית = Salzsäutre *f* (HCI) *Chem.*

מִלְחִיָּה נ׳ [milxija] Salzstreuer *m*

מַלְחִין ז׳ [malxin] Komponist *m*

מִלְחִית נ׳ [milxit] Salzkraut *n*

מְלַחֵךְ ז׳ [melaxéx] Lecker *m*

=~ פִּנְכָּא = Speichellecker *m*, *wörtl.* Tellerlecker

מְלֻחְלָח ת׳, מלוחלח [meluxlax] angefeuchtet, feucht *Adj.*

מֻלְחָם ת׳, מולחם [mulxam] gelötet *Adj.*

מַלְחֵם ז׳ [malxém] Lötkolben *m*, Lötlampe *f*

מִלְחָמָה נ׳ [milxama] Krieg *m*, Kampf *m*

=~ אֲטוֹמִית, ~ גַּרְעִינִית = Atomkrieg *m*

=מִלְחֶמֶת-אֶזְרָחִים = Bürgerkrieg *m*

=~-אַחִים = Bruderkrieg *m*

=~-בָּזָק = Blitzkrieg *m*

=~-בְּחִירוֹת = Wahlkampf *m*

=~-מָגֵן = Verteidigungskampf *m*

=~-מַעֲמָדוֹת = Klassenkampf *m*

=~-עוֹלָם = Weltkrieg *m*

=~-עֲצַבִּים = Nervenkrieg *m*

=~-קִיּוּם = Existenzkampf *m*

=~-שִׁחְרוּר = Befreiungskrieg *m*

=~-שָׂפוֹת = Sprachenkampf *m*

=~-תַּרְבּוּת = Kulturkampf *m*

=אִישׁ-מִלְחָמָה, גִּבּוֹר-~ = Krieger *m*, Kriegsheld *m*

=כְּלֵי-~ ז״ר = Waffen *f/pl.*

=פּוֹשְׁעֵי-~ = Kriegsverbrecher *m*

3. Franse *f*
★מֵלִיץ ז׳ [mélits] Fürsprecher *m bibl.*; Schönredner *m*
=~ יֹשֶׁר = Verteidiger *m*, Fürsprecher *m*
מְלִיצָה נ׳ [melitsa] Phrase *f*, bilderreiche Sprache
=~ נְדוֹשָׁה = abgedroschene Phrase
=לְתִפְאֶרֶת הַמְּלִיצָה = stilsicher *Adv.*
מְלִיצִי ת׳ [melitsi] poetisch (Stil), phrasenhaft *Adj.*
מְלִיצָנוּת נ׳ [melitsanut] Phrasenhaftigkeit *f*
מְלִיקָה נ׳ [melika] Halsumdrehen *n (Geflügel)*
מִלִּית נ׳ (מִלִּיּוֹת) [milit] Partikel *f Gr.*
מְלִית נ׳ (מְלִיּוֹת) [melit] Füllung *f*
מָלַךְ[1] פעל (לִמְלוֹךְ, יִמְלוֹךְ) [malax] *kal* herrschen (als König), regieren
-הִמְלִיךְ הפ׳ - *hif.* zum König machen
=מָלַךְ בְּכִפָּה = allein herrschen
(מלך)[2] נִמְלַךְ נפ׳ (לְהִמָּלֵךְ) בְּדַעְתּוֹ [nimlax] *nif.* nachdenken, sich überlegen
=נִמְלַךְ בִּפְלוֹנִי = sich mit j-m beraten
מֶלֶךְ ז׳ (מַלְכּוֹ, מְלָכִים, מַלְכֵי-) ['melex] König *m*
=דֶּרֶךְ הַמֶּלֶךְ = Hauptlandstraße *f*; gebahnter Weg *fig.*
=עֵד-הַ~ = Kronzeuge *m*
=כְּיַד הַ~ = großzügig *Adv.*; in Fülle
מְלֻכָּד ת׳, מלוכד [melukad] vereint, zusammengeschlossen *Adj.*
מִלְכֵּד פיעל [milkéd] *pi.* e-e Falle stellen; mit Sprengstoff versehen, verminen
=מְמֻלְכָּד ת׳ = vermint *Adj.*
מְלַכֵּד ז״ת [melakéd] vereinigend *Adj.*
מַלְכֹּדֶת נ׳, מלכודת [mal'kodet] Falle *f*
=~-עַכְבָּרִים = Mausefalle *f*
מַלְכָּה נ׳ (מְלָכוֹת, מַלְכוֹת-) [malka] Königin *f*
=מַלְכַּת-הַיֹּפִי = Schönheitskönigin *f*
מִלְכּוּד ז׳ [milkud] Stellen *n* e-r Falle;

מִלְחַמְתִּי ת׳ [milxamti] kriegerisch *Adj.*; Kriegs-
=~יּוּת נ׳ = Kriegszustand *m*, Kampfgeist *m*
מֻלְחָן ת׳ [mulxan] komponiert *Adj.*
מֶלְחָצַיִם ז״ז [melxa'tsajim] Schraubstock *m*
מַלְחֶצֶת נ׳ [mal'xetset] Schraubzwinge *f*
מְלַחֵשׁ ז׳ [melaxéʃ] Beschwörer *m*, Zauberer *m*
מְלַחַת נ׳ [me'laxat] Salpeter *m* ($NaNO_3$) *Chem.*
=~-אַשְׁלְגָן = Kalisalpeter *m* (KNO_3) *Chem.*
(מלט) נִמְלַט נפ׳ (לְהִמָּלֵט) [nimlat] *nif.* sich retten, fliehen, entkommen
-מִלֵּט פיעל - *pi.* retten *v/t*
-הִתְמַלֵּט הת׳ - *hit.* sich retten; entschlüpfen *v/i*
-הִמְלִיט הפ׳ - *hif.* retten
=הִמְלִיטָה = gebären (v. Tieren), werfen
=מִלֵּט אֶת נַפְשׁוֹ = sein Leben retten
מֶלֶט ז׳ ['melet] Zement *m*, Mörtel *m*
מַלְט ז׳ [malt] Malz *n*
מַלְטוֹזָה נ׳ [mal'toza] Malzzucker *m*
מַלְטָנִית נ׳ [maltanit] ertragreiches weibliches Tier
מְלֻטָּף ת׳, מלוטף [melutaf] gestreichelt *Adj.*
מְלַטֵּשׁ ז״ת [melatéʃ] Polierer *m*, polierend *Adj.*
מְלֻטָּשׁ ת׳, מלוטש [melutaʃ] geschliffen *Adj.*
מִלְטָשָׁה נ׳ [miltaʃa] Schleiferei *f*
מַלְטֶשֶׁת נ׳ [mal'teʃet] Schleifmaschine *f*
מְלִיאָה נ׳ [meli'a] Plenum *n*, Vollversammlung *f*
מָלִיחַ ת׳ [ma'liax] salzig *Adj.*
מָלִיחַ ז׳ (מְלִיחִים) [ma'liax] Hering *m* (Clupea harengus) *Zo.*
מְלִיחָה נ׳ [melixa] Einsalzen *n*
=דַּף-~ = Salzbrett *n*
מְלִיחוּת נ׳ [melixut] Salzgehalt *m*; Salzgeschmack *m*
מְלִילָה נ׳ [melila] 1. reife Ähre
2. Stampfen *n*

Verminung *f*

מַלְכוּת נ׳ [malxut] Königtum *n*; Königreich *n*

=~~-שָׁמַיִם, ~ שַׁדַּי = Reich *n* Gottes, Gottesreich *n*, Himmelreich *n*

=בֵּית-הַמַּלְכוּת = Königshaus *n*, Dynastie *f*

=הוֹד מַלְכוּתוֹ = Seine Majestät

★=הֲרוּגֵי ~ = nach königlichem od. amtlichem Befehl hingerichlet

=כִּסֵּא-מַלְכוּת = Thron *m*

=כֶּתֶר-~ = (Königs-) Krone *f*

מַלְכוּתִי ת׳ [malxuti] königlich *Adj.*

מַלְכִּיט ז׳ [malaxit] Malachit *m* (Mineral)

מְלֻכְלָךְ ת׳, מלוכלך [meluxlax] schmutzig *Adj.*

מְלֻכְסָן ת׳, מלוכסן [meluxsan] schräg *Adj.*

=בְּ~ ת״פ = schräg *Adv.*

מִלְּכַתְּחִלָּה ת״פ [milxatxila] von vornherein *Adv.*

מִלֵּל פיעל [milél] *pi.* reden, sprechen *bibl.*

=מִי פִּלֵּל וּמִי ~ ? = wer hätte das gedacht!

מָלַל פעל (לִמְלוֹל אֶת-, יִמְלוֹל) [malal] *kal* umsäumen *v/t*

מֶלֶל ז׳ ['melel] leere Worte *n/pl.*; Reden *n*

מְלָל ז׳ [melal] Saum *m*; Franse *f*, Quaste *f*

מַלְמָד ז׳ [malmad] Ochsenstachel *m bibl.*

מְלַמֵּד ז׳ [melaméd] Lehrer *m (in der alten Torahschule)*

מְלֻמָּד תו״ז, מלומד [melumad] gelehrt *Adj.*; Gelehrter *m*

=מִצְוַת אֲנָשִׁים מְלֻמָּדָה = mechanische Ausführung einer Handlung

מַלְמְדוּת נ׳ [melamdut] Unterricht *m* nach veralteten Methoden

מְלֻמָּדִיּוּת נ׳, מלומדיות [melumadijut] Gelehrtheit *f*

מִלְמוּל ז׳ [milmul] Murmeln *n*

מִלְּמַטָּה ת״פ [mile'mata] von unten *Adv.*

מִלְמֵל פיעל [milmél] *pi.* murmeln *v/t*

מַלְמָלָה נ׳ [malmala] Musselin *m*, Batist *m*

מִלְמַעְלָה ת״פ [mile'ma'ala] von oben *Adv.*

מֶלַנְכּוֹלִ|י ת׳ [melankoli] melancholisch *Adj.*

=~ה נ׳ = Melancholie *f*

מְלֹעָז ת׳, מלועז [melo'az] durch Fremdsprache beeinflusst

מִלְעֵיל ת״פ (ארמ׳) [mil'él] Betonung *f* auf der vorletzten Silbe *Gr.*

=מִלְעֵילִית ת׳ = auf der vorletzten Silbe betont

מַלְפָן ז׳ [malfan] Zähmer *m*, Dompteur *m*

מִלְּפָנֵי מ״י [milifné] von früher *Adv.*

מְלֻפָּף ת׳, מלופף [melupaf] gewickelt *Adj.*

מְלָפְפוֹן ז׳ [melafefon] Gurke *f*

(מלץ) נִמְלַץ נפ׳ (לְהִמָּלֵץ) [nimlats] *nif.* phrasenreich sein; gut schmecken

-הִמְלִיץ הפ׳ - *hif.* empfehlen

מֶלְצַר ז׳ [meltsar] Kellner *m*

=מֶלְצָ|רוּת נ׳ = Kellnerberuf *m*

=~רִית נ׳ = Kellnerin *f*

מָלַק פעל (לִמְלוֹק אֶת-) [malak] *kal* Hal abdrehen (Greflügel)

מִלְקֶה ז׳ [milke] Ekliptik *f*

מַלְקָה נ׳ [malka] Schlag *m* (als Strafe)

מֻלְקֶה ת׳ [mulke] geprügelt, geschlagen *Adj.*

מַלְקוֹחַ ז׳ [mal'koax] Beute *f*

מַלְקוֹשׁ ז׳ [malkoʃ] Regen am Ende des Winters in Israel

מַלְקוּת נ׳ [malkut] Peitschenschlag *m*

מֶלְקָחַיִם ז״ז [melka'xajim] Greifzange *f*

מֶלְקַחַת נ׳ [mel'kaxat] Drahtzange *f*

מַלְקֵט ז׳ [malkét] Pinzette *f*

מְלֻקָּט ת׳ מלוקט [melukat] eingesammelt *Adj.*

מַלְקֶטֶת נ׳ [mal'ketet] Pinzette *f*

מְלֻקָּק ת׳, מלוקק [melukak] abgeleckt *Adj.*

מַלְרָ״ז ר״ת: מוֹעָצָה לִמְנִיעַת רַעַשׁ וְזִהוּם [malraz] *Kurzw.* Ausschuss *m* zur Bekämpfung von Lärm u. Umweltverschmutzung

מָלַרְיָה נ׳ ראה גם: קַדַּחַת [malarja] Malaria *f*

מְמַדִּי ת׳ [memadi] dimensional *Adj.*
=דּוּ-~ = zweidimensional *Adj.*
=תְּלַת-~ = dreidimensional *Adj.*
מְמֻדְרָג ת׳, ממודרג [memudrag] gestuft, terrassenförmig *Adj.*
מִמּוּל ת״פ [mimul] gegenüber *Adv.*
מָמוֹן ז׳ [mamon] Geld *n*; Besitz *m*
=דִּינֵי-מָמוֹנוֹת = Zivilrecht *n*
מִמּוּן ז׳, מימון [mimun] Finanzierung *f*
מִמּוּשׁ ז׳, מימוש [mimuʃ] Verwirklichung *f*, Ausführung *f*
מָמוּתָה נ׳ [mamuta] Mammut *n Zo.*
מְמֻזָּג ת׳, ממוזג [memuzag] gemischt; gemildert *Adj.*
=אַקְלִים ~ = mildes Klima
מְמֻזָּל ת׳ [memuzal] Glückskind *n fig.*
מְמֻזְמָז ת׳ [memuzmaz] verschlissen *Adj.*
מַמְזֵר ז׳ (מַמְזֶרֶת) [mamzér] Bastard *m*, Mischling *m Rel.*; uneheliches Kind
=~רוּת נ׳ = Stand *m* des Bastards
=~רִי ת׳ = Bastard-, Mischlings-
מֻמְחֶה ז׳, מומחה [mumxe] Fachmann *m*, Sachverständiger *m*; Experte *m*; Spezialist *m*
מֻמְחָז ת׳, מומחז [mumxaz] dramatisiert *Adj.*
מִמְחָטָה נ׳ [mimxata] Taschentuch *n*, Schnupftuch *n*
מֻמְחִיּוּת נ׳, מומחיות [mumxijut] Fachkenntnis *f*, Sachkenntnis *f*
מֻמְחָשׁ ת׳, מומחש [mumxaʃ] veranschaulicht *Adj.*
מְמֻחְשָׁב ת׳ [memuxʃav] computerisiert, computergestützt *Adj.*
מֻמְטָר ת׳, מומטר [mumtar] beregnet *Adj.*
מִמְטָר ז׳, מימטר [mimtar] Regenschauer *m*
מַמְטֵרָה נ׳ [mamtéra] Sprinkler *m*, Rasensprenger *m*
מִמֵּילָא ת״פ [miméla] von selbst, sowieso *Adv.*

מִלְּרַע ת״פ (ארמ׳) [milra'] Betonung *f* auf der letzten Silbe *Gr.*
=מִלְּרָעִי ת׳ = auf der letzten Silbe betont *Gr.*
מַלְשִׁין ז׳ [malʃin] Denunziant *m*, Verräter *m*
=~וּת נ׳ = Denunziation *f*; Verrat *m*
★מִלְּתָא נ׳ (ארמ׳) [milta'] Sache *f*; Wort *n*
=מִלְּתָא זוּטַרְתָּא = e-e Kleinigkeit
מֶלְתָּחָה נ׳ [meltaxa] Garderobe *f*, Kleiderablage *f*
=מֶלְתְּחָנִית נ׳ = Garderobenfrau *f*
מַלְתָּעָה נ׳ [malta'a] Raubtiergebiss *n*
מֵם, מֵים נ׳ [mém] M, der 13. Buchstabe im hebr. Alphabet
=~ הַיִּתְרוֹן = Mem des Komparativs *Gr.* (*z.B.* יוֹתֵר מִזֶּה)
מ״מ ר״ת: [mem-mem] *Abk.*
1. מְמַלֵּא-מָקוֹם 1. Stellvertreter *m*
2. מְפַקֵּד-מַחְלָקָה 2. Kompanieführer *m Mil.*
=מֵם-כָּף ז׳, ר״ת מְפַקֵּד-כִּתָּה = *Abk.* Zugführer *m Mil.*
=~-פֵּא ז׳, ר״ת מְפַקֵּד-פְּלֻגָּה = *Abk.* Gruppenführer *m Mil.*
=~-צָדִי ז׳, ר״ת (אִישׁ) מִשְׁטָרָה צְבָאִית = Militärpolizist *m*
מַמְאִיר ת׳ [mam'ir] bösartig, schädlich *Adj. Med.*
=גִּדּוּל ~ = bösartiges Greschwulst *Med.*
=מַחֲלָה מַמְאֶרֶת = unheilbare Krankheit (Krebs)
מֶמְבְּרָנָה נ׳ [membrana] Membran(e) *f*
מַמְגּוּרָה נ׳ [mamgura] Getreidespeicher *m*, Silo *m n*
מְמֻגָּל ת׳, ממוגל [memugal] eitrig *Adj.*
מְמֻגָּן ת׳ [memugan] besonderen Sicherheitsmaßnahmen unterlegt
מְמֻגָּף ת׳ [memugaf] gestiefelt, mit Stiefeln
מֵמַד ז׳, מימד [mémad] Ausmaß *n*, Dimension *f*
=שְׁלֹשֶׁת הַמְּמַדִּים = die drei Dimensionen *f/pl.*

מִמֵּילָא|י ת׳ [miméla'i] selbstverständlich *Adj.*
=~יּוּת נ׳ = Selbstverständlichkeit *f*
מְמַיֵּן ז׳, ממיין [memajén] Sortierer *m*
מְמֻיָּן ת׳, ממוין [memujan] sortiert *Adj.*
מְמַיֶּנֶת נ׳, ממיינת [mema'jenet] Sortiermaschine *f Agr.*
מָמִישׁ ת׳ [mamiʃ] realisierbar, ausführbar *Adj.*
מִמְּךָ, מִמֵּךְ מ״י [mimxa, miméx] von dir *m*, *f*
מְמֻכָּן ת׳, ממוכן [memukan] mechanisiert, automatisiert *Adj.*
מִמְכָּר ז׳ [mimkar] Verkauf *m*
=מִקָּח-וּ~ = Handel *m*, Ein- und Verkauf *m*
מְמֻכְשָׁל ת׳ [memuxʃal] mit Hindernissen versehen *n*, (Lage) erschewert
מְמֻלָּא ת׳, ממולא [memula'] gefüllt *Adj.*
=דָּגִים מְמֻלָּאִים = gefüllte Fische *m*/pl.
מְמַלֵּא-מָקוֹם ז׳ [memalé'-makom] Stellvertreter *m*
מְמֻלָּח ת׳, ממולח [memulax] gesalzen; gerissen, schlau *Adj.*, *fig.*
מַמְלֵחָה נ׳ [mamléxa] Salzfass *n*; Salzbergwerk *n*
מְמֻלְכָּד ת׳ [memulkad] vermint *Adj.*
מַמְלָכָה נ׳ [mamlaxa] Reich *n*, Königreich *n*, Staat *m*
=מַמְלֶכֶת-הַחַי = Tierreich *n*, Fauna *f*
=~-הַצּוֹמֵחַ = Pflanzenreich *n*, Flora *f*
=מַמְלַכְתִּ|י ת׳ = staatlich *Adj.*; Staats-
=~יּוּת נ׳ = Staatlichkeit *f*
מְמֻלְמָל ת׳, ממולמל [memulmal] gemurmelt *Adj.*
מֻמְלָץ ת׳, מומלץ [mumlats] empfohlen *Adj.*
מְמַמֵּן ז״ת [memamén] Finanzier *m*
מְמֻמָּן ת׳, ממומן [memuman] finanziert *Adj.*
מְמֻמָּשׁ ת׳, ממומש [memumaʃ] verwirklicht *Adj.*
מְמַמֵּשׁ ז״ת [memaméʃ] jemand, der eine Sache realisiert, Macher *m*
מִמֵּן פיעל [mimén] *pi.* finanzieren *v/t*
מְמֻנֶּה תו״ז, ממונה [memune] ernannt, eingesetzt *Adj.*; Beamter *m*; Vorgesetzter *m*
=~ עַל = verantwortlich für
מִמֶּנָּה מ״י [mi'mena] von ihr
מִמֶּנּוּ מ״י [mi'menu] von ihm; von uns
מִמֶּנִּי מ״י [mi'meni] von mir
מְמֻנָּע ת׳, ממונע [memuna'] motorisiert *Adj.*
מְמֻסְגָּר ת׳, ממוסגר [memusgar] gerahmt *Adj.*
מְמֻסָּד ת׳, ממוסד [memusad] institutionalisiert *Adj.*
מִמְסָד ז׳ [mimsad] Establishment *n*, Oberschicht *f*, herrschende Gesellschaftsschicht, etablierte Macht
מִמְסָךְ ז׳ [mimsax] Cocktail *m*, (alkoholisches) Mixgetränk *n*
מְמֻסָּךְ ת׳ [memusax] gemischt; bedeckt *Adj.*
מְמֻסְמָס ת׳, ממוסמס [memusmas] zerquetscht *Adj.*; undeutlich *Adj. fig.*
מְמֻסְמָר ת׳, ממוסמר [memusmar] angenagelt *Adj.*
מְמַסְפֵּר ז׳ [memaspér] Nummeriermaschine *f*
מְמֻסְפָּר ת׳, ממוספר [memuspar] nummeriert *Adj.*
מִמְסָר ז׳, מימסר [mimsar] Relais *n*, Schaltvorrichtung *f El.*
מִמְסָרָה נ׳, מימסרה [mimsara] Transmission *f*, Kraftübertragung *f*
מְמֻעָט ת׳, ממועט [memu'at] verringert, verkleinert, reduziert *Adj.*
מְמֹעָךְ ת׳, ממועך [memo'ax] zerquetscht, gedrückt *Adj.*
מַמְעֵךְ ז׳ [mam'éx] (Kartoffel-) Stampfer *m*
מִמַּעַל ת״פ [mi'ma'al] oben *Adv.*
מְמֻעָן ת׳, ממוען [memu'an] adressiert *Adj.*
מִמְצָא ז׳ [mimtsa'] Fund *m*, Befund *m*
מְמַצֶּה ת׳ [mematse] gründlich, umfassend *Adj.*
מַמְצִיא ז׳ [mamtsi'] Erfinder *m*
מְמֻצָּע ת׳, ממוצע [memutsa'] mittler(e), durchschnittlich *Adj.*
=בְּ~ ת״פ = durchschnittlich *Adv.*

מְמֻקָּד ת׳, ממוקד [memukad] fokussiert *Adj.*, in Fokus gebracht
מְמֻקָּם ת׳, ממוקם [memukam] lokalisiert *Adj.*
מְמֻקְמָק ת׳ [memukmak] verdorben, zerfallen *Adj.*
מְמֻקָּשׁ ת׳, ממוקש [memukaʃ] vermint *Adj.*
מֶמֶר ז׳ ['memer] Bitterkeit *f*, Verbitterung *f*, Traurigkeit *f*
מַמְרֵא ת׳ [mamré'] rebellisch, eigensinnig *Adj.*
מִמְרָאָה נ׳, מימראה [mimra'a] Rollfeld *n Flgw.*
מִמְרָח ז׳, מימרח [mimrax] Aufstrich *m*
מְמֹרָח ת׳, ממורח [memorax] *(Brot)* bestrichen, belegt *Adj.*
מִמְרַחַת נ׳ [mim'raxat] Brotaufstrich *m*, Marmelade *f*
מְמֹרָט ת׳, ממורט [memorat] geglättet, poliert *Adj.*; abgenutzt; ausgerissen *(Haare)* ausgerupft *(Federn)*
מְמֻרְטָט ת׳ [memurtat] abgenutzt, abgetragen *Adj.*
מְמֻרְמָר ת׳, ממורמר [memurmar] erbittert *Adj.*
מֻמְרָץ ת׳, מומרץ [mumrats] angefeuert, angespornt *Adj.*
מְמֹרָק ת׳, ממורק [memorak] geputzt, poliert *Adj.*
מַמְרֵקָה נ׳ [mamréka] Poliermaschine *f*
מְמֹרָר ת׳ [memorar] verbittert *Adj.*
מַמָּשׁ ז׳, ת״פ [mamaʃ] Wirklichkeit *f*, Greifbarkeit *f*; wirklich, tatsächlich *Adv.*
=יֵשׁ בּוֹ ~ = es hat Hand und Fuß *fig.*, es ist tatsächlich
מִמֵּשׁ פיעל [miméʃ] *pi.* verwirklichen, realisieren; verwerten, zu Geld machen
-הִתְמַמֵּשׁ הת׳ - *hit.* verwirklicht werden, Wirklichkeit werden
מִמְשֶׁה ז׳ [mimʃe] Schwimmdock *n*
מַמָּשׁוּת נ׳ [mamaʃut] Wirklichkeit *f*
מִמְשָׁח ז׳, מימשח [mimʃax] Anstrich *m*
מְמֻשְׁטָר ת׳ [memuʃtar] diszipliniert *Adj.*, nach Regeln angeordnet

מַמָּשִׁי ת׳ [mamaʃi] wirklich, tatsächlich, real *Adj.*
=~יּוּת נ׳ = Realität *f*
מִמְשָׁךְ ז׳, מימשך [mimʃax] Zug *m*, Folge *f*; Köder *m*; Tratte *f*
=~ בַּנְקָאִי = Zahlungsanweisung *f*
=~-קֶשֶׁת = Bogenstrich *m mus.*
מְמֻשָּׁךְ ת׳, ממושך [memuʃax] hingezogen, lange dauernd *Adj.*
מְמֻשְׁכָּן ת׳, ממושכן [memuʃkan] verpfändet *Adj.*
מִמְשָׁל ז׳, מימשל [mimʃal] Herrschaft *f*, Administration *f*, Regime *n*
=~ צְבָאִי = Militärregime *n*
מֶמְשָׁלָה נ׳ (מֶמְשֶׁלֶת-) [memʃala] Regierung *f*
=רֹאשׁ-הַמֶּמְשָׁלָה = Ministerpräsident *m*
=מֶמְשֶׁלֶת-צְלָלִים = Schattenregierung *f*
=מֶמְשַׁלְתִּי ת׳ = Regierungs-; staatlich *Adj.*
מִמְשָׁלָה נ׳ [mimʃala] Fabel *f*
מְמֻשְׁמָע ת׳, ממושמע [memuʃma'] diszipliniert, gehorsam *Adj.*
מְמַשְׁמֵשׁ וּבָא ת׳ [memaʃméʃ uva'] bevorstehend, kommend *Adj.*
מְמֻשְׁמָשׁ ת׳, ממושמש [memuʃmaʃ] abgegriffen, abgenutzt *Adj.*
מִמְשָׁק ז׳, מימשק [mimʃak] Wirtschaftsführung *f*
מְמֻשְׁקָף ת׳, ממושקף [memuʃkaf] bebrillt *Adj.*
מְמֻשָּׁשׁ ת׳, ממושש [memuʃaʃ] greifbar *Adj.*
מְמֻתָּג ת׳, ממותג [memutag] gezäumt *Adj.*
מִמְתָּח ז׳, מימתח [mimtax] Spannweite *f* (Brücke)
מְמֻתָּךְ ת׳, ממותך [memutax] metallisiert *Adj.*
מְמֻתָּן ת׳, ממותן [memutan] gezügelt, verlangsamt *Adj.*
מַמְתַּקִּים ז״ר [mamtakim] Süßigkeiten *f/pl.*, Bonbons *n/pl.*
מְמֻתָּק ת׳, ממותק [memutak] gesüßt *Adj.*
מַמְתַּקִּיָּה נ׳ [mamtakija] Bonbonniere *f*
★מָן ז׳ [man] Manna *n bibl.*, Himmelsbrot *n*

מִן מ״י [min] von, von - weg; aus; *(mehr)* als

=לְ~, מִשֶּׁ- = seit

=לְ~... וְעַד = von - bis

=~ הַדִּין = von Rechts wegen, es wäre recht, es sollte sein

=~-הַהֶכְרֵחַ = zwingend

=~-הַמִּנְיָן = eingetragen, normal, regulär

=~-הַנִּמְנָע = ausgeschlossen, unmöglich

=~-הַסְּתָם = wahrscheinlich

=~ הָרָאוּי = es gehört sich

=~ הַשָּׂפָה וְלַחוּץ = nicht aufrichtig gemeint

=~ הַקָּצֶה אֶל הַקָּצֶה = ganz und gar, vollständig

=~ הַיֹּשֶׁר = es wäre gerecht

(מְנֵא) מְנֵא מְנֵא, תְּקֵל וּפַרְסִין (ארמ׳) [mené mené tekél ufarsin] Menetekel *n*

מִנְאָם ז׳ [min'am] Rede *f*

★מְנָאֵף ז׳ [mena'éf] Ehebrecher *m*

★מְנַאֵץ ז׳ [mena'éts] Schmäher *m*

מְנֹאָץ ת׳, מנואץ [meno'ats] geschmäht *Adj.*

מְנֻבָּא ת׳, מנובא [menuba'] prophezeit, vorhergesagt *Adj.*

מִנְבָּג ז׳ [minbag] Keimbehälter *m*

מְנֻבָּז ת׳ [menubaz] missachtet *Adj.*

מִנְבָּטָה נ׳ [minbata] Frühbeet *n*

מְנַגֵּב ז״ת [menagév] wischend, sich abtrocknen

מְנֻגָּב ת׳, מנוגב [menugav] abgetrocknet *Adj.*

מְנֻגָּד ת׳, מנוגד [menugad] entgegengesetzt, widersprechend *Adj.*

מַנְגּוֹ ז׳ [mango] Mango *f* *(Baum und Frucht von* Mangifera indica*)* *Bot.*

מַנְגִּינָה נ׳ [mangina] Melodie *f*

מְנַגֵּן ז׳ [menagén] Musikant *m*

מְנֻגָּן ת׳, מנוגן [menugan] gespielt *mus.*; melodisch; betont *Adj.*, *Gr.*

מַנְגָּן ז׳ [mangan] Mangan *n* *Chem.*

מַנְגָּנוֹן ז׳ [manganon] Apparat *m*, Mechanismus *m*; Verwaltungsapparat *m*

=~נִי ת׳ = verwaltungstechnisch

מְנֻגָּס ת׳, מנוגס [menugas] abgebissen, angebissen *Adj.*

מְנֻגָּע ת׳ [menuga'] infiziert, verunreinigt, verseucht *Adj.*

מְנַדֵּב ז׳ [menadév] Spender *m*

מְנֻדָּב ת׳, מנודב [menudav] gespendet *Adj.*

מְנֻדֶּה ת׳, מנודה [menude] ausgestoßen *Adj.*, verbannt *Adj.*

=כַּת-הַמְנֻדִּים = Paria-Kaste *f*

מַנְדּוֹלִינָה נ׳ [mandolina] Mandoline *f*

מְנֻדָּח ת׳, מנודח [menudax] verstoßen *Adj.*

מַנְדָּט ז׳ [mandat] Mandat *n*

=~וֹרִי ת׳ = Mandats-

מְנֻדְנָד ת׳, מנודנד [menudnad] geschaukelt *Adj.*

מִנְדָּף ז׳ [mindaf] Rauchfang *m*, Abzug *m*

מַנְדָּרִינָה נ׳ [mandarina] Mandarine *f* (Citrus reticulata) *Bot.*

מָנָה פעל (לִמְנוֹת אֶת-, יִמְנֶה) [mana] *kal* zählen, aufzählen *v/t*

-נִמְנָה נפ׳ (לְהִמָּנוֹת עַל-, עִם-, בֵּין-) - *nif.* abonniert sein, gezählt werden, dazugehören

-מִנָּה פיעל - *pi.* ernennen *v/t*

-נִתְמַנָּה הת׳ - *hit.* ernannt werden

★=נִמְנוּ וְגָמְרוּ = sie haben beschlossen

מָנָה נ׳ [mana] Anteil *m*, Portion *f*; Geschenk *n* (Speise); Quote *f*; Quotient *m* *Math.*

=~ רִאשׁוֹנָה = Vorspeise *f*

=~ עִקָּרִית = Hauptgang *m*

=~ אַחֲרוֹנָה (קִנּוּחַ) = Nachtisch *m*, Dessert *n*, Nachspeise *f*

=~ אַחַת אַפַּיִם = doppelter Anteil

=מְנַת-בַּרְזֶל = eiserne Ration

=~-מִשְׂכָּל = Intelligenzquotient *m*

=מִשְׁלוֹחַ-מָנוֹת = Verschicken *n* von Purim-Geschenken

מִנְהָג ז׳ [minhag] Sitte *f*, Gewohnheit *f*, Brauch *m*

=מִנְהָגוֹ שֶׁל עוֹלָם = der Lauf der Welt

= nach Landessitte =כְּמִנְהַג-הַמְּדִינָה
= Gebräuche *m/pl.* =מִנְהָגִים
[munhag] geführt, geleitet *Adj.* מֻנְהָג ת׳, מונהג
[manhig] Führer *m* מַנְהִיג ז׳
= Führerschaft *f* =~וּת נ׳
[menahél] Leiter *m*, Direktor *m* מְנַהֵל ז׳ (מְנַהֶלֶת, מְנַהֲלִים)
= Buchhalter *m* =~-חֶשְׁבּוֹנוֹת
= Generaldirektor *m* =~ כְּלָלִי (מַנְכָּ"ל)
[minhal] Verwaltung *f*, Administration *f* מִנְהָל ז׳, מינהל
[menohal] geführt, geleitet *Adj.* מְנֹהָל ת׳, מנוהל
[minhala] Leitung *f*, Direktorium *n* מִנְהָלָה נ׳, מינהלה (מִנְהֶלֶת-)
[minhali] administrativ *Adj.* מִנְהָלִי ת׳, מינהלי
[minhalan] Administrator *m*, Verwaltungsfachmann *m* מִנְהָלָן ז׳
[minhara] Tunnel *m* מִנְהָרָה נ׳
= Windkanal *m* =מִנְהֶרֶת-אֲוִיר, ~-רוּחַ
= Licht am Ende des Tunnels =אוֹר בְּקְצֵה הַמִּנְהָרָה
[menu'et] Menuett *n* מֶנוּאֶט ז׳, מינואט
[manod] Schütteln *n* מָנוֹד ז׳
= Kopfschütteln *n* ★=מְנוֹד-רֹאשׁ
[ma'noax] Ruhe *f*; Ruhestätte *f* מָנוֹחַ[1] ז׳
[ma'noax] verstorben *Adj.* מָנוֹחַ[2] תו"ז
[mi'nuax] Terminologie *f* מִנּוּחַ ז׳, מינוח
[menuxa] Ruhe *f*, Stille *f* מְנוּחָה נ׳
= zu Grabe tragen, beerdigen =הֵבִיא לִמְנוּחוֹת
= Seelenruhe *f*, Gleichmut *m* =מְנוּחַת-הַדַּעַת, ~-הַנֶּפֶשׁ
= er ruhe in Frieden! =מְנוּחָתוֹ עֵדֶן
= gute Nacht! =לֵיל-מְנוּחָה
= auf ruhigen Gewässern =עַל מֵי-מְנוּחוֹת
= s-e Ruhe stören =הִדְרִיךְ מְנוּחָתוֹ
= zur Ruhe kommen, sesshaft werden =בָּא אֶל הַמְּנוּחָה וְאֶל הַנַּחֲלָה
[minuxi] terminologisch *Adj.* מִנּוּחִי ת׳
[manvét] Logbuch *n* מַנְוֵט ז׳, מנווט

[manuj] gezählt; abonniert *Adj.* מָנוּי[1] ת׳
[manuj] Abonnent *m*, Teilnehmer *m* (Telefon) מָנוּי[2] ז׳
= endgültig beschlossen =~ וְגָמוּר
= Abonnement *n* Dauerfahrkarte *f*, Zeitkarte *f* =כַּרְטִיס מְנוּיִים
= Abonnementskonzerte *n/pl.* =קוֹנְצֶרְטִים לְ~
[minuj] Ernennung *f* מִנּוּי ז׳, מינוי
= Ernennungsurkunde *f* =כְּתַב-~
[menuval] Schuft *m*, Schurke *m* מְנֻוָּל ת׳, מנוול
[minun] Dosierung *f* מִנּוּן ז׳, מינון
[menuvan] degeneriert, entartet, rückgebildet *Adj.* מְנֻוָּן ת׳, מנוון
[manos] Zuflucht *f*, Ausweg *m* מָנוֹס ז׳
= keinen Ausweg haben aus =אֵין ~ מִן-
[menusa] Flucht *f* מְנוּסָה נ׳
[ma'noa'] Motor *m* מָנוֹעַ ז׳
= *(Internet)* Suchmaschine *f* =מְנוֹעַ חִפּוּשׂ
[mi'nua'] Motorisierung *f* מִנּוּעַ ז׳, מינוע
[ma'nua'] verhindert, abgehalten *Adj.* מָנוּעַ ת׳
[meno'i] motorisch *Adj.* מְנוֹעִי ת׳
[manof] Hebel *m*, Kran *m* מָנוֹף ז׳
= Kranführer *m* =מְנוֹפַאי ז׳
[manor] Spiere *f Mar.* מָנוֹר ז׳
[menora] Leuchter *m*, Lampe *f*; "Menora" *(Symbol des Staates Israel)*, siebenarmiger Leuchter מְנוֹרָה נ׳
= Blaulicht *n* =~ כְּחֻלָּה
= Petroleumlampe *f* =מְנוֹרַת-נֵפְט
= Schreibtischlampe *f* =~-שֻׁלְחָן
= Laternenpfahl *m* =עַמּוּד-מְנוֹרָה
[menuzal] verschnupft *Adj.* מְנֻזָּל ת׳, מנוזל
[menuzaf] zurechtgewiesen, getadelt *Adj.* מְנֻזָּף ת׳
[menuzar] abgesondert, abgeschieden *Adj.* מְנֻזָּר ז׳, מנוזר
[minzar] Kloster *n* מִנְזָר ז׳
[munax] abgelegt; abgehakt *Adj.* מֻנָּח ת׳, מונח
= ohne s-e Ehre anzutasten =כְּבוֹדוֹ בִּמְקוֹמוֹ ~

מֻנָּח ז׳, מונח [munax] Fachausdruck *m*, Terminus *m* technicus

מַנָּח ז"ת [manax] Position *f*

מִנֵּחַ פיעל [minax] *pi.* Fachausdruck prägen

מִנְחָה נ׳ (מְנָחוֹת) [minxa] Geschenk *n*, Angebinde *n*; Opfer *n*; Nachmittagsgebet *n*; Nachmittagsstunden *f/pl.*

=סְעוּדַת-~ = Vesperbrot *n*, Nachmittagsmahlzeit *f*, Jause *f*, 5-Uhr-Tee *m*

מֻנְחֶה ת׳, מונחה [munxe] geleitet, gelenkt, lenkbar *Adj.*

=קָלִיעַ ~ = elektronisch gelenktes Raketengeschoss, Fernlenkgeschoss

מַנְחֶה ז׳ [manxe] Ansager *m*, Sprecher *m*, Diskussionsleiter *m*; Conférencier *m*

מְנַחֵם ז׳ [menaxém] Tröster *m*

=~-אָב = der Monat Av (Juli-August)

מְנֻחָם ת׳, מנוחם [menuxam] getröstet *Adj.*

מֻנְחָץ ת׳ [menuxats] hervorgehoben, ausgesprochen *Adj.*

מְנַחֵשׁ ז׳ [menaxéʃ] Wahrsager *m*

מְנֻחָשׁ ת׳, מנוחש [menuxaʃ] vorausgeahnt, vorhergesagt *Adj.*

מִנְחָת ז׳, מינחת [minxat] Landeplatz *m* *Flgw.*

מַנְחֵת ז׳ [manxét] Dämpfer *m*

★מֻנְטָל ת׳, מנוטל [menutal] erhoben *Adv.*

=~ מִן הָעוֹלָם = weltfremd, weltfern *Adj.*

מֶנְטָלִיּוּת נ׳ [mentalijut] Mentalität *f*

מַנְטֵף ז׳ [mantéf] Tropfglas *n*, Tropfenzähler *m*

מְנֻטְרָק ת׳, מנוטרק [menutrak] abgekürzt *od.* in Anfangsbuchstaben, Kurzwort *n*

★מִנִּי מ"י [mini] von *Prp.*

=~ אָז = seitdem *Prp.*

=אֶחָד ~ אֶלֶף = einer unter vielen (tausend)

מְנָיָה נ׳ [menaja] Aktie *f*

=מְנָיוֹת-בְּכוֹרָה = Vorzugsaktien *f/pl.*

=חֶבְרַת-מְנָיוֹת = Aktiengesellschaft (AG) *f*

=מְנָיוֹת-הֲטָבָה, ~-בּוֹנוּס = Bonus-, Gratisaktien *f/pl.*

=מְנָיָה לַמּוֹכָ"ז = Inhaberaktie *f*

מַנְיָה נ׳, מאניה [manja] Manie *f*, Sucht *f*, Besessenheit *f*

מְנִיָּה נ׳, מנייה [menija] Zählung *f*

מִנֵּיהּ וּבֵיהּ, מִינֵיהּ וּבֵיהּ (ארמ׳) [miné uvé] auf der Stelle, sofort

מְנֻיָּח ת׳ [menujax] erholt *Adj.*

מִנַּיִן מ"ש [mi'najin] woher?

מִנְיָן ז׳, מניין [minjan] Zählung *f*; "Minjan" *(mindestens 10 erwachsene jüd. Männer zum gemeinsamen Gebet)*; Quorum *n (beschlussfähige Mitgliederzahl)*

=~ הַשָּׁנִים = Zeitrechnung *f*

=הֶעֱמִיד לְ~ = zur Abstimmung bringen

=רֹב ~ = Mehrheit *f*

=רֹב בִּנְיָן וְרֹב ~ = überwiegende, entscheidende Mehrheit

=מִן הַ~ = regulär, ordentlich (z.B. Professor)

=אֵינוֹ מִן הַ~, שֶׁלֹּא מִן הַ~ = außer der Reihe, außerordentlich, Sonder-

מִנְיָנִי ת׳ [minjani] numerisch, quantitativ *Adj.*

מֵנִיעַ ז׳ (מְנִיעִים) [mé'nia'] Motiv *n*, Beweggrund *m*, Antrieb *m*

=~ נִצְחִי = Perpetuum mobile *n*

מְנִיעָה נ׳ [meni'a] Hinderung *f*, Verhütung *f*, Vorbeugung *f*

=אֶמְצְעֵי-~ ז"ר = Verhütungsmittel *n/pl.*

=צַו-~ ז׳ = gerichtliches Unterlassungsgebot

=מְנִיעַת מַחֲלוֹת = Prophylaxe, Vorbeugung *f*

מְנִיפָה נ׳ [menifa] Fächer *m*

מָנִיקוּר ז׳ [manikur] Maniküre *f*, Handpflege *f*

=~רָאִית נ׳ = Maniküre *f*, Handpflegerin *f*

מָנֵירָה נ׳ [manéra] Manier *f*

=מָנֵירִיזְם ז׳ = Manierismus *m*

מַנְכָּ"ל ר"ת: מְנַהֵל כְּלָלִי [mankal] *Kurzw.* Generaldirektor *m*

hung *f*

[meno'al] beschuht *Adj.*, Schuhe tragend מְנֹעָל ת׳, מנועל

[man'am] Leckerbissen *m*; Annehmlichkeit *f* מַנְעָם ז׳ (מַנְעַמִּים)

= Vergnügungen *f/pl.* =מַנְעַמּוֹת

[men'a'néa'] Taste *f (Klavier, Schreibmaschine)* מְנַעֲנֵעַ ז׳

[meno'ar] geschüttelt; ausgeschüttelt *Adj.* מְנֹעָר ת׳, מנוער

[man'ér] Shaker, Schüttelbecher *m* מַנְעֵר ז׳

[menupe] gesiebt *Adj.* מְנֻפֶּה ת׳, מנופה

[menupax] aufgeblasen *Adj.* מְנֻפָּח ת׳, מנופח

[menupats] zerschlagen, zerschmettert *Adj.* מְנֻפָּץ ת׳, מנופץ

[menapék] Automat *m*, Verteiler *m* מְנַפֵּק ז׳

[munpak] emittiert *Adj.*; in Umlauf gegeben *Fin.* מֻנְפָּק ת׳, מונפק

[menutse] federartig, gefiedert *Adj.* מְנֻצֶּה ת׳, מנוצה

[mena'tséax] Sieger *m*; Dirigent *m* מְנַצֵּחַ ז׳ (מְנַצַּחַת)

[menutsax] besiegt, unterlegen *Adj.* מְנֻצָּח ת׳, מנוצח

[menatsél] Ausbeuter *m* מְנַצֵּל ז׳

[menutsal] ausgebeutet, ausgenutzt *Adj.* מְנֻצָּל ת׳, מנוצל

[mantsepax] Merkwort: die 5 hebr. Buchstaben, die besondere Formen am Wortende haben *Gr.* מַנְצְפַ"ךְ

[menakév] Locher *m* מְנַקֵּב ז׳ ראה גם: מַקֵּב

[menukav] gelocht, perforiert *Adj.* מְנֻקָּב ת׳, מנוקב

[menukbav] perforiert, durchlöchert *Adj.* מְנֻקְבָּב ת׳

[menakéd] Zeichensetzer *m*, Vokalisierer *m* (der hebr. Vokalzeichen) מְנַקֵּד ז׳

[menukad] punktiert, gepunktet *Adj.* מְנֻקָּד ת׳, מנוקד

[menukar] entfremdet *Adj.* מְנֻכָּר ת׳

[menukaʃ] gesäubert, gejätet *Adj.* מְנֻכָּשׁ ת׳

[menumax] niedriger gemacht *Adj.* מְנֻמָּךְ ת׳ מנומך

= niedrig *Adv.* =בְּ~ ת׳

[menumnam] schläfrig *Adj.* מְנֻמְנָם ת׳, מנומנם

[menumas] höflich, gesittet, wohlerzogen *Adj.* מְנֻמָּס ת׳, מנומס

[menumak] begründet, erklärt *Adj.* מְנֻמָּק ת׳, מנומק

[menumar] getigert, gefleckt *Adj.* מְנֻמָּר ת׳, מנומר

[menumaʃ] sommersprossig *Adj.* מְנֻמָּשׁ ת׳, מנומש

[minén] *pi.* dosieren *v/t* מִנֵּן פיעל

[menuse] erfahren, erprobt *Adj.* מְנֻסֶּה ת׳, מנוסה

= wohl erprobt =בָּדוּק וּ~

[menusax] formuliert *Adj.* מְנֻסָּח ת׳, מנוסח

[menusar] gesägt, zersägt *Adj.* מְנֻסָּר ת׳, מנוסר

[minsara] Prisma *n* מִנְסָרָה[1] נ׳, מינסרה

[minsara] Sägewerk *n* מִנְסָרָה[1] נ׳, מינסרה

[mana'] *kal* hindern, verhindern; abhalten, zurückhalten; vorbeugen, vorenthalten מָנַע פעל (לִמְנוֹעַ אֶת-, מִן-, יִמְנַע)

- *nif.* sich enthalten, sich zurückhalten; verhindert werden -נִמְנַע נפ׳ (לְהִמָּנַע מִן-)

= Prophylaxe *f*, Verhütung *f*, Vorbeugung *f Med.* =רְפוּאָה מוֹנַעַת

= es ist ausgeschlossen, es ist unmöglich =מִן הַנִּמְנָע

['mena'] Vorbeugung *f* מֶנַע ז׳

= Präventivkrieg *m* =מִלְחֶמֶת-~

[min'ad] Bereich *m*, Tonraum *m* מִנְעָד ז׳

[man'ul] Schloss *n (Tür usw.)* מַנְעוּל ז׳

= Vorhängeschloss *n* =~ תָּלוּי

= Türgriff *m* =כַּף-הַמַּנְעוּל

[min'al] Stiefel *m*; Beschu- מִנְעָל ז׳ מינעל

מְנַקֶּה ז׳ [menake] Reiniger *m*, Putzer *m*

=מְנַקָּה נ׳ (עוֹזֶרֶת-בַּיִת) = Raumpflegerin *f*, Putzfrau *f*

מְנֻקֶּה ת׳, מנוקה [menuke] gesäubert, gereinigt *Adj.*

מְנַקִּיָּה נ׳ [menakija] Bürste *f*

מְנַקֵּר ז׳ [menakér] Schächter *m (der unreine Teile nach dem Schlachten entfernt)*

מִנְשָׂאָה נ׳ [minsa'a] Träger *m*

מְנֻשָּׁב ת׳, מנושב [menuʃav] durchweht *Adj.*

מִנְשָׁךְ ז׳ [minʃax] Biss *m*

מְנֻשָּׁל ת׳, מנושל [menuʃal] vertrieben *Adj.*

מְנֻשָּׁם ת׳ [menuʃam] außer Atem

מַנְשֵׁמָה נ׳ [manʃéma] künstliche Beatmung *f*

מְנֻשָּׁק ת׳, מנושק [menuʃak] geküsst *Adj.*

מִנְשָׁר ז׳, מינשר [minʃar] Manifest *n*, Aufruf *m (amtl.)*

★מְנָת (=מָנָה) [menat] Portion *f*

=עַל-~ = unter der Bedingung, zu dem Zweck, um zu ...

=שֶׁלֹּא עַל-~ לְקַבֵּל פְּרָס = ohne Entgelt, ehrenamtlich, uneigennützig *Adv.*

מִנְתָּה נ׳, מינתה [minta] Minze *f* (Mentha) *Bot.*

מֶנְתּוֹל ז׳ [mentol] Menthol *n*

מַנְתּוּר ז׳ [mantur] Levkoje *f* (Matthiola) *Bot.*

מְנֻתָּז ת׳, מנותז [menutaz] gespritzt, bespritzt *Adj.*

מְנַתֵּחַ ז׳ [mena'téax] Chirurg *m Med.*

מְנֻתָּח ת׳, מנותח [menutax] operiert; analysiert *Adj.*

מְנַתְּחוּת גם: כִּירוּרְגִיָּה [menatxut] Chirurgie *f*

מְנֻתָּץ ת׳, מנותץ [menutats] zerschmettert *Adj.*

מְנֻתָּק ת׳, מנותק [menutak] abgeschnitten, abgetrennt, unterbrochen *Adj.*

מַנְתֵּק ז׳ [manték] Unterbrecher *m*, Schalter *m*, Sicherung *f El.*

מַס ז׳ (מִסִּים) [mas] Steuer *f (staatlich, behördlich)*; Gebühr *f*

=~-גֻּלְגֹּלֶת = Kopfsteuer *f*, Kopfgeld *n*

=~-הַכְנָסָה = Einkommensteuer *f*

=~ יָשִׁיר = direkte Steuer

=~-עֲקִיפִין = indirekte Steuer

=~-חָבֵר = Mitgliedsbeitrag *m*

=~-מוֹתָרוֹת = Luxussteuer *f*

★=~-עוֹבֵד = Fronarbeit *f bibl.*

=~-שְׂפָתַיִם = Lippenbekenntnis *n*, leere Worte *n/pl.*

מס׳ קיצור: מִסְפָּר [mispar] *Abk.* Nummer (Nr.) *f;* Zahl, Anzahl *f*; ein paar

מְסֹאָב ת׳, מסואב [meso'av] verschmutzt, unrein *Adj.*

מַסַּאי ז׳ [masaj] Essayist *m*

מֵסֵב ז׳ (מְסִבִּים) [mésév] Emittent(in) *m (f)*

=מְסִבִּים = Teilnehmer *m* am Gastmahl; angelehnt sitzend *(am Sederabend)*

מֵסַב¹ ז׳ (מְסַבִּים) [mésav] Karnies *n*, Gesims *n*; Zapfenlager *n*, Achslager *n*

=~-כַּדּוּרִים = Kugellager *n*

מֵסַב² ז׳ (מְסִבִּים) [mésav] Tafelrunde *f*; Umkreis *m*; Klubsessel *m*

מִסְבָּאָה [misba'a] Weinhaus *n*, Bar *f*

מְסִבָּה נ׳, מסיבה [mesiba] Party *f*, geselliges, festliches Beisammensein

=מְסִבַּת-עִתּוֹנָאִים = Pressekonferenz *f*

=מְסִבּוֹת נ״ר = Umstände *m/pl.*, Bedingungen *f/pl.*

מִסְבּוֹא ז׳ [misbo] Betrinken *n*

מְסֻבִּין ז״ר, מסובין [mesubin] Gäste *m*/pl. zum Gastmahl

מִסְבָּךְ ז׳ [misbax] Irrgarten *m*, Labyrinth *n*

מְסֻבָּךְ ת׳, מסובך [mesubax] verwickelt, wirr, kompliziert *Adj.*

מְסֻבָּן ת׳, מסובן [mesuban] eingeseift *Adj. a. fig.*

מַסְבֵּנָה נ׳ [masbéna] Seifenbehälter *m*

מְסֻבְסָד ת׳ [mesubsad] subventioniert *Adj.*

מֻסְבָּר ת׳, מוסבר [musbar] erklärt *Adj.*

מֶסֶג ז׳ ['meseg] Legierung *f*, Metallgemisch *n*

מִסְגָּד ז׳ [misgad] Moschee *f*

מְסֻגָּל ת׳, מסוגל [mesugal] geeignet, fähig, imstande

=~וּת נ׳ = Eignung *f*, Fähigkeit *f*

מְסַגְנֵן ז׳ [mesagnén] Stilist *m*, Lektor *m*

מְסֻגְנָן ת׳, מסוגנן [mesugnan] stilisiert *Adj.*

מְסֻגְסָג ת׳, מסוגסג [mesugsag] (Metall) legiert *Adj.*

מְסֻגָּף ת׳, מסוגף [mesugaf] kasteit *Adj.*

מִסְגָּר ז׳ [misgar] Schließung *f*

מְסֻגָּר ת׳, מסוגר [mesugar] fest verschlossen *Adj.*

=סָגוּר וּ~ = völlig abgeschlossen

מֻסְגָּר ת׳, מוסגר [musgar] ausgeliefert *Adj. Pol.*; in Klammern

=מַאֲמָר ~ = Zwischenbemerkung *f*

מַסְגֵּר ז׳ [masgér] Schlosser *m*

=~וּת נ׳ = Schlosserhandwerk *n*

=מַסְגֵּרִיָּה נ׳ = Schlosserei *f*

מִסְגֶּרֶת נ׳ (מִסְגְּרוֹת) [mis'geret] Rahmen *m;* Umstände *m/pl.*

=חָרַג מִן הַמִּסְגֶּרֶת = aus dem Rahmen fallen, s-e Grenze überschreiten *fig.*

מַסָּד ז׳ [masad] Grundlage *f*, Fundament *n*, Sockel *m*

=מִמַּסָּד עַד הַטְּפָחוֹת = vom Fundament bis zum Dach, von oben bis unten, von A bis Z

מִסֵּד פיעל [miséd] *pi.* institutionalisieren *v/t*

מִסְדָּר ז׳, מיסדר [misdar] Appell *m*, Antreten *n mil.*; Orden *m (Gemeinschaft)*

מְסַדֵּר ז׳ [mesadér] Ordner *m*

מְסֻדָּר ת׳, מסודר [mesudar] geordnet, eingeordnet, ordentlich; *Typ.* gesetzt *Adj.*

מִסְדָּרָה נ׳, מיסדרה [misdara] Setzerei *f Typ.*

מִסְדְּרוֹן ז׳ [misderon] Korridor *m*, Gang *m*

=~נָאוּת נ׳ = Lobbyismus *m*

מַסְדֶּרֶת נ׳ [mas'deret] Setzmaschine *f Typ.*

מַסָּה[1] נ׳ [masa] Essay *m*; Versuchung *f*

מַסָּה[2] נ׳ [masa] Masse *f*, Menge *f Phys.*

מִסָּה נ׳, מיסה [misa] Messe *f Rel., Mus.*

מְסוֹ נ׳ [meso] Lab *n*, Labferment *n*

מָסוֹב ז׳ [masov] Runde *f*

מְסֻוָּג ת׳, מסווג [mesuvag] sortiert, klassifiziert *Adj.*

מִסּוּד ז׳, מיסוד [misud] Institutionalisierung *f*

מַסְוֶה ז׳, מסווה (מַסְוִים) [masve] Tarnung *f*, Maske *f*

מֻסְוֶה ת׳, מוסווה [musve] getarnt *Adj.*

מָסוֹט ז׳ [masot] Schaltung *f*; Weiche *f*; Zeileneinsteller *m (Schreibmaschine)*

מִסּוּי ז׳, מיסוי [misuj] Besteuerung *f*

מִסּוּךְ ז׳, מיסוך [misux] Verdeckung *f*, Tarnung *f mil.*

מְסוּכָה[1] נ׳ (גם מְשׂוּכָה) [mesuxa] Hecke *f*

מְסוּכָה[2] נ׳ [mesuxa] Ölkanne *f*, Ölspritze *f*

מְסוֹכָךְ ת׳ [mesoxax] überdeckt *Adj.*

מָסוֹל ז׳ [masul] Slipper *m*, Pantoffel *m*

מְסוֹס ז׳ [mesos] Fäule *f*, Fäulnis *f*

מַסּוֹעַ ז׳ (מַסּוֹעִים) [ma'soa'] Förder-, Fließband *n*

מָסוֹף ז׳ (מְסוֹפִים) [masof] Terminal *m*, *n*, Endstation *f*

מַסּוֹק ז׳ (מַסּוֹק-, מַסּוֹקִים) [masok] Helikopter *m*, Hubschrauber *m*

מַסּוֹר ז׳ (מַסּוֹרִים) [masor] Säge *f*

מָסוּר ת׳ [masur] ergeben, hingegeben, treu *Adj.*

מְסוֹרָה, מָסוֹרָה נ׳ [mesora, masora] “Massora” *(Überlieferung der Schreibweise u. Wortlaut der Bibel, traditionelle Gestaltung des Bibeltextes)*

מַסּוֹרִית נ׳ [masorit] Laubsäge *f*

מְסוֹרָן ז׳ [mesoran] Massoret *m*, Schriftgelehrter *m*

מְסוֹרָתִי ת׳ [mesorati] massoretisch *Adj.* *(s. “Massora”)*

מַסָּז׳ ז׳ ראה גם: עִסּוּי [masaž] Massage *f*

=מַסָּז׳יסְט, ~טִית = Masseur *m*, Masseuse *f*

מִסְחוּר ז׳, מיסחור [misxur] Kommerzialisierung *f*

מַסְחֵט ז׳ (גם: מַסְחֵטָה נ׳) [masxét] Fruchtpresse *f*, Saftpresse *f*

מִסְחָר ז׳ [misxar] Handel *m*, Geschäft *n*
=בֵּית-~ = Handelshaus *n*, Kaufhaus *n*
=מִשְׂרַד הַמִּסְחָר וְהַתַּעֲשִׂיָּה = Ministerium *n* für Handel u. Industrie
=בֵּית-סֵפֶר לְמִסְחָר = Handelsschule *f*
מִסְחֵר פיעל [misxér] *pi.* kommerzialisieren, vermarkten
מִסְחָרִ|י ת׳ [misxari] handelsmäßig, geschäftlich *Adj.*
=~יּוּת נ׳ = Geschäftsgeist *m*, Geschäftsgebaren *n*
מְסַחְרֵר ת׳ [mesaxrér] Schwindel erregend *Adj.*
מְסֻחְרָר ת׳ [mesuxrar] schwindlig *Adj.*
מִסְטוֹרִין ז׳ גם: מִסְתּוֹרִין [mistorin] Mysterium *n*, Geheimnis *n*
מַסְטִיק ז׳ [mastik] Kaugummi *m*
מַסִּיבִ|י ת׳ [massivi] massiv *Adj.*
=~יּוּת נ׳ = Massivität *f*
מְסֻיָּג[1] ת׳, מסויג [mesujag] abgegrenzt; distanziert; zurückhaltend *Adj.*
מְסֻיָּג[2] ת׳, מסויג ראה גם: מְסֻוָּג [mesujag] sortiert *Adj.*
מַסִּיג-גְּבוּל ז׳ [masig-gevul] Eindringling *m*, Grenzgänger *m*, jmd, der Grenzen überschreitet *(a. fig.)*
מְסֻיָּד ת׳, מסויד [mesujad] gekalkt *Adj.*
מֵסִיט ז״ת [mésit] ablenkend *Adj.*
מְסֻיָּט ת׳ [mesujat] voller Albträume
מְסִיכָה נ׳ [mesixa] Mischung *f*
מְסֻיָּם ת׳, מסוים [mesujam] bestimmt *Adj.*
מָסִיס ת׳ [masis] löslich *Adj.*
מְסִיסָה נ׳ [mesisa] Auflösung *f* (Flüssigkeit)
מְסִיסוּת נ׳ [mesisut] Löslichkeit *f*
מְסַיֵּעַ ת׳, מסייע [mesa'jéa'] helfend *Adj.* Hilfs-, unterstützend *Adj.*
=עֵדוּת מְסַיַּעַת = bekräftigende Zeugenaussage
מְסֻיָּף ת׳ [mesujaf] letzte *Adj.*
מְסִיפָס ז׳ [mesifas] niedriger Zaun *m*
מַסִּיק ז׳ [masik] Heizer *m*
מָסִיק ז׳ [masik] Olivenernte *f*
=מְסִיקָה נ׳ = Olivenernte *f*
מְסִירָה נ׳ [mesira] Übergabe *f*; Denunziation *f*
מְסִירוּת נ׳ [mesirut] Treue *f*, Hingabe *f*
=~-נֶפֶשׁ = Aufopferung *f*
מֵסִית ז׳ [mésit] Hetzer *m*
מָסַךְ פעל [masax] *kal* mischen *v/t*
מָסָךְ ז׳ (מָסַכִּים) [masax] Vorhang *m Thea.*; Bildschirm *m*, Monitor *m*
=מָסַךְ-אֵשׁ = Sperrfeuer *n mil.*
=~-בַּרְזֶל = eiserner Vorhang
=מָסָךְ וֶנֶצְיָאנִי = Jalousie *f*
=מָסַךְ-עָשָׁן = Nebelwand *f fig.*
=הַמָּסָךְ הַקָּטָן = Fernseher *m*
מַסֵּכָה נ׳ [maséxa] Maske *f*
=מַסֵּכַת-גַּז = Gasmaske *f*
=נֶשֶׁף-מַסֵּכוֹת = Maskenball *m*
מְסַכֵּם ת׳ [mesakém] zusammenfassend *Adj.*
מֻסְכָּם ת׳, מוסכם [muskam] vereinbart, abgemacht; üblich, herkömmlich *Adj.*
=שֶׁקֶר ~ = konventionelle Lüge
מְסֻכָּם ת׳, מסוכם [mesukam] summiert *Adj.*
מֻסְכָּמָה נ׳, מוסכמה [muskama] Konvention *f*, das Herkömmliche
מְסֻכָּן ת׳, מסוכן [mesukan] gefährlich *Adj.*
מִסְכֵּן ת׳ [miskén] elend, arm, bemitleidenswert *Adj.*
=~וּת נ׳ = Elend *n*, Armut *f*
★מִסְכְּנוֹת נ״ר [miskenot] Vorratshäuser *n/pl.*
מְסַכְסֵךְ ז״ת [mesaxséx] Anstifter zu Streit, Agitator *m*
מְסֻכְסָךְ ת׳, מסוכסך [mesuxsax] verfeindet, zerstritten; verwirrt *Adj.*
מְסֻכָּר ת׳, מסוכר [mesukar] gezuckert, kandiert *Adj.*
מִסְכֶּרֶת נ׳ [mis'keret] Zuckerdose *f*

= Magister Artium (M.A.) m — מֻסְמַךְ הָאוּנִיבֶרְסִיטָה= (מ"א)
= Magister der Naturwissenschaften (M.Sc.) — מֻסְמַךְ לְמַדָּעֵי הַטֶּבַע=
[mismaxi] dokumentarisch *Adj.* — מִסְמָכִי ת׳
[mesumal] symbolisiert *Adj.* — מְסֻמָּל ת׳, מסומל
[mesumam] vergiftet; (durch Rauschgift) berauscht *Adj.* — מְסֻמָּם ת׳, מסומם
[mesuman] bezeichnet *Adj.* — מְסֻמָּן ת׳, מסומן
[masmén] Rillenzieher *m Agr.* — מַסְמֵן ז׳
[mismés] *pi.* (in Flüssigkeit) auflösen, aufweichen *v/t* — מִסְמֵס פיעל
- *hit.* sich auflösen, schmelzen *v/i* — -נִתְמַסְמֵס הת׳
[mesumak] errötet *Adj.* — מְסֻמָּק ת׳, מסומק
[masmér] Nagel *m* — מַסְמֵר ז׳ (מַסְמְרִים, מַסְמְרוֹת)
= im Mittelpunkt stehen — ~ הַנֶּשֶׁף, ~ הָעֶרֶב=
= Schlager *m* der Saison — ~ הָעוֹנָה=
= als unumstößliche Tatsache hinstellen — קָבַע מַסְמְרוֹת=
[mismér] *pi.* nageln *v/t* — מִסְמֵר פיעל
[mesumar] genagelt *Adj.* — מְסֻמָּר ת׳, מסומר
[masmeron] kleiner Nagel *m* — מַסְמְרוֹן ז׳
[mas'meret] Niet *m*, Niete *f*, Metallbolzen *m* — מַסְמֶרֶת נ׳
[mesanvér] blendend *Adj.* — מְסַנְוֵר ת׳, מסנוור
[mesunvar] geblendet *Adj.* — מְסֻנְוָר ת׳, מסונוור
[mesunan] gesiebt *Adj.* — מְסֻנָּן ת׳, מסונן
[masnén] Filter *m*, *n* — מַסְנֵן ז׳
= Lichtfilter *m Fot.* — ~-אוֹר=
[mis'nenet, mesa'nenet] Sieb *n* — מִסְנֶנֶת, מְסַנֶּנֶת נ׳
[mesunaf] (Filiale) angegliedert *Adj.* — מְסֻנָּף ת׳, מסונף
[masas, mas] *kal* flüssig werden, schmelzen *v/i* — מָסַס, מַס פעל (לָמוּס, יָמוּס)
- *nif.* flüssig werden, schmelzen *v/i* — -נָמַס, נִמְסַס נפ׳ (לְהִמֵּס, נָמֵס)
- *hif.* schmelzen *v/t* — -הֵמֵס הפ׳
- *hit.* sich auflösen — -הִתְמוֹסֵס הת׳

[ma'sexet] Gewebe *n bsd. fig.*; Kontext *m*; Traktat *n* der Mischna u. des Talmud; Episode *f*, Serie *f* — מַסֶּכֶת נ׳ (מַסָּכוֹת)
[maskét] Stethoskop *n*, Hörrohr *n* — מַסְכֵּת ז׳ גם: סְטֵתוֹסְקוֹפּ
[mesula'] aufgewogen *Adj.* — ★מְסֻלָּא ת׳, מסולא
[mesilaj] Bahnarbeiter *m* — מְסִלַּאי ז׳, מסילאי
[mesila] Bahn *f*, gebahnter Weg; Lebensart *f bibl.* — מְסִלָּה נ׳, מסילה
= Eisenbahnschienen *f/pl.* — מְסִלַּת-בַּרְזֶל=
[maslul] Bahn *f*, Weg *m*, Piste *f*, Wanderweg *m* — מַסְלוּל ז׳
= Rollbahn *f Flgw.* — ~-הַמְרָאָה (ראה גם: מִמְרָאָה)=
= in die gewohnte Bahn zurückkehren *fig.* — חָזַר לַמַּסְלוּל=
= vom rechten Wege abweichen, aus der Bahn geraten *fig.* — יָצָא מִן הַ~=
[muslemi] Moslem *m*, Mohammedaner *m* — מֻסְלְמִי ז׳, מוסלמי
[mesulsal] gelockt, gewellt; trillernd; (Stil) blumig *Adj.* — מְסֻלְסָל ת׳, מסולסל
[mesula'] felsig *Adj.* — מְסֻלָּע ת׳, מסולע
[misla'a] Steingarten *m* — מִסְלָעָה נ׳
[mesulaf] entstellt, verfälscht *Adj.* — מְסֻלָּף ת׳, מסולף
[mesulak] beseitigt; bezahlt *Adj.* — מְסֻלָּק ת׳, מסולק
[mislaka] Verrechnungsstelle *f* — מִסְלָקָה נ׳
[mesuma'] erblindet *Adj.* — מְסֻמָּא ת׳, מסומא
[mismus] Auflösen *n* *(in Flüssigkeit)*, Aufweichen *n*; Zerfall *m* — מִסְמוּס ז׳, מיסמוס
[mismur] Vernageln *n* — מִסְמוּר ז׳, מיסמור
[mismax] Unterlage *f*, Beleg *m*, Dokument *n* — מִסְמָךְ ז׳, מיסמך (מִסְמַךְ-)
[musmax] befugt, zuständig, autorisiert; diplomiert *Adj.* — מֻסְמָךְ ת׳, מוסמך

מַסָּס ז׳ [masas] Blättermagen *m*
מַסָּע ז׳ (מַסָּעוֹת) [masa'] Wanderung *f*, Fahrt *f*, Reise *f*; Feldzug *m*; Expedition *f*
=סִפְרֵי-מַסָּעוֹת = Reisebeschreibungen *f/pl.*
=תְּעוּדַת-מַסָּע = Reisepass *m*
=מַסַּע דִּלּוּגִים = kurze diplomatische Reise
=~ הַסְבָּרָה = Wahlkampfreise *f*
=מַסַּע-עֲנָשִׁין = Strafexpedition *f*
=מַסְעֵי-הַצְּלָב ז״ר = Kreuzzüge *m/pl.*
מִסְעָד ז׳ [mis'ad] Stütze *f*, Lehne *f*
=מִסְעַד-גַּב, ~ יָד = Rückenlehne *f*, Armlehne *f*
מִסְעָדָה נ׳ (מִסְעֶדֶת-) [mis'ada] Restaurant *n*, Gaststätte *f*
מִסְעָדָן ז׳ [mis'adan] Restaurantbesitzer, Gastronom, Caterer *m*
מִסְעָף ז׳, מיסעף [mis'af] Abzweigung *f*, Knotenpunkt *m*
מְסֹעָף ת׳, מסועף [meso'af] verzweigt *Adj.*
מְסֹעָר ת׳, מסוער [meso'ar] erregt *Adj.*
מֻסְעָר ת׳, מוסער [mus'ar] stürmisch, erregt *Adv.*
מַסְפֵּג ז׳ [maspég] Tintenkiller *m*
מֻסְפָּג ת׳, מוספג [muspag] getränkt, voll gesogen *Adj.*
מִסְפֵּד ז׳ [mispéd] Begräbnisrede *f*, Trauer *f*
מֻסְפָּד ת׳ [muspad] betrauert, beklagt *Adj.*
מִסְפּוֹא ז׳ [mispo'] (Vieh-) Futter *n*
מִסְפּוּר ז׳, מיספור [mispur] Nummerierung *f*
מְסֻפָּח ת׳, מסופח [mesupax] angeschlossen; annektiert *Adj.*
מִסְפַּחָה נ׳ [mispaxa] Bedeckung *n* , Kopftuch *n*
מִסְפַּחַת נ׳ [mispaxat] Hautkrankheit *f*
מַסְפִּיק ת׳ [maspik] genügend *Adj.*, befriedigend *Adj.* (Schule); *Adv.* genug
מִסְפָּן ז׳, מיספן [mispan] Dock *n*
מִסְפָּנָה נ׳, מיספנה [mispana] Werft *f*
מִסְפָּק ז׳ [mispak] Dilemma *n* , Verlegenheit *f*
מְסַפֵּק ז״ת [mesapék] zufrieden stellend; Lieferant *m*

מְסֻפָּק ת׳, מסופק [mesupak] zweifelhaft, zweifelnd *Adj.*
=מְסֻפַּקְנִי, מְסֻפְּקַנִי = ich bin im Zweifel, ich zweifle
=חוֹבוֹת מְסֻפָּקִים = unsichere Außenstände *m/pl.*
מִסְפָּר ז׳, מיספר (מִסְפַּר-) [mispar] Zahl *f*, Nummer *f*; Anzahl *f*
=~ זוּגִי, ~ אִי-זוּגִי = gerade -, ungerade Zahl
=~ יְסוֹדִי = Grundzahl *f*, Kardinalzahl *f*
=~ מְכֻנֶּה = konkrete Zahl
=~ סִדּוּרִי, ~ סוֹדֵר = Ordnungszahl *f*, Ordinalzahl *f*
=~ סְתָמִי = abstrakte Zahl
=~ רִאשׁוֹנִי = Primzahl *f*
=טָעוּת בַּ~! = falsch verbunden! (*Telefon*)
★=מְתֵי ~ , אֲנָשִׁים ~ = wenige Menschen *m/pl.*
=שֵׁם-~ = Zahlwort *n*
=מִסְפַּר יָחִיד = Einzahl *f*, Singular *m*
=~ רַבִּים = Mehrzahl *f*, Plural *m*
מִסְפֵּר פיעל [mispér] *pi.* nummerieren *v/t*
=מְמֻסְפָּר ת׳ = nummeriert *Adj.*
מְסַפֵּר ז׳ [mesapér] Erzähler *m*
מְסֻפָּר ת׳, מסופר [mesupar] erzählt; frisiert *Adj.*
מִסְפָּרָה ת׳ [mispara] Friseursalon *m*
מִסְפָּרִי ת׳ [mispari] zahlenmäßig *Adj.*
מִסְפָּרַיִם ז״ז [mispa'rajim] Schere *f*
מָסַק פעל (לִמְסוֹק אֶת-, יִמְסוֹק) [masak] *kal* Oliven ernten
מֻסָּק[1] ת׳, מוסק [musak] geheizt *Adj.*
מֻסָּק[2] ת׳, מוסק [musak] gefolgert *Adj.*
מְסֻקָּל ת׳, מסוקל [mesukal] von Steinen befreit (*Boden, Feld*)
מַסְקָנָה נ׳ [maskana] Folgerung *f*, Schlussfolgerung *f*
מַסְקָנִ/י ת׳ [maskani] folgerichtig *Adj.*
=~יוּת נ׳ = Folgerichtigkeit *f*
מְסֻקָּס ת׳, מסוקס [mesukas] knorrig, knotig

Tradition *f*; "Massora" *(überlieferter Text der Bibel)*

= traditionell *Adj.* ~שׁוֹמֵר-=

[masorti] traditionell *Adj.* מָסָרְתִּי ת׳, מסורתי

[musat] aufgehetzt, verhetzt *Adj.* מֻסָּת ת׳, מוסת

[mistabér] es ergibt sich; verständlich, erklärlich *Adj.* מִסְתַּבֵּר (הת׳ ראה: סבר)

[ipxa mistabra] das Gegenteil ist richtig (מִסְתַּבְּרָא) אִיפְּכָא ~ (ארמ׳)

[mistagef] asketisch *Adj.* מִסְתַּגֵּף ז״ת

[mistor] Zufluchtsort *m*, Versteck *n* מִסְתּוֹר ז׳

[mistori] geheimnisvoll, rätselhaft *Adj.* מִסְתּוֹרִי ת׳

= Geheimnis *n*, Verborgenes *n* ~ן ז׳ גם: ז״ר=

[mistajég] sich distanzierend מִסְתַּיֵּג ת׳

[mistakél] Zuschauer *m*, Beobachter *m* מִסְתַּכֵּל ז׳

[mastém] Verschluss *m*, Pfropfen *m* מַסְתֵּם ז׳

= Sicherheitsventil *n* ~-בִּטָּחוֹן=

[mesutam] verschlossen, verkorkt *Adj.* מְסֻתָּם ת׳

[mistama] wahrscheinlich *Adv.* ★מִסְתָּמָא ת״פ (ארמ׳) (מִן הַסְּתָם)

[mistanén] Eindringling *m;* jmd., der die Grenze überschreitet מִסְתַּנֵּן ז׳

[mista'éf] verzweigt, verschiedenartig *Adj.* מִסְתָּעֵף ת׳

[mista'arév] arabische Sitten annehmend מִסְתַּעֲרֵב ת׳

[mistapék] sich begnügend מִסְתַּפֵּק ת׳

= genügsam ~ בְּמוּעָט=

[mistar] Verborgenes *n* מִסְתָּר ז׳

[mustar] verborgen *Adj.* מֻסְתָּר ת׳, מוסתר

[mesatét] Steinmetz *m* מְסַתֵּת ז׳

[me'sutat] *(Stein)* behauen *Adj.* מְסֻתָּת ת׳, מסותת

[ma'bad] Aktion *f*, Tat *f* מַעְבָּד ז׳

[me'ubad] bearbeitet *Adj.* מְעֻבָּד ת׳, מעובד

[ma'bada] Laboratorium *n*, Labor *n* מַעְבָּדָ|ה נ׳

= Laborant *m* ~ן ז׳=

Adj.; *(Holz)* mit Astloch

[miskar] Übersicht *f*, Revue *f*; Parade *f* מִסְקָר ז׳, מיסקר

[mesakrén] Neugierde erweckend מְסַקְרֵן ת׳

[mesukran] neugierig *Adj.* מְסֻקְרָן ת׳, מסוקרן

[masar] *kal* übergeben, übermitteln, mitteilen מָסַר פעל (לִמְסוֹר אֶת-, יִמְסוֹר)

- *hit.* sich hingeben, sich widmen -הִתְמַסֵּר הת׳

= sich (für etwas) opfern =מָסַר אֶת נַפְשׁוֹ עַל-

['meser] Nachricht *f*, Botschaft *f* מֶסֶר ז׳

[mesurbal] schwerfällig, überladen *Adj.* מְסֻרְבָּל ת׳, מסורבל

[mesorag] vergittert; geflochten; schachbrettartig *Adj.* מְסֹרָג ת׳, מסורג

= wechselständige Blätter *n/pl. Bot.* =עָלִים מְסֹרָגִים

[masréga] Stricknadel *f* מַסְרֵגָה נ׳

[mesurgal] liniert, *auch* liniiert *Adj.* מְסֻרְגָּל ת׳, מסורגל

[masara] Sägewerk *n* מַסָּרָה נ׳

[musrat] verfilmt *Adj.* מֻסְרָט ת׳, מוסרט

[masrét] Reißnadel *f* מַסְרֵט ז׳

[masréta] Filmkamera *f* מַסְרֵטָה נ׳

[mesartét] technischer Zeichner מְסַרְטֵט ז׳ (גם: מְשַׂרְטֵט)

[mesurtat] (auf)gezeichnet *Adj. Tech.* מְסֻרְטָט ת׳, מסורטט

= Verrechnungsscheck *m* =שֶׁק ~

[mas'riax] stinkend *Adj.* מַסְרִיחַ ת׳

[masrit] Flimvorführer (Kino) *m* מַסְרִיט ז׳

[masréx] Sattelgurt *m* מַסְרֵךְ ז׳

[masran] Massoret *m* מַסְרָן ז׳

[mesoras] kastriert; entstellt *Adj.* מְסֹרָס ת׳, מסורס

[masrék] Kamm *m* מַסְרֵק ז׳

[mesorak] gekämmt *Adj.* מְסֹרָק ת׳, מסורק

[masréka] Kämmmaschine *f (für Baumwolle)* מַסְרֵקָה נ׳

[ma'soret] Überlieferung *f*, מָסֹרֶת נ׳, מסורת

=מַעְבַּדְתִּי ת׳ = Labor-
מַעֲבֶה ז׳ [ma'ave] Dicke *f*, Dickicht *n*; Tiefe *f (der Erde)*
מְעַבֶּה ז׳ [me'abe] Kondensator *m*
מְעֻבֶּה ת׳, מעובה [me'ube] verdickt *Adj.*
מַעְבּוֹרַאי ז׳ [ma'boraj] Fährmann *m*
מַעֲבָט ז׳ [ma'avat] Korb *m*, Wanne *f*
מַעֲבָטָה נ׳ [ma'avata] Pfandhaus *n*
מַעֲבִיד ז׳ [ma'avid] Arbeitgeber *m*
מַעֲבִיר ז׳ [ma'avir] Spediteur *m*, (Möbel)Packer *m*
מַעֲבִית נ׳ [ma'avit] Dickicht *n*
מַעֲבָר ז׳ [ma'avar] Übergang *m*, Durchgang *m*; Überschreitung *f*; Passage *f*
=מַעֲבַר-חֲצִיָּה = Fußgängerübergang *m*
=~-הָרִים = Pass *m*, Bergübergang *m*
=מַעֲבָר עִלִּי = Überführung *f* (Brücke)
=תְּעוּדַת-~ = Laissez-passer *n*, Passierschein *m*
=תְּקוּפַת-~ = Übergangszeit *f*, Wechseljahre *n/pl.*
מַעְבָּרָה נ׳ [ma'bara] Furt *f*; Durchgangslager *n*
מַעְבֹּרֶת נ׳, מעבורת [ma'boret] Fähre *f*
=מַעְבֹּרֶת חָלָל = Raumfähre *f*, Raumfahrzeug *n*
מְעֻבֶּרֶת ת׳, מעוברת [me'u'beret] geschwängert *Adj.*
=שָׁנָה ~ = Schaltjahr *n*
מְעֻבָּשׁ ת׳, מעובש [me'ubaʃ] schimm(e)lig *Adj.*
מַעְגִּילָה נ׳ [ma'gila] Walze *f*; Wäscherolle *f*; Nudelholz *n*
מַעְגָּל ז׳ [ma'gal] Kreis *m*, Runde *f*
=~ חַשְׁמַלִּי = Stromkreis *m El.*
=מַעְגַּל-קְסָמִים = Teufelskreis *m*, Zirkelschluss *m* (Circulus vitiosus)
=מַעְגָּלִים מְשֻׁתְּפֵי-מֶרְכָּז = konzentrische Kreise *m/pl.*
★מְעַגֵּל ז׳ [me'agél] Kreiszieher *m* *(der legendäre Rabbi Choni)*
מְעֻגָּל ת׳, מעוגל [me'ugal] (ab)gerundet *Adj.*
=מִסְפָּר ~ = abgerundete -, runde Zahl
=בְּ~ ת״פ = abgerundet *Adv.*
מַעְגָּלִי ת׳ [ma'gali] kreisförmig *Adj.*
מַעֲגָן ז׳ [ma'agan] Ankerplatz *m*
=בְּרֵכַת-~ = Hafenbecken *n*
מְעֻגָּן ת׳, מעוגן [me'ugan] verankert; einsam *Adj.*
מָעַד פעל (לִמְעוֹד, יִמְעַד) [ma'ad] *kal* straucheln, ausrutschen
-הִמְעִיד הפ׳ - *hif.* zum Straucheln bringen
מְעֻדְכָּן ת׳, מעודכן [me'udkan] auf den neuesten Stand gebracht, auf dem Laufenden gehalten
מְעֻדָּן ת׳, מעודן [me'udan] verfeinert *Adj.*
מַעֲדָן ז׳ [ma'adan] Leckerbissen *m*, Feinkost *f*
=מַעֲדַנִּים ז״ר = Delikatessen *f/pl.*
=חַיֵּי-~ = Luxusleben *n*
מַעֲדַנִיָּה נ׳ [ma'adanija] Delikatessenladen *m*, Feinkost *f*
מֻעֳדָף ת׳, מועדף [mo'odaf] bevorzugt *Adj.*
מַעְדֵּר ז׳ [ma'dér] Spitzhacke *f*, Hacke *f*
(מָעָה) מָעוֹת נ״ר [ma'ot] Geld *n*, Kleingeld *n*
=~ שֶׁל חֲנֻכָּה = Chanukkageld *n*
=הִנִּיחַ מְעוֹתָיו עַל קֶרֶן הַצְּבִי = sein Geld schlecht anlegen
מֵעֶה ז׳ ראה גם: מְעִי [mé'e] Darm *m*
מָעוֹג ז׳ [ma'og] 1. Kuchen *m* 2. Grimasse *f*
מִעוּד ז׳ [mi'ud] Zeit, Termin ausmachen
מָעוּד ת׳ [ma'ud] gestrauchelt *Adj.*
מְעוֹדֵד ת׳ [me'odéd] ermutigend *Adj.*
מְעוֹדָד ת׳ [me'odad] ermutigt *Adj.*
מְעֻוֶּה ת׳, מעווה [me'uve] deformiert *Adj.*
מַעֲוֶה ז׳ [ma'ave] Grimasse *f*
מַעֲוָה נ׳ [ma'ava] Sünde *f*, Verbrechen *n*
מָעוֹז ז׳ (מָעֻזִּים) [ma'oz] Bollwerk *n*, feste Burg *bibl.*
מָעוּט ת׳ [ma'ut] gering, wenig *Adj.*
=מְעוּט-אֶמְצָעִים, ~-יְכֹלֶת = mittellos *Adj.*
מִעוּט ז׳, מיעוט [mi'ut] Minderheit *f*, Minorität

f; Minimum *n*; Verringerung *f*

=~-הַדְּמוּת = Herabwürdigung *f*, Geringschätzung *f*

=מִעוּטִים, ~ לְאֻמִּיִּים = nationale Minderheiten *f/pl.*

=הָרָע בְּמִעוּטוֹ = das kleinere Übel

מָעוּךְ ת׳ [ma’ux] zerdrückt, zerquetscht *Adj.*

מִעוּךְ ז׳ [mi’ux] Drücken *n*, Quetschen *n*

מֵעוֹלָם לֹא ת״פ [mé’olam lo’] niemals *Adv.* (in irrealem Bedingungssatz)

מָעוֹן ז׳ (מְעוֹנִים, גם: מְעוֹנוֹת) [ma’on] Wohnung *f*, Heim *n*, Sitz *m*

=מְעוֹן-יוֹם, ~-יְלָדִים = Tagesheim *n*; Kinderheim *n*, Kinderhort *m*

מְעוֹנוֹעַ ז׳ [me’o’noa’] Wohnwagen *m*

מָעוֹף, מָעוּף ז׳ [ma’of, ma’uf] Flug *m*, Schwung *m*

=מִמְּעוּף-הַצִּפּוֹר = aus der Vogelperspektive

מְעוֹפֵף ת׳ [me’oféf] fliegend *Adj.*; Tagträumer *m*, Traumtänzer m

מְעוֹרֵר תו״ז [me’orér] erweckend, aufweckend *Adj.*; Erreger *m*

=~ בְּחִילָה = Ekel erregend *Adj.*

=שָׁעוֹן-~ = Wecker *m*

מְעֻוָּת ת׳, מעוות [me’uvat] gekrümmt, verbogen, deformiert, entstellt *Adj.*

מָעַט פעל (לִמְעוֹט, יִמְעַט) [ma’at] *kal* wenig werden, wenig sein, sich verringern, abnehmen

-מִעֵט פיעל - *pi.* verringern, reduzieren *v/t*

-נִתְמַעֵט הת׳ - *hit.* geringer werden, abnehmen *v/i*

-הִמְעִיט הפ׳ - *hif.* verringern *v/t*, in geringem Maße tun

=לִמְעֵט מ״י = außer, ausgenommen *Prp.*

=מִעֵט אֶת הַדְּמוּת = Wert herabsetzen, Wert mindern, gering schätzen

מְעַט ת״פ, ת״ז [me’at] wenig *Adj.*, etwas

=כִּמְעַט ת״פ = fast, beinahe, nahezu

=מְעַט מִן הַמְּעַט = ein wenig, bißchen

=עוֹד מְעַט (וְ-) = bald

★=מְתֵי מְעַט = wenige Menschen *m/pl.*

★=מִקְדַּשׁ מְעַט = kleines Heiligtum (Synagoge, Lehrhaus)

מַעֲטֶה ז׳ [ma’ate] Hülle *f*, Umhüllung *f*

מַעֲטִיר ת׳ [ma’atir] gekrönt *Adj.*

=יְרוּשָׁלַיִם הַמַּעֲטִירָה = Jerusalem, die gekrönte Hauptstadt

מַעֲטָן ז׳ [ma’atan] großes Fass *n*, Bottich *m* (Oliven)

מְעֻטָּף ת׳, מעוטף [me’utaf] eingehüllt; broschiert *Adj.*

מַעֲטָפָה נ׳ [ma’atafa] Briefumschlag *m*, Kuvert *n*; Buchumschlag *m*

=~ מְאֻשְׁנֶבֶת = Fensterbriefumschlag *m*

=מַעֲטֶפֶת-נֶפֶץ = Briefbombe *f*

מַעֲטָפִית נ׳ [ma’atafit] Hülschen *n Bot.*

מַעֲטֶפֶת נ׳ [ma’a'tefet] Umhang *m*

מְעֻטָּר ת׳, מעוטר [me’utar] gekrönt; geschmückt, verziert, illustriert *Adj.*

מְעֻטְרָן ת׳, מעוטרן [me’utran] geteert *Adj.*

מְעִי ז׳, מֵעַיִם ז״ז [me’i, mé’ajim] Darm *m*

=~ אָטוּם (ראה גם: תּוֹסֶפְתָּן) = Blinddarm *m*

=~ גַּס = Dickdarm *m*

=~ דַּק = Dünndarm *m*

=בְּנֵי-מֵעַיִם = Eingeweide *n/pl.*

=חוֹלֵה-~ = darmkrank *Adj.*

מְעִידָה נ׳ [me’ida] Straucheln *n*

מְעִיכָה נ׳ [me’ixa] Drücken *n*, Quetschen *n*

מְעִיל ז׳ [me’il] Mantel *m*

מְעִילָה נ׳ [me’ila] Unterschlagung *f*, Veruntreuung *f*

מְעִילוֹן ז׳ [me’ilon] Jackett *n*, Jacke *f*

מֵעַיִם ז״ז, ראה גם: מְעִי [mé’ajim] Eingeweide *n/pl.*; Gedärme *n/pl.*

מַעְיָן[1] ז׳ (מַעְיָנוֹת) [ma’jan] Quelle *f*

=~ הַמִּתְגַּבֵּר = sprudelnde -, unerschöpfliche Quelle

=מַעַיְנֵי (מַעַיְנוֹת) -יְשׁוּעָה, ~ מַרְפֵּא = Heilquellen *f/pl.*

=מַעַיְנוֹת-נֵפְט = Ölquellen *f/pl.*

★מַעֲיָן[2] ז׳, (מַעֲיָנִים) [ma'jan] Streben *n*; innigster Wunsch

מְעֻיָּן[1] ז, מעוין [me'ujan] Rhombus *m*, gleichseitiges Parallelogramm

מְעֻיָּן[2] ת׳, מעוין [me'ujan] abgewogen, ausgeglichen *Adj.*

מֵעֵין מ״י [mé'én] eine Art, so etwas wie, gleichsam; Schein-

מְעֻיָּף ת׳, מעויף [me'ujaf] ermüdet *Adj.*

מֵעִיק ת׳ [mé'ik] lastend, belastend, bedrückend *Adj.*

מְעֻיָּר ת׳, מעויר [me'ujar] urbanisiert, verstädtert *Adj.*

מָעַךְ פעל (לִמְעוֹךְ אֶת-, יִמְעַךְ) [ma'ax] *kal* zerdrücken, zerquetschen *v/t*

מֵעַךְ ז׳ [mé'ax] Beule *f*, Quetschung *f*

מְעַכֵּב ת׳ [me'akév] einschränkend, hemmend *Adj.*

מְעֻכָּב ת׳, מעוכב [me'ukav] aufgehalten, gehemmt *Adj.*

מְעֻכָּל ת׳, מעוכל [me'ukal] verdaut *Adj.*

מְעֻכָּר ת׳ [me'ukar] schlammig, beschmutzt *Adj.*

מָעַל פעל (לִמְעוֹל בְּ-, יִמְעַל) [ma'al] *kal* veruntreuen, unterschlagen

=~ בִּשְׁלִיחוּתוֹ, ~ בְּתַפְקִידוֹ = s-r Aufgabe untreu werden

★מַעַל[1] ז׳ ['ma'al] Untreue *f*

=יָדוֹ הָיְתָה בַּמַּעַל = er war mitschuldig

(מַעַל)[2] מִמַּעַל ת״פ ['ma'al] oben *Adv.*

מֹעַל ז׳, מועל ['mo'al] Aufheben *n*, Erheben *n*

=בְּ~-יָד = durch Erheben der Hände

מַעֲלֶה ז׳ (מַעֲלוֹת) [ma'ale] Aufgang *m*; Höhe *f*

=~ עַל נֵס = loben

=בְּ~ הַנָּהָר =flussaufwärts *Adv.*

=מַעֲלֵה-גֵרָה = Wiederkäuer *m*

מַעֲלָה נ׳ [ma'ala] Grad *m;* Stufe *f*, Steigung *f*, hohe Stelle; Vorzug *m*, Tugend *f*

=רִאשׁוֹן בְּמַעֲלָה = erstrangig *Adj.*

=מַעֲלָתוֹ, מַעֲלַת-כְּבוֹדוֹ = Euer Gnaden, Eure Hoheit

=הוֹד מַעֲלָתוֹ = Eure Exzellenz

=שִׁיר-~ = Stufengesang *m* Psalmen 120-134

מַעְלָה ת״פ ['ma'la] oben *Adv.*

=לְ~ = nach oben

=לְ~ מִן = höher als, mehr als

=מִלְּ~ = von oben

=מִן... וָ~ = von - ab und darüber

=מִשִּׁכְמוֹ וָ~ = alle überragend

=יְרוּשָׁלַיִם שֶׁל ~ = das geistige (himmlische) Jerusalem

מְעֻלֶּה ת׳, מעולה [me'ule] ausgezeichnet, hervorragend *Adj.*

מַעֲלִיב ת׳ [ma'aliv] beleidigend *Adj.*

מַעֲלִית נ׳ [ma'alit] Fahrstuhl *m*, Aufzug *m*, Lift *m*

★מַעֲלָל ז׳ [ma'alal] Handlung *f*, Tat *f*

מָעֳמָד ז׳ [mo'omad] Kandidat *m;* Stand *m*

מַעֲמָד ז׳ (מַעֲמָדוֹת) [ma'amad] Position *f;* Stand *m*, Posten *m*; (Gesellschafts-)Klasse *f*; Szene *f*, Auftritt *m Thea.*

=הַמַּעֲמָד הַבֵּינוֹנִי = Mittelstand *m*

=מַעֲמַד הַר-סִינַי = die Offenbarung am Sinai

=מַעֲמָד גָּדוֹל, ~ הִיסְטוֹרִי = großes, historisches Ereignis

=בְּ~ פְּלוֹנִי = in s-m Beisein

=בְּאוֹתוֹ ~ = auf der Stelle, im gleichen Augenblick, bei dieser Gelegenheit

=מִלְחֶמֶת-מַעֲמָדוֹת = Klassenkampf *m*

=הֶחֱזִיק מַעֲמָד = standhalten, durchhalten

מֻעֲמָד ז׳, מועמד [mu'amad] Kandidat *m*,

מַעֲנֶה ז׳ [ma'ane] Antwort *f*
=מַעֲנֵה-לָשׁוֹן = treffende Antwort, Schlagfertigkeit *f*
=בְּלִי טְעָנוֹת וּמַעֲנוֹת = ohne Widerrede
מְעֻנֶּה ת׳, מעונה [me'une] gequält, gefoltert *Adj.*
=קָדוֹשׁ ~ = Märtyrer *m*
מְעַנְיֵן ת׳, מעניין [me'anjén] interessant; pfiffig *Adj.*
מְעֻנְיָן ת׳, מעוניין [me'unjan] interessiert *Adj.*
=לְכָל הַמְעֻנְיָן = an alle, die es angeht
★מַעֲנִית נ׳ [ma'anit] Furche *f Agr.*
מְעֻנָּן ת׳, מעונן [me'unan] bewölkt *Adj.*
מְעֻנָּף ת׳, מעונף [me'unaf] verzweigt *Adj.*
מַעֲנָק ז׳ [ma'anak] Gratifikation *f*, Zuwendung *f*, Beihilfe *f*
=מַעֲנַק-לִמּוּדִים ראה גם: מִלְגָּה = Stipendium *n*
מְעַסֶּה ז׳ [me'ase] Masseur *m*
מְעִסָּה נ׳ [mé'isa] Paste *f*, Brei *m*
מַעֲסִיק ז׳ ראה גם: מַעֲבִיד [ma'asik] Arbeitgeber *m*
מָעֳסָק ת׳, מְעֻסָּק, מועסק [mo'osak] beschäftigt *Adj.*
מַעְפִּיל ז׳ [ma'apil] (wagemutiger) Pionier *m*; illegaler Einwanderer *(nach Palästina während der Mandatsherrschaft)*
מַעְפָּל ז׳ [ma'pal] mutige Tat
מְעֻפָּשׁ ת׳, מעופש [me'upaʃ] schimm(e)lig, moderig *Adj.*
מַע״ץ ר״ת מַחְלֶקֶת עֲבוֹדוֹת צִבּוּרִיּוֹת ['ma'ats] *Kurzw.* Abteilung *f* für öffentliche Arbeiten
מַעֲצָב ז׳ [ma'atsav] Traurigkeit *f*, Melancholie *f*
מְעֻצָּב ת׳, מעוצב [me'utsav] gestaltet *Adj.*
מְעַצְבֵּן ת׳ [me'atsbén] nervös machend, irritierend *Adj.*
מְעֻצְבָּן ת׳, מעוצבן [me'utsban] nervös, gereizt *Adj.*
מַעֲצָד ז׳ [ma'atsad] Zugmesser *n* *(Tischlerwerkzeuge)*
מַעֲצֶה ז׳ [ma'atse] Holzteil m *(in Metall-*

Anwärter *m*
מְעֻמָּד ת׳, מעומד [me'umad] stehend *Adj.*; umbrochen *Typ*, paginiert
=בְּ~ ת״פ = im Stehen, stehend *Adv.*
מְעַמֵּד ז׳ [me'améd] Umbrecher *m Typ.*
מֻעֲמָדוּת נ׳, מועמדות [mu'amadut] Kandidatur *f*, Anwartschaft *f*
מַעֲמָדִ|י ת׳ [ma'amadi] Klassen-
=~יּוּת נ׳ = Klassenbewusstsein *n*
מַעֲמִיד ז׳ [ma'amid] Basis *f*, Stand *m*, Sockel *m*
מַעֲמִיק ת׳ [ma'amik] in die Tiefe gehend
מְעַמֵּל ז׳ [me'amél] Turnlehrer *m*, Sportlehrer *m*
מְעֻמְלָן ת׳, מעומלן [me'umlan] *(Wäsche)* gestärkt *Adj.*
מְעֻמָּם ת׳ (עָמוּם) [me'umam] *(Licht)* gedämpft *Adj.*
=בְּ~ ת״פ = gedämpft *Adv.*
מָעֳמָס ת׳ [mo'omas] beladen *Adj.*
מְעֻמָּס ת׳ [me'umas] schwer beladen
מַעֲמָס ז׳ [ma'amas] Belastung *f*, Belastungsfähigkeit *f*, Last *f*; *Mar.* Tonnage *f*
מַעֲמָסָה נ׳ [ma'amasa] Belastung *f*, Bürde *f*
=הָיָה לְ~ = zur Last fallen
מְעֻמְעָם ת׳, מעומעם [me'um'am] unklar, getrübt *Adj.*
=בְּ~ ת״פ = unklar *Adv.*
מַעֲמָק ז׳ [ma'amak] Tiefe *f*
=מִמַּעֲמַקִּים = aus der Tiefe
=מִמַּעֲמַקֵּי-הַלֵּב = aus tiefstem Herzen
מְעֻמָּת ת׳ [me'umat] konfrontiert *Adj.*
מַעַן ז׳ ראה גם: כְּתֹבֶת ['ma'an] Adresse *f*
מָעַן פעל (לִמְעוֹן, יִמְעַן) [ma'an] *kal* adressieren
-מִעֵן פיעל - *pi.* adressieren
מַעֲנָב ז׳ [ma'anav] Schlinge *f*
מְעֻנָּב ת׳ [me'unav] eine Krawatte tragend
מְעֻנָּג ת׳, מעונג [me'unag] verzärtelt *Adj.*
מְעֻנָּד ת׳, מעונד [me'unad] geschmückt *Adj.*
מַעֲנָה ז׳ [ma'ana] Furche *f*, Rille *f* *Agr.*

[ma'akaʃi] holperig, gewunden *Adj.* מַעֲקַשִׁי ת'

[me'orav] gemischt, verwickelt, involviert *Adj.* מְעֹרָב ת', מעורב

= gesellig *Adj.*, zur Gesellschaft gehörend =~ עִם הַבְּרִיּוֹת

= gemeinsame Schule *(für Jungen u. Mädchen)* =בֵּית-סֵפֶר ~

= gemischte Wirtschaft *(mehrere Landwirtschaftszweige umfassend)* -מֶשֶׁק ~

= gemischte Gefühle *n/pl.* =רְגָשׁוֹת מְעֹרָבִים

[ma'arav] Westen *m* מַעֲרָב ז'

= Abendland *n*, Okzident *m* =אַרְצוֹת-הַמַּעֲרָב

= Westmächte *f/pl. Pol.* =מַעֲצָמוֹת-הַמַּעֲרָב

= *fig.* Gegensätze *m/pl.* =כְּרָחֹק מִזְרָח מִמַּעֲרָב

[hitma'arév] *hit.* sich an den Westen (*Leitkultur*) anpassen (מערב) הִתְמַעֲרֵב הת'

[me'urbav] vermischt *Adj.* מְעֻרְבָּב ת', מעורבב

= durcheinander *Adv.* =בְּ~ ת"פ

[ma'aravon] Wildwestfilm *m* מַעֲרָבוֹן ז'

[me'oravut] Verwicklung *f*, Verwickeltsein *n Pol.* מְעֹרָבוּת נ', מעורבות

[ma'aravi] westlich *Adj.* מַעֲרָבִי ת'

= südwestlich =דְּרוֹמִית-~ת ת"פ

= nordwestlich =צְפוֹנִית-~ת ת"פ

= Klagemauer *f* =הַכֹּתֶל הַמַּעֲרָבִי

= Westlichkeit *f* =מַעֲרָבִיּוּת

[me'arbél] Betonmischmaschine *f* מְעַרְבֵּל ז'

[me'urbal] durcheinander gewirbelt *Adj.* מְעֻרְבָּל ת', מעורבל

[me'ar'bolet] Wirbel *m*, Strudel *m*; Verwicklung *f* מְעַרְבֹּלֶת נ', מערבולת

[me'urgal] gewalzt *Adj.* מְעֻרְגָּל ת', מעורגל

[me'ar'golet] Walzwerk *n* מְעַרְגֹּלֶת נ', מערגולת

[me'urdal] Überschuhe tragend מְעֻרְדָּל ת'

[ma'are] Lichtung *f* ★מַעֲרֶה ז'

[me'ara] Höhle *f* מְעָרָה נ'

= Höhle *f* Machpela *(in Hebron)* =מְעָרַת-הַמַּכְפֵּלָה

geräten)

[me'utse] holzig, verholzt *Adj.* מְעֻצֶּה ת', מעוצה

[ma'tsor] Hemmung *f*, Einhalt *m;* Bremse *f* מַעְצוֹר ז'

[ma'atsiv] traurig (machend) *Adj.* מַעֲצִיב ת'

[me'utsam] hypostatisch, gegenständlich *Adj.* מְעֻצָּם ת', מעוצם

[ma'atsama] Großmacht *f* מַעֲצָמָה נ'

[ma'tsar] Haft *f*, Arrest *m* מַעְצָר ז'

= Hausarrest *m* =מַעְצַר-בַּיִת

[ma'atsér] Bremse *f* מַעֲצֵר ז'

= Türfeststeller *m* =~-דֶּלֶת

[mé'utsar] zurückhaltend *Adj.* מְעֻצָּר ת', מעוצר

[ma'a'tseret] Ölpresse *f* מַעֲצֶרֶת נ'

[me'ukav] kubisch *Adj.* מְעֻקָּב ת', מעוקב

= Kubikmeter (m^3) *m* =מֶטֶר ~

[ma'akav] Weiterverfolgung *f*, Nachuntersuchung *f* מַעֲקָב ז'

[ma'ake] Geländer *n* מַעֲקֶה ז'

[ma'akol] Windung *f* מַעֲקוֹל ז'

[ma'akon] niedriges Geländer מַעֲקוֹן ז'

[ma'akof] Verkehrsinsel *f* מַעֲקוֹף ז'

[ma'akal] Windung *f* מַעֲקָל ז'

[me'ukal] gekrümmt, verdreht; geschweift *Adj.* מְעֻקָּל¹ ת', מעוקל

[me'ukal] Krümmung gepfändet *Adj.* מְעֻקָּל² ת', מעוקל

[ma'akam] Krümmung *f* מַעֲקָם ז'

[me'ukam] gekrümmt, gewunden *Adj.* מְעֻקָּם ת', מעוקם

[me'ukaf] umgangen *Adj.* מְעֻקָּף ת', מעוקף

[ma'akaf] Umleitung *f*; Herzkatheter *n* מַעֲקָף ז'

[me'ukats] zerstochen *Adj.* מְעֻקָּץ ת', מעוקץ

[me'akér] sterilisierend *Adj.* מְעַקֵּר ת'

[me'ukar] sterilisiert; kastriert *Adj.* מְעֻקָּר ת', מעוקר

[ma'akér] Sterilisator *m* מַעֲקֵר ז'

[mé'ikara] von Anfang an מֵעִקָּרָא ת"פ (ארמ')

=~-פָּרִיצִים = Räuberhöhle *f*

=שׁוֹכְנֵי-מְעָרוֹת = Höhlenbewohner *m/pl.*

מְעֹרֶה ת׳, מעורה [me'ore] verbunden, verwurzelt *Adj.*, *fig.*

מַעֲרוֹךְ ז׳ [ma'arox] Nudelholz *n*

★מַעֲרוּפְיָה נ׳ [ma'arufia] Klienten-, Kundenkreis *m*

מְעֻרְטָל ת׳, מעורטל [me'urtal] entblößt, nackt *Adj.*

מַעֲרִיב ז׳ [ma'ariv] Abendgebet *n;* israel. Zeitung

מַעֲרִיךְ ז׳ [ma'arix] Taxator *m*, Schätzer *m*; Exponent *m Math.*

מַעֲרִיץ ז׳ [ma'arits] Verehrer *m*, Anhänger *m*

מַעֲרָךְ ז׳ [ma'arax] Plan *m*, Anlage *f*; Anordnung *f* e-s Truppenverbandes; "Ma'arach", Abrbeiterpartei *f* in Israel

מְעֹרָךְ ת׳, מוערך [mo'orax] eingeschätzt *Adj.*

מַעֲרָכָה נ׳ [ma'araxa] Anordnung *f*, System *n*; Serie *f*; Schlachtordnung *f*, Front *f*, Feldzug *m*; Akt *m*, Aufzug *m Thea.*

=מַעֲרֶכֶת-הַשֶּׁמֶשׁ = Sonnensystem *n*

=~-שִׁעוּרִים = Stundenplan *m*

=שִׁדּוּד-מַעֲרָכוֹת = Neuorientierung *f*, Umstellung *f*

מַעַרְכוֹן ז׳ [ma'arxon] Einakter *m*

מַעֲרֶכֶת נ׳ [ma'a'rexet] Redaktion *f*; Satz *m* zusammengehöriger Dinge, Garnitur *f*

=~-כֵּלִים = Besteck *n*, Service *n*

=מַאֲמַר-~ = Leitartikel *m*

מַעֲרֹכֶת נ׳ [ma'a'roxet] Konstitution *f*; Körperfunktion *f*

מְעֹרָם ת׳ [me'oram] gestapelt *Adj.*

מַעֲרֹם ז׳ (מַעֲרֻמִּים) [ma'arom] Nacktheit *f*, Blöße *f*

מַעֲרֶמֶת נ׳ [ma'a'remet] Mähdrescher *m*

מְעַרְעֵר ז׳ [me'ar'ér] Berufungskläger *m*

מְעֹרְעָר ת׳, מעורער [me'ur'ar] erschüttert *Adj.*, ins Wanken gebracht

מַעֲרָף ז׳ [ma'araf] Regen-, Wassertropfen *m*

מְעֻרְפָּל ת׳, מעורפל [me'urpal] vernebelt *Adj.*

מַעֲרֶפֶת נ׳ [ma'a'refet] Guillotine *f*, Fallbeil *n*

מַעֲרָצָה נ׳ [ma'aratsa] Axt *f*

★מַעַשׂ ז׳ ['ma'as] Tat *f*

מַעֲשֵׂבָה נ׳ [ma'aséva] Herbarium *n*

מַעֲשֶׂה ז׳ (מַעֲשִׂים) [ma'ase] Tat *f*, Handlung *f*, Werk *n*; Geschehnis *n*

=לְ~ ת״פ = in der Tat, in Wirklichkeit

=~ שֶׁהָיָה = "es war einmal"; eine wahre Geschichte

=מַעֲשֵׂה- = in der Form von, gemacht wie

=~-בְּרֵאשִׁית = Schöpfung *f*

=~-יָדַיִם = der Hände Werk

=~-יָדָיו לְהִתְפָּאֵר = dankenswerte Arbeit, s-r Hände Werk

=~-יַלְדוּת = Kinderei *f*

=~-כֶּשֶׁל = Fehlleistung *f*

=~-נִסִּים = Wundertat *f*

=~-נַעֲרוּת = kindisches Benehmen

=~-סְדוֹם = Sodomie *f*, Homosexualität *f*

=~-קוֹף = Nachäffen *n*

=~-קֻנְדֵּס = Streich *m*

=מַעֲשֶׂה רַב = große Tat

=מַעֲשֵׂה-שָׂטָן = Teufelswerk *n*

=מַעֲשִׂים בְּכָל יוֹם = Alltägliches

=אִישׁ-מַעֲשֶׂה = Mann der Tat

=בִּשְׁעַת-~ = auf frischer Tat, in flagranti

=הֲלָכָה לְ~ = in die Tat umgesetzt, praktisch *Adv.*

=לְאַחַר ~ = im Nachhinein *Adv.*

=מַה מַּעֲשֶׂיךָ? = was tust du?

מְעַשֶּׂה ז׳ [me'ase] Aktivierender *m*

מְעֻשֶּׂה ת׳, מעושה [me'use] künstlich, gemacht, unnatürlich *Adj.*

מַעֲשִׂי ת׳ [ma'asi] praktisch, durchführbar *Adj.*

מַעֲשִׂיָּה נ׳ [ma'asija] Märchen *n*, kleine Erzählung

מַעֲשִׂיּוּת נ׳ [ma'asijut] Praktischsein *n*, Durchführbarkeit *f*

מְעַשֵּׁן ז' [me'aʃén] Raucher *m*

=לֹא-~, לֹא-מְעַשְּׁנִים = Nichtraucher *m*

מְעֻשָּׁן ת', מעושן [me'uʃan] geräuchert; verraucht *Adj.*

מַעֲשֵׁנָה נ' [ma'aʃéna] Schornstein *m*, Luftschacht *m*

מַעֲשָׁקָה נ' [ma'aʃaka] Diebstahl *m*

מָעֳשָׁר ת' [mo'oʃar] bereichert *Adj.*

★מַעֲשֵׂר ז' [ma'asér] Zehnte(r) *m* (Abgabe)

מְעֻשָּׂר ז', מעושר [me'usar] Dekagon *n*, Zehneck *n*

מֵעֵת-לְעֵת [mé'ét-le'ét] ein Tag u. e-e Nacht, 24 Stunden *bibl.*; manchmal

מְעֻתָּד ת', מעותד [me'utad] bestimmt (für die Zukunft) *Adj.*

מַעְתּוֹר ז' [ma'tor] Einwilligung *f*

מַעְתִּיק ז' [ma'tik] Abschreiber *m*, Kopist *m*

מָעְתָּק ת', מועתק [mo'tak] abgeschrieben; versetzt *Adj.*

מַעְתָּק ז' [ma'tak] Kopie *f*; Verschiebung *f*, Verlagerung *f*

=מַעְתַּק הֲגָאִים = Lautverschiebung *f Gr.*

מַעְתֵּקָה נ' [ma'teka] Kopiergerät *n*

מְפֹאָר ת', מפואר [mefo'ar] prächtig, prachtvoll, luxuriös *Adj.*

★מִפְּאַת מ"י [mip'at] wegen *Prp.*

מְפֻבְרָק ת', מפוברק [mefubrak] fabriziert, künstlich *Adj.*

מֻפְגָּז ת', מופגז [mufgaz] bombardiert *Adj.*

מַפְגִּין ז' [mafgin] Demonstrant *m*

מַפְגִּיעַ ת' [maf'gia'] eindringlich *Adj.*

=בְּ~ ת"פ = dringlich *Adv.*

מְפֻגָּל ת', מפוגל [mefugal] verunreinigt, vergällt *Adj.*

★=כֹּהַל ~ = vergällter Alkohol

מֻפְגָּן ת', מופגן [mufgan] demonstriert, demonstrativ *Adj.*

מִפְגָּן ז' [mifgan] Aufmarsch *m*, Parade *f*

מִפְגָּע ז' [mifga'] Angriffspunkt *m*, Stein *m* des Anstoßes *fig.*

=~ צִבּוּרִי = öffentliches Ärgernis

מְפַגֵּר ת' [mefagér] zurückgeblieben, rückständig *Adj.*

מִפְגָּשׁ ז' [mifgaʃ] Treffpunkt *m*, Treffen *n*

מֻפְגָּשׁ ת' [mufgaʃ] zusammengebracht *Adj.*

מִפְדֶּה ז' [mifde] Einlösung *f*

מַפְדָּ"ל ר"ת מִפְלָגָה דָּתִית-לְאֻמִּית [mafdal] "Mafdal", religiös-nationale Partei

מְפֻדָּר ת', מפודר [mefudar] gepudert *Adj.*

מַפָּה נ' [mapa] Landkarte *f*, Plan *m;* Tischdecke *f*

=מַפַּת-קִיר = Wandkarte *f*

=~-שֻׁלְחָן = Tischdecke *f*

מִפָּה פיעל [mipa] *pi.* Karten zeichnen

מַפּוּחַ ז' [ma'puax] Blasebalg *m*

מַפּוּחוֹן ז' [mapuxon] Akkordeon *n*, Harmonika *f*

מַפּוּחִית נ' [mapuxit] Harmonika *f*

=~-יָד = Konzertina *f*, Harmonika *f*

=~-פֶּה = Mundharmonika *f*

=מַפּוּחִיתָן ז' = Harmonikaspieler *m*

מִפּוּי ז', מיפוי [mipuj] Kartographie *f*

מְפוֹצֵץ ת' [mefotséts] laut, schockierend, prorokant *Adj.;* bombastisch *fig. iron.*

מִפְזָר ז' [mifzar] Verbreitung *f*, Ausdehnung *f*

מְפֻזָּר ת', מפוזר [mefuzar] verstreut, zerstreut; weit verbreitet *Adj.*

מַפְזֵרָה נ' [mafzéra] Zersteuber *m*, Spritzgerät *n*

מַפָּח ז' [mapax] Reifenpanne *f*; Frustration *f Psych.*

=מַפַּח-נֶפֶשׁ = Enttäuschung *f*, Verzweiflung *f*

מַפַּ"ח ר"ת מוֹעֶצֶת פּוֹעֲלֵי חֵיפָה [mapax] *Kurzw.* Arbeiterrat *m* von Haifa

מֻפְחָד ת', מופחד [mufxad] verängstigt, eingeschüchtert *Adj.*

מְפֻחָד ת' [mefuxad] erschrocken, ängstlich *Adj.*

מַפָּחָה נ' [mapaxa] Schmiede *f*

מְפֻחְלָץ ת', מפוחלץ [mefuxlats] *(Tier)* ausge-

stopft *Adj.*

מְפֻחָם ת׳, מפוחם [mefuxam] kohlschwarz; verkohlt; *(mit Kohle)* beschmutzt *Adj.*

מְפֻחָס ת׳, מפוחס [mefuxas] platt *Adj.* gedrückt

מְפֻחְפָּח ת׳ [mefuxpax] rußig *Adj.*

מְפֻחְתָּת ת׳, מופחת [mufxat] verringert, herabgesetzt *Adj.*

מַפְטִיר ז׳ [maftir] "Maftir" *(der als Letzter zur Thora aufgerufen wird, zum Lesen der "Haftara");* Redner *m* des Schlussworts *fig.*

מְפֻטָּם ת׳, מפוטם [mefutam] gemästet *Adj.*; überfüllt *Adj. fig.*

מִפְטָמָה נ׳, מיפטמה [miftama] Mastzucht *f*

מְפֻטָּר ת׳, מפוטר [mefutar] entlassen *Adj.*

מַפִּיּוֹן ז׳ [mapijon] Serviettenständer *m*

מְפֻיָּח ת׳, מפויח [mefujax] rußig, berußt *Adj.*

מְפֻיָּךְ ת׳ [mefujax] bemalt *Adj.*

מְפֻיָּס ת׳, מפויס [mefujas] ausgesöhnt *Adj.*

מֵפִיץ ז׳ [méfits] Verbreiter *m*, Verteiler *m*

מֵפִיק ז׳ [méfik] Hersteller *m*, Erzeuger *m*; (Film-) Produzent *m*

מַפִּיק ז׳ [mapik] "Mapik", Punkt im hebr. Buchstaben He als Konsonant *Gr.* (הּ)

מֵפִיר ז׳ [méfir] Störer *m*

=~-שְׁבִיתָה = Streikbrecher *m*

מַפִּית נ׳ [mapit] Serviette *f*, Mundtuch *n*

מְפֻכָּח ת׳, מפוכח [mefukax] ernüchtert *Adj.*

מַפָּל ז׳ [mapal] Fall *m*, Wasserfall *m*

=מַפְּלֵי-בָשָׂר ז״ר = Fettfalten *f/pl.*

=~-מַיִם = Wasserfall *m*

מֻפָּל ת׳ [mupal] geworfen *Adj.*, fallen gelassen

מֻפְלָא ת׳, מופלא [mufla'] wunderbar *Adj.*

מְפֻלְבָּל ת׳ [mefulbal] starrend, starr *(Blick) Adj.*

מְפֻלָּג ת׳, מפולג [mefulag] gespalten *Adj.*

מֻפְלָג ת׳, מופלג [muflag] weit liegend; ausgezeichnet; übertrieben *Adj.*

=זָקֵן ~ = hochbetagt *Adj.*

=עָשִׁיר ~ = steinreich *Adj.*

מַפְלֵג ז׳ [maflég] Verteiler *m El.*

מִפְלָג ז׳, מיפלג [miflag] Abteilung *f*

=מִפְלַג-הַנֹּעַר = Polizeiabteilung *f* für jugendliche Verbrecher

מִפְלָגָה נ׳ (מִפְלֶגֶת-) [miflaga] Partei *f*

=מִפְלַגְתִּי ת׳ = Partei-

=בִּלְתִּי-~ = unparteiisch *Adj.*

=~יּוּת נ׳ = Parteiwesen *n*

מְפֻלָּד ת׳ [mefulad] aus Stahl, gestählt *Adj.*

מַפָּלָה נ׳ [mapala] Niederlage *f*, Fall *m*

מֻפְלֶה ת׳, מופלה [mufle] unterschiedlich behandelt *Adj.*

=~ לְטוֹבָה = vorgezogen, bevorzugt *Adj.*

=~ לְרָעָה = benachteiligt *Adj.*

מְפֻלָּח ת׳, מפולח [mefulax] in Scheiben geschnitten *Adj.;* durchlöchert *Adj.*

מִפְלָט ז׳ [miflat] Zuflucht *f*, Ausweg *m*

מַפְלֵט ז׳ [maflét] Auspuffrohr *n*; Auswerfer *m* *(Vorrichtung an Maschinen u. Waffen)*

מַפְלִיג ת׳ [maflig] weitgehend *Adj.*

מַפְלִיל ת׳ [maflil] belastend *Adj.*

מִפְלָל ז׳ [miflal] Flehen *n*, Gesuch *n*

מִפְלָס ז׳, מיפלס [miflas] Niveau *n*, Höhe *f*, Stand *m*

=מִפְלַס-הַיָּם = Meereshöhe *f*

=~-מֵי-תְהוֹם = Grundwasserspiegel *m*

=~-הַמַּיִם = Wasserstand *m*

מַפְלֵס ז׳ [maflés] Nivelliergerät *n*; Planiergerät *n*; Ackerwalze *f*

מְפֻלָּס ת׳, מפולס [mefulas] geebnet *Adj.*

מַפְלֶסֶת נ׳ [mefa'leset] Schneeräumfahrzeug *n*

מְפֻלְפָּל ת׳, מפולפל [mefulpal] gepfeffert, scharf gewürzt; gewitzt *Adj. fig.*

מְפַלְפֶּלֶת נ׳ [mefal'pelet] Pfefferstreuer *m*

מִפְלָץ ז׳ [miflats] Ungeheuer *n*

מִפְלֶצֶת נ׳ [mif'letset] Ungeheuer *n*, Scheusal *n*

=מִפְלַצְתִּי ת׳ = scheußlich *Adj.*

מְפֻלָּשׁ ת׳, מפולש [mefulaʃ] offen *Adj.* nach beiden Seiten
=דֶּרֶךְ מְפֻלֶּשֶׁת = durchgehende Straße
מִפְלָשׁ ז׳ [miflaʃ] Passage *f*, Durchgang *m*
=מִפְלַשׂ-מַיִם = Abzugskanal *m*
מַפֹּלֶת נ׳, מפולת [ma'polet] Einsturz *m*, Fall *m*; Ruine *f*
=~ הָרִים = Bergsturz *m*
=~-עָפָר = Erdrutsch *m*
מַפָּ"ם ר"ת מִפְלֶגֶת פּוֹעֲלִים מְאֻחֶדֶת [mapam] “Mapam” *Kurzw.* Vereinigte Arbeiterpartei in Israel
מִפְנֶה ז׳, מיפנה [mifne] Wendung *f*, Richtungsänderung *f*
=נְקֻדַּת-~ = Wendepunkt *m*
=מִפְנֵה-הַשֶּׁמֶשׁ = Sonnenwende *f*
מְפֻנֶּה ת׳, מפונה [mefune] ausgeräumt, evakuiert *Adj.*
מֻפְנֶה ת׳, מופנה [mufne] hingewendet *Adj.*
מִפְּנֵי מ״י [mipné] wegen; vor *Prp.*
=~ שֶׁ- = weil *Kj.*
=~-מָה? = weshalb?
מֻפְנָם ת׳, מופנם [mufnam] introvertiert, nach innen gekehrt *Adj.*
מְפֻנָּק ת׳, מפונק [mefunak] verwöhnt, verhätschelt *Adj.*
מְפֻנְקָס ת׳ [mefunkas] eingetragen, aufgenommen *Adj.*
מֻפְסָד ת׳ [mufsad] verloren *Adj.*
מְפֻסְטָר ת׳, מפוסטר [mefustar] pasteurisiert *Adj.*
מַפְסְטֶרֶת ת׳ [mefa'steret] Pasteurisieranlage *f*
מַפְסִידָן ז׳ [mafsidan] Verlierer *m*
מַפְסִיק ת׳ [mafsik] unterbrechend *Adj.*
=סְעוּדָה מַפְסֶקֶת = letzte Mahlzeit vor dem Fasten (Jom Kippur u. 9. Av)
מְפֻסָּל ת׳, מפוסל [mefusal] in Stein gehauen *Adj.*
מַפְסֶלֶת נ׳ [maf'selet] Meißel *m*

מְפֻסְפָּס ת׳, מפוספס [mefuspas] gestreift *Adj.*; aus Mosaik
מְפֻסָּק ת׳, מפוסק [mefusak] mit Satzzeichen versehen; (in Absätze) eingeteilt; *Typ.* gesperrt *Adj.*
מֻפְסָק ת׳, מופסק [mufsak] unterbrochen *Adj.*
מַפְסֵק ז׳ ראה גם: מֶתֶג [mafsék] Schalter *m El.*
מִפְסָק ז׳, מיפסק [mifsak] Zäsur *f*, Einschnitt *m*
מַפְעִיל ז׳ [maf'il] Agens *n*, Betreiber *m*
מִפְעָל ז׳ [mif'al] Werk *n*, Unternehmen *n*, Betrieb *m*
מֻפְעָל ת׳, מופעל [muf'al] in Betrieb gesetzt *Adj.*
מִפְעָם ז׳, מיפעם [mif'am] Tempo *n*, Zeitmaß *n Mus.*; Pulsschlag *m*
=~ אִטִּי = adagio, langsam
=~ אָץ = presto, schnell
=~ מָתוּן = moderato, gemäßigt
=~ עֵרָנִי = allegro, lebhaft
=~ רָחָב = largo, sehr langsam
מְפֹעָם ת׳, מפועם [mefo'am] erregt *Adj.*
מְפֻעְנָח ת׳, מפוענח [mefu'nax] entziffert, enträtselt *Adj.*
מַפְעֵפֵעַ ת׳ [mefa'péa'] Blasen schlagend *Adj.*
מַפָּץ ז׳ [mapats] Explosion *f*, Sprengung *f*
מַפְצֵחַ ז׳ [maf'tséax] Nussknacker *m*
מַפְצִיץ ז׳ [maftsits] Bomber *m*, Bombenflugzeug *n*
מְפֻצָּל ת׳, מפוצל [mefutsal] verzweigt, gespalten *Adj.*
מִפְצָל ז׳ [miftsal] Verzweigung *f*
מַפְצֶלֶת נ׳ [maf'tselet] Schrupphobel *m* (Holzverarbeitung)
מְפֻצָּץ ת׳, מפוצץ [mefutsats] geplatzt, explodiert *Adj.*
מֻפְצָץ ת׳, מופצץ [muftsats] bombardiert *Adj.*
מֻפָּק ת׳ [mupak] produziert; ausgesprochen *Adj.*
מִפְקָד ז׳, מיפקד [mifkad] Appell *m*; Mus-

geschickt (Ballon); verbreitet *Adj.*
מְפֹרָט ת׳, מפורט [meforat] ausführlich *Adj.*
מַפְרֵט ז׳ [mafrét] Plektron *n*
מִפְרָט ז׳, מיפרט [mifrat] Spezifizierung *f*, Einzelaufstellung *f*
מַפְרִיד ז׳, קַו ~ [kav mafrid] Trennstrich *m*
מַפְרִיס ת׳ [mafris] mit Hufen
=מַפְרִיסֵי-פַּרְסָה ז״ר = Huftiere *n/pl.*, Ungulaten *pl. Zo.*
מַפְרִיעַ ז׳ [maf'ria'] Störer *m*, Störenfried *m*
מְפָרֵךְ ת׳ [mefaréx] zermürbend, aufreibend *Adj.*
מְפֹרָךְ ת׳, מפורך [meforax] zermürbt, (*Körper*) gebrochen *Adj. fig.*
מֻפְרָךְ ת׳, מופרך [mufrax] widerlegt *Adj.*
מְפֻרְכָּס ת׳, מפורכס [mefurkas] aufgeputzt *Adj.*
מְפַרְנֵס ז׳ [mefarnés] Ernährer *m*
מַפְרֵסָה נ׳ [mafrésa] Schneidemaschine *f* (*Brot, Wurst, Käse*)
מְפֻרְסָם ת׳, מפורסם [mefursam] berühmt *Adj.*
=מְפֻרְסָמוֹת = allgemein bekannte Dinge *n/pl.*
=מִן הַ~ הוּא = es ist allgemein bekannt
(מַפְרֵעַ) לְמַפְרֵעַ ת״פ [lemaf'réa'] rückwirkend, nachträglich *Adv.*; im Voraus
מֻפְרָע ת׳, מופרע [mufra'] gestört; unterbrochen *Adj.*
מִפְרָעָה נ׳, מיפרעה [mifra'a] Teilzahlung *f*, Akontozahlung *f*
מֻפְרָעוּת נ׳, מופרעות [mufra'ut] psychische Störung *f*
מִפְרָץ ז׳, מיפרץ [mifrats] Bucht *f*, Meerbusen *m*, Golf *m*
מְפֹרָץ ת׳, מפורץ [meforats] (*Mauer*) eingerissen; buchtig *Adj.*
מִפְרֶצֶת נ׳ [mif'retset] Erweiterung *f* der Schlagader (Aneurisma) *Med.*
מִפְרָק ז׳, מיפרק [mifrak] Gelenk *n*; Fuge *f*; Blattansatzstelle *f*, Nodus *Bot.*
מְפָרֵק ז׳ [mefarék] Liquidator *m*, Verwalter

terung *f*, Zählung *f*
=מִפְקַד-אֻכְלוּסִין, ~-תּוֹשָׁבִים = Volkszählung *f*
מְפַקֵּד ז׳ [mefakéd] Befehlshaber *m*, Kommandant *m*, Vorgesetzter *m Mil.*
=הַ~! = zu Befehl!
מֻפְקָד ת׳, מופקד [mufkad] deponiert, hinterlegt; ernannt *Adj.*
מִפְקָדָה נ׳, מיפקדה [mifkada] Hauptquartier *n*, Kommandantur *f*
מְפַקֵּחַ ז׳ [mefa'kéax] Inspektor *m*
מְפֻקָּח ת׳, מפוקח [mefukax] klug, gewitzt; beaufsichtigt *Adj.*
מַפְקִיד ז׳ [mafkid] Hinterleger *m*; Einzahler *m*; Deponent *m*
מַפְקִיעַ-שְׁעָרִים ז׳ [maf'kia'-ʃe'arim] Preistreiber *m*
מֻפְקָע ת׳, מופקע [mufka'] beschlagnahmt, enteignet; überteuert *Adj.*
מְפֻקְפָּק ת׳, מפוקפק [mefukpak] zweifelhaft, fraglich *Adj.*
מְפֻקָּק ת׳ [mefukak] verkorkt, zugestöpselt *Adj.*
מֻפְקָר ת׳, מופקר [mufkar] preisgegeben, herrenlos; zügellos *Adj.*
=~וּת נ׳ = Zügellosigkeit *f*
מֻפְקֶרֶת נ׳, מופקרת [muf'keret] Dirne *f*
מְפֹרָד ת׳, מפורד [meforad] verstreut; getrennt *Adj.*
מֻפְרָד ת׳, מופרד [mufrad] getrennt *Adj.*
מַפְרֵדָה נ׳, מפרידה [mafréda] Separator *m*, Schleudermaschine *f*
מַפְרֶדֶת נ׳ [maf'redet] Spaltfrucht *f Bot.*
מֻפְרֶה ת׳, מופרה [mufre] befruchtet *Adj.*
מַפְרֶה ת׳ [mafre] Früchte tragend
מֻפְרָז ת׳, מופרז [mufraz] übertrieben *Adj.*
מְפֹרָז ת׳, מפורז [meforaz] entmilitarisiert *Adj.*
מְפֻרְזָל ת׳, מפורזל [mefurzal] (eisen)beschlagen *Adj.*
מֻפְרָח ת׳, מופרח [mufrax] in die Luft

m bei Geschäftsauflösung

מְפֹרָק ת׳, מפורק [meforak] auseinander genommen; entladen; erleichtert *Adj. fig.*

מְפֻרְקָד ת׳, מפורקד [mefurkad] auf dem Rücken liegend

מַפְרֶקֶת נ׳ [maf'reket] Genick *n*; Gliederfrucht *f Bot.*

מְפֹרָר ת׳, מפורר [meforar] zerkrümelt *Adj.*

מִפְרָשׂ ז׳ [mifras] Segel *n*

=סְפִינַת-מִפְרָשִׂים (ראה גם: מִפְרָשִׂית) = Segelboot *n*

=הוֹצִיא אֶת הָרוּחַ מִמִּפְרָשָׂיו = jmdm. den wind aus den Segeln nehmen *fig.*

מִפְרָשׁ ז׳, מיפרש [mifraʃ] Wasserscheide *f*

מְפָרֵשׁ ז׳ [mefaréʃ] Kommentator *m*, Ausleger *m*, Exeget *m Rel.*

מְפֹרָשׁ ת׳, מפורש [meforaʃ] erklärt, ausgelegt; ausdrücklich *Adj.*

=בְּ~ ת״פ = ausdrücklich *Adv.*

=שֵׁם הַ~ = Name *m* Gottes

מֻפְרָשׁ ת׳, מופרש [mufraʃ] abgesondert *Adj.*, (*Betrag*) angewiesen

מִפְרָשִׂית נ׳ [mifrasit] Segelboot *n*

מִפְשׂוֹל ז׳ [mifʃol] Pullover *m*, wollene Strickjacke

מֻפְשָׁט ת׳, מופשט [mufʃat] abstrakt *Adj.*

מְפֻשָּׁט ת׳, מפושט [mefuʃat] vereinfacht *Adj.*

מֻפְשָׁטוּת נ׳, מופשטות [mufʃatut] Abstraktheit *f*

מֻפְשָׁל ת׳, מופשל [mufʃal] aufgekrempelt *Adj.*

מִפְשָׂע ז׳ [mifsa'] Schritt *m*

מִפְשָׂעָה נ׳ [mifsa'a] Leistengegend *f*

מִפְשָׂק ז׳, מיפשק [mifsak] Ausbreiten *n*; Bockspringen *n*

מְפֻשָּׂק ת׳, מפושק [mefusak] gespreizt *Adj.*

מְפַשֵּׁר ז׳ [mefaʃér] Schlichter *m*, Schiedsrichter *m*

מְפַתֶּה ת׳ [mefate] verführerisch *Adj.*

מְפֻתֶּה ת׳, מפותה [mefute] verführt *Adj.*

מִפְתּוּחַ ז׳, מיפתוח [mif'tuax] Indexaufstellung *f*

מַפְתֵּחַ ז׳ (מַפְתְּחוֹת) [maf'téax] Schlüssel *m*; Index *m*, Sachverzeichnis *n*, Sachregister *n*

=~ אַנְגְּלִי = Rohrzange *f*, Engländer *m*

=~ גַּנָּבִים ז׳ = Dietrich *m*

=~-סוֹל = Violinschlüssel *m Mus.*

=~-פָּה = Bassschlüssel *m Mus.*

=דְּמֵי-~ ז״ר = Schlüsselgeld *n*

=עֶמְדַּת-~ = Schlüsselstellung *f fig.*

=~ הַלֵּב, עֶצֶם הַ~ = Brustbein *n*

מִפְתָּח ז׳, מיפתח [miftax] (*Kleid*) Ausschnitt *m*; Öffnung *f*; Blendenöffnung *f Fot.*

מְפַתֵּחַ ז׳ [mefa'téax] Entwickler *m*; heimkehrender Krieger (*bibl.*)

אַל יִתְהַלֵּל חוֹגֵר כִּ~ = Man soll den Tag nicht vor dem Abend loben

מְפֻתָּח ת׳, מפותח [mefutax] entwickelt *Adj.*; ziseliert *Adj.*

מַפְתִּיעַ ת׳ [maf'tia'] überraschend *Adj.*

=בְּ~ ת״פ = überraschenderweise *Adv.*

מִפְתָּל ז׳, מיפתל [miftal] Darmverschlin-gung *f* (Volvulus) *Med.*; (Weg-)Kurve *f*, Windung *f*

מְפֻתָּל ת׳, מפותל [mefutal] gewunden *Adj.*

מִפְתָּן ז׳ [miftan] Schwelle *f*

מִפְתָּ״ן ר״ת מִפְעַל תַּעֲסוּקָה לַנֹּעַר [miftan] "Miftan" *Kurzw.* Beschäftigungsinstitut für Jugendliche

מִפְתָּע ז׳ [mifta'] Überraschung *f*

מֻפְתָּע ת׳, מופתע [mufta'] überrascht *Adj.*

מ״צ ר״ת מִשְׁטָרָה צְבָאִית [mem-tsade] *Abk.* Militärpolizei *f*

מָצָא פעל (לִמְצוֹא אֶת-, יִמְצָא) [matsa'] *kal* finden *v/t*

-נִמְצָא נפ׳ (לְהִמָּצֵא) - *nif.* gefunden werden; sich befinden; sich herausstellen als

-הִמְצִיא הפ׳ - *hif.* erfinden; übermitteln, bringen

-הִתְמַצֵּא הת' - *hit.* sich zurechtfinden
=מָצָא חֵן בְּעֵינֵי- = *j-m* gefallen
=לֹא מָצָא אֶת יָדָיו וְרַגְלָיו = *fig.* durcheinanderkommen
=עֵת-מְצֹא = Gelegenheit *f*
=נִמְצֵינוּ לְמֵדִים = daraus lernen wir, daraus ergibt sich
=אֵינֶנּוּ בְּנִמְצָא = ist nicht vorhanden
מְצַאי ז' [metsaj] Inventar *n*, Lagerbestand *m*
מַצָּב ז' [matsav] Lage *f*, Situation *f*, Zustand *m*
=מַה הַ~? = wie läuft's? F
=מַצַּב-הָכֵן = Bereitschaft *f*, Alarmbereit-schaft *f*
=~-חֵרוּם = Notstand *m*, Ausnahme-zustand *m*
=~-צְבִירָה = Aggregatzustand *m*
=~-רוּחַ = (Gemüts-) Stimmung *f*
=חֵיל-מַצָּב = Garnison *f*
מֻצָּב ת', מוצב [mutsav] aufgestellt; stationiert *Adj. Mil.*
מֻצָּב ז', מוצב [mutsav] Posten *m Mil.*
מִצָּב ז' [mitsav] Status *m Psych.*
מַצֵּבָה נ' (מַצֶּבֶת-, גם: מַצְּבַת-) [matséva] Grabstein *m*, Gedenkstein *m*
=מַצְּבַת-זִכָּרוֹן = Denkmal *n*
מַצָּבָה נ' [matsava] Personalbestand *m*, Rangliste *f;* Sollstärke *f*
מִצְבּוֹר ז' [mitsbor] Sammelplatz *m*, Lagerplatz *m*, Stapelplatz *m*, Depot *n*
=~-תַּחְמֹשֶׁת = Munitionslager *n*
מִצְבָּטַיִם ז"ז מיצבטיים [mitsba'tajim] Kneifzange *f*, Pinzette *f*; Kneifer *m*
מַצְבִּיא ז' [matsbi'] Heerführer *m*
=~ עֶלְיוֹן = oberster Befehlshaber
מַצְבִּיעַ ז' [mats'bia'] Wähler *m*
מֻצְבָּע ת', מצובע [metsuba'] gefärbt, gestrichen *Adj.*
מִצְבָּעָה נ', מיצבעה [mitsba'a] Färberei *f*
מַצְבֵּר ז' [matsbér] Akkumulator *m El.*
מִצְבָּר ז' [mitsbar] Ansammlung *f*; provisorisches Lager
מְצֻבְרָח ת', מצוברח (סלנג) [metsuvrax] schlecht gelaunt *Adj.*
מַצָּג ז' [matsag] Standpunkt *f*, Einstellung *f;* Darlegung *f*; Anzeige *f El.*
=~ סִפְרָתִי = digitales Display
מֻצָּג ז', מוצג [mutsag] Ausstellungsobjekt *n*, Ausstellungsstück *n*
=~ מִשְׁפָּטִי = gerichtliches Beweisstück; Indiz *n*
מְצָד ז' [metsad] Bunker *m*, Unterstand *m Mil.*; Festung *f bibl.*
מֵצַד ז', מיצד [métsad] Ausweichstelle *f*, Ableitung *f*; Rangiergleis *n*
מְצַדֵּד ז' [metsadéd] Parteigänger *m*, Anhänger *m*
מְצֻדָּד ת', מצודד [metsudad] (zur Seite) geneigt *Adj.*
=בְּ~ = seitlich, seitwärts *Adv.*
מְצָדָה נ' [metsada] Bergfeste *f*, “Massada” am Toten Meer
מְצָדִית נ' [metsadit] kleiner Bunker, kleiner Unterstand *m*
מֻצְדָּק ת', מוצדק [mutsdak] gerechtfertigt, berechtigt *Adj.*
מִצָּה פיעל [mitsa] *pi. (Saft)* auspressen; *(Thema, Möglichkeiten usw.)* erschöpfen *fig.*
=~ עַד תּוֹם = alle Möglichkeiten ausloten
=~ אֶת עֹמֶק-הַדִּין = dem Gesetz bis auf den Grund gehen; nach der Strenge des Gesetzes urteilen
מַצָּה נ' [matsa] “Matze” *f*, ungesäuertes Brot *(zu Pessach)*
=חַג הַמַּצּוֹת = Pessachfest *n*
מֻצְהָב ת', מוצהב [mutshav] gelb gefärbt *Adj.*
מַצְהִיב ת' [matshiv] vergilbt *Adj.*
מִצְהָלָה נ' [mitshala] Wiehern *n*, Schnauben *n;* Jubel *m*
מֻצְהָר ת', מוצהר [mutshar] proklamiert,

erklärt *(amtl.)*, deklariert *Adj.*
[mitshar] Meridian *m;* Manifest *n* מִצְהָר ז׳, מיצהר
[matsuva] Gewehrpyramide *f* מַצּוּבָה נ׳
[matsod] Jagd *f*; Razzia *f*; Falle *f* מָצוֹד ז׳
[metsodéd] bezaubernd, herz-gewinnend *Adj.* מְצוֹדֵד ת׳
[metsuda] Festung *f;* Fischernetz *n* מְצוּדָה נ׳
[mitsva] Gebot *n Rel.*, Befehl *m*; gute Tat; religiöse Pflicht מִצְוָה נ׳, מצווה
= (positives) Gebot *n* =מִצְוַת-עֲשֵׂה
= Verbot *n* =~ לֹא תַעֲשֶׂה
= zeitbedingtes Gebot =מִצְוָה שֶׁהַזְּמַן גְּרָמָהּ
= eingelerntes, mechanisch erfülltes Gebot =מִצְוַת אֲנָשִׁים מְלֻמָּדָה
= "Barmizwa", jüd. Knabe von 13 Jahren, auf den die religiösen Pflichten fallen =בַּר-מִצְוָה
= Mädchen von 12 Jahren *rel.* =בַּת-~
= heiliger Krieg =מִלְחֶמֶת-~
= 613 Ge- und Verbote des Judentums =תַּרְיַ״ג מִצְווֹת
= ins Alter der religiösen Pflichten kommen =הִגִּיעַ לְמִצְווֹת
[metsuve] befohlen, gebeten *Adj.* מְצֻוֶּה ת׳
[matsuj] vorhanden, gewöhnlich, häufig *Adj.* מָצוּי ת׳
= bewandert in *(D)*, vertraut mit *(D)* =~ אֵצֶל-
[mitsuj] Auspressen *n*, Ausschöpfen *n*, Auskosten *n* מִצּוּי ז׳, מיצוי
[metsula] Meerestiefe *f* מְצוּלָה נ׳
= Meeresschlamm *m bibl.* ★=יָוֵן ~
[mi'tsua'] Ermittlung *f* des Durchschnitts; Mittel *n* מִצּוּעַ ז׳, מיצוע
= mit *(D)*, mit Hilfe von *(D)*, durch *(Akk.)*, mittels *(G)* =בְּ~ שֶׁל-
[matsof] Boje *f*, Schwimmer *m (Hohlkörper)* מָצוֹף ז׳ (מְצוֹף-)
[matsuts] ausgelutscht *Adj.* מָצוּץ ת׳
= aus den Fingern gesogen *fig.* =~ מִן הָאֶצְבַּע

[mitsuts] Einsaugen *n* מִצּוּץ ז׳, מיצוץ
[matsok] Kummer *m*, Druck *m* מָצוֹק ז׳
[matsuk] Klippe *f* מָצוּק ז׳
[metsuka] Bedrängnis *f*, Not *f* מְצוּקָה נ׳
[matsor] Belagerung *f* מָצוֹר ז׳
= belagerte Stadt =עִיר-~
['métsax] Stirn *f* מֵצַח ז׳
= Frechheit *f;* Hartnäckigkeit *f* =~ נְחוּשָׁה (-נְחֹשֶׁת)
= Frontalangriff *m* =הַתְקָפַת-~
= Frechheit *f* =עַזּוּת-~
[mitsxija] Schirm *m* (einer Mütze) מִצְחִיָּה נ׳, מצחייה
[matsxin] stinkend *Adj.* מַצְחִין ת׳
[matsxik] komisch, ulkig, lustig *Adj.* מַצְחִיק ת׳
[metsuxtsax] blank geputzt *Adj.* מְצֻחְצָח ת׳, מצוחצח
[mitsxak] Stand-up-comedy *f* מִצְחָק ז׳
[metsutat] zitiert, angeführt (als Zitat) *Adj.* מְצֻטָּט ת׳, מצוטט
[metsi'a] Fund *m*, Finden *n*; Gelegenheitskauf *m*; Schnäppchen *n* מְצִיאָה נ׳
[metsi'ut] Wirklichkeit *f*, Realität *f* מְצִיאוּת נ׳
= durch die Umstände bedingt; unerlässlich *Adj.* =מְחֻיַּב-הַמְּצִיאוּת
= selten, wertvoll *Adj.* =יְקַר-הַ~
= realistisch *Adj.* =מְצִיאוּתִי ת׳
= Realismus *m* =~יוּת נ׳
[matsig] Aussteller *m* מַצִּיג ז׳
[metsujad] ausgerüstet, versorgt *Adj.* מְצֻיָּד ת׳, מצויד
[metsija] Drucken *n*, Auspressen *n* מְצִיָּה נ׳
[matsija] ungesüßter Keks, Cracker *m* מַצִּיָּה נ׳
[matsil] Lebensretter *m* מַצִּיל ז׳
[metsujan] ausgezeichnet *Adj.* מְצֻיָּן ת׳, מצוין
[bava metsi'a] "Mittleres Tor", Teil des Talmuds (מְצִיעָא) בָּבָא ~ (ארמ׳)
[metsi'ut] Vermittlung *f* מְצִיעוּת נ׳

מְצֻיָּץ ת׳, מצויץ [metsujats] gefranst *Adj.*; mit Fransen

מְצִיצָה נ׳ [metsitsa] Saugen *n*, Lutschen *n*

=כּוֹסוֹת־~ = Schröpfgläser *pl.*, Schröpfkopf *m*

מְצִיצָן ז׳ [metsistan] Voyeur *m*, Spanner *m* F

=~נוּת נ׳ = Voyeurismus *m*

מֵצִיק ז׳ [métsik] Bedränger *m*

מְצֻיָּר ת׳, מצויר [metsujar] gemalt, illustriert *Adj.*

מַצִּית ז׳ [matsit] Feuerzeug *n*

מֵצַל ת׳ [métsal] schattig *Adj.*

מֻצָּל ת׳, מוצל [mutsal] gerettet *Adj.*

מְצֻלָּב ת׳, מצולב [metsulav] kreuzförmig *Adj.*

מֻצְלָב ת׳, מוצלב [mutslav] gekreuzt *Adj.*

מִצְלָב ז׳, מיצלב [mitslav] Kreuzungspunkt *m*

מְצִלָּה נ׳, מצילה [metsila] Glöckchen *n*, Schelle *f*

מִצְלוֹל ז׳, מיצלול [mitslol] Ton *m Mus.*; Tauchen *n*

מֻצְלָח ת׳, מוצלח [mutslax] gelungen *Adj.*

מַצְלִיבִים ז״ר [matslivim] Kreuzblütler *m/pl. Bot.*

מַצְלִיחַ ת׳ [mats'liax] erfolgreich *Adj.*

מַצְלִיף ז׳ [matslif] Peitscher *m*; Einpeitscher *m* im Parl.

מֻצְלָל ת׳, מוצלל [mutslal] auf Tonband aufgenommen

מְצֻלָּם ת׳, מצולם [metsulam] fotografiert *Adj.*

מַצְלֵמָה נ׳ [matsléma] Fotoapparat *m*

=מַצְלֵמַת וִידֵאוֹ = Videokamera *f*

מְצֻלָּע ז׳, מצולע [metsula'] Vieleck *n*

מַצְלֵף ז׳ [matsléf] Fliegenklatsche *f*

מְצַלְצְלִים ז״ר [metsaltselim] "klingende" Münze (Ggs. Papiergeld) (ההפך: מְרַשְׁרְשִׁים)

מְצֻלָּק ת׳, מצולק [metsulak] narbig *Adj.*

מְצִלְתַּיִם ז״ז, מצילתיים [metsil'tajim] Zimbel *f*; Schlagzeug *n*

מַצְמֵד ז׳ [matsméd] Kupplung *f*

מְצֻמָּד ת׳, מצומד [metsumad] angemacht, verbunden *Adj.*

מַצְמֶדֶת נ׳ [mats'medet] Muffe *f Tech.*

מִצְמוּץ ז׳, מיצמוץ [mitsmuts] Augenzwinkern *n*

מִצְמֵץ פיעל [mitsméts] *pi.* zwinkern

מְצֻמְצָם ת׳, מצומצם [metsumtsam] beschränkt, eingeschränkt *Adj.*

מְצֻמָּק ת׳, מצומק [metsumak] eingeschrumpft *Adj.*

מְצַמְרֵר ת׳ [metsamrér] Schüttelfrost erregend

מְצֻמָּת ת׳, מצומת [metsumat] gepökelt *Adj.*

מְצֻנְזָר ת׳, מצונזר [metsunzar] zensiert *Adj.*

מַצְנֵחַ ז׳ (מַצְנְחִים) [mats'néax] Fallschirm *m*

מִצְנָח ז׳, מיצנח [mitsnax] Fallschirmabsprung *m*

מֻצְנָח ת׳, מוצנח [mutsnax] mit dem Fallschirm abgeworfen *Adj.*

מַצְנֵם ז׳ [matsném] Toaster *m*

מְצֻנָּן ת׳, מצונן [metsunan] erkältet, abgekühlt *Adj.*

מַצְנֵן ז׳ [matsnén] Kühlvorrichtung *f*

מֻצְנָע ת׳, מוצנע [mutsna'] verborgen *Adj.*

מְצֻנָּף ת׳, מצונף [metsunaf] umwickelt *Adj.*

מִצְנֶפֶת נ׳ [mits'nefet] Turban *m*

מִצַּע פיעל (לְמַצֵּעַ) [mitsa'] *pi.* in die Mitte tun; in der Mitte teilen; durch die Mitte gehen; Durchschnitt berechnen

מַצָּע ז׳ [matsa'] Lager *n*, Bett *n*; Unterlage *f*, Platte *f*; Parteiprogramm *n*

=קָצַר הַמַּצָּע מֵהִשְׂתָּרֵעַ = das Thema ist zu umfangreich

מֶצַע ז׳ ['metsa] Medium *n*

מֻצָּע ת׳, מוצע [mutsa'] *(Bett, Lager)* bereitet; vorgeschlagen *Adj.*

מִצְעָד ז׳, מיצעד [mits'ad] Parade *f*, Aufmarsch *m*

מַצָּעִית נ׳ [matsa'it] Blütenstandboden *m Bot.*

מְצֹעָף ת׳, מצועף, [metso'af, muts'af] ver-

מְצֻעָף, מוצעף — schleiert *Adj.*

מְצֻעְצָע ת׳, מצועצע — [metsu'tsa'] verspielt, spielerisch *Adj.*

מִצְעָר ת׳, מיצער — [mits'ar] gering *Adj.*

=לְמִצְעָר — = wenigstens *Adv.*

מְצַעֵר ת׳ — [metsa'ér] bedauerlich *Adj.*

מִצְפֶּה ז׳, מיצפה — [mitspe] Warte *f*, Wachturm *m*, Aussichtspunkt *m*

=מִצְפֵּה-כּוֹכָבִים — = Sternwarte *f*

מְצַפֶּה ת״ז — [metsape] erwartend, entgegensehend *Adj.*; Späher *m*, Kundschafter *m*

מְצֻפֶּה[1] ת׳, מצופה — [metsupe] erwartet *Adj.*

מְצֻפֶּה[2] ת׳, מצופה — [metsupe] überzogen, bezogen *Adj.*

מַצְפּוּן ז׳ — [matspun] Gewissen *n*

=חֹפֶשׁ-הַמַּצְפּוּן — = Gewissensfreiheit *f*

=מַצְפּוּן נָקִי (טָהוֹר) — = reines Gewissen

=בַּעַל-~ — = gewissenhafter Mensch

=מַצְפּוּנִי ת׳ — = Gewissens-

=~יּוּת נ׳ — = Gewissenhaftigkeit *f*

מִצְפּוֹר ז׳ — [mitspor] Aussichtspunkt *m*, Aussichtsturm *m*

מַצְפֵּן ז׳ — [matspén] Kompass *m*

מָצַץ פעל (לִמְצוֹץ, יִמְצוֹץ) — [matsats] *kal* lutschen, saugen

מִצֵּק פיעל — [mitsék] *pi.* fest werden lassen *(Flüssigkeit)*

מַצֶּקֶת נ׳ — [ma'tseket] Schöpflöffel *m*, Suppenkelle *f*

מֵצַר ז׳, מיצר (מְצָרִים) — [métsar] Bedrängnis *f*; Landenge *f*, Meerenge *f*

=בֵּין הַמְּצָרִים — = in Not, in Bedrängnis

=מְצָרֵי גִּיבְּרַלְטָר — = Meerenge *f* von Gibraltar

מֶצֶר ז׳ — ['metser] Grenze *f bsd.* zwischen Feldern u. Grundstücken

=בֶּן-~, בַּר-~ — = Nachbar *m* (der Vorkaufsrecht hat), Anlieger *m*

=בְּלִי מְצָרִים — = grenzenlos *Adj.*

מֵצַר ת׳, מיצר — [métsar] leidend *Adj.*; in Not

(מַצְרוּת) בַּר-~ — [bar-matsrut] Vorkaufsrecht *n* des Nachbarn

מִצְרִי תו״ז — [mitsri] Ägypter *m*; ägyptisch *Adj.*

מִצְרָךְ ז׳, מיצרך — [mitsrax] Bedarfsartikel *m*, Ware *f*

=מִצְרְכֵי-מָזוֹן ז״ר — = Lebensmittel *n/pl.*

מִצְרָן ז׳ — [mitsran] Nachbar *m*

=~נוּת נ׳ — = Vorkaufsrecht *n*

=~נִי ת׳ — = anliegend, angrenzend *Adj.*

מְצֹרָע ת׳, מצורע — [metsora'] aussätzig, leprakrank *Adj.*

מַצְרֵף ז׳ — [matsréf] Schmelztiegel *m*

מִצְרָף ז׳, מיצרף — [mitsraf] Montage *f*; Läutern *n*

מְצֹרָף[1] ת׳, מצורף — [metsoraf] beigefügt *Adj.*

=בְּ~ ת״פ — = anbei, in der Anlage

מְצֹרָף[2] ת׳, מצורף — [metsoraf] geläutert *Adj.*

מִצְרֶפֶת נ׳, מיצרפת — [mits'refet] Garnitur *f* Trainingsanzug *m*

מַצָּת ז׳ — [matsat] Feuerzeug *n*, Zünder *m*

מֻצָּת ת׳, מוצת — [mutsat] angezündet *Adj.*

מַק ז׳ — [mak] Fäulnis *f*

מַקָּב ז׳ (מַקָּבִים) — [makav] Lochstecher *m*, Lochstanze *f*

=מַקָּבַיִם ז״ז — = Lochzange *f*

מְקֻבָּב ת׳ — [mekubav] konvex *Adj.*, nach außen gewölbt

מַקְבִּיל ת׳ — [makbil] parallel *Adj.*; entsprechend *Adj.*

=~וֹן ז׳ — = Parallelepipedon *n*

=~וּת נ׳ — = Parallelität *f*

מַקְבִּילָה נ׳ — [makbila] Parallele *f*

מַקְבִּילַיִם ז״ז — [makbi'lajim] Barren *m* *(Turngerät)*

מַקְבִּילִית נ׳ — [makbilit] Parallelogramm *n*

=~-הַכֹּחוֹת — = Parallelogramm *n* der Kräfte

מְקֻבָּל ת׳, מקובל — [mekubal] überliefert, üblich, gang und gäbe; beliebt, gern gesehen *Adj.*

מְקֻבָּל ז' [mekubal] Kabbalist *m*
מַקְבָן ת' [makavan] langköpfig, langschädelig; spitz *Adj.*
מִקְבָּע ז', מיקבע [mikba'] Montierung *f* Fixierung *f Fot.*
מְקֻבָּע ת' [mekuba'] fest angebracht
מִקְבָּץ ז' [mikbats] Gruppe *f*, Sammlung *f*
מְקֻבָּץ ת', מקובץ [mekubats] gesammelt, zusammengestellt *Adj.*
=בְּ~ ת"פ = zusammen *Adv.*
מִקְבֶּצֶת נ' [mikbetset] Falte *f*, Kniff *m*
מַקַבְּרִי ת', מאקאברי [makabri] makaber *Adj.*
=מְחוֹל ~ = Totentanz *m*
מַקֶּבֶת נ' [ma'kevet] Schlegel *m*
מִקֵּד פיעל [mikéd] *pi.* fokussieren, im Brennpunkt vereinigen
-הִתְמַקֵּד הת' - *hit.* sich konzentrieren
מַקְדֵּד ז' [makdéd] Reibahle *f*
מִקְדָּה נ' [mekida] Schüssel *f*, Glas *n*
מַקֵּדָה נ' [makéda] Teigrädchen *n*
מַקְדֵּחַ ז' [mak'déax] Bohrer *m*
מֻקְדָּח ת', מוקדח [mukdax] angebrannt *Adj.*
מַקְדֵּחָה נ' [makdéxa] Bohrmaschine *f*
מֻקְדָּם ת"פ, מוקדם [mukdam] früh, verfrüht *Adj.*
=דֵּעָה מֻקְדֶּמֶת = Vorurteil *n*
=הַנָּחָה ~ = Voraussetzung *f*
=מְכִירָה ~ = Vorverkauf *m*
=בְּמֻקְדָּם ת"פ = verfrüht *Adv.*
=~ אוֹ בִּמְאֻחָר = früher oder später *Adv.*
מְקַדֵּם ז' [mekadém] Koeffizient *m Math.*
מִקְדָּם ז', מיקדם [mikdam] Auftakt *m Mus.*
מִקְדָּמָה נ', מיקדמה [mikdama] Vorauszahlung *f*, Anzahlung *f*
מִקְדָּמִי ת', מיקדמי [mikdami] Präliminar-; einleitend *Adj.*
★מִקַּדְמַת דְּנָה ת"פ (ארמ') [mikadmat dena] seit jeher *Adv.*
מִקְדָּשׁ ז', מיקדש [mikdaʃ] Heiligtum *n*
=בֵּית הַמִּקְדָּשׁ = der Tempel in Jerusalem
מְקֻדָּשׁ ת', מקודש [mekudaʃ] geheiligt *Adj.*
מֻקְדָּשׁ ת', מוקדש [mukdaʃ] gewidmet *Adj.*
מֻקְהֶה ת', מוקהה [mukhe] stumpf gemacht
מַקְהֵלָ|ה נ' [makhéla] Chor *m*
=~תִי ת' = Chor-
מַקּוֹב ז' [makov] Lochhammer *m*
מַקּוֹד ז' [makod] Mittelpunktlocher *m*, Körner *m Tech.*
מִקּוּד ז', מיקוד [mikud] Fokussierung *f*, Einstellung *f* auf den Brennpunkt; Postleitzahl *f*
מִקְוֶה[1] ז', מקווה (מִקְווֹת, גם: מִקְוָאוֹת) [mikve] “Mikve”, rituelles Bad; Wasseransammlung *f*
★מִקְוֶה[2] ז' [mikve] Hoffnung *f*
=~ יִשְׂרָאֵל = Mikve Jisrael, erste landwirtschaftl. Schule in Erez-Israel
מְקֻוֶּה ת', מקווה [mekuve] erhofft *Adj.*
מִקּוּחַ ז', מיקוח [mi'kuax] Handeln *n*, Feilschen *n*
מָקוֹל ז' [makol] Grammofon *n*, Plattenspieler *m*
מָקוֹלִין ז' [makolin] Schlachthaus *n*
מָקוֹם ז' (מְקוֹמוֹת) [makom] Platz *m*, Ort *m*; Situation *f*
★=הַמָּקוֹם = Beiname *m* Gottes
=בִּמְקוֹם = anstatt, an Stelle, anstelle *(G)*
=מִכָּל-מָקוֹם = auf jeden Fall, jedenfalls *Adv.*
=מְקוֹם-תֻּרְפָּה = schwache Stelle, empfindliche Stelle, Achillesferse *f fig.*
=מְמַלֵּא-מָקוֹם ז' = Stellvertreter *m*
=מַרְאֵה-~ = Quellenangabe *f*, Hinweis *m*
=עַד אֶפֶס ~ = bis auf den letzten Platz
★=לֹא יַכִּירֶנּוּ מְקוֹמוֹ = er passt nicht an diesen Platz, dies ist kein Platz für ihn
מִקּוּם ז', מיקום [mikum] Lokalisierung *f*, Ortsbestimmung *f*
מְקוֹמִי ת' [mekomi] örtlich, (ein) heimisch *Adj.*
מְקֻוָּן ת' [mekuvan] verbunden *Adj.*, online

מְקוֹנֵן ז׳ [mekonen] Trauernder *m*

מְקוֹנֶנֶת נ׳ [meko'nenet] Klageweib *n*

מַקּוֹף ז׳ [makof] Bezirk *m*, Polizierevier *n*

מַקּוֹפִי ת׳ [makofi] zum Revier gehörig; Revier-

מְקֻוָּץ ת׳ [mekuvats] lockig, geflochten *Adj.*

מְקֻוְקָו ת׳, מקווקו [mekuvkav] gestrichelt *Adj.*

מָקוֹר ז׳ (מְקוֹרוֹת) [makor] Quelle *f*, Ursprung *m*; Original *n*, Urbild *n*, Urschrift *f*; Infinitiv *m Gr.*

=~ נָטוּי = verbundener, deklinierter Infinitiv *Gr.* (*z.B.* בִּכְתָבִי)

=מְקוֹר-מַחְצַבְתּוֹ = (sein) Ursprung *m*, Herkunft *f*

מַקּוֹר ז׳ (מַקּוֹרִים) [makor] Schnabel *m*; Schlagbolzen *m*

=~ הַחֲסִידָה = Storchschnabel *m Bot.*

מְקוֹרִ|י ת׳ [mekori] ursprünglich, originell, authentisch *Adj.*

=~יּוּת נ׳ = Ursprünglichkeit *f*, Originalität *f*

מַקּוֹשׁ ז׳ [makoʃ] Gong *m*; Schlegel *m*

=~הַתּוֹף = Trommel-, Paukenschlegel *m*

מִקּוּשׁ ז׳, מיקוש [mikuʃ] Verminen *n*

מַקּוֹשִׁית נ׳ [makoʃit] Xylophon *n Mus.*

מְקֻזָּז ת׳, מקוזז [mekuzaz] kompensiert, verrechnet *Adj. (Buchführung)*

★מִקָּח ז׳, מיקח [mikax] Nehmen *n*; Kauf *m*

=~ וּמִמְכָּר = Kauf und Verkauf, Handel *m*

=~-טָעוּת = Geschäft, das auf Irrtum beruht, schlechtes Geschäft

=עָמַד עַל הַמִּקָּח = feilschen, um den Preis handeln

(מקח) הִתְמַקֵּחַ הת׳ (לְהִתְמַקֵּחַ) [hitmakax] *hit.* feilschen

מְקֻטָּב ת׳, מקוטב [mekutav] polarisiert, entgegengesetzt *Adj.*

מִקְטוֹרָה נ׳ [miktora] Strickjacke *f*

מְקֻטְלָג ת׳ [mekutlag] katalogisiert *Adj.*

מְקֻטָּן ת׳, מוקטן [muktan] verkleinert *Adj.*

מְקֻטָּע ת׳, מקוטע [mekuta'] abgehackt, stückweise *Adj.*

=לִמְקֻטָּעִין ת״פ = abgehackt, stückweise *Adv.*

מִקְטָע ז׳, מיקטע [mikta'] Segment *n*, Kreis- *od.* Kugelabschnitt *m*

מְקֻטָּף ת׳, מקוטף [mekutaf] abgerissen *Adj.*

★=אָזְנָיו מְקֻטָּפוֹת = beschämt; wie ein begossener Pudel

מַקְטֵפָה נ׳ [maktéfa] Pflückmaschine *f*

מַקְטֵר ז׳ [maktér] Weihrauchbecken *n*

מְקַטְרֵג ז׳ [mekatrég] Ankläger *m*

מִקְטֹרֶן ז׳, מקטורן [mik'toren] Smoking *m*, Jackett *n*

מִקְטֶרֶת נ׳ [mik'teret] Tabakspfeife *f*

מַק״י ר״ת מִפְלָגָה קוֹמוּנִיסְטִית יִשְׂרְאֵלִית [maki] "Maki" *Kurzw.* Kommunisstische Partei in Israel

מְקֻיָּם ת׳, מקוים [mekujam] bestätigt, bewahrheitet; verwirklicht *Adj.*

מַקִּיף ת׳ [makif] umfassend *Adj.*

=בֵּית-סֵפֶר ~ = Gesamtschule *f*

מֵקִיץ ת׳ [mékits] erwachend *Adj.*

מְקֻיָּץ ז׳ [mekujats] von Dornen befreit; sommerlich *Adj.*

מֵקִישׁ ז׳ [mékif] in Gleichnissen redend

מַקֵּל ז׳ (מַקְלוֹת) [makél] Stock *m*, Stecken *m*

★=~-חוֹבְלִים = Strenge *f fig.*

★=~-נֹעַם = Milde *f fig.*

מֵקֵל ת׳, מיקל [mékél] erleichternd, mildernd *Adj.*

מִקְלֶדֶת נ׳, מיקלדת [mik'ledet] Klaviatur *f*, Tastatur *f*

מְקֻלָּח ת׳, מקולח [mekulax] geduscht *Adj.*

מַקְלֵחַ ז׳ [mak'léax] Brause *f*, Duschkopf *m*

מִקְלַחַת נ׳ [mik'laxat] Dusche *f*

=עָשָׂה ~ = (sich) duschen

מִקְלָט ז׳, מיקלט [miklat] Bunker *m*,

Luftschutzkeller *m*; Asyl *n*, Obdach *n*

★=עִיר־~ = Zufluchtsort *m* (f. Mörder) *bibl.*

מַקְלֵט ז׳ (מַקְלְטִים) [maklét] Radiogerät, Empfangsgerät *n*

מֻקְלָט ת׳, מוקלט [muklat] aufgenommen *Adj.*, *(Song)* eingespielt *Adj.*

מְקֻלְטָר ת׳, מקולטר [mekultar] mit Kultivator bearbeitet *Agr.*, vertikutiert *Adj.*

מְקֻלָּל ת׳, מקולל [mekulal] verflucht *Adj.*

מְקֻלָּע ת׳, מקולע [mekula'] geflochten *Adj.*

מַקְלֵעַ ז׳ [mak'léa'] Maschinengewehr *n*

=תַּת־~ ז׳ = Maschinenpistole *f*

=מַקְלְעָן ז׳ = Maschinengewehrschütze *m*

מִקְלַעַת[1] נ׳ [mik'la'at] Flechtwerk *n*

מִקְלַעַת[2] נ׳ [mik'la'at] Schleuder *f*

מְקֻלָּף ת׳, מקולף [mekulaf] geschält, abgeschält *Adj.*

מַקְלֵף ז׳ [makléf] Kartoffelschäler *m*

מַקְלֵפָה נ׳ [mak'léfa] Schälmaschine *f*

מְקֻלְקָל ת׳, מקולקל [mekulkal] verdorben, kaputt, unbenutzbar *Adj.*

מִקֵּם פיעל [mikém] *pi.* lokalisieren, den Ort bestimmen

-הִתְמַקֵּם הת׳ - *hit.* sich (an e-m Platz) festsetzen

מְקֻמָּט ת׳, מקומט [mekumat] zerknittert, zerfurcht *Adj.*

מְקֻמָּר ת׳, מקומר [mekumar] gewölbt *Adj.*

מִקְמָר ז׳, מיקמר [mikmar] Gewölbe *n*

מִקְמֶרֶת נ׳ [mik'meret] Arkade *f*

מְקַנֵּא ז׳ [mekané'] Eifersüchtige(r) *m*, Neider *m*

מְקֻנָּא ת׳, מקונא [mekuna'] beneidet *Adj.*

מִקְנֶה ז׳ [mikne] Viehbesitz *m*, Besitz *m*

מְקֻנָּח ת׳, מקונח [mekunax] abgeputzt, abgewischt *Adj.*

מֻקְנָט ת׳, מוקנט [muknat] gehänselt *Adj.*

מַקְסִים ת׳ [maksim] bezaubernd *Adj.*

מַקְסִי|מוּם ז׳ [maksimum] Maximum *n;* schlimmstenfalls *Adv.* F

=~מָלִי ת׳ = maximal *Adj.*

מִקְסָם ז׳, מיקסם [miksam] Zauberei *f*

מֻקְסָם ת׳, מוקסם [muksam] verzaubert *Adj.*

מְקֻעְקָע[1] ת׳, מקועקע [meku'ka'] tätowiert *Adj.*

מְקֻעְקָע[2] ת׳, מקועקע [meku'ka'] zerstört *Adj.*

מְקֹעָר ת׳, מקוער [meko'ar] konkav *Adj.*

מַקָּף, מַקֵּף ז׳ [makaf, makéf] Bindestrich *m*

מֻקָּף ת׳, מוקף [mukaf] umgeben, umkreist *Adj.*; auf Kredit verkauft

מֻקְפָּא ת׳, מוקפא [mukpa'] gefroren, eingefroren *Adj.*

מִקְפָּא ז׳, מיקפא [mikpa'] Gelee *n*

מְקֻפָּד ת׳, מקופד [mekupad] zusammengerollt *Adj.* (wie Igel); abgeschnitten *Adj.*

מֻקְפָּד ת׳, מוקפד [mukpad] peinlich genau *Adj.*

מִקְפָּה נ׳, מיקפה [mikpa] Brei *m*

מְקֻפָּח ת׳, מקופח [mekupax] benachteiligt *Adj.*

מַקְפִּיא ז׳ [makpi'] Eisfach *n*; Gefriertruhe *f*

מַקְפִּיד ז׳ [makpid] Pedant *m*

מִקְפִּית נ׳ [mikpit] Gelatine *f*

מְקֻפָּל ת׳, מקופל [mekupal] gefaltet *Adj.*

מַקְפֵּלָה נ׳ [makpéla] Falzmaschine *f*

מַקְפֵּצָה נ׳ [makpétsa] Sprungbrett *n*

מַקֵּץ ז׳ [makéts] Hackmesser *n*

מִקְצָב ז׳, מיקצב [miktsav] Rhythmus *m*; Maß *n*

מֻקְצָב ת׳, מוקצב [muktsav] zugeteilt *Adj.*

מִקְצָבִי ת׳, מיקצבי [miktsavi] rhythmisch *Adj.*

מַקְצֻעָה נ׳ [maktsa] Falzhobel *m*

מִקְצֶה ז׳ [miktse] Gruppe *f*, Serie *f*

מֻקְצֶה ת׳, מוקצה [muktse] zugeteilt; abgeschieden *Adj.*

=~ מֵחֲמַת מֵאוּס = unantastbar, tabu *(aus Abscheu) bibl.*

מִקְצוֹעַ ז׳ (מִקְצוֹעוֹת) [mik'tsoa'] Fach *n*, Beruf *m*

=~־חוֹבָה = Pflichtfach *n*

=~ חָפְשִׁי = freier Beruf

Kommentaren
[mikra'a] Lesebuch *n*, Anthologie *f*, Chrestomathie *f* מִקְרָאָה נ׳
[makré'a] Mikrofilmlesegerät *n* מַקְרֵאָה נ׳
[mikra'i] biblisch, alttestamentarisch *Adj.* מִקְרָאִי ת׳
[mekorav] nahe *Adj.* stehend; vertraut *Adj.* מְקֹרָב ת׳, מקורב
[mukrav] geopfert *Adj.* מֻקְרָב ת׳, מוקרב
[mikrav] Annäherung *f* מִקְרָב ז׳, מיקרב
= Nahaufnahme *f*, Großaufnahme *f* =צִלּוּם-~
[mikre] Zufall *m*; Fall *m*, Ereignis *n*, Vorfall *m*; Angelegenheit *f* מִקְרֶה ז׳
= zufällig *Adv.* =בְּ~ ת"פ
= Pollution *f*, (unwillkürlicher) Samenerguss *m bibl.* =מִקְרֵה-לַיְלָה
[mekore] überdacht *Adj.* מְקֹרֶה ת׳, מקורה
[mekurzal] gekräuselt *Adj.* מְקֻרְזָל ת׳, מקורזל
[mikri] zufällig *Adj.* מִקְרִי ת׳
= Zufälligkeit *f* =~יּוּת נ׳
[mak'riax] kahl werdend *Adj.* מַקְרִיחַ ת׳
[makrin] ausstrahlend; gehörnt *Adj.* מַקְרִין ת׳
[makriʃ] gerinnend *Adj.* מַקְרִישׁ ת׳
[mekoram] mit Kruste מְקֹרָם ת׳, מקורם
[mukram] verkrustet *Adj.* מֻקְרָם ת׳, מוקרם
[makrén] Kühler (haube), Kühlung *f*; Projektor *m* מַקְרֵן ז׳
[mukran] ausgestrahlt; projiziert *Adj.* מֻקְרָן ת׳, מוקרן
[mekoran] verhornt *Adj.* מְקֹרָן ת׳, מקורן
[makréna] Filmprojektor *m* מַקְרֵנָה נ׳
[mikras] Salto *m*, Purzelbaum *m* מִקְרָס ז׳
[mekora'] zerissen *Adj.* מְקֹרָע ת׳
[mekurka'] verankert, geerdet *Adj.* מְקֻרְקָע ת׳
[mekarke'in] Grundbesitz *m*, Immobilien *pl.* מְקַרְקְעִין ז"ר
= Wertzuwachs *m* des Grund- =שֶׁבַח-~

= Nebenbeschäftigung *f*, Nebenfach *n* =~-לְוַאי
= Wahlfach *n* =~-רְשׁוּת
= Fachmann *m* =בַּעַל-~ ז׳
[maktsu'a] Hobel *m* מַקְצוּעָה נ׳
[miktso'i] professionell, beruflich, fachlich *Adj.*, Berufs- מִקְצוֹעִי ת׳
= Fachkunde *f* =~יּוּת ז׳
[miktso'an] Berufsspieler *m*, Profi *m Sp.* מִקְצוֹעָן ז׳
= Berufssportlertum *n*, Professionalismus *m* =~נוּת נ׳
= professionell, beruflich *Adj.* =~נִי ת׳
[hitmaktsa'] *hit.* sich spezialisieren (מקצע) הִתְמַקְצֵעַ (לְהִתְמַקְצֵעַ) הת׳
[maktsé'a] Hobelmaschine *f* מַקְצֵעָה נ׳
[mekuts'a] Winkel *m*, Ecke *f bibl.* מְקֻצְעָה נ׳
[maktséf] Schneebesen *m*, Quirl *m* מַקְצֵף ז׳
[muktsaf] schaumig (zu Sahne) geschlagen; schäumend *Adj. fig.* מֻקְצָף ת׳, מוקצף
[miktsaf] Schaum *m* מִקְצָף ז׳, מיקצף
[mik'tsefet] Baiser *n*, Meringue *f* מִקְצֶפֶת נ׳
[mekutsats] beschnitten, abgeschnitten, gekürzt *Adj.* מְקֻצָּץ ת׳, מקוצץ
[maktsétsa] Häcksler *m* מַקְצֵצָה
[mekutsar] abgekürzt, verkürzt *Adj.* מְקֻצָּר ת׳, מקוצר
[maktséra] Mähdrescher *m* מַקְצֵרָה נ׳
[miktsat] ein Teil, ein wenig, etwas מִקְצָת נ׳ ות"פ
= etwas, teilweise *Adv.* =בְּ~ ת"פ
[namak] *nif.* sich auflösen, verfaulen (מקק) נָמַק נפ׳ (לְהִמַּק, יִמַּק)
- *hit.* sich auflösen, verfaulen -הִתְמַקְמֵק הת׳
[makak] Küchenschabe *f* מַקָּק ז׳ (ג'וק)
[mukra'] vorgelesen, rezitiert *Adj.* מֻקְרָא ת׳
[mikra'] Bibel *f*, Altes Testament, Heilige Schrift; Lesen *n*, Lektüre *f* מִקְרָא ז׳
= große Bibelausgabe mit =מִקְרָאוֹת גְּדוֹלוֹת

besitzes

מְקֻרְקָף ת׳, מקורקף [mekurkaf] skalpiert *Adj.*

מַקְרֵר, מְקָרֵר ז׳ [makrér, mekarér] Kühlschrank *m*; Kühler *m*,

מְקֹרָר ת׳, מקורר [mekorar] abgekühlt; erkältet *Adj.*

מֻקְרָשׁ ת׳, מוקרש [mukraʃ] geronnen *Adj.*

מִקְרָשׁ ז׳ [mikraʃ] Gerinnsel *n*

מִקֵּשׁ פיעל [mikéʃ] *pi.* minieren, Minen legen

מַקָּשׁ ז׳ [makaʃ] Taste *f*

=~ מַחֲזִיר = Rücktaste *f*

=מַקַּשׁ-הָרְוָחִים = Leertaste *f*, Zwischenraumtaste *f*

מִקְשָׁה¹ נ׳ [mikʃa] Kürbisfeld *n*, Melonenpflanzung *f*

מִקְשָׁה² נ׳ [mikʃa] getriebene Metallarbeit

=~ אַחַת = aus einem Guss (*auch fig.*)

מֻקְשֶׁה ת׳, מוקשה [mukʃe] verhärtet, gehärtet, steif; schwer verständlich, fragwürdig *Adj.*

מְקֻשָּׁט ת׳, מקושט [mekuʃat] geschmückt *Adj.*

מַקְשָׁן ז׳ [makʃan] hartnäckiger Frager

מְקֻשְׁקָשׁ ת׳, מקושקש [mekuʃkaʃ] gekritzelt; verworren *Adj.*

מְקֻשְׂקָשׂ ת׳, מקושקש [mekuskas] schuppig *Adj.*

מְקַשֵּׁר ז׳ [mekaʃér] Verbindungsmann *m*

מְקֻשָּׁר ת׳, מקושר [mekuʃar] verbunden, verknüpft *Adj.*

מַקְשֹׁרֶשׁ ז׳, מקשורש [mak'ʃoreʃ] Wurzelfäule *f*

מְקֻשָּׁת ת׳, מקושת [mekuʃat] bogenförmig *Adj.*

מַקֶּשֶׁת נ׳ [ma'keʃet] Minenleger *m Mar.*

מַר ת׳ ות״פ [mar] bitter *Adj.*; bitterlich *Adv.*

=~-לֵב,~-נֶפֶשׁ = verbittert *Adj.*

=~-הַמָּוֶת = der bittere Tod *fig.*

=בָּכָה מָרוֹת = bitterlich weinen

=עַד הַסּוֹף הַמַּר = bis zum bitteren Ende

מַר, מָר ז׳ [mar] Herr *m (Anrede)*

מֹר ז׳, מור [mor] Myrrhe *f* (Commiphora myrrha) *Bot.*

(מרא) הִמְרִיא הפ׳ [himri'] *hif.* aufsteigen, abfliegen, starten *Flgw.*

מַרְאֶה ז׳ (מַרְאוֹת) [mar'e] Anblick *m*, Ansicht *f*, Aussehen *n*

=מַרְאֵה-מָקוֹם = Quellenangabe *f*, bibliografischer Hinweis

=~-עֵינַיִם = das Sehen

=~-תַּעְתּוּעִים = Luftspiegelung *f*, Fata Morgana *f*

=לְמַרְאֶה = angesichts *Prp. (G)*

=מַרְאֶה מִפָּנִים = Vorderansicht *f*

=~ מֵאָחוֹר = Rückansicht *f*

★מַרְאָה¹ נ׳ [mar'a] Vision *f*; Erscheinung *f*

מַרְאָה² נ׳ ראה גם: רְאִי [mar'a] Spiegel *m*

מְרַאֲיֵן ז׳, מראיין [mera'ajén] Interviewer *m*

מְרֻאְיָן ת׳, מרואיין [meru'jan] interviewt *Adj.*

★מַרְאִית נ׳ [mar'it] Aussehen *n*

=~-עַיִן = Anschein *m*

=לְ~-~ = zum Schein, nach außen

מֵרֹאשׁ ת״פ [méroʃ] im Voraus, von vornherein

מְרַאֲשׁוֹת נ״ר [meraʃot] Kopfende *n*

מֵרַב ז׳, מירב [mérav] Maximum *n*

מְרֻבָּב ת׳ [merubav] gefleckt; mannigfaltig *Adj.*

מַרְבָד ז׳ ראה גם: שָׁטִיחַ [marvad] Teppich *m*

מְרֻבָּד ת׳, מרובד [merubad] geschichtet *Adj;* mit Teppich bedeckt

מַרְבֶּה ת״פ, ת׳ [marbe] viel *(in Zssgn)*

=הַמַּרְבֶּה בַּמְּחִיר = Meistbietende(r) *m*

=לְמַרְבֵּה הַצַּעַר = zum größten Bedauern

=מַרְבֵּה-רַגְלַיִם = Tausendfüßler *m* (Myriapoda) *Zo.*

מְרֻבֶּה ת׳, מרובה [merube] viel, reich an *(D)*

=תָּפַשְׂתָּ~ - לֹא תָּפַשְׂתָּ = wer zu viel will, erreicht nichts

=מוּעָט הַמַּחֲזִיק אֶת הַ~ = klein, aber inhaltsreich

=מִשְׁפָּחָה מְרֻבַּת יְלָדִים = kinderreiche Familie

מְרַבִּי ת׳, מירבי [merabi] maximal, größtmöglich *Adj.*
מַרְבִּית נ׳ [marbit] das Meiste *n*, Mehrheit *f*
מֻרְבִּית נ׳ [murbit] junger Zweig *m*
מֻרְבָּךְ ת׳ [murbax] in heißes Wasser getaucht
מְרֻבָּךְ ת׳ [merubax] gemischt *Adj.*
מְרֻבָּע תו״ז, מרובע [meruba’] Viereck *n*, Quadrat *n*; viereckig *Adj.*; humorlos *Adj. fig.*
=מֶטֶר ~ = Quadratmeter (m^2) *m*
=כְּתָב ~ = Keilschrift *f*, aramäisch-assyrische Schrift
=גִּזְרַת הַמְרֻבָּעִים = hebr. Verben *n/pl.* mit 4 Wurzelbuchstaben
=״מְרֻבָּעִים״ ז״ר = Vierzeiler *m*
מַרְבֵּץ ז׳ [marbéts] Lagerplatz *m* von Tieren
מִרְבָּץ ז׳, מירבץ [mirbats] Schicht *f Geol.*, Ablagerung *f*; Schlagen *n*
מַרְבֵּק ז׳ [marbék] Maststall *m*
מַרְגּוֹעַ ז׳ [mar'goa’] Erholung *f*, Ruhe *f*
=בֵּית־~ = Erholungsheim *n*
מֻרְגָּז ת׳ [murgaz] verärgert, wütend *Adj.*
מְרֻגָּז ת׳, מרוגז [merugaz] erzürnt *Adj.*
מַרְגִּיעַ ת׳ [mar'gia’] beruhigend *Adj.*
מְרַגֵּל ז׳ [meragél] Spion *m*, Kundschafter *m*
מֻרְגָּל ת׳, מורגל [murgal] gewöhnt *Adj.*
מַרְגְּלוֹת נ״ר [margelot] Fußende *n*
=לְ~־ = zu Füßen
מַרְגָּלִית נ׳ [margalit] Perle *f*
מְרַגֶּלֶת נ׳ [mera'gelet] Spionin *f*
מַרְגֵּמָה נ׳ [margéma] Mörser *m*, Granatwerfer *m Mil.*
מַרְגָּנִית נ׳ [marganit] Acker-Gauchheil *m* (Anagallis) *Bot.*
מְרֻגָּע ת׳, מרוגע [meruga’] ausgeruht *Adj.*
מֻרְגָּע ת׳, מורגע [murga’] beruhigt *Adj.*
מַרְגֵּעָה נ׳ [margé’a] Ruhe *f*, Stille *f*
מַרְגָּרִינָה נ׳ [margarina] Margerine *f*
מֻרְגָּשׁ ת׳, מורגש [murgaʃ] gefühlt, fühlbar *Adj.*
מְרֻגָּשׁ ת׳, מרוגש [merugaʃ] erregt, aufgeregt *Adj.*
מַרְגָּשׁ ז׳ [margaʃ] Stimmung *f*, Befinden *n*
מַרְגֵּשָׁה נ׳ [margéʃa] Tumult *m*, Aufregung *f*, Lärm *m*
מָרַד פעל (לִמְרוֹד בְּ־, יִמְרוֹד) [marad] *kal* rebellieren, sich empören gegen *(Akk.)*; rebellisch sein
-הִתְמָרֵד הת׳ - *hit.* rebellieren
-הִמְרִיד הפ׳ - *hif.* zum Aufstand hetzen, aufwiegeln
מֶרֶד ז׳ ['mered] Aufstand *m*, Rebellion *f*
=הוּא עוֹמֵד בְּמִרְדּוֹ = er beharrt auf s-m Widerstand
מְרֻדָּד ת׳ [merudad] gehämmert *Adj.*, mit dem Hammer bearbeitet; getrieben *Adj. (Schmuck)*
מִרְדָּד ז׳, מירדד [mirdad] flaches Wasser
מַרְדֶּה ז׳ [marde] Brotschaufel *f*; Ofenzange *f*
מִרְדֶּה ז׳, מירדה [mirde] Honigernte *f*
מַרְדִּים ת׳ [mardim] einschläfernd, narkotisierend *Adj.*
מַרְדָּן ת׳ [mardan] aufrührerisch, widerspenstig *Adj.*
=~נוּת נ׳ = Widerspenstigkeit *f*
=~נִי ת׳ = aufrührerisch, widerspenstig *Adj.*
מֻרְדָּף ת׳, מורדף [murdaf] verfolgt *Adj.*
מִרְדָּף ז׳, מירדף [mirdaf] Verfolgung *f*, Jagd *f*
מָרָה פעל (לִמְרוֹת בְּ־, יִמְרֶה) [mara] *kal* widerspenstig sein
-הִמְרָה (אֶת פִּיו) הפ׳ - *hif.* nicht gehorchen
=סוֹרֵר וּמוֹרֶה = aufsässig *Adj.*
מָרָה[1] [mara] Galle *f*
★=~ אֲדֻמָּה = cholerisches Temperament
★=~ לְבָנָה = phlegmatisches Temperament
★=~ שְׁחוֹרָה = melancholisches Temperament

(מָרָה[2] נ') מָרַת- — [marat] Frau *f (vor Namen)*

★מֹרָה נ', מורה — [mora] Bitternis *f*

=מֹרַת-רוּחַ — = Verdruss *m*, Unzufriedenheit *f*, Missvergnügen *n*

מִרְהָט ז' — [mirhat] Möbel *n*

מְרֹהָט ת', מרוהט — [merohat] möbliert *Adj.*

מַרְהִיב ת' — [marhiv] entzückend, begeisternd *Adj.*

=~ עַיִן — = wunderbar *Adj.*

מרובה ראה: מְרֻבֶּה — [merube] viel

מרובע ראה: מְרֻבָּע — [meruba'] Viereck *n*; viereckig *Adj.*

מֵרוּג ז' — [mérug] Ernte unreifen Gemüses

מָרוּד ת' — [marud] bedrückt, elend *Adj.*

מַרְוָה נ', מרווה — [marva] Salbei *m* (Salvia) *Bot.*

מַרְוֶה ת', מרווה — [marve] durststillend *Adj.*

מְרֻוֶּה ת', מרווה — [meruve] (Durst) gestillt *Adj.*; gesättigt *Adj.*

מָרוּחַ ת' — [ma'ruax] gestrichen, *(Brot)* bestrichen *Adj.*

מְרֻוָּח ת', מרווח — [meruvax] geräumig, weit *Adj.*

מִרְוָח ז', מירווח — [mirvax] Zwischenraum *m*, Distanz *f*, Abstand *m*

מָרוּט ת' — [marut] gerupft *Adj.*; poliert *Adj.*

=עֲצַבִּים מְרוּטִים — = überspannte Nerven *m/pl. fig.*

מָרוֹם ז' — [marom] Höhe *f*, Gipfel *m*

★=מְרוֹמִים ז"ר — = Himmel *m*

מְרוֹמָם ת' — [meromam] erhöht *Adj.*

מֵרוֹץ ז', מירוץ — [mérots] Rennen *n*, Wettrennen *n*, Wettlauf *m*

מְרוּצָה נ' — [merutsa] Lauf *m*, Laufen *n*

=בִּמְרוּצַת-הַזְּמַן — = im Laufe der Zeit

מָרוּק ת' — [maruk] blank geputzt, poliert *Adj.*

מֵרוּק ז', מירוק — [méruk] Putzen *n*, Polieren *n*

מָרוֹקָאִי, מָרוֹקָנִי ת"ז — [maroka'i, marokani] Marokkaner *m*, marokkanisch *Adj.*; Jude *m* marokkanischer Abstanmmg

מְרוֹקָן ת' — [merokan] geleert, entleert *Adj.*

מָרוֹר ז' — [maror] Bitterkraut *n* (Sonchus) *Bot.*

מֵרוּר ז' — [méror] Schwierigkeiten verursachend

מָרוּר ת' — [marur] bitter *Adj.*

מְרוֹשָׁשׁ ת' — [meroʃaʃ] verarmt *Adj.*

מָרוֹת תה"פ — [marot] bitterlich *Adv.*

מָרוּת נ' — [marut] Herrschaft *f*

=קִבֵּל ~ — = gehorchen

מַרְזֵב ז' — [marzév] Regenrinne *f*, Dachrinne *f*

★מַרְזֵחַ ז' — [mar'zéax] Trinkgelage *n*

=בֵּית-~ — = Schenke, Schänke *f*, Kneipe *f*

מָרַח פעל (לִמְרוֹחַ אֶת-, עַל-, יִמְרַח) — [marax] *kal* bestreichen *v/t* (mit Butter, Salbe)

מֶרְחָב ז' — [merxav] Raum *m*, Bereich *m*, Gebiet *n*; Weite *f*

=מֶרְחַב-מִחְיָה — = Lebensraum *m*

=הַנְדָּסַת-הַמֶּרְחָב — = Stereometrie *f*

מֻרְחָב ת', מורחב — [murxav] erweitert *Adj.*

מֶרְחָבִי ת' — [merxavi] Raum-, Gebiets-

★מֶרְחַבְיָה — [merxavja] Weite Gottes, unbegrenzte Weite

מַרְחִיק|-לֶכֶת ת' — [marxik-'lexet] weitgehend

=~-רְאוּת ת' — = weitsichtig *Adj.*

מְרֻחָם ת' — [meruxam] bemitleidet *Adj.*

מֶרְחָץ ז' (מֶרְחֲצָאוֹת) — [merxats] Bad *n*

=מֶרְחַץ-דָּמִים — = Blutbad *n*

=בֵּית-מֶרְחָץ ז' — = Badehaus *n*

=מֶרְחֲצָאוֹת-מַרְפֵּא — = Kurbäder *n/pl*, *Med.* Anwendungen *f/pl*

מֶרְחָק ז' — [merxak] Entfernung *f*, Abstand *m*; Strecke *f*

מְרֻחָק ת', מרוחק — [meruxak] entfernt *Adj.*

=בְּ~ ת"פ — = entfernt, weit *Adv.*

מֻרְחָק ת', מורחק — [murxak] entfernt, abgesondert, verstoßen *Adj.*

מִרְחָשׁ ז' — [mirxaʃ] Schwarm *m*

מַרְחֶשְׁוָן ז', מרחשוון גם: חֶשְׁוָן — [marxeʃvan] Marcheschvan *auch* Cheschvan, 2. Monat im jüd. Kalender *(Oktober-November)*

מַרְחֶשֶׁת נ' — [mar'xeʃet] tiefe Bratpfanne

מָרַט פעל (לִמְרוֹט אֶת-, יִמְרוֹט) [marat] *kal* ausraufen, ausreißen, rupfen (Federn) *v/t*

=~ אֶת עֲצַבָּיו = an den Nerven zerren, nervös machen

-מֵרַט פיעל - *pi.* polieren; ausreißen *v/t*

מְרֻטָּב ת׳ [merutav] durchnässt *Adj.*

מֻרְטָב ת׳, מורטב [murtav] befeuchtet, angefeuchtet *Adj.*

מַרְטֵט ז׳ [martét] Vibrator *m*

מַרְטִיט ת׳ [martit] erschütternd *Adj.*

מְרֻטָּשׁ ת׳, מרוטש [merutaʃ] zerrissen, zerfetzt *Adj.*

מְרִי[1] ז׳ (בְּהֶפְסֵק: מֶרִי) [meri, 'meri] Ungehorsam *m*, Trotz *m*, Widerstand *m*

=תְּנוּעַת-מְרִי = Widerstandsbewegung *f*

מְרִי[2] ז׳, ~-לֵב, ~-נֶפֶשׁ [meri] Erbitterung *f*

מְרִיא ז׳ [meri'] Büffel *m*

מֵרִיב ז׳ [mériv] Gegner *m*, Rivale *m*

מְרִיבָה נ׳ [meriva] Streit *m*

מְרִידָה נ׳ [merida] Aufstand *m*, Rebellion *f*

מַרְיוֹנֶטָה נ׳ [marjoneta] Marionette *f*

מְרִיחָה נ׳ [merixa] Bestreichen *n*

מְרִיטָה נ׳ [merita] Ausrupfen *n*

=מְרִיטַת-עֲצַבִּים = nervliche Anspannung *f*

מֵרִים נ׳ [mérim] Heben *n*; Daktylus *m lit.*

מֻרְיָס ז׳ [murjas] Salzlake *f*, Fischsoße *f*

מֵרִיץ ז׳ [mérits] Starter *m*, Rennleiter *m*

מְרִיצָה נ׳ [meritsa] Schubkarre *f*

מְרִיקָה נ׳ [merika] Putzen *n*, Polieren *n*

מָרִיר ת׳ [marir] leicht bitter, zartbitter *Adj.*

=מְרִירוּת נ׳ = Bitterkeit *f*, Bitternis *f*

מָרִית נ׳ [marit] Spachtel *m*, *f*; Spatel *m*

מֹרֶךְ ז׳, מורך ['morex] Furchtsamkeit *f*

=~-לֵב = Feigheit *f*

מֶרְכָּב ז׳ [merkav] Karosserie *f*

מֻרְכָּב ת׳, מורכב [murkav] zusammengesetzt; kompliziert; aufgepfropft *Adj.*

=מִשְׁפַּחַת הַמֻּרְכָּבִים = Korbblütler *m/pl. Bot.*

★מֶרְכָּבָה נ׳ [merkava] Kutsche *f*; Kriegswagen *m bibl.*

=מַעֲשֵׂה-~ = Geheimnisse *n/pl.* der Schöpfung; komplizierte Dinge *n/pl.*

מֻרְכָּבוּת נ׳, מורכבות [murkavut] Kompliziertheit *f*

מֵרְכָה, מֵרְכָא נ׳ [mérexa] "Mercha", Intonationszeichen der Bibel

=מֵרְכָאוֹת, ~ כְּפוּלוֹת = Anführungsstriche *m/pl.*

מִרְכּוּז ז׳, מירכוז [mirkuz] Festsetzung *f* des Mittelpunktes; Zentralisierung *f*

מֶרְכָּז ז׳ [merkaz] Mitte *f*, Zentrum *n* Mittelpunkt *m*

=מֶרְכַּז-הַכֹּבֶד = Schwerpunkt *m*

=מֶרְכָּז קְהִלָּתִי = Gemeindehaus *n*

=מֶרְכַּז קְנִיּוֹת ז׳ = Einkaufszentrum *n*
ראה גם: קַנְיוֹן

=~ רוּחָנִי = geistiges Zentrum

מְרַכֵּז ז׳ [merakéz] Koordinator *m*

מְרֻכָּז ת׳, מרוכז [merukaz] konzentriert *Adj.*

מִרְכֵּז פיעל [mirkéz] *pi.* zentrieren, auf die Mitte einstellen, zentralisieren

מֶרְכָּז|ִי ת׳ [merkazi] zentral *Adj.*

=מַעְגָּלִים ~יִּים = konzentrische Kreise *m/pl.*

מֶרְכָּזִיָּה נ׳ [merkazija] Zentrale *f*, Telefonzentrale *f*, -vermittlung *f*

מֶרְכָּזָן ז׳, מֶרְכָּזָנִית נ׳ [merkazan, merkezanit] Telefonist *m*, Telefonistin *f*

מַרְכִּיב ז׳ [markiv] Komponente *f*, wesentlicher Bestandteil; Träger *m (von)*

מְרֻכָּךְ ת׳, מרוכך [merukax] erweicht; gemildert *Adj.*

מַרְכָּל ז׳ [markal] Verwalter *m*

מַרְכָּלָה נ׳ [markala] Verwaltung *f*

★מַרְכֹּלֶת נ׳, מרכולת [mar'kolet] Ware *f*

מִרְכָּן ז׳ [mirkan] leichte Neigung *(Bäume)*

מֻרְכָּן ת׳, מורכן [murkan] gesenkt, gebeugt *Adj.*

מְרֻכָּס ת׳ [merukas] geknöpft, zugeknöpft *Adj. a. fig.*

מְרֻכְסָן ת׳, מרוכסן [meruxsan] mit Reißverschluss
מְרֻכְרָךְ ת׳, מרוכרך [meruxrax] weich geworden
מִרְמָה נ׳, מירמה [mirma] Trug *m*, Betrug *m*
★=אַבְנֵי-~ = falsche Gewichte *n/pl.*
★=אִישׁ-~ = Betrüger *m bibl.*
=מֹאזְנֵי-~ = ungenaue Waage
מְרֻמֶּה ת׳, מרומה [merume] betrogen *Adj.*
מַרְמוֹטָה נ׳ [marmota] Murmeltier *n* (Arctomys Marmota) *Zo.*
מְרֻמָּז ת׳, מרומז [merumaz] angedeutet *Adj.*
=בְּ~ ת״פ = angedeutet, andeutungsweise *Adv.*
מִרְמָס ז׳, מירמס [mirmas] Zertreten *n*, Treten *n* mit Füßen
=הָיָה לְ~ = erniedrigt werden; zum Opfer fallen *fig.*
מִרְמֵר פיעל [mirmér] *pi.* verbittern *v/t*
-הִתְמַרְמֵר הת׳ - *hit.* erbittert werden
★מָרָן ז׳ (ארמ׳) [maran] unser Lehrer *(ehrende Anrede)*
=מָרָנָן ז״ר = unsere Lehrer
מַרְנִין ת׳ [marnin] erfreuend, erfreulich *Adj.*
מֵרֵס פיעל [mérés] *pi.* mischen, rühren; auspressen *v/t*
מֶרֶס ז׳ [mars] März *m*; Mars *m (Planet)*
מֻרְסָה נ׳, מורסה [mursa] Abszess *m*, Eitergeschwulst *f*
מְרֻסָּן ת׳, מרוסן [merusan] gezügelt; gehemmt *Adj.*
מַרְסֵס ז׳ [marsés] Zerstäuber *m*
מַרְסֵסָה נ׳ [marsésa] Zerstäuber *m*, Spraydose *f*
מְרֻסָּס ת׳, מרוסס [merusas] gespritzt *Adj.* (Schädlingsbekämpfung); gesprüht *Adj.*
מַרְסֵק ז׳ [marsék] Kartoffelpresse *f*
מְרֻסָּק ת׳, מרוסק [merusak] zerstoßen, zerquetscht, püriert *Adj.*
מֵרַע ת״ז, מירע [méra'] böse *Adj.*; das Schlimmste

מֻרְעָב ת׳, מורעב [mur'av] ausgehungert *Adj.*
מֻרְעָד ת׳, מורעד [mur'ad] zum Zittern gebracht
מִרְעֶה ז׳ [mir'e] Weide *f*, Weideplatz *m*
=מִרְעֵה-הָרִים = Alm *f*, Alp(e) *f*
מַרְעוֹם ז׳ [mar'om] Zünder *m Mil.*
★מַרְעִית נ׳ [mar'it] Herde *f*
=צֹאן-~וֹ = Gemeinde *f*
מֻרְעָל ת׳, מורעל [mur'al] vergiftet *Adj.*
מְרַעֲנֵן ת׳ [mera'anén] erfrischend *Adj.*
מְרֻעֲנָן ת׳, מרוענן [meru'anan] erfrischt *Adj.*
מְרֹעָף ת׳, מרועף [mero'af] mit Ziegeln gedeckt
מַרְפֵּא ז׳ [marpé'] Heilung *f*, Linderung *f*
מְרַפֵּא ז׳ [merapé'] Therapeut *m*
★=~ שִׁנַּיִם ז׳ = Dentist *m*, Zahnarzt *(ohne Doktortitel) m*
מִרְפָּאָה נ׳, מירפאה [mirpa'a] (Poli-)Klinik *f*
מִרְפָּד ז׳, מירפד [mirpad] Polster *n*, Unterlage *f*
מְרֻפָּד ת׳, מרופד [merupad] gepolstert *Adj.*
מִרְפָּדָה, מַרְפֵּדִיָּה נ׳ [mirpada, marpédija] Polsterei *f*
מְרֻפֶּה ת׳, מרופה [merupe] gelockert, lose; vernachlässigt *Adj.*
מְרֻפָּט ת׳, מרופט [merupat] abgerissen, schäbig *Adj.*
מַרְפֵּס ז׳ [marpés] Fontanelle *f Anat.*
מִרְפֶּסֶת נ׳ [mir'peset] Veranda *f*, Terrasse *f*, Balkon *m*
מַרְפֵּק ז׳ [marpék] Ell(en)bogen *m*
מְרַפְרֵף ת׳ [mérafréf] oberflächlich, (flüchtig) berührend *Adj.*
מְרֻפָּשׁ ת׳, מרופש [merupaʃ] verschlammt *Adj.*
(מרץ) הִמְרִיץ הפ׳ [himrits] *hif.* antreiben, anreizen, anspornen *v/t*
מֶרֶץ ז׳ ['merets] Energie *f*, Tatkraft *f*, Power *f*, Antrieb *m*
=בַּעַל-~ = energischer Mensch
מַרְצֶה ז׳ [martse] Vortragende(r) *m*, Dozent *m*
מְרֻצֶּה ת׳, מרוצה [merutse] zufrieden *Adj.*
מֻרְצֶה ת׳ [murtse] gesagt, vorgetragen *Adj.*

מְרַצֵּחַ ז׳ [mera'tséax] Mörder *m*

מַרְצֵעַ ז׳ [mar'tséa'] Ahle *f*, Pfriem *m*

=יָצָא הַ~ מִן הַשַּׂק = die Wahrheit ist ans Licht gekommen *fig.*

מְרַצֵּף ז׳ (רַצָּף) [meratséf] Fliesenleger *m*

מְרֻצָּף ת׳, מרוצף [merutsaf] gepflastert, gekachelt *Adj.*

מַרְצֶפֶת נ׳ [mar'tsefet] Fliese *f*, Fußbodenplatte *f*; Straßendecke *f*

מָרַק פעל (לִמְרוֹק אֶת-, יִמְרוֹק) [marak] *kal* polieren, scheuern *v/t*

-מֵרֵק פיעל (לְמָרֵק אֶת-) - *pi.* abschleifen; reinigen *v/t*

מָרָק ז׳ (מְרַק-, מְרָקִים) [marak] Suppe *f*

מֶרֶק ז׳ ['merek] Glaserkitt *m*, Spachtel *m*

מְרֻקָּח ת׳ [merukax] gewürzt, parfümiert *Adj.*

מֶרְקָחָה [merkaxa] Salbentopf *m*; Durcheinander *n*, Verwirrung *fig.*

=הָיָה כַּמֶּרְקָחָה = brodeln; aufgeregt sein

מִרְקַחַת נ׳, מירקחת [mir'kaxat] Konfitüre *f*, Eingemachte(s) *n*

=בֵּית-~ = Apotheke *f*

מַרְקִיזָה נ׳ (סְכָכָה) [markiza] Markise *f*

מְרָקִית נ׳ [merakit] Suppenschüssel *f*

מְרֻקָּם ת׳, מרוקם [merukam] bestickt *Adj.*

מִרְקָם ז׳, מירקם [mirkam] Textur *f*, Gefüge *n* Gewebe *n*

מַרְקְסִי|זְם ז׳ [marksizm] Marxismus *m*

=~סְט ז׳ = Marxist *m*

=~סְטִי ת׳ = marxistisch *Adj.*

מִרְקָע ז׳, מירקע [mirka'] (Film-)Leinwand *f*, Projektionswand *f*, TV Bildschirm *m*

מְרֻקָּע ת׳, מרוקע [meruka'] gehämmert *Adj.*

מֵרַר פיעל [mérar] *pi.* erbittern *v/t*

-הֵמַר הפ׳ (לְהָמֵר) - *hif.* erbittern *v/t*

-הִמְרִיר הפ׳ - *hif.* bitter machen

=מֵרַר בִּבְכִי = bitterlich weinen

=~ אֶת חַיָּיו = sein Leben schwer (sauer) machen

מַרְשֶׁה ז׳ [marʃe] Mandant *m*

מֻרְשֶׁה ז׳, מורשה [murʃe] Bevollmächtigte(r) *m*, Abgeordnete(r) *m*

=בֵּית-מֻרְשִׁים = Abgeordnetenhaus *n*

מַרְשִׁים ת׳ [marʃim] eindrucksvoll, beeindruckend *Adj.*

מְרֻשָּׁל ת׳, מרושל [meruʃal] nachlässig *Adj.*, ungepflegt *Adj.*

מִרְשָׁם ז׳, מירשם [mirʃam] Skizze *f*, Entwurf *m*; Liste *f*, Register *n*; Rezept *n*

=מִרְשַׁם-הַתּוֹשָׁבִים = Einwohnermeldeamt *n*

מִרְשָׁמָה נ׳ [mirʃama] Registrierung *f*

מְרֻשָּׁע ת׳, מרושע [meruʃa'] bösartig *Adj.*

=רָשָׁע ~ = Bösewicht *m*

מֻרְשָׁע ת׳, מורשע [murʃa'] für schuldig befunden

מִרְשַׁעַת נ׳ [mir'ʃa'at] böses Weib

מְרֻשָּׁף ת׳, מרושף [meruʃaf] sprühend, glitzernd *Adj.*

מְרַשְׁרֵשׁ ת׳ [meraʃréʃ] raschelnd *Adj.*

=מְרַשְׁרְשִׁים ז״ר = Geldscheine *m/pl*, Banknoten *f/pl*

מְרֻשָּׁשׁ ת׳, מרושש [meruʃaʃ] verarmt *Adj.*

מְרֻשָּׁת ת׳, מרושת [meruʃat] netzartig, mit e-m Netz bedeckt, vernetzt *Adj.*

מָרַת (לִפְנֵי הַשֵּׁם) [marat] Frau *(vor Namen)*

ראה גם: מרה

מֻרְתָּח ת׳, מורתח [murtax] siedend heiß

מְרֻתָּח ת׳, מרותח [merutax] in siedendem Wasser gekocht

מִרְתָּח ז׳, מירתח [mirtax] Sud *m*, Abkochung *f*, Dekokt *n*

מַרְתֵּחַ ז׳ [mar'téax] Warmwasser-Boiler *m*

מַרְתִּיעַ ת׳ [mar'tia'] abschreckend *Adj.*

מְרֻתָּךְ ת׳, מרותך [merutax] geschweißt *Adj.*

מַרְתֵּכָה נ׳ [martéxa] Schweißgerät *n*

מִרְתָּם ז׳, מירתם [mirtam] (Pferde-)Geschirr *n*

מַרְתֵּף ז׳ [martéf] Keller *m*

מְרַתֵּק ת׳ [meraték] fesselnd, spannend *Adj.*

מְרֻתָּק ת׳, מרותק [merutak] gefesselt, ange-

[miʃ'betset] Karo *n*; Fassung *f* (v. Edelsteinen) מִשְׁבֶּצֶת נ'
= kariert *Adv.* =בְּמִשְׁבְּצוֹת ת"פ
[maʃbér] Krise *f* מַשְׁבֵּר ז'
[miʃbar] Brandung *f* מִשְׁבָּר ז', מישבר
[meʃubaʃ] verdorben, entstellt, aus der Ordnung gebracht *Adj.* מְשֻׁבָּשׁ ת', משובש
[muʃbat] stillgelegt; ausgsperrt *Adj.* מֻשְׁבָּת ת'
[musag] Begriff *m*, Idee *f*; Ahnung *f*, F מֻשָּׂג ז', מושג
[musag] erreicht, erfasst *Adj.* מֻשָּׂג ת', מושג
[himsig] *hif.* konzipieren (משג) הִמְשִׂיג הפ'
[misgav] Hochburg *f*; Zuflucht *f* מִשְׂגָּב ז', מישגב
= Asyl *n*, Armenhaus *n*, Fürsorge *f* =~ לַדָּךְ
[miʃge] Fehler *m*, Irrtum *m* מִשְׁגֶּה ז'
[musagi] begrifflich *Adj.* מֻשָּׂגִי ת', מושגי
[maʃ'giax] Aufseher *m* מַשְׁגִּיחַ ז'
[miʃgal] Beischlaf *m* מִשְׁגָּל ז', מישגל
[meʃuga'] verrückt, wahnsinnig *Adj.* מְשֻׁגָּע ת', משוגע
= (von e-r Sache) besessen =~ לְדָבָר
= Irrenhaus *n* =בֵּית-מְשֻׁגָּעִים
[meʃagéa'] toll, super F מְשַׁגֵּעַ ת'
[maʃgér] Abschussbasis *f*, Startrampe *f Mil.* מַשְׁגֵּר ז'
[mesagség] blühend *Adj.* מְשַׂגְשֵׂג ת'
[masdéda] Egge *f* מַשְׂדֵּדָה נ'
[maʃdér] Sender *m Rdf.* מַשְׁדֵּר ז'
[meʃudar] gesendet *Adj. Rdf.* מְשֻׁדָּר ת', משודר
[miʃdar] Sendung *f Rdf.* מִשְׁדָּר ז', מישדר
[maʃa] *kal* aus dem Wasser ziehen מָשָׁה פעל (לִמְשׁוֹת אֶת-, יִמְשֶׁה)
['maʃehu] etwas, irgendetwas, ein wenig מַשֶּׁהוּ ז'
[maso'] Last *f* ★מַשּׂוֹא ז'
= Parteilichkeit *f*, Bevorzugung *f* =~-פָּנִים
[masu'a] Leuchtfeuer *n*, Signalfeuer *n* מַשּׂוּאָה נ'
[miʃva'a] Gleichung *f* מִשְׁוָאָה נ', משוואה
bunden *Adj.*
[masa'] Last *f*, Belastung *f*; (prophetische) Vision *f bibl.* מַשָּׂא ז' (מַשָּׂאוֹת)
= Verhandlung *f* =~-וּמַתָּן ר"ת מו"מ
= Ideal *n* =~-נֶפֶשׁ
= Verbindung *f* zwischen Personen, Beziehung *f* =מַגָּע-וּ~
[musa'] Objekt *n Gr.* מֻשָּׂא ז', מושא
[maʃ'av] Tränkrinne *f*; Quelle *f*; Hilfsquelle *f*, Mittel *n* מַשְׁאָב ז' (מַשְׁאַבִּים)
[miʃ'av] Extraktion *f Chem.* מִשְׁאָב ז'
[maʃ'éva] Pumpe *f* מַשְׁאֵבָה נ'
[mas'at-lév] Streben *n* (מַשָּׂאָה) מַשְׂאַת|-לֵב
= Objekt *n* der Begierde, Ideal *n* =~-נֶפֶשׁ
[masa'it] Lastawagen *m* מַשָּׂאִית נ'
[miʃ'al] Umfrage *f*, Rundfrage *f* מִשְׁאָל ז', מישאל
= Volksentscheid *m*, Plebiszit *n*, Volksabstimmung *f* =מִשְׁאַל-עָם
[muʃ'al] verliehen, ausgeliehen; übertragen, bildlich *Adj.*, *fig.* מֻשְׁאָל ת', מושאל
[miʃ'ala] Wunsch *m*, Bitte *f* מִשְׁאָלָה נ'
= Herzenswunsch *m* =מִשְׁאֶלֶת-לֵב
[maʃ'éf] Inhalator *m Med.* מַשְׁאֵף ז'
[muʃ'ar] übrig geblieben, zurückgelassen *Adj.* מֻשְׁאָר ת'
[miʃ'eret] Backtrog *m* מִשְׁאֶרֶת נ'
[maʃav] Luftzug *m*, Windstoß *m*, Bö *f* Windzug *m* מַשָּׁב ז'
[meʃubax] lobenswert, vortrefflich, vorzüglich *Adj.* מְשֻׁבָּח ת', משובח
[masbia'] sättigend *Adj.* מַשְׂבִּיעַ ת'
[muʃba'] geschworen, eingeschworen *Adj.* מֻשְׁבָּע ת', מושבע
= Geschworenengericht *n* =בֵּית-דִּין שֶׁל מֻשְׁבָּעִים
[meʃubats] kariert; eingefasst; verflochten; eingeordnet *Adj.* מְשֻׁבָּץ ת', משובץ

מָשׁוֹב ז׳ [maʃov] Rückkopplung *f*, Feedback *n*

מְשׁוֹבֵב ת׳ [meʃovév] wiederhergestellt *Adj.*

מְשׁוּבָה נ׳ [meʃuva] Ausgelassenheit *f*; Abtrünnigkeit *f bibl.*

מַשְׁוֶה ז׳, קַו-הַמַּשְׁוֶה [maʃve] Äquator *m*

מֻשְׁוֶה ת׳ [muʃve] sich im Gleichgewicht befindend, ausgeglichen *Adj.*

מָשׁוּחַ ת׳ [ma'ʃuax] gesalbt *Adj.*

מָשׁוֹט ז׳ [maʃot] Ruder *n*

=סִירַת-מְשׁוֹטִים = Ruderboot *n*

מְשׁוֹטֵט ז׳ [meʃotét] Wanderer *m*; Landstreicher *m*

מָשׁוּי ת׳ [maʃui] aus dem Wasser herausgezogen, herausgeholt

מִשְׁוָיָה נ׳ [miʃvaja] Ausgleich *m*, Gleichheit *f*, Gleichung *f*

מַשְׁוִית נ׳, משווית [maʃvit] Langhobel *m*

מָשׁוּךְ ת׳ [maʃux] gezogen, hingezogen *Adj.*

מְשׂוּכָה נ׳ [mesuxa] Hecke *f*, Hürde *f*

מָשׁוּל ת׳ [maʃul] verglichen *Adj.*; es gleicht

מִשּׁוּל ז׳ [miʃul] Ähnlichkeit *f*, Vergleich *m*, Analogie *f*

מִשּׁוּם מ״י [miʃum] wegen *Prp. (G)*; etwas wie, von der Art

=~ כָּךְ = daher, deshalb, deswegen *Kj.*

=~ שֶׁ- = weil, da *Kj.*

מַשְׁוָנִי ת׳, משווני [maʃvani] äquatorial; vergleichend *Adj.*

משונן ראה: מְשֻׁנָּן [meʃunan] scharf *Adj.*

מְשַׁוֵּעַ ת׳ [meʃavéa'] lärmend, schreiend, laut *Adj.*

מָשׁוֹף ז׳ [maʃof] Feile *f*, Raspel *f*

מְשׁוּפָה נ׳ [meʃufa] Stahlwolle *f*

מַשּׂוֹר ז׳ [masor] Säge *f*

מְשׂוּרָה נ׳ [mesura] Messgerät *n (für Flüssigkeiten)*

=מַיִם בִּ~ = knapp zugemessenes Wasser

מִשְׁוָרַיִם ז״ז, מישווריים [miʃva'rajim] Paar *n* Steigbügel

מְשׁוֹרֵר ז׳ (מְשׁוֹרֶרֶת) [meʃorér] Dichter(in *f*) *m*

מִשְׁוֶרֶת נ׳, משוורת [miʃ'veret] Steigbügel *m*

מִשּׁוּשׁ ז׳, מישוש [miʃuʃ] Betasten *n*

=חוּשׁ-הַמִּשּׁוּשׁ = Tastsinn *m*

מָשׁוֹשׁ ז׳ [maʃoʃ] Fühler *m*

★מָשׂוֹשׂ ז׳ [masos] Freude *f*

מְשׁוֹשָׁה נ׳ [meʃoʃa] Antenne *f*

מָשְׁזָר ת׳, מושזר, מְשֻׁזָּר, משוזר [moʃzar, meʃuzar] geflochten, verflochten *Adj.*

מִשְׁזָר ז׳, מישזר [miʃzar] Geflecht *n*

מָשַׁח פעל (לִמְשׁוֹחַ אֶת-, יִמְשַׁח) [maʃax] *kal* salben, ölen, schmieren; (Farbe) auftragen; weihen *v/t*

מְשֻׁחָד ת׳, משוחד [meʃuxad] bestochen *Adj.*

מָשְׁחָה נ׳ [moʃxa] Portion *f bibl.*

מִשְׁחָה נ׳, מישחה [miʃxa] Paste *f*, Salbe *f*

=מִשְׁחַת-נַעֲלַיִם = Schuhcreme *f*

=~-שִׁנַּיִם = Zahnpaste *f*

מִשְׂחֶה ז׳, מישחה [misxe] Wettschwimmen *n*

מֻשְׁחָז ת׳, מושחז [muʃxaz] (Messer) geschliffen *Adj.*

מַשְׁחֵז ז׳ [maʃxéz] Schleifstein *m*

=מַשְׁחֵזָה נ׳ = Schleifmaschine *f*

=מִשְׁחָזָה נ׳ = Schleiferei *f*

=מַשְׁחֶזֶת נ׳ = Schleifstein *m*; Bleistiftanspitzmaschine *f*

מִשְׁחָטָה נ׳, מישחטה [miʃxata] Schlachthaus *n*

מַשְׁחִית ז׳ [maʃxit] Zerstörer *m*; Sturmtrupp *m Mil.*

מֻשְׁחָל ת׳, מושחל [muʃxal] eingefädelt *Adj.*

מַשְׁחֶלֶת נ׳ [maʃxelet] Nadeleinfädeler *m*

מִשְׁחֹלֶת נ׳, מישחולת [miʃ'xolet] (Gewehr) Laufreiniger *m*

מְשֻׁחָן ת׳ [meʃuxan] sehr heiß (Wetter)

מְשֻׁחָף ת׳, משוחף [meʃuxaf] tuberkulös, schwindsüchtig *Adj.*

מִשְׂחָק ז׳, מישחק [misxak] Spiel *n*

=מִשְׂחַק-מִלִּים = Wortspiel *n*

=מִשְׂחָק הוֹגֵן = ehrliches, faires Spiel

=מִשְׂחַק וִידֵאוֹ = Videospiel *n*

=מִשְׂחַק מַחְשֵׁב = Computerspiel *n*
מְשֻׂחָק ת׳ [mesuxak] aufgeführt *Adj.*
מֻשְׁחָר ת׳, מושחר [muʃxar] geschwärzt *Adj.*
מְשַׁחְרֵר ז׳ [meʃaxrér] Befreier *m*
מְשֻׁחְרָר ת׳, משוחרר [meʃuxrar] befreit *Adj.*
מָשְׁחָת, מֻשְׁחָת ת׳, מושחת [moʃxat, muʃxat] verdorben, korrumpiert *Adj.*
מַשְׁחֶתֶת נ׳ [maʃ'xetet] Zerstörer *m Mar.*
מַשָּׁט ז׳ [maʃat] Flottenparade *f*
מִשְׁטוּר ז׳, מישטור [miʃtur] Reglementierung *f*
מִשְׁטָח ז׳, מישטח [miʃtax] Fläche *f*, Plattform *f*
=מִשְׁטַח-גָּרוֹן = Rachenabstrich *m Med.*
=~-דָּם = Blutprobe *f Med.*
מְשֻׁטָּח ת׳, משוטח [meʃutax] eingeebnet, ausgetreten *Adj.*
מַשְׂטֵמָה נ׳ [mastéma] Hass *m*
מַשְׁטֵף ז׳ [maʃtéf] (W.C.) Spülkasten *m*
מִשְׁטָר ז׳, מישטר [miʃtar] Herrschaft *f*, Regime *n*, Regierungsform *f*; Ordnung *f*, Disziplin *f*
מִשְׁטָרָה נ׳, מישטרה [miʃtara] Polizei *f*
=~ חֲשָׁאִית = Geheimpolizei *f*
=~ צְבָאִית = Militärpolizei *f*
=תַּחֲנַת-~ = Polizeirevier *n*, Polizeiwache *f*
=מִשְׁטֶרֶת-הַתְּנוּעָה = Verkehrspolizei *f*
מִשְׁטַרְתִּי ת׳ [miʃtarti] polizeilich *Adj.*
מֶשִׁי ז׳ ['meʃi] Seide *f*
=~ מְלָאכוּתִי = Kunstseide *f*
=אַבְרֵךְ-~ = verzärtelter junger Mann
=טַוַּאי-~ ז׳, תּוֹלַעַת-~ נ׳ = Seidenraupe *f*
=בִּכְפָפוֹת שֶׁל ~ = mit Samthandschuhen
מְשִׁיבוֹן ז׳ [meʃivon] Anrufbeantworter *m*
מַשִּׂיג ז׳ [masig] erfolgreicher Mensch; Gegner *m*
מָשִׁיחַ ז׳ [ma'ʃiax] Messias *m*; Gesalbter (König, Priester)
=מְשִׁיחַ-שֶׁקֶר = falscher Messias
=יְמוֹת-הַמָּשִׁיחַ = Tage *m/pl.* des Messias, messianisches Zeitalter

מְשִׁיחָה[1] נ׳ [meʃixa] Einreiben *n*, Ölen *n*
מְשִׁיחָה[2] נ׳ [meʃixa] Schnur *f*, Strick *m*; Messung *f*
מְשִׁיחִי ת׳ [meʃixi] messianisch *Adj.*
=יְהוּדִים מְשִׁיחִיִּים = messianische Juden
=~יּוּת נ׳ = Messianismus *m*
מָשִׁיט ז׳ [méʃit] Ruderer *m*
מִשְׁיִי ת׳ [miʃji] seidig *Adj.*
מְשִׁיכָה נ׳ [meʃixa] Ziehen *n*; Anziehung *f*; Abheben *n* (v. Geld)
=מְשִׁיכַת-יֶתֶר = Überziehen *n* (des Kontos)
=~-כָּתֵף = Achselzucken *n*
=קָנָה בִּמְשִׁיכָה = stehlen, entwenden *scherz.*
=כֹּחַ ~ = Magnetismus *m*, Anziehungskraft *f*
מְשִׁיכוּת נ׳ [meʃixut] Anziehung *f*
(מֵשִׂים) מִבְּלִי-~ [mibli mésim] unabsichtlich *Adv.*
מְשִׂימָה נ׳ [mesima] Aufgabe *f*, Auftrag *m*
=כֹּחַ-~ = Kampfverband *m* für Sonderaufgaben
מְשֻׁיָּף ת׳, משוייף [meʃujaf] geschliffen, gefeilt *Adj.*
מְשִׁיפָה נ׳ [meʃifa] Einreibemittel *n*, Salbe *f*
מַשִּׁיק ז׳ [maʃik] Tangente *f*
=~קִי ת׳ = berührend, tangential *Adj.*
מְשֻׁיָּשׁ ת׳, משוייש [meʃujaʃ] aus Marmor; marmoriert *Adj.*
מָשִׁישׁ ת׳ [maʃiʃ] tastbar *Adj.*
מָשַׁךְ פעל (לִמְשׁוֹךְ אֶת-, יִמְשׁוֹךְ) [maʃax] *kal* ziehen, anziehen *fig.* *v/t*; *(Geld)* abheben
-נִמְשַׁךְ נפ׳ (לְהִמָּשֵׁךְ) - *nif.* gezogen werden; hingezogen sein; dauern *v/i*
-הִמְשִׁיךְ הפ׳ - *hif.* fortsetzen, fortfahren
-הִתְמַשֵּׁךְ הת׳ - *hit.* sich hinziehen
★=~ אַפּוֹ = lange Zeit verärgert sein
=מָשַׁךְ אֶת יָדוֹ מִן- = sich abwenden von *(D)*, etwas lassen, ablassen von *(D)*, die Hände lassen von *(D)*
=~ אֶת הַלֵּב = anziehen, interessieren

=~ מַיִם = Wasser führen
=~ בַּחוּטִים = die Fäden ziehen *fig.*
=~ בְּעֵט = sich schriftstellerisch betätigen
=~ בְּעֹל = das Joch tragen, sich abmühen
מֶשֶׁךְ ז׳ ['meʃex] Dauer *f*, Länge *f*
=בְּ~ = im Laufe von, während *Prp. (G)*
=בְּ~ הַזְּמַן = im Laufe der Zeit
מִשְׁכָּב ז׳, מישכב [miʃkav] Liegen *n*; (Bett) Lager *n*; Beischlaf *m*
★=מִשְׁכַּב-זָכוּר = Homosexualität *f*
=חֲדַר-הַמִּשְׁכָּב = Schlafzimmer *n*
=נָפַל לְמִשְׁכָּב = krank, bettlägerig werden
מְשֻׁכְבָּד ת׳ [meʃuxbad] schwerfällig *Adj.*
מְשֻׂכָּה נ׳ [mesuka] Hürde *f*, Hecke *f*
מַשְׁכּוּכִית נ׳ [maʃkuxit] Leithammel *m*
מַשְׁכּוֹן ז׳ [maʃkon] Pfand *n*
=בֵּית-מַשְׁכּוֹנוֹת = Pfandleihe *f*, Leihhaus *n*
מִשְׁכּוּן ז׳, מישכון [miʃkun] Verpfändung *f*
מַשְׂכִּיל ת׳ [maskil] gebildet; aufgeklärt *Adj.*
=~וּת נ׳ = Aufklärung *f*; Bildung *f*
מַשְׁכִּים ז׳ [maʃkim] Frühaufsteher *m*
מַשְׂכִּיר ז׳ [maskir] Vermieter *m*
מַשְׂכִּית נ׳ [maskit] Schmuckstück *n*, Kunstgegenstand *m*; "Maskit", israelische Gesellschaft zur Förderung des Kunstgewerbes
(משכל) הִתְמַשְׂכֵּל הת׳ [hitmaskél] *hit.* Bildung vortäuschen; Bildung erwerben
מְשֻׂכָּל ת׳, משוכל [mesukal] verschränkt *Adj.*
מֻשְׂכָּל תו״ז, מושכל [muskal] durch d. Verstand erfassbar
=~ רִאשׁוֹן = Axiom *n*, anerkannter Grundsatz
מִשְׂכָּל ז׳, מישכל [miskal] Intelligenz *f*, Vernunft *f*
=מְנַת-~ = Intelligenzquotient (IQ) *m*
מְשֻׁכְלָל ת׳, משוכלל [meʃuxlal] vollendet, vollkommen *Adj.*

מֻשְׁכָּם ת׳ [muʃkam] sehr früh
מִשְׁכָּן ז׳, מישכן [miʃkan] Wohnsitz *m*, Residenz *f*; Stiftzelt *n bibl.*
מִשְׁכֵּן פיעל [miʃkén] *pi.* verpfänden *v/t*
מְשֻׁכָּן ת׳, משוכן [meʃukan] mit Wohnung versorgt, untergebracht *Adj.*
מְשַׁכְנֵעַ ת׳ [meʃax'néa'] überzeugend *Adj.*
מְשֻׁכְנָע ת׳, משוכנע [meʃuxna'] überzeugt *Adj.*
מַשְׁכַּנְתָּה נ׳ (מַשְׁכַּנְתָּאוֹת) [maʃkanta] Hypothek *f*
מְשֻׁכְפָּל ת׳, משוכפל [meʃuxpal] vervielfältigt *Adj.*
מְשַׁכֵּר ת׳ [meʃakér] berauschend *Adj.*; Rausch-
מֻשְׂכָּר ת׳, מושכר [muskar] vermietet *Adj.*
מַשְׂכֹּרֶת נ׳, משכורת [mas'koret] Gehalt *n*
מָשַׁל[1] פעל (לִמְשׁוֹל בְּ-, יִמְשׁוֹל) [maʃal] *kal* herrschen
-הִמְשִׁיל הפ׳ - *hif.* als Herrscher einsetzen
=מָשַׁל בְּכִפָּה = allein herrschen
=~ בְּרוּחוֹ = sich beherrschen
מָשַׁל[2] פעל (לִמְשׁוֹל, יִמְשׁוֹל) [maʃal] *kal* in Gleichnissen sprechen; Rätsel aufgeben
-נִמְשַׁל נפ׳ (לְהִמָּשֵׁל) - *nif.* gleichen *v/i*; verglichen werden *(im Gleichnis)*
-הִמְשִׁיל הפ׳ - *hif.* vergleichen
מָשָׁל ז׳ [maʃal] Beispiel *n*; Gleichnis *n*, Allegorie *f*; Fabel *f*
=~ לְ = ähnlich wie
=לְ~ = zum Beispiel (z.B.)
=דֶּרֶךְ ~ = beispielsweise, vergleichsweise, als Beispiel
=אֵין הַמָּשָׁל דּוֹמֶה לַנִּמְשָׁל = der Vergleich hinkt
=מִשְׁלֵי שְׁלֹמֹה = Sprüche *m/pl.* Salomos *bibl.*
=~-שׁוּעָלִים = Fabeln *f/pl.* vom Fuchs
מְשֻׁלָּב ת׳, משולב [meʃulav] verbunden, verknüpft *Adj.*
מִשְׁלָב ז׳, מישלב [miʃlav] Register *n Mus.*
מֻשְׁלָג ת׳, מושלג [muʃlag] schneebedeckt *Adj.*
מְשֻׁלְהָב ת׳, משולהב [meʃulhav] angefeuert, erhitzt, begeistert *Adj.*
מִשְׁלוֹחַ ז׳ [miʃ'loax] Sendung *f*, Lieferung *f*;

מֻשְׁלָשׁ ת׳, מושלש [muʃlaʃ] hinterlegt, deponiert *Adj.*
מְשַׁלְשֵׁל ת׳ [meʃalʃél] abführend *Adj.*, *Med.*
מְשֻׁלְשָׁל ת׳, משולשל [meʃulʃal] heruntergelassen (Hosen); schlangenförmig *Adj.*
מַשְׂמְאִיל ת׳ [masmil] linkshändig; linksgerichtet *Adj.*
מֻשְׁמָד ת׳ [muʃmad] zerstört *Adj.*
מְשֻׁמָּד ת׳, משומד [meʃumad] getauft *Adj.*, zu e-m anderen Glauben übergetreten, *bsd.* zum Christentum
=~וּת נ׳ = Getauftsein *n*
מְשַׁמָּה נ׳ [meʃama] Einöde *f*
מִשְׁמוּעַ ז׳ [miʃmua'] Züchtigung *f*, Disziplinierung *f*
מִשְׁמוּשׁ ז׳, מישמוש [miʃmuʃ] Betasten *n*
מְשַׂמֵּחַ ת׳ [mesa'méax] erfreulich *Adj.*
מֻשְׁמָט ת׳, מושמט [muʃmat] ausgelassen, fehlend *Adj.*
מַשְׂמִיל ת׳ [masmil] Linke *m, f*
מַשְׁמִים ת׳ [maʃmim] verblüfft; gelangweilt *Adj.*
מַשְׁמִיץ ת׳ [maʃmits] verleumdend, lästernd *Adj.*
מַשְׁמָן ז׳ [maʃman] fette, leckere Speise
מְשֻׁמָּן ת׳, משומן [meʃuman] ölig, geölt *Adj.*; achteckig *Adj.*
מִשְׁמָע ז׳, מישמע [miʃma'] Hören *n*; das Gehörte; Gehorsam *m*
מַשְׁמָע ז׳ [maʃma'] Bedeutung *f*, Sinn *m*
=~ שֶׁ- = das bedeutet, dass; das heisst, dass
=כְּ~וֹ, פְּשׁוּטוֹ כְּ~וֹ = wortwörtlich
★=מַאי קָא מַשְׁמַע לַן? (ארמ׳) = was ist daran Neues?
★=תַּרְתֵּי מַשְׁמַע (ארמ׳) = in doppelter Hinsicht
מִשְׁמַע פיעל (לְמַשְׁמֵעַ אֶת-) [miʃma'] *pi.* disziplinieren *v/t*
=מְמֻשְׁמָע ת׳ = diszipliniert *Adj.*
מַשְׁמָעוּת נ׳ [maʃma'ut] Bedeutung *f*, Sinn *m*

Transport *m*
=~-יָד = Angreifen *n*
=~-מָנוֹת = Geschenksendungen *f/pl.* (zum Purimfest)
=~-חַיִל = Expeditionstruppe *f*
מִשְׁלָח ז׳ [miʃlax] Sendung *f*
=מִשְׁלַח-יָד ז׳ = Beruf *m*, Beschäftigung *f*
★מְשֻׁלָּח ז׳, משולח [meʃulax] Abgesandter *m*
מְשֻׁלְחָף ת׳, משולחף [meʃulxaf] Blazen-, blasenförmig *Adj.*
מִשְׁלַחַת נ׳ [miʃ'laxat] Abordnung *f*, Delegation *f*
=~-עֳנָשִׁים = Strafexpedition *f*
מִשְׁלָט ז׳, מישלט [miʃlat] befestigte Anhöhe, beherrschende Stellung *Mil.*
מְשֻׁלָּט ת׳, משולט [meʃulat] beschildert *Adj.*
מְשָׁלִי ת׳ [meʃali] parabelhaft, allegorisch *Adj.*
מַשְׁלִים ת׳ [maʃlim] ergänzend, abschließend *Adj.*
=~ ז׳ = ergänzendes Satzglied *Gr.*; letzter zur Thora Aufgerufener *(vor Maftir)*
=חִנּוּךְ ~ = Arbeitsgruppen (zusätzlich zum Stundenplan)
=צֶבַע ~ = Komplementärfarbe *f*
מֻשְׁלָךְ ת׳, מושלך [muʃlax] geworfen, weggeworfen *Adj.*
מְשֻׁלָּל ת׳, משולל [meʃulal] mangelnd *Adj.*
מְשֻׁלָּם ת׳, משולם [meʃulam] bezahlt *Adj.*
מֻשְׁלָם ת׳, מושלם [muʃlam] vollkommen perfekt *Adj.*
מֻשְׁלָמוּת נ׳ [muʃlamut] Vollkommenheit *f*, Perfektion *f*
מִשְׁלֶפֶת נ׳ [miʃ'lefet] Hohlsaum *m*
מְשֻׁלָּשׁ ז׳, משולש [meʃulaʃ] Dreieck *n*; Triangel *f* *Mus.*; Teil Nordisraels mit überwiegend arabischer Bevölkerung
מְשֻׁלָּשׁ ת׳, משולש [meʃulaʃ] dreifach; dreieckig *Adj.*

=בַּעַל-~ = bedeutend, sinnvoll *Adj.*
=חֲסַר-~ = unbedeutend, sinnlos *Adj.*
=בִּמְלֹא ~-הַמִּלָּה = im wahrsten Sinne des Wortes
=מַשְׁמָעוּתִי ת' = bedeutungsvoll *Adj.*
מַשְׁמָעִי ת' [maʃma'i] bedeutend, sinnvoll *Adj.*
=דּוּ-~, חַד-~ = zweideutig; eindeutig
=רַב-~ = vieldeutig; bedeutungsvoll
מִשְׁמַעַת נ' [miʃ'ma'at] Disziplin *f*, Zucht *f*; Gehorsam *m*
=~-בַּרְזֶל = eiserne Disziplin *fig.*
=~ עִוֶּרֶת = blinder Gehorsam *fig.*
מִשְׁמַעְתִּי ת' [miʃma'ti] disziplinarisch *Adj.*
מֻשְׁמָץ ת', מושמץ [muʃmats] verleumdet *Adj.*
מְשַׁמֵּר ז' [meʃamér] konservierend *Adj.*
מְשֻׁמָּר ת', משומר [meʃumar] konserviert *Adj.*
מִשְׁמָר ז', מישמר (מִשְׁמָרוֹת) [miʃmar] Wache *f*, Wacht *f*
=~ אֶזְרָחִי, מִשְׁמַר-הָעָם = Bürgerwehr *f*
=מִשְׁמַר-הַגְּבוּל = Grenzpatrouille *f*
=~-כָּבוֹד = Ehrenwache *f*
=חִלּוּפֵי-מִשְׁמָרוֹת = Wachablösung *f*, a. *fig.*; Personalwechsel *m*
=עָמַד עַל הַמִּשְׁמָר = auf der Hut sein
=שָׁמַר אוֹתוֹ מִכָּל מִשְׁמָר = streng bewachen, wohl behüten
מִשְׁמֶרֶת נ' [miʃ'meret] Wachtposten *m*; Garde *f*; Schicht *f* (Arbeitsgruppe)
=הַמִּשְׁמֶרֶת הַצְּעִירָה = Nachwuchsgeneration *f Pol.*
מִשְׁמֹרֶת נ' [miʃ'moret] Überwachung, Verfolgung *f*
מִשְׁמֵשׁ פיעל [miʃméʃ] *pi.* betasten, abtasten
=מְמַשְׁמֵשׁ וּבָא = *etw.* nähert sich, steht bevor
=מִשְׁמֵשׁ בְּמַעֲשָׂיו = s-e Taten prüfen, sich Rechenschaft ablegen
מִשְׁמֵשׁ ז' [miʃméʃ] Aprikose *f*
מְשֻׁמָּשׁ ת', משומש [meʃumaʃ] Second-Hand-, gebraucht *Adj.*
מַשְׁמְשָׁן ז' [maʃmeʃan] Grapscher *m* F
מִשְׁנָאִי ת' [miʃna'i] zur Mischna gehörig
מְשַׂנֵּא ז' [mesané'] Feind *m*, Rivale *m*, Gegner *m*
מַשְׁנֶה ז' [maʃne] Lehrer *m* (für Mischna)
מִשְׁנֶה ז' [miʃne] Verdoppelung *f*, das Doppelte; der Zweite, Rangnächste(r) *m*; Stellvertreter *m*; Vize-, Unter-
=מִשְׁנֶה- (לִפְנֵי שֵׁם) = doppelt *Adj.*
=~ מֶרֶץ = mit aller Kraft
=מִשְׁנֶה לַמֶּלֶךְ = Vizekönig *m*
=מִשְׁנֵה תּוֹרָה = Abschrift *f* der Thora; Werk des Maimonides
=אַלּוּף-מִשְׁנֶה = Oberst *m*
=וַעֲדַת-~ = Unterkommission *f*
=כּוֹתֶרֶת-~ = Untertitel *m*
=סֶגֶן-~ = Leutnant *m*
=פְּרוֹפֶסוֹר-~ = außerordentlicher Professor
מִשְׁנָה נ' (מִשְׁנָיוֹת) [miʃna] "Mischna", mündliche Lehre, kanonische Sammlung des Gesetzes-Schrifttums; Lehre *f*
=~ הַחִיצוֹנָה = "Baraita", äußere Lehre (der Tanaim außerhalb der Mischna)
מְשֻׁנֶּה ת', משונה [meʃune] seltsam, eigenartig, merkwürdig *Adj.*
=מִיתָה מְשֻׁנָּה = unnatürlicher Tod
מְשֻׁנּוּת נ', משונות [meʃunut] Seltsamkeit *f*
מִשְׁנִי[1] ת' [miʃni] sekundär, zweitrangig, untergeordnet *Adj.*
מִשְׁנִי[2] ת' [miʃni] zur Mischna gehörig
מְשֻׁנָּן ת', משונן [meʃunan] scharf; gezähnt *Adj.*
מִשְׁנָן ז', מישנן [miʃnan] Gebiss *n*
מְשֻׁנָּס ת', משונס [meʃunas] gegürtet *Adj.*
מְשֻׁנָּץ ת', משונץ [meʃunats] verschnürt *Adj.*
מְשֻׁנָּק ת', משונק [meʃunak] erstickt *Adj.*; mit zugeschnürter Kehle *fig.*
מַשְׁנֵק ז' [maʃnék] Drosselklappe *f Tech.*
מְשֻׁנָּת ת', משונת [meʃunat] *(Messglas)* graduiert *Adj.*

מִשָּׂה נ׳, משיסה [meʃisa] Beute *f*

מְשֻׁסֶּה ת׳, משוסה [meʃuse] beraubt; aufgehetzt *Adj.*

מְשֻׁסָּע ת׳, משוסע [meʃusa'] zerrissen; gestört, unterbrochen *Adj.*

מְשַׁעְבֵּד ז׳ [meʃa'béd] Unterdrücker *m*; Sklavenhalter *m*

מְשֻׁעְבָּד ת׳, משועבד [meʃu'bad] unterjocht, versklavt; verpfändet *Adj.*

=מִשְׁפָּט ~ = Nebensatz *m Gr.*

מִשְׁעוֹל ז׳ [miʃ'ol] Pfad *m*

(מִשְׁעִי) לְ~ [lemiʃ'i] glatt, sauber *Adv.*

=מְגֻלָּח לְ~ = glatt rasiert *Adj.*

מְשַׁעֲמֵם ת׳ [meʃa'amém] langweilig *Adj.*

מְשֻׁעֲמָם ת׳, משועמם [meʃu'amam] gelangweilt *Adj.*

מִשְׁעָן ז׳, מישען [miʃ'an] Stütze *f*

מִשְׁעֶנֶת נ׳ [miʃ'enet] Lehne *f*

★=~ קָנֶה רָצוּץ = schwache Stütze (*wörtl.* zerbrochenes Schilfrohr)

מְשֹׁעָר ת׳, משוער [meʃo'ar] geschätzt, angenommen *Adj.*

=לְפִי הַמְשֹׁעָר = schätzungsweise; voraussichtlich *Adv.*

מְשַׁעֲשֵׁעַ ת׳ [meʃa'a'ʃéa'] unterhaltend, amüsant *Adj.*

מְשֻׁעֲשָׁע ת׳, משועשע [me'ʃo'oʃa'] amüsiert *Adj.*

מְשֻׁפָּד ת׳, משופד [meʃupad] am Spieß gebraten

מְשֻׁפֶּה ת׳, משופה [meʃupe] gefeilt, geglättet *Adj.*

★מִשְׂפָּח ז׳ [mispax] Rechtsbruch *m bibl.*

מִשְׁפָּחָה נ׳ (מִשְׁפַּחַת-) [miʃpaxa] Familie *f*, Sippe *f*; Spezies *f*, Art *f*

=בֶּן-~ = Familienangehöriger *m*, Verwandter *m*

=בַּעַל-~ = Familienvater *m*

=שֵׁם-~ = Familienname *m*, Nachname *m*

מִשְׁפַּחְתִּי ת׳ [miʃpaxti] familiär, intim *Adj.*; Familien-

=~יּוּת נ׳ = Intimität *f*; Familiengeist *m*

מִשְׁפָּט ז׳ [miʃpat] Gericht *n*; Recht *n*, Gesetz *n*; Satz *m Gr.*

=~ כּוֹלֵל = Satz mit Parallelismen *Gr.*

=~ מְחֻבָּר = Parataxe *f*, Satzreihe *f Gr.*

=~ מֻרְכָּב = Satzgefüge *n Gr.*

=~ צְבָאִי = Kriegsgericht *n*, Militärgericht *n*

=~ קָדוּם = Vorurteil *n*

=מִשְׁפָּטִים ז״ר = Rechtswissenschaft *f*, Jura *n/pl*, Justiz *f*

=מִשְׁפַּט-שָׁלוֹם = Zivilgericht *n*, *etwa* Amtsgericht *n*

=בֵּית-מִשְׁפָּט = Gerichtshof *m*

=מִשְׂרַד-הַמִּשְׁפָּטִים = Justizministerium *n*

=שַׂר-~ = Justizminister *m*

=הִטָּה מִשְׁפָּט = das Recht beugen

מִשְׁפָּטִי ת׳ [miʃpati] legal, Rechts-; gerichtlich; juristisch *Adj.*

=יוֹעֵץ ~ = Rechtsberater *m*, Rechtsbeistand *m*

מִשְׁפְּטָן ז׳ (מִשְׁפְּטָנִית, מִשְׁפְּטָנִים) [miʃpatan] Jurist *m*

=מִשְׁפְּטָנוּת נ׳ = Jurisprudenz *f*

מַשְׁפִּיל ת׳ [maʃpil] erniedrigend *Adj.*

מַשְׁפִּיעַ ת׳ [maʃ'pia'] beeinflussend *Adj.*

מַשְׁפֵּךְ ז׳ [maʃpéx] Trichter *m*

מֻשְׁפָּל ת׳, מושפל [muʃpal] erniedrigt, gedemütigt *Adj.*; (Augen) niedergeschlagen

מְשֻׂפָּם ת׳, משופם [mesupam] schnurrbärtig *Adj.*

מְשֻׁפָּע^1 ת׳, משופע [meʃupa'] reich an; grippekrank *Adj.*

מְשֻׁפָּע^2 ת׳, משופע [meʃupa'] schräg, abschüssig *Adj.*

מֻשְׁפָּע ת׳, מושפע [muʃpa'] beeinflusst *Adj.*

מְשֻׁפָּץ ת׳, משופץ [meʃupats] renoviert, ausgebessert *Adj.*

מְשֻׁפָּר ת׳, משופר [meʃupar] verschönert; verbessert *Adj.*

מְשֻׁפְשָׁף ת׳, משופשף [meʃufʃaf] poliert; "geschliffen" F *Adj.*, mit allen Wassern

gewaschen
מַשְׁפֵּת ז׳ [maʃpét] elektrische Kochplatte *f*
מֶשֶׁק ז׳ ['meʃek] Bewirtschaftung *f*; Farm *f*, landwirtschaftlicher Betrieb; Bauernhof *m*; Landgut *n*
=~-בַּיִת = Hauswritschaft *f*
=~ מְעֹרָב = gemischte Landwirtschaft
מַשָּׁק ז׳ [maʃak] Rattern *n*, Geräusch *n*, Krachen *n*. lnterface *n*
מְשֻׁקָּד ת׳, משוקד [meʃukad] mandelförmig *Adj.*
מַשְׁקֶה ז׳, (מַשְׁקָאוֹת) [maʃke] Getränk *n*
=מַשְׁקָאוֹת חֲרִיפִים = Spirituosen *pl.*, alkoholische Getränke *n*/pl.
=~ קַל = Softdrink *m* (ohne Alkohol)
=שַׂר-הַמַּשְׁקִים = Oberste der Mundschenke *bibl.*
מֻשְׁקֶה ת׳, מושקה [muʃke] bewässert *Adj.*
מִשְׁקוֹל ז׳ [miʃkol] Gewicht *n*
מַשְׁקוֹף ז׳ [maʃkof] Türsturz *m*, Fenstersturz *m*
מַשְׁקֵט ז׳ [maʃkét] Dämpfer *m*
מִשְׁקָט ז׳ [miʃkat] Sediment *n*, Niederschlag *m*
מִשְׁקִי ת׳ [miʃki] wirtschaftlich *Adj.*
=~יּוּת נ׳ = Wirtschaftlichkeit *f*
מַשְׁקִיף ז׳ [maʃkif] Beobachter *m*
מִשְׁקָל ז׳, מישקל (מִשְׁקָלִים גם: מִשְׁקָלוֹת) [miʃkal] Gewicht *n*; Waage *f*; Rhythmus *m lit.*; "Mischkal", Wortstruktur wie Piel, Hifil usw. *Gr.*
=~ סְגֻלִּי = spezifisches Gewicht
=שִׁוְיוֹן-~, שִׁוּוּי-~ = Gleichgewicht *n*
=עָלָה בְּמִשְׁקָלוֹ = zunehmen
מְשֻׁקָּל ת׳ [meʃukal] metrisch, rhythmisch, gleich bleibend *Adj.*
מְשֻׁקְלָל ת׳ [meʃuklal] ausgeglichen, durchschnittlich *Adj.*
מִשְׁקֹלֶת נ׳, משקולת [miʃ'kolet] Lot *n*, Senkblei *n*; Hantel *f*
מְשֻׁקָּם ת׳, משוקם [meʃukam] wiederhergestellt, wiederaufgebaut; wiedereingegliedert *Adj.*
מִשְׁקָע ז׳, מישקע [miʃka'] Neige *f*, Rest *m*; Senke *f*
=מִשְׁקָעִים ז״ר = Niederschläge *m/pl.*, Regen *m*; Sedimente *n/pl.*, Ablagerung *f*
מְשֻׁקָּע ת׳, משוקע [meʃuka'] versenkt, versunken *Adj.*
מֻשְׁקָע ת׳, מושקע [muʃka'] investiert *Adj.*
מִשְׁקָפַיִם ז״ז [miʃka'fajim] Brille *f*
=מִשְׁקְפֵי-מָגֵן = Schutzbrille *f*
=~-~שֶׁמֶשׁ = Sonnenbrille *f*
מִשְׁקֶפֶת נ׳ [miʃ'kefet] Fernrohr *n*; Opernglas *n*
מְשֻׁקָּץ ת׳ [meʃukats] abstoßend, widerwärtig *Adj.*
מֵשָׁר ז׳ [méʃar] gesäte Furche
מְשֻׁרְבָּב ת׳, משורבב [meʃurbav] herausgestreckt, vorgestreckt *Adj.*; an die falsche Stellc gcraten
מְשֻׁרְבָּט ת׳, משורבט [meʃurbat] gekritzelt
מְשֹׂרָג ת׳, משורג [mesorag] verflochten *Adj.*
מִשְׂרָד ז׳, מישרד (מִשְׂרַד-) [misrad] Büro *n*, Kontor *n* Ministerium *n*
=~וּת נ׳ = Büroarbeit *f*
=מִשְׂרָדִי ת׳ = Büro-
מִשְׂרָדָן ז׳ [misradan] Bürokrat *m*
=~וּת נ׳ = Bürokratie *f*
מִשְׂרָה נ׳, מישרה [misra] Stellung *f*, (Beruf) Stelle *f*, Posten *m*, Amt *n*
מִשְׁרָה נ׳, מישרה [miʃra] Marinade *f*
=מִשְׁרַת פֵּרוֹת = Fruchtpunsch *m*
מַשְׁרוֹקִית נ׳ [maʃrokit] Pfeife *f*, Trillerpfeife *f*
מְשֹׂרָט ת׳, משורט [mesorat] zerkratzt *Adj.*
מְשַׂרְטֵט ז׳ [mesartét] technischer Zeichner *m*
מְשֻׂרְטָט ת׳, משורטט (ראה גם: מְסֻרְטָט) [mesurtat] skizziert; unterstrichen *Adj.*
מְשֻׁרְיָן ת׳, משוריין [meʃurjan] gepanzert; gesichert, reserviert *(Etat) Adj.*
מַשְׁרָן ז׳ [maʃran] Induktor *m El.*
מִשְׂרַעַת נ׳ [mis'ra'at] Amplitude *f*, Schwingungsweite *f Phys.*
★מְשָׂרֵף ז׳ [mesaréf] Onkel (mütterlicherseits)
מִשְׂרָפָה נ׳ [misrafa] Müllverbrennungsanlage *f*

מִשְׂרֶפֶת נ׳ [mis'refet] Krematorium *n*

=~-יַיִן = Schnapsbrennerei *f*

מֻשְׁרָשׁ ת׳, מושרש [muʃraʃ] verwurzelt *Adj.*

מְשֹׁרָשׁ ת׳, משורש [meʃoraʃ] entwurzelt *Adj.*

מֻשְׁרָשׁוּת נ׳, מושרשות [muʃraʃut] Verwurzelung *f*

מְשֻׁרְשָׁר ת׳, משורשר [meʃurʃar] kettenartig *Adj.*

מְשָׁרֵת ז׳ [meʃarét] Diener *m*

מְשָׁרֶתֶת נ׳ [meʃa'retet] Dienstmädchen *n*

מָשַׁשׁ פעל (לָמוּשׁ, יָמוּשׁ) [maʃaʃ] *kal* abtasten

-מִשֵּׁשׁ פיעל (לְמַשֵּׁשׁ אֶת-) - *pi.* betasten *v/t*

=מִשֵּׁשׁ אֶת הַדֹּפֶק = den Puls fühlen

מְשֻׁשֶּׁה ז׳, משושה [meʃuʃe] Sechseck *n*, Hexagon *n*

מַשְׁשָׁן ז׳ [maʃeʃan] Fühler *m Zo.*

מַשְׁשָׁנִי ת׳ [maʃeʃani] tastend *Adj.*

מִשְׁתֶּה ז׳, (מִשְׁתָּאוֹת) [miʃte] Gastmahl *n*, Trinkgelage *n*

מַשְׁתִּיקוֹל ז׳ [maʃtikol] Schalldämpfer *m*

מִשְׁתָּלָה נ׳, מישתלה [miʃtala] Baumschule *f*

=~ן ז׳ = Gärtner *m*, Pflanzenzüchter *m*

מִשְׁתַּמֵּט ז׳ [miʃtamét] Drückeberger *m f*

מַשְׁתֵּן ז׳ [maʃtén] Urinprobe *f*

מִשְׁתָּנָה נ׳, מישתנה [miʃtana] (Herren-) Pissoir *n*

מִשְׁתַּנֶּה תו״ז [miʃtane] veränderlich *Adj.*; Variable (Statistik)

מְשֻׁתָּף ת׳, משותף [meʃutaf] gemeinsam, gemeinschaftlich *Adj.*

=בַּיִת ~ = Wohnungseigentümergemeinschaft

=מְכַנֶּה ~ = gemeinsamer Nenner *Math.*

מְשֻׁתָּק ת׳, משותק [meʃutak] gelähmt; stillgelegt *Adj.*

מַשְׁתֵּק ז׳ [maʃték] Schalldämpfer *m*

מַשְׁתֵּת ז׳ [maʃtét] den Untergrund lockernder Pflug *m Agr.*

מֻשְׁתָּת ת׳, מושתת (עַל-) [muʃtat] gegründet auf *Adj.*

מִשְׁתַּתֵּף ז׳ [miʃtatéf] Teilnehmer *m*

מֵת תו״ז [mét] tot *Adj.*; Toter *m*

=תְּחִיַּת-הַמֵּתִים = Auferstehung *f* der Toten

מִתְאַבֵּד ז׳ [mit'abéd] Selbstmörder *m*

מְתַאֲבֵן ת׳ [meta'avén] appetitanregend, appetitlich *Adj.*

מִתְאַגְרֵף ז׳ [mit'agréf] Boxer *m*

מֵתָאדוֹן ז׳ [métadon] Methadon *n*

מִתְאוֹנֵן ת׳ [mit'onén] Beschwerdeführer *m*

מַתְאִים ת׳ [mat'im] passend *Adj.*

מַתְאִימוֹן ז׳ [mat'imon] Konkordanz *f*

מְתָאֵם[1] ז׳ [meta'ém] Koordinator *m*

מְתָאֵם[2] ז׳ [meta'ém] Adapter *m*

מְתֹאָם ת׳, מתואם [meto'am] abgestimmt; symmetrisch *Adj.*

מֻתְאָם ת׳, מותאם [mut'am] angepasst *Adj.*

מִתְאָם ז׳, מיתאם [mit'am] Symmetrie *f*; Korrelation *f*, Wechselbeziehung *f*

מִתְאַמֵּן ז׳ [mit'amén] Anlernling *m*, Praktikant *m*

מְתֹאָר ת׳, מתואר [meto'ar] beschrieben *Adj.*

מִתְאָר ז׳, מיתאר [mit'ar] Umriss *m*, Kontur *f*; Skizze *f*

מְתֹאֲרָךְ ת׳ [meto'arax] datiert *Adj.*

מִתְבּוֹדֵד ז׳ [mitbodéd] Einsiedler *m*

מִתְבּוֹלֵל ז׳ [mitbolél] Assimilant *m* (nach Angleichung strebend)

מִתְבּוֹנֵן ז׳ [mitbonén] Betrachter, Beobachter *m*

מְתֻבָּל ת׳, מתובל [metubal] gewürzt *Adj.*

מַתְבֵּן ז׳ [matbén] Scheune *f*, Scheuer *f*

מְתֻבְרָג ת׳, מתוברג [metuvrag] mit Schraubgewinde versehen

מֶתֶג ז׳ ['meteg] Schalter *m El.*; Bazille *f*; Zaum *m*; Betonungszeichen *n* (im hebr. Punktiersystem)

★מִתֵּג[1] פיעל [mitég] *pi.* zäumen *v/t*

מִתֵּג[2] פיעל [mitég] *pi.* schalten *El.*

מִתְגַּבֵּר ת׳ [mitgabér] ansteigend *Adj.*

מִתְגּוֹשֵׁשׁ ז׳ [mitgoʃéʃ] Ringer *m*

מְתֻדְלָק ת׳, מתודלק [metudlak] getankt, mit Treibstoff versehen

מִתְהוֹדֵד ת׳ [mithodéd] wider-, nachhallend *Adj.*

מָתוּג ת׳ [matug] anhaltend, sostenuto *Mus.*

מִתּוּג ז׳, מיתוג [mitug] Schalten *n El.*; Bremsen *n*

מֶתוֹדָה ראה גם: שִׁיטָה [metoda] Methode *f*

=מֶתוֹדִי ת׳ = methodisch *Adj.*

=~קָה נ׳ = Methodik *f*

=~קָן ז׳ = Methodiker *m*

מֶתוֹדוֹלוֹגְיָה נ׳ [metodologja] Methodologie *f*

מִתְוָה נ׳, מתווה [mitva] Skizze *f*, Entwurf *m*, Abriss *m*

מֻתְוֶה ת׳, מותווה [mutve] skizziert *Adj.*

מָתוּחַ ת׳ [ma'tuax] gespannt, gestresst *Adj.*

מתוחם ת׳ ראה: מְתֻחָם [metuxam] bergenzt *Adj.*

מְתַוֵּךְ ז׳, מתווך [metavéx] Vermittler *m*, Makler *m*

מִתּוֹךְ מ״י [mitox] aus der Mitte; aus; im Zustand von

מָתוּן ת׳ [matun] gemäßigt, vorsichtig, behutsam *Adj.*

מִתּוּן ז׳, מיתון [mitun] Mäßigung *f*, Zügelung *f*, Verlangsamung *f*; langsames Wachstum

מְתוֹפֵף ז׳ [metoféf] Schlagzeuger *m*, Percussionist *m*

מָתוֹק ת׳ [matok] süß *Adj.*

=חֲלוֹמוֹת מְתוּקִים = schlafe schön!

מְתוּשֶׁלַח ז׳ [metu'ʃelax] Methusalem *bibl.*

מַתָּז ז׳ [mataz] Schrapnell *n*

מַתֵּז ז׳ [matéz] Spritzgerät für schwere Materialien (z.B. Zement)

מְתֻזָּז ת׳ [metuzaz] verwirrt, verrückt *Adj.*

מְתֻזְמָר ת׳, מתוזמר [metuzmar] orchestriert; instrumentiert *Adj.*

מָתַח פעל (לִמְתּוֹחַ אֶת-, יִמְתַּח) [matax] *kal* spannen, dehnen *v/t;* verkohlen, aufziehen *v/t* F

-נִמְתַּח נפ׳ (לְהִמָּתֵחַ) - *nif.* gespannt werden; sich dehnen

-הִתְמַתֵּחַ הת׳ (לְהִתְמַתֵּחַ) - *hit.* sich räkeln

=מָתַח בִּקֹּרֶת עַל- = Kritik üben an *(D)*, kritisieren

=מָתַח קַו = e-n Strich ziehen; unterstreichen

מֶתַח ז׳ ['metax] Stress *m*, Spannung *f*; Reck *n*

=~ נָע = Trapez *n* (Turngerät)

מַתְחֵחָה נ׳ ראה גם: מַחֲרֵשָׁה [matxéxa] Pflug *m*

מַתְחִיל ז׳ [matxil] Anfänger *m*

מִתְחַכֵּם ת׳ [mitxakém] F neunmalklug, spitzfindig *Adj.*

מְתֻחְכָּם ת׳, מתוחכם [metuxkam] sophistisch; ausgeklügelt; raffiniert, hoch entwickelt *Adj.*

מַתְחָל ז׳ [matxal] Blütenscheide *f Bot.*

מִתְחַלֶּה ז׳ [mitxale] Simulant *m*

מְתֻחָם ת׳, מתוחם [metuxam] abgegrenzt *Adj.*

מִתְחָם ז׳, מיתחם [mitxam] abgegrenztes Gebiet, Lokalität *f*; Stimmlage *f Mus.*

מִתְחַסֵּד ת׳ [mitxaséd] frömmelnd, scheinheilig, bigott *Adj.*

מִתְחָרֶה ז׳ [mitxare] Konkurrent *m*, Wettbewerber *m*

מָתַי מ״ש [mataj] wann?

=לְ~ ? = zu wann?, für wann?

=מִמָּתַי? = von wann ab? seit wann?

=עַד מָתַי? = bis wann?, wie lange?

=~ שֶׁהוּא = irgendwann

★מְתִיבָה, מְתִיבְתָּא (ארמ׳) [metiva, metivta'] “Jeschiwa”, Talmudschule *f*

מִתְיַהֵד ת׳ [mitjahéd] Jude werdend; sich als Jude ausgeben

מִתְיַוֵּן ז׳ [mitjavén] Hellenisierter *m*

מָתִיחַ ת׳ [ma'tiax] dehnbar *Adj.*

מְתִיחָה נ׳ [metixa] Spannen *n*; (April-) Scherz *m*, Schabernack *m*

=מְתִיחַת-בִּקֹּרֶת = Kritisieren *n*

מְתִיחוּת נ׳ [metixut] Spannung *f*

מְתֻיָּל ת׳, מתוייל [metujal] zu Draht gezogen

מֶתִיל ז׳ [metil] Methyl *n*

=כֹּהַל מֶתִילִי = Methylalkohol *m*

★מְתִים ז״ר [metim] Menschen *m/pl.*, Leute *pl.*

★=מְתֵי-מִסְפָּר = wenige *pl.*

מְתִינוּת נ׳ [metinut] Mäßigung *f*, Behutsamkeit *f*

מְתִיקָה נ׳ [metika] Süßigkeit *f*

=מְתִיקוּת נ׳ = Süße *f*

מַתִּירָ|נוּת נ׳ [matiranut] Laxheit *f*, Nachsichtigkeit *f*

=~נִי ת׳ = lax, liberal, nachsichtig *Adj.*

מִתְיַשֵּׁב ז׳, מתיישב [mitjaʃév] Siedler *m*

מֻתָּךְ ת׳, מותך [mutax] *(Metall)* geschmolzen *Adj.*

מַתָּךְ ז׳ [matax] Schmelze *f (Metall)*; Schauer *m*

מַתְכּוֹן ז׳ [matkon] Rezept *n*

(מִתְכַּוֵּן) בְּ~ ת״פ במתכוון [bemitkavén] absichtlich *Adv.*

מִתְכַּוְנֵן ת׳, מתכוונן [mitkavnén] verstellbar *Adj.*

מִתְכַּלֶּה ת׳ [mitkale] sich abnutzend

מְתֻכְנָן ת׳, מתוכנן [metuxnan] geplant *Adj.*

מְתַכְנֵן ז״ת [metaxnén] *(Konzept, Timing)* Planer *m*, planend *Adj.*

מְתֻכְנָת ת׳, מתוכנת [metuxnat] programmiert *Adj.*

מְתַכְנֵת ז׳ [metaxnét] Programmierer *m*

מַתְכֹּנֶת נ׳, מתכונת [mat'konet] Format *n*; Maß *n*; Proportion *f*

=בְּ|מַתְכֻּנְתּוֹ, כְּ~ = nach s-m Vorbild

מַתְכֻּנְתִּי ת׳ [matkunti] proportional *Adj.*

מַתֶּכֶת נ׳ (מַתָּכוֹת) [ma'texet] Metall *n*

=~ אֲצִילָה = Edelmetall *n*

=~ כְּבֵדָה = Schwermetall *n*

=~ קַלָּה = Leichtmetall *n*

=אַל-~ = Nichtmetall *n*

מַתַּכְתִּי ת׳ [mataxti] aus Metall, metallisch *Adj.*

מַתְלֶה ז׳ [matle] *(Kleider)* Haken

=מַתְלֵה-מַגָּבוֹת = Handtuchhalter *m*

מִתְלֶה ז׳ [mitle] Aufhängung *f*, Federung *f Kfz.*

מַתְלוּל ז׳, מִתְלָל ז׳ [matlul, mitlal] Böschung *f*

מִתְלוֹנֵן ז׳ [mitlonén] Beschwerdeführer *m*

מְתֻלָּל ת׳, מתולל [metulal] *(Erde)* aufgeworfen *Adj.*

מְתֻלָּם ת׳, מתולם [metulam] gefurcht *Adj.*

מִתְלַמֵּד ז׳ [mitlaméd] Lehrling *m*; Autodidakt *m*

מְתֻלָּע ת׳, מתולע [metula'] wurmstichig *Adj.*; von Würmern zerfressen

מִתְלָעָה נ׳ [mitla'a] Mälzerei *f*, Malzfabrik *f*

מִתְלַקֵּחַ ת׳ [mitlakéax] entflammbar

מְתֻלְתָּל ת׳, מתולתל [metultal] gelockt, lockig *Adj.*

מְתֹם ז׳, מתום [metom] Unversehrtheit *f*

=אֵין בּוֹ ~ = keine heile Stelle (am Körper)

מִתְמַחֶה ז׳ [mitmaxe] Praktikant *m*; Auszubildender *m*, jmd., der sich spezialisiert

מָתֶמָטִי|קָה נ׳ [matematika] Mathematik *f*

=~קַאי ז׳ = Mathematiker *m*

=~ ת׳ = mathematisch *Adj.*

מַתְמִיד תו״ז [matmid] stetig, ausdauernd *Adj.*; fleißiger Schüler

=וַעֲדָה מַתְמֶדֶת = Kongressausschuss *m*

מַתְמִיהַּ ת׳ [mat'miha] erstaunlich, sonderbar *Adj.*

מִתַּמֵּם ת׳, מיתמם [mitamém] sich naiv stellend

מְתֻמָּן ז׳, מתומן [metuman] Achteck *n*, Oktogon *n*

מְתֻמְצָת ת׳ [metumtsat] komprimiert, zusammengefasst *Adj.*

מֹתֶן ז׳, מותן (מָתְנַיִם) ['moten] Hüfte *f*, Lende *f*; Filet *n*

=שִׁנֵּס מָתְנָיו = s-e Lenden schürzen

מִתֵּן פיעל (לְמַתֵּן אֶת-) [mitén] *pi.* mildern, mäßigen, zügeln, verlangsamen *v/t*

-הִמְתִּין הפ׳ - *hif.* warten

-הִתְמַתֵּן הת׳ - *hit.* gemäßigt sein

מַתָּן ז׳ [matan] Gabe *f*, Geschenk *n*

=מַשָּׂא-וּ~ = Verhandlung *f*

מִתְנַגֵּד תו״ז [mitnagéd] Gegner *m*; "Mitnaged", Gegner des Chassidismus

מַתְנֵד ז׳ [matnéd] Oszillator *m Phys.*

מִתְנַדֵּב ז׳ [mitnadév] (*bsd.* Kibbuz) Freiwilliger *m*, Ehrenamtlicher *m*

מַתָּנָה נ׳ [matana] Geschenk *n*

מֻתְנֶה ת׳, מותנה [mutne] bedingt *Adj.*

מִתְנַחֵל ז׳ [mitnaxél] Siedler *m*

מָתְנִיָּה נ׳, מותנייה [motnija] Jackett *n*

=מָתְנִיַּת-רוּחַ = Windjacke *f*

מַתְנֵעַ ז׳ [mat'néa'] Starter *m*, Anlasser *m Kfz.*

מַתֶּנֶת נ׳ (לוּמְבָּגוֹ) [ma'tenet] Hexenschuss *m* (Lumbago) *Med.*

מֻתְסְבָּךְ ת׳, מתוסבך [metusbax] an Komplexen leidend

מֻתְסְכָּל ת׳, מתוסכל [metuskal] frustriert *Adj.*

מְתֹעָב ת׳, מתועב [meto'av] abscheulich *Adj.*

מְתֹעָד ת׳, מתועד [meto'ad] dokumentiert *Adj.*

מַתְעֶה ת׳ ראה גם: מַטְעֶה [mat'e] irreführend *Adj.*

מְתֹעָל ת׳, מתועל [meto'al] kanalisiert *Adj.*

מִתְעַמֵּל ז׳ [mit'amél] Turner *m*

מְתֹעָשׁ ת׳ [meto'as] industrialisiert *Adj.*

מְתַעְתֵּעַ ת׳ [meta'téa'] irreführend, betrügerisch *Adj.*

מִתְפַּלֵּל ז׳ [mitpalél] Betender *m*

מִתְפַּלְסֵף ז׳ [mitpalséf] philosophierend *Adj.*

מִתְפָּרָה נ׳ [mitpara] Nähstube *f*

מָתַק פעל (לִמְתּוֹק, יִמְתַּק) [matak] *kal* süß sein, süß schmecken

-הִמְתִּיק הפ׳ - *hif.* versüßen *v/t*

=מַיִם גְּנוּבִים יִמְתָּקוּ = verbotene Früchte schmecken süß *fig.* (*wörtl.* gestohlenes Wasser...)

=הִמְתִּיק אֶת הַדִּין = die Strafe mildern

=הִמְתִּיק סוֹד = vertraulich *od.* in vertrauter Atmosphäre sprechen

מֶתֶק ז׳ ['metek] Süße *f*

=~ שְׂפָתַיִם = angenehm Reden

מֹתֶק ז׳, מותק ['motek] Süßigkeit *f*; Liebling *m*, Schatz *m*

מַתֵּק ז׳ [maték] Schalter *m*, Sicherung *f El.*

מִתְקַדֵּם תו״ז [mitkadém] fortschrittlich, progressiv *Adj.*

מַתְקִיף ז׳ [matkif] Angreifer *m*

מְתַקֵּן ז׳ [metakén] Verbesserer *m*, Reformator *m*

מְתֻקָּן ת׳, מתוקן [metukan] ausgebessert, verbessert, gut gemacht; bereitet *Adj.*

★=הַמְּתֻקָּנִים שֶׁבָּהֶם = die zivilisierten Völker *n/pl.*

מֻתְקָן ת׳, מותקן [mutkan] hergerichtet *Adj.*

מִתְקָן ז׳, מיתקן [mitkan] Anlage *f*, Installation *f*

מִתְקָפָה נ׳, מיתקפה [mitkafa] Offensive *f*

=מִתְקָפִי ת׳ = offensiv *Adj.*

מִתְקַפֵּל ת׳ [mitkapél] zusammenklappbar *Adj.*; Klapp-, Falt-

מְתַקְתַּק ת׳ [metaktak] süßlich *Adj.*

מֻתָּר ת׳, מותר [mutar] erlaubt *Adj.*; von Fesseln gelöst

=מֻתָּר לִי? = darf ich?

מְתֻרְבָּת ת׳, מתורבת [meturbat] kultiviert *Adj.*

מְתֻרְגָּל ת׳, מתורגל [meturgal] geübt, gelernt *Adj.*

מְתַרְגֵּם ז׳ [metargém] Übersetzer *m*

מְתֻרְגָּם ת׳, מתורגם [meturgam] übersetzt *Adj.*

מְתֻרְגְּמָן ז׳, מתורגמן [meturgeman] Dolmetscher *m*

מַתְרִים ז׳ [matrim] Werber *m*, Spendensammler *m*, Fundraiser *m*

מִתְרָס ז׳, מיתרס [mitras] Barrikade *f*

מִתְרַפֵּס ת׳ [mitrapés] kriecherisch, unterwürfig *Adj.*

מְתֹרָץ ת׳ [metorats] erklärt, begründet *Adj.*

מְתֻשָּׁע תו״ז, מתושע [metuʃa'] neunfach *Adj.*; Neuneck *n*

★מַתָּת [matat] Geschenk *n*

=מַתַּת-אֱלֹהִים = Gottesgabe *f*

נ

נ Nun (N), 14. Buchstabe des hebr. Alphabets; Zeichen der Zahl 50

=ן = Schluss-Nun (*am Schluss des Wortes*)

נָא[1] (מִלַּת-קְרִיאָה) [na'] bitte!

=~ לָבוֹא = herein! bitte eintreten!

נָא[2] ת' [na'] roh *Adj.*; nicht gar gekocht

נֹאד ז' [nod] Schlauch *m* für Wein *usw.;* Blähung *f*, Furz *m*

=~ נָפוּחַ = aufgeblasener Mensch *fig.*

★נָאָה פעל (לִנְאוֹת, יִנְאֶה) [na'a] *kal* schön sein, passen

נָאֶה ת' [na'e] schön, lieblich, hübsch; passend, gut *Adj.*

(נָאָה) נְאוֹת|-דֶּשֶׁא נ"ר [ne'ot-'deʃe'] Weiden *f/pl.*, Auen *f/pl.*

=~-מִדְבָּר נ"ר = Oasen *f/pl.*

נֶאֱהָב ת' [ne'ehav] geliebt *Adj.*

=זוּג נֶאֱהָבִים = Liebespaar *n*

נָאוֶה ת' [nave] schön, lieblich *Adj.*

נְאוּם ז' [ne'um] Rede *f (öffentlich, feierlich)*

=~ הַבְּכוֹרָה = Antrittsrede *f*

=~-הַכֶּתֶר = Thronrede *f*

נִאוּף ז', ניאוף [ni'uf] Unzucht *f*, Ehebruch *m*, Unzüchtigkeit *f*

נִאוּץ ז', ניאוץ [ni'uts] Schmähung *f*

נָאוֹר ת' (נְאוֹרָה, נְאוֹרִים) [na'or] gebildet, aufgeklärt, kultiviert *Adj.*

נֵאוֹת נפ' מִן אות [ne'ot] *nif.* gewillt sein, einverstanden sein

נָאוֹת ת' [na'ot] angemessen, passend *Adj.*

=לֹא ~ = ungebührlich *Adj.*

נָאווּת נ' [na'ut] Anmut *f*, Schönheit *f*

נְאוֹתוּת נ' [ne'otut] Schicklichkeit *f*

נָאט"וֹ ר"ת [nato] NATO *f Kurzw. (North Atlantic Treaty Organization)*

נָאִיבִ|י ת' ראה גם: תָּמִים [na'ivi] naiv *Adj.*

=~יּוּת נ' = Naivität *f*

נֶאֱלָח ת' [ne'elax] verschmutzt, verdorben *Adj.*

נֶאֱלָם ת' [ne'elam] verstummt *Adj.*

נֶאֱלָץ ת' [ne'elats] gezwungen *Adj.*

נָאַם פעל (לִנְאוֹם, יִנְאַם) [na'am] *kal* e-e Rede halten, reden *(öffentlich)*

נֶאֱמָ|ן תו"ז [ne'eman] treu, zuverlässig, loyal *Adj.*; Treuhänder *m*

=בְּרָכָה ~נָה = aufrichtiger Glückwunsch

=~נוּת נ' = Treue *f*, Zuverlässigkeit *f*; Treuhänderschaft *f*

נָאֱמֶת נ' [na'emet] überlange Rede *f*

★נָאַף פעל (לִנְאוֹף, יִנְאַף) [na'af] *kal* ehebrechen

-נִאֵף פיעל - *pi.* Ehebruch begehen

נֶאְפָּד ת' [ne'pad] angekleidet *Adj.*

נַאֲפָן ז' [na'afan] Ehebrecher *m*

★נַאֲפוּף ז' [na'afuf] Ehebruch *m*, Unzucht *f*

=~פִּי ת' = ehebrecherisch, unzüchtig *Adj.*

נִאֵץ פיעל (לְנָאֵץ, יְנָאֵץ) [ni'éts] *pi.* schmähen, lästern

נְאָצָה, נֶאָצָה נ' [ne'atsa] Schmähung *f*

נֶאֱצָל ת' [ne'etsal] edel; geadelt; inspiriert *Adj.*

★נָאַק פעל (לִנְאוֹק, יִנְאַק) [na'ak] *kal* ächzen, wehklagen

נְאָקָה נ׳ [ne'aka] Ächzen *n*
נָאקָה נ׳ [naka] Kamelstute *f*
נֶאֱשָׁם ז׳ [ne'eʃam] Angeklagter *m*
=סַפְסַל-הַנֶּאֱשָׁמִים = Anklagebank *f*
נִבָּא נפ׳ (לְהִנָּבֵא) [niba'] *nif.* prophezeien
-הִתְנַבֵּא הת׳ - *hit.* weissagen; sich wie ein Prophet gebärden
-נִבֵּא פיעל - *pi.* prophezeien, vorhersagen
=נִבֵּא לוֹ לִבּוֹ = vorausfühlen, ahnen
נֶבֶג ז׳ ['neveg] Spore *f Bot.*
נִבְגִּי ת׳ [nivgi] sporig *Adj.*
נִבְדָּל ת׳ [nivdal] abgesondert; verschieden *Adj.*; Abseits *Sp.*
=~וּת נ׳ ראה גם: בַּדְלָנוּת = Abgesondertsein *n*, Isolation *f*; Verschiedenheit *f*
נִבָּה פיעל [niba] *pi.* entzünden, erregen *v/t*
נִבְהָל ת׳ [nivhal] erschrocken; alarmiert *Adj.*
נִבּוּא ז׳ [nibu'] Vorausschau *f*
נְבוּאָה נ׳ [nevu'a] Prophezeiung *f*, Prophetie *f*; Weissagung *f*
=נְבוּאַת-הַלֵּב = Intuition *f*
=נְבוּאִי ת׳ = prophetisch *Adj.*
נָבוּב ת׳ [navuv] hohl *Adj.*
נִבּוּחַ ז׳ [nibuax] Bellen *n*
נָבוּט ת׳ [navut] gekeimt *Adj.*
נִבּוּי ז׳, ניבוי [nibuj] Prophezeien *n*, Voraussagen *n*
נָבוֹךְ ת׳ [navox] verlegen, betreten *Adj.*
נִבּוּל[1] ז׳, ניבול [nibul] Schmutz *m*, Abscheu *f*
נִבּוּל[2] ז׳ [nibul] Unflätigkeit *f*
=~-פֶּה = unanständige Reden *f/pl.*, obszöne Reden *f/pl.*; Schmähreden *f/pl.*, Grobheiten *f/pl.*
נָבוּל ת׳ [navul] verwelkt *Adj.*
נָבוֹן ת׳ [navon] vernünftig, einsichtig *Adj.*
=נְבוֹנוּת נ׳ = Vernunft *f*
נִבְזֶה ת׳ [nivze] verächtlich, schändlich, gemein *Adj.*

=נִבְזוּת נ׳ = Gemeinheit *f*
=נִבְזִי ת׳ = gemein, schändlich *Adj.*
נָבַח פעל (לִנְבּוֹחַ, יִנְבַּח) [navax] *kal* bellen *v/i*
נַבְחָן ז׳ [navxan] Beller *m*, Kläffer *m*
נִבְחָן ז׳ [nivxan] Prüfling *m*
נִבְחָר תו״ז [nivxar] auserwählt, gewählt *Adj.*; Abgeordneter *m*
=בֵּית-הַנִּבְחָרִים = Parlament *n*
נִבְחֶרֶת נ׳ Mannschaft *f Sp.*
נֶבֶט ז׳ ['nevet] Keim *m*
=נְבָטִים = Sprossen *pl. Bot.*
נָבַט[1] פעל (לִנְבּוֹט, יִנְבּוֹט) [navat] *kal* keimen *v/i*
-הִנְבִּיט הפ׳ - *hif.* zum Keimen bringen *v/t*
(נבט[2]) הִבִּיט הפ׳ (מַבִּיט; הִבִּיט בּוֹ, עָלָיו) [hibit] *hif.* blicken, schauen, sehen
=הַבֵּט! הַבִּיטִי! = sieh mal! schau! (*m*, *f*)
-נִבַּט נפ׳ (לְהִנָּבֵט) - *nif.* blicken; zu sehen sein
נָבִיא ז׳ [navi'] Prophet *m*, Seher *m*
=נְבִיא-שֶׁקֶר = falscher Prophet
=״נְבִיאִים״ = "die Propheten", Teil des Alten Testaments
=אֵין נָבִיא בְּעִירוֹ = der Prophet gilt nichts in s-m eigenen Land
=מִי נָבִיא וְיֵדַע = wer kann wissen?
=נְבִיאָה נ׳ = Prophetin *f*
נְבִיבוּת נ׳ [nevivut] Hohlheit *f*, Leere *f*
נְבִיחָה נ׳ [nevixa] Bellen *n*, Gebell *n*
נְבִיטָה נ׳ [nevita] Keimen *n*
נְבִילָה נ׳ [nevila] Welken *n*
נְבִיעָה נ׳ [nevi'a] Entspringen *n*, Quelle *f*
נְבִירָה נ׳ [nevira] Stochern *n*, Stöbern *n*
★נֶבֶךְ ז׳ ['névex] Tiefe *f*, *fig.*
=נִבְכֵי-הָאֲדָמָה = Tiefen *f/pl.* der Erde
נָבַל פעל (לִנְבּוֹל, יִבּוֹל) [naval] *kal* verwelken, absterben; zerfallen *v/i*
נִבֵּל[1] פיעל [nibél] *pi.* schänden
=~ פִּיו = Schmähreden führen, unflätig reden
נִבֵּל[2] פיעל [nibél] *pi.* ein Tier unrituell schächten

נָבָל ז׳ [naval] Schuft *m*, Schurke *m*, Bösewicht *m*

נֵבֶל ז׳ ['nével] Harfe *f*; Weinschlauch *m bibl.*

נְבָלָה נ׳ [nevala] Schandtat *f*, Gemeinheit *f*

נְבֵלָה נ׳, נבילה [nevéla] Aas *n*, Kadaver *m*

נַבְלוּת נ׳ [navlut] Schurkerei *f*, Schande *f*

נָבַע פעל (לִנְבּוֹעַ, יַבַּע) [nava'] *kal* sprudeln, aus der Quelle fließen; (Folgerung) hervorgehen; herrühren von

-הִבִּיעַ הפ׳ (מַבִּיעַ) - *hif.* ausdrücken *v/t*

=כְּמַעְיָן הַנּוֹבֵעַ = kreativ

=עֵט נוֹבֵעַ = Füllfederhalter *m*

נִבְעָר ת׳, ~ מִדַּעַת [niv'ar] unwissend, ungebildet *Adj.*

=~וּת נ׳ = Unwissenheit *f*, Unbildung *f*, Ignoranz *f*

נִבְצַר (נפ׳ מִן בָּצַר) [nivtsar] unmöglich, ausgeschlossen *Adj.*

=~ מִמֶּנִּי לְ- = ich kann nicht

נָבַר פעל (לִנְבּוֹר, יִנְבּוֹר) [navar] *kal* picken, stöbern *v/i*

נָבָר ת׳ [navar] unschuldig, rein *Adj.*

נִבְרָא ת׳ [nivra'] erschaffen *Adj.*; Geschöpf *n*

=הַנִּבְרָא בְּצֶלֶם = der Mensch, als Ebenbild Gottes erschaffen *bibl.*

נֶבְרוֹ|זָה נ׳ [nevroza] Neurose *f*

=~טִי ת׳ = neurotisch *Adj.*

=~לוֹגְיָה נ׳ = Neurologie *f*

=~לוֹג ז׳ = Neurologe *m.*

נַבְרָן ז׳, נַבְרַן-שָׂדוֹת [navran] Wühlmaus *f*, Feldmaus *f* (Microtus) *Zo.*

=~ מַיִם = Wasserratte *f*

נִבְרֶשֶׁת נ׳ [niv'reʃet] Kronleuchter *m*

נִגֵּב פיעל [nigév] *pi.* trocknen, abtrocknen *v/t*

-הִתְנַגֵּב הת׳ - *hit.* sich abtrocknen

★נֶגֶב ז׳ ['negev] Süden *m*

=הַנֶּגֶב = Negev (Süden Israels)

=נֶגְבָּה = nach Süden

נֶגֶד מ״י ['neged] gegen *Prp.* (*Akk.*); anti-

=כְּ~ = gegenüber

=לְ~ עֵינָיו = vor s-n Augen

=מִנֶּגֶד = abseits

=הַתְקָפַת-נֶגֶד = Gegenangriff *m*

=מַהְפֵּכַת-~ = Gegenrevolution *f*

★=חַיָּיו תְּלוּאִים לוֹ | מִנֶּגֶד = in Lebensgefahr sein

★=הִשְׁלִיךְ אֶת נַפְשׁוֹ ~ = das Leben aufs Spiel setzen

★=עֵזֶר כְּנֶגְדּוֹ = Ehefrau *f bibl.*, Partner *m*

=נֶגֶד-טַנְקִים ר״ת: נ״ט = Panzerabwehr *f*

נָגַד פעל (לִנְגּוֹד, יִנְגּוֹד) [nagad] *kal* im Widerspruch sein, widersprechen

-הִתְנַגֵּד הת׳ = *hit.* sich widersetzen, dagegen sein, widerstehen

-הִנְגִּיד הפ׳ (מַנְגִּיד) - *hif.* gegenüberstellen

-הִגִּיד הפ׳ (מַגִּיד) - *hif.* sagen, erzählen

נַגָּד ז׳ [nagad] Unteroffizier *m*; Widerstand *m El.*

נֶגְדִּי ת׳ [negdi] entgegengesetzt *Adj.*; Gegen-

★נָגַהּ פעל (לִנְגּוֹהַּ, יִגַּהּ) [naga] *kal* strahlen, leuchten

-הִגִּיהַּ הפ׳ (מַגִּיהַּ) - *hif.* Korrektur lesen *Typ.*

נֹגַהּ ז׳, נוגה ['noga] heller Schein, Glanz *m*; (Planet) Venus *f*

=נְגֹהוֹת ז״ר = Glanzlichter *n/pl.*

נָגוּב ת׳ [naguv] getrocknet, abgewischt *Adj.*

נִגּוּב ז׳, ניגוב [niguv] Abtrocknen, Abwischen *n*

נִגּוּד ז׳, ניגוד [nigud] Gegensatz *m*

=בְּ~ לְ- = im Gegensatz zu

=נִגּוּדִ|י ת׳ = gegensätzlich *Adj.*

=~יּוּת נ׳ = Gegensätzlichkeit *f*

נָגוּהַּ, נָגֹוהַּ ת׳ [naguha, na'goha] beleuchtet, glanzvoll *Adj.*

נִגּוּחַ ז׳, ניגוח [ni'guax] Stoßen *n* (*Stier*)

נִגּוּן ז׳, ניגון [nigun] Melodie *f*, melodischer Akzent

נָגוּס ת׳ [nagus] abgebissen *Adj.*

נֶגוּס ז׳ [negus] Negus (äthiopischer Königstitel)

נָגוּעַ ת׳ [na'gua'] berührt, betroffen, befallen *(Krankheit) Adj.*

נִגּוּעַ ז׳, ניגוע [ni'gua'] Verunreinigung *f*, Verseuchung *f*

נָגוּף ת׳ [naguf] geschlagen, gefoltert *Adj.*

נָגוּשׂ ת׳ [nagus] unterdrückt, verfolgt *Adj.*

נִגּוּשׂ ז׳ [nigus] Unterdrückung *f*, Verfolgung *f*

נִגְזָל ת׳ [nigzal] beraubt *Adj.*

נִגְזָר ת׳ [nigzar] abgeleitet *Adj.*, *Gr.*
ראה גם: גזר נפ׳

נִגְזֶרֶת נ׳ [nig'zeret] Derivat *n*, Abkömmling *m*

נָגַח פעל (לִנְגּוֹחַ, יִגַּח) [nagax] *kal* mit den Hörnern stoßen

-נִגֵּחַ פיעל (לְנַגֵּחַ אֶת-) - *pi.* stoßen, angreifen *v/t*

-הִגִּיחַ הפ׳ - *hif.* aufreizen *v/t*

-הִתְנַגֵּחַ הת׳ - *hit.* sich streiten, polemisieren

נַגָּח ת׳ [nagax] (Vieh) stößig *Adj.*

נֶגָטִיב ז׳ [negativ] Negativ *n*

=~בִי ת׳ ראה גם: שְׁלִילִי = negativ *Adj.*

נָגִיד ז׳ [nagid] Präsident *m*, Fürst *m*

=נְגִיד בַּנְק יִשְׂרָאֵל = Präsident *m* der Bank von Israel

נְגִיד ת׳ [negid] schwach *Adj.*, *fig.*

נְגִיחָה נ׳ [negixa] Stoßen *n (mit den Hörnern)*; Aufprall *m*

נְגִינָה נ׳ [negina] Musizieren *n*, Spielen *n Mus.*; Betonung *f (e-r Silbe)*

=כְּלִי-~(רבים: כְּלֵי-~) = Musikinstrument *n*

=נְגִינָתִי ת׳ = melodiös *Adj.*

נְגִיסָה נ׳, "בִּיס" [negisa] Biss *m*, Abbeißen *n*

נְגִיעָה נ׳ [negi'a] Berührung *f*; Beziehung *f*

נְגִיעוּת נ׳ [negi'ut] Befallensein *n (Krankheit)*, Verseuchung *f*

נָגִיף ז׳ [nagif] Virus *m*, *n Med.*

נְגִיפָה נ׳ [negifa] Schlagen *n*

נְגִיפִי ת׳ [negifi] virulent *Adj.*; Virus-

נְגִירָה נ׳ [negira] Fließen *n*, Strömen *n*

נָגִישׁ ת׳ [nagiʃ] zugänglich *Adj.*

נְגִישָׁה נ׳ [negisa] Bedrückung *f*

נְגִישׁוּת נ׳ [negiʃut] Zugänglichkeit *f*

נָגֹל נפ׳ מִן גלל [nagol] *nif.* gerollt werden

נִגְלֶה ת׳ [nigle] sichtbar, offen, allgemein verständlich, exoterisch *Adj.*

נַגְמָ"שׁ ר"ת: רֶכֶב נוֹשֵׂא-גְיָסוֹת מְשֻׁרְיָן [nagmaʃ] *Kurzw.* gepanzertes Truppenfahrzeug

נִגֵּן פיעל (לְנַגֵּן אֶת-, בְּ-) [nigén] *pi.* musizieren, spielen *Mus.*

-הִתְנַגֵּן הת׳ - *hit.* klingen, erklingen, mitklingen

נַגָּן ז׳ [nagan] Musiker *m*

=~ MP3 = MP3-Player *m*

(נֶגֶן) אֲרִיךְ-~ ['arix-'negen] Langspielplatte *f*

נָגַס פעל (לִנְגּוֹס, יִגּוֹס) [nagas] *kal* abbeißen *v/t*

נִגֵּ'ס פיעל (סלנג) [niǧes] *pi.* nerven, wahnsinnig machen F

נָגַע פעל (לִנְגּוֹעַ או לָגַעַת, בְּ-, אֶל-, עַד-, יִגַּע) [naga'] *kal* berühren, anrühren; angehen, betreffen

-הִגִּיעַ הפ׳ (מַגִּיעַ) - *hif.* ankommen, gelangen, anlangen, eintreffen; reichen an *(Akk.)*; heranreichen; gebühren, zukommen

=הַנּוֹגֵעַ בַּדָּבָר = den es angeht, Beteiligte(r), Interessent *m*

=בְּנוֹגֵעַ לְ- = was... anbetrifft

=נָגַע עַד לִבּוֹ = (das Herz) anrühren *fig.*

=אַל גַּעַת! = berühren verboten!

=הִגִּיעַ לְפִרְקוֹ = heiratsfähig werden

=הַגֵּעַ | בְּעַצְמְךָ, ~ בְּנַפְשְׁךָ = stell dir vor!

נֶגַע ז׳ ['nega'] Plage *f*

נָגַף פעל (לִנְגּוֹף אֶת-, יִגּוֹף) [nagaf] *kal* stoßen; schlagen (Gegner, Feind)

-נִגַּף נפ׳ (לְהִנָּגֵף לִפְנֵי-) - *nif.* Niederlage erleiden, geschlagen werden (im Kampf)

★נֶגֶף ז׳ ['negef] Plage *f*, Gottesstrafe *f*; Hindernis *n*

=אֶבֶן-~ = Stolperstein *m*, Hindernis *n*

נִגָּר ת׳, ניגר [nigar] fließend, ausgegossen *Adj.*

נִגַּר נפ׳ (לְהִנָּגֵר) [nigar] *nif.* fließen *v/i*

-הִגִּיר הפ' - *hif.* ausgießen *v/t*

נִגֵּר פיעל [nigér] *pi.* zimmern, schreinern

נַגָּר ז' [nagar] Tischler *m*, Schreiner *m*, Zimmermann *m*

★נֶגֶר ז' ['neger] Riegel *m*, Bolzen *m*; Tränkrinne *f*, ablaufendes Wasser

נַגָּרוּת נ' [nagarut] Tischlerhandwerk *n*

נַגָּרִיָּה נ' [nagarija] Tischlerei *f*, Schreinerei *f*

נִגְרָר ת' [nigrar] gezogen, geschleppt *Adj.*

=נִגְרֶרֶת נ' = Anhänger *m Kfz.*

נָגַשׁ פעל (לָגֶשֶׁת, יִגַּשׁ, גַּשׁ! מָקוֹר, עָתִיד, צִוּוּי) [nagaʃ] *kal* hinzutreten, sich nähern

-נִגַּשׁ נפ' (נִגַּשׁ; עָבָר וְהוֹוֶה; אֶל-, לְ-) - *nif.* hinzutreten, sich nähern, herankommen

-הִגִּישׁ הפ' (מַגִּישׁ) - *hif.* nahe bringen, darbieten, reichen; einreichen (Antrag); servieren (Speisen)

-הִתְנַגֵּשׁ הת' - *hit.* zusammenstoßen

=גֶּשׁ הָלְאָה! = geh fort! mach, dass du wegkommst!

נָגַשׂ פעל (לִנְגּוֹשׂ אֶת-, יִגּוֹשׂ) [nagas] *kal* bedrängen, antreiben *v/t*

נָד ת' [nad] sich bewegend *Adj.*

=נָע וָ~ = unstet und flüchtig; Vagabund *m*

נָדַב פעל (לִנְדּוֹב אֶת-, יִדּוֹב) [nadav] *kal* spenden *v/t*

-נִדֵּב פיעל - *pi.* Almosen geben, spenden

-הִתְנַדֵּב הת' - *hit.* sich freiwillig zur Verfügung stellen, sich freiwillig melden

נֶדֶב ז' ['nedev] Almosen *n*

נְדָבָה נ' [nedava] Almosen *n;* Großzügigkeit *f*

=גֶּשֶׁם-נְדָבוֹת = segensreicher Regen

נִדְבָּךְ ז', נידבך [nidbax] Reihe *f od.* Schicht *f* von Steinen

נַדְבָן ז' [nadvan] Wohltäter *m*

=~נוּת נ' = Wohltätigkeit *f*

=~נִי ת' = wohltätig, philanthropisch *Adj.*

נָדַד פעל (לִנְדּוֹד, יִדּוֹד) [nadad] *kal* umherirren, wandern; fliehen *bibl.*

=נָדְדָה שְׁנָתוֹ = keinen Schlaf finden

=תַּעֲרוּכָה נוֹדֶדֶת = Wanderausstellung *f*

נֶדֶד ז' ['neded] Herumwandern *n*, Schlaflosigkeit *f*

נִדָּה פיעל [nida] *pi.* ausstoßen, bannen *v/t*

★נִדָּה נ', נידה [nida] Regel *f*

נִדְהָם ת' [nidham] erstaunt, überrascht *Adj.*

נָדוּד ת' [nadud] unsicher, unausgeglichen *Adj.*

נִדּוּד ז' [nidud] Wandern *n*

נְדוּדִים ז"ר [nedudim] Wanderungen *f/pl.*

=נְדוּדֵי-שֵׁנָה = Schlaflosigkeit *f*

נִדּוּי ז', נידוי [niduj] Bann *m*, Verstoßen *n*, Ausstoßen *n*

נִדּוֹן ת', נידון [nidon] behandelt, beraten, besprochen; verurteilt *Adj.*

=הַנִּדּוֹן = Betreff, Thema, Gegenstand

נְדוּנְיָה נ' [nedunja] Mitgift *f*

נָדוֹשׁ ת' [nadoʃ] gedroschen *Adj.*; abgedroschen *fig.*, banal *Adj.*

נִדַּח נפ' (לְהִנָּדֵחַ) [nidax] *nif.* verstoßen werden; umherirren

-הִדִּיחַ הפ' (מַדִּיחַ) - *hif.* vertreiben, verjagen; absetzen (v. Amt); verleiten *v/t*

נִדָּח ת', נידח [nidax] verstoßen; abgelegen *Adj.*

=פִּנָּה נִדַּחַת = entlegener Winkel

נִדְחֶה ת' [nidxe] aufgeschoben; abgelehnt *Adj.*; verschobener Fast- *od.* Erinnerungstag

נָדִיב ת' [nadiv] freigebig; edel *Adj.;* Wohltäter *m*

=נְדִיב-לֵב = freigebig, großzügig *Adj.*

=נְדִיבוּת, ~-לֵב = Freigebigkeit *f*, Edelmut *m*, Großzügigkeit *f*

=הַנָּדִיב הַיָּדוּעַ = "der berühmte Wohltäter", Beiname von Baron Edmund Rothschild

נְדִידָה נ' [nedida] Wanderung *f*

=נְדִידַת-עַמִּים = Völkerwanderung *f*

=~-צִפֳּרִים = Vogelzug *m*

נָדִיף ת' [nadif] verdunstend *Adj.*, flüchtig *Adj. Phys.*

=נְדִיפָה נ׳ = Verdunstung *f*

=נְדִיפוּת נ׳ = Verdunstbarkeit *f*, Verdampfbarkeit *f*

נָדִיר ת׳ [nadir] selten *Adj.*

=~ ת״פ = selten *Adv.*

נָדִיר ז׳ [nadir] Nadir *m Astr.*

נְדִירָה נ׳ [nedira] ein Gelübde ablegen

נְדִירוֹת ת״פ [nedirot] selten, kaum *Adv.*

נְדִירוּת נ׳ [nedirut] Seltenheit *f*

נִדְכָּא ת׳ [nidka'] unterdrückt, deprimiert *Adj.*

נִדְכֶּה ת׳ [nidke] niedergeschlagen *Adj.*

נַדָּל ז׳ [nadal] Tausendfüßler *m* (Colopendra) *Zo.*

נִדְלֶה ת׳ (נפ׳ מִן דלה) [nidle] ausgeschöpft *Adj.*

=בִּלְתִּי-~ = unerschöpflich *Adj.*

נָדַם (נפ׳ מִן דמם) [nadam] stumm werden, taub

נִדְמֶה (נפ׳ מִן דמה) [nidme] es scheint

נָדָן ז׳ [nadan] (Schwert) Scheide *f*; Blattscheide *f Bot.*; Mitgift *f*

נִדְנֵד פיעל [nidnéd] *pi.* schaukeln, sich hin- u. herbewegen; lästig fallen F

נַדְנֵדָה נ׳ [nadnéda] Schaukel *f*, Wippe *f*

נַדְנְדָן ז׳ [nadnedan] Quälgeist *m*, Quengler *m*; lästiger Mensch

נִדְנוּד ז׳, נידנוד [nidnud] Schwankung *f*, Hin- u. Herbewegung *f*; Quengelei *f*

נְדֻנְיָה נ׳ [nedunja] Mitgift *f*

נָדַף פעל (לִנְדּוֹף, יִדֹּף) [nadaf] *kal* verwehen *v/i*; (Geruch) ausgehen von *(D)*

-נִדַּף נפ׳ (לְהִנָּדֵף) - *nif.* verweht werden

-נִדֵּף פיעל - *pi.* (Geruch) verbreiten

-הִתְנַדֵּף הת׳ - *hit.* verdunsten, verduften; verschwinden F

-הִדִּיף הפ׳ - *hif.* (Duft) verbreiten

נִדָּף ת׳, נידף [nidaf] verweht *Adj.*

נָדַר פעל (לִנְדּוֹר, יִדּוֹר) [nadar] *kal* geloben, Gelübde ablegen; (Spende) versprechen

-הִדִּיר הפ׳ - *hif.* durch Schwur verpflichten

=~ שֵׁנָה = den Schlaf vertreiben

=נָדַר הֲנָאָה מִן- = sich (e-s Genusses) enthalten

נֶדֶר ז׳ ['neder] Gelübde *n*

=כָּל נִדְרֵי (ארמ׳) = "Kol Nidré", Gebet am Vorabend des Versöhnungstages

נַדְרָן ז׳ [nadran] jmd, der ein Gelübde ablegt

נִדְרָשׁ ת׳ [nidraʃ] gesucht, verlangt *Adj.*

=פָּקִיד ~ = hoher Beamter *(berechtigt zu Dienstfahrten)*

נֹהַּ ז׳ ['noha] Klage *f*, Trauer *f*; Sehnsucht *f*

נָהַג פעל (לִנְהוֹג אֶת-, בְּ-) [nahag] *kal* Auto fahren, chauffieren; gewohnt sein, (zu tun) pflegen; üblich sein

-הִתְנַהֵג הת׳ - *hit.* sich benehmen

-הִנְהִיג הפ׳ - *hif.* einführen; anführen, lenken

=נָהַג בְּ-, ~ עִם = sich verhalten zu *(D)*, umgehen mit *(D)*

=~ כָּבוֹד בְּ- = Ehre erweisen *(D)*

=~ קַלּוּת-רֹאשׁ בְּ- = missachten (*Akk.*)

=עוֹלָם כְּמִנְהָגוֹ נוֹהֵג = das ist der Lauf der Welt

נֶהָג ז׳ (נַהַג-, נַהֶגֶת, נֶהָגִים) [nehag] Chauffeur *m*, Fahrer *m*

נֹהַג ז׳, נוהג ['nohag] Brauch *m*, Sitte *f*

=בְּ~ שֶׁבָּעוֹלָם = wie es auf der Welt üblich ist

נֶהְדָּר ת׳ [nehedar] wunderbar, herrlich *Adj.*

נָהָה פעל (לִנְהוֹת אַחֲרֵי-, יִנְהֶה) [naha] *kal* begehren, angezogen werden

נָהוּג ת׳ [nahug] üblich, gebräuchlich *Adj.*

=כַּנָּהוּג = wie üblich

נִהוּג ז׳ [nihug] Fahren *n*, Steuern *n*; Führen *n*

נִהוּל ז׳, ניהול [nihul] Leitung *f*, Führung *f*, Management *n*

★(נְהוֹר) סַגִּי-~ [sagi-nehor] blind *Adj.*, *fig.*

=בִּלְשׁוֹן סַגִּי-~ = das Gegenteil meinen

★נְהִי ז׳ [nehi] Klagelied *n*

נְהִיגָה נ׳ [nehiga] Autofahren *n*

=רִשְׁיוֹן-~ = Führerschein *m*

נְהִיָּה נ׳, נהייה [nehija] Hingezogensein *n*

נְהִימָה נ׳ [nehima] Brummen *n*, Murren *n*
נָהִיר ת׳ [nahir] klar, gut bekannt *Adj.*
נְהִירָה נ׳ [nehira] Strömen *n*
נִהֵל פיעל [nihél] *pi.* führen, leiten *v/t*
-הִתְנַהֵל הת׳ - *hit.* vor sich gehen, fortschreiten
נֹהַל ז׳, נוהל (נְהָלִים, נָהֳלֵי-) ['nohal] Prozedur *f*, Verfahren *n*, Behandlungsweise *f*
=נָהֳלִי ת׳ = verfahrensmäßig *Adj.*
נַהֲלוֹל ז׳ [nahalol] Dorn *m bibl.*
נָהַם פעל (לִנְהוֹם, יִנְהוֹם) [naham] *kal* knurren, brummen; murren
נַהַם ז׳ ['naham] Brüllen *n*, Getöse *n*
נְהָמָה נ׳ [nehama] Tosen *n*
=נַהֲמַת-לֵב, ~-נֶפֶשׁ = Seufzer *m* aus tiefstem Herzen
נַהֲמוּת נ׳ [nahamut] Tosen *n*
נֶהֱנֶה ת׳ (נפ׳ מִן הנה) [nehene] genießend *Adj.*
נֶהֱנְתָן ז׳ [nehentan] Genießer *m*
=~נוּת נ׳ = Genusssucht *f*
=~נִי ת׳ = genießerisch *Adj.*
נַהֲפוֹךְ הוּא ת״פ [nahafox hu'] gerade umgekehrt, das Gegenteil ist der Fall
נָהַר[1] פעל (לִנְהוֹר אֶל-, יִנְהַר) [nahar] *kal* strömen *v/i*
נָהַר[2] פעל (לִנְהוֹר, יִנְהַר) [nahar] *kal* leuchten, strahlen *v/i*
נָהָר ז׳ (נְהַר-, נְהָרוֹת, נַהֲרוֹת-) [nahar] Strom *m*, Fluss *m*
נְהָרָה נ׳ [nehara] Licht *n*, Helligkeit *f*; Flüsschen *n*
נַהֲרוֹנִית נ׳ [naharonit] Laichkraut *n* (Potomogeton) *Bot.*
נוּ מ״ק [nu] also; na und?; was soll das?
(נוא) הֵנִיא הפ׳ [héni'] *hif.* abhalten, zurückhalten *v/t*
★נוֹאָל ת׳ [no'al] töricht *Adj.*
נוֹאֵם ז׳ [no'ém] Redner *m*
נוֹאֵף ז׳ [no'éf] Ehebrecher *m*
נוֹאָשׁ ת׳ (נפ׳ מן יאש) [no'aʃ] verzweifelt *Adj.*
=אָמַר ~ = verzweifeln, *(Hoffnung)* aufgeben
★(נוב) נָב פעל (לָנוּב, יָנוּב) [nav] *kal* wachsen, sprossen; ausdrücken
-נוֹבֵב פיעל - *pi.* befruchten, zur Blüte bringen; erfrischen; ausdrücken
-הֵנִיב הפ׳ - *hif.* hervorbringen, fruchtbar sein *(die Erde)*
נוּבוֹרִישׁ ז׳ [nuvoriʃ] Neureiche(r) *m,f*
נוֹבֵל ת׳ [novél] welk *Adj.*
נוֹבֶלָּה נ׳ [no'vela] Novelle *f*
נוֹבֶלֶת נ׳ [no'velet] unreife Frucht, gefallene Blätter
נוֹבֶמְבֶּר ז׳ [november] November *m*
נוֹבֵעַ ת׳ [no'véa'] sprudelnd; hervorgehend, folgernd *Adj.*
=עֵט ~ = Füllfederhalter *m*
נוֹבֵר ז׳ [novér] Nagetier *n*
נוֹבְרָנִי ת׳ [novrani] nagend *Adj.*
נוֹגֵד ת׳ [nogéd] entgegengesetzt, widersprechend *Adj.*
נוֹגְדָן ז׳ [nogdan] Antikörper *m Chem.*, *Med.*
נוּגֶה ת׳ [nuge] traurig *Adj.*
נוֹגֵשׂ ז׳ [nogés] Fronvogt *m*
(נוד) נָד פעל (לָנוּד, יָנוּד) [nad] *kal* schwanken, sich hin- u. herbewegen, wanken; wandern
-הִתְנוֹדֵד הת׳ - *hit.* schwanken, sich hin- u. herbewegen, wanken
-הֵנִיד הפ׳ - *hif.* schütteln *v/t*, hin- u. herbewegen *v/t*
=נָע וָנָד = Vagabund *m*
=הֵנִיד רֹאשׁוֹ = Kopf schütteln
=~ עַפְעַף = mit den Wimpern zucken
נַוָּד ז׳, נווד [navad] Nomade *m*
נוֹדֵד ז׳ [nodéd] Wanderer *m*, Landstreicher *m*
=צִפֳּרִים נוֹדְדוֹת = Zugvögel *m/pl.*
=הַיְּהוּדִי הַנּוֹדֵד = der Ewige Jude
=נוֹדְדוּת נ׳ = Vagabundentum *n*
נַוָּדוּת נ׳, נוודות [navadut] Nomadentum *n*

נוּדִי|זְם ז׳ [nudizm] Nacktkultur *f*, Freikörperkultur *f*
=~סְט ז׳ = Nudist *m*
נוּדְנִיק ז׳ (סלנג) ['nudnik] Nervensäge *f* F, Quälgeist *m*
נוֹדָע ת׳ [noda'] bekannt, berühmt *Adj.*
=נוֹדַעַת חֲשִׁיבוּת לְ- = es wird Bedeutung beigelegt *(D)*
★נָוָה פעל [nava] *kal* schön sein; wohnen
נָוֶה ז׳, נווה (נָווֹת) [nave] Au(e) *f*; Wohnstätte *f*
=נְוֵה-מִדְבָּר = Oase *f*
=נְוֵה-קַיִץ = Sommerfrische *f*
=נְוֵה שַׁאֲנָן = ruhige, friedliche Wohnstätte
נָוֶה ת׳, נווה [nave] schön, lieblich *Adj.*
נִוּוּט ז׳, ניווט [nivut] Navigation *f*
נִוּוּל ז׳, ניוול [nivul] Hässlichkeit *f*; Schande *f*
נִוּוּן ז׳, ניוון [nivun] Entartung *f*, Degeneration *f*, Verfall *m*
נוֹזֵל תו״ז [nozél] flüssig *Adj.*; Flüssigkeit *f*
=נוֹזְלִי ת׳ = Flüssig-
נוֹזְפָנִי ת׳ [nozfani] tadelnd, missbilligend *Adj.*
(נוח) נָח פעל (לָנוּחַ, יָנוּחַ) [nax] *kal* ruhen, sich ausruhen
-נִנּוֹחַ נפ׳ (לְהִנּוֹחַ) - *nif.* sich beruhigen
-הֵנִיחַ הפ׳ (לְהָנִיחַ אֶת-, מֵנִיחַ, יָנִיחַ) - *hif.* Ruhe verschaffen; legen
-הִנִּיחַ הפ׳ (לְהַנִּיחַ אֶת-, לְ-, מַנִּיחַ, יַנִּיחַ) - *hif.* legen, hinlegen; in Ruhe lassen, ablassen; zulassen, erlauben; zurücklassen; Fachausdrücke prägen; voraussetzen, annehmen
=נָחָה דַעְתּוֹ = beruhigt sein, zufrieden sein
=יָנוּחַ בְּשָׁלוֹם עַל מִשְׁכָּבוֹ = er soll in Frieden ruhen
=הֵנִיחַ דַּעְתּוֹ = beruhigen, zufrieden stellen
=הָנַח לִי = lass mich in Ruhe!
=הִנִּיחַ יְרֻשָּׁה = Erbschaft hinterlassen
=נַנִּיחַ = nehmen wir an
=הִנִּיחַ מְעוֹתָיו עַל קֶרֶן הַצְּבִי = sein Geld aufs Spiel setzen, schlecht anlegen
=הִנִּיחַ יָדוֹ מִן- = ablassen von *(D)*
=כְּבוֹדוֹ בִּמְקוֹמוֹ מֻנָּח = ohne s-e Ehre antasten zu wollen
נוֹחַ ת׳ ['noax] angenehm, bequem; leicht, praktisch *Adj.*
=~ לוֹ שֶׁ- = es wäre für ihn besser, wenn ...
=~ לִכְעוֹס = jähzornig *Adj.*
=~ לִרְצוֹת = leicht versöhnlich, friedliebend, verträglich *Adj.*
=עֲמֹד ~! = rührt euch! *Mil.*
נוֹחוּת נ׳ (נוֹחִיּוֹת) [noxut] Bequemlichkeit *f*, Behagen *n*; Bad *n*
נוֹחִיּוּת נ׳ [noxijut] Annehmlichkeit *f*, Komfort *m*; Badezimmer *n* (Bad u. WC)
נַוָּט ז׳, נווט [navat] Pilot *m*, Navigator *m*
נִוֵּט פיעל [nivét] *pi.* steuern, navigieren *Mar., Flgw., Internet*
נוֹטֶה ת׳ [note] neigend, geneigt *Adj.*
=~ לָמוּת = sterbend *Adj.*
נַוָּטוּת נ׳, נווטות [navatut] Navigation *f*
נוֹטֵר ז׳ [notér] Wächter *m*, Hilfspolizist *m*
נוֹטֵר ת׳ (לְ-) [notér] nachtragend *Adj.*
נוֹטַרְיוֹ|ן ז׳ [notarjon] Notar *m*
=~נִי ת׳ = notariell *Adj.*
נוֹטָרִיקוֹן ז׳ [notarikon] Akronym *n*, Kurzwort *n (z.B. USA=ארה״ב)*
נוֹי ז׳ [noj] Zier *f*, Zierde *f*, Schönheit *f*
=עֲצֵי-~ = Zierbäume *m/pl.*
נוֹכָח ת׳ (נפ׳ מן יכח) [noxax] überzeugt *Adj.*
נוֹכֵחַ ת׳ [no'xéax] anwesend, gegenwärtig *Adj.*; hebr. Bezeichnung für 2. Person *m/sg.* (du) *Gr.*
=נוֹכַחַת = 2. Person *f/sg.* (du) *Gr.*
=נוֹכְחִים ז״ר = 2. Person *m/pl.* (ihr) *Gr.*
=נוֹכְחוֹת נ״ר = 2. Person *f/pl.* (ihr) *Gr.*
נוֹכְחוּת נ׳ [noxexut] Anwesenheit *f*
=נוֹכְחִי ת׳ = gegenwärtig, jetzig *Adj.*

נוֹכֵל ז׳ [noxél] Betrüger *m*, Hochstapler *m*, Gauner *m*
=נוֹכְלוּת נ׳ = Betrügerei *f*
נוֹכֵס ז׳ [noxés] Faktor *m*
נוֹל ז׳ גם: **נוּל** [nol] Webstuhl *m*
נוֹלָד ת׳ (נפ׳ מִן ילד) [nolad] geboren *Adj.*
=הָרוֹאֶה אֶת הַנּוֹלָד = (der Weise) der die Zukunft voraussieht
נַוְלוּת נ׳ [navlut] Hässlichkeit *f*, Schurkerei *f*
(נום) **נָם** פעל (לָנוּם, יָנוּם) [nam] *kal* schlummern, leicht schlafen
נוּמִיסְמָ|טִיקָה נ׳ [numismatika] Münzkunde *f*, Numismatik *f*
=~ט ז׳ = Numismatiker *m*, Münzenkenner *m*, Münzsammler *m*
נוּן נ׳ [nun] N, 14. Buchstabe des hebr. Alphabets
נִוֵּן פיעל [nivén] *pi. etw.* verfallen lassen
-הִתְנַוֵּן הת׳ - *hit.* entarten, degenerieren, absterben
(נוס) **נָס** פעל (לָנוּס, יָנוּס) [nas] *kal* fliehen; zurückweichen
-הֵנִיס הפ׳ - *hif.* in die Flucht schlagen
=נָס לֵחוֹ = s-e Lebenskraft ist versiegt
נוֹסָד (נפ׳ מִן יסד) [nosad] gegründet *Adj.*
נוֹסְטַלְ|גִּיָה נ׳ [nostalgija] Heimweh *n*, Sehnsucht *f* nach der Vergangenheit, Nostalgie *f*
=~גִּי ת׳ = nostalgisch *Adj.*
נוֹסֵעַ ז׳ [no'séa'] Reisender *m*, Fahrgast *m*
=~ סָמוּי = blinder Passagier *fig.*
=מְכוֹנִית-נוֹסְעִים = Personenwagen *m*, Pkw
נוֹסָף ת׳ (עַל-) [nosaf] zusätzlich zu *(D) Adj.*
(נוע) **נָע** פעל (לָנוּעַ, יָנוּעַ) [na'] *kal* sich bewegen; schwanken; wandern
-הֵנִיעַ הפ׳ (מֵנִיעַ) - *hif.* bewegen *v/t*, in Bewegung bringen, antreiben, veranlassen
-הִתְנוֹעֵעַ הת׳ (לְהִתְנוֹעֵעַ) - *hit.* sich hin- u. herbewegen
-הִתְנַיֵּעַ הת׳ - *hit.* beweglich sein
=נָע וָנָד = Vagabund *m bibl.*
=שְׁוָא נָע = "bewegliches", vokalisches Schwa *Gr.*, z.B. מְדַבֵּר
נוֹעַד (נפ׳ מִן יעד) [no'ad] bestimmt für (*Akk.*)
נוֹעָז ת׳ [no'az] gewagt, kühn *Adj.*
נוֹעָזוּת נ׳ [no'azut] Kühnheit *f*, Dreistigkeit *f*
(נוף) **נוֹפֵף** פיעל [noféf] *pi.* schwingen, schwenken *v/t*
-הֵנִיף הפ׳ - *hif.* hochheben, (Fahne) hissen; fächeln
נוֹף[1] ז׳ [nof] Landschaft *f;* Aussicht *f*
נוֹף[2] ז׳ [nof] Baumwipfel *m*
נוֹפֵל ז׳ [nofél] Gefallener *m*; fallend *Adj.*
נוּפָר ז׳ [nufar] gelbe Teichrose *f Bot.*
נוֹפֵשׁ ז׳ [noféʃ] Kurgast *m*
נוֹצָה נ׳ [notsa] (Vogel-) Feder *f*
=נוֹצִי ת׳ = fed(e)rig, federartig *Adj.*
נוֹצָן ז׳ [notsan] Staubwedel *m*
נוֹצֵץ ת׳ [notséts] glänzend, blitzend *Adj.*
נוֹצַר (נפ׳ מִן יצר) [notsar] geschaffen, geschaffen werden, gegründet werden
נוֹצְרִי תו״ז [notsri] Christ *m*; christlich *Adj.*
נוֹקֵב ת׳ [nokév] eindringlich, durchdringend, tief gehend, tief schürfend *Adj.*
נוֹקֵד ז׳ [nokéd] Schafzüchter *m*
=נוֹקְדוּת נ׳ = Schafzucht *f*
נוֹקְדָן ז׳ [nokdan] Pedant *m*
=~וּת נ׳ = Pedanterie *f*
נוֹקְמָנִי ת׳ [nokmani] rachsüchtig *Adj.*
★**נוּר** ז׳ (ארמ׳) [nur] Feuer *n*
=זִקּוּקִין דִּי-~ = Feuerwerk *n*
נוֹרָא ת׳ [nora'] furchtbar, schrecklich *Adj.;* F sehr, total *Adv.*
=אָיֹם וְ~ = ganz schrecklich!
=יָמִים נוֹרָאִים = die hohen Feiertage *m/pl.*
=נוֹרָאוֹת נ״ר = Schrecken *m/pl.*
נוּרָה נ׳, **נוּרַת-לִבּוּן** [nura] Glühbirne *f El.*
=נוּרַת-רַדְיוֹ = Röhre *f Rdf.*
נוּרִית נ׳ [nurit] Hahnenfuß *m* (Ranunculus) *Bot.*

נוֹרְמָה נ׳ [norma] Norm *f*, Standard *m*
ראה גם: תֶּקֶן
נוֹרְמָלִי ת׳ [normali] normal, gewöhnlich *Adj.*
=~יּוּת נ׳ = Normalität *f*, Vorschriftsmäßigkeit *f*
=לֹא נוֹרְמָלִי, בִּלְתִּי ~ = komisch, nicht normal; F ausgezeichnet
נוֹרְמָלִיזַצְיָה נ׳ [normalizatsja] Normalisierung *f*
נוֹשֵׂא[1] ז׳ [nosé'] Thema *n*, Gegenstand *m* *fig.*; Subjekt *n Gr.*
נוֹשֵׂא[2] ז׳ [nosé'] Träger *m*
=~ דֶּגֶל = Fahnenträger *m*
=~-כֵּלִים = Waffenträger *m*; Diener *m*
=~-מִכְתָּבִים = Briefträger *m*
=נוֹשֵׂאת-גְּיָסוֹת = Truppentransportschiff *n*
=~-מְטוֹסִים = Flugzeugmutterschiff *n*
נוֹשְׂאִי ת׳ [nos'i] subjektiv *Adj.*; thematisch *Adj.*
=מִשְׁפָּט ~ = Subjektsatz *m Gr.*
=נוֹשְׂאִיּוּת נ׳ = Subjektivität *f*
נוֹשָׁב ת׳ [noʃav] bewohnt, bevölkert *Adj.*
נוֹשֶׁה ז׳ [noʃe] Gläubiger *m*
נוֹשָׁן ת׳ [noʃan] veraltet *Adj.*
=יָשָׁן ~ = sehr alt, völlig veraltet
נוֹשֵׁק ת״ז [noʃék] bewaffnet; küssend *Adj.*
נוֹתֵב ת׳ [notév] Leuchtspur *f Mil.*
=טִיל ~ = Leuchtrakete *f*
נוֹתָר ת׳ (נפ׳ מִן יתר) [notar] übrig geblieben
נָזוּל ת׳ [nazul] fließend *Adj.*
נִזּוֹל ת׳ (נפ׳ מן זול) [nizol] verbilligt *Adj.*
נִזּוּל ז׳, ניזול [nizul] Verflüssigung *f*
נִזּוֹן ת׳ [nizon] ernährt, gefüttert *Adj.*
נָזוּף ת׳ [nazuf] gescholten, getadelt *Adj.*
נִזּוֹק ת׳ [nizok] beschädigt, geschädigt *Adj.*
נָזוֹר ת׳ [nazor] vom Weg abweichend
נָזָז ז׳ (ערב׳) [nazaz] undurchlässiger Boden
★נָזִיד ז׳ [nazid] Gemüsegericht *n bibl.*
=נְזִיד-עֲדָשִׁים = Linsengericht *n*; *fig.* wertlos
נָזִיל ת׳ [nazil] flüssig, liquide *fig.*, zahlungsfähig *Adj.*

נְזִילָה נ׳ [nezila] Fließen *n*
=נְזִילוּת נ׳ = Liquidität *f*, Zahlungsfähigkeit *f*
נְזִיפָה נ׳ [nezifa] Schelte *f*, Tadel *m*, Rüge *f*
נְזִיקִ|ים, ~ן ז״ר [nezikim, -in] Schäden *m/pl.*
=סֵדֶר ~ן = "Nesikin", 4. Abteilung der Mischna
=דִּינֵי-~ן = Schadenersatzgesetze *n/pl.*
נָזִיר ז׳ [nazir] Mönch *m*
=נְזִירָה נ׳ = Nonne *f*
=נְזִירוּת נ׳ = Mönch(s)tum *n*; Einsiedlertum *n*
נָזַל פעל (לִנְזוֹל, יִזַּל) [nazal] *kal* fließen *v/i*, tropfen, laufen *f*
-נִזֵּל פיעל - *pi.* verflüssigen *v/t*
-הִתְנַזֵּל הת׳ - *hit.* flüssig werden
-הִזִּיל הפ׳ - *hif.* fließen lassen
=~ דְּמָעוֹת = Tränen vergießen
נֶזֶל ז׳ ['nezel] Fließen *n*
נַזֶּלֶת נ׳ [na'zelet] Erkältung *f*, Schnupfen *m*
נֶזֶם ז׳ ['nezem] Nasenring *m*
נִזְמִית נ׳ [nizmit] Taubnessel *f* (Lamium) *Bot.*
נִזְעָם ת׳ [niz'am] erzürnt *Adj.*
נָזַף פעל (לִנְזוֹף בְּ-, יִנְזוֹף) [nazaf] *kal* tadeln, schelten, rügen
-נִזַּף נפ׳ (לְהִנָּזֵף) - *nif.* getadelt werden
נִזַּק, נִזּוֹק נפ׳ (לְהִנָּזֵק) [nizak, nizok] *nif.* beschädigt werden, geschädigt werden
-הִזִּיק הפ׳ (לְ-) - *hif.* schädigen, Schaden verursachen
נִזָּק ת׳, ניזק [nizak] geschädigt *Adj.*
נֶזֶק ז׳ (נְזָקִים) ['nezek] Schaden *m*
=דְּמֵי-~ = Schadenersatz *m*
נִזְקָק ת׳ [nizkak] bedürftig *Adj.*
נֵזֶר ז׳ ['nézer] Krone *f*, Diadem *n*; Krönchen *n Bot.*
נִזַּר נפ׳ (לְהִנָּזֵר מִן-) [nizar] *nif.* sich enthalten; sich absondern
-הִתְנַזֵּר הת׳ - *hit.* sich enthalten; sich absondern; ein Mönchsleben führen

נָח ת׳ [nax] ruhend *Adj.*
=שְׁוָא ~ = “ruhendes”, unvokalisches Schwa *Gr.*
נֶחְבָּא ת׳ [nexba’] verborgen, versteckt *Adj.*
★=~ אֶל הַכֵּלִים = bescheiden, zurückgezogen *bibl.*
(נחה) הִנְחָה הפ׳ [hinxa] *hif.* leiten, anleiten; Diskussion, Gespräch *usw.* leiten
=קָלִיעַ (טִיל) מֻנְחֶה = Lenkgeschoss *n*, Lenkrakete *f*
נָחוּי ת׳ [naxui] geführt, geleitet *Adj.*
נִחוּי ז׳ [nixui] Anleitung *f*, Unterweisung *f*
נָחוּל ת׳ [naxul] vermacht, vererbt *Adj.*
נִחוּל ז׳ [nixul] Vermächtnis *n*, Erbe *n*
נִחוּם ז׳, ניחום [nixum] Trösten *n*
=נִחוּמִים ז״ר = Trostworte *n/pl.*, Beileid *n*
נָחוּץ ת׳ [naxuts] nötig, notwendig *Adj.*
נִחוּץ ז׳ [nixuts] Notwendigkeit *f*, Dringlichkeit *f*
נָחוּר ת׳ [naxur] gestochen *Adj.*
נָחוּשׁ ת׳ [naxuʃ] stark, fest *Adj.*
=הַחְלָטָה נְחוּשָׁה = fester Entschluss
נִחוּשׁ ז׳, ניחוש [nixuʃ] Wahrsagen *n*; Raten *n*
=~-לֵב = Ahnung *f*, Vorahnung *f*
★נְחוּשָׁה נ׳ (=נְחֹשֶׁת) [nexuʃa] Kupfer *n*
=מֵצַח ~ = Frechheit *f fig.*
נָחוּת ת׳ [naxut] niedrig; geringer, minderwertig, schwächer, unterlegen *Adj.*
=נְחוּת-דַּרְגָּה = minderwertig, zweitrangig *Adj.*
נְחִיָּה נ׳ [nexija] Führen *n*, Leiten *n*
=כֶּלֶב-~ = Leithund *m*, Blindenhund *m*
נְחִיל ז׳ [nexil] Bienenschwarm *m*
=~ שֶׁל דָּגִים = Fischschwarm *m*
נְחִילָה נ׳ [nexila] Erwerb *m*, Anschaffung *f*
נְחִיצוּת נ׳ [nexitsut] Notwendigkeit *f*
נָחִיר ז׳ (נְחִירַיִם, נְחִירִים) [naxir] Nasenloch *n*, Nüster *f*; Düse *f*
נְחִירָה נ׳ [nexira] Schnarchen *n*
נְחִישׁוּת-הַחְלָטָה [nexiʃut-haxlata] Entschlossenheit *f*

נְחִיתָה נ׳ [nexita] Heruntergehen *n*; Landen *n* *Flgw.*; Landungsoperation *f Mil.*
=נְחִיתַת-אֹנֶס,~-דְּחָק, ~-חֵרוּם = Notlandung *f*
נְחִיתוּת נ׳ [nexitut] Minderwertigkeit *f*; Unterlegenheit *f*
=~-תַּסְבִּיךְ = Minderwertigkeitskomplex *m*
נָחַל פעל (לִנְחוֹל אֶת-, יִנְחַל) [naxal] *kal* Besitz erhalten, Besitz gewinnen; erben
-הִתְנַחֵל הת׳ - *hit.* sich ansiedeln
-הִנְחִיל הפ׳ - *hif.* als Besitz zuteilen; vererben *v/t*
=נָחַל אַכְזָבָה = enttäuscht werden
=~ מַפָּלָה, תְּבוּסָה = Niederlage erleiden
=~ נִצָּחוֹן = siegen
נַחַל ז׳ ['naxal] Bach *m*; Wadi *n*
=~ אֵיתָן = Wadi *n* (das auch im Sommer Wasser führt)
=~ אַכְזָב = Wadi *n* (im Sommer trocken)
נַחַ״ל ר״ת: נוֹעַר חֲלוּצִי לוֹחֵם [naxal] *Kurzw.* “Kämpfende Pionierjugend” (militärische Einheit im israel. Grenzgebiet)
=נַחְלַאי ז׳ = Angehöriger *m* des Nachal
נַחֲלָה נ׳ [naxala] Grundbesitz *m*; Erbteil *n*, *m*
=נַחֲלַת-אָבוֹת = Erbbesitz *m*
★=בָּא אֶל הַמְּנוּחָה וְאֶל הַנַּחֲלָה = zur Ruhe gelangen
נַחֲלִיאֵלִי ז׳ [naxali’éli] Bachstelze *f* (Motacilla alba) *Zo.*
★נִחַם נפ׳ (לְהִנָּחֵם) [nixam] *nif.* bereuen; getröstet werden, sich trösten
-נִחֵם פיעל - *pi.* trösten *v/t*
-הִתְנַחֵם הת׳ - *hit.* sich trösten
=שַׁבָּת-נַחֲמוּ = Schabat “Nachamu” (nach dem Trauertag des 9. Av)
★נֹחַם ז׳, נוחם ['noxam] Reue *f*; Trost *m*
נֶחְמָד ת׳ [nexmad] lieb, nett, reizend, liebenswert *Adj.*
נֶחָמָה נ׳ [nexama] Trost *m*
=~ פּוּרְתָּא = ein kleiner Trost

=צָרַת רַבִּים חֲצִי ~ = geteiltes Leid ist halbes Leid
נֵחַן נפ׳ מִן חנן [néxan] begnadigt werden; talentiert *Adj.*
נֶחְפָּז ת׳ [nexpaz] eilig, übereilt *Adj.*
★נַחַץ ז׳ ['naxats] Betonung *f*, Emphase *f*; Dringlichkeit *f*
נָחַר פעל (לִנְחוֹר, יִנְחַר) [naxar] *kal* schnarchen
נַחַר ז׳ ['naxar] Schnarchen *n*
נִחָר ת׳, ניחר [nixar] ausgetrocknet (Kehle); heiser *Adj.*
נַחֲרָה [naxara] Schnauben *n*
נַחְרָן ז׳ [naxran] Schnarcher *m*
נֶחֱרָץ ת׳ [nexrats] (endgültig) entschieden *Adj.*
=~וּת נ׳ = Entschiedenheit *f*
נִחֵשׁ פיעל [nixéʃ] *pi.* raten; ahnen, wahrsagen
נָחָשׁ ז׳ [naxaʃ] Schlange *f* (Ophidia) *Zo.*
=שְׁבִיל הַנָּחָשׁ = Serpentine *f*
נַחְשׁוֹל ז׳ [naxʃol] große Welle, Brandung *f*; Fluss *m fig.*
נַחְשׁוֹן ז׳ [naxʃon] Schlangenhalsvogel *m* (Anhinga rufa) *Zo.*; Pionier *m*
=~נוּת נ׳ = Pioniertum *n*
=~נִי ת׳ = pionierhaft *Adj.*
נְחָשִׁי ת׳ [nexaʃi] schlangenartig *Adj.*
נֶחֱשָׁל ת׳ [nexʃal] rückständig, zurückgeblieben, unterentwickelt *Adj.*
=פְּעָלִים נֶחֱשָׁלִים = "schwache" Verben *n/pl. Gr.*
=נֶחֱשָׁלוּת נ׳ = Rückständigkeit *f*
נַחֲשָׁן ז׳ [naxʃan] Wahrsager *m*
נְחֹשֶׁת נ׳, נחושת [ne'xoʃet] Kupfer *n*
=מַטְבְּעוֹת-~ ז״ר = Kupfermünzen *f/pl.*
~ קָלָל = Bronze *f*
=תְּקוּפַת-הַנְּחֹשֶׁת = Kupferzeit *f*
=תַּחְמֹצֶת ~ = Kupferoxyd *n* (Cu_2O) *Chem.*
נְחֻשְׁתִּי ת׳, נחושתי [nexuʃti] kupferhaltig *Adj.*; wie Kupfer
★נְחֻשְׁתַּיִם ז״ז, נחושתיים [nexuʃ'tajim] eherne Fesseln *f/pl. bibl.*

נְחֻשְׁתָּן ז׳, נחושתן [nexuʃtan] Name der heiligen Schlange, Äskulapstab *m*
נְחֻשְׁתָּנִי ת׳ [nexuʃtani] kupferhaltig *Adj.*
נָחַת פעל (לִנְחוֹת, יִנְחַת) [naxat] *kal* hinabsteigen; landen
-הִנְחִית הפ׳ - *hif.* herabschicken, herunterlassen
=~ מַכָּה = e-n Schlag versetzen
נֶחָת ז׳ [nexat] Marinesoldat *m*
נַחַת נ׳ ['naxat] Behagen *n*, Behaglichkeit *f*; Freude *f*, Genuss *m*
=~ זְרוֹעַ = prügeln
=~-רוּחַ = Freude *f*, Befriedigung *f*
=בְּ-~ ת״פ = gemächlich, gemütlich *Adv.*
=אִי-~ = Unbehagen *n*
=הֶרְאָהוּ אֶת ~ זְרוֹעוֹ = j-n prügeln
★נַחְתּוֹם ז׳ ראה גם: אוֹפֶה [naxtom] Bäcker *m*
נַחְתּוֹמָר ז׳ [naxtomar] Bäckerei *f*
נַחְתָּן ת׳ [naxtan] ruhig, gemäßigt *Adj.*
=~נוּת נ׳ [naxtanut] Ruhe *f*, Mäßigkeit *f*
נַחֶתֶת נ׳ [na'xetet] Landungsschiff *n Mil.*
נ״ט ר״ת: נֶגֶד-טַנְקִי ת׳ [nun-tet] *Abk.* Panzerabwehr-
נָטָה פעל (לִנְטוֹת אֶל-, מִן- אֶת-, יִטֶּה) [nata] *kal* neigen zu *v/i*; abweichen von *(D) v/i*; ausstrecken, spannen *v/t*; geneigt sein, willig sein; dekliniert werden, konjugiert werden
-הִטָּה הפ׳ - *hif.* beugen *v/t*; konjugieren, deklinieren
=נָטָה הַיּוֹם = es wurde Abend
★=~ לָלוּן = zum Übernachten einkehren
=~ לָמוּת = im Sterben liegen
=הִטָּה אָזְנוֹ אֶל- = gut zuhören
=~ מִשְׁפָּט (דִּין) = das Recht beugen
=אַחֲרֵי רַבִּים לְהַטּוֹת = der Mehrheit folgen
=הִטָּה שְׁכֶם עִם- = helfen, sich beteiligen an
נֶטוֹ ז׳, ניטו [neto] netto *Adv.*, Netto-

נָטוּי ת׳ [natuj] ausgestreckt; geneigt, schräg, schief; gebeugt; dekliniert; konjugiert *Adj. Gr.*
=נְטוּי-גָּרוֹן = aufgerichtet, stolz *Adj. bibl.*
=~-רֹאשׁ = mit gesenktem Kopf
=בִּזְרוֹעַ נְטוּיָה = mit starkem Arm
=וְעוֹד יָדוֹ נְטוּיָה = er ist noch zu weiteren Taten bereit
=הַמִּגְדָּל הַנָּטוּי בְּפִּיזָה = der schiefe Turm von Pisa
=מָקוֹר נָטוּי = deklinierter Infinitiv *Gr.* (z.B. בִּכְתָבִי)
נָטוּל ת׳ [natul] mangelnd, fehlend; ohne, -los
=נְטוּל-הַכָּרָה = bewusstlos *Adj.*
=~ יְסוֹד = grundlos *Adj.*
=~ עוֹפֶרֶת = bleifrei *Adj.*
=~ עֵרֶךְ = wertlos *Adj.*
=~-צֶבַע = farblos *Adj.*
נָטוּעַ ת׳ [na'tua'] gepflanzt *Adj.*
נִטּוּף ז׳, ניטוף [nituf] Tropfen *n*
(נָטוֹר) נָטוֹרֵי קַרְתָּא ז״ר (ארמ׳) [natoré karta'] "Natoré-Karta" (Wächter *m/pl.* der Stadt), Beiname der ultraorthodoxen Gemeinden in Jerusalem
נִטּוּר ז׳ [nitur] Überwachung *f*
נָטוּרָלִיזְם ז׳ [naturalizm] Naturalismus *m*
=~סְט ז׳ = Naturalist *m*
=~סְטִי ת׳ = naturalistisch *Adj.*
נָטוּשׁ ת׳ [natuʃ] verlassen, aufgegeben; ausgebreitet, ausgedehnt *Adj.*
=רְכוּשׁ ~ = verlassener Besitz
=קְרָבוֹת נְטוּשִׁים = Kämpfe toben
נְטִי ז׳, נטאי [netaj] Neigung *f*, Vorliebe *f*
נְטִיָּה נ׳ [netija] Neigung *f*, Tendenz *f*; Ausdehnung *f*; Flexion *f Gr.*
=נְטִיַּת-חֶסֶד = Wohlwollen *n*
=~-הַפְּעָלִים = Konjugation *f Gr.*
=~-הַשֵּׁמוֹת = Deklination *f Gr.*
נָטִיל ת׳ [natil] beladen *Adj.*

נְטִילָה נ׳ [netila] (Weg-)Nehmen *n*
=נְטִילַת-יָדַיִם = Händewaschen *n*
=~ נְשָׁמָה = töten, Tod verursachen *bibl.*
=~-צִפָּרְנַיִם = Nägelschneiden *n bibl.*
=~-רְשׁוּת = Bitte *f* um Erlaubnis
נְטִיעַ ז׳ [netia'] Pflanze *f*
נְטִיעָה נ׳ [neti'a] Pflanzen *n*, Pflanzung *f*
נְטִיף ז׳ [netif] Tropfstein *m*; (Suppen) Einlage *f*, Nockerl *n*
=נְטִיף-קֶרַח = Eiszapfen *m*
נְטִירָה נ׳ [netira] Bewachung *f*; Nachtragen *n (Groll)*
נְטִישָׁה נ׳ [netiʃa] Verlassen *n*, Aufgeben *n*
נְטִישׁוּת נ׳ [netiʃut] Verlassenheit *f*
נָטַל פעל (לִטּוֹל אֶת-, יִטּוֹל) [natal] *kal* nehmen
-נִטַּל נפ׳ (לְהִנָּטֵל) - *nif.* genommen werden, beseitigt werden
-הִטִּיל הפ׳ (מַטִּיל) - *hif.* auflegen, auferlegen
הֻטַּל הופ׳ - *hof.* gelegt werden; umgeworfen werden
=נָטַל יָדָיו = Hände waschen
=~ עֵצָה מִן- = sich Rat holen, Rat erbitten bei, von *(D)*
=~ צִפָּרְנָיו = sich die Nägel schneiden *bibl.*
=~ רְשׁוּת מִן- = sich Erlaubnis holen, Erlaubnis bitten von *(D)*
=הִטִּיל אֵימָה (עַל-) = einschüchtern, in Schrecken versetzen, terrorisieren (*Akk.*)
נֵטֶל ז׳ ['nétel] Last *f*, Schwere *f*
=~-הַהוֹכָחָה = Beweislast *f*
=~ נֶגְדִּי = Gegengewicht *n*
נָטַע פעל (לִנְטוֹעַ גם לָטַעַת, יִטַּע) [nata'] *kal* pflanzen; *(Zelt)* aufschlagen
-נִטַּע נפ׳ (לְהִנָּטֵעַ) - *nif.* gepflanzt werden
נֶטַע ז׳ ['neta'] junge Pflanze *f*
=~ זָר = Fremdkörper *m fig.*
נִטְעָן ת״ז [nit'an] beladen, belastet (mit); geladen *Adj.*; Angeklagte (r) *m,f*

נָטַף פעל (לִנְטוֹף, יִטּוֹף) [nataf] *kal* tropfen, träufeln
-נִטֵּף פיעל - *pi.* abtropfen lassen
-הִטִּיף הפ' (מַטִּיף) - *hif.* tropfen lassen; predigen
=~ מוּסָר = e-e Moralpredigt halten
נָטַר פעל (לִנְטוֹר, יִטּוֹר גם יִנְטוֹר) [natar] *kal* bewachen; *(Groll)* nachtragen
נִטְרוּל ז', ניטרול [nitrul] Neutralisierung *f*
נִטְרוּק ז', ניטרוק [nitruk] Kurzwortbildung *f*
נִטְרֵל פיעל [nitrél] *pi.* neutralisieren, unwirksam machen
=~ פְּצָצָה = e-e Bombe entschärfen, unschädlich machen
נַטְרָנִי ת' [natrani] nachtragend *Adj.*
נִטְרֵק פיעל [nitrék] *pi.* ein Kurzwort bilden, mit Anfangsbuchstaben schreiben
נָטַשׁ פעל (לִנְטוֹשׁ, יִטּוֹשׁ) [nataʃ] *kal* verlassen, aufgeben; *(Krieg)* sich ausweiten
-נִטַּשׁ נפ' (לְהִנָּטֵשׁ) - *nif.* sich ausbreiten
נֶטֶשׁ ז' ['neteʃ] Überbleibsel *n*, Rest *m*
נִי ז' [ni] Klage *f*, Lamentierung *f*
נ"י ר"ת: נֵרוֹ יָאִיר [néro ja'ir] *Abk.* "sein Licht soll leuchten" (Segensspruch)
נֵיאוֹ- [né'o] Neo-, Neu-
נֵיאוֹן ז' [né'on] Neon *n*
נִיב1 ז' [niv] Ausdruck *m*, Redensart *f*; Mundart *f*, Dialekt *m*
=~וֹן ז' = Buch *n*, Sammlung *f* von Redensarten
=נִיבִי ת' = mundartlich *Adj.*
נִיב2 ז' [niv] *Zo.* Fangzahn *m*; *(Raubtier)* Eckzahn *m*
★נִיד ז' [nid] Bewegung *f*, Schwingung *f*
=לְלֹא ~ עַפְעַף = ohne mit der Wimper zu zucken
=~-שְׂפָתַיִם = Lippenbewegung *f*
נַיָּד ת', נייד [najad] mobil, beweglich, wandernd; fluktuierend, variabel, volatil, schwankend *(Kurs, Wert) Adj.*
=נִכְסֵי דְנַיְדֵי (ארמ') = bewegliche Güter *n/pl.*
=~ דְּלָא-נַיְדֵי = Immobilien *pl.*, Grundstücke *n*/pl., Häuser *n/pl.*
נַיֵּד פיעל [nijéd] *pi.* fluktuierend machen, schwankend machen *(Kurs, Wert)*
נַיָּדוּת נ', ניידות [najadut] Mobilität *f*, Beweglichkeit *f;* Volatilität *f*
נַיֶּדֶת נ', ניידת [na'jedet] *(fahrende)* Polizeistreife *f*, Streifenwagen *m*
נִיהִילִיזְם ז' [nihilizm] Nihilismus *m*
=~סְט ז' = Nihilist *m*
נִיּוּד ז' [nijud] Mobilität *f*, Beweglichkeit *f*
נִיּוּחַ ז' [ni'juax] Halt *m* (eine Bewegung)
נִיּוּעַ ז' [ni'jua'] Anstoßen *n*, Anschieben *n*
נַיָּח ת', נייח [najax] ruhend, stationär, feststehend *Adj.*
נִיחָא ת' (ארמ') [nixa'] gut *Adj.*; möge es so sein!
נִיחָה נ' [nixa] Ruhe *f*
(נִיחוֹחַ) רֵיחַ-~ ['réax ni'xoax] Wohlgeruch *m*
=נִיחוֹחִי ת' = duftend, aromatisch *Adj.*
★נִיחוּתָא נ' (ארמ') [nixuta'] Gemütlichkeit *f*, Ruhe *f*
=בְּ~ ת"פ = gemütlich *Adv.*, in Ruhe
נֵיטְרוֹן ז' [nétron] Neutron *n Phys.*
נִיטְרָט ז' [nitrat] Nitrat *n*
נֵיטְרָלִי ת' [nétrali] neutral *Adj.*
=~יּוּת נ' = Neutralität *f*
נִיל ז' [nil] Indigopflanze *f*
נַיְלוֹן ז' [nailon] Nylon *n*
נִילִ"י ר"ת: נֵצַח יִשְׂרָאֵל לֹא יְשַׁקֵּר [nili] "Nili" *Kurzw.* Israels Gott enttäuscht nicht; Geheimverbindung in Palästina unter osman. Herrschaft
נִים ת' [nim] schlafend *Adj.*
=~ וְלֹא ~ = halb schlafend, halb wachend
נִים ז' [nim] Faser *f*
נִימָה נ' (נִימִים גם נִימוֹת) [nima] Faden *m*, Saite *f*; Ton *m Mus.*; Unterton *m*; Haar *n*
=כִּמְלֹא ~ = um Haaresbreite
=בְּכָל נִימֵי נַפְשׁוֹ = mit allen Fasern seines

Herzens *fig.*

נִימוּס ז׳ [nimus] Benimm *m*, Höflichkeit *f*

=בַּעַל-~ = höflicher Mensch

=בִּקּוּר-נִימוּסִין = Anstandsbesuch *m*

=נִימוּסִי ת׳ = höflich *Adj.*

=~יוּת נ׳ = höfliches Benehmen

נִימִ|י ת׳ [nimi] haarfein, kapillar *Adj.*

=~יּוּת נ׳ = Kapillarität *f Phys.*

נִימְפָה נ׳ [nimfa] Nymphe *f*

נִימְפוֹמַנְ|יָה נ׳ [nimfomanja] Nymphomanie *f*

=~ית נ׳ = Nymphomanin *f*

נִימְפֵיאָה נ׳ [nimfé'a] Seerose *f Bot.*

★(נין) יִנּוֹן (נפ׳ עתיד) [jinon] er (es) wird bestehen

נִין ז׳ [nin] Urenkel *m*

=נִינָה נ׳ = Urenkelin *f*

נִיסָה נ׳ [nisa] Flucht *f*, Entrinnen *n*

נִיסָן ז׳ [nisan] "Nissan", 7. Monat im jüd. Kalender (März-April)

נִיֵּעַ פיעל (לְנַיֵּעַ) [nija'] *pi.* treiben, vorwärtstreiben

נִיעַ ז׳ ['nia'] Bewegung *f*; Nasenschleim *m*

נִיעָה נ׳ [ni'a] Bewegung *f*

נִיעוּת נ׳ [ni'ut] Beweglichkeit *f*

נִיצוֹץ ז׳ (נִיצוֹצוֹת גם: נִיצוֹצִים) [nitsots] Funke *m*; Tropfen *m*; ein wenig *fig*

נִיקֶל ז׳ [nikel] Nickel *m*

נְיָר ז׳, נייר (נְיָרוֹת) [nejar] Papier *n*

=נְיַר-אֲרִיזָה = Packpapier *n*

=~-הַעְתָּקָה = Kopierpapier *n*

=~-טוּאָלֶט = Toilettenpapier *n*

=~-כּוֹתֶר = Briefbogen *m*

=~-מִשְׁבְּצוֹת = kariertes Papier *n*

=נְיָר סוֹפֵג = Löschpapier *n*

=נְיַר-עֵרֶךְ = Wertpapier *n*

=~-פֶּחָם = Kohlepapier *n*

=~-שָׁמִיר,~-זכוכית = Schmirgelpapier *n*

=נְיַר-שִׂרְטוּט = Zeichenpapier *n*

=סַל-נְיָרוֹת = Papierkorb *m*

=עִסַּת-נְיָר = Papiermaché, -maschee *n*

=פִּסַּת-~ = Stück *n* Papier

נִיר ז׳ [nir] Neubruch *m*, Neuland *n*

נֵירוֹזָה נ׳ [néjroza] Neurose *f*

נֵירוֹלוֹג ז׳ [néjrolog] Neurologe *m*

נֵירוֹן ז׳ [néjron] Neuron *n*

נִירְוָנָה נ׳ [nirvana] Nirwana *n*

נְיֹרֶת נ׳, ניורת [ne'joret] Karton *m*, Pappe *f*

נַיֶּרֶת נ׳, ניירת [na'jeret] Amtsschimmel *m*, Vielschreiberei *f*, Papierkram *m*

נַ"ךְ ר"ת: נְבִיאִים וּכְתוּבִים [nax] *Kurzw.* Propheten und Schriften, Altes Testament ohne Pentateuch

נָכֵא ת׳ [naxé'] niedergeschlagen *Adj.*

★=נְכָאִים ז"ר = Niedergeschlagenheit *f*, Wehmut *f*

נִכְבָּד ת׳ [nixbad] geehrt; wichtig *Adj.*

=אֲדוֹן נִכְבָּד, גְּבֶרֶת נִכְבָּדָה = sehr geehrte Damen und Herren

=דִּבֵּר בּוֹ נִכְבָּדוֹת = wichtige Dinge besprechen (*bsd.* Heiratsvorschläge)

נֶכֶד ז׳ (נְכָדִים) ['nexed] Enkel *m*

=נֶכְדָּה נ׳ (נְכָדוֹת) = Enkelin *f*

(נכה) הִכָּה הפ׳ [hika] *hif.* schlagen, erschlagen

-נִכָּה פיעל - *pi.* abziehen, *(Rechnung)* skontieren

=הִכָּה גַּלִּים = Wellen schlagen

=~ שֹׁרֶשׁ = Wurzeln schlagen

=~ בְּתַדְהֵמָה = entsetzen, erschüttern *v/t*

=הֻכָּה בְּסַנְוֵרִים = mit Blindheit geschlagen

נָכֶה ז"ת [naxe] Invalide *m*, Krüppel *m*; körperbehindert *Adj.*

=נְכֵה-מִלְחָמָה = Kriegsinvalide *m*

=~-רַגְלַיִם = lahm

=~-רוּחַ = deprimiert *Adj. bibl.*

נְכוֹחָה, נְכֹחָה נ׳ [nexoxa] das Redliche, das Richtige

נִכּוּי ז׳, ניכוי [nikuj] Abzug *m*, Skonto *n*

נָכוֹן ת׳ [naxon] richtig, wahr; bereit *Adj.*

=נְכוֹנָה ת"פ = richtig *Adv.*
=אֶל נָכוֹן ת"פ = sicher, ohne Zweifel *Adv.*
=נְכוֹנוּת נ' = Richtigkeit *f*, Wahrheit *f*; Bereitschaft *f*
=לֹא נָכוֹן! = stimmt nicht! F
נִכּוּר ז', ניכור [nikur] Entfremdung *f*, Verfremdung *f*
נִכּוּשׁ ז', ניכוש [nikuʃ] Jäten *n*
(נְכוֹת) בֵּית-~ ז' [bét-nexot] Museum *n*
ראה גם: מוּזֵיאוֹן
נָכוּת נ' [naxut] Invalidität *f*
נִכְזָב ת' [nixzav] enttäuscht *Adj.*
נֹכַח מ"י, נוכח, לְ~ ['noxax] angesichts (G), gegenüber *(D) Prp.*
נָכַח פעל (לִנְכּוֹחַ, נוֹכֵחַ, יִנְכַּח) [naxax] *kal* anwesend sein, gegenwärtig sein
נִכְחָד ת' [nixad] vergessen, verlassen *Adj.*
נָכְחִי ת', נוכחי [noxexi] gegenüberstehend, gegenwärtig, anwesend *Adj.*
נִכָּיוֹן ז', ניכיון [nikajon] Abziehen *n*; (Preis-)Nachlass *m*
נָכִישׁ ז' [naxiʃ] Jäten *n*
★נָכַל פעל (לִנְכּוֹל, יִנְכּוֹל) [naxal] *kal* betrügen
-הִתְנַכֵּל הת' (בְּ-) - *hit.* j-m etwas anhaben, Böses im Schilde führen, nachstellen; behelligen *v/t*
נֶכֶל ז' ['néxel] Betrug *m*, Gerissenheit *f*
נַכְלוּל ז' [naxlul] Trick *m*, List *f*
=~לִי ת' = schleimig, betrügerisch *Adj.*
=~לִיּוּת נ' = Betrug *m*, Gerissenheit *f*
נִכְלָם ת' [nixlam] beschämt *Adj.*
נִכְנָע ת' [nixna'] nachgiebig; demütig, unterwürfig *Adj.*
נֶכֶס ז' ['nexes] Besitz *m*, Besitztum *n*; Wertgegenstand *m*
=נִכְסֵי דְנָיְדֵי (ארמ') = mobiler Besitz
=~ דְּלָא נָיְדֵי = Immobilien *pl.*
=~ מְלוֹג = Besitz *m* der Ehefrau (von dem der Gatte nur Zinsen oder Einkünfte genießt*)*
=~ צֹאן-בַּרְזֶל = unveräußerlicher Besitz
=יָצָא נְקִי מִנְּכָסָיו = alles verlieren, Bankrott machen
=יָרַד מִנְּכָסָיו = verarmen
נִכְסָף ת' [nixsaf] sich sehnend; ersehnt *Adj.*
נִכְפֶּה ז' [nixpe] Epileptiker *m*
=נִכְפּוּת נ' = Epilepsie *f Med.*
נִכְפָּל ז' [nixpal] multipliziert *Adj.*
נִכְפָּף ת' [nixpaf] gebogen; unterworfen *Adj.*
נֹכֶר ז' ['noxer] Unglück *n*, Missgeschick *n*
נִכֵּר פיעל [nikér] *pi.* verleugnen; fremd machen
-הִתְנַכֵּר הת' - *hit.* sich fremd stellen, sich entfremden; sich entziehen, sich verleugnen
-הִכִּיר הפ' (אֶת-) - *hif.* kennen, erkennen; kennen lernen;
(בְּ-) anerkennen (*Akk.*)
(=הִצִּיג) bekannt machen, vorstellen
-נִכַּר נפ' (לְהִנָּכֵר) - *nif.* erkannt werden
=תַּכִּיר, תַּכִּירוּ = darf ich ... vorstellen
=הִכִּיר טוֹבָה לְ- = dankbar sein *(D)*
=מְקוֹמוֹ לֹא יַכִּירֶנּוּ פֹּה = nicht am Platze sein, unangebracht sein
נִכָּר ת', ניכר [nikar] erkennbar, sichtbar; beträchtlich *Adj.*
=~ שֶׁ- = es ist zu erkennen, dass
נֵכָר ז', אַדְמַת-~ ['néxar] Fremde *f* (*Ggs.* Heimat)
נָכְרִי תו"ז, נוכרי [noxri] Fremder *m*; fremd *Adj.*
=נָכְרִיָּה נ', נָכְרִית = Fremde *f* (Person)
=פֵּאָה נָכְרִית = Perücke *f*
=נָכְרִיּוּת נ', נוכריות = Fremdheit *f*
נִכֵּשׁ פיעל [nikéʃ] *pi.* jäten
(נכש) הִכִּישׁ הפ' [hikiʃ] *hif.* klopfen;
(לְהַכִּישׁ אֶת-, בְּ-) (Schlange) beißen
נִכְשָׁל ת' [nixʃal] durchgefallen, miss-

glückt, gescheitert *Adj.*

נ״ל ר״ת: נִזְכַּר לְעֵיל [nal] *Abk.* oben erwähnt

נִלְאֶה ת׳ [nil'e] ermüdet *Adj.*

נִלְבָּב ת׳ [nilbav] herzlich, herzerfreuend *Adj.*

נִלְהָב ת׳ [nilhav] begeistert, enthusiastisch *Adj.*

נִלְוֶה תו״ז, נלווה [nilve] begleitend *Adj.*; Begleiter *m*

★נָלוֹז ת׳ [naloz] verkehrt; sündig *Adj.*

נְלוֹזוּת נ׳ [nelozot] Entstellung *f*, Verirrung *f*

נִלוֹשׁ ת׳ [niloʃ] geknetet *Adj.*

נְלִיזָה נ׳ [neliza] Entstellung *f*, Verirrung *f*

נִלְעָג ת׳ [nil'ag] lächerlich *Adj.*

=נִלְעַג לָשׁוֹן = Kauderwelsch *n*

נִלְעָגוּת נ׳ [nil'agut] Absurdität *f*, Unsinn *m*

נ״מ ר״ת: נֶגֶד-מְטוֹסִים [nun-mem] *Abk.* Flugabwehr-

נִמְאָס ת׳ [nim'as] Leid, überdrüssig (sein)

=~ לִי (מִן-) = ich habe es satt

נִמְהָר ת׳ [nimhar] voreilig, überstürzt *Adj.*

=~וּת נ׳ = Übereilung *f*

נָמוֹג ת׳ [namog] sich auflösend, vergehend *Adj.*; besorgt *Adj. bibl.*

נָמוּךְ ת׳ [namux] niedrig; klein (Statur); leise *Adj.*

=נְמוּךְ-רוּחַ = bescheiden *Adj.*

=~-קוֹמָה = klein (von Statur); gering (von Wert) *fig.*

=לַחַץ נָמוּךְ = niedriger Druck

=מְחִיר ~ = niedriger Preis; billig

נִמּוֹל ת׳ [nimol] *(Vorhaut)* beschnitten *Adj.*

נִמּוּק ז׳, נימוק [nimuk] Grund *m*, Motiv *n*; Begründung *f*

=טַעְמוֹ וְנִמּוּקוֹ עִמּוֹ = er hat seine Gründe

נִמּוּר ז׳ [nimur] Buntheit *f*

נָמוֹשׁ ת׳ (נְמוֹשׁוֹת) [namoʃ] zurückgeblieben, schwach; alt und schwach; Epigone *m*

נִמְחֶה ז׳ [nimxe] Bevollmächtigter *m*, Treuhänder *m*

נְמִיגָה נ׳ [nemiga] Verdunstung *f*

נְמִיָּה נ׳ [nemija] Ichneumon *n Zo.*, Schleichkatze *f*

נְמִיכוּת נ׳ [nemixut] Niedrigkeit *f*

=~-רוּחַ = Bescheidenheit *f*, Demut *f*

נְמִיסָה נ׳ [nemisa] Schmelzen *n*

(נמך) הִנְמִיךְ הפ׳ [hinmix] *hif.* niedrig machen; demütigen; senken *v/t*

-הִתְנַמֵּךְ הת׳ - *hit.* klein werden

=הִנְמִיךְ קוֹל = leiser stellen, leiser sprechen

=~ טוּס = niedrig fliegen

נָמָל, נָמֵל ז׳ (נְמַל-, נְמָלִים, נְמַלֵי-) [namal, namél] Hafen *m*

=עִיר-~ = Hafenstadt *f*

=נְמַל-תְּעוּפָה = Flughafen *m*

נַמָּלַאי ז׳ [nimlai] Hafenarbeiter *m*

נְמָלָה (נְמָלִים) נ׳ [nemala] Ameise *f Zo.*

=עֲבוֹדַת נְמָלִים = (*wörtl.* Ameisenarbeit) mühselige Kleinarbeit *f*; Fleißarbeit *f*

נִמְלוּל ז׳ [nimlul] Parästhesie *f (z.B. Kribbeln auf der Haut, "Einschlafen" der Glieder)*

נִמְלָץ ת׳ [nimlats] rhetorisch, blumig (Stil) *Adj.*

נַמֶּלֶת נ׳ [na'melet] Ameisenkribbeln *n*

נִמְנוּם ז׳ [nimnum] Schlummer *m*, Schläfchen *n*

נִמְנֵם פיעל [nimném] *pi.* einschlummern halb schlummern, dösen

נַמְנְמָן-הַסְּלָעִים [namneman-hasla'im] Gartenschläfer *m* (Eliomys melanurus) *Zo.* *(kl. Nagetier)*

=~-הָעֵצִים = Baumschläfer *m* (Dryomys nitedula) *Zo.*

=נַמְנְמָנִי ת׳ = verschlafen, verträumt *Adj.*

נִמְנָע ת׳ (מִן) [nimna'] verhindert, unmöglich *Adj.*; sich enthaltend

=בִּלְתִּי-~ = unvermeidlich *Adj.*

=מִן הַנִּמְנָע = ausgeschlossen, unmöglich *Adv.*

=נִמְנָעוּת נ׳ = Unmöglichkeit *f*

נָמֵס ת׳ [namés] löslich, schmelzend *Adj.*

=קָפֶה ~ = löslicher Kaffee *m*

נִמְעָן ז׳ [nim'an] Adressat *m*

נִמְצָא ת׳ [nimtsa'] bestehend, vorhanden, anwesend *Adj.*

נִמֵּק פיעל [nimék] *pi.* begründen

נֶמֶק ז׳ ['nemek] Nekrose *f*, Gewebstod *m*, Gewebeschäden *m/pl.* durch Absterben von Zellen *Med.*

נִמֵּר פיעל [nimér] *pi.* scheckig machen

=מְנֻמָּר ת׳ = scheckig, gefleckt *Adj.*

נָמֵר ז׳ [namér] Leopard *m* (Panthera pardus) *Zo.*; irrtüml. auch Tiger *m*

נְמֵרִי ת׳ [neméri] getigert *Adj.*; Tiger-

נִמְרָץ ת׳ [nimrats] energisch, kräftig, intensiv *Adj.*

=טִפּוּל ~ = Intensivstation *f*

=בְּקִצּוּר ~ = ganz kurz *Adv.*

=~וֹת ת״פ = energisch *Adv.*

נֶמֶשׁ ז׳ (נְמָשִׁים) ['nemeʃ] Sommersprosse *f*,

נִמְשָׁךְ ת׳ [nimʃax] fortdauernd, andauernd, stäudig *Adj.*

נִמְשָׁל ז׳ [nimʃal] Moral *f* der Fabel, des Gleichnisses

=אֵין הַמָּשָׁל דּוֹמֶה לַנִּמְשָׁל = dieses Beispiel passt hier nicht; der Vergleich hinkt

נִמְתָּח ת׳ [nimtax] dehnbar *Adj.*

נִנּוֹחַ ת׳ [nino'ax] ausgeruht, erholt *Adj.*

נִנּוֹחוּת נ׳ [ninoxut] Ausruhen *n*

נַנָּס ז׳ (נַנֶּסֶת) [nanas] Zwerg *m*

=נַנָּסִי ת׳ = zwerghaft *Adj.*

נַנָּסִיּוּת נ׳ [nanasijut] Zwerghaftigkeit *f*

נִנְעָל ת׳ [nin'al] abgeschlossen, geschlossen *Adj.*

נֵס[1] ז׳ (נִסִּים) [nés] Zeichen *n*; Banner *n*

=הֵרִים (הֶעֱלָה) עַל ~ = preisen, hervorheben

נֵס[2] ז׳ (נִסִּים) [nés] Wunder *n*

=מַעֲשֵׂה נִסִּים = Wundertat *f*

=נִסִּים וְנִפְלָאוֹת = Zeichen u. Wunder *n/pl.*

נָסָב ז׳ [nasav] Indossatar *m*, Giratar *m* *Fin.*

נְסִבָּה נ׳, נסיבה [nesiba] Anlass *m*

=נְסִבּוֹת נ״ר = Umstände *m/pl.*

=~ מְקִלּוֹת = mildernde Umstände *m/pl.*

נִסְבָּל ת׳ [nisbal] geduldet; erträglich *Adj.*

=בִּלְתִּי־~ = nicht auszuhalten, unerträglich *Adj.*

נְסִבָּתִי ת׳, נסיבתי [nesibati] (von den Umständen) abhängig *Adj.*

=עֵדוּת ~ת = Indizienbeweis *m*

(נסג) הִסִּיג הפ׳ [hisig] *hif.* wegrücken, entfernen *v/t*

=~ גְּבוּל רֵעֵהוּ = *(in fremdes Eigentum)* eindringen, j-n verdrängen

נַסְגָן ז׳ [nasgan] Reaktionär *m*

=~נוּת נ׳ = Rückschrittlichkeit *f*

=~נִי ת׳ = reaktionär *Adj.*

נִסָּה פיעל [nisa] *pi.* versuchen, prüfen, ausprobieren, experimentieren

-הִתְנַסָּה הת׳ - *hit.* geprüft werden; *(Leiden)* bestehen

נָסוֹג נפ׳ מִן סוג [nasog] zurückweichend, sich zurückziehend *Adj.*

נִסּוּחַ ז׳, ניסוח [ni'suax] Formulierung *f*

נִסּוּחִי ת׳ [nisuxi] formuliert *Adj.*

נִסּוּי ז׳, ניסוי [nisuj] Experiment *n*, Versuch *m*

=~יִי ת׳ = experimentell *Adj.*

נָסוּךְ ת׳ [nasux] ausgegossen, gegossen *Adj.*, *bsd. fig.*

=חִיּוּךְ ~ עַל פָּנָיו = Lächeln breitet sich auf seinem Gesicht aus

נִסּוּךְ נ׳ [nisux] Giessen v. Wasser u. Wein *(als Opfergabe)*

נִסּוֹק ת׳ [nisok] erhitzt, angezündet *Adj.*

נִסּוּר ז׳, ניסור [nisur] Sägen *n*

(נסח) הִסִּיחַ הפ׳ [hi'siax] *hif.* ausreißen *v/t*

=~ דַּעְתּוֹ מִן־ = sich ablenken von *(D)*, s-e Gedanken ablenken

נִסַּח פיעל (לְנַסֵּחַ) [nisax] *pi.* formulieren, *(Text)* abfassen

נֻסָּח, נֹסַח ז׳, נוסח [nusax, nosax] Text *m*, Version *f*, Fassung *f*, Lesart *f*; Stil *m*

=~ אַשְׁכְּנַז (סְפָרַד) — = nach aschkenasischer (sephardischer) Lesart u. Aussprache
נֶסַח ז׳ — ['nesax] Text *m*, Auszug *m*
נַסָּח ז׳ — [nasax] Urheber *m*, Verfasser *m*
נֻסְחָה נ׳, נוסחה — [nusxa] Formel *f*
נְסִיגָה נ׳ — [nesiga] Rückzug *m*; Rückschritt *m*
נַסְיוּב ז׳ — [nasjuv] Serum *n*
=~־הַדָּם — = Blutserum *n (aus Blutplasma) Med.*
נִסָּיוֹן ז׳, ניסיון (נִסְיוֹנוֹת) — [nisajon] Versuch *m*, Probe *f*; Versuchung *f*; Erfahrung *f*
=תַּחֲנַת־נִסְיוֹנוֹת — = Versuchsstation *f*
=בָּא לִידֵי נִסָּיוֹן — = in Versuchung geraten
=בַּעַל־~ — = erfahrener Mensch, Mann *m* mit Erfahrung
=שְׁפַן־~ — = Versuchskaninchen *n*
=עָמַד בַּנִּסָּיוֹן — = der Versuchung widerstehen, den Test bestehen
=נִסְיוֹנִי ת׳ — = versuchsweise, probeweise *Adj.;* experimentell *Adj.*
נְסִיטָה נ׳ — [nesita] Verschiebung *f* nach unten *(Elektronik)*
נָסִיךְ ז׳ — [nasix] Prinz *m*, Fürst *m*
=נְסִיכָה נ׳ — = Prinzessin *f*, Fürstin *f*
=נְסִיכוּת נ׳ — = Fürstentum *n*
נַסְיָן ז׳ — [nasjan] Experimentator *m*, Tester *m*
נַסְיָנוּת נ׳ — [nasjanut] Experimentieren *n*
נְסִיעָה נ׳ — [nesi'a] Fahrt *f*, Reise *f*
=קַדַּחַת־~ — = Reisefieber *n*
נְסִיקָה נ׳ — [nesika] Aufsteigen *n*, Aufstieg *m Flgw.*
נָסִיר ת׳ — [nasir] zum Sägen geeignet
נְסִירָה נ׳ — [nesira] Sägen *n*
★נָסַךְ פעל (לִנְסוֹךְ, יִסּוֹךְ) — [nasax] *kal* Trankopfer ausgießen, weihen
־הִנְסִיךְ הפ׳ — - *hif.* weihen; zum Fürsten machen
★נֶסֶךְ ז׳ — ['nesex] Trankopfer *n*
=יֵין־~ — = Opferwein *m (f. Juden verboten)*
נִסְלָח ת׳ — [nislax] verziehen, verzeihlich *Adj.*
=בִּלְתִּי־~ — = unverzeihlich *Adj.*
נִסְמָךְ ת׳ — [nismax] gestützt *Adj.*; das erste, "gestützte" Wort im status constructus, abhängige Form *Gr.*
(נסס) הִתְנוֹסֵס הת׳ — [hitnosés] *hit. (Fahne)* wehen
נָסַע פעל (לִנְסוֹעַ, יִסַּע) — [nasa'] *kal* fahren, reisen *v/i*
־הִסִּיעַ הפ׳ — - *hif.* fahren *v/t*, *(Personen)* transportieren
נִסְעָר ת׳ — [nis'ar] stark erregt, aufgeregt *Adj.*
נִסְפָּח ז׳ — [nispax] Zusatz *m*, Anhang *m*, Beigabe *f*; Attaché *m*
נָסֵק ז׳ — [nasék] Kreuz *n Mus.*
נָסַק פעל (לִנְסוֹק, יִסַּק) — [nasak] *kal* aufsteigen *Flgw.*
־הִסִּיק הפ׳ — - *hif.* anstecken, heizen; folgern
נָסַר פעל (לִנְסוֹר אֶת־, יִנְסוֹר) — [nasar] *kal* sägen
־נִסֵּר פיעל — - *pi.* sägen
=שְׁאֵלוֹת (בְּעָיוֹת) הַמְנַסְּרוֹת בָּעוֹלָם — = weltbewegende Fragen *f/pl. od.* Probleme *n/pl.*
נֶסֶר ז׳ — ['neser] Planke *f*, Bohle *f*
נְסֹרֶת נ׳, נסורת — [ne'soret] Sägespäne *m/pl.*
נִסְתָּר ת׳ — [nistar] verborgen, geheim *Adj.*;
= 3. Person *(sg. m) Gr.*
=נִסְתֶּרֶת נ׳ — = 3. Person *(sg. f) Gr.*
=נִסְתָּרִים, ~רוֹת — = 3. Person *(pl. m/f) Gr.*
=חָכְמַת הַנִּסְתָּר, חָכְמָה נִסְתָּרָה (ר״ת: ח״ן) — = Geheimwissenschaft *f*, Kabbala *f*
נָע ת׳ — [na'] beweglich *Adj.*
=דֹּאַר ~ — = mobile Poststelle *(Postbus)*
=~ וָנָד — = unstet u. flüchtig
=שְׁוָא ~ — = bewegliches, vokalisches Schwa *Gr.*
נֶעְדָּר ת׳ — [ne'dar] abwesend, fehlend; vermisst, verschollen; tot (euphemistisch) *Adj.*; ohne -
נָעוּל[1] ת׳ — [na'ul] verschlossen, zu *Adj.*
נָעוּל[2] ת׳ — [na'ul] mit Schuhen, beschuht *Adj.*
נָעוּץ ת׳ — [na'uts] hineingesteckt, darin steckend; herrührend *Adj.*
נִעוּר ז׳, ניעור — [ni'ur] Schütteln *n*

נְעוּרִים ז״ר [ne'urim] Jugendzeit *f*
=בְּנֵי־הַנְּעוּרִים = Jugend *f*, junge Leute *pl.*
=חַטֹּאות ~ = Jugendsünden *f/pl.*
נֶעֱזָב ת׳ [ne'ezav] verlassen, vernachlässigt *Adj.*
=~וּת נ׳ = Verlassenheit *f*
נְעִילָה[1] נ׳ [ne'ila] Abschließen *n*; Abschluss *m* des Versöhnungstages
נְעִילָה[2] נ׳ [ne'ila] *(Schuhe)* Anziehen *n*
נָעִים ת׳ [na'im] angenehm *Adj.*
=נְעִים זְמִירוֹת יִשְׂרָאֵל = Psalmist *m*, Beiname des Königs David
=בִּלּוּי נָעִים! = amüsiere dich gut! viel Spaß!
=נָעִים מְאֹד! = sehr angenehm! *(beim Kennenlernen oder Vorgestelltwerden)*
נְעִימָה נ׳ [ne'ima] Weise *f*, Melodie *f*; Timbre *n*, Klangfarbe *f*; Ton *m*, Klang *m*
נְעִימוּת נ׳ [ne'imut] Annehmlichkeit *f*
=אִי־~ = Unannehmlichkeit *f*
נְעִיצָה נ׳ [ne'itsa] Hineinstecken *n*
נְעִירָה[1] נ׳ [ne'ira] Ausschütteln *n*
נְעִירָה[2] נ׳ [ne'ira] Eselsschrei *m*
נֶעְכָּר ת׳ [ne'kar] getrübt, betrübt *Adj.*; verdorben *Adj.*
נָעַל[1] פעל (לִנְעוֹל אֶת־ יִנְעוֹל) [na'al] *kal* schließen, abschließen; beenden
נָעַל[2] פעל (לִנְעוֹל אֶת־ יִנְעוֹל גם יִנְעַל) [na'al] *kal* Schuh anziehen, tragen
נַעַל נ׳ (נַעֲלַיִם) ['na'al] Schuh *m*
=נַעֲלֵי־בַּיִת = Hausschuhe *m/pl.*
=שְׂרוֹךְ־נַעַל = Schnürsenkel *m*
נֶעֱלָב ת׳ [ne'elav] beleidigt *Adj.*
נַעֲלֶה ת׳ [na'ale] erhöht, erhaben *Adj.*
נֶעְלָם ת׳ [ne'lam] verborgen, verschwunden, unsichtbar *Adj.*; unbekannter Faktor
נָעַם פעל (לִנְעוֹם, יִנְעַם) [na'am] *kal* angenehm sein
-הִנְעִים הפ׳ - *hif.* angenehm machen; schön singen; vertonen
נֹעַם ז׳, נועם ['no'am] Lieblichkeit *f*; Milde *f*
=דַּרְכֵי־~ = milde Weise
=מַקֵּל־~ = milde Hand, Milde *f*
נַעֲנָה נ׳ [na'ana] Minze *f (Mentha) Bot.*
נַעֲנֶה ת׳ [na'ane] gequält, unterdrückt *Adj.*
נִעְנוּעַ ז׳, ניענוע [ni'nua'] Hin- u. Herbewegen *n*, Schütteln *n*
נִעְנַע פיעל [ni'na'] *pi.* schütteln
-הִתְנַעְנַע הת׳ (לְהִתְנַעְנֵעַ) - *hit.* schaukeln *v/i*, sich hin- u. herbewegen
=נִעְנַע בְּרֹאשׁוֹ = mit dem Kopf nicken
נָעַץ פעל (לִנְעוֹץ אֶת־, יִנְעַץ) [na'ats] *kal* hineinstecken
=~ בּוֹ עֵינָיו = j-n mit Blicken durchbohren, anstarren
=~ סַכִּין בַּגַּב = in den Rücken fallen
נַעַץ ז׳, (נְעָצִים, נַעֲצֵי־) ['na'ats] Reißnagel *m*, Reißzwecke *f*
נֶעֱצָר ת׳ [ne'etsar] verhaftet *Adj.*
נֶעֱקָד ת׳ [ne'ekad] gebunden *Adj. bibl.*
נָעַר[1] פעל (לִנְעוֹר אֶת־, יִנְעַר) [na'ar] *kal* schütteln
-נִנְעַר נפ׳ (לְהִנָּעֵר) - *n*if. ausgeschüttelt werden; aufwachen
-נִעֵר פיעל - *pi.* ausschütteln, abschütteln
-הִתְנַעֵר הת׳ (מִן־) - *hit.* sich aufraffen; von sich abschütteln
=נִעֵר חָצְנוֹ מִן־ = sich von etwas lossagen, sich distanzieren
=נִעֵר מִן הַשַּׁרְווּל = etwas aus dem Ärmel schütteln *fig.*
נָעַר[2] פעל (לִנְעוֹר, יִנְעַר) [na'ar] *kal (Esel)* brüllen
נַעַר ז׳ (נְעָרִים נַעֲרֵי־) ['na'ar] Knabe *m*, Junge *m*, Bube *m;* Waffenträger *m bibl.*
=מִנַּעַר וְעַד זָקֵן = Jung und Alt, Groß und Klein
=בִּנְעָרֵינוּ וּבִזְקֵנֵינוּ = wir alle, von den Jungen bis zu den Alten
=נַעַר יִסְפְּרֵם = *wörtl.* ein Kind kann sie zählen; wenige
=קָרָא לַנַּעַר בִּשְׁמוֹ = eire Sache beim Namen nennen

נֹעַר ז׳, נוער ['no'ar] Jugend *f*
=אַכְסַנְיַת-~ = Jugendherberge *f*
=מִפְלַג-הַנֹּעַר = Abteilung für Jugenddelikte, Jugendkriminalamt *n*
=שׁוֹפֵט-נֹעַר = Jugendrichter *m*
=תְּנוּעַת-~ = Jugendbewegung *f (Pfadfinder, usw., Vereine des frühen 20. Johrhunderts)*
נַעֲרָה נ׳ (נְעָרוֹת, נַעֲרוֹת-) [na'ara] Mädchen *n*, Mädel *n;* Dienstmädchen *n bibl.*
נַעֲרוֹן ז׳ [na'aron] Junge *m*, Kleiner *m*
נַעֲרוּת נ׳ [na'arut] Jugend *f*
=נַעֲרוּתִי ת׳ = kindlich *Adj.*
נַעֲרִי ת׳ [na'ari] knabenhaft *Adj.*
נַעֲרֹנֶת נ׳ [na'a'ronet] junges Mädchen *n*
נַעֲרָץ ת׳ [na'arats] verehrt *Adj.*
נְעֹרֶת נ׳, נעורת [ne'oret] Werg *n*
נִפְגָּם ת׳ [nifgam] beschädigt, schadhaft *Adj.*
נִפְגָּע ת׳ [nifga'] betroffen, getroffen *Adj.*
=נִפְגָּעִים ז״ר = Verluste *m/pl.*, Opfer *n/pl. Mil.*
=נִפְגָּעוּת נ׳ = Betroffenheit *f*
נָפָה¹ נ׳ [nafa] Mehlsieb *n*
נָפָה² נ׳ [nafa] Bezirk *m*, Revier *n*
נִפָּה פיעל [nipa] *pi.* sieben; prüfen *fig*
נָפוּחַ ת׳ [na'fuax] aufgeblasen, geschwollen *Adj.*, aufgedunsen *Adj.*
נִפּוּחַ ז׳, ניפוח [ni'puax] Aufblasen *n*, Anfeuern *n;* Übertreibung *f*
נִפּוּט ז׳, ניפוט [niput] Entkernen *n* der Baumwolle
נֶפּוֹטִיזְם ז׳ [nepotizm] Nepotismus *m*
נִפּוּי ז׳, ניפוי [nipuj] Sieben *n;* Reinigung *f*
נָפוּל ת׳ [naful] gefallen; eingefallen, mager *Adj.*
נִפּוּל ז׳ [nipul] Taubenjunges *n;* Heuschrecke *f*
נִפּוּץ ז׳, ניפוץ [niputs] Sprengung *f*, Deto-nation *f*, Explosion *f*
נָפוֹץ ת׳ [nafots] verbreitet *Adj.*
נִפּוּק ז׳, ניפוק [nipuk] Emission *f*, Ausgabe *f* von Wertpapieren *od.* Material
נָפַח פעל (לָפַחַת אֶת-, בְּ-, יִפַּח) [nafax] *kal* blasen, anblasen; einblasen; anschwellen *v/i*
-נִפֵּחַ פיעל (לְנַפֵּחַ) - *pi.* aufpumpen; aufblasen; übertreiben *fig.*
-הִתְנַפֵּחַ הת׳ (לְהִתְנַפֵּחַ) - *hit.* anschwellen *v/i*; sich aufblasen, sich brüsten
-הִפִּיחַ הפ׳ -*hif.* anfeuern, anfachen
-הֻפַּח הופ׳ -*hof. (in s-n Erwartungen)* enttäuscht werden; aufgeblasen werden
=נָפַח נַפְשׁוֹ = s-e Seele aushauchen, sterben
נֶפַח ז׳ ['nefax] Rauminhalt *m*, Volumen *n*
נַפָּח ז׳ [napax] Schmied *m*
=~וּת נ׳ = Schmiedearbeit *f*, Schmiedehandwerk *n*
=נַפָּחִיָּה נ׳ = Schmiede *f*
נִפְחָד ת׳ [nifxad] ängstlich, erschrocken *Adj.*
נָפַט פעל (לִנְפּוֹט, יִנְפּוֹט) [nafat] *kal (Baumwolle)* entkernen
נֵפְט ז׳ [néft] Erdöl *n*, Öl *n*, Petroleum *n*, Kerosin *n*
נַפְטָלִין ז׳ [naftalin] Naphthalin *n*
נִפְטָר ז׳ [niftar] Verstorbene(r) *m*
נְפִיחָה נ׳ [nefixa] Blasen *n;* Wind *Med.*
נְפִיחוּת נ׳ [nefixut] Schwellung *f*
★(נָפִיל) נְפִילִים ז״ר [nefilim] Riesen *m/pl. Myth.*
נְפִילָה נ׳ [nefila] Fallen *n*
=נְפִילַת-אַפַּיִם = Fußfall *m*, Kniefall *m*
=נְפִילַת מַעֲרֶכֶת (מַחְשֵׁב) = Absturz *m* EDV
=חֲלִי-נְפִילָה = Epilepsie *f*
נָפִיץ ת׳ [nafits] explosiv *Adj.*
נְפִיצָה נ׳ [nefitsa] Verbreiten *n;* Zertrümmern *n*
נְפִיצוּת נ׳ [nefitsut] Verbreitung *f*
נְפִישָׁה נ׳ [nefiʃa] Pause *f*, Entspannung *f*, Urlaub machen
★נֹפֶךְ ז׳, נופך ['nofex] "Nofech", e-r der Edelsteine (im Brustschild des Hohepriesters)
=הוֹסִיף ~ מִשֶּׁלוֹ = s-e Weisheit *od.* Meinung dazugeben
נָפַל פעל (לִנְפּוֹל גם לִפּוֹל, יִפּוֹל) [nafal] *kal* fallen, stürzen *v/i*, wegfallen, fortfallen

-הִפִּיל הפ׳ - *hif.* zu Fall bringen, stürzen, umwerfen *v/t*

-הִתְנַפֵּל הת׳ - *hit.* überfallen

=נָפַל עַל פָּנָיו = sich niederwerfen

=~ מִ- = weniger wert sein als

=~ בְּחֶלְקוֹ = zuteil werden, gewährt werden

=~ בַּשֶּׁבִי = in Gefangenschaft geraten

=~ עָלָיו הַגּוֹרָל = das Los fiel auf ihn

=~ דָּבָר = es ist etwas geschehen

=~ חָלָל = fallen *(im Kampf)*

=~ לְתוֹךְ דְּבָרָיו = j-m ins Wort fallen

=~ רוּחוֹ = entmutigt werden, verzweifeln

=~ לְמִשְׁכָּב = bettlägerig werden, erkranken

=~ בַּפַּח = hereinfallen, in die Falle gehen

=נָפְלָה הַכְרָעָה = die Entscheidung ist gefallen

=~-טָעוּת = ein Irrtum ist vorgekommen

=נָפְלוּ פָּנָיו = schlecht aussehen, abmagern

=לָשׁוֹן נוֹפֵל עַל לָשׁוֹן = Wortspiel *n*

=הִפִּיל גּוֹרָל, ~ פּוּר = ein Los werfen, auslosen

=הִפִּילָה = e-e Fehlgeburt haben

נֵפֶל ז׳ ['néfel] Totgeburt *f*; Blindgänger *m*; Versager *m fig.*

נִפְלָא ת׳ [nifla'] wunderbar *Adj.*

=~ מִמֶּנִּי = es ist mir unverständlich

נַפָּלְם ז׳ [napalm] Napalm *n*, Napalmbombe *f*

נְפֹלֶת נ׳, **נפולת** [ne'folet] Abfall *m*

נִפְנוּף ז׳ [nifnuf] Winken *n*

נִפְנֵף נפ׳ (אֶת-, בְּ-) [nifnéf] *nif.* winken

-הִתְנַפְנֵף הת׳ - *hit.* wehen *v/i*; sich zufächeln

נַפְנֶפֶת נ׳ [naf'nefet] Volant *m*, Besatz *m*

נִפְסָד ת׳ [nifsad] wertlos, nichtig *Adj.*

=~וּת נ׳ = Nichtigkeit *f*

נִפְעָל ת׳ [nif'al] passiv *Adj.*

נִפְעַל ז׳ [nif'al] "Niphal", Passiv-Konjugation des *Kal Gr.*

נִפְעָם ת׳ [nif'am] erregt, aufgeregt *Adj.*

נָפַץ פעל (לִנְפּוֹץ, יִנְפּוֹץ) [nafats] *kal* zerschlagen *v/t*; sich ausbreiten

-נִפֵּץ פיעל - *pi.* zertrümmern; ausschütteln

-הִתְנַפֵּץ הת׳ - *hit.* zerschmettert werden; zerbrechen *v/i*

נֶפֶץ ז׳ ['nefets] Sprengung *f*, Explosion *f*

=חֹמֶר-~ = Sprengstoff *m*

=קוֹל-~ = Knall *m*, Explosion *f*

נַפָּץ ז׳ [napats] Detonator *m*, Zünder *m*, Sprengkapsel *f*

★(נפק) **לְמַאי נָפְקָא מִנַּהּ?** (ארמ׳) [lemaj nafka mina] was geht daraus hervor? was ist der Unterschied?

★=נָפְקָא מִנַּהּ = es besteht ein Unterschied

נִפֵּק פיעל [nipék] *pi. (Material)* herausgeben

-הִנְפִּיק הפ׳ - *hif.* emittieren, in Umlauf setzen *Fin.*

נִפְקָד ת׳ [nifkad] abwesend; mitgezählt *Adj.*; Depositar *m*

=~וּת נ׳ = Abwesenheit *f*

★**נַפְקָנִית** נ׳ [nafkanit] Dirne *f*

נִפְרָד ת׳ [nifrad] getrennt, abgesondert; absolute Form des Hauptworts *(nicht status constructus) Gr.*; Sonder-

=בְּ~ ת״פ = getrennt, abgesondert, separat *Adv.*

=שָׁלוֹם ~ = Sonderfrieden *m*

=~וּת נ׳ = Apartheid *f*, Rassentrennung *f*

★**נִפְרָץ** ת׳ [nifrats] verbreitet *Adj.*

=חָזוֹן ~ = häufige Erscheinung

נֶפֶשׁ נ׳ (נַפְשׁוֹ, נְפָשׁוֹת) ['nefeʃ] Seele *f*; Lebewesen *n*; *(Drama)* Gestalt *f*; Mahnmal *n*

=~ חַיָּה = Lebewesen *n*; Lebenshauch *m*

=אֶת נַפְשׁוֹ = sich (selbst)

=כְּ~ = nach s-m Willen

=לְ~ = für sich allein

=בְּכָל ~ = mit seiner ganzen Seele

=בְּ~ הַדָּבָר = es ist für ihn lebenswichtig

=אַהֲבַת-נֶפֶשׁ = innigste Liebe

=אוֹיֵב בְּ~ = Erzfeind *m*

=אַוַּת-~ = Wille *m*, Lust *f*

=גֹּעַל-~ = Ekel *m*, Abscheu *m*

=דִּינֵי-נְפָשׁוֹת = Strafrecht *n*
=הִשָּׁאֲרוּת-הַ|נֶּפֶשׁ = Unsterblichkeit *f* der Seele
=הִשְׁתַּפְּכוּת-הַ~ = Überschwänglichkeit *f*, Gefühlsduselei *f*
=חוֹלֵה-~ ת' = geisteskrank *Adj.*
=חֵרוּף-~ = Todesverachtung *f*, Gefährdung *f* des eigenen Lebens
=חֶשְׁבּוֹן-~ = Rechenschaft *f* vor sich selbst
=יְדִיד-~ ז' = Busenfreund *m*
=יְפֵה-~ ז' = Ästhet *m*
=כֹּפֶר-~ ז' = Lösegeld *n*
=מַחֲלַת-~ = Geisteskrankheit *f*
=מְסִירוּת-~ = Hingabe *f*
=מַפַּח-~ ז' = tiefe Enttäuschung, Frustration *f*
ראה גם: תִּסְכּוּל
=מַר-~ ת' = verbittert *Adj.*
=מְרִירוּת-~ = Verbitterung *f*
=מֵשִׁיב-~ ת' = köstlich, erfrischend *Adj.*
=מַשְׂאַת-~ = Ideal *n*, höchstes Bestreben
=סַכָּנַת-נְפָשׁוֹת = Lebensgefahr *f*
=עָגְמַת-נֶפֶשׁ = Betrübnis *f*, Herzeleid *n*, Kummer *m*
=עַז-~ ת' = frech *Adj.*
=עֲלוּב-~ ת' = elend *Adj.*
=פִּזּוּר-~ ז' = Zerstreutheit *f*
=פְּזוּר-~ ת' = zerstreut *Adj.*
=פִּקּוּחַ-~ ז' = Lebensrettung *f*
=צִפּוֹר-~ = das Kostbarste des Menschen (*wörtl.* der Vogel der Seele)
=שְׁאָט-~ = Abscheu *m*
=בִּקֵּשׁ עַל נַפְשׁוֹ = um sein Leben bitten
=נַפְשׁוֹ דָּבְקָה בְּ- = innig lieben
★=הִכָּהוּ נֶפֶשׁ = erschlagen, ermorden
★=הִשְׁלִיךְ נַפְשׁוֹ מִנֶּגֶד = sein Leben einsetzen
=הִתְחַיֵּב בְּנַפְשׁוֹ = sein Leben aufs Spiel setzen
=חָשְׁקָה נַפְשׁוֹ בְּ- = nach etwas gelüsten, an etwas hängen
=יָצְאָה נַפְשׁוֹ אֶל-, = sich sehnen nach *(D)*
=כָּלְתָה ~ = inniges Sehnen
=מָסַר אֶת ~ עַל- = sein Leben einsetzen für
=נִמְלַט עַל ~ = sein Leben retten, entkommen
=נָקְעָה ~ מִן, קָצָה ~ בְּ = etw. satt haben, etw. Leid sein
=עָמַד עַל ~ = um sein Leben kämpfen
=עָשָׂה נְפָשׁוֹת לְ~ = werben, *(für eine Idee)* gewinnen
=שָׂם נַפְשׁוֹ בְּכַפּוֹ = sein Leben wagen
=שִׁעֵר בְּנַפְשׁוֹ = sich etwas vorstellen *fig.*
★=אִם יֵשׁ אֶת נַפְשְׁךָ לְ- = wenn du willst
=בָּאוּ מַיִם עַד נֶפֶשׁ = das Wasser steht ihm bis zum Hals
=בְּלֵב וָנֶפֶשׁ = mit ganzem Herzen
★=מַה | נַפְשְׁךָ, מִמָּה ~ = was willst du eigentlich? wie du dich auch entscheidest
=אֲבֵדוֹת בְּנֶפֶשׁ = Verluste *m/pl.* an Menschenleben
=תְּהֵא נַפְשׁוֹ צְרוּרָה בִּצְרוֹר הַחַיִּים (ר"ת: תנצב"ה) = "Seine Seele soll eingeschlossen sein im Bunde des Lebens" *(Inschrift auf Grabsteinen)*
נָפַשׁ פעל (לִנְפּוֹשׁ, יִנְפּוֹשׁ) [nafaʃ] *kal* sich erholen
-נִפַּשׁ נפ' (לְהִנָּפֵשׁ) - *nif.* sich ausruhen, sich erholen
נֹפֶשׁ ז', נופש ['nofeʃ] Erholung *f*
נַפְשִׁ|י ת' [nafʃi] seelisch *Adj.*
=~יּוּת נ' = Empfindsamkeit *f*; Gemüt *n*
נִפְשָׁע ת' [nifʃa'] verbrecherisch *Adj.*
נֹפֶת ז', נופת ['nofet] Honigseim *m*
=~-צוּפִים = Honig *m (Symbol des Süßen, Angenehmen)*
נַפְתּוּ|ל ז' [naftul] Krümmung *f*
=~לִים ז"ר = Konflikte *m/pl.*, innerer Kampf
נָפָתִי ת' [nafati] regional
נִפְתָּל ת' [niftal] sich krümmend, sich schlängelnd

נֵץ ז׳ (נִצִּים) — [néts] Sperber *m* (Accipiter nisus) *Zo.*; "Falke" *m* (politisch-militärisch Radikaler), Agressionspolitiker *m*

=~ גָּדוֹל — = Habicht *m* (Accipiter gentilis) *Zo.*

נִצָּב[1] תו״ז, ניצב (נִצֶּבֶת) — [nitsav] senkrecht, rechtwinklig *Adj.*; Vogt *m*, Vorsteher *m*; Polizeikommandant *m*; Statist *m*; Blütenstängel *m*

=נִצַּב-מִשְׁנֶה — = Vizekommandant *m* *(Polizei)*

נִצָּב[2] ז׳, ניצב — [nitsav] *(Dolch, Messer)* Heft *n*

★נִצָּה נפ׳ (לְהִנָּצוֹת) — [nitsa] *nif.* streiten

=נִצֶּה ז׳, נִצִּים — = Streiter *m*; die Streitenden

נִצָּה נ׳, ניצה — [nitsa] Knospe *f*

נִצּוֹד ת׳ — [nitzod] gejagt *Adj.*

נִצּוּחַ ז׳, ניצוח — [ni'tsuax] Dirigieren *n* *Mus.*; Sieg *m*

נִצּוּל ז׳, ניצול — [nitsul] Ausnutzung *f*, Ausbeutung *f*

נִצּוֹל ת׳, ניצול — [nitsol] gerettet *Adj.*

נִצּוֹק ז׳ — [nitsok] Fluss *m*, Strömung *f*

נָצוּר ת׳ — [natsur] geschlossen, gesichert *(Waffe)*; belagert *Adj.*

★=נְצוּרוֹת נ״ר — = Geheimnisse *n*/pl.

=נְצוּר לֵב — = Betrüger *m*, Schurke *m*

נִצּוּר ז׳, ניצור — [nitsur] Taufe *f*, Bekehrung *f* zum Christentum

נִצַּח[1] פיעל (לְנַצֵּחַ אֶת-) (עַל-) — [nitsax] *pi.* besiegen *v/t*, gewinnen; siegen über (*Akk.*); dirigieren *Mus.*

-הִתְנַצֵּחַ הת׳ (לְהִתְנַצֵּחַ) — - *hit.* kämpfen; polemisieren

(נצח)[2] הִנְצִיחַ הפ׳ — [hin'tsiax] *hif.* verewigen, (Andenken) bewahren

★נֵצַח ז׳ — ['nétsax] Pracht *f*, Glanz *m*; Sieg *m*

=~ יִשְׂרָאֵל — = Gott Israels *bibl.*

=~ ~ לֹא יְשַׁקֵּר (ר״ת: נֵיל״י) — = Israels Gott enttäuscht nicht

נֶצַח ז׳ — ['netsax] Ewigkeit *f*

=לָ~ — = auf ewig

נִצָּח ת׳, ניצח — [nitsax] entscheidend, endgültig *Adj.*

=מַפָּלָה | נִצַּחַת — = entscheidende Niederlage

=תְּשׁוּבָה ~ — = schlagfertige Antwort

נִצָּחוֹן ז׳, ניצחון (נִצְחוֹנוֹת) — [nitsaxon] Sieg *m*

=שַׁעַר-~ — = Triumphbogen *m*

=תַּהֲלוּכַת-~ — = Triumphzug *m*

נִצְחִ|י ת׳ — [nitsxi] ewig *Adj.*

=~יּוּת נ׳ — = Ewigkeit *f*

נַצְחָנִי ת׳ — [natsxani] rechthaberisch *Adj.*

נִצִּי ת׳ — [nitsi] radikal-militaristisch *Adj.*, Falken- *Pol.*

נָצִי תו״ז, נאצי — [natsi] Nazi *m*; nationalsozialistisch *Adj.*

=~זְם ז׳ — = Nationalsozialismus *m*

נְצִיב[1] ז׳ — [netsiv] Pfeiler *m*

★=~-מֶלַח — = Salzsäule *f bibl.*

נְצִיב[2] ז׳ — [netsiv] Gouverneur *m*, Kommissar *m*

=~-הַתְּלוּנוֹת, ~ הַקְּבִילוֹת — = Ombudsmann *m*, Beschwerdekommissar *m*

=~ עֶלְיוֹן — = Hoher Kommissar *Pol.*

=~ שֵׁרוּת-הַמְּדִינָה — = Kommissar des Staatsdienstes *(in Israel Personalchef der Staatsbeamten)*

=~וּת נ׳ — = Kommissariat *n*

נָצִיג ז׳ — [natsig] Bevollmächtigter *m*, Vertreter *m*, Repräsentant *m*

=נְצִיגוּת נ׳ — = Vertretung *f*

נָצִיל ת׳ — [natsil] nutzbar *Adj.*

=נְצִילוּת נ׳ — = Nutzbarkeit *f*, Nutzeffekt *m*

נְצִיץ ז׳ — [netsits] Mika *f*, Glimmer *m* *(Mineral)*

נִצַּל נפ׳ (לְהִנָּצֵל) — [nitsal] *nif.* gerettet werden

-הִצִּיל הפ׳ (לְהַצִּיל) — - *hif.* retten *v/t*

-נִצֵּל פיעל — - *pi.* ausnutzen, ausbeuten

-הִתְנַצֵּל הת׳ — - *hit.* sich entschuldigen, um Entschuldigung bitten; sich rechtfertigen

=נִצֵּל אֶת הַהִזְדַּמְּנוּת — = die Gelegenheit nutzen

נֶצֶל ז׳ — ['netsel] Aas *n*, verdorbenes Fleisch *n*

נַצְלָן ז׳ [natslan] Ausbeuter *m*
=~נוּת נ׳ = Ausbeutung *f*
=~נִי ת׳ = ausbeuterisch *Adj.*
נִצֹּלֶת נ׳, ניצולת [ni'tsolet] Abfall *m*; Nebenprodukt *n*; geborgenes Gut
נִצָּן ז׳, ניצן [nitsan] Knospe *f*
נִצְנוּץ ז׳ [nitsnuts] Blitzen *n*, Aufblitzen *n*
=~ שֶׁל רַעְיוֹן = Einfall *m*, Geistesblitz *m*
נִצְנֵץ פיעל [nitsnéts] *pi.* aufblitzen, flackern, blinken
נָצַץ פעל (לִנְצוֹץ, יִנְצוֹץ) [natsats] *kal* blitzen, glänzen
-הֵנֵץ הפ׳ - *hif. (Sonne)* aufgehen, leuchten
-הִתְנוֹצֵץ הת׳ - *hit.* aufblitzen
=נוֹצֵץ ת׳ = blitzend *Adj.*
נָצַר פעל (לִנְצוֹר אֶת-, יִצּוֹר גם יִנְצוֹר) [natsar] *kal* bewahren; sichern *(Gewehr, Handgranate)*
נִצֵּר פיעל [nitsér] *pi.* zum Christentum bekehren
-הִתְנַצֵּר הת׳ - *hit.* zum Christentum übertreten, sich taufen lassen
נֵצֶר ז׳ ['nétser] Reis *n*, Schössling *m*; Sprössling *m*
נִצְרָה נ׳, ניצרה [nitsra] Sicherung *f (Gewehr, Handgranate)*
נַצְרוּת נ׳ [natsrut] Christentum *n*
נָצְרִי ת׳, נוצרי [notsri] christlich *Adj.*
נִצְרָךְ ת׳ [nitsrax] bedürftig *Adj.*
=~כוּת נ׳ = Bedürftigkeit *f*
נָקַב[1] פעל (לִנְקוֹב אֶת-, יִקּוֹב) [nakav] *kal* lochen, durchstechen
-נִקֵּב פיעל - *pi.* lochen, durchstechen
=דְּמָמָה נוֹקֶבֶת = durchdringende Stille *fig.*, eisiges Schweigen
נָקַב[2] פעל (לִנְקוֹב אֶת-, בְּ-; יִקּוֹב, גם יִנְקוֹב) [nakav] *kal* festsetzen; nennen
נִקֵּב פיעל [nikév] *pi.* weiblich, feminin gebrauchen *Gr.*
נֶקֶב ז׳ ['nekev] Loch *n*
=נְקָבִים = Körperöffnungen *(f. Ausscheidung)*
נַקָּב ז׳ [nakav] Lochmaschine *f*, Stanze *f*
נְקֵבָה נ׳ [nekéva] Weib *n*; Femininum *n*, weibliches Hauptwort *Gr.*
נִקְבָּה נ׳ [nikba] Höhle *f*, unterirdischer Gang, Stollen *m*
נַקְבּוּב ז׳ [nakbuv] Pore *f*
=~בִּי ת׳ = porös *Adj.*
=~בִּיוּת נ׳ = Porosität *f*
נַקְבוּת נ׳ [nakvut] Weiblichkeit *f*, Fraulichkeit *f*
נְקֵבִי ת׳ [nekévi] weiblich, feminin *Adj.*, *Gr.*
נָקַד פעל (לִנְקוֹד אֶת-, יִנְקוֹד) [nakad] *kal* punktieren
-נִקֵּד פיעל - *pi.* punktieren *(zur Bezeichnung der hebr. Vokale)*
★נָקֹד ת׳, נקוד [nakod] gepunktet, scheckig *Adj.*
נְקֻדָּה נ׳, נקודה [nekuda] Punkt *m*; Vokalzeichen *n (der hebr. Orthographie)*
=~ וּפְסִיק = Semikolon *n*
=נְקֻדָּתַיִם = Doppelpunkt *m*
=נְקֻדַּת-אֲחִיזָה = Anhaltspunkt *m*
=~-הַכֹּבֶד = Schwerpunkt *m*
=~-מַבָּט = Gesichtspunkt *m fig.*
=~-מוֹצָא = Ausgangspunkt *m*
=~-הַמּוֹקֵד = Brennpunkt *m*, Fokus *m*
=~-מִפְנֶה = Wendepunkt *m*
נַקְדָן ז׳ [nakdan] Fachmann *m* für hebr. Punktierung; Pedant *m*
=~וּת נ׳ = Punktierung *f*; Pedanterie *f*
נְקֻדָּתִי ת׳ [nekudati] punktuell *Adj.*
נָקָה נ׳ [naka] weibliches Kamel *n*
נִקָּה פיעל [nika] *pi.* reinigen
נָקוּב[1] ת׳ [nakuv] durchlöchert *Adj.*
נָקוּב[2] ת׳ [nakuv] genannt, erwähnt, aufgeführt *Adj.*
=מְחִיר ~ = Nominalpreis *m*
נִקּוּב ז׳, ניקוב [nikuv] Lochung *f*
נָקוּד ת׳ [nakud] gepunktet, punktiert *Adj.*
נִקּוּד ז׳, ניקוד [nikud] Punktierung *f (hebr.*

Vokalzeichen)
=הַנִּקּוּד הַבַּבְלִי = babylonische (obere) Punktierung
=~ הַטְּבֶרְיָנִי = tiberianische (untere) Punktierung
נקודה ראה: נְקֻדָּה [nekuda] Punkt *m*, Vokalzeichen *n*
נִקּוּז ז׳, ניקוז [nikuz] Entwässerung *f*, Dränage *f*, Dränierung *f*
נָקוּט ת׳ [nakut] genommen, angewandt *Adj.;* verhasst *Adj.*
נִקּוּי ז׳, ניקוי [nikuj] Reinigung *f*
=~ יָבֵשׁ = chemische Reinigung
נִקּוּם ז׳ [nikum] Rache *f*
נָקוּעַ ת׳ [na'kua'] verrenkt *Adj.*
נָקוּף ת׳ [nakuf] geschlagen, verletzt *Adj.*
נִקּוּף ז׳ [nikuf] Schlagen *n*, Verletzen *m*
נָקוּק ת׳ [nakuk] gespalten *Adj.*
נָקוּר ת׳ [nakur] herausgerissen *Adj.*
נִקּוּר ז׳, ניקור [nikur] Stechen *n*, *(Auge)* Ausstechen *n*; *(Fleisch)* Koschermachen *n*
נִקּוּשׁ ז׳, ניקוש [nikuʃ] Klappern *n*
נִקֵּז פיעל [nikéz] *pi.* entwässern, dränieren, dränen
-הִקִּיז הפ׳ (דָּם) - *hif.* zur Ader lassen *Med.*
נָקַט פעל (לִנְקוֹט אֶת-, יִנְקוֹט) [nakat] *kal* fassen; anwenden
=~ אֶמְצָעִים = Mittel anwenden
=~ עֶמְדָּה = Stellung nehmen
=~ צְעָדִים = Maßnahmen ergreifen
=~ שִׁיטָה = nach e-m System vorgehen
נָקִי ת׳ [naki] rein, sauber; unschuldig *Adj.*
=נְקִי-כַּפַּיִם = ehrlich, unbestechlich *Adj.*
=דָּם נָקִי = unschuldiges Blut *fig. bibl.*, unschuldiges Opfer
=מִשְׁקָל ~ = Nettogewicht *n*
=הַכְנָסָה | נְקִיָּה = Nettoeinnahme *f*
=לָשׁוֹן ~ = Euphemismus *m*
=מַצְפּוּן נָקִי = reines, gutes Gewissen
=רֶוַח ~ = Reingewinn *m*

=קַב וְ~ = klein, aber fein
=יָצָא ~ מִנְּכָסָיו = völlig verarmen, alles verlieren
=הֶעְתִּיק אֶל-~ = ins Reine schreiben
נִקָּיוֹן ז׳ [nikajon] Sauberkeit *f*, Reinlichkeit *f*
=נִקְיוֹן-כַּפַּיִם = Ehrlichkeit *f*, Unbestechlichkeit *f*; Unbescholtenheit *f*
=רָחַץ בְּנִקָּיוֹן כַּפָּיו = s-e Hände in Unschuld waschen *fig.*
נְקִיטָה נ׳ [nekita] Nehmen *n*, Fassen *n*
=נְקִיטַת-אֶמְצָעִים = Anwendung *f* von Mitteln
=~-חֵפֶץ = Berührung e-s Gegenstandes zur Bekräftigung e-s Schwurs
=~-עֶמְדָּה = Stellungnahme *f*
נְקִימָה נ׳ [nekima] Rächen *n*
נְקִיעָה נ׳ [neki'a] Verrenken *n*, Ausrenkung *f*
נְקִיפָה נ׳ [nekifa] Klopfen *n*
=נְקִיפַת-לֵב, ~-מַצְפּוּן = Gewissensbisse *m/pl.*
נָקִיק ז׳ [nakik] Felsspalte *f*
נְקִירָה נ׳ [nekira] Picken *n*
נְקִישָׁה נ׳ [nekiʃa] Klopfen *n*
=כְּלִי-~ (כְּלֵי-~) = Schlaginstrument *n Mus.*
נָקֵל ת׳ [nakél] leicht, einfach *Adj.*
=בְּ~, עַל-נְקַלָּה ת"פ = leicht, einfach *Adv.*
נִקְלֶה ת׳ [nikle] gering geschätzt, nichtig, wertlos *Adj.*
נָקַם פעל (לִנְקוֹם אֶת-, יִקּוֹם או יִנְקוֹם) [nakam] *kal* rächen *v/t*
-נִקַּם נפ׳ (לְהִנָּקֵם בְּ-, מִ-) - *nif.* sich rächen an *(D)*
-הִתְנַקֵּם הת׳ (בְּ-) - *hit.* sich rächen an *(D)*
=ה׳ יִקֹּם דָּמוֹ, ר"ת: הי"ד = Gott soll seinen Tod rächen
★נָקָם ז׳ [nakam] Rache *f*
=לָקַח ~ = Rache nehmen
נְקָמָה נ׳ [nekama] Rache *f*
=לָקַח נִקְמָתוֹ מִ- = Rache nehmen an *(D)*
=אֵל נְקָמוֹת = Gott *m* der Rache
נַקְמָ|נוּת נ׳ [nakmanut] Rachedurst *m*, Rachgier *f*

=~נִי ת' = rachedurstig, rachsüchtig *Adj.*

נַקְנִיק ז' [naknik] Wurst *f*

=נַקְנִיקִ|יָּה נ' = Wurstgeschäft *n*

=~יָּת נ' (~יּוֹת) = Würstchen *n*

נָקַע פעל (לִנְקוֹעַ, יֵקַע) [naka'] *kal* verrenkt sein *od.* werden

-נִקַּע פיעל - *pi.* verrenken *v/t*

=נָקְעָה נַפְשׁוֹ מִ- = überdrüssig werden *(G)*

נֶקַע ז' ['neka'] Verrenkung *f;* Grube *f*

נָקַף[1] פעל (לִנְקֹף אֶת, יִנְקֹף) [nakaf] *kal* klopfen, stoßen

-הִקִּיף הפ' - *hif.* aneinander legen, übereinander schlagen *(Beine)*

=לֹא נָקַף אֶצְבַּע = er hat keinen Finger gerührt

=נְקָפוֹ לִבּוֹ = sein Gewissen hat ihn geplagt

★נָקַף[2] פעל (לִנְקוֹף, יִנְקוֹף) [nakaf] *kal* kreisen

-הִקִּיף הפ' - *hif.* umkreisen, umfassen, umgeben; auf Kredit verkaufen

=מַקִּיף ת' = umfassend *Adj.*

נִקְפָּה נ' [nikpa] Wunde *f*, Verletzung *f*

נָקַר פעל (לִנְקוֹר אֶת-, יִקּוֹר גם יִנְקוֹר) [nakar] *kal* ausstechen, picken

-נִקֵּר פיעל - *pi.* ausstechen, picken; *(Fleisch)* koscher machen

=רַעְיוֹן מְנַקֵּר בְּמֹחוֹ = ein Gedanke läßt ihn nicht los

נַקָּר ז' [nakar] Blutspecht *m* (Dryobates syriacus) *Zo.*

נִקְרָה נ' [nikra] Felsenhöhle *f*

נַקְרָן ז' [nakran] Schnüffler *m fig.*

=~וּת נ' = Schnüffelei *f*

נָקַשׁ[1] פעל (לִנְקוֹשׁ עַל-, אֶל-, בְּ-, יִקּוֹשׁ) [nakaʃ] *kal* klopfen auf, an (*Akk.*)

-הִקִּישׁ הפ' (בְּ-, עַל-, מַקִּישׁ) - *hif.* anklopfen; schlagen *Mus.*; folgern

=שִׁנָּיו נָקְשׁוּ זוֹ בְּזוֹ = mit den Zähnen klappern

★נָקַשׁ[2] פעל (לִנְקוֹשׁ, יִקּוֹשׁ) [nakaʃ] *kal* fangen

-הִתְנַקֵּשׁ הת' (בְּ-) - *hit.* Anschlag, Attentat verüben (auf)

נִקְשֶׁה ת' [nikʃe] hart, niedergeschlagen *Adj.*

נֻקְשֶׁה ת', נוקשה [nukʃe] hart, starr; grob *Adj.*

=נֻקְשׁוּת נ', נוקשות = Härte *f*, Starre *f*, Steifheit *f*

נֵר ז' (נֵרוֹת) [nér] Licht *n*, Kerze *f*; (antike Öl-) Lampe *f*; Lux *n*

=~-נְשָׁמָה = Gedächtniskerze *f*, Öllampe *f* für Verstorbenen

=~רְפוּאִי = Zäpfchen *n Med.*

=~-תָּמִיד = ewiges Licht

=~ לְרַגְלָיו = leitendes Prinzip, leuchtendes Beispiel *fig.*

=נֵרוֹ יָאִיר ר"ת: נ"י = "sein Licht soll leuchten" (Segensspruch)

=חִפֵּשׂ בְּנֵרוֹת = gründlich suchen

=נֵר-לַיְלָה = Nachtkerze *f* (Oenothera) *Bot.*

נִרְאֶה ת' [nir'e] sichtbar; anscheinend; annehmbar *Adj.*

=כַּ|נִּרְאֶה, כְּפִי הַ~ = anscheinend

=כְּכָל הַ~ = allem Anschein nach

נִרְגָּז ת' [nirgaz] erzürnt *Adj.*

נַרְגִּילָה נ' [nargila] Nargileh *f*, Wasserpfeife *f*

נִרְגָּן ת' [nirgan] mürrisch, mäkelnd, unzufrieden *Adj.*

=~וּת נ' = Mürrischkeit *f*, Mäkeln *n*, Unzufriedenheit *f*

נִרְגָּשׁ ת' [nirgaʃ] erregt, gerührt *Adj.*

=~וּת נ' = Erregung *f*, Rührung *f*

★נֵרְדְּ ז' [nérd] Narde *f Bot.*

נַרְדִּינוֹן ז' [nardinon] Nardöl *n*, Duftöl *n (z.B. Lavendel, Baldrian)*

נִרְדָּף ת' [nirdaf] verfolgt; synonym, sinnverwandt *Adj.*

=מִלָּה נִרְדֶּפֶת, שֵׁם נִרְדָּף = Synonym *n*

=נִרְדָּפוּת נ' = Verfolgtsein *n*; Synonymik *f*, Sinnverwandtschaft *f*

=שִׁגָּעוֹן הָרְדִיפָה (פָּרָנוֹיָה) = Verfolgungswahn *m*

נִרְחָב ת' [nirxav] weit ausgedehnt *Adj.*

נִרְמוּל ז׳ [nirmul] Normalisierung *f*
נִרְעָשׁ ת׳ [nir'aʃ] stark erregt *Adj.*
נִרְפֶּה ת׳ [nirpe] faul, nachlässig *Adj.*
נִרְפָּשׂ ת׳ [nirpaʃ] trübe, schlammig *Adj.*
נִרְצֶה ת׳ ראה גם: רָצוּי [nirtse] erwünscht *Adj.*
נִרְצָח ז׳ [nirtsax] Ermordete(r) *m*
(נִרְצָע) עֶבֶד ~ ['eved nirtsa'] Sklave, der auf Freilassung verzichtet hat
נִרְצָעוּת נ׳ [nirtsa'ut] Unterwerfung *f*
נַרְקוֹזָה נ׳ ראה גם: הַרְדָּמָה [narkoza] Narkose *f*
=~טִי ת׳ = narkotisch *Adj.*
=~מָן ז׳ = Rauschgiftsüchtige(r) *m*
נַרְקִיס ז׳ [narkis] Narzisse *f Bot.*
=~סִיּוּת נ׳ = Narzissmus *m*
נִרְתּוּק ז׳ [nirtuk] Verkleidung *f Tech.*
נַרְתִּיק ז׳ [nartik] Futteral *n*, Hülle *f*
= Scheide *f Anat.*
נָשׁ ז׳ [naʃ] Mensch *m*, menschliches Wesen *n*
נָשָׂא פעל (לָשֵׂאת אֶת-, בְּ-, יִשָּׂא) [nasa'] *kal* heben, erheben, aufheben; tragen; ertragen, leiden; *(e-e Frau)* heiraten
-נִשָּׂא נפ׳ (לְהִנָּשֵׂא לְ-) - *nif.* sich erheben, hoch sein; *(Frau)* geheiratet werden
-הִתְנַשֵּׂא הת׳ - *hit.* sich erheben; überheblich sein
-הִשִּׂיא הפ׳ - *hif.* verheiraten *v/t*
=לְלֹא נְשֹׂא, לִבְלִי-~ = unerträglich *Adj.*
=נָשָׂא וְנָתַן = verhandeln
=נָשָׂא אִשָּׁה = (e-e Frau) heiraten
=~ בְּרָכָה = gesegnet werden
=~ דְּבָרוֹ = e-e Rede halten
=~ חֵן בְּעֵינֵי- = Gefallen finden in den Augen *(G)*, gefallen *v/i*
★=~ נַפְשׁוֹ אֶל- = streben nach *(D)*
=~ בְּעֹל = das Joch tragen *fig.*
=~ פָּנִים = parteiisch sein, bevorzugen, begünstigen *Jur.*
=~ פְּרִי = Früchte tragen
=~ קוֹלוֹ = s-e Stimme erheben
=~ רַגְלָיו = sich aufmachen
=~ אֶת שֵׁם ה׳ = den Namen Gottes im Munde führen
=נוֹשֵׂא כֵּלִים = Waffenträger *m*, Knappe *m*, Diener *m*
=~ רְוָחִים = Gewinn bringend *Adj.*
=חַי ~ אֶת עַצְמוֹ = selbständig *Adj.*
=הִשִּׂיא אֶת בְּנוֹ (בִּתּוֹ) = den Sohn (*od.* die Tochter) verheiraten
=~ לוֹ עֵצָה = Rat geben
נִשָּׂא ת׳ [nisa'] hoch, erhoben *Adj.*
נִשְׁאָר ת״ז [niʃ'ar] Überlebende (r) *m, f;* bleibend *Adj.*
נָשַׁב פעל (לִנְשׁוֹב בְּ-, יִשּׁוֹב) [naʃav] *kal (Wind)* wehen
-נִשֵּׁב פיעל - *(Wind)* stark *od.* böig wehen, fegen *fig.*
-הִשִּׁיב הפ׳ - *hif.* wehen lassen; wegpusten
נֶשֶׁב ז׳ ['neʃev] Blasen *n*, Atmen *n*
נִשְׁבָּר ת׳ [niʃbar] zerbrochen, gebrochen *Adj.*
נִשֹּׁבֶת נ׳ [ni'ʃovet] Spreu *f*
(נשג) הִשִּׂיג הפ׳ (אֶת-) [hisig] *hif.* erreichen, bekommen; einholen; begreifen *fig.*; (עַל-) einwenden, kritisieren
=הִשִּׂיגָה יָדוֹ = erreichen, sich leisten können
נִשְׂגָּב ת׳ [nisgav] erhaben *Adj.*
=~ מִבִּינָתוֹ = zu hoch für s-n Verstand
★נָשָׁה[1] פעל (לִנְשׁוֹת בְּ-; יִשֶּׁה גם יִנְשֶׁה) [naʃa] *kal* Schuld eintreiben
★נָשָׁה[2] פעל (לִנְשׁוֹת אֶת-; יִשֶּׁה גם יִנְשֶׁה) [naʃa] *kal* vergessen
נָשֶׁה ז׳ [naʃe] Hüftnerv *m*, Ischiasnerv *m*
נָשׂוּא תו״ז [nasu'] getragen, erhoben; verheiratet *Adj.*; Ehemann *m*; Prädikat *n Gr.*
=נְשׂוּא-פָּנִים = geehrt, geachtet *Adj.*
=נְשׂוּאִים ז״ר = Eheleute *pl.*
=נְשׂוּאָה = Ehefrau *f*

=נִשּׂוּאֵי ת' = prädikativ *Adj.*, *Gr.*
=מִשְׁפָּט-~ = Prädikativsatz *m Gr.*
נִשּׂוּאִים, ~ן, נישואין ז"ר [nisu'im] Heirat *f*, Verehelichung *f*
=בָּאוּ בִּבְרִית הַנִּשּׂוּאִים = sich verheiraten, e-e Ehe eingehen mit *(D)*
=~ אֶזְרָחִיִּים = standesamtliche Trauung, Ziviltrauung *f*
=נִשּׂוּאֵי-תַּעֲרֹבֶת = Mischehe *f*
נָשׂוּי ת' (נְשׂוּאָה, נְשׂוּאִים) [nasuj] verheiratet *Adj.*
נָשׁוּי ת' [naʃuj] verlassen *Adj.*
נָשׁוּךְ ת' [naʃux] gebissen *Adj.*
=כִּנְשׁוּךְ-נָחָשׁ = wie v. der Tarantel gestochen (*wörtl.* wie v. der Schlange gebissen)
נִשּׁוּל ז', נישול [niʃul] Vertreibung *f*, Verdrängung *f*
נִשּׁוּם ז' [niʃum] Atmung *f*, Atmen *n*
נִשּׁוּף ז', נישוף [niʃuf] schweres Atmen *n*
נִשּׁוּק ז', נישוק [niʃuk] Küssen *n*
נָשׁוּק ת' [naʃuk] geküsst *Adj.*; bewaffnet *Adj.*
נָשׁוּר ת' [naʃur] entblößt *Adj.*
נִשְׁחָת ת' [niʃxat] verdorben *Adj.*
נָשִׁי ת' [naʃi] fraulich, weiblich *Adj.*
נְשִׁי ז' [neʃi] Schuld *f*; Vergessenheit *f bibl.*
נָשִׂיא[1] ז' [nasi'] Präsident *m*; Fürst *m bibl.*
★נָשִׂיא[2] ז', נְשִׂיאִים ז"ר [nasi', nesi'im] Wolken *f/pl. bibl.*
=נְשִׂיאִים וְרוּחַ וְגֶשֶׁם אַיִן = *wörtl.* Wolken u. Wind, aber kein Regen; leere Versprechungen *f/pl.*
נְשִׂיאָה נ' [nesi'a] Tragen *n*; Präsidentin *f*
=נְשִׂיאַת-כַּפַּיִם = Priestersegen *m*
נְשִׂיאוּת נ' [nesi'ut] Präsidium *n*, Präsidentenschaft *f*
נְשִׁיבָה נ' [neʃiva] Wehen *n*, Luftzug *m*, *mst. pl.* Böen *f/pl.*
נְשִׁיָּה נ' [neʃija] Vergessen *n*, Vergessenheit *f*
נִשְׁיוֹן ז' [niʃjon] Amnesie *f*, Gedächtnisschwund *m*; Schulden *f/pl.*

נָשִׁיּוּת נ' [naʃijut] Fraulichkeit *f*
נְשִׁיכָה נ' [neʃixa] Beißen *n*
נָשִׁיל ת' [naʃil] (Frucht) fallend; (Schlangenhaut) sich schälend *Adj.*
=נְשִׁילָה נ' = Abfallen *n*
נָשִׁים נ"ר מִן אִשָּׁה (נְשֵׁי-) [naʃim] Frauen *f/pl.*
=עֶזְרַת-~ = Frauenabteilung *f (in der Synagoge)*
נְשִׁימָה נ' [neʃima] Atem *m*, Atemzug *m*, Atmen *n*
=כְּלֵי-~ ז"ר = Atmungsorgane *n/pl.*
=בְּ~ אַחַת = in e-m Atemzug
=בְּ~ עֲצוּרָה = mit angehaltenem Atem
=קֹצֶר-~ = kurzer Atem
=עַד הַנְּשִׁימָה הָאַחֲרוֹנָה = bis zum letzten Atemzug
=דְּרוּשָׁה (לְךָ) נְשִׁימָה אֲרֻכָּה = einen langen Atem haben *fig.*
נְשִׁיפָה נ' [neʃifa] Ausatmen *n*; Blasen *n*
=כְּלִי-~(כְּלֵי-~) = Blasinstrument *n*
נְשִׁיקָה נ' [neʃika] Kuss *m*
=מִיתַת-~ = *wörtl.* Tod durch e-n Kuss; leichter, schmerzloser Tod *fig.*
נְשִׁיקֹנֶת נ', נשיקונת [neʃi'konet] Küsschen *n*
נָשִׁיר ת' [naʃir] abfallend *(Blätter)*; ausfallend *(Haare)*
=עֲצֵי-פְּרִי נְשִׁירִים = Obstbäume *m/pl.* deren Blätter im Herbst abfallen
נְשִׁירָה נ' [neʃira] Fall *m (Blätter, Früchte)*; Ausfall *m (Haare)*; (vorzeitiger) Abgang *m*
נָשִׁית נ' [naʃit] Ischias *m*
נָשַׁךְ פעל (לִנְשׁוֹךְ, יִשּׁוֹךְ) [naʃax] *kal* beißen; Zinsen fordern
-נִשַּׁךְ נפ' (לְהִנָּשֵׁךְ) - *nif.* gebissen werden
★נֶשֶׁךְ ז' ראה גם: רִבִּית ['neʃex] Zins *m bibl.*
נִשְׁכָּח ת' [niʃkax] vergessen *Adj.*
=נִשְׁכָּחוֹת נ"ר = vergessene Dinge *n/pl.*
נַשְׁכָן ת', ~נִי ת' [naʃxan] bissig *Adj.*
נִשְׂכָּר ת' [niskar] belohnt, entlohnt; gewinnend, genießend *Adj.*
=יָצָא ~ = mit Gewinn hervorgehen

★נָשַׁל פעל (לִנְשׁוֹל, יִשַּׁל) [naʃal] *kal* abfallen, herunterfallen; abwerfen, abstreifen
-נִשֵּׁל פיעל - *pi.* vertreiben, enteignen
-הִשִּׁיל הפ' - *hif.* abstreifen; sich häuten
נֶשֶׁל ז' ['neʃel] abgestreifte Haut *f*
נִשְׁלָם ת' [niʃlam] vollendet *Adj.*
נָשַׁם פעל (לִנְשׁוֹם, יִנְשׁוֹם) [naʃam] *kal* atmen
-הִתְנַשֵּׁם הת' - *hit.* schwer atmen
-הִנְשִׁים הפ' - *hif.* beatmen *v/t*
=נָשַׁם לִרְוָחָה = erleichtert aufatmen
נָשֵׁם ת' [naʃém] verlassen, zerstört *(Gebäude) Adj.*
נֶשֶׁם ז' ['neʃem] Seele *f*; altes Enthaarungsmittel *n*
נְשָׁמָה נ' [neʃama] Atem *m*; Seele *f*; Lebewesen *n*
=~ טוֹבָה = gütiger, lieber Meusch *m* F
=~ יְתֵרָה = Beseeltheit *f*, erhabene Stimmung
=נֵר-~ = Gedächtniskerze *f*
=יָצְאָה נִשְׁמָתוֹ = die Seele aushauchen, sterben
=כָּל עוֹד נִשְׁמָתוֹ בּוֹ = solange er noch Atem hat, mit seinen letzten Kräften
=נִשְׁמָתוֹ עֵדֶן = Friede s-r Seele!
נָשַׁף פעל (לִנְשׁוֹף, יִנְשׁוֹף) [naʃaf] *kal* ausatmen, blasen
-הִתְנַשֵּׁף הת' - *hit.* schwer atmen
נֶשֶׁף ז' ['neʃef] Abend *m bibl.*; Festlichkeit *f*, Ball *m*
נִשְׁפִּיָּה נ' [niʃpija] kleine Festlichkeit
נָשַׁק פעל (לִנְשׁוֹק אֶת-, יִשַּׁק) [naʃak] *kal* küssen; berühren
-נִשֵּׁק פיעל - *pi.* küssen
-הִתְנַשֵּׁק הת' - *hit.* sich küssen
-הִשִּׁיק הפ' - *hif.* tangieren; vom Stapel laufen lassen
=עַל פִּיו יִשַּׁק = das letzte Wort haben
=הִשִּׁיקוּ כּוֹסוֹת = Gläser anstoßen, auf das Wohl trinken
נֶשֶׁק ז' ['neʃek] Waffe *f*, F Knarre *f*
=~ אוֹטוֹמָטִי = automatische Waffe
=~ חַם = Feuerwaffe *f*
=~ כָּבֵד = schweres Geschütz
=שְׁבִיתַת-~ = Waffenstillstand *m*
נַשָּׁק ז' [naʃak] Waffenmeister *m*
=~וּת נ' = Waffenkunde *f*
נִשְׁקִיָּה נ' (מחסן נשק) [niʃkija] Arsenal *n*
נָשַׁר פעל (לִנְשׁוֹר, יִשּׁוֹר) [naʃar] *kal* abfallen *(Blätter, Früchte)*, ausfallen *(Haare)*; sich häuten; (vorzeitig) abgehen, ausscheiden
-הִשִּׁיר הפ' - *hif.* fallen lassen, *(Blätter)* abwerfen
נֶשֶׁר[1] ז' ['neʃer] Gänsegeier *m* (Gyps fulvus) *Zo.*; *irrtümlich* Adler *m*
=הַנֶּשֶׁר הַגָּדוֹל = Beiname *f.* Maimonides
נֶשֶׁר[2] ז' ['neʃer] Fallobst *n*
נִשְׁרִי ת' [niʃri] adlerähnlich *Adj.*, Adler-
נִשְׂרָף ת' [nisraf] abgebrannt; verbrannt; augebrannt *Adj.*
נְשֹׁרֶת נ', נשורת [ne'ʃoret] Abfall *m* (unbrauchbarer Rest)
נָתַב פעל (לִנְתּוֹב, יִנְתּוֹב) [natav] *kal* den Weg bezeichnen
-נִתֵּב פיעל - *pi.* lotsen, leiten
נַתָּב ז' [natav] Lotse *m*, Pilot *m*
נִתְבָּע ז' [nitba'] Angeklagte(r) *m*; aufgefordert *Adj.*
נִתּוּב ז', ניתוב [nituv] Lotsen *n*
נִתּוּחַ ז', ניתוח [ni'tuax] Eingriff *m*, Operation *f Med.*; Analyse *f*
=~ קֵיסָרִי = Kaiserschnitt *m Med.*
נִתּוּחִי ת', ניתוחי [nituxi] analytisch; invasiv *Adj.*
נָתוּךְ ת' [natux] aufgelöst, geschmolzen *Adj.*
נָתוּן תו"ז [natun] gegeben, vorhanden *Adj.*; Gegebenheit *f*, Tatsache *f*
=נְתוּנִים ז"ר = Daten *n/pl.*; Fakten *m f/pl.*
=~ אִישִׁיִּים = Personalien *pl.*
=עִבּוּד ~ = Datenverarbeitung *f* EDV
נָתוּץ ת' [natuts] zerschmettert *Adj.*
נִתּוּץ ז', ניתוץ [nituts] Zerschmetterung *f*

נָתוּק ת׳ [natuk] abgeschnitten, abgetrennt *Adj.*

נִתּוּק ז׳, ניתוק [nituk] Abreißen *n*, Abbrechen *n*, Abbruch *m*

=~-יְחָסִים = Abbruch *m* von Beziehungen

=~-מַגָּע = Rückzug *m Mil.*

נִתּוּר ז׳, ניתור [nitur] Hüpfen *n*, Springen *n*

נִתַּז נפ׳ (לְהִנָּתֵז) [nitaz] *nif.* geworfen werden, gespritzt werden

-הִתִּיז הפ׳ - *hif.* spritzen, verspritzen; *(Laut)* überbetonen

=~ רָאשִׁים = "Köpfe rollen lassen", köpfen

נֶתֶז ז׳ ['netez] Spritzer *m*

נִתַּח פיעל (לְנַתֵּחַ) [nitax] *pi.* in Stücke zerschneiden, zerlegen; operieren *Med.*; analysieren

-נֻתַּח פועל - *pu.* operiert werden

נֵתַח ז׳ ['nétax] Stück *n (Fleisch)*

נַתְּחָן ז׳ [natxan] Analytiker *m*

=~נוּת נ׳ = Analytik *f*

=~נִי ת׳ = analytisch *Adj.*

נָתִיב ז׳ [nativ] Pfad *m*, Weg *m*

=נְתִיב-הֶחָלָב = Milchstraße *f Astr.*

=פִּלֵּס נָתִיב = e-n Weg bahnen

★נְתִיבָה נ׳ [netiva] Pfad *m*, Weg *m*

=בֵּית הַנְּתִיבוֹת (בנמל התעופה) = Bahnhof *m*, *Flgw.* Auskunfts-Terminal *n*

נְתִיזָה נ׳ [netiza] Spritzen *n*

נָתִיחַ ת׳ [na'tiax] operabel *Adj.*

נְתִיחָה נ׳ [netixa] Obduktion *f*, Sezierung *f*

נָתִיךְ ז׳ [natix] Sicherungsdraht *m*, (Schmelz)-Sicherung *f El.*

נְתִיכָה נ׳ [netixa] Guss *m (Metall)*

נָתִין ז׳ [natin] Staatsbürger *m*, Untertan *m*

נְתִינָה נ׳ [netina] Geben *n*; Übergabe *f*; Staatsbürgerin *f*, Untertanin *f*

נְתִינוּת נ׳ [netinut] Staatsbürgerschaft *f*

נְתִיצָה נ׳ [netitsa] Zerstörung *f*, Verwüstung *f*

נָתִיק ת׳ [natik] (ab)trennbar *Adj.*

=נְתִיקוּת נ׳ = Trennung *f*

נָתִיר ת׳ [natir] lösbar *(Knoten) Adj.*

נְתִיר ז׳ [netir] Abprallen *n*

נְתִירָה נ׳ [netira] Hüpfen *n*

נְתִישָׁה נ׳ [netiʃa] Abreißen *n*

★נָתַךְ פעל [natax] *kal* sich ergießen

-נִתַּךְ נפ׳ (לְהִנָּתֵךְ) - *nif.* sich ergießen, herunterströmen; schmelzen *v/i*

-הִתִּיךְ הפ׳ - *hif. (Metall)* schmelzen *v/t*

נֶתֶךְ ז׳ ['netex] Legierung *f*, Guss *m*

נָתַן פעל (לָתֵת, נָתַתִּי, יִתֵּן) [natan] *kal* geben; erlauben

-נִתַּן נפ׳ (לְהִנָּתֵן) - *nif.* gegeben werden; möglich sein

=יֻתַּן (רק בעתיד) הופ׳ = es soll gegeben werden

=נָתַן אֶת הַדִּין = verurteilt werden, s-e Strafe bekommen; Rechenschaft ablegen

=~ דַּעְתּוֹ עַל- = s-e Aufmerksamkeit schenken, aufmerksam werden auf *(Akk.)*

=~ דְּרִיסַת רֶגֶל לְ- = Zutritt erlauben

=~ יָד = die Hand reichen, helfen, sich beteiligen

=~ כָּבוֹד לְ- = Ehre erweisen

=~ לִבּוֹ, ~ אֶל לִבּוֹ (לְ-) = s-e Aufmerksamkeit schenken

=~ עֵינוֹ בַּכּוֹס = sich dem Trunke ergeben

=~ עֵצָה = raten, Rat geben

=~ רֵיחַ = riechen, duften *v/i*

=~ רְשׁוּת = erlauben

=~ שָׂכָר לְ- = belohnen

=~ שָׁלוֹם לְ- = begrüßen

=הַדִּין נוֹתֵן = es ist nur gerecht, dass

=הִיא הַנּוֹתֶנֶת = im Gegenteil!; das ist es ja gerade!

=מִי יִתֵּן = schön wär's!

=נָשָׂא וְנָתַן = verhandeln

=תֵּן דַּעְתְּךָ! = achte darauf! pass auf!

=הָאֱמֶת נִתְּנָה לְהֵאָמֵר = in Wahrheit

נִתְעָב ת׳ [nit'av] verabscheut, verabscheuungswürdig *Adj.*

נִתַּץ נפ׳ (לְהִנָּתֵץ) [nitats] *nif.* zerschmettert werden

-נִתֵּץ פיעל - *pi.* zerschmettern

נִתַּק נפ׳ (לְהִנָּתֵק) [nitak] *nif.* abgetrennt werden

-נִתֵּק פיעל - *pi.* abtrennen, abbrechen; *(Kontakt)* abreißen *v/i*

נֶתֶק ז׳ ['netek] Unterbrechungsschalter *m El.;* Kontaktabbruch *m*

נִתְקָף ת׳ [nitkaf] angegriffen *Adj.*

נָתַר[1] פעל [natar] *kal* springen

-נִתֵּר פיעל - *pi.* hüpfen, springen

(נתר)[2] הִתִּיר הפ׳ [hitir] *hif.* lösen, losmachen; erlauben

=~ נֶדֶר, ~ שְׁבוּעָה = vom Gelübde befreien, lossprechen

=הֻתַּר דָּמוֹ = für vogelfrei erklärt werden

=מֻתָּר ת״פ, מותר = erlaubt *Adv.*

=הֻתְּרָה הָרְצוּעָה = die Zügel wurden gelockert *fig.*

נֶתֶר ז׳ ['neter] Soda *f*, Natriumkarbonat *n Chem.*

=~ מְאַכֵּל = kaustische Soda *(stark ätzend) Chem.*

נַתְרָן ז׳ [natran] Natrium *n Chem.*

נַתְּרָן ז׳ [natran] Springer *m*

ס

ס 'Samex (S), 15. Buchstabe des hebr. Alphabets; Zeichen der Zahl 60

★סֵאֵב פיעל [sé'év] *pi.* beschmutzen, beflecken

-הִסְתָּאֵב הת' - *hit.* sich beschmutzen, unrein werden; korrumpiert, (moralisch) verdorben werden

★סְאָה נ' [se'a] antikes Trockenmaß, ca. 13,3 1

=גָּדַשׁ (הִגְדִּישׁ) אֶת הַסְּאָה = die Grenze des Erlaubten überschreiten, zu weit gehen

סָאוּנָה נ' [sauna] Sauna *f*

סא"ל ר"ת: סְגַן-אַלּוּף [sgan-aluf] *etwa* Oberstleutnant *m*

סָאַן פעל [sa'an] *kal* lärmen

=רְחוֹב סוֹאֵן = laute Straße

סַאַן ז' ['sa'an] Lärm *m*, Aufruhr *f*

סָאסָא ז' [sasa] Borste *f*, Stoppel *m*

סָב ז' (סָבִי, סָבִים) [sav] Großvater *m*

סָבָא, סַבָּא (ארמ') [sava, saba] Großvater! Opa! *(Anrede)*

=סָבָא רַבָּא = Urgroßvater *m*

★סָבָא פעל (לִסְבּוֹא, יִסְבָּא) [sava'] *kal* sich betrinken

סָבַב פעל (לָסוֹב, גם לִסְבּוֹב, סָבַבְתִּי גם סַבּוֹתִי, יָסוֹב, גם יִסְבּוֹב) [savav] *kal* herumgehen; sich umdrehen; rotieren

-נָסַב נפ' (לְהִסֵּב עַל) - *nif.* sich drehen um *(Akk.)*, zum Thema haben

-סוֹבֵב¹ פיעל - *pi.* umhergehen, umkreisen

-סִבֵּב² פיעל - *pi.* verwandeln, ändern; umkreisen

-הִסְתּוֹבֵב הת' - *hit.* sich herumtreiben, sich herumdrehen; herumfahren

-הֵסֵב הפ' - *hif.* wenden *v/t*, zum Wenden bringen; übertragen, girieren; an e-m Mahle teilnehmen

=סָבַב בְּכַחַשׁ = betrügen

=סִבֵּב עַל הַפְּתָחִים = betteln gehen, hausieren; von Tür zu Tür gehen

=הֵסֵב אֶת לִבּוֹ (לְ-) = ablenken, Aufmerksamkeit lenken *auf (Akk.)*

=~ מִקְצוֹעַ = s-n Beruf wechseln; umschulen

=~ אֶת שְׁמוֹ = den Namen ändern

סֶבֶב ז' ['sevev] Umdrehung *f;* Rotation *f*; Runde *f*

סַבֶּבֶת נ' [sa'bevet] Zahnrad *n Tech.*

סָבָה נ' [sava] Großmutter *f*

סַבְתָּא נ' (ארמ') [savta'] Großmutter! Oma! *(Anrede)*

סִבָּה נ', סיבה [siba] Grund *m*, Ursache *f*, Anlass *m*

סִבּוּב ז', סיבוב [sibuv] Drehung *f*, Umdrehung *f*, Rotation *f*; Runde *f*

=סִבּוּב רֹאשׁ = Schwindel *m*

=סִבּוּבִי ת' = rotierend *Adj.*, Rotations-

סִבּוּךְ ז', סיבוך [sibux] Verwicklung *f*, Komplizierung *f*, Komplikation *f*

סָבוּךְ ת' [savux] verflochten, verwickelt *Adj.*

סַבּוֹן ז' [sabon] Seife *f*

=בּוּעָה שֶׁל ~ = Seifenblase *f*

סִבּוּן ז', סיבון [sibun] Einseifen *n*

סַבּוֹנִיָּה נ' [sabonija] Seifenbehälter *m*

סָבוּר ת' [savur] meinend, überzeugt *Adj.*

=אֲנִי ~ , סְבוּרַנִי, = ich meine, ich bin der

★סֹבֶךְ ז׳, סובך ['sovex] Dickicht *n*
סְבָכָה נ׳ [svaxa] Gitterwerk *n*, Rost *m*
סִבְּכִי ז׳, סיבכי [sibxi] Grasmücke *f* (Sylvia) *Zo.*
סָבַל פעל (לִסְבּוֹל, יִסְבּוֹל) [saval] *kal* leiden, ertragen, aushalten; tolerieren
-נִסְבַּל נפ׳ (לְהִסָּבֵל) - *nif.* geduldet sein, toleriert werden
=אֵין הַדַּעַת סוֹבַלְתּוֹ = es ist nicht akzeptabel
=סָבַל כְּאֵבִים = Schmerzen erleiden, erdulden
סַבָּל ז׳ [sabal] Lastträger *m*, Gepäckträger *m*
סֵבֶל ז׳ (סְבָלוֹת) ['sével] Leiden *n*, Qual *f*
סִבְלוֹן ז׳ [sivlon] Last *f*, Bürde *f*
סִבְלוּת נ׳ [sivlut] Leiden *n*
סַבָּלוּת נ׳ [sabalut] Lastträgerarbeit *f*
סַבְלָ|נוּת נ׳ [savlanut] Geduld *f*
=~נִי ת׳ = geduldig *Adj.*
סְבֹלֶת נ׳, סבולת [se'volet] Ausdauer *f*, Aushalten *n*
סִבֵּן פיעל [sibén] *pi.* einseifen
-הִסְתַּבֵּן הת׳ - *hit.* sich einseifen
סִבְסֵד פיעל [sibséd] *pi.* subventionieren
סָבַר פעל (לִסְבּוֹר, יִסְבּוֹר) [savar] *kal* meinen, der Ansicht sein
-הִסְבִּיר הפ׳ - *hif.* erklären, erläutern
-סִבֵּר פיעל - *pi.* interpretieren
-הִסְתַּבֵּר הת׳ - *hit.* sich herausstellen, sich ergeben
=הִסְבִּיר פָּנִים ל- = freundlich entgegenkommen *(D)*, - empfangen *(Akk.)*
=סִבֵּר אֶת הָאֹזֶן = verständlich machen, (gut) erklären
=אִפְכָא מִסְתַּבְּרָא (ארמ׳) = das Gegenteil ist richtig
סֵבֶר ז׳, ~-פָּנִים ['séver-panim] Gesichtsausdruck *m*
=~ ~ יָפוֹת = Freundlichkeit *f*, freundliches Gesicht

סְבוּרַנִי Ansicht, ich glaube
=כִּסְבוּר = zu der Meinung neigend
סִבּוּר ז׳, סיבור [sibur] Auslegung *f*
=~-אֹזֶן = Erklären *n*
סָבוֹרָא ז׳ (ארמ׳) [savora'] Ehrentitel für Talmudgelehrte in Babylon, 6. Jahrhundert; Kommentator *m*
סְבִיאָה נ׳ [svi'a] Saufen *n*
סָבִיב ת״פ גם מ״י [saviv] ringsherum *Adv.*
=~ ~ = von allen Seiten, rundherum *Adv.*
=מִסָּבִיב = rundherum, von jeder Seite
סְבִיבָה נ׳ [sviva] Umgebung *f*, Gegend *f*; Umwelt *f*, Milieu *n*
=הֲגַנַּת הַסְּבִיבָה = Umweltschutz *m*
=זִהוּם ~ = Umweltverschmutzung *f*
סְבִיבוֹן ז׳ [sevivon] Kreisel *m*
סְבִיבָתִי ת׳ [svivati] ökologisch *Adj.*
סַבְיוֹן ז׳ [savjon] Kreuzkraut *n* (Senecio) *Bot.; irrtümlich* Löwenzahn *m*, Pusteblume *f*
סָבִיךְ ת׳ [savix] sich leicht verwickelnd, - verstrickend *Adj.*
=סְבִיכוּת נ׳ = Verwicklung *f*, Kompliziertheit *f*
סָבִיל ת׳ [savil] passiv (a. *Gr.*) *Adj.*
=סְבִילוּת נ׳ = Passivität *f*; Aushalten *n*, Ertragen *n*
סֻבִּ|ים, ~ן, סובים ז״ר [subim] Kleie *f*
סָבִיר ת׳ [savir] verständlich, plausibel, annehmbar, angemessen, vernünftig *Adj.*
=~ לְהַנִּיחַ = es ist anzunehmen
=סְבִירוּת נ׳ = Verständlichkeit *f*, Angemessenheit *f*
סִבִּית נ׳ [sibit] kleines Stückchen *n*
סָבַךְ פעל (לִסְבּוֹךְ אֶת-, יִסְבּוֹךְ) [savax] *kal* verflechten
-סִבֵּךְ פיעל - *pi.* verwickeln, komplizieren *v/t*
-הִסְתַּבֵּךְ הת׳ - *hit.* sich verwickeln, sich verstricken; F anbandeln
סְבַךְ ז׳ [svax] Dickicht *n*; Verstrickung *f*

=~ ~ רָעוֹת	= Unfreundlichkeit *f*, unfreundliches Gesicht
=חֲמוּר-סֵבֶר ת׳	= streng -, finster blickend *Adj.*
סְבָרָה נ׳	[svara] Meinung *f*, Ansicht *f*; Annahme *f*, Vermutung *f*
=~ בְּעָלְמָא	= bloße Vermutung
=סְבָרַת-הַכָּרֵס	= leere, unbegründete Vermutung
סִבְרוֹן ז׳	[sivron] Erwartung *f*, Hoffnung *f*
סְבָרָתִי ת׳	[svarati] hypothetisch *Adj.*
סָבְתָא נ׳ ראה גם: סָבָה	[savta'] Großmutter *f*
סִבָּתִ|י ת׳, סיבתי	[sibati] kausal, ursächlich zusammenhängend *Adj.*
=~יּוּת נ׳	= Kausalität *f*, Ursächlichkeit *f*
סֶגֶב ז׳	['segev] Erhebung *f*, Erregung *f*
סָגַד פעל (לִסְגּוֹד, יִסְגּוֹד)	[sagad] *kal* sich zum Gebet niederwerfen; anbeten
סֶגּוֹל ז׳, סְגוֹל	[segol] hebr. Vokalzeichen für kurzes e
סָגוֹל¹ ת׳	[sagul] *(Konsonant)* mit Segol punktiert
סָגוֹל² ת׳	[sagul] auserwählt *Adj.*
סִגּוֹל ז׳, סיגול	[sigul] Anpassung *f*
סֶגּוֹלִי ת׳	[segoli] mit Segol punktiert; hebr. Hauptwort mit zwei Segolim, auf der vorletzten Silbe betont *Gr.* (z.B. מִרְפֶּסֶת)
סָגוּף ת׳	[saguf] kasteit, asketisch *Adj.*
סִגּוּ|ף ז׳, סיגוף	[siguf] Kasteiung *f*, Askese *f*
=~פִי ת׳	= asketisch *Adj.*
סְגוֹר ז׳	[sgor] Verschluss *m*
סָגוּר ת׳	[sagur] geschlossen *Adj.*
=~ וּמְסֻגָּר	= fest verschlossen, abgeschlossen *Adj.*
★סַגִּי ת״פ (ארמ׳)	[sagi] groß, viel *Adj.*; genug *Adv.*
=~-נְהוֹר	= blind *Adj.*; Blinde(r) *m*
=בִּלְשׁוֹן ~-~	= euphemistisch (gesagt)
סַגִּי|א ת׳	[sagi'] groß, großartig, enorm *Adj.*
=~אוּת נ׳	= Ausmaß *n*, Größe *f*
סַגִּיב ת׳	[sagiv] allmächtig, großartig *Adj.*
סְגִידָה נ׳	[sgida] Anbetung *f*
סָגִיל ת׳	[sagil] anpassungsfähig *Adj.*
=סְגִילוּת נ׳	= Anpassungsfähigkeit *f*
סָגִין ז׳	[sagin] Uniformmantel *m*
סְגִירָה נ׳	[sgira] Schließung *f*
=סְגִירוּת נ׳	= Geschlossensein *n*
סִגֵּל פיעל	[sigél] *pi.* anpassen *v/t*
-הִסְתַּגֵּל הת׳	- *hit.* sich anpassen
-הִסְגִּיל הפ׳	- *hif.* einarbeiten *v/t*
סֶגֶל¹ ז׳	['segel] Kader *m*, Stab *m*, Körperschaft *f*; Personal *n*
=~ אֲקָדֵמִי	= akademisches Personal *(Professoren, Dozenten)*
=~ דִּיפְּלוֹמָטִי	= diplomatisches Korps
סֶגֶל² ז׳, סִגָּל ז׳, סִגָּלִית נ׳	['segel, sigal, sigalit] Veilchen *n* (Viola) *Bot.*
סָגֹל ת׳, סגול (סְגֻלָּה)	[sagol] violett, lila *Adj.*
סְגַלְגַּ|ל ת׳	[sgalgal] elliptisch, oval, eiförmig; schwach lila *Adj.*
=~לּוּת נ׳	= ovale Form *f*
סְגֻלָּה נ׳, סגולה	[sgula] (gute) Eigenschaft *f*; erprobtes Mittel; Kostbarkeit *f*, Schatz *m*
=~ טוֹבָה	= Tugend *f*
=אִישׁ-~	= hervorragender, ausgezeichneter Mensch
=יְחִידֵי-~ ז״ר	= auserwählte Menschen *m/pl.*
=אֶרֶץ-הַסְּגֻלָּה	= das gelobte Land
=עַם-~	= das auserwählte Volk
סְגֻלִּי ת׳, סגולי	[sguli] spezifisch *Adj.*
=מִשְׁקָל ~	= spezifisches Gewicht
סְגֻלִּיּוּת נ׳, סגוליות	[sgulijut] Besonderheit *f*, Eigentümlichkeit *f*, spezifischer Charakter
סְגָן ז׳	[sgan] Stellvertreter *m*; Vize-
סֶגֶן ז׳	['segen] Oberleutnant *m*
=~-מִשְׁנֶה	= Leutnant *m*

סִגְנוֹן ז׳, סיגנון [signon] Stil *m*
=סִגְנוּן ז׳ = Stilisierung *f*
=סִגְנוֹנִי ת׳ = stilistisch *Adj.*
סְגָנוּת נ׳ [sganut] Amt *n od.* Stand *m* des Stellvertreters
סְגָנִית נ׳ [sganit] Stellvertreterin *f*, Vize-(*f*)
סִגְנֵן פיעל [signén] *pi.* stilisieren, formulieren
סִגְסֵג פיעל [sigség] *pi. (Metall)* legieren
סִגְסַג ז׳, סיגסג [sigsag] Zickzack *m*
סַגְסֹגֶת נ׳, סגסוגת [sag'soget] Legierung *f*
סִגְסוּג ז׳, סיגסוג [sigsug] Legieren *n*
סִגֵּף פיעל [sigéf] *pi.* j-m Entbehrungen auferlegen, j-n foltern
-הִסְתַּגֵּף הת׳ - *hit.* sich kasteien
סַגְּפָ|ן ז׳ [sagfan] Asket *m*
=~נוּת נ׳ = Askese *f*
=~נִי ת׳ = asketisch *Adj.*
סָגַר פעל (לִסְגּוֹר אֶת-, עַל-, יִסְגּוֹר) [sagar] *kal* schließen, verschließen
-הִסְתַּגֵּר הת׳ - *hit.* sich verschließen, sich einschließen
-הִסְגִּיר הפ׳ - *hif. (Gefangene usw.)* ausliefern; in Quarantäne geben
=מַאֲמָר מֻסְגָּר = nebenbei gesagt
=סָגַר עַל- = umzingeln *Mil.*
סֶגֶר ז׳ ['seger] Verschluss *m*, Keil *m*, Spund *m*; *(Schloss)* Zunge *f*; *(Gebiet)* Sperren *n*
סַגְרִיר ז׳ [sagrir] starker Regen
=יוֹם ~ = kalter u. regnerischer Tag
=סַגְרִירִי ת׳ = kalt u. regnerisch
סַד ז׳ [sad] *(Folterinstrument)* Block *m*; Schiene *f Med.*
סְדוֹם [sdom] Sodom (Stadt am Toten Meer)
=מִטַּת-~ = Prokrustesbett *n fig.*, Zwangslage *f*, unpassendes Schema *n f*
=מַעֲשֵׂה-~, ~יּוּת = Homosexualität *f*
=סְדוֹמִ|י ת׳ = Sodomit *m*

סָדוּק ת׳ [saduk] gespalten *Adj.*, rissig *Adj.*
סִדּוּק ז׳, סידוק [siduk] Spalten *n*
סָדוּר ת׳ [sadur] wohlgeordnet *Adj.*
סִדּוּר ז׳, סידור [sidur] Ordnen *n*, Regelung *f*; "Sidur" *(jüd. Gebetbuch)*; Satz *m Typ.*
=סִדּוּרִי ת׳, סידורי = Ordnungs-
=מִסְפָּר ~, מִסְפָּר סוֹדֵר = Ordnungszahl *f*
סָדִיזְם ז׳ [sadizm] Sadismus *m*
=~סְט ז׳ = Sadist *m*
=~סְטִי ת׳ = sadistisch *Adj.*
סָדִין ז׳ (סְדִינִים) [sadin] Bettlaken *n*
סָדִיק ת׳ [sadik] zerbrechlich, spaltbar *Adj.*
סְדִיקָה נ׳ [sdika] Spalten *n*; Rissbildung *f*
סָדִיר ת׳ [sadir] regulär *Adj.*
=כֹּחַ ~, צָבָא ~ = Wehrpflichtigenarmee *f*
סְדִירָה נ׳ [sdira] Ordnen *n*, Regeln *n*
=סְדִירַת פְּרָחִים = Blumenarrangement *f*
=סְדִירוּת נ׳ = Regelmäßigkeit *f*
סַדָּן ז׳ (סַדָּנִים) [sadan] Amboss *m;* Stumpf *m*
=בֵּין הַפַּטִּישׁ וּבֵין הַסַּדָּן = zwischen Hammer u. Amboss
=סַדָּנָא דְאַרְעָא חַד הוּא (ארמ׳) = es gibt nichts Neues unter der Sonne
סַדְנָה נ׳ (סַדְנָאוֹת) [sadna] Werkstatt *f;* Workshop *m*
סָדַק פעל (לִסְדּוֹק אֶת-, יִסְדּוֹק) [sadak] *kal* spalten *v/t*
-נִסְתַּדֵּק הת׳ - *hit.* Risse bekommen, reißen *v/i*
סֶדֶק ז׳ ['sedek] Spalt *m*, Riss *m*, Ritze *f*
=~-הַקּוֹל = Stimmritze *f*
סִדְקִי ז׳, סידקי [sidki] Kurzwarenhändler *m*
=~ת נ׳ = Kurzwaren *f/pl.*, Galanteriewaren *f/pl.*
★סָדַר פעל (לִסְדּוֹר אֶת-, יִסְדּוֹר) [sadar] *kal* ordnen, arrangieren
-סִדֵּר פיעל - *pi.* ordnen, erledigen, aufräumen; setzen *Typ.*; hereinlegen *fig.*; foppen F
-הִסְתַּדֵּר הת׳ - *hit.* sich eingewöhnen,

[saharon] Schmuckstück *n* in Mondform; Kipfel *n*, Hörnchen *n* — סַהֲרוֹן ז׳
[saharuri] mondsüchtig *Adj.* — סַהֲרוּרִ|י ת׳
= Mondsucht *f*, Mondsüchtigkeit *f* — =~יּוּת נ׳
[so'én] laut, lärmend, dröhnend *Adj.* — סוֹאֵן ת׳
[svar] Stapel *m* — סְוָאר, סְוָר ז׳
[sové'] Trinker *m*, Säufer *m* — סוֹבֵא ז׳
[subjekt] Subjekt *n* — סוּבְּיֶקְ|ט ז׳, סובייקט
= subjektiv *Adj.* — =~טִיבִי ת׳
= Subjektivität *f* — =~טִיבִיּוּת נ׳
= Subjektivismus *m* — =~טִיבִיזְם ז׳
[sovél] leidend *Adj.* — סוֹבֵל ת׳
[sublimatsja] Sublimierung *f;* Sublimation *f Chem.* — סוּבְּלִימַצְיָה נ׳
[sovlanut] Toleranz *f*, Duldsamkeit *f* — סוֹבְלָ|נוּת נ׳
= tolerant, duldsam *Adj.* — =~נִי ת׳
[subsidja] Subvention *f*, Zuschuss *m* — סוּבְּסִידְיָה נ׳
[nasog] *nif.* zurückweichen — (סוג)[1] נָסוֹג נפ׳ (לָסֶגֶת, לְהִסּוֹג, יִסּוֹג)
= zurückweichen, den Rückzug antreten — =נָסוֹג אָחוֹר
[sijég] *pi.* einzäunen, e-n Zaun errichten — (סוג)[2] סִיֵּג פיעל
- *hit.* sich abgrenzen, sich distanzieren — -הִסְתַּיֵּג הת׳
[sivég] *pi.* sortieren — סִוֵּג פיעל
[sug] eingezäunt *Adj.* — ★סוּג ת׳
= auf Rosen gebettet *bibl.* — =~ בַּשּׁוֹשַׁנִּים
[sug] Sorte *f*, Typ *m*, Kategorie *f* — סוּג ז׳
[sugja] Thema *n*, Studiengebiet *n*; Problem *n*; Kapitel *m*, Abschnitt *m* — סוּגְיָה נ׳
[sugestja] Suggestion *f* — סוּגֶסְ|טְיָה נ׳
= suggestiv *Adj.* — =~טִיבִי ת׳
[sugar] Käfig *m* — סוּגַר ז׳ ראה גם: כְּלוּב
[sogér] Schlusszeile *f* e-s Reimes; Klammer *f (Schriftzeichen)* — סוֹגֵר ז׳

zurechtkommen
- *hif.* Ordnung hineinbringen, organisieren, regeln — -הִסְדִּיר הפ׳
= Ordnungszahl *f*, Ordinalzahl *f* — =מִסְפָּר סוֹדֵר
['séder] Ordnung *f*, Reihenfolge *f*; Sederabend *m (Festmahl am Vorabend des Pessachfestes)*; eins der 6 Bücher der Mischna — סֵדֶר ז׳
= in Ordnung, gut, okay *Adv.* — =בְּ~
= wie es sich gehört, wie es sein muss — =כְּסִדְרוֹ
= Tagesordnung *f* — =סֵדֶר-הַיּוֹם
= Naturgesetze *n/pl.* — =סִדְרֵי-בְּרֵאשִׁית
= Unordnung *f* — =אִי-סֵדֶר
= zur Ordnung rufen — =קָרָא לַסֵּדֶר
= Exerzieren *n* — =תַּרְגִּילֵי-סֵדֶר
[sadar] Setzer *m Typ.* — סַדָּר ז׳
[sedar] Satz *m Typ.* — סְדָר ז׳
[sidra] Serie *f*, Folge *f*; Kapitel *n* der Woche *(Thora)* — סִדְרָה נ׳, סידרה
= arithmetische Reihe *(Folge) Math.* — =~ אֲרִיתְמֵטִית
[sidrur] Folge *f*, Reihenfolge *f*, Sequenz *f* — סִדְרוּר ז׳
[sadarut] Satz *m*, Arbeit *f* des Setzers *Typ.* — סַדָּרוּת נ׳
[sadran] Ordner *m*, Platzanweiser *m* — סַדְּרָן ז׳
= Arbeit *f*-, Aufgabe *f* des Ordners — =~וּת נ׳
[sax hakol] Gesamtsumme *f*; jedenfalls — ס״ה, סה״כ ר״ת סַךְ-הַכֹּל
[sahur] vom Mond beleuchtet — סָהוּר ת׳
['sahar] Mond *m* — ★סַהַר ז׳ ראה גם: יָרֵחַ, לְבָנָה
= der Rote Halbmond *(Rotes Kreuz in islam. Ländern)* — =הַסַּהַר הָאָדֹם
= der "fruchtbare Halbmond"; fruchtbares Land in Nahen Osten, das sich in Bogenform vom Irak nach Agypten zieht — =הַ~ הַפּוֹרֶה
[bét-sohar] Gefängnis *n* — (סֹהַר) בֵּית-~

=סוֹגֵר צוֹמֵד = geschweifte Klammer}
=סוֹגְרַיִם ז"ז = Klammern *f/pl.*
=~ עֲגֻלִּים = runde Klammern *f/pl.* ( )
=~ מְרֻבָּעִים, אֲרִיחַיִם = eckige Klammern *f/pl.* [ ]
=~ מְזֻוִּים = Spitzklammern *f/pl.* <>
★(סוד)[1] סָד פעל (לָסוּד אֶת-, יָסוּד) [sad] *kal* kalken
-סִיֵּד פיעל - *pi.* kalken, streichen
-הִסְתַּיֵּד הת' - *hit.* verkalken *v/t Med.*
=סוּד ת' = gekalkt *Adj.*
(סוד)[2] הִסְתּוֹדֵד הת' [histodéd] *hit.* sich im Geheimen beraten, Geheimnisse besprechen
סוֹד ז' (סוֹדוֹת) [sod] Geheimnis *n*
=בְּסוֹדֵי-סוֹדוֹת = unter dem Siegel größter Verschweigenheit *fig.*
=סוֹד גָּלוּי = offenes Geheimnis *n*
=סוֹד כָּמוּס = streng bewahrtes Geheimnis
=אִישׁ-סוֹד, בַּעַל-~ = Vertrauensperson *f*
=הַמְתִּיק ~ (עִם) = geheime Gespräche führen
=נִכְנַס יַיִן יָצָא ~ = *wörtl.* Wein kam herein, das Geheimnis kam heraus; Wein löst die Zunge
=גִּלָּה ~וֹת מִן הַחֶדֶר = aus der Schule plaudern *fig.*
סוֹדָה נ' [soda] Soda *n, f* (Natriumkarbonat)
=מֵי-~ = F Mineralwasser *n* mit Kohlensäure
סוֹדִ|י ת' [sodi] geheim, vertraulich *Adj.*
=~ יּוּת נ' = Heimlichkeit *f*
סוֹדֵר ת' [sodér] ordnend *Adj.*
=מִסְפָּר ~ = Ordnungszahl *f*
סוּדָר ז' [sudar] Schal *m*, Halstuch *n*, Kopftuch *n;* Pullover *m*
סְוֶדֶר ז' [sveder] Pullover *m;* Strickjacke *f*
סוֹדְרָן ז' [sodran] Index-Vorordner *m,* Vorsortierer *m,* Unterschriftenmappe *f*
(סוה) **הִסְוָה** הפ' [hisva] *hif.* tarnen; verstecken *v/t*
סוֹהֵר ז' [sohér] Gefängniswärter *m*

סִוּוּג ז', סיווג [sivug] Kategorisierung *f*, Klassifizierung *f*
סוֹחֲפָנִי ת' [soxfani] mitreißend *Adj.*
סוֹחֵר ז' (סוֹחֶרֶת, סוֹחֲרִים) [soxér] Kaufmann *m*, Händler *m*
=אֳנִיַּת-~, צִי-~ = Handelsschiff *m*, Handelsflotte *f*
=כֶּסֶף עוֹבֵר לַסּוֹחֵר = klingende Münze, Bares *n*
★(סוט) סָט פעל (לָסוּט, יָסוּט) [sat] *kal* weichen, abweicher *v/i*
-הֵסִיט הפ' - *hif.* wegrücken, verschieben *v/t*
סוֹטֶה ת' [sote] abweichend, abtrünnig *Adj.*, auf Abwege geratend
★=סוֹטָה נ' = Ehebrecherin *f*
סוֹיָה נ' [soja] Soja *f Bot.*
=פּוֹלֵי-~ = Sojabohnen *f/pl.*
סְוִיטָה נ' [suita] Suite *f Mus., Hotel*
★(סוך) סָךְ פעל (לָסוּךְ אֶת-, יָסוּךְ) [sax] *kal* ölen, salben
סוֹכֵךְ ז' [soxéx] Sonnenschirm *m*, Schutzdach *n*; Dolde *f Bot.*
=סוֹכְכִיִּים ז"ר = Doldengewächse *n/pl.*
סוֹכֵן ז' (סוֹכֶנֶת) [soxén] Verwalter *m*, Agent *m*, Vertreter *m*
=סוֹכֶנֶת-בַּיִת = Haushälterin *f*
=סוֹכְנוּת נ' = Agentur *f*, Vertretung *f*
=סוֹכְנוּת-נְסִיעוֹת = Reisebüro *n*
=הַסּוֹכְנוּת הַיְּהוּדִית = "Jewish Agency", offizielle Vertretung des Weltjudentums in Israel
סוֹל ז' [sol] g, G *n Mus.*
=מַפְתֵּחַ ~ = Notenschlüssel *m Mus.*
סוֹלֵד ת' [soléd] zurückweichend *Adj.*
=חֹטֶם ~, אַף ~ = Stupsnase *f*
סוֹלְדָנִי ת' [soldani] abweisend *Adj.*
סוּלְחָה נ' (ערב') [sulxa] Versöhnungsmahlzeit *f*
סוֹלְחָנִי ת' [solxani] versöhnlich, nachgiebig *Adj.*
סוֹלִידָרִ|י ת' [solidari] solidarisch *Adj.*

=~יוּת נ' = Solidarität *f*

סוּלְיָה נ' [sulja] Schuhsohle *f*

סוֹלְלָה נ' [solela] Wall *m*, Erdwall *m*, Aufschüttung *f*, Damm *m*; Batterie *f El., Mil.*

=סוֹלְלַת-כְּבִישׁ = Straßenbankette *f*, Böschung *f*

סוֹלָן ז' (סוֹלָנִית) [solan] Solist *m*

סוֹלָנוּם ז' [solanum] Nachtschatten *m* Nachtschattengewächse *n/pl. Bot.*

סוֹלָרִי ת' [solari] Sonnen-, solar *Adj.*

★סוּמָא, סוֹמֵא ז' [suma', somé'] Blinde(r) *m*

סוֹמָטִי ת' [somati] somatisch, körperlich *Adj.*

=פְּסִיכוֹ-~ = psychosomatisch *Adj. Med.*

סוֹמֵךְ ז' [soméx] Stütze *f*; das 2. Hauptwort im status constructus *Gr.*

סוֹמְכָה נ' [somxa] Stützbalken *m*

סוֹנֶטָה נ' [so'neta] Sonett *n*

סוֹנָטָה נ' [so'nata] Sonate *f*

סוּנִים ז"ר [sunim] Sunniten *m/pl.*

סוּס ז' [sus] Pferd *n*

=~-הַיְאוֹר = Nilpferd *n*

=כֹּחַ-~ = Pferdestärke *f* (PS)

סו"ס ר"ת: סוֹף-סוֹף [sof-sof] schließlich, endlich *Adv.*

סוּסָה נ' [susa] Stute *f*

סוּסוֹן ז' [suson] Pferdchen *n*

=~-הַיָּם = Seepferdchen *n* (Hippocampus) *Zo.*

סוּסִי ת' [susi] pferdeartig, pferdeähnlich; Pferde-

סוֹעֵר ת' [so'ér] stürmisch *Adj.*

סוּף ז' [suf] Schilfrohr *n*; Sumpfrohrkolben *m* (Typha) *Bot.*

=יַם-~ = Schilfmeer *n*, Rotes Meer *n*

סוֹף ז' [sof] Ende *n*, Schluss *m*

=~-~ (ר"ת סו"ס) = endlich, schließlich *Adv.*

=בַּסּוֹף, לְבַ~, בְּסוֹפוֹ שֶׁל דָּבָר = am Ende, schließlich

=סוֹף-כָּל-~ = nach allem, endlich

=~-דָּבָר = Schlusswort *n*

=~-פָּסוּק = *wörtl.* Ende *n* des Verses; das ist es; Schluss! Basta! F

=אֵין-~, עַד אֵין-~ = Unendlichkeit *f*; bis ins Unendliche, ohne Ende

=~טוֹב — הַכֹּל טוֹב = Ende gut, alles gut

=~-שָׁבוּעַ = Wochenende *n*

=מִתְּחִלָּה וְעַד ~ = von Anfang bis (zum) Ende

סוֹפֵג ת' [sofég] aufsaugend *Adj.*

סוֹפְגָנִי ת' [sofgani] aufnehmend, absorbierend *Adj.*

סוּפָה נ' [sufa] Sturm *m*, Orkan *m*

=סוּפַת-חוֹל = Sandsturm *m*

=~-רְעָמִים = Gewittersturm *m*

סוֹפִי ת' [sofi] endgültig, letzte (r,-s) *Adj.*; End-, Schluss-

=אֵין-~ = unendlich *Adj.*

=סוֹפִית ת"פ = endgültig *Adv.*

=~יוּת נ' = Endgültigkeit *f*

סוֹפִיזְם ז' [sofizm] Sophismus *m*, Spitzfindigkeit *f*

=~סְטִיקָה = Sophistik *f*

סוֹפִית נ' [sofit] Suffix *n*, Endung *f*, Nachsilbe *f*

סוֹפֵר ז' [sofér] Schriftsteller *m*; Schreiber *m*; Thoragelehrter z.Z. des 2. Tempels

=~ סְתָ"ם (ר"ת סְפָרִים, תְּפִלִּין, מְזוּזוֹת) = Thoraschreiber *m*

=שְׂכַר-סוֹפְרִים = Autorenhonorar *n*

סוֹפְּרָנוֹ ז' [soprano] Sopran *m*

סוֹצְיָאלִי ת' [sotsiali] sozial *Adj.*

=עֲבוֹדָה ~ת = Sozialfürsorge *f*, Sozialarbeit *f*, Wohlfahrt *f*

=עוֹבֵד ~ = Sozialarbeiter *m*

=~זַצְיָה נ' = Sozialisierung *f*

=~זְם ז' = Sozialismus *m*

=~סְט ז' = Sozialist *m*

=~סְטִי ת' = sozialistisch *Adj.*

סוֹצְיוֹלוֹ|גְיָה נ' (מַדָּעֵי הַחֶבְרָה) [sotsiologja] Soziologie *f*, Gesellschaftslehre *f*

=~ג ז' = Soziologe *m*

=~גִי ת' = soziologisch *Adj.*

סוֹקְרָנִי ת' [sokrani] prüfend betrachtend

(סור) סָר פעל (לָסוּר מִן-, אֶל-, יָסוּר) [sar] *kal (vom Weg)* abweichen; einkehren; verlassen, fortgehen

-הֵסִיר הפ' - *hif.* abnehmen, wegnehmen, entfernen

=סָר כֹּחוֹ = s-e Kräfte verließen ihn

=~ אֶל מִשְׁמַעְתּוֹ שֶׁל- = gehorchen, sich unterordnen *(D)*

★סוֹר ז' [sor] Ursprung *m*

=חָזַר לְ~וֹ = rückfällig werden, zu s-n schlechten Gewohnheiten zurückkehren

סְוָר ז' [svar] Stoß *m*, Stapel *m*, Haufen *m*

סַוָּר ז', סוור [savar] Docker *m*, Stauer *m*, Hafenarbeiter *m*

סוֹרֶג ז' [soreg] Gitter *n*

סוּרוֹגָט ז' [surogat] Ersatz *m*

סַוָּרוּת נ', סוורות [savarut] Dockarbeit *f*, Verladung *f*

סוֹרֵחַ ת' (מַסְרִיחַ) [so'réax] stinkend *Adj.*

סוּרִי ת"ז [suri] Syrer *m*; syrisch *Adj.*

סוּרֵיאָלִי|זְם ז' [suréalizum] Surrealismus *m*

=~סְטִי ת' = surrealistisch *Adj.*

סוֹרֵק ז' [sorék] Scanner *m*

סוֹרֵר ת' [sorér] widerspenstig, aufsässig *Adj.*

★=~ וּמוֹרֶה = widerspenstig, aufsässig

=סוֹרְרוּת נ' = Widerspenstigkeit *f*

סוּת נ' [sut] Kleid *n*, Kleidung *f*

(סות) הֵסִית גם הִסִּית הפ' [hésit, hisit] *hif.* aufhetzen, verführen

סוֹתֵם ת' [sotém] verschliessend, stopfend *Adj.*

סוֹתֵר ת' [sotér] widersprechend *Adj.*

=סוֹתְרָנִי ת' = widerspruchsvoll *Adj.*

סָח פעל מִן סיח [sax] sagen, erzählen

סָחַב פעל (לִסְחוֹב אֶת-, יִסְחַב) [saxav] *kal* zerren, schleppen

-נִסְחַב נפ' - *nif.* geschleppt werden; sich hinziehen

סְחָבָה נ' [sxava] Lumpen *m*

סַחֶבֶת נ' [sa'xevet] Verschleppung *f*, Verzögerung *f (bürokratisch)*

סְחוּג ז' [sxug] scharfe Würzpaste *f*

סָחוּט ת' [saxut] ausgepresst, erschöpft *fig. Adj.*

סְחוּ|ס ז' [sxus] Knorpel *m*

=~סִי ת' = knorp(e)lig *Adj.*

סָחוּף ת' [saxuf] weggeschwemmt, erodiert *Adj.*

סְחוֹר-סְחוֹר ת"פ [sxor-sxor] indirekt; ringsherum *Adj.*

סִחוּר ז' [sixur] Handeln *n*, Verhandlung *f*

סְחוֹרָה נ' [sxora] Ware *f*

סָחַט פעל (לִסְחוֹט אֶת-, יִסְחַט) [saxat] *kal* auspressen; auswringen; erpressen

סַחְטָ|ן ז' [saxtan] Erpresser *m*

=~נוּת נ' = Erpressung *f*

=~נִי ת' = erpresserisch *Adj.*

★סְחִי ז' [sxi] Kehricht *m*, Unrat *m*

סְחִיבָה נ' [sxiva] Schleppen *n*

סְחִיטָה נ' [sxita] Auspressen *n*; Erpressung *f*

סְחִיף ז' [sxif] Pfropf *m*, Embolie *f Med.*

סְחִיפָה נ' [sxifa] Erosion *f*, Bodenabtragung *f*

סָחִיר ת' [saxir] gangbar, absetzbar, börsentauglich *Adj.*

סַחְלָב ז', שַׁחְלָב [saxlav] Orchidee *f* (Orchis) *Bot.*

סַחְלֵב [saxleb] Mandelmilchgetränk *n*

סָחַף פעל (לִסְחוֹף אֶת־, יִסְחַף) [saxaf] *kal* erodieren, wegwaschen, mit sich reißen

-הִסְתַּחֵף הת' - *hit.* weggeschwemmt werden

=גֶּשֶׁם סוֹחֵף, מָטָר ~ = strömender Regen

סַחַף ז' ['saxaf] durch Erosion weggeschwemmte Erde; Erosion *f*

סְחֹ|פֶת נ', סחופת [s'xofet] Sediment *n*, Ab-

lagerung f

סָחַר פעל (לִסְחוֹר, יִסְחַר בְּ-) [saxar] *kal* handeln, Handel treiben

-סִחֵר פיעל, ~ שְׁטָר - *pi.* Wechsel verkaufen, Wechsel handeln

סַחַר ז׳ (סַחַר- גם סְחַר-) ['saxar] Handel *m;* Ware *f bibl.*

=~-חוּץ = Außenhandel *m*

=~-חֲלִיפִין = Tauschhandel *m*

=~-מֶכֶר = krumme Geschäfte *fig. F*; unreelle Geschäfte *n/pl.*

סִחְרוּר ז׳ [sixrur] Kreiseln *n*, Wirbeln *n*

סְחַרְחַר ת׳ [sxarxar] sich drehend, schwindlig *Adj. (Kopf)*

סְחַרְחֹרֶת נ׳, סחרחורת [sxar'xoret] Schwindelgefühl *n*, Schwindelanfall *m*

סִחְרֵר פיעל [sixrér] *pi.* Schwindel erregen

-הִסְתַּחְרֵר הת׳ - *hit.* sich drehen

ס"ט ר"ת: 1.סִימַן טוֹב [siman tov] *Abk.* 1. gutes Vorzeichen

2.סְפָרַדִּי טָהוֹר 2, [sfaradi tahor] reinrassiger Sepharde

3.סַנְקְט- 3. [sankt] Sankt-

סָטָה פעל (לִסְטוֹת מִן-, יִסְטֶה) [sata] *kal* abweichen *(vom rechten Weg)*, abtrünnig werden; ehebrechen

סְטָו ז׳, סטיו [stav] Säulengang *m*, Kolonnade *f*

סְטוֹאִ|י ת׳ [sto'i] stoisch *Adj.*

=~יּוּת נ׳ = Stoizismus *m*

=~יקָן ז׳ = Stoiker *m*

סְטוּדְיוֹ ז׳ [studjo] Studio *n*, Atelier *n*; Einzimmerappartment *n*

סְטוּדֶנְט ז׳ ראה גם: תַּלְמִיד [student] Student *m*

=~ית נ׳ = Studentin *f*

סָטוּר ת׳ [satur] geohrfeigt *Adj.*

סְטָז׳ ז׳ [staz] Praktikum *n*, Ausbildung *f*, Lehre *f*

=סְטָזֶ'ר ז׳ = Praktikant *m*

סְטָטוּס ז׳ [status] Status *m*, Rechtsstellung *f*

=~ קְווֹ = Status quo *m*

סְטָטִ|י [stati] statisch *Adj.*

=~יּוּת נ׳ = Statik *f*, statischer Zustand

סְטָטִיסְטִי|קָה נ׳ [statistika] Statistik *f*

=~ת׳ = statistisch *Adj.*

=~קַאי, ~קָן ז׳ = Statistiker *m*

סְטָטִיקָה נ׳ [statika] Statik *f*

סְטִיָּה נ׳, סטייה [stija] Abweichung *f*, anormale Neigung *f*

סְטִיכִ|יָּה נ׳ [stixija] Urkräfte *f/pl.*, Naturgewalt *f*

=~י ת׳ = elementar; chaotisch *Adj.*

סָטִין ז׳ [satin] Satin *m*

סְטִירָה נ׳ [stira] Schlag *m (mit der Hand)*

=סְטִירַת-לֶחִי = Ohrfeige *f*, Backpfeife *f*

סָטִירָה נ׳ [sa'tira] Satire *f*

=סָטִירִי ת׳ = satirisch *Adj.*

=~קָן ז׳ = Satiriker *m*

סְטַנְדַּרְ|ד ז׳ [standard] Standard *m*, Norm *f*

=~טִי ת׳ = standardisiert, genormt *Adj.*

=~טִיזַצְיָה נ׳ = Standardisierung *f*

סְטֶנְסִיל ז׳ [stensil] Wachsplatte *f*, Vervielfältigungsschablone *f*

סָטַר פעל (לִסְטוֹר לְ-, עַל-, יִסְטוֹר) [satar] *kal* schlagen, ohrfeigen

סֵטֶר ז׳ [star] Seite *f*

★סִטְרָא אָחֳרָא (ארמ׳) [sitra' 'axra'] "die andere Seite" (Satan)

סְטרוּקְטוּרָ|ה נ׳ [struktura] Struktur *f*

=~לִי ת׳ = strukturell *Adj.*

סְטְרָטוֹסְפֵירָה נ׳ [stratosféra] Stratosphäre *f*

סִטְרִי ת׳, סיטרי [sitri] seitlich *Adj.*

=חַד-~ = Einbahn-

=דּוּ-~ = in zwei (beide) Richtungen

סְטֶרֵיאוֹפוֹ|נִי ת׳ [steréofoni] stereo *Adj.*

=~נְיָה נ׳ = Stereoklang, -sound *m*

סְטֶרִילִי ת׳ ראה גם: מְעֻקָּר [sterili] steril *Adj.*

=~זְצִיָּה ראה גם: עִקּוּר = Sterilisierung *f*
סַטְרָן ז׳ [satran] Schläger *m*
סְטֶתוֹסְקוֹפּ ז׳ [stetoskop] Stethoskop *n*, Hörrohr *n Med.*
סִי ז׳ [si] h, H *n Mus.*
סִיאַמִי ת׳ [si'ami] siamesisch *Adj.*
סִיב ז׳ [siv] Faser *f*
=סִיבִי ת׳ = Faser-
סִיג ז׳ [sig] Schlacke *f*
סְיָג ז׳, סייג [sjag] Zaun *m*; Begrenzung *f*, Einschränkung *f*
סִיגָר ז׳ [sigar] Zigarre *f*
סִיגָרִיָּה נ׳ [si'garia] Zigarette *f*
=בְּדַל-~ = Zigarettenstummel *m*
סִיד ז׳ [sid] Kalk *m*
=~ חַי = gebrannter (ungelöschter) Kalk
=~ כָּבוּי = gelöschter Kalk
סַיָּד ז׳, סייד [sajad] Anstreicher *m*, Tüncher *m*
=כַּף-סַיָּדִים = Maurerkelle *f*
סַיָּדוּת נ׳, סיידות [sajadut] Anstreicher-, Malerhandwerk *n*
סִידִי ת׳ [sidi] kalkhaltig *Adj.*
סִידָן ז׳ [sidan] Kalzium (Ca) *n Chem.*
סִיּוּג ז׳ [sijug] Abgrenzung *f*
סִיּוּד ז׳ [sijud] Kalken *n*, Tünchen *n*
סִיּוּט ז׳ [sijut] Albtraum *m*
סִיּוּם ז׳ [sijum] Abschluss *m*
סִיוָן ז׳, סיוון [sivan] "Sivan" 9. Monat im jüd. Kalender (Mai-Juni)
סִיּוּעַ ז׳ [si'jua'] Hilfe *f*, Unterstützung *f*
=בֶּן-~ = Schützling *m*
סִיּוּף ז׳ [sijuf] Fechten *n*
סִיּוּר ז׳ [sijur] Rundfahrt *f*, Expedition *f*, Exkursion *f*; Tournee *f*; Patrouille *f*, Streife *f*
(סִיזִיפִי) עֲבוֹדָה סִיזִיפִית ['avoda sizifit] Sisyphusarbeit *f*
סְיָח ז׳, סייח [sjax] Füllen *n*, Fohlen *n*
(סיח) סָח פעל (לָסִיחַ, יָסִיחַ) [sax] *kal* sprechen, sagen
★-הֵסִיחַ הפ׳ = *hif.* sagen, erzählen
=~ אֶת דַּאֲגוֹתָיו = von s-n Sorgen sprechen, klagen
=~ לְפִי תֻמּוֹ = ausplaudern, daherreden
=אֵין מְסִיחִין בִּסְעוּדָה = beim Essen spricht man nicht
סִיחָה נ׳ [sixa] Gespräeh *n*, Konversation *f*
סִיטוּאַצְיָה נ׳ ראה גם: מַצָּב [situ'atsja] Situation *f*
סִיטוֹן, סִיטוֹנַאי ז׳ [siton, sitonaj] Grossist *m*, Großhändler *m*
=סִיטוֹנוּת נ׳ = Großhandel *m*, Engroshandel *m*
=בְּ~ ת״פ = en gros, im Großen *Adv.*
=סִיטוֹנִי ת׳ = Großhandels-
סִיכָה נ׳ [sixa] Ölen *n*, Schmieren *n*
סִילוֹ ז׳ [silo] Silo *m*, Großspeicher *m*
סִילוֹן ז׳ [silon] (Wasser-)Strahl *m*; Düse *f*; Strahlantrieb *m*
=מְטוֹס-~ = Düsenflugzeug *n*
סְיָם ז׳ [sjam] Abschluss *m*
סִיֵּם פיעל [sijém] *pi.* beenden, abschließen *v/t*
-נִסְתַּיֵּם הת׳ - *hit.* enden *v/i*
סִימְבּוֹלִ|י ת׳ (סִמְלִי) [simboli] symbolisch *Adj.*
=~יּוּת נ׳ = Symbolik *f*
=~יזְם ז׳ = Symbolismus *m*
=~יקָה נ׳ = Symbolik *f*
סִימְבִּיוֹזָה נ׳ [simb'joza] Symbiose *f*
סִימוּלְטָנִ|י ת׳ [simultani] simultan, gleichzeitig *Adj.*
=~יּוּת נ׳ = Simultanität *f*
סִימֶטְר|יָּה נ׳ [si'metrija] Symmetrie *f*
=~י ת׳ = symmetrisch *Adj.*
סִימָן ז׳ [siman] Zeichen *n*
=סִימַן-הֶכֵּר = Erkennungszeichen *n*, Merkmal *n*
=סִימָנֵי-חֶשְׁבּוֹן = Operatoren *m/pl.*, Rechenzeichen *n/pl. Math.*
=סִימָן מִסְחָרִי = Warenzeichen *n*

=סִימַן-פִּסּוּק	= Satzzeichen *n*
=~-קְרִיאָה	= Ausrufungszeichen *n*
=~-שְׁאֵלָה	= Fragezeichen *n*
=הֶעֱמִיד בְּ~-שְׁאֵלָה	= in Frage, infrage stellen
=~-הַשִּׁוְיוֹן	= Gleichheitszeichen *n*
סִימָנִיָּה נ׳	[simanija] Lesezeichen *n*
סִימְפּוֹזְיוֹן ז׳ ראה גם: רַב-שִׂיחַ	[simpozjon] Symposium *n*
סִימְפוֹ|נְיָה נ׳	[sim'fonja] Symphonie *f*, Sinfonie *f*
=~נִי ת׳	= symphonisch, sinfonisch *Adj.*
סִימְפְּטוֹ|ם ז׳	Symptom *n*
=~מָטִי ת׳	= symptomatisch *Adj.*
סִימְ|פַּתְיָה נ׳ ראה גם: אַהֲדָה	[sim'patja] Sympathie *f*
=~פָּתִי ת׳	= sympathisch *Adj.*
סִיֹּמֶת נ׳, סיומת ראה גם: סוֹפִית	[si'jomet] Suffix *n*, Endung *f*, Nachsilbe *f Gr.*
סִין[1] ז׳	[sin] Zapfen *m*
סִין[2] נ׳	[sin] China *n*
=חוֹמַת-~	= chinesische Mauer
סְיָן ז׳	[sjan] Moltofill ® *m*
סִינְדִּיקָט ז׳	[sindikat] Syndikat *n*
סִינוֹד ז׳	[sinod] Synode *f*
סִינוֹפְּ|טִי ת׳	[sinopti] synoptisch *Adj.*
=~סִיס ז׳	= Synopse *f*, Synopsis *f*
סִינַי ז׳	[sinai] Sinai *m (Halbinsel, Berg)*
=הֲלָכָה לְמֹשֶׁה מִסִּינַי	= Lehre *f* vom Sinai; Axiom *n*, grundlegendes Gesetz
=מָה עִנְיַן שְׁמִטָּה אֵצֶל הַר-סִינַי?	= was hat das eine mit dem andern zu tun? (*wörtl.* was hat das Sabbatjahr mit dem Berg Sinai zu tun?)
סִינִי ת׳	['sini] chinesisch *Adj.*
סִינְכְּרוֹנִי ת׳	[sinkroni] synchron, gleichlaufend *Adj.*
=~זְם ז׳	= Synchronismus *m*, Gleichlauf *m*
=~זַצְיָה ז׳	= Synchronisierung *f*
סִינְקוֹפָּה נ׳	[sinkopa] Synkope *f*
סִינָר ז׳ ראה: סִנָּר	[sinar] Schürze
סִינְתֶּ|זָה נ׳	[sinteza] Synthese *f*
=~טִי ת׳	= synthetisch *Adj.*
סִיס ז׳	[sis] Segler *m* (Apodidae) *Zo.*
סַיָּס ז׳, סייס	[sajas] Pferdezüchter *m*; Reitknecht *m*.
=~וּת נ׳	= Pferdezucht *f*
סִיסָה נ׳	[sisa] Spule *f*, Garnrolle *f*
סִיסְמָה נ׳	[sisma] Schlagwort *n*, Losungswort *n*, Parole *f*
סֵיסְ|מוֹגְרָף ז׳	[sésmograf] Seismograph *m*
=~מִי ת׳	= seismisch *Adj.*, Erdbeben-
סִיַּע פיעל (לְסַיֵּעַ)	[sija'] *pi.* helfen, unterstützen
-נִסְתַּיֵּעַ הת׳ (לְהִסְתַּיֵּעַ)	- *hit.* geholfen werden; sich behelfen
=לֹא ~ הַדָּבָר	= die Sache ist nicht gelungen
סַיָּע ז׳	[saja'] Assistent, Hilfskraft *m*
סִיעָה נ׳	[si'a] Gruppe *f*, Fraktion *f*
סַיְעָן ז׳	[saj'an] Helfer *m*
סִיעָתִי ת׳	[si'ati] Fraktions-
סַיִף ז׳	[sajf] Säbel *m*, Degen *m*
סַיָּף ז׳, סייף	[sajaf] Fechter *m*
סִיֵּף פיעל	[sijéf] *pi.* fechten
סִי״ף ר״ת	[sif] cif *Abk.*: cost, insurance, freight (frei von Kosten, Versicherung, Fracht) *Econ.*
★סַיָּפָא ז׳, סייפא (ארמ׳)	[sajafa'] Fechter *m*, Kämpfer *m*
=סָפְרָא וְ~	= Dichter und Kämpfer
סֵיפָא ז׳ (ארמ׳)	[séfa'] Ende *n*, Schluss *m*; Nachsatz *m*
סִיפוֹן ז׳	[sifon] Siphon *m*
סַיָּפוּת נ׳, סייפות	[sajafut] Fechtsport *m*, Fechtkunst *f*
סִיפִילִי|ס ז׳	[sifilis] Syphilis *f Med.*
סֵיפָן ז׳	[séfan] Gladiole *f Bot.*
סִיקוּס ז׳	[sikus] Astknoten *m*

סִיר ז׳ [sir] Topf *m*, Kochtopf *m*
=~-לַיְלָה = Nachttopf *m*
=~-לַחַץ = Schnellkocher *m*, Dampfkochtopf *m*
סִיֵּר פיעל [sijér] *pi.* umherreisen; patroullieren
סַיָּר ז׳, סייר [sajar] Kundschafter *m*, Späher *m*
סִירָה[1] נ׳ [sira] Boot *n*
=סִירַת-הַצָּלָה = Rettungsboot *n*
=~-מָנוֹעַ = Motorboot *n*
=~-מִפְרָשִׂים = Segelboot *n*
סִירָה[2] נ׳ [sira] dorniger Becherstrauch (Poterium) *Bot.*
סִירוֹנִית נ׳ [sironit] Sirene *f Myth.*
סִירוֹפּ ז׳ [sirup] Sirup *m*
סַיָּרוּת נ׳, סיירות [sajarut] Erkundung *f*
סִירֶנָה נ׳ ראה גם: **צוֹפָר** [sirena] Sirene *f*
סַיֶּרֶת נ׳, סיירת [sa'jeret] Kreuzer *m Mar.*; spezielle Einsatztruppe *f Mil.*
סֹךְ ז׳ [sox] Dickicht *n*, Versteck *n bibl.*
סָךְ[1] ז׳ [sax] Haufen *m*, Menge *f*
=בְּסָךְ = in Reihen, in Massen, im Umzug
סָךְ[2] ז׳ [sax] Summe *f*
=סַךְ-הַכֹּל = Gesamtsumme *f*
=בְּ~-~ = insgesamt *Adv.*
סַךְ ז׳ [sax] Schutz *m*
=סַךְ-שֶׁמֶשׁ = Sonnenschutz *m Kfz.*
=סַכֵּי-עֵינַיִם = Scheuklappen *f/pl.*
סֻכָּה נ׳, סוכה [suka] Hütte *f*
=חַג-הַסֻּכּוֹת = Sukkot *n*, Laubhüttenfest *n*
סִכָּה נ׳, סיכה [sika] Stecknadel *f*; Brosche *f*
=סִכַּת-בִּטָּחוֹן = Sicherheitsnadel *f*
=~-רֹאשׁ = Haarnadel *f*
סָכוּי ת׳ [saxuj] transparent, durchsichtig *Adj.*
סִכּוּי ז׳, סיכוי [sikuj] Aussicht *f*, Hoffnung *f*, Chance *f*
סִכּוּךְ ז׳, סיכוך [sikux] Bedeckung *f (mit Laub, Zweigen)*
סָכוּךְ ת׳ [saxux] überdeckt *Adj.*
סִכּוּל ז׳, סיכול [sikul] Vereitelung *f*
סְכוֹלַסְטִי|קָה נ׳ [sxolastika] Scholastik *f Rel.*
=~ ת׳ = scholastisch *Adj.*
סְכוּם ז׳ [sxum] Summe *f Math. Fin.*
סִכּוּם ז׳, סיכום [sikum] Summierung *f*; Zusammenfassung *f*, Resümee *n*
סַכּוּ״ם ר״ת: סַכִּין, כַּף וּמַזְלֵג [sakum] *Kurzw.* Essbesteck *n*
סִכּוּן ז׳, סיכון [sikun] Gefährdung *f*, Risiko *n*
סָכוּף ת׳ [saxuf] deprimiert, unterdrückt *Adj.*
סִכּוּף ז׳ [sikuf] Depression *f*, Unterdrückung *f*
סָכוּר ת׳ [saxur] aufgestaut, eingeschleust *Adj.*
סִכּוּר ז׳, סיכור [sikur] Stauung *f (Wasser)*
סְכִיזוֹפְרֶנְיָה נ׳ [sxizofrenja] Schizophrenie *f Med.*
סְכִיזְמָה נ׳ [sxizma] Schisma *n*, Spaltung *f*
סְכִיכָה נ׳ [sxixa] Dach *n*, Bedeckung *f (mit Laub, Zweigen)*
סְכֵימָ|ה נ׳ [sxéma] Schema *n*
=~תִי ת׳ = schematisch *Adj.*
=~תִיּוּת נ׳ = Schematismus *m*
סַכִּין זו״נ (סַכִּינִים) [sakin] Messer *n*
=~-גִּלּוּחַ = Rasiermesser *n*
=סַכִּי|נָאוּת נ׳ = Messerstecherei *f*
=~נַאי ז׳ = Messerstecher *m*
סְכִירָה נ׳ [sxira] Stauung *f (Wasser)*
סָכַךְ פעל (לָסוֹךְ עַל-, אֶת-, יָסוֹךְ) [saxax] *kal* schirmen, bedecken
-סוֹכֵךְ פיעל - *pi.* schirmen, bedecken
סְכָךְ ז׳ [sxax] Laub *n*, Zweige *m/pl.* zum Bedecken der Laubhütte
סֶכֶךְ ז׳ ['sexex] Bedeckung *f*, Unterschlupf *m*
סְכָכָה נ׳ [sxaxa] Schuppen *m*, bedeckter Lagerraum
=סְכָכַת-הַמְתָּנָה = Wartehalle *f*
★סָכַל[1] פעל (לִסְכּוֹל, [saxal] *kal* nicht verstehen,

(יִסְכַּל) dumm sein

-סִכֵּל פיעל - *pi.* vereiteln, zunichte machen

(סכל)[2] הִסְתַּכֵּל הת׳ (בְּ-, עַל-) [histakél] *hit.* betrachten, ansehen, beobachten

=אַל תִּסְתַּכֵּל בַּקַּנְקַן אֶלָּא בְּמַה שֶּׁיֵּשׁ בּוֹ = *wörtl.* sieh nicht auf den Krug, sondern auf s-n Inhalt! *etwa* man soll nicht auf das Äußere achten

סָכָל ז׳ [saxal] Dummkopf *m*

סֶכֶל ז׳ ['sexel] Dummheit *f*

סִכְלוּת נ׳ [sixlut] Dummheit *f*

סִכֵּם פיעל [sikém] *pi.* zusammenziehen, addieren; zusammenfassen, resümieren

-הִסְתַּכֵּם הת׳ - *hit.* sich summieren

-הִסְכִּים הפ׳ לְ- - *hif.* zustimmen *(D)*, einverstanden sein *mit*

סֶכֶם ז׳ ['sexem] Summe *f*, Gesamtergebnis *n*

סְכֵמָה נ׳ [sxema] Richtlinie *f*, Schema *n*

=~תִי ת׳ = schematisch *Adj.*

(סכן)[1] הִסְכִּין הפ׳ [hiskin] *hif.* sich gewöhnen

סִכֵּן[2] פיעל [sikén] *pi.* gefährden, riskieren *v/t*

-הִסְתַּכֵּן הת׳ - *hit.* sich in Gefahr bringen

סַכָּנָה נ׳ [sakana] Gefahr *f*

=סַכָּנַת-מָוֶת, ~-נְפָשׁוֹת = Lebensgefahr *f*

סִכְסוּךְ ז׳ [sixsux] Streit *m*, Meinungsverschiedenheit *f*, Konflikt *m*

סִכְסֵךְ פיעל [sixséx] *pi.* aufhetzen, intrigieren, Unruhe stiften

-הִסְתַּכְסֵךְ הת׳ - *hit.* sich streiten, in Streit geraten

סַכְסְכָן תו״ז [saxsexan] Intrigant *m*, Unruhestifter *m*

=~נוּת נ׳ = Streitsucht *f*

=~נִי ת׳ = streitsüchtig *Adj.*

סָכַר פעל (לִסְכּוֹר אֶת-, יִסְכּוֹר) [saxar] *kal* stauen, abdämmen *v/t*

סֶכֶר ז׳ ['sexer] Schleuse *f*, Staudamm *m*

=~-אֲגִירָה = Staudamm *m*, Talsperre *f*

סֻכָּר ז׳, סוכר [sukar] Zucker *m*

=~ גְּבִישִׁי = Kristallzucker *m*

=~ דַּק = Puderzucker *m*

=~ חָלָב = Laktose *f*, Milchzucker *m*

=סֻכַּר-עֲנָבִים = Traubenzucker *m*, Glukose *f*

=סֶלֶק-סֻכָּר = Zuckerrübe *f*

=קְנֵה-~ = Zuckerrohr *n*

=סֻכָּרִי ת׳, סוכרי = zuckrig *Adj.* Zucker-

סֻכָּרִיָּה נ׳ (~יּוֹת) [sukarja] Süßigkeit *f*, Bonbon *m*

סָכָרִין ז׳ [saxarin] Saccharin *n* Süßstoff *m*

סֻכֶּרֶת נ׳, סוכרת [su'keret] Zuckerkrankheit *f*, Diabetes *m Med.*

=חוֹלֵה-~ = Zuckerkranker *m*, Diabetiker *m*

★(סכת) הִסְכִּית הפ׳ [hiskit] *hif.* schweigen, zuhören

סַל ז׳ (סַלִּים) [sal] Korb *m*

★סִלָּא פיעל [sila'] *pi.* wiegen *v/t*

=לֹא יְסֻלֶּא בַּפָּז = es ist nicht mit Gold aufzuwiegen, unschätzbar, unbezahlbar *Adj.*

סָלַד פעל (לִסְלוֹד מִן-, יִסְלוֹד) [salad] *kal* zurückschrecken vor *(D)*; abgestoßen sein

סֶלֶד ז׳ ['seled] Lob *n*, Salut *m*

★סֶלָה מ״ק ['sela] Sela *n* (Schlusswort in den Psalmen) *bibl.*

סִלּוּד ז׳ [silud] Verehrung *f*, Lob *n*; *auch* Abscheu *f*

סָלוּחַ ת׳ [sa'luax] vergeben, verziehen *Adj.*

סְלָבִי ת׳ [slavi] slawisch *Adj.*

=~ם ז״ר = slawische Völker *n/pl.*

סָלוּל ת׳ [salul] gebahnt *Adj.*

סָלוֹן ז׳, סאלון [salon] Salon *m*, Wohnzimmer *n*

=סָלוֹנִי ת׳ = Salon-

סִלּוּף ז׳, סילוף [siluf] Entstellung *f*

סָלוּף ת׳ [saluf] entstellt, verstimmt *Adj.*, *Mus.*

סִלּוּק ז׳, סילוק [siluk] Entfernen *n*; *(Schuld)* Begleichung *f*

=סִלּוּקִין ז״ר = Clearing *n*, Verrechnungsverkehr *m*

=לִשְׁכַּת-~~ = Verrechnungsstelle *f*

סָלַח פעל (לִסְלוֹחַ לְ-, יִסְלַח) [salax] *kal* verzeihen, entschuldigen

סַלְחָן ת׳ [salxan] versöhnlich, nachgiebig *Adj.*

=~נוּת נ׳ = Nachgiebigkeit *f*, Versöhnlichkeit *f*, Nachsicht *f*

=~נִי ת׳ = verzeihend, nachsichtig *Adj.*

סָלָט ז׳, סאלאט [salat] Salat *m; auch orientalische Dips wie Hummus*

=~ חֲצִילִים = Auberginenmus *m* - püree *n*

סְלִידָה נ׳ [slida] Zurückschrecken *n*, Abscheu *m*; Abgestoßensein *n*

סָלִיחַ ת׳ [sa'liax] verzeihlich, entschuldbar *Adj.*

סְלִיחָה נ׳ [slixa] Verzeihung *f*, Entschuldigung *f*, Pardon *n*

=עִמְּךָ הַסְּלִיחָה, אִתְּךָ ~ = entschuldige bitte!

=סְלִיחוֹת = Bußgebete *n/pl.*

סְלִיל ז׳ [slil] Rolle *f*, Spule *f*

=~-הַקְלָטָה = Tonbandaufnahme *f*

סְלִילָה נ׳ [slila] Straßenbau *m*

סְלִילִי ת׳ [slili] spiralförmig *Adj.*

סְלִיק ז׳ [slik] Waffenversteck *n*

סָלַל פעל (לִסְלוֹל אֶת-, יָסוֹל) [salal] *kal (Weg)* bahnen, ebnen

סֻלָּם ז׳, סולם (סֻלָּמוֹת) [sulam] Leiter

=סֻלַּם-חֲבָלִים = Strickleiter *f*

=~-הַקּוֹלוֹת = Tonleiter *f Mus.*

=~-קִיר = Sprossenwand *f Sp.*

-הִסְלִים הפ׳ - *hif.* steigern *v/t*

סַלְמוֹן ז׳ [salmon] Lachs *m*, Salm *m*

סַלָמַנְדְּרָה נ׳ [salamandra] Salamander *m Zo.*

סְלֶנְג ז׳ [sleng] Slang *m*, Umgangssprache *f*

סִלְסוּל ז׳, סילסול [silsul] Schnörkel *m*; Lockendrehen *m*; Triller *m; Koloratur f Mus.*

=~ תְּמִידִי = Dauerwellen *f/pl.*

סִלְסֵל פיעל [silsél] *pi.* in Wellen legen; trillern *Mus.*

-הִסְתַּלְסֵל הת׳ - *hit.* sich ringeln

סַלְסִלָּה נ׳ [salsila] Körbchen *n*

סַלְסָלָה נ׳ [salsala] Musselin *m*

סֶלַע¹ ז׳ ['sela'] Fels(en) *m*

=~~-הַמַּחֲלֹקֶת = Stein *m* des Anstoßes *fig.*, Streitgegenstand *m*

=חַגְוֵי-~ = Felsenklüfte *f/pl.*, Schluchten *f/pl.*

★סֶלַע² זו״נ ['sela'] Sela, antikes Gewicht u. Münze

=מִלָּה בְּ~, מַשְׁתּוֹקָא בִּתְרֵין (ארמ׳) = Reden ist Silber, Schweigen ist Gold

סַלְעִי ת׳ [sal'i] felsig *Adj.*

=~ת נ׳ = Steinschmätzer *m* (Oenanthe) *Vogel*

סָלְעָם ז׳ [sal'am] Heuschrecke *f*

סִלֵּף פיעל [siléf] *pi.* verdrehen, entstellen

-הִסְתַּלֵּף הת׳ - *hit.* entstellt werden

סַלְפָן ז׳ [salfan] Schwindler *m*, Betrüger *m*

=~נוּת נ׳ = Verdrehung *f*, falsche Interpretation *f*

=~נִי נ׳ = verdrehend, falsch interpretierend

סִלֵּק פיעל [silék] *pi.* entfernen, wegräumen; *(Rechnung, Schuld)* begleichen, bezahlen

-הִסְתַּלֵּק הת׳ - *hit.* sich entfernen, weggehen; sterben; F abhauen

סֶלֶק ז׳ ['selek] Rübe *f*

=~ אָדֹם = rote Rübe

=~-סֻכָּר = Zuckerrübe *f*

=~-בְּהֵמוֹת = Futterrübe *f*

סֶלֶקְצְיָה נ׳ [selektsja] Selektion *f*, Auslese *f*, Auswahl *f* ראה גם: בְּחִירָה, בְּרֵרָה

=~טִיבִי ת׳ = selektiv *Adj.*

=~טִיבִיּוּת נ׳ = Selektivität *f*; Trennschärfe *f Rdf.*

סֹלֶת נ׳, סולת ['solet] Feinmehl *n*; Grieß *m*

=מִסָּלְתָּהּ וּמִשַּׁמְנָהּ שֶׁל הַחֶבְרָה = Creme *f* de la Creme, High Society *f*

סַלְתָּנִית נ׳ [saltanit] Sprotte *f* (Clupea Sprattus) *Fisch*

סַם ז׳ [sam] Medikament *n*; Droge *f*; Gift *n*
=~-חַיִּים = Lebenselixier *n*
=~-מָוֶת = tödliches Gift
=~-שֶׁכְּנֶגֶד = Gegengift *n*
=סַמִּים מְשַׁכְּרִים = Rauschgift *n (meist sg.)*, Drogen *f/pl.*
=סַמֵּי-רְפוּאָה = Medikamente *n*/pl., Arzneien *f/pl.*
ס"מ ר"ת: 1.סֶנְטִימֶטֶר [sentimeter] *Abk.* Zentimeter (cm) *m*
2.★סַמָּאֵל ז׳, מַלְאַךְ-הַמָּוֶת, הַשָּׂטָן [sama'el] *Abk.* Samuel, Todesengel *m*, Satan *m*
סִמֵּא פיעל [simé'] *pi.* blenden, blind machen
-נִסְמָא נפ׳ - *nif.* erblinden
-נִסְתַּמֵּא הת׳ - *hit.* erblinden
=סִמֵּא אֶת הָעֵינַיִם = verblenden; Sand in die Augen streuen *fig.*
סִמָּאוֹן ז׳ [simaon] Blindheit *f*
★סַמָּאֵל ז׳ (ר"ת: ס"מ) [sama'él] Samuel, Todesengel *m*, Satan *m*
סַמְבּוּק ז׳ [sambuk] Holunder *m* (Sambucus) *Bot.*
★סַמְבַּטְיוֹן [sambatjon] Sambatjon *(sagenhafter Fluss) Myth.*
סְמָדַר ז׳ [smadar] Obstknospe *f*
סָמוֹבָר ז׳ [samovar] Samowar *m*, Teemaschine *f*
סָמוּי ת׳ [samuj] unsichtbar, verborgen *Adj.*
=נוֹסֵעַ ~ = blinder Passagier *fig.*
סִמּוּי ז׳, סימוי [simuj] Blindheit *f*
סָמוּךְ ת׳ [samux] ganz nahe liegend, angrenzend; gestützt *Adj.*
=~ לְ- = kurz vor *(D)*, nahe an (*Akk.*, *D*)
=~ עַל שֻׁלְחַן פְּלוֹנִי = ernährt von *(D)*, wirtschaftlich abhängig von *(D)*
=לִבּוֹ ~ וּבָטוּחַ = vertrauensvoll, sicher *Adj.*
=סִמּוּכִין ז"ר = Beweis *m*, Unterlage *f*; Referenz *f*; Nachweis *m*
סָמוֹךְ ז׳, סָמוֹכָה נ׳ [samox, samoxa] Stütze *f*

סִמּוּל ז׳, סימול [simul] Symbolisierung *f*; Festsetzung *f* von Zeichen
סִמּוּם ז׳, סימום [simum] Vergiften *n* (*bsd. mit Rauschgift)*
סִמּוּן ז׳, סימון [simun] Bezeichnung *f*
סָמוּק ת׳ [samuk] gerötet *Adj.*
סִמּוּק ז׳, סימוק [simuk] Erröten *n*
סִמּוּר ז׳ [simur] Nageln *n; (Hufe)* Beschlagen *n*
סָמוּר ת׳ [samur] *(Haare)* gesträubt *Adj.*
סַמּוּר ז׳ [samur] Iltis *m* (Vormela peregusna) *Zo.*
סִמְטָה ז׳, סימטה (סִמְטָאוֹת) [simta] Gasse *f*, Nebenstraße *f*
סָמִיךְ ת׳ [samix] dicht, verdickt, dickflüssig *Adj.*
סְמִיכָה נ׳ [smixa] Stütze *f*; Autorisierung *f*; Bestätigung *f* im Amt; Erteilung *f* der Lehrerlaubnis
סְמִיכוּת [smixut] Status constructus *(Hauptwort-Verbindung wie z.B. מדינת-ישראל) Gr.*; Nähe *f*, Dichtheit *f*; Lehrerlaubnis *f*; Assoziation *f Psych.*
=בִּ~ לְ- = nahe an (*Akk.*, *D*)
=~-הַפָּרָשָׁה, ~-הַפָּרָשִׁיּוֹת = Zusammenhang *m* zwischen zwei Themen; Nebeneinanderstellung *f*; Juxtaposition *f*
=סְמִיכוּתִי ת׳ = assoziativ *Adj.*
סֶמִינָר, סֶמִינַרְיוֹן ז׳ ראה גם: בֵּית-מִדְרָשׁ [seminar] Seminar *n*
=~רְיוֹנִי ת׳ = seminaristisch *Adj.*
=~רִיסְט ז׳ = Seminarist *m Rel.*
סָמַךְ פעל (לִסְמוֹךְ אֶת-, עַל-, יִסְמוֹךְ) [samax] *kal* stützen *v/t*; vertrauen *v/i auf*; sich verlassen *auf;* näher bringen
-נִסְמַךְ נפ׳ - *nif.* sich stützen; im Status constructus gebraucht werden *Gr.;* sich in der Nähe befinden
-הִסְתַּמֵּךְ הת׳ (עַל-) - *hit.* sich stützen, sich beziehen *auf (Akk.)*
-הִסְמִיךְ הפ׳ - *hif.* nahe bringen; ernennen,

Effekt *m*; Charakteristikum *n*
[saman] Cursor *m* סַמָּן ז׳
[simén] *pi*. anzeichnen, bezeichnen סִמֵּן פיעל
- *hit*. sich zeigen, sich abzeichnen -הִסְתַּמֵּן הת׳
[semantika] Semantik *f*, Wortbedeutungslehre *f* סֵמַנְטִי|קָה נ׳
= semantisch *Adj*. =~ ת׳
[samankal] *Kurzw*. stellvertretender Generaldirektor סַמַנְכָּ"ל ר"ת: סְגַן מְנַהֵל כְּלָלִי
[semester] Semester *n* סֶמֶסְטֶר ז׳
[simpon] Bronchie *f* סִמְפּוֹן ז׳, סימפון
[samak] *kal* rot sein סָמַק פעל (לִסְמוֹק, יִסְמַק)
- *pi*. röten *v/t* -סִמֵּק פיעל
- *hif*. erröten *v/i* -הִסְמִיק הפ׳
- *hit*. rot werden, erröten -נִסְתַּמֵּק הת׳
['somek] Röte *f* סֹמֶק ז׳, סומק
[samar] *kal (Gefieder, Haare)* sich sträuben, steif werden, schaudern סָמַר פעל (לִסְמוֹר, יִסְמַר)
- *pi*. sträuben *v/t*; erstarren lassen; nageln -סִמֵּר פיעל
- *hit*. sich aufrichten, sich sträuben *(Haare)* -הִסְתַּמֵּר הת׳
[samar] Schilf *n*, Binse *f* (Juncus) *Bot*. סָמָר ז׳
[simrur] Nageln *n*, Vernietung *f* סִמְרוּר ז׳, סימרור
[smartut] Lumpen *m*, Fetzen *m*, Lappen *m*; *fig*. Waschlappen *m* סְמַרְטוּ|ט ז׳
= Lumpenhändler *m*, Lumpensammler *m* =~טָר ז׳
[simrér] *pi*. nageln, vernieten סִמְרֵר פיעל
[samtér] Pflaster *n*, Kleiner Verband *m* סַמְתֵּר ז׳
[sna'i] Eichhörnchen *n* (Sciurus) *Zo*. סְנָאִי ז׳
[sangvini] lebenslustig, sanguinisch *Adj*. סַנְגְּוִינִ|י ת׳
= sanguinisches Temperament =~יּוּת נ׳
[sanégor] Verteidiger *m Jur*. סָנֵגוֹר ז׳
[singur] Verteidigen *n Jur*. סִנְגּוּר ז׳, סינגור
[sanégorja] Verteidigung *f Jur*. סָנֵגוֹרְיָה נ׳

(in ein Amt) einsetzen, autorisieren, akademischen Grad verleihen
- *hof*. autorisiert werden; e-n akademischer Grad erhalten -הֻסְמַךְ הפ׳
= anerkennen, bestätigen *(im Amt)* =סָמַךְ יָדוֹ עַל-
= sich einverstanden erklären mit *(D)* =סָמַךְ יָדוֹ עַל דָּבָר
= man soll sich nicht auf Wunder verlassen =אֵין סוֹמְכִין עַל נֵס
['semex] Stütze *f*, Auflager *n*, Stützfläche *f*; Beweis *m*; Bekräftigung *f* סֶמֶךְ ז׳
= auf Grund, aufgrund =עַל-סְמַךְ-
= Fachmann *m*, Gewährsmann *m*, Autorität *f* =בֶּן-סֶמֶךְ, בַּר-~
['samex] Samech (S) 15. Buchstabe des hebr. Alphabets סָמֶךְ נ׳
['somex] Konsistenz *f*, Dichte *f* סֹמֶךְ ז׳, סומך
[bar-samxa] Autorität *f*, Fachmann *m* (סַמְכָא) בַּר-~
[samxut] Befugnis *f*, Autorität *f*, Kompetenz *f*; Vollmacht *f* סַמְכוּ|ת נ׳
= autoritativ, autoritär *Adj*. =~תִי ת׳
['semel] Symbol *n*, Sinnbild *n*; Wappen *n*, Abzeichen *n* סֵמֶל ז׳ (סְמָלִים)
= Warenzeichen *n* =~ מִסְחָרִי
[samal] Feldwebel *m* סַמָּל ז׳ (סַמָּלִים)
= Oberfeldwebel *m* =רַב-~
[simél] *pi*. symbolisieren סִמֵּל פיעל
[simlon] Pferdegeschirr *n*; Joch *n (für Ochsen)* ★סִמְלוֹן ז׳
[simli] symbolisch, sinnbildlich *Adj*. סִמְלִ|י ת׳
= Symbolik *f* =~יּוּת נ׳
[samlil logo] Logo *m, n* סַמְלִיל-לוֹגוֹ ז׳
[simém] vergiften *v/t (bsd. durch Rauschgift)*, unter Drogen setzen סִמֵּם פיעל
- *hit*. Rauschgift nehmen -הִסְתַּמֵּם הת׳
[sameman] Würze *f*, Zutat *f*, Ingredienz *f*; סַמְמָן ז׳

=לִמֵּד ~ עַל- = verteidigen *v/t Jur.*

סִנְגֵּר פיעל (עַל-) [singér] *pi.* verteidigen *v/t Jur.*

סֶנְדְּוִיץ' ראה גם: כָּרִיךְ [send'vitʃ] Sandwich *n*

סַנְדָּל1 ז' [sandal] Seezunge *f* (Solea) *Zo.*

סַנְדָּל2 ז' [sandal] Sandale *f*

סַנְדְּלָ|ר ז' [sandlar] Schuster *m*, Schumacher *m*

=~רוּת נ' = Schusterhandwerk *n*

=~רִיָּה נ' = Schusterwerkstatt *f*, Schuhmacherei *f*

סַנְדָּק ז' [sandak] Pate *m*

=~וּת, סַנְדְּקָאוּת נ' = Patenschaft *f*

★סְנֶה ז' [sne] Dornbusch *m bibl.*

סַנְהֶדְרִין נ' [sanhedrin] Synedrion *n*, jüd. Gerichtshof zur Zeit des 2. Tempels

סְנוֹב ז' [snob] Snob *m*

=סְנוֹבִּ|י ת' = snobistisch *Adj.*

=~יוּת נ' = Snobismus *m*

סִנְווּר ז', סינוור [sinvur] Blenden *n*

סִנּוּן ז', סינון [sinun] Sieben *n*

סְנוּנִית נ' [snunit] Schwalbe *f*

סִנּוּף ז', סינוף [sinuf] Angliederung *f (als Filiale)*

סָנוּף ת' [sanuf] angegliedert *Adj.*

סְנוֹקֶרֶת נ' [sno'keret] Faustschlag *m*, Upper-cut *m*, Kinnhaken *m Sp.*

סִנְוֵר פיעל [sinvér] *pi.* blenden

-הִסְתַּנְוֵר הת' - *hit.* geblendet werden, mit Blindheit geschlagen werden

סַנְוֵרִים ז"ר, סנוורים [sanvérim] Blindheit *f*

★סָנַט פעל (לִסְנוֹט, בְּ-, יִסְנוֹט) [sanat] *kal* spotten über *(Akk.)*, necken *v/t*

סֶנָט ז', סינט [senat] Senat *m*

=~וֹר ז' = Senator *m*

סֶנְטִימֶטֶר ז' [sentimeter] Zentimeter *m*

סֶנְטִימֶנְ|ט ז' [sentiment] Gefühl *n*

=~טָלִי ת' ראה גם: רַגְשָׁנִי = sentimental *Adj.*

=~טָלִיּוּת נ' = Sentimentalität *f*

סַנְטֵר ז' [santér] Kinn *n*

סְנִיטָה נ' [snita] Spott *m*, Necken *n*

סָנִיטַצְיָה נ' ראה גם: תַּבְרוּאָה [sanitatsja] Sanitätswesen *n*, Gesundheitswesen *n*

סָנִיטָ|ר ז' ראה גם: תַּבְרוּאָן [sanitar] Sanitäter *m*; Beamte(r) *m* im Gesundheitsdienst

=~רִי ת' = sanitär *Adj.*

סֶנִילִי ת' [senili] senil, verkalkt F *Adj.*

סְנִיף ז' [snif] Filiale *f*, Zweigstelle *f*; Ortsgruppe *f*

סְנִיקָה נ' [snika] Wasserförderung *f*

סִנְכְּרוּן ז', סינכרון [sinkrun] Synchronisierung *f*

סִנְכְּרֵן פיעל [sinkrén] *pi.* synchronisieren *v/t*

סִנֵּן פיעל [sinén] *pi.* sieben; durch die Zähne sprechen *fig.*

-הִסְתַּנֵּן הת' - *hit.* gesiebt werden; eindringen, sich einschmuggeln

סַנְסַן ז' [sansan] Dattelrispe *f*

סֶנְסַצְ|יָה נ' [sensatsja] Sensation *f*

=~יוֹנִי ת' = sensationell *Adj.*

סִנֵּף פיעל [sinéf] *pi.* angliedern *(als Filiale)*

-הִסְתַּנֵּף הת' - *hit.* sich angliedern

סְנַפִּי|ר ז' [snapir] Flosse *f*

=~רִית = Tragflächenboot *n Mar.*

סֶנֶק ז' [senek] Stoß *m*, Hieb *m*

סִנֵּק פיעל [sinék] *pi.* stoßen, einen Hieb austeilen

סַנְקְצְיָה נ' ראה גם: עִצּוּמִים [sanktsia] Sanktion *f*, Handelsstrafe *f Econ.*

סִנָּר ז', סינר, סינור [sinar] Schürze *f*

סָס ז' (עָשׁ-הַבְּגָדִים) [sas] (Kleider) Motte *f*

סַסְגוֹנִ|י ת' [sasgoni] bunt, farbenfreudig *Adj.*

=~יּוּת נ' = Buntheit *f*, Farbenfreudigkeit *f*

ססו"ת ר"ת: סוֹכְנוּת הַסַּעַד וְהַתַּעֲסוּקָה לַפְּלִיטִים [soxnut, hasa'ad vehata'asuka laplitim] *Abk.* (Agentur *f* der UNO für Flüchtlingsfürsorge) UNWRA

סָעַד פעל (לִסְעוֹד אֶת-, יִסְעַד) [sa'ad] *kal* helfen, unterstützen; zu essen geben, füttern; speisen *v/t*

=~ אֶת לִבּוֹ = speisen *v/i*, sich laben

סַעַד ז' ['sa'ad] Hilfe *f*, Unterstützung *f*; Wohlfahrt *f*, soziale Fürsorge *f*
=מְדִינַת-~ = Wohlfahrtsstaat *m*
=מִשְׂרַד-הַסַּעַד = Ministerium *n* für Soziales
=שַׂר-~ = Minister *m* für Soziales
סִעוּד ז', סיעוד [si'ud] Hilfe *f*
=~דִי ת' = pflegebedürftig *Adj.*
סְעוּדָה, סְעֻדָּה נ' [se'uda] Mahlzeit *f*
=~ מַפְסֶקֶת = letzte Mahlzeit vor dem Fasten (Jom-Kippur u. 9. Av)
=קִנּוּחַ-~ = Nachspeise *f*, Dessert *n*
סְעוּף ז' [si'uf] Paragraphieren *n*; Stutzen *n* *(Bäume)*
סָעוּר ת' [sa'ur] sturmbewegt; aufgewühlt *Adj.*
סָעִיף ז' (סְעִיף-, סְעִיפִים) [sa'if] Paragraph *m*, Abschnitt *m*; Zweig *m* *bibl.*
=~ קָטָן, סְעִיף-מִשְׁנֶה = Unterabschnitt *m*
סְעֵף פיעל [si'éf] *pi.* paragraphieren, *(Text)* gliedern
-הִסְתָּעֵף הת' - *hit.* sich verzweigen
סָעֵף נ' [sa'éf] Gedanke *m*
=פָּסַח עַל שְׁתֵּי הַסְּעִפִּים = sich nicht entschließen können, schwanken
סַעַף ז' ['sa'af] Verteilung *f*, Verzweigung *f* *El.*; Gedanke *m*
סָעַר פעל (לִסְעוֹר, יִסְעַר) [sa'ar] *kal* stürmen
-נִסְעַר נפ' (לְהִסָּעֵר) - *nif.* erregt sein
-הִסְתָּעֵר הת' - *hit.* erstürmen, sich stürzen *auf (Akk.)*
-הִסְעִיר הפ' - *hif.* erregen *v/t*
סַעַר ז', סְעָרָה נ' ['sa'ar, se'ara] Sturm *m*
=סְעָרָה בְּכוֹס תֵּה = Sturm *m* im Wasserglas *fig.*
=שֶׁקֶט לִפְנֵי הַסְּעָרָה = Ruhe *f* vor dem Sturm *fig.*
סַף ז' (סִפִּים) [saf] Schwelle *f*
=~-הַהַכָּרָה = Bewusstseinsschwelle *f* *Psych.*
=שׁוֹמֵר-הַסַּף = Portier *m*
=עָמַד עַל הַסַּף = davor stehen
=דָּחָה עַל הַ~ = auf der Stelle ablehnen

סָפַג פעל (לִסְפּוֹג אֶת-, יִסְפּוֹג) [safag] *kal* aufsaugen, einsaugen, absorbieren
-נִסְפַּג נפ' - *nif.* versickern *v/i*
=סָפַג מַכּוֹת = Schläge bekommen
=נְיָר סוֹפֵג = Löschpapier *n*
סֻפְגָּנִיָּה נ' [sufganija] Pfannkuchen *m*, Krapfen *m*
סָפַד פעל (לִסְפּוֹד לְ-, יִסְפּוֹד) [safad] *kal* Totenklage anstimmen, Trauerrede halten, Nachruf sprechen auf
-הִסְפִּיד הפ' (אֶת-) - *hif.* Totenklage anstimmen, Trauerrede halten über *(Akk.)*
סֶפֶד ז' ['sefed] Klagelied *n*, Trauerrede *f*
★סָפָה פעל (לִסְפּוֹת, יִסְפֶּה) [safa] *kal* wegraffen, vernichten
-נִסְפָּה נפ' (לְהִסָּפוֹת) - *nif.* hingerafft werden, umkommen
סַפָּה נ' [sapa] Sofa *n*, Couch *f*
ספה"נ ר"ת: סְפִירַת הַנּוֹצְרִים [sfirat hanotsrim] *Abk.* christliche Zeitrechnung
סְפוֹג ז' [sfog] Schwamm *m*
סָפוּג ת' [safug] vollgesogen *Adj.*
סְפוֹגִ|י ת' [sfogi] schwammig, schwammartig *Adj.*
=~יּוּת נ' = Schwammigkeit *f*, Saugfähigkeit *f*
סִפּ|וּחַ ז', סיפוח [si'puax] Annexion *f*, Annektierung *f*, Einverleibung *f* *(v. Staatsgebiet) Pol.*
סָפוּן ת' [safun] gedeckt, verborgen *Adj. fig.*
סִפּוּן ז', סיפון [sipun] Deck *n* *Mar.*; (Zimmer-) Decke *f*
סַפּוּנַאי ז' [sipunaj] Matrose *m*
סְפּוֹנְגָ'ה נ' (סלנג) [spondža] Wischen *n*
=לַעֲשׂוֹת ~ = den Boden aufwischen
סְפּוֹנְטָנִ|י ת' [spontani] spontan *Adj.*
=~יּוּת נ' = Spontaneität *f*, spontanes Handeln
סִפּוּק ז', סיפוק [sipuk] Befriedigung *f*, Genugtuung *f*; Versorgung *f*; Zweifel *m* *bibl.*

=בָּא עַל סִפּוּקוֹ = zufrieden gestellt werden
סִפּוּר[1] ז׳, סיפור [sipur] Erzählung *f*, Geschichte *f*, Novelle *f*, F Story *f*
סִפּוּר[2] ז׳, סיפור [sipur] Haarschneiden *n*
סָפוּר ת׳ [safur] gezählt *Adj.*
=סְפוּרִים = abgezählte, wenige *Adj. pl.*
(סְפוֹר) אֵין ~ [én sfor] unendlich *Adv.*
סְפּוֹרְ|ט ז׳ [sport] Sport *m*
=~טַאי ז׳ = Sportler *m*
=~טִיבִי ת׳ = sportlich *Adj.*
=~טִיבִיּוּת נ׳ = Sportlichkeit *f*
סִפּוּרִ|י ת׳, סיפורי [sipuri] erzählend *Adj.*
=~יּוּת נ׳ = erzählender Stil
(ספח) נִסְפַּח נפ׳ (לְהִסָּפֵחַ עַל-, אֶל-, לְ- [nispax] *nif.* beigefügt werden *(D)*, angeschlossen werden an
-סִפַּח פיעל (לְסַפֵּחַ) - *pi.* hinzufügen, anschließen; annektieren
-הִסְתַּפֵּחַ הת׳ - *hit.* sich anschließen
סֶפַח ז׳ ['sefax] Zugabe *f*, Beilage *f*; Anhängsel *n*; Abschnitt *m*
סַפַּחַת נ׳ [sa'paxat] Grind *m*, Schorf *m*
סֶפְּטֶמְבֶּר ז׳ [september] September *m*
סָפִיג ת׳ [safig] saugfähig, aufsaugend *Adj.*
סְפִיגָה נ׳ [sfiga] Aufsaugen *n*, Absorption *f*
סְפִידָה נ׳ [sfida] Klagen *n*, Trauer *f*
סָפִיחַ ז׳ [sa'fiax] wild wachsendes Getreide *bibl.*
=סְפִיחַ-זָקָן = Bartstoppel *f*
סְפִיחָה נ׳ [sfixa] Absorption *f*, Vereinigung *f*
סְפִינָה נ׳ ראה גם: אֳנִיָּה [sfina] Schiff *n*
=סְפִינַת הַמִּדְבָּר = *wortl.* Schiff der Wüste; Kamel *n*
=סְפִינַת מַשָּׂא = Frachtschiff *n*
=~ רַחַף = Schlauchboot *n*, Zodiac *n*
סְפִינְקְס, סְפִינְכְּס ז׳ [sfinks] Sphinx *f*
סְפִיקָה נ׳ [sfika] Leistung *f*; *(Hände in Trauer)* Schlagen *n*
(סְפִיקוּת) אִי-~~-הַלֵּב [i-sfikut-halév] Herzversagen *n* *Med.*
סַפִּיר ז׳ [sapir] Saphir *m*
סָפִיר ת׳ [safir] zählbar *Adj.*
סְפִירָה נ׳ [sfira] Zählung *f*; Zeitrechnung *f*
=סְפִירַת-הַמְּלַאי = Bestandsaufnahme *f*, Inventur *f*, F Kassensturz *m*
=~-הָעֹמֶר = Zählung *f* des “Omer” *(zwischen Pessach u. Schawuoth)*
-סְפִירַת הַנּוֹצְרִים (ספה"נ) = christliche Zeitrechnung, A.D.
סְפֵירָה נ׳ [sféra] Sphäre *f*
סְפִּירְט ז׳ [spirt] Spiritus *m*
סְפִּירִיטִי|זְם ז׳ [spiritizm] Spiritismus *m*
=~סְט ז׳ = Geisterbeschwörer *m*
=~סְטִי ת׳ = spiritistisch *Adj.*
סְפִּירָלִי ת׳ [spirali] spiralig *Adj.*
סֵפֶל ז׳ ['séfel] Tasse *f*
=סִפְלוֹן ז׳ = Tässchen *n*
סֶפֶן ז׳ ['sefen] Verdecken *n*, Rätsel *n*, Enigma *f*
סַפָּן ז׳ [sapan] Seemann *m*, Matrose *m*
=~וּת נ׳ = Schifffahrt *f*
סְפַנְיוֹלִית נ׳ [spanjolit] Ladino *n*, Sprache der Juden Spaniens *(bsd. nach der Vertreibung 1492)*
סִפְסוּר ז׳, סיפסור [sifsur] Spekulieren *n*
סַפְסָל ז׳ [safsal] Bank *f (Sitzmöbel)*
סִפְסֵר פיעל [sifsér] *pi.* spekulieren
סַפְסָר ז׳ [safsar] Spekulant *m*
=~וּת נ׳ = Spekulantentum *n*, Spekulationsgeschäft *n*
=סַפְסָרִי ת׳ = spekulantenhaft *Adj.*, Spekulations-
(ספף) הִסְתּוֹפֵף הת׳ [histoféf] *hit.* an der Schwelle stehen
=~ בְּצֵל- = Schutz finden bei, unter *(D)*
סְפֶּצְיָאלִ|י ת׳ [spetsjali] speziell *Adj.*, Spezial-, Sonder-
=~יּוּת נ׳ = Spezialität *f*
=~יִסְט ז׳ = Spezialist *m*

סְפֶּצִיפ|י ת' — [spetsifi] spezifisch *Adj.*
=~יות נ' — = Spezifikum *n*, Eigentümlichkeit *f*
=~יקציה ה' — = Spezifizierung *f*, Spezifikation *f*
★ספק¹ פעל (לספוק, יספוק) — [safak] *kal (Hände in Trauer)* schlagen
ספק² פיעל — [sipék] *pi.* versorgen, liefern
-הסתפק הת' (ב-) — - *hit.* sich begnügen *mit (D)*
-הספיק הפ' — - *hif.* liefern; (es) schaffen, (etwas) erreichen; genügen, genug sein
=מספיק — = genug *Adv.*
ספק פועל — [supak] *pu.* zweifeln, im Zweifel sein; be-, geliefert werden
=אני מספק, מספקני — = ich bin im Zweifel
ספק ז' (ספקות) — [safék] Zweifel *m*
=אין ~, בלי ~ — = ohne Zweifel, zweifellos, sicherlich *Adv.*
=מטל ב~ — = zweifelhaft, angezweifelt *Adj.*
=צל של ~ — = der geringste Zweifel
=נהנה מן הספק — = im Zweifel zu Gunsten des Angeklagten *Jur.*
ספק ז' — [sipék] Möglichkeit *f*, Können *n*
=לא היה ~ בידו — = er hat es nicht geschafft, er hatte keine Möglichkeit *(od. Chance)*
ספק ז' — [sapak] Lieferant *m*
ספקו|לציה נ' — [spekulatsja] Spekulation *f*
=~לטיבי ת' — = spekulativ *Adj.*
ספקן ז' — [safkan] Zweifler *m*, Skeptiker *m*
=~נות נ' — = Skepsis *f*
=~ני ת' — = skeptisch *Adj.*
ספר פעל (לספור את-, יספור) — [safar] *kal* zählen *v/t*
-ספר¹ פיעל — - *pi.* erzählen; sprechen *bibl.*
=לא יאמן (יאמן) כי יספר — = es ist nicht zu glauben
ספר² פיעל — [sipér] *pi.* Haare schneiden
-הסתפר הת' — - *hit.* sich die Haare schneiden lassen
ספר ז' (ספרים, ספרי-) — ['séfer] Buch *n*
=~-אלף-בית — = Lesebuch *n*, Fibel *f*
=~-יען — = Nachschlagewerk *n*
=~-כריתות — = Scheidungsurkunde *f*
=~ לבן — = Weißbuch *n Pol.*
=~-עזר — = Handbuch *n*
=~-שמוש — = Handbuch *n*, Nachschlagewerk *n*
=~-תורה — = Thorarolle *f*; Pentateuch *m* (5 Bücher Mosis)
=ספרי-אחזה — = Grundbuch *n (sg.)*
=~-הקדש — = Heilige Schrift
=ספרים חיצונים — = Apokryphen *n/pl.*; profane, "ketzerische" Literatur
=ספרי-יראים — = fromme Bücher *n/pl.*
=בית-ספר (בתי-ספר) — = Schule *f*
=ארון-ספרים — = Bücherschrank *m*
=בית-ספרים, ספריה — = Bücherei *f*, Bibliothek *f*
=יודע-ספר — = Gebildete(r) *m*
=תולעת-ספרים — = Bücherwurm *m fig.*
ספר ז' (ספרים) — [sapar] Friseur *m*, Barbier *m*
ספר ז' — [sfar] Grenzgebiet *n; Zählung f bibl.*
=חיל-הספר — = Grenzpolizei *f*
=ישוב-ה~ — = Grenzsiedlung *f*
ספרד נ' — [sfarad] Spanien *n*
=נסח-~ ז' — = sephardische Lesart u. Aussprache
=ספרדי תו"ז — = Sepharde *m (Abkömmling der spanisch-portugiesischen Juden);* sephardisch, spaniolisch *Adj.;* Spanier *m*; spanisch *Adj.*
ספרה נ', סיפרה (ספרות) — [sifra] Ziffer *f*
ספרון ז' — [sifron] Büchlein *n*
ספרור ז', סיפרור — [sifrur] Nummerierung *f*
ספרות נ' — [saparut] Friseurberuf *m*
ספרו|ת נ' — [sifrut] Literatur *f*, Schrifttum *n*
=~תי ת' — = literarisch *Adj.*
=ספרות יפה — = Belletristik *f*
ספרטני ת' — [spartani] Spartaner *m*; spartanisch *Adj.*
ספרי ז' (ארמ') — [sifré] Sifré, Midrasch zum 4. u. 5.

Buch Mosis

[sifrija] Bücherei *f*, Bibliothek *f* — סִפְרִיָּה נ׳

[saparit] Friseuse *f*, Friseurin *f* — סַפָּרִית נ׳

[safran, -it] Bibliothekar(in *f*) *m* — סַפְרָן ז׳ ~נִית נ׳

= Bibliothekswesen *n* — =~נוּת נ׳

[sifrér] *pi.* nummerieren, beziffern — סִפְרֵר פיעל

[si'poret] Unterhaltungsliteratur *f*, Romanliteratur *f* — סִפֹּרֶת נ׳, סיפורת

[sifrati] digital *Adj.* — סִפְרָתִי ת׳

[stséna] Szene *f* — סְצֵינָה נ׳

[sikul] Entfernung *f* der Steine *(v. Boden)* — סִקּוּל ז׳, סיקול

[skufa] Schwelle *f* — סְקוּפָּה נ׳

[sakur] aufgedeckt, berichtet *Adj.* — סָקוּר ת׳

[sikur] Berichterstattung *f*, Reportage *f* — סִקּוּר ז׳, סיקור

[ski] Ski *m*, Schi *m*; Skilaufen *n* — סְקִי ז׳

[skila] Steinigung *f* — סְקִילָה

[skitsa] Skizze *f* — סְקִיצָה נ׳ ראה גם: מִתְוֶה

[skira] Übersicht *f*, Überblick *m*; Bericht *m* — סְקִירָה נ׳

[sakal] *kal* steinigen — סָקַל פעל (לִסְקוֹל, יִסְקוֹל)

- *pi.* Steine entfernen *(vom Boden)* — =סִקֵּל פיעל (אֶת-)

[seks] Sex *m*, Geschlecht *n* — סֶקְס ז׳ ראה גם: מִין

= Sexual-; sexuell *Adj.* — =~וּאָלִי ת׳

= Sexualität *f*, Geschlechtlichkeit *f* — =~וּאָלִיּוּת

[saksofon] Saxophon, Saxofon *n* — סַקְסוֹפוֹן ז׳

[sekstant] Sextant *m* — סֶקְסְטַנְט ז׳

[skepti] skeptisch *Adj.* — סְקֶפְּטִ|י ת׳, ראה גם: סַפְקָנִי

= Skepsis *f* — =~יּוּת נ׳

= Skeptizismus *m* — =~צִיזְם ז׳

= Skeptiker *m* — =~קָן ז׳

[sakar] *kal* beobachten, überschauen; e-n Überblick geben; begutachten — סָקַר פעל (לִסְקוֹר אֶת-, יִסְקוֹר)

- *pi.* berichten über *(Akk.)* — -סִקֵּר פיעל (אֶת-)

['seker] Überblick *m*, Übersicht *f*; Begutachtung *f*; Bericht *m;* Umfrage *f* — סֶקֶר ז׳

[sakran] Neugierige(r) *m* — סַקְרָן ז׳

[sikrén] *pi.* neugierig machen, Neugier erwecken — סִקְרֵן פיעל

- *hit.* neugierig werden — -נִסְתַּקְרֵן הת׳

= neugierig gemacht, - geworden — =מְסֻקְרָן ת׳

[sakranut] Neugier *f*, Neugierde *f* — סַקְרָ|נוּת נ׳

= neugierig *Adj.* — =~נִי ת׳

[skertso] Scherzo *n* — סְקֶרְצוֹ נ׳

[si'koret] Buchkritik *f*, Rezension *f* — סִקֹּרֶת נ׳

[sar] mürrisch, verdrossen, düster *Adj.* — סַר ת׳

= sinnlos, wertlos *Adj.* — =~ טַעַם

[sérav] *pi.* verweigern, sich weigern — סֵרֵב פיעל

[sirbul] Schwerfälligkeit *f* — סִרְבּוּל ז׳, סירבול

= Amtsschimmel *m*, Bürokratie *f* — =~ מִשְׂרָדִי

[sarbal] Overall *m*, Arbeitsanzug *m* — סַרְבָּל ז׳

[sirbél] *pi.* schwerfällig machen — סִרְבֵּל פיעל

= schwerfällig, umständlich *Adj.* — =מְסֻרְבָּל ת׳

[sir'bolet] Schwerfälligkeit *f* — סִרְבֹּלֶת נ׳, סרבולת

[sarvan] Verweigerer *m* — סַרְבָן תו״ז

= Kriegsdienstverweigerer *m* — =סַרְבַן-מִלְחָמָה

= Widerspenstigkeit *f* — =סַרְבָ|נוּת נ׳

= widerspenstig, bockig, spröde *Adj.* — =~נִי ת׳

[sarag] *kal* stricken — סָרַג פעל (לִסְרוֹג אֶת-, יִסְרוֹג)

[sargél] Lineal *n* — סַרְגֵּל ז׳

[sardjot] Offizier *m*, Kapitän *m* — ★סַרְדְּיוֹט ז׳

[sardin] Sardine *f* — סַרְדִּין ז׳

[dibér sar'aal] üble Reden führen über *(Akk.)* — (סָרָה) דִּבֵּר ~ עַל-

[sirhév] *pi.* drängen, drücken; sich weigern — סִרְהֵב פיעל

[sirhuv] Drängen *n*, Bestehen *n (auf)* — סִרְהוּב ז׳

[séruv] Weigerung *f*, Ablehnung *f* — סֵרוּב ז׳, סירוב

[sarug] gestrickt *Adj.* — סָרוּג ת׳

[sérug] Flechtwerk *n*, Gewebe *n*; — סֵרוּג ז׳, סירוג

Vergitterung *f*

=בְּ|סֵרוּגִין, לְ~ = mit Unterbrechungen

סָרוּחַ ת׳ [sa'ruax] stinkend; hingestreckt; herabhängend *Adj.*

סֵרוּחַ ז׳ [se'ruax] schlechter Geruch *m*, Gestank *m*

סָרוּט ת׳ [sarut] geritzt *Adj.*

סָרוּךְ ת׳ [sarux] dazugehörig *Adj.*

סֵרוּס ז׳, סירוס [sérus] Kastrierung *f*; Entstellung *f*

סָרוּק ת׳ [saruk] gekämmt *Adj.*

סָרַח פעל (לִסְרוֹחַ, יִסְרַח) [sarax] *kal* stinken; sündigen

-הִסְרִיחַ הפ׳ - *hif.* schlechten Geruch verbreiten, stinken

סֶרַח ז׳ ['serax] Schleppe *f*

=~ הָעוֹדֵף = überzähliger Rest; fünftes Rad am Wagen *fig.*

סִרְחוֹן ז׳, סירחון [sirxon] Gestank *m*

=פִּצְצַת-~ = Stinkbombe *f*

סָרַט^{1} פעל (לִסְרוֹט אֶת-, יִסְרוֹט) [sarat] *kal* ritzen

-סֵרֵט פיעל - *pi.* einritzen

(סרט)^{2} הִסְרִיט הפ׳ [hisrit] *hif.* filmen, verfilmen

סֶרֶט ז׳ ['seret] Band *n*; Film *m*; Farbband *n*; angehängter Zettel

=~ אִלֵּם = Stummfilm *m*

=~ נָע = laufendes Band *n*, Förderband *n*, Fließband *n*

=~-קוֹלְנוֹעַ = Kinofilm *m*

=~ כָּחֹל = Pornofilm *m*

סִרְטוּט ז׳, סירטוט (ראה גם: שִׂרְטוּט) [sirtut] technisches Zeichnen

סִרְטוֹן ז׳ [sirton] Kurzfilm *m*; Filmstreifen *m*

סִרְטֵט פיעל [sirtét] *pi.* skizzieren

=שֶׁק מְסֻרְטָט = Verrechungsscheck *m*

סַרְטָט ז׳ [sartat] technischer Zeichner *m*

סִרְטִיָּה נ׳ [sirtija] Filmarchiv *n*

סֶרְטִיפִיקָט ז׳ [sertifikat] Zertifikat *n*, Einwanderungserlaubnis *f* der englischen Mandatsregierung in Palästina

סַרְטָן ז׳ [sartan] Krebs *m Zo., Med.*

=~נִי ת׳ = krebsartig *Adj.*, Krebs-

=~ הַדָּם = Blutkrebs *m*, Leukämie *f*

סְרִי^{1} ז׳ [seri] Stinken *n*, Gestank *m*

סְרִי^{2} ז׳ [seri] Sünde *f*, Verstoss *m*

סָרִיג ז׳ [sarig] elektrisch geladenes Gitter *n*; Strickerei *f*

סְרִיגָה נ׳ [sriga] Stricken *n*; Strickerei *f*

סְרִיטָה נ׳ [srita] Ritzen *n*, Kratzen *n*; Kratzer *m*, Schramme *f*

סָרִיס ז׳ [saris] Eunuch *m*; Höfling *m bibl.*

=סָרִיסוּת נ׳ = Eunuchentum *n*

סָרִיק ת״ז [sarik] leer *Adj.*; Waffel *f*

סְרִיקָה נ׳ [srika] Kämmen *n*; Durchsuchen *n*

(סרך) נִסְרַךְ נפ׳ (לְהִסָּרֵךְ) [nisrax] *nif.* mitgeschleppt werden

סֶרֶךְ ז׳ ['serex] Sitte *f*, Angewohnheit *f*; Nachziehen *n*

סִרְכּוּז ז׳ [sirkuz] Zentrifugieren *n*

=~זִי ת׳ = zentrifugal *Adj.*

סַרְכֶּזֶת נ׳ [sar'kezet] Zentrifuge *f*

סֶרֶן ז׳ ['seren] Hauptmann *m*; Philisterfürst *m bibl.*; Achse *f*

=רַב-~ = Major *m*

סֶרֶנָדָה נ׳ [serenada] Serenade *f*

סֵרֵס פיעל (לְסָרֵס אֶת-) [séras] *pi.* kastrieren; entstellen

-נִסְתָּרֵס הת׳ - *hit.* kastriert werden, entstellt werden

סַרְסוּר ז׳ [sarsur] Zuhälter *m*; *auch* Makler *m*

סִרְסֵר פיעל [sirsér] *pi.* vermitteln, als Makler arbeiten

סַרְסָרוּת נ׳ [sarsarut] Maklertum *n*

סַרְעָף ז׳ [sar'af] Gedanke *m*, Idee *f*

סַרְעֶפֶת נ׳ [sar'efet] Zwerchfell *n Anat.*

סִרְפָּד ז׳ [sirpad] Brennnessel *f* (Urtica) *Bot.*

=סִרְפֶּדֶת נ' = Nesselfieber *n Med.*

סָרַק פעל (לִסְרוֹק אֶת-, יִסְרוֹק) [sarak] *kal* kämmen; durchsuchen

-הִסְתָּרֵק הת' - *hit.* sich kämmen

★סְרָק ז' [srak] Leere *f (nur in Zssgn.)*

=אִילַן-~ = Zierbaum *m*

=וִכּוּחַ-~ = leere, fruchtlose Diskussion

=כַּדּוּר-~ = Platzpatrone *f*

=מַהֲלַךְ-~ = Leerlauf *m*

=רַעְיוֹן-~ = sinnloser Gedanke

סָרַר פעל (לִסְרוֹר יִסְרוֹר) [sarar] *kal* widerspenstig sein

=סוֹרֵר וּמוֹרֶה = widerspenstig, aufsässig *Adj.*

סְתַגְלָן ת' [staglan] Opportunist *m*

=~נוּת נ' = Opportunismus *m*

=~נִי ת' = opportunistisch *Adj.*

סְתַגְרָן ז' [stagran] verschlossener, introvertierter Mensch

=~נוּת נ' = Verschlossenheit *f*, Introversion *f*

=~נִי ת' = verschlossen, introvertiert *Adj.*

סְתָו ז', סתיו [stav] Herbst *m*; Winter *m bibl.*

=סְתָוִי ת' = herbstlich *Adj.*

סָתוּם ת' [satum] verstopft; unklar, unverständlich; vage, undefiniert, unbestimmt *Adj.*

סִתּוּם ז' [situm] Blockade *f*, Schließung *f*

סִתְוָנִי ת' [sitvani] herbstlich *Adj.*

סִתְוָנִית נ', סיתוונית [sitvanit] Herbstzeitlose *f* (Colchicum) *Bot.*

סָתוּר ת' [satur] wild, ungeordnet; niedergerissen; widerlegt *Adj.*

סִתּוּת ז', סיתות [situt] Steinmetzarbeit *f*

סְתִימָה נ' [stima] Verstopfen *n*, Plombieren *n*; (Zahn)Plombe *f*

=סְתִימַת הַגּוֹלֵל = Zuschaufeln *n* des Grabes

סְתִירָה נ' [stira] Widerspruch *m*, Diskrepanz *f*; Niederreißen *n*

סְתִיתָה נ' [stita] Steinmetzarbeit *f*

סָתַם פעל (לִסְתּוֹם אֶת, יִסְתּוֹם) [satam] *kal* verstopfen; sich ungenau, allgemein ausdrücken

-נִסְתַּתֵּם הת' - *hit.* verstopft werden; zu Ende sein *fig.*

=סָתַם עָלָיו אֶת הַגּוֹלֵל = j-m das Ende bereiten, j-n erledigen *fig.*

=נִסְתַּם הַגּוֹלֵל = begraben sein *fig.*

סְתָם ז' ת"פ [stam] Unbestimmte(s) *n*; vage, ganz allgemein; einfach so *Adv.*

=~ בְּעָלְמָא, ~ כָּכָה = nur so, von ungefähr, ohne bestimmte Absicht

=מִן הַסְּתָם = wahrscheinlich *Adv.*

סְתָ"ם ר"ת: סְפָרִים, תְּפִלִּין, מְזוּזוֹת [stam] *Kurzw.* Bücher *n/pl.* Gebetsriemen *m*, "Mesusot"

=סוֹפֵר ~ = Thoraschreiber *m*

=אוֹתִיּוֹת-~ = "Stam"-Buchstaben *m/pl.* *(der Thorarollen)*

סְתָמִי ת' [stami] undefiniert, allgemein, neutral, wahllos, vage *Adj.*

=מִין ~ = Neutrum *n Gr.*

=~וּת נ' = Unbestimmtheit *f*, Vagheit *f*

סְתַפְקָן ז' [stapkan] bescheidener Mensch, Asket *m*

=~נוּת נ' = Bescheidenheit *f*

=~נִי נ' = mit wenig zufrieden

(סתר)[1] נִסְתַּר נפ' (לְהִסָּתֵר) [nistar] *nif.* versteckt sein, geheim sein

-הִסְתִּיר הפ' - *hif.* verstecken; verheimlichen *v/t*

-הִסְתַּתֵּר הת' - *hit.* sich verstecken

סָתַר[2] פעל (לִסְתּוֹר אֶת-, יִסְתּוֹר) [satar] *kal* zerstören; widerlegen, in Widerspruch stehen *mit*

סֵתֶר ז' ['séter] Versteck *n*; Geheimnis *n*

=בַּסֵּתֶר, בְּסֵתֶר לִבּוֹ = heimlich; im Innersten

=לְשׁוֹן-סֵתֶר = Geheimsprache *f*

=מַתָּן בַּסֵּתֶר = heimliches Almosengeben

=דְּיוֹ-סְתָרִים = unsichtbare Tinte

=יוֹעֵץ-~ = Geheimrat *m*

=כְּתַב-~ = Geheimschrift *f*

סִתְרָה נ׳ [sitra] Schutz *m*, Versteck *n*

סִתֵּת פיעל [sitét] *pi*. *(Steine)* behauen

סַתָּת ז׳ [satat] Steinmetz *m*

=~ות נ׳ = Steinmetzarbeit *f*

ע

ע 'Ajin, 16. Buchstabe des hebr. Alphabet; Zeichen der Zahl 70

=ע׳-הַפֹּעַל = 2. Stammbuchstabe des hebr. Verbs *Gr.*

עָב¹ זו"נ (עָבִים, גם: עָבוֹת) ['av] Wolke *f*, Haufenwolke *f*, Kumulus *m*

=~ הֶעָנָן = dunkle Wolke

=בְּבֹקֶר לֹא עָבוֹת = eines schönen Morgens

עָב² ת׳ ['av] dick *Adj.*

עֹב ז׳ ['ov] Balken *m*

עִבֵּב פיעל ['ibev] *pi.* sich bewölken, sich trüben

עָבַד פעל (לַעֲבוֹד אֶת-, לְ-, בְּ-; אֶעֱבוֹד, יַעֲבוֹד) ['avad] *kal* arbeiten; dienen; anbeten *Rel.*

-עִבֵּד פיעל - *pi.* bearbeiten

-הֶעֱבִיד הפ׳ - *hif.* beschäftigen

=עָבַד אֶת הָאֲדָמָה = Landarbeit verrichten

=עָבַד אֶת אֱלֹהִים = Gott dienen

=מַעֲבִיד ז׳ = Arbeitgeber *m*

(עבד) בְּדִיעֲבַד (ארמ׳) [bedia'vad] hinterher, im Nachhinein, nachträglich *Adv.*

עֶבֶד ז׳ (עֲבָדִים) ['eved] Sklave *m*

=~ נִרְצָע = williger Sklave

=עַבְדְּךָ הַנֶּאֱמָן = dein ergebener (getreuer) Diener

עֻבְדָּה נ׳, עובדה ['uvda] Tatsache *f*

עַבְדוּת נ׳ ['avdut] Sklaverei *f*, Leibeigenschaft *f*

★עַבְדְּקָן ז׳ (ארמ׳) ['avdekan] Mann *m* mit langem u. breitem Bart

עֻבְדָּתִי ת׳, עובדתי ['uvdati] tatsächlich, sachlich *Adj.*, Tatsachen-

★עָבָה פעל (לַעֲבוֹת, יַעֲבֶה) ['ava] *kal* dick sein, dick werden

-עִבָּה פיעל - *pi.* verdicken, kondensieren; überschatten

-הִתְעַבָּה הת׳ - *hit.* dick(er) werden

עָבֶה ת׳ ['ave] dick *Adj.*

עִבּוּד ז׳, עיבוד ['ibud] Bearbeitung *f*

=~ נְתוּנִים = Datenverarbeitung *f*

עֲבוֹדָה נ׳ ['avoda] Arbeit *f*; Gottesdienst *m*

=~, מִפְלֶגֶת הָ~ = Arbeiterpartei *f* in Israel

=~ זָרָה = Götzendienst *m*

=עֲבוֹדוֹת צִבּוּרִיּוֹת = Arbeiten *f/pl.* der öffentlichen Hand

=עֲבוֹדַת-אֲדָמָה = Landarbeit *f*

=~אֱלֹהִים,~-ה׳,~-הַבּוֹרֵא = Gottesglauben *m*

=~-אֱלִילִים = Götzendienst *m*

=~-יָד, ~-יָדַיִם = Handarbeit *f*

=~-פֶּרֶךְ, ~-כְּפִיָּה = Zwangsarbeit *f*

=חֹסֶר-עֲבוֹדָה = Arbeitslosigkeit *f*

=מְחֻסַּר-~ = Arbeitslose(r) *m,f*

=לִשְׁכַּת-~ = Arbeitsamt *n*

=מִשְׂרַד-הָ~ = Arbeitsministerium *n*

=שַׂר-הָ~ = Arbeitsminister *m*

=תְּנוּעַת-הָ~ = Arbeiterbewegung *f*

עֲבוֹט ז׳ ['avot] Pfand *n*

עָבוּט ת׳ ['avut] verpfändet *Adj.*

עִבּוּי ז׳, עיבוי ['ibuj] Verdickung *f*, Verdichtung *f*, Kondensation *f*

★עֲבוּר ז׳ ['avur] Ertrag *m*, Ernte *f*

עֲבוּר מ"י ['avur] für *(Akk.)*

=בַּ~ מ"י = für *(Akk.)*, zugunsten, zu Gunsten

עָבַר¹ פעל (לַעֲבוֹר אֶת-, עַל-, אֶל-; יַעֲבוֹר) ['avar] *kal* hinübergehen, vorübergehen; überschreiten; vorbeigehen; übergehen *auf (Akk.)*
-הֶעֱבִיר הפ׳ - *hif.* übertragen; befördern; leiten (*Wärme, El.*)
=עֲבוֹר! = fertig! weiter!
=עָבַר עַל הַחֹק = das Gesetz übertreten
=~ עַל גְּדוֹתָיו = über die Ufer treten
=~ לִפְנֵי הַתֵּבָה = (*in der Synagoge*) vorbeten
=~ זְמַנּוֹ = s-e Zeit ist vorbei
=~ עֲבֵרָה = verstoßen, sich vergehen (*gegen das Gesetz*)
=~ עַל סֵפֶר = ein Buch durchsehen
=~ לְסֵדֶר-הַיּוֹם = zur Tagesordnung übergehen
=עוֹבֵר-אֹרַח, ~-דֶּרֶךְ = Wanderer *m*, Durchreisende(r) *m*
=~-וָשָׁב = Passant *m*
=חֶשְׁבּוֹן ~-וָשָׁב (עו"ש) = Girokonto *n*
=~ לַסּוֹחֵר = gängig *Adj.*, im Umlauf (*Münze, Ware*)
=לְשֶׁעָבַר = früher, ehemals; Ex-
=חֹק וְלֹא יַעֲבוֹר = unumstößliches Gesetz
=תְּנַאי וְלֹא ~ = unabänderliche Bedingung
=עַד ~ זַעַם = bis der Sturm sich legt *fig.*; bis der Zorn vorbei ist
=יֵהָרֵג וְאַל ~ = sich eher töten lassen, als das Gesetz zu übertreten *fig.*
=הֶעֱבִיר אוֹתוֹ מִירֻשָּׁה = (j-n) enterben
=~ אוֹתוֹ עַל דַּעְתּוֹ = (j-n) aus der Fassung bringen *fig.*

עִבֵּר² פיעל ['ibér] *pi.* schwängern
-נִתְעַבְּרָה הת׳ - *hit.* schwanger werden
=שָׁנָה מְעֻבֶּרֶת = Schaltjahr *n*

עָבָר ז׳ (עֲבָרוֹ) ['avar] Vergangenheit *f*

עֵבֶר ז׳ (עֶבְרוֹ, עֲבָרִים, עֶבְרֵי-) ['éver] Seite *f*
=מֵ~ לְ- = jenseits (*G*) *Prp.*
=~-הַיַּרְדֵּן = Transjordanien *n*
★=לְשׁוֹן-~ = hebräische Sprache, Hebräisch *n*

(*G*) *Prp.*

עִבּוּר ז׳, **עיבור** ['ibur] Empfängnis *f*, Schwangerschaft *f*
=~ דִּין = Gesetzüberschreitung *f*
=~-הַשָּׁנָה = Hinzufügen *n* des 13. Monats im jüd. Schaltjahr
=עִבּוּרָהּ שֶׁל עִיר = Stadtrand *m*, Außenbezirk *m*, Vorort *m*
=חֹדֶשׁ-הָעִבּוּר = 13. Monat *m* im jüd. Schaltjahr

עִבּוּשׁ ז׳, **עיבוש** ['ibuʃ] Verschimmeln *n*

עֲבוֹת זו"נ (עֲבוֹתִים, גם: עֲבוֹתוֹת) ['avot] Strick *m*, Seil *n*, Trosse *f*, Kabeltau *n*
★=~וֹת-אַהֲבָה = Bande *n/pl.* der Liebe

עָבוּת נ׳ ['avut] Dicke *f*

עִבּוּת ז׳ ['ibut] Seilherstellung *f*

עָבַט¹ פעל (לַעֲבוֹט, יַעֲבוֹט) ['avat] *kal* versetzen, Geld leihen (*gegen Pfand*)
-הֶעֱבִיט הפ׳ - *hif.* verleihen (*gegen Pfand*); verpfänden

עִבֵּט² פיעל ['ibet] *pi.* verdrehen, entstellen, fälschen

עַבְטִיט ז׳ ['avtit] dicker Schlamm *m*

עֳבִי ז׳, **עובי** ['ovi] Dicke *f*
=נִכְנַס בְּעָבְיֵי הַקּוֹרָה = sich in etwas vertiefen, tief eindringen in (*Akk.*) *fig.*

עָבִיד ת׳ ['avid] betriebsbereit, einsatzbereit *Adj.*

עֲבִידוּת נ׳ ['avidut] Betriebsbereitschaft, Einsatzbereitschaft *f*

עֲבָיָה נ׳ (ערב׳) ['abaja] Dschellaba *f*

עָבִיט ז׳ ['avit] Kübel *m*

עָבִיר ת׳ ['avir] passierbar, befahrbar *Adj.*
=בִּלְתִּי-~ = unpassierbar *Adj.*
=עָבִיר לְשַׁיִט = schiffbar *Adj.*

עֲבִירוּת נ׳ ['avirut] Passierbarkeit *f*

עב"ל ר"ת: **עִם בְּחִיר לִבָּהּ, עִם בְּחִירַת לִבּוֹ** ['im bxir liba, 'im bxirat libo] *Abk.* mit dem (der) Erwählten ihres (seines) Herzens

עַבָּ"ם ז׳ ר"ת ['abam] unbekanntes Flugobjekt, UFO *n*

=בְּעֶבְרֵי-פִי-פַחַת = am Rande des Abgrunds *bibl.*

עֻבָּר ז׳, עובר [‘ubar] Embryo *m*, Fötus *m*

עֲבֵרָה נ׳, עבירה [‘avéra] Übertretung *f*, Sünde *f*, Verstoß *m*

=~גּוֹרֶרֶת ~ = *wörtl.* e-e Sünde führt zur anderen, sich in Schuld verstricken

=בַּעַל-~ = Sünder *m*, Verbrecher *m*

עִבְרוּת ז׳ [‘ivrut] Hebraisierung *f*

עִבְרִ|י תו״ז [‘ivri] Hebräer *m*; hebräisch *Adj.*

=לָשׁוֹן ~ית = hebräische Sprache *f*, Hebräisch *n*

=~יּוּת נ׳ = Charakter *m* des Hebräischen

עֲבַרְיָן ז׳, עבריין [‘avarjan] Verbrecher *m*, Gesetzesverletzer *m*

=~וּת נ׳ = Verbrechertum *n*, Kriminalität *f*

עִבְרִי|ת נ׳ [‘ivrit] Hebräisch *n*

=~תָן ז׳ = Hebraist *m*

עִבְרֵת פיעל [‘ivrét] *pi.* hebraisieren

-נִתְעַבְרֵת הת׳ - *hit.* hebraisiert werden

עָבַשׁ פעל (לַעֲבוֹשׁ, יֶעֱבַשׁ) [‘avaʃ] *kal* schimmeln, faulen *v/i*

-נִתְעַבֵּשׁ הת׳ - *hit.* schimmeln *v/i*

-הֶעֱבִישׁ הפ׳ - *hif.* verschimmeln, verfaulen; Schimmel verursachen

עָבֵשׁ ת׳ [‘avéʃ] schimmlig, verschimmelt *Adj.*

עֹבֶשׁ ז׳, עובש [‘oveʃ] Schimmel (*Pilz*) *m*

עָבֹת ת׳, עבות [‘avot] dicht, dicht belaubt *Adj.*

עִבֵּת פיעל ['ibét] *pi.* verdrehen, entstellen, fälschen

עָגַב פעל (לַעֲגוֹב, יַעְגּוֹב עַל-) [‘agav] *kal* gelüsten, verlangen nach *(D)*, lieben

★עֶגֶב, עָגָב ז׳ (עֲגָבִים) [‘egev, ‘agav] Liebesspiel *n*

=שִׁיר-עֲגָבִים = Liebeslied *n*

=עֲגַבְגָּב ז׳ = Flirt *m*, Liebelei *f*

★עֲגָבָה נ׳ [‘agava] Brunst *f*, Begierde *f*, Geschlechtstrieb *m*

★=עֲגָבוֹת נ״ר = Gesäß *n*

★עַגְבוּת נ׳ [‘agvut] (Geschlechts-) Begierde *f*

★עַגְבָן ז׳ [‘agvan] Liebhaber *m*

★עַגְבָנ|וּת נ׳ [‘agvanut] sinnliche Liebe; Koketterie *f*

★=~נִי ת׳ = kokett *Adj.*

עַגְבָנִיָּה נ׳ [‘agevanija] Tomate *f*

עַגֶּבֶת נ׳ [‘a'gevet] Syphilis *f Med.*

עָגָה נ׳ [‘aga] Dialekt *m*, Mundart *f*; Slang *m*

עִגּוּל ז׳, עיגול [‘igul] Kreis *m*

=~ מִסְפָּרִים = Abrundung *f* (*v. Zahlen*)

=רִבּוּעַ הָ~ = Quadratur *f* des Kreises *fig.*

עִגּוּלִי ת׳, עיגולי [‘iguli] kreisförmig *Adj.*

עָגוּם ת׳ [‘agum] traurig, niedergeschlagen *Adj.*

עִגּוּן[1] ז׳, עיגון [‘igun] Verlassen *n* des Ehegatten ohne Scheidung

עִגּוּן[2] ז׳, עיגון [‘igun] Ankern *n*, Verankerung *f*

עָגוּן תו״ז [‘agun] (*ohne Scheidung*) verlassener Ehemann

=עֲגוּנָה = (*ohne Scheidung*) verlassene Frau

עָגוּר ז׳ ראה גם: כְּרוּכְיָה [‘agur] Kranich *m* (Gruidae) *Zo.*

עֲגוּרָ|ן ז׳ [‘aguran] Kran *m*

=~נַאי ז׳ = Kranführer *m*

★עֲגִיבָה נ׳ [‘agiva] (Liebes-) Werbung *f*, Flirt *m*

עָגִיל ז׳ [‘agil] Ohrring *m*; Weidenkätzchen *n Bot.*

עֲגִילוּת נ׳ [‘agilut] Rundung *f*, Rundheit

עֲגִינָה נ׳ [‘agina] Ankern *n*

עֲגִינוּת נ׳ [‘aginut] Stand des ohne Scheidung verlassenen Ehepartners

עָגֹל ת׳, עגול (עֲגֻלָּה) [‘agol] rund *Adj.*

עִגֵּל פיעל [‘igél] *pi.* Kreis ziehen, runden, abrunden *v/t*

-הִתְעַגֵּל הת׳ - *hit.* rund werden, sich runden

-הֶעְגִּיל הפ׳ - *hif.* rund machen; rund werden

=עִגֵּל מִסְפָּר = (*Zahl*) auf- *od.* abrunden

=מִסְפָּר מְעֻגָּל = gerundete Zahl

עֵגֶל ז' (עֶגְלוֹ, עֲגָלִים, עֶגְלֵי-) ['égel] Kalb *n*
=~-הַזָּהָב = das Goldene Kalb *fig.*
עֲגַלְגַּל ת' ['agalgal] rundlich; eiförmig *Adj.*
=~וּת נ' = Rundlichkeit *f*
עֶגְלָה נ' (עֲגָלוֹת גם: עֶגְלוֹת) ['egla] Färse *f*, junge Kuh *f*
עֲגָלָה נ' (עֶגְלַת-, עֲגָלוֹת) ['agala] Wagen *m*
=~ גְּדוֹלָה וְ~ קְטַנָּה = der große und der kleine Wagen (Bär) *Astr.*
=עֶגְלַת-יְלָדִים = Kinderwagen *m*
=בַּעַל-עֲגָלָה = Fuhrmann *m*
עֶגְלוֹן ז' ['eglon] Fuhrmann *m*, Kutscher *m*
=~וּת נ' = Fuhrunternehmen *n*; Kutscherberuf *m*
★עָגַם פעל (לַעְגּוֹם, יֶעְגַּם) ['agam] *kal* bekümmert sein
-הֶעְגִּים הפ' - *hif.* bekümmern *v/t*; traurig werden
=עָגְמָה נַפְשׁוֹ = traurig werden
עֹגֶם ז' ['ogem] Traurigkeit *f*, Kummer *m*
עָגְמָה, עַגְמָה נ' ['ogma, 'agma] Kummer *m*, Traurigkeit *f*
=עָגְמַת-נֶפֶשׁ, עַגְמַת-~ = Leid *n*, Leidwesen *n*
עַגְמוּמִי ת' ['agmumi] betrübt, bedrückt *Adj.*
עַגְמִימוּת נ' ['agmimut] Betrübnis *f*, Bedrücktheit *f*
עֹגֶן ז', עוגן ['ogen] Anker *m*
=~-הַצָּלָה = Rettungsanker *m*
עָגַן[1] פעל (לַעֲגוֹן, יַעֲגוֹן) ['agan] *kal* ankern *v/i*
-עִגֵּן פיעל - *pi.* verankern *v/t*
-הֶעְגִּין הפ' - *hif.* ankern lassen
(עגן)[2] נֶעֱגַן נפ' (לְהֵעָגֵן) [ne'egan] *nif.* verlassen werden (*ohne Scheidung vom Ehepartner*)
-עִגֵּן פיעל - *pi.* verlassen, zur "Aguna" machen
עִגְעֵג פיעל ['ig'ég] *pi.* picken, hacken
עַד מ"י ['ad] bis *Prp.*
=~ אֶחָד = bis auf den Letzten, allesamt
=~ אִם = es sei denn, dass; wenn... nicht
=~ אֲשֶׁר = bis (dass)
=~-בּוֹשׁ = *wörtl.* bis zur Beschämung; sehr lange
=~ בְּלִי-דַי = in Fülle, ohne Begrenzung
★=~-דְּלָא יָדַע, עַדְלָיָדַע נ' = "Adlojada", Purim-Volksfest in Israel
=~ יוֹם רִאשׁוֹן וְ~ בִּכְלָל = bis einschließlich Sonntag
=~ יוֹם רִאשׁוֹן וְלֹא ~ בִּכְלָל = bis ausschließlich Sonntag
★=~ חָרְמָה = bis zur Vernichtung
=~ כָּאן = bis hierher
=~ כְּדֵי = bis zu
=~ כְּדֵי-כָּךְ = so sehr
=~-כֹּה = bis hierher, bis jetzt
=~ לְחֶשְׁבּוֹן = bis zur Abrechnung, a conto
=~ מְאֹד, ~-לִמְאֹד = sehr, in größtem Maße
=~ מֵאָה וְעֶשְׂרִים! = mögest Du 120 Jahre werden! (*jud. Glückwunsch*)
=~-מְהֵרָה = sehr schnell
=~-מָתַי? = bis wann?, wie lange?
=~-עוֹלָם = für immer
=~ שֶׁ- = bis (dass)
=~ שֶׁלֹּא- = bevor
★=מִן... וְ~ = von ... bis
★עַד ז' ['ad] Ewigkeit *f*
=לָ~ = für ewig
=לְעוֹלָם וָעֶד = für immer und ewig
=יַעֲרוֹת-עַד = Urwälder *m/pl.*
=יְרַק-~ ת' = immergrün *Adj.*
עֵד ז', עֵדָה נ' ['éd, 'eda] Zeuge *m*, Zeugin *f*
=~-הַמֶּלֶךְ, ~-הַמְּדִינָה = Kronzeuge *m*
=~-רְאִיָּה = Augenzeuge *m*
=~-שְׁמִיעָה = Zeuge *m* (*Mithörer*)
עֵדָה[1] נ' (עֲדַת-, עֵדוֹת, עֲדוֹת-) ['éda] Gemeinde *f*; Gemeinschaft *f*; Landsmannschaft *f*; Bevölkerungsgruppe *f* von gemeinsamer Herkunft
=עֲדוֹת-הַמִּזְרָח = Gemeinden von Juden aus islamischen Ländern
=בִּפְנֵי עַם וְעֵדָה = im aller Öffentlichkeit
★עֵדָה[2] נ' ['éda] Brauch *m*; Gebot *n* *bibl.*

עֵדָה[3] נ׳ [‘éda] Zeugin *f*
עִדּוּד ז׳, עידוד [‘idud] Ermutigung *f*
=פְּרַס-~ ז׳ = Leistungsprämie *f*
עִדּוּן ז׳, עידון [‘idun] Sublimierung *f*, Verfeinerung *f*
עִדּוּר ז׳, עידור [‘idur] Umgraben *n*, Auflockern *n* (*des Bodens*)
עָדוּר ת׳ [‘adur] *(Erde)* aufgelockert *Adj.*; -los
עֵדוּת נ׳ [‘édut] Zeugenaussage *f*; Zeugnis *n*
=וְזֹאת לְ~ = dies soll bezeugen
=סִפְרוּת-הָ~ = dokumentarische Literatur
עֲדִי ז׳ (עֲדָיִים) [‘adi] Schmuckstück *n*
★עֲדֵי מ״י [‘adé] bis *Prp.*
=~ עַד = für immer
=~ רֶגַע = für eine kurze Zeit
עֲדַיִן ת״פ, עדיין [‘adajin] noch, bis jetzt *Adv.*
=~ לֹא = noch nicht
עָדִין ת׳ [‘adin] zart, fein, sachte, filigran *Adj.*
=מְכָנִיקָה עֲדִינָה = Feinmechanik *f*
=עֲדִינוּת = Zartheit *f*, Zartgefühl *n*, Feinheit *f*, Milde *f*
עָדִיף ת׳ (עַל-, מִן-) [‘adif] überlegen, vorzuziehen, besser *Adj.*
=עֲדִיפוּת = Überlegenheit *f*; Vorrang *m*
=סֻלַּם-עֲדִיפֻיּוֹת = Vorrangskala *f*, Prioritätenliste *f*
עֲדִיפָה נ׳ ['adifa] qualitativer oder quantitativer Vorteil *m*
עֲדִירָה נ׳ [‘adira] Umgraben *n*
עִדִּית נ׳, עידית [‘idit] gute, fruchtbare Erde; das Beste *fig.*
=~ שֶׁבְּ~ = das Beste vom Besten
עִדְכּוּן ז׳, עידכון [‘idkun] Auf-dem-Laufenden-Halten *n*; Updaten *n*
עִדְכֵּן פיעל [‘idkén] *pi.* aktualisieren, updaten, auf dem Laufenden halten
-הִתְעַדְכֵּן הת׳ - *hit.* sich auf dem Laufenden halten
=מְעֻדְכָּן ת׳, עַדְכָּנִי ת׳ = aktualisiert, auf den neuesten Stand gebracht

עַדְלָיָדַע נ׳ [‘adl'ojada‘] Adlojada, Purim-Volksfest *n*
עִדֵּן פיעל [‘idén] *pi.* verfeinern, veredeln; verwöhnen, verzärteln
-הִתְעַדֵּן הת׳ - *hit.* sich verwöhnen, es sich wohl sein lassen; zart, edel werden
=מְעֻדָּן ת׳ = verfeinert *Adj.*
עֵדֶן ז׳ [‘éden] Wonne *f*, Lustgefühl *n*; Eden *n*, Paradies *n*
=גַּן-~ = Paradies *n*, Garten *m* Eden *bibl.*
=טַעַם גַּן-~ = ausgezeichneter Geschmack (*Essen*)
=נוּחוֹ ~, נִשְׁמָתוֹ ~ = er ruhe in Frieden!
עִדָּן ז׳, עידן [‘idan] Epoche *f*, Zeitalter *n*
=~ וְעִדָּנִים = Ewigkeiten *f/pl.*, lange Zeit *f*
★עֶדְנָה נ׳ [‘edna] Wollust *f*, Lustgefühl *n*
עֲדֶנָה תה״פ [‘a'dena] bis jetzt, bisher *Adv.*
עַדְעַד ז׳ [‘ad’ad] Strandnelke *f* (Statice) *Bot.*
עָדַף פעל (לַעְדּוֹף עַל-, יַעְדּוֹף) [‘adaf] *kal* überzählig sein, übrig bleiben; mehr sein
-הֶעְדִּיף הפ׳ (עַל-, עַל פְּנֵי-) - *hif.* vorziehen, bevorzugen, lieber tun od. mögen
עֹדֶף ז׳, עודף ['odef] Überschuss *m*, Rest *m* (*Kleingeld, Wechselgeld*); Übermaß *n*
עֶדֶק ז׳ ['edek] Heizkissen *n*
עָדַר[1] פעל (לַעְדּוֹר אֶת-, יַעְדּוֹר) [‘adar] *kal* umgraben, (*Erde*) auflockern
-עִדֵּר פיעל - *pi.* umgraben, auflockern
(עדר)[2] נֶעְדַּר נפ׳ (לְהֵעָדֵר) [ne’dar] *nif.* abwesend sein, fehlen; entfallen; vermisst, verschollen sein
עֵדֶר ז׳ [‘éder] Herde *f*
=עֶדְרִי ת׳ = wie e-e Herde, Herden-
=~יּוּת נ׳ = Herdentrieb *m fig.*
עַדְרָן ז׳ ['adran] jmd, der mit einer Hacke arbeitet
עֲדָשָׁה נ׳ (עֲדָשִׁים) [‘adaʃa] Linse *f Bot.*
(עֲדָשׁוֹת) Linse *f Phys. Phot.*
=עֲדֶשֶׁת-מַגָּע = Kontaktlinse *f*, Haftschale *f*
=נְזִיד-עֲדָשִׁים = Linsengericht *n bibl.;* wertlos *Adj.*

=עֲדָשִׁי ת׳ = linsenförmig *Adj.*

עֲדָתִי ת׳ ['adati] die Gemeinde betreffend, landsmannschaftlich, herkunftsbedingt *Adj.*; Gemeinde-

=~יּוּת נ׳ = Gruppierung *f* nach Landsmannschaften, nach Herkunftsländern

ע״ה, עה״ש ר״ת: עָלָיו הַשָּׁלוֹם ['alav haʃalom] *Abk.* Friede seiner Seele!

(עוב) הֶעִיב הפ׳ [hé'iv] *hif.* verdunkeln, überschatten, trüben

עוֹבֵד ז׳ ['ovéd] Werktätiger *m*, Arbeiter *m*

=~ אֲדָמָה = Bauer *m*, Landwirt *m*

=~-אֱלִילִים, ~ כּוֹכָבִים וּמַזָּלוֹת = Heide *m*, Götzenanbeter *m*

=~-מְדִינָה = Beamter *m (im Staatsdienst angestellt)*

=הִסְתַּדְּרוּת-הָעוֹבְדִים = Arbeitergewerkschaft *f*

=מוֹשַׁב-עוֹבְדִים = Moschav *m*, kooperative landwirtschaftl. Siedlung

עוּבְדָה נ׳ ראה גם: עֻבְדָּה ['uvda] Tatsache *f*

עוֹבִי ז׳ ראה גם: עֹבִי ['ovi] Dicke *f*

עוֹבֵר ת׳ ['ovér] vorübergehend *Adj.*

=~-אֹרַח = Durchreisende(r) *m*, Wanderer *m*

=~-בָּטֵל = senil, zu nichts mehr taugend

=~ וָשָׁב = Passant *m*, Vorbeigehende(r) *m*

=חֶשְׁבּוֹן ~ וָשָׁב = laufendes Konto, Kontokorrent *n*, Girokonto *n*

=~ לַסּוֹחֵר = gangbar, gültig *Fin. Econ. Adj.*

=~ עֲבֵרָה = Sünder *m*

★(עוג) עָג פעל (לָעוּג, יָעוּג) ['ag] *kal* Kreis beschreiben

עוֹג ז׳ ['og] Og, sagenhafter König; Riese *m Myth.*

עוּגָב ז׳ ראה גם: אוֹרְגָּן ['ugav] Orgel *f*

★עוֹגֵב ז׳ ['ogév] Liebhaber *m*

=עוֹגֶבֶת נ׳ = liebestolle Frau

=עוֹגְבָנִי ת׳ = liebestoll, kokett *Adj.*

עוּגָבַאי, עוּגָבָר ז׳ ['ugavaj, 'ugavar] Organist *m*

עוֹגְבָנוּת נ׳ ['ogvanut] Liebestollheit *f*, Koketterie *f*

עוּגָה[1] נ׳, עֻגָּה ['uga] Kuchen *m*

=עוּגַת-גְּבִינָה = Käsekuchen *m*

=~-פֶּרֶג = Mohnkuchen *m*

=~-שְׁמָרִים = Hefekuchen *m*

=~-תַּפּוּחִים = Apfelkuchen *m*

עוּגָה[2] נ׳ ['uga] Kreis *m*

עוּגִיָּה נ׳ ['ugija] Keks *m*, Kleingebäck *n*

(עוד) הֵעִיד הפ׳ [hé'id] *hif.* bezeugen, aussagen

עוֹד ת״פ, מ״י (בֶּעָבָר) ['od] noch, noch mehr, noch einmal, schon (*in Vergangenheit*)

=עוֹדִי, עוֹדֶנִּי, עוֹדֶנּוּ; עוֹדֵנוּ, עוֹדְכֶם, עוֹדָם = ich, er ... noch (wie z.B. עוֹדֶנִּי מַאֲמִין בְּךָ); wir, ihr, sie ... noch

=עוֹד | מְעַט (וְ~) = noch ein wenig; gleich, bald

=וְ~ = und so weiter (usw.)

=~ לֹא = noch nicht

=בְּ~ כַּמָּה יָמִים = in ein paar Tagen

=בְּ~ שֶׁ- = während noch

=בְּ~ מוֹעֵד = rechtzeitig

=בְּעוֹדֶנּוּ = während er noch

=מֵעוֹדוֹ = seit jeher, Zeit s-s Lebens (*Vergangenheit*)

=אֵין עוֹד = niemand (nichts) mehr

=כָּל ~ = solange, solange noch

=לֹא ~ = nichts weiter, nicht mehr

=וְלֹא ~ אֶלָּא- = nicht nur das, sondern ...

=מָה ~ שֶׁ- = besonders da ...

=~ חָזוֹן לַמּוֹעֵד = die Zeit ist noch nicht gekommen

עו״ד ר״ת: עוֹרֵךְ-דִּין ['oréx-din] *Abk.* Rechtsanwalt *m*

עוֹדֵד פיעל ['odéd] *pi.* ermutigen, anregen

-הִתְעוֹדֵד הת׳ - *hit.* Mut fassen

עוֹדְדוּת נ׳ ['odedut] Ermutigung *f*

עוֹדֵף ת׳ ['odéf] überzählig, übrig *Adj.*

עוֹדְפִיּוּת נ׳ ['odfijut] Überfluss *m*

★עָוָה פעל (לַעֲווֹת, יַעֲוֶה) ['ava] *kal* sündigen
-נַעֲוָה נפ׳ (לְהֵעָווֹת) - *nif.* gekrümmt, ge-beugt sein
-עִוָּה פיעל - *pi.* krümmen, beugen *v/t*
=~ אֶת פָּנָיו = Grimassen schneiden
עִוּוּי ז׳, עיווי ['ivuj] Sünde *f*; Verkrümmung *f*, Deformation *f*
=~-פָּנִים = Grimassenschneiden *n*
עִוּוּל ז׳, עיוול ['ivul] Unrechttun *n*
עָווֹן ז׳ (עֲווֹנוֹת) ['avon] Sünde *f*, Vergehen *n*; Übertretung *f* des Gesetzes
=~ פְּלִילִי = Straftat *f*
=בַּעֲווֹנוֹתֵינוּ הָרַבִּים = wegen unserer vielen Sünden
עִוּוּת, עיוות ז׳ ['ivut] Verzerrung *f*, Entstellung *f*; Deformierung *f*; Unrecht *n*
=~-דִּין = Rechtsbeugung *f*
(עוז) עָז פעל ['az] *kal* Asyl, Zuflucht suchen
עוֹזֵר ז׳ ['ozér] Helfer *m*, Assistent *m*, Gehilfe *m*
=עוֹזֶרֶת; ~-בַּיִת נ׳ = Helferin *f*; Hausangestellte *f*, Haushaltshilfe *f*, Putzfrau *f*
(עוט) עָט פעל ['at] *kal* losstürzen (*auf etwas*)
עוֹטֶה ת׳ ['ote] trauernd, traurig; bedeckt, eingehüllt *Adj.*
עֲוָיָה נ׳, עוויה ['avaja] Grimasse *f*
עֲוִיל ז׳ ['avil] 1. kleines Kind *n*, 2. Schurke *m*, Bösewicht *m*
עוֹיֵן ת׳ (אֶת-) ['ojén] feindselig, feindlich *Adj.*
=עוֹיְנוּת נ׳ = Feindlichkeit *f*
עֲוִית נ׳ ['avit] Krampf *m*, Zuckung *f*
=עֲוִיתִי ת׳ = konvulsiv, krampfhaft *Adj.*
עוֹכֵר ז׳ ['oxér] Unheilsbote *m*
=~ יִשְׂרָאֵל = Unglücksbringer *m* Israels *bibl.*
=הָיָה בְּעוֹכְרָיו = j-m Unglück bringen
★עוּל ז׳ ['ul] Säugling *m*
=~-יָמִים ת׳ = jung *Adj.*
עָוֶל ז׳, עוול ['avel] Unrecht *n*
עַוָּל ז׳ ['aval] Sünder *m*
עִוֵּל פיעל ['ivél] *pi.* sündigen *v/i*
עוֹלֵב תו״ז ['olév] Beleidiger *m*
=עוֹלְבָנִי ת׳ = beleidigend *Adj.*
עוֹלֶה ז׳ (עוֹלָה, עוֹלִים) ['ole] Einwanderer *m* nach Israel
=~-לְרֶגֶל, עוֹלֵה-רֶגֶל = Pilger *m*, Wallfahrer *m*
עַוְלָה נ׳ ['avla] Unrecht *n*, Betrug *m*
עוֹלָה נ׳ ['ola] Brandopfer *n bibl.*; Einwanderin *f* nach Israel
★עוֹלֵל, עוֹלָל ז׳ ['olél, 'olal] kleines Kind *n*, Säugling *m*
עוֹלָם ז׳ (עוֹלָמוֹת) ['olam] Welt *f*; Ewigkeit *f*
=עוֹלַם-הָאֱמֶת, הָעוֹלָם הַבָּא = Jenseits *n*
=עוֹלָם גּוֹלָם = die Welt ist voller Narren
=הָעוֹלָם הַזֶּה = Diesseits *n*
=עוֹלַם-הַחַי = Tierwelt *f*, Fauna *f*
=~-הַצּוֹמֵחַ = Pflanzenwelt *f*, Flora *f*
=הָעוֹלָם הַתַּחְתּוֹן = Unterwelt *f*, Halbwelt *f*
=עוֹלָם וּמְלוֹאוֹ = die Welt in ihrer Fülle, das Weltall
=לְ~, לְ~ וָעֶד = für immer, (und ewig)
=לְ~ לֹא = niemals (*Zukunft*)
=מֵ~ לֹא = niemals (*Vergangenheit*)
=אֲדוֹן-~ = Herr *m* der Welt, Gott *m*
=אַהֲבַת-~ = große *bzw.* ewige Liebe
=אֻמּוֹת-הָ~ = die Völker *n/pl.* der Welt (*außer Israel*)
=בֵּית-~ = Friedhof *m*
=בְּרִיאַת-הָ~ = Erschaffung *f* der Welt
=הַשְׁקָפַת-~ = Weltanschauung *f*
=לְזֵכֶר-~ = zum ewigen Gedenken
=חַיֵּי-~ = ewiges Leben
=כִּבְשׁוֹנוֹ שֶׁל ~ = die Geheimnisse *n/pl.* der Schöpfung
=מְבַלֵּה-~ = Müßiggänger *m*
=עַם-~ = das ewige Volk (*Israel*)
=רִבּוֹן-הָ~, רִבּוֹנוֹ-שֶׁל-~ = Herr *m* der Welt, Gott *m*
=שֵׁם-~ = Weltruhm *m*
=שְׁלוֹם-~ = ewiger Frieden

=בְּנֹהַג שֶׁבָּ~ = wie es der Brauch ist
=מִלְחֶמֶת-הָ~ = Weltkrieg *m*
=כְּבָר הָיוּ דְּבָרִים מֵ~ = es ist alles schon mal da gewesen
=לֹא הָיוּ דְּבָרִים מֵ~ (ר"ת: לַהֲדַ"ם) = nichts ist davon wahr
=~ כְּמִנְהָגוֹ נוֹהֵג = so ist das leben; das Leben geht weiter
=לְעוֹלָמִים = für ewig
=הוּא נֶהֱנֶה מִשְּׁנֵי הָעוֹלָמוֹת = er ist in allem erfolgreich
עוֹלָמ|ִי ת' ['olami] universal, global, weltumspannend *Adj.*
=~יּוּת נ' = Universalismus *m*
עַוְלָתָה, עוֹלָתָה נ' ['av'lata, 'olata] Ungerechtigkeit *f*
עוֹמֵד ת' ['oméd] stehend, bestehend *Adj.*
=פֹּעַל-~ = intransitives Verb
=~ בְּדִבּוּרוֹ = sein Wort halten
עוֹמֵם ת' ['omém] langsam verlöschend
עוֹנָה נ' ['ona] Jahreszeit *f*; Saison *f*
=~ בּוֹעֶרֶת = Hochsaison *f*
=~ שֶׁל כְּלוּם = Augenblick *m*
=בְּעֵת וּבְ~ אַחַת = zur gleichen Zeit, gleichzeitig *Adv.*
★עוֹנֵן ז' ['onén] Wahrsager *m (aus den Wolken) bibl.*
עוֹנָת|ִי ת' ['onati] saisonal, jahreszeitlich; saisonweise, periodisch *Adj.*
=~יּוּת נ' = Periodizität *f*; Saisonbedingtheit *f*
עוֹסֵק ז' ['osek] Händler *m*
=~ זָעִיר = Einzelhändler *m*
=~ מֻרְשֶׁה = Großhändler *m*
★עִוְעִים ז"ר ['iv'im] Verwirrung *f*; Taumel *m*
=רוּחַ-~ = Irrgeist *m*
(עוף) עָף פעל (לָעוּף, יָעוּף) ['af] *kal* fliegen (*Vogel*)
-עוֹפֵף פיעל - *pi.* fliegen; schwingen *v/t*
-הִתְעוֹפֵף הת' - *hit.* hin- u. herfliegen
-הֵעִיף הפ' - *hif.* fliegen lassen; hinauswerfen F
=הִגְבִּיהַּ עוּף = hoch fliegen
=הֵעִיף עַיִן בְּ- = ein Auge werfen auf *(Akk.) fig.*
עוֹף ז' (עוֹפוֹת) ['of] Geflügel *n* (*bsd. Hühner*)
=~ דּוֹרֵס = Raubvogel *m*
=~ כָּנָף = Vogel *m*
=~ לַיְלָה, לֵילִי = Nachtvogel *m*
=~ מַיִם = Wasservogel *m*
עוֹפְפוּת נ' ['ofefut] Fliegen *n*
עוֹפֶרֶת נ' ['o'feret] Blei *n*
(עוץ) עָץ פעל (לָעוּץ) ['uts] *kal* raten, Rat geben
=עוּץ עֵצָה! (ציווי) = rate!, gib einen Rat!
עוֹצֵר ז' ['otsér] Regent *m*
(עוק) הֵעִיק (עַל-) הפ' [hé'ik] *hif.* bedrücken, belasten
עוֹקֵב ת' ['okév] folgend, verfolgend *Adj.*
עוֹקְדָן ז' ['okdan] Briefordner *m*
עוֹקֵף ת' ['okéf] Umleitung *f*
עוֹקְפָנִי ת' ['okfani] indirekt *Adj.*
עוֹקְצָנ|וּת נ' ['oktsanut] Sarkasmus *m*, beißender Spott *m*
=~נִי ת' = sarkastisch, beißend, stichelnd *Adj.*
★(עור)[1] עָר פעל (לָעוּר) ['ar] *kal* erwachen
-נֵעוֹר נפ' (לְהֵעוֹר) - *nif.* erwachen, aufwachen
-עוֹרֵר פיעל - *pi.* erwecken, aufwecken; anregen, erregen, aktivieren
-הִתְעוֹרֵר הת' - *hit.* aufwachen; sich aufraffen
-הֵעִיר הפ' - *hif.* aufwecken; bemerken, Bemerkungen machen
עִוֵּר[2] פיעל ['ivér] *pi.* blenden, blind machen
-הִתְעַוֵּר הת' - *hit.* erblinden, blind werden
עִוֵּר ת', עיוור (עִוֶּרֶת, עִוְרִים) ['ivér] blind *Adj.*
=~צְבָעִים = farbenblind *Adj.*
=מְעִי ~ (מְעִי אָטוּם) = Blinddarm *m*
עוֹר ז' (עוֹרוֹת) ['or] Haut *f*; Leder *n*; Fell *n*
=~ וַעֲצָמוֹת = Haut und Knochen
=~ מְלָאכוּתִי (ראה גם: = künstliches Leder,

(עוֹרִית) Kunstleder *n*
=מַחֲלַת-~ = Hautkrankheit *f*
=פּוֹשֵׁט-~ = Abdecker *m*; Ausnutzer *m fig.*
=מֵ~ אֶחָד = einheitlich, gleichartig *Adj.*
=יָצָא מֵ~וֹ = aus der Haut fahren, aus der Fassung geraten *fig.*
=זְאֵב בְּ~ כֶּבֶשׂ = Wolf *m* im Schafspelz *fig.*
עוֹרֵב ז׳ ['orév] Rabe *m* (Corvidae) *Zo.*
=~ שָׁחוֹר = Kolkrabe *m* (Corvus corax) *Zo.*
=~-אָפֹר = Nebelkrähe *f* (Corvus cornix) *Zo.*
=שָׁחוֹר כָּ~ = rabenschwarz *Adj.*
★**(עוֹרְבָא) ~ פָּרַח** (ארמ׳) **עוֹרֵב פּוֹרֵחַ** ['orva parax] Unsinn!, leeres Geschwätz!
עוֹרְבָנִי ז׳ ['orvani] Eichelhäher *m* (Garrulus glandarius) *Zo.*
★**עוֹרֵג** ת׳ ['orég] sich sehnend nach *(D)*
=עוֹרְגָנִי ת׳ = sehnsüchtig *Adj.*
עִוָּרוֹן ז׳, עיוורון ['ivaron] Blindheit *f*
=עִוְרוֹן-צְבָעִים = Farbenblindheit *f*
עִוְרוּת נ׳ ['ivrut] Blindheit *f*
עוֹרֵךְ ז׳ (עוֹרֶכֶת) ['oréx] Redakteur(in *f*) *m*
=~-דִּין (הָ~-~, עוֹרְכֵי-דִּין, עוֹרְכֵי-הַדִּין) = Rechtsanwalt *m*, Advokat *m*
=עוֹרֶכֶת-דִּין = Rechtsanwältin *f*, Advokatin *f*
=עוֹרְכוּת נ׳ = Redigieren *n*, Redaktionsarbeit *f*
עוֹרֵק ז׳ ['orék] Ader *f*
=~-תַּחְבּוּרָה = Verkehrsader *f*
=אַב-עוֹרְקִים = Aorta, Hauptschlagader *f*
=עוֹרְקִי ת׳ = Ader-
עוֹרֵר ז׳ ['orér] Berufungskläger *m Jur.*
עֲוֶרֶת נ׳ ['a'veret] Blindheit *f*
עו״ש ר״ת: **עוֹבֵר-וָשָׁב** ['ovér vaʃav] *Abk.* Kontokorrent *n*, Girokonto *n*
עִוֵּת פיעל ['ivét] *pi.* krümmen; entstellen, verzerren
=~ דִּין = das Recht verdrehen
עַוָּתָה נ׳ ['avata] Ungerechtigkeit *f*, Wahrheitsverdrehung *f*

עוֹתוֹמָנִי ת׳ ['otomani] ottomanisch *Adj.*
עוֹתֵר ז׳ ['otér] Bittsteller *m*, Antragsteller *m* *(an höchste Instanz)*
עַז ת׳ ['az] stark *Adj.*
★=~-מֵצַח = frech *Adj.*
=~-נֶפֶשׁ, ~-רוּחַ = mutig *Adj.*
=~-פָּנִים = frech, unverschämt *Adj.*
=צֶבַע ~ = lebhafte Farbe
=קוֹר ~ = große Kälte
=רָצוֹן ~ = fester Wille
=מֵ~ יָצָא מָתוֹק = aus Bösen wurde Gutes *bibl.*
=אֵשׁ עַזָּה = heftiges Feuer *Mil.*
=קְרָבוֹת עַזִּים = schwere Kämpfe *m/pl.*
עֹז ז׳, **עוז** ['oz] Kraft *f*, Macht *f*; Burg *f*; Zuflucht *f*
★=הִרְהִיב ~ בְּנַפְשׁוֹ = wagen
עֵז נ׳ (עִזִּים) ['éz] Ziege *f* (Capra) *Zo.*
=~-הַבַּיִת = Hausziege *f*
=גְּדִי-עִזִּים ז׳ = Ziegenböckchen *n*
עֲזָאזֵל ['azazél] Azazél (*Felsen, von dem der Sündenbock hinuntergestürzt wurde*) *bibl.*
=לֵךְ לַ~, לַ~ = geh zum Teufel!; verflucht!
=שָׂעִיר לַ~ = Sündenbock *m*
עָזַב פעל (לַעֲזוֹב אֶת-, יַעֲזוֹב) ['azav] *kal* verlassen, lassen; F in Ruhe lassen
=~ אוֹתוֹ לַאֲנָחוֹת = j-n s-m Unglück überlassen
=~ אוֹתוֹ לְנַפְשׁוֹ = j-n allein lassen
עִזָּבוֹן ז׳, **עיזבון** (עִזְבוֹנוֹת) ['izavon] Nachlass *m*, Hinterlassenschaft *f*, Erbschaft *f*
=~ בַּחַיִּים = (*zu Lebzeiten eingerichtete*) Stiftung *f*
=מְנַהֵל ~ = Nachlassverwalter *m*
=מַס-~ = Erbschaftssteuer *f*
עָזוּב ת׳ ['azuv] verlassen, leer stehend, verwahrlost *Adj.*
עֲזוּבָה נ׳ ['azuva] Verwahrlosung *f*
=~בִי ת׳ = Straßenkind *n*, verwahrlostes Kind *n*
עַזּוּת נ׳ ['azut] Frechheit *f*, Grobheit *f*
=~-מֵצַח, ~-פָּנִים = Frechheit *f*, Unverschämt-

heit *f*

['azaz] *kal* stark sein ★עָזַז פעל

- *hif.* wagen, sich erkühnen -הֵעֵז הפ׳ (לְהָעֵז, מֵעֵז)

['uzi] Israel. Maschinengewehr עֻזִּי ז׳, עוזי

['aziva] Weggehen *n*, Verlassen *n* עֲזִיבָה נ׳

= Verlassenheit *f*, Vernachlässigtsein *n* =עֲזִיבוּת נ׳

['aziz] stark, kräftig, mächtig *Adj.* עַזִּיז ת׳

= Ausmaß *n;* Stärke *f* =~וּת נ׳

['ozma] Stärke *f,* Mut *m* עָזְמָה נ׳

['oznija] Mönchsgeier *m* (Aegypius monachus) *Zo.* עָזְנִיָּה נ׳, עוזניה

['azpan] schamlos, unhöflich *Adj.* עַזְפָּן ת״ז

= Schamlosigkeit *f,* Unhöflichkeit *f* =~וּת נ׳

['azak] *kal* ackern, bebauen עָזַק פעל

['ezek] Binde *f* עֶזֶק ז׳

['azar] *kal* helfen, retten *bibl.* עָזַר פעל (לַעֲזוֹר, יַעֲזוֹר)

- *nif.* Hilfe erhalten, sich helfen lassen -נֶעֱזַר נפ׳ (לְהֵעָזֵר)

['ézer] Hilfe *f* עֵזֶר ז׳

= Lebensgefährte *m*, Hilfe *f* an s-r Seite (*Frau*) *bibl.* ★=~ כְּנֶגְדּוֹ

= Hilfstruppe *f* =חֵיל-~

= Subsistenzwirtschaft landwirtschaftliche Eigenversorgung *f* =מֶשֶׁק-~

= Nachschlagewerk *n* =סֵפֶר-~

= Hilfsmittel *n*/*pl.* =עֲזָרִים ז״ר

= Lehrmittel *n*/*pl.* =עֶזְרֵי-לִמּוּד ז״ר

['ezra] Hilfe *f* עֶזְרָה נ׳

= gegenseitige Hilfe =~ הֲדָדִית

= erste Hilfe =~ ראשׁוֹנָה

= zu Hilfe kommen, Hilfe leisten =בָּא לְ~, הִגִּישׁ ~, הוֹשִׁיט ~

= mit Gottes Hilfe -בְּעֶזְרַת הַשֵּׁם

['azara] Hof *m* (*im Tempel*) ★עֲזָרָה נ׳

= Frauenabteilung *f* (*in der Synagoge*) =עֶזְרַת-נָשִׁים

['uzrar] Weißdorn *m* (Crataegus) *Bot.* עֻזְרָר ז׳, עוזרר

['al xeʃbon] *Abk.* a conto ע״ח ר״ת: עַל חֶשְׁבּוֹן

['ét] Feder *f*, Schreibfeder *f* עֵט ז׳

= Kugelschreiber *m,* Kuli *m* =~ כַּדּוּרִי

= Füllfederhalter *m,* Füller *m* =~ נוֹבֵעַ

['ata] *kal* sich einhüllen, überziehen עָטָה פעל (לַעֲטוֹת, יַעֲטֶה)

- *hif.* bedecken *v*/*t* -הֶעֱטָה הפ׳

['atuj] bedeckt *Adj.* עָטוּי ת׳

['atuf] eingehüllt; eingewickelt *Adj.* עָטוּף ת׳

['atur] geschmückt *Adj.* עָטוּר ת׳

['itur] Ausschmückung *f*, Ornament *n*; Illustration *f*; Auszeichnung *f* (*Orden*) עִטּוּר ז׳, עיטור

= ornamental *Adj.* =עִטּוּרִי ת׳

= Ornamentik *f* =~יּוּת

['ituʃ] Niesen *n* עִטּוּשׁ ז׳, עיטוש

['ati] böser Rat; nur in: ★עֶטִי ז׳

= durch s-e Schuld, wegen (*negativ*) =בְּעֶטְיוֹ שֶׁל-

['ataja] Einpacken *n,* Einhüllen *n* עֲטִיָּה נ׳

['atin] Euter *n* עָטִין ז׳

['atif] Blütenhülle *f* (Perianth) *Bot.* עָטִיף ז׳

['atifa] Hülle *f*; Buchumschlag *m* עֲטִיפָה נ׳

['atira] Entfernen *n* עֲטִירָה נ׳

['atiʃa] Niesen *n* עֲטִישָׁה נ׳

['ataléf] Fledermaus *f* (Chiroptera) *Zo.* עֲטַלֵּף ז׳, (עֲטַלֵּפִים)

['ataf] *kal* einhüllen; bedecken; einpacken; einbinden *(Buch)* עָטַף פעל (לַעֲטוֹף אֶת-, יַעֲטוֹף)

- *hit.* sich hüllen in, sich bedecken mit -הִתְעַטֵּף הת׳ (בְּ-)

['atar] *kal* umgeben, umkreisen ★עָטַר פעל

- *pi*. krönen, bekränzen; verzieren, ausschmücken, illustrieren -עִטֵּר פיעל

- *hif.* krönen -הֶעֱטִיר הפ׳

= gekrönte Stadt (*Jerusalem*), Hauptstadt *f* =עִיר מַעֲטִירָה

עֲטָרָה נ׳ (עֲטֶרֶת-) ['atara] Krone *f*, Diadem *n*; Ornament *n* des Gebetsmantels; Aureole *f Astr.*

=הֶחֱזִיר ~ לְיָשְׁנָהּ = den alten Glanz zurückgeben

עִטְרָן ז׳, עיטרן ראה גם: זֶפֶת ['itran] Teer *m*

(עטש) הִתְעַטֵּשׁ הת׳ [hit'até∫] *hit.* niesen

עַטֶשֶׁת נ׳ ['a'te∫et] Niesanfall *m*

★עִי ז׳, ~-חֳרָבוֹת ['i] Trümmerhaufen *m*, Ruinen *f/pl.*

ע״י ר״ת: 1. עַל-יַד ['al jad] *Abk.* 1. neben

2. עַל-יְדֵי ['al jedéj] *Abk.* 2. durch

עיוורון ראה: עִוָּרוֹן ['ivaron] Blindheit *f*

עיוות ראה: עִוּוּת ['ivut] Verzerrung *f*

עִיּוּן ז׳ ['ijun] Betrachten *n*; Studium *n*; Lesen *n*; Nachschlagen *n*; Reflexion *f*, Nachdenken *n*

=בְּ~ = mit Interesse, eingehend *Adv.*

=חֲדַר-~ ז׳ = Lesesaal *m*

=סִפְרֵי-~ ז״ר = wissenschaftliche Bücher *n/pl.*

=צָרִיךְ ~ = ... bedarf näherer Untersuchung

=עִיּוּנִי ת׳ = theoretisch *Adj.*

עִיּוּף ז׳ ['ijuf] Ermüdung *f*, Erschöpfung *f*

עִיּוּר ז׳ ['ijur] Urbanisierung *f*, Verstädterung *f*

עַיִט ז׳ (עֵיט-, עֵיטִים) ['ajit] Adler *m* (Aquila); (Aas fressender) Raubvogel *m Zo.*

=עֵיט-הַיָּם = Adlerfisch *m* (Sciaena aquila) *Zo.*

(עיט, עוט) עָט פעל ['at] *kal* losstürzen *(auf etwas)*

עִיטָה נ׳ ['ita] Überfall *m*, Razzia *f*

(עִיל), לְעֵיל ת״פ [le'él] oben *(im Text)*

=מִלְעֵיל = Betonung *f* auf der vorletzten Silbe *Gr.*

עַיָם ז׳ ['ajam] Stärke *f*, Macht *f*

עַיִן[1] נ׳ (עֵין-, עֵינַיִם-) ['ajin] Auge *n*; Aussehen *n*; Masche *f*

=בְּלִי ~הָרַע = *wörtl.* ohne böses Auge; unberufen!

=עַיִן | הָרַע ז׳ = böser Blick

=כְּעֵין- = so wie, wie

=מֵעֵין- = ähnlich wie, eine Art ...

=הֶרֶף-~ = Augenblick *m*

=לְמַרְאִית-~ = dem Anschein nach

=בְּ|עֵינַיִם עֲצוּמוֹת = mit geschlossenen Augen

=בְּ~ פְּקוּחוֹת = mit offenen Augen

=בְּאַרְבַּע ~ = unter vier Augen

=בְּשֶׁבַע ~ = *wörtl.* mit sieben Augen; mit Argusaugen *fig.*, wachsam *Adv.*

=מָצָא חֵן בְּ|עֵינָיו = gefallen *v/i*

=תַּאֲוָה לָעֵינַיִם = eine Augenweide

=~ בְּעַיִן = von Angesicht zu Angesicht

=~-חַדָּה = scharfes Auge

=~ טוֹבָה, ~ יָפָה = Großzügigkeit *f*, Wohlwollen *n*

=~ צָרָה, ~ רָעָה = Neid *m*, Missgunst *f*

=בְּ~ ת״פ = in Wirklichkeit vorhanden; in bar

=~ תַּחַת ~ = Auge um Auge *bibl.*; Gleiches mit Gleichem vergelten

=טְבִיעוּת-~, טְבִיעַת-~ = schnelle Auffassungsgabe *f*

=צַר-~ ת׳ = missgünstig, neidisch *Adj.*

=צָרוּת-~ = Missgunst *f*, Neid *m*

★=שְׁתוּם-~ ת׳ = einäugig *Adj.*

=אֲחִיזַת-~ = Täuschung *f*

=כִּלְיוֹן-~ = Ungeduld *f*; Sehnsucht *f*

=מֵאִיר ~ = lehrreich; deutlich *Adj.*

=רְאוּת-~ = Ansicht *f*, Meinung *f*, Gutdünken *n*

=לְ|עֵינֵי פְּלוֹנִי- = vor s-n Augen

=לְ~ הַשֶּׁמֶשׁ = in aller Öffentlichkeit

=אָחַז אֶת הָעֵינַיִם = täuschen, Sand in die Augen streuen *fig.*

=הָיָה בְּעֵינָיו כְּ- = gehalten werden für, erscheinen als

=הֶעְלִים עֵינָיו מִן- = sich vor etwas verschließen, nicht sehen wollen, ignorieren

=זָן ~ מִן- = s-e Augen weiden an *(D)*

=חָשְׁכוּ ~ = entsetzt sein

=טוֹב בְּ~ = es gefällt ihm

= die Augen senken (*vor Scham*) =כָּבַשׁ אֶת ~ בַּקַּרְקַע
= nicht die Augen lassen von (*D*) =לֹא גָרַע עַיִן מִפְּלוֹנִי
= anstarren =לָטַשׁ עֵינַיִם לְ-, אֶל-
= verborgen bleiben vor (*D*) =נֶעְלַם מֵעֵינָיו
= s-e Augen erheben, betrachten, anschauen =נָשָׂא אֶת עֵינָיו אֶל-
= sich dem Trunk ergeben =נָתַן עֵינוֹ בַּכּוֹס
= aufpassen auf *j-n* =פָּקַח עָלָיו עַיִן
= sich nicht satt sehen können =לֹא שָׂבְעוּ עֵינָיו
= betrachten (*Akk.*) =תָּלָה עֵינָיו (בְּ-)
= sowas hat die Welt noch nicht gesehen =עַיִן לֹא רָאָתָה
= Sand in die Augen streuen *fig.* (*D*) =זָרַק חוֹל בְּעֵינֵי-
= geistiges Auge, Fantasie *f* =עֵינֵי-רוּחוֹ
= große Verluste erleiden =יָצָא בְּשֵׁן וָעַיִן
['ajin] Quelle *f* עַיִן² נ׳ (עֵין-, עֲיָנוֹת)
= *bsd.* in Ortsnamen in Israel, *etwa* Bad... =עֵין-חֶמֶד, ~ חֲרוֹד
= Quelle, die zeitweilig ausgetrocknet ist =עֵין אַכְזָב
['ajin] Ajin, 16. Buchstabe des hebr. Alphabets עַיִן³ נ׳
= 2. Stammbuchstabe *m* des hebr. Verbs *Gr.* =עַיִן-הַפֹּעַל
['ijén] *pi.* nachschlagen, nachsehen (*im Buch*); prüfen, studieren, untersuchen עִיֵּן פיעל (בְּ-)
['éna biʃa] böser Blick (עֵינָא) ~ בִּישָׁא (ארמ׳)
['énit] Okular *n* עֵינִית נ׳
['ajéf] *kal* müde sein, ermüden *v/i* עָיֵף פעל
- *pi.* ermüden *v/t*, müde machen, F schlauchen -עִיֵּף פיעל
- *hit.* müde werden -הִתְעַיֵּף הת׳
['ajéf] müde *Adj.* עָיֵף ת׳
['éjfa] Finsternis *f* עֵיפָה נ׳
['ajéfa] Müdigkeit *f*, Erschöpfung *f* ★עֲיֵפָה נ׳, עייפה
= bis zur Erschöpfung =לַ~
= zum Brechen voll (*beladen*) =עָמוּס לַ~
['ajéfut] Müdigkeit *f* עֲיֵפוּת נ׳
['éj'fata] Dunkelheit *f* עֵיפָתָה נ׳
['ir] Stadt *f* עִיר נ׳ (עָרִים)
= Satellitenstadt *f* =~ בַּת
= Hauptstadt *f* =~-הַבִּירָה
= befestigte Stadt =~-חוֹמָה, ~-מִבְצָר
= Freistadt *f bibl.* (*Zufluchtsstadt*) =~-מִקְלָט
= offene Stadt, unbefestigte Stadt =~-פְּרָזוֹת
= Provinzstadt *f* =~-שָׂדֶה
= die Heilige Stadt (*Jerusalem*) =~-הַקֹּדֶשׁ
= Hauptstadt *f*, Metropole *f* ★=~ וָאֵם
= Städter *m* =בֶּן-~
= Kontaktoffizier *m Mil.* =קְצִין-הָ~
= Bürgermeister *m* =רֹאשׁ-~
= in die Stadt; F downtown =הָעִירָה
['ijér] *pi.* urbanisieren, verstädtern *v/t* עִיֵּר פיעל
['ajir] junger Esel *m* עַיִר ז׳, עייר
['ajara] Kleinstadt *f*, Städtchen *n* עֲיָרָה נ׳, עיירה (עֲיָרַת-)
['ironi] städtisch *Adj.*; Städter *m* עִירוֹנִי תו״ז
['irija] Stadtverwaltung *f*, Magistrat *m* עִירִיָּה נ׳, עירייה
= Rathaus *n* =בֵּית הָ~
['irit] Affodill *m* (Asphodelus) *Bot.* עִירִית נ׳
['érom] nackt *Adj.*; Nacktheit *f*; Akt *m* (*Bild*) עֵירֹם, עירום תו״ז
= nackt =~ וְעֶרְיָה
['ajarati] kleinstädtisch *Adj.* עֲיָרָתִי ת׳, עיירתי
['ajiʃ] der Große Bär עַיִשׁ ז׳
['ikév] *pi.* aufhalten, hindern *v/t* עִכֵּב פיעל
- *hit.* sich aufhalten -הִתְעַכֵּב הת׳
['akava] Hemmung *f*, Behinderung *f Psych.* עַכָּבָה נ׳

= auch das Schlechte hat sein Gutes, alles kann sich zum Guten wenden =כָּל~ לְטוֹבָה

['akaviʃ] Spinne *f* (Araneida) *Zo.* עַכָּבִישׁ ז'

= Spinnweben *f/pl,* Spinnennetz *n* =קוּרֵי-~

['axbar] Maus *f* (mus) *Zo.* עַכְבָּר ז'

= Hausmaus *f* =~ מָצוּי, ~ הַבַּיִת

= kleine Maus *f* =~וֹן ז'

['axberoʃ] Ratte *f* עַכְבְּרוֹשׁ ז' גם ראה: חֻלְדָּה

['ikuv] Behinderung *f*, Verzögerung *f* עִכּוּב ז', עיכוב

['akuvit] Distel *f* עַכּוּבִית נ'

['akuz] Gesäß *n* עַכּוּז ז'

['ikul] Verdauung *f* עִכּוּל ז', עיכול

['akum] *Kurzw.* Götzenanbeter *m*, Heide *m* עַכּוּ"ם ז', ר"ת: עוֹבֵד כּוֹכָבִים וּמַזָּלוֹת

= heidnisch *Adj.* =עַכּוּמִי ת'

['axur] trübe, schmutzig (*Wasser*) *Adj.* עָכוּר ת'

= traurig, deprimiert *Adj.* =עֲכוּר-רוּחַ ת'

= im Trüben fischen *fig.* =לָדוּג בְּמַיִם עֲכוּרִים

['ikur] Trübung *f* עִכּוּר ז'

['ikéz] *pi.* sich in den Hüften wiegen עִכֵּז פיעל

['axil] verdaulich *Adj.* עָכִיל ת'

['axira] Trüben *n* עֲכִירָה נ'

= Trübung *f*, Trübsinn *m* =עֲכִירוּת נ'

['axal] *kal* verdauen עָכַל פעל

['ikél] *pi.* verdauen *v/t* עִכֵּל פיעל

- *nif.* verdaut werden -נֶעְכַּל נפ' (לְהֵעָכֵל)

- *hit.* verdaut werden -נִתְעַכֵּל הת'

['iken] *pi.* drehen עִכֵּן פיעל

['axnaj] Viper *f* (Aspis) *Zo.*; Natternkopf *m* (Echium) *Bot.* עַכְנַאי ז'

['al kol panim] *Abk.* auf jeden Fall, jedenfalls *Adv.* עכ"פ ר"ת: עַל כָּל פָּנִים

['axar] *kal* trüben *v/t*; verwirren *fig.* עָכַר פעל (לַעְכּוֹר אֶת-, יַעְכּוֹר)

- *hif.* trüben *v/t* -הֶעֱכִיר הפ'

['axruri] etwas trübe *Adj.* עַכְרוּרִי ת'

['axʃav] jetzt, (so)eben *Adv.* עַכְשָׁו, עַכְשָׁיו ת"פ

= von jetzt ab =מֵ~

['axʃuv] Tarantel *f* עַכְשׁוּב ז'

['axʃavi] jetzig, heutig, gegenwärtig *Adj.* עַכְשָׁוִי ת', עכשווי

= Gegenwart *f* =~יּוּת נ'

['al] Höhe *f* ★עַל, עָל ז'

= in die Höhe, nach oben; "El-Al" (israel. Fluggesellschaft) =אֶל-~

= von oben =מֵ~

['al] auf (*Akk.*, *D*); zu (*D*), zusätzlich; wegen (*G*) *Prp.*; über (*Akk.*), in Bezug auf (*Akk.*); *als Prp. nach Verben*: über; auf; *als Vorsilbe*: über-, Über-, super-, Super- עַל מ"י

= ich muss, du musst *usw.* =עָלַי, עָלֶיךָ וְכוּ' לְ-

= über (*Akk.*), in Bezug auf (*Akk.*), betreffs (*G*) =עַל|-אוֹדוֹת

= umso mehr =~ אַחַת כַּמָּה וְכַמָּה

= auf (*D*) =~ גַּבֵּי-

= mit Einverständnis (*G*); im Namen (*G*) =~ דַּעַת-

= auf Rechnung (*G*) =~ חֶשְׁבּוֹנוֹ שֶׁל-

= bei (*D*), neben (*D*) =~-יַד

= durch (*Akk.*), mittels (*G*) *Prp.* =~-יְדֵי-

= jedenfalls, auf jeden Fall *Adv.* =~ כָּל-פָּנִים

= nicht der Rede wert (*Antwort auf Dank*) =~ לֹא-דָבָר

= unter der Bedingung, dass; zum Zwecke; um zu ... =~ מְנָת | לְ-, ~ ~שֶׁ-

= aufgrund, auf Grund (*G*) *Prp.* =~-סְמַךְ

= auswendig *Adv.* =~-פֶּה, בְּ-~-פֶּה

= gemäß (*D*), entsprechend (*D*), nach (*D*) *Prp.* =~-פִּי

= auf der Oberfläche; vor (*D*) =~-פְּנֵי-

= von (*D*) weg =מֵ~

= auf, über (*Akk.*, D) =מֵ~לְ-

= weit darüber hinaus =מֵ~ וּמֵעֵבֶר

= trotz (*G*) *Prp.* =~-אַף

= perfekt, vollendet *Adv.* =~-בּוּרְיוֹ

=~ דָּא וְ~ הָא	= über dies und jenes
=~-דְּבַר-	= betreffs (*G*)
=~ דִּבְרָתִי	= auf mein Ehrenwort
=~ יְדֵי-כָּךְ	= dadurch, hiermit
=~-כֵּן	= daher
=~-כָּרְחוֹ, בְּ~ כָּרְחוֹ	= wider s-n Willen
=~ נְקַלָּה	= mit Leichtigkeit
=~-פִּי-רֹב	= meist(ens) *Adv.*
=~-הַפֶּרֶק	= auf der Tagesordnung
=~ קֶרֶן הַצְּבִי	= Risikoanlage *f*
=~ רֶגֶל אַחַת	= *wörtl.* auf e-m Fuß stehend, ganz schnell, ganz kurz
=~ שׁוּם	= wegen *Prp.*
=~ שֵׁם	= auf den Namen (*G*); zum Gedächtnis an
=~-תְּנַאי	= bedingungsweise
=צַו ~-תְּנַאי	= einstweilige Verfügung *Jur.*
=~ אַפּוֹ וְ~ חֲמָתוֹ	= ihm zum Trotz
=~ הַצַּד הַטּוֹב בְּיוֹתֵר	= auf die beste Weise
★=עָלַי וְ~ צַוָּארִי	= auf meine Verantwortung
=לֹא עָלֶיךָ, לֹא עֲלֵיכֶם	= nicht dir (euch) gewünscht
=עָלָיו הַשָּׁלוֹם	= er ruhe in Frieden!
=שָׁלוֹם עָלֶיךָ	= Friede sei mit dir!
עַל-	['al] über-, super- (Präfix)
=~-אֱנוֹשִׁי	= übermenschlich *Adj.*
=~-זְמַנִּי	= zeitlos *Adj.*
=~-טִבְעִי	= übernatürlich *Adj.*
=~-יְסוֹדִי (בֵּית-סֵפֶר)	= Mittelschule *f*, Gymnasium *n*
=~-מִפְלַגְתִּי	= überparteilich *Adj.*
=~-קוֹלִי (מָטוֹס, טִיל)	= überschall-; Ultraschall-
=מְהִירוּת ~-קוֹלִית	= Überschallgeschwindigkeit *f*
=מַעֲצֶמֶת-~ (מַעֲצָמוֹת-~)	= Großmacht *f*
עֹל ז׳, **עוֹל** (עֻלּוֹ, עֻלִּים)	['ol] Joch *n;* Belastung *f fig.*
=מָשַׁךְ בְּ~	= im Joch gehen *auch fig.*, unterm Joch sein
=נָשָׂא ~	= das Joch tragen *fig.*
=פָּרַק אֶת הָ~ מֵעָלָיו	= das Joch abschütteln *fig.*
★(**עֵלָּא**) לְ~ (ארמ׳) ת״פ	[le'éla] oben, höher; mehr
=לְ~ וּלְ~	= in der höchsten Stufe
=עִלָּאוּת נ׳	= Überlegenheit *f*
=עִלָּאִי ת׳, עילאי	= überlegen, höchst *Adj.*
★**עָלַב** פעל (לַעֲלוֹב אֶת-, בְּ-, יַעֲלוֹב)	['alav] *kal* verletzen, beleidigen
-נֶעֱלַב נפ׳ (לְהֵעָלֵב)	- *nif.* beleidigt sein, beleidigt werden
-הֶעֱלִיב הפ׳	- *hif.* beleidigen
עֹלֶב ז׳	['olev] Beleidigung *f*
עֶלְבּוֹן ז׳ (עֶלְבּוֹנוֹת)	['elbon] Beleidigung *f*
=בִּקֵּשׁ עֶלְבּוֹנוֹ, תָּבַע ~	= Genugtuung fordern für e-e Beleidigung
עִלֵּג ת׳, **עילג**	['iléq] stammelnd *Adj.*
=לְשׁוֹן עִלְּגִים	= Gestammel *n*, Kauderwelsch *n*, Jargon *m*
עִלְּגוּת נ׳	['ilgut] Stottern *n*
עָלָה פעל (לַעֲלוֹת עַל-, אֶל-, יַעֲלֶה)	['ala] *kal* aufsteigen, hinaufgehen; befördert werden; einsteigen; (*Ware*) kosten; einwandern (*nach Israel*); besser sein
-הֶעֱלָה הפ׳	- *hif.* hinaufbringen; erhöhen, befördern; wachsen lassen; hervorbringen
-הִתְעַלָּה הת׳	- *hit.* sich erheben
=עָלָה לָאָרֶץ, ~ לְיִשְׂרָאֵל	= (*nach Israel*) einwandern
=~ כִּתָּה	= (*Schule*) versetzt werden
=~ עַל הַפֶּרֶק	= auf die Tagesordnung kommen
=~ הַמְּחִיר	= teurer werden
=~ עַל דַּעְתּוֹ	= einfallen (*Gedanke*)
=~ לוֹ עַל הָעֲצַבִּים	= es ging ihm auf die Nerven *fig.*
=הֶעֱלָה גֵּרָה	= wiederkäuen
=~ אֶת הַמְּחִיר	= den Preis erhöhen
=~ תַּלְמִיד לְכִתָּה..	= e-n Schüler in die nächste Klasse versetzen
=~ עַל הַדַּעַת	= sich vorstellen (*in Gedanken*)
=הָעֳלָה בְּדַרְגָּה	= (*im Rang*) befördert werden
=עָלָה בָּאֵשׁ	= in Flammen aufgehen
=~ בְּיָדוֹ	= gelingen

=~ בְּדַעְתּוֹ, ~ בְּרוּחוֹ — = einfallen *(Gedanke)*
=~ יָפֶה — = gut ausgehen, gelingen
=~ בַּדַּרְגָּה — = *(im Rang)* befördert werden
=~ לְרֶגֶל — = pilgern, wallfahren
=~ לַתּוֹרָה — = zur Thora aufgerufen werden
=~ עַל פְּלוֹנִי — = besser sein als, mehr Erfolg haben als
=~ בְּקָנֶה אֶחָד עִם — = zueinander passen
=נַעֲלֶה מֵעַל כָּל סָפֵק — = über jeden Zweifel erhaben
=הֶעֱלָה אוֹר, ~ אֵשׁ — = *(Licht, Feuer)* anzünden
=~ בָּאֵשׁ — = in Brand stecken
=~ חֲלוּדָה — = rosten
=~ חֶרֶס בְּיָדוֹ — = Misserfolg haben, scheitern
=~ עַל הַכְּתָב — = zu Papier bringen
=~ עַל נֵס — = preisen, rühmen *v/t*
=~ עָשָׁן ראה גם: עִשֵּׁן — = rauchen *v/i*
=~ רַעְיוֹן — = etwas vorschlagen
=כְּכָל אֲשֶׁר יַעֲלֶה הַמַּזָּל — = wahllos, wie es gerade kommt
=לֹא מַעֲלֶה וְלֹא מוֹרִיד — = es nützt nichts und schadet nichts
עָלֶה ז׳ (עָלִים) — [ʻale] Blatt *n* (*Bot.*, *Papier*)
=~ נִדָּף — = Blatt im Wind
=עֲלֵה-גָבִיעַ — = Kelchblatt *n Bot.*
=עֲלֵי דַפְנָה — = Lorbeerblätter *n/pl. Gastr.*
=עֲלֵה-כּוֹתֶרֶת — = Kronenblatt *n Bot.*
=~-תְּאֵנָה — = Feigenblatt *n fig.*
=~-הַגָּהָה — = Korrekturbogen *m*, Korrekturfahne *f*
עִלָּה נ׳, עילה — [ʻila] Anlass *m*, Vorwand *m*; Rechtsanspruch *m*
עָל״ה ר״ת: עִטּוּר לוֹחֲמֵי הַמְּדִינָה — [ʻitur loxamé hamedina] *Kurzw.* Ehrenzeichen *n* der Kämpfer für Israel
עָלוּב ת׳ — [ʻaluv] elend, jämmerlich, armselig *Adj.*
עַלְוָה נ׳, עלווה — [ʻalva] Blattwerk *n*, Laub *n*
עִלּוּי[1] ז׳, עילוי — [ʻiluj] Genie *n (Wunder an Gelehrsamkeit)*

עִלּוּי[2] ז׳, עילוי — [ʻiluj] Erhebung *f*, Auftrieb *m*
=~-נְשָׁמָה — = Aufsteigen *n* der Seele *(bis ans Tor des Paradieses)*
=כֹּחַ-הָ~ — = Auftrieb *m*
עָלוּל ת׳ — [ʻalul] fähig zu *(D)* *(bsd. zu negativen Dingen od. Taten)*
עָלוּם ת׳ — [ʻalum] verborgen, geheimnisvoll *Adj.*
=עֲלוּם-שֵׁם — = unbekannt, anonym *Adj.*
עִלּוּם ז׳, עילום — [ʻilum] Verbergen *n*
=בְּ~-שֵׁם — = anonym, inkognito *Adv.*
עֲלוּמִים ז״ר — [ʻalumim] Jugendzeit *f*
עָלוֹן ז׳ — [ʻalon] Heft *n*, Nachrichtenblatt *n*; Bulletin *n*
עַלְוָנִי ת׳, עלווני — [ʻalvani] blätterreich *Adj.*
עִלּוּעַ ז׳, עילוע — [ʻiʼluaʼ] Schlucken *n*, Verschlucken *n*
עִלּוּף ז׳, עילוף — [ʻiluf] Ohnmacht *f*, Bewusstlosigkeit *f*
עֲלוּקָה נ׳ — [ʻaluka] Blutegel *m*
עֲלוּת נ׳ (עֲלֻיּוֹת) — [ʻalut] Entstehungskosten *pl.*
★עָלַז פעל (לַעֲלוֹז, יַעֲלוֹז) — [ʻalaz] *kal* fröhlich sein
-הִתְעַלֵּז הת׳ — - *hit.* fröhlich werden
-הֶעֱלִיז הפ׳ — - *hif.* erfreuen *v/t*
★עָלֵז ת׳ — [ʻaléz] fröhlich *Adj.*
עֶלְזָה נ׳ — [ʻelza] Freude *f*
עֲלָטָה נ׳ — [ʻalata] Dunkelheit *f*, Finsternis *f*
עֱלִי ז׳ (עֱלָיִים) — [ʻeli] Mörserkeule *f*, Stößel *m*; Pistill, Blütenstempel *m Bot.*
עִלִּי ת׳, עילי — [ʻili] hoch, erhöht *Adj.*
=גֶּשֶׁר ~ — = Überführung *f* (*Brücke*)
=רַכֶּבֶת עִלִּית — = Hochbahn *f*
★עֲלֵי מ״י — [ʻalé] auf *Prp.*
=~ אֲדָמוֹת — = auf Erden
עֲלִיבָה נ׳ — [ʻaliva] Beleidigen *n*
עֲלִיָּה[1] נ׳, עלייה — [ʻalija] Aufstieg *m*, Aufwärtsgehen *n*; Steigen *n*; Steigung *f*; Fortschritt *m*; Beförderung *f*; Einwanderung *f* *(nach Israel)*

=~ לְרֶגֶל = Wallfahrt *f*, Pilgerfahrt *f*
=~ לַתּוֹרָה = Hinaufgehen *n* zum Vorlesen der Thora (*in der Synagoge*)
=~ רִאשׁוֹנָה = erste "Alija", Einwanderungswelle nach Erez Israel 1882-1903
=~ שְׁנִיָּה = zweite "Alija" 1904-1914
=~ שְׁלִישִׁית = dritte "Alija" 1919-1923
=~ רְבִיעִית = vierte "Alija" 1924-1929
=~ חֲמִישִׁית = fünfte "Alija" 1930-1939
=~ פְּנִימִית = innere "Alija", natürlicher Zuwachs der Bevölkerung
=~ בּ׳ (בֵּית) = "illegale Alija" (*in der Mandatszeit*)
=מַחְלֶקֶת-הָ~ = Einwanderungsamt *n*
=קְלִיטַת הָ~ = Integration *f* der Einwanderer
עֲלִיָּה[2] נ׳, עליה ['alija] Dachboden *m*, Söller *m*
=עֲלִיַּת-גַּג = Mansarde *f*
עֶלְיוֹן ת׳ ['eljon] ober, höchst *Adj.*
=הָאָדָם הָ~ = Übermensch *m*
=בְּחֶסֶד ~ = von Gottes Gnaden
=הַבַּיִת הָ~ = Oberhaus *n Parl.*
=כֹּחַ ~ = höhere Gewalt
=מַאֲמָץ ~ = höchste Anstrengung
=יָדוֹ עַל הָעֶלְיוֹנָה = er hat die Oberhand
=עֶלְיוֹנוּת נ׳ = Überlegenheit *f*
=עֶלְיוֹנִי ת׳ = überlegen *Adj.*
עַלִּיז ת׳ ['aliz] fröhlich *Adj.*
=~וּת נ׳ = Fröhlichkeit *f*, Frohsinn *m*
עֲלִיל ז׳ ['alil] Tatbestand *m*, Evidenz *f*
=בַּ~ ת״פ = offensichtlich, deutlich *Adv.*
=נִרְאֶה בַּ~ = evident *Adj.*
עֲלִילָה[1] נ׳ ['alila] Handlung *f lit.*; Szene *f*
=סֶרֶט-~ (הַהֵפֶךְ: סֶרֶט-תְּעוּדָה) = Spielfilm *m* (*Ggs.* Dokumentarfilm)
עֲלִילָה[2] נ׳ ['alila] Verleumdung *f*
=עֲלִילַת-דָּם = falsche Mordbeschuldigung, Ritualmordanklage *f*
עֲלִילָתִי ת׳ ['alilati] Handlungs- (*Film*)

עֶלְיָנִי ת׳, עליני ['eljani] stempelblütig *Adj. Bot.*
עַלִּיצוּת נ׳ ['alitsut] Fröhlichkeit *f*
עִלִּית נ׳, עילית ['ilit] Elite *f*; Oberbau *m*, Obere(s) *n*
(עלל) עוֹלֵל פיעל ['olél] *pi.* Böses antun
-הִתְעַלֵּל הת׳ (בְּ-) - *hit.* misshandeln, sich vergehen an *(D)*
-הֶעֱלִיל הפ׳ (עַל-) - *hif.* verleumden
(עלם) נֶעְלַם נפ׳ (לְהֵעָלֵם) [ne'lam] *nif.* verschwinden; verborgen sein; verloren gehen
-הִתְעַלֵּם הת׳ (מִן-) - *hit.* sich verschließen vor *(D)*, ignorieren *v/t*
-הֶעְלִים הפ׳ - *hif.* verheimlichen
=~ עֵינָיו מִן- = nicht beachten, ignorieren *(Akk.)*
=נֶעֱלַם לִי = F ich habe es verloren, es ist futsch
עֶלֶם ז׳ ['elem] Jüngling *m*
★**עָלְמָא** ז׳ (ארמ׳) ['alma] Welt *f*
=בְּ~ ת״פ, סְתָם בְּ~ = ohne besondere Absicht, einfach so
=בֵּית-עָלְמִין = Friedhof *m*
עַלְמָה נ׳ ['alma] junge Frau, Fräulein *n*
עַלְמוּת נ׳ ['almut] Jugendlichkeit *f*
★**עָלַס** פעל (לַעֲלוֹס, יַעֲלוֹס) ['alas] *kal* sich freuen
-הִתְעַלֵּס הת׳ (בְּ-) - *hit.* sich sexuell vergnügen
עַלְעוֹל ז׳ ['al'ol] Sturm *m*; Blättchen *n*
עִלְעוּל ז׳, עילעול ['il'ul] Blättern *n*
עַלְעָל ז׳ ['al'al] kleines Blatt *n*
עִלְעֵל פיעל ['il'él] *pi.* blättern *v/i*
עַלְעֶלֶת נ׳ ['al'elet] Mehltau *m*, Pflanzenkrankheit
(עלף) הִתְעַלֵּף הת׳ [hit'aléf] *hit.* ohnmächtig werden, in Ohnmacht fallen
עִלָּפוֹן ז׳, עילפון (עֶלְפּוֹן-) ['ilafon] Ohnmacht *f*, Bewusstlosigkeit *f*
★**עָלַץ** פעל (לַעֲלוֹץ, יַעֲלוֹץ) ['alats] *kal* sich freuen
עָלֵץ ת׳ ['aléts] froh, fröhlich *Adj.*
עֶלְצָה נ׳, **עֶלְצוֹן** ז׳ ['eltsa, 'eltson] Freude *f*, Fröhlichkeit *f*
עָלַק פעל ['alak] *kal* saugen, absorbieren

עַלְקוֹלִי ת׳ (עַל-קוֹלִי) ['alkoli] Überschall-

עַלֶּקֶת נ׳ ['a'leket] Sommerwurz *m* (Orabanche) *Bot.*

עֹלֶשׁ ז׳, עולש ['oleʃ] Wegwarte *f* (Cichorium) *Bot.*

עַם ז׳ (הָעָם, עַמִּים, עַמֵּי-) ['am] Volk *n*

=~-הָאָרֶץ = *wörtl.* das Volk des Landes; das einfache Volk, ungebildete Menschen *m/pl.*; Ignorant *m*

=~-הָאַרְצוּת (אַרְצִיּוּת) = Unbildung *f*, Unwissenheit *f*

=~-הָאַרְצִי ת׳ = ungebildet *Adj.*

=עַמְּךָ = *wörtl.* dein Volk; das einfache Volk, Durchschnittsbürger *m*

=אֲסֵפַת-עַם = Volksversammlung *f*

=בֵּית-~ ז׳ = Stadthalle *f*, Gemeindehaus *n*

=דַּלַּת-הָעָם = die Armen *pl.*

=יֶדַע-עַם ז׳ = Folklore *f*

=עֲצֶרֶת-~ = feierliche Volksversammlung

=רִקּוּדֵי-~ = Volkstänze *m/pl.*

=בַּעַל בְּעַמָּיו = angesehener Mann

עִם מ״י ['im] mit *(D)*, zusammen mit *(D)*; bei *(D)*; zur Zeit; *Prp.* nach Verben in verschiedenen Bedeutungen

=~-זֶה, ~-זֹאת = trotzdem *Kj.*

=~ שֶׁ- = während *Kj.*

ע״מ ר״ת 1. עַל מְנָת ['al-menat] *Abk.* 1. damit, um

2. עֵרָבוֹן מֻגְבָּל [éravon mugbal] 2. mit beschränkter Haftung

עָמַד פעל (לַעֲמוֹד, עַל-, לִפְנֵי-, בִּפְנֵי-, בְּ-, לְ-, יַעֲמוֹד) ['amad] *kal* stehen (für); bestehen (auf); bestimmt sein für *(Akk.)*

-נֶעֱמַד נפ׳ (לְהֵעָמֵד) - *nif.* stehen bleiben, anhalten *v/i*

-עִמֵּד פיעל - *pi.* in Seiten einteilen, umbrechen *Typ.*

-הֶעֱמִיד הפ׳ - *hif.* aufstellen, hinstellen; sich verstellen, so tun, also ob

=עָמַד בַּלַּחַץ = Druck *od.* Stress standhalten

=~ בַּנִּסָּיוֹן = der Versuchung widerstehen

=~ בִּפְנֵי- = standhalten *(D)*; davor stehen

=~ לָלֶכֶת = im Begriff sein zu gehen, gleich gehen

=~ לִפְנֵי- = vor etwas stehen

=~ מִן הַצַּד = neutral bleiben, sich nicht einmischen

=~ עַל דַּעְתּוֹ = auf s-r Meinung bestehen; erwachsen -, reif werden

=~ עַל הַפֶּרֶק = auf der Tagesordnung stehen

=~ עַל שֶׁלּוֹ = auf s-m Recht bestehen; auf s-r Meinung bestehen

=פֹּעַל עוֹמֵד = intransitives verb *Gr.*

=~ בְּסִימַן שְׁאֵלָה = in Frage, infrage stellen

=~ לְמִנְיָן, ~ לְהַצְבָּעָה = zur Abstimmung bringen

=~ בִּבְחִינָה = Prüfung bestehen

=~ בְּדִבּוּרוֹ = sein Versprechen halten

=~ בַּדִּין = vor Gericht stehen, verklagt werden

=~ בְּמִרְדּוֹ = beharrlich gegen etwas sein

=~ בְּעֵינוֹ = bestehen bleiben

=~ בַּפֶּרֶץ = in die Bresche springen

=~ לִבְחִינָה = sich prüfen lassen

=~ לִימִין פְּלוֹנִי = j-m helfen, zur Seite stehen

=~ לִפְלוֹנִי = j-m helfen, nützen

=~ מִלֶּכֶת = stehen bleiben

=~ מִנֶּגֶד = fernbleiben, nicht helfen

=~ עַל טִיבוֹ = sein Wesen erkennen

=~ עַל דָּבָר = etwas begreifen, verstehen, herausfinden

★=~ עַל דַּם רֵעֵהוּ = j-m im Stich lassen *(in Gefahr, im Unglück)*

=~ עַל טָעוּתוֹ = *(Irrtum)* einsehen

=~ עַל הַמִּקָּח = *(um den Preis)* handeln, feilschen

=~ עַל הַמִּשְׁמָר = Wache stehen

=~ עַל נַפְשׁוֹ = für sein Leben einstehen

=~ עַל רַגְלָיו = auf festen Füßen stehen *fig.*

=הָעוֹמֵד = das Bestehende

['imur] Garbenbinden *n* עִמּוּר ז׳, עימור
['amut] beigelegt, beigefügt *Adj.* עָמוּת ת׳
['imut] Gegenüberstellung *f*, Konfrontation *f* עִמּוּת ז׳, עימות
['amuta] Gesellschaft *n*, Wohltätigkeitstreuhand *f* עֲמוּתָה, עֲמֻתָּה נ׳
['amid] immun, gefeit (gegen) *Adj.* עָמִיד ת׳
= lichtecht *Adj.* =עֲמִיד-אוֹר
= wasserdicht *Adj.* =~-מַיִם
['amida] Stehen *n*, Stellung *f*; Standhalten *n* עֲמִידָה נ׳
= Ruhestellung *f* =~ חָפְשִׁית
= Stillstehen *n*; stillgestanden! =עֲמִידַת-דֹּם
= rührt euch! =~-נוֹחַ
= Kopfstand *m* =~-רֹאשׁ
= mittleres, gesetztes Alter =גִּיל-הָעֲמִידָה
['amidut] Festigkeit *f*, Beständigkeit *f* עֲמִידוּת נ׳
['amil] Kommissionär *m*, Agent *m* עָמִיל ז׳
['amilut] Agentur *f*, Kommission *f* עֲמִילוּת נ׳
['amilan] (Wäsche-)Stärke *f* עֲמִילָן ז׳
['amisa] Aufladen *n* עֲמִיסָה נ׳
= Ladung *f* (*Ware*) =~סוֹת נ׳
['amir] kleine Garbe *f* עָמִיר ז׳
['amit] Kollege (*m*), -gin *f* עָמִית ז׳ (עֲמִיתָה)
['amal] *kal* sich bemühen; arbeiten עָמַל פעל (לַעֲמוֹל, עָמֵל, יַעֲמוֹל)
- *pi.* turnen lassen, trainieren *v/t* -עִמֵּל פיעל
- *hit.* turnen, Gymnastik treiben -הִתְעַמֵּל הת׳
['amél] werktätig *Adj.*; Arbeiter *m* עָמֵל תו״ז
= Arbeiterin *f*; Arbeitsbiene *f Zo.* =עֲמֵלָה נ׳
['amal] Mühe *f*, schwere Arbeit עָמָל ז׳
= der Hände Arbeit, körperliche Arbeit =עֲמַל-כַּפַּיִם
= Werktätige *pl.* -אַנְשֵׁי-עָמָל ז״ר
= Frucht s-r Mühe =פְּרִי-עֲמָלוֹ
['amala] Vermittlungsgebühr *f*, Provision *f*, Bankgebühr *f* עֲמָלָה נ׳
['imlén] *pi.* (*Wäsche*) stärken *v/t* עִמְלֵן פיעל

= er soll gesegnet sein =יַעֲמוֹד עַל הַבְּרָכָה
= im Stehen *Adv.*; in Seiten eingeteilt, umbrochen *Adj. Typ.* =מְעֻמָּד
= verklagen, vor Gericht bringen =הֶעֱמִיד בְּדִין
= etwas richtig stellen =~ דָּבָר עַל אֲמִתּוּתוֹ
= j-m zur Verfügung stellen =~ לִרְשׁוּת פְּלוֹנִי
= sich verstellen, so tun als ob =~ פָּנִים
= j-n auf s-n Irrtum aufmerksam machen =הֶעֱמִידוֹ עַל טָעוּתוֹ
= Kandidat *m* =מֻעֲמָד ז׳
['omed] Standplatz *m*, Stelle *f* ★עֹמֶד ז׳, עומד (עָמְדּוֹ)
['emda] Stellung *f*, Position *f*; Schaltstelle *f*; Vermittlungsstelle *f* עֶמְדָּה נ׳ (עֲמָדוֹת, עֶמְדוֹת-)
= Schlüsselstellung *f* =עֶמְדַּת-מַפְתֵּחַ
= Stellung nehmen =נָקַט עֶמְדָּה
['imadi] mit mir ★עִמָּדִי מ״י
['ame] gedämpft, matt *Adj.* עָמֶה ת׳
['amud] Säule *f*, Pfeiler *m*; (Buch-)Seite *f*; Pult *n* עַמּוּד ז׳
= Strommast *m* =עַמּוּד-חַשְׁמַל
= Homepage *f* =~-הַבַּיִת
= Griffel *m Bot.* =~-הָעֱלִי
= Pranger *m* =~-הַקָּלוֹן
= Wirbelsäule *f* =~-הַשִּׁדְרָה
= Morgenröte *f* =~-הַשַּׁחַר
= Hauptstützpfeiler *m* =~ הַתָּוֶךְ
= Notenständer *m Mus.* =~ תָּוִים
= Säulen *f/pl.* des Herkules (*Meerenge von Gibraltar*) =עַמּוּדֵי-הֶרְקוּלֶס
['imud] Umbruch *m* des Satzes, Einteilung *f* in Seiten *Typ.* עִמּוּד ז׳, עימוד
['amuda] Rubrik *f* עַמּוּדָה נ׳
['amum] gedämpft; matt, glanzlos *Adj.* עָמוּם ת׳
['imum] (*Licht*) Dämpfung *f*, Abblendung *f Kfz.* עִמּוּם ז׳, עימום
['amoni] ammonitisch עַמּוֹנִי ת׳
['amus] beladen *Adj.* עָמוּס ת׳

עַמְלָ|נוּת נ׳ — ['amlanut] Werktätigkeit *f*; Erziehung *f* zur Arbeit
=~נִי ת׳ — = werktätig *Adj.*
עֲמָלֵק — ['amalek] Volk der Amalekiter, Erzfeind des Volkes Israel *bibl.*
עָמַם פעל (לַעֲמוֹם, יַעֲמוֹם) — ['amam] *kal* dämpfen, abdunkeln *v/t*; am Verlöschen sein
-עִמֵּם פיעל — - *pi.* dämpfen, abblenden *v/t*
עֲמָמִ|י ת׳ — ['amami] volkstümlich, populär *Adj.*
=~יּוּת נ׳ — = Volkstümlichkeit *f*
עֲמָמִים ז״ר — ['amamim] Völkerschaften *f/pl.*, kleine Völker *n/pl.*
★עָמַס פעל (לַעֲמוֹס אֶת-, יַעֲמוֹס) — ['amas] *kal* laden *v/t*
-הֶעֱמִיס הפ׳ — - *hif.* aufladen, beladen
עֹמֶס ז׳, עומס — ['omes] Last *f*, Belastung *f*; Tragfähigkeit *f auch fig.*
=~ יֶתֶר — = Überbelastung *f*
עִמְעוּם ז׳, עימעום — ['im'um] Abblenden *n*
עִמְעֵם פיעל — ['im'ém] *pi.* abblenden *v/t*
עַמְעָם ז׳ — ['am'am] Schalldämpfer *m*
=עַמְעֶמֶת — = Dämpfer *m Mus.*
עִמֵּץ פיעל — ['imets] *pi.* schließen *(Augen)*
★עָמַק פעל (לַעֲמוֹק, יֶעֱמַק) — ['amak] *kal* tief sein
-הִתְעַמֵּק הת׳ — - *hit.* sich vertiefen; tief werden
-הֶעֱמִיק הפ׳ — - *hif.* vertiefen *v/t*, tief machen
=~ לַחְדֹּר — = tief eindringen
עָמֹק ת׳, עמוק — ['amok] tief *Adj.*
=קוֹל ~ — = tiefe Stimme
עֹמֶק ז׳, עומק (עָמְקוֹ, עֲמָקִים, עָמְקֵי-) — ['omek] Tiefe *f*
=מִצָּה אֶת ~ הַדִּין — = streng im Urteil sein *(buchstabengetreu)*
=מֵ~ הַלֵּב — = aus tiefstem Herzen
עֵמֶק ז׳ (עִמְקוֹ, עֲמָקִים, עִמְקֵי-) — ['émek] Tal *n*
★=~ הַבָּכָא — = Jammertal *n*
=בָּא לְ~ הַשָּׁוֶה — = zu e-m Vergleich kommen
עַמְקוּ|ת נ׳ — ['amkut] Tiefe *f fig.*
=~תִי ת׳ — = tiefgründig, tiefsinnig *Adj.*
עַמְקָן ז׳ — ['amkan] tiefsinniger Denker
=~וּת נ׳ — = Tiefsinnigkeit *f*
=עַמְקָנִי ת׳ — = tiefsinnig *Adj.*
עִמֵּר פיעל — ['imér] *pi.* Garben binden
-הִתְעַמֵּר הת׳ (בְּ-) — - *hit.* misshandeln, brutal behandeln
עֹמֶר ז׳, עומר — ['omer] Garbe *f*
=סְפִירַת הָ~ — = Omer-Zählen *n (49 Tage zwischen Pessach und Schawuoth)*
=לַ״ג בָּ~ — = "Lag ba'omer" *(33. Tag der Omerzählung)*
עָמַשׁ פעל — ['amas] *kal* laden *v/t*
עִמֵּת פיעל — ['imét] *pi.* gegenüberstellen, konfrontieren
ע״נ ר״ת: עַל נְהַר- (פְרַנְקְפוּרְט ע״נ מַיין) — ['al nehar] *Abk.* am Fluss (z.B. Frankfurt am Main)
עָנַב פעל (לַעֲנוֹב אֶת-, יַעֲנוֹב) — ['anav] *kal* binden *(Krawatte, Schleife)*
עֵנָב ז׳ (עֲנָבִים, עִנְּבֵי-) — ['énav] Weintraube *f*
עֲנָבָה נ׳ — ['anava] Beere *f*; Weintraube *f*
עִנְבָּל ז׳, עינבל — ['inbal] Glockenklöppel *m*; Zäpfchen *n Anat.*
עִנְבָּר ז׳, עינבר — ['inbar] Bernstein *m*
=עִנְבָּרִי ת׳ — = bernsteinfarben *Adj.*
עִנֵּג פיעל — ['inég] *pi.* erfreuen, vergnügen *v/t*
-הִתְעַנֵּג הת׳ — - *hit.* sich erfreuen, etwas genießen; sich verwöhnen
עֹנֶג ז׳, עונג — ['oneg] Vergnügen *n*, Freude *f*, Genuss *m*
=~-שַׁבָּת — = "Oneg-Schabat" *(gesellige Schabat-Zusammenkünfte zum gemeinsamen Lernen, Singen usw.)*
עָנֹג ת׳, ענוג (עֲנֻגָּה) — ['anog] zart, verzärtelt *Adj.*
עָנַד פעל (לַעֲנוֹד אֶת-, יַעֲנוֹד) — ['anad] *kal* umbinden, anlegen *(Schmuck, Orden)*
עֶנֶד ז׳ — ['ened] Schmuckstück *n*; Knoten *m*
עָנָה[1] פעל (לַעֲנוֹת לְ-, — ['ana] *kal* antworten (auf);

עַל-, יַעֲנֶה) lösen *fig.*

-נַעֲנָה נפ׳ (לְהֵעָנוֹת לְ-) - *nif.* beantwortet werden entsprechen

=עָנָה לְבַקָּשָׁה = e-r Bitte entsprechen

=~ אָמֵן = Amen sagen

=אֵין קוֹל וְאֵין עוֹנֶה = keine Antwort, keine Reaktion

=הַכֶּסֶף יַעֲנֶה אֶת-הַכֹּל = das Geld ermöglicht alles, Geld regiert die Welt

=לֹא עוֹנִים = (Telefon) keine Antwort, F keiner geht dran

עִנָּה² פיעל ['ina] *pi.* misshandeln, quälen, foltern; vergewaltigen *bibl.*

-הִתְעַנָּה הת׳ - *hit.* Qualen erleiden; sich kasteien

עָנָו ת׳, עניו ['anav] bescheiden, demütig *Adj.*

עָנוּב ת׳ ['anuv] gebunden *Adj.*

עִנּוּב ז׳ ['inuv] Binden *n*

עִנּוּג ז׳, עינוג ['inug] Annehmlichkeit *f*, Vergnügung *f*

=הֶטֶל-עִנּוּגִים = Vergnügungssteuer *f*

עָנוּד ת׳ ['anud] (mit Orden, Medaillen) ausgezeichnet *Adj.*

עֲנָוָה נ׳, ענווה ['anava] Bescheidenheit *f*, Demut *f*

עִנּוּי ז׳, עינוי ['inuj] Quälen *n*, Qual *f*; Folter *f*

=~-הַדִּין = Aufschub *m*, ungebührliche Verzögerung des Urteils

=~-נֶפֶשׁ = Kasteiung *f*

עָנוּק ת׳ ['anuk] dekoriert, verziert *Adj.*

עָנוּשׁ ת׳ ['anuʃ] strafbar *Adj.*

★עֲנוֹת נ׳ ['anot] Klang *m*; Gesang *m*

=קוֹל ~ חֲלוּשָׁה = schwache, unsichere, zaghafte Stimme, leise Stimme

עַנְוְתָן ת׳, ענוותן ['anvetan] bescheiden *Adj.*

=~וּת נ׳ = Bescheidenheit *f*

עָנִי ת׳ ['ani] arm, mittellos *Adj.*

=~ מָרוּד = bettelarm *Adj.*

=כְּ~ בַּפֶּתַח = wie ein Bettler vor der Tür

עֹנִי, עֳנִי ז׳, עוני ['oni] Armut *f*, Elend *n*

=קַו ה~ = Armutsgrenze *f*

=שְׁכוּנוֹת-~ = Elendsviertel *n/pl.*, Slums *m/pl.*

★עַנְיָא ת׳ (ארמ׳) ['anja] arm *Adj.*

=הָא לַחְמָא ~ = "dies ist das Brot der Armut" (aus der Pessach-Hagada)

עֲנִיבָה נ׳ ['aniva] Krawatte *f*, Schleife *f*

=עֲנִיבַת-פַּרְפָּר = Fliege *f* (*am Kragen*)

=מִבְחַן-~ = Schleifenprüfung *f El.*

עֲנִידָה נ׳ ['anida] Anbinden *n*, Festbinden *n*

עֲנִיווּת נ׳ ['anivut] Einfachheit *f*, Bescheidenheit *f*

עֲנִיּוּת נ׳ ['anijut] Armut *f*

=דִּקְדּוּקֵי-~ = Pedanterie *f*

=לְפִי ~ דַּעְתִּי = nach meiner bescheidenen Ansicht (*Meinung*)

=תְּעוּדַת-~ = Armutszeugnis *n*

עִנְיָן ז׳, עניין (עִנְיָנִים, עִנְיְנֵי-) ['injan] Sache *f*, Angelegenheit *f*; Thema *n*, Gegenstand *m*; Fall *m*; Interesse *n*

=בְּ~, לְ~ = in der Angelegenheit; in Sachen; betreffs *Prp. (G)*

=לָ~ = zur Sache

=עִנְיְנֵי-דְיוֹמָא = aktuelle Dinge *n/pl.*

=אֵינוֹ עִנְיָן לְכָאן = das gehört nicht zur Sache

=מָה הָעִנְיָנִים? = wie geht's?

=תֹּכֶן-הָעִנְיָנִים = Inhaltsverzeichnis *n*

עִנְיֵן פיעל (אֶת-, בְּ-) ['injén] *pi.* interessieren *v/t*

-הִתְעַנְיֵן הת׳ (בְּ-) - *hit.* sich interessieren für *(Akk.)*

עִנְיָנִי ת׳, ענייני ['injani] sachlich *Adj.*

=~יּוּת נ׳ = Sachlichkeit *f*

עָנִישׁ ת׳, בַּר-עָנְשִׁין ['aniʃ] strafbar *Adj.*

עֲנִישָׁה נ׳ ['aniʃa] Bestrafung *f*

עִנֵּן פיעל ['inén] *pi.* mit Wolken bedecken

=מְעֻנָּן ת׳ = bewölkt *Adj.*

עָנָן ז׳ ['anan] Wolke *f*

=עֲנַן-נוֹצוֹת = Zirrus *m*, Federwolke *f*

★עֲנָנָה נ׳ ['anana] dunkle Wolke

עֲנָנוּת נ' [‘anenut] Bewölkung *f*

עָנָף ז' [‘anaf] Ast *m*, Zweig *m*; Sektion *f*

עָנֵף ת' [‘anéf] verzweigt *Adj.*

עַנְפִּי ת' [‘anfi] e-m besonderen Zweig zugehörig

עֲנָק¹ ז' [‘anak] Riese *m*

עֲנָק² ז' [‘anak] Halsschmuck *m*, Halskette *f*

עֶנֶק ז' ['enek] Geschenk *n*, Preis *m*

(ענק) הֶעֱנִיק הפ' [he’enik] *hif.* schenken, gewähren, erteilen, verleihen (*Recht, Preis*)

עֲנָקִי ת' [‘anaki] riesig, riesengroß *Adj.*

★עָנַשׁ פעל (לַעֲנוֹשׁ אֶת-, יַעֲנוֹשׁ) [‘anaʃ] *kal* strafen *v/t*

-הֶעֱנִישׁ הפ' - *hif.* bestrafen, Strafe auferlegen

=אֵין עוֹנְשִׁין אֶלָּא אִם כֵּן מַזְהִירִין = keine Strafe ohne Warnung

עֹנֶשׁ ז', עונש (עֳנָשִׁים, עָנְשֵׁי-) [‘oneʃ] Strafe *f*

=~-מָוֶת = Todesstrafe *f*

=~ מִן הַשָּׁמַיִם = Strafe *f* Gottes

=בְּעִיטַת-~ = Strafstoß *m* (*Fußball*)

=בַּר-עֳנָשִׁין = verantwortlich (*für s-e Taten*), strafmündig *Adj.*

=דִּינֵי-עֳנָשִׁין = Strafgesetze *n/pl.*

=חֻקַּת-הָ~ = Strafrecht *n*

ע"ס ר"ת 1. עַל סְמַךְ ['al smax] *Abk.* 1. aufgrund, auf Grund (*G*) *Prp.*

2. עַל סַךְ ['al sax] 2. in Höhe von

עַסַּאי ז' [‘asaj] Masseur *m*

עִסָּה פיעל [‘isa] *pi.* kneten; massieren

עִסָּה נ', עיסה [‘isa] Teig *m*

=עִסַּת-נְיָר = Pappmaché, Pappmaschee *n*

=שְׂאוֹר שֶׁבָּעִסָּה = Hefe *f*; Sauerteig *m*

עִסּוּי ז', עיסוי [‘isuj] Massage *f*

עָסוּק ת' [‘asuk] beschäftigt *Adj.*

עִסּוּק ז', עיסוק [‘isuk] Beschäftigung *f*

=רִפּוּי בְּ~ = Beschäftigungstherapie *f*

עַסְיָן ז' [‘asjan] Masseur *m*

עָסִיס ז' [‘asis] Fruchtsaft *m;* Essenz *f fig.*

=עֲסִיסִי ת' = saftig *Adj.*

=~יּוּת נ' = Saftigkeit *f*, Frische *f*

עִסָּנִי ת', עיסני [‘isani] teigig *Adj.*

עָסַק פעל (לַעֲסוֹק בְּ-, יַעֲסוֹק) [‘asak] *kal* sich beschäftigen *mit (D)*, beschäftigt sein *mit (D)*

-הִתְעַסֵּק הת' - *hit.* sich beschäftigen; *j-n* belästigen

-הֶעֱסִיק הפ' (בְּ-, עִם-) - *hif.* beschäftigen *v/t*

עֵסֶק ז' (עֲסָקִים, עִסְקֵי-) ['ések] Geschäft *n*, Unternehmen *n*, F Business *n*

=~ בִּישׁ = Pech! schlechtes Geschäft

=בֵּית-~ = Geschäftshaus *n*

=בַּעַל-~ = Geschäftsmann, Geschäfsinhaber *m*

=פָּתַח ~ = sich selbständig machen

עִסְקָה נ', עיסקה (עִסְקָאוֹת) [‘iska] Transaktion *f*

=עִסְקַת-חֲבִילָה = Pauschalabkommen *n*

עִסְקִי ת' [‘iski] geschäftlich *Adj.*

=אֲרוּחָה ~ת = Geschäftsessen *n*; Mittagsmenü *n*

עַסְקָן ז' [‘askan] für das Gemeinwohl Tätiger, Kommunalpolitiker *m*

=עַסְקַן-מִפְלָגָה = Parteifunktionär *m*

=עַסְקָנוּת נ' = öffentliche Tätigkeit

ע"פ ר"ת: עַל-פֶּה [‘al-pe] *Abk.* mündlich; auswendig *Adv.*

עִפּוּי ז' [‘ipuj] Müdigkeit *f*, Abgeschlagenheit *f*

עִפּוּר ז' [‘ipur] (*Staub*) Aufwirbeln *n*, Wirbel *m*

עִפּוּשׁ ז', עיפוש [‘ipuʃ] Schimmel *m*, Schimmelpilz *m*

עפ"י ר"ת: עַל-פִּי [‘al-pi] *Abk.* auf Grund, aufgrund, nach *Prp.*

עֲפִיפוֹן ז' [‘afifon] Drachen *m* (*Spielzeug*)

עֲפִיצוּת נ' [‘afitsut] Schärfe *f*, Bitterkeit *f*

(עפל) הֶעְפִּיל הפ' [he'pil] *hif.* erklimmen, hinaufsteigen; illegal einwandern (*nach Erez-Israel in der Mandatszeit*)

עֹפֶל ז', עופל [‘ofel] Burg *f*; Burgberg der ehem. Davidsstadt (AT) in Jerusalem, *bibl.*

עִפְעוּף ז', עיפעוף [‘if’uf] Zwinkern *n*

עַפְעַף ז' (עַפְעַפַּיִם) [‘af’af] Augenlid *n*

=לֹא הֵנִיד ~ = nicht mit der Wimper zucken

עִפְעֵף פיעל ['if'éf] *pi.* zwinkern

עָפָר ז' ['afar] Staub *m*; Asche *f*

=~ וָאֵפֶר = Staub und Asche

עִפֵּר פיעל ['iper] *pi.* Asche streuen

עָפֹר ת' ['afor] grau, aschfahl *Adj.*

עֹפֶר ז', עופר ['ofer] Hirschkalb *n*, Rehkitz *n*

★(עַפְרָא) כְּ~ דְאַרְעָא (ארמ') [ke'afra de'ar'a] wie der Staub der Erde

עַפְרָה נ' ['afra] Erz *n*

=עַפְרַת-בַּרְזֶל = Eisenerz *n*

עָפְרָה נ', עופרה ['ofra] weibliches Hirsch-, Rehkalb

עִפָּרוֹן ז', עיפרון (עֶפְרוֹנוֹת) ['iparon] Bleistift *m*

עֶפְרוֹנִי ז' ['efroni] Lerche *f* (Alaudidae) *Zo.*

עַפְרוּרִי ת' ['afruri] sandfarben, erdfarben *Adj.*

עֲפָרִי ת' ['afari] erdig *Adj.*

עָפְרִית נ', עופרית ['ofrit] Bleiwurz *f* (Plumbago) *Bot.*

עִפֵּשׁ פיעל ['ipéʃ] *pi.* verschimmeln *v/i*

-הִתְעַפֵּשׁ הת' - *hit.* verschimmeln

עֵץ ז' (עֵצִים, עֲצֵי-) ['éts] Baum *m*; Holz *n*

=~-הַדַּעַת = Baum *m* der Erkenntnis *bibl.*

=~-הָדָר = Zitrusbaum *m*

=~-חַיִּים = Lebensbaum *m bibl.*

=~ לָבוּד = Sperrholz *n*

=~-מַאֲכָל = Baum, der essbare Früchte trägt, Nutzholz

=~-מַחַט = Nadelbaum *m*

=~-נוֹי = Zierbaum *m*

=~-עָלִים = Laubbaum *m*

=~-פְּרִי = Obstbaum *m*

=בּוּל-~ = Holzklotz *m*

★=חָרַשׁ-~ ראה: נַגָּר = Tischler *m*

=מֵרֹב עֵצִים לֹא יִרְאֶה הַיַּעַר = man sieht den Wald vor lauter Bäumen nicht *fig.*

=הַתַּפּוּחַ אֵינוֹ נוֹפֵל = der Apfel fällt nicht

רָחוֹק מִן הָעֵץ weit vom Stamm

★עָצַב[1] פעל (לַעֲצוֹב אֶת-, יַעֲצוֹב) ['atsav] *kal* j-m Leid zufügen; j-n betrüben

-נֶעֱצַב נפ' (לְהֵעָצֵב) - *nif.* traurig sein

-הִתְעַצֵּב הת' - *hit.* traurig sein, gekränkt sein

-הֶעֱצִיב הפ' - *hif.* betrüben, kränken *v/t*

עִצֵּב[2] פיעל ['itsév] *pi.* gestalten, Form geben

עֶצֶב ז' ['etsev] Kummer *m*

עָצָב ז' (עֲצַבִּים, עֲצַבֵּי-) ['atsav] Nerv *m*

=מִלְחֶמֶת-עֲצַבִּים = psychologische Kriegsführung *f Mil.*

=רוֹפֵא-~ (נוירולוג) = Nervenarzt *m*, Neurologe *m*

עָצֵב ת' ['atsév] traurig *Adj.*

עֻצְבָּה נ', עוצבה ['utsba] Formation *f*, Division *f Mil.*

עִצָּבוֹן ז', עיצבון ['itsavon] Kummer *m*, Leiden *n*

עֶצְבּוֹנִית נ' ['etsbonit] stechender Mäusedorn *m* (Ruscus) *Bot.*

עַצְבוּת נ' ['atsvut] Traurigkeit *f*

עֲצַבִּי ת' ['atsabi] Nerven, nervlich *Adj.*

עִצְבֵּן פיעל ['itsbén] *pi.* nervös machen, reizen, F nerven

-הִתְעַצְבֵּן הת' - *hit.* nervös werden

עַצְבָּנוּת נ' ['atsbanut] Nervosität *f*

=~נִי ת' = nervös *Adj.*

עִצָּה פיעל (לְעַצּוֹת אֶת-) ['itsa] *pi.* verholzen, zu Holz machen; einrahmen

-הִתְעַצָּה הת' - *hit.* verholzen *v/i*

עֵצָה[1] נ' ['étsa] holziger Teil der Pflanzen; Baumbestand *m*

עֵצָה[2] נ' (עֲצַת-) ['étsa] Rat *m*, Ratschlag *m*

=אוֹבֵד עֵצוֹת = ratlos *Adj.*

=גִּיל-הָעֵצָה = "Alter *n* des Rates" (50 Jahre)

=הִגִּיעַ לְ~ = 50 Jahre alt werden

=אֵין ~ לְנֶגֶד- = dagegen gibt es keinen Rat

עָצֶה ז' ['atse] Steißbein *n*

עָצוּב ת' ['atsuv] traurig *Adj.*

עִצּוּב ז', עיצוב ['itsuv] Gestaltung *f*,

Formgebung *f*, Design *n*

=~ מְחֻדָּשׁ = Neueinrichtung *f*

עִצּוּי ז׳, עיצוי ['itsuj] Verholzung *f*

עָצוּם[1] ת׳ ['atsum] mächtig, gewaltig *Adj.*

עָצוּם[2] ת׳ ['atsum] (*Augen*) geschlossen *Adj.*

=עֵינַיִם עֲצוּמוֹת = geschlossene Augen *n/pl.*

עִצּוּם ז׳, עיצום ['itsum] Höhepunkt *m*; Stärkung *f*

=בְּעִצּוּמוֹ = auf seinem Höhepunkt

עֲצוּמָה נ׳ ['atsuma] Bittschrift *f*, Petition *f*

עִצּוּמִים ז״ר ['itsumim] Sanktionen *f/pl Econ.*

עָצוּר ת׳ ['atsur] verhaftet; eingeschlossen; zurückhaltend *Adj.*

=בִּנְשִׁימָה עֲצוּרָה = mit angehaltenem Atem

עִצּוּר[1] ז׳, עיצור ['itsur] Konsonant *m*, Mitlaut *m*

עִצּוּר[2] ז׳, עיצור ['itsur] Presse *f* (*Öl, Trauben*); Verstopfung *f Med.*

עֵצִי ת׳ ['étsi] holzig *Adj.*

עֲצִימָה נ׳ ['atsima] Schließen *n* (*Augen*)

עָצִיץ ז׳ ['atsits] Blumentopf *m*

עָצִיר ז׳ ['atsir] Häftling *m*

עֲצִירָה[1] נ׳ ['atsira] Anhalten *n*; Verstopfung *f Med.*; Sperrung *f*

=עֲצִירַת-גְּשָׁמִים = Regenmangel *m*, Dürre *f*

ראה גם: בַּצֹּרֶת

עֲצִירָה[2] נ׳ ['atsira] Pressen *n* (*Öl, Trauben*)

עֲצִירוּת נ׳ ['atsirut] Verstopfung *f Med.*

★עָצָל ז׳ ['atsal] Muskel *m*

עָצֵל ת׳ ['atsél] faul, träge *Adj.*

(עצל) הִתְעַצֵּל הת׳ ['hit'atsél] *hit.* faul sein, faulenzen

עַצְלוּת נ׳ ['atslut] Faulheit *f*, Trägheit *f*

עַצְלָן ז׳ ['atslan] Faulpelz *m*; Faultier *n* (Bradypodidae) *Zo.*

=~נוּת נ׳ = Faulheit *f*, Trägheit *f*

עֲצַלְתַּיִם נ״ז ['atsal'tajim] Faulheit *f*, Langsamkeit *f*

=בַּ~ = langsam, schwerfällig *Adv.*

עָצַם[1] פעל (לַעֲצוֹם, יַעֲצֹם) ['atsam] *kal* stark sein, mächtig sein

-נֶעֱצַם נפ׳ (לְהֵעָצֵם) - *nif.* stark werden

-הֶעֱצִים הפ׳ - *hif.* verstärken, stark machen

-הִתְעַצֵּם הת׳ - *hit.* stärker werden, mächtiger werden

עָצַם[2] פעל (לַעֲצוֹם אֶת-, יַעֲצוֹם) ['atsam] *kal* (*Augen*) schließen

עֶצֶם נ׳ (עֲצָמוֹת) ז׳ (עֲצָמִים) ['etsem] Knochen *m* Gegenstand *m*, Ding *n*; in *Zssgn*: selbst, eigene(r, -s), Eigen-

=~ הֶחָזֶה = Brustbein *n*

=עַצְמוֹ = er selbst, sich selbst

=~ וּבְשָׂרוֹ = sein eigen Fleisch u. Blut

=בְּעֶצֶם = eigentlich

=בְּעַצְמוֹ = an sich selbst, er selbst

=בִּפְנֵי עַצְמוֹ = für sich allein

=לְ~ = für sich selbst

=כְּשֶׁלְּ~ = an sich

=מֵ~ = von selbst

=בִּכְבוֹדוֹ וּבְ~ = er höchstpersönlich

=בֵּינֵינוּ לְבֵין עַצְמֵנוּ = unter uns

=שֵׁם-עֶצֶם = Hauptwort *n*, Substantiv *n Gr.*

=שֵׁם-~ כְּלָלִי = Gattungsname *m*

=שֵׁם-~ פְּרָטִי = Eigenname *m*

=חֲזוֹן הָעֲצָמוֹת הַיְבֵשׁוֹת = Vision *f* der verdorrten Gebeine *bibl.*

עֹצֶם ז׳, עוצם ['otsem] Macht *f*, Kraft *f*, Stärke *f*

עַצְמָאוּת נ׳ ['atsma'ut] Selbstständigkeit *f*, Unabhängigkeit *f*

=יוֹם הָ~ = Unabhängigkeitstag *m (in Israel am 5. Ijar)*

עַצְמָאִי ת׳ ['atsma'i] selbstständig, unabhängig *Adj.*

עָצְמָה נ׳, עוצמה ['otsma] Heftigkeit *f*, Stärke *f*, Intensität *f*

=עָצְמַת-אוֹר = Lichtstärke *f* (*in Lux*) *Phys.*

עַצְמוּת נ׳ ['atsmut] innerstes Wesen, Substanz *f*

=~תִי ת׳ = wesenhaft, substantiell *Adj.*

עַצְמִי ת׳ ['atsmi] Eigen-; Selbst-

=אַהֲבָה ~ת = Eigenliebe *f*

=בִּטָּחוֹן ~ = Selbstsicherheit *f*

=הַגְדָּרָה ~ת = Selbstbestimmung *f*

=הַכָּרָה ~ת = Selbsterkenntnis *f*

=עֲבוֹדָה ~ת = Selbsttätigkeit *f*, eigene Arbeit

=שִׁלְטוֹן ~ = Selbstverwaltung *f*

=שְׁלִיטָה ~ת = Selbstbeherrschung *f*

=שֵׁרוּת ~ = Selbstbedienung *f*

=תּוֹצֶרֶת ~ת = Eigenerzeugnis *n*

עַצְמִיּוּת נ׳ ['atsmijut] Eigenart *f*, Ursprünglichkeit *f*

עָצַר[1] פעל (לַעֲצוֹר אֶת-, בְּ-, בְּעַד- יַעֲצוֹר) ['atsar] *kal* anhalten, stoppen *v/i*, innehalten, aufhalten, zurückhalten; verhaften

-נֶעֱצַר נפ׳ (לְהֵעָצֵר) - *nif.* stehen bleiben; aufhören; anhalten *v/i*; verhaftet werden

=עָצַר בְּרוּחוֹ = sich zurückhalten, an sich halten

=~ כֹּחַ = standhalten

=עֲצוֹר! = halt!

★עָצַר[2] פעל (לַעֲצוֹר אֶת-, יַעֲצוֹר) ['atsar] *kal* auspressen

(עֶצֶר) יוֹרֵשׁ-~ ז׳ [joréʃ-'etser] Thronfolger *m*

עֶצֶר ז׳ ['etser] Türanschlag *m*; Stopper *m*

עֹצֶר ז׳, עוצר ['otser] Ausgangssperre *f*, Sperrstunde *f*

עֲצֶרֶת נ׳ ['a'tseret] Volksversammlung *f*

=~ שֶׁל חַג = Schlusstag *m* des Festes

=~ או״ם = Vollversammlung *f* der UNO

=~-עַם = Volksversammlung *f*

★(עָקָא) דָּא ~ (ארמ׳) [da'aka] das ist das Schlimme

עָקֵב ז׳ (עֲקֵבִים) (עֲקֵבוֹת, עִקְּבוֹת-) ['akév] Ferse *f*; (Schuh-)Absatz *m;* Spur *f*, Fußspur *f*

=עֲקֵב-אֲכִילֶס = Achillesferse *f fig.*

=עָקֵב בְּצַד אֲגוּדָל = vorsichtiges, langsames Gehen

=בְּעִקְּבוֹת- = auf den Spuren von, infolge

=לֹא נוֹדְעוּ עִקְּבוֹתָיו = spurlos verschwunden

=שָׁב עַל ~ = auf dem Absatz kehrtmachen, wieder gehen

עָקַב פעל (לַעֲקוֹב אַחֲרֵי-, יַעֲקוֹב) ['akav] *kal* folgen, verfolgen; beobachten

עִקֵּב פיעל ['ikév] *pi.* zur dritten Potenz erheben *Math.*

=מְעֻקָּב ת׳ = hoch 3, Kubik-

עֵקֶב ז׳ ['ékev] Lohn *m*; Vergeltung *f*

מ״ח wegen, als Folge von

=~ אֲשֶׁר-, ~ כִּי = dafür dass

עָקֹב[1] ת׳, עקוב ['akov] krumm *Adj.*

=וְהָיָה הֶ~ לְמִישׁוֹר = "und das Krumme wird gerade" *bibl.*

★עָקֹב[2] ת׳, עקוב ['akov] voll(er) Spuren

=קְרָבוֹת עֲקֻבִּים מִדָּם = blutige Kämpfe *m/pl.*

עָקָב ז׳ ['akav] Bussard *m* (Buteo) *Zo.*

=עֲקַב-הַחֹרֶף = Mäusebussard *m* (Buteo buteo) *Zo.*

עִקְבָה נ׳ (עֲקָבוֹת, עִקְבוֹת-) ['ikva] Spur *f*, Furche *f*; Kielwasser *n*

עִקְבִ|י ת׳ ראה גם: עָקִיב ['ikvi] konsequent, folgerichtig *Adj.*

=~יּוּת נ׳ = Konsequenz *f*, Folgerichtigkeit *f*

★עָקַד פעל (לַעֲקוֹד אֶת-, יַעֲקוֹד) ['akad] *kal* binden, fesseln

עֶקֶד ז׳ ['éked] Sammlung *f*; (*Zeitschrift*) (*vollständiger*) Jahrgang *m*

עָקֹד ת׳ ['akod] gepunktet, gestreift *Adj.*

עֲקֵדָה נ׳, עקידה ['akéda] Binden *n*, Fesseln *n*

=עֲקֵדַת-יִצְחָק = Opferung Isaaks *bibl.*

★עָקָה נ׳ ['aka] Bedrängnis *f*

=עָקַת-לֵב = Niedergeschlagenheit *f*

עִקּוּב ז׳, עיקוב ['ikuv] Verfolgen *n*, Beobachten *n*, Nachspüren *n*

עָקוּד ת׳ ['akud] (*an den Beinen*) gefesselt *Adj.*

עִקּוּל[1] ז׳, עיקול ['ikul] (*zeitweise*) Beschlagnahme *f*, Pfändung *f*

עִקּוּל[2] ז׳, עיקול ['ikul] Krümmung *f*, Biegung *f*

עִקּוּם ז׳, עיקום — [‘ikum] Krümmen *n*
=~-חֹטֶם — = Naserümpfen *n*
עִקּוּף ז׳, עיקוף — [‘ikuf] Umgehen *n*
עָקוּץ ת׳ — [‘akuts] gestochen *Adj.*
עָקוּר ת׳ — [‘akur] herausgerissen, verschleppt, entwurzelt *Adj.*
=מַחֲנֵה-עֲקוּרִים — = Flüchtlingslager *n*
עִקּוּר[1] ז׳, עיקור — [‘ikur] Zerschneiden der Sehne bei Vieh (*gegen Flucht*)
עִקּוּר[2] ז׳, עיקור — [‘ikur] Sterilisierung *f*, Kastrierung *f*
עָקוּשׁ ת׳ — [‘akuʃ] krumm, gekrümmt *Adj.*
עִקּוּשׁ ז׳ — [‘ikuʃ] Verdrehung *f*, Verzerrung *f*
עָקִיב ת׳ — [‘akiv] konsequent, folgerichtig *Adj.*
עֲקִיבָה נ׳ — [‘akiva] (*Spuren*) Verfolgen *n*, Verfolgung *f*
עֲקִיבוּת נ׳ — [‘akivut] Folgerichtigkeit *f*, Konsequenz *f*
עֲקִידָה נ׳ — [‘akida] Fesseln *n*
עֲקִימָה נ׳ — [‘akima] Krümmen *n*, Biegen *n*
=עֲקִימַת-אַף — = Naserümpfen *n*
עֲקִימוּת נ׳ — [‘akimut] Krümmung *f*
עָקִיף ת׳ — [‘akif] indirekt *Adj.*
=מַס ~ — = indirekte Steuer
=מֻשָּׂא ~ — = indirektes Objekt *Gr.*
=בַּעֲקִיפִין ת״פ — = indirekt *Adv.*; auf Umwegen
עֲקִיפָה נ׳ — [‘akifa] Überholen *n Kfz.*; Umgehen *n*
עֲקִיצָה נ׳ — [‘akitsa] Stechen *n*, Stich *m*
עֲקִירָה נ׳ — [‘akira] Herausreißen *n*, Entwurzeln *n*; (*Wohnung*) Umziehen *n*
=~ מִן הַשֹּׁרֶשׁ — = Herausreißen *n* mit der Wurzel
=עֲקִירַת-שֵׁן — = Zahnziehen *n*, Extraktion *f*
עֶקֶל ז׳ — [‘ekel] Krümmung *f*; Weidenkorb *m*
עֹקֶל ז׳ — [‘okel] Schiefheit *f*
עִקֵּל[1] פיעל — [‘ikél] *pi.* (*zeitweise*) beschlagnahmen, pfänden
עִקֵּל[2] פיעל — [‘ikél] *pi.* krümmen, verbiegen

-הִתְעַקֵּל הת׳ — - *hit.* sich krümmen, sich winden
עִקֵּל ת׳ — [‘ikél] krummbeinig *Adj.*
עַקְלָנִי ת׳ — [‘aklani] gewunden *Adj.*
עֲקַלְקַל ת׳ — [‘akalkal] gewunden, gekrümmt *Adj.*
=~לָּה — = Krümmung *f*, Windung *f*
עֲקַלָּתוֹן תו״ז — [‘akalaton] gewunden *Adj.*; Serpentine *f*
=בַּ~, דֶּרֶךְ ~ ת״פ — = auf Umwegen, indirekt *Adv.*
עִקֵּם פיעל — [‘ikém] *pi.* krümmen, verbiegen *v/t*
-הִתְעַקֵּם הת׳ — - *hit.* sich krümmen, sich verbiegen
=עִקֵּם אֶת חָטְמוֹ — = die Nase rümpfen
עֹקֶם ז׳ — ['okem] Krümmung *f*
עָקֹם תו״ז, עקום — [‘akom] Krumm, gebogen *Adj.*; Kurve *f*
=רְאִי ~ — = Zerrspiegel *m*
עֲקֻמָּה נ׳, עקומה — [‘akuma] Kurve *f*
עֲקַמוּמִי ת׳ — [‘akmumi] leicht gekrümmt *Adj.*
=~יּוּת, ~ית נ׳ — = Krümmung *f*
עַקְמֶמֶת נ׳ — ['ak'memet] Rückgratverkrümmung *f* (Scoliosis) *Med.*
עַקְמָנוּת נ׳ — [‘akmanut] Unehrlichkeit *f*
עַקְמָנִי ת׳ — [‘akmani] unehrlich; krumm *Adj.*
עַקְעָק ז׳ — [‘ak’ak] Elster *f* (Pica pica) *Zo.*
עָקַף פעל (לַעֲקוֹף אֶת-, יַעֲקוֹף) — [‘akaf] *kal* umgehen; *(Fahrzeug)* überholen
עָקַץ פעל (לַעֲקוֹץ אֶת-, יַעֲקוֹץ) — [‘akats] *kal* stechen, sticheln
עֹקֶץ ז׳, עוקץ — ['okets] Stachel *m*
=~-הָעַקְרָב — = Sonnenwende *f* (Heliotropium) *Bot.*
=לֹא מִדֻּבְשֵׁךְ וְלֹא מֵעֻקְצֵךְ — = darauf kann ich verzichten
עִקְצוּץ ז׳, עיקצוץ — [‘iktsuts] Jucken *n*
עַקְצָנוּת נ׳ — [‘aktsanut] Stichelei *f*
עִקְצֵץ פיעל — [‘iktséts] *pi.* jucken
עָקַר[1] פעל (לַעֲקוֹר אֶת-, יַעֲקוֹר) — [‘akar] *kal* ausreißen, ausrotten; entwurzeln, ziehen (*Zahn*)
-עִקֵּר פיעל — - *pi.* Knieflechsen (*von Tieren*)

durchschneiden
-עָקַר אֶת רַגְלָיו = sich aufmachen, fortgehen
=~ דִּירָתוֹ = fortziehen; Wohnort wechseln, umziehen
=~ מִן הַשֹּׁרֶשׁ = (*mit der Wurzel*) ausrotten
=עוֹקֵר הָרִים = *wörtl.* der Berge versetzt; Thora-Gelehrter *m*
עִקֵּר² פיעל [‘ikér] *pi.* sterilisieren; kastrieren
-נֶעֱקַר נפ׳ (לְהֵעָקֵר) - *nif.* unfruchtbar werden
עָקָר ת׳ [‘akar] unfruchtbar, unfruchtbar *Adj.*
=כַּדּוּר ~ = Blindgänger *m Mil.*
עִקָּר ז׳, עיקר (עִקָּרִים, עִקְּרֵי-) [‘ikar] Hauptsache *f*, Grundlage *f*; Wurzel *f*
=בְּ~ = hauptsächlich *Adv.*
=בְּ~וֹ שֶׁל דָּבָר = im Grunde
=כָּל–~ = überhaupt
=י״ג עִקָּרִים = die 13 Grundsätze des Judentums (*nach Maimonides*)
=כָּפַר בָּעִקָּר = Gott abschwören; *wörtl.* die Hauptsache abstreiten
עֵקֶר ז׳ ['éker] Samen *m*, Nachkomme *m*
עַקְרָב ז׳ (עַקְרַבִּים) [‘akrav] Skorpion *m Zo.*
עַקְרַבּוּת ז׳ [‘akrabut] Tarantel *f* (Solifugae) *Zo.*
עֲקָרָה נ׳ [‘akara] unfruchtbare, kinderlose Frau
עִקָּרוֹן ז׳ (עֶקְרוֹן-, עֶקְרוֹנוֹת) [‘ikaron] Grundsatz *m*, Prinzip *n*
=עֶקְרוֹנִי ת׳ = grundsätzlich, prinzipiell *Adj.*
=~ת ת״פ = grundsätzlich, prinzipiell *Adv.*
עֲקָרוּת נ׳ [‘akarut] Unfruchtbarkeit *f*, Sterilität *f*
עִקָּרִי ת׳, עיקרי [‘ikari] hauptsächlich, zentral *Adj.*
=מִשְׁפָּט ~ = Hauptsatz *m Gr.*
עֲקֶרֶת-בַּיִת נ׳ ['a'keret-'bajit] Hausfrau *f*
(עקש) הִתְעַקֵּשׁ הת׳ [hit'akéʃ] *hit.* hartnäckig sein, sich auf die Hinterbeine stellen
עִקֵּשׁ ת׳, עיקש [‘ikéʃ] hartnäckig, eigensinnig *Adj.*
=עִקְּשׁוּת נ׳ = Hartnäckigkeit *f*, Eigensinn *m*; Unredlichkeit *f*

עַקְשָׁן ת׳ [‘akʃan] hartnäckig, eigensinnig, widerspenstig *Adj.*
=~וּת נ׳ = Hartnäckigkeit *f*, Eigensinn *n*
=עַקְשָׁנִי ת׳ = hartnäckig *Adj.*
עֵר ת׳ [‘ér] wach, aufgeweckt *Adj.*
עֲרַאי ז׳ [‘araj] Zeitweiligkeit *f*
=דִּירַת–~ = provisorische Wohnung *f*
עֲרָאִ|י ת׳ ראה גם: אֲרָעִי [‘ara’i] zufällig; provisorisch *Adj.*
=~יּוּת נ׳ = Zufälligkeit *f*; Provisorium *n*
★עָרַב¹ פעל (לַעֲרוֹב, יַעֲרוֹב) [‘arav] *kal* Abend werden
-הֶעֱרִיב הפ׳ - *hif.* abends herauskommen; Abend werden
=בַּעֲרֹב יָמָיו = als er alt wurde, in s-m Alter
=הַשְׁכֵּם וְהַעֲרֵב = früh und spät, immer wieder
עָרַב² פעל (לַעֲרוֹב אֶת-, לְ-, יַעֲרוֹב) [‘arav] *kal* bürgen, haften *für (Akk.)*, Bürge sein, Bürgschaft leisten
-הִתְעָרֵב הת׳ - *hit.* wetten, e-e Wette eingehen
עֵרֵב³ פיעל (לְעָרֵב אֶת-) [‘érav] *pi.* mischen, vermischen
-הִתְעָרֵב הת׳ - *hit.* sich einmischen
עָרַב⁴ פעל (לֶעֱרוֹב, עָרֵב, יֶעֱרַב) [‘arav] *kal* süß, angenehm sein
=יֶעֱרַב לְךָ! = Lass es dir gut schmecken!, guten Appetit!
עָרֵב ז׳ [‘arév] Bürge *m*
=כָּל יִשְׂרָאֵל עֲרֵבִין זֶה בָּזֶה = alle Juden bürgen füreinander
עָרֵב ת׳ [‘arév] angenehm; wohlschmeckend *Adj.*
=קוֹל ~ = angenehme Stimme
עֶרֶב ז׳ (עֲרָבִים, עַרְבֵי-) [‘erev] Abend *m*, Vorabend *m*
=~–~ = jeden Abend, allabendlich *Adv.*
=הָ~ = heute Abend
=אֲרוּחַת–~ = Abendbrot *n*, Abendessen *n*
=לְעֵת ~ = abends *Adv.*

עֲרָבוֹת נ"ר ['aravot] Wolken *f/pl.*

עַרְבָּז ז' ['arbaz] Enzian *m*

עֲרָבִי, עַרְבִי ז' (עֲרָבִים, גם: עַרְבִיִּים) [‘aravi, ‘arvi] Araber *m*

ת' arabisch *Adj.*

עַרְבִיסְטָן ז' [‘arabistan] Arabist *m*

עֲרָבִית, עַרְבִית נ' [‘aravit, ‘arvit] arabische Sprache, Arabisch *n*

עַרְבִית נ' [‘arvit] Abendgebet *n*

עִרְבֵּל פיעל [‘irbél] *pi.* (*Baumaterial*) mischen

עַרְבָּל[1] ז' [‘arbal] Betonmischmaschine *f*

עַרְבָּל[2] ז' [‘arbal] Wirbel *m*; Durcheinander *n*

עֲרַבֶּסְקָה נ' [‘arabeska] Schnörkel *m*, Arabeske *f*

עֶרֶבְרַב ז' [‘érevrav] Gemisch *n*, Verwirrung *f*

עָרַג פעל (לַעֲרוֹג אֶל-, לְ-, יַעֲרוֹג) [‘arag] *kal* sich sehnen nach *(D)*, verlangen nach *(D)*, begehren

עֶרְגָּה נ' [‘erga] Sehnen *n*, Verlangen *n*

עִרְגּוּל ז', עירגול [‘irgul] Walzwerk *n*

עִרְגֵּל פיעל [‘irgél] *pi.* walzen

עֶרְגָּנִי ת' [‘ergani] sehnsüchtig, verlangend *Adj.*

עַרְדָּל ז' (עַרְדָּלַיִם) [‘ardal] Überschuh *m*, Galosche *f*

עִרְדֵּעַ פיעל [‘irda‘] *pi.* quaken, krächzen

עֵרָה[1] פיעל (לְעָרוֹת אֶת-, יְעָרֶה) [‘éra] *pi.* ausleeren, ausgießen, umgießen; entblößen *bibl.*

=~ דָּם = Blut übertragen

★עֵרָה[2] פיעל [‘éra] *pi.* verbinden

-הִתְעָרָה הת' - sich verbinden, sich verwurzeln

=מְעֹרֶה ת' = verwurzelt, verbunden *Adj.*

עֵרוּב ז', עירוב [‘éruv] Vermischung *f*, Vermengung *f*, “Eruw” (*ideale Vereinigung getrennter Dinge durch Schabatgesetze*)

=~ חֲצֵרוֹת = Vereinigung *f* der Höfe, Vereinigung *f* der Häuser um e-n Hof

=~ תַּבְשִׁילִין = Vermischung *f* der Speisen an auf e-n Freitag fallendem Fest

=~ תְּחוּמִים = Verschiebung *f* der Schabatgrenze

=לִפְנוֹת ~ = gegen Abend

=דִּמְדּוּמֵי-~ = Abenddämmerung *f*

=~-הֶחָג = Vorabend *m* des Festes, Tag *m* vor dem Fest

=~-שַׁבָּת = Vorabend *m* des Schabats, Freitagnachmittag und -abend *m*

=בֵּין-הָעַרְבַּיִם = in der Abenddämmerung

★עֶרֶב[1] ['érev] Gemisch *n*

=~-רַב = Menge *f*; Pöbel *m*; Mischmasch *m*, Durcheinander *n*

עֶרֶב[2] ז' ['érev] Querfaden *m*, Schussfaden *m*

=שְׁתִי וָ~ = Kette und Schuss, längs und breit, kreuzweise

=חֲקִירַת שְׁתִי-וָ~ = Kreuzverhör *n*

★עָרֹב ז', ערוב [‘arov] 4. Plage Ägyptens, Geschmeiß *n bibl.*

עִרְבֵּב פיעל [‘irbév] *pi.* mischen, vermischen; verwirren

=~ אֶת הַיּוֹצְרוֹת (אֶת הַפָּרָשִׁיּוֹת) = die Dinge durcheinanderbringen

עֲרָבָה[1] נ' [‘arava] Steppe *f*, Wüste *f*

=הָ~ = die “Arava”, die Niederung zwischen Totem Meer und Eilat (Rotem Meer)

=זְאֵב עֲרָבוֹת = Steppenwolf *m*

עֲרָבָה[2] נ' [‘arava] Bachweide *f* (Salix) *Bot.*

עֲרֻבָּה נ', ערובה [‘aruba] Bürgschaft *f*, Haftung *f*, Sicherheit *f*

=בֶּן-~ ז' = Geisel *f*

עִרְבּוּב ז', עירבוב [‘irbuv] Vermischen *n*; Durcheinander *n*

עִרְבּוּבְיָה נ' [‘irbuvja] Verwirrung *f*, Unordnung *f*, Durcheinander *n*

עִרְבּוּל ז', עירבול [‘irbul] Mischen *n* (*Baumaterial*)

עֵרָבוֹן ז' (עֵרָבוֹנוֹת) [‘éravon] Pfand *n*

=בְּ~ מֻגְבָּל, חֶבְרָה בע"מ = Gesellschaft mit beschränkter Haftung (GmbH)

עַרְבוּת נ' [‘arvut] Bürgschaft *f*

=~ פָּרָשִׁיּוֹת = Durcheinanderbringen *n* der Themen

עָרוּג ת׳ ['arug] in Beete eingeteilt

עֲרוּגָה נ׳ ['aruga] Beet *n*

עָרוֹד ז׳ ['arod] nubischer Wildesel *m* (Asinus onager) *Zo.*

★עֶרְוָה נ׳, ערווה (עֲרָיוֹת) ['erva] Blöße *f*, Scham *f*; Unzucht *f*

=עֶרְוַת-הָאָרֶץ = *wörtl.* Blöße *f* des Landes *bibl.*; ungeschütztes Land

=גִּלָּה עֶרְוָה = Blutschande treiben

=גִּלּוּי עֲרָיוֹת = Inzucht *f*

עֵרוּי ז׳, עירוי ['éruj] Umgießen *n*

=~-דָּם = Bluttransfusion *f*

עָרוּךְ ת׳ ['arux] gerüstet, bereit, eingerichtet; aufgestellt *Adj. Mil.*

="שֻׁלְחָן ~" = "Schulchan aruch" *(wörtl.* der gedeckte Tisch), jüd. Gesetzessammlung des 16. Jahrhunderts

עָרוּם ת׳ ['arum] listig, verschlagen *Adj.*

עָרוּף ת׳ ['aruf] geköpft *Adj.*

עָרוּץ ת׳ ['aruts] Schlucht *f*; Flussbett *n*; Erosionsrinne *f*, Wadi *n*; Bahn *f fig.*; Frequenz *f Rdf.*; Fernsehkanal *m*

עֵרוּת נ׳, עירות ['érut] Wachheit *f*, Lebhaftigkeit *f*

עִרְטוּל ז׳, עירטול ['irtul] Entkleidung *f*, Entblößung *f*

עַרְטִי|לָאוּת נ׳ ['artila'ut] Nacktheit *f*; Leere *f*

=~לַאי ת׳ = nackt; abstrakt; leer, inhaltlos *Adj.*

עִרְטֵל פיעל ['irtél] *pi.* entblößen *v/t*

-הִתְעַרְטֵל הת׳ - *hit.* s-e Blöße zeigen, sich entkleiden

★עֲרִיבָה נ׳ ['ariva] Sonnenuntergang *m*

★עֲרִיגָה נ׳ ['ariga] Sehnen *n*

★עֶרְיָה ת"פ, נ׳ ['erja] nackt *Adv.*; Nacktheit *f*

עֲרִיךְ ז׳ ['arix] Bewertung *f*, Wertbestimmung *f*

עֲרִיכָה נ׳ ['arixa] Ordnen *n*; Redigieren *n*

=עֲרִיכַת-דִּין = Anwaltschaft *f*

עֲרִימוּת נ׳ ['arimut] Schlauheit *f*; List *f*

עָרִיס ז׳ ['aris] Pergola *f*; Teig *m bibl.*

עֲרִיסָה נ׳ ['arisa] Wiege *f*; (Telefon-) Gabel *f*

עֲרִיפָה נ׳ ['arifa] Köpfen *n*

עָרִיץ ז׳ ['arits] Tyrann *m*, Despot *m*, Gewaltherrscher *m*

=~וּת נ׳ = Tyrannei *f*, Despotismus *m*, Gewaltherrschaft *f*

=עָרִיצִי ת׳ = despotisch *Adj.*

עָרִי|ק ז׳ ['arik] Deserteur *m*, Fahnenflüchtige(r) *m*

=~קָה, ~קוּת נ׳ = Desertion *f*, Fahnenflucht *f*

עֲרִירוּת נ׳ ['arirut] Einsamkeit *f*; Kinderlosigkeit *f*

=עֲרִירִי ת׳ = einsam, kinderlos *Adj.*

עָרַךְ פעל (לַעֲרוֹךְ אֶת-, יַעֲרוֹךְ) ['arax] *kal* bereiten, zurichten, anordnen; redigieren; veranstalten

-הֶעֱרִיךְ הפ׳ - *hif.* schätzen, abschätzen, bewerten

=עָרַךְ מִלְחָמָה = Krieg führen

=~ עִתּוֹן = Zeitung redigieren

=~ שֻׁלְחָן = Tisch decken

=לְאֵין עֲרֹךְ = unschätzbar, unvergleichlich, nicht abzumessen *Adv.*

=עוֹרֵךְ ז׳ = Redakteur *m*

=~-דִּין ז׳ = Rechtsanwalt *m*

עֶרֶךְ ז׳ (עֲרָכִים, עֶרְכֵי-) ['erex] Wert *m*; Artikel *m*, Stichwort *n* (*im Lexikon*)

=בְּ~ ת"פ = ungefähr *Adv.*

=מַס ~ מוּסָף (מַע"ם) = Mehrwertsteuer *f*

=~-הַדִּמְיוֹן, ~-הַשִּׁוּוּי = Positiv *m*, Grundstufe *f* der Komparation *Gr.*

=~-הַיִּתְרוֹן = Komparativ *m*, 2. Steigerungsstufe *Gr.*

=~-הַהַפְלָגָה = Superlativ *m*, 3. Steigerungsstufe *Gr.*

=~ מוּסָף, ~ עוֹדֵף = Mehrwert *m*

=~-נְיָרוֹת = Wertpapiere *n/pl.*

=שִׁנּוּי-עֲרָכִים = Wertewandel *m*, Umbewertung *f*

=בַּר-עֵרֶךְ, בַּעַל-~ = wichtig, bedeutend *Adj.*
=חֲסַר-~, נְטוּל-~ = wertlos *Adj.*
=רַב-~ = wertvoll *Adj.*
=שְׁוֵה-~ ת' = gleichwertig *Adj.*
=עֲרָכִים ז"ר = moralische Werte *m/pl.*, Ideale *n/pl.*
עַרְכָּאָה נ' ['arka'a] Instanz *f*
=עַרְכָּאוֹת נ"ר = Behörden *f/pl.*, Instanzen *f/pl.*
עֶרְכָּה נ' ['erka] Set *n,m*, Satz *m*
עֶרְכִּי ת' ['erki] -wertig *Adj.* (in *Zssgn.*)
=דּוּ-~ = doppeldeutig, ambivalent *Adj.*
=עֶרְכִּיּוּת נ' = Wertigkeit *f*
עָרֵל תו"ז ['arél] Unbeschnittene(r) *m*, Fremde(r) *m*, Nichtjude *m*
=עֲרַל-לֵב = herzlos *Adj.*
=~-רֶגֶשׁ = gefühllos *Adj.*
=~-שְׂפָתַיִם = Stotterer *m*
עָרְלָה נ', עורלה ['orla] Vorhaut *f*
עֲרֵלָה נ' ['aréla] Nichtjüdin *f*
עֲרֵלוּת נ' ['arélut] der Zustand des Nichtbeschnittenseins
עֲרֵלִית נ' ['arélit] Nichtjüdin *f*
עָרַם¹ פעל (לַעֲרוֹם אֶת-, יַעֲרוֹם) ['aram] *kal* anhäufen
(ערם)² הֶעֱרִים הפ' (עַל-) [he'erim] *hif.* überlisten
עָרֹם ת', ערום (עֲרֻמָּה) ['arom] nackt *Adj.*
עָרְמָה נ', עורמה ['orma] List *f*
עֲרֵמָה נ', ערימה ['aréma] Haufen *m*
עַרְמוּמִ|י ת' ['armumi] listig, verschlagen *Adj.*
=~יּוּת נ' = Schlauheit *f*, Verschlagenheit *f*
עַרְמוֹ|ן ז' ['armon] Kastanie *f* (Castanea) *Bot.*
=הוֹצִיא ~נִים מִן הָאֵשׁ = die Kastanien aus dem Feuer holen *fig.*
=~נִי ת' = kastanienbraun *Adj.*
=~נִית נ' = Prostata *f*, Vorsteherdrüse *f* *Med.*; Kastagnette *f*
עֵרָנוּת נ', עירנות ['éranut] Wachheit *f*, Aufgewecktheit *f*; Aufmerksamkeit *f*, Wachsamkeit *f*

=עֵרָנִי ת', עירני = wach, aufgeweckt, lebhaft *Adj.*
עֵרַס פיעל ['éras] *pi.* Teig mischen
עַרְסָל ז' ['arsal] Hängematte *f*
עִרְעוּר ז', עירעור ['ir'ur] Einspruch *m*, Berufung *f*; Erschütterung *f*
=בֵּית-מִשְׁפָּט לְעִרְעוּרִים = Berufungsgericht *n*
עִרְעֵר פיעל ['ir'ér] *pi.* erschüttern; Berufung einlegen, Einspruch erheben
-הִתְעַרְעֵר הת' - *hit.* erschüttert werden, zusammenbrechen
עַרְעָר ז' ['ar'ar] Wacholder *m* (Juniperus) *Bot.*
עָרַף¹ פעל ['araf] *kal* Genick brechen; köpfen
★עָרַף² פעל (לַעֲרוֹף, יַעֲרוֹף) ['araf] *kal* tropfen *v/i*; träufeln *v/t*
עֹרֶף ז', עורף (עָרְפּוֹ, עֲרָפִים) ['oref] Nacken *m*; Hinterland *n*
=~ קָשֶׁה = starrer Nacken *fig.*, Hartnäckigkeit *f*, Sturheit *f*
=קְשֵׁה-~ ת' = hartnäckig, stur *Adj.*
=הָפַךְ ~, פָּנָה ~ = den Rücken kehren, fliehen
עַרְפָּד ז' ['arpad] Vampir *m*
עִרְפּוּל ז', עירפול ['irpul] Vernebelung *f*
עָרְפִּי ת', עורפי ['orpi] Nacken-, Etappen-
=שׁוּרָה ~ת = Reihe, hintereinander, im Gänsemarsch
עַרְפִּיחַ ז' ['ar'piax] Smog *m*, rauchdurchsetzter Nebel
עֲרָפֶל ז' (עַרְפִלִּים) ['arafel] Nebel *m*
=מִבַּעַד לָ~ = unklar, unscharf, nebulös *Adj.*
=פִּזֵּר אֶת הָ~ = klären *v/t*
עִרְפֵּל פיעל ['irpél] *pi.* vernebeln; vertuschen *v/t*
-הִתְעַרְפֵּל הת' - *hit.* vernebelt werden
עַרְפִּל|וּת נ', ערפילות ['arfilut] Nebelhaftigkeit *f*, Unklarheit *f*
=~לִי ת' = neblig *Adj.*
=~לִיּוּת נ' = Nebelhaftigkeit *f*
=~לִית נ' = Nebelfleck *m* *Astr.*
★עָרַץ פעל (לַעֲרוֹץ, ['arats] *kal* fürchten;

יַעֲרוֹץ, מִפְּנֵי-, אֶת-) einschüchtern *v/t*

-נֶעֱרַץ נפ׳ (לְהֵעָרֵץ) - *nif.* verehrt werden, verehrt sein

-הֶעֱרִיץ הפ׳ - *hif.* verehren, bewundern *v/t*

עֶרֶץ ז׳ ['erets] Gewalt *f*, Furcht *f*

עַרְצָב ז׳ ['artsav] Maulwurfsgrille *f* (Gryllotalpa) *Zo.*

עָרָק ז׳ ['arak] Arrak *m* (*Schnaps*)

עָרַק פעל (לַעֲרוֹק מִן-, יַעֲרוֹק) ['arak] *kal* desertieren, fahnenflüchtig werden

עַרְקוּב ז׳ ['arkuv] Kniegelenk *n* (*v. Vieh*)

עַרְקוֹם ז׳ ['arkum] Sprungbein *n*

עָרַר פעל (לַעֲרוֹר, יַעֲרוֹר) ['arar] *kal* Einspruch erheben

עֲרָר ז׳ ['arar] Einspruch *m*, Berufung *f*

עֶרֶשׂ ז׳ ['eres] Wiege *f*, Kinderbett *n*; Bett *n*

=~-דְּוַי = Krankenlager *n*, Krankenbett *n*

=דְּפוּס-~ = Inkunabel *f*, Wiegendruck *m*

=שִׁיר-~ = Wiegenlied *n*, Schlaflied *n*

עָשׁ ז׳ ['aʃ] Motte *f* (Microlepidoptera) *Zo.*

ע״ש ר״ת: עַל שֵׁם- ['al-ʃém] *Abk.* auf den Namen von

עֵשֶׂב ז׳ (עֲשָׂבִים, עִשְׂבֵי-) ['ésev] Gras *n*, Kraut *n*

=~-יָם = Seegras *n*

=עֲשָׂבִים רָעִים = Unkraut *n Koll.*

עִשֵּׂב פיעל ['isév] *pi.* (*Unkraut*) jäten

עֶשְׂבּוֹנִי ת׳ ['esboni] krautartig *Adj.*

עִשְׂבִּיָּה נ׳ ['isbija] Herbarium *m*

עָשָׂה פעל (לַעֲשׂוֹת אֶת-, בְּ-, אֶעֱשֶׂה, יַעֲשֶׂה) ['asa] *kal* tun, machen, ausruhen

-נַעֲשָׂה נפ׳ (לְהֵעָשׂוֹת) - *nif.* gemacht werden, getan werden; zu etwas werden

=~ חַיִּים = (*das Leben*) genießen, sich amüsieren

=~ טוֹבָה לְ-, עִם- = *j-m* e-n Gefallen tun

=~ עַצְמוֹ = sich verstellen

=~ רֹשֶׁם = Eindruck machen

=עָשָׂה אָזְנָיו כַּאֲפַרְכֶּסֶת = die Ohren spitzen

=~ בְּרָכָה = segnen

=~ דִּין לְעַצְמוֹ = sich selbst sein Recht verschaffen, zur Selbsthilfe greifen

=~ חַיִל = Erfolg haben, vorwärts kommen

=~ חֶסֶד עִם פְּלוֹנִי = j-m e-e Wohltat erweisen

=~ לְבֵיתוֹ = für sein Haus sorgen

=~ לוֹ כְּנָפַיִם = sich schnell verbreiten

=~ לֵילוֹת כַּיָּמִים = die Nacht zum Tage machen, Tag u. Nacht arbeiten

=~ נְפָשׁוֹת לְ- = (Anhänger) werben für *(Akk.)*

=~ בּוֹ שְׁפָטִים = richten, schwer bestrafen

=~ צְחוֹק לְ- = lächerlich machen, sich lustig machen

=~ אֶת צִפָּרְנָיו = die Nägel schneiden, maniküren

=~ צְרָכָיו = s-e Bedürfnisse verrichten

=~ שַׁבַּתּוֹ חֹל = den Schabat nicht einhalten

=~ שַׁמּוֹת = Zerstörung anrichten

=מִצְוַת-עֲשֵׂה = Gebot *n*

=מִצְוַת לֹא-תַעֲשֶׂה = Verbot *n*

=שֵׁב וְאַל תַּעֲשֶׂה = Gewährenlassen *n*

=מַה-זּוֹ עוֹשָׂה? = was hat das zu bedeuten?

=הַנַּעֲשֶׂה אֵין לְהָשִׁיב = das Geschehene ist nicht wieder rückgängig zu machen

עִשּׂוּב ז׳, עישוב ['isuv] Unkrautjäten *n*

עָשׂוּי ת׳ ['asuj] gemacht, aus; geschaffen zu

=~ לְ- = können, im Stande, imstande sein zu

=~ לִבְלִי חָת = ohne Furcht und Tadel

=~ מֵעֵץ = aus Holz

עָשׁוּן ת׳ ['aʃun] verraucht *Adj.*

עִשּׁוּן ז׳, עישון ['iʃun] Rauchen *n*, Räuchern *n*

עָשׁוּק ת׳ ['aʃuk] unterdrückt, ausgebeutet *Adj.*

עִשּׁוּק ז׳ ['iʃuk] Unterdrückung *f*, Ausbeutung *f*

עָשׂוֹר ז׳ ['asor] Jahrzehnt *n*; Gruppe *f* von 10 Dingen

=בֵּין כֶּסֶה לֶ~ = Tage *m/pl.* zwischen Rosch-haschana und Jom-Kippur

★עִשּׂוּר ז׳, עישור ['isur] Abgabe *f* des Zehnten

עָשׁוֹת ת׳ ['aʃot] fest, stark *Adj.*

[‘asija] Tun *n*, Handeln *n* — עֲשִׂיָּה נ׳, עשייה
[‘asjanut] Geschäftigkeit *f* — עַשְׁיָנוּת נ׳, עשיינות
[‘aʃika] Ausnutzung *f* — עֲשִׁיקָה נ׳
[‘aʃir] reich; prächtig *Adj.* — עָשִׁיר ת׳
[‘asiron] Zehntel *n* — עִשָּׂרוֹן ז׳
[‘aʃirut] Reichtum *m* — עֲשִׁירוּת נ׳ ראה גם: עֹשֶׁר
[‘asiri] zehnte *Adj.* — עֲשִׂירִ|י ת׳
= Zehnergruppe *f*, Zehnpfundschein *m* — =~יָּה נ׳
= Zehntel (1/10) *n* — =~ית נ׳
[‘aʃit] stabil *Adj.* — עָשִׁית ת׳
[‘aʃan] *kal* rauchen *v/i* — עָשַׁן פעל (לַעֲשׁוֹן, עָשֵׁן, יֶעְשַׁן)
- *pi.* rauchen *v/t*; räuchern — -עִשֵּׁן פיעל
= Rauchen verboten — =נָא לֹא לְעַשֵּׁן
[‘aʃén] rauchend *Adj.* — עָשֵׁן ת׳
[‘aʃan] Rauch *m* — עָשָׁן ז׳
= Rauchvorhang *m*, Nebelvorhang *m Mil.* — =מָסַךְ-~
= Rauchsäulen *f/pl.* — =תִּימְרוֹת-~
[‘aʃak] *kal* unterdrücken, ausnutzen; berauben — עָשַׁק פעל (לַעֲשׁוֹק אֶת-, יַעֲשׁוֹק)
[‘oʃek] Bedrückung *f*; Ausnutzung *f*; Beraubung *f* — עֹשֶׁק ז׳
[‘aʃkanut] Ausbeutung *f* — עַשְׁקָנוּת נ׳
[‘hit'aʃér] *hit.* reich werden; sich als reich ausgeben — (עשר) הִתְעַשֵּׁר הת׳
- *hif.* bereichern *v/t*, reich machen — -הֶעֱשִׁיר הפ׳
[‘oʃer] Reichtum *m* — עֹשֶׁר ז׳, עושר
= Glück und Reichtum *(Segensspruch zur Hochzeit usw.)* — =אֹשֶׁר וָ~
★[‘asar] *kal* den Zehnten erheben — ★עָשַׂר פעל (לַעֲשׂוֹר, יַעֲשׂוֹר)
- *pi.* den Zehnten geben — -עִשֵּׂר פיעל
['eser] zehn (10) *Num.* (*f*); F spitz; (*Note*) Eins *f* — עֶשֶׂר ש״מ נ׳
= zehn (10) *Num.* (*m*) — =עֲשָׂרָה ז׳ (עֲשֶׂרֶת-)
= die Zehn Gebote *n/pl.* — =עֲשֶׂרֶת-הַדִּבְרִים, ~ הַדִּבְּרוֹת
= zehnfach — =~ מוֹנִים

[‘ersoni] dezimal *Adj.* — עֶשְׂרוֹנִי ת׳
= Dezimalbruch *m Math.* — =שֶׁבֶר ~
= Dezimalsystem *n* — =שִׁיטָה ~ת
[‘esrim] zwanzig (20) *Num.* — עֶשְׂרִים ש״מ
= zwanzigste(r) (20.) — =הָ~
[‘a'seret] Zehnergruppe *f* — עֲשֶׂרֶת נ׳ (עֲשָׂרוֹת, עֶשְׂרוֹת-)
[‘aʃaʃ] *kal* verfallen, verderben — עָשַׁשׁ פעל
[‘aʃéʃ] schwach *Adj.* — עָשֵׁשׁ ת׳
[‘aʃaʃit] Öllampe *f*, Petroleumlampe *f* — ★עֲשָׁשִׁית נ׳
[‘a'ʃeʃet] Karies *f*, Knochenfraß *m*, Zahnfäule *f Med.* — עַשֶּׁשֶׁת נ׳
['eʃet] (*Eisen*) Barren *m*; Stahl *m* — עֶשֶׁת ז׳
[‘eʃtonot] Gedanken *m/pl.* — עֶשְׁתּוֹנוֹ|ת ז״ר
= die Fassung verlieren — =אָבְדוּ ~תָיו, אִבֵּד ~תָיו
[‘aʃtut] Idee *f*, Gedanke *m* — עַשְׁתּוּת נ׳
[‘aʃ'toret] Astarte, phönizische Göttin *f* — עַשְׁתֹּרֶת נ׳
[‘ét] Zeit *f* — עֵת נ׳ (עִתִּים גם: עִתּוֹת)
= zur Zeit (*G*), während — =בְּ~
= zur gleichen Zeit — =בְּ~ וּבְעוֹנָה אַחַת
= zur richtigen Zeit — =בְּעִתּוֹ
= zurzeit, jetzt — =כָּעֵת ת״פ
= während — =לְ|עֵת
= gelegentlich *Adv.* — =לְ~ מְצֹא
= vorläufig *Adv.* — =לְ~-עַתָּה
= 24 Stunden, Tag und Nacht — =מֵ~-לְ~
= jederzeit *Adv.* — =בְּכָל-~
= vorzeitig *Adv.* — =בְּלֹא-~
= Zeitschrift *f* — =כְּתַב-~
= manchmal, zuweilen *Adv.* — =לְעִתִּים
= zu bestimmten Zeiten — =~ מְזֻמָּנוֹת
= oft, häufig *Adv.* — =~ קְרוֹבוֹת, ~ תְּכוּפוֹת
= selten *Adv.* — =~ רְחוֹקוֹת
= Zeit *f* der Not — =צוֹק הָעִתִּים
[‘al-tnaj] *Abk.* bedingt *Adv.* — ע״ת ר״ת: עַל-תְּנַאי
[‘itéd] *pi.* vorbereiten, bestellen — עִתֵּד פיעל

- *hit.* sich vorbereiten, vorhaben	-הִתְעַתֵּד הת׳
['ata] jetzt, nun *Adv.*	עַתָּה ת״פ
= gerade jetzt, erst jetzt, eben *Adv.*	=זֶה ~
= von jetzt ab	=מֵ~
['atud] Ziegenbock *m*	עַתּוּד ז׳
['atudaj] Reservist *m Mil.*	עֲתוּדַאי ז׳
['atuda] Reserve *f*	עֲתוּדָה נ׳
= akademische Zeitsoldaten (*vom Militär bezahltes Studium*)	=~ אֲקָדֶמָאִית
['ituj] Timing *n*, Zeitpunktbestimmung *f*, gewählter Zeitpunkt	עִתּוּי ז׳, עיתוי
['iton] Zeitung *f*	עִתּוֹן ז׳, עיתון
['itonaut] Journalistik *f*	עִתּוֹנָאוּת נ׳
['itonaj] Journalist *m*	עִתּוֹנַאי ז׳
['itona'i] journalistisch *Adj.*	עִתּוֹנָאִי ת׳
['itonut] Presse *f*, Zeitungswesen *n*	עִתּוֹנוּת נ׳
= Sensations-, Boulevardpresse *f*	=~ צְהֻבָּה
['ituk] Übertragung *f*; Rangieren *n*	עִתּוּק ז׳, עיתוק
['iti] periodisch *Adj.*	עִתִּי ת׳, עיתי
['atid] Zukunft *f*, Futur *n Gr.*	עָתִיד תו״ז
= bestimmt, bereit zu; werden, sollen	=~ לְ-
= verlängerte Zukunftsform *Gr.*	=~ מָאֳרָךְ
= für die Zukunft, in der Folge	=לֶ~ לָבוֹא
= Futurologe *m*, Zukunftsforscher *m*	=עֲתִידָן ז׳
= Futurologie *f*	=~וּת נ׳
['itim] *Kurzw.* Vereinigte Israelische Presseagentur	עִתִּי״ם ר״ת: עִתּוֹנוּת יִשְׂרְאֵלִית מְאֻחֶדֶת
['atik] alt, antik *Adj.*	עַתִּיק ת׳
= uralt *Adj.*	=~-יוֹמִין
= Altertum *n*, Antike *f*	=הָעוֹלָם הָ~
= Antiquität *f*, Antiquitäten *f/pl.*	=עַתִּיקָה נ׳, עַתִּיקוֹת
= (*staatl.*) archäologische Abteilung	=מַחְלֶקֶת הָעַתִּיקוֹת
['atik] ausgewählt *Adj. bibl.*	עָתִיק ת׳
['atir] reich *Adj.*	★עֲתִיר ת׳ (ארמ׳)
= reich, vermögend	=~ נְכָסִים
= kalorienreich *Adj.*	=~ קָלוֹרִיּוֹת
= Wissenschaftsbetrieb *m*	=תַּעֲשִׂיָּה עֲתִירַת מַדָּע
['atira] Bittgesuch *n*, Antrag *m*, Petition *f* (*an höchste Instanz*)	עֲתִירָה נ׳
['itmén] *pi.* ottomanisieren *v/t*	עִתְמֵן פיעל
['atak] *kal* fortrücken *v/i*	★עָתַק פעל
- *hif.* abschreiben; (foto)kopieren; versetzen, fortrücken *v/t*	-הֶעְתִּיק הפ׳
['atak] Arroganz *f*	★עָתָק ז׳
['aték] viel, riesig *Adj.*	עָתֵק ת׳
= Riesenvermögen *n*	=הוֹן ~
['etek] Parallaxe *f*	עֶתֶק ז׳
['otek] (*Buch, Zeitschrift*) Exemplar *n*, Duplikat *n*	עֹתֶק ז׳ (עֳתָקִים)
['atak] Weichensteller *m*	עַתָּק ז׳
['atar] Rauch *m*, Fülle *f*	עָתָר ז׳
['atar] *kal* beten, anflehen; erbitten, e-e Petition einreichen (*bei der höchsten Instanz*)	עָתַר[1] פעל (לַעְתּוֹר, יֶעְתַּר)
- *nif.* erhören (*Gebet*), (*Bitte*) erfüllen	-נֶעְתַּר נפ׳ (לְהֵעָתֵר לְ-)
- *hif.* beten	-הֶעְתִּיר הפ׳
[he'tir] *hif.* reichlich geben, ausschütten	(עתר)[2] הֶעְתִּיר הפ׳
['eter] Schaufel *f*	עֶתֶר ז׳
['a'tara] Gebet *n*	עֲתָרָה נ׳
['ateret] Reichtum *m*, Vielfalt *f*	עֲתֶרֶת נ׳

פ

פּ, פֵּא [pé] P *(mit Dagesch),* 17. Buchstabe des hebr. Alphabets; Zeichen der Zahl 80

=פ, פֵא = Fé (*ohne Dagesch*) F

=ף, פ' סוֹפִית = Schluss-Pé *(am Schluss des Wortes)*

=פֵא הַפֹּעַל = 1. Stammbuchstabe des hebr. Verbs *Gr.*

פאג"י ר"ת: פּוֹעֲלֵי אֲגֻדַּת-יִשְׂרָאֵל [pagi] *Kurzw.* Arbeiterpartei der Agudat Jisrael

פֵּאָה נ', פיאה [pé'a] Schläfenlocke *f*; Ecke *f* des Ackers; (für die Armen) übrig gelassenes Getreide *bibl.*

=~ נָכְרִית = Perücke *f*

פֵּאוֹן ז', פיאון [péon] Polyeder *m*, Vielflächner *m Math.*

פָאוּנָה נ' [fauna] Fauna *f*, Tierwelt *f*

פֵּאוּר ז', פיאור [pé'ur] Verschönerung *f*, Ausschmückung *f*

פֶּא"ן ר"ת: [pen] *Kurzw.* Pen-Club *m* (*Poets, Essayists, Novelists*)

פֵּאֵר פיעל (לְפָאֵר) [pé'ér] *pi.* verschönern, zieren, ausschmücken; verherrlichen, preisen

-הִתְפָּאֵר הת' - *hit.* sich rühmen

=מַעֲשֵׂה יָדָיו לְהִתְפָּאֵר = das Werk s-r Hände, das ihm zur Ehre gereicht

פְּאֵר ז' [pe'ér] Pracht *f*, Luxus *m*

=דִּירַת-~ = Luxuswohnung *f*

פְּאֵרָה נ' [pe'éra] Pracht *f*

פֹּארָה, פֻּארָה נ' [pora, pura] Zweig *m*

פֶבְּרוּאָר ז' [februar] Februar *m*

פִבְּרוּק ז', פיברוק [fibruk] Fabrikation *f iron.*

פִבְּרֵק פיעל [fibrék] *pi.* fabrizieren *iron.*

פַּג ז' [pag] Frühgeborene(s) *n*; Frühfeige *f Bot.*

פַּגָּה נ' [paga] 1. weibl. Frühgeborenes 2. junges Mädchen 3. unreife Frucht

פָּגוֹדָה נ' [pagoda] Pagode *f*

פָגוֹט ז' [fagot] Fagott *n Mus.*

פִּגּוּל ז', פיגול [pigul] unreine, verbotene Speise; Denaturierung *f*

פִּגּוּם ז', פיגום [pigum] Gerüst *n*

פָּגוּם ת' [pagum] mangelhaft, fehlerhaft, lückenhaft *Adj.*

פָּגוּעַ ת' [pa'gua'] betroffen, versehrt *Adj.*

פִּגּוּעַ ז', פיגוע [pi'gua'] Anschlag *m*, Terrorakt *m*, Gewaltakt *m*

פִּגּוּר ז', פיגור [pigur] Zurückbleiben *n*, Rückschritt *m*; Verspätung *f*; überfällige Schuld, Rückstände *m/pl.*

פָּגוֹשׁ ז' [pago∫] Stoßstange *f Kfz.*

פָּגָז ז' [pagaz] Granate *f*

(פגז) הִפְגִּיז הפ' [hifgiz] *hif.* bombardieren (mit Granaten)

פַּגִּיָּה נ' [pagija] Neonatologie *f Med.*

פִּגְיוֹן ז' [pigjon] Dolch *m*

פְּגִימָה נ' [pgima] Mangel *m*, Fehler *m*, Schaden *m*; Beschädigung *f*

=פְּגִימוּת נ' = Mangelhaftigkeit *f*, Schadhaftigkeit *f*

פָּגִיעַ ת' [pa'gia'] verletzlich, anfällig, verwundbar *Adj.*

=בִּלְתִּי-~ = unverletzlich

פְּגִיעָה נ' [pgi'a] Verletzen *n*, Schädigung *f*
=~ בִּכְבוֹד = Beleidigung *f*, verletzte Ehre *f*
=~ בַּמַּטָּרָה = Treffer *m* (ins Ziel)
=פְּגִיעוּת נ' = Verletzbarkeit *f*, Anfälligkeit *f*
פְּגִירָה נ' [pgira] Krepieren *n*, Tod v. Tieren
פְּגִישָׁה נ' [pgiʃa] Treffen *n*
פִּגֵּל פיעל [pigél] *pi*. verunreinigen, untauglich machen
פָּגַם פעל (לִפְגּוֹם אֶת-, בְּ-, יִפְגּוֹם) [pagam] *kal* verderben, beeinträchtigen *v/t*
פְּגָם ז' [pgam] Mangel *m*, Fehler *m*
=~ אֶסְתֶּטִי = Schönheitsfehler *m*
=טַעַם לִפְגָם = schlechter Beigeschmack *fig*.
(פגן) הִפְגִּין הפ' [hifgin] *hif*. demonstrieren
פָּגָן ז' ראה גם: עוֹבֵד אֱלִילִים [pagan] Heide *m*
=פָּגָנִי ת' = heidnisch *Adj*.
=~יּוּת נ' = Heidentum *n*
פָּגַע פעל (לִפְגּוֹעַ בְּ-, יִפְגַּע) [paga'] *kal* treffen, auf j-n stoßen; verletzen, schädigen, beschädigen
-הִפְגִּיעַ הפ' (בְּ-) - *hif*. eindringlich bitten
-פִּגַּע פיעל - *pi*. Schaden zufügen, e-n Anschlag verüben
=פָּגַע בִּכְבוֹדוֹ = (Ehre) verletzen, beleidigen
=~ בַּמַּטָּרָה = (ins Ziel) treffen
=הַתְקָפַת פְּגַע וּבְרַח = Vorstoß *m*, Stoßangriff *m* *Mil*.
="פְּגַע וּבְרַח" = Fahrerflucht *f*
=בְּמַפְגִּיעַ ת"פ = eindringlich *Adv*.
פֶּגַע ז' ['pega'] Plage *f*; Unheil *n*
=~ רַע = Landplage *f*, Quälgeist *m*
=פִּגְעֵי טֶבַע = Naturkatastrophen *f/pl*.
פִּגֵּר¹ פיעל [pigér] *pi*. zurückbleiben, nachhinken; zu spät kommen, sich verspäten
★(פגר)² הִתְפַּגֵּר הת' [hitpagér] *hit*. krepieren (v. Tieren); sterben *v/i*
פֶּגֶר ז' ['peger] Aas *n*, Kadaver *m*
פַּגְרָה נ' [pagra] Ferien *pl*.
=~ מִלִּמּוּדִים = Schulferien, Semesterferien *pl*.
=פַּגְרַת בָּתֵּי-הַמִּשְׁפָּט = Gerichtsferien *pl*.
פַּגְרָן ז' [pagran] zurückgeblieben *Adj*.
=~נוּת נ' = Zurückgebliebenheit *f*, Retardierung *f*
פָּגַשׁ פעל (לִפְגּוֹשׁ אֶת-, יִפְגּוֹשׁ) [pagaʃ] *kal* treffen; kennen lernen *v/t*
-נִפְגַּשׁ נפ' (לְהִפָּגֵשׁ עִם-) - *nif*. sich treffen mit *(D)*
-הִפְגִּישׁ הפ' - *hif*. treffen lassen; zusammenführen *n*, -bringen
פֶּדָגוֹג ז' [pedagog] Erzieher *m*, Pädagoge *m*
=~גִי ת' = erzieherisch, pädagogisch *Adj*.
=~גְיָה נ' = Pädagogik *f*
פָּדָה פעל (לִפְדּוֹת אֶת-, יִפְדֶּה) [pada] *kal* auslösen, loskaufen; erlösen; (*Geld*) einnehmen; einlösen
פָּדוּי ת' [paduj] losgekauft, ausgelöst *Adj*.
=פְּדוּיֵי-שֶׁבִי = befreite Gefangene *pl*.
פִּדּוּר ז', פידור [pidur] Pudern *n*
★פְּדוּת נ' [pdut] Erlösung *f*, Befreiung *f*
★פַּדַּחַת נ' [pa'daxat] Stirn *f*
פְּדִיָּה נ', פדייה [pdija] Auslösung *f*, Befreiung *f*
פִּדְיוֹן ז' (פִּדְיוֹנוֹת) [pidjon] Lösegeld *m*; Erlös *m*, Einnahmen *f/pl*. *(im Geschäft)*
=~-הַבֵּן = Auslösung *f* des erstgeborenen Sohnes (*jüd. Ritual*)
=~-שְׁבוּיִים = Auslösung *f*, Befreiung *f* der Gefangenen
=~-מַשְׁכַּנְתָּה = Rückzahlung *f* der Hypothek
פֶּדִיקוּר ז' [pedikur] Pediküre *f*, Fußpflege *f*
פָּדַע פעל [pada'] *kal* erlösen, befreien
פִּדֵּר פיעל [pidér] *pi*. pudern *v/t*
פֶּדֶרַצְיָה נ' [fede'ratsja] Föderation *f*, Bund *m*
=פֶּדֶרָטִיבִי, פֶּדֶרָלִי ת' = föderativ *Adj*., Bundes-
=הָרֶפּוּבְּלִיקָה הַפֶּדֶרָלִית = Bundesrepublik *f*
פֶּה ז' (פִּי-, פִּיהוּ או פִּיו; פִּיּוֹת) [pe] Mund *m*; Mündung *f*, Öffnung *f*
=~ אֶחָד = einstimmig *Adj*.
=מַחֲלַת הַפֶּה וְהַטְּלָפַיִם = Maul- und Klauenseuche *f*

(MKS)

=בְּפֶה מָלֵא = uneingeschränkt

=בַּחֲצִי פֶּה = halbherzig, zögernd, zurückhaltend

=מִ~ אֶל-~ = von e-m Ende zum andern;

מָלֵא מִ~ אֶל-~ überfüllt (*Saal*)

=מִ~ לְאֹזֶן = ins Ohr geflüstert; insgeheim

=עַל-~ = auswendig *Adv.*

=בְּעַל-~ = mündlich, auswendig *Adv.*

=תּוֹרָה שֶׁבְּעַל-~ = die mündliche Lehre *Rel.*

=פִּתְחוֹן-~ = Ausrede *f*

=פָּצָה ~ = s-n Mund aufmachen

=אַל תִּפְתַּח פֶּה לַשָּׂטָן = man soll nicht den Teufel an die Wand malen *fig.*

=כְּפִי = gemäß, entsprechend

=לְפִי = gemäß, nach

=עַל-פִּי = gemäß, entsprechend

=פִּי-שְׁנַיִם, ~ שְׁלֹשָׁה = mal zwei; mal drei

=~ אֶל ~ = direkt, unter vier Augen, ohne Vermittler

=כְּבַד-~ = stammelnd, stotternd *Adj.*

=יָד לְפֶה = still!

=נִבּוּל-פֶּה = Zote *f*, unanständige Rede

=הָיָה לְפֶה לִפְלוֹנִי = für j-n sprechen, Fürsprecher sein

=הִמְרָה אֶת פִּיו = zuwiderhandeln *(D)*

=נִבֵּל ~ = grobe, unanständige Reden führen

=פָּעַר ~ = s-n Mund aufreißen

=שָׂם בְּפִי פְלוֹנִי = j-m etwas in den Mund legen *fig.*

=שָׁאַל אֶת פִּיו = j-n fragen

=שָׁמַר ~ = aufpassen, was man sagt; seine Worte vorsichtig wählen

=שָׁגוּר בְּפִיו = geläufig *Adj.*

=פִּיו וְלִבּוֹ שָׁוִים = er ist aufrichtig, ehrlich

=אֶחָד בַּפֶּה וְאֶחָד בַּלֵּב = unaufrichtig, unehrlich

=לֹא מִפִּיו אָנוּ חַיִּים = wir sind nicht auf ihn angewiesen, er ist nicht maßgeblich

=מִלֵּא אֶת פִּיו מַיִם = sich nicht äußern

=פִּי הַטַּבַּעַת = After *m*, Rektum *n*

=~-הַחֶרֶב = Schneide *f* des Schwertes

פֹּה ת"פ [po] hier *Adv.*

=מִ~ = von hier

=~ וָשָׁם = hier und dort

פָה ז' [fa] g, G *n Mus.*

פִּהוּק ז', פיהוק [pihuk] Gähnen *n*

פְּהִ"י ר"ת: פֶּסַח הַיּוֹם [pehi, pesax hajom] *Kurzw.* heute ist Pessach

=שְׁהִ"י פְּהִ"י (שַׁבָּת הַיּוֹם, פֶּסַח הַיּוֹם) = "heute ist Schabat, heute ist Pessach"

פִּהֵק פיעל [pihék] *pi.* gähnen

פּוּאָה נ' [pu'a] Krapp *m* (Rubia) *Bot.*

פּוֹאֶמָה נ' [po'ema] Gedicht, Poem *n*, Dichtung *f Lit.*

פּוּאֶנְטָה נ' [pu'enta] Pointe *f*

פו"ב ר"ת [fob] fob, (Preis) frei an Bord *Econ.*

פוֹבְיָה נ' [fobja] Phobie *f*, krankhafte Angst *Med.*

(פוג) פָּג פעל (לָפוּג, יָפוּג) [pag] *kal* ungültig werden, Gültigkeit verlieren, ablaufen

-פּוֹגֵג פיעל - *pi.* abschwächen, entspannen

-הֵפִיג הפ' - *hif.* mildern, abschwächen *v/t*

פוּגָה נ' [fuga] Fuge *f Mus.*

פּוֹגֵעַ ת' [pogéa'] beleidigend *Adj.*

פּוֹגְרוֹם ז', ראה גם: פְּרָעוֹת [pogrom] Pogrom *n*

פּוֹדֶה ז' [pode] Erlöser *m*

פּוּדְרָה נ' [pudra] Puder *m*

=פּוּדְרִיָּה נ' = Puderdose *f*

פּוֹזָה נ' [poza] Pose *f*, Rolle *f*, Zur- Schau-Stellung *f*

פּוֹזִיטִיב ז' [pozitiv] Positiv *n*

=~בִי ת' = positiv *Adj.*

=~בִיזְם ז' = Positivismus *m*

פּוֹזִיצְיָה נ' [pozitsja] Position *f*

פּוֹזֵל ת' [pozél] schielend *Adj.*

=פּוֹזְלָנִי ת' = zum Schielen neigend

★פּוּזְמָק ז' (פּוּזְ|מָקוֹת, [puzmak] Strumpf *m*

~מִקְוָאוֹת)

★(פוח) פָּח פעל (לָפוּחַ, יָפוּחַ) [pax] wehen *v/i*

-הֵפִיחַ הפ׳ - *hif.* wehen lassen, duften lassen

=הֵפִיחַ כְּזָבִים = Lügen verbreiten

=~ בּוֹ רוּחַ = j-m Mut einflößen

פּוֹחֵז ת׳ [poxéz] leichtfertig, unzuverlässig *Adj.*

פּוֹחֲזוּת נ׳ [poxazut] Leichtfertigkeit *f*

פּוֹחֵחַ ת׳ [póxéax] frech; schäbig, in Lumpen

פּוֹחֲחָנִי ת׳ [poxaxani] frech *Adj.*

פּוּחְלָץ ז׳ [puxlats] ausgestopftes Tier

פּוֹחֵר ז׳ [poxér] Töpfer *m*

פּוֹטוֹ ז׳ [foto] Foto *n*

=~גֶנִי ת׳ = fotogen *Adj.*

=~מוֹנְטָז׳ ז׳ = Fotomontage *f*

פּוּטִית נ׳ [putit] Plattfisch *m*

פּוֹטֶנְצְ|יָה נ׳ [potentsja] Potenz *f*

=~יָאל ז׳ = Potential *n*

=~יָאלִי ת׳ = potenziell *Adj.*

פּוֹטָשׁ ז׳ ראה גם: אַשְׁלָג [potaʃ] Pottasche *f* (Kaliumkarbonat)

פּוּי, פּוּיָה! מ״ק [fuj, fuja] pfui!, ih!

★פּוּךְ[1] ז׳ [pux] Augenschminke *f*

פּוּךְ[2] ז׳ [pux] Daune (Daunendecke) *f*

פּוֹל ז׳ [pol] Bohne *f*, Puffbohne *f*, Saubohne *f*

=פּוֹלֵי-קָפֶה = Kaffeebohnen *f/pl.*

=~-קָקָאוֹ = Kakaobohnen *f/pl.*

פּוֹלִיגַ|מְיָה נ׳ [poligamja] Polygamie *f*, Vielweiberei *f*

=~מִי ת׳ = polygam *Adj.*

פּוֹלְיוֹ ז׳ [foljo] Folio *n* (Druck)

פּוֹלְיוֹ ז׳ ראה גם: שִׁתּוּק יְלָדִים [poljo] Polio *f*, spinale Kinderlähmung *f Med.*

פּוֹלִיטוּרָה נ׳ [politura] Politur *f*

פּוֹלִיטִי|קָה נ׳ ראה גם: מְדִינִיּוּת [politika] Politik *f*

=~ ת׳ = politisch *Adj.*

=~קַאי ז׳ = Politiker *m*

פּוֹלִיסָה נ׳ [polisa] Versicherungspolice *f*

פּוֹלִיפּ ז׳ [polip] Polyp *m Med.*

פּוֹלִיתֵיאִי|זְם ז׳ [polité'izm] Polytheismus *m*, Vielgötterei *f*

=~סְט ז׳ = Polytheist *m*

=~סְטִי ת׳ = polytheistisch *Adj.*

פּוּלְמוּ|ס ז׳ [pulmus] Polemik *f*

=~סִי ת׳ = polemisch *Adj.*

=~סִיּוּת, ~סָנוּת נ׳ = Streitsucht *f*

=~סָנִי ת׳ = streitsüchtig *Adj.*

פּוֹלְקְלוֹ|ר ז׳ ראה גם: יֶדַע-עַם [folklor] Folklore *f*, Volkskunde *f*

=~רִי ת׳ = folkloristisch *Adj.*

=~רִיסְט ז׳ = Folklorist *m*

פּוֹלָרִי ת׳ ראה גם: קָטְבִּי [polari] polar *Adj.*

=~וּת נ׳ ראה גם: קָטְבִּיּוּת = Polarität *f*, Gegensätzlichkeit *f*

=~זַצְיָה נ׳ ראה גם: קִטּוּב = Polarisation *f El.*

פּוֹלֵשׁ ז׳ [poléʃ] Eindringling *m*

פּוּ״מ ר״ת: פִּקּוּד וּמַטֶּה [pikud umate] *Abk.* Eliteschule für Militär; *wörtl.* Kommando und Stab *Mil.*

פּוּמִית נ׳ [pumit] Mundstück *n*

פּוֹמֶלוֹ ז׳ [pomelo] Pomelo *f* (Citrus grandis) *Bot.*

פּוּנְדָק ז׳ [pundak] Herberge *f*, Gasthof *m*

=פּוּנְדְקַאי ז׳ = Wirtspflanze *f*, Wirtstier *n* (v. Parasiten)

=פּוּנְדְקִי ז׳ (~ת) = Gastwirt(in *f*) *m*

פּוֹנוֹגְרָף ז׳ [fonograf] Phonograph *m*, Sprechmaschine; Grammophon *n*

פּוֹנֶטִי|קָה נ׳ [fonetika] Phonetik *f*

=~ ת׳ = phonetisch *Adj.*

פּוֹנֶמָה נ׳ [fonema] Phonem *n*

פּוּנְקְצִ|יָּה נ׳ [funktsija] Funktion *f*

=~יוֹנָלִי ת׳ = funktionell *Adj.*

=~יוֹנָלִיּוּת נ׳ = Funktionalismus *m*

=~יוֹנֶר ז׳ = Funktionär *m*

פּוֹסְחָנִי ת׳ [posxani] unschlüssig *Adj.*

פּוֹסְטֶר ז׳ [poster] Poster *m, n*

[fosfat] Phosphat *n*	פּוֹסְפָט ז׳ ראה גם: זַרְחָה
[posék] Schiedsrichter *m*, rabbinische Autorität	פּוֹסֵק ז׳
= "Poskim", Sammlung rabbinischer Entscheidungen	=פּוֹסְקִים ז״ר
[po'él] Arbeiter *m*	פּוֹעֵל ז׳ (פּוֹעֶלֶת, פּוֹעֲלִים)
= Schwarzarbeiter *m*	=~ שָׁחוֹר
= Arbeiter-	=פּוֹעֲלִי ת׳
[populari] beliebt, verbreitet, populär *Adj.*	פּוֹפּוּלָרִי ת׳
= Popularität *f*	=~וּת נ׳
= Trendsetter *m*	=~זָטוֹר ז׳
= Popularisierung *f*	=~זַצְיָה נ׳
[pats] *kal* sich verbreiten	★(פוץ) פָּץ פעל (לָפוּץ, יָפוּץ)
- *nif.* verbreitet werden, verbreitet sein	-נָפוֹץ נפ׳ (לְהִפּוֹץ)
- *hif.* verbreiten *v/t*, (Waren) vertreiben	-הֵפִיץ הפ׳
= Licht streuen auf *(Akk.)*	=~ אוֹר עַל-
[potséts] explosiv *Adj.*	פּוֹצֵץ ת׳
= Explosivlaut *m Gr.*	=הֶגֶה ~
[héfik] *hif.* herausziehen, gewinnen; produzieren, hervorbringen	(פוק) הֵפִיק הפ׳
= Film produzieren	=~ סֶרֶט
= s-e böse Absicht ausführen	=~ זְמָמוֹ
= j-n zufrieden stellen	=~ רְצוֹן פְּלוֹנִי
= Nutzen ziehen aus *(D)*	=~ תּוֹעֶלֶת מִן-
[puka] Hürde *f*, Hindernis *n*	פּוּקָה נ׳
[pokér] Heide *m*, moralloser Mensch *m*	פּוֹקֵר ז׳
[héfir] *hif.* brechen (Vertrag, Versprechen)	(פור) הֵפִיר הפ׳ (ראה גם: פרר)
= Streikbrecher *m*	=מֵפִיר שְׁבִיתָה
[pur] Los *n* (Auslosung)	★פּוּר ז׳
[pore] fruchtbar *Adj.*	פּוֹרֶה ת׳
[pura] 1. Weinpresse *f* 2. Flüssigkeitsmesser *m*	★פּוּרָה נ׳
[forum] Forum *n*	פּוֹרוּם ז׳
[furunkul] Furunkel *n Med.*	פּוּרוּנְקוּל ז׳ (מֻרְסָה)
= Furunkulose *f Med.*	=~ וֹסִיס ז׳
[po'réax] blühend *Adj.*	פּוֹרֵחַ¹ ת׳
[po'réax] fliegend *Adj.*	פּוֹרֵחַ² ת׳
= Landstreicher *m*, Vagabund *m*	=אוֹרֵחַ ~
= Fesselballon *m*	=כַּדּוּר ~
= Luftschloss *n*	=מִגְדָּל הַ~ בָּאֲוִיר
[portugezi] portugiesisch *Adj.*	פּוֹרְטוּגָזִי ת׳
[portret] Porträt *n*	פּוֹרְטְרֶ|ט ז׳
[porijut] Fruchtbarkeit *f*	פּוֹרִיּוּת נ׳
[purizm] Purismus *m;* Reinheitsanspruch *m*	פּוּרִי|זְם ז׳
= Purist *m*	=~סְט (~טָן) ז׳
= puritanisch *Adj.*	=~טָנִי ת׳
= Puritanismus *m*	=~טָנִיּוּת ה׳
[purim] Purim(fest) *n, (jüd. Fest)*	פּוּרִים ז׳
= Schuschan-Purim (*2. Tag*)	=~-שׁוּשָׁן
= Purim-	=פּוּרִימִי ת׳
[formula] Formel *f*	פּוֹרְמוּלָה נ׳ ראה גם: נֻסְחָה
[format] Format *n*	פּוֹרְמָט ז׳ ראה גם: תַּבְנִית
[formali] formell *Adj.*	פּוֹרְמָלִ|י ת׳
= Formalität *f*	=~יּוּת נ׳
= Formalismus *m*	=~יזְם ז׳
= Formalist *m*	=~יסְט ז׳
[formatsja] Formation *f*	פּוֹרְמַצְיָה נ׳
[pornografi] pornographisch *Adj.*	פּוֹרְנוֹ|גְרָפִי נ׳
= Pornographie *f*	=~גְרַפְיָה נ׳
[po'réa'] Gewalttäter *m*	פּוֹרֵעַ ז׳
[poréts] Einbrecher *m*	פּוֹרֵץ ז׳
[portsani] durchdringend, scharf, schneidend *Adj.*	פּוֹרְצָנִי ת׳
[purkan] Entspannung *f*	פורקן ראה: פֻּרְקָן
[po'reket] Leichter *m Mar.*	פּוֹרֶקֶת נ׳
[poréʃ] Dissident *m*, Abtrünniger *m*	פּוֹרֵשׁ ז׳
[purta] wenig	★פּוּרְתָּא נ׳ (ארמ׳)
= gewisse, teilweise Rettung	=הַצָּלָה ~
= kleiner Trost	=נֶחָמָה ~
[paʃ] *kal* ausruhen *v/i*	(פוש) פָּשׁ פעל

(לָפוּשׁ, יָפוּשׁ)

פּוֹשֵׁט|-יָד ז' ראה גם: קַבְּצָן [poʃét-jad] Bettler *m*

=~-עוֹר = Abdecker *m*; Preistreiber *m fig.*

=~-רֶגֶל = Bankrotteur *m*

פּוֹשֵׁעַ תו"ז [po'ʃéa'] Verbrecher *m*; verbrecherisch, kriminell *Adj.*

=~-מִלְחָמָה = Kriegsverbrecher *m*

פּוֹשֵׁר ת' [poʃér] lauwarm; gleichgültig *fig. Adj.*

=פּוֹשְׁרִין ז"ר = lauwarmes Wasser

פּוֹתָה נ' [pota] Schlüsselloch *n*

פּוֹתֶה ת' [pote] einfältig *Adj.*

פּוֹתְחָן ז' [potxan] Büchsenöffner *m*; Flaschenöffner *m*

פָּז ז' [paz] (reines) Gold *n*

פִּזּוּם ז' [pizum] Summen, Singen *n*

פָּזוּר ת' [pazur] verstreut *Adj.*

פִּזּוּר ז', פיזור [pizur] Zerstreuung *f*; Verbreitung *f*

=~-נֶפֶשׁ = Zerstreutheit *f*, Geistesabwesenheit *f*

פְּזוּרָה נ' [pzura] Diaspora *f*, Zerstreuung *f* e-s Volkes

★פָּזַז¹ פעל (לָפוּז, יָפוּז) [pazaz] *kal* eilen, sich schnell bewegen

-פִּזֵּז פיעל - *pi.* tanzen, hüpfen

(פזז)² הֵפֵז הפ' [héféz] *hif.* vergolden, Goldglanz verleihen

פָּזִיז ת' [paziz] hastig, übereilt; leichtsinnig *Adj.*

=פְּזִיזוּת נ' = Hast *f*, Übereilung *f*; Leichtsinn *m*

פְּזִילָה נ' [pzila] Schielen *n*

פָּזַל פעל (לִפְזוֹל, יִפְזוֹל) [pazal] *kal* schielen *v/i*

פַּזְלָן ז' [pazlan] schielender Mensch *m*

=~נוּת נ' = Neigung *f* zum Schielen

=~נִי ת' = schielend *Adj.*

פָּזַם פעל (לִפְזוֹם, יִפְזוֹם) [pazam] *kal* (*Lied*) summen

-פִּזֵּם פיעל - *pi.* singen, trällern

פִּזְמוֹן ז' [pizmon] Chanson *n*, Couplet *n*; Kehrreim *m*

=~נַאי ז' = Chansonnier *m*

פֻּזְמָק ראה פוזמק [puzmak] Socke *f*

פִּזֵּר פיעל [pizér] *pi.* verbreiten, zerstreuen, auseinander treiben; auflösen; verschwenden

-הִתְפַּזֵּר הת' - *hit.* zerstreut werden, sich ablenken; sich ausbreiten; sich verzetteln

=פִּזֵּר דַּעְתּוֹ = sich ablenken, amüsieren

=~ דְּרָכָיו = moralisch abweichen

פִּזָּרוֹן ז' [pizaron] Zerstreuen *n*, Verstreuen *n*

פַּזְרָן ז' [pazran] Verschwender *m*

=~נוּת נ' = Verschwendungssucht *f*

=~נִי ת' = verschwenderisch *Adj.*

פְּזֹרֶת נ' [p'zoret] Vermischer *n*; Verbreitung *f*

פַּח¹ ז' [pax] Blech *n*

=~-אַשְׁפָּה = Mülleimer *m*

=~-נֵפְט = Petroleumkanister *m*

פַּח² ז' [pax] Falle *f*

=טָמַן ~ לִפְלוֹנִי = j-m e-e Falle stellen

=הִפִּיל אֶת פְּלוֹנִי בַּ~ = F j-n reinlegen

=נָפַל בַּ~ = hereinfallen *fig.*

פָּחַד פעל (לִפְחוֹד מִן-, יִפְחַד) [paxad] *kal* sich fürchten

-נִפְחַד נפ' (לְהִפָּחֵד) - *nif.* eingeschüchtert sein

-פִּחֵד פיעל - *pi.* sich fürchten

-הִפְחִיד הפ' - *hif.* j-m Angst machen; *j-n*, einschüchtern *v/t*

פַּחַד ז' (פְּחָדִים, פַּחֲדֵי-) ['paxad] Furcht *f*, Angst *f*

=אַל ~! = fürchte dich nicht!, keine Angst!

=~ גְּבָהִים = Höhenangst *f*

=~-מָוֶת = Todesangst *f*

=פַּחְדָן ז' = Angsthase *m* F, Feigling *m*

=~נוּת נ' = Furchtsamkeit *f*, Ängstlichkeit *f*

=~נִי ת' = furchtsam, ängstlich *Adj.*

פֶּחָה ז' (פַּחוֹת) [pexa] Pascha *m*; Statt-

halter *m*

פָּחוּז ת׳ [paxuz] eilig, hastig *Adj.*

פִּחוּחַ ז׳, פיחוח [pi'xuax] Blechbeschlag *m*

פִּחוּם ז׳, פיחום [pixum] Kohlenbrennerei *f*, Verkohlung *f*

פַּחוֹן ז׳ [paxon] Blechbaracke *f*

פָּחוּס ת׳ [paxus] platt gedrückt *Adj.*

פָּחוּת ת׳ [paxut] geringer, minder *Adj.*

=פְּחוּת-עֵרֶךְ = minderwertig *Adj.*

פָּחוֹת ת״פ [paxot] weniger *Adv.*; Minuszeichen *n*

=~ אוֹ יוֹתֵר = mehr oder weniger

=לֹא ~ וְלֹא יוֹתֵר = nicht mehr und nicht weniger

=לְכָל הַ~, לְפָחוֹת = wenigstens *Adv.*

פִּחוּת ז׳, פיחות [pixut] Verringerung *f*, Herabsetzung *f*

=~-הַמַּטְבֵּעַ = Devaluation *f*, Abwertung *f*

פָּחַז פעל (לִפְחוֹז, יִפְחַז) [paxaz] *kal* leichtfertig handeln; eilen, etwas eilig tum

פַּחַז ז׳ ['paxaz] Übereilen *n*, Leichtsinn *m*

=~ כַּמַּיִם = impulsive Person *f*

פַּחֲזוּת נ׳ [paxazut] Leichtfertigkeit *f*

=פַּחֲזָן ז׳ = leichtfertiger Mensch

=~וּת נ׳ = Leichtfertigkeit *f*

=פַּחֲזָנִי ת׳ = leichtfertig *Adj.*

=~ת נ׳ = Windbeutel *m* (*Gebäck*)

פֶּחָח ז׳ [pexax] Klempner *m*, Kesselflicker *m*

=~וּת נ׳ = Klempnerei *f*

=פֶּחָחִיָּה נ׳ = Klempnerwerkstatt *f*

פְּחִיסָה נ׳ [pxisa] Plattdrücken *n*

=~סוּת נ׳ = Erdrücktsein *n*

פַּחִית נ׳ [paxit] Dose *f*; Blechplättchen *n*

פְּחִיתָה נ׳ [pxita] Abnehmen *n*, Vermindern *n*

=~תוּת נ׳ = Verminderung *f*, Verringerung *f*

=~תוּת-כָּבוֹד = Geringschätzung *f*

פִּחְלוּץ ז׳, פיחלוץ [pixluts] Ausstopfen *n* (v. Tieren)

פִּחְלֵץ פיעל [pixléts] *pi.* (Tiere) ausstopfen

פֶּחָם ז׳ [pexam] Kohle *f*

=פַּחַם-אֶבֶן = Steinkohle *f*

=נְיָר-פֶּחָם = Kohlepapier *n*, Durchschlagpapier *n*

=קֶשֶׁת-~ = voltaischer Bogen *El.*

=שָׁחוֹר כַּ~ = kohlrabenschwarz *Adj.*

פִּחֵם פיעל [pixém] *pi.* Kohle brennen

-הִתְפַּחֵם הת׳ - *hit.* verkohlen *v/i*

פַּחְמָה נ׳ [paxma] Karbonat *n*

פִּחְמוּן ז׳, פיחמון [pixmun] Karbonisation *f*

פֶּחָמִי ז׳ [pexami] Köhler *m*

פַּחְמִי ת׳ [paxmi] kohlehaltig *Adj.*

פַּחְמֵימָה נ׳ [paxméma] Kohlenhydrat *n*

פַּחְמֵימָן ז׳ [paxméman] Kohlenwasserstoff *m*

פַּחְמָן ז׳ [paxman] Kohlenstoff *m*

=~ דוּ-חַמְצָנִי, דוּ-תַחְמֹצֶת הַ~ = Kohlendioxyd (CO_2) *n*

פִּחְמֵן פיעל [pixmén] *pi.* karbonisieren *v/t*

-הִתְפַּחְמֵן הת׳ - *hit.* karbonisiert werden

פַּחְמָנִי ת׳ [paxmani] kohlenstoffhaltig *Adj.*

פַּחֶמֶת נ׳ [pa'xemet] Karbunkel *m Med.*

פָּחַס פעל (לִפְחוֹס, יִפְחַס) [paxas] *kal* platt drücken

פֶּחָר ז׳ [pexar] Töpfer *m*

פָּחַת פעל (לִפְחוֹת, יִפְחַת) [paxat] *kal* geringer werden, weniger werden, abnehmen *v/i*

-פִּחֵת פיעל - *pi.* (Währung) abwerten

-הִפְחִית הפ׳ - *hif.* verringern *v/t*

=פּוֹחֵת וְהוֹלֵךְ = es wird immer weniger

פְּחָת ז׳ [pxat] Wertverlust *m;* Amortisation *f*, Abschreibung *f*; Abnutzung *f*; Abfall *m*, Verlust *m*

★פַּחַת זו״נ ['paxat] Fallgrube *f*

=בְּעִבְרֵי פִּי-~ = am Rande des Abgrundes

=נָפַל אֶל הַ~ = in die Falle gehen

=מִן הַ~ אֶל הַפַּח = vom Regen in die Traufe *fig.*

פַּט ז׳ [pat] Patt *n*, Unentschieden *n*

פִּטְדָה נ׳ [piteda] Topas *m* (*Halbedelstein*)

פָּטָה מוֹרְגָנָה נ׳ [fata morgana] Luftspiegelung *f*, Fata Morgana *f*

פְּטוֹטֶרֶת נ׳ [pto'teret] *(Blatt)* Stiel *m Bot.*

פִּטּוּם ז׳, פיטום [pitum] Mast *f*, Stopfen *n*

פָּטוּם ת׳ [patum] gemästet *Adj.*

=פְּטוּמוֹת נ״ר = Masttiere *n/pl.*

פֶּטוּנְיָה נ׳ [petunja] Petunie *f Bot.*

פָּטוּר ת׳ [patur] befreit *Adj.*

=פְּטוּרִים! = wegtreten! *Mil.*

=פָּטוּר בְּלֹא-כְלוּם אִי-אֶפְשָׁר = ganz ohne geht es nicht

פְּטוֹר ז׳ [ptor] Erlass *m* (v. Steuern *usw.*)

פִּטּוּר ז׳, פיטור [pitur] Befreiung *f*

=פִּטּוּרִים ז״ר = Entlassung *f*, Kündigung *f*

=גֵּט-~ = Scheidung *f*

פַּטָּט, פַּטִּיט ז׳ [patat, patit] Schwätzer *m*

פַּטִּים ז׳ ר׳ גם: פְּטָם [patim] Masttier *n*

פְּטִימָה נ׳ [ptima] Mästen *n*

פְּטִירָה נ׳ [ptira] Hinscheiden *n*, Sterben *n*

=יוֹם הַ~ = Todestag *m*

פַּטִּישׁ ז׳ (פַּטִּישִׁים) [patiʃ] Hammer *m*

=~-אֲוִיר = Presslufthammer *m*

=בֵּין הַ~ וּבֵין הַסַּדָּן = zwischen Hammer u. Amboss *fig.*

פֶּטִי|שׁ ז׳ [fetiʃ] Fetisch *m*

=~שִׁיזְם ז׳ = Fetischismus *m*

פֶּטֶל ז׳ ['petel] Himbeere *f* (Rubus) *Bot.*

=מִיץ-~ = Himbeersaft *m*

פָּטָלִ|י ת׳ [fatali] fatal, schicksalhaft *Adj.*

=~יּוּת נ׳, ~יזְם ז׳ = Fatalismus *m*

=~יסְט ז׳ = Fatalist *m*

פְּטָם ז׳ [ptam] Masttier *n*

פַּטָּם ז׳ [patam] Mäster *m*

פִּטָּם ז׳ [pitam] Warze *f*, Auswuchs *m*

פִּטֵּם פיעל [pitém] *pi.* mästen, füttern

=~ מִקְטֶרֶת = Pfeife stopfen

פִּטְמָה נ׳ (פִּטָּמוֹת, פִּטְמוֹת-) [pitma] Warze *f*; Brustwarze *f*

=פִּטְמִית נ׳ = Papille *f*

=פִּטֹּמֶת נ׳, פיטומת = Brustwarze *f*; Schnuller *m*

פָּטֶנְט ז׳ [patent] Patent *n*

פִּטְפּוּט ז׳ [pitput] Geschwätz *n*, Quatsch *m*

=~ סְרָק = inhaltsloses Geschwätz *n*

פָּטֶפוֹן ז׳ [patefon] Grammophon, Grammofon *n*, Plattenspieler *m*

פִּטְפֵּט פיעל [pitpét] *pi.* schwätzen, quatschen

פַּטְפְּטָן ז׳ [patpetan] Schwätzer *m*

=~וּת נ׳ = Schwatzhaftigkeit *f*

פַּטְפֶּטֶת נ׳ [pat'petet] Geschwätzigkeit *f*

פָּטַר פעל (לִפְטוֹר, יִפְטוֹר) [patar] *kal* freilassen, befreien *v/t*

-נִפְטַר נפ׳ (לְהִפָּטֵר מִן-) - *nif.* befreit werden; loswerden; hinscheiden, sterben

-פִּטֵּר פיעל - *pi.* entlassen, kündigen

-הִתְפַּטֵּר הת׳ - *hit.* zurücktreten, (Amt) niederlegen, Entlassung einreichen

-הִתְפַּטֵּר (סלנג) - *hit.* zur Kündigung gezwungen werden *(iron.)*

-הִפְטִיר הפ׳ - *hif.* aus der Haftara lesen; abschließend bemerken

=בָּרוּךְ שֶׁפְּטָרַנִי = gelobt sei (Gott), der mich hiervon befreit hat!

★פֶּטֶר ז׳ ['peter] Erstgeburt *f*; Eröffnung *f*, Beginn *m*

=~ רֶחֶם = erstgeborenes Kind *n*

פֶּטְרוֹכִימְיָה נ׳ [petro'ximja] Petrochemie *f*

פַּטְרוֹל ז׳ ראה גם: סִיּוּר [patrol] Patrouille *f*

פִּטְרוּל ז׳, פיטרול [pitrul] Patrouillieren *n*

פַּטְרוֹן ז׳ [patron] Beschützer *m*, Patron *m*

פֶּטְרוֹסִילְיָה נ׳, פֶּטְרוֹסְלִינוֹן ז׳ [petrosilja, petroslinon] Petersilie *f*

פַּטְרִיאַרְ|ךְ ז׳ [patriarx] Patriarch *m*

=~כָט ז׳ = Patriarchat *n*

=~כָלִי ת׳ = patriarchalisch *Adj.*

פִּטְרִיָּה נ׳ [pitrija] Pilz *m* (Fungi) *Bot.*

פַּטְרִיוֹ|ט ז׳ [patrijot] Patriot *m*

=~טִי ת׳ = patriotisch *Adj.*

=~טִיּוּת נ׳, ~טִיזְם ז׳ = Patriotismus *m*

פִּטְרֵל פיעל ראה גם: סִיֵּר [pitrél] *pi.* patrouillieren

פַּטֶּרֶת נ׳ [pa'teret] Pilzinfektion *f* (Mycosis) *Med.*

פ״י ר״ת: פֹּעַל יוֹצֵא [po'al jotsé'] *Abk.* transitives Verb *Gr.*

פֵּיאוֹדָ|ל ז׳ [fé'odal] Großgrundbesitzer *m*

=~לִי ת׳ = feudal, lehnsrechtlich *Adj.*

=~לִיּוּת נ׳, ~לִיזְם ז׳ = Feudalismus *m*, Lehnswesen *n*

פִּיבְּרִין ז׳ [fibrin] Fibrin *n*, Blutfaserstoff *m*

פִּיגוּרָטִיבִי ת׳ [figurativi] figurativ, bildlich *Adj.*, im übertragenen Sinn

פֵּיגָם ז׳ [pégam] Raute *f* (Ruta) *Bot.*

פִּיגָ׳מָה נ׳ [pidžama] Pyjama *m*, Schlafanzug *m*

פִּיגְמֶנְט ז׳ [pigment] Pigment *n*, Farbstoff *m*

פִּיד ז׳ [pid] Unheil *n*, Unglück *n*

פִּיָּה נ׳ [pija] Mundstück *n*

פֵּיָה נ׳ [féja] Fee *f*

פִּיּוּחַ ז׳ [pi'juax] Rußen *n*, Schwärzen *n*

פִּיּוּ|ט ז׳ [pijut] Poesie *f*, Dichtung *f*

=~טִי ת׳ = poetisch, dichterisch *Adj.*

=חֵרוּת ~טִית = dichterische Freiheit

=~טִיּוּת נ׳ = dichterischer Ausdruck *m*

פִּיּוֹנִית [pijunit] Stoma *n*, Spaltöffnung *f* *Bot.*

פִּיּוּס ז׳ [pijus] Befriedung *f*, Beschwichtigung *f*, Versöhnung *f*

פיו״ע ר״ת: פֹּעַל יוֹצֵא וְעוֹמֵד [po'al jotsé' ve'oméd] *Abk.* transitives u. intransitives Verb *Gr.*

פְּיוֹרְד ז׳ [fjord] Fjord *m*

פִּיחַ ז׳ ['piax] Ruß *m*

פִּיֵּחַ פיעל (לְפַיֵּחַ) [pijax] *pi.* (mit Ruß) schwärzen

פִּיחָה נ׳ [pixa] 1. Sünde *f* 2. Rülpsen *n*

פַּיִט ז׳ ['pajit] Poesie *f*, Liturgie *f*

★פִּיֵּט פיעל [pijét] *pi.* dichten

פַּיְטָן ז׳, פייטן [pajtan] Poet *m*, Dichter *m*

פִּיל ז׳ [pil] Elefant *m* *Zo.*

=הָפַךְ זְבוּב לְפִיל = aus einer Mücke einen Elefant machen

פִּילֶגֶשׁ נ׳ (פִּילַגְשִׁים) [pi'legeʃ] Konkubine *f*, Mätresse *f*, Geliebte *f*

פִּילֶה ז׳ [file] Filet *n*

פִּילְהַרְמוֹ|נְיָה נ׳ [filharmonja] Philharmonie *f*

=~נִי ת׳ = philharmonisch *Adj.*

פִּילוֹדֶנְדְּרוֹן ז׳ [filodendron] Philodendron *n* *Bot.*

פִּילוֹלוֹ|גְיָה נ׳ [filologja] Philologie *f*, Sprachwissenschaft *f*

=~גִי ת׳ = philologisch *Adj.*

=~ג ז׳ = Philologe *m*

פִּילוֹן ז׳ [pilon] Elefantenjunge(s) *n*

פִּילוֹסוֹ|פְיָה נ׳ [filosofja] Philosophie *f*

=~ף ז׳ = Philosoph *m*

=~פִי ת׳ = philosophisch *Adj.*

פִּילָטֶ|לְיָה נ׳ ראה גם: בּוּלָאוּת [filatelja] Philatelie *f*, Briefmarkenkunde *f*

=~לִיסְט ז׳ = Philatelist *m*, Briefmarkensammler *m*

=~לִיסְטִי ת׳ = philatelistisch *Adj.*

פִּילְטֶר ז׳ ראה גם: מַסְנֵן [filter] Filter *m*

פִּילְם ז׳ (פִּילְמִים) ראה גם: סֶרֶט [film] Film *m*

פִּילַנְתְּרוֹ|פְּיָה נ׳ [filantropja] Philanthropie *f*, Menschenliebe *f*

=~פּ ז׳ = Philanthrop *m*, Menschenfreund *m*, Wohltäter *m*

=~פִּי ת׳ = philanthropisch *Adj.*

פִּימָה נ׳ [pima] Doppelkinn *n*

פִּין ז׳ [pin] Pinne *f*, Stift *m*; Zahn *m* (*bei Werkzeugen*); Penis *m*

פִּינְג-פּוֹנְג ז׳ [ping-pong] Pingpong *n*, Tischtennis *n*

פִּינְגְּוִין ז׳ [pinguin] Pinguin *m* (Impennis) *Zo.*

פִּינְגָ׳ן נ׳ [findžan] arabisches Kaffeetässchen

פִּינָךְ ז׳ [pinax] Napf *m*, Essgeschirr *n* *Mil.*

פִּינַנְסִי|ם ז״ר [finansim] Finanzen *pl.*

=~ ת׳ = finanziell *Adj.*

פִּיֵּס פיעל [pijés] *pi.* versöhnen *v/t*, Frieden stiften, beschwichtigen

-הִתְפַּיֵּס הת׳ - *hit.* sich aussöhnen

-הֵפִיס הפ׳ - *hif.* beschwichtigen, beruhigen *v/t*

=~ דַּעְתּוֹ = beschwichtigen, beruhigen

פַּיִס ז׳, פייס (פְּיָסוֹת, גם: פְּיָסִים) ['pajis] Los *n*

=מִפְעַל-הַ~ = Staatslotterie *f* in Israel

פִּיסִי, פִּיזִי ת׳ [fisi, fizi] physisch *Adj.*

=מַפָּה ~ת = physikalische (Land-)Karte

=עֲבוֹדָה ~ת = körperliche Arbeit

פִּיסְיוֹנוֹמְיָה נ׳ [fisjonomja] Physiognomie *f*, Körperbau *m*

פִּיסְיוֹלוֹ|גְיָה נ׳ [fisjologja] Physiologie *f*

=~גִי ת׳ = physiologisch *Adj.*

=~ג ז׳ = Physiologe *m*

פִּיסְיוֹתֶרַ|פְּיָה נ׳ [fisjoterapja] Krankengymnastik *f*, Physiotherapie *f*

=~פִּי ת׳ = physiotherapeutisch *Adj.*

=~פִּיסְט ז׳ = Physiotherapeut *m*

פִּיסִי|קָה, פִּיזִיקָה נ׳ [fisika, fizika] Physik *f*

=~קַאי ז׳ = Physiker *m*

=~קָלִי ת׳ = physikalisch *Adj.*

פַּיְסָ|ן ז׳, פייסן [pajsan] Schlichter *m*, Friedensstifter *m*

=~נוּת נ׳ = Schlichtung *f*

=~נִי ת׳ = schlichtend, versöhnlich *Adj.*

פִּיסְקָלִי ת׳ [fiskali] fiskalisch *Adj.*

פִּיף ז׳ [pif] Troddel *f*, Quaste *f*

פִּיפִיָּה נ׳ [pifija] Schneide *f*

=חֶרֶב פִּיפִיּוֹת = zweischneidiges Schwert

פִּיק ז׳ [pik] 1. Zittern *n*, 2. altes Maß *n* (75 cm)

=~-בִּרְכַּיִם ז׳ = Zittern *n* der Knie, weiche Knie *n/pl.*, Schwäche *f*, Furcht *f*

פִּיקָ״א ר״ת [pika] PICA *Kurzw.* Palestine-Jewish Colonisation Association (*Ehem. Jüdische Kolonisationsgesellschaft in Palästina*)

פִּיקוֹלוֹ ז׳ [pikolo] Pikkoloflöte *f*

פִּיקוּס ז׳ [fikus] Ficus *m* (Feigenbaum, Sykomore u.a.) *Bot.*

פִּיקְטִיבִי ת׳ [fiktivi] fiktiv, erfunden *Adj.*

פִּיקַנְטִי ת׳ [pikanti] pikant *Adj.*

פִּיקְנִיק ז׳ [piknik] Picknick *n*

פִּיקְצְיָה נ׳ [fiktsja] Fiktion *f*, Dichtung *f*; Unterstellung *f*

פִּיר ז׳ [pir] Schacht *m*

פִּירוֹטֶכְנִיקָה נ׳ [pirotexnika] Pyrotechnik *f*

פִּירָט ז׳ [pirat] Pirat *m*, Seeräuber *m*

פִּירְמָה נ׳ [firma] Firma *f*

פִּירָמִידָה נ׳ [piramida] Pyramide *f*

פִּיתוֹם ז׳ [pitom] Bauchredner *m*

פִּיתוֹן ז׳ [piton] Pythonschlange *f Zo.*

פַּךְ ז׳ (פַּכִּים) [pax] kleiner Krug, Ölkrug *m*

=פַּכִּים קְטַנִּים = kleine Dinge *n/pl.*, Kleinigkeiten *f/pl.*

★פִּכָּה פיעל [pika] *pi.* herausbrechen, -quellen

פִּכּוּחַ ז׳, פיכוח [pi'kuax] Ernüchterung *f*

פִּכּוּי ז׳ [pikuj] Fließen *n*, Schwall *m*, Sprudeln *n*

פָּכוּר ת׳ [paxur] verschränkt *Adj.* (Hand)

פִּכַּח פיעל [pikax] *pi.* ernüchtern *v/t*, nüchtern machen

=מְפֻכָּח ת׳ = ernüchtert *Adj.*

-הִתְפַּכַּח הת׳ (לְהִתְפַּכֵּחַ) - *hit.* nüchtern werden

פִּכֵּחַ ת׳, פיכח [pi'kéax] nüchtern *Adj.*

=פִּכְחוֹן ז׳, פיכחון; פִּכְחוּת נ׳, פיכחות = Nüchternheit *f*

פַּכִּית נ׳ [pakit] Ölfläschchen *n*; Kännchen *n*

★פַּכְסָם ז׳ [paxsam] Zwieback *m bibl.*

פִּכְפּוּךְ ז׳, פיכפוך [pixpux] Plätschern *n*, Sprudeln *n*

פִּכְפֵּךְ פיעל [pixpéx] *pi.* sprudeln, dahinfließen

פָּכַר פעל (לִפְכּוֹר אֶת-, יִפְכּוֹר) יָדָיו (אֶצְבְּעוֹתָיו) [paxar] *kal* die Hände ringen

(פלא) נִפְלָא נפ׳ (לְהִפָּלֵא) [nifla'] *nif.* wunderbar sein; rätselhaft sein
-הִתְפַּלֵּא הת׳ - *hit.* sich wundern, staunen
-הִפְלִיא הפ׳ - *hif.* Erstaunen erwecken; Wunder tun
=לֹא יִפָּלֵא כִּי- = es ist kein Wunder, dass
=הִפְלִיא מַכּוֹתָיו = kräftig schlagen
=לְהַפְלִיא! = wunderbar!
=הַפֶּלֶא וָפֶלֶא = welch ein Wunder!
פֶּלֶא ז׳ (פְּלָאִים, פִּלְאֵי-) ['pele] Wunder *n*
=פִּלְאֵי-פְּלָאִים = große Wunder *n/pl.*
=בְּאֹרַח-פֶּלֶא = auf wunderbare Weise
=יָרַד פְּלָאִים = tief sinken
פִּלְאִי ת׳ [pil'i] wunderbar, rätselhaft *Adj.*
פֶּלֶאפוֹן ז׳ (שם מסחרי) [pelefon] Handy *n*
פִּלְבּוּל ז׳ [pilbul] Verdrehen *n* (Augen)
פִּלְבֵּל פיעל (בְּעֵינָיו) [pilbél] *pi.* die Augen rollen
פִּלֵּג פיעל [pilég] *pi.* spalten, trennen *v/t*
-הִתְפַּלֵּג הת׳ - *hit.* sich teilen, sich spalten
-הִפְלִיג הפ׳ - *hif.* sich entfernen, weit hinausgehen, abschweifen; übertreiben; abreisen; *(Schiff)* in See stechen
=לֵית מָאן דִּפְלִיג (דְּפָלִיג (ארמ׳) = niemand ist anderer Ansicht
=הִפְלִיג בְּשִׁבְחוֹ = sehr loben, überschwänglich loben
פֶּלֶג[1] ז׳ ['peleg] Bach *m*; Wasserstrom *m*
פֶּלֶג[2] ז׳ ['peleg] Teil *m*, abgetrennte, abgespaltene Gruppe, Splitterpartei *f*
פֹּלֶג ז׳ ['poleg] Migräne *f*
פְּלֻגָּה נ׳, פלוגה [pluga] Gruppe *f*; Militäreinheit *f* von 4 Kompanien, *auch* Kompanie *f*
★פְּלַגָּה נ׳ [plaga] Teilung *f; Gruppe *f*
=דּוֹר הַ~ = Generation *f* nach der Sintflut u. dem Turmbau von Babel
פְּלַגְיָאט ז׳ [plagjat] Plagiat *n*, Fälschung *f*
=~וֹר ז׳ = Plagiator *m*

פְלֶגְמָט|י ת׳ [flegmati] phlegmatisch, träge *Adj.*
=~יּוּת נ׳ = Phlegma *n*
פַּלְגָּ|ן ז׳ [palgan] Separatist *m Pol.*
=~נוּת נ׳ = Separatismus *m*
=~נִי ת׳ = separatistisch *Adj.*
פַּלְגָּנִיּוֹת נ״ר [palganijot] Schizophyten *m/pl.*, Spaltpflanzen *f/pl. Bot.*
פֶּלַגְרָה נ׳ [pelagra] Pellagra *f*
פְּלֻגְתָּא נ׳, פלוגתא (ארמ׳) [plugta] Meinungsverschiedenheit *f*
=בַּר-~ = Gegner *m*, Opponent *m*
פֶּלֶד ראה: פְּלָדָה ['peled] Stahl *m*
פְּלָדָה נ׳ [plada] Stahl *m*
=כּוֹבַע-~ ראה גם: קַסְדָּה = Stahlhelm *m*
=צֶמֶר-~ = Stahlwolle *f*
פַּלְדִּי ת׳ [paldi] aus Stahl, stählern *Adj.*
פָּלָה[1] פעל (לִפְלוֹת אֶת, יִפְלֶה) [pala] *kal* entlausen
(פלה)[2] הִפְלָה הפ׳ [hifla] *hif.* unterschiedlich behandeln
=~ לְטוֹבָה, ~ לְרָעָה = bevorzugen; benachteiligen
-נִפְלָה נפ׳ (לְהִפָּלוֹת) - *nif.* unterschiedlich behandelt werden
פְלוּאוֹרֶסְצֶנְ|צְיָה נ׳ [fluorestsentsja] Fluoreszenz *f*
=נוּרָה ~טִית = fluoreszierende Lampe
פִּלּוּג ז׳, פילוג [pilug] Spaltung *f*
פִּלּוּחַ ז׳, פילוח [pi'luax] Spaltung *f*, Durchbruch *m*
פִּלּוּי ז׳, פילוי [piluj] Entlausung *f*
פִּלּוּל ז׳ [pilul] dringende Bitte *f*, Flehen *n*
פְּלוּמָה נ׳ [pluma] Flaum *m*
=פְּלוּמִי ת׳ = flaumig *Adj.*
פְּלוֹנִי תו״ז [ploni] irgendjemand, ein gewisser; unbekannt, namenlos
=~ אַלְמוֹנִי = jemand, irgendeiner
=הַ~ת = die Frau, meine Frau *scherz.*

=אִישׁ ~ = Herr XY
פִּלּוּס ז׳, פילוס [pilus] Ebnen *n*, Nivellierung *f*
=~~-דֶּרֶךְ = Bahnen *n* e-s Weges
פְּלוּס ז׳ [plus] Pluszeichen *n*, plus *Math.*
=~~-מִינוּס = plus-minus, ungefähr
פְּלוּסִין ז״ר [plusin] Plüsch *m*
פְלוֹרָה נ׳ [flora] Flora *f*, Pflanzenwelt *f*
פְּלוּרָלִיזְם ז׳ [pluralizm] Pluralismus *m*
פָּלַח פעל (לִפְלוֹחַ אֶת-, יִפְלַח) [palax] *kal* furchen, aufwühlen; durchdringen
-פִּלַּח פיעל (לְפַלֵּחַ אֶת-) - *pi.* spalten, durch brechen; klauen *f*
-הִתְפַּלַּח הת׳ (לְהִתְפַּלֵּחַ) - *hit.* sich einschmuggeln F
פֶּלַח ז׳ ['pelax] (Frucht) Scheibe *f*
=~ רֶכֶב = oberer Mühlstein *bibl.*
=~ תַּחְתִּית ראה גם: שֶׁכֶב = unterer Mühlstein *bibl.*
פַּלָּח ז׳ (ערב׳: פַלַּח) [palax] Fellache *m*, Bauer *m*
פַּלְחָה נ׳ (ערב׳: פַלְחָה) [palxa] Ackerbau *m*
פֻּלְחָן ז׳, פולחן [pulxan] Kult *m*, Ritual *n*
=~נִי ת׳ = kultisch, rituell *Adj.*
פָּלַט פעל (לִפְלוֹט, יִפְלוֹט) [palat] *kal* entkommen *bibl.*; ausscheiden, ausspeien *v/t*
-נִפְלַט נפ׳ (לְהִפָּלֵט) - *nif.* ausgeschieden werden; entschlüpfen *v/i*
★-פִּלֵּט פיעל - *pi.* retten *v/t bibl.*
-הִפְלִיט הפ׳ - *hif.* ausscheiden *v/t*; unabsichtlich rausrutschen
=חֳמָרִים הַפּוֹלְטִים אוֹר אוֹ קְרִינָה = Strahlen absondernde Stoffe *m/pl.*
פֶּלֶט ז׳ ['pelet] Output *m*
פְּלֵטָה נ׳, פליטה [pléta] Entrinnen *n*; Rest *m*
=שְׁאֵרִית הַ~ = Überbleibsel *n/pl.*, die Überlebenden
=הָיָה לִפְלֵטָה = gerettet werden
פָּלֶטָה נ׳ [paleta] Palette *f*
פְּלָטִינָה נ׳ [platina] Platin *n*
פְּלַטְפוֹרְמָה נ׳ [platforma] Plattform *f*; Rollwagen *m*

פֶּלִי ת׳ [peli] wundervoll, fantastisch, phantastisch *Adj.*
פְּלִיאָה נ׳ [pli'a] Wunder *n*; Staunen *n*
=~ בְּעֵינַי = es erstaunt mich
פַּלְיָאטִיב ז׳ [paljativ] Palliativ(um), Linderungsmittel *n Med.*
=~בִי ת׳ = palliativ *Adj.*
פְּלִיגָה נ׳ [pliga] Disput *m*, Meinungsverschiedenheit *f*
פְּלִיז ז׳ [pliz] Messing *n*
פְּלִיחָה נ׳ [plixa] Pflügen *n*
פָּלִיט ז׳ (פְּלִיטִים) [palit] Flüchtling *m*
פְּלִיטָה נ׳ [plita] Herauswerfen *n*, Ausscheiden *n*; Auspuff *m;* (weibl.) Flüchtling
=צִנּוֹר-~ = Auspuffrohr *n*
=פְּלִיטַת-זֶרַע = Samenerguss *m*, Ejakulation *f*
=פְּלִיטַת-פֶּה = Lapsus *m*, Sprechfehler *m*
=~-קֻלְמוֹס = Schreibfehler *m*
פֶלְיֶטוֹן ז׳ [feljeton] Feuilleton *n*
=~נִי ת׳ = feuilletonistisch *Adj.*
=~נַאי ז׳ = Feuilletonist *m*
★פָּלִיל ז׳ (פְּלִילִים) [palil] Strafrichter *(nur in folg. Zssgn.)*
=בָּא בִּפְלִילִים, הוּבָא בִּ~ = (strafrechtlich) angeklagt werden *Jur.*
=עֲוֹן פְּלִילִים = kriminelles Vergehen *n Jur.*
=פְּלִילִי ת׳ = kriminell *Adj.*
=הַחֹק הַ~ = Strafrecht *n*
=חֵטְא ~ = Vergehen *n*, Straftat *f*
=פּוֹשֵׁעַ ~ = Verbrecher *m*, Straftäter *m*
פְּלִישָׁה נ׳ [pliʃa] Invasion *f*
פֶּלֶךְ[1] ז׳ ['pelex] Bezirk *m*, Kreis *m*
פֶּלֶךְ[2] ז׳ ['pelex] Spindel *f*
פֶּלֶל ז׳ ['pelel] Gebet *n*
פִּלֵּל פיעל [pilél] *pi.* vermuten, ahnen; bitten *bibl.*
-הִתְפַּלֵּל הת׳ - *hit.* beten

-הִפְלִיל הפ׳ - *hif.* anklagen, (e-r Straftat) beschuldigen
=מִי פִּלֵּל וּמִי מִלֵּל! = wer hätte das geahnt!
פַּלְמוּדָה נ׳ [palmuda] Makrele *f* (Pelamys sarda) *Zo.*
פַּלְמוֹנִי ז׳ [palmoni] Unbekannte(r) *m*, ein gewisser ..., irgendeiner *m*
פַּלְמַ"ח ר"ת: פְּלֻגּוֹת-מַחַץ [palmax] "Palmach" *Kurzw.* Sturmtruppen *f/pl.* *(paramilitärische Organisation vor Gründung des Staates Israel)*
פְלָמִינְגוֹ ז׳ [flamingo] Flamingo *m* (Phoenicopterus ruber) *Zo.*
פְלָמֶנְקוֹ ז׳ [flamenko] Flamenco *m*
(פלמס) הִתְפַּלְמֵס הת׳ [hitpalmés] *hit.* polemisieren
פְּלֶנוּם ז׳ ראה גם: מְלִיאָה [plenum] Plenum *n*, Vollversammlung *f*
=פְּלֶנָרִי ת׳ = Plenar-
פְּלָנֶטָ|ה נ׳ [planeta] Planet *m*
=~רִי ת׳ = planetarisch *Adj.*
=בֵּין-~רִי = interplanetarisch *Adj.*
פְּלָנֶטַרְיוּם ז׳ [planetarjum] Planetarium *n*
פְלָנֶל ז׳ [flanel] Flanell *m*
פְּלַנְקְטוֹן ז׳ [plankton] Plankton *n Mar.*
פִּלֵּס פיעל [pilés] *pi.* ebnen, bahnen
פֶּלֶס ז׳ ['peles] Waage *f*
=~-מַיִם = Wasserwaage *f*
פַּלֶסְטִינַאִי ת"ז [palestinai] palästinensisch *Adj.*; Palästinenser *m*
פְּלַסְטִ|יקָה נ׳ [plastika] Plastik *f*; Bildhauerkunst *f*
=~י ת׳ = plastisch *Adj.*
=~יּוּת נ׳ = Plastizität *f*, Formbarkeit *f*
=חֳמָרִים ~יִּים =Kunststoffe *m/pl.*
=נִתּוּחַ ~י = kosmetische Operation *f*, Schönheitsoperation *f*
פְּלַסְטֶלִינָה נ׳ [plastelina] Knete *f*
פְּלַסְמָה נ׳ [plasma] Plasma *n Med.*

(פלסף) הִתְפַּלְסֵף הת׳ [hitpalséf] *hit.* philosophieren *bsd. iron.*
פַּלְסְפָנוּת נ׳ [palsefanut] Lust *f* am Philosophieren, Grübeln *n*
פְּלַסְתֵּר ז׳ [plastér] Betrug *m*
=כְּתַב-~ = Pamphlet *n*, Schmähschrift *f*
=עָשָׂה ~ = verfälschen
פִּלְפּו|ל[1] ז׳, פילפול [pilpul] Spitzfindigkeit *f*; Diskussion um (nichtige) Details
=~לִי ת׳ = spitzfindig *Adj.*
פִּלְפּוּל[2] ז׳, פלפול [pilpul] Pfeffern *n*
פִּלְפֵּל פיעל [pilpél] *pi.* spitzfindig diskutieren; hin- und herdrehen; pfeffern *v/t*
פִּלְפֵּל ז׳ [pilpél] Pfeffer *m* (Piper nigrum) *Bot.*
פָלָ|פֶל ז׳ (ערב׳) [fa'lafel] "Fa'lafel", Kichererbsenbällchen
פִּלְפְּלוֹן ז׳ [pilpelon] unechter Pfefferbaum *m* (Schinus) *Bot.*
פַּלְפְּלָן ז׳ [palpelan] Haarspalter *m fig.*
=~וּת נ׳ = Haarspalterei *f fig.*, Spitzfindigkeit *f*
פִּלְפֶּלֶת נ׳ (פִּלְפֵּל יָרוֹק) [pil'pelet] Paprikaschote *f* (Capsicum annuum) *Bot.*
★פִּלֵּץ פיעל [piléts] *pi.* erschüttern *v/t*
-הִתְפַּלֵּץ הת׳ - *hit.* erschüttert werden, entsetzt sein
-הִפְלִיץ הפ׳ (המוני) - *hif.* entsetzen *v/t*; furzen V
פְּלָצוּר ז׳ [platsur] Lasso *m*, *n*
פַּלָּצוּת נ׳ [palatsut] Schrecken *m*, Entsetzen *n*
פְלִרְטֵט פיעל [flirtét] *pi.* flirten
פָּלַשׁ[1] פעל (לִפְלוֹשׁ לְ- יִפְלוֹשׁ) [palaʃ] eindringen, einfallen in *(Akk.)*
-פִּלֵּשׁ פיעל - *pi.* durchbrechen
(פלש)[2] הִתְפַּלֵּשׁ הת׳ [hitpaléʃ] *hit.* sich wälzen
פַּלְשָׁן ז׳ [palʃan] Eindringling *m*
פְּלִשְׁתִּי ז׳ [pliʃti] Philister *m*
פַּלֶשְׁתִּינָה ש"פ [palestina] Palästina
פְּלֵתִי ז׳ [pleti] Plethi *m bibl.*

=כְּרֵתִי וּפְלֵתִי — = Krethi und Plethi, Menge *f*, Pöbel *m*

פֻּמְבֵּי נ׳, פומבי — [pumbé] Publicity *f*; Bekanntmachung *f*

=בְּפֻמְבֵּי ת״פ — = öffentlich *Adv.*

=עָשָׂה לוֹ פֻּמְבֵּי — = sich e-n Namen machen, Ruhm verbreiten

=פֻּמְבִּ|י ת׳ — = öffentlich *Adj.*

=~יּוּת נ׳ — = Öffentlichkeit *f*

פָּמוֹט ז׳ (פָּמוֹטוֹת) — [pamot] Leuchter *m*

פֶמִינִי|זְם ז׳ — [feminizm] Feminismus *m*

=~זַצְיָה נ׳ — = Verweiblichung *f*

=~סְט ז׳, ~סְטִית נ׳ — = Feminist, ~in *f*

=אַנְטִי-~סְט ז׳ — = Antifeminist *m*

פָּמַלְיָה נ׳ — [pamalja] Gefolge *n*

=~ שֶׁל מַעְלָה — = Engel *m/pl.*, himmlische Heerscharen

=~ שֶׁל מַטָּה — = irdisches Gefolge *n*

פֻּמְפִּיָּה נ׳, פומפיה — [pumpija] Reibe *f*, Reibeisen *n*

פַּמְפְלֶט ז׳ — [pamflet] Pamphlet *n*

פֶּן מ״י — [pen] damit nicht; dass nicht; vielleicht (*negativ*)

פָּן ז׳ (פָּנִים) — [pan] Aspekt *m*

פ״נ ר״ת: פֹּה נִקְבַּר, פֹּה נִטְמַן — [pe nun- po nikbar, po nitman] *Abk.* hier liegt begraben

פְּנַאי ז׳ — [pnaj] Freizeit *f*

פַּנַּג ז׳ — [panag] (Rispen-)Hirse *f*

פַּנְדָּה נ׳ — [panda] Panda *m* (Ailurus fulgens) *Zo.*

פֻּנְדָּק ז׳ ראה: פונדק — [pundak] Herberge *f*, Gasthof *m*

פָּנָה פעל (לִפְנוֹת אֶל-, לְ-, יִפְנֶה) — [pana] *kal* sich wenden an *(Akk.)*, zu *(D)*, sich hinwenden

-נִפְנָה נפ׳ (לְהִפָּנוֹת) — - *nif.* sich wenden; Zeit finden

-פִּנָּה פיעל — - *pi.* evakuieren, räumen *v/t*, beseitigen, wegschaffen

-הִתְפַּנָּה הת׳ — - *hit.* Zeit haben; frei werden

-הִפְנָה הפ׳ — - *hif.* wenden *v/t*, kehren *v/t*; hinweisen, verweisen

=פָּנָה לוֹ עֹרֶף — = den Rücken kehren, im Stich lassen

=לִפְנוֹת בֹּקֶר, ~ עֶרֶב — = gegen Morgen, gegen Abend

=פִּנָּה דֶּרֶךְ — = Weg freimachen, ausweichen

=פִּנָּה מָקוֹם לְ- — = Platz machen für *(Akk.)*

=מְפֻנֶּה ת׳ — = evakuiert *Adj.*

פִּנָּה נ׳, פינה — [pina] Ecke *f*

=אֶבֶן-~, רֹאשׁ-~ — = Grundstein *m*

פָּנוּי ת׳ — [panuj] frei, leer, nicht besetzt; unverheiratet, ledig; nicht beschäftigt *Adj.*

פִּנּוּי ז׳, פינוי — [pinuj] Räumung *f*, Evakuierung *f*

=צַו-~ — = Räumungsbefehl *m*

פֶנוֹמֶ|ן ז׳, פינומן ראה גם: תּוֹפָעָה — [fenomen] Phänomen *n*

=~נָלִי ת׳ — = phänomenal *Adj.*

פִּנּוּק ז׳, פינוק — [pinuk] Verwöhnen *n*

פָנָטִ|י ת׳ ראה גם: קַנָּאִי — [fanati] fanatisch *Adj.*

=~יּוּת נ׳ — = Fanatismus *m*

פַנְטַסְ|יָה נ׳ ראה גם: דִּמְיוֹן — [fantasja] Fantasie, Phantasie *f*

=~טִי ת׳ — = fantastisch, phantastisch *Adj.*

פָּנִי ת׳ — [pani] von einer Seite

פְּנִיָּה נ׳, פנייה — [pnija] Wenden *n*; Bittstellung *f*; Gesuch *n*

פָּנִים ז״ר גם נ״ר (פְּנֵי-) — [panim] Gesicht *n*; Vorderseite *f*; Ansehen *n*, Aussehen *n*; Sinn *m*, Bedeutung *f*

=~ אֶל ~ — = von Angesicht zu Angesicht

=פְּנֵי|-הַיָּם — = Meeresspiegel *m*

=הַעֲמָדַת-~ — = Verstellung *f*

=סֵבֶר-~, סֵבֶר-~ יָפוֹת — = Freundlichkeit *f*, Höflichkeit *f*

=קַבָּלַת-~ נ׳ — = Empfang *m* (v. Gästen)

=הֶעֱמִיד ~ — = sich verstellen; so tun, als ob

=בְּפָנָיו — = in s-r Gegenwart, vor s-n Augen

=לְפָנִים ת"פ = früher; vorn *Adv.*
=מִלְּפָנִים = von vorn
=בִּפְנֵי- = vor (*örtlich*); in Gegenwart *(G)*, in Anwesenheit *(G)*
=לִפְנֵי- = vor (*zeitlich u. örtlich*)
=מִפְּנֵי = von - weg; wegen *(G) Prp.*
=~ שֶׁ- = weil *Kj.*
=עַל-פְּנֵי- = auf *(der Fläche)*; mehr als
=עַל כָּל פָּנִים = auf jeden Fall, jedenfalls, auf alle Fälle
=בְּשׁוּם ~ לֹא = auf keinen Fall, keinesfalls
=~ וְאָחוֹר, מִ~ וּמֵאָחוֹר = vorn und hinten, von beiden Seiten
=פְּנֵי הַדְּבָרִים = der Stand der Dinge
=~-הָעִיר = Honoratioren, Notabeln *pl.*
=אוֹר-פָּנִים = Freundlichkeit *f*, Heiterkeit *f*
=בֹּשֶׁת-~ = Schande *f*, Scham *f*
=הֲדַר-~, הַדְרַת-~ = würdiges Aussehen
=מְאוֹר-~ = Freundlichkeit *f*, Wohlwollen *n*
=מַשּׂוֹא-~ = Parteilichkeit *f*, Begünstigung *f*
=עַז-~ ת' = frech *Adj.*
=עֹז-~ ז', עַזּוּת-~ נ' = Frechheit *f*
=קְלַסְתֵּר-~ = Gesichtszüge *m/pl.*, Physiognomie *f*
=אוֹרוּ פָּנָיו = *(Gesicht)* strahlen
=הֵאִיר פָּנָיו אֶל- = freundlich entgegentreten
=הָדַר פְּנֵי פְּלוֹנִי = ehren
=הִלְבִּין פְּנֵי חֲבֵרוֹ = beschämen *(s-n Nächsten)*
=הִסְבִּיר פָּנִים = freundlich sein, höflich sein
=הִקְבִּיל פְּנֵי פְּלוֹנִי = e-n Empfang bereiten, begrüßen
=הֵשִׁיב פְּנֵי פְּלוֹנִי (רֵיקָם) = ablehnen, zurückweisen
=נָפְלוּ פָּנָיו = schlecht aussehen, abmagern
=קִבֵּל פְּנֵי פְּלוֹנִי, קִדֵּם ~ ~ = empfangen, begrüßen
=שָׂם פָּנָיו אֶל- = sich hinwenden
=שֶׁלֹּא בְּפָנָיו = in s-r Abwesenheit

=בִּפְנֵי עַצְמוֹ = für sich
=מִפְּנֵי מָה? = warum?
פְּנִים ז' (פְּנִים-) [pnim] Innere(s) *n*; innen *Adv.*
=פְּנִימָה = nach innen
=בִּפְנִים = drinnen, innen
=מִ~ = von innen
=לִפְנִים = nach innen
=לִפְנַי וְלִפְנִים = im tiefsten Innern
=לִפְנִים מִשּׁוּרַת הַדִּין = nicht nach den Buchstaben des Gesetzes
=מִשְׂרַד הַפְּנִים, שַׂר-~ = Innenministerium *n*; Innenminister *m*
פְּנִימ|ִי ת' [pnimi] innere; intim *Adj.*
=~יָּה נ' = Internat *n*
=~יּוּת נ' = Innerlichkeit *f*; das Innere
=~ית נ' = Luftschlauch *m*
פְּנִינָה נ' (פְּנִינִים) [pnina] Perle *f*
=גְּרִיסֵי-~ = Perlgraupen *f/pl.*
=כְּתַב-פְּנִינִים = Perlschrift *f*
=פְּנִינ|ִי ת' = Perlen-
=~יָּה נ' = Perlhuhn (Numida meleagris) *Zo.*
פֶּנִיצִילִין ז' [penitsilin] Penizillin *n Med.*
פָּנִיקָה נ' ראה גם: **בֶּהָלָה** [panika] Panik *f*
פֵנִיקִי ת' [feniki] phönizisch *Adj.*
פִּנְכָּה נ' (פִּנָכוֹת) [pinka] flacher Teller, Platte *f*
=מְלַחֵךְ ~ = Speichellecker *m fig.*, Schmeichler *m*
פַּנֶל ז' [panel] Paneel *n*, Täfelung *f*
(פנם) הִפְנִים הפ' [hifnim] *hif.* nach innen kehren
-הֻפְנַם הופ' - *hof.* introvertiert sein
(פנן) הִפְנִין הפ' [hifnin] *hif.* (*wie e-e Perle*) glänzen
פָּנָס ז' [panas] Laterne *f*; blaues Auge F
=פְּנַס-כִּיס = Taschenlampe *f*
=~-קֶסֶם = Laterna magica *f*
פֶּנְסְ|יָה נ' ראה גם: **קִצְבָּה** [pensja] Pension *f*, Rente *f*
=~יוֹנֵר ז' = Pensionär *m*, Rentner *m*

פֶּנְסְיוֹן ז׳ [pensjon] (Hotel) Pension *f*
פַּנְצֶ׳ר ז׳ [pantʃer] Panne *f*
פִּנֵּק פיעל [pinék] *pi.* verwöhnen, verzärteln, verhätscheln *v/t*
-הִתְפַּנֵּק הת׳ - *hit.* sich verwöhnen, sich schonen
פִּנְקָס ז׳ [pinkas] Heft *n*, Notizbuch *n*
=פִּנְקַס-זֶהוּת = Personalausweis *m*
=~-חָבֵר = Mitgliedsbuch *n*
=הַנְהָלַת-פִּנְקָסִים = Buchhaltung *f*
=מְנַהֵל-~ = Buchhalter *m*
=פִּנְקְסָן ז׳ = Buchhalter *m*
=פִּנְקְסָנוּת נ׳ = Buchhaltung *f*
פִּנָּתִי ת׳ [pinati] an e-r Ecke gelegen, Eck-
פַּנְתֵּ|יאוֹן ז׳ [panteón] Pantheon *n*
=~אִיזְם ז׳ = Pantheismus *m*
=~אִיסְט ז׳ = Pantheist *m*
=~אִיסְטִי ת׳ = pantheistisch *Adj.*
פַּנְתֵּר ז׳ [pantér] Panther *m Zo.*
פַּס ז׳ [pas] Streifen *m*
=~-קוֹל = (*Film*) Tonspur *f*
=~ יָרֹק = Grünstreifen *m*
=פַּסֵּי הֲאָטָה = Verkehrsberuhigung *f*
=פַּסֵּי-בַּרְזֶל, ~-רַכֶּבֶת = (Eisenbahn-)Schienen *f/pl.*
=יָרַד מִן | הַפַּסִּים = entgleisen
=עָלָה עַל ~ = auf die richtige Bahn gelangen
פִּסֵּג פיעל [piség] *pi.* sich verzweigen, sich ausbreiten
פִּסְגָּה נ׳ (פְּסָגוֹת, פִּסְגוֹת-) [pisga] Gipfel *m*
=וְעִידַת-~ = Gipfelkonferenz *f*
פָּסֵד ת׳ [paséd] leicht verderblich
(פסד) נִפְסַד נפ׳ (לְהִפָּסֵד) [nifsad] *nif.* Schaden erleiden
-הִפְסִיד הפ׳ - *hif.* verlieren; verpassen *v/t*
פס״ד ר״ת: פְּסַק-דִּין [psak-din] *Abk.* Urteil *n*
פְּסֵדָה נ׳ [pséda] Verlust *m*, Schaden *m*
פִּסָּה נ׳, פיסה [pisa] Stück *n*, Streifen *m*
=פִּסַּת-יָד = Handfläche *f*
=~-נְיָר = Stück *n* Papier

=~-רֶגֶל = Fußsohle *f*
פִּסּוּל ז׳, פיסול [pisul] Bildhauerei *f*
פָּסוּל ת׳ [pasul] untauglich; (rituell) unrein *Adj.*
=פְּסוּל-חִתּוּן = nach jüd. Gesetz heiratsuntauglich
פְּסוּל ז׳ [psul] Makel *m*, Fehler *m*, Mangel *m*
=לֹא מָצָא בּוֹ ~ = er hatte nichts daran auszusetzen
פָּסוּק ז׳ [pasuk] Satz *m*; Absatz *m*; Vers *m bibl.*
פִּסּוּק ז׳, פיסוק [pisuk] Zeichensetzung *f*, Interpunktion *f*
=סִימָנֵי-~ = Satzzeichen *n/pl.*
=כְּלָלֵי-הַ~ = Interpunktionsregeln *f/pl.*
פְּסוּקִית נ׳ [psukit] Satzteil *m*, Klausel *f*
פַּסָּז׳ ז׳ [pasaj] Passage *f*
פָּסַח פעל (לִפְסוֹחַ עַל-, יִפְסַח) [pasax] *kal* übergehen, auslassen; Pessach feiern
=~ עַל שְׁתֵּי הַסְּעִפִּים = sich nicht entscheiden können, schwanken, zaudern
פֶּסַח ז׳ ['pesax] Pessachfest *n*, Passah *n*, Pessachopfer *n*
=הַגָּדָה שֶׁל ~ = Pessachhagada *f Rel.*
=עֶרֶב-~ = Vorabend *m* des Pessachfestes
פִּסֵּחַ ת׳, פיסח [pi'séax] lahm *Adj.*
פִּסְחָא ז׳ (ארמ׳) [pisxa'] Pessachfest *n* (aramäisch)
=קִמְחָא דְ~ = "Pessachmehl" *n* (*Unterstützung der Armen zum Pessachfest*)
פַּסְחָא ז׳ (ארמ׳) [pasxa'] Ostern *n* (*der Christen*)
פִּסְחוֹן ז׳ [pisaxon] Lahmheit *f*
פִּסְחוּת נ׳ [pisxut] Lahmheit *f*
פִּסְטוּר ז׳, פיסטור [pistur] Pasteurisierung *f*
פַּסְטוֹרָ|לָה נ׳ [pastorala] (ländliche) Idylle *f*, Pastorale *f*
=~לִי ת׳ = pastoral *Adj.*
פֶּסְטִיבָל ז׳ [festival] Festspiel *n*, Festival *n*
פַּסְטֶל ז׳ [pastel] Pastell *n*

פִּסְטֵר פיעל — [pistér] *pi.* pasteurisieren
=מְפֻסְטָר ת' — = pasteurisiert *Adj.*
פַּסִּי|ב ז' ראה גם: סָבִיל — [pasiv] Passiv *n Gr.*
=~בִי ת' — = passiv; passivisch *Adj.*
=~בִיּוּת נ' — = Passivität *f*
=הִתְנַגְּדוּת ~בִית — = passiver Widerstand
פְּסִיג ז' — [psig] Keimblatt *n* (Cotyledon) *Bot.*
פְּסֵידוֹ- ת' — [psédo] Pseudo-
=~נִים ז' ראה גם: כִּנּוּי — = Pseudonym *n*, Deckname *m*
פַּסְיוֹן ז' — [pasjon] Fasan *m* (Phasianus) *Zo.*
פְּסִיחָה נ' — [psixa] Übergehen *n*, Auslassen *n*
=~ עַל שְׁתֵּי הַסְּעִפִּים — = Zaudern *n*, Schwanken *n*, Unentschlossenheit *f*
פְּסִיכֶדֶלִי ת' — [psixedeli] psychedelisch *Adj.*
פְּסִיכוֹאֲנָלִי|זָה נ' — [psixo'analiza] Psychoanalyse *f*
=~טִי ת' — = psychoanalytisch *Adj.*
=~טִיקַאי ז' — = Psychoanalytiker *m*
פְּסִיכוֹזָה נ' — [psixoza] Psychose *f*
פְּסִיכוֹלוֹ|גְיָה נ' — [psixologja] Psychologie *f*
=~גִי ת' — = psychologisch *Adj.*
=~ג ז' — = Psychologe *m*
פְּסִיכוֹסוֹמָטִי ת' — [psixosomati] psychosomatisch *Adj.*
פְּסִיכוֹ|פַּתְיָה נ' — [psixopatja] Geisteskrankheit *f*, Psychopathie *f*
=~פָּת ז' — = Psychopath *m*
פְּסִיכוֹתֶרַפְּיָה נ' — [psixoterapja] Psychotherapie *f*
פְּסִיכִי ת' — [psixi] psychisch; F krank (*abwertend*) *Adj.*
=~קָה נ' — = Psyche *f*
פְּסִיכִיאַטְ|רִיָּה נ' — [psixiatrija] Psychiatrie *f*
=~ר ז' — = Psychiater *m*
פְּסִי|לָה נ' — [psila] Verneinung *f*, Negierung *f*, Ablehnung *f*; Untauglichkeitserklärung *f*
=~לוּת נ' — = Untauglichkeit *f*
פְּסִילִים ז"ר — [psilim] Götzenbilder *n/pl.*
פֶּסִימִ|י ת' — [pesimi] pessimistisch *Adj.*
=~יּוּת נ', ~יזם ז' — = Pessimismus *m*
=~יסְט ז' — = Pessimist *m*
פָּסִיס ז' — [pasis] Leiste *f*, Latte *f*
פְּסִיעָה נ' — [psia'] Schritt *m*
פְּסֵיפָס ז' — [pséfas] Mosaik *n*
פְּסִיק ז' — [psik] Komma *n*
=נְקֻדָּה-וּפְסִיק — = Semikolon *n*
פְּסִיקָה[1] נ' — [psika] Aufhören *n*; Trennen *n*
פְּסִיקָה[2] נ' — [psika] Urteilsspruch *m*; Rechtsprechung *f*
פְּסִיקוֹן ז' — [psikon] Kommabazillus *m*
פְּסִיקְתָּא נ' — [psikta] "Pesikta", Midraschim zur Thora
פְּסַכְתֵּר ז' — [psaxtér] großer Topf *m*
פָּסַל[1] פעל (לִפְסוֹל אֶת-, יִפְסוֹל) — [pasal] *kal* behauen, meißeln, formen, modellieren
-פִּסֵּל פיעל — - *pi.* bildhauern, schaffen *(Statue)*
פָּסַל[2] פעל (לִפְסוֹל אֶת-, יִפְסוֹל) — [pasal] *kal* ablehnen, für untauglich erklären
פַּסָּל ז' (פַּסֶּלֶת, פַּסָּלִים) — [pasal] Bildhauer *m*
פֶּסֶל ז' (פְּסָלִים, פִּסְלֵי-) — ['pesel] Skulptur *f*, Bildwerk *n*, Plastik *f*, Statue *f*
=פִּסְלוֹן ז' — = Statuette *f*, kleine Skulptur
=פַּסָּלוּת נ' — = Bildhauerkunst *f*
פַּסְלוּת נ' — [paslut] Ungültigkeit *f*, Unfähigkeit *f*
פַּסְלָ|נוּת נ' — [paslanut] mit Geringschätzung behandeln
=~נִי ת' — = geringschätzig, Verächtlich
פְּסֹלֶת נ', פסולת — [psolet] Abfall *m*; Minderwertige(s) *n*
פְּסַנְתֵּר ז' — [psantér] Klavier *n*, Piano *n*
=~-כָּנָף — = Flügel *m Mus.*
=פְּסַנְתְּרָן ז' — = Pianist *m*
=~וּת נ' — = Klavierspiel *n*
★(פסס) פַּס פעל (לָפוּס, יָפוּס) — [pas] *kal* aufhören *v/i*, nicht mehr sein
פָּסַע פעל (לִפְסוֹעַ, יִפְסַע) — [pasa'] *kal* schreiten
-הִפְסִיעַ הפ' — - *hif.* schreiten

★פֶּסַע ז' ['pesa'] Schritt *m*

פִּסְפּוּס ז' [pispus] Teilung *f*

פִּסְפֵּס פיעל (סלנג) [fisfés] *pi. (das Ziel)* verfehlen, F vermasseln, *(Bus usw.)* verpassen

פָּסַק פעל (לִפְסוֹק, יִפְסוֹק) [pasak] *kal* aufhören *v/i*; entscheiden; zuteilen

-נִפְסַק נפ' (לְהִפָּסֵק) - *nif.* aufhören *v/i*

-פִּסֵּק פיעל - *pi.* Satzzeichen setzen; gesperrt drucken *Typ.*

-הִפְסִיק הפ' - *hif.* aufhören; unterbrechen *v/t*

=סְעוּדָה מַפְסֶקֶת = letzte (*unterbrechende*) Mahlzeit am Abend vor Jom-Kippur u. Tisch'a be'av

פֶּסֶק ז' ['pesek] Zwischenraum *m*; Ausschluss *m Typ.*; Pause *f*

=~ זְמַן = Auszeit *f*

=פִּסְקֵי-טְעָמִים = Intonationszeichen *n/pl.* (*in der Bibel*)

פְּסַק-דִּין ז' (פִּסְקֵי-~) [psak-din] Gerichtsurteil *n*, Gerichtsentscheidung *f*

פִּסְקָה נ', פיסקה [piska] Absatz *m*, Abschnitt *m*, Paragraph *m*

פַּסְקוֹל ז' [paskol] (*Film*) Tonspur *f*

פַּסְקָנ|וּת נ' [paskanut] Entschiedenheit *f*

=~נִי ת' = entschieden *Adj.*

פְּסֹקֶת נ', פסוקת [psoket] Scheitel *m* (*Haar*)

פ"ע ר"ת: פֹּעַל עוֹמֵד [po'al 'oméd] *Abk.* intransitives Verb *Gr.*

פָּעָה פעל (לִפְעוֹת, יִפְעֶה) [pa'a] *kal* blöken, schreien

פָּעוּט ת' (פְּעוּטִים) [pa'ut] klein, geringfügig *Adj.*

פָּעוֹט ז' (פְּעוֹטוֹת) [pa'ot] Kleinkind *n*

=~וֹן ז' = Kindertagesstätte *f* (*bis zu ca. 3 Jahren*)

פעו"י ר"ת: פֹּעַל עוֹמֵד וְיוֹצֵא [po'al 'oméd vejotsé] intransitives u. transitives Verb

פָּעוּל ת' [pa'ul] gemacht, geschaffen *Adj.*

=בֵּינוֹנִי ~ = Passivpartizip *n* der Kal-Konjugation *Gr.*

=יַחַס-הַ~ = Akkusativ *m Gr.*

פָּעוּר ת' [pa'ur] weit geöffnet *Adj.*

=בְּפֶה ~ = mit offenem, aufgerissenem Mund

פִּעוּר ז' [pi'ur] weites Öffnen *n*

פְּעִיָּה נ' [pe'ija] Blöken *n*, Schrei *m*

פָּעִיל ת' [pa'il] aktiv, tätig *Adj.*; Aktiv *n Gr.*

=פְּעִילוּת נ' = Aktivität *f*, Tätigkeit *f*

פְּעִימָה נ' [pe'ima] Pulsieren *n*, Klopfen *n* (*Puls*); Takt *m*, Schlag *m* (*Maschine*)

פְּעִירָה נ' [pe'ira] weites Öffnen

פָּעַל פעל (לִפְעוֹל, יִפְעַל, גם: יִפְעוֹל) [pa'al] *kal* machen, tun, schaffen, handeln; Kal (*1. Aktivkonjugation des hebr. Verbs*) *Gr.*

=~ עַל- = einwirken auf *(Akk.)*

-נִפְעַל נפ' (לְהִפָּעֵל) - *nif.* gemacht werden; Nif'al (*Passivkonjugation des Kal*) *Gr.*

-פִּעֵל פיעל - *pi.* beeinflussen; Pi'él (*intensive Konjugation*) *Gr.*

-פֻּעַל פועל - *pu.* gemacht werden; Pu'al (*Passiv des Pi'él*) *Gr.*

-הִתְפַּעֵל הת' - *hit.* beeindruckt werden; sich begeistern; Hitpa'él (*reflexive Konjugation*) *Gr.*

-הִפְעִיל הפ' - *hif.* veranlassen; aktivieren; Hif'il (*kausative Konjugation*) *Gr.*

-הֻפְעַל הפ' - *hof.* aktiviert werden; Huf'al (*Passiv des Hif'il*) *Gr.*

=הַוַּעַד הַפּוֹעֵל = Exekutivausschuss *m*

=הִפְעִיל מְכוֹנָה = Maschine bedienen

פֹּעַל ז', פועל (פְּעָלִים) ['po'al] Tat *f*, Handlung *f*, Wirken *n*, Werk *n*; Verb *n Gr.*

=בְּפֹעַל ת"פ = in Wirklichkeit, tatsächlich; ausführend, amtierend

=פֹּעַל יוֹצֵא = transitives Verb; Folgerung *f*, Ergebnis *n*

=~ עוֹמֵד = intransitives Verb

=פֵּא-הַ~, עַיִן-הַ~ = 1., 2., 3. Wurzelkonso-

=~ בְּפַעַם, מִפַּעַם לְפַעַם = von Zeit zu Zeit, von Mal zu Mal
=כָּל ~ וּפַעַם, בְּכָל ~ = jedes Mal
=מִדֵּי ~ = von Zeit zu Zeit
=שׁוּב ~ = (schon) wieder
=לִפְעָמִים = manchmal, zuweilen
פַּעֲמָה נ׳ [pa'ama] Schritt *m;* Takt *m Mus.*
פַּעֲמוֹן ז׳ [pa'amon] Glocke *f*, Klingel *f*
=~-צְלִילָה = Taucherglocke *f*
=פַּעֲמוֹנִי ת׳ = Glocken-, glockenartig *Adj.*
=~נִיָּה נ׳ = Glockenspiel *n Mus.*
=~נִית = Glockenblume *f* (Campanula) *Bot.*
פִּעְנוּחַ ז׳, פיענוח [pi'nuax] Entzifferung *f*, Deutung *f*, Entschlüsseln *n*
פִּעְנַח פיעל (לְפַעְנֵחַ אֶת-) [pi'nax] *pi.* entziffern, deuten, entschlüsseln
פִּעְפּוּעַ ז׳, פיעפוע [pi'pua'] Durchdringen *n*; Brodeln *n*, Sprudeln *n*; Osmose *f Phys.*
פִּעְפַּע פיעל (לְפַעְפֵּעַ) [pi'pa'] *pi.* durchdringen, einsickern; sprudeln, brodeln
פָּעַר פעל (לִפְעוֹר אֶת-, יִפְעַר) [pa'ar] *kal* (*Mund*) aufreißen, weit aufmachen; sich öffnen
-נִפְעַר נפ׳ (לְהִפָּעֵר) - *nif.* aufgerissen werden
-הִפְעִיר הפ׳ - *hif.* aufreißen
פַּעַר ז׳ ['pa'ar] Kluft *f*, Spalte *f*, Riss *m*; Diskrepanz *f*
פַּפִּירוּס ז׳ [papirus] Papyrus *m*
פֶּפְּסִין ז׳ [pepsin] Pepsin *n*
פַּפְּרִיקָה נ׳ [paprika] Paprika *m*
פָּצָה[1] פעל (לִפְצוֹת אֶת-, יִפְצֶה) [patsa] *kal* (*Mund*) öffnen
=לֹא הָיָה פּוֹצֶה פֶּה = niemand machte den Mund auf *fig.*
פִּצָּה[2] פיעל (לְפַצּוֹת) [pitsa] *pi.* entschädigen
פִּצּוּחַ ז׳, פיצוח [pi'tsuax] Aufknacken *n*, Spalten *n*
=~ גַּרְעִינִי = Kernspaltung *f Phys.*
פִּצּוּחִים ז״ר, פיצוחים [pitsuxim] Knabberzeug *m*,

לְמֶד-הַ~ nant *m* des Verbs *Gr.*
=הוֹצִיא לַ~, הוֹצִיא מִן הַכֹּחַ אֶל הַ~ = in die Tat umsetzen
=יָצָא לַ~, יָצָא אֶל הַ~ = verwirklicht werden
=שֵׁם-הַ~ = substantivierter Infinitiv des hebr. Verbs *Gr.* (wie z.B. בְּשָׁמְעוֹ)
=שִׁלֵּם לוֹ כְּפָעֳלוֹ = mit gleicher Münze zurückzahlen *fig.*
=רַב-פְּעָלִים = tatenreich *Adj. bibl.*
פָּעַל ז׳ [pa'al] "Kal", 1. Konjugation des hebr. Verbs *Gr.*
פִּעֵל ז׳ [pi'él] "Pi'él", intensive Konjugation *Gr.*
פֻּעַל ז׳ [pu'al] "Pu'al", Passiv des "Pi'él" *Gr.*
פְּעֻלָּה נ׳, פעולה [pe'ula] Tätigkeit *f*, Handlung *f*, Unternehmen *n*, Aktion *f*; Wirkung *f*, Einfluss *m*
=נִכְנַס לִפְעֻלָּה = in Aktion treten
פַּעֲלוּל ז׳ [pa'alul] Effekt *m Thea.*
פָּעֳלִי ת׳, פועלי [po'oli] verbal *Adj.*
פְּעַלְתָּן ז׳ [pe'altan] aktiver, geschäftiger Mensch
=~נוּת נ׳ = Aktivität *f*, Unternehmungsgeist *m*
=~נִי ת׳ = aktiv, geschäftig, unternehmungslustig *Adj.*
פָּעַם פעל (לִפְעוֹם, יִפְעַם) [pa'am] *kal* (*Puls, Herz*) klopfen, schlagen
-נִפְעַם נפ׳ (לְהִפָּעֵם) - *nif.* erregt sein, aufgeregt sein, betroffen sein
-פִּעֵם פיעל - *pi.* erregen *v/t*
-הִפְעִים הפ׳ - *hif.* erregen *v/t*
פַּעַם נ׳ (פְּעָמִים, פַּעֲמֵי-) ['pa'am] Mal *n*; Schritt *m*
=~, ~ אַחַת = einmal
=פַּעֲמַיִם = zweimal
=שָׁלֹשׁ פְּעָמִים = dreimal
=הַפַּעַם = diesmal
=אֵי-~ = eines Tages, mal
=בְּפַעַם אַחַת = mit einem Mal
=פַּעַם בְּיוֹבֵל = alle Jubeljahre, einmal in 50 Jahren

Knabbernüsse *f/pl.*

פָּצוּי ת׳ [patsuj] offen *Adj.*

פִּצּוּי ז׳, פיצוי [pitsuj] Entschädigung *f*

פִּצּוּל ז׳, פיצול [pitsul] Spalten *n*

=~-הָאִישִׁיּוּת = Bewusstseinsspaltung *f*, Schizophrenie *f Med.*

פָּצוּם ת׳ [patsum] gebrochen, gespalten *Adj.*

פָּצוּעַ ת׳ [pa'tsua'] verwundet, verletzt *Adj.*

פִּצּוּעַ ז׳ [pi'tsua'] Brechen *n*, Aufknacken *n*

פִּצּוּץ ז׳, פיצוץ [pitsuts] Sprengung *f;* Abbruch *m*

פָּצַח פעל (לִפְצוֹחַ, יִפְצַח) [patsax] *kal* (*Mund*) öffnen

-פִּצַּח פיעל (לְפַצֵּחַ) - *pi.* aufbrechen, aufknacken

=פָּצַח בְּשִׁיר = Gesang anstimmen

פְּצָחָה נ׳ [ptsaxa] fröhliches Lied *n*

פַּצְחָן ז׳ [patsxan] Kernbeißer *m* (*Vogel*) (Coccothraustes) *Zo.*

פַּצְיֶנְט ז׳ ראה גם: חוֹלֶה [patsjent] Patient *m*

פְּצִיעָה נ׳ [ptsi'a] Verwundung *f*, Verletzung *f*

פַּצִיפִי|זְם ז׳ [patsifizm] Pazifismus *m*

=~סְט ז׳ = Pazifist *m*

=~סְטִי ת׳ = friedliebend, pazifistisch *Adj.*

פְּצִירָה נ׳ [ptsira] Feile *f*

פִּצֵּל פיעל [pitsél] *pi.* spalten *v/t*

-הִתְפַּצֵּל הת׳ - *hit.* sich verzweigen, sich verzetteln, sich spalten

=מְפֻצָּל ת׳ = gespalten, zersplittert *Adj.*

פֶּצֶל ז׳ ['petsel] Verzweigung *f*

פַּצֶּלֶת נ׳ [pa'tselet] Feldspat *m Geol.*

פָּצַע פעל (לִפְצוֹעַ אֶת-, יִפְצַע) [patsa'] *kal* verwunden, verletzen

פֶּצַע ז׳ (פְּצָעִים, פִּצְעֵי-) ['petsa'] Wunde *f*, Verletzung *f*

=זָרָה מֶלַח עַל פְּצָעָיו = Salz auf die Wunde streuen *fig.*

פִּצְפּוֹן ת׳ [pitspon] Dreikäsehoch *m*, kleiner Wicht *f*

פִּצְפּוּץ ז׳, פיצפוץ [pitsputs] Sprengen *n*, Zerspringen *n*

(פצץ) פִּצֵּץ פיעל [pitséts] *pi.* sprengen *v/t*

-הִתְפּוֹצֵץ הת׳ - *hit.* explodieren, zerspringen, platzen

-הִפְצִיץ הפ׳ - *hif.* bombardieren

פַּצָּץ ז׳ [patsats] Detonator *m*, Zünder *m*

פְּצָצָה נ׳ (פִּצְצַת-) [ptsatsa] Bombe *f*

=~ אֲטוֹמִית = Atombombe *f*

=פִּצְצַת-מֵימָן = Wasserstoffbombe *f*, H-Bombe *f*

=~-שָׁעוֹן, ~-זְמַן = Zeitbombe *f*

פָּצַר[1] פעל (לִפְצוֹר בְּ-, יִפְצַר) [patsar] *kal* drängen

-הִפְצִיר הפ׳ (בְּ-) - *hif.* eindringlich bitten

פָּצַר[2] פעל (לִפְצוֹר אֶת-, יִפְצוֹר) [patsar] *kal* feilen

פַּצְרָ|ן ז׳ [patsran] aufdringlicher Mensch

=~נוּת נ׳ = Aufdringlichkeit *f*

=~נִי ת׳ = aufdringlich *Adj.*

פָּקַד (לִפְקוֹד אֶת-, יִפְקוֹד) (עַל, אֶל-, בְּ-) [pakad] *kal* zählen; bedenken; besuchen; heimsuchen befehlen, beauftragen; bestrafen

-נִפְקַד נפ׳ (לְהִפָּקֵד) - *nif.* abwesend sein

-פִּקֵּד פיעל (עַל-) - *pi.* befehligen, anführen

-הִתְפַּקֵּד הת׳ - *hit.* gezählt werden, (*Gruppe*) durch-, abzählen *Mil.*

-הִפְקִיד הפ׳ - *hif.* anvertrauen, deponieren

פַּקָּד ז׳ [pakad] Polizeiinspektor *m*; Zähler *m (bei e-r Volkszählung)*

=רַב-~ = Polizeichef *m*

פְּקֻדָּה נ׳, פקודה [pkuda] Befehl *m;* Anwendung *f (EDV)*

=פְּקֻדַּת-קֶבַע = generelle Befehle *m/pl.*, Anweisungen *f/pl. Mil.*

=~-יוֹם = Tagesbefehl *m Mil.*

פַּקָּח ז'	[pakax] Aufseher *m*, Wärter *m*, (Luftschutz-)Wart *m*
פִּקָּחוֹן ז', פיקחון	[pikaxon] Sehkraft *f*
פִּקְחוּת נ'	[pikxut] Klugheit *f*
פַּקָּחוּת נ'	[pakaxut] Aufsichtsamt *n*
פִּקְחִי ת'	[pikxi] klug, schlau *Adj.*
פַּקְטוֹר ז'	[faktor] Faktor *m*
פָּקִיד ז' (פְּקִיד-, פְּקִידִים)	[pakid] Beamte(r) *m*, Angestellte(r) *m*
=פְּקִיד-מִבְחָן	= Bewährungshelfer *m*
=~-שׁוּמָה	= Finanzbeamter *m*
=פְּקִיד-תּוֹרָן	= Dienst habender Beamter
פְּקִידָה[1] נ'	[pkida] Beamtin *f*, Angestellte *f*
★פְּקִידָה[2] נ'	[pkida] Periode *f*
=מִפְּקִידָה לִפְקִידָה	= von Zeit zu Zeit, ab und zu
פְּקִידוֹן ז'	[pkidon] kleiner Beamter, kleiner Angestellter *(ver.)*
פְּקִידוּ|ת נ'	[pkidut] Beamtenschaft *f*
=~תִי ת'	= beamtenmäßig, bürokratisch *Adj.*
פְּקִיחָה נ'	[pkixa] Öffnen *n* (*Auge, Ohr*)
פָּקִיל ת'	[pakil] zu schälen *Adj.*
פְּקִיעָה נ'	[pki'a] Platzen *n*
=פְּקִיעַת סַבְלָנוּת	= die Geduld ist am Ende
=~ תֹּקֶף	= Ablauf *m*, Ende *n*
פְּקִיקָה נ'	[pkika] Stöpsel *m*, Verschluss *m*
פָּקִיר ז'	[fakir] Fakir *m*
פִּקֵּל פעל	[pikél] *pi.* schälen
פַּקְס ז'	[faks] Faxgerät *n; (Brief)* Fax *n*
פַּקְסִימִילְיָה נ'	[faksimilja] Faksimile *n*, Fax(gerät) *n*
פִּקְסֵס פיעל	[fiksés] *pi.* faxen, per Fax schicken
פָּקַע פעל (לִפְקוֹעַ, יִפְקַע)	[paka'] *kal* Risse bekommen, reißen *v/i*, sich spalten, platzen; (*Gültigkeit*) ablaufen
-נִפְקַע נפ' (לְהִפָּקַע)	- *nif.* ungültig werden
-הִתְפַּקֵּעַ הת' (לְהִתְפַּקֵּעַ)	- *hit.* platzen
-הִפְקִיעַ הפ'	- *hif.* enteignen; loslösen, freimachen
=לִפְקֻדַּת-	= zu Gunsten von *Fin.*
פִּקָּדוֹן ז', פיקדון (פִּקְדוֹנוֹת)	[pikadon] Deposit *n*, Pfand *n*
=בַּעַל-~	= Einzahler *m*
פִּקָּה נ', פיקה	[pika] Zündhütchen *n*; Nocken *m Tech.*
=~ שֶׁל גַּרְגֶּרֶת	= Adamsapfel *m Anat.*
=פִּקַּת-הַבֶּרֶךְ	= Kniescheibe *f*
פָּקוּד ז' (פְּקוּדִים)	[pakud] Untergebene(r) *m* *bsd. Mil.*
פִּקּוּד ז', פיקוד	[pikud] Kommando *n*, Oberbefehl *m*
=~-מֶרְחָב	= Bezirkskommando *n*
=~ עֶלְיוֹן	= Oberkommando *n*
=פִּקּוּדִי ת'	= Kommando-
פָּקוּחַ ת'	[pa'kuax] (*Augen, Ohren*) geöffnet *Adj.*
=בְּעַיִן פְּקוּחָה, בְּעֵינַיִם פְּקוּחוֹת	= mit offenen Augen, aufmerksam *Adv.*
פִּקּוּחַ ז', פיקוח	[pi'kuax] Aufsicht *f*, Kontrolle *f*
=~-נֶפֶשׁ	= Rettung *f* aus Lebensgefahr
=מִגְדַּל-~	= Tower *m Flgw.*
פָּקוּלְטָ|ה נ'	[fakulta] Fakultät *f*
=~טִיבִי ת'	= optional, fakultativ *Adj.*
פָּקוּעַ ת'	[pa'kua'] gespalten; geplatzt *Adj.*
פַּקּוּעָה נ'	[paku'a] Koloquinte *f* (Citrullus colocynthis) *Bot.*
פָּקוּק ת'	[pakuk] (*Flasche*) verkorkt; *(Straße)* verstopft *Adj.*
פִּקּוּק ז', פיקוק	[pikuk] Zukorken *n*
פָּקַח פעל (לִפְקוֹחַ אֶת, יִפְקַח)	[pakax] *kal* (*Augen, Ohren*) öffnen, aufmachen
-פִּקֵּחַ פיעל (לְפַקֵּחַ עַל-)	- *pi.* beaufsichtigen, kontrollieren *(Akk.)*
-הִתְפַּקֵּחַ הת' (לְהִתְפַּקֵּחַ)	- *hit.* klug werden
פִּקֵּחַ תו"ז, פיקח	[pi'kéax] klug; sehend; hörend *Adj.*

=פָּקְעָה סַבְלָנוּתוֹ = s-e Geduld war am Ende
=הִפְקִיעַ | אֶת הַשַּׁעַר, ~ מְחִירִים = (*Preise*) übermäßig erhöhen, in die Höhe treiben; wuchern
פֶּקַע ז' ['peka'] Knolle *f*, Zwiebel *f*
פַּקְעִית נ' [pak'it] kleines Büschel
=פַּקְעִיּוֹת-הַטַּעַם = Geschmacksknospen *f/pl.*
פְּקַעַת נ' (פְּקָעוֹת) [pka'at] Knäuel *m*; Knolle *f Bot.*
=~-עֲצַבִּים = Nervenbündel *n*
=פְּקַעְתִּי ת' = Knollen-
פִּקְפּוּק ז', פיקפוק [pikpuk] Zweifel *m*, Zögern *n*, Zaudern *n*
פִּקְפֵּק פיעל [pikpék] *pi.* zweifeln, zaudern
פַּקְפְּקָן ז' [pakpekan] Zweifler *m*, Zauderer *m*
=~נוּת נ' = Zweifeln *n*
=~נִי ת' = zweifelnd *Adj.*
פָּקַק פעל (לִפְקוֹק, יִפְקוֹק) [pakak] *kal* zukorken
-פִּקֵּק פיעל - *pi.* entkorken
פְּקָק ז' [pkak] Pfropfen *m*, Korken *m*, Stöpsel *m*; Lückenbüßer *m*, Aushilfe *f*
=פְּקַק-תְּנוּעָה = Stau *m*
פַּקֶּקֶת נ' [pa'keket] Thrombose *f Med.*
פָּקַר פעל (לִפְקוֹר, יִפְקוֹר) [pakar] *kal* Joch *n* (der Thora) abschütteln; Ketzer sein
-נִתְפַּקֵּר הת' - *hit.* zum Ketzer werden
-הִפְקִיר הפ' - *hif.* preisgeben, im Stich lassen
=מֻפְקֶרֶת ת"נ = Dirne *f*
פַּר ז' [par] Stier *m*
(פרא) הִתְפָּרֵא הת' [hitparé'] *hit.* verwildern
פֶּרֶא ז' ['pere'] Wildesel *m*; Wilde(r) *m*
=~-אָדָם = rüder, grober Mensch
=גָּדֵל ~ = wild wachsen
=גִּדּוּלֵי-~ = wild wachsende Pflanzen *f/pl.*
פְּרָאוּת, פִּרְאוּת נ' [pra'ut, pir'ut] Wildheit *f*
=פְּרָאִי, פִּרְאִי ת' = wild, ungepflegt *Adj.*
פָּרַבּוֹלָה נ' [para'bola] Parabel *f*
פַּרְבָּר ז' (גם: פַּרְוָר) [parbar] Vorort *m*, Außenbezirk *m*, Peripherie *f*, Stadtrand *m*

פֶּרֶג ז' ['pereg] Mohn *m* (Papaver) *Bot.*
=~-הַבָּר = Klatschmohn *m*
=עוּגַת-~ = Mohnkuchen *m*
פַּרְגּוֹד ז' [pargod] Vorhang *m*; Paravent *m, n*
=מֵאֲחוֹרֵי הַ~ = hinter den Kulissen (*auch fig.*)
★פַּרְגּוֹל ז' [pargol] Geißel *f*, Peitsche *f*, Prügel *m*
★פִּרְגּוּל ז', פירגול [pirgul] Prügeln *n*
פַּרְגִּית נ' [pargit] junges Huhn
פְּרַגְמָטִ|י ת' [pragmati] pragmatisch *Adj.*
=~יּוּת נ', ~יזְם ז' = Pragmatismus *m*
פִּרְגֵּן פיעל (יְפַרְגֵּן) [pirgén] *pi.* anerkennen
(פרד) נִפְרַד נפ' (לְהִפָּרֵד) [nifrad] *nif.* sich trennen, sich absondern; sich verabschieden; sich scheiden lassen
-פֵּרֵד פיעל - *pi.* separieren, zerlegen *v/t*
-הִפְרִיד הפ' - *hif.* trennen, unterscheiden (zwischen ... und ...) *v/t*
=נִתְפָּרְדָה הַחֲבִילָה = die Gemeinschaft hat sich aufgelöst
=קַו מַפְרִיד = Trennstrich *m*
=הַפְרֵד וּמְשׁוֹל! = teile und herrsche! divide et impera! divide and rule!
פֶּרֶד[1] ז' (פְּרָדִים) ['pered] Maultier *n*, Maulesel *m*
=פִּרְדָּה נ' (פְּרָדוֹת) = (weibl.) Maultier *n*, Mauleselin *f*
פֶּרֶד[2] ז' [pered] ungerade Zahl *f*
פְּרָד ז' [prad] Atom *n*
פְּרֻדָּה נ', פרודה [pruda] Molekül *n*
ראה גם: מוֹלֵיקוּלָה
פְּרֵדָה נ', פרידה [préda] Abschied *m*
פָּרָדוֹקְ|ס ז' [paradoks] Paradox *n*
=~סָלִי ת' = paradox *Adj.*
פְּרָדִי ת' [pradi] atomar *Adj.*
פַּרְדֵּס ז' [pardés] Obstgarten *m*, *bsd. für* Zitrusfrüchte
פַּרְדֵּ"ס ר"ת: פְּשָׁט, רֶמֶז, דְּרוּשׁ, [pardés] *Kurzw.* 4 Methoden zur Bibeldeutung: wortgetreu,

סוֹד — allegorisch, auslegend, mystisch

פַּרְדְּסָן ז׳ — [pardesan] Zitruspflanzenzüchter *m*, Besitzer v. Zitrusplantagen

=~וּת נ׳ — = Zitruspflanzenzucht *f*

פָּרָה פעל (לִפְרוֹת, יִפְרֶה) — [para] *kal* fruchtbar sein, sich vermehren

-הִפְרָה הפ׳ — - *hif.* befruchten *v/t*

=פְּרוּ וּרְבוּ! — = seid fruchtbar und mehret euch! *bibl.*

=פּוֹרֶה ת׳ — = fruchtbar *Adj.*

פָּרָה נ׳ — [para] Kuh *f*

=~ חוֹלֶבֶת — = Milchkuh *f*

=פָּרַת-יָם — = Seekuh *f* (Sirenia) *Zo.*

=~-מֹשֶׁה-רַבֵּנוּ — = Marienkäfer *m* (Coccinella) *Zo.*

פַּרְהֶסְיָה נ׳ — [par'hesja] Öffentlichkeit *f*, Publicity *f*

=בְּפַרְהֶסְיָה ת״פ — = in aller Öffentlichkeit, öffentlich *Adv.*

פְּרוֹבוֹקָ|טוֹר ז׳ — [provokator] Provokateur *m*, Lockspitzel *m*

=~טִיבִי ת׳ — = provozierend, provkativ *Adj.*

=~צְיָה נ׳ — = Provokation *f*

פְּרוֹבִיזוֹרִי ת׳ ראה גם: אֲרָעִי — [provizori] provisorisch *Adj.*

פְּרוֹבִינְצְיָ|ה נ׳ — [provintsja] Provinz *f*

=~אלִי ת׳ ראה גם: קַרְתָּנִי — = provinziell *Adj.*

פְּרוֹגְנוֹזָה נ׳ ראה גם: חִזּוּי — [prognoza] Prognose *f*

פְּרוֹגְרֶסִיבִי ז׳ — [progresivi] progressiv, fortschrittlich *Adj.*

=~סִיבִיּוּת נ׳ — = Fortschrittlichkeit *f*

פָּרוּד ת׳ — [parud] geteilt, getrennt *Adj.*

פֵּרוּד ז׳, פירוד — [pérud] Trennen *n*, Trennung *f*, Teilung *f*

פְּרוּדָה נ׳ — [pruda] Saatkorn *n*

פְּרוֹדוּקְטִיבִ|י ת׳ ראה גם: פּוֹרֶה — [produktivi] produktiv, schöpferisch, fruchtbar *Adj.*

=~יּוּת נ׳ — = Produktivität *f*

=~זַצְיָה נ׳ — = Produktivitätssteigerung *f*

פָּרוֹדְיָה נ׳ — [parodja] Parodie *f*

=פָּרוֹדִי ת׳ — = parodistisch *Adj.*

=~סְט ז׳ — = lmitator, Parodist *m*

פַּרְוָה נ׳, פרווה — [parva] Pelz *m*

פַּרְוֶה ת׳ — [parve] "parve", nicht fleischig u. nicht milchig, daher koscher *Rel.*

פָּרוּז ת׳ — [paruz] entmilitarisiert, unbefestigt *Adj.*

=עִיר פְּרוּזָה — = offene Stadt

פֵּרוּז ז׳, פירוז — [péruz] Entmilitarisierung *f*

פְּרוֹזְבּוֹל ז׳ — [prozbol] "Prosbol" (*Vermeiden der Verjährung e-r Schuld im Erlassjahr*)

פְּרוֹזְדוֹר ז׳ — [prozdor] Korridor *m*, Eingangshalle *f*, Vorhalle *f*

פְּרוֹזָ|ה נ׳ — [proza] Prosa *f*

=~אִי ת׳ — = prosaisch *Adj.*

פֵּרוּט ז׳, פירוט — [pérut] Spezifizierung *f*, detaillierte Darstellung *f*; (*Kleingeld*) Wechseln *n*

=בְּפֵרוּט ת״פ — = in allen Einzelheiten

פְּרוּטָה נ׳ — [pruta] kleine Münze *f*, Pfennig *m*

=דִּין ~ כְּדִין מֵאָה — = wer den Pfennig nicht ehrt, ist des Talers nicht wert

פְּרוֹטוֹזוֹ|אוֹן ז׳ (ריבוי: ~אָה) — [protozo'on] Protozoon *n*, Urtierchen *n*, Kleinstlebewesen *n*

פְּרוֹטוֹטִיפּוּס ז׳ — [prototipus] Prototyp *m*, Vorbild *n*, Muster *n*

★פְּרוֹטוֹמָה נ׳ — [protoma] Büste *f* (Bildwerk)

פְּרוֹטוֹקוֹל ז׳ ראה גם: זִכְרוֹן-דְּבָרִים — [protokol] Protokoll *n*

פְּרוּטִית נ׳ — [prutit] Kreuzung von Pferd u. Esel

פְּרוֹטֶסְטַנְט ז׳ — [protéstant] Protestant *m*

=~טַנְטִי ת׳ — = protestantisch *Adj.*

=~טַנְטִיּוּת נ׳ — = Protestantismus *m*

פְּרוֹטֶקְצְ|יָה נ׳ — [pro'tektsja] Vetternwirtschaft *f*, Begünstigung *Econ.*, "Vitamin B"

=~יוֹנִיזְם ז׳ — = Protektionismus *m*

=~יוֹנִיסְט ז׳ — = Protegé *m*

פְּרוֹטְרוֹט ז׳ [protrot] kleine Münzen

=בִּפְרוֹטְרוֹט ת״פ = in allen Einzelheiten, detailliert *Adv.*

פֵּרוּי ז׳ [peruj] Produktivität *f*

פְּרוֹיֶקְט ז׳ [projekt] Projekt *n*

פָּרוּךְ ת׳ [parux] zerbrochen *Adj.*

פְּרוֹלֶי|טַרְיוֹן ז׳ [proletarjon] Proletariat *n*

=~טָרִי ת׳ = proletarisch *Adj.*

=~טָרִיזַצְיָה נ׳ = Proletarisierung *f*

פָּרוּם ת׳ [parum] aufgetrennt *Adj.*

פְּרוֹמִיל ז׳ [promil] Promille *n*

פַּרְוָן ז׳, פרוון [parvan] Kürschner *m*; Pelzhändler *m*

=~וּת נ׳ = Kürschnerei *f*; Pelzhandel *m*

פְּרוֹנְטָלִי ת׳ ראה גם: חֲזִיתִי [frontali] frontal *Adj.*

פָּרוּס ת׳ [parus] aufgespannt, ausgedehnt *Adj.*

=לֶחֶם ~ = geschnittenes Brot

(פרוס) בִּפְרוֹס | הֶחָג [bifros hexag] vor dem Fest

פֵּרוּס ז׳, פירוס [pérus] Dezentralisierung *f*

פְּרוּסָה נ׳ [prusa] (Brot-)Schnitte *f*

=פְּרוּסַת-לֶחֶם = (Brot-)Scheibe *f*, Stulle *f*

פְּרוֹסוֹדְיָה נ׳ [prosodja] Prosodie *f*

פְּרוֹסְטָטָה נ׳ ראה גם: עַרְמוֹנִית [prostata] Prostata *f*, Vorsteherdrüse *f*

פְּרוֹסְפֶּקְט ז׳ [prospekt] Prospekt *m*

פָּרוּעַ[1] ת׳ [pa'rua'] wild *Adj.*

=פְּרוּעַ-רֹאשׁ = ungekämmt *Adj.*

פָּרוּעַ[2] ת׳ [pa'rua'] bezahlt, beglichen *Adj.*

פֵּרוּעַ ז׳ [pé'rua'] Bloßstellung *f*

פָּרוּף ת׳ [paruf] zugeknöpft, hochgeschlossen *Adj.*

פְּרוֹפּוֹרְצְיָה נ׳ ראה גם: יַחַס [proportsja] Proportion *f*, Verhältnis *n*

פְּרוֹפִיל ז׳ [profil] Profil *n*

=~ נָמוּךְ = sein Licht unter den Scheffel stellen *fig.*

פְּרוֹפִילַקְטִי|קָה נ׳ [profilaktika] Prophylaxe *f*, Vorbeugung *f*

=~ת׳ = prophylaktisch *Adj.*

פְּרוֹפֶסוֹר ז׳ [profesor] Professor *m*

=~ מִשְׁנֶה = außerordentlicher Professor

=פְּרוֹפֶסוּרָה נ׳ = Professur *f*

פָּרוּץ ת׳ [paruts] zerbrochen, aufgebrochen *Adj.*

=הַ~ מְרֻבֶּה עַל הָעוֹמֵד = man hat mehr Schaden als Nutzen

פְּרוֹצֶדוּ|רָה נ׳ ראה גם: נֹהַל [protsedura] Prozedur *f*, Verfahren *n*

=~לִי ת׳ = verfahrensrechtlich *Adj.*, Verfahrens-

פְּרוּצָה נ׳ [prutsa] Prostituierte *f*, Dirne *f*, Hure *f*

פֵּרוּק ז׳, פירוק [péruk] Auseinandernehmen *n*, Zerteilen *n*; Liquidation *f*, Auflösung *f*

=~-הַנֶּשֶׁק = Abrüstung *f* *Mil.*

פָּרוּק ת׳ [paruk] entladen, abgeladen *Adj.*

פַּרְוָר ז׳, פרוור ראה גם: פַּרְבָּר [parvar] Vorort *m*, Außenbezirk *m*

פָּרוּר ז׳ [parur] Topf *m*, Kessel *m*

פֵּרוּר ז׳, פירור [pérur] Krümel *m*

פֵּרוּשׁ ז׳, פירוש [péruʃ] Interpretation *f*, Erklärung *f*, Kommentar *m*

=מַה ~? = was heißt das?

=בְּפֵרוּשׁ ת״פ = ausdrücklich *Adv.*

פָּרוּשׁ[1] ז׳ [paruʃ] Pharisäer *m*; Dissident *m*; Einzelgänger *m*

פָּרוּשׁ[2] ז׳ [paruʃ] Buchfink *m* (Fringilla coelebs) *Zo.*

פָּרוּשׂ ת׳ [parus] ausgebreitet *Adj.*

פְּרוֹתֵיזָה נ׳ [pro'téza] Prothese *f*

פֵּרֵז[1] פיעל (לְפָרֵז אֶת-) [péraz] *pi.* entmilitarisieren; zur offenen Stadt erklären

(פרז)[2] הִפְרִיז הפ׳ [hifriz] *hif.* übertreiben

פְרָזָה נ׳ [fraza] Phrase *f*

פִּרְזוּל ז׳, פירזול [pirzul] Eisenbeschlag *m*,

Hufeisen *n*

פְּרָזֵיאוֹלוֹגְיָה נ׳ [frazé'ologja] Lehre *od.* Sammlung von Redewendunger, Phraseologie *f*

פָּרָזִיט ז׳ ראה גם: **טַפִּיל** [parazit] Parasit *m*

פִּרְזֵל פיעל [pirzél] *pi.* (*mit Eisen*) beschlagen; (*Hufeisen*) aufschlagen

פַּרְזָל ז׳ [parzal] Hufschmied *m*

פָּרַח¹ פעל (לִפְרוֹחַ, יִפְרַח) [parax] *kal* blühen; gedeihen

-**הִפְרִיחַ** הפ׳ - *hif.* zum Blühen bringen; aufblühen *v/i*

פָּרַח² פעל (לִפְרוֹחַ, יִפְרַח) [parax] *kal* fliegen, fortfliegen

-**הִפְרִיחַ** הפ׳ - *hif.* fliegen lassen, aufsteigen lassen

=פָּרְחָה נִשְׁמָתוֹ = die Seele aushauchen, sterben

=גָּמָל פּוֹרֵחַ בָּאֲוִיר = *wörtl.* ein Kamel fliegt in der Luft; Übertreibung, Prahlerei

=מִגְדָּלִים פּוֹרְחִים בָּאֲוִיר = *wörtl.* Türme fliegen in der Luft; Luftschlösser *n/pl.*

=אוֹרֵחַ פּוֹרֵחַ = Landstreicher *m*

=הִפְרִיחַ שְׁמוּעָה = Gerücht verbreiten

פֶּרַח ז׳ ['perax] Blume *f*; Schmuck *m* am Säulenkapitell

=פִּרְחֵי-כְהֻנָּה = junge Priester *m/pl.*

=~-טַיִס = Fliegerkadetten *m/pl.*

=~-קְצִינִים = Kadetten *m/pl.*

=~-בָּר, ~ שָׂדֶה = Feldblumen *f/pl.*

פִּרְחוֹנִי ת׳ [pirxoni] geblümt *Adj.*

פִּרְחָח ז׳ [pirxax] Strolch *m*, Flegel *m*

(פרחח) **הִתְפַּרְחֵחַ** הת׳ (סלנג) [hitpar'xéax] *hit.* sich flegelhaft benehmen

פִּרְחָ|חוּת נ׳ [pirxaxut] Flegelhaftigkeit *f*

=~חִי ת׳ = flegelhaft *Adj.*

פָּרַט¹ פעל (לִפְרוֹט אֶת-, יִפְרוֹט) [parat] *kal* (*Kleingeld*) wechseln; in Einzelheiten gehen, spezifizieren

-**פֵּרֵט** פיעל (לְפָרֵט) - *pi.* spezifizieren

-**הִפְרִיט** הפ׳ (לְהַפְרִיט) - *hif.* privatisieren *v/t*

פָּרַט² (לִפְרוֹט עַל-, יִפְרוֹט) [parat] *kal* spielen *Mus.* (*Akk.*)

פֶּרֶט ז׳ ['peret] kleine Münze, Kleingeld *n*; ungerade Zahl

פְּרָט ז׳ [prat] Detail *n*, Einzelheit *f*; Einzelne(r) *m*

=~ לְ- = außer, ausgenommen

=בִּפְרָט = besonders

=פְּרָטֵי פְּרָטִים = bis ins kleinste Detail

=לְכָל פְּרָטָיו = in allen Einzelheiten

פְּרָטוּת נ׳ [pratut] Einzelheiten *f/pl.*

=בִּפְרָטוּת = mit allen Einzelheiten, genau, detailliert *Adv.*

פְּרָטִי ת׳ [prati] privat, persönlich; einzeln *Adj.*

=שֵׁם ~ = Vorname *m*

פְּרָטִיּוּת נ׳ [pratijut] Privatleben *n*, Intimsphäre *f*

פַּרְטִיזָ|ן ז׳ [partizan] Partisan *m*

=~נִי ת׳ = Partisanen-, Guerilla-

פַּרְטִיטוּרָה נ׳ ראה גם: **תַּכְלִיל** [partitura] Partitur *f*

פַּרְטָנִי ת׳ [partani] aufgeteilt, individuell *Adj.*

פְּרִי ז׳ (פְּרִי-, פִּרְיוֹ, פֵּרוֹת) [pri] Frucht *f*; Erzeugnis *n*; Ergebnis *n*; Einnahme *f*; Verdienst *n*

=~ הָאֲדָמָה = Agrarerzeugnisse *n/pl.*

=~-בֶטֶן = Kind *n*, Nachkomme *m*

=~-בֹּסֶר = unreife Frucht (auch *fig.*)

=~-הַדִּמְיוֹן = Phantasiebild *n*

=~-הָדָר = Zitrusfrucht *f*

=~-עֵטוֹ = schriftstellerische Arbeit

=~-רוּחוֹ = Früchte geistiger Arbeit

=נָשָׂא ~ = Frucht tragen

פְּרִיבִילֶגְיָה נ׳ (זְכוּת-יֶתֶר) [privilegja] Privileg *n*, Vorrecht *n*

פְּרִיגָטָה נ׳ [frigata] Fregatte *f Mar.*

פְּרִיג׳ידֶר ז׳ ראה גם: [fridžider] Kühlschrank *m*

מַקְרֵר, מְקָרֵר
פָּרִיד ת׳ [parid] teilbar *Adj.*
פְּרִידָה נ׳ [prida] Abschied *m;* Stück *n*
פְּרִיָּה נ׳ [prija] Fruchttragen *n*
=~ וּרְבִיָּה = Vermehrung *f*
פָּרִיָּה נ׳ [parija] Stall *m*, Kuhstall *m*
פְּרֶהִיסְטוֹרְ|יָה נ׳ [préhistorja] Prähistorie *f*, Urgeschichte *f*
=~רִי ת׳ = prähistorisch *Adj.*
פִּרְיוֹן ז׳ [pirjon] Fruchtbarkeit *f*; Ergiebigkeit *f*
=~-עֲבוֹדָה = Arbeitsleistung *f*; Ertrag *m*
פְּרִיחָה נ׳ [prixa] Blüte *f*; Hautausschlag *m Med.*
פְּרִיט ז׳ (פְּרִיטִים) [prit] einzelnes Stück, (Rechnungs-)Posten *m*, Artikel *m*, Einzelgegenstand *m*
פְּרִיטָה נ׳ [prita] Spielen *n* (*Klavier, Saiteninstrument*); (*Kleingeld*) Wechseln *n*
=כְּלִי-~(כְּלֵי-~) = Zupfinstrument *n*
פָּרִיטֶטִי ת׳ [pariteti] gemeinnützig, paritätisch *Adj.*
פְרַיֶיר ז׳ (סלנג) [fraier] jmd., der sich ausnutzen lässt
פָּרִיךְ ת׳ [parix] mürbe, knusprig; brüchig; spröde *Adj.*
=בָּצֵק ~ = Mürbeteig *m*
פְּרִיכוּת נ׳ [prixut] Zartheit; Brüchigkeit *f*
פְּרֶילוּד ז׳ [prélud] Vorspiel *n*, Präludium *n Mus.*
פְּרִימָה נ׳ [prima] (*Naht*) Auftrennen *n*
פְּרִימוּס ז׳ (סלנג) [primus] Petroleumkocher *m*; Kleinflugzeug *n (im Unabhängigkeitskrieg)*
פְּרִימִיטִיבִ|י ת׳ [primitivi] primitiv *Adj.*
=~יּוּת נ׳ = Primitivität *f*
פְּרִינְצִיפּ ז׳ ראה גם: עִקָּרוֹן [printsip] Prinzip *n*
=בְּ~ ת״פ = prinzipiell *Adv.*
פָּרִיס ת׳ [paris] schneidbar, schnittfest *Adj.*
פְּרִיסָה[1] נ׳ [prisa] Ausbreiten *n*, Spannen *n*; Truppenaufstellung *f*
=פְּרִיסַת-שָׁלוֹם = Übermitteln *n* von Grüßen

פְּרִיסָה[2] נ׳ [prisa] Brotschneiden *n*
פְּרִיעָה נ׳ [pri'a] Schuldenabzahlen *n;* Störung *f*
פְּרִיפָה נ׳ [prifa] Heften *n*, Anstecken *n* (*mit Nadeln)*
פְּרִיפֶרְיָה נ׳ [periferja] Peripherie *f*
פָּרִיץ ז׳ [parits] Räuber *m*, Gewaltmensch *m*; Gutsherr *m* (*im Munde der poln. Juden*)
פְּרִיצָה נ׳ [pritsa] Einbruch *m*, Durchbruch *m*, Ausbruch *m*
פְּרִיצוּת נ׳ [pritsut] Unmoralität *f*
פְּרִיקָה נ׳ [prika] Ausladen *n*, Abladen *n*, Entladen *n*
=פְּרִיקַת עֹל = Befreiung *f* vom Joch, v. Zwang
פָּרִיר ת׳ [parir] krümelig, bröcklig *Adj.*
=~רוּת נ׳ = Bröckeln *n*, Krümeln *n*
פָּרִישׁ ז׳ [pariʃ] Quitte *f*
פָּרִישׂ ת׳ [paris] dehnbar *Adj.*
פְּרִישָׁה נ׳ [priʃa] Absondern *n*; Ausscheiden *n*; (sich) Zurückziehen *n* in den Ruhestand, Rücktritt *m*
פְּרִישָׂה נ׳ [prisa] Streichen *n*
פְּרִישׁוּת נ׳ [priʃut] Zurückgezogenheit *f*; Enthaltsamkeit *f*
★=~ דֶּרֶךְ-אֶרֶץ = Keuschheit *f*
פֵּרֵךְ פיעל (לְפָרֵךְ) [pérax] *pi.* zerbrechen *v/t*
-הִפְרִיךְ הפ׳ - *hif.* widerlegen, Lügen strafen
=עֲבוֹדָה מְפָרֶכֶת = schwere Arbeit
פֶּרֶךְ ז׳ ['perex] Fron *f*, Zwang *m*
=עֲבוֹדַת-~ = Zwangsarbeit *f*
פִּרְכָה נ׳, פירכה [pirxa] Widerlegung *f*
פִּרְכּוּס ז׳, פירכוס [pirkus] Verschönerung *f*; Beschönigung *f*; Zappeln *n*
פַּרְכִּיל ז׳ [parkil] dünner Zweig mit Trauben
פִּרְכֵּס פיעל [pirkés] *pi.* verschönern; beschönigen; zappeln
פָּרֹכֶת נ׳, פרוכת [pa'roxet] (Tempel-)Vorhang *m*
פַּרְלָמֶנְ|ט ז׳ [parlament] Parlament *n*
=~טָרִי ת׳ = parlamentarisch *Adj.*

[pirsum] Bekanntmachen *n*, Veröffentlichen *n*, Veröffentlichung *f*; Berühmtheit *f* פִּרְסוּ|ם ז׳, פירסום
= Werbefachmann *m* ~=מַאי ז׳
= Reklame- ~=מִי ת׳
[prestiža] Prestige *n* פְּרֶסְטִיזְ׳ה נ׳ ראה גם: יְקָרָה
[parsi] persisch *Adj.* פַּרְסִי ת׳
[pirsém] *pi.* veröffentlichen, bekannt machen פִּרְסֵם פיעל
- *hit.* bekannt werden, berühmt werden -הִתְפַּרְסֵם הת׳
= berühmt *Adj.* =מְפֻרְסָם ת׳
[pir'somet] Reklame *f*; Werbung *f* פִּרְסֹמֶת נ׳, פירסומת
[parsan] behuft *Adj.*, mit Hufen פַּרְסָן ת׳
[perspektiva] Perspektive *f* פֶּרְסְפֶּקְטִי|בָה נ׳
= perspektivisch *Adj.* ~=בִי ת׳
[fresko] Freskomalerei *f* פְרֶסְקוֹ ז׳ ראה גם: תַּמְשִׁיחַ
[parsetan] große Hufe haben פַּרְסְתָן ת׳
[para'] *kal* Unruhe stiften, Pogrome veranstalten פָּרַע[1] פעל (לִפְרוֹעַ אֶת-, יִפְרַע)
- *hit.* wild werden, toben, ausfallend werden -הִתְפָּרַע הת׳ (לְהִתְפָּרֵעַ)
- *hif.* stören; j-n unterbrechen -הִפְרִיעַ הפ׳
= gestört *Adj.* =מֻפְרָע ת׳
[para'] *kal* (*Schuld*) begleichen, zahlen; vergelten; rächen, bestrafen פָּרַע[2] פעל (לִפְרוֹעַ אֶת-, יִפְרַע) (מִן-)
- *nif.* bezahlt werden, beglichen werden; mit j-m abrechnen, sich rächen, (*Böses*) vergelten -נִפְרַע נפ׳ (לְהִפָּרֵעַ) (מִן-)
= (*Wechsel*) einlösen, zahlen =פָּרַע שְׁטָר
['pera'] Haupthaar *n*, *bsd.* ungepflegtes Haar פֶּרַע ז׳
= (*Haare*) wild wachsen lassen =גִּדֵּל ~
[par'o] Pharao *m bibl.* פַּרְעֹה ז׳
= (*wörtl.* wir haben den Pharao =עָבַרְנוּ אֶת ~

[param] *kal* auftrennen (*an der Naht*) פָּרַם פעל (לִפְרוֹם אֶת-, יִפְרוֹם)
[premja] Prämie *f* פְּרֶמְיָה נ׳ ראה גם: פְּרָס
[ferment] Ferment *n* פֶרְמֶנְט ז׳
[permanenti] permanent *Adj.* פֶּרְמָנֶנְטִי ת׳
[farmakologja] Heilmittelkunde *f*, Pharmakologie *f* פַרְמָקוֹלוֹגְיָה נ׳
[paranoja] Paranoia *f Med.* פָּרָנוֹיָה נ׳
[pirnus] Ernähren *n*, (*Familie*) Erhalten *n* פִּרְנוּס ז׳
[pirnés] *pi.* ernähren, (*Familie*) erhalten פִּרְנֵס פיעל
- *hit.* sich ernähren -הִתְפַּרְנֵס הת׳
[parnas] Ernährer *m*; (Gemeinde-, Synagogen-)Vorsteher *m* פַּרְנָס ז׳
[parnasa] Ernährung *f*, Lebensunterhalt *m*; Auskommen *n*; Broterwerb *m* פַּרְנָסָה נ׳
[pirnék] *pi.* verwöhnen *v/t* פִּרְנֵק פיעל
[paras] *kal* (*Brot*) brechen, schneiden; zuteilen פָּרַס[1] פעל (לִפְרוֹס אֶת-, יִפְרוֹס)
= bei Anbruch des Festes =בִּפְרוֹס הֶחָג
[paras] *kal* ausbreiten, ausspannen; aufmarschieren lassen *Mil.* פָּרַס[2] פעל (לִפְרוֹס אֶת-, יִפְרוֹס)
- *hit* ausschwärmen *Mil.* -הִתְפָּרֵס הת׳
= e-e Kette bilden *Mil.* ~= בְּשַׁרְשֶׁרֶת
= *j-m* Grüße übermitteln =פָּרַס בִּשְׁלוֹם פְּלוֹנִי
[hifris] *hif.* Hufe bilden (פרס)[3] הִפְרִיס הפ׳
['peres] Bartgeier *m* (Gypaetus barbatus) *Zo.* פֶּרֶס ז׳
[pras] Preis *m*, Prämie *f*; Lohn *m*, Belohnung *f* פְּרָס ז׳
= Preisträger *m* =חֲתַן הַ~
[parsa] Huf *m*, Hufeisen *n* פַּרְסָה[1] נ׳
[parsa] Parasange *f* (*altes pers. Längenmaß, ca. 4 km*) ★פַּרְסָה[2] נ׳
['farsa] Farce *f* פַרְסָה נ׳

נַעֲבוֹר גַּם אֶת זֶה — ausgehalten, also schaffen wir es auch diesmal) *etwa* wir haben schon viel mitgemacht

(פרעה) פְּרָעוֹת נ״ר — [pra'ot] Judenverfolgungen *f/pl.*, Pogrome *m/pl.*

פֵּרָעוֹן ז׳, פירעון (פִּרְעוֹן-) — [péra'on] Einlösung *f* (*Wechsel*); Tilgung *f* (*Schuld*)

=יוֹם-~, זְמַן-~ — = Fälligkeitstermin *m*

פַּרְעוֹשׁ ז׳ — [par'oʃ] Floh *m* (Aphaniptera) *Zo.*

פֻּרְעָנוּת נ׳, פורענות — [pur'anut] Katastrophe *f*, Unglück *n*

פֻּרְעָנִי ת׳ — [pur'ani] katastrophal *Adj.*

פָּרַף פעל (לִפְרוֹף, יִפְרוֹף) — [paraf] *kal* zuknöpfen

פִּרְפּוּר ז׳ — [pirpur] Zappeln *n*; Schweben *n*

פָּרָפִין ז׳ — [parafin] Paraffin *n*

פָּרָפְּסִיכוֹלוֹגְיָה נ׳ — [parapsixologja] Parapsychologie *f*

פֶּרְפֶקְצְיוֹנִיסְט ז׳ — [perfektionist] Perfektionist *m*

פַּרְפַּר ז׳ — [parpar] Schmetterling *m*, Falter *m* (Lepidoptera) *Zo.*

=שְׂחִיַּת ~ — = Delfin-, Schmetterlingsstil *m Sp.*

פִּרְפֵּר פיעל — [pirpér] *pi.* zappeln; schweben

=~ בֵּין הַחַיִּים וּבֵין הַמָּוֶת — = zwischen Leben u. Tod schweben

פַּרְפָּרָנ|י ת׳ — [parperani] Schmetterlings-

=~ִיִּים ז״ר — = Schmetterlingsblütler *m/pl.* (Papilionatae) *Bot.*

פַּרְפֶּרֶת נ׳ (פַּרְפְּרָאוֹת) — [par'peret] Vorspeise *f*, Nachspeise *f*

פָּרַץ פעל (לִפְרוֹץ, יִפְרוֹץ) — [parats] *kal* brechen, durchbrechen; einbrechen; ausbrechen

-הִתְפָּרֵץ הת׳ — - *hit.* einbrechen, ausbrechen

=פָּרַץ גְּבוּל, ~ גָּדֵר — = (*Grenze*) durchbrechen

פֶּרֶץ ז׳ — ['perets] Riss *m*; Lücke *f*, Bresche *f*

=~-עָנָן — = Wolkenbruch *m*

=עָמַד בַּ~ — = in die Bresche springen *fig.*

=רוּחַ-פְּרָצִים — = Zugluft *f*

פִּרְצָה נ׳, פירצה — [pirtsa] Bresche *f*; Blöße *f*

=~ קוֹרְאָה לַגַּנָּב — = die offene Tür lockt den Dieb an; Gelegenheit macht Diebe

פַּרְצוּף ז׳ — [partsuf] Gesicht *n*, Aussehen *n*; Visage *f*, V Fresse *f*

=דּוּ-פַּרְצוּפִי ת׳ — = doppelzüngig, heuchlerisch, falsch *Adj.*

=עָשָׂה פַּרְצוּפִים — = Grimassen schneiden

פִּרְצֵל פיעל — [pirtsél] *pi.* parzellieren, Grundstücke in Teile teilen

פַּרְצֶלַצְיָה נ׳ — [partse'latsja] Parzellierung *f*

פַּרְצָנִי ת׳ — [partsani] impulsiv *Adj.*

פָּרַק פעל (לִפְרוֹק אֶת-, יִפְרוֹק) — [parak] *kal* abwerfen, abladen, ausladen

-פֵּרֵק פיעל (לְפָרֵק) — - *pi.* auseinander nehmen, zerlegen, auflösen, liquidieren, abbauen

-הִתְפָּרֵק הת׳ — - *hit.* sich entladen, sich entspannen; sich (*in s-e Teile*) auflösen; s-n Gefühlen freien Lauf lassen

=פָּרַק עֹל — = das Joch abwerfen, sich v. Zwang befreien

=פֵּרֵק אוֹתוֹ מִנִּשְׁקוֹ — = j-n entwaffnen

פֶּרֶק ז׳ — ['perek] Kapitel *n*; Gelenk *n*, Glied *n*

=~-זְמַן — = Zeitabschnitt *m*

=פִּרְקֵי-אָבוֹת — = "Pirké avot", Sprüche *m/pl.* der Väter (*volkstümlicher Mischnatraktat*)

=רָאשֵׁי-פְּרָקִים — = Thesen *f/pl.*, Kapitelüberschriften *f/pl.*, Zusammenfassung *f*

=לִפְרָקִים — = von Zeit zu Zeit, manchmal

=הִגִּיעַ לְפִרְקוֹ, הִגִּיעָה לְפִרְקָהּ — = heiratsfähig werden (*m, f*)

=עַל הַפֶּרֶק — = auf der Tagesordnung

=פָּתַח פֶּרֶק חָדָשׁ בְּ- — = ein neues Kapitel aufschlagen *fig.*

=הוּא יוֹדֵעַ פֶּרֶק בְּ- — = er weiß Bescheid in (*D*)

פַּרְק ז׳ — [park] Park *m*

פִּרְקֵד פיעל — [pirkéd] *pi.* auf den Rücken

= Scheideweg *m*, (*Weg*) Kreuzung *f* =פָּרָשַׁת-דְּרָכִים
= Wasserscheide *f* =~-מַיִם
= Wochenabschnitt *m* (*der Thora*) =~-הַשָּׁבוּעַ
= Verbindung *f*, Zusammengehörigkeit *f* von Themen =סְמִיכוּת פָּרָשִׁיּוֹת
= Begriffsverwirrung *f* =עֵרוּב ~
[paraʃut] Reitkunst *f* פָּרָשׁוּת נ׳
[parʃan] Ausleger *m*, Erklärer *m*, Kommentator *m* פַּרְשָׁן ז׳
= Auslegung *f*, Erklärung *f*, Kommentierung *f*, Exegese *f* =~נוּת נ׳
= exegetisch *Adj.* =~נִי ת׳
[pasa] *kal* sich ausbreiten, sich verbreiten פָּשָׂה פעל (לִפְשׂוֹת, יִפְשֶׂה)
[paʃut] einfach *Adj.*; halt, eben *Adv.* פָּשׁוּט ת׳
= Schlussbuchstabe (kaf, nun, pe, tsadi) =אוֹת פְּשׁוּטָה (ך,ן,ף,ץ)
= F Pöbel *m*, untere Bevölkerungsschicht *f* =פְּשׁוּטֵי עָם
= das ist halt so!, so ist das eben! =זֶה פָּשׁוּט כָּכָה!
[pʃut] einfache, wörtliche Bedeutung פְּשׁוּט ז׳
= im eigentlichen Sinne des Wortes =~וֹ כְּמַשְׁמָעוֹ
[piʃut] Vereinfachung *f*; Ausstrecken *n* פִּשּׁוּט ז׳, פישוט
[pisuk] Spreizen *n* פִּשּׂוּק ז׳, פישוק
= mit gespreizten Beinen =בְּפִשּׂוּק רַגְלַיִם
[piʃur] Schlichtung *f*; Abkühlen *n* פִּשּׁוּר ז׳, פישור
[paʃoʃ] zarter Sänger (Prinia gracilis) *Zo.* פָּשׁוֹשׁ ז׳
[paʃax] *kal* splittern, zerspringen פָּשַׁח פעל
[paʃat] *kal* (*Kleid*) ausziehen, (*Haut*) abziehen; ausstrecken; sich ausbreiten; überfallen *Mil.* פָּשַׁט פעל (לִפְשׁוֹט אֶת-, יִפְשׁוֹט) (עַל-)
- *pi.* vereinfachen -פִּשֵּׁט פיעל

legen *v/t*
- *hit.* sich auf den Rücken legen -הִתְפַּרְקֵד הת׳
[prakdan] auf dem Rücken liegend פְּרַקְדָּן ת׳
[pirkon] Erlösung *f* פִּרְקוֹן ז׳
[parket] Parkett *n* פַּרְקֶט ז׳
[prakti] praktisch *Adj.* פְּרַקְטִ|י ת׳
= Praktikabilität *f* =~יּוּת נ׳
= Praxis *f* =~יקָה נ׳
[praklit] Rechtsanwalt *m;* Verteidiger *m* פְּרַקְלִיט ז׳
= Staatsanwalt *m* =~-הַמְּדִינָה
= Anwaltschaft *f* =~וּת נ׳
= Staatsanwaltschaft *f* =~וּת הַמְּדִינָה
[prakmatja] Ware *f*; Handel *m* ★פְּרַקְמַטְיָה נ׳
[purkan] Entspannung *f* פֻּרְקָן ז׳, פורקן
[héfér] *hif.* brechen *fig.* (פרר) הֵפֵר הפ׳
- *pi.* zerbrechen, zerbröckeln *v/t* -פּוֹרֵר, פֵּרֵר פיעל
- *hit.* zerbrechen, zerbröckeln *v/i*, sich auflösen, auseinander fallen -הִתְפּוֹרֵר הת׳
[péraʃ] *pi.* erklären, auslegen, genau bezeichnen פֵּרֵשׁ[1] פיעל (לְפָרֵשׁ אֶת-)
- *hit.* erklärt werden, s-e Erklärung finden -הִתְפָּרֵשׁ הת׳
= der unaussprechliche Name Gottes =שֵׁם הַמְפֹרָשׁ
[paraʃ] *kal* sich absondern, ausscheiden *v/i*, sich zurückziehen, sich ausschließen; abdanken, in den Ruhestand treten פָּרַשׁ[2] פעל (לִפְרוֹשׁ מִן-, יִפְרוֹשׁ)
- *hif.* ausscheiden, absondern *v/t* -הִפְרִישׁ הפ׳
[paras] *kal* ausbreiten; spannen פָּרַשׂ פעל (לִפְרוֹשׂ אֶת-, יִפְרוֹשׂ)
- *hit.* ausschwärmen *Mil.* -הִתְפָּרֵשׂ הת׳
= unter s-e Fittiche nehmen *fig.* =פָּרַשׂ כְּנָפוֹ עַל-
['pereʃ] Kot *m*, Exkremente *n/pl.* ★פֶּרֶשׁ ז׳
[paraʃ] Reiter *m*; Ritter *m* פָּרָשׁ ז׳
[paraʃa] Affäre *f*, Angelegenheit *f*; Kapitel *n* פָּרָשָׁה נ׳ (פָּרָשׁוֹת, גם: פָּרָשִׁיּוֹת)

-הִתְפַּשֵּׁט הת' - *hit*. sich ausziehen; sich ausbreiten; sich ausdehnen
-הִפְשִׁיט הפ' - *hif*. ausziehen *v/t*; abstrahieren; (*Haut*) abziehen
=מֻפְשָׁט ת' = abstrakt *Adj*.
=פָּשַׁט יָד = betteln
=~ עוֹר = (*Haut*) abziehen; wuchern (*Geld*)
=~ צוּרָה וְלָבַשׁ צוּרָה = die Form wechseln
=~ אֶת הָרֶגֶל = Bankrott machen, Konkurs erklären
פְּשָׁט ז' [pʃat] einfache, wörtliche Bedeutung des Bibeltextes
פַּשְׁטוּת נ' [paʃtut] Einfachheit *f*
=בְּפַשְׁטוּת ת"פ = einfach *Adv*.
פַּשְׁטִידָה נ' [paʃtida] Pastete *f*, Auflauf *m*
פַּשְׁטָן ז' [paʃtan] Erläuterer *m*, Kommentator *m*
פַּשְׁטָ|נוּת נ' [paʃtanut] Vereinfachung *f*, Simplifizierung *f*
=~נִי ת' = vereinfacht, simplifiziert *Adj*.
פָשִׁיזְם ז' [faʃizm] Faschismus *m*
=פָשִׁיס|ט ז' = Faschist *m*
=~טִי ת' = faschistisch *Adj*.
פְּשִׁיחָה נ' [pʃixa] Riss *m*, Spalte *f*
פְּשִׁיטָה נ' [pʃita] feindlicher Einfal *Mil*., Razzia *f*; Häutung *f*
=פְּשִׁיטַת-יָד = Betteln *n*
=~-רֶגֶל = Bankrott *m*, Konkurs *m*, Pleite *f*
=~-עוֹר = Häuten *n*; Wucher *m*
פְּשִׁיטוּת נ' [pʃitut] Einfachheit *f*
=בִּפְשִׁיטוּת ת"פ = einfach *Adv*.
פְּשִׁיעָה נ' [pʃi'a] Begehen *n* e-s Verbrechens; Kriminalität *f*
פְּשִׁירָה נ' [pʃira] Abkühlen *n*
(פשל) **הִפְשִׁיל** הפ' [hifʃil] *hif*. aufkrempeln
-פִּשֵּׁל פיעל (סלנג) - *pi*. scheitern, sich blamieren
פַּשְׁלָה נ' (סלנג) [faʃla] Blamage *f*
=עָשָׂה ~ = sich blamieren, Mist bauen F

פָּשַׁע פעל (לִפְשׁוֹעַ בְּ, יִפְשַׁע) [paʃa'] *kal* sündigen, ein Verbrechen begehen
=נִפְשָׁע ת' = verbrecherisch *Adj*.
פֶּשַׁע ז' ['peʃa'] Verbrechen *n*, Sünde *f*, Frevel *m*
★**פֶּשַׂע** ז' ['pesa'] Schritt *m*
=כְּפֶשַׂע בֵּין... וּבֵין... = nur ein kleiner Schritt von ... zu ...
פִּשְׁפּוּשׁ ז' [piʃpuʃ] Herumwühlen *n*, Durchsuchen *n*
פִּשְׁפֵּשׁ ז' [piʃpéʃ] Wanze *f* (Heteroptera) *Zo*.
=~-הַמִּטָּה = Bettwanze *f* (Cimex lectularius) *Zo*.
=שׁוּק הַ~ים = Flohmarkt *m*
פִּשְׁפָּשׁ ז' [piʃpaʃ] Pförtchen *n*; Gartentor *n*, Seitentür *f*
פִּשְׁפֵּשׁ פיעל [piʃpéʃ] *pi*. herumwühlen, durchstöbern, genau untersuchen; F Pipi machen
=~ בְּמַעֲשָׂיו = s-e eigenen Taten prüfen, in sich gehen
פָּשַׂק פעל (לִפְשׂוֹק, יִפְשׂוֹק) [pasak] *kal* weit öffnen
-פִּשֵּׂק פיעל - *pi*. spreizen
פָּשַׁר פעל (לִפְשׁוֹר, יִפְשׁוֹר) [paʃar] *kal* auftauen, schmelzen *v/i*; lau werden
-פִּשֵּׁר פיעל - *pi*. vermittlen, Kompromiss herbeiführen; erklären
-הִתְפַּשֵּׁר הת' - *hit*. sich einigen, Kompromiss schließen
-הִפְשִׁיר הפ' - *hif*. schmelzen *v/t*, auftauen lassen; lauwarm machen
פֵּשֶׁר ז' ['péʃer] Bedeutung *f*; Erklärung *f*
פְּשָׁרָה נ' [pʃara] Kompromiss *m*, Ausgleich *m*
פַּשְׁרָ|ן ז' [paʃran] Vermittler *m*
=~נוּת נ' = Kompromissbereitschaft *f*
=~נִי ת' = kompromissbereit *Adj*.
פִּשְׁתָּ|ה נ' (פִּשְׁתִּים) [piʃta] Flachs *m* (Linum) *Bot*.

=~ן ז' — = Leinen *n*

=~נִית נ' — = Leinkraut *n* (Linaria) *Bot.*

פַּת נ' (פִּתִּים) — [pat] Brocken *m*, Bissen *m* (*bsd. Brot)*

=~-בַּג — = Delikatessen *f/pl.*

=~-לֶחֶם — = Stück *n* Brot

★=~-מִנְחָה — = Vesper *f*, Jause *f*

★=~-עַרְבִית — = Abendbrot *n*

★=~-שַׁחֲרִית — = Frühstück *n*

=פִּתִּים נ"ר — = Brotbrocken *m/pl.*

פֹּת נ', פות — [pot] Vagina *f*, Scheide *f (Vulva) Anat.*

פִּתְאוֹם ת"פ — [pit'om] plötzlich *Adv.*

=לְפֶתַע ~ — = ganz plötzlich

=מַה ~?! — = wieso denn?!

=פִּתְאוֹמִ|י ת' — = plötzlich *Adj.*

=~יּוּת נ' — = Plötzlichkeit *f*

פַּתַּאי ז' — [pataj] Verführer *m*

פִּתְגָּם ז' — [pitgam] Sprichwort *n*

פִּתָּה נ' — [pita] (*orientalisches*) Fladenbrot *n*

פָּתָה פעל (לִפְתּוֹת, יִפְתֶּה) — [pata] *kal* einfältig sein

-פִּתָּה פיעל (לְפַתּוֹת אֶת-) — - *pi.* verführen *v/t*

-הִתְפַּתָּה הת' (לְהִתְפַּתּוֹת) — - *hit.* sich verführen lassen

פָּתוּחַ1 ת' — [pa'tuax] geöffnet, offen, aufgeschlossen *Adj.*

פָּתוּחַ2 ת' (אַ) — [pa'tuax] mit "Patach" (*Vokalzeichen A*) punktiert

פִּתּוּחַ1 ז', פיתוח — [pi'tuax] Entwickeln *n*

=עֲיָרַת ~ — = wachsende Kleinstadt *f*

פִּתּוּחַ2 ז', פיתוח — [pi'tuax] Eingraben *n*, Gravieren *n*

=~-נְחֹשֶׁת — = Kupferstich *m*

פִּתּוּי ז', פיתוי — [pituj] Verführung *f*

פָּתוּךְ ת' — [patux] gemischt *Adj.*

פִּתּוּל ז', פיתול — [pitul] Windung *f*, Drehung *f*, Torsion *f*

פָּתוֹלוֹ|ג ז' — [patolog] Pathologe *m*

=~גִי ת' — = krankhaft *Adj.*

=~גְיָה נ' — = Pathologie *f*

פָּתוֹס ז' — [patos] Pathos *n*

פָּתוּר ת' — [patur] gelöst *Adj.* (*Rätsel*)

פְּתוֹת ז' (פְּתוֹתִים) — [ptot] Flocke *f*; Brösel *m*

=פְּתוֹתֵי-שֶׁלֶג — = Schneeflocken *f/pl.*

פָּתַח1 פעל (לִפְתּוֹחַ אֶת-, בְּ-, יִפְתַּח) — [patax] *kal* öffnen, aufmachen; beginnen; eröffnen

-פִּתַּח פיעל (לְפַתֵּחַ) — - *pi.* entwickeln *v/t*; lösen *(Knoten)*

-הִתְפַּתֵּחַ הת' (לְהִתְפַּתֵּחַ) — - *hit.* sich entwickeln

=פָּתַח בְּאֵשׁ — = das Feuer eröffnen *Mil.*

=פָּתַח פֶּתַח לִפְלוֹנִי — = j-m etwas ermöglichen, den richtigen Weg zeigen *fig.*

=~ פִּיו לַשָּׂטָן — = den Teufel an die Wand malen *fig.*

פִּתַּח2 פיעל (לְפַתֵּחַ אֶת-) — [pitax] *pi.* entwickeln *Fot.*; gravieren

פֶּתַח ז' — ['petax] Öffnung *f*, Türöffnung *f*

=~-דָּבָר — = Vorwort *n*

=חָזַר עַל הַפְּתָחִים — = von Haus zu Haus gehen, hausieren, betteln

פַּת"ח ר"ת: פִּקְדוֹנוֹת תּוֹשָׁבֵי-חוּץ — [patax] *Kurzw.* Fremdwährungseinlage *f Fin.*

פַּתָּח ז' (אַ) — [patax] Vokalzeichen A

=חֲטַף-~(אֲ) — = flüchtiges Patach (*mit Schwa*)

פִּתְחָה נ' — [pitxa] weite Ebene

פִּתְחוֹן-פֶּה ז' — [pitxon-pe] Vorwand *m*, Ausrede *f*

פָּתֶטִי ת' — [pateti] pathetisch *Adj.*

פֶּתִי ז' (פְּתָיָה, פְּתָאִים, פְּתָיוֹת) — ['peti] Einfältiger *m*, Tor *m*

פְּתִי ז' — [peti] Dummheit *f*, Einfältigkeit *f*

פְּתַיָּה נ' — [ptaja] Einfältige *f*

פִּתָּיוֹן ז', פיתיון (פִּתְיוֹנִים) — [pitajon] Köder *m*, Lockvogel *m*

פְּתַיּוּת נ' — [ptajut] Dummheit *f*, Einfältigkeit *f*

פָּתִיחַ ז"ת — [pa'tiax] umgepflügtes Land *n*;

Einführung *f*

פְּתִי|חָה נ׳ [ptixa] Eröffnung *f*, Öffnen *n*; Ouvertüre *f*; Zeileneinzug *m Typ.*

=~חוּת נ׳ = Bereitschaft *f*, Offensein *n*, Empfänglichkeit *f*, Aufgeschlossenheit *f*

פְּתִיכָה נ׳ [ptixa] Mischung *f*

פְּתִי|ל ז׳ [ptit] Schnur *f*, Zündschnur *f*

=~לָה נ׳ = Docht *m*

=~לִיָּה נ׳ = Petroleumkocher *m*

פְּתִילוֹן ז׳ [ptilon] Filzstift *m*

פַּתְיָ|ן, ~נִי ת׳ [patjan] verführerisch *Adj.* Verführer *m*

פָּתִיר ת׳ [patir] lösbar *Adj.*

פְּתִירָה נ׳ [ptira] Lösen *n* (*Rätsel*)

פָּתִית ז׳ [patit] Brösel *m*

=פְּתִיתִים ז״ר = Teigstückchen *n/pl.*

פָּתַל פעל (לִפְתּוֹל אֶת-, יִפְתּוֹל) [patal] *kal* drehen, winden

-הִתְפַּתֵּל הת׳ - *hit.* sich winden

פַּתְלָן ת׳ [patlan] unbeständig *Adj.*

פְּתַלְתֹּל ת׳, פתלתול [ptaltol] launisch, wankelmütig; krumm *Adj.*

פֶּתֶן ז׳ ['peten] Otter *f*, Viper *f*, Giftschlange *f* (Naja) *Zo.*

=~ שָׁחוֹר = Wüstenkobra *f Zo.*

פֶּתַע ת״פ ['peta'] plötzlich *Adv.*

=בְּפֶתַע, לְ~ = plötzlich *Adv.*

=בְּ~ פִּתְאֹם, לְ~ פִּתְאֹם = ganz plötzlich

=הַתְקָפַת-פֶּתַע = Überraschungsangriff *m*, Überrumpelung *f Mil.*

(פתע) הִפְתִּיעַ הפ׳ [hif'tia'] *hif.* überraschen

=בְּמַפְתִּיעַ ת״פ = überraschend, unvorhergesehen *Adv.*

פִּתְפּוּת ז׳ [pitput] Krümel *m*; Fetzen *m*

=פִּתְפּוּתֵי בֵּיצִים = Unsinn *m*, Geschwätz *n*

פִּתֵּק פיעל [piték] *pi.* verzetteln, e-e Zettelkartei anlegen

פֶּתֶק ז׳ (פְּתָקִים) ['petek] Zettel *m* (*mit Nachricht*)

פִּתְקָה נ׳ (פִּתְקָאוֹת) [pitka] Zettel *m*, kurze Mitteilung *f*

פָּתַר פעל (לִפְתּוֹר אֶת-, יִפְתּוֹר) [patar] *kal* (*Rätsel, Problem usw.*) lösen

פִּתְרוֹן ז׳, פיתרון (פִּתְרוֹנִים, גם: פִּתְרוֹנוֹת) [pitron] Lösung *f*

=לֵאלֹהִים פִּתְרוֹנִים = Gott allein weiß die Lösung

=הַפִּתְרוֹן הַסּוֹפִי = Endlösung *f Pol.*

פָּתַת פעל (לִפְתּוֹת אֶת-, יִפְתּוֹת) [patat] *kal* zerkrümeln, zerbröckeln *v/t*

צ

צ 'Tsadi' *(Z)*, 18. Buchstabe des hebr. Alphabets; Zeichen der Zahl 90

=ץ = Schluss-Zadi (*am Schluss des Wortes*)

=צ' = Umschrift für fremdsprachliches ch=tsch (*z.B. Churchill*)

צְאֶינָה וּרְאֶינָה [ts'ena ur'ena] Name e-s volkstümlichen religiösen Buches für Frauen

צֶאֱלוֹן ז' [tse'elon] Flammenbaum *m*, Poinciana regia (Delonix) *Bot.*

צֹאן נ"ר [tson] Kleinvieh *n Koll. bibl.*

=~-בַּרְזֶל, נִכְסֵי-~-בַּרְזֶל = unveräußerliches Gut, ewige Werte *m/pl.*

=~ מַרְעִית = *wörtl.* die anvertraute Herde; Gemeinde *f*

צֶאֱצָא ז' (צֶאֱצָאִים) [tse'etsa'] Nachkomme *m*

צָב ז' (צַבִּים) [tsav] Schildkröte *f* (Chelonia) *Zo.*

=בְּצַעֲדֵי-~ = im Schneckentempo *fig.*

צָבָא ז' (צְבָאוֹת, צִבְאוֹת-) [tsava'] Heer *n*, Militär *n*

=צְבָא-הֲגַנָּה-לְיִשְׂרָאֵל (צַהַ"ל) = "Zahal", Israels Verteidigungsarmee

=~-סָדִיר = reguläre Armee

=~-עֲבוֹדָה = Arbeitstruppen *f/pl.*

=~-קֶבַע = stehendes Heer, Berufsmilitär *n*

=~-מִלּוּאִים = Reservearmee *f*

=~-הַשָּׁמַיִם = himmlische Heerscharen *f/pl. bibl.*

=אִישׁ-צָבָא = Soldat *m*

=גִּיל-~ = Militäralter *n*

=יוֹצֵא-~ = Person *f*, deren Militärdienst beendet ist

=ה' צְבָאוֹת = Gott *m* der Heerscharen *bibl.*

צָבָא פעל (לִצְבּוֹא, יִצְבָּא) [tsava'] *kal* sich scharen, sich versammeln

=מַצְבִּיא ז' = Heerführer *m*, Befehlshaber *m*

צְבָאִי ת' [tsva'i] militärisch *Adj.*

=דֹּאַר ~ = Feldpost *f*

=מִמְשָׁל ~ = Militärverwaltung *f*

=מִשְׁטָרָה ~ת = Militärpolizei *f*

=נִסְפָּח ~ = Militärattaché *m*

=שׁוֹטֵר ~ = Militärpolizist *m*

=צְבָאִיּוּת נ' = Militärgeist *m*

=צְבָאָנִי ת' = militaristisch *Adj.*

צָבָה פעל (לִצְבּוֹת, יִצְבֶּה) [tsava] *kal* anschwellen *v/i*

★צָבֶה ת' [tsave] geschwollen *Adj.*

צָבוּט ת' [tsavut] gekniffen, gequetscht *Adj.*

צָבוּי ת' [tsavuj] geschwollen, angeschwollen *Adj.*

צִבּוּי ז' [tsibuj] Schwellung *f*, Aufblähung *f*

צָבוּ|עַ ת' [tsa'vua'] gefärbt; heuchlerisch *Adj.*

צָבוֹ|עַ ז' [tsa'voa'] Hyäne *f Zo.*

צָבוּר ת' [tsavur] angesammelt, angehäuft *Adj.*

צִבּוּר ז', צִיבּוּר [tsibur] Allgemeinheit *f*, Öffentlichkeit *f*, Publikum *n*; Haufen *m*

=אֵימַת-הַצִּבּוּר = Lampenfieber *n*

=הַיְדוּעָה בַּצִּבּוּר = Frau, die in wilder Ehe lebt

=זִמְרָה (שִׁירָה) בְּ-~ = offenes Singen (*bsd. israelische Volkslieder*)

=יַחֲסֵי-~ = Public Relations *pl.*, Beziehungen *f/pl.* zum Publikum, Werbetätigkeit *f*

=שְׁלִיחַ-~ = Vorbeter *m*

=תְּפִלָּה בְּ-~ = gemeinsames Gebet

צִבּוּרִ|י ת' [tsiburi] öffentlich, allgemein *Adj.*

=עֲבוֹדוֹת צִבּוּרִיּוֹת = Arbeiten *f/pl.* der öffentlichen Hand

=~יּוּת נ׳ = Öffentlichkeit *f*

צְבוּת נ׳ [tsvut] Schwellung *f*

צָבַט פעל (לִצְבּוֹט אֶת-, יִצְבּוֹט) [tsavat] *kal* zwicken, kneifen

-נִצְבַּט נפ׳ (לְהִצָּבֵט) - *nif.* gekniffen werden

=נִצְבַּט הַלֵּב = sich erbarmen, Mitleid haben

צֶבֶט ז׳ [tsevet] Kniff *m*

=מִשְׁקְפֵי ~ = Kneifer *m* (*Brille*)

צְבִי¹ ז׳ (צְבָיִים גם: צְבָאִים) (אַיָּל) [tsvi] Gazelle *f* (Bock); irrtümlich: Hirsch *m*

=הִנִּיחַ מְעוֹתָיו עַל קֶרֶן הַצְּבִי = Geld in zweifelhaften Geschäften anlegen

★צְבִי² ז׳ [tsvi] Pracht *f*, Herrlichkeit *f*

=אֶרֶץ-הַצְּבִי = Beiname für das Land Israel

צְבִיאָה נ׳ [tsvi'a] Ansammlung *f*

צְבִיָּה נ׳ (צְבָאוֹת גם: צְבִיּוֹת) [tsvija] Hirschkuh *f*, Gazelle *f*

צִבְיוֹן ז׳ [tsivjon] Eigenart *f*, Charakter *m*

צְבִיטָה נ׳ [tsvita] Kneifen *n*, Kniff *m*

צְבִיעָה נ׳ [tsvi'a] Färben *n*

צְבִיעוּת נ׳ [tsvi'ut] Heuchelei *f*, Falschheit *f*

צָבִיר ת׳ [tsavir] sich ansammelnd, sich anhäufend *Adj.*

צְבִירָה נ׳ [tsvira] Ansammeln *n*

=מַצַּב-~ = Aggregatzustand *m*

צָבַע¹ פעל (לִצְבּוֹעַ אֶת-, יִצְבַּע) [tsava'] *kal* färben; anstreichen

(צבע)² הִצְבִּיעַ הפ׳ (עַל-) [hits'bia'] *hif.* abstimmen, sich melden (*durch Handzeichen*), *Pol.* wählen; hinweisen *auf (Akk.)*

צֶבַע ז׳ ['tseva'] Farbe *f*

=~-מָגֵן = Tarnfarbe *f*

=~-מַיִם = Wasserfarbe *f*; Aquarell *n*

=שְׁלַל צְבָעִים = Farbenreichtum *m*

צַבָּע ז׳ [tsaba'] Anstreicher *m*, Maler *m*

צִבְעוֹן ז׳ [tsiv'on] Farbe *f*, Farbton *m*

צִבְעוֹנוּת נ׳ [tsiv'onut] Buntheit *f*

=~נִי ת׳, ז׳ = bunt, farbig *Adj.*; Tulpe *f Bot.*

=~נִיּוּת נ׳ = Buntheit *f*, Farbigkeit *f*

צַבָּעוּת נ׳ [tsaba'ut] Malerhandwerk *n*

צִבְעִי ת׳ [tsiv'i] chromatisch *Adj.*

צִבְעָן ז׳ [tsiv'an] Pigment *n*

צָבַר פעל (לִצְבּוֹר אֶת-, יִצְבּוֹר) [tsavar] *kal* ansammeln *v/t*

-הִצְטַבֵּר הת׳ - *hit.* sich ansammeln

צֶבֶר ז׳ ['tsever] Stapel *m*, Haufen *m*; Sporenhäufchen *n Bot.*

צֹבֶר ז׳, צובר ['tsover] Ansammlung *f*

=בְּ~, מִטְעָן בְּ~ ראה גם: תִּפְזֹרֶת = in losen Haufen, unverpackt; lose Ladung

צַבָּר¹ ז׳ (צַבָּרִים) [tsabar] Feigenkaktus *m* (Opuntia) *Bot.*

צַבָּר² ז׳ (צַבָּרִים) [tsabar] "Zabar" (Sabre), Beiname der in Israel Geborenen

=~וּת נ׳ = Eigenschaften *f/pl.* des Sabre

=צַבָּרִי ת׳ = wie ein Sabre

=צַבָּרִית נ׳ = "Zabarit", Beiname der weiblichen in Israel Geborenen

צָבַת פעל (לִצְבּוֹת, יִצְבּוֹת) [tsavat] *kal* fest anpacken

צֶבֶת ז׳ ראה גם: מַלְקֶט ['tsevet] Pinzette *f*

צְבָת נ׳ (צְבָתוֹת, גם צְבָתַיִם) [tsvat] Zange *f*

=~ בְּ~ עֲשׂוּיָה = *wörtl.* Zange wird mit Zange gemacht; alles hat seinen Grund

צִבֵּת פיעל [tsibét] *pi.* kreuzweise pflügen

צַבְתָּן ז׳ [tsavtan] Ohrwurm *m* (Forficulidae) *Zo.*

צָג ז׳ [tsag] Display *n*, Anzeige *f*

צַד ז׳ (צְדָדִים, צִדֵּי-) [tsad] Seite *f*, Flanke *f*; Partei *f* (*im Streit*)

=הַצִּדָּה! = zur Seite!

=צַד בְּ~ = nebeneinander

=בְּ~ = neben; beiseite, weg F

=מִן הַצַּד = nebenbei

=מִ~ אֶחָד... וּמִ~ שֵׁנִי = einerseits - andrerseits

schaft des Zadik); Aufrichtigkeit *f*, Ehrlichkeit *f*

[tsadik] Tsadik (Z), 18. Buchstabe des hebr. Alphabets — צַדִּיק[2] נ׳

[hits'dia'] *hif.* salutieren *Mil.* — (צדע) הִצְדִּיעַ הפ׳

['tseda'] Schläfe *f* — צֶדַע ז׳

['tsedef] Muschel *f* — צֶדֶף ז׳

= Auster *f* (Lamellibranchiata) *Zo.* — =צִדְפָּה נ׳

= Perlmuschel *f* — =צִדְפַּת-הַפְּנִינִים

[tsidpi] Schildpatt-, Perlmutt- — צִדְפִּי ת׳

[tsadak] *kal* gerecht sein; Recht haben — צָדַק פעל (לִצְדּוֹק, יִצְדַּק)

- *pi.* rechtfertigen; freisprechen — -צִדֵּק פיעל

- *hit.* sich rechtfertigen, sich entschuldigen (*für*) — -הִצְטַדֵּק הת׳

- *hif.* rechtfertigen, entschuldigen *v/t* — -הִצְדִּיק הפ׳

= gerecht urteilen — =צִדֵּק אֶת הַדִּין

= das Urteil annehmen *(Rel.)* — =הִצְדִּיק (צִדֵּק) עָלָיו אֶת הַדִּין

[tsadék] legitim, berechtigt *Adj.* — צָדֵק ת׳

['tsedek] Gerechtigkeit *f* — צֶדֶק[1] ז׳

= du hast Recht — =הַצֶּדֶק אִתְּךָ (עִמְּךָ)

= Proselyt *m* (*zum Judentum*) aus Überzeugung — =גֵּר-צֶדֶק

= Ehrenwort *n* — =הֵן-~

= rabbinisches Gericht — =בֵּית-דִּין ~

= Oberster Gerichtshof, Verwaltungsgericht *n* — =בֵּית-הַמִּשְׁפָּט הַגָּבוֹהַּ לְ~ (בַּגַ״ץ)

['tsedek] Jupiter *m Astr.* — צֶדֶק[2] ז׳

[tsdaka] Wohltätigkeit *f* — צְדָקָה נ׳

= Wohltäter *m* — =בַּעַל-~

= Spendenaktion *f* für Bedürftige; sozialer Hilfsfonds *m* — =קֻפָּה שֶׁל ~

[tsdékut] Legitimität *f* — צְדֵקוּת נ׳

[tsidkut] große Gerechtigkeit *f* — צִדְקוּת נ׳

[tsidkan] Gerechter *m*, Frommer *m* — צִדְקָן ז׳

[tsidkani] frömmelnd, scheinheilig *Adj.* — צִדְקָנִי ת׳

[tsa'deket] fromme, wohltätige Frau — צַדֶּקֶת נ׳

= e-e Seite der Medaille — =צַד אֶחָד שֶׁבַּמַּטְבֵּעַ

= Gegenpartei *f* — =הַצַּד שֶׁכְּנֶגֶד

= das Gemeinsame — =הַ~ הַשָּׁוֶה

= aufs Beste, so gut wie möglich — =עַל הַ~ הַיּוֹתֵר טוֹב

= abseits stehen — =עָמַד מִן הַ~

= zur Seite — =לִצְדָדִים

= er ist befangen, nicht objektiv — =פְּלוֹנִי הוּא צַד בַּדָּבָר

[tsidéd] *pi.* zur Seite neigen; zur Seite stehen, unterstützen; der gleichen Meinung sein — צִדֵּד פיעל (בְּ)

- *hit.* zur Seite gehen — -הִצְטַדֵּד הת׳

[tsdadi] seitlich; nebensächlich *Adj.* — צְדָדִי ת׳

= einseitig *Adj.* — =חַד-~

= vielseitig *Adj.* — =רַב-~

= Einseitigkeit *f* — =חַד-צְדָדִיּוּת

= Vielseitigkeit *f* — =רַב-~

[tsidud] Neigung *f* zur Seite — צִדּוּד ז׳, צידוד

[tsdudit] Profil *n*, Silhouette *f* — צְדוּדִית נ׳

[tsiduk] Rechtfertigung *f* — צִדּוּק ז׳, צידוק

= Rechtfertigung *f* des göttlichen Gerichts (*Gebet bei Beerdigung*) — =~-הַדִּין

[tsadoki] Sadduzäer *m* (*konservative Partei z. Zt. des 2. Tempels*) — צָדוֹקִי ז׳

[tsidi] Seiten-; seitlich *Adj.* — צִדִּי ת׳

[tsadi] Tsadi (Z), 18. Buchstabe des hebr. Alphabets — צָדִי נ׳

[tsdida] Abdriften *n Mar.* — צְדִידָה נ׳

[tsadik] Gerechte(r) *m*, "Zadik" *m* (*Titel des chassidischen Rabbis*) — צַדִּיק[1] ז׳

= die 36 Gerechten (*auf denen die Welt steht*) — =ל״ו צַדִּיקִים

= *wörtl.* der Gute hat's schwer, der Böse hat's leicht; Undank ist der Welt Lohn — =צַדִּיק וְרַע לוֹ, רָשָׁע וְטוֹב לוֹ

= der Zadik kennt die Seele s-r Mitmenschen — =יוֹדֵעַ צַדִּיק נֶפֶשׁ בְּהֶמְתּוֹ

= Rechtschaffenheit *f* (*Eigen-* — =~וּת נ׳

(צהב) הִצְהִיב הפ׳ — [hitshiv] *hif.* gelb werden, vergilben

צָהֹב ת׳, צהוב — [tsahov] gelb *Adj.*

=עִתּוֹנוּת צְהֻבָּה — = Boulevardpresse *f*

=קַדַּחַת ~ — = Gelbfieber *n Med.*

צֹהַב ז׳, צוהב — ['tsohav] gelbe Farbe, Gelb *n*

צְהַבְהַב ת׳ — [tsehavhav] gelblich *Adj.*

צַהֶבֶת נ — [tsa'hevet] Gelbsucht *f* (Icterus) *Med.*

צְהִילָה נ — [tsehila] Wiehern *n*

צְהִירָה נ — [tsehira] Kulmination *f*, Erreichen *n* des Scheitelpunktes *Astr.*

צָהַל פעל (לִצְהוֹל, יִצְהַל) — [tsahal] *kal* wiehern; jauchzen, jubeln

=צָהֲלוּ פָּנָיו — = sein Gesicht strahlte

צַה״ל ר״ת: צְבָא-הֲגַנָּה-לְיִשְׂרָאֵל — ['tsahal] *Kurzw.* israelische Verteidigungsarmee

צָהֳלָה נ׳ — [tsohola] Jubel *m*, Freudengeschrei *n*, Jauchzen *n*; Wiehern *n*

(צהר) הִצְהִיר הפ׳ — [hitshir] *hif.* verkünden, erklären, deklarieren

צֹהַר ז׳, צוהר — ['tsohar] Lichtöffnung *f*, Luke *f*, Oberlicht *n*; Weiße *n*, Helligkeit *f*; Zenit *m Astr.*

צָהֳרוֹן ז׳, צהרון — [tsohoron] Tageszeitung *f* (*Mittagsausgabe*)

צָהֳרַיִם ז״ז, צוהריים — [tsoho'rajim] Mittag *m*

=אֲרוּחַת-~ — = Mittagessen *n*, Mittagbrot *n*

=לִפְנֵי הַצָּהֳרַיִם — = vormittags

=אַחֲרֵי הַ~ — = nachmittags

=מִשְׁכַּב צָהֳרַיִם, מְנוּחַת-~ — = Mittagsschlaf *m*, Siesta *f*

=קַו-הַצָּהֳרַיִם — = Meridian *m*, Mittagslinie *f*

צַו ז׳ — [tsav] Befehl *m*, Order *f;* Notwendigkeit *f*

=~-מְנִיעָה — = gerichtliches Unterlassungsgebot *Jur.*

=~ עַל-תְּנַאי — = einstweilige Verfügung *Jur.*

=~-תְּנוּעָה — = Fahrtausweis *m Mil.*

צוֹאָה נ׳ — [tso'a] Stuhlgang *m*

צַוָּאָה נ׳, צוואה — [tsava'a] Testament *n*, letzter Wille

צַוָּאר ז׳, צוואר — [tsavar] Hals *m*

=צַוַּאר-בַּקְבּוּק — = Flaschenhals *m*; enger Durchgang, Engpass *m*

=נָפַל עַל צַוְּארֵי פְּלוֹנִי — = *j-m* um den Hals fallen

=נִרְדַּף עַל צַוָּארוֹ — = (*ständig*) verfolgt werden

=עָלַי וְעַל צַוָּארִי — = auf meine Verantwortung

=נָתַן (תָּלָה) אֶת הַקּוֹלָר בְּצַוַּאר פְּלוֹנִי — = *j-m* die Schuld zuschieben

צַוָּארוֹן ז׳ — [tsavaron] Kragen *m*

=בַּעֲלֵי ~ כָּחֹל — =Arbeiterschicht *f*

=(בַּעֲלֵי) ~ לָבָן — = Angestellter, Beamter *m*; Büromensch *m* F

צוֹבֶל ז׳ — [tsobel] Zobel *m* (Mustela) *Zo.*

צוֹבֵעַ ז׳ — [tso'vea'] Maler *m*, Färber *m*

(צוד) צָד פעל (לָצוּד) — [tsad] *kal* jagen, fangen

-נִצּוֹד נפ׳ (לְהִצּוֹד) — - *nif.* gefangen werden

-צוֹדֵד פיעל — - *pi.* fangen

=~ לֵב — = das Herz gewinnen *fig.*

צוֹדֵק ת׳ — [tsodék] Recht habend, gerecht *Adj.*

צִוָּה פיעל (לְ-, עַל-) (אֶת-, לְ-) — [tsiva] *pi.* befehlen; hinterlassen, vermachen (*im Testament*)

-נִצְטַוָּה הת׳ (לְהִצְטַוּוֹת) — - *hit.* e-n Befehl bekommen

צוֹהֵל ת׳ — [tsohél] jubelnd, strahlend *Adj.*

צִוּוּי ז׳, ציווי — [tsivuj] Imperativ *m*, Befehlsform *f Gr.*

=הַצִּוּוּי הַמֻּחְלָט — = der kategorische Imperativ

צִוּוּת ז׳, ציוות — [tsivut] Mannschaftsaufstellung *f*, Personalzusammenstellung *f*

צָוַח פעל (לִצְווֹחַ, יִצְוַח) — [tsavax] *kal* schreien, brüllen

צְוָחָה נ׳, צווחה — [tsvaxa] Schrei *m*, Gebrüll *n*

צוֹחֵן ת׳ — [tsoxen] stinkend *Adj.*

צַוְחָן ז׳, צווחן — [tsavxan] Schreier *m*, Schreihals *m*

=~נוּת נ׳ — = Schreien *n*

=~נִי ת׳ — = brüllend *Adj.*

צְוִיחָה נ', צוויחה [tsvixa] Schreien *n*, Brüllen *n*
צְוִיץ ז', צוויץ [tsvits] Gezwitscher *n*
צוֹל ז' [tsol] Zoll *n*, (*Längenmaß, Inch=2,5 cm*)
צוּל ז' [tsul] tiefe Gewässer *n/pl*, Ozean *m*
צוֹלֵב ת' [tsolév] kreuzend *Adj.*; Kreuz-
=אֵשׁ צוֹלֶבֶת = Kreuzfeuer *n*
צוֹלֵל ת' [tsolél] tauchend *Adj.*
=~ בִּצּוֹת = Moorente *f* (Aythya nyroca) *Zo.*
צוֹלְלָן ז' [tsolelan] U-Bootmatrose *m*
צוֹלֶלֶת נ' [tso'lelet] U-Boot *n*
צוֹלֵעַ ת' [tso'léa'] hinkend, humpelnd *Adj.*
צוֹלְפָנִי ת' [tsolfani] peitschend *Adj.*
(צום) צָם פעל (לָצוּם, יָצוּם) [tsam] *kal* fasten
צוֹם ז' [tsom] Fasten *n*
=יוֹם-~ = Fasttag *m*
(צוֹמֵד) סוֹגֵר ז' [sogér tsoméd] geschweifte Klammer
צוֹמֵחַ תו"ז [tso'méax] wachsend *Adj.*; Vegetation *f*, Pflanzenwelt *f*, Flora *f*
צוֹנֵן ת' [tsonén] kühl *Adj.*
=צוֹנְנִים ז"ר = kaltes Wasser
=צוֹנְנוּת נ' = Kühle *f*
צוֹעֲנ|ִי ז' [tso'ani] Zigeuner *m*
=~יּוּת נ' = Zigeunerleben *n*
צוֹעֵר ז' [tso'ér] Kadett *m*
צוּף ז' [tsuf] Nektar *m Bot.*
=נֹפֶת צוּפִים = Nektar *m Bot.*
(צוּף) צָף (לָצוּף עַל, יָצוּף) [tsaf] *kal* (auf dem Wasser) schwimmen, auftauchen
-הֵצִיף הפ' - *hif.* überschwemmen, überfluten
צוֹפֶה ז' [tsofe] Späher *m*; Zuschauer *m*, Beobachter *m*
=צוֹפִים ז"ר = Pfadfinder *m/pl.*
=צוֹפִי ת' = Pfadfinder-
=חִנּוּךְ ~ = Pfadfindererziehung *f*
=צוֹפִיּוּת נ' = Pfadfinderwesen *n*
צוּפִית נ' ראה גם: יוֹנֵק-הַדְּבַשׁ [tsufit] Honigsauger *m* (Cinnyris oseae), Kolibri *Zo.*

צוּפָן ז' [tsufan] Nektarium *n*, Nektardrüse *f Bot.*
צוֹפָר ז' [tsofar] Hupe *f*, Sirene *f*, Signalhorn *n*
צוֹצֶלֶת נ' [tso'tselet] Palmtaube *f* (Streptopelia senegalensis) *Zo.*
(צוק) הֵצִיק הפ' (לְהָצִיק לְ-) [hétsik] *hif.* bedrängen, quälen, nerven F; in j-n dringen
צוּק, צוֹק ז' [tsuk, tsok] Felsen *m*
צוֹק הָעִתִּים [tsok-ha'itim] Zeit *f* der Not
צוּקָה נ' [tsuka] Bedrängnis *f*, Not *f*
צוּקִית נ' [tsukit] Blaumerle *f* (Monticola) *Zo.*
צוּקָנִי ת' [tsukani] felsig *Adj.*
(צור)[1] צָר פעל (לָצוּר עַל-, יָצוּר) [tsar] *kal* einschließen, belagern *Mil.*
-נָצוֹר נפ' (לְהִצּוֹר) - *nif.* belagert werden
(צור)[2] צָר פעל (לָצוּר אֶת-, יָצוּר) [tsar] *kal* formen, Form geben
★צוּר ז' [tsur] Felsblock *m*; Festung *f*, Feste *f*
★=~-יִשְׂרָאֵל = Hort *m* Israels (*Gott*) *bibl.*
★=~-מַחֲצַבְתּוֹ = *wörtl.* der Fels des Ursprungs; Herkunft *f*, Heimat *f*
צוֹרֵב ת' [tsorév] brennend, ätzend *Adj.*
=~ דִּיסְקִים = CD-Brenner *m*
=צוֹרְבָנִי ת' = brennend, ätzend *Adj.*
צוּרָה נ' [tsura] Form *f*, Aussehen *n; Art f, Weise f*
=פָּשַׁט ~ וְלָבַשׁ ~ = die Form, das Aussehen wechseln
-תּוֹרַת-הַצּוּרוֹת = Morphologie *f*, Formenlehre *f Gr.*
צַוָּרוֹן ז', צווארון ראה גם: צַוָּארוֹן [tsavaron] Kragen *m*
צוֹרְחָנִי ת' [tsorxani] kreischend *Adj.*
צוֹרְמָנִי ת' [tsormani] kreischend, ohrenbetäubend *Adj.*
צוּרָ|ן ז' [tsuran] Morphem *n Gr.*
=~נִי ת' = formativ, formbestimmend *Adj.*
צוֹרֵף ז' [tsoréf] Goldschmied *m*
=צוֹרְפוּת נ' = Goldschmiedekunst *f*
צוֹרֵר ז' [tsorér] Feind *m*, Widersacher *m*

צוּרָתִי ת׳ ראה גם: צוּרָנִי [tsurati] formativ *Adj.*
(צות)[1] צוֹתֵת פיעל [tsotét] *pi.* horchen, zuhören, abhören, mithören
צִוֵּת[2] פיעל (אֶת-) (לְ-) [tsivét] *pi.* bemannen, Mannschaft zusammenstellen; einteilen zu *(D)*
צֶוֶת ז׳, צוות (צְוָתִים, צִוְתֵי-) ['tsevet] Mannschaft *f*, Besatzung *f*, Personal *n*, Team *n*
צַוְתָּא ז׳, צוותא (ארמ׳) [tsavta] Gesellschaft *f*, Gemeinschaft *f*
=בְּ~ = zusammen, gemeinschaftlich, in Gesellschaft
צַח ת׳ [tsax] rein, klar; (*Wetter*) wolkenlos, schön *Adj.*
=לָשׁוֹן צַחָה = reine, klare, deutliche Sprache
=צָחוֹת ת״פ = deutlich *Adv.*
צַחוּן ת׳ [tsaxun] stinkend *Adj.*
צְחוֹק ז׳ [tsxok] Lachen *n*, Gelächter *n*; Spaß *m*
=בְּ~ = aus Spaß, im Spaß
=~ הַגּוֹרָל = Ironie *f* des Schicksals
=~ בַּצַּד! = Spaß beiseite!
=בַּת-~ = Lächeln *n*
=הִתְפַּקֵּעַ מִצְּחוֹק = vor Lachen platzen
=שָׂם אוֹתוֹ לִצְחוֹק = lächerlich machen
=עָשָׂה ~ מִ- = (j-n) veräppehn; verarschen F; sich lustig machen (über)
★צָחוֹר ת׳ [tsaxor] weiß *Adj.*
צַחוּת נ׳ [tsaxut] Reinheit *f*
=~-הַלָּשׁוֹן = Reinheit *f* der Sprache
צָחַח, צַח פעל [tsaxax, tsax] *kal* rein sein
צִחָיוֹן ז׳ [tsixajon] Trockenheit *f*
צְחִיחַ ת׳ [tsa'xiax] (*Boden*) arid, trocken, dürr, unfruchtbar *Adj.*
=צְחִיחוּת נ׳ = Trockenheit *f*, Dürre *f*
צְחִיקָה נ׳ [tsxika] Gelächter *n*
צָחַן פעל (לִצְחוֹן, יִצְחַן) [tsaxan] *kal* stinken
-הִצְחִין הפ׳ - *hif.* stinken
צַחֲנָה נ׳ [tsaxana] Gestank *m*

צִחְצוּחַ ז׳, ציחצוח [tsix'tsuax] Putzen *n*, Polieren *n*
=~ חֲרָבוֹת = *wörtl.* Schwerterputzen *n*; Säbelrasseln *n fig.*
צִחְצֵחַ פיעל (לְצַחְצֵחַ) [tsixtsax] *pi.* putzen, polieren
צָחַק פעל (לִצְחוֹק לְ-, עַל-, יִצְחַק) [tsaxak] *kal* lachen; spotten (über *Akk.*)
-הִצְחִיק הפ׳ - *hif.* zum Lachen bringen
=צָחַק מֵאֹזֶן לְאֹזֶן = von e-m Ohr bis zum anderen lächeln
=~ עַל פְּלוֹנִי = sich über j-n lustig machen
צִחְקוּק ז׳ [tsixkuk] Kichern *n*
צַחֲקָנוּת נ׳ [tsaxkanut] Lachen *n*, Gelächter *n*
=~נִי ת׳ = lachend; spöttisch *Adj.*
צִחְקֵק פיעל [tsixkék] *pi.* kichern
צִטּוּט ז׳, ציטוט [tsitut] Zitieren *n*
צִטֵּט פיעל [tsitét] *pi.* zitieren *v/t*
צִי ז׳ (צִיִּים) [tsi] Flotte *f*
=~-מְכוֹנִיּוֹת = Fuhrpark *m*
=~-מִלְחָמָה = Kriegsflotte *f*
=~-סַחַר, ~ מִסְחָרִי = Handelsflotte *f*
צִיאָן ז׳ [tsian] Zyan *n* (CN) *Chem.*
=~-קָלִי = Zyankali *n* (KCN)
=~וֹזָה נ׳ = Zyanose *f*, Blausucht *f Med.*
צִיבִּילִי ת׳ [tsivili] zivil *Adj.*
=~זַצְיָה ז׳ = Zivilisation *f*
צִיֵּד פיעל [tsijéd] *pi.* ausrüsten, ausstatten *v/t*
-הִצְטַיֵּד הת׳ - *hit.* sich ausrüsten (mit)
צַיִד ז׳ ['tsajid] Jagd *f*
=צֵיד מְכַשֵּׁפוֹת = Hexenjagd *f*
צַיָּד ז׳, צייד (צַיֶּדֶת) [tsajad] Jäger *m*
צֵידָה [tséda] Wegzehrung *f*, Proviant *m*
צַיָּדוּת נ׳, ציידות [tsajadut] Jägerei *f*, Jagdrevier *n*
צֵידָנִית נ׳ [tsédanit] Proviantkasten *m*, Picknickkorb *m*
צִיָּה נ׳ [tsija] trockenes Land, Wüste *f*, Steppe *f*
צִיּוּד ז׳ [tsijud] Ausrüstung *f*; Apparatur *f*; Versorgung *f*

צִיּוּן ז' [tsijun] Bezeichnung *f*; (*Schule*) Zensur *f*, Note *f*; Bemerkung *f*
=~-דֶּרֶךְ = Wegweiser *m*, Wegzeichen *n*
=~ לְשֶׁבַח (ר"ת: צַלַ"שׁ) = Auszeichnung *f*, lobende Erwähnung *Mil.*
צִיּוֹן נ' [tsion] Zion, Jerusalem; Land *n* Israel
=חִבַּת-~ = "Chibat Zion" (Liebe zu Zion), Vorläufer der zionistischen Bewegung
=חוֹבְבֵי-~ = "Chowewei Zion" (Liebhaber Zions), Angehöriger der "Chibat Zion"
צִיּוֹ|נוּת נ' [tsijonut] Zionismus *m*
=~נִי ת"ז = Zionist *m*; zionistisch *Adj.*
צִיּוּץ ז' [tsijuts] Zwitschern *n*
צִיּוּ|ר ז' [tsijur] Malerei *f*; Gemälde *n*
=~רִי ת' = malerisch, pittoresk *Adj.*
=~רִיּוּת נ' = Malerische(s) *n*
צִיּוּת ז' [tsijut] Gehorsam *m*
=אִי-~ = Ungehorsam *m*
=~ עִוֵּר = blinder Gehorsam *fig.*
צִ'יזְבָּט ז' (ערב') [tʃizbat] Räuberpistole *f fig.* Münchhausengeschichte *f*
צִיטָט ז', צִיטָטָה נ' ראה: מוּבָאָה [tsitat, -a] Zitat *n*
צילום ראה: צִלּוּם [tsilum] Fotografieren *n*; Fotografie *f*
צִילִינְדֶּר ז' [tsilinder] Zylinder *m*
צִיֵּן פיעל [tsijén] *pi.* bezeichnen, auszeichnen
-הִצְטַיֵּן הת' - *hit.* sich auszeichnen
צִינוֹק ז' [tsinok] (Straf-)Zelle *f*; Einzelhaft *f*
צינור ראה: צִנּוֹר [tsinor] Rohr *m*, Röhre *f*
צִינִ|יקָן ז' [tsinikan] Zyniker *m*
=~י ת' = zynisch *Adj.*
=~יּוּת נ', ~יזְם ז' = Zynismus *m*
צִ'ינְצִ'ילָה נ' [tʃintʃila] Chinchilla *f Zo.*
צִינְקוֹגְרַפְיָה נ' [tsinkografja] Zinkographie *f*, Zinkdruck *m*
צִיף ז' [tsif] gekämmte Wolle *f*
צִיפָּה[1] נ' [tsifa] Fruchtfleisch *n*, Fruchtmark *n*
צִיפָּה[2] נ' [tsifa] auf dem Wasser schwimmen

(צִיץ) צָץ פעל (לְהָצִיץ, יָצִיץ) [tsats] *kal* auftauchen
-צִיֵּץ פיעל - *pi.* zwitschern
-הֵצִיץ הפ' - *hif.* blicken, e-n Blick werfen (au*f*); spannen F
★צִיץ ז' [tsits] Diadem *n* (des Hohepriesters) *bibl.*; Blume *f* (*Ornament*) *bibl.*
צִיצָה נ' [tsitsa] Quaste *f*, Troddel *f*; Haarschopf *m*
=צִיצַת-שָׁרָשִׁים = Faserwurzeln *f/pl. Bot.*
צִיצִית נ' (צִיצִיּוֹת) [tsitsit] Schaufäden *m/pl.* (am kleinen Gebetschal) *Rel.*
צַיְצָנִי ת' [tsajtsani] zwitschernd *Adj.*
צִיקָדָה נ' [tsikada] Zikade *f* (Cicadidae) *Zo.*
★צַיְקָן ז', צייקן ראה גם: קַמְצָן [tsaikan] Geizige(r) *m*
=~וּת נ' = Geiz *m*
צִ'יק-צַ'ק ת"פ (סלנג) [tʃik-tʃak] blitzschnell , ruckzuck! F *Adv.*
צִיר[1] ז' [tsir] Angel *f*, Türangel *f*, Achse *f*; Scharnier *n*
צִיר[2] ז' [tsir] Gesandte(r) *m*; Abgeordnete(r) *m*, Parlamentsmitglied *n*
צִירִים ז"ר [tsirim] Wehen *f/pl.*, Geburtswehen *f/pl.*
צִיֵּר פיעל [tsijér] *pi.* malen
-נִצְטַיֵּר הת' - *hit.* sich abzeichnen, sich darstellen
צַיָּר ז', צייר (צַיֶּרֶת) [tsajar] Maler *m*, (Malerin *f*)
צֵירֶה ז' (אֵ) [tsére] "Zere", Vokalzeichen é
צִירוּת נ' [tsirut] Gesandtschaft *f*
צַיָּרוּת נ', ציירות [tsajarut] Malkunst *f*, Malerei *f*
צִיֵּת פיעל [tsijét] *pi.* gehorchen
צִיתוּת נ' ראה: צִתּוּת [tsitut] Abhören *n*, Lauschangriff *m* F
צַיְּתָ|ן ת', צייתן [tsajtan] gehorsam *Adj.*
=~נוּת נ' = Gehorsam *m*
=~נִי ת' = gehorsam *Adj.*
צֶ'כִי ת' [tʃexi] tschechisch *Adj.*

צֵל ז׳ (צִלּוֹ, צְלָלִים, צִלְלֵי-) [tsél] Schatten *m*

=חֲצִי-~ = Halbschatten *m*

=~-צִלּוֹ שֶׁל דָּבָר = sehr wenig

=אוֹרוֹת וּצְלָלִים = Licht und Schatten

=בָּא בְּ~ קוֹרָתוֹ = in den Schatten (Schutz) seines Hauses kommen

=חָסָה בְּ~ פְּלוֹנִי = Zuflucht finden bei *(D)*

=הֶעֱמִיד בְּ~ אֶת פְּלוֹנִי = j-n in den Schatten stellen *fig.*

=רָאָה אֶת ~ הֶהָרִים כֶּהָרִים = *wörtl.* den Schatten der Berge als Berge ansehen; Gefahr übertreiben; aus e-r Mücke e-n Elefanten machen

=קַבִּינֶט-צְלָלִים = Schattenkabinett *n Parl.*

צ״ל ר״ת: צָרִיךְ לִהְיוֹת [tsarix lih'jot] *Abk.* es muss sein (es muss so gelesen werden)

צָלַב פעל (לִצְלוֹב אֶת-, יִצְלוֹב) [tsalav] *kal* kreuzigen *v/t*

-הִצְטַלֵּב הת׳ - *hit.* sich bekreuzigen; sich kreuzen

-הִצְלִיב הפ׳ - *hif. (Tiere, Pflanzen)* kreuzen *v/t*

צְלָב ז׳ [tslav] Kreuz *n*

=הַצְּלָב הָאָדֹם = das Rote Kreuz

=צְלַב-הַקֶּרֶס = Hakenkreuz *n*

=מַסַּע-הַצְּלָב = Kreuzzug *m*

=נוֹסְעֵי-הַ~ = Kreuzfahrer *m/pl.*

צַלְבָ|ן ז׳ [tsalvan] Kreuzritter *m*

=~נִי ת׳ = Kreuzfahrer-

צָלָה פעל (לִצְלוֹת אֶת-, יִצְלֶה) [tsala] *kal* braten, grillen *v/t*

-נִצְלָה נפ׳ (לְהִצָּלוֹת) - *nif.* braten *v/i*; gebraten werden, gegrillt werden

צֶ׳לוֹ ז׳ [tʃelo] Cello *n*

=צֶ׳לָן ז׳ = Cellist *m*

צָלוּב ת׳ [tsaluv] gekreuzigt *Adj.*

צְלוֹחִית נ׳ [tsloxit] Fläschchen *n*

צָלוּי ת׳ [tsaluj] gebraten, gegrillt *Adj.*

צָלוּל ת׳ [tsalul] klar, durchsichtig *Adj.*

=דֵּעָה צְלוּלָה = klares, volles Bewusstsein

=קוֹל צָלוּל, צְחוֹק ~ = helle Stimme, helles Lachen

צֶלּוּלוֹ|אִיד ז׳ גם: צִיבִית [tseluloid] Zelluloid *n*

=~זָה נ׳ = Zellulose *f*

צִלּוּם ז׳, צִילוּם [tsilum] Fotografie *f*, Fotografieren *n*

צִלּוּף ז׳ [tsiluf] Schlagen *n*; Scharfschießen *n*

צְלוֹפָח ז׳ [tslofax] Aal *m* (Anguilla) *Zo.*

=חֲלַקְלַק כְּ~ = aalglatt *Adj.*

צֶלּוֹפָן ז׳ [tselofan] Cellophan ® *n*

צְלוֹת נ׳ [tslot] Gebet *n*

צָלַח[1] פעל (לִצְלוֹחַ, יִצְלַח) [tsalax] *kal* gelingen; geeignet sein; *(Geist Gottes)* überkommen *bibl.*

-הִצְלִיחַ הפ׳ - *hif.* gelingen, klappen F *v/i*; schaffen, erreichen (Ziel) *v/t*

=עֲלֵה וְהַצְלַח! = viel Erfolg!

=(גֶּבֶר) לֹא-יִצְלַח, לֹא יֻצְלַח = untüchtiger Mensch, Taugenichts *m*

צָלַח[2] פעל (לִצְלוֹחַ, יִצְלַח) [tsalax] *kal* durchqueren (Fluss, See)

צָלֵחַ ת׳ [tsa'léax] erfolgreich *Adj.*

=דֶּרֶךְ צְלֵחָה! = gute Reise!

צִלְחָה נ׳ [tsilxa] Migräne *f*

צַלְחִית נ׳ [tsalxit] Unterteller *m*

צַלַּחַת נ׳ [tsa'laxat] Teller *m*

=לֹא טָמַן יָדוֹ בַּצַּלַּחַת = er ist nicht müßig gewesen

צָלִי ז׳ (צְלִי-) [tsali] Braten *m;* Grill-

=צְלִי-שַׁפּוּד = Spießbraten *m*

צְלִיבָה נ׳ [tsliva] Kreuzigung *f*

צְלִיָּה נ׳ [tslija] Braten, Griller *n*

צָלִיחַ ת׳ [tsa'liax] passierbar *Adj. (Fluss)*

צְלִיחָה נ׳ [tslixa] Überqueren *n*

צְלִיחוּת נ׳ [tslixut] Lebensfähigkeit *f*

צְלִיל ז׳ [tslil] Klang *m*, Ton *m*

=~ תִּקְנִי = Kammerton *m mus.*

צְלִילָה נ׳ [tslila] Tauchen *n*, Herabsinken *n*

=מַפְצִיץ-~ = Sturzkampfflugzeug *n*

צְלִילוּת נ׳ [tslilut] Klarheit *f*, Durchsichtigkeit *f*

צָלַף פעל (לִצְלוֹף, יִצְלוֹף) [tsalaf] *kal* scharf schießen
-הִצְלִיף הפ' - *hif.* peitschen
צַלָּף ז' [tsalaf] Scharfschütze *m*, Heckenschütze *m*
=~וּת נ' = Schießkunst *f*
צִלְצוּל ז', צילצול [tsiltsul] Klingeln *n*; Klang *m*
צִלְצֵל פיעל [tsiltsél] *pi.* klingeln; anrufen, telefonieren
צִלְצָל ז' [tsiltsal] Harpune *f*
צַלְצְלָנִי ת' [tsaltselani] klingelnd *Adj.*
צָלַק פעל (לִצְלוֹק, יִצְלוֹק) [tsalak] *kal* schrammen; Narben machen
צַלֶּקֶת נ' [tsa'leket] Narbe *f*
צַל"ש ר"ת: צִיּוּן לְשֶׁבַח [tsalaʃ] *Kurzw.* lobende Erwähnung; Auszeichnung *f Mil.*
צָמֵא פעל (לִצְמוֹא, צָמֵא, יִצְמָא) [tsamé'] *kal* dürsten, Durst haben
-הִצְמִיא הפ' - *hif.* Durst machen; dursten lassen
צָמֵא ת' [tsamé'] durstig *Adj.*
=צְמֵא-דָם = blutdürstig *Adj.*
צָמָא ז' [tsama'] Durst *m*
★=שָׁבַר צְמָאוֹ = den Durst stillen
צִמְאָה ז' [tsim'a] Durst *m*
צִמָּאוֹן ז', צימאון [tsima'on] Durst *m*
צֶ'מְבָּלוֹ ז' [tʃembalo] Cembalo *n*
צָמוֹג ת' [tsamog] klebrig *Adj.*
צֶמֶג ז' ['tsemeg] Kautschuk *m*
(צמג) נִצְטַמֵּג הת' [nitstamég] *hit.* klebrig, zäh werden
-הִצְמִיג הפ' - *hif.* klebrig machen
צְמַגְמַג ת' [tsmagmag] etwas klebrig, zäh *Adj.*
צָמַד פעל (לִצְמוֹד אֶת-, יִצְמוֹד) [tsamad] *kal* koppeln, kuppeln, zusammentun, paaren
-נִצְמַד נפ' (לְהִצָּמֵד) - *nif.* sich anschließen
-צִמֵּד פיעל - *pi.* zusammenkoppeln
-הִצְמִיד הפ' - *hif.* anfügen, anpressen, anschließen, zusammenfügen
צֶמֶד ז' ['tsemed] Gespann *n*, Paar *n*

=~-הַדַּעַת = Klarheit *f* des Denkens
=~-הַקּוֹל = Klarheit *f* der Stimme
צְלִילִי ת' [tslili] klingend, klangvoll *Adj.*
=~יּוּת נ' = Klangfülle *f*
צַלְיָן ז', צליין (צַלְיָנִית) [tsaljan] Pilger *m*, Wallfahrer *m*
=~וּת נ' = Pilgerwesen *n*
צְלִיעָה נ' [tsli'a] Hinken *n*, Humpeln *n*
צְלִיפָה נ' [tslifa] Peitschen *n*, Peitschenhieb *m*; Scharfschießen *n (der Heckenschützen)*
צְלִית נ' [tsilit] Silhouette *f*
צָלַל[1] פעל (לִצְלוֹל, יִצְלוֹל) [tsalal] *kal* tauchen, untertauchen, versinken; tief fliegen
-נִצְטַלֵּל הת' - *hit. (Wasser)* klar werden
צָלַל[2] פעל (לִצְלוֹל, יִצַּל) [tsalal] *kal* klingen
=צָלְלוּ שְׁתֵּי אָזְנָיו = er traute seinen Ohren nicht
צָלַל[3] (לִצְלוֹל, יִצְלַל) [tsalal] *kal* beschattet sein
-הֵצֵל הפ' - *hif.* beschatten
צְלָלִי ת' [tslali] schattig *Adj.*
צְלָלִית נ' [tslalit] Silhouette *f*, Schattenriss *m*
צִלֵּם פיעל [tsilém] *pi.* fotografieren
-הִצְטַלֵּם הת' - *hit.* sich fotografieren lassen
צַלָּם ז' (צַלָּמִים) [tsalam] Fotograf *m*
צֶלֶם ז' (צְלָמִים) ['tselem] Ebenbild *n*; Götzenbild *n*
=~-אֱלֹהִים = Gottes Ebenbild *n bibl.*
★צַלְמָוֶת ז', צלמוות [tsal'mavet] Finsternis *f*; Totenwelt *f*
צַלְמִית נ' [tsalmit] kleines Götzenbild *n*
צֶ'לָן ז' [tʃelan] Cellist *m*
צֶלְסִיּוּס ז' [tselsius] Celsius (C)
צָלַע פעל (לִצְלוֹעַ, יִצְלַע) [tsala'] *kal* hinken, humpeln
צֶלַע נ' (צֶלַע-, צְלָעוֹת, צַלְעוֹת-) [tsé'la'] Rippe *f*; Seite *f*, Rand *m*
צַלְעוֹן ז' [tsal'on] Polygon *n*, Vieleck *n*
צַלְעִית נ' [tsal'it] Kotelett *n*, Rippenstück *n*
צָלָף ז' [tsalaf] Kapernstrauch *m* (Capparis) *Bot.*

=~-חֶמֶד = ein unzertrennliches Paar
=~ שָׂדֶה = Land, das von einem Ochsenpaar gepflügt wird
צְמֻדָּה נ׳ [tsmuda] Block *m*, Klotz *m*
צַמָּה נ׳ [tsama] Zopf *m*
צָמוּד ת׳ [tsamud] angeschlossen *Adj.*; eng anliegend; gebunden *Fin.*
=צְמוּד-דוֹלָר = dollargebunden *Adj.*
=~-אִינְדֶקְס = indexabhängig *Adj.*
=רֶכֶב צָמוּד = Dienstwagen *m*
צִמּוּד ז׳, צימוד [tsimud] Kupplung *f*, Zusammenfügung *f*; Benutzung *f* von Homonymen *Lit.*
צִמּוּחַ ז׳ [tsi'mux] Wachsen *n*, Sprießen *n*
צָמוּק ת׳ [tsamuk] eingeschrumpft *Adj.*
צִמּוּק ז׳, צימוק [tsimuk] Rosine *f*
צָמוּת ת׳ [tsamut] (für immer) versklavt *Adj.*
צָמַח פעל (לִצְמוֹחַ, יִצְמַח) [tsamax] *kal* wachsen, sprießen
-הִצְמִיחַ הפ׳ - *hif.* hervorbringen, wachsen lassen
=~ קַרְנַיִם לִפְלוֹנִי = j-m Hörner aufsetzen *fig.*
צֶמַח ז׳ ['tsemax] Pflanze *f*
=~-בַּר = wild wachsende Pflanze *f*
=~-מַיִם = Wasserpflanze *f*
צִמְחוֹ|נוּת נ׳ [tsimxonut] Vegetarismus *m*
=~נִי ת׳ = vegetarisch *Adj.*; Vegetarier *m*
צִמְחִי ת׳ [tsimxi] pflanzlich *Adj.*
צִמְחִיָּה נ׳ [tsimxija] Pflanzenwelt *f*, Flora *f*
צְמִיג ז׳ [tsmig] Gummireifen *m*, Autoreifen *m*
צָמִיג ת׳ [tsamig] klebrig, zähflüssig *Adj.*
=צְמִיגוּת נ׳ = Klebrigkeit *f*; Zähflüssigkeit *f*
צְמִיגִיָּה נ׳ [tsmigija] Reifenwerkstatt *f*
צָמִיד ז׳ [tsamid] Armband *n*
צְמִידוּת נ׳ [tsmidut] Verbundenheit *f*; gegenseitige Abhängigkeit *f*
צְמִיחָה נ׳ [tsmixa] Wachsen *n (Pflanzen)*
צָמִיר ת׳ [tsamir] wollen, Woll- *Adj.*
צָמִית ז׳ [tsamit] Leibeigene(r) *m*

צְמִיתוּת נ׳ [tsmitut] Ewigkeit *f*, Dauer *f*
=לִ~ ת"פ = für die Dauer, für immer
צֶמֶל ז׳ ['tsemel] reife Feige *f*
צִמְצוּם ז׳, צימצום [tsimtsum] Einschränkung *f*, Beschränkung *f*
=בְּ~ ת"פ = knapp *Adv.*
צִמְצֵם פיעל [tsimtsém] *pi.* einschränken, beschränken; abblenden *Fot.*
-הִצְטַמְצֵם הת׳ - *hit.* sich einschränken, sich beschränken
=מְצֻמְצָם ת׳ = eingeschränkt, knapp *Adj.*
צַמְצָם ז׳ [tsamtsam] Blende *f Fot.*
צָמַק פעל (לִצְמוֹק, יִצְמַק) [tsamak] *kal* einschrumpfen *v/i*
-צִמֵּק פיעל - *pi.* einschrumpfen lassen
-הִצְטַמֵּק הת׳ - *hit.* einschrumpfen, vertrocknen
צֶמֶר ז׳ ['tsemer] Wolle *f*
=~-גֶּפֶן = Baumwolle *f*; Watte *f*
=~-פְּלָדָה = Stahlwolle *f*
=~ מְנֻפָּץ = gekämmte Wolle *f*
=~ סָרוּק = Kammgarn *n*
צַמְרוֹן ז׳ [tsamron] Pudel *m*
צַמְרִי ת׳ [tsamri] wollig *Adj.*
צַמְרִירִי ת׳ [tsamriri] wie Wolle
צַמַרְמֹרֶת נ׳, צמרמורת [tsmar'moret] Schüttelfrost *m*
צִמְרֵר פיעל [tsimrér] *pi.* Schüttelfrost erregen; schaudern machen
-נִצְטַמְרֵר הת׳ - *hit.* schaudern *v/i*
צַמֶּרֶת נ׳ [tsa'meret] Gipfel *m*, Wipfel *m*; *(Gesellschaft)* Oberschicht *f*, Führerschicht *f*, Elite *f*
צָמַת פעל (לִצְמוֹת, יִצְמוֹת) [tsamat] *kal* sich zusammenziehen
-צִמֵּת פיעל - *pi.* sammeln, aufbewahren; pökeln, einsalzen
צֹמֶת ז׳, צומת (צְמָתִים) ['tsomet] Scheideweg *m*, Kreuzung *f*, Knotenpunkt *m*,

Autobahnkreuz *n*
=~-דְּרָכִים = (Straßen-)Kreuzung *f*
צֵן ז׳ [tsén] Dorn *m*
צֹנֶה ז׳ [tsone] Herde *f*, Schafe *n/pl.*
צִנָּה^{1} נ׳, צינה [tsina] Kälte *f*, Kühle *f*
★צִנָּה^{2} נ׳, צינה [tsina] Schild *m*
צְנוֹבָר ז׳ [tsnovar] Pinie(nkern *m*) *f Bot.*; Kienapfel *m*, Tannenzapfen *m*
צָנוּם ת׳ [tsanum] mager, dürr, eingeschrumpft *Adj.*
צִנּוּן ז׳, צינון [tsinun] Kühlung *f*
צְנוֹ|ן ז׳ [tsnon] Rettich *m*
=~נִית נ׳ = Radieschen *n*
צָנוּ|עַ ת׳ [tsa'nua‘] bescheiden; züchtig *Adj.*
צָנוּף ת׳ [tsanuf] eingehüllt, umhüllt *Adj.*
צִנּוֹר ז׳, צינור (צִנּוֹרוֹת) [tsinor] Rohr *n*, Röhre *f*; Schlauch *m*
=הַצִּנּוֹרוֹת הָרִשְׁמִיִּים = Amtsweg *m*, Dienstweg *m*
=צִנּוֹר-אִוְרוּר = Lüftungsrohr *n*
=צִנּוֹר-הַדְּמָעוֹת = Tränenkanal *m Anat.*
=~-פְּלִיטָה = Auspuffrohr *n*
צִנּוּר ז׳, צינור [tsinur] Sanitärinstallation *f*
צִנּוֹרָה נ׳, צינורה [tsinora] Stricknadel *f*
צִנּוֹרִי ת׳, צינורי [tsinori] röhrenförmig *Adj.*
צִנּוֹרִית נ׳, צינורית [tsinorit] kleine Stricknadel
צֶנְז|וֹר ז׳ [tsenzor] Zensor *m*
=~וּרָה נ׳ = Zensur *f*
צִנְזֵר פיעל [tsinzér] *pi.* zensieren
=מְצֻנְזָר ת׳ = zensiert *Adj.*
צָנַח פעל (לִצְנוֹחַ, יִצְנַח) [tsanax] *kal* sinken, hinfallen, umfallen; *(mit Fallschirm)* abspringen
-הִצְנִיחַ הפ׳ - *hif. (mit Fallschirm)* abwerfen
צַנְחָן ז׳ [tsanxan] Fallschirmspringer *m*
=~וּת נ׳ = Fallschirmspringen *n*
צֶנְטְרִיפוּגָ|ה נ׳ [tsentrifuga] Zentrifuge *f*
=~לִי ת׳ = zentrifugal *Adj.*
=צֶנְטְרָלִיזַצְיָה נ׳ [tsentralizatsja] Bündelung *f*, Zentralisierung *f*

צְנִיחָה נ׳ [tsnixa] Heruntersinken *n*, Fallen *n*; Fallschirmspringen *n*
צְנִים ז׳ (צְנִימִים) [tsnim] Zwieback *m*
צְנִימוּת נ׳ [tsnimut] Magerkeit *f*
צָנִין ז׳ [tsanin] Dorn *m*, Stachel *m auch fig.*
=הָיָה לִצְנִינִים בְּעֵינָיו = er (es) war ihm ein Dorn im Auge
צְנִינוּת נ׳ [tsninut] Kühle *f*; Gleichgültigkeit *f*, Frigidität *f*
צְנִיעוּת נ׳ [tsni'ut] Bescheidenheit *f*; Züchtigkeit *f*, Keuschheit *f*
צָנִיף ז׳ [tsanif] Turban *m*
צְנִיפָה נ׳ [tsnifa] Wiehern *n*
צָנִיר ז׳ [tsnir] Felsschlucht *f*, Canyon *m*
צְנִירָה נ׳ [tsnira] Stricken *n*, Häkeln *n*
צִנִּית נ׳ [tsinit] Gicht *f*, Podagra *n Med.*
(צנם) הִצְנִים הפ׳ [hitsnim] *hif.* abmagern *v/i*
צִנָּמוֹן ז׳ [tsinamon] Trockenheit *f*; Magerkeit *f*
צְנַמְנַם ת׳ [tsnammam] etwas mager, dürr *Adj.*
צֶנֶ|ן ז׳ ['tsenen] Kälte *f*
צִנֵּן פיעל [tsinén] *pi.* kühlen, abkühlen *v/t*
-הִצְטַנֵּן הת׳ - *hit.* sich erkälten
(צנע) הִצְנִיעַ הפ׳ [hits'nia‘] *hif.* verbergen
-הִצְטַנֵּעַ הת׳ (לְהִצְטַנֵּעַ) - *hit.* sich verbergen; bescheiden sein
=הַצְנֵעַ לֶכֶת = in Demut wandeln, Bescheidenheit üben
צֶנַ|ע ז׳ ['tsena'] Genügsamkeit *f*, Mäßigung *f*; (materielle) Einschränkung *f*
צִנְעָה נ׳, צינעה [tsin'a] Heimlichkeit *f*
=בְּ~ ת״פ = im Geheimen, im Verborgenen *Adv.*
=דְּבָרִים שֶׁבְּ~ = die intimsten Dinge *n/pl.*
צָנַף^{1} פעל (לִצְנוֹף אֶת-, יִצְנוֹף) [tsanaf] *kal* umwickeln, (Turban) umbinden
-הִצְטַנֵּף הת׳ - *hit.* sich einwickeln
צָנַף^{2} פעל (לִצְנוֹף, יִצְנוֹף) [tsanaf] *kal* wiehern
צֶנֶף ז׳ ['tsenef] Wiehern *n*
צְנֵפָה נ׳ [tsnéfa] Bündel *n*

צִנְצֶנֶת נ׳ [tsin'tsenet] Einmach-, Marmeladenglas *n*

צִנֵּר פיעל [tsinér] *pi.* Rohre legen

צִנְרוּר ז׳ [tsinrur] Intubation *f Med.*

צַנְרָן ז׳ [tsanran] Schnorchel *m*

צַנֶּרֶת נ׳ [tsa'neret] Rohrnetz *n*, Installation *f*

צִנְתּוּר ז׳ [tsintur] Kathetereinführung *f Med.*

צִנְתֵּר פיעל [tsintér] *pi.* Katheter einführen *Med.*

צַנְתָּר ז׳ [tsantar] Katheter *m Med.*

צָעַד פעל (לִצְעוֹד, יִצְעַד) [tsa'ad] *kal* schreiten, marschieren

-הִצְעִיד הפ׳ - *hif.* marschieren lassen; fördern, vorwärts bringen

צַעַד ז׳ (צְעָדִים, צַעֲדֵי-) ['tsa'ad] Schritt *m*

=נָקַט צְעָדִים = Schritte unternehmen *fig.*

=הֵצֵר צְעָדָיו = s-e Unternehmungen behindern

=עַל כָּל צַעַד וָשַׁעַל = auf Schritt und Tritt

צְעָדָה נ׳ [tse'ada] Marsch *m*

צִעוּר ז׳ [tsi'ur] Bereiten *n* von Kummer

צְעִידָה נ׳ [tse'ida] Marschieren *n*

צָעִיף ז׳ [tsa'if] Schleier *m*; Schal *m*

צָעִיר ת״ז [tsa'ir] jung *Adj.*; junger Mann

=~ מִ- = jünger als

=צְעִירָה נ׳ = junges Mädchen

=~רוּת נ׳ = Jungsein *n*, Jugend *f*

צִעֵף פיעל [tsi'éf] *pi.* verschleiern *v/t*

-הִצְטַעֵף הת׳ - *hit.* sich verschleiern

צַעֲצוּעַ ז׳ [tsa'a'tsua'] Spielzeug *n*

=~עִים ז״ר = Spielwaren *f/pl.*, Spielsachen *f/pl.*

צִעֲצַע פיעל (לְצַעֲצֵעַ) [tsi'atsa'] *pi.* ausschmücken *v/t*

-הִצְטַעֲצַע הת׳ (לְהִצְטַעֲצֵעַ) - *hit.* sich aufdonnern F

צָעַק פעל (לִצְעוֹק, יִצְעַק) [tsa'ak] *kal* schreien, brüllen

=~ עָלָיו = *j-n* beschimpfen, anbrüllen

=~ חָמָס = sich bitter beschweren

צְעָקָה נ׳ (צַעֲקַת-, צְעָקוֹת, צַעֲקוֹת-) [tse'aka] Schrei *m*

★=הַכְּצַעֲקָתָהּ? = ist es wirklich so schlimm?

צַעֲקָן ז׳ [tsa'akan] Schreier *m*, Schreihals *m*

=~וּת נ׳ = Gebrüll *n*, keifen *n*

=צַעֲקָנִי ת׳ = marktschreierisch, sensationslustig *Adj.*

(צער) הִצְעִיר[1] הפ׳ [hits'ir] *hif.* verjüngen *v/t*; jünger werden

צִעֵר[2] פיעל [tsi'ér] *pi.* Kummer bereiten, traurig machen

-הִצְטַעֵר הת׳ - *hit.* bedauern

=אֲנִי מִצְטַעֵר = es tut mir Leid

צַעַר ז׳ ['tsa'ar] Kummer *m*, Sorge *f*, Bedauern *n*

=לְצַעֲרִי = zu meinem Bedauern

=לְמַרְבֵּה הַצַּעַר = zum Leidwesen, leider

=צַעַר בַּעֲלֵי-חַיִּים = Mitleid *n* mit Tieren, Tierschutz *m*

=~ גִּדּוּל בָּנִים = Erziehungsprobleme *n/pl.*

צָפַד פעל (לִצְפּוֹד, יִצְפּוֹד) [tsafad] *kal* sich zusammenziehen, runzlig werden

צִפָּדוֹן ז׳ [tsipadon] Skorbut *m Med.*

צַפְדִּינָה נ׳ [tsafdina] Skorbut *m Med.*

צַפֶּדֶת נ׳ [tsa'pedet] Tetanus *m*, Wundstarrkrampf *m Med.*

צָפָה[1] פעל (לִצְפּוֹת, יִצְפֶּה) [tsafa] *kal* spähen, ausblicken, beobachten; voraussehen

-צִפָּה פיעל (לְ-) - *pi.* erwarten, entgegensehen

צִפָּה[2] פיעל [tsipa] *pi. (Metall, Holz)* überziehen mit etwas

צִפָּה נ׳, ציפה [tsipa] Überzug *(Bett)*, Bettbezug *m*

צָפוּד ת׳ [tsafud] ausgedörrt *Adj.*

צָפוּי ת׳ [tsafuj] vorhersehbar; bestimmt; bevorstehend *Adj.*

=הָיָה ~ = es war vorauszusehen

=~ לִי = es steht mir bevor

צִפּוּי ז׳, ציפוי [tsipuj] Überzug *m (Metall, Holz)*, Oberflächenversiegelung *f*

צָפוּן ת׳ — [tsafun] verborgen *Adj.*
=צְפוּנוֹת נ״ר — = Verborgene(s) *n*, Geheimnisse *n/pl.*
צָפוֹן ז׳ — [tsafon] Norden *m*; Nord-
=מִצָּפוֹן לְ- — = nördlich von ...
=צָפוֹנָה — = nach Norden
=אַרְצוֹת-הַצָּפוֹן — = Länder *n/pl.* des Nordens, Skandinavien
=אִבֵּד אֶת הַצָּפוֹן — = sich verlaufen
=צְפוֹנִי ת׳ — = nördlich *Adj.*
=צְפוֹנִית-מִזְרָחִית — = nordöstlich *Adv.*
=~-מַעֲרָבִית — = nordwestlich *Adv.*
=קֹטֶב צְפוֹנִי — = Nordpol *m*
צָפוּף ת׳ — [tsafuf] eng, überfüllt *Adj.*
צִפּוּף ז׳ — [tsipuf] Verengen *n*
צִפּוֹר נ׳ (צִפֳּרִים) — [tsipor] Vogel *m*
=~-דְּרוֹר — = freier Vogel *fig.*
=מִמְּעוּף-הַצִּפּוֹר — = aus der Vogelperspektive
=צִפּוֹר-עֵדֶן — = Paradiesvogel *m* (Paradiseidae) *Zo.*
=הָרַג שְׁתֵּי צִפֳּרִים בְּאֶבֶן אַחַת — = *wörtl.* zwei Vögel mit einem Stein schlagen; zwei Fliegen mit einer Klappe schlagen
★צִפּוֹר-נֶפֶשׁ ז׳ — [tsipor-nefeʃ] Kehle *f*; das Teuerste *(des Menschen)*, Augapfel *m fig.*
צִפּוֹרִי ת׳ — [tsipori] vogelartig *Adj.*
צִפְחָה נ׳ — [tsifxa] Schiefer *m*
=לוּחַ-~ — = Schiefertafel *f*
צַפַּחַת נ׳ — [tsa'paxat] Flasche *f*, Glas *n*
צֶפִי ז׳ — [tsefi] Vorhersage *f*, Vorschau *f*
צָפִיד ת׳ — [tsafid] hart, unbiegsam *Adj.*
צִפִּיָּה[1] נ׳, ציפיה — [tsipija] Erwartung *f*
צִפִּיָּה[2] נ׳ ראה גם: צִפִּית — [tsipija] Kissenbezug *m*
צְפִיָּה נ׳ — [tsfija] Beobachtung *f*
צַפִּיחִית נ׳ — [tsapixit] Fladen *m*, flacher Kuchen *m*
=~ בִּדְבַשׁ — = himmlicher Geschmack
צְפִינָה נ׳ — [tsfina] Verbergung *f*, Verheimlichung *f*

צָפִיעַ ז׳ — [tsa'fina'] Exkrement *n*, Dung *m*
צְפִיפוּת נ׳ — [tsfifut] Gedrängtheit *f*, Enge *f* Überfüllung *f*; spezifisches Gewicht
צָפִיר ז׳ — [tsafir] Ziegenbock *m*
צְפִירָה נ׳ — [tsfira] (Sirenen-)Alarm *m*; Hupen *n*
צִפִּית נ׳, ציפית — [tsipit] Kissen-, Deckenbezug *m*
★צָפַן[1] פעל (לִצְפּוֹן, יִצְפּוֹן) — [tsafan] *kal* verbergen *v/t*
-הִצְפִּין הפ׳ — - *hif.* verbergen
(צפן)[2] הִצְפִּין הפ׳ — [hitspin] *hif.* sich nordwärts wenden
צִפֵּן[3] פיעל — [tsipén] *pi.* chiffrieren, kodieren, verschlüsseln
צֹפֶן ז׳, צופן — ['tsofen] Code *m*
צַפָּן ז׳ — [tsapan] Codeschreiber *m;* Dechiffrierer *m*
צָפְנַת פַּעְנֵחַ — [tsafnat pa'néax] Zafnat paneach, ägyptischer Beiname Josephs, *bibl.* tradit. Deutung: Entzifferer *m* des Geheimnisses
צֶפַע ז׳ — ['tsefa'] Kreuzotter *f*, Bergotter *f* (Vipera palestinae) *Zo.*
צִפְעוֹן שָׁחוֹר — [tsif'on ʃaxor] Ein Gedi-Viper *f* (Atractaspis eingadensis) *Zo.*
=צִפְעוֹנִי ת׳ — = viperartig *Adj.*
(צפף) הִצְטוֹפֵף הת׳ — [hitstoféf] *hit.* sich zusammendrängen, zusammenrücken
=צָפוּף ת׳ — = gedrängt, eng *Adj.*
צֶפֶף ז׳ — ['tsefef] Gedränge *n*
צִפְצוּף ז׳, ציפצוף — [tsiftsuf] Pfeifen *n*
צִפְצֵף פיעל — [tsiftséf] *pi.* pfeifen
=לֹא הָיָה פּוֹצֶה פֶּה וּמְצַפְצֵף — = niemand hat den Mund aufgetan *(zum Widerspruch)*
צַפְצֵפָה נ׳ ראה גם: מַשְׁרוֹקִית — [tsaftséfa] Pfeife *f*, Signalpfeife *f*, Trillerpfeife *f*
צַפְצָפָה נ׳ — [tsaftsafa] Pappel *f* (Populus) *Bot.*
צַפְצְפָנִי ת׳ — [tsaftsefani] piepsig *Adj.*
צֶפֶק ז׳ — ['tsefek] Bauchfell *n* (Peritoneum) *Anat.*
=צַפֶּקֶת נ׳ — = Bauchfellentzündung *f*

(Peritonitis) *Med.*

צָפַר פעל (לִצְפּוֹר, יִצְפּוֹר) [tsafar] *kal* Sirene ertönen lassen, hupen

צֶפֶר ז' ['tsefer] Morgen *m*

צַפָּר ז' [tsapar] Vogelkundler *m*, Ornithologe *m*

צַפְרָא ז' (ארמ') [tsafra] Morgen *m*

=~ טָבָא = guten Morgen

צְפַרְדֵּעַ נ' (צְפַרְדְּעִים) [tsfar'déa'] Frosch *m* (Rana) *Zo.*

=אִישׁ-~ = Froschmann *m*, Taucher *m* *Mil.*

צַפָּרוּת נ' [tsaparut] Ornithologie *f*

צַפְרִיר ז' [tsafrir] Zephir *m*, Morgenwind *m*

צִפֹּרֶן[1] נ', ציפורן (צִפָּרְנַיִם) [tsi'poren] Finger-, Fußnagel *m*

(צִפָּרְנִים) Schreibfeder *f*

=נָטַל צִפָּרְנָיו = die Nägel schneiden

=נֶאֱחַז בְּ~ = sich klammern an ...

=צִפָּרְנֵי-הֶחָתוּל = Ringelblume *f*, Calendula *f* *Bot.*

צִפֹּרֶן[2] ז', ציפורן (צִפָּרְנִים) [tsi'poren] Nelke *f* (Dianthus) *Bot.*

=צִפָּרְנִית נ' = Lichtnelke *f* (Silene) *Bot.*

צִפֹּרֶת נ', ציפורת [tsi'poret] Vögelchen *n*; Schmetterling *m*

צֶצֶה ז' (זְבוּב טְסֶה-טְסֶה) [tsetse] Tsetsefliege *f*

צֶק' ז' [tʃek] Scheck *m*

צִקְלוֹן ז', ציקלון [tsiklon] Sack *m*

צִקְצוּק ז' [tsiktsuk] Schnalzen *n*

צִקְצֵק פיעל [tsiktsék] *pi.* schnalzen, zirpen

צַר[1] ת' [tsar] eng, schmal *Adj.*

=~-אֹפֶק = mit engem Horizont, engstirnig *Adj.*

=~-עַיִן = neidisch, missgünstig *Adj.*

=עֵינוֹ צָרָה בְּ- = beneiden *(Akk.)*

=צַר לִי = es tut mir Leid

=בַּצַּר לוֹ = wenn er in Not, in Bedrängnis ist

★צַר[2] ז' [tsar] Feind *m*, Widersacher *m*

=הֲלָנוּ אַתָּה אִם לְצָרֵינוּ? = gehörst du zu uns od. zu unseren Feinden? *bibl.*

צֹר ז', צור [tsor] Feuerstein *m*, Silex *m*

צָרַב פעל (לִצְרוֹב, יִצְרוֹב) [tsarav] *kal* brennen *(a. CD)* einbrennen, ätzen, beizen *v/t*

צָרֶבֶת נ' [tsa'revet] Sodbrennen *n* (Pyrosis) *Med.*

(צרד) נִצְרַד נפ' (לְהִצָּרֵד) [nitsrad] *nif.* heiser werden

-הִצְטָרֵד הת' - *hit.* heiser werden

-הִצְרִיד הפ' - *hif.* heiser machen

(צְרֵדָה) אֶצְבַּע-~ [‘étsba’-tsréda] Mittelfinger *m*

=הִכָּה בְּאֶצְבַּע-~ = mit den Fingern schnalzen

צָרֶדֶת נ' [tsa'redet] Heiserkeit *f*

צָרָה[1] נ' [tsara] Not *f*, Bedrängnis *f*; Sorge *f*

=~ צְרוּרָה (צָרוֹת צְרוּרוֹת) = große Sorgen *f/pl.*

=דַּיָּהּ לְ~ בְּשַׁעְתָּהּ = kommt Zeit, kommt Rat

=צָרַת רַבִּים חֲצִי נֶחָמָה = geteiltes Leid ist halbes Leid

=עַל כָּל צָרָה שֶׁלֹּא תָּבוֹא = für alle Fälle (der Not)

=אָח לְ~ = Leidensgenosse *m*

★צָרָה[2] נ' [tsara] Nebenfrau *f*, Nebenbuhlerin *f*

צָרוּב ת' [tsaruv] versengt *Adj.*

צָרוּד ת' [tsarud] heiser *Adj.*

צָרוּי ת' (אֵ) [tsaruj] mit Zére (é) punktiert *Gr.*

צֵרוּךְ ז' [tsérux] Bedürfnis *n*

צָרוּעַ ת' [tsa'rua’] aussätzig *Adj.*

צָרוּף ת' [tsaruf] geläutert *Adj.*

צֵרוּף[1] ז', צירוף [tséruf] Zusammenfügung *f*, Verbindung *f*, Kombination *f*

=בְּ~ = zusätzlich, unter Beifügung *(G)*

=צֵרוּפֵי-לָשׁוֹן ז"ר = Wortzusammensetzungen *f/pl.*, Phrasen *f/pl.*

צֵרוּף[2] ז', צירוף [tséruf] Läuterung *f*

צָרוּר ת' [tsarur] gebündelt, zusammengebunden *Adj.*

צְרוֹר ז' (צְרוֹרוֹת) [tsror] Bündel *n*, Päckchen *n*

=~ הַחַיִּים = ewiges Leben

=~ יְרִיּוֹת = Gewehrsalve *f*

צָרוּת נ' [tsarut] Enge *f*

=~-אֹפֶק = enger Horizont

=~-מֹחַ = (geistige) Beschränktheit *f*

=~-עַיִן = Missgunst *f*, Neid *m*

צָרַח פעל (לִצְרוֹחַ, יִצְרַח) [tsarax] *kal* schreien, kreischen

צְרָחָה נ' [tsraxa] Geschrei *n;* Schrei *m*

צַרְחָ|ן ז' [tsarxan] Schreihals *m*

=~נִי ת' = schreiend *Adj.*, schrill *Adj.*

צַ'רְטֶר ז' [tʃarter] Charta *f*, *m*, Freibrief *m*; Charter (-flugzeug *n*) *m*

★צֳרִי ז' ['tsori] Balsam *m*, balsamisches Harz

צְרִיבָה נ' [tsriva] Ausbrennen *n*, Ätzen *n*

צָרִיד ת' [tsarid] trocken *Adj.*

צְרִידוּת נ' [tsridut] Heiserkeit *f*

צְרִיחַ ז' [ts'riax] Turm *m*; Panzerturm *m*; Minarett *n*

צְרִיחָה נ' [tsrixa] Schrei *m*

צָרִיךְ ת', ת"פ [tsarix] nötig, bedürftig *Adj.*

=אֲנִי ~ = ich brauche

=אֲנִי ~ לָלֶכֶת = ich muss gehen

=~ עִיּוּן = ... bedarf näherer Untersuchung

=~ אֶת- = etwas nötig haben, brauchen, benötigen

צְרִיכָה נ' [tsrixa] Verbrauch *m*, Konsum *m*

צְרִימָה נ' [tsrima] Disharmonie *f*

צְרִיף ז' [tsrif] Baracke *f*, Hütte *f*

=~וֹן ז' = kleine Hütte

צְרִיפָה נ' [tsrifa] Läuterung, Reinigung *f*

צָרַךְ פעל (לִצְרוֹךְ, יִצְרוֹךְ) [tsarax] *kal* verbrauchen, konsumieren *v/t;* müssen *v/i*

-נִצְרַךְ נפ' (לְהִצָּרֵךְ) - *nif.* bedürftig sein

-הִצְטָרֵךְ הת' - *hit.* müssen, brauchen

-הִצְרִיךְ הפ' - *hit.* zwingen, notwendig machen, erfordern; verlangen, regieren (nach sich ziehen) *Gr.*

-הֻצְרַךְ הופ' - *hof.* gezwungen werden

צֹרֶךְ ז', צורך (צָרְכּוֹ-, צְרָכִים, צָרְכֵי-) ['tsorex] Bedürfnis *n*, Bedarf *m*, Notwendigkeit *f*

=לְ~ = zum Zwecke *(G)*, zwecks *(G)*

=שֶׁלֹּא לְ~ = umsonst, nicht notwendig, nicht nötig

=בְּעֵת הַצֹּרֶךְ, לְעֵת הַ~ = wenn es nötig ist

=כָּל צָרְכּוֹ = genügend, s-n Bedürfnissen entsprechend

=צָרְכֵי-כְּתִיבָה = Schreibwaren *f/pl.*, Büroartikel *m/pl.*

=~-מִחְיָה = Lebensmittel *n/pl.*

=~-צִבּוּר = öffentliche Angelegenheiten *f/pl.*

=עָשָׂה צְרָכָיו = s-e Notdurft verrichten

צַרְכָ|ן ז' [tsarxan] Verbraucher *m*, Konsument *m*

=~נוּת נ' = Konsum *m*; Konsumenten *m/pl.*

=~נִי ת' = Konsum-

=~נִיָּה נ' = Konsumgenossenschaft *f*, kleiner Laden e-r Kooperative

צָרַם פעל (לִצְרוֹם אֶת-, יִצְרוֹם) [tsaram] *kal (Ohr)* verletzen, *(Ohr)* beleidigen *fig.*

צֹרָן ז', צורן [tsoran] Silizium *n (Si) Chem.*

צִרְעָה נ' [tsir'a] Wespe *f* (Vespa orientalis) *Zo.*

צָרַעַת נ' [tsa'ra'at] Aussatz *m*

צָרַף[1] פעל (לִצְרוֹף אֶת-, יִצְרוֹף) [tsaraf] *kal* läutern

צֵרֵף[2] פיעל (לְצָרֵף אֶת-) [tséraf] *pi.* hinzufügen, zusammenstellen

-הִצְטָרֵף הת' - *hit.* sich hinzugesellen, sich anschließen

=מְצֹרָף בָּזֶה ר"ת: מצ"ב = beigefügt, in der Anlage *(in Briefen)*

צָרְפַ|ת ש"פ [tsarfat] Frankreich *n*

=~תִי ת' = französisch *Adj.*

=~תִית נ' = Französisch *n*, französische Sprache

צִרְצוּר ז', צירצור [tsirtsur] Zirpen *n*

צַרְצוּר, צְרָצַר ז' [tsartsur, tsratsar] Grille *f* (Gryllidae) *Zo.*

צִרְצֵר פיעל [tsirtsér] *pi.* zirpen

צֶ'רְקֶסִי תו"ז [tʃerkesi] Tscherkesse *m*; tscherkessisch *Adj. (aus dem Kaukasus)*

צָרַר פעל (לִצְרוֹר, יִצְרוֹר) [tsarar] *kal* bündeln; hassen *bibl.*

-הֵצֵר הפ׳ (לְהָצֵר) - *hif.* beengen, einengen, bedrängen; besorgt sein

=~ אֶת צַעֲדֵי פְּלוֹנִי = j-n behindern, einengen

צָרָתָה נ׳ [tsa'rata] Ärger *m*

צִתּוּת ז׳, ציתות [tsitut] Mithören *n*, (geheimes) Abhören *n*

צִתִּית נ׳ [tsitit] Feuerzeug *n*

צַתְרָה נ׳ [tsatra] Bohnenkraut *n*

ק

ק 'Kof, Kuf' (K), 19. Buchstabe des hebr. Alphabets; Zeichen der Zahl 100

קָא ז' פ' (ארמ') [ka] er, es steht

★קָא מַשְׁמַע לָן (ארמ') [ka maʃma lan] dies lehrt uns

=מַאי ~ ~ ~? = was lehrt uns das?

קֵא ז' [ké'] Erbrechen *n*

קָאדִי ז' (קָאדִים) [kadi] Kadi *m*, muslimischer Richter

קָאוּצ'וּק ז' [kautʃuk] Kautschuk *m*

★קַב¹ ז' (קַבִּים) [kav] altes Trockenmaß, kleines Maß

=~ וְנָקִי = klein, aber fein

קַב² ז' (קַבַּיִם) [kav] Krücke *f*; Beinprothese *f*

קָבַב פעל [kavav] *kal* verfluchen *v/t*

קֵבָה נ', קיבה [kéva] Magen *m*; Verdauung *f*

=קִלְקוּל ~ = Verdauungsstörung *f*; verdorbener Magen

=עַל ~ רֵיקָה = auf nüchternen Magen

=הַצָּבָא צוֹעֵד עַל קֵבָתוֹ = gutes Essen macht Soldaten stark

★קֳבָה נ' [kava] Gebärmutter *f*

קב"ה ר"ת הַקָּדוֹשׁ בָּרוּךְ הוּא [hakadoʃ barux hu'] *Abk.* Gott *m*

קִבּוּל ז', קיבול [kibul] Aufnahmefähigkeit *f*, Kapazität *f*, Fassungsvermögen *n*

=בֵּית-~ = Rauminhalt *m*; Behälter *m*

=כְּלִי-~ = Behälter *m*, Gefäß *n*

קָבוּעַ ת' [ka'vua'] fest, bestehend, dauernd, fest angestellt *Adj.*

קִבּוּעַ ז', קיבוע [ki'bua'] Fixierung *f*, Festigung *f*

קִבּוּץ ז', קיבוץ [kibuts] Kibbuz *m* *(kollektive Siedlung in Israel)*; Sammlung *f*; Allgemeinheit *f*, Gesellschaft *f*

=~ גָּלֻיּוֹת = "Sammlung der Verstreuten" *(Juden der Diaspora in Israel)*

קֻבּוּץ ז', קובוץ (אֻ) [kubuts] Vokal u

קָבוּץ ת' (אֻ) [kavuts] mit einem "Kubbuz" punktiert

קְבוּצָה נ' [kvutsa] Gruppe *f*, Gesellschaft *f*; "Kwuza" (Gruppe von Pionieren zwecks gemeinschaftlicher Ansiedlung)

=קְבוּצַת-כּוֹכָבִים = Konstellation *f*, Sternbild *n*

קִבּוּצִי ת', קיבוצי [kibutsi] gemeinsam, kollektiv *Adj.*; zum Kibbuz gehörig

=עֹנֶשׁ ~ = Kollektivstrafe *f*

=שֵׁם ~ = Kollektiv *m Gr.*

קִבּוּצְנִיק ז' (סלנג) [kibutsnik] "Kibbuznik", Mitglied e-s Kibbuz F

קְבוּצָתִ|י ת' [kvutsati] Gruppen-; zur Kwuza gehörig, kollektiv *Adj.*

=~יּוּת נ' = Kollektivismus *m*

קָבוּר ת' [kavur] begraben *Adj.*

קְבוּרָה נ' [kvura] Begräbnis *n*, Beerdigung *f*

=הוּבָא לִקְבוּרוֹת = begraben werden, beerdigt werden

קֻבִּי ת' [kubi] kubisch, würfelförmig *Adj.*

קֻבִּיָּה נ', קוביה [kubija] Würfel *m*, Kubus *m*

קָבִיל ת' [kavil] annehmbar *Adj.*; *(als Beweismittel)* zulässig *Jur.*

קְבִילָה נ' [kvila] Klage *f*, Beschwerde *f*

קְבִילוּת נ' [kvilut] Annehmbarkeit *f Jur.*

קַבִּינָה נ' [kabina] Kabine *f*; Führersitz *m Kfz.*

קַבִּינֶט ז' [kabinet] Kabinett *n Pol.*

קְבִיעָה נ' [kvi'a] Feststellung *f*, Festsetzung *f*, Fixierung *f*

=קְבִיעַת מַסְמְרוֹת = Verabschieden e-s Gesetzes; Halten an eine Vorgabe, ein Dogma

קְבִיעוּת נ' [kvi'ut] Dauerhaftigkeit *f*; Dauerstellung *f*

=בִּ~ ת"פ = beständig *Adv.*; zu festgesetzten Zeiten

קְבִיצָה נ' [kvitsa] Sammlung *f*

קְבִירָה נ' [kvira] Beerdigung *f*, Begräbnis *n*

קָבַל[1] פעל (לִקְבּוֹל עַל-, יִקְבּוֹל) [kaval] *kal* sich beschweren, sich beklagen

קִבֵּל[2] פיעל [kibél] *pi.* empfangen, erhalten, bekommen; annehmen, akzeptieren

-הִתְקַבֵּל הת' - *hit.* empfangen werden, angenommen werden; ankommen *(z.B. Brief)*

-הִקְבִּיל הפ' - *hif.* parallel sein; vergleichen, gegenüberstellen

=קִבֵּל אֶת פְּלוֹנִי = j-n empfangen

=~ אֶת דִּבְרֵי פְּלוֹנִי = einverstanden sein mit *(D)*, j-m zustimmen

=~ אֶת פְּנֵי פְּלוֹנִי = j-n empfangen

=~ מָרוּת = sich unterordnen, *(Autorität)* anerkennen

=~ עַל עַצְמוֹ = auf sich nehmen

=~ עָלָיו אַחֲרָיוּת = Verantwortung übernehmen

=~ תֹּקֶף = in Kraft treten

=הִתְקַבֵּל עַל הַדַּעַת = annehmbar -, einleuchtend -, verständlich -, angemessen sein

=הִקְבִּיל אֶת פְּנֵי פְּלוֹנִי = feierlich empfangen, e-n Empfang bereiten

קֹבֶל ז' ['kovel] Beschwerde *f*

★קֳבֵל מ"י (ארמ') [kaval] gegen *(Akk.)*; angesichts *(G)*

=~ עַם וְעֵדָה = in aller Öffentlichkeit, coram publico

קְבָלָה נ' [kvala] Beschwerde *f*

קַבָּלָה נ' [kabala] Empfang *m*, Erhalt *m*, Empfangsbestätigung *f*, Quittung *f*; Kabbala *f (jüdische Mystik)*; Rezeption *f (Hotel)*

=קַבָּלַת | פָּנִים = Empfang *m (von Gästen)*

=~ קָהָל, שְׁעוֹת הַקַּבָּלָה = Publikumsverkehr *m*, Sprechstunden *f/pl.*

=~ שַׁבָּת = Empfang *m* des Schabat *(am Freitag Abend)*

=פִּנְקָס-קַבָּלוֹת = Quittungsblock *m*

קַבְּלָן ז' [kablan] Unternehmer *m*, *bsd.* Bauunternehmer *m*

=~נוּת נ' = Unternehmertum *n*; Akkordarbeit *f*

=~נִי ת' = Unternehmer-

קִבֹּלֶת נ', קיבולת [ki'bolet] Aufnahmefähigkeit *f*, Ladekapazität *f*

★קֶבֶס ז' ['keves] Brechreiz *m*, Ekel *m*

קְבַסְתָּן ז' [kvastan] Störenfried *m*

קָבַע פעל (לִקְבּוֹעַ אֶת-, יִקְבַּע) [kava'] *kal* festsetzen, feststellen, festmachen; *(Nagel)* einschlagen; einsetzen, einbauen

=~ מַסְמְרוֹת = kategorisch feststellen

קֶבַע ז' ['keva'] Dauer *f*

=דִּירַת-~ = fester Wohnsitz

=צְבָא-~ = stehendes Heer, Berufsmilitär *n*

קִבָּעוֹן ז', קיבעון (קִבְעוֹנוֹת) [kiba'on] Fixierung *f Psych.*

קֻבַּעַת נ' [kuba'at] Brocken *m*, Sediment *n*; Kelch *m*

קִבֵּץ פיעל [kibéts] *pi.* sammeln, einsammeln

-הִתְקַבֵּץ הת' - *hit.* sich ansammeln

=קִבֵּץ נְדָבוֹת = Almosen sammeln, betteln

קֹבֶץ ז', קובץ (קְבָצִים, קָבְצֵי-) ['kovets] Sammelwerk *n*, Sammelband *n*

קַבְּצָן ז' [kabtsan] Bettler *m*

=~וּת נ׳ = Bettlertum *n*; Armut *f*

קַבְקַב ז׳ (קַבְקַבִּים) [kavkav] Holzschuh *m*

קָבַר פעל (לִקְבּוֹר, יִקְבּוֹר) [kavar] *kal* begraben, beerdigen

קֶבֶר ז׳ (קְבָרִים) ['kever] Grab *n*

=קֶבֶר, קִבְרוֹת-אָבוֹת = Familiengrab *n*

=בֵּית-קְבָרוֹת = Friedhof *m*

=בָּא אֶל קֶבֶר יִשְׂרָאֵל = nach jüd. Ritus begraben werden

★קִבָּר ז׳, קיבר [kibar] grobes Mehl *n*

=פַּת-~ = Schrotbrot *n*, grobes Brot

קַבְּרָן ז׳ [kabran] Totengräber *m*

=~וּת נ׳ = Arbeit *f*, Beruf *m* des Totengräbers

קְבַרְנוּן ז׳ [kvarnun] Gründling *m*, Gressling *m (Fisch)*

קַבַּרְנִיט ז׳ [kabarnit] Kapitän *m*; Pilot *m* *Flgw.*; Führer *m*

קִבֹּרֶת נ׳, קיבורת [ki'boret] Bizeps *m*, Oberarmmuskel *m*

קֶבֶשׂ ['keves] Schafe *n/pl. meist Koll.*

קֵבָתִי ת׳, קיבתי [kévati] Magen-; gastrisch *Adj.*

ק״ג ר״ת: קִילוֹגְרַם [kilogram] Kilogramm (kg) *n*

קָדַד פעל (לִקְדּוֹד אֶת-, יִקְדּוֹד) [kadad] *kal* ausstechen

-קִדֵּד פיעל - *pi.* bohren

קִדָּה נ׳, קידה [kida] Verbeugung *f*, Verneigung *f*

=הֶחֱוָה ~ = sich verbeugen, sich verneigen

קָדוּד ת׳ [kadud] geschnitten *Adj.*

קִדּוּד ז׳ [kidud] Erweiterung *f*, Nachbohrung *f*

קָדוּחַ ת׳ [ka'duax] durchbohrt *Adj.*

קִדּוּחַ ז׳, קידוח [ki'duax] Bohren *n*; Bohrung *f*

קָדוּם ת׳ [kadum] antik, alt, früh *Adj.*

=דֵּעָה קְדוּמָה, מִשְׁפָּט קָדוּם = Vorurteil *n*

קִדּוּם ז׳, קידום [kidum] Förderung *f*

=~ פְּנֵי הָרָעָה = Vorbeugung *f*

קְדוּמִים ז״ר [kdumim] vergangene Zeiten *f/pl.*, Vergangenheit *f*

קְדוֹמָנִי ת׳ [kdomani] vordere *Adj.*; Vorder-

קְדוֹרָנִי ת׳, ~ת ת״פ [kdorani, -t] finster, schwermütig *Adj.*, *Adv.*

קָדוֹשׁ תו״ז [kadoʃ] heilig *Adj.*; Heilige(r) *m*;

=~ מְעֻנֶּה = Märtyrer *m*

=הַקָּדוֹשׁ-בָּרוּךְ-הוּא = Gott *m*

=הָאָרֶץ הַקְּדוֹשָׁה = das heilige Land

=זֶרַע-קְדוֹשִׁים (בְּקִיצּוּר: זַ״ק) = *wörtl.* Spross der Heiligen; Beiname für Familien aus dem Priestergeschlecht

=מוֹת-~ = Märtyrertod *m*

=פָּרָה קְדוֹשָׁה = heilige Kuh *fig.*, *iron.*

=אַחֲרֵי מוֹת קְדוֹשִׁים אֱמֹר = über die Toten nur Gutes (reden)

קִדּוּשׁ ז׳, קידוש [kiduʃ] Heiligung *f*, Weihung *f*; "Kiddusch" *(Segen über den Wein am Festtag)*

=~-לְבָנָה = Segensspruch *m* über den Neumond

=~-הַשֵּׁם = Märtyrertum *n*, Aufopferung *f* für Gott

=אוֹתִיּוֹת שֶׁל ~-לְבָנָה = ganz große Buchstaben *m/pl. (im Neumondlicht zu lesen)*

=קִדּוּשִׁין ז״ר = Eheschließung *f*

קָדַח[1] פעל (לִקְדּוֹחַ, יִקְדַּח) [kadax] *kal* fiebern, brennen *fig.*; an Malaria erkranken

-הִקְדִּיחַ הפ׳ - *hif.* anbrennen; *(Speise)* versalzen; fiebern

=~ תַּבְשִׁילוֹ = die Grenze überschreiten, zu weit gehen *fig.*

קָדַח[2] פעל (לִקְדּוֹחַ אֶת-, יִקְדַּח) [kadax] *kal* bohren

קַדָּח ז׳ [kadax] Bohrmeister *m*

קֶדַח ז׳ ['kedax] 1. Entzündung, 2. Bohrung *f*

קַדַּחַת נ׳ [ka'daxat] Fieber *n*; Malaria *f Med.*

=קַדַּחְתָּנוּת נ׳ = Fieberhaftigkeit *f*

=~נִי ת׳, ~נִית ת״פ = fieberhaft *Adj. Adv.*,

קְדִידָה נ׳ [kdida] Bohren *n* e-s Loches

קְדִיחָה נ׳ [kdixa] Bohren *n*

★קָדִים ז׳ [kadim] Osten *m*

=רוּחַ ~ — = Ostwind *m*, “Chamsin”, (trockener) Wüstenwind *m*
קָדִימָה ת״פ — [kadima] vorwärts
קְדִימָה נ׳ — [kdima] Vorsprung *m*; Vorrecht *n*
=דִּין-~ — = Privileg *n*, Vorrecht *n*
=דְּמֵי-~ — = Anzahlung *f*
=זְכוּת-~ — = Vorfahrtsrecht *n*
קְדִימוֹן ז׳ — [kdimon] Beförderung *f*
קְדִימוּת נ׳ — [kdimut] Privileg *n*, Vorrang *m*; Dringlichkeit *f*
קְדִירָה נ׳ — [kdira] Dunkelheit *f*
קַדִּישׁ ז׳ — [kadiʃ] “Kaddisch”, Gebet *bsd.* zum Gedächtnis an Tote; Beiname des Sohnes, der den Kaddisch für seine Eltern sagt
=~-יָתוֹם — = Totengebet *n* einer Waise
=חֶבְרָה קַדִּישָׁא (ארמ׳) — = “Chewra Kaddischa”, Beerdigungsgesellschaft *(in jüd. Gemeinden)*
★קְדָל ז׳ (ארמ׳) — [kdal] Nacken *m*
=~-חֲזִירִים — = Schinken *m*
קָדַם פעל (לִקְדּוֹם לְ-, יִקְדַּם) — [kadam] *kal* vorangehen, vorher kommen; Vorrecht haben
-קִדֵּם פיעל — - *pi.* fördern; empfangen *v/t*
-הִתְקַדֵּם הת׳ — - *hit.* vorwärts kommen, Fortschritte machen; fortschrittlich sein
-הִקְדִּים הפ׳ — - *hif.* zuvorkommen; früh kommen; etwas vor s-r Zeit tun; einleiten, Vorwort verfassen *Lit.*
=כָּל הַקּוֹדֵם זוֹכֶה — = wer zuerst kommt, mahlt zuerst
=תְּנַאי קוֹדֵם, תְּנַאי מֻקְדָּם — = Voraussetzung *f*
=קִדֵּם אֶת פָּנָיו — = Empfang bereiten, begrüßen
=~ אֶת פְּנֵי הָרָעָה — = dem Übel vorbeugen
=הִקְדִּים בִּשְׁלוֹם פְּלוֹנִי — = zuerst begrüßen, zuvorkommen
=~ וְאָמַר — = vorausschicken *(Worte)*
=~ נַעֲשֶׂה לְנִשְׁמַע — = e-m Wunsch (oder Befehl) sofort nachkommen; von den Augen ablesen *fig.*
=~ קָנֶה לְוֶשֶׁט — = sich verschlucken
=~ רְפוּאָה לְמַכָּה — = vorbeugen, prophylaktisch behandeln *Med.*
=בְּמֻקְדָּם ת״פ — = früh; rechtzeitig *Adv.*
=~ אוֹ בִּמְאֻחָר — = früher oder später
=לְכָל הַמֻּקְדָּם — = frühestens
=דֵּעָה מֻקְדֶּמֶת — = Vorurteil *n*
★קֶדֶם ז׳ — ['kedem] Vorderseite *f*; Osten *m*; Urzeit *f*
=מִקֶּדֶם — = in alter Zeit
=קֵדְמָה — = nach Osten
=יְמֵי-קֶדֶם — = Altertum *n*
=עַמֵּי-הַקֶּדֶם — = prähistorische Völker *n/pl.*
קֹדֶם ת״פ, קודם — ['kodem] vorher, früher *Adv.*
=~ לְ-, ~ שֶׁ- — = vor *Prp.*, bevor *Kj.*
=~ לָכֵן — = vorher *Adv.*
=~ כֹּל — = vor allem
=מִקֹּדֶם — = früher *Adv.*
=יָפָה שָׁעָה אַחַת קֹדֶם — = je eher, desto besser
קְדַם- מ״י — [kdam] prä-, vor- (Präfix)
=~-הִיסְטוֹרְיָה — = Ur- und Frühgeschichte *f*
=חִנּוּךְ ~-מִקְצוֹעִי — = Berufsorientierung *f*
=~-צְבָאִי ת׳ — = vor dem Wehrdienst *(in Israel)*
★(קדמה) מִקַּדְמַת דְּנָה (ארמ׳) — [mikadmat dena] seit ehedem, schon immer
קִדְמָה נ׳, קידמה — [kidma] Fortschritt *m*
קַדְמוֹן ת׳ — [kadmon] uranfänglich, antik, alt *Adj.*
=הָאָדָם הַקַּדְמוֹן — = der Urmensch
=~וּת נ׳ — = Altertümlichkeit *f*
=קַדְמוֹנִ|י ת׳ — = alt, antik *Adj.*
=~יּוֹת נ״ר — = Altertümer *pl.*
קַדְמוּת נ׳ — [kadmut] der frühere Zustand; Urzustand *m*
קִדְמִי ת׳ — [kidmi] vorder(e) *Adj.*
קְדָמִי ת׳ — [kdami] vorherig; vorläufig *Adj.*
קִדֹּמֶת נ׳, קידומת — [ki'domet] Präfix *n*, Vorsilbe *f*;

Vorwahl *f (Telefon)*

קָדֶנְצְיָה נ׳ [kadentsja] Amtszeit *f Parl.*

קָדְקֹד ז׳, קדקוד [kodkod] Schädel *m*; Scheitel *m*; Spitze *f (des Dreiecks)*

=נְקֻדַּת-~ = Zenit *m*, Scheitelpunkt *m*

=מִכַּף רַגְלוֹ וְעַד קָדְקֳדוֹ = vom Scheitel bis zur Sohle, von oben bis unten

=קָדְקֳדִי ת׳ = Scheitel-

=זָוִיּוֹת ~יּוֹת = Scheitelwinkel *m/pl.*

קִדְקֵד פיעל [kidkéd] *pi.* krähen

קִדְקוּד ז׳ [kidkud] Krähen *m*

קָדַר פעל (לִקְדּוֹר, יִקְדַּר) [kadar] *kal* dunkel, düster werden

=הִקְדִּירוּ פָּנָיו = ein finsteres, trauriges Gesicht bekommen, - machen

קַדָּר ז׳ [kadar] Töpfer *m*, Keramiker *m*

★קְדֵרָה נ׳, קדירה [kdéra] Kochtopf *m*

קַדָּרוּת נ׳ [kadarut] Töpferei *f*, Keramik *f*

קַדְרוּת נ׳ [kadrut] Finsternis *f*; Trübsinn *m*

קְדֵרִיָּה נ׳ [kdérija] kleiner Topf *m*

קִדֵּשׁ פיעל [kidéʃ] *pi.* heiligen, weihen; Kiddusch sagen *(Segen über den Wein am Festtag)*; verheiraten *v/t*

-הִתְקַדֵּשׁ הת׳ - *hit.* sich reinigen *(rituell)*; heilig werden

-הִקְדִּישׁ הפ׳ - *hif.* widmen, weihen

=קִדֵּשׁ אִשָּׁה = sich (mit e-r Frau) verloben

=~ אֶת הַשֵּׁם = sein Leben für Gott hingeben, den Märtyrertod erleiden

=הַמַּטָּרָה מְקַדֶּשֶׁת אֶת הָאֶמְצָעִים = der Zweck heiligt die Mittel

=בְּהִתְקַדֵּשׁ הֶחָג = beim Beginn des Festes *Rel.*

=הִקְדִּישׁ תְּשׂוּמַת-לֵב לְ- = Aufmerksamkeit widmen *(D)*

קֹדֶשׁ ז׳, קודש ['kodeʃ] Heiligkeit *f*, Heilige(s) *n*

=~ לְ- = gewidmet *(D)*

=~-קָדָשִׁים = Allerheiligste(s) *n*

=אַדְמַת-~ = *wörtl.* heiliger Boden; das heilige Land

=אֶרֶץ-הַ-~ = das heilige Land

=אֲרוֹן-הַקֹּדֶשׁ = Bundeslade *f*

=הַדְרַת-קֹדֶשׁ = Erhabenheit *f*

=הֵיכַל הַקֹּדֶשׁ = Tempel *m (in Jerusalem)*

=הַר-הַקֹּדֶשׁ = Berg *m* Moria, der heilige Berg

=חֶרְדַּת-קֹדֶשׁ = Ehrfurcht *f*

=כְּלֵי-~ = heilige Geräte *n/pl. (z.B der siebenarmige Leuchter)*

=כִּתְבֵי-הַקֹּדֶשׁ = Heilige Schriften *f/pl.*, Bibel *f*

=לְשׁוֹן הַ-~ = die heilige Sprache *(Hebräisch)*

=★מִקְרָא קֹדֶשׁ = Festtag *m Rel.*

=עֲבוֹדַת-~ = Gottesdienst *m (der Leviten u. Priester bsd. im Tempel)*

=עִיר-הַקֹּדֶשׁ = die heilige Stadt *(Jerusalem)*

=עַם-הַ-~ = das heilige Volk *(Israel)*

=רוּחַ-הַ-~ = Geist *m* Gottes; Heiliger Geist *(der christlichen Lehre)*

=שַׁבַּת-קֹדֶשׁ = der heilige Schabat

=כְּדַרְכּוֹ בַּקֹּדֶשׁ = wie er es gewohnt ist *(meist iron.)*

★קָדֵשׁ ז׳ [kadéʃ] Prostituierter *m (im Baalskult)*

=קְדֵשָׁה נ׳ = *(kultische)* Prostituierte *f*

קְדֻשָּׁה נ׳, קדושה [kduʃa] Heiligkeit *f*

=הוֹד קְדֻשָּׁתוֹ = Eure Heiligkeit *(Anrede des Papstes)*

=תַּשְׁמִישֵׁי קְדֻשָּׁה = religiöse Kultgegenstände *m/pl.*

קָהָה פעל (לִקְהוֹת, יִקְהֶה) [kaha] *kal* stumpf werden, abstumpfen *v/i*

-הִקְהָה הפ׳ - *hif.* stumpf machen, ab-stumpfen *v/t*

קֵהֶה ת׳ [kéhe] stumpf *Adj.*

=זָוִית קֵהָה = stumpfer Winkel

קָהוּי ת׳ [kahuj] abgestumpft; *(Papier)* matt *Adj.*

קֵהוּת נ׳, קיהות, קֵהָיוֹן ז׳, קיהיון [kéhut, kéhajon] Stumpfheit *f*

קהי״ס ר״ת: קֶרֶן-הַיְסוֹד נ׳ [keren hajesod] “Keren Hajessod”, *Abk.* (Finanz)Verwaltung *f*

der zionistischen Organisation
[kihél] *pi.* versammeln *v/t* — קִהֵל פיעל
- *nif.* sich versammeln — -נִקְהַל נפ׳ (לְהִקָּהֵל)
- *hit.* zusammenkommen, sich versammeln *(Menschen)* — -הִתְקַהֵל הת׳
- *hif.* zusammenrufen — -הִקְהִיל הפ׳
[kahal] Publikum *n*; Öffentlichkeit *f*, Volksmenge *f*; Gemeinde *f Rel. Pol.* — קָהָל ז׳
= öffentliche Meinung — =דַּעַת-~
= Gemeindevorsteher *m* — =רֹאשׁ-~
= in die Gemeinde der Juden aufgenommen werden — =בָּא בִּקְהַל ה׳ (יִשְׂרָאֵל)
= aus dem jüd. Volk ausgestoßen werden — =נִכְרַת מִתּוֹךְ הַקָּהָל
[kehila] Gemeinde *f bsd. Rel.* — קְהִלָּה נ׳, קהילה
[kehilija] Gemeinwesen *n*; Republik *f*; Commonwealth *n* — קְהִלִיָּה נ׳, קהיליה
[ko'helet] "Kohelet", Name des Buches Ecclesiastes *(Prediger Salomo) bibl.* — קֹהֶלֶת
[kehilati] Gemeinde- — קְהִלָּתִי ת׳, קהילתי
= Gemeindezentrum *n* — =מֶרְכָּז ~
[kav] Strich *m*; Linie *f (auch Bus usw.)*; Leitung *f (Telefon)* — קַו ז׳
= Horizont *m* — =~-הָאֹפֶק
= Längengrad *m*, Meridian *m* — =~-הָאֹרֶךְ
= Frontlinie *f* — =~-הָאֵשׁ
= bei guter Gesundheit — =בְּ~-הַבְּרִיאוּת
= Umrisse *m/pl.* — =קַוֵּי-הֶקֵּף ז״ר
= Bindestrich *m* — =~ מְחַבֵּר ראה גם: מַקָּף
= Führungslinie *f* — =~ מַנְחֶה
= Trennstrich *m* — =~ מַפְרִיד
= Parallelen *f/pl.* — =קַוִּים מַקְבִּילִים ז״ר
= Äquator *m* — =~ הַמַּשְׁוֶה
= Tangente *f* — =~ מַשִּׁיק
= Mittagslinie *f*, Meridian *m* — =~ הַצָּהֳרַיִם
= Breitengrad *m* — =~-רֹחַב
= Horizont *m*; Skyline *(e-r Stadt) f* — =~-רָקִיעַ
= e-n Strich (e-e Linie) ziehen — =מָתַח ~

[ko'operativ] Genossenschaft *f* — קוֹאוֹפֶּרָטִי|ב ז׳
= kooperativ, zusammenwirkend, genossenschaftlich *Adj.* — =~בִי ת׳
[ko'operatsja] Kooperation *f*, Zusammenarbeit *f* — קוֹאוֹפֶּרַצְיָה נ׳
[ko'ordinatsja] Koordination *f*, Abstimmen *n*, Zusammenspiel *n* — קוֹאוֹרְדִינַצְיָה נ׳
[ko'alitsja] Koalition *f*, Verbindung *f* (*bsd.* v. Parteien) — קוֹאָלִיצְ|יָה נ׳
= Koalitions- — =~יוֹנִי ת׳
[kub] Kubikmeter *m* — קוּב ז׳
[kubjustus] Würfelspieler *m*, Kartenspieler *m* — ★קוּבְיוּסְטוּס ז׳
[kubizm] Kubismus *m* — קוּבִּי|זְם ז׳
= kubistisch *Adj.* — =~סְטִי ת׳
[kobalt] Kobalt *n (Co) Chem.* — קוֹבַּלְט ז׳
[kuvlana] Beschwerde *f*, Klage *f* — קוּבְלָנָה נ׳
[kovlani] klagend *Adj.* — קוֹבְלָנִי ת׳
[kubane] süßes Brot *n (jemenitisch)* — קוּבָּנֶה ז׳
['kova'] Helm *m*, Stahlhelm *m* — ★קוֹבַע ז׳
ראה גם: קַסְדָּה
[kobra] Kobra *f Zo.* — קוֹבְּרָה נ׳
[kod] Kode *m*, Code *m* — קוֹד ז׳ ראה גם: צֹפֶן
[kodéd] *pi.* kodieren, verschlüsseln *v/t* — (קוד) קוֹדֵד פיעל
[kodéin] Kodein *n* — קוֹדֵאִין ז׳
[kodém] vorhergehend, vorig(e); früher(e), ehemalig(e) *Adj.* — קוֹדֵם ת׳
[kodan] Fachmann für Computercodes; F Hacker *m* — קוֹדָן ז׳
[kodér] dunkel, düster *Adj.* — קוֹדֵר ת׳
= trübsinnig *Adj.* — =קוֹדְרָנִי ת׳
[kiva] *pi.* hoffen — קִוָּה פיעל (לְקַוּוֹת)
[kava] *kal* sammeln (*bsd. Wasser)* — קָוָה פעל
- *nif.* sich ansammeln *(Wasser)* — -נִקְוָה נפ׳ (לְהִקָּווֹת)
[kavuj] gesammelt *Adj.* — קָווּי ת׳
[kivuj] Hoffnung *f*, Erwartung *f* — קִוּוּי ז׳
[kavuts] dornig; faltig *Adj.* — קָווּץ ת׳

קִוּוּץ ז' [kivuts] Entfernung von Dornen *f*
קְווֹרוּם ז' [kvorum] Quorum *n*, Mindestteilnehmerzahl *f* e-r beschlussfähigen Versammlung
קוֹזָק ז' [kosak] Kosak *m*
(קוט) הִתְקוֹטֵט הת' [hitkotét] *hit.* sich streiten, sich zanken
קו"ט ר"ת: קִילוֹ-וָאט [kilovat] Kilowatt (kW) *n*
גם: קוט"ש (קילו-ואט-שעה)
קוטב ראה: קֹטֶב ['kotev] Pol *m*
קוֹטֶג' ז' [kotedž] Cottage *n*, (mehrstöckiges) Landhaus *n;* Frischkäse *m*, Hüttenkäse *m*
קַוִּי ת', קווי [kavi] linear, linienförmig *Adj.*
קַוְיָאר ז' [kaviar] Kaviar *m*
קְוִיָּה נ' [kvija] Hoffnung *f*, Erwartung *f*
קְוִינְטֶט ז' [kvintet] Quintett *n Mus.*
קוֹל ז' (קולות) [kol] Stimme *f*; Schall *m*, Sound *m*; Lautstärke *f*
=~ אֶחָד = einstimmig *Adj.*
=~ גָּבוֹהַּ = laute Stimme (od. Radio, TV); hohe Stimme
★=~ דְּמָמָה דַקָּה = Flüstern *n*
=~ נִחָר = heisere Stimme
=~ נָמוּךְ = leise Stimme (od. Radio, TV); tiefe Stimme
=~ עָרֵב = angenehme, schöne Stimme
=~-קוֹרֵא = Aufruf *m*
=~ רָם = laute Stimme
=קוֹלֵי-קוֹלוֹת = Geschrei *n*
=בַּת-~ = Echo *n*; Stimme *f* vom Himmel; Gerücht *n*
=גַּלֵּי-~ ז"ר = Schallwellen *f/pl.*
=מֵיתְרֵי-~, נִימֵי ~ ז"ר = Stimmbänder *n/pl.*
=~ עַל-שִׁמְעִי = Ultraschall *m*
=רַם-~, רַמְ~ ז' = Lautsprecher *m*, Box *f*
=תּוֹרַת-הַקּוֹל = Akustik *f*, Lehre *f* vom Schall
=הֵרִים קוֹלוֹ = s-e Stimme erheben; brüllen
=יָצָא קוֹל = es ging ein Gerücht um
=נָתַן קוֹלוֹ לְ- = abstimmen, s-e Stimme j-m geben
=שָׁמַע בְּ~, לְ~ פְּלוֹנִי = gehorchen, hören auf
=~ הָמוֹן כְּ~ שַׁדַּי = die Stimme des Volkes ist Gottes Stimme
=~ קוֹרֵא בַּמִּדְבָּר = ein Rufer in der Wüste
קוֹלָב ז' [kolav] Kleiderhaken *m*, Kleiderbügel *m*; Garderobenständer *m*
קוֹלֶגָה זו"נ [kolega] Kollege *m*, Kollegin *f*
ראה גם: עָמִית
=קוֹלֶגְיָאלִ|י ת' = kollegial *Adj.*
=~יּוּת נ' = Kollegialität *f*
קוֹלוֹנְ|יָה נ' ראה גם: מוֹשָׁבָה [kolonja] Kolonie *f*
=~אלִי ת' = kolonial *Adj.*
=קוֹלוֹנִיזַצְ|יָה נ' = Kolonisierung *f*
=~יוֹנִי ת' = kolonisatorisch *Adj.*
קוֹלוֹנֶל ז' [kolonel] Oberst *m*
קוֹלָז' ז' [kolaz] Collage *f (geklebtes Bild)*
קוֹלְטָנִי ת' [koltani] aufnehmend, saugfähig *Adj.*
קוֹלִי ת' [koli] stimmlich, vokal *Adj.*
=חַד-~ = unisono, einstimmig
=דּוּ-~, רַב-~ = zweistimmig, vielstimmig *Adj.*
=מוּסִיקָה ~ת = Vokalmusik *f*
קוּלִינָרִי ת' [kulinari] kulinarisch *Adj.*
קוּלִית נ' [kulit] Hüftknochen *m*
★קוּלְמוּס ז' גם: קֻלְמוּס [kulmos] Schreibfeder *f*; Schilfrohr *n*
=פְּלִיטַת-~ = Schreibfehler *m*, Flüchtigkeitsfehler *m*
קוֹלָן ז' [kolan] (Laut-)Verstärker *m*; Stimmgabel *f*
קוֹלְנוֹעַ ז' [kol'noa'] Tonfilm *m*; Kino *n*
(רבים: בָּתֵּי-~)
=כּוֹכַב-~ = Filmstar *m*
=קוֹלְנוֹעִי ת' = Film-
קוֹלָנִ|י ת' [kolani] laut, schreierisch, lärmend *Adj.*
=~יּוּת נ' = Gekeife *n*, Schreierei *f*
קוֹלָס ז' [kolas] Kopf *m*, *(z. B. Kohl)*, Kolben *m*
=~ שֶׁל כְּרוּב = Kohlkopf *m*

קוֹלֵעַ ת׳ (קוֹלַעַת) [ko'léa'] treffend *Adj.*

קוֹלֶקְטִי|ב ז׳ [kolektiv] Kollektiv *n*, Produktionsgemeinschaft *f*

=~בִי ת׳ = kollektiv, gemeinschaftlich *Adj.*

=~בִיוּת נ׳ = Kollektivismus *m*

=~בִיזַצְיָה נ׳ = Kollektivierung *f*

קוֹלָר ז׳ [kolar] Halsband *n (für Gefangene u. Tiere)*

=תָּלָה בּוֹ אֶת הַקּוֹלָר = j-m die Verantwortung *(Schuld)* zuschieben

קוֹלְרַבִּי ז׳ [kolrabi] Kohlrabi *m*

ראה גם: כְּרוּב-הַקֶּלַח

קוֹם ז׳ [kom] Dickmilch *f*

(קום) קָם פעל (לָקוּם, יָקוּם) [kam] *kal* aufstehen, sich aufmachen, erstehen; geschehen *bibl.*

-קוֹמֵם[1] פיעל - *pi.* aufrichten; aufhetzen *v/t*

-הִתְקוֹמֵם[1] הת׳ - *hit.* sich erheben gegen *(Akk.)*, rebellieren

-קִיֵּם[2] פיעל - *pi.* erhalten, bestehen lassen; Gültigkeit verleihen, bestätigen; veranstalten, *(Sitzung usw.)* abhalten; *(Versprechen, Vertrag)* einhalten

-הִתְקַיֵּם[2] הת׳ - *hit.* bestehen, bestehen bleiben; stattfinden; sich verwirklichen, sich bewahrheiten; sich ernähren

-הֵקִים הפ׳ (לְהָקִים) - *hif.* aufstellen, errichten

=קָם לִתְחִיָּה = auferstehen

=נָאֶה דוֹרֵשׁ וְנָאֶה מְקַיֵּם = er lebt nach s-n Prinzipien; übe selbst, was du predigst

=הֵקִים רַעַשׁ = Lärm machen

קוֹמְבַּיְן ז׳ [kombajn] Mähdrescher *m*

קוֹמְבִּינַצְיָה נ׳ [kombinatsja] Kombination *f;* Trick *m*

קוֹמֶדְיָה נ׳ [komedja] Komödie *f*

=טְרָגִי-~ = Tragikomödie *f*

קוֹמָה נ׳ [koma] Höhe *f*; Körpergröße *f*; Stockwerk *n*, Geschoss *n*, Etage *f*

=בְּ~ זְקוּפָה = aufrecht, gerade *Adv.*; mit erhobenem Kopf

=בַּעַל-~ = hoch gewachsener Mensch

=שִׁעוּר-~ = Bedeutung *f*, Größe *f*, (geistiges) Format *n*

=בַּעַל-שִׁעוּר-~ = Mann von Format, bedeutender Mensch

=קוֹמַת-הַקַּרְקַע = Erdgeschoss *n*, Parterre *n*

=בִּנְיָן רַב-קוֹמוֹת = Hochhaus *n*

קוּמָה-תַּנְחוּמָא ז׳ ['kuma-tanxuma'] Stehaufmännchen *n*

קוֹמוּנָ|ה נ׳ [komuna] Kommune *f*, Gemeinde *f*

=~לִי ת׳ = kommunal *Adj.*; Gemeinde-

קוֹמוּנִיזְם ז׳ [komunizm] Kommunismus *m*

=~סְטִי ת׳ = kommunistisch *Adj.*

קוֹמוּנִיקַצְיָה נ׳ [komunikatsja] Kommunikation *f*, Verbindung *f*, Verständigung *f*

=~קָטִיבִי ת׳ = kommunikativ, mitteilsam *Adj.*

קוּמְזִיץ ז׳ (סלנג) [kumzits] Zusammensitzen *n* am Lagerfeuer

קוֹמִי ת׳ [komi] komisch *Adj.*

=~קָן, ~קַאי ז׳ = Komiker *m*

קוֹמָמִי ת׳ [komami] hoch *Adj.*

★קוֹמְמִיּוּת ת״פ [komemijut] aufrecht, stolz, furchtlos *Adv.*

נ׳ Unabhängigkeit *f*, Souveränität *f*

=אוֹת-הַקּוֹמְמִיּוּת = Medaille *f* des Unabhängigkeitskrieges

=מִלְחֶמֶת-הַ~ = Unabhängigkeitskrieg *m*

קוֹמָנִית נ׳ [komanit] Schimmel *m*, Schimmelpilz *m*

קוֹמְפּוֹזִי|צְיָה נ׳ [kompositsja] Komposition *f*

=~טוֹר ז׳ ראה גם: מַלְחִין = Komponist *m*

קוֹמְפְּלֶט ז׳ [komplet] vollständiger Satz, vollständiger Jahrgang *m*

קוֹמְפְּלֶקְס ז׳ [kompleks] Komplex *m*

קוּמְקוּם ז׳ [kumkum] Wasserkessel *m*

=~ חַשְׁמַלִּי = Wasserkocher *m*

קַוָּן ז', קוון — [kavan] Elektroinstallateur *m*; Streckenarbeiter *m*

קוֹנְבֶנְצְ|יָה, קוֹנְוֶנְצְ|יָה נ' — [konventsja] Konvention *f*

=~יוֹנָלִי ת' — = konventionell *Adj.*

=נֶשֶׁק קוֹנְבֶנְצְיוֹנָלִי — = konventionelle Waffen *f/pl.*

=נֶשֶׁק בִּלְתִּי-~ — = ABC - Waffen *f/pl.*

קוֹנְדִּיטוֹרְיָה נ' — [konditorja] Konditorei *f*

קוּנְדֵּס ז' — [kundés] Lausbub *m*, Spaßvogel *m fig.*

=מַעֲשֵׂה ~, ~וּת — = Lausbubenstreich *m*

=קוּנְדֵּסִי ת' — = lausbubenhaft *Adj.*

קוֹנֶה ז' — [kone] Käufer *m*

קוֹנוֹטַצְיָה נ' — [konotatsja] Nebenbedeutung *f*

קוֹנוּס ז' — [konus] Konus *m*, Kegel *m*

=קוֹנִי ת' — = konisch, kegelförmig *Adj.*

קְוַנְט ז', קוואנט — [kvant] Quant *n Phys.*

=תּוֹרַת-הַקְּוַנְטִים — = Quantentheorie *f*

קוֹנְטִינֶנְטָלִי ת' — [kontinentali] kontinental *Adj.*

קוּנְטְרֵס ז' — [kuntrés] Heft *n*, Broschüre *f*; Druckbogen *m*

קוֹנְיָאק ז' — [konjak] Kognak *m*

קוֹנְכִיָּה, קוֹנְכִית נ' — [konxija, konxit] Muschel *f*, Muschelschale *f*

קוֹנָם ז' — [konam] Eid *m*, Gelübde *n*

קוֹנְסוּ|ל ז' — [konsul] Konsul *m*

=~לְיָה נ' — = Konsulat *n*

=~לָרִי ת' — = konsularisch *Adj.*

קוֹנְסְטִיטוּצְ|יָה נ' ראה גם: חֻקָּה — [konstitutsja] Verfassung *f*, Konstitution *f*

=~יוֹנִי ת' — = konstitutionell *Adj.*

קוֹנְסְטֶלַצְיָה נ' — [konstelatsja] Konstellation *f*

קוֹנְסְטְרוּקְ|צְיָה נ' — [konstruktsja] Konstruktion *f*

=~טִיבִי ת' — = konstruktiv *Adj.*

קוֹנְסְפִּי|רַצְיָה נ' ראה גם: קֶשֶׁר — [konspiratsja] Konspiration *f*, Verschwörung *f*

=~רָטִיבִי ת' — = konspirativ *Adj.*

קוֹנְסֶרְוָטוֹרְיוֹן ז' — [konservatorjon] Konservatorium *n Mus.*

קוֹנְסֶרְוָטִיבִ|י ת' — [konservativi] konservativ *Adj.*

=~יוּת נ' — = Konservativismus *m*

קוֹנְפֶדֶרַצְיָה נ' — [konfederatsja] Konföderation *f*, Staatenbund *m*

קוֹנְפוֹרְמִי ת' — [konformi] konform *Adj.*

=~זְם ז' — = Konformität *f*

=נוֹן-~זְם ז' — = Nonkonformismus *m*

קוֹנְפוֹרְמִיסְט ז' גם: סְתַגְלָן — [konformist] Konformist *m*

קוֹנְפְלִיקְט ז' ראה גם: סִכְסוּךְ — [konflikt] Konflikt *m*

קוֹנְפֶקְצְיָה נ' — [konfektsja] Konfektion *f*

קוֹנְפְרוֹנְטַצְיָה נ' ראה גם: עִמּוּת — [konfrontatsja] Konfrontation *f*

קוּנְץ ז' (בלשון הדיבור) — [kunts] Kunststück *n*; F Streich *m*, Trick *m*

קוֹנְ|צֶרְט ז' — [kontsert] Konzert *n*

=קוֹנְצֶ'רְטוֹ ז' לִפְסַנְתֵּר, ~ לְכִנּוֹר — = Klavierkonzert *n*, Violinkonzert *n*

=קוֹנְצֶרְטִינָה נ' — = Konzertina *f*, Zieharmonika *f*

קוֹנְצֶרְן ז' — [kontsern] Konzern *m*

קוֹנְקוֹרְדַנְצְיָה נ' — [konkordantsja] Konkordanz *f*

קוֹנְקְרֶטִ|י ת' ראה גם: מוּחָשׁ, מוּחָשִׁי — [konkreti] konkret, gegenständlich *Adj.*

=~יוּת נ' — = Gegenständlichkeit *f*

=~זַצְיָה נ' — = Konkretisierung *f*

קוֹסִינוּס ז' — [kosinus] Kosinus *m*

קוֹסֵם ז' — [kosém] Zauberer *m*

קוֹסְמוֹנָאוּט ז' — [kosmonaut] Astronaut *m*, Weltraumfahrer *m*

קוֹסְמוֹ|ס ז' ראה גם: יְקוּם, תֵּבֵל — [kosmos] Kosmos *m*, Weltall *n*

=~פּוֹלִיט ז' — = Kosmopolit *m*, Weltbürger *m*

=~פּוֹלִיטִי ת' — = kosmopolitisch *Adj.*

=~פּוֹלִיטִיּוּת נ' — = Kosmopolitismus *m*, Weltbürgertum *n*

קוֹסְמֶטִי|קָה נ' — [kosmetika] Kosmetik *f*

=~ ת' — = kosmetisch *Adj.*

קוֹסְמִי ת' — [kosmi] kosmisch *Adj.*

קוֹסֵס פיעל [kosés] *pi.* verderben
קוֹף¹ ז׳ [kof] Affe *m*
=מַעֲשֵׂה־~ = Nachäffung *f*
קוֹף², קוּף נ׳ [kof, kuf] Kof, Kuf (K), 19. Buchstabe des hebr. Alphabets
קוֹף³, קוּף ז׳ [kof, kuf] Nadelöhr *n*
קוֹפִי ת׳ [kofi] affig, affenartig *Adj.*
קוֹפִיף ז׳ [kofif] kleiner Affe *m*
קוֹפִיץ ז׳ [kofits] Hackmesser *n*
קוּפְסָה, קֻפְסָה נ׳ [kufsa] Schachtel *f*, Büchse *f*
=~ שְׁחוֹרָה = Flugschreiber *m*, Blackbox *f*
★(קוץ)¹ קָץ פעל (לָקוּץ בְּ־, יָקוּץ) [kats] *kal* satt haben, überdrüssig sein
(קוץ)² הֵקִיץ הפ׳ [hékits] *hif.* erwachen, aufwachen *v/i*; aufwecken *v/t*
=בְּהָקִיץ ת״פ = im wachen Zustand
=הֵקִיץ הַקֵּץ = das Ende ist gekommen
קוֹץ ז׳ [kots] Dorn *m*, Stachel *m; pl.* Disteln *f/pl.*
=קוֹצוֹ שֶׁל יוּד = i-Tüpfelchen *n;* etwas Wertloses
=אַלְיָה וְקוֹץ בָּהּ = *wörtl.* ein Stachel im Fettschwanz; die Sache hat e-n Haken
קוֹצֵב־לֵב ז׳ [kotsév-lév] Herzschrittmacher *m Med.*
קוֹצָה נ׳ [kotsa] Dorn *m*, Krapp *m*
קְוֻצָּה נ׳, קווצה [kvutsa] Haarsträhne *f*
קוֹצִי ת׳ [kotsi] stachelig, dornig *Adj.*
קוֹצִיץ ז׳ [kotsits] Stachelbärenklau *f*, *m* (Acanthus) *Bot.*
קוֹצָן¹ ז׳ [kotsan] Kratzdistel *f* (Cirsium) *Bot.*
קוֹצָן² ז׳ [kotsan] Stachelmaus *f* (Acomys cahirinus) *Zo.*
קוֹצָנִי ת׳ [kotsani] dornig *Adj.*
קוֹצֵץ ת׳ [kotséts] schneidend *Adj.*
קוֹצֵר ז׳ [kotsér] Schnitter *m (Tod) Lit.*
קוֹקָאִין ז׳ [koka'in] Kokain *n*
קִוְקֵו פיעל [kivkév] *pi.* schraffieren
קִוְקוּד ז׳ [kivkud] Zeichnung von Punkten u. Strichen
קִוְקוּו ז׳, קיווקוו [kivkuv] Schraffierung *f*
קוּקִיָּה נ׳ [kukija] Kuckuck *m* (Cuculidae) *Zo.*
קוֹקְס ז׳ [koks] Koks *m*
קְוֵקֶר ז׳, קוויקר [kvéker] Quäker *m*
★(קור) קָר פעל (לָקוּר, יָקוּר) [kar] *kal* graben
קוּר ז׳ [kur] Faden *m*; Spinnweben *f/pl.*
=קוּרֵי־עַכָּבִישׁ ז״ר = Spinnweben *f/pl.*
קוֹרֵא¹ ז׳ [koré'] Leser *m*
=קוֹל־~ = Aufruf *m*
★=בַּעַל־~ = Vorleser *m* der Thora
קוֹרֵא² ז׳ [koré'] Wüstenhuhn *n* (Ammoperdix heyi) *Zo.*
קוּרְאָן ז׳ [kur'an] Koran *m*
קוֹרְבֶטָה נ׳ [korveta] Sportwagen *m*, Korvette *f*
קוֹרָה נ׳ [kora] Balken *m*
=קוֹרַת־גַּג = Dachbalken *m*; Dach *n* über dem Kopf, Zufluchtsstätte *f*
=בָּא בְּצֵל קוֹרָתוֹ = (in s-m Haus) Zuflucht finden
=נִכְנַס בְּעָבִי הַקּוֹרָה = (der Sache) auf den Grund gehen *fig.*
=טֹל קוֹרָה מִבֵּין עֵינֶיךָ! = *wörtl.* nimm den Balken aus deinem eigenen Auge!, es steht dir nicht zu, j-n zu kritisieren
קוֹרוֹזְיָה נ׳ [korozja] Korrosion *f*
קוֹרוֹת נ״ר [korot] Geschehnisse *n/pl.*; Geschichte *f*, Historie *f*
=~ חַיִּים = Lebenslauf *m*, Curriculum Vitae *n*
קְוַרְטוֹ ז׳, קוורטו [kvarto] Quart *n*, Quartformat *n Typ.*
קְוַרְטֶט ז׳, קווארטט [kvartet] Quartett *n Mus.* ראה גם: רְבִיעִיָּה
קוּרְיוֹ|ז ז׳ [kurjoz] Kuriosum *n*
=~זִי ת׳ = kurios *Adj.*
=~זִיּוּת נ׳ = Kuriosität *f*
קוֹרִינְתִּי ת׳ [korinti] korinthisch *Adj.*
קוֹרֶלַ|צְיָה נ׳ [korelatsja] Korrelation *f*, Wechselbeziehung *f* ראה גם: זִיקָה
=~טִיבִי ת׳ = korrelativ, wechselseitig *Adj.*

קוֹרְמוֹרָן ז׳ [kormoran] Kormoran *m* (Phalacrocorax) *Zo.*

קוֹרֵן תו״ז [korén] strahlend *Adj.*; Heizkörper *m*

קוֹרָנִית נ׳ [koranit] Thymian *m* (Thymus) *Bot.*

קוֹרְנִית נ׳ [kornit] Kornett *n (kleine Trompete) Mus.*

קוּרְנָס ז׳, גם: קֻרְנָס [kurnas] Schmiedehammer *m;* Vorschlaghammer *m*

קוּרְס ז׳ (~ לְמוּדִים) [kurs] Kurs *m*, Lehrgang *m*

קוּרְסִי|ב ז׳ [kursiv] Kursive *f*, Kursivschrift *f*

=~בִי ת׳ = kursiv *Adj.*

קוֹרְפּוּס ז׳ [korpus] Belegschaft *f*, Korps *m*

קְוַרְצָה נ׳, קווארצה [kvartsa] Quarz *m*

קוֹרְצָנִי ת׳ [kortsani] zwinkernd *Adj.*

קוֹרֶקְטִי ת׳ [korekti] korrekt *Adj.*

=~טִיּוּת = Korrektheit *f*

קו״ש ר״ת קִילוֹוַאט-שָׁעָה [kilovat-ʃa'a] *Abk.* Kilowattstunde (kWh) *f*

קוֹשֵׁר ז׳ [koʃér] Verschwörer *m*

קָזוּאִיסְטִי|קָה נ׳ [kazu'istika] Kasuistik *f*

=~ ת׳ = kasuistisch *Adj.*

קָזוּאֲרִינָה נ׳ [kazuarina] Kasuarine *f (Tropenbaum mit federartigen Blättern) Bot.*

קִזּוּז ז׳, קיזוז [kizuz] Ausgleichen *n*, Verrechnung *f*

קִזֵּז פיעל [kizéz] *pi.* verrechnen, aufrechnen, ausgleichen

-הִתְקַזֵּז הת׳ - *hit.* quitt sein

קָזִינוֹ ז׳ [kazino] Kasino *n*

קַח צִוּוּי מִן לָקַחַת [kax] nimm! *(m)*

קַחְוָן ז׳, קחוון [kaxvan] Hundskamille *f* (Anthemis) *Bot.*

קַט ת׳ [kat] klein, winzig *Adj,*

קֹטֶב ז׳, קוטב (קְטָבִים, קָטְבֵי-) ['kotev] Pol *m*; Gegensatz *m*

=~ צְפוֹנִי = Arktis *f*, Nordpol *m*

=~ דְּרוֹמִי = Antarktis *f*, Südpol *m*

קָטָב ז׳ [katav] Polarisator *m (Optik)*

קֶטֶב ז׳ ['ketev] Untergang *m*, Vernichtung *f bibl.*

קִטֵּב פיעל [kitév] *pi.* polarisieren, den Gegensatz hervorheben

קָטְבִּ|י ת׳, קוטבי [kotbi] polar, gegensätzlich *Adj.*

=~יּוּת נ׳ = Polarität *f*

קַטֵּגוֹ|ר ז׳, קטיגור [katégor] Ankläger *m*

=~רִי ת׳ = kategorisch, absolut *Adj.*

=~רְיָה נ׳ = Anklage *f*; Kategorie *f*

קִטּוּב ז׳, קיטוב [kituv] Polarisierung *f*

קָטוּל ת׳ [katul] erschlagen, getötet *Adj.*

קָטוּם תו״ז [katum] *(Spitze)* abgeschnitten *Adj.*; Kegelstumpf *m*

קָטוּעַ ת׳ [ka'tua'] amputiert, abgerissen; unterbrochen *Adj.*

קִטּוּעַ ז׳, קיטוע [ki'tua'] Amputation *f*; Abreißen *n;* Unterbrechung *f*

קָטוּף ת׳ [katuf] gepflückt *Adj.*

=קְטוּף-אָזְנַיִם = mit hängenden Ohren *fig.*

קִטּוּף ז׳ [kituf] Pflücken *n*

קָטוּר ת׳ [katur] verbunden, angeschlossen *Adj.*

קִטּוּר ז׳, קיטור [kitur] Räuchern *n (Weihrauch)*; Rauchen *n (Pfeife)*; Nörgeln *n* F

קְטָטָה נ׳ [ktata] Streit *m*, Zank *m*

קַטְטָן ז׳ [katetan] Streitsüchtiger *m*, Streithahn *m* F

קְטִילָא ת׳ (ארמ׳) [ktila'] erschlagen, tot *Adj.*

קְטִילָה נ׳ [ktila] Erschlagen *n*, Ermorden *n;* vernichtende Kritik

קְטִימָה נ׳ [ktima] Schneiden *n*, Zerschneiden *n*

קָטִין ז׳ (קְטִינָה, קְטִינִים) [katin] Minderjähriger *m*

=קְטִינוּת נ׳ = Minderjährigkeit *f*

קְטִיעָה נ׳ [kti'a] Amputieren *n*, Abtrennen *n*; Abbruch *m*

קְטִיעוּת נ׳ [kti'ut] Abgerissenheit *f*

קָטִיף ז׳ [katif] Obsternte *f*

קְטִיפָה[1] נ׳ [ktifa] Pflücken *n*

קְטִיפָ|ה[2] נ׳ [ktifa] Samt *m*

=~נִי, ~תִי ת' = samtartig, samtweich *Adj.*
קָטַל פעל (לִקְטוֹל אֶת-, יִקְטוֹל) [katal] *kal* töten, erschlagen; vernichtend kritisieren
קֶטֶל ז' ['ketel] Morden *n*
=שְׂדֵה-~ = Schlachtfeld *n*
קְטָלָב ז' [ktalav] Erdbeerbaum *m* (Arbutus) *Bot.*
קִטְלֵג פיעל [kitlég] *pi.* katalogisieren
=מְקֻטְלָג ת' = katalogisiert *Adj.*
קָטָלוֹג ז' [katalog] Katalog *m*
קִטְלוּג ז', קיטלוג [kitlug] Katalogisierung *f*
קָטָלִי|זָה נ' [kataliza] Katalyse *f*
=~זָטוֹר ז' = Katalysator *m*
קַטְלָן ז' [katlan] Mörder *m*
קַטְלָנִי ת' [katlani] tödlich, mörderisch; vernichtend *Adj.*
קָטַם פעל (לִקְטוֹם אֶת-, יִקְטוֹם) [katam] *kal (Spitze)* abschneiden
קָטַן פעל (לִקְטוֹן, קָטֹנְתִּי, קָטֹן או קָטָן, יִקְטַן) [katon] *kal* klein sein, klein werden, sich verringern
-הִקְטִין הפ' - *hif.* verkleinern *v/t*
קָטָן, קָטֹן ת' [katan, katon] klein *Adj.*
=קְטַן-אֲמָנָה = kleingläubig, verzagt *Adj.*
=~-מֹחַ = (geistig) beschränkt *Adj.*
=~-קוֹמָה = klein *(von Gestalt)*
=טַלִּית-קָטָן = "Talit-Katan", kleiner Gebetsumhang
=קָמַץ-~(אָ) = "Kamaz Katan", Vokalzeichen für kurzes o
=אֲנִי הַקָּטָן = meine Wenigkeit *f*
קָטֵן ת' [katén] kleiner werdend, geringer werdend *Adj.*
קֹטֶן ז', קוטן ['koten] Kleinheit *f*
קַטְנוּנִ|י ת' [katnuni] kleinlich *Adj.*
=~יּוּת נ' = Kleinlichkeit *f*
קַטְנוֹ|עַ ז' [kat'noa'] Mofa *n*, Motorroller *m*
=~עָן ז' = Mofafahrer *m*
קַטְנוּת נ' [katnut] Kleinheit *f*; Kleinigkeit *f*

=בְּ~וֹ, מִקַּטְנוּתוֹ = in s-r Kindheit, seit s-r Kindheit
קְטַנְטַן, קְטַנְטֹן ת' [ktantan, ktanton] winzig *Adj.*
קִטְנִית נ' [kitnit] Hülsenfrucht *f* (Leguminosae) *Bot.*
קָטַסְטְרוֹפָ|ה נ' ראה גם: שׁוֹאָה [katastrofa] Katastrophe *f*
=~לִי ת' = katastrophal *Adj.*
קָטַע פעל (לִקְטוֹעַ אֶת-, יִקְטַע) [kata'] *kal* abschneiden; abbrechen
-קִטַּע פיעל (לְקַטֵּעַ) - *pi.* amputieren, abreißen
=לִמְקֻטָּעִין ת"פ = *(Worte)* abgerissen *Adv.*; mit Unterbrechungen
קִטֵּעַ ז', קיטע [ki'téa'] Krüppel *m*
קֶטַע ז' ['keta'] Abschnitt *m*, Ausschnitt *m*; Zufall *m* F
קִטְעוֹן ז' [kit'on] kleiner Abschnitt *m*
קָטַף פעל (לִקְטוֹף אֶת-, יִקְטוֹף) [kataf] *kal* pflücken
-נִקְטַף נפ' - *nif* gepflückt werden
=נִקְטַף בְּאִבּוֹ = jung sterben
קַטֶּפֶת נ' [ka'tefet] Pflückmaschine *f*
קָטַר פעל (לִקְטוֹר, יִקְטוֹר) [katar] *kal* rauchen *v/i*, in Rauch aufgehen
-קִטֵּר פיעל - *pi.* räuchern, *(Weihrauch)* verbrennen; *(Pfeife)* rauchen; nörgeln
-הִקְטִיר הפ' - *hif. (Weihopfer)* verbrennen
קֹטֶר ז', קוטר (קְטָרִים, קָטְרֵי-) ['koter] Durchmesser *m*, Radius *m*
קַטָּ|ר ז' (קַטָּרִים) [katar] Lokomotive *f*
=~רַאי ז' = Lokomotivführer *m*
קִטְרֵג פיעל [kitrég] *pi.* anklagen
קִטְרוּג ז', קיטרוג [kitrug] Anklage *f*
קָטָרַקְט ז' [katarakt] grauer Star *Med.*
קְטֹרֶת נ', קטורת [k'toret] Weihrauch *m*
(קיא) הֵקִיא הפ' [héki'] *hif.* ausspeien, erbrechen, sich übergeben; V kotzen
קִי|א ז' [ki'] das Erbrochene
=~אָה נ' = Erbrechen *n*

קִיבֶּרְנֶטִיקָה נ׳ [kibernetika] Kybernetik *f*
קִיוִי ז׳ [kivi] Kiwi *m* (Apteryx) *Zo., Frucht*
קִיוִית נ׳ [kivit] Kiebitz *m* (Vanellus cristatus) *Zo.*
קִיּוּם ז׳ [kijum] Erfüllung *f*; Existenz *f*, Bestehen *n*
=מִלְחֶמֶת־~ = Existenzkampf *m*
=בֶּן־~ ראה גם: בַּר קְיָמָא = haltbar *Adj.*
=דּוּ־~ = Koexistenz *f*, Nebeneinanderleben *n*
קִיּוּמִ|י ת׳ [kijumi] existenziell *Adj.*
=~יוּת נ׳ = Existentialismus *m*
קִיּוֹסְק ז׳ [kijosk] Kiosk *m*
קִיחָה נ׳ [kixa] Nehmen *n*
קַיִט ז׳ [kajt] Sommeraufenthalt *m*
★(קַיְטָא) שִׁלְהֵי דְ־~ (ארמ׳) [ʃilhé dekajta] Ende *n* des Sommers
★קִיטוֹן ז׳ [kiton] Schlafkammer *f*, Alkoven *m*
קִיטוֹר ז׳ [kitor] Dampf *m*
=אֳנִיַּת־~ = Dampfschiff *n*
=מְכוֹנַת־~ = Dampfmaschine *f*
=בִּמְלֹא הַקִּיטוֹר = mit Volldampf voraus
קִיטֶל ז׳ [kitel] weißer festlicher Kittel *m*
קַיְטָן ז׳, קייטן [kajtan] Sommerfrischler *m*, Feriengast *m*
=~נָה נ׳ = Kindersommerbetreuung *f*; Ferienkolonie *f*
קִיטְשׁ ז׳ [kitʃ] Kitsch *m*
קִיכְלִי ז׳ [kixli] Drossel *f* (Turdus philomelos) *Zo.*
קִילוֹ|גְרַם ז׳ [kilogram] Kilogramm (kg) *n*
=~הֶרְץ ז׳ = Kilohertz (kHz) *n El.*
=~וָאט ז׳ = Kilowatt (kW) *n El.*
=~מֶטֶר ז׳ = Kilometer (km) *m*
קִילוֹן ז׳ [kilon] Wasserkran *m*, Brunnenpumpe *f*
קְיָם ז׳ [kjam] Existenz *f*, Dauer *f*
קַיָּם ת׳, קיים [kajam] bestehend, beständig, aktuell, gültig *Adj.*
=חַי וְ~ = leben, bestehen
=הַקֶּרֶן הַקַּיֶּמֶת לְיִשְׂרָאֵל = Jüdischer Nationalfonds

★קְיָמָא ז׳ (ארמ׳) [kjama'] Bestehen *n*
=דָּבָר שֶׁל ~ = e-e Sache von Bestand
=בֶּן־~, בַּר־~ = haltbar; lebensfähig *Adj.*
קִימָה נ׳ [kima] Aufstehen *n*
קִימֶל ז׳ [kimel] Kümmel *m*
(קין) קוֹנֵן פיעל [konén] *pi.* Klagelied anstimmen
קַיִן ש״פ ['kajin] Kain *m (Bruder Abels) bibl.*
=אוֹת־~ = Kainsmal *n*, Kainszeichen *n*
קִינָה נ׳ [kina] Klagelied *n*, Elegie *f*
קִינֶטִי|קָה נ׳ [kinetika] Kinetik *f Phys.*
=~ ת׳ = kinetisch *Adj.*
קִינֶמָטִיקָה נ׳ [kinematika] Kinematik *f Phys.*
קִיסּ|וֹס ז׳ [kisos] Efeu *m* (Hedera) *Bot.*
=~סִית נ׳ = Stechwinde *f* (Smilax) *Bot.*
קֵיסָם ז׳ [késam] Splitter *m*, Holzspan *m*; Zahnstocher *m*
קֵיסְמִית נ׳ [késmit] Zahnstocher *m*
קֵיסָר ז׳ (קֵיסָרִית) [késar] Kaiser *m*; Cäsar *m*
=~וּת נ׳ = Kaiserreich *n*, Imperium *n*
=קֵיסָרִי ת׳ = kaiserlich *Adj.*
=נִתּוּחַ ~ = Kaiserschnitt *m Med.*
קִיפוֹן ז׳ [kifon] Meeräsche *f* (Mugil) *Zo.*
קַיִץ ז׳ [kajts] Sommer *m*
=גְּדוּלֵי־~ ז״ר = Sommerernte *f*
=שְׁעוֹן־~ ז׳ = Sommerzeit *f*
=שִׁעוּרֵי־~ ז״ר = Sommerkurse *m/pl.*
★קִיצָה נ׳ [kitsa] Erwachen *n*, Aufwachen *n;* Verabscheuung *f*
קֵיצוֹן ת׳ [kétson] sommerlich *Adj.*
קִיצוֹ|ן, ~נִי ת׳ [kitson, kitsoni] äußerst, extrem, radikal *Adj.*
=~נִיּוּת נ׳ = Radikalismus *m*
קֵיצִי ת׳ [kétsi] sommerlich *Adj.*
קֵיצָנִית נ׳ [kétsanit] Wetterdistel *f*, Eberwurz *f* (Carlina) *Bot.*
קִיק ז׳ [kik] Rizinussamen *m*
=שֶׁמֶן־~ = Rizinusöl *n*
קִיקָיוֹן ז׳ [kikajon] Rizinus *m Bot.*

=קִיקְיוֹנִי ת' = eintägig, schnell vergänglich, ephemer *Adj.*

=~יוּת נ' = Vergänglichkeit *f*

קִיקְלוֹפּ ז' [kiklop] Zyklop *m Myth.*

קִיר ז' (קִירוֹת) [kir] Wand *f*

=~ תּוֹמֵךְ = Stützmauer *f*

=לוּחַ־~ = Wandtafel *f*; Wandkalender *m*

=מַפַּת־~ = Wandkarte *f*

=סֻלַּם־~ = Sprossenwand *f*, schwedische Leiter *Sp.*

=עִתּוֹן־~ = Wandzeitung *f*

=שְׁעוֹן־~ = Wanduhr *f*

=לָחַץ אוֹתוֹ אֶל הַקִּיר = an die Wand drücken *fig.*

★קיר"ה ר"ת קֵיסָר יָרוּם הוֹדוֹ [késar jarum hodo] *Abk.* Seine Majestät der Kaiser

קִירִילִי ת' [kirili] kyrillisch *Adj. (russische Schrift)*

קִישׁ ז' [kiʃ] Rasseln *n*, Klingeln *n*, Rattern *n*

(קיש) הִקִּישׁ הִפ' (ראה גם: נקש[1]) [hékiʃ] *hif.* vergleichen *(durch Analogie)*

★קִיתוֹן ז' [kiton] Kanne *f*, Krug *m*

=שָׁפַךְ עָלָיו ~ (שֶׁל גִּדּוּפִים וְכוּ') = mit Schimpfworten überhäufen

קַל ת' [kal] leicht; einfach *Adj.*

=~־דַּעַת = leichtsinnig *Adj.*

=~־וָחֹמֶר = besonders wenn

=~־עֵרֶךְ = unbedeutend, geringfügig *Adj.*

=~־רֹאשׁ = leichtsinnig *Adj.*

=~־רֶגֶל, ~־רַגְלַיִם = leichtfüßig *Adj.*

=~ תְּפִיסָה = schnell von Begriff, auffassungsfähig *Adj.*

=בִּנְיָן ~ = “leichte” Konjugation, Kal-Konjugation *f (des hebr. Verbs) Gr.*

=דָּגֵשׁ ~ = “leichtes” Dagesch *(verändert v, ch* (x), *f in b, k, p)*

=הַגַּל הַקַּל = Unterhaltungssendung *Rdf.*

=מַשְׁקָאוֹת קַלִּים = alkoholfreie Getränke *n/pl.*

=נֶשֶׁק קַל = Handfeuerwaffen *f/pl. Mil.*

=שָׁעָה קַלָּה = kurze Zeit

=תַּעֲשִׂיָּה ~ = Leichtindustrie *f (Teile der Konsumgüterindustrie f)*

קֻלָּא ז', קולא (ארמ') [kula’] Milde *f*, Erleichterung *f Jur.*

★קַלְגַּסִּים ז"ר [kalgasim] Soldateska *f*, Horden *pl.*

קַלְדָן ז' [kaldan] Datentypist *m*, Erfasser *m Typ.*

=~נוּת נ' = Tasteneingabe *f*

=~נִית נ' = Datentypistin *f*

קָלָה[1] פעל (לִקְלוֹת, יִקְלֶה) [kala] *kal* rösten, toasten *v/t*

(קלה)[2] נִקְלָה נפ' (לְהִקָּלוֹת) [nikle] *nif.* beschämt werden; erniedrigt werden

קִלּוּחַ ז', קילוח [ki'luax] Strahl *m (Wasser usw.);* Strom *m*

קָלוּט ת' [kalut] aufgenommen, aufgefangen *Adj.*

=~ מִן הָאֲוִיר = aus der Luft gegriffen *fig.*

קָלוּי ת' [kaluj] geröstet, getoastet *Adj.*

קַלְוִינִיזְם ז' [kalvinizm] Kalvinismus *m*

קָלוֹן ז' [kalon] Schande *f*, Schmach *f*

=אוֹת־~ = Schandmal *n*

=עַמּוּד־~ = Pranger *m*

★קִלּוּס ז', קילוס [kilus] Lob *n*, Preisen *n*, Rühmen *n;* Missachtung *f*

קָלוּעַ ת' [ka'lua’] geflochten *Adj.*

קָלוּף ת' [kaluf] geschält, gepellt *Adj.*

קִלּוּף ז', קילוף [kiluf] Schälen *n*

קְלוּפָה נ' [kilufa] Schale *f*, Rinde *f*

קְלוּפִית נ' [klufit] dünne Haut *f*

קְלוֹקֵל ת' [klokél] minderwertig *Adj.*

=סִפְרוּת קְלוֹקֶלֶת = Schundliteratur *f*

=קְלוֹקְלוּת נ' = Minderwertigkeit *f*, Schund *m*

קָלוֹרְיָה נ' [kalorja] Kalorie *f*

=דַּל קָלוֹרִיּוֹת = kalorienarm *Adj.*

קָלוּשׁ ת' [kaluʃ] dünn, schütter, schwach, dürftig *Adj.*

=סִכּוּי ~ = schwache, geringe Aussicht

קַלּוּת נ' [kalut] Leichtigkeit *f*

=בְּ~ ת"פ = mit Leichtigkeit, leicht *Adv.*
=~-דַּעַת = Leichtsinn *m*
=~-יָד = Geschicklichkeit *f*
=~-רֹאשׁ = Leichtsinn *m*, Leichtfertigkeit *f*
=~-רַגְלַיִם = Leichtfüßigkeit *f*
=~-תְּפִיסָה = leichte, schnelle Auffassungsgabe
קָלַח פעל (לִקְלוֹחַ, יִקְלַח) [kalax] *kal* strömen, fließen
-קִלֵּחַ פיעל (לְקַלֵּחַ) - *pi.* strömen lassen, begießen
-הִתְקַלֵּחַ הת׳ (הִתְקַלֵּחַ) - *hit.* sich duschen
קֶלַח ז׳ ['kelax] Stängel *m*
קַלַּחַת [ka'laxat] Kessel *m*; Wirbel *m*, Tumult *m*
קָלַט פעל (לִקְלוֹט, יִקְלוֹט) [kalat] *kal* aufnehmen, auffassen, aufsaugen; aufschnappen F; Schutz bieten; empfangen *Rdf.*
-נִקְלַט נפ׳ - *nif.* sich einleben, integriert werden *(in)*
-הִקְלִיט הפ׳ - *hif. (Musik usw.)* aufnehmen
קֶלֶט ז׳ ['kelet] Auffangstation *f*, Sammellager *n*
קִלְטוּר ז׳, קילטור [kiltur] Grubbern *n*, Auflockern *n (des Bodens)*
קְלַטְקוֹל ז׳ [klatkol] Diktiergerät *n*
קִלְטֵר פיעל [kiltér] *pi. (Boden)* grubbern, auflockern
קַלְטֶרֶת נ׳ [kal'teret] Grubber *m Agr.*
קַלֶּטֶת נ׳ [ka'letet] Kassette *f*
=~ וִידֵאוֹ = Videokassette *f*
קָלִי ז׳ [kali] geröstetes Korn
קְלִיבֹסֶת נ׳ [klivoset] Hüftknochen *m*
קָלִיבֶּר ז׳ [kaliber] Kaliber *n*
קָלִי|גְרַפְיָה נ׳ [kaligrafja] Kalligraphie *f*, Schönschrift *f*
=~גְרָפִי ת׳ = kalligraphisch *Adj.*
קָלִיד ז׳ (קְלִידִים) [kalid] Taste *f (Klavier, PC)*
קָלֵידוֹסְקוֹפּ ז׳ [kalédoskop] Kaleidoskop *n*
קְלִיָּה נ׳, קלייה [klija] Rösten *n*
קְלִיחָה נ׳ [klixa] Strömen *n*
קָלִיט ת׳ [kalit] einprägsam, eingängig *Adj.*

קְלִיטָה נ׳ [klita] Aufnahme *f*, Absorption *f*, Integration *f*, Eingliederung *f*; Empfang *m Rdf.*
=מִשְׂרַד-הַקְּלִיטָה = Amt *n* für Einwanderung
קְלִיטוּת נ׳ [klitut] Aufnahmefähigkeit *f*
קַלִּיל ת׳ [kalil] sehr leicht *Adj.*
=~וּת נ׳ = Leichtigkeit *f*
קְלִימָטוֹלוֹגְ|יָה נ׳ [klimatologja] Klimakunde *f*
=~ ז׳ = Klimatologe *m*
קְלִינַאי ז׳ [klinaj] Laborant *m*, Arzthelfer *m*
=~-תִּקְשֹׁרֶת = Logopäde *m*
קְלְיֶנְט ז׳, קליינט ראה גם: לָקוֹחַ [klijent] Klient *m*, Mandant *m*, Kunde *m*
=~וּרָה נ׳ = Klientel *f*
קְלִינִי|קָה נ׳ ראה גם: מִרְפָּאָה [klinika] Klinik *f*
=~ ת׳ = klinisch *Adj.*
קָלִיעַ ז׳ [ka'lia'] Gewehrkugel *f*
קְלִיעָה[1] נ׳ [kli'a] Flechten *n*
קְלִיעָה[2] נ׳ [kli'a] Scheibenschießen *n*
קָלִיף ת׳ [kalif] (leicht) zu schälen *Adj.*
קְלִיפָה נ׳ [klifa] Schälen *n*
קְלִישׁוּת נ׳ [kliʃut] Dünne *f*; Leere *f*
(קלל) קַל פעל (לָקוֹל, קַלּוֹתִי, יֵקַל) [kal] *kal* leicht sein; leichter werden
-נָקַל נפ׳ (לְהִקֵּל, נָקֵל) - *nif.* leicht sein
-הֵקֵל הפ׳ (לְהָקֵל אֶת-, מֵעַל-, מֵקֵל, יָקֵל) - *hif.* erleichtern, mildern
-הוּקַל הופ׳ - *hof.* erleichtert werden
=מַצָּבוֹ ~ = sein Zustand hat sich gebessert
=נָקֵל לְ- = es ist leicht zu ...
=עַל-נְקַלָּה = leicht *Adv.*
=הֵקֵל רֹאשׁוֹ כְּנֶגֶד- = (zu) leicht nehmen, missachten
קָלָל ז׳ [kalal] großer Krug *m*
קֶלֶל ז׳ ['kelel] Fluch *m*, Schimpfwort *n*
קִלֵּל פיעל [kilél] *pi.* fluchen, verfluchen
(קָלָל) נְחֹשֶׁת-~ [nexoʃet-kalal] glänzendes Kupfer; Bronze *f*
קְלָלָה נ׳ (קִלְלַת-, קְלָלוֹת) [klala] Fluch *m*,

Verfluchen *n;* Schimpfwort *n*

קָלַמְבּוּר ז׳ [kalambur] Wortspiel *n*

קְלֶמֶנְטִינָה נ׳ [klementina] Klementine *f*, Mandarine *f*

קַלְמָר ז׳ [kalmar] Federmäppchen *n*

★קִלֵּס[1] פיעל [kilés] *pi.* verspotten

-הִתְקַלֵּס הת׳ - *hit.* zum Gespött werden

★קִלֵּס[2] פיעל [kilés] *pi.* loben, preisen

קֶלֶס ז׳ ['keles] Spott *m;* Lob *n*

קַלָּסָה נ׳ [kalasa] Hohn *m*, Spott *m*

קְלַסִּי ת׳ [klasi] klassisch *Adj.*

=~צִיזְם ז׳ = Klassizismus *m*

=~קוֹן ז׳ = Klassiker *m*

קְלַסֵּר ז׳ (גם: עוֹקְדָן) [klaser] Ordner *m*

(קְלַסְתֵּר) ~פָּנִים ז׳ [klastér-panim] Gesichtszüge *m/pl.*, Physiognomie *f*

=קְלַסְתְּרוֹן ז׳ = Rekonstruktion *f* der Physiognomie (durch die Polizei), Gesichtsschablone *f*, Fahndungszeichnung *f*

קָלַע[1] פעל (לִקְלוֹעַ אֶל-, יִקְלַע) [kala'] *kal* schießen *(auf ein Ziel)*; treffen

-נִקְלַע נפ׳ (לְהִקָּלַע) - *nif.* hineingeraten (in etwas)

=קָלַע אֶל הַמַּטָּרָה = ins Ziel treffen; den Nagel auf den Kopf treffen *fig.*

קָלַע[2] פעל (לִקְלוֹעַ אֶת-, יִקְלַע) [kala'] *kal* flechten

קַלָּע ז׳ (קַלָּעִים) [kala'] Scharfschütze *m*

קֶלַע[1] ז׳ (קְלָעִים) ['kela'] Schleuder *f bibl.*; Geschoss *n*

=כַּף-הַקֶּלַע = (Schleuder)Pfanne *f*

קֶלַע[2] ז׳ (קְלָעִים) ['kela'] Kulisse *f*

=מֵאֲחוֹרֵי הַקְּלָעִים = hinter den Kulissen

קָלַף פעל (לִקְלוֹף אֶת-, יִקְלוֹף) [kalaf] *kal* schälen, abschälen

-קִלֵּף פיעל - *pi.* schälen

-הִתְקַלֵּף הת׳ - *hit.* sich schälen (*bsd. Haut)*

קְלָף ז׳ [klaf] Pergament *n*; Spielkarte *f*; *pl.* Blatt *m (im Spiel)*

=גִּלָּה אֶת קְלָפָיו = die Karten auf den Tisch legen

=הֵנִיחַ (הֶעֱמִיד) עַל הַקְּלָף = aufs Spiel setzen *fig.*

=שִׂחֵק בִּקְלָפִים גְּלוּיִים = mit offenen Karten spielen *fig.*

קְלִפָּה נ׳, קליפה [klipa] Schale *f*, Rinde *f* äußere, böse Gewalt *(in der Kabbala)*

=קְלִפַּת-הַשּׁוּם = *wörtl.* Knoblauchschale *f*; ein Nichts *fig.*

קְלֶפְּטוֹ|מַנְיָה נ׳ [kleptomanja] Kleptomanie *f*

=~מָן ז׳ = Kleptomane *m*

קַלְפֵּי נ׳ (קַלְפִּיּוֹת) [kalpé] Wahlurne *f*

=הָלַךְ לַקַּלְפֵּי = abstimmen, sich an der Wahl beteiligen

קַלְפָן ז׳ [kalfan] Kartenspieler *m*

=~וּת נ׳ = Kartenspiel *n*

קִלְקוּל ז׳, קילקול [kilkul] Kaputtmachen *n*; *(Speisen usw.)* Verderben *n*

=~-קֵבָה = verdorbener Magen

קִלְקֵל פיעל [kilkél] *pi.* ruinieren, verderben, kaputtmachen *v/t*

-הִתְקַלְקֵל הת׳ - *hit.* verderben *v/i*, verdorben werden, kaputtgehen

=קִלְקֵל אֶת הַשּׁוּרָה = F aus der Reihe tanzen, vom rechten Weg abkommen

=~ קֵבָתוֹ = sich den Magen verderben

קַלְקָלָה נ׳ [kalkala] Verderbnis *f*, Verdorbenheit *f*, Laster *n*

=נִתְפַּס בְּקַלְקָלָתוֹ = auf frischer Tat ertappt werden

קְלֶרִיקָלִיזְם ז׳ [klerikalizm] Klerikalismus *m; auch:* Ansprüche *m/pl.* der Geistlichkeit

קְלַרְנִי|ת נ׳ [klarnit] Klarinette *f Mus.*

=~תָן ז׳ = Klarinettist *m*

קָלַשׁ פעל (לִקְלוֹשׁ, יִקְלוֹשׁ) [kalaʃ] *kal* verdünnen, schwächen *v/t*

-הִקְלִישׁ הפ׳ - *hif.* dünner werden; verdünnen

=קָלוּשׁ ת׳ = dünn, schwach *Adj.*, *fig.*

קִלְשׁוֹן ז׳ [kilʃon] Heugabel *f*

★קַמָּא ת׳ (ארמ׳) [kama’] erster *Adj.*

=בָּבָא ~ = “Bava kama”, das Erste Tor *(Teil des Talmud)*

=~וּת נ׳ = Ursprünglichkeit *f*, Urtümlichkeit *f*

=קַמָּאִי ת׳ = ursprünglich, urtümlich *Adj.*

★קָמָה נ׳ [kama] Getreide *n*, Korn *n*

קָמוּחַ ת׳ [ka'muax] mehlig *Adj.*

קָמוּט ת׳ [kamut] gequetscht, gedrückt; zerknautscht F *Adj.*

קִמּוּט ז׳, קימוט [kimut] Zerquetschen *n*, Knittern *n*

=~ הַמֵּצַח = Stirnrunzeln *n*, *fig.*: Nachdenken *n*

קָמוּל ת׳ [kamul] verwelkt *Adj.*

קִמּוּם ז׳, קימום [kimum] Wiederherstellung *f*

קִמּוּעַ ז׳ [ki'mua’] Zuteilung *f*, Einteilung *f*

קָמוּץ[1] ת׳ (אָ) [kamuts] zusammengepresst *Adj.*

=שְׂפָתַיִם קְמוּצוֹת = zusammengepresste Lippen *f/pl.*

קָמוּץ[2] ת׳ [kamuts] mit “Kamaz” punktiert *(Vokalzeichen a) Gr.*

קִמּוּץ ז׳, קימוץ [kimuts] Geizen *n*

קָמוּר ת׳ [kamur] gewölbt, konvex *Adj.*

=עֲדָשָׁה קְמוּרָה = Konvexlinse *f*

קִמּוּר ז׳, קימור [kimur] Wölben *n*

קִמּוֹשׂ ז׳, קימוש [kimoʃ] Dorn *m*, Distel *f*

קֶמַח ז׳ ['kemax] Mehl *n*

=~ סֹלֶת = feines (Weizen-)Mehl *n*

=~-קֵבָר = Schrot *n (v. Getreide)*

=~-תִּירָס = Maismehl *n*, Maisstärke *f*

=טָחַן ~ טָחוּן = *wörtl.* gemahlenes Mehl mahlen; leeres Stroh dreschen *fig.*, Eulen nach Athen tragen

קִמַּח פיעל (לְקַמֵּחַ) [kimax] *pi.* mit Mehl bestreuen, Mehl hinzufügen

★קִמְחָא ז׳ (ארמ׳) [kimxa’] Mehl *n*

=~ דְּפִסְחָא = *wörtl.* Mehl zu Pessach *(Speise für die Armen)*

קִמָּחוֹן ז׳, קימחון [kimaxon] Mehltau *m*, Meltau *m* (Oidium)

קִמְחִי ת׳ [kimxi] mehlig, bemehlt *Adj.*

קָמַט פעל (לִקְמוֹט אֶת-, יִקְמוֹט) [kamat] *kal* falten, knittern, (zer)knautschen

-קִמֵּט פיעל - *pi.* falten, knittern, quetschen

=~ אֶת מִצְחוֹ = die Stirn runzeln

קֶמֶט ז׳ ['kemet] Falte *f*, Runzel *f*; Knick *m*

קַמְטוּט ז׳ [kamtut] Fältchen *n/pl. (im Gesicht)*

קִמְטוּט ז׳ [kimtut] Faltigwerden *n*

קַמְטָן ז׳ [kamtan] Panzerschleiche *f* (Ophiosaurus apodus) *Zo.*

קָמִיז ת׳ [kamiz] elastisch

=~וּת נ׳ = Elastizität *f*

קָמִיחַ ת׳ [ka'miax] mehlig *Adj.*

קָמִיט ת׳ [kamit] Falten schlagend, nicht knitterfrei *Adj.*

קְמִיטָה נ׳ [kmita] Quetschen *n*, Zerdrücken *n*, Zerknittern *n*

קְמִילָה נ׳ [kmila] Verwelken *n*

קָמִין ז׳ ראה גם: אָח [kamin] Kamin *m*

קְמִיצָה נ׳ [kmitsa] Zusammenpressen *n*; *(Schnupftabak)* Schnupfen *n*; Ringfinger *m*

קְמִירָה נ׳ [kmira] Wölbung *f*

קְמִירוּת נ׳ [kmirut] Gewölbtsein *n*

קָמַל פעל (לִקְמוֹל, קָמֵל, יִקְמַל) [kamal] *kal* welken, verwelken

-הִקְמִיל הפ׳ - *hif.* welken lassen, austrocknen *v/t*

קָמֵל ת׳ [kamél] welk *Adj.*

קִמָּלוֹן ז׳, קימלון [kimalon] Verdorren *n* (Mal secco, Zitrusbaumkrankheit)

קָמַע פעל [kama’] *kal* festbinden, umlegen, anziehen

קָמֵעַ ז׳ [kaméa’] Amulett *n*

קִמְעָה ת״פ (ארמ׳) [kim’a] ein wenig, etwas *Adv.*

קִמְעוֹנַאי ז׳ [kim’onaj] Einzelhändler *m*

=~נוּת נ׳ = Einzelhandel *m*

=~נִי ת' = im Einzelhandel

קַמְפוֹר ז' [kamfor] Kampfer *m*

קָמַץ¹ פעל (לִקְמוֹץ, יִקְמוֹץ) [kamats] *kal* zusammenpressen, (mit 3 Fingern) e-e Prise nehmen

-קִמֵּץ פיעל - *pi.* sparen, sparsam sein, haushalten

קָמַץ² פעל (לִקְמוֹץ, יִקְמוֹץ) [kamats] *kal* mit Kamaz punktieren *(Vokalzeichen a) Gr.*

קֹמֶץ ז', קומץ (קְמָצִים) ['komets] Hand *f* voll, Prise *f*, kleine Menge

קָמַץ ז' (אָ) [kamats] "Kamaz", Vokalzeichen a

=~ גָּדוֹל (אָ) = großes Kamaz (a)

=~ קָטָן (אָ) = kleines Kamaz (o)

=חֲטַף-~ (אֳ) = "Chataf-Kamaz" (ganz kurzes o)

קַמְצוּץ ז' [kamtsuts] ganz kleine Prise, ganz wenig

קַמְצָן ז' [kamtsan] Geizhals *m*, Geizige(r) *m*

=~נוּת נ' = Geiz *m*

=~נִי ת' = geizig *Adj.*

קֻמְקוּם ז' [kumkum] (Wasser)Kessel *m*

קָמַר פעל (לִקְמוֹר, יִקְמוֹר) [kamar] *kal* überdecken

-קִמֵּר פיעל - *pi.* wölben *v/t*

-הִתְקַמֵּר הת' - *hit.* sich wölben

=מְקֻמָּר ת' = gewölbt *Adj.*

קֶמֶר ז' ['kemer] Wölbung *f*, konvexe Form

קמ"ר ר"ת קִילוֹמֶטֶר מְרֻבָּע [kilometer meruba'] *Abk.* Quadratkilometer (Km^2) *m*

קִמְרוֹן ז', קימרון [kimron] Wölbung *f*, Gewölbe *n*, Rundbogen *m*

קַמֶרְטוֹן ז' ראה גם: קוֹלָן [kamerton] Stimmgabel *f*

קָמֶרִי ת' [kameri] Kammer-

=מוּסִיקָה ~ת = Kammermusik *f*

=תִּזְמֹרֶת ~ת = Kammerorchester *n*

קמ"ש ר"ת קִילוֹמֶטֶר שָׁעָה [kamaʃ] *Adk.* Stundenkilometer (km/h) *m*

קִמְשׁוֹן, קִמָּשׁוֹן ז' [kimʃon, kimson] Dorn *m*, Distel f

קֵן ז' (קַן-, גם קֵן-, קִנִּים) [kén] Nest *n*

קַ"ן (בגימטריא) מֵאָה [kan] Zeichen der Zahl 150,

וַחֲמִשִּׁים *nur in Zssgn*

=~ טְעָמִים = 150 Gründe *m/pl.*

קִנֵּא פיעל (לְקַנֵּא אֶת-, בְּ-, לְ-) [kiné'] *pi* eifersüchtig sein, beneiden; eifern *für* (*Akk.)*

-הִתְקַנֵּא הת' - *hit.* eifersüchtig sein, beneiden

-הִקְנִיא הפ' - *hif.* eifersüchtig machen

★קַנָּא ת' [kana'] eifernd *Adj., bibl.*

=אֵל ~ = eifernder Gott *bibl.*

קִנְאָה נ' [kin'a] Eifersucht *f*; Neid *m*

קַנָּאוּת נ' [kana'ut] Fanatismus *m*

קַנַּאי, קַנָּאִי ת' [kanaj, kana'i] fanatisch; eifersüchtig *Adj.*

=קַנָּאִים ז"ר = Zeloten *m/pl.*

קַנְאָן ז' [kan'an] eifersüchtig, sehr neidisch *Adj.*

קַנַּבּוֹס ז' [kanabos] Hanf *m* (Cannabis sativa) *Bot.*

קֶנְגּוּרוּ ז' [kenguru] Känguru *n* (Macropus) *Zo.*

קֻנְדָּס ז' [kundas] Stange *f, * Stock *m*

קֻנְדֵּס ז' ראה גם: קונדס [kundés] Lausbub *m*

קָנָה פעל (לִקְנוֹת אֶת-, יִקְנֶה) [kana] *kal* kaufen, einkaufen; erwerben, sich aneignen; erschaffen *bibl.*

-הִקְנָה הפ' - *hif.* verschaffen, übermitteln; Besitz übertragen an j-n

=קָנָה אֲחִיזָה בְּ- = sich festsetzen in (*D*)

=~ לֵב = das Herz gewinnen *fig.*

=~ בִּמְשִׁיכָה = klauen *scherz.*

=~ עוֹלָמוֹ = sich e-n Namen machen *fig.*

=~ שְׁבִיתָה = sich s-n Platz sichern, Fuß fassen

קָנֶה ז' (קְנֵה-, קָנִים, קְנֵי-) [kane] Rohr *n*, Schilfrohr *n*; Halm *m*, Stängel *m*; Arm *m (am Leuchter)*; Elle *f*; Luftröhre *f*; Lauf *m (Gewehr)*, Geschützrohr *n*

=קְנֵה-מִדָּה = Maßstab *m*

=~-נוֹצָה = Federkiel *m*

=~-סוּף = Schilfrohr *n*

=~-סֻכָּר = Zuckerrohr *n*

=~-רוֹבֶה = Gewehrlauf *m*

קָנִיבָּ|ל ז' [kanibal] Kannibale *m*, Menschenfresser *m*

=~לִיּוּת נ' = Kannibalismus *m*

קְנִיָּה נ', קנייה [knija] Kauf *m*, Einkauf *m*, Erwerbung *f*, Anschaffung *f*

=מַס-~ = Erwerbsteuer *f*

קֶנְיוֹן ז' [kenjon] Felsschlucht *f*

קַנְיוֹן ז' [kanjon] Einkaufszentrum *n*, Passage *f*

קְנִיטָה נ' [knita] Ärgern *n*, Sticheln *n*, Reizen *n*

קִנְיָן ז', קניין [kinjan] Besitz *m*, Eigentum *n*

=כִּנּוּי-~ = besitzanzeigendes Suffix *Gr.* (לְמָשָׁל: סִפְרִי, סִפְרְךָ)

קַנְיָן ז', קניין [kanjan] Einkäufer *m*

קַנְיָנוּת נ' [kanjanut] Beruf des Einkäufers

קְנִיסָה נ' [knisa] Auferlegung *f* e-r Geldstrafe

קָנִית נ' [kanit] Rohrsänger *m* (Acrocephalus) *Zo. (Vogel)*

קִנָּמוֹן ז', קינמון [kinamon] Zimt *m* (Cinnamonum) *Bot.*

קִנֵּן פיעל [kinén] *pi.* nisten, ein Nest bauen; sich festsetzen

קָנַס פעל (לִקְנוֹס אֶת-, יִקְנוֹס) [kanas] *kal* bestrafen *(mit Geldstrafe)*

קְנָס ז' (קְנָסוֹת) [knas] Geldstrafe *f*, Bußgeld *n*

קֶנֶץ ז' ['kénets] Rand *m;* Ende *n*

קִנְקָל ז' [kinkal] Gitterfenster *n*

קַנְקַן ז' [kankan] Krug *m*, Kanne *f*, Amphore *f*

=אַל תִּסְתַּכֵּל בַּקַּנְקַן אֶלָּא בְּמַה שֶּׁיֵּשׁ בּוֹ = *wörtl.* sieh nicht auf den Krug, sondern auf dessen Inhalt; man soll Äußerlichkeiten nicht überbewerten

=תָּהָה עַל קַנְקַנּוֹ = prüfen, abschätzen

קִנְרֵס ז', קינרס [kinrés] Artischocke *f* (Cynara) *Bot.* ראה גם: אַרְטִישׁוֹק

קֶנֶת נ' ['kenet] Griff eines Werkzeugs

קַנְתֵּל ז' [kantél] Holzsattel *m*

קַסְדָּה נ' (קְסָדוֹת) [kasda] Helm *m*, Stahlhelm *m*

קַסְוָה נ' [kasva] Tasse *f*

=מִשְׁעֶנֶת קָנֶה רָצוּץ = *wörtl.* zerbrochenes Schilfrohr als Stütze; unzuverlässig *bibl.*

=קְנֵה-שֹׁרֶשׁ = Wurzelstock *m*

=הִקְדִּים קָנֶה לְוֵשֶׁט = sich verschlucken

=עָלוּ בְּ~ אֶחָד (עִם-) = zusammenpassen; sich vertragen mit (*D*); sich vereinbaren lassen mit (*D*)

קִנָּה נ' [kina] Nest *n*

קַנּוֹא ת' [kano'] neidisch; eifersüchtig; fanatisch *Adj.*

קִנּוּב ז' [kinuv] *(Gemüse)* Putzen *n*

קִנּוּחַ ז', קינוח [ki'nuax] Abwischen *n*; Dessert *n*

=~-הַסְּעוּדָה = Nachtisch *m*, Dessert *n*, Nachspeise *f*

קָנוּט ת' [kanut] verärgert *Adj.*

קָנוּי ת' [kanuj] gekauft, erworben *Adj.*

קִנּוּן ז', קינון [kinun] Nestbau *m*

קָנוֹ|ן ז', קאנון [kanon] Kanon *m*

=~נִיזַצְיָה נ' = Kanonisierung *f*

קְנוּנְיָה נ' [knunja] geheime Verschwörung, Ränkespiel *n*, Intrige *f*

קְנוֹקֶנֶת נ' [kno'kenet] Ranke *f*

קִנַּח פיעל (לְקַנֵּחַ אֶת-) (בְּ-) [kinax] *pi.* abwischen; zum Nachtisch essen

(קנט) הִקְנִיט הפ' [hiknit] *hif.* ärgern, sticheln

קֶנְטָאוּר ז' [kentaur] Zentaur *m Myth.*

קַנְטוֹ|ן ז' [kanton] Kanton *m*

=~נִיזַצְיָה נ' = Einteilung *f* in Kantone

=~נִיסְט ז' = Rekrut *m*

קִנְטוּר ז', קינטור [kintur] Ärgern *n*, Sticheln *n*, Reizen *n*

קַנְטָטָה נ' [kantata] Kantate *f Mus.*

קִנְטֵר פיעל [kintér] *pi.* ärgern, sticheln, reizen

קַנְטְרָ|ן ז' [kantran] zänkischer Mensch

=~נוּת נ' = Zanksucht *f*, Intrigieren *n*

=~נִי ת' = zänkisch, stichelnd, boshaft *Adj.*

★קֻנְטְרֵס ז' ראה גם: קונטרס [kuntrés] Broschüre *f*, Bulletin *n*

קָסוּס ת׳ [kasus] verdorben; angenagt *Adj.*
קָסוּם ת׳ [kasum] verzaubert *Adj.*
קִסּוּם ז׳ [kisum] Bezaubern *n*, Verzauberung *f*
קַסְיָה נ׳ [kasja] Überzug *m*; Handschuh *m*
קְסִילוֹפוֹן ז׳ [ksilofon] Xylophon *n Mus.*
קְסִיסָה נ׳ [ksisa] Nagen, Abnagen, Fräsen *n*
קָסַם פעל (לִקְסוֹם לְ-, יִקְסוֹם) [kasam] *kal* zaubern; das Herz gewinnen, bestricken *fig.*
-הִקְסִים הפ׳ - *hif.* verzaubern; entzücken
קֶסֶם ז׳ (קְסָמִים, קִסְמֵי-) ['kesem] Zauber *m*, Charme *m*
=מַעְגַּל-קְסָמִים = Zauberkreis *m*; Teufelskreis *m*, Zirkelschluss *m*
=פָּנַס-קֶסֶם = Laterna magica *f*
קַסָּם ז׳ (קַסָּמִים) [kasam] Zauberer *m*
ראה גם: קוֹסֵם
קִסְמִית נ׳ [kismit] Zahnstocher *m*
קְסֶנוֹפוֹבְּיָה נ׳ [ksenofobja] Xenophobie *f*, Fremdenhass *m*
קָסַס פעל [kasas] *kal* nagen
קַסְקֶט ז׳ [kasket] Schirmmütze *f*
קְסַרְקְטִין ז׳ (קְסַרְקְטִינִים) [ksarktin] Kaserne *f*
קֶסֶת נ׳ ['keset] Tintenfass *n*
קֹסֶת נ׳ ['koset] Dach *n*, Bedeckung *f*
קָעוּר ת׳ [ka'ur] konkav *Adj.*
קִעוּר ז׳, קיעור [ki'ur] Wölbung *f*, Senke *f*
קְעִירוּת נ׳ [ke'irut] Konkavität *f*
קַעֲקוּעַ ז׳ [ka'a'kua'] Tätowierung *f*
קִעְקוּעַ ז׳ [ki'kua'] Tätowieren *n*; Zerstören *n*, Einreißen *n*
קַעֲקַע ז׳ [ka'aka'] Tätowierung *f*
קִעְקַע פיעל (לְקַעְקֵעַ אֶת-) [ki'ka'] *pi.* tätowieren; zerstören, einreißen
קִעֵר פיעל [ki'ér] *pi.* (nach innen) wölben *v/t*
-הִתְקַעֵר הת׳ - *hit.* sich (nach innen) wölben
קַעַר, קֹעַר ז׳, קוער ['ka'ar, 'ko'ar] Senke *f*, Wölbung *f*
קְעָרָה נ׳ (קַעֲרַת-, קְעָרוֹת, קַעֲרוֹת-) [ke'ara] Schüssel *f*, tiefer Teller
=הָפַךְ אֶת הַקְּעָרָה עַל פִּיהָ = alles umdrehen, das Unterste zuoberst kehren
קֵעָרוֹן ז׳, קיערון [ki'aron] *(konkave)* Wölbung *f*
קַעֲרוּרִי ת׳ [ka'aruri] konkav *Adj.*
=~ת נ׳ = Senke *f*
קַעֲרִית נ׳ [ka'arit] Schüsselchen *n*
קֵעֹרֶת נ׳, קיעורת [ki'oret] Synklinale *f*, Mulde *f Geol.*
קָפָא פעל (לִקְפּוֹא, יִקְפָּא) [kafa'] *kal* erstarren; frieren; erfrieren *v/i*
-נִקְפָּא נפ׳ (לְהִקָּפֵא) - *nif.* fest werden, erstarren
-הִקְפִּיא הפ׳ - *hif.* einfrieren *v/t*, erstarren lassen
=קָפָא עַל שְׁמָרָיו = konservativ sein, nicht mit der Zeit gehen; sich mit dem Erreichten begnügen
=דָּמוֹ ~ בְּעוֹרְקָיו = *wörtl.* sein Blut ist in den Adern erstarrt *fig. (vor Schreck usw.)*
=הִקְפִּיא אֶת הַדָּם = das Blut erstarren lassen *fig. (vor Schreck usw.)*
קִפָּאוֹן ז׳, קיפאון (קִפְאוֹנוֹת) [kipa'on] Erstarrung *f*, Einfrieren *n*; toter Punkt *fig.*, Stillstand *m*
=נְקֻדַּת-הַקִּפָּאוֹן = Gefrierpunkt *m*
קֻפַּאי ז׳, קופאי [kupaj] Kassierer *m*
קָפֶאִין ז׳ [kafe'in] Koffein *n*
(קפד) נִקְפַּד פ׳ (לְהִקָּפֵד) [nikpad] *nif.* abgerissen werden
-הִקְפִּיד הפ׳ (עַל-) - *hif.* streng sein, genau nehmen, pedantisch handeln
=~ עַל = *j-m* etwas übel nehmen *bibl.*
קַפְדָן ז׳ [kapdan] Pedant *m*
=~נוּת נ׳ = Pedanterie *f*; Strenge *f*
=~נִי ת׳ = pedantisch, genau; streng *Adj.*
קֻפָּה נ׳, קופה [kupa] Kasse *f*
=קֻפַּת-חוֹלִים = Krankenkasse *f*
=~-מִלְוֶה = Kreditinstitut *n*
=~ פֶּנְסְיָה, ~ תַּגְמוּלִים = Rentenkasse *f*

=~־צְדָקָה = Spendenaktion *f* für Bedürftige; sozialer Hilfsfonds *m*
=שָׁבַר אֶת הַקֻּפָּה = großen Erfolg haben, Kassenschlager sein
=הָלַךְ עַל כָּל ~ = aufs Ganze gehen, mit hohem Einsatz spielen
=קֻפָּה שֶׁל שְׁרָצִים תְּלוּיָה לוֹ מֵאֲחוֹרָיו = er hat einiges auf dem Kerbholz *fig.*
=~ קְטַנָּה = Kleingeld *n;* F Portokasse *f*
קָפֶה ז' [kafe] Kaffee *m*
=~ בּ״ץ = Kaffee *m* mit Satz
=~ טוּרְקִי = (türkischer) Mokka *m*
=~ נָמֵס = Pulverkaffee *m*
=~ הָפוּךְ = Milchkaffee *m*
=בֵּית־~ = Kaffeehaus *n*, Café *n*
קָפוּא ת' [kafu'] erstarrt; gefroren *Adj.*
=בָּשָׂר ~ = Gefrierfleisch *n*
קִפּוֹד ז', קיפוד [kipod] Igel *m* (Erinaceus) *Zo.*
=~־יָם = Seeigel *m* (Echinoidea) *Zo.*
=~־נְמָלִים = Ameisenigel *m* (Echidna aculeata) *Zo.*
=קִפּוֹדִי ת' = igelförmig, igelartig *Adj.*
=קִפּוֹדָן ז' = Kugeldistel *f* (Echinops) *Bot.*
קִפּוּחַ ז', קיפוח [ki'puax] Benachteiligung *f*, Schmälerung *f*, Zurücksetzung *f*
קַפּוֹטָה נ' [kapota] langer Mantel *m*
קָפוּי ת' [kafuj] gefroren *Adj.*
קִפּוּל ז', קיפול [kipul] Falten *n*
קָפוּל ת' [kaful] gefaltet *Adj.*
קָפוּץ ת' [kafuts] geschlossen, *(Hände)* geballt *Adj.*
קִפּוּץ ז' [kiputs] Springen *n*
קַפְזָנָב ז' [kfaznav] Springschwanz *m (artenreiche Insektenfamilie)* (Collembola) *Zo.*
קָפַח פעל (לִקְפּוֹחַ, יִקְפַּח) [kafax] *kal (Sonne)* brennen
־קִפַּח פעל (לְקַפֵּחַ אֶת־) - *pi.* benachteiligen, schädigen; berauben; schmälern

=~ אֶת חַיָּיו = den Tod verursachen
=מְקֻפָּח ת' = benachteiligt, geschmälert *Adj.*
קִפֵּחַ ת' [kipéax] sehr groß
קָפֶטֶרְיָה נ' [kafeterja] Cafeteria *f (Restaurant mit Selbstbedienung)*
קֹפִי ז' [kofi] Summe *f*
קְפִי|אָה נ' [kfi'a] Erstarren *n*, Festwerden *n*
=~אוּת נ' = Starrheit *f*, Festigkeit *f*
קְפִידָה נ' [kfida] Strenge *f*; Genauigkeit *f*, Sorgfalt *f*
=בִּקְפִידָה ת״פ = streng, genau, sorgfältig *Adv.*
קַפִּיטָ|ל ראה גם: הוֹן [kapital] Kapital *n*
=~לִיסְט ז' = Kapitalist *m*
קְפִיץ ז' [kfits] Sprungfeder *f*; Feder *f*
קְפִיצָה נ' [kfitsa] Sprung *m*, Springen *n*, Überspringen *n*
=קְפִיצַת־דֶּרֶךְ = Abkürzung *f* (des Weges)
קְפִיצִ|י ת' [kfitsi] federnd, elastisch *Adj.*
=~יּוּת נ' = Elastizität *f*
קָפַל פעל (לִקְפּוֹל, יִקְפּוֹל) [kafal] *kal* zusammenfalten, zusammenlegen
־קִפֵּל פיעל - *pi.* falten
־הִתְקַפֵּל הת' - *hit.* klappbar sein; sich einhüllen; sich zusammenrollen; sich aus dem Staub machen F
=קִפֵּל זְנָבוֹ = den Schwanz einziehen *fig.* F
קֶפֶל ז' ['kéfel] Falte *f*
=~־קַרְקַע = *(Boden)* Furche *f*
★קַפֶּנְדַּרְיָא, קַפַּנְדְּרִיָּה נ' [kapendarja, kapandrija] Abkürzung *f* (des Weges), Abschneiden *n*
קָפַץ[1] פעל (לִקְפּוֹץ, יִקְפּוֹץ) [kafats] *kal* springen; vorbeischauen F
־הִקְפִּיץ הפ' - *hif.* springen lassen; j-n (am Treffpunkt) rauslassen *Kfz.;* j-n schnell vorbeifahren *Kfz.*
=קָפַץ | עַל הַמְּצִיאָה = die Gelegenheit beim Schopf greifen *fig.*

=~ כִּתָּה = eine Klasse überspringen

=זָקְנָה קָפְצָה עָלָיו = er ist alt geworden

=קָפַץ מֵעוֹרוֹ = aus der Haut fahren *fig.*

קָפַץ² פעל (לִקְפּוֹץ, יִקְפּוֹץ) [kafats] *kal* verschließen, zusammenpressen

=~ אֶת יָדוֹ מִ- = die Hand verschließen, Hilfe verweigern

קֶפֶץ ז׳ ['kefets] *etwa* Sprunggelenk *n* *(bsd. bei Tieren)*

קַפְצָן ז׳ [kaftsan] Sandhüpfer *m* (Leander) *Zo.*; Springer *m Sp.*

קַפֶּצֶת [ka'petset] Trampolin *n Sp.*

קַפְקָאִי ת׳ [kafka'i] kafkaesk *Adj.*

קַפְּרִיזָה נ׳ ראה גם: גַּחֲמָה [kapriza] Kaprice *f*, Laune *f*

=~זִי ת׳ = kapriziös, launisch *Adj.*

=~זִיּוּת נ׳ = Launenhaftigkeit *f*

קַפְרִיסָאִי ת׳ [kafrisa'i] zypriotisch, zyprisch *Adj.*, aus Zypern

קֵץ ז׳ (קִצִּים) [kéts] Ende *n*

=מִקֵּץ = am Ende; nach

=בָּא (הִגִּיעַ) קִצּוֹ = sein Ende ist gekommmen

=אֵין קֵץ = ohne Ende

=כָּלוּ כָּל הַקִּצִּין = es ist alles zu Ende, es gibt keine Hoffnung mehr

=דָּחַק אֶת הַקֵּץ = das Ende beschleunigen wollen, nicht abwarten können

=שָׂם קֵץ לַדָּבָר = (der Sache) ein Ende machen

קָצַב פעל (לִקְצוֹב אֶת-, יִקְצוֹב) [katsav] *kal* zuteilen; das Maß bestimmen

-קִצֵּב פיעל - *pi.* zuteilen, rationieren; skandieren

-הִקְצִיב הפ׳ - *hif.* zuteilen *(im Budget)*, zumessen

קַצָּב ז׳ [katsav] Schlächter *m*, Fleischer *m*, Metzger *m*

קֶצֶב ז׳ ['ketsev] Takt *m*, Rhythmus *m;* Tempo *n Mus.*

קִצְבָּה, קִצְבָה נ׳ (קִצְבָּאוֹת גם קְצָבוֹת) [kitsba, kitsva] Rente *f*, Pension *f*; Pensum *n*

=בַּעַל-~ ז׳ = Rentner *m*, Pensionär *m*

=בַּר-~ ז׳ = pensionsberechtigt *Adj.*

=קִצְבַּת-זִקְנָה = Rente *f*

קְצֻבָּה נ׳, קצובה [ktsuba] Zuschuss *m*, Zuteilung *f*; Beihilfe *f*

קַצָּבוּת נ׳ [katsavut] Schlächterei *f*, Metzgerei *f*, Fleischerei *f* *(Beruf)*

קִצְבִּי ת׳ [kitsbi] rhythmisch *Adj.*

=~יּוּת נ׳ = Rhythmik *f*

(קצה) הִקְצָה הפ׳ [hiktsa] *hif.* zuteilen

קָצֶה ז׳ (קְצָווֹת, קְצוֹת-) [katse] Endpunkt *m*, Ende *n*

=מִן הַקָּצֶה אֶל הַקָּצֶה = von vorne bis hinten

=עַל קְצֵה הַמַּזְלֵג = *wörtl.* auf der Spitze der Gabel; ganz wenig

=אֶפֶס קָצֵהוּ = nur ein ganz kleiner Teil

=מְהַלֵּךְ עַל קְצוֹת אֶצְבְּעוֹתָיו = er geht auf den Zehenspitzen

קָצוּב ת׳ [katsuv] zugeteilt, zugemessen, rationiert *Adj.*; im Takt

קִצּוּב ז׳, קיצוב [kitsuv] Rationierung *f*, Zuteilung *f*

קְצָוִי ת׳ [ktsavi] extrem *Adj.*

קַצּוֹעַ ז׳ [ka'tsoa'] Holzfäller *m*

קִצּוּעַ ז׳ [ki'tsua'] Schneiden *n,* Schälen *n*

קָצוּף ת׳ [katsuf] schäumend, mit Schaum bedeckt *Adj.*

קָצוּץ ת׳ [katsuts] abgehackt; geschnitten *Adj.*

=רִבִּית קְצוּצָה = Wucherzinsen *m/pl.*

=קְצוּץ-פֵּאָה ת׳ = mit abgeschnittenen Schläfenlocken

קִצּוּץ ז׳, קיצוץ [kitsuts] Verringerung *f*, Kürzung *f*

קָצוּר ת׳ [katsur] geschnitten, gekürzt *Adj.*

קִצּוּר ז׳, קיצור [kitsur] Kürzung *f*, Abkürzung *f*, Verkürzung *f*

=בְּ~ = kurz gesagt, in Kürze *Adv.*
=~וֹ שֶׁל דָּבָר = das Wesentliche (der Sache)
קֶצַח ז' ['ketsax] Schwarzkümmel *m* (Nigella) *Bot.*
קָצִין ז' (קְצִין-, קְצִינִים) [katsin] Offizier *m*; Führer *m*, Fürst *m bibl.*
=~ בָּכִיר = hoher Offizier
=~ תּוֹרָן = Dienst habender Offizier
=קְצִין-בִּטָּחוֹן = Sicherheitsbeamter *m*
=~-מִבְחָן = Bewährungshelfer *m*
=~-הָעִיר = Stadtkommandant *m*
=קְצִינ|ָה נ' = Offizierin *f*
=~וּת נ' = Offiziersrang *m*, Offiziersstand *m*
קְצִיעָה נ' [ktsi'a] 1. getrocknete Feige *f*, 2. aromatische Rinde *f*
קָצִיף ת' [katsif] schäumend *Adj.*
קְצִיפָה נ' [ktsifa] Zorn m; Sahne *f*
קָצִיץ ז' [katsits] Klops *m*, Hackbraten *m*
קְצִיצָה נ' (קְצִיצוֹת) [ktsitsa] Bulette *f*, Frikadelle *f*; Klops *m*
קָצִיר ז' [katsir] Getreideernte *f*, Heuernte *f*; Erntezeit *f*
קְצֻנָּה נ', קצונה [ktsuna] Offiziersstand *m*, Offizierskorps *n*
(קצע) הִקְצִיעַ הפ' [hik'tsia'] *hif.* hobeln
=מְהֻקְצָע ת' = gehobelt *Adj.*
★קָצַף[1] פעל [katsaf] *kal* zürnen
-הִתְקַצֵּף הת' - *hit.* sich ärgern, sich aufregen
(קצף)[2] הִקְצִיף הפ' [hiktsif] *hif.* Schaum (Eischnee) schlagen
קֶצֶף[1] ז' ['ketsef] Zorn *m*
=בְּשֶׁצֶף ~ = in höchstem Zorn
קֶצֶף[2] ז' ['ketsef] Schaum *m*
קַצֶּפֶת נ' [ka'tsefet] Schlagsahne *f*
קָצַץ פעל (לָקוֹץ אֶת- גם לִקְצוֹץ, יָקוֹץ גם יִקְצוֹץ) [katsats] *kal* abschneiden, zerschneiden
-קִצֵּץ פיעל - *pi.* beschneiden (verkleinern), abhauen
=~ כְּנָפָיו = die Flügel beschneiden *fig.*
קְצָצָה נ' [ktsatsa] Nutzholzwald *m*
קְצֹצֶת נ' [ktsotset] Abfallmetall *n*, Abfallholz *n*
קָצַר[1] פעל (לִקְצוֹר, יִקְצוֹר) [katsar] *kal (Getreide)* ernten
=~ תְּשׁוּאוֹת = Beifall ernten
=הַזּוֹרְעִים בְּדִמְעָה — בְּרִנָּה יִקְצֹרוּ = die in Tränen säen, werden in Freuden ernten *bibl.*
קָצַר[2] פעל (לִקְצוֹר, יִקְצַר) [katsar] *kal* kurz sein
-קִצֵּר פיעל - *pi.* kürzen, verkürzen, kurz machen; *(Weg)* abkürzen
=קָצְרָה יָדוֹ = er konnte nicht, es stand nicht in s-r Macht
=~ רוּחוֹ = er war ungeduldig
=קָצַר הַמַּצָּע מֵהִשְׂתָּרֵעַ = der Platz genügt nicht, um ausführlich zu sein
קָצָר ת' [katsar] kurz *Adj.*
=קְצַר-טְוָח ת' = auf kurze Entfernung
=~-מוֹעֵד ת' = kurzfristig *Adj.*
=~-נְשִׁימָה ת' = kurzatmig *Adj.*
=~-קוֹמָה ת' = klein (von Statur)
=~-רְאוּת (רְאִיָּה), ~-רֹאִי ת' = kurzsichtig *Adj.*
=~-רוּחַ ת' = ungeduldig; jähzornig *Adj.*
=בִּקְצָרָה ת"פ, קְצָרוֹת ת"פ = kurz gesagt, in Kürze *Adv.*
=אֲרֻכּוֹת וּקְצָרוֹת = lang und breit; im Allgemeinen und Besonderen *(etwas bereden)*
=גַּלִּים קְצָרִים = Kurzwellen *f/pl.*
=הַיּוֹם הַקָּצָר = der kürzeste Tag *(21. Dezember)*
=לָשׁוֹן קְצָרָה = lakonisch *Adv.*
=הֶחֱזִיק אוֹתוֹ קָצָר (סלנג) = j-n kurz halten *fig.*
קֹצֶר ז', קוצר ['kotser] Kürze *f*
=~ דַּעַת, ~-הֲבָנָה = Unverständnis *n*
=~-יָד = Machtlosigkeit *f*, Ohnmacht *f*, Schwäche *f*
=~-נְשִׁימָה = Kurzatmigkeit *f*
=~-רְאוּת (רְאִיָּה) = Kurzsichtigkeit *f*
=~-רוּחַ = Ungeduld *f*

קֶצֶר ז׳ ['ketser] Kurzschluss *m El.*
קַצְרָן ז׳ [katsran] Stenograph *m*
=~נוּת נ׳ = Stenographie *f*, Kurzschrift *f*
=~נִי נ׳ = stenographisch *Adj.*
=~נִית נ׳ = Stenotypistin *f*
קְצַרְצַר ת׳ [ktsartsar] ganz kurz *Adj.*
קַצֶּרֶת נ׳ [ka'tseret] Asthma *n*
קְצָת נ׳ ת״פ (קְצָתוֹ) [ktsat] ein wenig, etwas; einige *pl.*
קָקָאוֹ ז׳ [kakao] Kakao *m*
קָקָדוּ ז׳, קקאדו [kakadu] Kakadu *m* (Cacatua) *Zo.*
קָקוֹפוֹנְיָה נ׳ [kakofonja] Kakophonie *f*, Missklang *m*
קַקְטוּס ז׳ [kaktus] Kaktus *m*
קק״ל ר״ת קֶרֶן-קַיֶּמֶת לְיִשְׂרָאֵל [kakal] *Abk.* Jüdischer Nationalfonds
קַר ת׳ [kar] kalt *Adj.*
=~-מֶזֶג = phlegmatisch *Adj.*
=~-רוּחַ = kaltblütig *Adj.*
=בְּדָם ~ = kaltblütig *Adv.*
קֹר ז׳, קור [kor] Kälte *f*
=~-כְּלָבִים = Eiseskälte *f*
=~-רוּחַ = Kaltblütigkeit *f*, Seelenruhe *f*
קָרָא פעל (לִקְרוֹא אֶת-, בְּ-, יִקְרָא) [kara'] *kal* lesen; nennen; rufen; einladen
-נִקְרָא נפ׳ (לְהִקָּרֵא) - *nif*. heißen *v/i*
-הִקְרִיא הפ׳ - *hif.* vorlesen, deklamieren, rezitieren
=קוֹרְאִים לִי אֲרִי = ich heiße Ari
=קָרָא דְרוֹר לְ- = die Freiheit schenken
=~ חָמָס = sich bitter beschweren
=~ בֵּין הַשִּׁטִּין = zwischen den Zeilen lesen *fig.*
=~ לִישִׁיבָה = e-e Sitzung einberufen
=~ שְׁמַע = das Schma-Gebet sagen
=~ תִּגָּר עַל- = herausfordern; verklagen
קְרָא ז׳ [kra'] biblischer Vers *m*
קָרָאוּת נ׳ [kara'ut] Karäertum *n (jüd. Sekte)*
=קָרָאִי ז׳ = Karäer *m*
קֻרְאָן ז׳ ראה גם: קוּרְאָן [kur'an] Koran *m*

קָרַב פעל (לִקְרוֹב אֶל-, לְ-, קָרֵב, יִקְרַב) [karav] *kal* sich nähern, näher kommen
-קֵרֵב פיעל (לְקָרֵב אֶת-) - *pi.* nähern, nahe bringen *v/t*
-הִתְקָרֵב הת׳ - *hit.* sich nähern
-הִקְרִיב הפ׳ - *hif.* opfern, zum Opfer bringen
=קָרְבוּ יָמָיו = seine Zeit ist gekommen
קְרָב ז׳ (קְרָבוֹת) [krav] Kampf *m*, Schlacht *f*
=קְרַב-מַגָּע ז׳ = Nahkampf *m*
=~ פָּנִים אֶל פָּנִים ז׳ = Nahkampf *m*
=דּוּ-קְרָב ז׳ = Zweikampf *m*, Duell *n*
=שְׂדֵה-~ז׳ = Schlachtfeld *n*
=שָׂשׂ לְ~ = kampflustig *Adj.*
קֶרֶב ז׳ (קִרְבּוֹ) ['kerev] Innere(s) *n*
=בְּ~ = inmitten *(G)*, in *(D)*
=מִקֶּרֶב = aus dem Innern, aus *(D)*
=מִקֶּרֶב לֵב = von ganzem Herzen, aus tiefstem Herzen
=קְרָבַיִם ז״ר = Eingeweide *n*
קִרְבָה נ׳, קירבה [kirva] Nähe *f*, Nahesein *n*
=קִרְבַת-דָּם = Blutsverwandtschaft *f*
=בְּ~ מָקוֹם = in der Nähe
קַרְבּוֹל ז׳ [karbol] Karbolsäure *f*, Phenol *n*
קַרְבּוּרָטוֹר ז׳, גם: מְאַיֵּד [karburator] Vergaser *m Kfz.*
קְרָבִי ת׳ [kravi] Kampf-
=יְחִידָה ~ת = Kampfeinheit *f*, Truppe *f Mil.*
=כֹּשֶׁר ~ = Kampffähigkeit *f Mil.*
=~וּת נ׳ = Kampfgeist *m*
קָרְבָּן ז׳, קורבן (קָרְבָּנוֹת) [korban] Opfer *n*
קְרַב-רַב ז׳ [krav-rav] Mehrkampf *m Sp.* *(Biathlon, Triathlon usw.)*
קַרְדְּיוֹגְרַמָּה נ׳ [kardjograma] Herzfrequenztest *m*, Kardiogramm *n Med.*
=אֶלֶקְטְרוֹ ~ (אֶקָ״ג) = Elektrokardiogramm (EKG) *n Med.*
קַרְדִּינָל ז׳ ראה גם: חַשְׁמָן [kardinal] Kardinal *m*
=~לִי ת׳ = kardinal, grundlegend *Adj.*

קַרְדִּית נ' [kardit] Milbe *f*

קַרְדֹּם ז' קרדום (קַרְדֻּמִּים) [kardom] Beil *n*, Axt *f*

קַרֶדֶת נ' [ka'redet] Hautbefall *m* durch Milben

קָרָה¹ פעל (לִקְרוֹת אֶת-, לְ-, יִקְרֶה) [kara] *kal* geschehen, vorkommen, passieren

-נִקְרָה נפ' (לְהִקָּרוֹת) - *nif.* zufällig begegnen

-הִקְרָה הפ' - *hif.* begegnen lassen

=מַה קּוֹרֶה? = was ist los? was gibt's?

קֵרָה² פיעל [kéra] *pi.* überdachen

קָרָה נ' [kara] starke Kälte, Frost *m*

(קֹרָה) קֹרַת-רוּחַ נ' [korat-'ruax] Freude *f*, Zufriedenheit *f*, Befriedigung *f*, Genugtuung *f*

קָרוּא ת' [karu'] gerufen, eingeladen *Adj.*

=וַעֲדָה קְרוּאָה = eingesetzter Rat

קְרוֹאָטִי ת' [kro'ati] kroatisch *Adj.*

קָרוֹב תו"ז (קְרוֹבָה) [karov] nahe, nahe stehend, verwandt *Adj.*; Verwandte(r *m*) *f*

=~ לְ- = nahezu, ungefähr

=בְּ~ = bald *Adv.*

=מִקָּרוֹב = vor kurzem

=קָרוֹב לְוַדַּאי = wahrscheinlich

=~ רָחוֹק = entfernter Verwandter

=אָדָם ~ לְעַצְמוֹ = jeder ist sich selbst der Nächste

קֵרוּב ז', קירוב [kéruv] Näherung *f*, Annäherung *f*

=בְּ~ = ungefähr, annähernd *Adv.*

=~-לְבָבוֹת = Annäherung *f* der Herzen *fig.*, nahe Freundschaft

קָרוּחַ ת' [ka'ruax] kahl, glatzköpfig *Adj.*

קֵרוּי ז' [keruj] *(Zimmerdecke, Dach)* Bauen *m*

קָרוּי ת' [karuj] genannt *Adj.*

קְרוּם ז' [krum] Brotrinde *f*; dünne Haut *f*, Membrane *f*

קָרוּם ת' [karum] mit Haut überzogen *Adj.*

=קְרוּמִי ת' = häutig *Adj.*

קָרָוָן ז' [karavan] Campmobil *n*

קָרוֹן ז' (קְרוֹנוֹת) [karon] Waggon *m*

=קְרוֹנוֹעַ ז' = Triebwagen *m*

=קְרוֹנִית נ' = kleiner Waggon, Rollwagen *m*, Karren *m*

קָרוּס ת' [karus] kniend *Adj.*

קָרוּסֶלָה נ' [karusela] Karussell *n*

קָרוּעַ ת' [ka'rua'] zerrissen *Adj.*

קָרוּץ ת' [karuts] geformt, geschaffen *Adj.*

קֵרוּר ז', קירור [kérur] Kühlung *f*

קָרוּשׁ ת' [karuʃ] geronnen *Adj.*

=רֶגֶל קְרוּשָׁה = Kalbs-(Rinder)haxe in Aspik

קָרוּת נ' [karut] Kälte *f*

קִרְזוּל ז', קירזול [kirzul] Kräuseln *n*

קִרְזֵל פיעל [kirzél] *pi.* kräuseln *v/t*

קָרַח פעל (לִקְרוֹחַ אֶת-, יִקְרַח) [karax] *kal* kahl machen

-הִקְרִיחַ הפ' - *hif.* kahl werden, e-e Glatze bekommen

קֵרֵחַ ת' [ké'réax] kahl *Adj.*

=~ מִכָּאן וּמִכָּאן = *wörtl.* kahl auf beiden Seiten; sich zwischen alle Stühle setzen; man kann nicht auf allen Hochzeiten tanzen

קֶרַח ז' ['kerax] Eis *n*

=הַר-~ = Eisberg *m*

קָרְחָה נ', קורחה [korxa] (Wald-)Lichtung *f*; kahle Stelle

קַרְחוֹן ז' [karxon] Eisberg *m*; Gletscher *m*

קֵרְחוּת נ' [kérxut] Kahlheit *f*; Haarausfall *m*

קַרְחִי ת' [karxi] Eis-

קָרַחַת נ' [ka'raxat] Glatze *f*, Kahlkopf *m*; Lichtung *f*

קֹרֶט ז', קורט ['koret] Körnchen *n*

קָרָט ז' [karat] Karat *n*

קֻרְטוֹב ז', קורטוב [kurtov] ein kleines Maß; ein wenig, ein bisschen

קַרְטוֹגְרָף ז' [kartograf] Kartograph *m*

קַרְטוֹגְרַפְיָה נ' [kartografja] Kartographie *f*

קִרְטוֹן ז', קירטון [kirton] Kalkstein *m*

קַרְטוֹן ז' [karton] Karton *m*, Pappe *f*

=~נָז׳ ז׳	= Kartonage *f*
קְרְטוּעַ ז׳, קירטוע	[kir'tua'] Erschütterung *f*, Wackeln *n*
קַרְטֶל ז׳	[kartel] Kartell *n*
קֻרְטָם ז׳	[kurtam] Saflor *n*, Färberdistel *f*
★קִרְטֵעַ פיעל (לְקַרְטֵעַ)	[kirta'] *pi.* hüpfen, herumspringen, zappeln
★קֶרִי[1] ז׳ (בְּהֶפְסֵק קֶרִי, קְרָיִים)	[keri] Pollution *f*
★קְרִי[2] ז׳ (ארמ׳)	[kri] lies! *(masoretische Lesart im Gegensatz zum geschriebenen Text der Bibel)*; das heißt (d. h.)
קָרִיא ת׳	[kari'] lesbar, leserlich *Adj.*
קְרִיאָה נ׳	[kri'a] Lesen *n*; Lesung *f*; Ruf *m*; Aufforderung *f*
=קְרִיאַת-בֵּינַיִם	= Zwischenruf *m*
=~-הַגֶּבֶר	= Hahnenschrei *m*
=~-הַתּוֹרָה	= Vorlesen *n* der Thora
=~-שְׁמַע	= Schma-Gebet *n*
=~-תִּגָּר	= Erbitterung *f*, Herausforderung *f*
=קְרִיאָה בְּכַף הַיָּד	= Handlesen *m*, Chiromantie
=קְרִיאָה בְּקוֹל	= lautes Vorlesen
=~ בַּלֵּב	= leises Lesen
=אִמּוֹת-~	= Lesestützen *f/pl. (Aleph, Heh, Vav, Jod als Vokalzeichen) Gr.*
=בַּעַל-~	= Vorleser *m* der Thora
=אוּלַם-~	= Lesesaal *m*
=סִימַן-~	= Ausrufezeichen (!) *n*
קְרִיאוּת נ׳	[kri'ut] Lesbarkeit *f*
קְרִיבָה נ׳	[kriva] Näherkommen *n*
קִרְיָה נ׳ (קְרָיוֹת, קִרְיוֹת-)	[kirja] Stadt *f*; Vorort *m*
=קִרְיַת אַרְבַּע	= Teil von Städtenamen (*z.B.* Kirjat Arba)
=~ הָאוּנִיבֶרְסִיטָה	= (Wohnbereich im) Universitätsgelände *n*
=הַקִּרְיָה	= "Hakirja", Zentrum *n* der Regierungsgebäude
קְרִיחָה נ׳	[krixa] 1. Zerren *n (an Haaren)*; 2. Glatze *f*
קְרִיטִי ת׳	[kriti] kritisch *Adj.*
קְרִיטֶרְיוֹן ז׳	[kriterjon] Kriterium *n*
קְרִימָה נ׳	[krima] Hautbildung *f*; Krustenbildung *f*
קְרִימִי|נוֹלוֹגְיָה נ׳	[kriminologja] Kriminologie *f*
=~נָלִי ת׳	= kriminal *Adj.*
=~נָלִיּוּת נ׳	= Kriminalität *f*
קָרִין ז׳	[karin] Kiel *m*
קַרְיָן ז׳, קריין	[karjan] Vorleser *m*, Rezitator *m*; Ansager *m Rdf.*
קְרִינָה נ׳	[krina] Ausstrahlung *f*
=~ עַל סְגֻלָּה	= ultraviolette Strahlung *f*
=~ תַּת אֲדֻמָּה	= infrarote Strahlung *f*
קַרְיָנוּת נ׳, קריינות	[karjanut] Moderieren *n*, Ansagen *n*
קְרִינָתִי ת׳	[krinati] Strahlen-, Bestrahlungs-
קְרִיסָה נ׳	[krisa] Hocken *n*, Kauern *n*; Einsturz *m*
קְרִיסְטָ|ל ז׳ ראה גם: גָּבִישׁ, בְּדֹלַח	[kristal] Kristall *n*
=~לִיזַצְיָה נ׳	= Kristallisierung *f*
קָרִיעַ ת׳	[ka'ria'] zerreißbar, leicht reißend *Adj.*
קְרִיעָה נ׳	[kri'a] Zerreißen *n*, Einreißen *n (zum Zeichen der Trauer)*
=קְרִיעַת יַם-סוּף	= Überschreitung *f* des Schilfmeers *bibl.*; schweres Unternehmen
קְרִיצָה נ׳	[kritsa] Zwinkern *n*
קָרִיקָטוּ|רָה נ׳	[karikatura] Karikatur *f*
=~רִיסְט ז׳	= Karikaturist *m*
קָרִיר ת׳	[karir] kühl *Adj.*
=קְרִירָה נ׳	= starke Kälte
קַרְיֶ|רָה נ׳, קריירה	[karjera] Karriere *f*
=~רִיסְט ז׳	= karrierebewusster Mensch *m*, Karrieretyp *m*
קְרִירוּת נ׳	[krirut] Kühle *f*
קָרִישׁ ז׳	[kariʃ] Sülze *f*, Gelee *n*, *m*, Aspik *m*
=קְרִישׁ-הַדָּם	= Blutgerinnsel *n*
=קְרִישָׁה נ׳	= Gerinnen *n*

קָרַם פעל (לִקְרוֹם, יִקְרַם) — [karam] *kal* Haut bilden, sich mit Haut überziehen; verkrusten
=~ עוֹר וְגִידִים — = auf dem Wege, realisiert zu werden
קְרֶם ז' — [krem] Creme *f*, Krem *f*
קֶרָמִיקָה נ' — [keramika] Keramik *f*
קָרָמֶל ז' — [karamel] Karamel *m*
קָרֶמֶת נ' — [ka'remet] Diphtherie *f Med.*
קָרַן[1] פעל (לִקְרוֹן, יִקְרַן) — [karan] *kal* strahlen
-הִקְרִין הפ' — - *hif.* ausstrahlen; projizieren
קָרַן[2] פעל (לִקְרוֹן, יִקְרַן) — [karan] *kal (Horn)* wachsen
-הִקְרִין הפ' — - *hif.* Hörner haben
קֶרֶן[1] נ' (קַרְנַיִם, קַרְנֵי-) (קְרָנוֹת, קַרְנוֹת-, גם: קַרְנֵי-) — ['keren] Horn *n;* Horn *n Mus.*; Ecke *f*; Strahl *m*
=קַרְנֵי-אִיקְס, ~-רֶנְטְגֶן — = Röntgenstrahlen *m/pl.*
=קֶרֶן-אוֹר — = Lichtstrahl *m*
=~-זָוִית — = Ecke *f*, Straßenecke *f*
=בַּעַל-קַרְנַיִם ז' — = betrogener Ehemann *m*
=הִצְמִיחָה לוֹ קַרְנַיִם — = (ihrem Mann) Hörner aufsetzen *fig.*
=יוֹשְׁבֵי-קְרָנוֹת ז"ר — = Müßiggänger *m/pl.*
=הֵרִים אֶת קַרְנוֹ — = s-n Ruhm vergrößern
=הִנִּיחַ מְעוֹתָיו עַל קֶרֶן הַצְּבִי — = Geld unsicher anlegen
=אָחַז (תָּפַס) אֶת הַשּׁוֹר בְּקַרְנָיו — = *wörtl.* den Stier bei den Hörnern packen; sofort zur Sache kommen; ein heißes Thema (sofort) berühren
=קֶרֶן-הַשֶּׁפַע — = Füllhorn *n*
=~-יַעַר — = Waldhorn *n Mus.*
קֶרֶן[2] נ' (קְרָנוֹת, קַרְנוֹת-) — ['keren] Fonds *m*, Grundstock *m*, Kapital *n*
=~ קַיֶּמֶת לְיִשְׂרָאֵל — = Jüdischer Nationalfonds *m*
=~-הַיְסוֹד — = "Keren Hajessod", Grundfonds der Zionist. Organisation u. der Jewish Agency
=~ נֶאֱמָנוּת — = Treuhandgesellschaft *f*
=~ שְׁמוּרָה — = Reservefonds *m*
=מְחִיר הַקֶּרֶן — = Gestehungskosten *pl.*
קַרְנַאי ז' — [karnaj] Hornbläser *m Mus.*
קַרְנָבָל ז' — [karnaval] Karneval *m*
קַרְנוּן ז' — [karnun] Schleimfisch *m* (Blennius) *Zo.*
קַרְנִי ת' — [karni] aus Horn, Horn-
קַרְנִית נ' — [karnit] Hornhaut *f (Auge)*
קַרְנָן ז' — [karnan] Keratin *n*, Hornstoff *m*
קֻרְנָס ז' — [kurnas] Vorschlag-, Schmiedehammer *m*
קַרְנַף ז' (קַרְנַפִּים) — [karnaf] Nashorn *n* (Rhinoceros) *Zo.*
קָרַס[1] פעל (לִקְרוֹס, יִקְרוֹס) — [karas] *kal* umfallen, zusammenbrechen
קָרַס[2] פעל (לִקְרוֹס, יִקְרוֹס) — [karas] *kal* zuhaken
קֶרֶס ז' — ['keres] Haken *m*
=צְלַב-הַקֶּרֶס — = Hakenkreuz *n*
קִרְסוּם ז' — [kirsum] Nagen *n*
קַרְסֹל ז', קרסול (קַרְסֻלַּיִם) — [karsol] Knöchel *m*
=קַרְסֻלִּית נ', קרסולית — = Gamasche *f*
קָרַע פעל (לִקְרוֹעַ, יִקְרַע) — [kara'] *kal* zerreißen *v/i*
-נִקְרַע נפ' — - *nif.* zerrissen werden
=קָרַע חַלּוֹן — = e-e Fensteröffnung in die Wand bauen
=~ עֵינָיו — = die Augen weit aufreißen
=~ קְרִיעָה — = die Kleider einreißen *(trauern)*
=קוֹרֵעַ לֵב ת' — = herzzerreißend *Adj.*
קֶרַע ז' (קְרָעִים, קִרְעֵי-) — ['kera'] Riss *m*, abgerissenes Stück; Spaltung *f*, Zerwürfnis *n*
קְרֶפּ ז' — [krep] Krepp *m*, Crépe *m*
קַרְפָּדָה נ' — [karpada] Kröte *f* (Bufo viridis) *Zo.*
קַרְפִּיוֹן ז' — [karpjon] Karpfen *m* (Cyprinus carpio) *Zo.*
קַרְפִּיף ז' — [karpif] Lagerplatz *m*, Depot *n*
קָרַץ[1] פעל (לִקְרוֹץ, יִקְרוֹץ) — [karats] *kal* zwinkern, zuzwinkern
קָרַץ[2] פעל (לִקְרוֹץ — [karats] *kal* formen;

אֶת-, יִקְרוֹץ) ausstechen
-קֹרַץ פועל - *pu.* geformt sein
קֶרֶץ ז' [kerets] Zerstörung *f;* Zwinkern *n*
קִרְצוּף ז', קירצוף [kirtsuf] Striegeln *n*
קַרְצִית נ' גם: קַרְצִיָּה [kartsit] Zecke *f* (Ixodidae) *Zo.*
קִרְצֵף פיעל [kirtséf] *pi.* striegeln
קֻרְקְבָן ז', קורקבן [kurkevan] Geflügelmagen *m*; Nabel *m* F
קִרְקוּעַ ז', קירקוע [kir'kua'] Flugverbot *n*, Startverbot *n Flgw.*
קִרְקוּר ז', קירקור [kirkur] Quaken *n*; Krähen *n*
קִרְקָס ז', קירקס [kirkas] Zirkus *m*
=קִרְקְסָן ז' = Zirkuskünstler *m*, Artist *m*
קַרְקַע זו"נ (קַרְקָעוֹת) [karka'] Boden *m*, Erdboden *m*, Erde *f*
=~ בְּתוּלָה = unerforschte Gegend *f*
=~ עוֹלָם = besitzloses Land
=~ עִלִּית = Mutterboden
=קוֹמַת-הַקַּרְקַע = Erdgeschoss *n*, Parterre *n*
=עָלָה עַל הַקַּרְקַע = sich ansiedeln, Land besetzen
קִרְקַע פיעל (לְקַרְקֵעַ) [kirka'] *pi.* Starterlaubnis verweigern, Flug verbieten *Flgw.*
קַרְקָעִי ת' [karka'i] Boden-; Erd-; terrestrisch *Adj.*
=תַּת-~ = unterirdisch *Adj.*
=~יּוּת נ' = Erdgebundenheit *f*
=~ית נ' = Boden *m (e-s Gefäßes, Geräts usw.)*
קִרְקֵף פיעל [kirkéf] *pi.* skalpieren
קַרְקֶפֶת נ' [kar'kefet] Schädel *m*; Blütenköpfchen *n* (Blütenstand der Korbblütler) *Bot.*
קִרְקֵר פיעל [kirkér] *pi.* krähen
קַרְקֵרָה נ' [karkéra] Krähen *n,* Gackern *n*
קַרְקֶרֶת נ' [karkeret] Boden *m*
קַרְקָשׁ ז' [karkaʃ] Rassel *f*
קִרְקֵשׁ פיעל [kirkéʃ] *pi.* rattern, rasseln
קֵרֵר פיעל (לְקָרֵר אֶת-) [kérar] *pi.* kühlen, abkühlen *v/t*
-הִתְקָרֵר הת' - *hit.* sich abkühlen, sich erkälten
=נִתְקָרְרָה דַעְתּוֹ = sich beruhigen
קָרָר ז' [karar] Kutscher *m*
קָרַשׁ פעל (לִקְרוֹשׁ, יִקְרַשׁ) [karaʃ] *kal* fest werden, steif werden, gerinnen
-נִקְרַשׁ נפ' (לְהִקָּרֵשׁ) - *nif.* erstarren, gerinnen
-הִתְקָרֵשׁ הת' - *hit.* gerinnen, fest werden
-הִקְרִישׁ הפ' - *hif.* erstarren lassen
קֶרֶשׁ ז' ['kereʃ] Brett *n*, Balken *m*
=~-הַצָּלָה = der rettende Balken *fig.*
=~-קְפִיצָה = Sprungbrett *n*
★קֶרֶת נ' ['keret] Stadt *f*, Siedlung *f bibl.*
קֹרַת-רוּחַ נ' [korat-'ruax] Genugtuung *f*, Zufriedenheit *f*
★קַרְתָּא נ' (ארמ') [karta] Stadt *f*, Siedlung *f (Talmud)*
=~-חַדְתָּא גם: קַרְתָּגוֹ = Karthago *n*
=נָטוֹרֵי-~ ז"ר = "Natoré karta", *wörtl.* Wächter *m/pl.* der Stadt; ultraorthodoxe Juden
קַרְתָּן ז' [kartan] Provinzler *m*, Kleinstädter *m*
=~נוּת נ' = Kleinstädtertum *n*, Spießigkeit *f*, Provinzlertum *n*
=~נִי ת' = provinziell, kleinstädtisch, spießig *Adj.*
קַשׁ ז' [kaʃ] Stroh *n;* Strohhalm *m*
=~ וּגְבָבָה = wertloses Zeug *n*
=~ יָבֵשׁ = wertloses Zeug *n*
=דָּחָה בְּ~ = mit leeren Versprechungen abspeisen
=אַלְמַן-~ = Strohwitwer *m f*
(קשב) הִקְשִׁיב הפ' [hikʃiv] *hif.* zuhören; aufpassen, aufmeksam sein
=הַקְשֵׁב! הַקְשִׁיבוּ! = "Hab-Acht" -Stellung *f Mil.*
קַשָּׁב ת' (קַשֶּׁבֶת) ז' [kaʃav] aufmerksam, zuhörend *Adj.*; Abhörer *m Rdf.*
=הִטָּה | אֹזֶן קַשֶּׁבֶת = gut zuhören
=מָצָא ~ ~ = Gehör finden
קֶשֶׁב ז' ['keʃev] Zuhören *n*, Aufmerksamkeit *f*
קָשָׁה פעל (לִקְשׁוֹת, [kaʃa] *kal* hart werden;

קָשֶׁה, יִקְשֶׁה) schwer sein

-קִשָּׁה פיעל - *pi.* hart machen, verhärten

-הִתְקַשָּׁה הת׳ - *hit.* hart werden; schwer fallen, Schwierigkeiten haben; es schwer finden

-הִקְשָׁה הפ׳ (לְהַקְשׁוֹת אֶת-, עַל-, יַקְשֶׁה) - *hif.* verhärten *v/t*; schwer machen, erschweren; schwere Frage stellen

קָשֶׁה ת׳ [kaʃe] schwer; hart; streng *Adj.*

=קְשֵׁה-הֲבָנָה = schwer von Begriff, begriffsstutzig *Adj.*

=~-חִנּוּךְ = schwer erziehbar *Adj.*

=~-עֹרֶף = hartnäckig *Adj.*

=~-תְּפִיסָה = schwer von Begriff

=קָשׁוֹת ת״פ = streng, ernst *Adv.*

=אֱגוֹז קָשֶׁה = harte Nuss *fig.*

=בֵּיצָה קָשָׁה = hart gekochtes Ei

=יָד ~ = strenge Hand *fig.*

=מַטְבֵּעַ קָשֶׁה = harte Valuta *f*

=עֹרֶף ~ = Hartnäckigkeit *f*

=~ לְכַעַס = nicht aus der Ruhe zu bringen

=כָּל הַהַתְחָלוֹת קָשׁוֹת = aller Anfang ist schwer

קִשּׁוּא ז׳, קישוא [kiʃu'] Zucchini *f* (Cucumis) *Bot.*

קָשׁוּב ת׳ [kaʃuv] zuhörend, aufmerksam *Adj.*

קַשְׂוָה נ׳ [kasva] Fruchtklappe *f Bot.*

קָשׁוּחַ ת׳ [ka'ʃuax] hart, hartherzig; starr, unnachgiebig *Adj.*

קִשּׁוּט ז׳, קישוט [kiʃut] Dekoration *f*, Dekorierung *f*, Ausschmückung *f*

=~טִי ת׳ = dekorativ *Adj.*

קָשׁוּי ת׳ [kaʃuj] hart, steif *Adj.*

קִשּׁוּי ז׳, קישוי [kiʃuj] Verhärtung *f*, Versteifung *f*

קָשׁוּר ת׳ [kaʃur] verbunden *Adj.*

קִשּׁוּר ז׳, קישור [kiʃur] Binden *n*, Festmachen *n*; Verbindung *f*; Schleife *f*

=דִּבְרֵי-~ = überleitende Worte *n/pl.*

=מִלַּת-~ = Bindewort *n*, Konjunktion *f Gr.*

=קְצִין-~ = Verbindungsoffizier *m*

קָשׁוּשׁ ת׳ [kaʃuʃ] mit Stroh bedeckt

קִשּׁוּת נ׳ [kiʃut] Kürbisgewächs *n*

קָשַׁח פעל (לִקְשׁוֹחַ, יִקְשַׁח) [kaʃax] *kal* erstarren, hart werden

-הִתְקַשֵּׁחַ הת׳ (הִתְקַשֵּׁחַ) - *hit.* sich verhärten

-הִקְשִׁיחַ הפ׳ - *hif.* hart machen, hart werden

קְשֵׁחַ ת׳, קישח [ki'ʃéax] hart, starr *Adj.*

קִשְׁחוּת נ׳ [kisxut] Grausamkeit *f*, Härte *f*

★קֹשְׁט, קֹשֶׁט ז׳, קושט [koʃt, 'koʃet] Wahrheit *f*

קִשֵּׁט פיעל [kiʃét] *pi.* schmücken, ausschmücken, dekorieren

=הִתְקַשֵּׁט בְּנוֹצוֹת זָרוֹת = sich mit fremden Federn schmücken *fig.*

קַשָּׁט ז׳, ראה גם: דֶּקוֹרָטוֹר [kaʃat] Dekorateur *m*

=קַשְּׁטָנוּת נ׳ = Dekorationskunst *f*

קֹשִׁי ז׳, קושי (קְשִׁי-, קָשְׁיוֹ, קְשָׁיִים) ['koʃi] Schwierigkeit *f*, Hindernis *n*

=בְּ~ ת״פ = wohl kaum; schwer *Adv.*

=קְשִׁי-יוֹם = Armut *f*

=קְשִׁי-עֹרֶף = Hartnäckigkeit *f*

קֻשְׁיָא, קוּשְׁיָה נ׳ [kuʃja] schwere Frage

=אַרְבַּע קוּשְׁיוֹת = die 4 Fragen in der Pessach-Hagada

קְשִׁיבָה נ׳ [kʃiva] Zuhören *n*

=~בוֹת נ׳ = Zuhören *n*, Aufmerksamkeit *f*

קִשְׁיוֹן ז׳ [kiʃjon] Schwierigkeit *f*

קַשְׁיוּת ז׳ [kaʃjut] Schwere *f*; Härte *f*; Strenge *f*

=~~-עֹרֶף = Hartnäckigkeit *f*, Widerspenstigkeit *f*

קָשִׁיחַ ת׳ [ka'ʃiax] starr, steif, spröde *Adj.*

=קְשִׁיחוּת נ׳ = Härte *f*, Starrheit *f*, Unbeugsamkeit *f*

=~~-לֵב = Hartherzigkeit *f*, Unbarmherzigkeit *f*

קַשְׁיָן ת׳ [kaʃjan] hart, streng *Adj.*

קְשִׁירָה נ׳ [kʃira] Verbinden *n*, Herstellung *f* e-r Verbindung

=קְשִׁירַת קְשָׁרִים = Kontaktaufnahme *f*

קָשִׁישׁ תו״ז [kaʃiʃ] alt, älter *Adj.*; Greis *m*

=קְשִׁישׁוּת נ׳ = Greisenalter *n*

קַשִּׁית נ׳ [kaʃit] Strohhalm *m*

קִשְׁקוּשׁ ז׳, קישקוש [kiʃkuʃ] Quatschen *n*, Unsinn *m*, Gelaber *n*; Kritzeln *n; pl.* Umschweife, *pl.* Schnickschnack *m*

קִשְׁקֵשׁ פיעל [kiʃkéʃ] *pi.* labern, quatschen, Unsinn reden; kritzeln

קַשְׂקַשִּׂי ת׳ [kaskasi] schuppig *Adj.*

קַשְׁקְשָׁן ז׳ [kaʃkeʃan] Schwätzer *m*

קַשְׂקֶשֶׂת נ׳ [kas'keset] Schuppe *f*

קָשַׁר פעל (לִקְשׁוֹר, יִקְשׁוֹר) [kaʃar] *kal* binden, verbinden, zubinden;
(עַל־) sich verschwören gegen (*Akk.*)

־קִשֵּׁר פיעל - *pi.* verbinden

־הִתְקַשֵּׁר הת׳ - *hit.* sich verbinden; F anrufen *(Telefon)*

=קָשַׁר קְשָׁרִים עִם־ = in Beziehungen treten *mit* (*D*)

קֶשֶׁר ז׳ ['keʃer] Knoten *m*; Verbindung *(auch Telefon)*; Beziehung *f*, Kontakt *m*; Verschwörung *f*

=בְּ~ לְ־ = in Zusammenhang mit (*D*), betreffend

=נִהְיֶה בְּ~ = bis dann!, man sieht sich!

=~ אַמִּיץ = nahe, enge Beziehung

=~ גּוֹרְדִי = gordischer Knoten *fig.*

=~־דָּם = Blutsverwandtschalt *f*

=~־עַיִן = Blickkontakt *m*

=~ בֹּהֶן = Überbein *n*

=~ יַמִּי = Knoten *m (Geschwindigkeit auf See) Mar.*

=~ שָׁטוּחַ = Reffknoten *m*

=~־שְׁתִיקָה = verabredetes Stillschweigen, Vertuschen *n*

=~־מִלַּת = Bindewort *n*, Konjunktion *f Gr.*

=~־קְצִין = Verbindungsoffizier *m*

קַשָּׁר ז׳ [kaʃar] Verbindungsmann *m*

קַשָּׁרוּת נ׳ [kaʃarut] Verbindungswesen *n*

★(קשש) קוֹשֵׁשׁ פיעל [koʃéʃ] *pi. (Stroh)* einsammeln

קֶשֶׁת נ׳ ['keʃet] Bogen *m (auch Mus., Mil.)*, Regenbogen *m*; Spektrum *n*

=כְּלִי־~(כְּלֵי־~) = Saiteninstrument *n Mus.*

=~ רְחָבָה (שֶׁל־) = breites Spektrum

=צִבְעֵי־הַקֶּשֶׁת = Regenbogenfarben *f/pl.*

★קַשָּׁת ז׳ [kaʃat] Bogenschütze *m; Schütze m Astr.*

קָשׁוֹת ת׳ [kaʃot] überwölbt *Adj.*

קַשְׁתִּי ת׳ [kaʃti] bogenförmig *Adj.*

קַשְׁתִּית נ׳ [kaʃtit] Iris *f*, Regenbogenhaut *f Anat.*; Laubsäge *f*; Kleiderbügel *m*

קַשְׁתָּנִית נ׳ [kaʃtanit] (Streich-)Bogen *m Mus.*

קַת נ׳ [kat] Gewehrkolben *m*; Griff *m*

קָתֶדְרָה נ׳ [katedra] Katheder *n*

קָתֶדְרָלָה נ׳ [katedrala] Kathedrale *f*, Münster *n*, Dom *m*

קָתוֹדָה נ׳ [katoda] Kathode *f El.*

קָתוֹלִי ת׳ [katoli] katholisch *Adj.*

=~יּוּת ז׳ = Katholizismus *m*

קָתֶטֶר ז׳ ראה גם: צַנְתָּר [kateter] Katheter *m Med.*

קֹתֶל ז׳, קותל ['kotel] Schinken *m*

קַתְרוֹס ז׳ [katros] Laute *f*, Gitarre *f*

קַתַרְסִיס ז׳ [katarsis] Katharsis *f*, seelische Läuterung *f*

ר

ר 'Résch' (R), 20. Buchstabe des hebr. Alphabets; Zeichen der Zahl 200

ר' קיצור: רַב, רַבִּי [rav, rabi] *Abk.* Rav, Rabbi

רַבֵּנוּ [rabenu] "Rabbenu", unser Lehrer

רְאֵה! [re'é] siehe!

רְחוֹב ז' [rexov] Straße *f*

רַבִּים, רִבּוּי [rabim, ribuj] Plural *m*

רָאָה פעל (לִרְאוֹת אֶת-, יִרְאֶה) [ra'a] *kal* sehen, ansehen, schauen; gucken, kucken; für richtig halten, einsehen

-נִרְאָה נפ' (נִרְאֶה, הווה), לְהֵרָאוֹת) - *nif.* gesehen werden, erscheinen, aussehen; gefallen

-הִתְרָאָה הת' (לְהִתְרָאוֹת) - *hit.* sich wiedersehen

-הֶרְאָה הפ' - *hif.* zeigen; vorstellen

=רְאֵה! = siehe!, sieh mal!

=רָאָה אוֹר = *(Buch)* erscheinen, herausgegeben werden

=~ חַיִּים = das Leben genießen

=~ בִּפְלוֹנִי = sich über die Niederlage eines andern freuen

=~ חוֹבָה לְעַצְמוֹ = es als s-e Pflicht ansehen

=~ זְכוּת לְעַצְמוֹ = sich zugute halten, es sich als Ehre anrechnen

=~ אֶת דִּבְרֵי פְּלוֹנִי = einsehen, einverstanden sein mit (*D*)

=~ אֶת הַנּוֹלָד = das Kommende (die Zukunft) voraussehen

=מָה ~ כִּי- = was hat ihn dazu veranlasst, dass...

=צְאֶינָה וּרְאֶינָה = "ts'ena ur'ena", volkstümliches religiöses Buch für Frauen

=הִרְחִיק רְאוֹת = weit blicken

=עֵינֶיךָ הָרוֹאוֹת = du siehst doch; es ist doch klar

=לְמַעַן יִרְאוּ וְיִירָאוּ = *wörtl.* damit sie sehen und fürchten; zur Abschreckung

=נִרְאֶה כִּי- (שֶׁ-) = es scheint, dass...

=~ לִי שֶׁ- = es scheint mir, dass; ich glaube, dass...

=הַדָּבָר ~ לִי = die Sache leuchtet mir ein

=כַּנִּרְאֶה = anscheinend *Adv.*

=לְהִתְרָאוֹת! = auf Wiedersehen!

=מַרְאֵה-מָקוֹם = Quellenangabe *f*

רֵאָה נ', **ריאה** (רֵאוֹת) [ré'a] Lunge *f*

=רֵאַת-בַּרְזֶל = eiserne Lunge *Med.*

רַאֲוָה נ', **ראווה** [ra'ava] Schau *f*, Ansicht *f*

=לְ~ = zur Ansicht

=חַלּוֹן-~ = Schaufenster *n*

רָאוּי ת' [ra'uj] würdig, wert; gut für (*Akk.*); gebührend *Adj.*

=כָּ~ = wie es sich gehört, wie es sein soll, gebührend *Adv.*

=מִן הָ~ = es ist zu empfehlen

רְאוּת נ' [re'ut] Sicht *f*; Sehkraft *f*

=~ לְקוּיָה = schlechte Sicht

=כְּ~ עֵינָיו = nach s-m Gutdünken, nach s-m Ermessen

=נְקֻדַּת-~ ראה גם: הֶבֵּט, פָּן = Gesichtspunkt *m*, Hinsicht *f*

=קֹצֶר-~ ז' = Kurzsichtigkeit *f*

=קְצַר-~ ת' = kurzsichtig *Adj.*

=רְחוֹק-~ ת' = weitsichtig *Adj.*

=רֹחַק-~ ז' = Weitsichtigkeit *f*

רַאַוְתָן ז', **ראוותן** [ra'avtan] Prahler *m*

=~נות נ' = Neigung, sich zur Schau zu stellen; Prahlerei *f*

=~ני ת' = spektakulär; prahlerisch *Adj.*

רְאִי ז' (רְאָיִים) [re'i] Spiegel *m*

=~ עָקֹם = Zerrspiegel *m*

(רֹאִי) **קְצַר-~** ת' [ktsar-ro'i] kurzsichtig *Adj.*

=רְחוֹק-~ ת' = weitsichtig *Adj.*

רְאִיָּה נ', **ראייה** [re'ija] Sehen *n*, Sicht *f*

=רְאִיַּת-הַנּוֹלָד = Voraussicht *f*

=זָוִית-רְאִיָּה = Gesichtswinkel *m Optik*

=חַד-~ ת' = scharfsichtig *Adj.*

=עֵד-~ ז' = Augenzeuge *m*

=קֹצֶר-~ ז' = Kurzsichtigkeit *f*

=קְצַר~ ת' = kurzsichtig *Adj.*

=רְחוֹק-~ ת' = weitsichtig *Adj.*

=רֹחַק-~ ז' = Weitsichtigkeit *f*

=שְׂדֵה-~ ז' = Gesichtsfeld *n*

רְאָיָה נ' [re'aja] Beweis *m*

=אֵין הַנִּדּוֹן דּוֹמֶה לָ~ = der angeführte Beweis passt hier nicht, ist nicht stichhaltig

=הַמּוֹצִיא מֵחֲבֵרוֹ עָלָיו הָ~ = die Beweispflicht obliegt dem Kläger

רֵאָיוֹן ז', **ריאיון** (רַאֲיוֹן-, רַאֲיוֹנוֹת) [ré'ajon] Interview *n;* Vorstellungsgespräch *n*

רִאְיוּן ז', **ריאיון** [ri'jun] Interviewen *n*

רִאְיֵן פיעל [ri'jén] *pi.* interviewen

-רֻאְיַן פועל - *pu.* interviewt werden

-הִתְרַאְיֵן הת' - *hit.* sich interviewen lassen

רְאִינוֹעַ ז' [re'i'noa'] Kino *n*; Stummfilm *m*

רא"ל ר"ת **רַב-אַלּוּף** [rav-'aluf] General in der isr. Armee *(Rang des Generalstabschefs)*

רְאֵם ז' [re'ém] Oryx-Antilope *f* (Oryx leucoryx) *Zo.*

רֹאשׁ ז', (רָאשִׁים) [roʃ] Kopf *m*, Haupt *n*; Führer *m*, Anführer *m*; Beginn *m*, Anfang *m*; Anzahl *f (Vieh)*

=בְּ~ ת"פ = an erster Stelle, an der Spitze

=בְּ~ וּבָרִאשׁוֹנָה ת"פ = vor allem

=מֵ~ ת"פ = von vornherein

=~ אָבוֹת = Familienoberhaupt *n*

=~ בְּרֹאשׁ = genau, exakt

=~-גֶּשֶׁר = Brückenkopf *m*

=~-הַר = Berggipfel *m*

=~-הַמְדַבְּרִים = Wortführer *m*

=~-חֹדֶשׁ = Neumond *m;* der erste Monatstag *(im jüd. Kalender)*

★=בְּ~ חוּצוֹת = in aller Öffentlichkeit

=~-חֵץ = Vorhut *f*; Sprengkopf *m Mil.*

=~-מַטֶּה = Stabschef *m Mil.*

=~-הַמַּטֶּה הַכְּלָלִי (רַמַטְכָּ"ל) = Generalstabschef *m*

=~-הַמֶּמְשָׁלָה = Ministerpräsident *m*, Premierminister *m;* Kanzler *m*

=~-נֶפֶץ = Sprengkopf *m*

=~ הָעִיר = Bürgermeister *m*

=רָאשֵׁי-פְּרָקִים = Hauptthemen *n/pl. (e-s Buches usw.)*, Inhaltsübersicht *f*

=רֹאשׁ-הַשָּׁנָה = Neujahr *n*

=רָאשֵׁי-תֵבוֹת = Kurzwort *n*, Abkürzung *f* (*z.B.* אַרְצוֹת-הַבְּרִית)

=בְּגִלּוּי-רֹאשׁ = mit entblößtem Haupt (Kopf), barhäuptig *Adv.*

=בְּבַת-~ = mit einem Sprung

=רֹאשׁוֹ וְרֻבּוֹ = gänzlich, mit Leib u. Seele *fig.*

=יוֹשֵׁב-רֹאשׁ = Vorsitzende(r), Präsident *m*

=כְּאֵב-~ = Kopfschmerz *m*

=כֹּבֶד-~ = Ernst *m*

=לְכֹל-לְ~ = vor allem

=לְמַעְלָה ~ = *wörtl.* über den Kopf; über alle Maßen

=קַלּוּת-~ = Leichtsinn *m*

=דָּמוֹ בְּ~וֹ = er hat sein Leben verwirkt *bibl.*

=חָשׁ בְּ~וֹ = an Kopfschmerzen leiden

=יָשַׁב ~ = den Vorsitz führen, e-e Sitzung leiten

=קָפַץ בְּ~ = sich vordrängen

=אָחַז אֶת הַחֶבֶל בִּשְׁנֵי = *wörtl.* er hat den Strick

רָאשָׁיו an beiden Enden gepackt; auf zwei Hochzeiten gleichzeitig tanzen wollen
עַל רֹאשִׁי = auf meine Verantwortung
רֹאשׁ קָטָן (סלנג) = verantwortungsscheu *Adj.* Kleingeist *m*
~ גָּדוֹל (סלנג) = engagiert (für e-e Arbeit) *Adj.*
~ פָּתוּחַ (דִּיבּוּרִי) = offen, liberal *Adj.*
רֹאשׁוֹ בָּעֲנָנִים = Träumer *m; neg.* Traumtänzer *m*
★רֹאשׁ ז' [roʃ] Giftpflanze *f bibl.*
רִאשׁוֹן ת' [riʃon] erste(r) *Adj.*
~ ~ = einer nach dem andern, der Reihe nach
~ בֵּין שָׁוִים = Erster unter Gleichen
~ לְצִיּוֹן = "Rischon letsion", Titel des sephardischen Oberrabbiners in Israel; Ortsname
אָדָם הָ~ = Adam, der erste Mensch
בַּיִת הָ~ = der erste Tempel (in Jerusalem)
גּוּף ~ = erste Person *Gr.*
הִלּוּךְ ~ = erster Gang *Kfz.*
יוֹם ~ = Sonntag *m*
מִכְּלִי ~ = aus erster Quelle
מֻשְׂכָּל ~ = Axiom *n*
נְבִיאִים רִאשׁוֹנִים = die "früheren Propheten", die historischen Bücher der Bibel *(Josua, Richter, Samuel, Könige)*
רִאשׁוֹנָה ת"פ [riʃona] als Erstes
בָּ~ = an erster Stelle; früher
לָ~ = anfangs, zuerst
בְּרֹאשׁ וּבָ~ = vor allem
רִאשׁוֹנוּת נ' [riʃonut] Ursprünglichkeit *f*, Originalität *f*; Vorrecht *n*
רִאשׁוֹנִ|י ת' [riʃoni] primär, wesentlich, wichtigste(r); ursprünglich *Adj.*
~יּוּת נ' = Primat *n*; Ursprünglichkeit *f*
רָאשׁוּת נ' [raʃut] Vorsitz *m*, Führung *f*
רָאשִׁי ת' [raʃi] oberste(r), hauptsächlich *Adj.*; Haupt-
מַאֲמָר ~ = Leitartikel *m*

מִשְׁפָּט ~ = Hauptsatz *m Gr.*
רֹאשִׁיָּה נ' [roʃija] Kopfball *m Sp.*
רֵאשִׁית נ' [réʃit] Beginn *m*, Anfang *m*; erste(s) *n*; erstens, vor allem
~-חָכְמָה, ~ כֹּל = vor allem
בְּ~ = am Anfang, zu Beginn *Adv.*; Genesis *f*, 1. Buch *n* Mosis *(mit diesem Wort beginnt die Thorah)*
מִבְּ~ = von Anbeginn, von Anfang an
אַנְשֵׁי-בְּ~ = Menschen der ersten Stunde *fig.*, Gründer
חַיּוֹת-בְּ~ = prähistorische Tiere *n/pl.*
יַעֲרוֹת-בְּ~ = Urwälder *m/pl.*
מַעֲשֵׂה-בְּ~ = Schöpfung *f*; Pioniertat *f*
שַׁבַּת-בְּ~ = "Schabat Bereschit", (1. Schabat nach Sukkoth*)*
מִשֵּׁשֶׁת יְמֵי-בְּ~ = seit Anbeginn, seit jeher
רֵאשִׁיתִ|י ת' [réʃiti] primitiv; uranfänglich *Adj.*
~יּוּת נ' = Primitivität *f*; Uranfänglichkeit *f*
רֹאשָׁן ז' [roʃan] Kaulquappe *f Zo.*
רַב ת' (רַבִּים) [rav] viel, groß; wichtig, bedeutend *Adj.*
~ אַנְפִּין = vielschichtig *Adj.*
~-גּוֹנִי ת' = vielfarbig, mehrfarbig, bunt *Adj.*
~-הַשְׁפָּעָה = einflussreich *Adj.*
~-חֶסֶד ת' = *(Gott)* gnädig, gnadenreich *Adj.*
~-לְשׁוֹנִי ת' = mehrsprachig, vielsprachig, polyglott *Adj.*
~-מִדּוֹת ת' = groß, großräumig *Adj.*
~-מֶכֶר תו"ז = Bestseller *m*, Schlager *m*
~-מַשְׁמָעִי = mehrdeutig *Adj.*
~-סִכּוּיִים ת' = aussichtsreich *Adj.*
~-עִנְיָן ת' = hochinteressant *Adj.*
~-פְּעָלִים ת' = tatenreich, aktiv, energisch *Adj.*
~-צְדָדִי ת' = vielseitig *Adj.*
~-צְדָדִיּוּת = Vielseitigkeit *f*
~-קוֹלִי ת' = mehrstimmig *Adj.*
~-קוֹמוֹת ת' = vielstöckig *Adj.*; Hochhaus *n*

=~-שְׁלַבִּי ת' = mehrstufig *Adj.*
=~-שְׁנָתִי ת' = mehrjährig *Adj.*
=~-תְּבוּנָה ת' = verständnisvoll *Adj.;* schlau *Adj.*
=~-תַּכְלִיתִי ת' = Mehrzweck-
=רַבִּים = viele; Mehrzahl *f*, Plural *m Gr.*
=בָּ~ ת"פ = öffentlich *Adv.*; in aller Öffentlichkeit
=רַבּוֹת נ"ר = viel, vieles
=עֵרֶב-רַב = Mob *m*, Pöbel *m*, Volksmenge *f*
=שָׁלוֹם ~ = schönen guten Tag!
=תּוֹדָה רַבָּה = danke sehr!
=אַחֲרֵי רַבִּים לְהַטּוֹת = nach der Mehrheit entscheiden
=צָרַת רַבִּים חֲצִי נֶחָמָה = geteiltes Leid ist halbes Leid

רַב ז' (רַבִּים) [rav] Fürst *m*; Ober- *(Teil v. mil. Rangtiteln);*
(רַבּוֹת, רַבּוֹתַי) Lehrer *m*, Meister *m*
(רַבָּנִים) Rabbiner *m*
=~-אַלּוּף (קיצור: רא"ל) (רַבֵּי-אַלּוּפִים) = "Rav-Aluf", General in der isr. Armee *(Rang des Generalstabschefs)*
=~-אָמָּן = *(Künstler)* Meister *m*
=~-אֻמָּן = *(Handwerker)* Meister *m*
=~-חוֹבֵל (רַבֵּי-חוֹבְלִים) = Kapitän *m*
=~-טַבָּחִים = Küchenchef *m*
=~-טוּרַאי (קיצור: רַבָּ"ט) = "Rav-Turaj", Korporal in der isr. Armee
★=~-מָג = Zauberkünstler *m*
=~-מֶלְצָר = Oberkellner *m*
=~-נִצָּב = "Rav-Nitsav", höchster Offiziersrang der isr. Polizei
=~-סַמָּל (קיצור: רס"ל) = "Rav-Samal", Oberfeldwebel in der isr. Armee
=~-סֶרֶן = "Rav-Seren", Major
=~-פַּקָּד = "Rav-Pakad", höherer Polizeioffizier in Israel
=~ צְבָאִי = Feldrabbiner *m Mil.*
=גְּבִירוֹתַי וְרַבּוֹתַי! = meine Damen u. Herren!
=רַב מְטַעַם = von der Regierung eingesetzter Rabbiner *(bsd.* im zarist. Russland*)*
★=בַּר בֵּי-רַב = Schüler *m*
=מוֹרִי וְרַבִּי! (מוֹרַי וְרַבּוֹתַי) = mein Lehrer und Meister!

רֹב ז', **רוב** (רֻבּוֹ, רֻבָּם) [rov] Mehrheit *f*, Mehrzahl *f*; Majorität *f*, die meisten; Menge *f*; Fülle *f*
=~ הַזְּמַן = meistens
=~ הַדְּבָרִים = die meisten Dinge
=בְּ~-עָם = mit reger Beteiligung
=לָ~ ת"פ = sehr viel; meistens *Adj.*
=מֵ~ עֵצִים לֹא נִרְאֶה הַיַּעַר = man sieht den Wald vor lauter Bäumen nicht
=עַל-פִּי-~ = meistens *Adv.*
=~ מֻחְלָט (מַכְרִיעַ) = absolute (entscheidende*)* Mehrheit
=~ מִנְיָן וְרֹב בִּנְיָן = der allergrößte Teil
=רֻבּוֹ כְּכֻלּוֹ, רֻבָּם כְּכֻלָּם = fast alle
=רֹאשׁוֹ וְרֻבּוֹ = ganz und gar, mit aller Kraft
=רֹב-רֻבּוֹ = die große Mehrheit

★**רַבָּא, רַבָּה** ת' (ארמ') [raba] groß *Adj.*
=הוֹשַׁעְנָא ~ = "Hoschana Raba", 7. Tag des Sukkothfestes
=מִדְרָשׁ ~ = "Midrasch Raba", der große Midrasch (Kommentar)
=סָבָא ~ = Urgroßvater *m*

(רבב) **רַב** פעל (לָרוֹב, עָתִיד וְצִוּוּי מִן רבה) [rav] *kal* viel sein

רְבָב ז' [revav] Fleck *m*, Ölfleck *m*; Mangel *m*

★**רְבָבָה** נ' [revava] zehntausend

רְבָבִית נ' [revavit] ein Zehntausendstel *n*

רָבַג פעל [ravag] *kal* unordentlich aufstellen

רַבְגּוֹנִ|י ת' [ravgoni] vielfarbig, bunt; vielseitig *Adj.*
=~יּוּת נ' = Buntheit *f*; Vielseitigkeit *f*

(רבד) **רִבֵּד** פִּיעֵל [ribed] *pi.* schichten *v/t*

רֹבֶד ז', **רובד** (רְבָדִים, רִבְדֵי-) ['roved] Schicht *f*

=~ חַיְדַקִּים = Seuche *f*
=רָבְדִּ|י ת׳ = schichtweise, geschichtet *Adj.*
=~יּוּת נ׳ = Schichtung *f*
רָבָה פעל (לִרְבּוֹת, רָבָה, רָבָה, רָבִים, יִרְבֶּה) [rava] *kal* viel sein; sich vermehren, anwachsen
-רִבָּה פיעל - *pi.* vermehren *v/t*; hinzufügen; im Plural gebrauchen *Gr.*
-הִתְרַבָּה הת׳ - *hit.* sich vermehren
-הִרְבָּה הפ׳ - *hif.* vermehren *v/t*, viel machen; verbreiten *v/t.*
=בִּרְבוֹת הַיָּמִים = im Laufe der Zeit
=לְרַבּוֹת = einschließlich, inklusive *Adv.*
=הִרְבָּה לַעֲשׂוֹת = viel tun, Großes tun
=~ שִׂיחָה = viel reden
=הַמַּרְבֶּה בִּמְחִיר = der Meistbietende
=פְּרוּ וּרְבוּ = "Seid fruchtbar und mehret Euch!" *bibl.*
=מַרְבֶּה ת׳ = viel *Adj.*
=תָּפַשְׂתָּ ~ לֹא תָּפַשְׂתָּ = *wörtl.* du wolltest alles und hast nichts gekriegt; lieber den Spatz in der Hand als die Taube auf dem Dach
רַבָּה תו״נ [raba] Groß-, Großraum
=תֵּל-אָבִיב ~ (רַבָּתִי) = Großraum Tel Aviv
=רַבַּת-עַמּוֹן = Rabat-Amon *(Amman, Jordanien)*
רִבָּה נ׳, ריבה [riba] Marmelade *f*
★**רִבּוֹא** נ׳ (רִבּוֹאוֹת) [ribo'] Myriade *f*, zehntausend *bibl.*
רְבוּבָה נ׳ [revuva] antikes Musikinstrument *n*
רָבוּד ת׳ [ravud] gepolstert; *(mit Teppichen)* ausgelegt; *(in Schichten)* eingeteilt *Adj.*
רִבּוּד ז׳, ריבוד [ribud] Schichtung *f*
רִבּוּי ז׳, ריבוי [ribuj] Vielheit *f*; Vermehrung *f*; Aufzucht *f*; Mehrzahl *f*, Plural *m Gr.*
=~ זוּגִי = Dual *m Gr.* (*z.B* ידיים)
=~ טִבְעִי = natürliche Fortpflanzung
★**רִבּוֹן** ז׳, ריבון [ribon] Herr *m*, Herrscher *m*
=~נוֹ-שֶׁל-עוֹלָם = Herr *m* der Welt, Gott *m*
=~נוּת נ׳ = Souveränität *f*, (politische) Unabhängigkeit *f*; Staatsgewalt *f*
=~נִי ת׳ = souverän *Adj.*
רָבוּעַ ת׳ [ra'vua'a] quadratisch *Adj.*
רִבּוּעַ ז׳, ריבוע [ri'bua'] Quadrat *n*
=~ שֶׁל הָעִגּוּל = Quadratur *f* des Kreises *fig.*
=רִבּוּעִי ת׳ = quadratisch *Adj.*
רָבוּץ ת׳ [ravuts] liegend, hingestreckt *Adj.*
★**רְבוּתָא** נ׳ (ארמ׳) [revuta] große Tat, große Sache; Neuigkeit *f*
★=מָה ~? = was ist schon (Großes) daran?
רַבַּ״ט ר״ת: **רַב-טוּרַאי** [rabat] *Kurzw.* Korporal *m*
רַבִּי ז׳ (רַבִּיִּים) [rabi] Rabbi *m*
=בְּ~ = Sohn *m* des Rabbi
★**רָבִיב** ז׳, **רְבִיבִים** ז״ר [raviv, revivim] Regen *m*
רָבִיד ז׳ [ravid] Halskette *f*; Halstuch *n*
רְבִיָּה נ׳, רבייה [revija] Fortpflanzung *f*
=פְּרִיָּה וּ~ = Fruchtbarkeit u. Vermehrung, Fortpflanzung *f*
רַבִּיּוּת נ׳ [rabijut] Amt *n* des Rabbi
רֶבִיזְיָה נ׳ [revizja] Revision *f*
=רֶבִיזְיוֹנִיזְם ז׳ = Revisionismus *m Pol.*
=~סְט ז׳ = Revisionist *m*
רְבִיכָה נ׳ [revixa] Béchamelsauce *f*, Mehlschwitze *f*
רְבִיעַ ז׳ [re'via'] Viertel *n*; Quadrant *m*, Viertelkreis *m*
רְבִיעָה נ׳ [revi'a] Paarung *f*, Befruchtung *f* *(v. Tieren)*
רְבִיעוֹן ז׳ [revi'on] Quartär *n Geol.*
=~נִי ת׳ = des Quartärs
רְבִיעִ|י ת׳ [revi'i] vierter *Adj.*
=יוֹם ~י = Mittwoch *m*
=~יָּה נ׳ = Quartett *n*
=~ית תו״נ = ein Viertel *n*; vierte (*f*) *Adj.*
רְבִיצָה נ׳ [revitsa] Liegen *n (Tiere)*
רִבִּית נ׳, ריבית [ribit] Zinsen *m/pl.*
=~ קְצוּצָה = Wucherzinsen *m/pl.*
=~ צְבוּרָה (מִצְטַבֶּרֶת), ~ דְּ~ = Zinseszins *m*

רַבְכַּמּוּתִי ת' [ravkamuti] umfangreich *Adj.*

★רַבָּן ז' [raban] Lehrer *m*, Rabbi *m*

★=תִּינוֹקוֹת שֶׁל בֵּית ~ = Schüler *m/pl.*

רַבָּנוּת נ' [rabanut] Rabbinat *n*

=הָ~ הָרָאשִׁית = Oberrabbinat *n*

=סְמִיכָה לְ~ = Autorisierung *f* für das Rabbinat

רַבָּנִי ת' [rabani] rabbinisch *Adj.*

רֻבָּנִי ת', רובני [rubani] Mehrheits-

רַבָּנִית נ' [rabanit] Frau *f* des Rabbiners

רַבָּנָן ז"ר (ארמ') [rabanan] unsere Lehrer *m/pl.*, unsere Weisen *pl.*

=דְּ~ = von den Weisen vorgeschrieben, nach der mündlichen Lehre

רַבְסָב ז' [ravsav] Urgroßvater *m*

=רַבְסָבָה נ' = Urgroßmutter *f*

רִבֵּעַ פיעל (לְרַבֵּעַ אֶת-) [riba'] *pi.* mit 4 multiplizieren; 4 mal wiederholen; in 4 Teile teilen; quadrieren (z.B. 3^2); als Viereck formen

רָבַע פעל (לִרְבּוֹעַ, יִרְבַּע) [rava'] *kal (Tier)* sich paaren; befruchten

-הִרְבִּיעַ הפ' - *hif.* paaren *v/t*; sich paaren lassen *(Tiere)*

רֶבַע ז' ['reva'] Viertel *n*

רֹבַע ז', רובע (רְבָעִים, רִבְעֵי-) ['rova'] Stadtteil *m*, Stadtviertel *n*

★רִבֵּעַ ז', ריבע [ri'béa'] Ururenkel *m*, 4. Generation *f*

רִבְעוֹן ז' [riv'on] Quartal n; Quartalsbericht *m Econ.*

רָבַץ פעל (לִרְבּוֹץ, יִרְבַּץ) [ravats] *kal (Tier)* liegen; sich lange *(an e-m Platz)* aufhalten; lasten auf *(D)*

-הִרְבִּיץ הפ' - *hif. (Tiere)* zum Liegen bringen; *(Lehre)* verbreiten; bespritzen; schlagen, hauen F

רֵבֶץ ז' ['révets] Lager *n (v. Tieren)*

רַבְצְדָדִי ת' [ravtsdadi] vielseitig *Adj.*

=~יּוּת נ' = Vielseitigkeit *f*

רַבְצַלְעוֹן ז' [ravtsal'on] Polyeder *m*, Vielflächner *m*

רַבְקוֹלִי ת' [ravkoli] mehrstimmig *Adj.*

=~יּוּת נ' = Polyphonie *f*, Mehrstimmigkeit *f Mus.*

(רברב) הִתְרַבְרֵב הת' [hitravrév] *hit.* sich brüsten, prahlen, angeben

רַבְרְבָן ז' [ravrevan] Prahler *m*, Angeber *m*

=~נוּת נ' = Prahlerei *f*

=~נִי ת' = prahlerisch *Adj.*

רַבְרֶגֶל ז' [rav'regel] Rippenfarn *m* (Polypodium) *Bot.*

רַבָּתִי ת"נ [raba'ti] groß *Adj. (zu weibl. Hauptwort)*

=אוֹת ~ = großer *(hebräischer)* Buchstabe

=תֵּל-אָבִיב ~ = Großraum *m* Tel Aviv

=לֹא בְּאָלֶף ~ = *wörtl.* nein mit einem großen Aleph; auf keinen Fall!

רֶגֶב ז' ['regev] Scholle *f*, Erdklumpen *m*

רָגוּב ת' [raguv] voller Erdklumpen

רִגּוּג ז' [rigug] Sehnen *n*, Wunsch *m*

רָגוּז ת' [raguz] verärgert *Adj.*

רִגּוּז ז' [riguz] Ärger *m*, Aufregung *f*

רִגּוּל ז', ריגול [rigul] Spionage *f*

=~-נֶגֶד = Gegenspionage *f*, Spionageabwehr *f*

רִגּוּם ז', ריגום [rigum] Beschuss *m* mit Mörsern *Mil.*

רִגּוּן ז', ריגון [rigun] Murren *n*, Nörgeln *n*

רָגוּעַ ת' [ra'gua'] beruhigt, ruhig; ausgeglichen *Adj.*

רִגּוּשׁ ז', ריגוש [riguʃ] Erregung *f*, Aufregung *f*; Emotion *f Psych.*

=~שִׁי ת' = emotional *Adj.*; Gefühls-

=~שִׁיּוּת נ' = Erregbarkeit *f*, Emotionalität *f*

רָגַז פעל (לִרְגּוֹז, יִרְגַּז) [ragaz] *kal* zürnen *v/i*

-נִרְגַּז נפ' (לְהֵרָגֵז) - *nif.* erbost sein

-הִתְרַגֵּז הת' - *hit.* sich ärgern, böse werden

-הִרְגִּיז הפ' — - *hif.* ärgern, erzürnen *v/t*
רֹגֶז ז', רוגז — ['rogez] Zorn *m*, Ärger *m*
=בְּ~ — = böse, ärgerlich *Adv.*
=הָיָה בְּ~ עִם- — = böse sein mit (*D*), auf (*Akk.*)
★רָגְזָה נ', רוגזה — [rugza] Zorn *m*
רַגְזָן ז' — [ragzan] Choleriker *m*
=~נוּת נ' — = Erregbarkeit *f*, Reizbarkeit *f*
=~נִי ת' — = leicht erzürnt, jähzornig *Adj.*
רָגִיז ת' — [ragiz] cholerisch, jähzornig *Adj.*
רָגִיל ת' — [ragil] gewöhnlich; erfahren *Adj.*
=כָּ~ — = wie üblich
=רְגִילוּת נ' — = Gewohnheit *f*; Häufigkeit *f*
רְגִימָה נ' — [regima] Bewerfen *n* mit Steinen
רְגִיעָה נ' — [regi'a] Beruhigung *f*
רָגִישׁ ת' — [ragiʃ] sensibel, empfindlich *Adj.*
=רְגִישׁוּת נ' — = Empfindlichkeit *f*
רִגֵּל¹ פיעל — [rigél] *pi.* spionieren, auskundschaften
(רגל)² הִתְרַגֵּל הת' — [hitragél] *hit.* sich gewöhnen
-הִרְגִּיל הפ' — - *hif.* j-n gewöhnen (an)
רֶגֶל¹ נ' (רַגְלַיִם) — ['regel] Fuß *m*; Bein *n*
=בָּ~ — = zu Fuß *Adv.*
=לְ~ מ"י — = anlässlich (*G*), wegen (*G*) *Prp.*
=לְרַגְלֵי- — = zu Füßen
=רֶגֶל שְׁטוּחָה — = Plattfuß *m*
=רַגְלֵי הָהָר — = Fuß *m* des Berges
=בֶּלֶם-רֶגֶל ז' — = Fußbremse *f*
=דְּרִיסַת-~ — = Zutritt *m*
=הוֹלֵךְ-~(הוֹלְכֵי-~) — = Fußgänger *m*
=עַל ~ אַחַת — = *wörtl.* auf e-m Fuß stehend; zwischen Tür und Angel, auf die Schnelle
=פָּשַׁט אֶת הָ~ — = Bankrott machen, Konkurs erklären, Pleite machen F
=מִכַּף-~ וְעַד רֹאשׁ — = von Kopf bis Fuß
=שָׂם לוֹ ~ (סלנג) — = ein Bein stellen, zu Fall bringen
=דָּחַק אֶת רַגְלָיו — = verdrängen
=הוֹקִיר אֶת ~ — = sich rar machen F
=הֶעֱמִידוֹ עַל ~ — = auf die Beine stellen
=כִּתֵּת אֶת ~ — = sich die Hacken ablaufen F
=נָשָׂא אֶת ~ — = sich davonmachen F
=נֵר לְ~ — = leitendes Prinzip
=הֲדוֹם רַגְלַיִם ז' — = Fußschemel *m*, Fußbank *f*
★=מֵי-~ ז"ר — = Urin *m*
=קַל-~ ת' — = leichtfüßig, schnell *Adj.*
=יֵשׁ ~ לְדָבָר — = es ist anzunehmen; es ist wahrscheinlich, es ist etwas daran
=לֹא מָצָא יָדָיו וְרַגְלָיו — = sich nicht zurecht-finden
=שֶׁקֶר אֵין לוֹ רַגְלַיִם — = Lügen haben kurze Beine *fig.*
★רֶגֶל² נ' (רְגָלִים) — ['regel] Wallfahrtsfest *n* (Pessach, Schawuoth, Sukkoth)
=עָלָה לְ~ — = wallfahren, pilgern
=עוֹלֵה-~ ז' — = Wallfahrer *m*, Pilger *m Mil.;*
=עֲלִיָּה לְ~ — = Wallfahrt *f*, Pilgerfahrt *f*
רִגְלָה נ' — [regéla] Portulakröschen *n Bot.*
רַגְלִי ז' — [ragli] Fußgänger *m*; Infanterist *m*; Bauer *m (Schach)*
=~ תה"פ — = zu Fuß *Adv.*
=חֵיל-רַגְלִים (חֵי"ר) — = Infanterie *f Mil.*
רָגַם פעל (לִרְגּוֹם אֶת-, יִרְגּוֹם) — [ragam] *kal* mit Steinen bewerfen
רַגָּם ז' (רַגָּמִים) — [ragam] Kanonier *m (für Mörser) Mil.*
רָגַן פעל (לִרְגּוֹן, יִרְגַּן) — [ragan] *kal* murren, sich beklagen
-נִרְגַּן נפ' (לְהֵרָגֵן) — - *nif.* murren, nörgeln
רְגְנָה נ' — [rugna] Intrige *f*
רָגַע פעל (לִרְגּוֹעַ, יִרְגַּע) — [raga'] *kal* ruhig sein
-נִרְגַּע נפ' (לְהֵרָגַע) — - *nif.* sich beruhigen, sich erholen, sich abregen F
-הִרְגִּיעַ הפ' — - *hif.* j-n beruhigen *v/t*
-הִתְרַגֵּעַ הת' (לְהִתְרַגֵּעַ) — - *hit.* sich beruhigen
רֶגַע ז' — ['rega'] Augenblick *m*, Moment *m*
=~! — = Moment mal!
=כָּ~ — = gerade
=כְּ~, בֵּן-~ — = sofort, gleich!

=~ קֶט = einen kurzen Augenblick
★רֶגַע ז׳, רוגע ['roga'] Ruhe *f*, Stille *f*
רִגְעִי ת׳ [rig'i] momentan, vorübergehend, flüchtig *Adj.*
רָגַשׁ פעל (לִרְגּוֹשׁ, יִרְגַּשׁ) [ragaʃ] *kal* stürmen
-נִרְגַּשׁ נפ׳ (לְהֵרָגֵשׁ) - *nif.* aufgeregt sein, erregt sein
-רִגֵּשׁ פיעל - *pi.* erregen, aufregen *v/t*
-הִתְרַגֵּשׁ הת׳ - *hit.* sich aufregen, aufgeregt sein
-הִרְגִּישׁ הפ׳ (בְּ-) - *hif.* fühlen, merken, bemerken
=תַּרְגִּישׁ טוֹב! = machs gut!
רֶגֶשׁ ז׳ (רְגָשׁוֹת) ['regeʃ] Gefühl *n*
=~-נְחִיתוּת = Minderwertigkeitsgefühl *n*
=בַּעַל-~ = gefühlvoller Mensch, Gefühlsmensch *m*
=חֲסַר-~ = gefühlloser Mensch
=בִּרְגָשֵׁי-כָּבוֹד = mit Hochachtung
=בִּרְגָשׁוֹת מְעֹרָבִים = mit gemischten Gefühlen
רִגְשָׁה נ׳, ריגשה (רְגָשׁוֹת) [rigʃa] Erregung *f*
=רִגְשִׁי ת׳ = gefühlvoll, empfindsam, emotional *Adj.*
=~יּוּת נ׳ = Empfindsamkeit *f*
רַגְשָׁן ז׳ [ragʃan] sentimentaler Mensch *m*
=~נוּת נ׳ = Sentimentalität *f*, Gefühlsduselei *f*
=~נִי ת׳ = sentimental, rührselig *Adj.*
רַדַּאי ז׳ [radaj] 1. Bäcker *m* 2. Imker *m*
רָדָאר ז׳ ראה גם: מַכָּ״ם [radar] Radar *m*
רִדֵּד פיעל [ridéd] *pi.* flach machen, verflachen; ausrollen
=מַיִם רְדוּדִים = flaches, seichtes Wasser *n*
רָדָה[1] פעל (לִרְדּוֹת בְּ-, יִרְדֶּה) [rada] *kal* herrschen, beherrschen
רָדָה[2] פעל (לִרְדּוֹת אֶת-, יִרְדֶּה) [rada] *kal* herausziehen *(Brot aus dem Ofen)*, schleudern *(Honig) bibl.*
רִדּוּד ז׳, רידוד [ridud] Flachmachen *n*
רָדוּד ת׳ [radud] flach gemacht, verflacht *Adj.*

רָדוּם ת׳ [radum] verschlafen *Adj.*
רָדוּף ת׳ [raduf] verfolgt, gejagt *Adj.*
רַדְיָאטוֹר ז׳ [radjator] Radiator *m*; Kühler *m Kfz.*
רְדִיד ז׳ [redid] Schleier *m;* Tuch *n*
רְדִידוּת נ׳ [redidut] Flachheit *f*
רַדְיוֹ ז׳ [radjo] Radio *n*, Rundfunk *m*
=~-אַקְטִיבִי ת׳ = radioaktiv *Adj.*
=~-~יּוּת נ׳ = Radioaktivität *f*
=מַקְלֵט-~ = Radio *n*
רַדְיוּם ז׳ [radjum] Radium *n Chem.*
רַדְיוּס ז׳ [radjus] Halbmesser *m*, Radius *m*
רָדִים ת׳ [radim] schläfrig *Adj.*
=רְדִימוּת נ׳ = Schläfrigkeit *f*, Verschlafenheit *f*
רְדִיפָה נ׳ [redifa] Verfolgung *f*; Folter *f*
=רְדִיפַת-כָּבוֹד = Ruhmsucht *f*
רָדִיקָל ז׳ ראה גם: קִיצוֹנִי [radikal] Radikale(r) *m*
=~לִי ת׳ = radikal *Adj.*
=~לִיּוּת נ׳, ~לִיזְם ז׳ = Radikalismus *m*
(רדם) נִרְדַּם נפ׳ (לְהֵרָדֵם) [nirdam] *nif.* einschlafen
-הִרְדִּים הפ׳ - *hif.* einschläfern; betäuben, narkotisieren *v/t*
=סַם מַרְדִּים = Betäubungsmittel *n*
רַדֶּמֶת נ׳ [ra'demet] Schlafsucht *f*; Lethargie *f*
רָדַף פעל (לִרְדּוֹף אַחֲרֵי-, אֶת-, יִרְדּוֹף) [radaf] *kal* verfolgen; foltern *fig.*; streben nach *(D)*
=רוֹדֵף כָּבוֹד = ruhmsüchtig *Adj.*
=~ שָׁלוֹם = friedliebend, harmoniebedürftig *Adj.*
=מִלָּה נִרְדֶּפֶת = Synonym *n*
רֵה [re] d, D *n Mus.*
(רהב) הִרְהִיב[1] הפ׳ [hirhiv] *hif.* entzücken *v/t*
=מַרְהִיב עַיִן = das Auge erfreuend, entzückend *Adj.*
(רהב) הִרְהִיב[2] הפ׳ [hirhiv] *hif.* wagen
★=~ עֹז בְּנַפְשׁוֹ = Mut fassen, wagen
★רַהַב ז׳ ['rahav] Stolz *m*, Prahlerei *f*
רָהָה פעל [raha] *kal* fürchten, zögern
רֵהֶה ת׳ [rehe] furchtvoll, zögernd *Adj.*

רָהוּט ת' [rahut] geläufig, fließend *Adj.*

=כְּתָב ~ = Kursivschrift *f*

=דִּבֵּר עִבְרִית רְהוּטָה = fließend Hebräisch sprechen

רִהוּט ז', ריהוט [rihut] Möblieren *n*, Einrichtung *f*; Möbel *n/pl.*

רִהֵט פיעל [rihét] *pi. (Haus)* einrichten

=מְרֻהָט ת' = möbliert *Adj.*

★רַהַט ז' ['rahat] Tränke *f*

רָהִיט ז' (רְהִיט-, רָהִיטִים, רָהִיטֵי-) [rahit] Möbel *n*

רְהִיטָה נ' [rehita] *(Sprache)* Geschwindigkeit *f*

רְהִיטוּת נ' [rehitut] Geläufigkeit *f*, Schnelligkeit *f*

רוֹאֶה ז' [ro'e] Sehender *m*, Zuschauer *m*; Prophet *m bibl.*

=רוֹאֵה-חֶשְׁבּוֹן = Revisor *m*, Buchprüfer *m*, Rechnungsprüfer

=~-שְׁחוֹרוֹת = Schwarzseher *m*, Pessimist *m*

★רוֹאוֹת נ"ר [ro'ot] Augen *n/pl.*

רוֹבַאי ז' [rovaj] Schütze *m*, Musketier *m Mil.*

רוֹבֶה ז' [rove] Gewehr *n*

=~ צַיִד = Jagdgewehr *n*

רוֹבּוֹט ז' [robot] Roboter *m*

רוֹבִּינְיָה נ' [robinija] Robinie *f*, falsche Akazie *f Bot.*

רוּבָּל ז' [rubal] Rubel *m*

רוֹגֵז ת' [rogéz] zornig, böse *Adj.*

רוֹגְזָנִי ת' [rogzani] wütend *Adj.*

רוֹגֵן ת' [rogén] nörgelnd *Adj.*

רוֹגֵעַ ת' [ro'géa'] ruhig, friedlich *Adj.*

רוֹגֵשׁ ת' [rogéʃ] leicht stürmisch *Adj.*

=יָם ~ = raue See *Mar.*

רוֹדָן ז' (רוֹדָנִים) [rodan] Diktator *m*, Alleinherrscher *m*

=~נוּת נ' = Diktatur *f*, Alleinherrschaft *f*

=~נִי ת' = diktatorisch, tyrannisch *Adj.*

רָוָה פעל (לִרְווֹת, יִרְוֶה) [rava] *kal* sich satt trinken

-רִוָּה פיעל - *pi.* tränken *v/t*, Durst löschen

-הִרְוָה הפ' - *hif.* den Durst stillen, trinken

=רָוָה נַחַת = Freude haben, genießen

רָוֶה ת', רווה [rave] satt getrunken, getränkt *Adj.*

רוֹהֶה ת' [rohe] ängstlich, zögernd *Adj.*

רָווּחַ ת' [ra'vuax] weitläufig *Adj.*; in weiten Abständen

רוֹוֵחַ ת' [ro'véax] verbreitet, vorherrschend *Adj.*

רָווּי ת' [ravuj] satt getrunken, gesättigt *Adj.*

=תְּמִסָּה רְווּיָה = gesättigte Lösung *f Chem.*

רִוּוּי ז', ריווי [rivuj] Durststillen *n*

רוֹזֵן ז' [rozén] Fürst *m*, Baron *m*, Graf *m*

=רוֹזְנוּת = Fürstentum *n*, Grafschaft *f*

רָוַח^{1} פעל (לִרְוֹחַ, יִרְוַח) [ravax] *kal* erleichtert sein; verbreitet sein

-רִוַּח פיעל (לְרַוֵּחַ אֶת-) - *pi.* Zwischenraum lassen; breit machen

-הִתְרַוַּח הת' (לְהִתְרַוֵּחַ) - *hit.* sich ausbreiten; es sich bequem machen

-הִרְוִיחַ הפ' - *hif.* (Gewinn) erzielen, (Geld) verdienen

=דֵּעָה רוֹוַחַת = verbreitete, herrschende Meinung

רִוַּח^{2} פיעל (לְרַוֵּחַ אֶת-) [rivax] *pi.* lüften

-הִתְרַוַּח הת' (לְהִתְרַוֵּחַ) - *hit.* gelüftet werden; sich verbreiten

רֶוַח ז', ריוח ['revax] Zwischenraum *m*, Abstand *m*; Gewinn *m*, Verdienst *m*; Erleichterung *f bibl.*

=רְוָחִים ז"ר = Zinsen *m/pl.*

=בְּרֶוַח תה"פ = weit auseinander, bequem *Adv.*

=יָצָא ~ = mit Gewinn herauskommen *f*

רוּחַ זו"נ (רוּחוֹת) ['ruax] Wind *m*, Luft *f*; Himmelsrichtung *f*; Geist *m*, Moral *f*

=בְּ~ שֶׁל = im Geiste, im Sinne *von (D)*

=לְרוּחוֹ = nach s-m Geschmack

=~ זִלְעָפוֹת = stürmischer Wind

=רוּחַ חַיִּים = Lebensgeister

=~ חֲרִישִׁית = laues Lüftchen

=בְּ~ טוֹבָה = in guter Absicht, wohlwollend *Adv.*

=~ כֵּהָה = Melancholie *f*, Depression *f*

~= סָרָה	= Depression *f*, schlechte Laune *f*
~=~-פְּרָצִים	= Zugluft *f*
~=~-צֶוֶת	= Teamgeist *m*
~=~-קָדִים (חַמְסִין)	= Ostwind *m*, "Chamsin" *(heißer, trockener Wüstenwind)*
~=~-הַקֹּדֶשׁ	= Geist Gottes; Heiliger Geist
~= רָעָה	= böser Geist; Wahnsinn *m*
~=~-רְפָאִים	= Geisterstimmung *f*, Spuk *m*
~=~-שְׁטוּת, ~ תְּזָזִית	= Verrücktheit *f*, Narretei *f*
=אִישׁ-~ ז׳	= Geistesarbeiter *m*, Denker *m*; Philosoph *m*, Prophet *m bibl.*
=אֶרֶךְ-~ ז׳	= Geduld *f*
=גַּסּוּת-~	= Grobheit *f*, Frechheit *f*
=הֲלָךְ-~ ז׳	= Stimmung *f*; (allgemein herrschende) Meinung *f*
=טַחֲנַת-~	= Windmühle *f*
=כּוֹסוֹת-~ נ״ר	= Schröpfkopf *m*, Saugglocke *f*
=מָגֵן-~ ז׳	= Windschutz *m*
=מַדָּעֵי-הָ~ ז״ר	= Geisteswissenschaften *f/pl.*
=מַחֲלַת-~	= Geisteskrankheit *f*
=מַצַּב-~ ז׳	= Stimmung *f*, Laune *f*
=מֹרַת-~	= Unwillen *m*, Missbehagen *n*
=נַחַת-~	= Behagen *n*, Freude *f*, Befriedigung *f*
=עֵינֵי-~ נ״ר	= geistiges Auge, Fantasie *f*
=קֹצֶר-~ ז׳	= Ungeduld *f*
=קֹר-~ ז׳	= Kaltblütigkeit *f*
=קֹרַת-~	= Befriedigung *f*, Zufriedenheit *f*
★=רוֹעֶה ~ ז׳	= Müßiggänger *m bibl.*
=רִפְיוֹן-~ ז׳	= Mutlosigkeit *f*
=שְׁאָר-~ ז׳	= Inspiration *f*; Geistigkeit *f*
=שׁוֹשַׁנַּת-הָרוּחוֹת	= Windrose *f*, Windrichtungen *f/pl.* des Kompass
=שְׁפַל-רוּחַ ת׳	= bescheiden, demütig *Adj.*
=זָרָה לָ~	= in den Wind streuen
=לֹא הָיָה בּוֹ עוֹד ~	= außer sich sein, entsetzt sein
=מָשַׁל בְּרוּחוֹ	= sich beherrschen
★=נָחָה עָלָיו הָרוּחַ	= e-e Inspiration haben
=עָשָׂה הַרְבֵּה רוּחַ (סלנג)	= großen Wirbel machen, angeben F
=שָׁאַף ~	= Luft schöpfen
★=נְשִׂיאִים וְ~ וְגֶשֶׁם אַיִן	= *wörtl.* Wolken und Wind, aber kein Regen; viel Lärm um nichts
=לְכָל הָרוּחוֹת!	= zum Teufel!
=הוֹצִיא אֶת הָרוּחַ מִמִּפְרָשָׂיו	= den Wind aus den Segeln nehmen *fig.*
=לְאָן נוֹשֶׁבֶת הָרוּחַ?	= *wörtl.* wohin weht der Wind?, wie ist die allgemeine Stimmung?
רְוָחָה נ׳, **רווחה**	[revaxa] Wohlstand *m*; Wohlfahrt *f*; Erleichterung *f*
=לָ~ ת״פ	= weit (geöffnet) *Adv.*
=חַיֵּי-~	= Wohlleben *n*
רִוְחִ|י ת׳, **ריווחי**	[rivxi] rentabel, wirtschaftlich, Gewinn bringend, ertragreich *Adj.*
=~יּוּת נ׳	= Rentabilität *f*
רְוָחִים ז״ר, **רווחים**	[revaxim] Gewinne *m/pl.*, Verdienst *m*; Zinsen *m/pl.*
רוּחָנִ|י ת׳	[ruxani] geistig *Adj.*
=מַנְהִיג רוּחָנִי	= geistiges Oberhaupt *n*
=~יּוּת נ׳	= geistige Inhalte *m/pl.*
רוֹחֲפָנִי ת׳	[roxfani] schwebend *Adj.*
רוֹטְטָנִי ת׳	[rotetani] zitternd, bebend *Adj.*
רוֹטְנָ|ן ז׳	[rotnan] Nörgler *m*
=~נִי ת׳	= nörgelnd *Adj.*
רוֹטַצְ|יָה נ׳	[rotatsja] Rotation *f*, Umdrehung *f* *Geol. Tech.*
=מְכוֹנָה ~יוֹנִית	= Rotationsmaschine *f Typ.*
רְוָיָה נ׳, **רוויה**	[revaja] Sättigung *f*, Durststillen *n*
=לְ~! (לְחַיִּים)	= zur Gesundheit!, Prost!
=נְקֻדַּת-~	= Sättigungspunkt *m Chem.*
=רְוָיַת-יֶתֶר	= Übersättigung *f Chem.*
רִוְיוֹן ז׳	[rivjon] Löschen *n (Durst)*; *Buttermilch-Marke in Israel*
רוֹכֵב ז׳	[roxév] Reiter *m*; Pfropf *m Bot.*

רוֹכֵל ז׳ [roxél] Hausierer *m*, fliegender Händler *m*, Trödler *m*
=רוֹכְלוּת נ׳ = Hausieren *n*, Straßenhandel *m*
רוֹכְסָן ז׳ [roxsan] Reißverschluss *m*
רוּלֶטָה נ׳ [ruleta] Roulette *n*
★(רום) רָם פעל (לָרוּם, יָרוּם) [ram] *kal* hoch sein
-רוֹמֵם פיעל - *pi.* erheben; aufziehen; preisen
-הִתְרוֹמֵם הת׳ - *hit.* sich erheben
-הֵרִים הפ׳ - *hif.* aufheben, hochheben; spenden *bibl.*
=יָרוּם הוֹדוֹ = *wörtl.* möge sein Ruhm erhoben werden!, Eure Hoheit
=רוֹמֵם אֶת הַלֵּב = das Herz erfreuen
=מַצַּב-רוּחַ מְרוֹמָם = gehobene Stimmung
=הֵרִים עַל נֵס = lobend hervorheben, preisen
=~ קוֹלוֹ = s-e Stimme erheben; schreien
=~ יָדוֹ עַל פְּלוֹנִי = die Hand gegen j-n erheben, j-n schlagen
=~ טֶלֶפוֹן = anrufen F
=~ תְּרוּמָה = spenden
רוּם ז׳ [rum] Höhe *f*; Stolz *m*, Hochmut *m*
=~ לֵב = Arroganz *f*
=~-עוֹלָם = Himmel *m*
=דְּבָרִים הָעוֹמְדִים בְּרוּמוֹ שֶׁל עוֹלָם = Dinge *n*/*pl.* von alleröchster Wichtigkeit *(oft iron.)*
=רוּם מַעֲלָתוֹ = Eure Hoheit
רוֹמָאִי ז׳ [roma'i] Römer *m*
רוֹמְזָנִי ת׳ [romzani] andeutend *Adj.*
רוֹמִי ת׳ [romi] römisch, lateinisch *Adj.*
=רוֹמִית נ׳ = Latein *n*
=סְפָרוֹת רוֹמִיּוֹת = römische Ziffern *f*/*pl.*
רוֹמְמוּת נ׳ [romemut] Erhebung *f*, Hochstimmung *f*; Majestät *f*
רוֹמָן ז׳, רומאן [roman] Roman *m*; Affäre *f*
=~נִיסְט ז׳ = Romancier *m*, Romanschriftsteller *m;* Romanist *m*
=~נְטִי ת׳ = romantisch *Adj.*
=~נְטִיקָה נ׳ = Romantik *f*
=~נְטִיקָן ז׳ = Romantiker *m*
=~נְסָה נ׳ = Romanze *f*, Flirt *m*
רוֹנְדוֹ ז׳ [rondo] Rondo *n Mus.*
רוֹזְמָרִין ז׳ [rozmarin] Rosmarin *m Bot.*
רוּסִי ת׳ [rusi] russisch *Adj.*
=רוּסִית נ׳ = Russisch *n*
(רוע) הֵרִיעַ הפ׳ [héria'] *hif.* laut rufen, zurufen; zujubeln; applaudieren; ins Horn stoßen
רוֹעֶה ז׳ [ro'e] Hirte *m*
★=רוֹעֶה-זוֹנוֹת = Zuhälter *m*
=שִׁירַת-רוֹעִים = Pastorale *n*, *f*, Hirtendichtung *f*
רוֹעֵם ת׳ [ro'ém] donnernd *Adj.*
=כַּסְפִּית רוֹעֶמֶת = Knallquecksilber *n Chem.*
★רוֹעֵץ ז׳ [ro'éts] Hindernis *n*
=הָיָה לְ~ = zum Hindernis werden, zu Fall bringen
רוֹעֵשׁ ת׳ [ro'éʃ] lärmend, laut *Adj.*
=צְבָעִים רוֹעֲשִׁים = schreiende Farben *f*/*pl.* *fig.*
רוֹפֵא ז׳ [rofé'] Arzt *m*
=~ אֱלִיל = Quacksalber *m*
=~ חַיּוֹת, ~ וֶטֶרִינָרִי = Tierarzt *m*, Veterinär *m*
=~ יְלָדִים = Kinderarzt *m*
=~ נָשִׁים = Frauenarzt, Gynäkologe *m*
=~ עוֹר = Dermatologe *m*, Hautarzt *m*
=~ עֵינַיִם = Augenarzt *m*
=~ עֲצַבִּים = Nervenarzt *m*, Neurologe *m*
=~ שִׁנַּיִם = Zahnarzt *m*
=~ כְּלָלִי = praktischer Arzt, Hausarzt *m*
רוֹפְאָה נ׳ [rof'a] Ärztin *f*
=רוֹפֵאת יְלָדִים = Kinderärztin *f*
רוֹפֵס ת׳ [rofés] schwankend, schwach *Adj.*
רוֹפֵף ת׳ [roféf] lose, labil *Adj.*
רוֹפְפוּת נ׳ [rofefut] Lockerheit *f*
(רוץ) רָץ פעל (לָרוּץ, יָרוּץ) [rats] *kal* laufen, rennen
-הִתְרוֹצֵץ הת׳ - *hit.* umherlaufen, hin- und herlaufen; sich abhetzen

-הֵרִיץ הפ' - *hif.* hetzen, j-m Beine machen F; Probe fahren, *(Maschine)* anlaufen lassen
=~ מִכְתָּב = e-n Eilbrief senden
=אֵיךְ הַזְּמַן רָץ! = wie die Zeit vergeht!
רוֹצֵחַ ז' [ro'tséax] Mörder *m*
=רוֹצְחָנִי ת' = mörderisch *Adj.*
רַוָּק ז', רווק (רַוָּקָה) [ravak] Junggeselle *m*; (Junggesellin *f*) Single *m*; ledig *Adj.*
רַוָּקוּת נ', רווקות [ravakut] Ledigsein *n*
רוֹקְדָנִי ת' [rokdani] tänzerisch *Adj.*
רוֹקוֹקוֹ ז' [rokoko] Rokoko *n*
רוֹקֵחַ ז' (רוֹקַחַת) [ro'kéax] Apotheker(in *f*) *m*
=רוֹקְחוּת נ' = Apothekerberuf *m*; Pharmakologie *f*
רַוָּקִי ת', רווקי [ravaki] Junggesellen-, Single-
רוֹקֵם ז' (רוֹקֶמֶת) [rokém] Sticker *m* (Stickerin *f*)
רוֹקֵן פיעל [rokén] *pi.* leeren, entleeren, ausleeren *v/t*
-נִתְרוֹקֵן הת' - *hit.* leer werden, geleert werden
★רוֹשׁ ז' ראה גם: אֶרֶס, רַעַל [roʃ] Gift *n*
רוֹשֵׁף ת' [roʃéf] Funken sprühend
רוֹתֵחַ ת' [ro'téax] kochend *Adj.*
=רוֹתְחִים ז"ר = kochendes Wasser
רוֹתֵת ת' [rotét] zitternd *Adj.*
★רָז ז' ראה גם: סוֹד [raz] Geheimnis *n*
=★רָזֵי דְרָזִין = großes Geheimnis *n*
רָזָה פעל (לִרְזוֹת, יִרְזֶה) [raza] *kal* abmagern, *(Gewicht)* abnehmen
-הִרְזָה הפ' - *hif.* abnehmen
רָזֶה ת' [raze] mager, dünn *Adj.*
=גְּבִינָה רָזָה = Lightkäse *m*
=חָלָב רָזֶה = Magermilch *f*
רָזוֹן ז' [razon] Magerkeit *f*
רָזִי ת' [razi] geheim; rätselhaft *Adj.*
=~יּוּת נ' = Heimlichkeit *f*
רְזִיָּה נ', רזייה [rezija] Abmagerung *f*
רְזִימָה נ' [rezima] Tipp *m*, Andeutung *f*
רָזַם פעל [razam] *kal* Andeutung machen

רֶזֶר|בָה ראה גם: עֲתוּדָה [rezerva] Reserve *f*
=~בִי ת' = Reserve-
רח' קיצור: רְחוֹב [rexov] *Abk.* Straße *f* (*Str.*)
רָחַב פעל (לִרְחוֹב, יִרְחַב) [raxav] *kal* breiter werden
-נִרְחַב נפ' (לְהֵרָחֵב) - *nif.* breit sein
-הִתְרַחֵב הת' - *hit.* sich verbreitern
-הִרְחִיב הפ' - *hif.* verbreitern, erweitern *v/t*
=הִרְחִיב אֶת אֳפָקָיו = s-n Horizont erweitern
=~ אֶת הַדִּבּוּר (עַל-) = ausführlich behandeln, ausführlich besprechen
רָחָב ת' [raxav] breit, umfassend, weit *Adj.*
=רְחַב-אֹפֶק = allgemein gebildet *Adj.*
=~-יָד = großzügig, freigebig *Adj.*
=~-יָדַיִם = breit angelegt, geräumig *Adj.*
=~-כְּתֵפַיִם = breitschultrig *Adj.*
=אֹפֶק רָחָב ז' = weiter Horizont
=בְּיָד רְחָבָה = *wörtl.* mit offener Hand; großzügig, in Fülle *Adv.*
=יְדִיעָה ~ = umfassendes Wissen
=חוּגִים רְחָבִים = weite Kreise *m/pl.*
רֹחַב ז', רוחב ['roxav] Breite *f*
=~-יָד = Großzügigkeit *f*
=~-לֵב = Großmut *m*
=קַו-~ = Breitengrad *m*
=לָ~ = in der Breite, quer *Adv.*
רַחַב ז' (רְחָבִים, רַחֲבֵי-) ['raxav] Weite *f*
=בְּכָל רַחֲבֵי הָאָרֶץ = in allen Teilen des Landes, im ganzen Land
רְחָבָה נ' (רַחֲבַת-, רְחָבוֹת) [rexava] öffentlicher Platz
=רַחֲבַת הָרִקּוּדִים = Tanzfläche *f*
רָחְבִּי ת', רוחבי [roxbi] quer *Adj.*; Quer-
רְחוֹב ז' (רְחוֹבוֹת) [rexov] Straße *f*
=~ חַד-סִטְרִי = Einbahnstraße *f*
=~ דּוּ-סִטְרִי = Straße *f* mit Gegenverkehr
=~ צְדָדִי = Seitenstraße *f*, Nebenstraße *f*
=יַלְדֵי-~ ז"ר = Straßenkinder *n/pl.*

רְחוּב ז׳ [rixuv] Erweiterung *f*, Verbreiterung *f*
רָחוּם ת׳ [raxum] geliebt *Adj.*
רַחוּם ת׳ [raxum] barmherzig *Adj.*
רָחוּף ת׳ [raxuf] schwebend *Adj.*
רִחוּף ז׳, ריחוף [rixuf] Schweben *n*, Gleiten *n*, Fliegen *n*
רָחוּץ ת׳ [raxuts] *(Körper)* gewaschen *Adj.*
רָחוֹק ת׳ [raxok] weit (entfernt), fern *Adj.*
=מֵ~ = von weitem
=הַמִּזְרָח הָ~ = der Ferne Osten
=לְעִתִּים רְחוֹקוֹת = selten *Adv.*
=רָחוֹק מֵהָעַיִן רָחוֹק מֵהַלֵּב = weit aus dem Auge, weit aus dem Sinn
רִחוּק ז׳, ריחוק [rixuk] Entfernung *f*, Ferne *f*
=בְּ~ מָקוֹם = weit entfernt *Adv.*
רָחוּשׁ ת׳ [raxuʃ] erregt, aufgeregt *Adj.*
רִחוּשׁ ז׳ [rixuʃ] Bewegung *f*
רֵחַיִם ז״ז, ריחיים [ré'xajim] Mühlsteine *m/pl.*
רָחִים ת׳ [raxim] lieb, geliebt *Adj.*
★רְחִימָאִי ת׳ (ארמ׳) [rexima'i] mein Lieber
★(רְחִימוּ) בִּדְחִילוּ וּ~ (ארמ׳) [bidxilu urximu] in Ehrfurcht und Liebe
רְחִיפָה נ׳ [rexifa] Schweben *n*
רָחִיץ ת׳ [raxits] waschbar *Adj.*
רְחִיצָה נ׳ [rexitsa] Waschen *n* (*bsd. Körper)*
רְחִישָׁה נ׳ [rexiʃa] Flüstern *n*; Schwirren *n*, Wimmeln *n*
רָחֵל, רְחֵלָה נ׳ [raxél, rexéla] Mutterschaf *n*; Rahel *(Tochter Labans) bibl.*
=בְּ~ בִּתְּךָ הַקְּטַנָּה = *wörtl.* für Rahel, deine kleine Tochter; unter ganz genau bezeichneten Bedingungen
רִחֵם פיעל (עַל-) [rixém] *pi.* sich erbarmen (*G*)
=הַשֵּׁם יְרַחֵם = Gott wird sich erbarmen
רֶחֶם ז׳ ['rexem] Gebärmutter *f*
★=פֶּטֶר ~ = Erstgeborener *m bibl.*
רָחָם ז׳ [raxam] Aasgeier *m* (Neophron percnopterus) *Zo.*

רַחֲמִים ז״ר [raxamim] Erbarmen *n*, Mitleid *n*, Barmherzigkeit *f*
=אֵל מָלֵא ~ = Gott, der Barmherzige *(Beginn des Trauergebets)*
=מִדַּת-הָ~ = Milde *f*
=שַׁעַר-הָ~ = *wörtl.* Tor *n* der Barmherzigkeit; Goldenes Tor *n (in Jerusalem)*
רַחֲמָן ז׳ [raxman] barmherzig *Adj.*
★רַחֲמָנָא לִצְלַן (ארמ׳) [raxamana litslan] Gott schütze uns!
רַחֲמָנוּת נ׳ [raxmanut] Mitgefühl *n*, Erbarmen *n*
=~ עָלָיו = er kann e-m Leid tun
רַחֲמָנִי ת׳ [raxmani] barmherzig, mitleidig *Adj.*
=אָחוֹת ~יָּה = *wörtl.* barmherzige Schwester; Krankenschwester *f*
רָחַף פעל (לִרְחוֹף, יִרְחַף) [raxaf] *kal* schweben
-רִחֵף פיעל - *pi.* schweben
רַחַף ז׳ ['raxaf] Schweben *n*, Fliegen *n*
=סְפִינַת-~ = Luftkissenfahrzeug *n*, Hovercraft *n*
רַחֲפָנִי ת׳ [raxfani] (wie) schwebend *Adj.*
רַחֶפֶת נ׳ ראה גם: רַכֶּבֶל [ra'xefet] Schwebebahn *f*, Seilbahn *f*
רָחַץ פעל (לִרְחוֹץ, יִרְחַץ) [raxats] *kal* (*bsd. Körper)* waschen, baden *v/t*, spülen *v/t*
-הִתְרַחֵץ הת׳ - *hit.* duschen, baden *v/i*
=רָחַץ בְּנִקָּיוֹן כַּפָּיו = s-e Hände in Unschuld waschen *fig.*
רַחְצָה נ׳ [raxtsa] Bad *n*
=חֲדַר-~ראה גם: אַמְבַּטְיָה = Badezimmer *n*
=חוֹף-~ = Badestrand *m*
רָחַק פעל (לִרְחוֹק מִן-, יִרְחַק) [raxak] *kal* fern sein, entfernt sein
-רִחֵק פיעל - *pi.* entfernen *v/t*
-הִתְרַחֵק הת׳ - *hit.* sich entfernen
-הִרְחִיק הפ׳ - *hif.* entfernen *v/t*; weit fortgehen
=~ לֶכֶת = weit gehen *bsd. fig.*
=~ רְאוֹת = weitsichtig sein
=~ עֵדוּתוֹ = sich auf weit entfernte Men-

schen *od.* Tatsachen berufen

רֹחַק ז׳, רוחק ['roxak] Entfernung *f*, Abstand *m*, Distanz *f*

רִחְרוּחַ ז׳, ריחרוח [rix'ruax] Riechen *n*, Schnüffeln *n*

רִחְרֵחַ פיעל (לְרַחְרֵחַ אֶת-) [rixrax] *pi.* riechen, schnüffeln *v/t*

-הִתְרַחְרֵחַ הת׳ (לְהִתְרַחְרֵחַ) - *hit.* sich beschnüffeln

רַחְרְחָן ז׳ [raxrexan] Schnüffler *m*

=~נוּת נ׳ = Schnüffelei *f*

=~נִי ת׳ = schnüffelnd *Adj.*

רָחַשׁ¹ פעל (לִרְחוֹשׁ, יִרְחַשׁ) [raxaʃ] *kal* flüstern; fühlen

=~ אֵמוּן לְ- = Vertrauen entgegenbringen, Vertrauen erweisen (*D*)

=~ כָּבוֹד לְ- = Ehre erweisen (*D*)

רָחַשׁ² פעל (לִרְחוֹשׁ, יִרְחַשׁ) [raxaʃ] *kal* wimmeln

-הִתְרַחֵשׁ הת׳ - *hit.* sich ereignen, geschehen

רַחַשׁ¹ ז׳ (רְחָשִׁים, רַחֲשֵׁי-) ['raxaʃ] Rascheln *n*, Knistern *n*

רַחַשׁ² ז׳ (רְחָשִׁים, רַחֲשֵׁי-) ['raxaʃ] Flüstern *n*; Gefühl *n*

רָטַב פעל (לִרְטוֹב, יִרְטַב) [ratav] *kal* nass sein

-נִרְטַב נפ׳ (לְהֵרָטֵב) - *nif.* nass werden

-הִרְטִיב הפ׳ - *hif.* anfeuchten, nässen *v/t*; ins Bett machen

-הִתְרַטֵּב הת׳ - *hit.* nass werden

רָטֹב ת׳, רטוב (רְטֻבִּים) [ratov] nass, feucht *Adj.*

רֹטֶב ז׳, רוטב (רְטָבִים, רָטְבֵי-) ['rotev] Sauce *f*, Saft *m*, Dressing *n*

רִטָּבוֹן ז׳ [ritavon] Feuchtigkeit *f*

רָטָה פעל [rata] *kal* drücken, auswringen

רַטּוֹב ז׳ [ratov] Vogelfalle *f*

רִטּוּט ז׳, ריטוט [ritut] Zittern *n*, Beben *n*

רִטּוּן ז׳, ריטון [ritun] Murren *n*

רֵטוֹרִי|קָה נ׳ [retorika] Rhetorik *f*, Redekunst *f*

=~ ת׳ = rhetorisch *Adj.*

רִטּוּשׁ ז׳, ריטוש [rituʃ] Zerschmettern *n*, Zerreißen *n*

רָטוּשׁ ז׳ [ratuʃ] zerschmettert, zerrissen *Adj.*

רָטַט פעל (לִרְטוֹט, יִרְטוֹט) [ratat] *kal* zittern, beben *v/i*

-רִטֵּט פיעל - *pi.* vibrieren *v/i*

-הִרְטִיט הפ׳ - *hif.* erzittern lassen *v/t*

רֶטֶט ז׳ ['retet] Zittern *n*, Beben *n*

רַטָּט ז׳ [ratat] Vibrator *m*

רַטְטָנִי ת׳ [ratetani] zittrig, bebend *Adj.*

רְטִיבוּת נ׳ [retivut] Nässe *f*, Feuchtigkeit *f*

רְטִיָּה נ׳ [retija] Pflaster *n*, Verband *m*, (Augen-)Klappe *f*

רָטַן פעל (לִרְטוֹן, יִרְטוֹן) [ratan] *kal* murren, knurren

★רָטָן ז׳ [ratan] Kurier *m*, Bote *m*

רֶטֶן ז׳ [reten] Knurren *n*, Murren *n*

רַטְנָן ז׳ [ratnan] Nörgler *m*

=~נִי ת׳ = nörgelnd, murrend *Adj.*

רֶטְרוֹאַקְטִיבִ|י ת׳ [retroaktivi] rückwirkend *Adj.*

=~יּוּת נ׳ = Rückwirkung *f*

רֶטְרוֹסְפֶּקְטִיבִי ת׳ [retrospektivi] rückschauend, retrospektiv *Adj.*

רִטֵּשׁ פיעל [ritéʃ] *pi.* zerschmettern, zerreißen; *(Bauch)* aufschlitzen

ריאה ראה: רֵאָה [re'a] Lunge *f*

רֵיאוֹלוֹגְיָה נ׳ [ré'ologja] Rheologie *f*, Fließkunde *f Phys.*

רֵיאוֹרְגָּנִיזַצְיָה נ׳ [ré'organizatsja] Reorganisation *f*, Umgestaltung *f*

רֵיאָלִ|י ת׳ [ré'ali] real *Adj.*

=בֵּית סֵפֶר רֵיאָלִי = naturwissenschaftliches Gymnasium *n*

=~יָּה נ׳ = *etwa* Naturwissenschaften *pl.*

=~יּוּת ז׳, ~יזְם נ׳ = Realismus *m*

=~יסְט ז׳ = Realist *m*

=~יסְטִי ת׳ = realistisch *Adj.*

=~יסְטִיקָה נ׳ = Realismus *m*

רֵיאַקְצְ|יָה נ׳ ראה גם: תְּגוּבָה [ré'aktsja] Reaktion *f*

= reaktionär, rückschrittlich *Adj.*	=~יוֹנִי ת'
= Reaktionär *m*	=~יוֹנֶר ז'
[rav] *kal* streiten *mit (D)*	(ריב) רָב פעל (לָרִיב עִם-, יָרִיב)
= für j-n eintreten	=~ אֶת רִיב פְּלוֹנִי
[riv] Streit *m*	רִיב ז'
= Sprachenkampf *m (Durchsetzung des Hebräischen als Alltagssprache)*	=~ לְשׁוֹנוֹת
= Widersacher *m*; Streithahn *m f*	=אִישׁ-~
= Streit anfangen	=בָּא בְּ-~ (עִם-)
= *(zum Streit)* aufhetzen	=חִרְחֵר ~
[riva] Mädchen *n*	רִיבָה נ'
['reax] Geruch *m*	רֵיחַ ז' (רֵיחוֹת)
= Wohlgeruch *m*, Duft *m*	★=~ נִיחוֹחַ
= Geruchssinn *m*	=חוּשׁ-הָ~
= j-n verunglimpfen	=הִבְאִישׁ אֶת רֵיחוֹ
= über Geschmack lässt sich nicht streiten	=עַל טַעַם וְרֵיחַ אֵין לְהִתְוַכֵּחַ
[hé'riax] *hif.* riechen *v/t, v/i,* wittern	(ריח) הֵרִיחַ הפ'
[réxan] Basilikum *n* (Ocimum basilicum) *Bot.*	רֵיחָן ז'
[réxanut] Duft *m*, Aroma *n*, Wohlgeruch *m*	רֵיחָ|נוּת נ'
= duftend *Adj.*	=~נִי ת'
= Duft *m*	=~נִיּוּת נ'
[ritual] Ritual *n*	רִיטוּאָ|ל ז' ראה גם: פֻּלְחָן
= rituell *Adj.*	=~לִי ת' ראה גם: פֻּלְחָנִי
[rématizm] Rheumatismus *m Med.*	רֵימָטִיזְם ז' ראה גם: שִׁגָּרוֹן
[ris] Wimper *f*; Gift *n bibl.*	רִיס ז' (רִיסִים)
[rif] Riff *n*; Laib *m* Brot	רִיף ז'
[rifa] Weizengrütze *f*, Graupen *f/pl.*	רִיפָה נ' (רִיפוֹת)
[ritsa] Laufen *n*, Rennen *n*	רִיצָה נ'
[hérik] *hif.* entleeren, leer machen	(ריק) הֵרִיק הפ'
= übersetzen	★=~ מִכְּלִי אֶל כְּלִי ראה גם: תִּרְגֵּם
[rék] leer *Adj.*	רֵיק ת'
= auf nüchternen (leeren) Magen	=עַל קֵבָה רֵיקָה
= umsonst, vergebens *Adv.*	=עַל ~ (דיבורי)
[rik] Leere *f*, Vakuum *n*	רִיק ז'
= nutzlos, umsonst *Adv.*	=לָ~ ת"פ
[réka'] Nichtsnutz *m*, Tunichtgut *m*	רֵיקָא ת' (ארמ')
[rékut] Leere *f*, Leerheit *f*	רֵיקוּת נ'
[rékam] leer *Adv.*; mit leeren Händen	רֵיקָם ת"פ
= e-e Bitte abschlagen	=הֵשִׁיב אֶת פָּנָיו ~
= leer ausgehen	=יָצָא ~
[rékan] leer, inhaltslos *Adj.*	רֵיקָן ת'
= Leere *f*, Inhaltslosigkeit *f*	=~וּת נ'
[rir] Speichel *m*, Schleim *m*	רִיר ז'
[rar] *kal* Schleim ausscheiden	(ריר) רָר פעל (לָרִיר, יָרִיר)
[riri] schleimig *Adj.*	רִירִי ת'
= Feuchtigkeit *f*, Schleimigkeit *f*	=~יּוּת נ'
[riran] Rotznase *f*, Rotzjunge *m* F	רִירָ|ן תו"ז
= schleimig *Adj.*; von Speichel triefend	=~נִי ת'
[roʃéʃ] *pi.* verarmen lassen	(ריש) רוֹשֵׁשׁ פיעל
- *hit.* verarmen *v/i*; sich arm stellen	-הִתְרוֹשֵׁשׁ הת'
[réʃ] Resch (R), 20. Buchstabe des hebr. Alphabets	רֵישׁ[1] נ'
[réʃ] Haupt *n*, Kopf *m*	★רֵישׁ[2] ז' (ארמ')
= in aller Öffentlichkeit	★=בְּ~ גְּלֵי (ארמ')
[riʃ] Armut *f*	רִישׁ ז'
[réʃa'] Anfang *m* e-s Mischnasatzes; Präambel *f*	רֵישָׁא ז' (ארמ')
[ritmus] Rhythmus *m*	רִיתְ|מוּס ז' ראה גם: מִקְצָב
= rhythmisch *Adj.*	=~מִי ת'
= Rhythmik *f*	=~מִיקָה נ'
[rax] weich, zart, milde *Adj.*	רַךְ ת' (רַכָּה, רַכִּים)
= charakterschwach *Adj.*	=~-אֹפִי ת'
= feige *Adj.*	=~-לֵבָב ת'
= Neugeborene(s) *n*	=הָ~ הַנּוֹלָד ז'
= wachsweich *Adj.*	=~ כַּשַּׁעֲוָה ת'

=בֵּיצָה רַכָּה — = weiches Ei
=גִּיל רַךְ — = zartes Kindesalter
=בְּיָד רַכָּה — = mit Milde
רֹךְ ז׳, רוך — [rox] Zartheit *f*, Milde *f*
רָכַב פעל (לִרְכּוֹב עַל-, יִרְכַּב) — [raxav] *kal* reiten; (Fahrrad) fahren
-הִרְכִּיב הפ׳ — - *hif.* reiten lassen, fahren lassen; zusammensetzen, montieren; (auf)pfropfen, veredeln; impfen
רֶכֶב[1] ז׳ (רִכְבּוֹ) — ['rexev] Fahrzeug *n*, Wagen *m*
=~ זַחְלִי — = Raupenfahrzeug *n Mil.*
=~ ~ לְמֶחֱצָה (קיצור: זַחְלָ״ם) — = Halbkettenfahrzeug *n Mil.*
=~ מְמֻנָּע — = Motorfahrzeug *n*
=כְּלֵי-~ ז״ר — = Fahrzeuge *n/pl.*
=~ צָמוּד — = Dienstwagen *m*
רֶכֶב[2] ז׳ — [rexev] oberes Mühlrad *n*
רֶכֶב[3] ז׳ (רְכָבִים) — [rexev] Pfropfreis *n*
רַכָּב ז׳ (רַכָּבִים) — [rakav] Kutscher *m*; Reiter *m*
★רִכְבָּה נ׳ — [rixba] Reiten *n*
רְכֻבָּה נ׳ — [rexuba] Steigbügel *m*
רַכֶּבֶל ז׳ (רַכְּבָלִים) — [ra'kevel] Drahtseilbahn *f*
רַכֶּבֶת נ׳ (רַכָּבוֹת) — [ra'kevet] Eisenbahn *f*; Laufmasche *f*
=~-אֲוִיר — = Luftbrücke *f*
=~-עִלִּית — = Hochbahn *f*; S-Bahn *f*
=~-תַּחְתִּית — = Untergrundbahn *f*, U-Bahn *f*
רָכוּב ת׳ — [raxuv] reitend, beritten *Adj.*
רְכוּבָּה נ׳ — [rexuva] Kniegelenk *n*
רִכּוּז ז׳, ריכוז — [rikuz] Konzentration *f*
=מַחֲנֶה-~ — = Konzentrationslager *n*
=רִכּוּזִי ת׳ — = zentralistisch *Adj.*
=~יּוּת נ׳ — = Zentralismus *m*
רִכּוּךְ ז׳, ריכוך — [rikux] Erweichen *n*, Aufweichen *n*
רָכוּן ת׳ — [raxun] gebückt, gebeugt *Adj.*
רָכוּס ת׳ — [raxus] zugeknöpft *Adj.*
רְכוּשׁ ז׳ — [rexuʃ] Besitz *m*, Vermögen *n*, Kapital *n*
=~שָׁן ז׳ — = Kapitalist *m*
=~שָׁנוּת נ׳ — = Kapitalismus *m*
=~שָׁנִי ת׳ — = kapitalistisch *Adj.*
רַכּוּת נ׳ — [rakut] Weichheit *f*, Zartheit *f*
=~ לֵב — = Feigheit *f*; Erbarmen *n*
רַכּוֹת ת״פ — [rakot] weich, milde *Adv.*
רִכֵּז פיעל — [rikéz] *pi* konzentrieren, in e-r Hand vereinigen *fig.*
-הִתְרַכֵּז הת׳ — - *hit.* sich konzentrieren, sich sammeln
=מְרֻכָּז ת׳ — = konzentriert *Adj.; (Saft)* eingedickt
רַכָּז ז׳ (רַכֶּזֶת) — [rakaz] Koordinator *m*, Organisator *m*, Sekretär *m*
רַכֶּזֶת נ׳ — [ra'kezet] Schaltbrett *n*, Schalttafel *f*
רְכִיב ז׳ — [rexiv] Komponente *f*, Bestandteil *m*
רְכִיבָה נ׳ — [rexiva] Reiten *n*, Ritt *m*
רַכִּיכָה נ׳ — [rakixa] Molluske *f*, Weichtier *n Zo.*
רַכִּיכוּת נ׳ — [rakixut] Weichheit *f*, Zartheit *f*
רָכִיל ז׳ — [raxil] Verleumdung *f*, üble Nachrede *f*
=הָלַךְ ~ — = verleumden, klatschen
=רְכִילַאי ז׳ — = Verleumder *m*, Klatschmaul *n* F
=~לָאִית נ׳ — = Klatschbase *f*
=~לוּת נ׳ — = Klatsch *m*, üble Nachrede *f*
רְכִינָה נ׳ — [rexina] Neigung *f*, Gefälle *n*
רְכִיסָה נ׳ — [rexisa] Zuknöpfen *n*
רְכִישָׁה נ׳ — [rexiʃa] Erwerb *m*
(רכך) רַךְ פעל (לָרוֹךְ, יֵרַךְ) — [rax] *kal* weich werden
-רִכֵּךְ פיעל — - *pi.* weich machen; mildern, abschwächen *v/t*
-הִתְרַכֵּךְ הת׳ — - *hit.* weich werden
רַכֶּכֶת נ׳ — [ra'kexet] Rachitis *f Med.*
רָכַל פעל (לִרְכּוֹל, יִרְכּוֹל) — [raxal] *kal* klatschen; hausieren
רֶכֶל ז׳ — ['rexel] Klatsch *m*
רְכֻלָּה נ׳ — [rexula] Waren *f/pl.*
רַכְלָן ז׳ — [raxlan] Klatschmaul *n* F,

Verleumder m
=~נִית נ' — = Klatschbase f
=~נוּת נ' — = Klatsch m, Tratsch m, Gerede n
רָכַן פעל (לִרְכּוֹן, יִרְכּוֹן) — [raxan] kal sich bücken, sich ducken
-הִרְכִּין הפ' — - hif. neigen v/t
=~ רֹאשׁ — = den Kopf neigen; nachgeben fig.
רָכַס פעל (לִרְכּוֹס אֶת-, יִרְכּוֹס) — [raxas] kal zuknöpfen, zuhaken (Kleid)
רֶכֶס[1] ז' — ['rexes] Bergrücken m, Kamm m, Grat m
רֶכֶס[2] ז' — ['rexes] Knopf m, Haken m
רִכְפָּה נ', ריכפה — [rixpa] Reseda f Bot.
רַכְרוּכִי ת' — [raxruxi] weichlich Adj.; Weichling m
=~יּוּת נ', ~ת ז' — = Weichlichkeit f
רִכְרֵךְ פיעל — [rixréx] pi. weich machen
רָכַשׁ פעל (לִרְכּוֹשׁ, יִרְכּוֹשׁ) — [raxaʃ] kal erwerben, anschaffen
רֶכֶשׁ ז' — ['rexeʃ] Erwerb m, Beschaffung f (bsd. Waffen) Mil.
רֶלֶוַנְטִי ת', רילוונטי — [relevanti] relevant Adj.
=~יּוּת נ' — = Relevanz f
רַל"ח (רִשְׁמַת לֵב חַשְׁמַלִית) — [riʃmat lév xaʃmalit] EKG (Elektroktrokardiogramm)
רָם ת' — [ram] hoch, erhaben Adj.
=רַם-דֶּרֶג, ~-מַעֲלָה — = hoch gestellt Adj., von hohem Rang
=~-קוֹמָה — = groß (von Gestalt) Adj.
=בְּיָד רָמָה — = aufrecht, stolz Adv.
=קוֹל רָם — = laute Stimme
★(רָמָא) מֵאִיגְּרָא ~ לְבֵירָא עֲמִיקְתָּא (ארמ') (=מִגַּג גָּבוֹהַּ אֶל בּוֹר עָמוֹק) — [mé'igara rama levéra 'amikta] (wörtl. von einem hohen Berg in ein tiefes Tal) tief fallen
רַמָּאוּת נ' — [rama'ut] Betrug m
=~י ז' — = Betrüger m
רַמַדָּן ז' (ערב') — [ramadan] Ramadan m, (islamischer Fastenmonat)

רִמָּה פיעל — [rima] pi. betrügen, täuschen
רָמָה נ' — [rama] Hochebene f, Plateau n; Höhe f; Niveau n
=~ בָּרוֹמֶטְרִית — = Hoch n, Hochdruckgebiet n
=רָמַת-חַיִּים — = Lebensstandard m
★רִמָּה נ' — [rima] Gewürm n
רָמוּז ת' — [ramuz] angedeutet Adj.
רִמּוּז ז', רימוז — [rimuz] Hinweis m, Wink m, Andeutung f
רִמּוּם ז' — [rimum] Erhöhung f
רִמּוֹן ז', רימון — [rimon] Granatapfel(baum) m (Punica granatum) Bot.
=~-יָד — = Handgranate f
=~-רוֹבֶה — = Gewehrgranate f zur Panzerabwehr Mil
רָמוּס ת' — [ramus] zertreten; gedrückt Adj. a. fig.
(רָמוּת) רָמוּת רוּחַ נ' — [ramut] Arroganz f; erhabene Stimmung f
רָמַז פעל (לִרְמוֹז לְ-, אֶת- יִרְמוֹז) — [ramaz] kal andeuten, hinweisen; e-n Wink geben
=בְּמִרְמָז ת"פ — = andeutungsweise Adv.
רֶמֶז ז' — ['remez] Andeutung f, Hinweis m, Wink m
=~ דַּק — = leise Andeutung fig.
=~ שָׁקוּף — = Wink m mit dem Zaunpfahl F
רַמְזוֹר ז' — [ramzor] Verkehrsampel f
רִמְזוּר ז', רימזור — [rimzur] Ampelanlage f
רַמְזָנִי ת' — [ramzani] andeutend; anzüglich Adj.
רִמְזֵר פיעל — [rimzér] pi. mit Verkehrsampeln versehen v/t
★רֹמַח ז', רומח — ['romax] Lanze f, Speer m
★רְמַ"ח, בְּגִימַטְרִיָּא 248 — [remax] 248
=בִּ~ אֵיבָרָיו — = wörtl. mit allen 248 Gliedern; mit ganzer Kraft
רַמַטְכָּ"ל ר"ת: רֹאשׁ הַמַּטֶּה הַכְּלָלִי — [ramatkal] Kurzw. Generalstabschef m
רְמִיָּה נ' — [remija] Betrug m
=עָשָׂה מְלַאכְתּוֹ ~ — = s-e Arbeit schlecht,

nachlässig machen
[remiza'] Wink *m*, Andeutung *f* ★רְמִיזָא ז' (ארמ')
= dem Weisen genügt e-e =דַּי לְחַכִּימָא בִּ~
Andeutung
[remiza] Andeuten *n* רְמִיזָה נ'
[remisa] Zertreten *n* רְמִיסָה נ'
[raman] Handgranatenwerfer *m Mil.* רַמָּן ז'
[ramas] *kal* treten, zer- רָמַס פעל (לִרְמוֹס
treten, mit Füßen treten אֶת-, יִרְמוֹס)
[ramats] *kal* niederbrennen *(Feuer)* רָמַץ פעל
['remets] glühende Asche רֶמֶץ ז'
[ramkol] Box *f*, רַמְקוֹל ז' (רַמְקוֹלִים)
Lautsprecher *m*
['remes] Kriechtiere *n/pl.* רֶמֶשׂ ז'
[rina] Jubel *m*; Gesang *m*; Gebet *n* רִנָּה נ', רינה
= ein Gerücht verbreitete sich ★=עָבְרָה ~
[rinun] Singen *n*; Gerücht *n*; רִנּוּן ז', רינון
üble Nachrede
[karné-rentgen] Röntgen- (רֶנְטְגֶן) קַרְנֵי-~ נ"ר
strahlen *m/pl.*
= Röntgenologe *m* =~וֹלוֹג ז'
[ranan] *kal* singen, ★רָנַן פעל (לָרוֹן, רַנּוֹתִי,
jubeln רַן, גם רוֹנֵן, יָרוֹן)
- *pi.* singen; Gerüchte ver- -רִנֵּן פיעל
breiten, üble Nachrede führen
- *hit.* jubeln; klingen, erklingen -הִתְרוֹנֵן הת'
- *hif.* erfreuen *v/t* -הִרְנִין הפ'
[renana] Gesang *m;* Jubel *m* ★רְנָנָה נ'
[renesans] Renaissance *f* רֶנֶסַנְס ז' ראה גם: תְּחִיָּה
[risun] Zügeln *n*, Beherrschen *n* רִסּוּן ז', ריסון
[rasus] gesprüht *Adj.* רָסוּס ת'
[risus] Bespritzen *n*, Zer- רִסּוּס ז', ריסוס
stäuben *n (zur Schädlingsbekämpfung)*
[risuk] Zerbrechen *n*, Zer- רִסּוּק ז', ריסוק
kleinern *n*, Zerstampfen *n*
[resital] Solokonzert *n* רֶסִיטָל ז'
[resis] Splitter *m*; Tropfen *m;* Fragment *n* רְסִיס ז'
= Tropfen *m*, Tautropfen *m* =רְסִיסֵי לַיְלָה

[resik] Gedankenstrich *m*; Trennlinie *f* רְסִיק ז'
[rav-samal] *Abk.* Hauptfeldwebel *m*, רס"ל
Unteroffizier *m Mil.* ר"ת: רַב-סַמָּל
['resen] Zügel *m* רֶסֶן ז'
= die Zügel in die Hand nehmen *fig.* =אָחַז בָּ~
= die Zügel lockern *fig.* =הִתִּיר הָ~
= die Zügel schießen lassen *fig.*; =שִׁלַּח מִפָּנָיו ~
etw. freien Lauf lassen
[risén] *pi.* zügeln, bremsen *v/t* רִסֵּן פיעל
[risés] *pi.* bespritzen, bestäuben רִסֵּס פיעל
(zur Schädlingsbekämpfung)
['reses] Splitter *m* רֶסֶס ז'
[risék] *pi.* zerkleinern, zerstampfen, רִסֵּק פיעל
pürieren
- *hit.* auseinander brechen *v/i*; -הִתְרַסֵּק הת'
explodieren; zerschmettert werden;
Flgw. abstürzen
['resek] Püree *n*, Brei *m*, Mus *n* רֶסֶק ז'
= Tomatenmark *n*, Tomatenketchup *n* =~-עַגְבָנִיּוֹת
= Apfelmus *n* =~-תַּפּוּחִים
[rasar] *Kurzw.* Stabsfeld- רַסָ"ר ר"ת: רַב-סַמָּל
webel *m Mil.* רִאשׁוֹן
[ra'] schlecht, übel, böse *Adj.* רַע, רָע ת'
= Verleumdung *f* =דִּבָּה רָעָה
= der böse Trieb =יֵצֶר הָרָע
= üble Nachrede, Verleumdung *f* =לָשׁוֹן ~
= Untugend *f* =מִדָּה רָעָה
= was ist daran so schlimm? =מַה ~ בָּזֶה?
= böser Blick; Missgunst *f*, =עַיִן רָעָה, עַיִן הָרָע
Neid *m*
= Satan *m*, Teufel *m bibl.*; Plage *f* =פֶּגַע רָע
= schlechter Leumund, =שֵׁם ~
schlechter Ruf *fig.*
= schrecklich, sehr schlecht =~ וָמָר
= auf Abwege geraten *fig.* =יָצָא לְתַרְבּוּת רָעָה
[ra'] Übel *n;* Unglück *n bibl.* רַע ז'
= sehr schlecht *Adv.* =בְּכִי ~, בְּכָל ~ ת"פ
= sich schlecht fühlen =הִרְגִּישׁ אֶת עַצְמוֹ בְּ~

=הָ~ בְּמִעוּטוֹ = das kleinere Übel

רֹעַ ז', רוע ['roa'] Schlechtigkeit *f*

=~-לֵב = Bosheit *f*, Hartherzigkeit *f*

=לְ~ מַזָּלוֹ = zu s-m Unglück, zu s-m Pech F

רֵעַ ז' ['réa'] Freund *m*, Kamerad *m*, Genosse *m*; Nächste(r) *m*

=אִישׁ אֶת רֵעֵהוּ = einer dem andern, einander

=וְאָהַבְתָּ לְרֵעֲךָ כָּמוֹךָ = "Liebe deinen Nächsten wie dich selbst" *bibl.*

=אִישׁ רֵעִים = geselliger Mensch

=אֵין רֵעַ לוֹ = einzig in s-r Art, er hat nicht seinesgleichen

רָעַב פעל (לִרְעוֹב, יִרְעַב) [ra'av] *kal* hungern *v/i*

-הִרְעִיב הפ' - *hif.* aushungern *v/t*; hungern lassen

רָעֵב ת' [ra'év] hungrig *Adj.*

רָעָב ז' [ra'av] Hunger *m*

=חֶרְפַּת-~ = *wörtl.* Schande *f* des Hungers *bibl.*; Hungersnot *f*

=מְזֵה-~ ת' = verhungert *Adj.*

=שְׁבִיתַת-~ = Hungerstreik *m*

★רְעָבוֹן ז' [re'avon] Hunger *m*

רַעַבְתָן ת' [ra'avtan] gefräßig, gierig *Adj.*

=~נוּת נ' = Gefräßigkeit *f*, Heißhunger *m*, Gier *f*

=~נִי ת' = gierig, gefräßig *Adj.*

רָעַד פעל (לִרְעוֹד, יִרְעַד) [ra'ad] *kal* zittern, beben

-הִרְעִיד הפ' - *hif.* erzittern lassen

=~ אֶת הַלֵּב = das Herz rühren

רַעַד ז', רְעָדָה נ' ['ra'ad, re'ada] Zittern *n*, Beben *n*

רִעֵד פיעל [ri'ded] *pi.* Zittern verursachen, vibrieren

רַעֲדוּד ז' [ra'adud] Tremolo *n Mus.*

רָעָה פעל (לִרְעוֹת, יִרְעֶה) [ra'a] *kal* weiden *v/i*, *v/t*

רָעָה נ' [ra'a] Unrecht *n*, Übel *n*, böse Tat

=זוֹ ~ חוֹלָה = das ist ein großes Übel

=בִּקֵּשׁ רָעָתוֹ שֶׁל פְּלוֹנִי = j-m Böses wünschen, Böses antun wollen

=הֵשִׁיב רָעָה תַּחַת טוֹבָה = Gutes mit Bösem vergelten

=לְרָעָתוֹ = zu s-n Ungunsten, zu s-m Nachteil

רָעוּל ת' [ra'ul] verschleiert; vergiftet *Adj.*

=רְעוּל פָּנִים = maskiert *Adj.*

רָעוּעַ ת' [ra'ua'] in schlechtem Zustand, wacklig *Adj.*

=בִּנְיָן ~ = baufälliges Gebäude

=בְּרִיאוּת רְעוּעָה = zerrüttete Gesundheit

רִעוּעַ ז' [ri'ua'] Brechen *n*, Zertrümmern *n*

רִעוּף ז' [ri'uf] mit Ziegeln decken

רֵעוּת נ', ריעות [ré'ut] Freundschaft *f*, Kameradschaft *f*

=רֵעִי ת' = kameradschaftlich *Adj.*

★רְעוּת-רוּחַ [re'ut-'ruax] Nichtigkeit *f bibl.*

רְעִי ז' [re'i] Grasland *n*

רְעִידָה נ' [re'ida] Erschütterung *f*, Beben *n*

=רְעִידַת-אֲדָמָה נ' = Erdbebebn *n*

רְעִיָּה נ' [re'ija] Weiden *n*

רַעְיָה נ', רעייה [ra'ja] Ehefrau *f*, Frau *f*; Freundin *f*, Geliebte *f*

רַעְיוֹן ז' (רַעְיוֹנוֹת) [ra'jon] Gedanke *m*, Idee *f*

=~נִי ת' = gedanklich, ideell, ideologisch *Adj.*

רָעִיל ת' [ra'il] giftig *Adj.*

רְעִילוּת נ' [re'ilut] Giftigkeit *f*

רְעִימָה נ' [re'ima] Donnern *n*, Knall *m*

רְעִיעוּת נ' [re'i'ut] schlechte Verhältnisse *f/pl.*, vernachlässigter Zustand *m*

רְעִיפָה נ' [re'ifa] Tröpfeln *n*

רְעִישָׁה נ' [re'iʃa] Lärm *m*

רְעִישׁוּת נ' [re'iʃut] Lärm *m*

(רעל) הִרְעִיל הפ' [hir'il] *hif.* vergiften *v/t*

רַעַל ז' (רְעָלִים) ['ra'al] Gift *n*

=רַעֲלִי ת' = giftig *Adj.*

=רַעֲלָן ז' = Giftstoff *m*, Toxin *n*

=~נִי ת' = Giftstoffe enthaltend, giftig, toxisch *Adj.*

רְעָלָה נ׳ [re'ala] Schleier *m*

רַעֶלֶת נ׳ [ra'elet] Vergiftung *f* (Toxicosis) *Med.*

=~-הֵרָיוֹן = Schwangerschaftsvergiftung *f Med.*

=~-דַּם = Blutvergiftung *f Med.*

=~ שֵׁינָן = Harnvergiftung *f*, Urämie *f Med.*

רָעַם פעל (לִרְעוֹם, יִרְעַם) [ra'am] *kal* donnern; zürnen *bibl.*

-הִרְעִים הפ׳ - *hif.* donnern

-הִתְרָעֵם הת׳ - *hit.* zornig werden, sich aufregen

רַעַם ז׳ [ra'am] Donner *m*

=סוּפַת-רְעָמִים = Gewittersturm *m*

=כְּרַעַם בְּיוֹם בָּהִיר = wie ein Blitz aus heiterem Himmel

=כַּהֲלוּם-רַעַם = wie vom Blitz getroffen

=חֲזִיז וָרַעַם! = Donnerwetter!

=רַעֲמֵי-צְחוֹק ז״ר = Lachsalven *f/pl.*

רַעְמָה נ׳ [ra'ma] Mähne *f*

רִעֲנוּן ז׳, ריענון [ri'anun] Erfrischung *f*, Auffrischung *f*

רִעֲנֵן פיעל [ri'anén] *pi.* erfrischen, auffrischen, erneuern

-הִתְרַעֲנֵן הת׳ - *hit.* sich erfrischen

רַעֲנָן ת׳ [ra'anan] frisch, erholt, wach *Adj.*

=רַעֲנַנּוּת נ׳ = Frische *f*

(רעע)[1] רַע פעל (לָרוֹעַ, יֵרַע) [ra'] *kal* schlecht sein, übel sein

-הֵרַע הפ׳ (יָרֵעַ) - *hif.* Schlechtes antun, übel handeln; verschlechtern *v/t*

-הוּרַע הופ׳ - *hof.* sich verschlechtern, schlechter werden

(רעע)[2] הִתְרוֹעֵעַ הת׳ [hitro'éa'] *hit.* sich befreunden

★רָעַף פעל (לִרְעוֹף, יִרְעַף) [ra'af] *kal* tropfen, fließen

-הִרְעִיף הפ׳ - *hif.* ergießen

רַעַף ז׳ (רְעָפִים) ['ra'af] Dachziegel *m*

רָעַץ פעל [ra'ats] *kal* brechen, zertrümmern

רָעַשׁ פעל (לִרְעוֹשׁ, יִרְעַשׁ) [ra'aʃ] *kal* lärmen

-נִרְעַשׁ נפ׳ (לְהֵרָעֵשׁ) - *nif.* erregt sein, gerührt sein

-הִרְעִישׁ הפ׳ - *hif.* erschüttern; bombardieren; lärmen; Sensation bieten

=~ עוֹלָמוֹת = alle Hebel in Bewegung setzen *fig.*

רַעַשׁ ז׳ (רְעָשִׁים) ['ra'aʃ] Geräusch *n*, Lärm *m*; Erdbeben *n*

=רַעֲשִׁי ת׳ = seismisch *Adj.*; Erdbeben-

=רַעֲשָׁן ז׳ = Rassel *f*, Klapper *f*

=~נוּת נ׳ = lärmendes Wesen; Sensationssucht *f*

=~נִי ת׳ = lärmend, schreiend; sensationslustig *Adj.*

ר״פ ר״ת: רָצוּף פֹּה [ratsuf po] *Abk.* hier beigefügt, *etwa* Anlage *(in Briefen)*

רִפֵּא פיעל [ripé'] *pi.* heilen *v/t*

-נִרְפָּא נפ׳ (לְהֵרָפֵא) - *nif.* heilen *v/i*

-הִתְרַפֵּא הת׳ - *hit.* sich (ärztlich) behandeln lassen; genesen

רְפָאִים ז״ר [refa'im] Geister *m/pl.* der Toten

=אֶרֶץ-~ = Unterwelt *f*, Totenreich *n*

=עִיר-~ = Geisterstadt *f*

רְפָאֶ״ל ר״ת: רָשׁוּת פִּתּוּחַ אֶמְצְעֵי-לְחִימָה [refa'él] *Kurzw.* Amt *n* für die Entwicklung von Kampfmitteln

רִפֵּד פיעל [ripéd] *pi.* polstern

רֶפֶד ז׳ ['refed] Polster *n*, Möbelstoff *m*

רַפָּד ז׳ [rapad] Polsterer *m*

=~וּת נ׳ = Polsterhandwerk *n*

רָפָה פעל (לִרְפּוֹת, יִרְפֶּה) [rafa] *kal* schwach werden

-נִרְפָּה (לְהֵרָפוֹת) - *nif.* nachlassen, sich gehen lassen; ohne Dagesch ausgesprochen werden *Gr.*

-רִפָּה פיעל - *pi.* lockern, entspannen *v/t*

-הִרְפָּה הפ׳ - *hif.* in Ruhe lassen; nachlassen

=רָפוּ יָדָיו = schwach werden, entmutigt werden

=רִפָּה אֶת יְדֵי פְּלוֹנִי = j-n entmutigen *v/t*

רָפֶה ת׳ [rafe] schwach; locker *Adj.*; ohne Dagesch *Gr.*
=ב׳ רָפָה = Beth ohne Dagesch (= veth)
=כ׳ ~ = Chav ohne Dagesch (= x, ch)
=פ׳ ~ = Pe ohne Dagesch (= f)
=בְּשָׂפָה ~ = mit schwacher Stimme, mit halbem Herzen *fig.*
רְפוּאָה נ׳ [refu'a] Heilung *f*; Medizin *f*
=~ מוֹנַעַת = Vorbeugung *f*, Prophylaxe *f*
=~ שְׁלֵמָה! = gute Besserung!
=חֵיל-~ = Sanitätstruppe *f Mil.*
=הִקְדִּים ~ לְמַכָּה = vorbeugen, dem Schlag zuvorkommen
=רְפוּאַת מָמוֹן = Behandlung des Viehs, Tiermedizin *f bibl.*
=~ נֶפֶשׁ = medizinische Versorgung *f*, Hygiene *f*
רְפוּאִי ת׳ [refu'i] medizinisch *Adj.*
רֶפּוּבְּלִיקָ|ה נ׳ [republika] Republik *f*
=~נִי ת׳ = republikanisch *Adj.*
רָפוּד ת׳ [rafud] bedeckt, ausgelegt, gepolstert *Adj.*
רִפּוּד ז׳, ריפוד [ripud] Polsterung *f*; Bezug *m* (v. Möbeln)
רָפוּי ת׳ [rafuj] lose, locker, schwach *Adj.*
=רְפוּי-שֵׂכֶל = schwachsinnig *Adj.*
רִפּוּי[1] ז׳, ריפוי [ripuj] Heilung *f*; (ärztliche) Behandlung *f*
=~ בְּעִסּוּק = Beschäftigungstherapie *f*
רִפּוּי[2] ז׳, ריפוי [ripuj] Lockerung *f*, Entspannung *f*
=~-יָדַיִם = Entmutigung *f*
רָפוּף ת׳ [rafuf] lose, schwach *Adj.*
רַפּוֹרְט ז׳ ראה גם: דִּין וְחֶשְׁבּוֹן, דו״חַ [raport] Bericht *m*; Strafzettel *m*
רֶפוֹרְמָ|ה נ׳ [reforma] Reform *f*
=~טוֹר ז׳ = Reformator *m*
=רֶפוֹרְמִי ת׳ = Reform-
=~מַצְיָה נ׳ = Reformation *f*
=יַהֲדוּת רֶפוֹרְמִית = Reformjudentum *n*
רָפוּשׁ ת׳ [rafuʃ] schlammig *Adj.*
רִפֵּט פיעל [ripét] *pi.* abnutzen, zerschleißen
=מְרֻפָּט ת׳ = abgenutzt, zerschlissen *Adj.*
רְפִידָה נ׳ [refida] Einlage *f*
רַפְיָה נ׳ [rafja] Raphiabast *m Bot.*
רְפִיָּה נ׳, רפייה [refija] Entspannung *f*, Lockerung *f*
רִפְיוֹן ז׳ [rifjon] Schwäche *f*
=~-יָדַיִם = Schwäche *f*, Ohnmacht *f*
=~-רוּחַ = Verzagtheit *f*
רְפִיסוּת נ׳ [refisut] Weichheit *f*, Schwachheit *f*
רָפִיף ת׳ [rafif] labil *Adj.*
=רְפִיפוּת נ׳ = Labilität *f*
רֶפְּלִיקָה נ׳ [replika] Replik *f*, Erwiderung *f*
=רֶפְלֶקְ|ס ז׳ [refleks] Reflex *m*
=~ מֻתְנֶה = Konditionierung *f*
=רֶפְלֶקְסִיבִי ת׳ = reflexiv *Adj.*
רֶפְלֶקְסוֹלוֹגְיָה נ׳ [refleksologja] Fußreflexzonenmassage *f*
(רפס) הִתְרַפֵּס הת׳ [hitrapés] *hit.* sich anbiedern; sich erniedrigen
רַפְסוֹדָה, רַפְסֹדֶת נ׳ [rafsoda, raf'sodet] Floß *n*
רַפְּסוֹדְיָה נ׳ [rapsodja] Rhapsodie *f*
רָפַף פעל (לִרְפּוֹף, רוֹפֵף, יִרְפּוֹף) [rafaf] *kal* schwach sein; lose-, locker sein; schwanken
-רוֹפֵף פיעל - *pi.* schwächen *v/t*; lockern; schwankend machen
-הִתְרוֹפֵף הת׳ - *hit.* sich lockern, locker werden
רְפָפָה נ׳ [refafa] *(Fensterläden)* Sprosse *f*
(רפק) הִתְרַפֵּק הת׳ (עַל) [hitrapék] *hit.* sich anschmiegen; sich einschmeicheln
רִפְרוּף ז׳, ריפרוף [rifruf] Schweben *n*, Flattern *n*; Oberflächlichkeit *f*
=בְּ~ ת״פ = oberflächlich; locker *Adv.*
=~ עַיִן = mit den Augen zwinkern
רֶפֶּרְטוּאָר ז׳ [repertuar] Repertoire *n*
רִפְרֵף פיעל [rifréf] *pi.* schweben, flattern;

an der Oberfläche bleiben

רַפְרָף ז׳ — [rafraf] Schwärmer *m*, Nachtfalter *m* (Sphingidae) *Zo.*

רַפְרֶפֶת נ׳ — [raf'refet] Flammeri *n*, Pudding *m*

רָפַשׁ פעל (לִרְפּוֹשׁ, יִרְפּוֹשׁ) — [rafaʃ] *kal* Morast bilden

-הִתְרַפֵּשׁ הת׳ — - *hit.* sich mit Morast beschmutzen

רֶפֶשׁ ז׳ — ['refeʃ] Morast *m*, Schlamm *m*

רֶפֶת נ׳ — ['refet] Kuhstall *m*

רַפְתָּן ז׳ — [raftan] Melker *m*

רָץ ז׳ — [rats] Läufer *m*

=רַץ הַמִּדְבָּר — = Rennvogel *m* (Cursorius cursor) *Zo.*

רצ״ב ר״ת: רָצוּף בָּזֶה — [ratsuf baze] *Abk.* hier beigefügt, *etwa* Anlage *(in Briefen)*

רִצֵּד פיעל — [ritséd] *pi.* tanzen *fig.*, flackern

רָצָה פעל (לִרְצוֹת אֶת-, בְּ-, יִרְצֶה) — [ratsa] *Kal* wollen

-רִצָּה פיעל — - *pi.* versöhnen, beschwichtigen

-הִתְרַצָּה הת׳ — - *hit.* sich versöhnen, nachgeben; bereit sein; sich zureden lassen

-הִרְצָה הפ׳ (לְהַרְצוֹת) — - *hif.* vortragen, e-n Vortrag halten

=רוֹצֶה לוֹמַר — = das heißt, das bedeutet

=אִם יִרְצֶה הַשֵּׁם — = so Gott will

=אִם תִּרְצוּ אֵין זוֹ אַגָּדָה! — = *wörtl.* Wenn ihr wollt, ist alles kein Märchen (Zitat Th. Herzl); *etwa* Träume können in Erfüllung gehen

=רִצָּה אֶת עֲוֹנוֹ, אֶת עָנְשׁוֹ — = s-e Strafe abbüßen

=נוֹחַ לִרְצוֹת — = versöhnlich, nachgiebig *Adj.*

=קָשֶׁה ~ — = schwer versöhnlich, nachtragend *Adj.*

=מְרֻצֶּה ת׳ — = zufrieden *Adj.*

רִצּוּד ז׳ (הָאוֹר) — [ritsud] Flackern

רָצוּי ת׳ — [ratsuj] erwünscht, gewollt *Adj.*

=אוֹרֵחַ ~ — = gern gesehener Gast

=הָ~ וְהַמָּצוּי — = *wörtl.* das Erwünschte und das Vorhandene; Ideal *n* und Wirklichkeit *f*

רִצּוּי ז׳, ריצוי — [ritsuj] Versöhnen *n*, Beschwichtigen *n*

רָצוֹן ז׳ (רְצוֹנוֹת) — [ratson] Wille *m*, Wunsch *m*; Gefallen *n*

=רְצוֹנִי (לְ-) — = ich will

=אֵין בִּ~ — = ich will nicht

=בְּרָצוֹן!, בְּ~ רָב! — = gern!, sehr gern!

=כִּרְצוֹנְךָ — = wie du willst, wie du wünschst

=מֵרָצוֹן — = freiwillig; absichtlich *Adv.*

=שֶׁלֹּא ~ — = unabsichtlich *Adv.*; gegen den Willen

=רָצוֹן חָפְשִׁי — = freier Wille

=רְצוֹן-בַּרְזֶל — = eiserner Wille *m*

=כֹּחַ-הָ~ ז׳ — = Willenskraft *f*

=שְׂבַע-~ ת׳ — = zufrieden *Adj.*

=שְׁעַת-~ — = günstige Stunde, günstige Zeit

=הֵפִיק אֶת רְצוֹנוֹ, הִשְׂבִּיעַ ~ — = s-n Willen erfüllen, zufrieden stellen

=רְצוֹנוֹ שֶׁל אָדָם הוּא כְּבוֹדוֹ — = des Menschen Wille ist sein Himmelreich

רְצוֹנִי ת׳ — [retsoni] willensmäßig *Adj.*, vom Willen bestimmt

רְצוּעָה נ׳ — [retsu'a] Riemen *m*, Gurt *m*; Streifen *m*; Band *n* *Anat.*

=הֻתְּרָה הָ~ — = die Zügel sind gelockert *fig.*

=רְצוּעַת-עַזָּה — = Gaza-Streifen *m*

רָצוּף ת׳ — [ratsuf] gepflastert; kontinuierlich, ununterbrochen, zusammenhängend; beigelegt *Adj.*

=~ בָּזֶה, ~ פֹּה (רצ״ב, ר״פ) — = anbei, in der Anlage *(Brief)*

=רְצוּפוֹת ת״פ — = hintereinander *Adv.*

רִצּוּף ז׳, ריצוף — [ritsuf] Straßenpflaster *n*; Pflastern *n*

רָצוּץ ת׳ — [ratsuts] zerbrochen, gebrochen; erschöpft *Adj.*

רָצַח פעל (לִרְצוֹחַ אֶת-, יִרְצַח) — [ratsax] *kal* ermorden

רֶצַח ז׳ ['retsax] Mord *m*

=~ אָב = Vatermord *m*

=~ עַם = Völkermord *m*, Genozid *n*

=מַכּוֹת ~ (דיבורי) = heftige Prügel *f*

=~ אֹפִי = Rufmord *m*

=פוֹטוֹ ~ (דיבורי) = Fotoautomat *m*

רַצְחָנוּת נ׳ [ratsxanut] Morden *n*, Grausamkeit *f*

רַצְחָנִי ת׳ [ratsxani] mörderisch *Adj.*

רְצִיָּה נ׳, רצייה [retsija] Wollen *n*, Willensakt *m*

רַצְיוֹנָלִ|י ת׳ [ratsjonali] rational, vernunftgemäß *Adj.*

=~יוּת נ׳ = Rationalität *f*

=~יסְטִי ת׳ = rationalistisch *Adj.*

רְצִיּוּת נ׳ [retsijut] Erwünschtheit *f*

רְצִיחָה נ׳ [retsixa] Morden *n*

רְצִי|נוּת נ׳ [retsinut] Ernst *m*

=~נִי ת׳ = ernst *Adj.*

רָצִיף ז׳ [ratsif] Gleis *n*, Bahnsteig *m*; Kai *m*, Uferanlage *f*; ת׳ laufend *Adj.*

רְצִיפוּת נ׳ [retsifut] Kontinuität *f*, Stetigkeit *f*, Abfolge *f*

רְצִיצָה נ׳ [retsitsa] Brechen *n*, Zertrümmern *n*

(רצן) הִרְצִין הפ׳ [hirtsin] *hif.* ernst werden

רָצַע פעל (לִרְצוֹעַ, יִרְצַע) [ratsa'] *kal* markieren *(e-n Sklaven) bibl.*

=עֶבֶד נִרְצָע = loyaler Sklave *bibl.*

רַצְעָן ז׳ [rats'an] Sattler *m*

=~וּת נ׳ = Sattlerei *f*

רַצְעָנִיָּה נ׳ [rats'anija] Sattlerei *f*

רָצַף פעל (לִרְצוֹף אֶת-, יִרְצוֹף) [ratsaf] *kal* Steine legen, pflastern

-רִצֵּף פיעל - *pi.* pflastern

רֶצֶף ז׳ ['retsef] Kontinuität *f*, Abfolge *f*, (lückenloser) Zusammenhang *m*

רַצָּף ז׳ [ratsaf] Fliesenleger *m*, Pflasterer *m*

רִצְפָּה נ׳ (רְצָפוֹת, רִצְפּוֹת-) [ritspa] Fußboden *m*

רָצַץ פעל (לִרְצוֹץ, יִרְצוֹץ) [ratsats] *kal* zerbrechen, zertrümmern

-רִצֵּץ, רוֹצֵץ פיעל - *pi.* zerbrechen

-הִתְרוֹצֵץ הת׳ ראה גם: רוץ - *hit.* sich drängen

רַק מ״ח, ת״פ [rak] nur, allein, bloß *Adv.*, *Kj.*

=~ עַכְשָׁיו = erst jetzt

=אַךְ וְ~ = einzig und allein

רֹק ז׳, רוק [rok] Speichel *m*, Spucke *f*

רָקַב פעל (לִרְקוֹב, יִרְקַב) [rakav] *kal* faulen, verfaulen *v/i*

-הִרְקִיב הפ׳ - *hif.* faulen; Fäulnis verursachen

רָקָב ז׳ [rakav] Fäulnis *f*, Moder *m*

רֶקֶב ז׳ ['rekev] Fäule *f*, Faulen *n*

=בּוֹר-~ = Senkgrube *f*, Sickergrube *f*

רַקְבּוּבִי ת׳ [rakbuvi] faulig, modrig *Adj.*

=~ת נ׳ = Humus *m*

רִקָּבוֹן ז׳, ריקבון [rikavon] Fäulnis *f* (*bsd. fig.*)

רַקְבִּיבוּת נ׳ [rakbivut] Verrottung *f*, Verwesung *f*

רָקַד פעל (לִרְקוֹד, יִרְקוֹד) [rakad] *kal* tanzen

-הִרְקִיד הפ׳ - *hif.* tanzen lassen

רַקְדָ|ן ז׳ [rakdan] Tänzer *m*

=~נִית נ׳ = Tänzerin *f*

רַקָּה נ׳ [raka] Schläfe *f*

רָקוּב ת׳ [rakuv] verfault *Adj.*

רִקּוּ|ד ז׳, ריקוד [rikud] Tanz *m*

=רִקּוּדֵי-בֶּטֶן = Bauchtauz *m*

=רִקּוּדֵי-עַם = Volkstanz *m*

=~דִי ת׳ = Tanz-; tänzerisch *Adj.*

רִקּוּחַ ז׳ [rikuax] Salbe *f*, Parfum *n*

רֶקְוִיאֶם ז׳ ראה גם: אַשְׁכָּבָה, תְּפִלַּת-~ [rekvi'em] Requiem *n*

רָקוּם ת׳ [rakum] gestickt, bestickt *Adj.*

רִקּוּם ז׳, ריקום [rikum] Sticken *n*

רִקּוּן ז׳, ריקון [rikun] Leeren *n*, Ausleerung *f*

רָקוּעַ ת׳ [ra'kua'] flach gehämmert *Adj.*

רִקּוּעַ ז׳, ריקוע [ri'kua'] Hämmern *n (v. Metall)*

רָקוּק ת׳ [rakuk] ausgespuckt, ausgespien *Adj.*

רִקּוּק ז׳, ריקוק [rikuk] Spucken *n*, Speien *n*

★רָקַח פעל (לִרְקוֹחַ, יִרְקַח) [rakax] *kal* Arzneien zubereiten

רַקֶּטָה נ׳ ראה גם: טִיל [raketa] Rakete *f*

רֶקְטוֹר ז׳ [rektor] Rektor *m*

רָקִיב ת׳ [rakiv] zur Fäulnis neigend, leicht faulend *Adj.*

רְקִיבוּת נ׳ [rekivut] Verrottungsprozess *m*

רְקִידָה נ׳ [rekida] Tanzen *n*

רְקִימָה נ׳ [rekima] Sticken *n*

רָקִיעַ ז׳ [ra'kia'] Himmelsgewölbe *n*

=קַו-~ = Horizont *m*

רְקִיעָה נ׳ [reki'a] Hämmern *n (v. Metall)*; Stampfen *n*, Trampeln *n*

רָקִיק ז׳ [rakik] flacher Kuchen; Kräcker *m*

רְקִיקָה נ׳ [rekika] Spucken *n*

רָקַם פעל (לִרְקוֹם, יִרְקוֹם) [rakam] *kal* sticken; ersinnen

-הִתְרַקֵּם הת׳ - *hit.* entstehen, Form annehmen

רִקְמָה נ׳ [rikma] Stickerei *f*; Gewebe *n*

רִקַּע[1] פיעל (לְרַקֵּעַ אֶת-) [rika'] *pi. (Metall)* hämmern

-הִרְקִיעַ הפ׳ - *hif.* hämmern; sich hoch erheben

=~ לִשְׁחָקִים = den Himmel stürmen *fig.*

רָקַע[2] פעל (לִרְקוֹעַ, יִרְקַע) [raka'] *kal* trampeln, stampfen

רֶקַע ז׳ ['reka'] Hintergrund *m*; Milieu *n*

רַקֶּפֶת נ׳ (רַקָּפוֹת) [ra'kefet] Alpenveilchen *n* (Cyclamen) *Bot.*

רָקַק פעל (לִרְקוֹק, יִרְקוֹק) [rakak] *kal* ausspucken, ausspeien

רְקָק ז׳ [rekak] Pfütze *f*, (flacher) Sumpf *m*

=דְּגֵי-~ = kleine Fische *m/pl.*; unbedeutende Leute *pl. fig.*

★רָשׁ ת׳ ראה גם: עָנִי, דַּל [raʃ] arm *Adj.*

=כִּבְשַׂת-הָ~ = das Lamm des Armen *bibl.*

=לַעַג לָ~ = Verspottung des Armen *bibl.*

רַשַּׁאי ת׳ (רַשָּׁאִים) [raʃaj] berechtigt, befugt *Adj.*

(רשה) הִרְשָׁה הפ׳ [hirʃa] *hif* erlauben, berechtigen; bevollmächtigen

רִשּׁוּי ז׳, רישוי [riʃuj] Lizenzerteilung *f*

רָשׁוּל ת׳ [raʃul] unordentlich; langsam, träge *Adj.*

רִשּׁוּל ז׳, רישול [riʃul] Trägheit *f*, Nachlässigkeit *f*

רִשּׁוּם ז׳, רישום [riʃum] Registrierung *f*, Eintragung *f*; Zeichnung *f*, Skizze *f*; Spur *f*; Eindruck *m*; Mitschrift *f*, Aufschreiben *n*

רָשׁוּם ת׳ [raʃum] aufgeschrieben, notiert *Adj.*

=מִכְתָּב ~ = eingeschriebener Brief *m*

=רְשׁוּמָה נ׳ = Protokoll *n*, Aufzeichnung *f*

=רְשׁוּמוֹת נ״ר = Chronik *f*, Urkundensammlung *f*; Staatsarchiv v. Israel

★רָשׁוֹן ז׳ [raʃon] Grashüpfer *m*

רִשּׁוּף ז׳, רישוף [riʃuf] Funkeln *n*, Funkensprühen *n*

רְשׁוּשׁ ז׳ [reʃuʃ] Erdklumpen *m*

רִשּׁוּשׁ ז׳ [riʃuʃ] Zerstörung *f*

רָשׁוּת נ׳ (רְשׁוּת-, רָשֻׁיּוֹת) [raʃut] Herrschaft *f*; Behörde *f*, Amt *n*, Amtsgewalt *f*, Instanz *f*

=~ מְקוֹמִית = Verwaltungsbehörde *f*, Ortsverwaltung *f*

רְשׁוּת נ׳ (רְשׁוּת-, רְשֻׁיּוֹת) [reʃut] Erlaubnis *f*, Genehmigung *f*, Befugnis *f*; Recht *n*, Besitz(recht *n*) *m*

★=~-הַיָּחִיד = Privatbereich *m*, Privatbesitz *m*

★=~-הָרַבִּים = Öffentlichkeitsbereich *m*

=בִּ~ךָ = mit deiner Erlaubnis, mit Verlaub

=עָמַד בִּ~ עַצְמוֹ = selbstständig sein

=עָמַד לְ~וֹ = zur Verfügung stehen

רִשּׁוּת ז׳, רישות [riʃut] Netzwerk *n*; Aufbau *m* von Netzen

רִשָּׁיוֹן ז׳ (רִשְׁיוֹנוֹת) [riʃajon] (amtliche) Erlaubnis *f*, Genehmigung *f*, Lizenz *f*

=רְשִׁיוֹן-נְהִיגָה = Führerschein *m*

רְשִׁימָה נ׳ [reʃima] Liste *f*; Verzeichnis *n*; Niederschrift *f*, Aufzeichnung *f*, Notiz *f*; Zeitungsartikel *m*

=~ שְׁחוֹרָה = schwarze Liste, Index

רְשִׁימוֹן ז׳ [reʃimon] Verzeichnis *n*

רָשִׁישׁ ת׳ [raʃiʃ] schwach, fiebrig *Adj.*

רִשֵּׁל פיעל [riʃél] *pi.* schwächen *v/t*

-הִתְרַשֵּׁל הת׳ - *hit.* nachlässig sein, nachlassen

רַשְׁלוּ|לִי ת׳ [raʃluli] gleichgültig *Adj.*

=~לִיּוּת נ׳ = Gleichgültigkeit *f*

רַשְׁלָן ז׳ [raʃlan] nachlässiger Mensch

=~נוּת נ׳ = Nachlässigkeit *f*, Faulheit *f*

=~נִי ת׳ = nachlässig, schlampig *Adj.*

רָשַׁם פעל (לִרְשׁוֹם, יִרְשׁוֹם) [raʃam] *kal* niederschreiben, notieren; einschreiben, registrieren; zeichnen

-נִרְשַׁם נפ׳ (לְהֵרָשֵׁם) - *nif.* sich eintragen lassen, eingetragen werden, sich anmelden

-רִשֵּׁם פיעל - *pi.* skizzieren

-הִתְרַשֵּׁם הת׳ - *hit.* beeindruckt werden, beeindruckt sein

-הִרְשִׁים הפ׳ - *hif.* beeindrucken, Eindruck machen

=רָשַׁם לְפָנָיו = vormerken, zur Kenntnis nehmen

=מַרְשִׁים ת׳ = beeindruckend, eindrucksvoll *Adj.*

רֹשֶׁם ז׳, רושם (רְשָׁמִים, רִשְׁמֵי-) ['roʃem] Eindruck *m*

=עָשָׂה ~ = Eindruck machen

=רַב-~ ראה גם: מַרְשִׁים = eindrucksvoll *Adj.*

רַשָּׁם ז׳ [raʃam] Registraturbeamter *m*

רֶשֶׁם ז׳ ['reʃem] Registratur *f*

רְשֻׁמָּה נ׳ [reʃuma] Protokoll *n*, Aufzeichnung *f*

רִשְׁמִ|י ת׳ [riʃmi] amtlich, offiziell, formell *Adj.*

=~ית ת"פ = amtlich, offiziell, formell *Adv.*

=~יּוּת = Amtlichkeit *f*, Förmlichkeit *f*

רַשָּׁמָן ז׳ [raʃman] Angestellter *m*

רְשַׁמְקוֹל ז׳ (רְשַׁמְקוֹלִים) [reʃamkol] Tonbandgerät *n*

רְשֹׁמֶת נ׳, רשומת [re'ʃomet] Skizze *f*, Entwurf *m*

★**רָשַׁע** פעל [raʃa'] *kal* Böses tun, sündigen

-הִרְשִׁיעַ הפ׳ - *hif.* für schuldig erklären, für strafbar erklären

רָשָׁע תו"ז (רְשָׁעִים) [raʃa'] böse *Adj.*; Bösewicht *m*

=~ מְרֻשָּׁע = Erzbösewicht *m*

רֶשַׁע ז׳ ['reʃa'] Bosheit *f*, Sünde *f*

רִשְׁעָה נ׳ [riʃ'a] Grausamkeit *f*, Bösartigkeit *f*, Sündhaftigkeit *f*

רִשְׁעוּת נ׳ [riʃ'ut] böser Charakter *m*, Schlechtigkeit *f*

רֶשֶׁף ז׳ ['reʃef] Funke *m*, Aufblitzen *n*

רָשַׁף פעל (לִרְשׁוֹף, יִרְשׁוֹף) [raʃaf] *kal* funkeln

רִשְׁרוּ|שׁ ז׳, רישרוש [riʃruʃ] Rascheln *n*

=~שִׁי ת׳ = raschelnd *Adj.*

רִשְׁרֵשׁ פיעל [riʃréʃ] *pi.* rascheln *v/i*

=מְרַשְׁרְשִׁים ז"ר (בהיתול) = *wörtl.* die Raschelnden; Papiergeld *n* (*scherz.*)

רַשְׁרְשָׁנִי ת׳ [raʃreʃani] raschelnd *Adj.*

רֶשֶׁשׁ ז׳ ['reʃeʃ] Klumpen *m (Erde)*

רֶשֶׁת נ׳ (רִשְׁתּוֹ, רְשָׁתוֹת) ['reʃet] Netz *n*, Netzwerk *n*; Internet *n*, *(Radio)* Kanal *m*; Raster *m*, *n*

=~ מַחְשְׁבִים = Computernetzwerk *n*

=טָמַן ~ לְ- = e-e Falle stellen

=נִלְכַּד בָּ~ = in die Falle gehen

=~-זְבוּבִים = Fliegengitter *n (am Fenster)*

רִשֵּׁת פיעל [riʃét] *pi.* Netz knüpfen; mit e-m Netz bedecken

רַשָּׁת ז׳ [raʃat] Netzmacher *m*

רִשְׁתִּי ת׳ [riʃti] Netz-; Internet-

רִשְׁתִּית נ׳ [riʃtit] Netzhaut *f* (Retina) *Anat.*

ר"ת ר"ת: רָאשֵׁי-תֵבוֹת [raʃé-tévot] *Abk.* Anfangsbuchstaben *m/pl.*; Kurzwort *n* wie ארה"ב (אַרְצוֹת הַבְּרִית)

רִתָּה פיעל [rita] *pi.* schonen, verzichten; gönnen, vergönnen

רָתוּחַ ת׳ [ra'tuax] abgekocht *Adj.*

רִתּוּחַ ז׳, ריתוח [ri'tuax] Zum-Kochen-Bringen *n*

רִתּוּךְ ז׳, ריתוך [ritux] Schweißen *n*

רָתוּם ת׳ [ratum] angeschirrt, angebunden *Adj.*

רָתוּעַ ת׳ [ratua'] zögernd *Adj.*

רִתּוּק ז׳, ריתוק [rituk] Fesseln *n*, Binden *n fig.*

=צַו־~ = Verordnung *f* zum Verbleiben am Arbeitsplatz

רָתוּק ז׳ [ratuk] gefesselt, angebunden *Adj.*

=~ לַמִּטָּה = bettlägerig

רְתוּקָה, רַתּוּקָה נ׳ [retuka, ratuka] Kette *f*

רָתַח פעל (לִרְתּוֹחַ, יִרְתַּח) [ratax] *kal* kochen *v/i*; erhitzt werden *(zum Siedepunkt)*

-רִתַּח פיעל (לְרַתֵּחַ) - *pi.* sieden lassen

-נִתְרַתַּח הת׳ (לְהִתְרַתֵּחַ) - *hit.* in Zorn geraten

-הִרְתִּיחַ הפ׳ - *hif.* zum Kochen bringen; erzürnen *v/t fig.*

★רִתְחָא ז׳, ריתחא (ארמ׳) [ritxa] Zorn *m*

=בְּעִדָּן ~, בְּעִדָּנָא דְּ־~ = im Zorn

רִתְחָה נ׳ [ritxa] Kochen *n;* Zorn *m*

רַתְחָן ת׳ [ratxan] jähzorniger Mensch *m*

=~נוּת נ׳ = Jähzorn *m*

=~נִי ת׳ = jähzornig *Adj.*

רְתִיחָה נ׳ [retixa] Sieden *n*; Erregung *f*

רְתִימָה נ׳ [retima] Anschirren *n*

רַתְיָן ז׳ [ratjan] Verzeihender *m*

=~נוּת נ׳ = Gütigkeit *f*, Nachgiebigkeit *f*

=~נִי ת׳ = gütig, nachgiebig *Adj.*

רְתִיעָה נ׳ [reti'a] Zurückweichen *n*, Zurückschrecken *n*, Zurückprallen *n*; Rückstoß *m*

רִתֵּךְ פיעל [ritéx] *pi.* schweißen

רַתָּךְ ז׳ [ratax] Schweißer *m*

=~וּת נ׳ = Schweißarbeit *f*

רָתַם פעל (לִרְתּוֹם אֶת־, יִרְתּוֹם) [ratam] *kal* anschirren, einspannen

רֹתֶם ז׳, רותם ['rotem] Wüstenginster *m* (Retama) *Bot.*

רְתֵמָה קוֹצָנִית נ׳ [retéma] kotsanit] Stachelginster *m* (Genista) *Bot.*

רִתְמָה נ׳, ריתמה [ritma] Geschirr *n (f. Zugtiere)*

(רתע) נִרְתַּע נפ׳ (לְהֵרָתֵעַ) [nirta'] *nif.* zurückweichen, zurückschrecken; zurückprallen

-הִרְתִּיעַ הפ׳ - *hif.* abschrecken, zurückschrecken

רֶתַע ז׳ ['reta'] Rückprall *m*, Rückstoß *m*

=תּוֹתָח לֹא־~ (תּוֹלָ״ר) = rückstoßfreie Kanone *Mil.*

רִתֵּק פיעל [riték] *pi.* festmachen, fesseln; *fig.* in Schach halten

=מְרַתֵּק ת׳ = fesselnd, spannend *Adj.*

=מְרֻתָּק ת׳ = gefesselt, gespannt *Adj., fig.*

רֶתֶק ז׳ ['retek] Büroklammer *f*

רָתַת פעל (לִרְתּוֹת, יִרְתַּת) [ratat] *kal* zittern

-הִרְתִּית הפ׳ - *hif.* erzittern lassen

רֶתֶת ז׳ ['retet] Klonus *m*, Muskelkrampf *m Med.*

רְתֵת ז׳ [retét] Zittern *n*, Schaudern *n*

ש

שׁ Schin (sch) 21. Buchstabe des hebr. Alphabets *(Punkt auf der rechten Seite)*; Zeichen der Zahl 300

=שְׁעַת הַשׁ' (הַשִּׁי"ן) = Stunde X *Mil.*

שׂ Sin (s) *(Punkt auf der linken Seite des Schin)*

שֶׁ- [ʃe] welche(r, -s); der, die, das (*Relativpron.*); dass *Kj.*; da, weil *Kj.*

=הַבַּיִת שֶׁגַּרְתִּי בּוֹ = das Haus, wo ich wohnte

=כְּשֶׁ- = als *Kj.*; zur Zeit, als

=לִכְשֶׁ- (לִפְנֵי פּוֹעַל בֶּעָתִיד) = wenn *(Zukunft)*

=מִשֶּׁ- = nachdem, als

שָׁאַב פעל (לִשְׁאוֹב אֶת-, יִשְׁאַב) [ʃa'av] *kal (Wasser)* schöpfen

=אֶבֶן שׁוֹאֶבֶת = Magnet *m*

שָׁאַג פעל (לִשְׁאוֹג, יִשְׁאַג) [ʃa'ag] *kal (Löwe)* brüllen

שְׁאָגָה נ' (שַׁאֲגַת-) [ʃe'aga] (Löwen-)Gebrüll *n*

(שאה) הִשְׁתָּאָה הת' [hiʃta'a] *hit.* staunen

שָׁאוּב ת' [ʃa'uv] geschöpft *Adj.*

שְׁאוֹל זו"נ [ʃ'ol] Unterwelt *f*, Totenreich *n*, Hades *m*

שָׁאוּל ת' [ʃa'ul] geliehen, geborgt, entlehnt *Adj.*

=מִלָּה שְׁאוּלָה = Lehnwort *n*

שָׁאוֹן ז' [ʃa'on] Getöse *n*, Lärm *m*

שְׂאוֹר ז' [se'or] Sauerteig *m*

=~ שֶׁבָּעִסָּה = Hefe im Teig, der aktive Bestandteil, *fig.* Ferment *n*

שְׁאָט נֶפֶשׁ ז' [ʃ'at 'nefeʃ] Abscheu *m*

שְׁאִיבָה נ' [ʃe'iva] (Wasser-)Schöpfen *n*, Pumpen *n*

שְׁאִיָּה נ' [ʃeija] Ruin *m*, Zerstörung *f*

שְׁאִילָה [ʃe'ila] Borgen *n*; Entleihen *n*, Übernehmen *n* von Lehnwörtern

שְׁאִילְתָא נ' [se'ilta'] Anfrage *f*, Interpellation *f* *Parl.*, Gesetzesentwurf *m*

שְׁאִיפָה נ' [ʃe'ifa] Luftschöpfen *n*, Einatmen *n*; Streben *n*, Bestreben *n*

שָׁאִיר ז' (שְׁאִירִים) [ʃa'ir] Hinterbliebene(r) *m*

שָׁאַל פעל (לִשְׁאוֹל אֶת-, יִשְׁאַל) (מִן-) [ʃa'al] *kal* fragen; bitten; borgen von (*D*), ausborgen; entlehnen *Ling.*

-הִשְׁאִיל הפ' - *hif.* verleihen an (*Akk.*), verborgen

=אַל תִּשְׁאַל! = frag lieber nicht!

=שָׁאַל אֶת פִּי פְּלוֹנִי = j-n um Rat *od.* Erlaubnis bitten

=~ בְּרוֹפֵא = e-n Arzt konsultieren, besuchen

=~ בִּשְׁלוֹם פְּלוֹנִי = grüßen

=~ לְ~ ~ = sich nach dem Befinden erkundigen

שְׁאֵלָה נ' [ʃe'éla] Frage *f*; Bitte *f*; Problem *n*

=שְׁאֵלַת-תָּם = dumme Frage

=הֵא-הַשְּׁאֵלָה = "He" der Frage *Gr.* (*bsd. bibl., z.B.* הַיְדַעְתֶּם)

=סִימַן-שְׁאֵלָה = Fragezeichen *n*

=שְׁאֵלַת חַיִּים וָמָוֶת = Schicksalsfrage *f*

שְׁאֵלוֹן ז' [ʃe'élon] Fragebogen *m*

שְׁאֵלְתָא נ', שאילתה [ʃe'élta'] Interpellation *f*, Anfrage *f* *Parl.*

שָׁאַן פעל [ʃa'an] *kal* brüllen, Lärm machen

★שָׁאנִי ת' (ארמ') [ʃané] das ist etwas anderes

שַׁאֲנַן פעל [ʃa'anan] *kal* ruhig sein, gelöst sein

שַׁאֲנָן ת' [ʃa'anan] friedlich, sorglos, un-

bekümmert *Adj.*

=נָוֶה ~ = "Nave Schaanan" *(Ortsname)*; friedliche Aue

=שַׁאֲנַנּוּת = Sorglosigkeit *f*, Unbekümmertheit *f*

שָׁאַף פעל (לִשְׁאוֹף אֶת-, לְ-, יִשְׁאַף) [ʃa'af] *kal (Luft)* schöpfen, saugen; streben nach (*D*)

=~ רוּחַ = Luft schöpfen; erleichtert sein

שְׁאַפְתָּ|ן ז' [ʃe'aftan] Ehrgeizige(r) *m*

=~נוּת נ' = Ehrgeiz *m*

=~נִי ת' = ehrgeizig *Adj.*

שָׁאַר פעל [ʃa'ar] *kal* bleiben, allein gelassen werden

-נִשְׁאַר נפ' (לְהִשָּׁאֵר) - *nif.* bleiben, übrig bleiben, zurückbleiben

-הִשְׁאִיר הפ' - *hif.* übrig lassen, dalassen; so lassen, wie es ist

=נִשְׁאַר בַּחַיִּים = am Leben bleiben, gerettet werden

=~ כִּתָּה = sitzen bleiben *(in der Schule)*

שְׁאָר ז' [ʃ'ar] Rest *m*, Übriggebliebene(s) *n*

=~ יְרָקוֹת = *wörtl.* die übrigen Gemüse; alles Übrige *scherz.*

=~-רוּחַ = Inspiration *f*, Eingebung *f*; Tiefe *f* des Gedankens

=בֵּין הַשְּׁאָר = unter anderem (u.a.)

=וְכָל הַ~ = und alles Übrige, Sonstige

★שְׁאֵר ז' [ʃ'ér] Fleisch *n bibl.*; Blutsverwandte(r) *m*

=~-בָּשָׂר = Blutsverwandte(r) *m*

=שְׁאֵרָה נ' = Verwandte *f*

=שְׁאֵרוּת נ' = Verwandtschaft *f*

שִׂאֵר פיעל [sé'ér] *pi.* säuern, in Sauerteig umwandeln

שְׁאֵרִית נ' [ʃe'érit] Rest *m*, Überbleibsel *n*; Divisionsrest *m Math.*

=~-הַפְּלֵטָה = die Überlebenden *pl.* *(nach Verfolgung)*

=בְּ~ כֹּחוֹ = mit letzter Kraft

★שְׂאֵת[1] נ' [s'ét] Erhabenheit *f*

=בְּיֶתֶר ~ = mit doppelter Kraft

שְׂאֵת[2] נ' [sét] Geschwulst *f Med.*

שְׂאֵת[3] שם-הפועל מִן נשׂא [sét] Tragen *n (Leid, Sorge)*

שָׁב תו"ז [ʃav] Rückkehrer *m*

=עוֹבֵר וָ~ = Passant *m*, Vorübergehende(r) *m*; Girokonto *n*

שָׂב ז' [sav] alter Mann *m*

ש"ב ר"ת שֵׁרוּת-בִּטָּחוֹן [ʃin-bét] *Abk.* Sicherheitsdienst *m*, isr. Geheimdienst *m*

שְׁבָב ז' שְׁבָבִים [ʃvav] (Holz-)Splitter *m*, Span *m*; Chip *m*

=כְּשֶׁחוֹטְבִים עֵצִים נִתָּזִים שְׁבָבִים = wo gehobelt wird, fallen Späne *fig.*

שָׁבָה פעל (לִשְׁבּוֹת אֶת-, יִשְׁבֶּה) [ʃava] *kal* gefangen nehmen

=~ אֶת לִבּוֹ = das Herz erobern *fig.*

שָׂבָה נ' [sava] alte Frau *f*

שְׁבוֹ ז' [ʃvo] Achat *m*

שִׁבּוּחַ ז', שיבוח [ʃi'buax] Loben *n*; Verbessern *n*

שִׁבּוּט ז', שיבוט [ʃibut] Steinbutt *m* (Gadus) *Zo.*

שָׁבוּי תו"ז, שְׁבוּי-מִלְחָמָה [ʃavuj] Kriegsgefangene(r) *m*

=פִּדְיוֹן שְׁבוּיִים = Auslösung *f* der Gefangenen

שָׂבוּךְ ת' [savux] verflochten; netzartig *Adj.*

שָׁבוּ|עַ ז' (שְׁבוּעַ-, שָׁבוּעוֹת) [ʃa'vua'] Woche *f*, 7 Tage *m/pl.*

=שְׁבוּעַיִם = 2 Wochen *f/pl.*, 14 Tage *m/pl.*

=שָׁבוּעַ טוֹב! = schöne Woche! *(Gruß zum Ausgang des Schabat)*

=חַג הַשָּׁבוּעוֹת = Schawuoth, (Wochen-)Fest *n*

=סוֹף-שָׁבוּעַ ז' = Wochenende *n*

שְׁבוּעָה נ' [ʃvu'a] Schwur *m*, Eid *m*

=שְׁבוּעַת|-אֱמוּנִים = Treu(e)schwur *m*

=~-שָׁוְא, ~-שֶׁקֶר = Meineid *m*

שְׁבוּעוֹן, שָׁבוּעוֹן ז' [ʃvu'on, ʃavu'on] wöchentlich erscheinende Zeitschrift *f*

=דּוּ-~ = vierzehntägig erscheinende Zeitschrift *f*

שְׁבוּעִי ת׳ [ʃvu'i] wöchentlich *Adj.*

=דּוּ-~ = vierzehntägig *Adj.*

שִׁבּוּץ ז׳, שיבוץ [ʃibuts] Einfassen *n*; Einstufen *n*; Einflechten *n*; Einfügen *n*; Einlegearbeit *f*

שָׁבוּר ת׳ [ʃavur] gebrochen, zerbrochen; erschöpft *Adj.*

שִׁבּוּשׁ ז׳, שיבוש [ʃibuʃ] Verderben *n*, Fehler *m*, Störung *f*; Verwirrung *f*, Zerrüttung *f*

=~-הַדְּרָכִים = Unpassierbarmachen *n*

=~-הַיְחָסִים = Verschlechterung *f* der Beziehungen

שְׁבוּת נ׳ [ʃvut] Rückkehr *f*

=חֹק-הַשְּׁבוּת = Gesetz *n* der Rückkehr *(das jeden Juden zur Einwanderung nach Israel berechtigt)*

שִׁבַּח פיעל (לְשַׁבֵּחַ אֶת-) [ʃibax] *pi.* loben, preisen

-הִשְׁתַּבֵּחַ הת׳ (לְהִשְׁתַּבֵּחַ) - *hit.* sich preisen; reifen (*bsd. Wein*)

-הִשְׁבִּיחַ הפ׳ - *hif.* verbessern *v/t*, *(Boden)* meliorieren

שֶׁבַח ז׳ ['ʃevax] Lob *n*, Preis *m*; Auszeichnung *f*

=~ לָאֵל = Gott sei Dank!

=~-קַרְקָעוֹת = Wertsteigerung *f* des Bodens

=מַס ~-מְקַרְקְעִין = Wertzuwachssteuer *f* *(für Immobilien)*

=טַעַם לְ~ = Umstand *m* zugunsten e-r Sache

=צִיּוּן לְ~ (קיצור: צַלַ״שׁ) = Auszeichnung *f*, lobende Erwähnung *Mil.*

=רָאוּי לְ~ = lobenswert *Adj.*

=דִּבֵּר בִּשְׁבָחוֹ שֶׁל- = loben, preisen

שֵׁבֶט ז׳ ['ʃévet] Stamm *m*, Sippe *f*; Stab *m*, Stock *m*; Zepter *n*

=לְ~ אוֹ לְחֶסֶד = auf Gedeih und Verderb

=~-הַבִּקֹּרֶת = strenge, scharfe Kritik

=חוֹשֵׂךְ שִׁבְטוֹ שׂוֹנֵא בְּנוֹ = *wörtl.* wer den Stock spart, hasst s-n Sohn; wer sein Kind liebt, züchtigt es

=הֶעֱבִיר תַּחַת הַשֵּׁבֶט = genau prüfen

=שִׁבְטֵי יִשְׂרָאֵל = Stämme *m/pl.* Israels

שְׁבָט ז׳ [ʃvat] Schwat, 5. Monat in jüd. Kalender *(Januar-Februar)*

=חֲמִשָּׁה עָשָׂר בִּ~, ט״וּ בִּ~ = 15. Schwat, Neujahrsfest *n* der Bäume

שְׁבַטְבָּט ז׳ [ʃvatbat] Schachtelhalm *m* (Equisetum) *Bot.*

שִׁבְטִ|י ת׳ [ʃivti] Stammes-

=~יּוּת נ׳ = Teilung *f* in Stämme

שְׁבִי ז׳ (בהפסק: שֶׁבִי, שִׁבְיוֹ) [ʃevi, 'ʃevi] Kriegsgefangenschaft *f*

=הָלַךְ ~, הָלַךְ בַּשְּׁבִי = in Gefangenschaft gehen; gefangen, angezogen werden *fig.*

=לָקַח בַּשֶּׁבִי = gefangen nehmen

שָׁבִיב ז׳ (שְׁבִיב-) [ʃaviv] Funke *m*, Fünkchen *n*

שְׁבִיָּה נ׳, שבייה [ʃvija] Gefangennahme *f*

שָׁבִיט ז׳ [ʃavit] Komet *m*

שְׁבִיל ז׳ [ʃvil] Wanderweg *m*, Pfad *m*; *(Haar)* Scheitel *m*

=~-הַזָּהָב = goldene Mitte *fig.*

=~-הֶחָלָב = Milchstraße *f* *Astr.*

שָׁבִיס ז׳ [ʃavis] Haube *f*

שְׂבִיעָה נ׳ [svi'a] Sattheit *f*, Sättigung *f*

=שְׂבִיעַת-רָצוֹן = Zufriedenheit *f*

שְׂבִיעוּת נ׳ [svi'ut] Sattheit *f*, Sättigung *f*

=~-רָצוֹן = Zufriedenheit *f*

שְׁבִיעִי ת׳ (~ת) [ʃvi'i] siebte(r) *Adj.*

=יוֹם הַשְּׁבִיעִי (יוֹם הַשַּׁבָּת) = der siebente Tag, Schabat

=שְׁבִיעִיָּה נ׳ = Septett *n*

=שְׁבִיעִית נ׳ = Sabbatjahr *n*, 7. Jahr *Rel.*; 7. Gymnasialklasse *f*, Untersecunda *f*; ein Siebtel (1/7) *Math.*

שָׁבִיר ת׳ [ʃavir] zerbrechlich *Adj.*

שְׁבִירָה נ׳ [ʃvira] Zerbrechen *n*

=שְׁבִירַת-אוֹר = Lichtbrechung *f*

=~~כֵּלִים = Zerstörung *f* der Werte

=~~לוּחוֹת = Verleugnung *f* traditioneller Werte

שְׁבִירוּת נ׳ [ʃvirut] Zerbrechlichkeit *f*

שְׁבִית נ׳ [ʃvit] Gefangennahme *f*, Exil *n*

שְׁבִיתָה נ׳ [ʃvita] Streik *m*, Arbeitsunterbrechung *f*

=שְׁבִיתַת-אֲהֲדָה = Sympathiestreik *m*

=~~הָאָטָה = Bummelstreik *m*

=~~נֶשֶׁק = Waffenstillstand *m*

=~~רָעָב = Hungerstreik *m*

=~~שֶׁבֶת = Sitzstreik *m*

=מֵפֵר-שְׁבִיתָה = Streikbrecher *m*

=הֲפָרַת-~~ = Streikbrechen *n*

=קָנָה ~ = sich festsetzen, Fuß fassen

שַׁבַּ״כ ר״ת שֵׁרוּת בִּטָּחוֹן כְּלָלִי [ʃabak] *Abk.* allgemeiner Sicherheitsdienst *(in Israel)*

שְׂבָכָה נ׳ [svaxa] Flechtwerk *n*, Gitter *n*, Fenstergitter *n*

=שְׂבָכַת שְׁפִיתָה = Gitter *n*, *(Feuer)* Rost *m*

שֹׁבֶל ז׳, שובל ['ʃovel] Schleppe *f*; Kielwasser *n*

שַׁבְּלוּל ז׳ [ʃablul] Schnecke *f* *Zo.*

=~לִי ת׳ = schneckenförmig *Adj.*

שַׁבְּלוֹנָה נ׳ [ʃablona] Schablone *f*

=~נִי ת׳ = schablonenhaft *Adj.*

שִׁבֹּלֶת[1] נ׳, שיבולת (שִׁבֳּלִים) [ʃi'bolet] Ähre *f*; Erkennungszeichen *n*, Losung *f*, Passwort *n* *bibl.*

=~~שוּעָל = Hafer *m* (Avena) *Bot.*

שִׁבֹּלֶת[2] נ׳, שיבולת (שִׁבּוֹלוֹת) [ʃi'bolet] Wirbel *m*, Strom *m*, Strudel *m*

שָׂבַע פעל (לִשְׂבּוֹעַ, יִשְׂבַּע) [sava'] *kal* satt werden, sich satt essen

-הִשְׂבִּיעַ הפ׳ - *hif.* sättigen *v/t*, satt machen

=לֹא תִשְׂבַּע עַיִן לִרְאוֹת = man kann sich nicht satt sehen

=שָׂבַע רָצוֹן = zufrieden sein

=הִשְׂבִּיעַ רָצוֹן = zufrieden stellen

=~ עֵינָיו = sich satt sehen

שָׂבֵעַ ת׳ [sa'véa'] satt, gesättigt *Adj.*

★=שְׂבַע-יָמִים = alt, "satt an Tagen" *bibl.*

=~~נַחַת = hoch befriedigt, glücklich *Adj.*

=~~רָצוֹן = zufrieden *Adj.*

שֹׂבַע ז׳ ['sova'] Sattheit *f*, Sättigungsgefühl *n*

=אָכַל לָ~ = sich satt essen

(שבע) נִשְׁבַּע נפ׳ (לְהִשָּׁבֵעַ) [niʃba'] *nif.* schwören

-הִשְׁבִּיעַ הפ׳ - *hif.* beschwören; vereidigen

שֶׁבַע ש״מ לנקבה (שְׁבַע-) ['ʃeva'] sieben (7) *Num.* (*f*)

=שְׁבַע-עֶשְׂרֵה נ׳ = siebzehn (17) *Num.* (*f*)

=שֶׁבַע בְּרָכוֹת = die 7 Segenssprüche bei der Trauung *(Judentum)*

שִׁבְעָה ש״מ לזכר (שִׁבְעַת-) [ʃiv'a] sieben (7) *Num.* (*m*)

=~~עָשָׂר ז׳ = siebzehn (17) *Num.* (*m*)

=~ מְדוֹרֵי גֵיהִנֹּם = *wörtl.* die sieben Stufen der Hölle; Höllenqualen *f/pl.*

=שִׁבְעַת הַמִּינִים = die 7 Gaben, mit denen Erez-Israel gesegnet ist *(Weizen, Gerste, Wein, Feige, Granatapfel, Olive, Honig)*

=~ פִּלְאֵי-עוֹלָם = die 7 Weltwunder *n/pl.*

=יָשַׁב שִׁבְעָה = "Schiwa" sitzen *(während der 7 Trauertage)*

שָׂבְעָה, שְׂבֵעוּת נ׳ [sov'a, své'ut] Sattheit *f*, Sättigung *f*

שִׁבְעִים ש״מ [ʃiv'im] siebzig (70) *Num.*

=תַּרְגּוּם הַשִּׁבְעִים = Septuaginta *f*

שִׁבְעָתַיִם ש״מ [ʃiv'a'tajim] siebenfach, vielfach *Adj.*

שִׁבֵּץ פיעל [ʃibéts] *pi.* einflechten, einordnen, einfügen, einstufen, einreihen; in Karos einteilen, würfeln *(Stoff usw.)*

-הִשְׁתַּבֵּץ הת׳ - *hit.* sich einfügen, sich einordnen

=מְשֻׁבָּץ = kariert *Adj.*

שָׁבָץ ז׳ [ʃavats] Schlaganfall *m* (Apoplexia) *Med.*

=שְׁבַץ-לֵב	= Herzschlag *m Med.*
★שָׁבַק פעל (לִשְׁבּוֹק, יִשְׁבּוֹק)	[ʃavak] *kal* verlassen
=~ חַיִּים לְכָל חַי	= sterben
שָׁבַר¹ פעל (לִשְׁבּוֹר אֶת-, יִשְׁבּוֹר)	[ʃavar] *kal* brechen, zerbrechen
-שִׁבֵּר פיעל	- *pi.* zerschmettern, zerstören
=נִשְׁבַּר לוֹ (דיבורי)	= er kann nicht mehr, er hat es satt
=כְּחֶרֶס הַנִּשְׁבָּר	= *wörtl.* wie Ton, der zerbricht; wertlos, instabil, lose *Adj.*
=שָׁבַר אֶת הראשׁ	= sich den Kopf zerbrechen *(über)*
=שִׁבֵּר אֶת הָאֹזֶן	= verständlich machen
★שָׁבַר² פעל (לִשְׁבּוֹר, יִשְׁבּוֹר)	[ʃavar] *kal* Getreide kaufen, mit Getreide versorgen *bibl.*
-הִשְׁבִּיר הפ'	- *hif.* Getreide verkaufen
=מַשְׁבִּיר ז'	= Versorger *m; auch Kaufhauskette*
שֵׂבֶר ז'	[séver] Erwartung *f*, Hoffnung *f*
שֶׁבֶר ז'	['ʃever] Bruch *m (a. Math)*, Bruchstück *n*; Leistenbruch *m Med.*; Getreide *n bibl.*
★=~-אָדָם, ~-כְּלִי	= gebrochener Mensch *fig.*
=~-עָנָן	= Wolkenbruch *m*
=זַעֲקַת-~	= Verzweiflungsschrei *m*, Hilferuf *m*
=לִפְנֵי ~ גָּאוֹן	= Hochmut kommt vor dem Fall
=~ אֲמִתִּי	= echter Bruch *Math.*
=~ מְדֻמֶּה	= unechter Bruch *Math.*
=~ עֶשְׂרוֹנִי	= Dezimalbruch *m Math.*
=קַו-~	= Bruchstrich *m*
שַׁבְרוּחַ ז'	[ʃav'ruax] Windschutz *m (z.B. Hecke)*
שִׁבָּרוֹן ז'	[ʃivron] Zerstörung *f*, Unglück *n*
=שִׁבְרוֹן-לֵב	= Kummer *m*
=~-רוּחַ	= Depression *f*
שְׁבָרִים ז"ר	[ʃvarim] unterbrochene Töne des Schofar *(Widderhorn) Rel.*
שַׁבְרִיר ז'	[ʃavrir] Bruchteil *m*, Splitter *m*
=~רֵי-הַשֶּׁמֶשׁ ז"ר	= Sonnenstrahlen, die durch Fenster *od.* Fensterläden dringen
=~רִי ת'	= zerbrechlich *Adj.*
שַׁבְרָק ז'	[ʃavrak] Hauhechel *f Bot. (Bodenverbesserer; Unkraut)*
שִׁבֵּשׁ פיעל	[ʃibéʃ] *pi.* verderben, durcheinander bringen, stören
-הִשְׁתַּבֵּשׁ הת'	- *hit.* verderben *v/i*; gestört werden
=שִׁבֵּשׁ יְחָסִים	= (Beziehungen) trüben
שַׁבְשֶׁבֶת נ'	[ʃav'ʃevet] Wetterfahne *f*, Windfahne *f*
שַׁבֶּשֶׁת נ'	[ʃa'beʃet] Fehler *m*
שָׁבַת פעל (לִשְׁבּוֹת, יִשְׁבּוֹת)	[ʃavat] *kal (von der Arbeit)* ausruhen, die Arbeit einstellen; den Schabat verbringen; streiken
-הִשְׁבִּית הפ'	- *hif.* lahm legen, stilllegen; stören
=~ חַג, ~ שִׂמְחָה	= (Fest, Freude) verderben, stören
שַׁבָּת נ'	[ʃabat] Sabbat *m*, 7. Tag der Woche, der jüd. Sonnabend *(Samstag)*; Ruhetag *m*
=שַׁבַּת-בְּרֵאשִׁית	= "Schabat Bereschit", 1. Sabbat nach Sukkoth
=~-הַגָּדוֹל	= "Schabat hagadol", Sabbat vor Pessach
=שַׁבָּת הַמַּלְכָּה	= *wörtl.* Königin *f* Schabat; heiliger Sabbat
=שַׁבַּת נַחֲמוּ	= "Schabat nachamu", nach dem 9. Av
=~-שַׁבָּתוֹן	= absoluter Ruhetag
=~-שׁוּבָה	= "Schabat schuwa", zwischen Neujahr u. Versöhnungsfest
=~-שָׁלוֹם	= guten Schabat! *(Gruß am Sabbat)*
★=אֶחָד בְּשַׁבָּת, שֵׁנִי בְּ~וְכוּ'	= Sonntag *m*, Montag *m* usw.
=גּוֹי-שֶׁל-~	= Nichtjude, der in der Diaspora am Sabbat Licht angezündet u. ausgelöscht hat *(usw.)*
=חִלּוּל-~	= Entweihung *f* des Sabbat
=לֵיל-~	= Freitag Abend, Vorabend des Sabbat
=מוֹצָאֵי-~	= Abend *m*, Ausgang *m* des Sabbat
=עֹנֶג-~	= Freude am Sabbat
=עֶרֶב-~	= Freitagnachmittag *m*, Vorabend *m*

des Sabbat

=קַבָּלַת־~ = Empfang *m* des Sabbat

=שִׁשִּׁי־שַׁבָּת = *etwa* Samstag/Sonntag *m*

=שְׁמִירַת־~ = Einhaltung *f* des Sabbat

=תְּחוּם־~ = Sabbatabgrenzung *f*

=פִּקּוּחַ נֶפֶשׁ דּוֹחֶה ~ = Lebensgefahr hebt Sabbatgesetze auf

שֶׁבֶת נ׳ ['ʃevet] Sitzen *n*; Dill *m* (Anethum) *Bot.*

=שְׁבִיתַת־~ = Sitzstreik *m*

=~־אַחִים = geselliges Beisammensein *n*

=כּוֹכַב־~ = Fixstern *m*

שַׁבְּתָאוּת נ׳ [ʃabta'ut] Bewegung *f* v. Sabbatai Zwi *m*

=~אִי ז׳ = Anhänger des Sabbatai Zwi; Vorname

שַׁבְּתַאי ז׳ [ʃabtaj] Saturn *m Astr.*

שִׁבְתָּה נ׳ (דַּלֶּקֶת־קְרוּם־הַמֹּחַ) [ʃivta] Hirnhautentzündung *f* (Meningitis) *Med.*

שַׁבָּתוֹן ז׳ [ʃabaton] Ruhefeier *f*, Ruhetag *m*

=שְׁנַת־~ = Sabbatical *n*, Ferienjahr *n*, Studienurlaub *m*

שַׁבַּתִּי ת׳ [ʃabati] sabbatmäßig *Adj.*

=~יּוּת נ׳ = Sabbatstimmung *f*

שַׁבַּתְיָן ז׳ [ʃabatjan] Sabbatarier *m*, Sabbatist *m (christl. Sekte)*

ש״ג ר״ת שׁוֹטֵר גְּדוּדִי [ʃin-gimel] *Abk.* Regimentspolizist *m*; F Sündenbock *m*, Bauernopfer *n*

★שָׂגָא פעל [saga'] *kal* wachsen, gedeihen, groß werden

שֶׂגֶא ז׳ ['sege'] Großartigkeit *f*

★שָׂגַב פעל (לִשְׂגּוֹב, יִשְׂגַּב) [sagav] *kal* hoch sein, stark sein

-נִשְׂגַּב נפ׳ (לְהִשָּׂגֵב) - *nif.* erhaben sein; unfassbar sein, unbegreiflich sein

=הַדָּבָר נִשְׂגָּב מִבִּינָתִי = das geht über mein Verständnis

שֶׂגֶב ז׳ ['segev] Erhabenheit *f*

שָׁגַג פעל (לִשְׁגּוֹג, יִשְׁגּוֹג) [ʃagag] *kal* irren, fehlgeleitet sein

שֶׁגֶג ז׳ ['ʃegeg] Fehler *m*

שְׁגָגָה נ׳ (שִׁגְגַת־, שְׁגָגוֹת) [ʃgaga] Irrtum *m*, unabsichtliches Vergehen *n*

=בִּ~ = irrtümlich, unabsichtlich *Adv.*

שָׁגָה פעל (לִשְׁגּוֹת, יִשְׁגֶּה) [ʃaga] *kal* irren, sich irren, e-n Fehler begehen

שִׂגּוּב ז׳ [siguv] Lob *n*, Preis *m*

שָׁגוּי ת׳ [ʃaguj] fehlerhaft *Adj.*

שִׂגּוּי ז׳ [siguj] Empfehlung *f*, Lob *n*

שִׁגּוּעַ ז׳ [ʃi'gua'] Verrücktmachen *n*

שָׁגוּר ת׳ [ʃagur] gewohnt, geläufig *Adj.*

שִׁגּוּר ז׳, שיגור [ʃigur] Absenden *n*; Abfeuern *n (Rakete)*

שִׁגּוּשׁ ז׳ [ʃiguʃ] Tumult *m*, Aufruhr *m*

(שגח) הִשְׁגִּיחַ הפ׳ (עַל־, בְּ־) [hiʃ'giax] *hif.* beaufsichtigen; bemerken, beachten

★שַׂגִּיא ת׳ [sagi'] mächtig; erhaben *Adj.*

שְׁגִיאָה נ׳ [ʃgi'a] Fehler *m*, Irrtum *m*

שַׂגִּיב ת׳ [sagiv] erhaben, großartig *Adj.*

שַׂגִּיבוּת נ׳ [sagivut] Größe *f*, Stärke *f*

שְׁגִיגָה נ׳ [ʃgiga] Fehler *m*

שְׁגִיָּה נ׳, שגייה [ʃgija] Irren *n*

שִׁגָּיוֹן ז׳, שיגיון [ʃigajon] fixe Idee *f*; Hobby *n*

=שִׁגְיוֹנִי ת׳ = launenhaft, kapriziös *Adj.*

שְׁגִירוּת נ׳ [ʃgirut] Geläufigkeit *f*, Häufigkeit *f*

★שָׁגַל פעל (לִשְׁגּוֹל, יִשְׁגּוֹל) [ʃagal] *kal* Beischlaf ausüben *bibl.*

★שֵׁגָל נ׳ [ʃégal] Frau *f*, Geliebte *f bibl.*

★שִׁגְלוֹנָה נ׳ [ʃiglona] Geliebte *f*, Konkubine *f*

שֶׁגֶם ז׳ ['ʃegem] Zapfen *m*

שִׁגֵּם פיעל [ʃigém] *pi. (mit e-m Zapfen)* verbinden

שִׁגַּע פיעל (לְשַׁגֵּעַ) [ʃiga'] *pi.* verrückt machen, wahnsinnig machen

-הִשְׁתַּגַּע הת׳ (לְהִשְׁתַּגֵּעַ) - *hit.* verrückt werden; ausflippen F

=~ אַחֲרֵי־ = verrückt sein nach (*D*)

=זֶה מְשַׁגֵּעַ אוֹתִי = das macht mich wahnsinnig

=אֵיזֶה יֶלֶד מְשַׁגֵּעַ = so ein toller Junge

=מְשֻׁגָּע ת' = verrückt, F bescheuert *Adj.*

שִׁגָּעוֹן ז', שיגעון [ʃiga'on] Wahn *m*, Wahnsinn *m*, Manie *f*; irre! F

=שִׁגְעוֹן-הַגַּדְלוּת = Größenwahn *m*

=~-שִׁגְעוֹן הָרְדִיפָה = Verfolgungswahn *m*

=שִׁגְעוֹנִי ת' = wahnsinnig *Adj.*; Wahnsinns-

שִׁגֵּר פיעל [ʃigér] pi. senden; abfeuern *(Rakete)*

-נִשְׁתַּגֵּר הת' - *hit.* zur Gewohnheit werden

-הִשְׁגִּיר הפ' - *hif.* einlaufen, einfahren lassen; zur Routine machen

שֶׁגֶר ז' ['ʃeger] Wurf *m (junger Tiere)*

שִׁגְרָה נ', שיגרה [ʃigra] Routine *f*, Gewohnheit *f*

שִׁגָּרוֹן ז', שיגרון [ʃigaron] Rheumatismus *m Med.*

=קַדַּחַת-הַשִּׁגָּרוֹן = Gelenkrheumatismus *m Med.*

=שִׁגְרוֹנִי ת' = rheumatisch *Adj.*

שַׁגְרִיר ז' [ʃagrir] Botschafter *m (Diplomat)*

=~וּת נ' = Botschaft *f*

שִׁגְרָתִ|י ת', שיגרתי [ʃigrati] Routine-; konventionell *Adj.*

=בִּלְתִּי-~י = unkonventionell *Adj.*

=~יוּת נ' = Routiniertheit *f*

שִׂגְשֵׂג פיעל [sigség] *pi.* gedeihen, blühen *fig.;* sich entwickeln

שִׂגְשׂוּג ז', שיגשוג [sigsug] Gedeihen *n*, günstige Entwicklung

שִׁגָּשׁוֹן ז' [ʃigaʃon] Ataxie *f*, Bewegungsstörung *f Med.*

שַׁד ז' (שָׁדַיִם) [ʃad] *(weibliche)* Brust *f*

=חָלְצָה ~ = die Brust geben

שֵׁד ז' [ʃéd] Teufel *m*; Geist *m*, Gespenst *n*

=~ מְשַׁחַת = Teufelskerl *m*

=מְחוֹל-שֵׁדִים = Hexentanz *m*

=כְּמִי שֶׁכְּפָאוֹ שֵׁד = wie vom Teufel geritten, wider Willen

שֹׁד ז', שוד [ʃod] Raub *m*

=~ מְזֻיָּן = bewaffneter Raubüberfall

שד' קיצור מן שְׂדֵרוֹת [sdérot] Boulevard *m*, Allee *f*

שִׂדֵּד פיעל [sidéd] *pi.* eggen *Agr.*

שָׁדַד פעל (לִשְׁדּוֹד, יִשְׁדּוֹד) [ʃadad] *kal* rauben, berauben

=שִׁדֵּד אֶת הַמַּעֲרָכוֹת = die bestehenden Werte umwerten

שָׂדֶה ז' (שְׂדֵה-, שָׂדוֹת) [sade] Feld *n*, Acker *m*

=שְׂדֵה-בּוּר = Brachfeld *n*, Brache

=~-בַּעַל = unbewässertes Feld

=~ מוּבָר = brachliegendes Feld

=~-נְחִיתָה = Landeplatz *m Flgw.*

=~-מוֹקְשִׁים = Minenfeld *n*

=~-מִרְעֶה = Weide *f*

=~-נִיר = Saatfeld *n*

=~-עֲבוֹדָה, ~-פְּעֻלָּה = Arbeitsgebiet *n*, Tätigkeitsbereich *m*, Aufgabenkreis *m*

=~-קֶטֶל, ~-קְרָב = Schlachtfeld *n Mil.*

=~-רְאִיָּה = Gesichtsfeld *n*

=~-שְׁלָחִין = bewässertes Feld

=~-שֶׁלֶף = Stoppelfeld *n*

=~-תְּעוּפָה = Flughafen *m*

=אִישׁ-שָׂדֶה ז' = Bauer *m*

=אִמּוּנֵי-~ז"ר (א"ש) = Feldübungen *f/pl. Mil.*

=חַיַּת-הַשָּׂדֶה = wildes Tier

=עִיר-~ נ' = Provinzstadt *f*

=רָעָה בִּשְׂדוֹת זָרִים = *wörtl.* auf fremden Feldern weiden *fig.;* fremde Einflüsse aufnehmen

שֵׁדָה נ' [ʃéda] weiblicher Dämon, Hexe *f*

שִׁדָּה נ', שידה [ʃida] Kommode *f*

שָׁדוּד ת' [ʃadud] beraubt *Adj.*; erschlagen, gefallen *bibl.*

שִׁדּוּד ז', שידוד [ʃidud] Beraubung *f*

=~ מַעֲרָכוֹת = Umwertung *f* der Werte

שִׂדּוּד ז' [sidud] Eggen *n Agr.*

שִׁדּוּךְ ז', שידוך [ʃidux] Ehevermittlung *f*; Paarung *f*; Bund *m*, Verbindung *f*

שִׁדּוּל ז', שידול [ʃidul] Überredung *f*, Beeinflussung *f*

שֵׁדוֹן ז' [ʃédon] Teufelchen *n*, Kobold *m*
=~נִי ת' = teuflisch *Adj.*
שָׁדוּף ת' [ʃaduf] versengt, ausgetrocknet, ausgedörrt; leer, inhaltlos *Adj.*, *fig.*
שִׁדּוּר ז', שידור [ʃidur] Sendung *f*, Rundfunksendung *f*
=~ חַי = Live-Sendung, -Übertragung *f Rdf.*
=רְשׁוּת-הַשִּׁדּוּר = Radio- und Fernsehamt *n*
שַׁדַּי ז' [ʃadaj] Schaddai, e-r der Namen Gottes
שֵׁדִי ת' [ʃédi] teuflisch, dämonisch *Adj.*
שְׁדִידָה נ' [ʃdida] Rauben *n*
שֵׁדִיּוּת נ' [ʃédijut] Teuflischkeit *f*
שְׁדִיפָה נ' [ʃdifa] Austrocknen *n* der Pflanzen
שְׁדִיפוּת נ' [ʃdifut] Dürre *f*, Leere *f fig.*
שִׁדֵּךְ פיעל [ʃidéx] *pi.* Ehe vermitteln
-הִשְׁתַּדֵּךְ הת' - *hit.* sich verheiraten
שַׁדְּכָן ז' (שַׁדְּכָנִית) [ʃadxan] Heiratsvermittler *m*
=~וּת נ' = Heiratsvermittlung *f*
שִׁדֵּל פיעל [ʃidél] überreden, *(mit Worten)* beeinflussen
-הִשְׁתַּדֵּל הת' - *hit.* sich bemühen
שְׁדֻלָּה נ' [ʃdula] Lobby *f*
שַׁדְּלָן ז' [ʃadlan] Lobbyist *m*
=~נִי ת' = versöhnlich *Adj.*
★שְׁדֵמָה נ' [ʃdéma] Getreidefeld *n*; Weinberg *m*
שָׁדַף פעל (לִשְׁדּוֹף, יִשְׁדּוֹף) [ʃadaf] *kal* versengen, austrocknen *v/t*
-נִשְׁתַּדֵּף הת' - *hit.* versengt werden
שְׁדֵפָה נ' [ʃdéfa] versengtes Getreide
שִׁדָּפוֹן ז', שידפון [ʃidafon] Getreidebrand *m*
שִׁדֵּר פיעל [ʃidér] *pi.* senden *Rdf.*
שַׁדָּר[1] ז' [ʃadar] Sprecher *m*, Ansager *m Rdf.*
שַׁדָּר[2] ז' [ʃadar] Birke *f* (Betula) *Bot.*
שַׁדָּ"ר ר"ת שְׁלוּחָא דְּרַבָּנָן (ארמ') שְׁלִיחַ שֶׁל רַבּוֹתֵינוּ [ʃadar] *Kurzw.* Abgesandter der Rabbanim *(Spendensammler)*
שֶׁדֶר ז' ['ʃeder] Botschaft *f*; Sendung *f Rdf.*
שִׁדְרָה נ' (שְׁדָרוֹת, שִׁדְרוֹת-) [ʃidra] Wirbelsäule *f*, Rückgrat *n*
=~-חוּט = Rückenmark *n*
=~-עַמּוּד = Wirbelsäule *f*
שְׂדֵרָה נ' (שְׂדֵרוֹת) [sdéra] Baumreihe *f*; Allee *f*, Boulevard *m*; Kolonne *f*, Marschgruppe *f Mil.*
שִׁדְרִית נ', שידרית [ʃidrit] Kiel *m Mar.*
שַׁדְרָן ז' [ʃadran] Sprecher *m*, Ansager *m Rdf.*
שֶׂה זו"נ (שֵׂיִים) [se] Lamm *n; Zicklein n*
=כְּ~ אוֹבֵד = wie ein verirrtes Lamm
★שָׂהֵד ז' (ארמ') [sahéd] Zeuge *m*
=שָׂהֲדִי בַּמְּרוֹמִים = der Himmel sei mein Zeuge!
שָׁהָה פעל (לִשְׁהוֹת, יִשְׁהֶה) [ʃaha] *kal* weilen, sich aufhalten, verbleiben
-נִשְׁתַּהָה הת' - *hit.* sich verspäten
-הִשְׁהָה הפ' - *hif.* aufschieben, aufhalten *v/t*
שָׁהוּי ת' [ʃahuj] verspätet *Adj.*
שִׁהוּי ז', שיהוי [ʃihuj] Aufschub *m*, Aufhalten *n*
שִׁהוּק ז', שיהוק [ʃihuk] Schluckauf *m*, Aufstoßen *n*
שְׁהוּת, שָׁהוּת נ' [ʃehut] Verweilen *n*, Zeit *f (zum Verweilen)*, Aufschub *m*
שֶׁהֶחֱיָנוּ [ʃehexe'janu] "der uns dies erleben ließ" (*Gott*), Beginn e-s Segensspruches zu Ereignissen, Erstlingsfrüchten *usw.*
שֶׁהִי ז' [ʃehi] Pause *f*, Anhalten *n*, Fermate *f Mus.*
★שֶׁהִ"י-פֶּהִ"י ר"ת שַׁבָּת הַיּוֹם, פֶּסַח הַיּוֹם [ʃehi-pehi] *Kurzw.* "Schabat ist heute, Pessach ist heute" *(Ausrede für Aufschub od. Ablehnung)*
שְׁהִיָּה נ', שהייה [ʃehija] Verweilen *n*, Aufenthalt *m*
שֶׁהַכֹּל (בָּרוּךְ... שֶׁהַכֹּל נִהְיָה בִּדְבָרוֹ) [ʃehakol] Name e-s Segensspruches über Wasser u. Nahrungsmittel, die nicht im Boden wachsen
שֹׁהַם ז', שוהם ['ʃoham] Onyx *m*
שַׁהַק ז' ['ʃahak] anhaltender Schluckauf *m*

שִׁהֵק פיעל [ʃihék] *pi.* aufstoßen (vom Magen)
שַׂהַר ז' ['sahar] Halbmond *m*
★שַׂהֲרוֹן ז' [saharon] Halbmond *m*, kleiner Mond *(Schmuckstück)*; Kipfel *n*, Hörnchen *n*
שָׁוְא ז' [ʃav] Nichtigkeit *f*, Leere *f*; Lüge *f bibl.*
=לַשָּׁוְא ת"פ = umsonst, nutzlos, vergeblich *Adv.*
=אַזְעָקַת-שָׁוְא = blinder, falscher Alarm *m*
=הַבְטָחוֹת-~ = leere Versprechungen *f/pl.*
=טַעֲנַת-~ = grundlose Behauptung *f*
=מַאֲמָץ-~ ז' = nutzlose Bemühung *f*
=שְׁבוּעַת-~ = Meineid *m*
שְׁוָא ז' [ʃva'] Schwa *n (Zeichen für vokallosen Konsonanten, Murmellaut) Gr.*
=~ נָח = "ruhendes" *(lautloses)* Schwa wie in גַּלְגַּל
=~ נָע = "bewegliches" *(klingendes)* Schwa wie in מְדַבֵּר
=~ מְרַחֵף = "schwebendes" Schwa *(Halbvokal)* wie in מַלְכֵי
שׁוֹאֵב ז' [ʃo'év] Wasserschöpfer *m*, Wasserträger *m*
=אֶבֶן-שׁוֹאֶבֶת = Magnet *m*
=בֵּית-הַשּׁוֹאֵבָה = Urquell *m (aus dem in der Zeit des 2. Tempels Wasser für Opfer geschöpft wurde)*
=שִׂמְחַת ~-~ = Wasserschöpffest *n* in der 2. Sukkothnacht
שׁוֹאֵב-אָבָק ז' [ʃo'év avak] Staubsauger *m*
שׁוֹאָה נ' [ʃo'a] Katastrophe *f*, Untergang *m*; Holocaust *m*
=הַשּׁוֹאָה = die Massenvernichtung der Juden unter der Naziherrschaft
=יוֹם ~ וְהַגְּבוּרָה = Gedenktag der Schoah *(in Israel, 27. Nisan, ung. April)*
שְׁוָאִי ת' [ʃva'i] mit Schwa versehen *Gr.*
שׁוֹאֵל ז' [ʃo'él] Frager *m*; Entleiher *m*
(שׁוב)[1] שָׁב פעל (לָשׁוּב אֶל-, לְ-, מִן-, יָשׁוּב) [ʃav] *kal* zurückkehren, wiederkommen; wiederholen; bereuen *bibl.*
-הֵשִׁיב הפ' - *hif.* zurückgeben, wiedergeben; antworten
=שָׁב לְאֵיתָנוֹ = wieder genesen
=~ לַעֲשׂוֹת = noch einmal tun
=~-עַל עֲקֵבָיו = umkehren
=שָׁבָה רוּחוֹ אֵלָיו = sich wieder erholen; erleichtert sein
=עוֹבֵר וָשָׁב = Passant *m*, Vorübergehende(r) *m*
=חֶשְׁבּוֹן ~ ~ = Girokonto *n*
=הָלוֹךְ וָשׁוֹב = hin und zurück
=הֵשִׁיב כִּגְמוּלוֹ = vergelten, entgelten
=~ עַל כַּנּוֹ = wieder einsetzen
=~ נֶפֶשׁ = laben, erfrischen; ermutigen
=~ אֶת פָּנָיו = ablehnen, zurückweisen
=~ מִלְחָמָה שַׁעְרָה = den Angriff zurückschlagen, zum Gegenangriff vorgehen
=~ רוּחוֹ = sich erholen, sich ausruhen
=הַנַּעֲשָׂה אֵין לְהָשִׁיב = das Geschehene ist nicht ungeschehen zu machen
=הֵשִׁיב רָעָה תַּחַת טוֹבָה = Gutes mit Bösem vergelten, undankbar sein
(שׁוב)[2] הִשְׁתּוֹבֵב הת' [hiʃtovév] *hit.* ausgelassen sein, toben
שׁוּב ת"פ [ʃuv] wieder *Adv.*
=~ לֹא = nicht länger
=~ פַּעַם = noch einmal; schon wieder
שׁוּ"ב ר"ת שׁוֹחֵט-וּבוֹדֵק [ʃub] *Kurzw.* Schächter und Prüfer *(von koscherem Fleisch)*
שׁוֹבָב ת' [ʃovav] ungezogen, unartig; ausgelassen *Adj.*; Lausbub *m*, Frechdachs *m* F
=שׁוֹבְבוּת נ' = Ungezogenheit *f*; Ausgelassenheit *f*
=שׁוֹבָבִי ת' = neckisch, ausgelassen *Adj.*
=שׁוֹבְבָנִי ת' = übermütig *Adj.*
★(שׁוּבָה) בְּ-~ וָנַחַת [beʃuva vanaxat] in aller Ruhe

שׁוֹבִינִיזְם ז׳ [ʃovinizm] Chauvinismus *m*
ראה גם: לְאֻמָּנוּת
=~סְט ז׳ = Chauvinist *m*
=~סְטִי ת׳ = chauvinistisch *Adj.*
שׁוֹבָךְ ז׳ [ʃovax] Taubenschlag *m*
שׁוֹבֵר[1] ז׳ [ʃovér] Rechnungsbeleg *m*, Quittung *f*; Gutschein *m*
שׁוֹבֵר[2] ז׳ [ʃovér] Brecher *m*
=~ גַּלִּים = Wellenbrecher *m*
=~-רוּחַ = Windschutz *m*
שׁוֹבֵת ז׳ [ʃovét] Streikende(r) *m*
שׁוֹגֵג ת׳ [ʃogég] irrend *Adj.*
=בְּ~ = irrtümlich, versehentlich *Adv.*
שׁוֹגֵר ז׳ [ʃogér] Versender *m Econ.*
שׁוֹדֵד ז׳ [ʃodéd] Räuber *m*
=~-יָם = Seeräuber *m*, Pirat *m*
שָׁוָה פעל (לִשְׁווֹת לְ- בְּ-, שָׁוָה, יִשְׁוֶה) [ʃava] *kal* gleich sein, wert sein
-שִׁוָּה פיעל - *pi.* sich vorstellen, vor sich hinstellen; zuschreiben; verleihen *fig.*
-הִשְׁתַּוָּה הת׳ - *hit.* e-n Vergleich schließen, zum Einverständnis gelangen; gleichkommen
-הִשְׁוָה הפ׳ - *hif.* vergleichen; angleichen
=שִׁוָּה לְעַצְמוֹ = sich *(in Gedanken)* vorstellen
=שַׁוֵּה בְּנַפְשְׁךָ! = stell dir vor!
=הַקַּו הַמַּשְׁוֶה = Äquator *m*
שָׁוֶה ת׳, שווה [ʃave] gleich, ähnlich, dasselbe wie; wert, würdig *Adj.*
=~ בְּ~ = zu gleichen Teilen
=שְׁוֵה-זָוִיּוֹת = gleichwinklig *Adj.*
=~-זְכֻיּוֹת = gleichberechtigt *Adj.*
=שָׁוֶה כֶּסֶף = Geldwert *m*
=שְׁוֵה-מַשְׁמָעוּת = gleichbedeutend *Adj.*; Synonym *n*
=~-נֶפֶשׁ = gleichgültig *Adj.*
=~-עֵרֶךְ = gleichwertig *Adj.*
=שָׁוֶה פְּרוּטָה = einen Pfennig wert, von geringem Wert
=שְׁוֵה צְלָעוֹת = gleichseitig *Adj. Geom.*
=~ שׁוֹקַיִם = gleichschenkelig *Adj. Geom.*
=הַיּוֹם הַשָּׁוֶה = Tag- und Nachtgleiche *f*
=צַד שָׁוֶה = Gemeinsame(s) *n*
=~ לְכָל נֶפֶשׁ = preiswert *Adj.*; *(Preis)* für jeden erschwinglich
=רִאשׁוֹן בֵּין שָׁוִים = Erster unter Gleichen
=בָּאוּ לְעֵמֶק הַשָּׁוֶה = zu e-m Einvernehmen gelangen, sich einigen
שִׁוּוּט ז׳, שיווט [ʃivut] Systematisierung *f*
שִׁוּוּי ז׳, שיווי [ʃivuj] Gleichstellung *f*
=~-זְכֻיּוֹת = Gleichberechtigung *f*
=~-מִשְׁקָל = Gleichgewicht *n*
שִׁוּוּק ז׳, שיווק [ʃivuk] Verkauf *m*; Marketing *n*
★(שוח) שַׁח פעל (לָשׁוּחַ, יָשׁוּחַ) [ʃax] *kal* sinken, hinsinken; sich bücken
שׁוּחָה נ׳ [ʃuxa] Grube *f*; Schützengraben *m Mil.*
שׁוֹחֵט ז׳ [ʃoxét] Schächter *m*
שׁוֹחֵק ת׳ [soxek] lachend *Adj.*
שׁוֹחֵר ז׳ (שׁוֹחֲרִים) [ʃoxér] Förderer *m*, Freund *m*
(שוט) שָׁט פעל (לָשׁוּט יָשׁוּט) [ʃat] *kal* umherziehen; auf dem Meer *(Wasser)* fahren, rudern, segeln
-שׁוֹטֵט פיעל - *pi.* umherwandern, sich herumtreiben
-הֵשִׁיט הפ׳ - *hif.* auf dem Meer *(Wasser)* fahren lassen
שׁוֹט ז׳ [ʃot] Peitsche *f*
שׁוֹטֶה ז׳ [ʃote] Narr *m*, Idiot *m*, Dummkopf *m*, Tor *m*
=חָסִיד-~ = bigotter, fanatischer Frommer
=כֶּלֶב ~ = toller Hund
=עֲשָׂבִים שׁוֹטִים = Unkraut *n*
שׁוֹטוֹן ז׳ [ʃoton] Flagellum *n*, Geißel *f* (der Einzeller) *Zo.*
שׁוֹטְטוּת נ׳ [ʃotetut] Vagabundentum *n*, Herumtreiben *n*
שׁוֹטֵף ת׳ [ʃotéf] fließend, laufend *Adj.*

=אֵשׁ שׁוֹטֶפֶת = automatisches Feuer *(v. Schusswaffen) Mil.*
=עִנְיָנִים שׁוֹטְפִים = laufende Angelegenheiten *f/pl.*
שׁוֹטֵר ז' [ʃotér] Polizist *m*, Schutzmann *m*
=~ חָרֵשׁ = Geheimpolizist *m*
=~-צְבָאִי = Militärpolizist *m*
=~ תְּנוּעָה = Verkehrspolizist *m*
=שׁוֹטֶרֶת נ' = Polizistin *f*; Politesse *f*
שָׁוִי ז', שווי ['ʃovi] Wert *m*, Preis *m*
שִׁוְיוֹן ז', שיוויון [ʃivjon] Gleichheit *f*
=~ זְכֻיּוֹת = Gleichberechtigung *f*
=~ יוֹם וָלַיְלָה = Tag- und Nachtgleiche *f*
=~-נֶפֶשׁ = Gleichgültigkeit *f*, Gleichmut *m*
=אִי-~ = Ungleichheit *f*
=סִימַן-~ = Gleichheitszeichen *n* (=)
שִׁוְיוֹנִי ת', שוויוני [ʃivjoni] nach Gleichberechtigung strebend; ausgleichend *Adj.*
=~יּוּת נ' = Streben *n* nach Gleichberechtigung, Emanzipationsbestrebungen *f/pl.* Egalisierung *f*
שְׁוִיץ ז' (דיבורי) [ʃvits] Wichtigtuerei *f*, Angeberei *f*
-הִשְׁוִיץ הפ' - *hif.* sich wichtig machen, angeben
=שְׁוִיצֶר ז' = Wichtigtuer *m*, Angeber *m*
שְׁוִיקוּת נ' [ʃvikut] Marktfähigkeit *f*
שׂוֹךְ נ', שׂוֹכָה ז' [sox, soxa] Zweig mit vielen Ausläufern
שׂוֹכֵר ז' [soxér] Mieter *m*
שׁוֹלֵחַ ז' [ʃoléax] Absender *m*
(שׁוּל) שׁוּלַיִם ז"ר [ʃu'lajim] Rand *m*
=בְּשׁוּלֵי- = am Rande
שׁוּלְטָן ז' [sultan] Sultan *m*
שׁוֹלְטָנִי ת' [ʃoltani] beherrschend, dominant *Adj.*
שׁוּלִי ת' [ʃuli] Rand-, Neben-; am Rande befindlich, nebensächlich *Adj.*
=הוֹצָאוֹת שׁוּלִיּוֹת = Nebenausgaben *f/pl.*
שׁוּלְיָה ז' (שׁוּלְיוֹת) [ʃulja] Lehrling *m*

(שׁוֹלָל) הָלַךְ [halax ʃolal] getäuscht werden,
~ (אַחֲרֵי-) irregeführt werden, sich irreführen lassen *(von)*
=הוֹלִיךְ ~ = täuschen, irreführen
שׁוֹלֵל ת' [ʃolél] verneinend, negierend *Adj.*
=שׁוֹלְלָן ז' = Verneiner *m*
=~נוּת נ' = ablehnende Haltung, negative Einstellung *f*
=~נִי ת' = negativ, zur Verneinung neigend *Adj.*
שׁוֹלַת-מוֹקְשִׁים נ' [ʃolat-mokʃim] Minensuchschiff *n Mil.*
★שׂוּם | שֶׂכֶל [som-sexel] Verständnis *n*; aufmerksame Betrachtung *f*
=~-לֵב = Aufmerksamkeit *f*
שׂוּם ת' [sum] auferlegt *Adj.*
=שׂוּמָה עָלָיו = er ist ihm auferlegt, er ist verpflichtet
שׁוּם[1] ז' [ʃum] Knoblauch *m* (Allium sativum) *Bot.*
=כִּקְלִפַּת הַשּׁוּם = *wörtl.* wie die Schale des Knoblauchs; ganz wertlos
שׁוּם[2] ז' [ʃum] etwas; *mit Verneinungswort*: nichts, kein
=אֵין ~ = nichts, kein
=מִשּׁוּם = wegen *(G) Prp.*
=מִ~ שֶׁ- = weil *Kj.*
=מִ~ מָה = aus welchem Grund? aus irgendeinem Grunde
=עַל שׁוּם מָה? = warum?, weswegen?
=~ דָּבָר (בְּמִשְׁפָּט שְׁלִילִי) = nichts *(in Verneinungssätzen)*
=בְּ~ אֹפֶן, בְּ~ פָּנִים = auf keinen Fall *(in Verneinungssätzen)*
(שׁוּם) שָׁם פעל (לָשׁוּם אֶת-, יָשׁוּם) [ʃam] *kal.* abschätzen, einschätzen
-נִשּׁוֹם פ' (לְהִשּׁוֹם) - *nif.* eingeschätzt werden
=הַנִּשּׁוֹם = der zur Steuer Veranlagte
שׁו"ם ר"ת שְׁפַּיֶאר, וֶרְמַיזָה, מַגֶּנְצָה [ʃum] *Kurzw.* Speyer, Worms, Mainz

=תַּקָּנוֹת ~ = Verordnungen *f/pl.* der 3 Gemeinden Speyer, Worms, Mainz *(im Mittelalter)*

שׁוּמָה נ׳ [ʃuma] Einschätzung *f*, Steuerveranlagung *f*

=פְּקִיד־~ = Steuerbeamte(r) *m*, Steuerberater *m*

שׁוֹמֵם ת׳ [ʃomém] öde, leer, wüst *Adj.*

שׁוֹמֵמָה נ׳ [ʃomema] verlassener Ort *m*, Ruine *f*

שׁוּמָנִית נ׳ [ʃumanit] wilder Knoblauch *m bibl.*

שׁוֹמֵר ז׳ (שׁוֹמֶרֶת) [ʃomér] Wächter *m*

=~־טַף בלשון הדיבור: שְׁמַרְטַף = Babysitter *m*

=~־סַף = Torwächter *m*

=~־רֹאשׁ = Leibwächter *m*

=הַשּׁוֹמֵר = "Haschomer" *(Selbstschutzorganisation Anfang des 20. Jhd.)*

=~ חֹק = gesetzestreuer Bürger *m*

שׁוֹמְרוֹנִי ז׳ [ʃomroni] Samaritaner *m*, Bewohner *m* Samarias

שׂוֹנֵא ז׳ (שׂוֹנְאִים) [soné'] Hasser *m*, Feind *m*

שׁוֹנֶה ת׳ (שׁוֹנִים) [ʃone] verschieden, anders, unterschiedlich *Adj.*

=שׁוֹנוֹת נ׳ = Diverses *n*

שׁוֹנוּת נ׳ [ʃonut] Unterschied *m*

שׁוּנִית נ׳ [ʃunit] Felsen *m*, Riff *n*

שׁוּנָר ז׳ שׁוּנְרָה נ׳ [ʃunar, ʃunra] Wildkatze *f*

★שׁוֹסֶה ז׳ [ʃose] Räuber *m*

★שׁוֹעַ ז׳ ['ʃo'a] Edle(r) *m*, Vornehme(r) *m*, Reiche(r) *m*

שִׁוַּע פיעל (לְשַׁוֵּעַ) [ʃiva'] *pi.* schreien, um Hilfe rufen

=מְשַׁוֵּעַ ת׳ = himmelschreiend *Adj.*

שַׁוְעָה נ׳ [ʃav'a] Schrei *m*, Schrei der Verzweiflung

שׁוּעָל ז׳ [ʃu'al] Fuchs *m* (Vulpes) *Zo.*

=שִׁבֹּלֶת־~ = Hafer *m*

שׁוֹעֵר ז׳ (שׁוֹעֶרֶת, שׁוֹעֲרִים) [ʃo'ér] Pförtner *m*, Torwächter *m*, Portier *m*; Torwart *m Sp.*

שׁוֹעָר ת׳ [ʃo'ar] schlecht, verkommen *Adj.*

(שׁוף) שָׁף פעל (לָשׁוּף, יָשׁוּף) [ʃaf] *kal* feilen

־שִׁיֵּף פיעל - *pi.* feilen, abschleifen

שׁוֹפֵט ז׳ (שׁוֹפֶטֶת) [ʃofét] Richter *m*

=~־חוֹקֵר = Untersuchungsrichter *m*

=~־שָׁלוֹם = Friedensrichter *m (Laienrichter für Zivilsachen)*

=שׁוֹפְטִים = Buch *n* der Richter *bibl.*

שׁוֹפִין ז׳ ראה גם: פְּצִירָה [ʃofin] Feile *f*

שׁוֹפְכִים ז״ר [ʃofxim] Abwasser *n*

שׁוֹפֵעַ ת׳ [ʃo'fé'a] überfließend, üppig *Adj.*

שׁוֹפָר ז׳ [ʃofar] Schofar *m*, Widderhorn *n (im jüd. Kult)*

★(שׁוּפְרָא) מִשּׁוּפְרָא דְ~ (ארמ׳) [miʃufra de ʃufra] das Beste vom Besten

שׁוֹפָרִית נ׳ [ʃofarit] Löwenzahn *m*

שׁוֹק נ׳ (שׁוֹקַיִם) [ʃok] Bein *n*, Unterschenkel *m*; Keule *f (v. Tieren)*

=הִכָּהוּ ~ עַל יָרֵךְ = *(den Feind)* entscheidend schlagen *bibl.*

שִׁוֵּק פיעל [ʃivék] *pi.* vermarkten, absetzen

שׁוּק ז׳ (שְׁוָקִים, שׁוּקֵי־) [ʃuk] Markt *m*

=~ הַפִּשְׁפְּשִׁים = Flohmarkt *m*

=~ חָפְשִׁי = freier Markt

=הַשּׁוּק הַמְּשֻׁתָּף = Europäische Wirtschaftsgemeinschaft (EWG)

=~ שָׁחוֹר = schwarzer Markt

=אָדָם מִן הַ~ = der Mann auf der Straße

שׁוֹקָה נ׳ [ʃoka] Schienbein *n*

שׁוֹקוֹ ז׳ (שם מסחרי) ['ʃoko] kakaohaltiges Getränk *n*

שׁוֹקוֹלָד ז׳, שׁוֹקוֹלָדָה נ׳ [ʃokolad, ʃokolada] Schokolade *f*

שׁוּקִי ת׳ [ʃuki] Markt-; wie auf dem Markt

שׁוֹקְעָנִי ת׳ [ʃok'ani] morastig, sumpfig *Adj.*

שׁוֹקֵק ת׳ [ʃokék] begierig, sehnsüchtig *Adj.*

=שׁוֹקְקָנוּת נ׳ = Begierde *f*

=~נִי ת׳ = begierig *Adj.*

geschlecht *n*

שׁוֹשָׁן ז׳ [ʃoʃan] Lilie *f* (Lilium) *Bot.*

שׁוֹשַׁנָּה נ׳ (שׁוֹשַׁנִּים) [ʃoʃana] Lilie *f*; im Volksmund: Rose *f*; Rose *f* (Erypsipelas) *Med.*

=שׁוֹשַׁנַּת-יָם = Seeanemone *f* (Actinaria) *Zo.*

=~-יְרִיחוֹ = Jerichobusch *m* (Anastatica hierochuntica) *Bot.*

=~-הַמַּיִם = Seerose *f* (Nymphaea) *Bot.*

=~-הָרוּחוֹת = Windrose *f*

שׁוֹשֶׁנֶת נ׳ [ʃo'ʃenet] Rosette *f*

שׁוֹתֵת-דָּם ת׳ [ʃotét-dam] blutend, blutüberströmt *Adj.*

שָׁזוּף ת׳ [ʃazuf] sonnengebräunt *Adj.*

שִׁזּוּף ז׳, שיזוף [ʃizuf] Sonnenbräunung *f*

שָׁזוּר ת׳ [ʃazur] verflochten, durchwirkt *(Fäden) Adj.*

שִׁזּוּר ז׳, שיזור [ʃizur] Flechten *n*, Durchwirken *n (Fäden)*

שָׁזִיף ז׳ (שְׁזִיפִים) [ʃazif] Pflaume *f* (Prunus) *Bot.*

שְׁזִיר ז׳ [ʃezir] Twist *m*, Garn *n*

=~רָה נ׳ = Zwirnen *n*

=שְׁזִירַת פְּרָחִים = Blumenarrangement *n*, Gebinde *n*

שָׁזַף פעל (לִשְׁזוֹף, יִשְׁזוֹף) [ʃazaf] *kal (Sonne)* bräunen, verbrennen

-הִשְׁתַּזֵּף הת׳ - *hit.* braun werden, sich bräunen

שִׁזָּפוֹן ז׳ [ʃizafon] Sonnenbräune *f*

שָׁזַר פעל (לִשְׁזוֹר, יִשְׁזוֹר) [ʃazar] *kal* flechten, einflechten, durchwirken *(Fäden)*

-הִשְׁתַּזֵּר הת׳ - *hit.* sich verflechten

שַׁזָּר ז׳ [ʃazar] Seidenzwirner *m*

שֶׁזֶר ז׳ ['ʃezer] Flechtwerk *n*

שִׁזְרָה נ׳ [ʃizra] Wirbelsäule *f*

שַׁח ז׳ [ʃax] Schah *m*, Kaiser *m (von Persien)*; Schachspiel *n*

ראה גם: שַׁחְמָט

שָׁחַד פעל (לִשְׁחוֹד, יִשְׁחַד) [ʃaxad] *kal* bestechen

-שִׁחֵד פיעל - *pi.* bestechen

-נִשְׁתַּחֵד הת׳ - *hit.* sich bestechen lassen

★(שׁוּר) שָׂר פעל (לָשׂוּר, יָשׂוּר) [sar] *kal* ringen, kämpfen

★(שׁוּר) שָׁר פעל (לָשׁוּר, יָשׁוּר) [ʃar] *kal* sehen

=אַחֲרִיתוֹ מִי יְשׁוּרֶנָּה? = wer kann sein Ende voraussehen?

=לַחֲזִית שׁוּר! = zur Front ausrichten! *Mil.*

שׁוֹר ז׳ (שְׁוָרִים, שׁוֹרֵי-) [ʃor] Stier *m*, Ochse *m*

=~ מוּעָד = als stößig bekannter Stier

=תָּפַס אֶת הַשּׁוֹר בְּקַרְנָיו = *wörtl.* den Stier bei den Hörnern packen; sofort zur Sache kommen

=מִלְחֶמֶת שְׁוָרִים = Stierkampf *m*

שׁוּרָה נ׳ [ʃura] Reihe *f (nebeneinander)*; Linie *f*, Zeile *f*

=הַ~ הַתַּחְתּוֹנָה = Grundaussage *f*

=כַּשּׁוּרָה = in der richtigen Ordnung, wie es sein muss

=שׁוּרַת-הַדִּין = das strenge, genaue Recht

==~-הַהִגָּיוֹן, ~-הַשֶּׂכֶל = Entscheidung *f* nach der Logik, nach dem Verstand

=לִפְנִים מִשּׁוּרַת-הַדִּין = nicht nach dem Buchstaben des Gesetzes, mildernd

=אִישׁ-הַשּׁוּרָה = einfacher Soldat *m*

=אָדָם מִן-~ = gewöhnlicher Mensch, Durchschnittsbürger *m*

שׁוּרוֹן ז׳ [ʃuron] Linienblatt *n*

שׁוּרוּק ז׳, שׁוּרֶק (וּ) [ʃuruk] Schuruk *m (hebräisches Vokalzeichen u)*

שׁוֹרֵק ת״ז [ʃorék] zischend *Adj.*; Zischlaut *m Phon.*; Zischen *n*

שׁוֹרְקָנִי ת׳ [ʃorkani] pfeifend *Adj.*

שׁוּשׁ ז׳ [ʃuʃ] Lakritze *f*, Süßholz *n* (Glycyrrhiza) *Bot.*

שׁוֹשְׁבִין ז׳ [ʃoʃvin] Brautführer *m*; Sekundant *m*

=~נָה נ׳ = weibliche Begleiterin der Braut

=~נוּת נ׳ = Brautführung *f*

שׁוֹשֶׁלֶת נ׳ [ʃo'ʃelet] Dynastie *f*, Herrscher-

שֹׁחַד ז׳, שוחד ['ʃoxad] Bestechung *f*
שָׂחָה פעל (לִשְׂחוֹת, יִשְׂחֶה) [saxa] *kal* schwimmen
=~ נֶגֶד הַזֶּרֶם = gegen den Strom schwimmen *fig.*
=~ עִם הַזֶּרֶם = mit dem Strom schwimmen *fig.*; mit den Wölfen heulen
★שָׁחָה פעל (לִשְׁחוֹת, יִשְׁחֶה) [ʃaxa] *kal* sich bücken
-הִשְׁתַּחֲוָה הת׳ - *hit.* sich verbeugen, sich niederwerfen
שִׁחוּד ז׳, שיחוד [ʃixud] Bestechung *f*, Bestechen *n*
שָׁחוּז ת׳ [ʃaxuz] geschliffen, scharf *Adj.*
שָׁחוּחַ ת׳ [ʃa'xuax] gebückt *Adj.*
שָׁחוּט ת׳ [ʃaxut] geschlachtet *Adj.*
שָׁחוּל ת׳ [ʃaxul] eingefädelt *Adj.*
שִׁחוּם ז׳, שיחום [ʃixum] Bräunen *n*
שָׁחוּם ת׳ ראה גם: שָׁחֹם [ʃaxum] granitfarben, dunkelbraun *Adj.*
שָׁחוּן ת׳ [ʃaxun] trocken und heiß *Adj.*
=שָׁנָה שְׁחוּנָה = regenarmes Jahr *n*
שָׁחוּף ת׳ [ʃaxuf] schwindsüchtig, tuberkulös *Adj.*
★שְׂחוֹק ז׳ ראה גם: צְחוֹק [sxok] Lachen *n*; Spott *m*; Spaß *m*
שָׁחוּק ת׳ [ʃaxuk] abgegriffen, abgenutzt *Adj.*
=מַטְבֵּעַ ~ = abgegriffene Münze, etwas Wertloses
שַׁחֲוָר ז׳ (ארמ׳) [ʃaxavar] Minister *m*; Fürst *m*
שְׁחוֹר ז׳ [ʃxor] Schwärze *f*, Schwarz *n*
שִׁחוּר ז׳ [ʃixur] 1. Schwärzen *n*, 2. Erkundigungen *f/pl.* einholen
שַׁחוּת נ׳ [ʃaxut] Unterwerfung *f*
שְׁחוּת נ׳ [ʃixut] Verderben *n*
שְׁחוּת נ׳ [ʃxut] Grube *f*
(שחז) הִשְׁחִיז הפ׳ [hiʃxiz] *hif.* schleifen, schärfen
שִׁחְזוּר ז׳, שיחזור [ʃixzur] Rekonstruierung *f*
שִׁחְזֵר פיעל [ʃixzér] *pi.* rekonstruieren, den ursprünglichen Zustand wiederherstellen
שָׁחַט פעל (לִשְׁחוֹט, יִשְׁחַט) [ʃaxat] *kal* schlachten, schächten *(rituell)*
(שְׁחִי) בֵּית-הַשֶּׁחִי [bét-ha'ʃexi] Achselhöhle *f*
שָׁחִיד ת׳ [ʃaxid] bestechlich *Adj.*
=בִּלְתִּי-~ = unbestechlich
שְׂחִיָּה נ׳, שחייה [sxija] Schwimmen *n*
=בְּרֵכַת-~ = Schwimmbecken *n*, Schwimmbad *n*
שְׁחִיזָה נ׳ [ʃxiza] Schleifen *n*
שְׁחִיטָה נ׳ [ʃxita] Schlachten *n*, Schächten *n* *(rituell)*; Gemetzel *n*, Blutbad *n fig.*
שָׁחִיל ת׳ [ʃaxil] ineinander schiebbar *Adj.*
=סֻלָּם ~ = Schiebeleiter *f*, Klappleiter *f*
שְׁחִילָה נ׳ [ʃxila] Einfädeln *n*; Aufreihen *n*
שְׁחִין ז׳ [ʃxin] Aussatz *m Med.*
שַׂחְיָן ז׳, שחיין (שַׂחְיָנִית) [saxjan] Schwimmer *m Sp.*
=~וּת נ׳ = Schwimmsport *m*
שְׁחִיקָה נ׳ [ʃxika] Zerstoßen *n*, Zerkleinern *n*, Aufreiben *n*; gemahlener Pfeffer *m*; Verschlechterung *f*
שְׁחִית נ׳ [ʃxit] Grube *f*
שְׁחִיתָה נ׳ [ʃxita] Verderben *n*
שְׁחִיתוּת נ׳ [ʃxitut] Korruption *f*
=~-הַמִּדּוֹת = Sittenverderbnis *f*
שַׁחַל ז׳ [ʃaxal] Löwe *m bibl.*
(שחל) הִשְׁחִיל הפ׳ [hiʃxil] *hif.* einfädeln
-הִשְׁתַּחֵל הת׳ - *hit.* sich durchschlängeln
=הִשְׁחִיל עַצְמוֹ = sich hineinzwängen
שַׁחֲלָה נ׳ [ʃaxala] Eierstock *m*; Fruchtknoten *m Bot.*
שִׁחְלֵף פיעל [ʃixléf] *pi.* zurücktauschen *Fin.*
שַׁחַם ז׳ [ʃaxam] Granit *m*
שָׁחֹם ת׳, שחום [ʃaxom] dunkelbraun *Adj.*
(שחם) הִשְׁחִים הפ׳ [hiʃxim] *hif.* bräunen *v/t*; braun werden
שְׁחַמְחַם ת׳ [ʃxamxam] bräunlich, leicht gebräunt *Adj.*
שַׁחְמָט ז׳ [ʃaxmat] Schachspiel *n*
=~טָאוּת נ׳ = Schachspielkunst *f*

=~טַאי ז' = Schachspieler *m*

=~טִי ת' = Schach-

שַׁחְמָנִי ת' [ʃaxmani] brünett *Adj.*

שַׁחֶמֶת נ' [ʃa'xemet] Zirrhose *f*, Bindegewebswucherung *f Med.*

=~ הַכָּבֵד = Leberzirrhose *f* (Cirrhosis hepatis) *Med.*

(שחן) הִשְׁחִין הפ' [hiʃxin] *hif.* heizen

שַׁחַף ז' (שְׁחָפִים) ['ʃaxaf] Möwe *f* (Laridae) *Zo.*

=~ הָאֲגַמִּים = Lachmöwe *f* (Larus ridibundus) *Zo.*

=~ כַּסְפִּי = Silbermöwe *f* (Larus argentatus) *Zo.*

שָׁחַף פעל (לִשְׁחוֹף, יִשְׁחַף) [ʃaxaf] *kal* dahinsiechen

-נִשְׁחַף פ' (לְהִשָּׁחֵף) - *nif.* an Schwindsucht (Tuberkulose) erkranken

שַׁחֲפִית נ' [ʃaxafit] Seeschwalbe *f* (Sterna) *Zo.*

שַׁחֲפָן ז' (שַׁחֲפָנִית) [ʃaxfan] Schwindsüchtige(r) *m*, Tuberkulosekranke(r) *m*

=~נִי ת' = schwindsüchtig, tuberkulosekrank *Adj.*

שַׁחֶפֶת נ' [ʃa'xefet] Schwindsucht *f*, Tuberkulose *f*

=שַׁחַפְתִּי ת' = tuberkulös *Adj.*

שָׁחַץ פעל [ʃaxats] *kal* stolz sein

★שַׁחַץ ז' ['ʃaxats] Stolz *m*, Hochmut *m*

★שֶׁחָץ ת' [ʃexats] stolz, arrogant *Adj.*

שַׁחֲצִית נ' [ʃaxtsit] Prahlerei *f*, Angeberei *f*

שַׁחֲצָן ז' [ʃaxatsan] blasiert *Adj.*, hochmütig *Adj.*

=~נוּת נ' = Arroganz *f*, Anmaßung *f*, herausforderndes Benehmen

=~נִי ת' = arrogant, anmaßend, herausfordernd *Adj.*

(שחצן) הִשְׁתַּחְצֵן הת' (דיבורי) [hiʃtaxtsén] *hit.* angeben *v/i.*

שִׂחֵק פיעל [sixék] *pi.* spielen; sich amüsieren

=שִׂחֲקָה לוֹ הַשָּׁעָה = die Stunde war ihm günstig

=שִׂחֵק לוֹ מַזָּלוֹ = er hatte Glück

שָׁחַק פעל (לִשְׁחוֹק אֶת-, יִשְׁחַק) [ʃaxak] *kal* reiben, aufreiben, zerreiben

-נִשְׁחַק נפ' - *nif.* aufgerieben werden, abgenutzt werden

שַׁחַק^{1} ז', שְׁחָקִים ז"ר ['ʃaxak, ʃxakim] Wolken *f/pl.*, Himmel *m*

=הִרְקִיעַ | שְׁחָקִים = den Himmel stürmen

=גּוֹרֵד-~ = Wolkenkratzer *m*

שַׁחַק^{2} ז' [ʃaxak] Pulver n; zerrissenes Kleidungsstück *n*

=שְׁחָקִים ז"ר = 1. Himmel *m*, 2. Lumpen *m/pl.*

שַׂחְקָן ז', שַׂחֲקָנִית נ' [saxkan, -it] Schauspieler (in *f*) *m*

=~וּת נ' = Schauspielerei *f*

=שַׂחְקַן-כַּדּוּרֶגֶל ז' = Fußballspieler *m*

שָׁחֹר ת', שחור [ʃaxor] schwarz *Adj.*

=שְׁחֹרִים = schwarze Kleidung, Trauerkleidung *f*

=שְׁחֹר-עוֹר = Schwarzer *m*

=שָׁחֹר עַל גַּבֵּי לָבָן = schwarz auf weiß

=~-לָבָן = schwarzweiß

=בּוּרְסָה | שְׁחֹרָה = Graumarkt *m Fin.*

=מָרָה ~ = Melancholie *f*

=עֲבוֹדָה ~ = Schwarzarbeit *f*

=פּוֹעֵל שָׁחֹר = Schwarzarbeiter *m*

=רוֹאֶה-שְׁחֹרוֹת = Schwarzseher *m*

=שׁוּק שָׁחֹר = Schwarzmarkt *m.*

=עָבַר בֵּינֵיהֶם חָתוּל שָׁחֹר = sich zerstreiten, bis aufs Messer streiten *fig.*

שַׁחַר^{1} ז' ['ʃaxar] Morgengrauen *n*, Morgenröte *f*

=אַיֶּלֶת-הַשַּׁחַר = Morgenstern *m*

=שַׁחַר יַלְדוּתוֹ = frühe Kindheit

★=עָלָה עַמּוּד הַשַּׁחַר = der Morgen brach an

שַׁחַר^{2} ז' ['ʃaxar] Sinn *m*, Bedeutung *f*

=אֵין לוֹ ~ = es hat keinen Sinn; es ist nichts Wahres daran

★שָׁחַר^{1} פעל (לִשְׁחוֹר, יִשְׁחַר) [ʃaxar] *kal* suchen nach (*D*); sich interessieren für (*Akk.*); fördern

=שׁוֹחֲרֵי הָאוּנִיבֶרְסִיטָה = Förderer *m/pl.* der Universität

=~ שָׁלוֹם = Förderer *m/pl.* des Friedens

שָׁחַר² פעל (לִשְׁחוֹר, יִשְׁחַר) [ʃaxar] *kal* schwarz werden

-הִשְׁחִיר הפ׳ - *hif.* schwärzen; schwarz werden

=~ אֶת פָּנָיו = j-n beschämen

שִׁחְרוּר ז׳, שיחרור [ʃixrur] Befreiung *f*; Ende des Militärdienstes isr. Jugendlicher

=מִלְחֶמֶת-הַשִּׁחְרוּר = Befreiungskrieg *m (Israels, 1948)*

שַׁחֲרוּר ז׳ [ʃaxrur] Amsel *f* (Turdus merula) *Zo.*

שַׁחֲרוּת נ׳ [ʃaxarut] Jugendzeit *f*

שְׁחַרְחַר ת׳ [ʃxarxar] schwärzlich *Adj.*

שְׁחֹרִי ת׳ [ʃxori] melancholisch *Adj.*

שַׁחֲרִית נ׳ [ʃaxarit] Morgenstunde *f*; Morgengebet *n*; Morgenveranstaltung *f*, Matinee *f*

★=פַּת-~ ראה גם: אֲרוּחַת בֹּקֶר = Frühstück *n*

שִׁחְרֵר פיעל [ʃixrér] *pi.* befreien

-הִשְׁתַּחְרֵר הת׳ - *hit.* sich befreien; den Militärdienst beenden

=שִׁחְרֵר אֶת פְּלוֹנִי מִתַּפְקִידוֹ = j-n entlassen

שַׁחֶרֶת נ׳ [ʃa'xeret] Melanismus *m Med.*

שִׁחֵת פיעל [ʃixét] *pi.* verderben *v/t*

-הִשְׁחִית הפ׳ - *hif.* verderben, zerstören; korrumpieren; entstellen, verunstalten

=שִׁחֵת אֶת דְּבָרָיו = s-e Worte verschwenden

★שַׁחַת¹ נ׳ ['ʃaxat] Grube *f*, Fallgrube *f*

=שֵׁד מִשַּׁחַת = Teufelskerl *m*

שַׁחַת² נ׳ ['ʃaxat] Heu *n*, Trockenfutter *n*

שִׁטָּה¹ נ׳, שיטה (שִׁטִּים) [ʃita] Akazie *f Bot.*

=~ בַּיְשָׁנִית = Mimose *f Bot.*

שִׁטָּה² (מֵתוֹדָה) ראה: שִׁיטָה [ʃita] Methode *f*

שִׁטָּה פיעל (בְּ-) [ʃita] *pi.* sich lustig machen über (*Akk.*), zum Narren halten

-הִשְׁתַּטָּה הת׳ - *hit.* sich närrisch benehmen

שָׁטוּחַ ת׳ [ʃa'tuax] flach *Adj.*

=רֶגֶל שְׁטוּחָה = Plattfuß *m*

שִׁטּוּחַ ז׳, שיטוח [ʃi'tuax] Flachmachen *n*, Verflachen *n*

שִׁטּוּט ז׳, שיטוט [ʃitut] Herumtreiben *n*

שִׁטּוּי ז׳ [ʃituj] Hohn *m*, Spott *m*

שָׂטוּם ת׳ [satum] gehasst *Adj.*

שָׁטוּף ת׳ [ʃatuf] überflutet; versunken in (*D*), hingegeben *fig.*, *Adj.*

שִׁטּוּף ז׳ [ʃituf] Waschen *n*, Spülen *n*

שִׁטּוּר ז׳, שיטור [ʃitur] polizeiliche Überwachung

שְׁטוּת נ׳ (שְׁטֻיּוֹת) [ʃtut] Unsinn *m*, Torheit *f*; *mst pl.* Blödsinn *m*

=~תִי ת׳ = blöd, sinnlos, töricht *Adj.*

שָׁטַח פעל (לִשְׁטוֹחַ, יִשְׁטַח) [ʃatax] *kal* ausbreiten

-שִׁטַּח פיעל (לְשַׁטֵּחַ אֶת-) - *pi.* flach machen; ausbreiten

-הִשְׁתַּטֵּחַ הת׳ (לְהִשְׁתַּטֵּחַ) - *hit.* sich niederwerfen

=שָׁטַח בַּקָּשָׁתוֹ לִפְנֵי- = e-e Bitte unterbreiten

=הִשְׁתַּטֵּחַ עַל קֶבֶר = zum Grab pilgern, am Grab beten

שֶׁטַח ז׳ ['ʃetax] Fläche *f*; Gebiet *n*

=~ בָּנוּי = bebaute Fläche

=~-הֶפְקֵר = Niemandsland *n*

=מִדּוֹת-~ = Flächenmaße *n*/pl.

=הַשְּׁטָחִים = besetzte Gebiete *Pol.*

שִׁטְחִי ת׳ [ʃitxi] oberflächlich *Adj.*

=~יּוּת נ׳ = Oberflächlichkeit *f*

שַׁטָּט ז׳ [ʃatat] Vagabund *m*, Wanderer *m*

שָׁטִיחַ ז׳ (שְׁטִיחִים) [ʃa'tiax] Teppich *m*

=שְׁטִיחוֹן ז׳ = kleiner Teppich, Läufer *m*, Bettvorleger *m*

שְׁטִיחוּת נ׳ [ʃtixut] Flachheit *f*

שְׂטִימָה נ׳ [stima] Hass *m*, Feindschaft *f*

שְׁטִיפָה נ׳ [ʃtifa] Spülung *f*, Abwaschen *n*

=שְׁטִיפַת-מֹחַ = Gehirnwäsche *f fig.*

★שָׂטַם פעל (לִשְׂטוֹם אֶת-, יִשְׂטוֹם) [satam] *kal* hassen

★שִׂטְמָה נ׳ [sitma] Hass *m*, Feindschaft *f*

שָׂטָן ז' [satan] Satan *m*, Teufel *m*; Widersacher *m*

=בְּכוֹר-~ = Teufelskerl *m*

=פָּתַח פֶּה לַשָּׂטָן = den Teufel an die Wand malen *fig.*

שִׂטְנָה נ' [sitna] Anklage *f*; Verleumdung *f*

שָׁטֳנִי ת' (צרפת') [ʃateni] kastanienbraun *Adj.*

שְׂטָנִי ת' [stani] satanisch, teuflisch *Adj.*

=~יּוּת נ' = Teufelei *f*

שָׁטַף פעל (לִשְׁטוֹף, יִשְׁטוֹף) [ʃataf] *kal* spülen, überspülen; aufwischen; abwaschen; *(Regen)* strömen

=~ כֵּלִים = Geschirr spülen

שֶׁטֶף ז' ['ʃetef] Strömen *n*, Strom *m*

=~ דִּבּוּר = Redefluss *m*

=~-דָּם = Bluterguss *m*

שִׁטָּפוֹן ז', שיטפון (שִׁטְפוֹנוֹת) [ʃitafon] Überschwemmung *f*

שְׁטָר ז' (שְׁטָרוֹת, שִׁטְרֵי-) [ʃtar] Wechsel *m*, Schuldschein *m*; Geldschein *m*, Banknote *f*

=שְׁטַר-הִתְחַיְּבוּת גם: שְׁטַר-חוֹב = Obligation *f*, Schuldverschreibung *f*

=~-חֲלִיפִין = Wechsel *m*, Tratte *f*

=~-כֶּסֶף = Banknote *f*, Geldschein *m*

=~-מִטְעָן = Frachtbrief *m*

=~-מֶכֶר = Kaufvertrag *m*

שְׁטְרַימֶל ז' (יידיש) [ʃtreimel] "Streimel" *m*, Pelzhut orthodoxer Juden

שַׁי ז' (שַׁיִּים) ראה גם: מַתָּנָה [ʃaj] Geschenk *n*

★ש"י ר"ת שֵׁרוּת יְדִיעוֹת [ʃérut-jedi'ot] *Abk.* Informationsdienst *m Mil.*

שִׂיא ז' [si'] Höhepunkt *m*, Rekord *m*, Spitzenleistung *f*; Gipfel *m*

=שָׁבַר אֶת הַשִּׂיא = den Rekord brechen *Sp.*

שִׂיאָן ז' [sián] Rekordhalter *m Sp.*

שֵׂיב ז' [sév] Alter *n*

שֵׂיבָה נ' [séva] Greisenalter *n*; weißes Haar *n*

=~ טוֹבָה = hohes Alter, gesegnetes Alter

=~ זָרְקָה בּוֹ = ergrauen

=הִגִּיעַ לְ~ = 70 Jahre alt werden

=מִפְּנֵי ~ תָּקוּם = *wörtl.* steh für Ältere auf *(im Bus usw.)*

שִׁיבָה נ' [ʃiva] Rückkehr *f*, Wiederkehr *f*

=שִׁיבַת-צִיּוֹן = Rückkehr *f* nach Zion *bibl.*

★(שִׂיג) ~ וָשִׂיחַ ז' [sig-va'siax] Verhandlung *f*, Umgang *m*, Beziehungen *f/pl.*

שֵׂיָה נ' [séja] Lämmchen *n*

שִׁיּוּט ז' [ʃijut] Rudern *n*

שִׁיּוּךְ ז' [ʃijux] Zuschreiben *n*, Zuteilen *n*; Zugehörigkeitsfeststellung *f*

שִׁיּוּף ז' [ʃijuf] Feilen *n*

שִׁיּוּר ז' [ʃijur] Rest *m*, Überbleibsel *n*

=~רִי ת' = restlich, übrig bleibend *Adj.*; Rest-

שֵׁיזָף ז' [ʃézaf] Brustbeere *f* (Zizyphus) *Bot.* (Kreuzdorn, Christusdorn)

(שיח) שָׂח פעל (לָשִׂיחַ, יָשִׂיחַ) [sax] *kal* sprechen, sagen

-שׂוֹחֵחַ פיעל (לְשׂוֹחֵחַ) - *pi.* ein Gespräch führen, sich unterhalten

-הֵשִׂיחַ הפ' ראה גם: לְדוֹבֵב פיעל - *hif.* sprechen; zum Sprechen bringen; erzählen

שִׂיחַ[1] ז' ['siax] Strauch *m; pl.* Gebüsch *n*

שִׂיחַ[2] ז' ['siax] Gespräch *n*, Unterhaltung *f*

=~ וָשִׂיג = Verhandlung *f*; Beziehungen *f/pl.*

=דּוּ-~ = Zwiegespräch *n*, Dialog *m*

=רַב-~ = Symposion *n*, öffentliche Diskussion *f*

=שָׁפַךְ שִׂיחוֹ = sein Herz ausschütten *fig.*

=אִישׁ-~ Gesprächspartner *m*

שִׂיחָה נ' [sixa] Gespräch *n*, Unterhaltung *f*; Telefonat *n*

=שִׂיחַת-חֻלִּין = Gespräch *n* über alltägliche Dinge

=~-הַיּוֹם = Tagesgespräch *n*, aktuelles Thema *n*

=~-רֵעִים = Unterhaltung *f* unter Freunden

=~ מַמְתִּינָה = ankommendes Gespräch *(auf der 2. Leitung) Tel.*

=שִׂיחָה מְקוֹמִית = Ortsgespräch *n (Telefon)*
=~ בֵּינְעִירוֹנִית = Ferngespräch *n (Telefon)*
=~ בֵּין-לְאֻמִּית = Auslandsgespräch *n*
=אִישׁ-~, בֶּן-~ = unterhaltsamer, geselliger Mensch
שִׂיחוֹן ז' [sixon] Konversationsbuch *n*
שַׁיִט ז', (שֵׁיט-) [ʃajt] Seefahrt *f*, Schifffahrt *f*; Rudern *n*
שַׁיָּט ז', שייט (שַׁיֶּטֶת) [ʃajat] Ruderer *m*, Ruderin *f*
שִׁיֵּט פיעל [ʃijét] *pi.* rudern
שִׁיטָה נ' [ʃita] Methode *f*, System *n*, Verfahren *n*
=בֵּין הַשִּׁיטִין = zwischen den Zeilen *fig.*
שַׁיֶּטֶת נ', שייטת [ʃa'jetet] Flotte *f*
שִׁיטָתִ|י ת' [ʃitati] systematisch *Adj.*
=~יּוּת נ' = Systematik *f*
שֵׁיךְ ז' [ʃéx] Scheich *m*, Schech *m*
שַׁיָּךְ ת', שייך [ʃajax] zugehörig *Adj.*, es gehört zu *(D)*
=לֹא ~ = es hat nichts damit zu tun
=מַה זֶּה ~ = was hat das damit zu tun?
שִׁיֵּךְ פיעל [ʃijéx] *pi.* zuschreiben, die Zugehörigkeit feststellen
-הִשְׁתַּיֵּךְ הת' - *hit.* dazugehören
שַׁיָּכוּת נ', שייכות [ʃajaxut] Zugehörigkeit *f*
(שִׂים) שָׂם פעל (לָשִׂים, יָשִׂים) [sam] *kal* hinstellen, hinlegen; einsetzen
-הֵשִׂים הפ' - *hif.* hinstellen; hinzufügen, hineingeben
=שָׂם אוֹתוֹ בַּכִּיס הַקָּטָן (סלנג) = j-n in die Tasche stecken F
=~ לוֹ רֶגֶל (דיבורי) = j-m ein Bein stellen
=~ עָלָיו יָד (דיבורי) = Hand an j-n legen, handgreiflich werden
=~ פַּס עַל (דיבורי) = pfeifen auf *(j-n, etwas)* F
=שָׂם בְּפִי פְּלוֹנִי = j-m etwas in den Mund legen *fig.*
=~ לְאַל = zunichte machen
=~ לֵב לְ- = aufpassen auf (*Akk.*), aufmerksam sein
★=~ נַפְשׁוֹ בְּכַפּוֹ = sein Leben einsetzen
=~ עֵינוֹ עַל- = ein Auge werfen auf (*Akk.*) *fig.*, aufpassen auf (*Akk.*)
=~ פָּנָיו לְ-, ~ פְּעָמָיו = sich hinwenden zu (*D*)
=~ קֵץ לְ- = ein Ende bereiten
=אֵיפֹה שַׂמְתָּ אוֹתוֹ? = wo hast du es hingetan?
=מִי שָׂמְךָ? = wer hat dich ernannt (eingesetzt)?
=מִבְּלִי מֵשִׂים = unabsichtlich *Adv.*
=בְּשִׂים לֵב = aufmerksam *Adv.*; mit Rücksicht *auf* (*Akk.*)
(שִׂימָה) שִׂימַת-לֵב [simat-lév] Aufmerksamkeit *f*
=~ עַיִן = Aufpassen *n*
שִׁימָה נ' [ʃima] Einschätzen *n*; Kostenvoranschlag *m*
שִׁין נ' (שִׁינִין) [ʃin] Schin (sch), 21. Buchstabe des hebr. Alphabets *(Punkt rechts oben)*
=שִׂין נ' (שִׂינִין) = Sin (s) *(Punkt links oben)*
שַׁיֶּנֶת-הַדָּם [ʃa'jenet-hadam] Urämie *f*, Harnvergiftung *f Med.*
שִׁיעַ ז' ['ʃia'] 1. Zement *m*, 2. Email *n* *(für Zahnärzte)*
שִׁיעִי ז' [ʃi'i] Schiit *m (islam. Glaubensrichtung)*
שִׁיף ת' [ʃif] poliert, geglättet *Adj.*
שִׁיפָה^1 נ' [ʃifa] Saftrinde *f*, innere Baumrinde (Phloem) *Bot.*
שִׁיפָה^2 נ' [ʃifa] Feilen *n*, Polieren *n*
שִׁיפוֹן, שִׁפּוֹן ז' [ʃifon, ʃipon] Roggen *m*
=לֶחֶם-~ = Roggenbrot *n*
שִׁיקְסָה נ' (יידיש) [ʃiksa] Schickse *f (jiddisch)* F *(Nichtjüdin)*
(שִׁיר) שָׁר פעל (לָשִׁיר, יָשִׁיר) [ʃar] *kal* singen
-שׁוֹרֵר פיעל - *pi.* singen; dichten
-הוּשַׁר הופ' - *hof.* gesungen werden
שִׁיר ז' [ʃir] Lied *n*, Gedicht *n*
=~-גִּבּוֹרִים = Epos *n Lit.*
=~-זָהָב = Sonett *n Lit.*
=~-לֶכֶת = Marschlied *n*

=~-הַמַּעֲלוֹת = "Schir hama'alot", Stufengesang *m (Psalmen 120 bis 134)*

=~-עַם = Volkslied *n*

=~-עֶרֶשׂ = Wiegenlied *n*

=~-רוֹעִים = Hirtengedicht *n*

=~-הַשִּׁירִים = das Hohe Lied *bibl.*

=בַּת-הַשִּׁיר = Muse *f*

=צִפּוֹר-שִׁיר = Singvogel *m*

שִׁיֵּר פיעל [ʃijér] *pi.* übrig lassen *v/t*

-נִשְׁתַּיֵּר הת' - *hit.* übrig bleiben *v/i*

★שְׁיָר ז', שייר [ʃjar] Rest *m*, Überbleibsel *n*

=שִׁירַיִם = Reste *m/pl. (vom Tisch des Rabbi)*

שִׁירָאִים, שִׁירָאִין ז"ר (ארמ') [ʃira'im, -in] feine Seide (*bsd. für Kleidung orthodoxer Juden)*

שִׁירָה נ' [ʃira] Dichtung *f*, Lyrik *f*, Poesie *f*; Gesang *m*

=שִׁירַת-הַבַּרְבּוּר = Schwanengesang *m fig. (Spätwerk)*

שַׁיָּרָה נ', שיירה (שַׁיֶּרֶת-) [ʃajara] Karawane *f*; Geleitzug *m;* Kolonne *f*

שִׁירוֹן ז' [ʃiron] Liederbuch *n*

שִׁירִי ת' [ʃiri] dichterisch, lyrisch *Adj.*

שַׁיִשׁ ז' (שֵׁישׁ-) ['ʃajʃ] Marmor *m*

(שִׂישׂ) שָׂשׂ פעל (לָשִׂישׂ, גם: לָשׂוּשׂ לִקְרָאת-, יָשִׂישׂ) [sas] *kal* sich freuen *auf (Akk.)*

שִׂישָׂה נ' [sisa] Freude *f*

שֵׁישִׁי ת' [ʃéʃi] Marmor-, aus Marmor, marmorn *Adj.*

★(שִׁית) שָׁת פעל (לָשִׁית, יָשִׁית) [ʃat] *kal* legen, stellen

שַׁיִת ז' ['ʃajit] Dornenbusch *m*

★שִׁית ז' (שִׁיתִין) [ʃit] Grund *m*, Basis *f*

=מִן הַשִּׁיתִין = von Grund auf

שִׁיתָה נ' [ʃita] Platzieren *n,* Legen *n*

שֵׂךְ ז' [séx] Dorn *m bibl.*

שָׁכַב פעל (לִשְׁכַּב, יִשְׁכַּב) [ʃaxav] *kal* liegen *v/i*; sich legen; mit j-m schlafen

-נִשְׁכַּב פ' (לְהִשָּׁכֵב) - *nif.* hingelegt werden; mit j-m Beischlaf haben; umfallen

-הִשְׁכִּיב הפ' - *hif.* hinlegen *v/t*

★=שָׁכַב עִם אֲבוֹתָיו = *wörtl.* er legte sich zu s-n Vätern; sterben *bibl.*

=~ עִם אִשָּׁה, שָׁכְבָה עִם גֶּבֶר = mit e-r Frau, mit e-m Mann schlafen

שֶׁכֶב ז' ['ʃexev] unterer Mühlstein *m*

שִׁכְבָה נ' (שְׁכָבוֹת, שִׁכְבוֹת-) [ʃixva] Schicht *f*

=שִׁכְבַת-זֶרַע = Samenerguss *m*

שִׁכְבָתִי ת' [ʃixvati] geschichtet *Adj.*, Schicht auf Schicht

שֻׂכָּה נ' [suka] Dorn *m bibl.*

שָׁכוּב ת' [ʃaxuv] liegend *Adj.*

שָׁכוּחַ ת' [ʃa'xuax] vergessen; öde *Adj.*

=שְׁכוּחַ-אֵל ת' = gottverlassen *Adj.*

★שֶׂכְוִי ז' (שֶׂכְוִים) ראה גם: תַּרְנְגוֹל [sexvi] Hahn *m*

שָׂכוּךְ ת' [saxux] bedeckt *Adj.*

שִׁכּוּךְ ז', שיכוך [ʃikux] Beruhigen *n*, Milderung *f*

שָׁכוּל ת', שַׁכּוּל ת' [ʃaxul, ʃakul] kinderlos *Adj.*; verwaist *(Eltern)*

שְׁכוֹל ז', שִׁכּוּל ז' [ʃxol, ʃikul] Verlust *m* e-s Kindes

שִׂכּוּל ז', שיכול [sikul] Änderung *f* der Ordnung *od.* Reihenfolge; Übereinanderschlagen *n*

=~-אוֹתִיּוֹת = Buchstabenvertauschung *f*, Metathesis *f Gr.*

שָׁכוּן ת' [ʃaxun] wohnend *Adj.*

שִׁכּוּן ז', שיכון [ʃikun] Wohnungsbeschaffung *f*; Wohnsiedlung *f*; Wohnblock *m*

שְׁכוּנָה נ' [ʃxuna] Wohnviertel *n*, Stadtviertel *n*

=שְׁכוּנַת-עֹנִי = Elendsviertel *n*

=שְׁכוּנָתִי ת' = zum Stadtteil gehörig, Siedlungs-

שָׂכוּר ת' [saxur] gemietet *Adj.*

=דִּירָה שְׂכוּרָה = Mietwohnung *f*

שִׁכּוֹר ז', שיכור [ʃikor] Betrunkene(r) *m*, F Schluckspecht *m*

=~ כְּלוֹט = sturzbesoffen *Adj.* F

שָׁכַח פעל (לִשְׁכּוֹחַ אֶת-, יִשְׁכַּח) [ʃaxax] *kal* vergessen

-נִשְׁכַּח נפ׳ (לְהִשָּׁכַח) - *nif.* in Vergessenheit geraten

-נִשְׁתַּכַּח הת׳ (לְהִשְׁתַּכֵּחַ) - *hit.* vergessen werden

-הִשְׁכִּיחַ הפ׳ - *hif.* vergessen lassen, aus dem Gedächtnis auslöschen

=תִּשְׁכַּח מִזֶּה! (דיבורי) = das kannst Du vergessen! kommt nicht in Frage!

שִׁכְחָה נ׳, שיכחה [ʃixexa] Vergessen *n*, Vergessenheit *f*, Vergesslichkeit *f*

=שִׁכְחַת-עַצְמוֹ = Selbstvergessenheit *f*

שִׁכָּחוֹן ז׳, שיכחון [ʃikaxon] Gedächtnisschwund *m*, Gedächtnisstörung *f*, Amnesie *f Med.*

שַׁכְחָן ז׳ [ʃaxexan] vergesslicher Mensch *m*

=~וּת נ׳ = Vergesslichkeit *f*

שָׁכִיב ז׳ [ʃaxiv] bettlägeriger Verwundeter *Mil.*

★שְׁכִיב-מְרַע ז׳ (ארמ׳) [ʃexiv-mera] Schwerkranke(r) *m*, Todkranker *m*

שְׁכִיבָה נ׳ [ʃxiva] Liegen *n*

★שְׂכִיָּה נ׳ [sxija] Schaustück *n*, Schmuckstück *n*

=שְׂכִיּוֹת-חֶמְדָּה = Schätze *m/pl.*, Kostbarkeiten *f/pl.*

שָׁכִיחַ ת׳ [ʃa'xiax] häufig, gewöhnlich *Adj.*

שְׁכִיחָה נ׳ [ʃxixa] Vergessen *n*

שְׁכִיחוּת נ׳ [ʃxixut] Häufigkeit *f*, Gewöhnlichkeit *f*, Frequenz *f*

שַׂכִּין זו״נ [sakin] Messer *n bibl.*

שְׁכִינָה נ׳ [ʃxina] göttlicher Geist *m*, Gegenwart *f* Gottes

=הַשְּׁכִינָה שׁוֹרָה עָלָיו = *wörtl.* der Geist Gottes ruht auf ihm

=בֵּית הַשְּׁכִינָה = Tempel *m (im Judentum)*

שָׂכִיר ז׳ [saxir] Lohnarbeiter *m*, Angestellte(r) *m*

=שְׂכִיר-יוֹם = Tagelöhner *m*

=~-חֶרֶב = Söldner *m*

שְׂכִירָה נ׳ [sxira] Mieten *n*

שְׂכִירוּת נ׳ [sxirut] Miete *f*

=~-מִשְׁנֶה = Untermiete *f*

=דְּמֵי-~ = Mietzins *m*, Miete *f*

שָׁכַךְ פעל (לָשׁוֹךְ, יָשׁוֹךְ) [ʃaxax] *kal* sich beruhigen, sich legen

-שִׁכֵּךְ פיעל - *pi.* beruhigen, mildern *v/t*

★שָׂכַל פעל (לִשְׂכֹּל, יִשְׂכּוֹל) [saxal] *kal* Erfolg haben; klug handeln

-הִשְׂכִּיל הפ׳ - *hif.* belehren, aufklären; verständnisvoll sein; Erfolg haben

=מַשְׂכִּיל ז׳ = Gebildete(r) *m*

=מוּסַר-הַשֵּׂכֶל = Moral *f* (Lehre *f*) der Geschichte

שִׂכֵּל פיעל [sikél] *pi.* die gewohnte Ordnung umdrehen; *(Hände, Füße)* verschränken

שֵׂכֶל ז׳ ['séxel] Verstand *m*, Grips *m* F; Weisheit *f bibl.*

=הַשֵּׂכֶל הַיָּשָׁר = gesunder Menschenverstand

שָׁכַל פעל (לִשְׁכּוֹל אֶת-, יִשְׁכַּל, שָׁכוֹל, שָׁכוֹלְתִּי) [ʃaxal] *kal* verwaisen *(Kinder)*

שִׁכְלוּל ז׳, שיכלול [ʃixlul] Verbesserung *f*, Vervollkommnung *f*

שִׂכְלוּת נ׳ [sixlut] Narrheit *f*, Torheit *f*

שִׂכְלִ|י ת׳ [sixli] verstandesmäßig, intellektuell *Adj.*

=~יּוּת נ׳ = Rationalismus *m*, Vernunftsstandpunkt *m*

שִׁכְלֵל פיעל [ʃixlél] *pi.* verbessern, vervollkommnen

-הִשְׁתַּכְלֵל הת׳ - *hit.* verbessert werden, vervollkommnet werden

=מְשֻׁכְלָל ת׳ = verbessert *Adj.*

שִׂכְלְתָן ז׳ [sixlatan] Rationalist *m*

=שִׂכְלְתָנ|וּת נ׳ = Rationalismus *m*

=~נִי ת׳ = rationalistisch *Adj.*

(שכם) הִשְׁכִּים הפ׳ [hiʃkim] *hif.* früh aufstehen

=בַּבֹּקֶר הַשְׁכֵּם = früh am Morgen

=הַשְׁכֵּם וְהַעֲרֵב = morgens und abends, jeden Tag

שְׁ|כֶם ז׳ ['ʃexem] Schulter *f*

=~ אֶחָד = zusammen, mit vereinten Kräften

★=מִשִּׁכְמוֹ וָמַעְלָה = die anderen weit

שָׂכָר ז' [saxar] Lohn *m;* Gewinn *m;* Gebühr *f*
=שְׂכַר-בַּטָּלָה = Arbeitslosengeld *n*
=~-דִּירָה = Mietzins *m*, Miete *f*
=~-טִרְחָה = Honorar *n*, Vergütung *f*
=~-לִמּוּד = Schulgeld *n*, Studiengebühr *f*
=~-סוֹפְרִים = Autorenhonorar *n*
=בָּא עַל | שְׂכָרוֹ = s-n Lohn erhalten, belohnt werden
=יָצָא ~ בְּהֶפְסֵדוֹ = der Verlust war größer als der Gewinn
=יָצָא הֶפְסֵדוֹ בִּ~ = der Gewinn war größer als der Verlust
=שְׂכַר מִצְוָה מִצְוָה = der Lohn der guten Tat ist die Tat selbst
שֶׂכֶר ז' ['sexer] Lohn *m*; Charter *m*
=טִיסַת-~ = Charterflug *m*
שִׁכֵּר פיעל [ʃikér] *pi.* berauschen *v/t*, betrunken machen
-הִשְׁתַּכֵּר הת' - *hit.* sich betrinken, F sich besaufen
שֵׁכָר ז' ראה גם: בִּירָה [ʃéxar] Bier *n*
(שָׁכְרָה) לְ~ [leʃoxra] bis zur Trunkenheit
שִׁכָּרוֹן ז', שיכרון [ʃikaron] Rausch *m*, Trunkenheit *f*; F Suff *m*
שִׁכְרוּת נ' [ʃixrut] Rausch *m*, Trunkenheit *f*
שִׁכְשׁוּךְ ז' [ʃixʃux] Plantschen *n*, Paddeln *n*
שִׁכְשֵׁךְ פיעל [ʃixʃéx] *pi.* paddeln, plantschen, plätschern; schwenken
-הִשְׁתַּכְשֵׁךְ הת' - *hit.* herumplantschen
שִׁכְתֵּב פיעל [ʃixtév] *pi.* 'umschreiben, umformulieren *v/t*
שִׁכְתּוּב ז', שיכתוב [ʃixtuv] 'Umschreiben *n*
שֶׁל מ"י [ʃel] Anzeige des Genitivs u. des Besitzes *Gr.*
=בְּ~ = wegen *(G) Prp.*
=שֶׁלִּי, שֶׁלְּךָ, שֶׁלָּךְ, שֶׁלּוֹ, שֶׁלָּהּ = besitzanzeigendes Fürwort; mein, dein, sein, ihr
שֶׁלָּנוּ, שֶׁלָּכֶם, שֶׁלָּכֶן, unser, euer (*m*, *f*),
שֶׁלָּהֶם, שֶׁלָּהֶן ihr (*m*, *f/pl.*)

(גָּבֹהַּ מִכָּל-הָעָם) überragend *bibl.*
שִׁכְמָה נ' [ʃixma] Schulterblatt *n Anat.*
שִׁכְמִיָּה נ' [ʃixmija] Pelerine *f*, Cape *n*, Umhang *m*
שָׁכַן פעל (לִשְׁכּוֹן, יִשְׁכּוֹן) [ʃaxan] *kal* wohnen
-שִׁכֵּן פיעל - *pi.* für Wohnungen sorgen; ansiedeln *v/t*
-הִשְׁתַּכֵּן הת' = *hit.* sich ansiedeln, sich niederlassen
-הִשְׁכִּין הפ' - *hif.* wohnen lassen, ansiedeln *v/t*
=~ שָׁלוֹם = Frieden stiften
★=עָם לְבָדָד יִשְׁכּוֹן = ein Volk, das abgesondert lebt *bibl. (Israel)*
שָׁכֵן ז' [ʃaxén] Nachbar *m*; Mieter *m*
=שְׁכֵנָה נ' (שְׁכֶנֶת-, שְׁכֶנְתּוֹ, שְׁכֵנוֹת) = Nachbarin *f*
=טוֹב שָׁכֵן קָרוֹב מֵאָח רָחוֹק = *wörtl.* lieber ein naher Nachbar als ein entfernter Bruder; besser der Spatz in der Hand als die Taube auf dem Dach
שִׁכְנוּעַ ז' [ʃix'nua'] Überzeugen *n*
שְׁכֵנוּת נ' [ʃxénut] Nachbarschaft *f*; Nähe *f*
=יַחֲסֵי-~ = nachbarschaftliche Beziehungen *f/pl.*
שִׁכְנֵעַ פיעל (לְשַׁכְנֵעַ אֶת-) [ʃixna'] *pi.* überzeugen; überreden *v/t*
-הִשְׁתַּכְנֵעַ הת' (לְהִשְׁתַּכְנֵעַ) - *hit.* sich überzeugen; sich überzeugen lassen
שַׁכָּף ז' [ʃakaf] Sattler *m,* Schuster *m*
שִׁכְפּוּל ז', שיכפול [ʃixpul] Vervielfältigung *f*
שִׁכְפֵּל פיעל [ʃixpél] *pi.* vervielfältigen
שַׁכְפַּ"ץ ר"ת שִׁכְבַת פִּצּוּץ [ʃaxpats] *Abk.* kugelsichere Weste *f Mil.*
שָׂכַר פעל (לִשְׂכּוֹר אֶת-, יִשְׂכּוֹר) [saxar] *kal* mieten; anstellen
- נִשְׂכַּר נפ' (לְהִשָּׂכֵר) - *nif.* gemietet werden; gegen Lohn arbeiten; gewinnen, verdienen
-הִשְׂתַּכֵּר הת' - *hit.* verdienen, Lohn erhalten
-הִשְׂכִּיר הפ' - *hif.* vermieten *v/t (Auto, Haus)*
=חֶדֶר לְהַשְׂכִּיר = Zimmer zu vermieten
=יָצָא נִשְׂכָּר = mit Gewinn abschließen

=הוּא בְּשֶׁלּוֹ (דיבורי) = er besteht auf s-r Meinung, gibt nicht nach

=זֶה שֶׁל אֲרִי = das gehört Ari; das ist von Ari

=זוֹ הַדִּירָה שֶׁל אֲחוֹתִי = dies ist die Wohnung meiner Schwester

שַׁל ז׳ [ʃal] Fehler *m*

שַׁלְאֲנָן ת׳ [ʃal'anan] ruhig, beruhigend *Adj.*

שִׁלֵּב פיעל [ʃilév] *pi.* verflechten, einflechten

-הִשְׁתַּלֵּב הת׳ - *hit.* sich einreihen, sich einfügen; sich integrieren

שָׁלָב ז׳ (שְׁלַבִּים) [ʃalav] Sprosse *f*, Stufe *f*; Niveau *n*, Level *n*

=שְׁלַב הַהִתְפַּתְּחוּת = Entwicklungsstufe *f*

שַׁלְבֶּקֶת נ׳ [ʃal'beket] Herpes *Med.*

=~ חוֹגֶרֶת = Gürtelrose *f Med.*

שֶׁלֶג ז׳ ['ʃeleg] Schnee *m*

=אִישׁ־~ ז׳ = Schneemann *m*

=יוֹרֵד ~ = es schneit

=כַּדּוּר־~ ז׳ = Schneeball *m*

=פְּתִיתֵי־~ ז״ר = Schneeflocken *f/pl.*

=מֻשְׁלָג ת׳ = schneebedeckt *Adj.*

שִׁלְגּוֹן ז׳ [ʃilgon] Lawine *f*; Eis *n* am Stiel

שַׁלְגִּיָּה נ׳ [ʃalgija] Schneeglöckchen *n* (Galanthus) *Bot.*

שִׁלְגִּיָּה נ׳ [ʃilgija] Schneewittchen *n*

שֶׁלֶד ז׳ ['ʃeled] Skelett *n*, Gerippe *n*; Rohbau *m*

שַׁלְדָּג ז׳ [ʃaldag] Eisvogel *m* (Halcyones) *Zo.*

שִׁלְדָּה נ׳ [ʃilda] Gerüst *n*, Rahmen *m Tech.*

★שָׁלָה[1] פעל (לִשְׁלוֹת, יִשְׁלֶה) [ʃala] *kal* ruhig, friedlich sein

-הִשְׁלָה הפ׳ - *hif.* Illusionen erwecken

=~ אֶת עַצְמוֹ = sich Illusionen machen, sich etwas vormachen

שָׁלָה[2] פעל (לִשְׁלוֹת אֶת־, יִשְׁלֶה) [ʃala] *kal* herausfischen

=שׁוֹלֵת־מוֹקְשִׁים = Minensucher *m Mil.*

שִׁלְהֵב פיעל [ʃilhév] *pi.* entflammen, anfachen *v/t*; begeistern

-הִשְׁתַּלְהֵב הת׳ - *hit.* sich entflammen, sich begeistern

שַׁלְהָבִית נ׳ [ʃalhavit] Phlox *m*, Flammenblume *f* (Phlomis) *Bot.*

שַׁלְהֶבֶת נ׳ [ʃal'hevet] Flamme *f*

שִׁלְהוּב ז׳, שילהוב [ʃilhuv] Entflammen *n*

★שִׁלְהֵי ז״ר (ארמ׳) [ʃilhé] Ende *n*

=~־הַקַּיִץ = Ende *n* des Sommers

שְׂלָו ז׳, שליו (שַׂלְוִים) [slav] Wachtel *f* (Coturnix) *Zo.*

★שָׁלַו פעל (לִשְׁלוֹ, שָׁלֵו, יִשְׁלַו) [ʃalav] *kal* ruhen, ruhig sein

שָׁלֵו ת׳, שליו [ʃalév] ruhig, sorglos *Adj.*

שָׁלוּב ת׳ [ʃaluv] verschränkt, verknüpft *Adj.*

=שְׁלוּב־זְרוֹעַ = Arm in Arm, untergehakt

=כֵּלִים שְׁלוּבִים = kommunizierende Röhren *f/pl. Phys.*

שִׁלּוּב ז׳, שילוב [ʃiluv] Eingliederung *f*, Verflechtung *f*; Kombination *f*

שָׁלוּג ת׳ [ʃalug] mit Schnee bedeckt

שַׁלְוָה נ׳ [ʃalva] Ruhe *f*, innere Sicherheit; Sorglosigkeit *f*, Gelassenheit *f*

=שַׁלְוַת־כְּסִילִים = Sorglosigkeit der Narren, Narrenparadies *n*

שָׁלוּחַ ת׳ [ʃa'luax] gesandt, geschickt *Adj.*

=שְׁלוּחַ־רֶסֶן = zügellos *Adj.*

שִׁלּוּחַ ז׳, שילוח [ʃi'luax] Versand *m*, Vertreiben *n bsd. Pol.*

=שִׁלּוּחִים ז״ר = Mitgift *f*; Vertreiben *n*

שְׁלוּחָה נ׳ [ʃluxa] Ranke *f*; (Berg-)Ausläufer *m*; Zweigstelle *f*, Filiale *f*; Nebenstelle *f (Telefon)*

שִׁלּוּט ז׳ שילוט [ʃilut] Beschilderung *f*, Aufstellen *n* von Schildern

שָׁלוּי ת׳ [ʃaluj] herausgefischt *Adj.*

שָׁלוּל ת׳ [ʃalul] mangelnd, fehlend *Adj.*; -los

שְׁלוּלִית נ׳ [ʃlulit] Pfütze *f*

שָׁלוֹם ז׳ (שְׁלוֹמִים גם: שְׁלוֹמוֹת) [ʃalom] Frieden *m*, Ruhe *f*; Wohlbefinden *n*, Ergehen *n*
=~, ~ וּבְרָכָה, ~ רַב, ~ לְךָ, ~ עָלֶיךָ, עֲלֵיכֶם = Hallo *n*, guten Tag, “Schalom” *(Grußwort in Israel)*
=עֲלֵיכֶם ~ = Antwort auf den Gruß
=שְׁלוֹם-אֱמֶת = wahrer, echter Frieden
=~-בַּיִת = Hausfriede *m*, Burgfriede *m*
=~-קֶבַע = dauerhafter Friede
=אִישׁ-שְׁלוֹמוֹ = treuer Freund, Vertrauensmann *m*
=אַנְשֵׁי שְׁלוֹמֵנוּ = Unseresgleichen *(politisch, gesellschaftlich)*
=בּוֹאֲךָ לְשָׁלוֹם = willkommen!
=דְּרִישַׁת-שָׁלוֹם ר״ת ד״ש = Grüße *m/pl. (an j-n, z.B. im Brief)*
=הֶחֱזִיר ~ לְ- = den Gruß erwidern
=הִקְדִּים ~ לְ- = beim Grüßen zuvorkommen, zuerst grüßen
=וְעִידַת-~ = Friedenskonferenz *f*
=חוֹזֵה-~ = Friedensvertrag *m*
=חַס וְ~! = um Himmels willen!
=לֵךְ לְ~! = geh’ in Frieden!
=מַה שְׁלוֹמְךָ? = wie geht’s dir?
=שַׁבַּת-~ = einen guten Schabat!
=עָלָיו הַשָּׁלוֹם = er ruhe in Frieden *(nach dem Namen e-s Verstorbenen)*
=רוֹדֵף ~, שׁוֹחֵר ~ = friedliebend *Adj.*
=שָׁאַל לִשְׁלוֹם- = nach dem Befinden fragen
=הַכֹּל יָבֹא עַל מְקוֹמוֹ בְּשָׁלוֹם = es wird sich alles zum Guten wenden
★(שָׁלוֹם) שְׁלוֹמֵי אֱמוּנֵי יִשְׂרָאֵל [ʃlumé ‘emuné jisr’aél] fromme Juden *m/pl.*
★שִׁלּוּם ז׳, שילום [ʃilum] Entgelt *n*, Bezahlung *f*
=שִׁלּוּמִים ז״ר = Entschädigungen *f/pl.*, Reparationen *f*/pl., Wiedergutmachung *f Pol.*
שִׁלּוּמָה נ׳ [ʃiluma] Belohnung *f*, Bezahlung *f*
שְׁלוּמִיאֵ|ל ז׳ [ʃlumiél] Schlemihl *m*, Pechvogel *m*
=~לִיּוּת נ׳ = Ungeschicktheit *f*, Tölpelhaftigkeit *f*
שָׁלוּף ת׳ [ʃaluf] *(Schwert)* gezogen *Adj.*
שָׁלוּק ת׳ [ʃaluk] abgekocht *Adj.*
=בֵּיצָה שְׁלוּקָה = weich *od.* hart gekochtes Ei
שָׁלֹשׁ ש״מ (לִנְקֵבָה) (שְׁלֹשׁ-) [ʃaloʃ] drei (3) *Num.* (*f*)
=~ רְגָלִים = die 3 Wallfahrtsfeste *(Pessach, Schawuoth, Sukkoth)*
=שְׁלֹשׁ-עֶשְׂרֵה (לִנְקֵבָה) = dreizehn (13) *Num.* (*f*)
=שְׁלָשְׁתָּן = alle drei (*f*)
שִׁלּוּשׁ ז׳, שילוש [ʃiluʃ] Verdreifachung *f*
=אֱמוּנַת-הַשִּׁלּוּשׁ = Glauben *m* an die Dreifaltigkeit
שְׁלֹשָׁה ש״מ (לְזָכָר) (שְׁלֹשֶׁת-) [ʃloʃa] drei (3) *Num.* (*m*)
=~-עָשָׂר (לְזָכָר) = dreizehn (13) *Num.* (*m*)
=שְׁלָשְׁתָּם = alle drei (*m*)
שְׁלוֹשִׁים ש״מ [ʃloʃim] dreißig (30) *Num.*; dreißig Trauertage *(im Judentam)*
=הַשְּׁלוֹשִׁים = dreißigste(r) (*m*, *f*)
שָׁלַח פעל (לִשְׁלוֹחַ אֶת-, יִשְׁלַח) [ʃalax] *kal* schicken, senden
-שִׁלַּח פיעל (לְשַׁלֵּחַ) - *pi.* gehen lassen, freigeben; vertreiben, verschicken
=שָׁלַח יָדוֹ בְּ- = sich *(mit etwas)* beschäftigen; stehlen
=~ יָד בְּנַפְשׁוֹ ראה גם: הִתְאַבֵּד = sich das Leben nehmen
=שַׁלַּח אֶת עַמִּי! = gib mein Volk frei! *bibl.*
=שִׁלַּח רֶסֶן = die Zügel schießen lassen *fig.*
★שֶׁלַח[1] ז׳ [ˈʃelax] e-e Art kurzes Schwert *bibl.*
(שֶׁלַח)[2] בֵּית-שְׁלָחִים [bét-ʃlaxim] künstlich bewässertes Feld *n*
שִׁלְחוּף ז׳, שילחוף [ʃilxuf] Blasenbildung *f* (Vesication) *Med.*
שַׁלְחוּפָה נ׳ [ʃalxufa] Schildkröte *f*
שַׁלְחוּפִית נ׳, ראה גם: שַׁלְפּוּחִית [ʃalxufit] (Haut-)Blase *f*

שַׁלְחִין ז״ר [ʃalxin] künstlich bewässertes Feld *n*

שֻׁלְחָן ז׳, שולחן (שֻׁלְחָנוֹת) [ʃulxan] Tisch *m*, Tafel *f*

=שֻׁלְחַן-כְּתִיבָה = Schreibtisch *m*, Arbeitstisch *m*

=~-מְלָאכָה = Werkbank *f*

=שֻׁלְחָן עָגֹל = runder Tisch

=~ עָרוּךְ = *wörtl.* gedeckter Tisch, Kodex der jüd. Religionsgesetze *(16. Jahrhundert)*

=מֶלַח-~ = Tafelsalz *n*

=עָרַךְ ~ = den Tisch decken

=פְּלוֹנִי סָמוּךְ עַל שֻׁלְחָנוֹ שֶׁל- = er wird ernährt von (*D*), ist in freier Kost bei (*D*)

=דָּפַק עַל הַשֻּׁלְחָן (דיבורי) = auf den Tisch hauen *fig.* F

=הֵנִיחַ עַל ~ = *(Gesetzesvorlage)* einreichen *Pol.*

שֻׁלְחָנ|וּת נ׳, שולחנות [ʃulxanut] Wechselgeschäft *n*

=~נִי ז׳ = Geldwechsler *m*

שִׁלְחֵף פיעל [ʃilxéf] *pi.* Blasen bilden

שָׁלַט פעל (לִשְׁלוֹט עַל-, בְּ-, יִשְׁלוֹט) [ʃalat] *kal* herrschen, beherrschen

-הִשְׁתַּלֵּט הת׳ (עַל-) - *hit.* sich zum Herrscher machen; überwinden

-הִשְׁלִיט הפ׳ - *hif.* herrschen lassen

=שָׁלַט בַּמַּצָּב = die Situation beherrschen

=~ בְּעַצְמוֹ = sich beherrschen

=~ בְּרוּחוֹ = sich zurückhalten

=הִשְׁלִיט סֵדֶר = die Ordnung herstellen

שִׁלֵּט פיעל [ʃilét] *pi.* beschildern, Schilder aufstellen, Schilder anbringen

שֶׁלֶט ז׳ ['ʃelet] Schild *n*, Aushängeschild *n*

שְׁלַט-רָחוֹק ז׳ [ʃlat-raxok] Fernbedienung *f*

שֻׁלְטָאן ז׳, שולטאן [sultan] Sultan *m*

שִׁלְטוֹן ז׳, שילטון (שִׁלְטוֹנוֹת) [ʃilton] Herrschaft *f*, Regierung *f*; Behörde *f*, Verwaltung *f*

=~ מְקוֹמִי = Ortsverwaltung *f*

=~ עַצְמִי = Selbstverwaltung *f*

שִׁלְטוֹנ|ִי ת׳, שילטוני [ʃiltoni] Regierungs-; behördlich *Adj.*

=~יּוּת נ׳ = Herrschsucht *f*

שָׁלְטָנִי ת׳, שולטני [ʃoltani] beherrschend, vorherrschend, dominant *Adj.*

שֶׁלִי ז׳ ['ʃeli] Ruhe *f bibl.*

שְׁלִיבָה נ׳ [ʃliva] Verflechten *n*; Verbindung *f*; Quersprosse *f*

שְׁלִיגָה נ׳ [ʃliga] Schneien *n*, Schneefall *m*

שִׁלְיָה נ׳, שיליה [ʃilja] Plazenta *f*, Mutterkuchen *m*

שְׁלִיָּה נ׳, שלייה [ʃlija] Herausfischen *n*

שָׁלִיחַ ז׳ (שְׁלִיחִים) [ʃa'liax] Gesandte(r) *m*, (Send-)Bote *m*; Apostel *m*; Emissär *m*

=שְׁלִיחַ-צִבּוּר (ר״ת שַׁ״ץ) = Kantor *m*, Vorbeter *m*; für das Wohl der Öffentlichkeit Tätiger

=שְׁלִיחִים ז״ר = Apostel *m/pl.*

=מֵרוֹץ-~ = Stafettenlauf *m Sp.*

שְׁלִי|חָה נ׳ [ʃlixa] Senden *n*, Schicken *n*; Abgesandte *f*, Botin *f*, Emissärin *f*

=~חוּת נ׳ = Auftrag *m*, Aufgabe *f* des Abgesandten, Mission *f*

שַׁלִּיט ז׳ (שַׁלֶּטֶת, שַׁלִּיטִים) [ʃalit] Herrscher *m*

שְׁלִיטָ״א ר״ת שֶׁיִּחְיֶה לְאֹרֶךְ יָמִים טוֹבִים אָמֵן [ʃelita] *Kurzw.* "er soll lange leben" *(Zusatz zum Namen e-s Rabbi)*

=הָרַבִּי ~ = der Rabbi soll lange leben; lange soll er leben

שְׁלִיטָה נ׳ [ʃlita] Herrschen *n;* Beherrschung *f*

שְׁלִיל ז׳ [ʃlil] Fetus *m*, Fötus *m*

שְׁלִילָה נ׳ [ʃlila] Verneinung *f*, Negierung *f*, Ablehnung *f*; Aberkennung *f*

שְׁלִילִ|י ת׳ [ʃlili] negativ, verneinend, ablehnend *Adj.*

=~יּוּת נ׳ = Negativismus *m*, negative Einstellung *f*

שָׁלִיף ת׳ [ʃalif] herausziehbar *Adj.*, Auszieh-

שְׁלִיפָה נ' [ʃlifa] Herausziehen *n (bsd. Waffen)*

שְׁלִיקָה נ' [ʃlika] Kochen *n (in Wasser)*

שָׁלִישׁ[1] ז' (שְׁלִישׁ-, שָׁלִישִׁים) [ʃaliʃ] Adjutant *m Mil.*

★שָׁלִישׁ[2] ז' [ʃaliʃ] Drittteil *m (ein altes Maß)*

=בָּכָה בְּדִמְעוֹת ~ = viel weinen

שְׁלִישׁ ז' [ʃliʃ] Drittel (1/3) *n*

שְׁלִישׁוֹן ז' [ʃliʃon] Tertiär *n Geol.*

=~נִי ת' = tertiär *Adj.*

שָׁלִישׁוּת נ' [ʃaliʃut] Adjutantur *f*; militärische Verwaltung *f*

שְׁלִישִׁי ת"ז (שְׁלִישִׁית) [ʃliʃi] dritte(r, -s)

=גוּף ~ = dritte Person *(er, sie) Gr.*

=יוֹם ~ = Dienstag *m*

=בַּשְּׁלִישִׁית = zum 3. Mal

שְׁלִישִׁיָּה נ' [ʃliʃija] Trio *n Mus.*; Drillinge *m/pl.*

שְׁלִישִׁית נ' [ʃliʃit] Drittel (1/3) *n*; dritte (*f*); drittens *Adv.*

(שלך) הִשְׁלִיךְ הפ' [hiʃlix] *hif.* werfen, wegwerfen; vertreiben *bibl.*

=~ אַחֲרֵי גֵּוּוֹ = hinter sich werfen; verlassen

=~ גּוֹרָל = das Los werfen

=~ יְהָבוֹ עַל- = s-e Hoffnung setzen auf (*Akk.*)

=~ נַפְשׁוֹ מִנֶּגֶד = sein Leben einsetzen

=הָשְׁלַךְ הַס = es herrschte Stille

שָׁלָךְ ז' [ʃalax] Fischadler *m* (Pandion haliaetus) *Zo.*

שַׁלֶּכֶת נ' [ʃa'lexet] Blätterfall *m*

=הָעֵץ עוֹמֵד בַּשַּׁלֶּכֶת = der Baum hat s-e Blätter abgeworfen

שָׁלַל[1] פעל (לִשְׁלוֹל, יִשְׁלוֹל) [ʃalal] *kal* verneinen, negieren; versagen, fortnehmen; aberkennen *v/t*

★שָׁלַל[2] פעל (לִשְׁלוֹל, יָשׁוֹל) [ʃalal] *kal* Beute machen

-הִשְׁתּוֹלֵל הת' - *hit.* toben, wild werden; sich austoben F

שָׁלָל ז' [ʃalal] Beute *f*

=שְׁלַל צְבָעִים = Farbenreichtum *m*

=כְּמוֹצֵא שָׁלָל רָב = als ob er e-n Schatz gefunden hätte

שְׁלָל ז' [ʃlal] loser Stich *m;* Heften *n*

★שָׁלַם[1] פעל (לִשְׁלוֹם, שָׁלֵם, יִשְׁלַם) [ʃalam] *kal* vollständig sein, unversehrt sein

-נִשְׁלַם נפ' (לְהִשָּׁלֵם) - *nif.* vollendet werden; zu Ende gehen; perfekt od. abgeschlossen sein

-שִׁלֵּם פיעל - *pi.* bezahlen, *(Schuld)* begleichen

-הִשְׁתַּלֵּם הת' - *hit.* sich bezahlt machen, die Unkosten decken, sich lohnen; sich fortbilden, sich vervollkommnen

-הִשְׁלִים הפ' (אֶת-) - *hif.* ergänzen, vervollkommnen; abschließen, beenden

=תַּם וְנִשְׁלַם = zu Ende, fertig

=תַּם וְלֹא נִשְׁלַם = unvollendet, nicht abgeschlossen

(שלם)[2] הִשְׁלִים הפ' [hiʃlim] *hif.* Frieden schließen *(zwischen)* (בֵּין-)
sich abfinden mit (עִם-)

שָׁלֵם ת' [ʃalém] vollständig, unversehrt, intakt, ganz *Adj.*

=בְּלֵב ~ = von ganzem Herzen

=גִּזְרַת הַשְּׁלֵמִים = die regulären hebr. Verben mit 3 Wurzelkonsonanten *Gr.*

=רְפוּאָה שְׁלֵמָה! = gute Besserung!

=הוּא שָׁלֵם עִם עַצְמוֹ = er ist mit sich eins, sich selbst treu

★שֶׁלֶם ז' ['ʃelem] Dankopfer *n bibl.*

=★שַׁלְמֵי-תוֹדָה = Dank *m;* Dankbarkeit *f*

★שִׁלֵּם ז', שילם [ʃilém] Vergeltung *f bibl.*

★שַׂלְמָה נ' ראה גם: שִׂמְלָה [salma] Kleid *n*

שַׁלְמוֹנִים ז"ר [ʃalmonim] Bestechungsgelder *n/pl.*

שְׁלֵמוּת נ', שלימות [ʃlémut] Vollständigkeit *f*, Vollkommenheit *f*; Ganzheit *f*, Unversehrtheit *f*

=כְּלִיל הַשְּׁלֵמוּת = höchste Vollkommenheit *f*

שָׁלַף פעל (לִשְׁלוֹף אֶת-, יִשְׁלוֹף) [ʃalaf] *kal* (Waffe) ziehen, *(Schuh)* ausziehen *bibl.*

שֶׁלֶף ז׳ ['ʃelef] Stoppelfeld *n*
=שַׁלְפֵי-זָקָן ז״ר = Bartstoppel *f/pl.*
שַׁלְפּוּחִי ת׳ [ʃalpuxi] blasenförmig, blasig *Adj.*
שַׁלְפּוּחִית נ׳ [ʃalpuxit] Blase *f*
=~ הַמָּרָה = Gallenblase *f*
=~ הַשֶּׁתֶן = Harnblase *f*
שָׁלַק פעל (לִשְׁלוֹק אֶת-, יִשְׁלוֹק) [ʃalak] *kal* kochen *(in Wasser)*
שִׁלֵּשׁ פיעל [ʃiléʃ] *pi.* verdreifachen; in drei Teile teilen *bibl.*
-הִשְׁלִישׁ הפ׳ - *hif.* hinterlegen, deponieren; verdreifachen
★שִׁלֵּשׁ ז׳, שילש [ʃiléʃ] Enkel *m*; Urenkel *m bibl.*
שְׁלָשָׁה נ׳ [ʃlaʃa] Dreierreihe *f Mil.*
שִׁלְשׁוּל[1], שַׁלְשׁוֹל ז׳ [ʃilʃul, ʃalʃol] Regenwurm *m* (Lumbricidae) *Zo.*
שִׁלְשׁוּל[2] ז׳, שילשול [ʃilʃul] Durchfall *m*; Einwerfen *n (Brief)*
שִׁלְשׁוֹם ת״פ [ʃilʃom] vorgestern *Adv.*
=תְּמוֹל-~ = früher, damals
שִׁלָּשׁוֹן ז׳ [ʃilaʃon] T-förmiges Rohr *n*
שִׁלְשֵׁל פיעל [ʃilʃél] *pi.* herunterlassen; abwerfen, *(Brief)* einwerfen; an Durchfall leiden; abführen *v/t*
-הִשְׁתַּלְשֵׁל הת׳ - *hit.* herabhängen; sich entwickeln
שַׁלְשֶׁלֶת נ׳ [ʃal'ʃelet] Kette *f*; Spirochäte *f* (Mikroorganismen) *Med.*
=~-יוּחֲסִין = Stammbaum *m*
שַׁלְשַׁלְתִּי ת׳ [ʃalʃalti] kettenähnlich *Adj.*
שֵׁם ז׳ (שֵׁמוֹת, שְׁמוֹת-) [ʃém] Name *m*; Wort *n*, Hauptwort *n*
=הַשֵּׁם = "der Name", Gott *m*
=בְּשֵׁם- = im Namen *(G)*
=כְּ~ שֶׁ- = so wie
=לְ~ = zum Zwecke, zwecks *(G)*
=לִשְׁמוֹ = an sich, um s-r selbst willen
=עַל-שֵׁם = auf den Namen ..., für (*Akk.*); zum Gedächtnis an (*Akk.*)
=~ בָּדוּי = Pseudonym *n*, Deckname *m*
=~ גְּנַאי = Schimpfname *m*
=~-דָּבָר = Begriff *m*; wohl bekannt, berühmt *Adj.*
=~-גּוּף = Fürwort *n*, Pronomen *n Gr.*
=~-הַפֹּעַל = Infinitiv *m Gr.*
=~ טוֹב = guter Ruf
=~-לְוַי = Beiname *m*
=~ מִסְחָרִי = Handelsmarke *f*, Warenzeichen *n*
=~-מִסְפָּר = Zahlwort *n*
=~ מֻפְשָׁט = Abstraktum *n Gr.* (z.B. חָכְמָה, כֹּבֶד)
=~-מִשְׁפָּחָה = Familienname *m*, Nachname *m*
=~ מְשֻׁתָּף = Homonym *n*, gleich lautendes Wort *n Gr.*
=~ נִרְדָּף = Synonym *n*, sinnverwandtes Wort *n Gr.*
= Substantiv *n*, Hauptwort *n*
=~-עֶצֶם = Gattungsname *m*
=~-עֶצֶם כְּלָלִי = Eigenname *m*
=~-עֶצֶם פְּרָטִי = Vorname *m*
=~ פְּרָטִי = Code *m*
=~-קוֹד = Kollektivum *n*, Sammelname *m*
=~ קִבּוּצִי = aus uneigennützigen Gründen
=לְ~ שָׁמַיִם = Adjektiv *n*, Eigenschaftswort *n Gr.*
=~ תֹּאַר = 2. Buch *n* Mosis, Exodus *m*
=שְׁמוֹת = Namenlose(r)*m*, Unbekannte(r) *m*
=בֶּן-בְּלִי-שֵׁם = berühmter Mann; Wundertäter *m*
= "Baal Schem-Tow", Bei-
=בַּעַל-~ name des Rabbi Israel ben
=בַּעַל-~-טוֹב Elieser, genannt Bescht
(ר״ת בעש״ט) = mit Gottes Hilfe
= gelobt sei Gott, Gott sei Dank
=בְּעֶזְרַת הַשֵּׁם = Gotteslästerung *f*
=בָּרוּךְ הַ~ = Märtyrertod *m*
=חִלּוּל הַ~ = "Jad vaschem" *(Gedächtnismal)*,
=קִדּוּשׁ הַ~ Name des Jerusalemer Instituts
=יָד וָשֵׁם zur Erforschung der Judenverfolgungen zur Nazizeit

=יִמַּח שְׁמוֹ = *wörtl.* sein Name soll ausgelöscht werden *(Fluchformel)*; verflucht sei sein Name
=שְׁמוֹ הוֹלֵךְ לְפָנָיו = er ist berühmt
=כִּשְׁמוֹ כֵּן הוּא = er ist wie sein Name, der Name passt zu ihm
=הַשֵּׁם יְרַחֵם = Gott wird sich erbarmen
=הַ~ יִקֹּם דָּמוֹ (ר"ת הי"ד) = Gott wird sein Blut rächen
=הַ~ יִשְׁמְרֵנוּ = Gott behüte uns!
=הַ~ יִתְבָּרֵךְ = gelobt sei Gott!
שָׁם ת"פ [ʃam] dort *Adv.*
=לְ~ = dorthin
=מִשָּׁם = von dort
=אֵי-שָׁם = irgendwo
=פֹּה וָ~ = hier und da, überall
=שָׁמָּה = dorthin
★**שֶׁמָּא** מ"ח ['ʃema'] vielleicht; damit nicht etwa *Kj.*
=בָּרִי וְ~ — בָּרִי עָדִיף = *wörtl.* im Zweifel wählt man den sicheren Weg
שַׁמָּאוּת נ' [ʃama'ut] Einschätzung *f*
שַׁמַּאי ז' [ʃamaj] Gutachter *m*; *(Steuer)* Taxator *m*
שְׂמֹאל ז' [smol] links, linke Seite; Linke *f Pol.*
נ' linke Hand
=שְׂמֹאלָה = nach links
=אֵינוֹ יוֹדֵעַ בֵּין יְמִינוֹ לִשְׂמֹאלוֹ = nicht mehr wissen, wo rechts und links ist
(שמאל) **הִשְׂמִיל, הִשְׂמְאִיל** הפ' [hismil] *hif.* sich nach links wenden
=הַשְׂמֵאל! = nach links! *(marschieren) Mil.*
שְׂמָאלוּת נ' [smolut] Linkshändigkeit *f*
שְׂמָאלִי ת' [smoli] linke(r, -s); linksgerichtet; linkshändig *Adj.* ראה גם: **אִטֵּר**
=קָם עַל צַדּוֹ שְׂמֹאל = mit dem linken Fuß aufstehen *fig.*
שְׂמָאלִיּוּת נ' [smolijut] linke Orientierung *f Pol.*
שְׂמָאלָ|נוּת נ' [smolanut] Linke *f Pol.*
=~נִי ת' = linksgerichtet *Adj. Pol.*
(שמד) **נִשְׁמַד** נפ' (לְהִשָּׁמֵד) [niʃmad] *nif.* vernichtet werden
-הִשְׁמִיד הפ' - *hif.* vernichten
שִׁמֵּד פיעל [ʃiméd] *pi.* zur Taufe zwingen
-נִשְׁתַּמֵּד הת' - *hit.* sich taufen lassen, Christ werden
שְׁמָד ז' [ʃmad] Taufzwang *m*
★**שַׁמָּה** נ' [ʃama] Wüste *f*; Zerstörung *f*
=עָשָׂה שַׁמּוֹת בְּ- = verheeren *(Akk.)*
שָׁמָּה ת"פ (שָׁם וְה' הַמְּגַמָּה) ['ʃama] dorthin *Adv.*
שִׂמּוּחַ ז' [si'muax] Erfreuen *n*
שָׁמוּט ת' [ʃamut] schief; heruntergelassen *Adj.*
שִׁמּוּט ז', **שימוט** [ʃimut] Herausziehen *n*; Herunterlassen *n*; Brachliegenlassen *n* *(im Sabbatjahr)*; Tilgung *f* der Schulden *(im Sabbatjahr)*
שַׁמּוּטִי ז' (ערב') [ʃamuti] Sorte der Jaffaorange
שֵׁמוֹן ז' [ʃémon] Namensverzeichnis *n*
שִׁמּוּן ז', **שימון** [ʃimun] Ölung *f*
שְׁמוֹנֶה ש"מ (לִנְקֵבָה) [ʃ'mone] acht (8) *Num. (f)*
=~-עֶשְׂרֵה (לִנְקֵבָה) = achtzehn (18) *Num. (f)*; Achtzehngebet *n Rel.*
=הַשְּׁמוֹנֶה-עֶשְׂרֵה נ' = achtzehnte, 18. *(f)*
שְׁמוֹנָה ש"מ (לְזָכָר) (שְׁמוֹנַת-) [ʃmo'na] acht (8) *Num. (m)*
=~ שְׁמוֹנָה-עָשָׂר (לְזָכָר) = achtzehn (18) *Num. (m)*
=הַשְּׁמוֹנָה-עָשָׂר ז' = achtzehnte(r), 18. *(m)*
=שְׁמוֹנִים ש"מ = achtzig (80) *Num.*
שָׁמוּעַ ת' [ʃamua'] gespielt *(Musik) Adj.*
שִׁמּוּעַ ז', **שימוע** [ʃi'mua'] Verhör *n*
שְׁמוּעָה נ' [ʃmu'a] Gerücht *n*
=מִפִּי הַשְּׁמוּעָה = gerüchtweise, vom Hörensagen
=חֲרֹשֶׁת הַשְּׁמוּעוֹת = Gerüchteküche *f*
שָׁמוּר ת' [ʃamur] bewahrt, aufbewahrt; reserviert, vorbehalten; vertraulich, geheim *Adj.*
=מַצָּה שְׁמוּרָה = Matze *f (aus bsd. aufbewahrtem Mehl)*

=קֶרֶן ~ = Reservefonds *m*

=כָּל הַזְּכֻיּוֹת שְׁמוּרוֹת = alle Rechte vorbehalten

שִׁמּוּר ז׳, שימור [ʃimur] Bewachung *f*; Konservierung *f*

=שִׁמּוּרִים ז״ר = Konserven *f/pl.*

=לֵיל-~ = durchwachte Nacht; Nachtwache *f*

שְׁמוּרָה[1] נ׳ [ʃmura] Augenlid *n*

שְׁמוּרָה[2] נ׳ [ʃmura] Reservat *n*

=שְׁמוּרַת-טֶבַע = Naturschutzgebiet *n*

שִׁמּוּרִי ת׳, שימורי [ʃimuri] bewahrend, erhaltend *Adj.*

שִׁמּוּשׁ ז׳, שימוש [ʃimuʃ] Benutzung *f*

=אוֹתִיּוֹת-הַשִּׁמּוּשׁ = formbildende Buchstaben *m/pl. (vor od. nach der Wurzel) Gr. (z.B. כְּכְלוֹת)*

=בֵּית-|שִׁמּוּשׁ = Toilette *f*, WC *n*

=יָצָא מִכְּלַל ~ = nicht mehr benutzbar sein, ausrangiert werden

=שִׁמּוּשִׁ|י ת׳ = benutzbar, praktisch; angewandt *Adj.*

=~יּוּת נ׳ = Benutzbarkeit *f*

שְׁמוֹת [ʃmot] 2. Buch *n* Mosis, Exodus *m*

שָׂמַח פעל (לִשְׂמוֹחַ בְּ-, עַל-, שָׂמֵחַ, יִשְׂמַח) [samax] *kal* sich freuen

-שִׂמֵּחַ פיעל (לְשַׂמֵּחַ) - *pi.* erfreuen *v/t*

=וְשָׂמַחְתָּ בְּחַגֶּךָ! = frohes Fest!

=אֵיזֶהוּ עָשִׁיר? — הַשָּׂמֵחַ בְּחֶלְקוֹ = "Wer ist reich? Der mit s-m Teil zufrieden ist"

שָׂמֵחַ ת׳ [sa'méax] froh, fröhlich *Adj.*

=~ לְאֵיד = schadenfroh *Adj.*

=חַג ~! = frohes Fest!

=עָשָׂה ~ (דיבורי) = feiern, Stimmung machen, Spaß haben

שִׂמְחָה נ׳ (שְׂמָחוֹת, שִׂמְחוֹת-) [simxa] Freude *f*; Fest *n*, Familienfest *n*

=~ לְאֵיד = Schadenfreude *f*

=בְּ~! = gern!, mit Vergnügen!

=שִׂמְחַת-תּוֹרָה = "Simchat Thora", Gesetzesfreude, 8. Tag des Sukkothfestes

=בַּעַל-שִׂמְחָה = Veranstalter *m*, Mittelpunkt *m* e-s Festes, Jubilar *m*

=נִפָּגֵשׁ בִּשְׂמָחוֹת! = *wörtl.* wir treffen uns wieder zum Feiern!; bis zur nächsten Feier

שָׁמַט פעל (לִשְׁמוֹט אֶת-, יִשְׁמוֹט) [ʃamat] *kal* fallen lassen, loslassen; aufgeben *bibl.*

-נִשְׁמַט נפ׳ (לְהִשָּׁמֵט) - *nif.* ausgelassen werden

-שִׁמֵּט פיעל - *pi.* auslassen, aus der Schuld entlassen; Gesetze des Sabbatjahres auferlegen

-הִשְׁתַּמֵּט הת׳ - *hit.* sich entziehen, sich drücken vor (*D*)

-הִשְׁמִיט הפ׳ - *hif.* auslassen, weglassen

=נִשְׁמַט מִזִּכְרוֹנוֹ = dem Gedächtnis entfallen

=~ מִיָּדָיו = aus der Hand gefallen

שְׁמִטָּה נ׳, שמיטה [ʃmita] Sabbatjahr *n*, Ruhejahr *n Rel.*

=שְׁמִטַּת-כְּסָפִים = Schulderlass *m (im Sabbatjahr)*

=~-קַרְקַע = Brachliegen *n* des Bodens *(im Sabbatjahr)*

שֵׁמִי[1] ת׳ [ʃémi] namentlich *Adj.*, Namens-

שֵׁמִי[2] ת׳ [ʃémi] semitisch *Adj.*

=אַנְטִי~ ת׳ = antisemitisch *Adj.*; Antisemit *m*

=שֵׁמִיּוּת נ׳ = Semitismus *m*

=אַנְטִי~ נ׳ = Antisemitismus *m*

שְׁמַיָּא ז׳ (ארמ׳) [ʃmaja] Himmel *m*

=בְּסִיַּעְתָּא דִ-~ (בקיצור בס״ד) = mit Gottes Hilfe

שָׁמִיט ת׳ [ʃamit] abnehmbar *Adj.*

שְׂמִיכָה נ׳ [smixa] Decke *f*; Bettdecke *f*

שָׁמַיִם ז״ר (שְׁמֵי-) [ʃa'majim] Himmel *m*; Gott *m fig.*

=הַשָּׁמַיְמָה = zum (*od.* gen) Himmel

=בְּעֶזְרַת שָׁמַיִם = mit Gottes Hilfe

=בִּידֵי ~ = in Gottes Hand

=גַּרְמֵי ~ = Himmelskörper *m/pl.*
=יְרֵא-~ ת' = fromm *Adj.*
=כִּפַּת-~ = Himmelsgewölbe *n*
=לְשֵׁם ~ = zu Ehren Gottes; zum Allgemeinwohl, aus uneigennützigen Beweggründen
=רוּחוֹת-הַשָּׁמַיִם = Himmelsrichtungen *f/pl.*
=בֵּין הַ-~ וּבֵין הָאָרֶץ = zwischen Himmel u. Erde
=לֹא בַּ-~ הִיא! = *wörtl.* es liegt nicht im Himmel; es ist nicht unerreichbar
=תַּחַת כִּפַּת הַ-~ = unter freiem Himmel, im Freien
שְׁמֵימִי ת' [ʃmémi] himmlisch *Adj.*; Himmels-
שְׁמִינִי ת' [ʃmini] achte(r, -s), 8.
=~-עֲצֶרֶת = "Schmini Azereth", Ende des Sukkothfestes
שְׁמִינִיָּה נ' [ʃminija] Oktave *f*; Achterbahn *f*
=עָשָׂה שְׁמִינִיּוֹת בָּאֲוִיר (סלנג) = die Welt auf den Kopf stellen *fig.*
שְׁמִינִיסְט ז' (דיבורי) [ʃminist] Primaner *m (in 8. Gymnasialklasse)*
שְׁמִינִית נ' [ʃminit] Achtel (1/8) *n*; *(Gymnasium)* 8. Klasse *f*, Oberprima *f*
שְׁמִיעָה נ' [ʃmi'a] Gehör *n*; Hören *n*
=~ בְּקוֹל = Gehorchen *n*
=חוּשׁ-הַשְּׁמִיעָה = Gehörsinn *m*
=עֵד-שְׁמִיעָה = Ohrenzeuge *m*
=~ מֻחְלֶטֶת = absolutes Gehör *Mus.*
=אֵינָהּ דּוֹמָה ~ לִרְאִיָּה = Hören gleicht nicht Sehen *(bei Zeugenaussage)*
שָׁמִיר ז' [ʃamir] Dornstrauch *m* (Paliurus) *Bot.*; Kiesel *m*, Feuerstein *m*; Schmirgel *m*; Dill
=נְיַר-~ = Schmirgelpapier *n*
שְׁמִירָה נ' [ʃmira] Wache *f*, Bewachung *f*
=שְׁמִירַת-הַבְּרִיאוּת = Hygiene *f*
=~-הַחֹק = Einhaltung *f* des Gesetzes
=~-טַף = Kinderhüten *n*, Kinderbetreuung *f*
שָׁמִישׁ ת' [ʃamiʃ] praktisch, verwendbar, zweckdienlich *Adj.*
=שְׁמִישׁוּת נ' = Verwendbarkeit *f*, Zweckdienlichkeit *f*
שֶׁמֶךְ ז' ראה גם: טְרוּטָה ['ʃemex] Forelle *f*
שִׂמְלָה נ' (שְׂמָלוֹת, שִׂמְלוֹת-) [simla] Kleid *n*
שִׂמְלֹנֶת נ' [sim'lonet] Kleidchen *n*
★שָׁמֵם פעל (לָשׁוֹם, שׁוֹמֵם, יָשׁוֹם גם: יֵשַׁם) [ʃamém] *kal* öde, verlassen sein
=נָשַׁם נפ' (לְהִשּׁוֹם) - *nif.* verwüstet werden
-הִשְׁתּוֹמֵם הת' - *hit.* sich wundern, erstaunt sein
שָׁמֵם ת' [ʃamém] öde, wüst, verlassen *Adj.*
שְׁמָמָה נ' (שִׁמְמַת-, שְׁמָמוֹת) [ʃmama] Wildnis *f*, Wüste *f*, Öde *f*, Leere *f*
שִׁמָּמוֹן ז', שימְמון [ʃimamon] Trostlosigkeit *f*
שְׂמָמִית נ' [smamit] Gecko *m Zo.*
שָׁמַן פעל (לִשְׁמוֹן, שָׁמֵן, יִשְׁמַן) [ʃaman] *kal* Fett ansetzen, dick werden
-שִׁמֵּן פיעל - *pi.* ölen *v/t*
-הִשְׁמִין הפ' - *hif.* dick machen; fett werden, zunehmen
שָׁמֵן ת' [ʃamén] fett; dick, korpulent *Adj.*
שֶׁמֶן ז' ['ʃemen] Öl *n*
=~-אֲדָמָה ראה גם: נֵפְט = Erdöl *n*, Petroleum *n*
=~-דָּגִים = Fischtran *m*, Lebertran *m*
=~-וְרָדִים = Rosenöl *n*
=~-זַיִת = Olivenöl *n*
=~-זַיִת זַךְ = reines Olivenöl
=~-מִשְׁחָה = Salböl *n*
=~-סִיכָה = Schmieröl *n*
=~-קִיק = Rizinusöl *n*
=צֶבַע-~ = Ölfarbe *f*
=מִסָּלְתוֹ וּמִשַּׁמְנוֹ שֶׁל- = Oberschicht *f*, Elite *f*
=הוֹסִיף שֶׁמֶן לַמְּדוּרָה = Öl ins Feuer gießen *fig.*
שַׁמָּן ז' [ʃaman] Ölhändler *m*
שֻׁמָּן ז', שומן [ʃuman] Fett *n*, Schmalz *n*
שַׁמְנוּנִי ת' [ʃamnuni] ölig, fettig *Adj.*

=~יוּת נ' = Fetthaltigkeit *f*

שַׁמְנִי ת' [ʃamni] fetthaltig *Adj.*

שֵׁמָנִי ת' [ʃémani] substantivisch *Adj.*; Hauptwort-

=מִשְׁפָּט ~ = Satzverb durch Nomen ersetzt *m Gr.*

שְׁמַנְמַן, שְׁמַנְמָן ת' [ʃmanman, -mon] mollig, dicklich *Adj.*

שַׁמֶּנֶת נ' [ʃa'menet] Sahne *f*, Rahm *m*

שָׁמַע פעל (לִשְׁמוֹעַ אֶת-, לְ-, עַל-, יִשְׁמַע) [ʃama'] *kal* hören, zuhören, anhören

-נִשְׁמַע נפ' (לְהִשָּׁמֵעַ) - *nif.* sich anhören; zu hören sein, gehorchen

-הִשְׁתַּמַּע הת' (לְהִשְׁתַּמֵּעַ) - *hit.* verstanden werden, aufgefasst werden

-הִשְׁמִיעַ הפ' - *hif.* hören lassen, *(Musik etc.)* vorspielen

=אֲנִי לֹא שׁוֹמֵעַ = ich höre nicht

=~ בְּקוֹל = gehorchen

=שְׁמַע יִשְׂרָאֵל! = "Schma Jisrael!", höre Israel!

=מַה נִּשְׁמָע? = wie geht es?, was gibt es Neues?

=לְהִשְׁתַּמֵּעַ! = auf Wiederhören!

שֵׁמַע ז' ['ʃéma'] Kunde *f*, Ruf *m*

=חוּשׁ-הַשֵּׁמַע = Gehörsinn *m*

=קְנֵה-שֵׁמַע = Hörrohr *n*, Stethoskop *n Med.*

שְׁמַע ז' [ʃma'] Thoraabschnitte mit jüd. Glaubensbekenntnis *(Deut.VI,4-9,XI,13-21, Num. XV,37-41)*

=קְרִיאַת ~ = "Schma"-Gebet *n*

שָׁמְעָה נ' [ʃom'a] Zuhören *n*, Hören *n*; Gehorchen *n*

שַׁמְפּוּ ז' [ʃampu] Haarwaschmittel *n*, Shampoo *n*

שַׁמְפַּנְיָה נ' [ʃampanja] Sekt *m*, Champagner *m*

שֶׁמֶץ ז' ['ʃemets] etwas, ein wenig, ein bisschen

(שמץ) הִשְׁמִיץ הפ' [hiʃmits] *hif.* verleumden

שִׁמְצָה נ' [ʃimtsa] Schande *f*, Schmach *f*

=יָדוּעַ לְ~ = berüchtigt; fluchwürdig *Adj.*

שָׁמַר פעל (לִשְׁמוֹר אֶת-, עַל-, יִשְׁמוֹר) [ʃamar] *kal* wachen; achten auf; bewahren; einhalten *Rel.*

-נִשְׁמַר נפ' (לְהִשָּׁמֵר) - *nif.* sich hüten, sich vorsehen; aufbewahrt werden

-שִׁמֵּר פיעל - *pi.* konservieren

-הִשְׁתַּמֵּר הת' - *hit.* sich hüten; sich halten; gehalten werden

=שָׁמַר אֱמוּנִים = Treue bewahren, Treue halten

=~ הַבְטָחָה = Versprechen (ein)halten

=~ לְשׁוֹנוֹ = auf s-e Zunge achten, sich beim Sprechen vorsehen

=~ נַפְשׁוֹ = sich vorsehen, sich hüten

=~ פִּיו = s-e Zunge im Zaum halten *fig.*; Geheimnis hüten

=שְׁמֹר לִי וְאֶשְׁמוֹר לְךָ = eine Hand wäscht die andere *fig.*

=שְׁמוֹר עַל עַצְמְךָ! = pass auf dich auf!

=שׁוֹמֵר פְּתָאִים ה' = Gott schützt die Narren

שֻׁמָּר ז', שומר [ʃumar] Fenchel *m* (Foeniculum) *Bot.*

שְׁמַרְטַף ז' [ʃmartaf] Babysitter *m*

שְׁמָרִים ז"ר [ʃmarim] Hefe *f*

=קָפָא עַל | שְׁמָרָיו, שָׁקַט אֶל ~ = stehen bleiben, konservativ sein

שַׁמְרָן ז' [ʃamran] Konservative(r) *m*

=~נוּת נ' = Konservatismus *m*

=~נִי ת' = konservativ *Adj.*

שִׁמֵּשׁ פיעל (לְשַׁמֵּשׁ אֶת-) [ʃiméʃ] *pi.* dienen zu (*D*), als; amtieren

-הִשְׁתַּמֵּשׁ הת' (בְּ-) - *hit.* sich bedienen; benutzen *v/t*

=שִׁמְשׁוּ בְּעִרְבּוּבְיָה = gemischt, durcheinander sein

=מְשֻׁמָּשׁ = gebraucht; antiquarisch *Adj.*

שַׁמָּשׁ ז' (שַׁמָּשִׁית) [ʃamaʃ] Diener *m*, Hausdiener *m*; Synagogendiener *m*; Licht *n* am Chanukkaleuchter *(zum Anzünden der übrigen 8 Lichter)*

שֶׁמֶשׁ נ' (שְׁמָשׁוֹת) ['ʃemeʃ] Sonne *f*

=~-אַמְבַּט = Sonnenbad *n*

=דּוּד-~ = solarbetriebener Boiler *m*
=לְעֵינֵי הַשֶּׁמֶשׁ = am helllichten Tage, in aller Öffentlichkeit
=מַכַּת-שֶׁמֶשׁ = Sonnenstich *m*
=מַעֲרֶכֶת-הַשֶּׁמֶשׁ = Sonnensystem *n*
=מִשְׁקְפֵי-שֶׁמֶשׁ = Sonnenbrille *f*
=שְׁעוֹן-~ = Sonnenuhr *f*
=תַּחַת הַשֶּׁמֶשׁ = unter der Sonne, auf Erden
=בֵּין הַשְּׁמָשׁוֹת = in der Abenddämmerung
=בָּרוּר כַּשֶּׁמֶשׁ = sonnenklar *Adj.*
שִׁמְשָׁה נ׳ (שְׁמָשׁוֹת) [ʃimʃa] Fensterscheibe *f*
שִׁמְשׁוֹן ז׳ [ʃimʃon] Sonnenröschen *n* (Helianthemum) *Bot.*
שַׁמָּשׁוּת נ׳ [ʃamaʃut] Amt *n* des Dieners
שִׁמְשִׁי ת׳ [ʃimʃi] sonnig *Adj.*; Sonnen-
שִׁמְשִׁיָּה נ׳ [ʃimʃija] Sonnenschirm *m*
שֻׁמְשֹׁם ז׳, שומשום [sumsom] Sesam *m Bot.*
שַׁמְתָּה נ׳ (ארמ׳) [ʃamta] Exkommunikation *f*
שֵׁן נ׳ (שִׁנַּיִם) [ʃén] Zahn *m*; Elfenbein *n*
=שִׁנֵּי-דְרָקוֹן = Panzersperre *f Mil.*
=שֵׁן-הָאֲרִי = Löwenzahn *m* (Leontodon) *Bot.*
=שֵׁן-בִּינָה = Weisheitszahn *m*
=~ תּוֹתֶבֶת = Zahnprothese *f*
=שִׁנֵּי-חָלָב = Milchzähne *m/pl.*
=שִׁנַּיִם | חוֹתְכוֹת = Schneidezähne *m/pl.*
=~ טוֹחֲנוֹת = Mahlzähne *m/pl.*
=~ קַיָּמוֹת = bleibende Zähne *m/pl.*
=מִגְדַּל-הַשֵּׁן = Elfenbeinturm *m*
=גַּלְגַּל-שִׁנַּיִם = Zahnrad *n*
=חֵרוּק (חֲרִיקַת)-~ = Zähneknirschen *n*
=רוֹפֵא ~ = Zahnarzt *m*
=שֵׁן תַּחַת שֵׁן = Zahn um Zahn
=שִׁנָּיו נוֹקְשׁוֹת זוֹ לְזוֹ = s-e Zähne klappern *(vor Kälte, Angst usw.)*
=חָשׁ בְּ~ = Zahnschmerzen haben
=יָצָא בְּשֵׁן וָעַיִן = alles verlieren, leer ausgehen
=כְּרֵסָהּ בֵּין שִׁנֶּיהָ = sie ist hochschwanger
שָׂנֵא פעל (לִשְׂנוֹא אֶת-, שָׂנֵאתִי, שׂוֹנֵא, יִשְׂנָא) [sané'] *kal* hassen; F widerlich, ätzend finden
-הִשְׂנִיא הפ׳ - *hif.* verhasst machen
שִׂנְאָה נ׳ [sin'a] Hass *m*
=שִׂנְאַת|-חִנָּם = grundloser Hass
=~-מָוֶת = tödlicher Hass
=~ עוֹלָם = ewiger Hass
שָׂנאוּי ת׳ [sanuj] verhasst, gehasst *Adj.*
שְׁנַאי ז׳ [ʃnai] Reprise *f*, Rekapitulation *f Mus.*
שַׁנַּאי ז׳ [ʃanaj] Transformator *m*, Trafo *m El.*
שָׁנָה^{1} פעל (לִשְׁנוֹת, יִשְׁנֶה) [ʃana] *kal* wiederholen
-נִשְׁנָה נפ׳ (לְהִשָּׁנוֹת) - *nif.* sich wiederholen; wiederholt werden
★שָׁנָה^{2} פעל (לִשְׁנוֹת, יִשְׁנֶה) [ʃana] *kal* lernen
שָׁנָה^{3} פעל (לִשְׁנוֹת, יִשְׁנֶה) [ʃana] *kal* verschieden sein, anders sein
-שִׁנָּה פיעל - *pi.* ändern; wechseln *v/t*
-הִשְׁתַּנָּה הת׳ - *hit.* sich verändern
=שִׁנָּה אֶת טַעְמוֹ = s-e Meinung ändern
=לֹא מְשַׁנֶּה = das ist egal
=מְשַׁנֶּה מָקוֹם מְשַׁנֶּה מַזָּל = *wörtl.* wer s-n Platz ändert, ändert sein Glück; neues Spiel, neues Glück
=מַה נִּשְׁתַּנָּה? = "Ma nischtana?", warum ist diese Nacht verschieden von allen anderen Nächten? *(Pessach-Hagada)*
שָׁנָה נ׳ (שְׁנַת-, שָׁנִים, שְׁנָתַיִם, שְׁנוֹת-) [ʃana] Jahr *n*
=הַשָּׁנָה = dieses Jahr
=~ הָאֶזְרָחִית = *wörtl.* das bürgerliche Jahr *(nach dem gregorianischen Kalender)*
=שָׁנָה שֶׁעָבְרָה = letztes Jahr
=שָׁנָה בְּ~, מִדֵּי ~ בְּ~ = jedes Jahr
=~ טוֹבָה = ein gutes Jahr!, glückliches Neujahr!
=~ מְעֻבֶּרֶת = Schaltjahr *n*
=~ שִׁמְשִׁית = Sonnenjahr *n*
=~ יְרֵחִית = Mondjahr *n*
=~ יְרֵחִית-שִׁמְשִׁית = Mond- und Sonnenjahr *n* *(liegt dem jüd. Kalender zugrunde)*
=שְׁנַת|-אוֹר = Lichtjahr *n*

=~-הַכְּסָפִים = Finanzjahr *n*, Rechnungsjahr *n*
=~-הַלִּמּוּדִים = Schuljahr *n*, Studienjahr *n*
=יוֹם-הַשָּׁנָה = Jahrestag *m*
=לוּחַ-~ = Kalender *m*
=רֹאשׁ-~ = "Rosch-haschana", Neujahr *n*
=שְׁנָתַיִם נ"ז = zwei Jahre
שֵׁנָה נ׳, שינה (שְׁנַת-) [ʃéna] Schlaf *m*
=~ מְתוּקָה = schlafe gut!, gute Nacht!
=שְׁנַת-יְשָׁרִים = Schlaf *m* der Gerechten *fig.*
=נָדְדָה שְׁנָתוֹ = nicht schlafen können, an Schlaflosigkeit leiden
=חֹסֶר|-שֵׁנָה, נְדוּדֵי-~ = Schlaflosigkeit *f*
=כַּדּוּרֵי-~ ז"ר = Schlaftabletten *f/pl.*
=קְרוֹן-~ ז׳ = Schlafwagen *m*
=שַׂק-~ ז׳ = Schlafsack *m*
=לֹא נָתַן ~ לְעֵינָיו = er gönnt sich keinen Schlaf
שֶׁנְהָב ז׳ [ʃenhav] Elfenbein *n*
שָׂנוּא ת׳ [sanu'] gehasst, verhasst *Adj.*
שָׁנוּי[1] ת׳ [ʃanuj] wiederholt *Adj.*
שָׁנוּי[2] ת׳ [ʃanuj] gelernt *Adj.*
=~ בְּמַחֲלֹקֶת = umstritten *Adj.*
שִׁנּוּי ז׳, שינוי [ʃinuj] Änderung *f*
=~ עֲרָכִים = Wandel *m* der Werte
שָׁנוּן ת׳ [ʃanun] scharf; scharfsinnig *Adj.*
שִׁנּוּן ז׳, שינון [ʃinun] Auswendiglernen *n*, Pauken *n f*
שְׁנוּנִית נ׳ [ʃnunit] Klippe *f*
שִׁנּוּס ז׳ [ʃinus] Rüsten *n*
שִׁנּוּעַ ז׳, שינוע [ʃi'nua'] Handling *n Econ.*
שָׁנוּק ת׳ [ʃanuk] erdrosselt, erstickt *Adj.*
שִׁנּוּק ז׳, שינוק [ʃinuk] Ersticken *n*, Erdrosseln *n*
שְׁנוֹרְקֶל ז׳ [ʃnorkel] Schnorchel *m*
שְׁנוֹרֶר ז׳ (יידיש) [ʃ'norer] Bettler *m*, Schnorrer *m* F
שְׁנוֹרֵר פיעל (לְשְׁנוֹרֵר) (בלשון היתול) [ʃnorér] *pi.* schnorren, betteln
שְׁנוֹרְרוּת נ׳ [ʃnorerut] Schnorrerei *f*, Bettelei *f*
שָׁנִי ז׳ [ʃani] Purpur *m*, Karmesin *n*
=חוּט הַשָּׁנִי = roter Faden, *fig.* Leitmotiv *n*

שֵׁנִי ת׳ (שְׁנִיָּה, שְׁנִיִּים) [ʃéni] zweite(r), 2. *m*
=אֲדָר ~ = 2. Adar *(Monat im jüd. Schaltjahr)*
=הַבַּיִת הַשֵּׁנִי = zweiter Tempel *(Jerusalem, 520 v. Chr.-70 n. Chr.)*
=גּוּף שֵׁנִי = zweite Person (du, ihr) *Gr.*
=הִלּוּךְ ~ = zweiter Gang *Kfz.*
=יוֹם ~ = Montag *m*
=מִכְּלִי ~ = aus zweiter Quelle *fig.*
=מִמַּדְרֵגָה שְׁנִיָּה = zweitrangig *Adj.*
=שֵׁנִית ת"פ = zweitens *Adv.*; zum zweiten Mal
=כָּל שֵׁנִי וַחֲמִישִׁי = häufig, oft, immer wieder, alle naslang
שֹׁנִי ז׳, שוני ['ʃoni] Verschiedenheit *f*, Unterschied *m*
שְׁנִיָּה[1] ת"נ [ʃnija] zweite, 2. (*f*)
=בִּשְׁנִיָּה = zum zweiten Mal
שְׁנִיָּה[2] נ׳, שנייה [ʃnija] Sekunde *f*
=רַק ~! = Moment mal!
שִׁנְיוֹן ז׳ [ʃinjon] Unterschied *m*
שְׁנִיּוֹנִי ת׳ [ʃnijoni] binär; sekundär *Adj.*
שְׁנִיּוּת נ׳ [ʃnijut] Doppelheit *f*; Dualismus *m*
שְׁנִיִּי ת׳ [ʃniji] zweitrangig *Adj.*
שְׁנַיִם ש"מ (לְזָכָר) (שְׁנֵי-) [ʃ'najim] zwei (2) *Num.* (*m*)
=~ ~ = zwei und zwei, paarweise
=שְׁנֵיהֶם = beide *m*
=שְׁנֵינוּ; שְׁנֵיכֶם ש"מ לְזָכָר = wir zwei; ihr zwei
=שְׁנֵים-עָשָׂר ש"מ לזכר = zwölf (12) *Num.* (*m*)
=פִּי שְׁנַיִם = zweimal, doppelt
=טוֹבִים הַשְּׁנַיִם מִן הָאֶחָד = *wörtl.* zwei sind besser als einer; jeder braucht Freunde
שְׁנִינָה נ׳ [ʃnina] Satire *f*; scharfe, witzige Rede
=הָיָה לִ~ = zum Gespött werden
שְׁנִינוּת נ׳ [ʃninut] Scharfsinnigkeit *f*
שְׁנִיצֶל ז׳ [ʃnitsel] Schnitzel *n*
שְׁנִיר ז׳ [snir] Gletscher *m*
שָׁנִית נ׳ [ʃanit] Scharlach *m* (Scarlatina) *Med.*
שֻׁנִית נ׳ [ʃunit] Felsen *m*, Riff *n*

שִׁנֵּן פיעל [ʃinén] *pi.* auswendig lernen, einstudieren
שִׁנָּן ז׳, שינן [ʃinan] Zahntechniker *m*
שְׁנָנָה נ׳ [ʃnana] Speerspitze *f*
שִׁנֵּס פיעל [ʃinés] *pi.* umgürten
=~ מָתְנָיו = sich rüsten, sich bereitmachen
שִׁנַּע פיעל (לְשַׁנֵּעַ אֶת-) [ʃina'] *pi.* umladen
שֶׁנֶף ז׳ ['ʃenef] Vanille *f*
שָׁנַץ פעל [ʃanats] *kal* zubinden, verschnüren
שֶׁנֶץ ז׳ (שְׁנָצוֹת) ['ʃenets] Schnur *f*
שִׁנֵּק פיעל [ʃinék] *pi.* abdrosseln
=הִשְׁתַּנֵּק הת׳ - *hit.* ersticken
שֶׁנֶק ז׳ ['ʃenek] Ersticken *n*
★שֻׁנְרָה נ׳ (ארמ׳) [ʃunra] Katze *f*
שֶׁנֶת נ׳ ['ʃenet] Kerbe *f*, Grad *m*, Teilungsstrich *m*
שִׁנֵּת פיעל [ʃinét] *pi.* graduieren, in Grade einteilen
שְׁנָתוֹן ז׳ [ʃnaton] Jahrbuch *n*; Jahrgang *m*
שְׁנָתִי ת׳ [ʃnati] jährlich *Adj.*
שַׁ״ס ר״ת שִׁשָּׁה סְדָרִים (מִשְׁנָה) [ʃas] *Kurzw.* die 6 Bücher *n/pl.* der Mischna
שִׁסָּה פיעל [ʃisa] *pi.* anspornen; hetzen
שָׁסוּי ת׳ [ʃasuj] geplündert, beraubt *Adj. bibl.*
שִׁסּוּי ז׳, שיסוי [ʃisuj] Plünderung *f*, Hatz *f*
שָׁסוּעַ ת׳ [ʃa'sua'] gespalten *Adj.*
=שָׂפָה שְׁסוּעָה = Hasenscharte *f*
שִׁסּוּעַ ז׳, שיסוע [ʃi'sua'] Spaltung *f*; Unterbrechung *f*, Störung *f*
שִׁסּוּף ז׳ [ʃisuf] Zerbrechen *n*, Zerreißen *m*
שִׁסַּע פיעל (לְשַׁסֵּעַ אֶת-) [ʃisa'] *pi.* unterbrechen, stören; zerreißen
=~ בֶּטֶן = Bauch aufschlitzen
שֶׁסַע ז׳ ['ʃesa'] Riss *m*, Spalte *f*
שַׁסַּעַת נ׳ [ʃa'sa'at] Schizophrenie *f Med.*
שָׁסַף פעל (לִשְׁסוֹף, יִשְׁסוֹף) [ʃasaf] *kal (Fleisch)* aufschneiden
שֶׁסֶק ז׳ ['ʃesek] japanische Mispel, Eskidinia *f* (Eriobotrya japonica) *Bot.*
שַׁסְתּוֹם ז׳ [ʃastom] Ventil *n*

=~-הַלֵּב = Herzklappe *f Anat.*
שִׁעְבֵּד פיעל [ʃi'béd] *pi.* versklaven, unterwerfen, unterordnen; verpfänden
-הִשְׁתַּעְבֵּד הת׳ - *hit.* sich unterwerfen, sich zum Sklaven machen lassen; verpfändet werden
שַׁעְבְּדָנִי ת׳ [ʃa'bdani] tyrannisch, unterdrückend, despotisch *Adj.*
שִׁעְבּוּד ז׳, שיעבוד [ʃi'bud] Versklavung *f*, Unterwerfung *f*; Verpfändung *f*
★שָׁעָה פעל (לִשְׁעוֹת אֶל-, עַל-, יִשְׁעֶה) [ʃa'a] *kal* hinhören, Aufmerksamkeit schenken
-הִשְׁעָה הפ׳ - *hif.* suspendieren, zeitweilig *(des Amtes)* entheben
שָׁעָה נ׳ (שְׁעַת-, שָׁעוֹת, שְׁעוֹת-) [ʃa'a] Stunde *f*; Zeit *f*, Zeitspanne *f*
=שְׁעָתַיִם = zwei Stunden
=מָה הַשָּׁעָה? = wie spät ist es?
=בְּשָׁעָה | שֶׁ- (לִפְנֵי פּוֹעַל) = zur Zeit, als
=בִּשְׁעַת- (לִפְנֵי שֵׁם) = zur Zeit *(G)*
=מִשָּׁעָה שֶׁ- = seit
=בִּשְׁעָתוֹ = seinerzeit
=שָׁעָה אֲרֻכָּה = lange Zeit
=~ קַלָּה = kurze Zeit
=שְׁעַת|-דְּחָק = Notzeit *f*
=שְׁעוֹת-~, שְׁעוֹת-שִׂיא, שְׁעוֹת-גֵּאוּת = Berufsverkehr *m*, Stoßzeiten *f/pl.*; Hochbetrieb *m*
=שְׁעַת-חֵרוּם = Ausnahmezustand *m*, Notstand *m*
=~-כֹּשֶׁר = günstige Zeit
=~-רָצוֹן = günstige Stimmung
=הוֹרָאַת-|שָׁעָה = zeitweilige Anordnung, Notverordnung *f*
=חַיֵּי-שָׁעָה ז״ר = Leben *n* für den Augenblick
=לְפִי ~ = vorläufig *Adv.*
=מְחוֹג-הַשָּׁעוֹת = Stundenzeiger *m*
=צַו-הַשָּׁעָה, צֹרֶךְ-~ = Gebot *n* der Stunde
=~-שְׁאֵלוֹת = aktuelle Fragen *f/pl.*, brennende Themen *n/pl.*

=הִגִּיעָה | שְׁעָתוֹ = s-e große Stunde ist gekommen

=עָבְרָה ~ = s-e Zeit ist vorbei

=שִׂחֲקָה לוֹ הַשָּׁעָה = er hat Glück gehabt

=בְּאֵיזוֹ שָׁעָה? = wann?, um wie viel Uhr?

=בְּ~ טוֹבָה = viel Glück!

=בְּ~ טוֹבָה וּמֻצְלַחַת = mit Gottes Hilfe; endlich

=דַּיָּהּ לְצָרָה בִּשְׁעָתָהּ = kommt Zeit, kommt Rat

=שָׁעוֹת נוֹסָפוֹת = Überstunden *f/pl.*

שַׁעֲוָה נ׳, שעווה [ʃa'ava] Wachs *n*

=שַׁעֲוַת-הָאֹזֶן = Ohrenschmalz *n*

שִׁעוּל ז׳, שיעול [ʃi'ul] Husten *m*

שָׁעוּן ת׳ [ʃa'un] angelehnt *Adj.*

שָׁעוֹן ז׳ [ʃa'on] Uhr *f*

=שְׁעוֹן-עֶצֶר = Stoppuhr *f*

=~-שֶׁמֶשׁ = Sonnenuhr *f*

=~-חוֹל = Sanduhr *f*, Stundenglas *n*

=~-יָד = Armbanduhr *f*

=הַשָּׁעוֹן מַקְדִּים, ~ מְפַגֵּר = die Uhr geht vor, - nach

=שְׁעוֹן מְעוֹרֵר = Wecker *m*

שַׁעֲוָנִי ת׳, שעווני [ʃa'avani] Wachs-

שַׁעֲוָנִית נ׳, שעוונית [ʃa'avanit] Wachstuch *n*

שְׁעוֹנִית נ׳ [ʃe'onit] Passionsblume *f* (Passiflora) *Bot.*

שְׁעוּעִית נ׳ (שְׁעוּעִים) [ʃe'u'it] Bohne *f* (Phaseolus) *Bot.*

שִׁעוּר ז׳, שיעור [ʃi'ur] Unterrichtsstunde *f*, Lektion *f*; Maß *n*, Verhältnis *n*; Teilzahlung *f*, Ratenzahlung *f*; Vermutung *f*

=~-בַּיִת = Hausaufgaben *f/pl.*, Schularbeit *f*

=~-קוֹמָה = Wert *m*, Bedeutung *f*, Wichtigkeit *f*; von hoher Statur *f*

=בַּעַל ~-קוֹמָה = Persönlichkeit *f*, Mann *m* von Format

=לְשִׁעוּרִין = nach und nach; in Raten

=עַד אֵין שִׁעוּר = unermesslich *Adv.*

שְׂעוֹרָה נ׳ [se'ora] Gerste *f* (Hordeum) *Bot.*; Gerstenkorn *n Med.*

שָׁעַט פעל (לִשְׁעוֹט, יִשְׁעַט) [ʃa'at] *kal* traben, stampfen (*bsd. Pferde)*

שְׁעָטָה נ׳ [ʃe'ata] Traben *n*, Stampfen *n*

שִׁעְטְנוּז ז׳ [ʃi'tnuz] Vermischung v. Sachen, die nicht zusammengehören

שַׁעַטְנֵז ז׳ [ʃa'atnéz] aus Wolle und Leinen gewebter Stoff, rituell verbotenes Gemisch

שִׁעְטְנֵז פיעל [ʃi'tnéz] *pi. (Dinge, die nicht zusammengehören)* vermischen

שְׁעִינָה נ׳ [ʃe'ina] Anlehnen *n*

שָׂעִיר[1] ת׳ [sa'ir] haarig *Adj.;* behaart *Adj.*

שָׂעִיר[2] ז׳ [sa'ir] Ziegenbock *m*; Satyr *m*

=~ לַעֲזָאזֵל = Sündenbock *m*

שַׁעַל ז׳ ['ʃa'al] Schritt *m*; Fußbreit *m*

=~ אֲדָמָה = ein Fußbreit Boden

=עַל כָּל צַעַד וָ~ = auf Schritt und Tritt, überall

(שעל) הִשְׁתַּעֵל הת׳ [hiʃta'él] *hit.* husten

שַׁעֶלֶת נ׳ [ʃa'elet] Keuchhusten *m* (Pertussis) *Med.*

שַׁעַם ז׳ ['ʃa'am] Kork *m*

=אַלּוֹן-הַשַּׁעַם = Korkbaum *m*, Korkeiche *f* (Quercus suber) *Bot.*

שִׁעֲמוּם ז׳, שיעמום [ʃi'amum] Langeweile *f*

שִׁעֲמֵם פיעל [ʃi''aém] *pi.* langweilen *v/t*, langweilig sein

-הִשְׁתַּעֲמֵם הת׳ - *hit.* sich langweilen

=מְשַׁעֲמֵם ת׳ = langweilig, öde *Adj.*

שַׁעַמְמָן ז׳ [ʃa'ameman] Langweiler *m*

שַׁעֲמָנִית נ׳ [ʃa'amanit] Linoleum *n*

(שען) נִשְׁעַן נפ׳ (לְהִשָּׁעֵן עַל-) [niʃ'an] *nif.* sich lehnen, sich stützen; vertrauen auf (*Akk.*)

-הִשְׁעִין הפ׳ - *hif.* anlehnen *v/t*, abstützen

שָׁעָן ז׳ [ʃe'an] Uhrmacher *m*

=~וּת נ׳ = Uhrmacherei *f*

שָׂעֵף ז׳ [sa'éf] Gedanke *m*

שֵׂעָר ז׳ (שְׂעַר-) [sé'ar] Haar *n*; Körperbehaarung *f*

=מְסַמֵּר ~ = haarsträubend *Adj.*

(שׂער) הִשְׂתָּעֵר הת׳ [hista'ér] *hit.* stürmen, angreifen

שִׁעֵר פיעל [ʃi'ér] *pi.* vermuten, annehmen; einschätzen

=~ בְּנַפְשׁוֹ = sich (in Gedanken) vorstellen

=אֵין לְשַׁעֵר = man kann sich nicht vorstellen

שַׁעַר[1] ז׳ (שְׁעָרִים, שַׁעֲרֵי-) ['ʃa'ar] Tor *n*, Pforte *f*; Titelblatt *n*; Teil *m* e-s Buches; Torschuss *m*, Treffer *m Sp.*

=~ נִצָּחוֹן = Triumphbogen *m*

=הִבְקִיעַ ~ = ein Tor schießen *Sp.*

=הֵשִׁיב מִלְחָמָה שַׁעְרָה = Angriff zurückschlagen, e-n Gegenangriff machen

★=עַל שַׁעַר בַּת רַבִּים = in aller Öffentlichkeit *bibl.*

שַׁעַר[2] ז׳ [ʃa'ar] Kurs *m*, Preis *m*, Wert *m*; Maß *n*

=~-חֲלִיפִין = Wechselkurs *m*

=~-הָרִבִּית = Zinssatz *m*, Zinsfuß *m*

=הִפְקִיעַ אֶת הַשַּׁעַר = die Preise hochtreiben

=מַפְקִיעַ שְׁעָרִים = Preistreiber *m*

שַׂעֲרָה נ׳ (שְׂעָרוֹת, שַׂעֲרוֹת-) [sa'ara] Haar *n*

=כְּחוּט הַשַּׂעֲרָה = um Haaresbreite

=תָּלוּי בְּשַׂעֲרָה = an e-m Haar (=seidenen Faden) hängend *fig.*

=סָמְרוּ שַׂעֲרוֹתָיו = die Haare sträubten sich

=שַׂעֲרוֹת-שׁוּלַמִּית = Frauenhaar *n*, Haarfarn *m* (Adiantum) *Bot.*

שִׁעֲרוּךְ ז׳, שיערוך [ʃi'arux] Neubewertung *f*

שִׁעֲרֵךְ פיעל [ʃi'aréx] *pi.* neu bewerten, anders werten

שַׁעֲרוּרִי ת׳ [ʃa'aruri] skandalös *Adj.*

שַׁעֲרוּרִיָּה נ׳ [ʃa'aruria] Skandal *m*

שַׁעֲשׁוּעַ ז׳ [ʃa'ʃua'] Vergnügen *n*, Spiel *n*, Amüsement *n*

=יֶלֶד ~עִים = Lieblingskind *n*

שִׁעֲשַׁע פיעל (לְשַׁעֲשֵׁעַ אֶת-) [ʃi'aʃa'] *pi.* amüsieren, unterhalten, Vergnügen bereiten, Freude bereiten

-הִשְׁתַּעֲשֵׁעַ הת׳ (לְהִשְׁתַּעֲשֵׁעַ) - *hit.* sich amüsieren, spielen

שַׁעְשְׁעָנִי ת׳ [ʃa'ʃeani] kurzweilig, unterhaltend *Adj.*

שְׁעָתִי ת׳ [ʃe'ati] zeitlich begrenzt

שִׁעְתֵּק פיעל [ʃi'ték] *pi.* reproduzieren

שְׁפָאִים ז״ר [ʃ'fa'im] Span *m*

שָׁפַד פעל (לִשְׁפּוֹד, יִשְׁפּוֹד) [ʃafad] *kal* aufspießen

שָׂפָה נ׳ (שְׂפָתַיִם, שִׂפְתֵי-, שָׂפוֹת) [safa] Lippe *f*; Sprache *f*; Rand *m*, Kante *f*; Ufer *n*, Küste *f*

=~ זָרָה = Fremdsprache *f*

=אֶבֶן-~ = Bordstein *m*

=שְׂפַת|-אֵם = Muttersprache *f*

=~-דִּבּוּר = Umgangssprache *f*

=~-חֲלָקוֹת = Schmeichelei *f*

★=~-עֵבֶר ראה גם: עִבְרִית = Iwrith *n*, Hebräisch *n*

★=דַּל-שְׂפָתַיִם = *wörtl.* Schwelle *f* des Mundes; über die Lippen

=לְזוּת-~ = Klatsch *m*, böse Reden *f/pl.*

=מַס-~ = Lippenbekenntnisse *n/pl. fig.*

=קְרִיאַת-~ = leises Lesen

=מִן הַשָּׂפָה וְלַחוּץ = unaufrichtig *Adv.*

שִׁפָּה פיעל [ʃipa] *pi.* glätten; entschädigen

שַׁפּוּד ז׳ [ʃapud] Bratspieß *m*

שָׁפוּד ת׳ [ʃafud] aufgespießt *Adj.*

שִׁפּוּדִית נ׳ [ʃipu'dit] kleiner Spieß *m*

שָׁפוּט ת׳ [ʃafut] verurteilt, abgeurteilt *Adj.*

שִׁפּוּט ז׳, שיפוט [ʃiput] Rechtsprechung *f*

=תְּחוּם-~ = Zuständigkeitsbereich *m*, Verwaltungsbezirk *m*

=שִׁפּוּטִי ת׳ = gerichtlich *Adj.*

שָׁפוּי ת׳ [ʃafuj] vernünftig *Adj.*

=~ בְּדַעְתּוֹ = bei klarem Verstand, zurechnungsfähig *Adj.*

=בִּלְתִּי ~ = unzurechnungsfähig *Adj.*

שִׁפּוּי ז׳, שיפוי ראה גם: פִּצּוּי [ʃipuj] Entschädigung *f*

שָׁפוּךְ ת׳ [ʃafux] ausgegossen, vergossen *Adj.*; fix und fertig F

=בְּחֵמָה שְׁפוּכָה = im größten Zorn *bibl.*

שְׁפוֹךְ ז׳ [ʃfox] Ausschüttung *f*

שִׁפּוּל ז׳, שיפול [ʃipul] unterer Rand *m*

=שִׁפּוּלֵי בֶּטֶן = Unterleib *m*

שָׂפוּן תו״ז [safun] versteckt, geheim *Adj.*

שִׁפּוֹן, שִׁיפוֹן ז׳ [ʃipon, ʃifon] Roggen *m*

שִׁפּוּעַ ז׳, שיפוע [ʃi'pua'] Abhang *m*, Gefälle *n*, Neigung *f*, Schräge *f*

שָׁפוּף ת׳ [ʃafuf] gebeugt *Adj.*

שְׁפוֹפֶרֶת נ׳ (שְׁפוֹפָרוֹת) [ʃfo'feret] Tube *f*; Röhrchen *n*; Telefonhörer *m*

שִׁפּוּץ ז׳, שיפוץ [ʃiputs] Überholung *f*, *(gründliche)* Reparatur *f*, Renovierung *f*

שִׁפּוּק ז׳ [ʃipuk] Playback *n*

שִׁפּוּר ז׳, שיפור [ʃipur] Besserung *f*

שָׁפוּת ת׳ [ʃafut] aufgesetzt *Adj. (auf den Herd zum Kochen)*

★שִׁפְחָה נ׳ (שְׁפָחוֹת) [ʃifxa] Magd *f*, Sklavin *f*

★שִׁפְחוּת נ׳ [ʃifxut] weibliche Sklaverei *f*

שָׁפַט פעל (לִשְׁפּוֹט אֶת-, יִשְׁפּוֹט) [ʃafat] *kal* richten, Recht sprechen, urteilen

(שֶׁפֶט) שְׁפָטִים ז״ר [ʃfatim] Strafgericht *n (z.B. göttliches)*

=עָשָׂה בּוֹ ~ = *(schwer)* bestrafen

★שְׁפִי ז׳ (שְׁפָיִים) [ʃefi] hoher, kahler Hügel *m*

★שֶׁפִי ת״פ ['ʃefi] in Ruhe *Adv.*

★שֹׁפִי ז׳, שופי ['ʃofi] Gesundheit *f*; Normalzustand *m*

=בְּ~ ת״פ = in Ruhe; leicht *Adv.*

שִׁפְיוֹן ז׳ [ʃif'jon] Ruhe *f*, Stille *f*

שְׁפִיוּת נ׳, ~-דַּעַת [ʃfijut] klarer Verstand *m*

שָׁפִיט ת׳ [ʃa'fit] richtbar *Adj.*

שְׁפִיטָה נ׳ [ʃfita] Rechtsprechung *f*, Urteilen *n*

שָׁפִיךְ ת׳ [ʃafix] gießfertig, zu gießen

שְׁפִיכָה נ׳, שְׁפִיכוּת נ׳ [ʃfixa, ʃfixut] Ausgießen *n*

=שְׁפִיכַת-דָּמִים, שְׁפִיכוּת-~ = Blutvergießen *n*

שְׁפִיעָה נ׳ [ʃfi'a] Fülle *f*

שְׁפִיפָה נ׳ [ʃfifa] gebückte Stellung *f*

שְׁפִיפוֹן ז׳ [ʃfifon] Hornviper *f* (Cerastes) *Zo.*

שָׁפִיר ז׳ [ʃafir] Chorion *n*, äußere Haut des Embryos; Zottenhaut *f Anat.*

=בְּדִיקַת מֵי-~ = Fruchtwasseruntersuchung *f Med.*

שַׁפִּיר ת׳, ת״פ (ארמ׳) [ʃapir] schön, gut, ordentlich *Adj., Adv.*

שַׁפִּירִית נ׳ [ʃapirit] Libelle *f*, Wasserjungfer *f* (Odanata) *Zo.*

שְׁפִיתָה נ׳ [ʃfita] Aufsetzen *n (auf den Herd zum Kochen)*

שָׁפַךְ פעל (לִשְׁפּוֹךְ אֶת-, יִשְׁפּוֹךְ) [ʃafax] *kal* ausgießen, vergießen, ausschütten

-הִשְׁתַּפֵּךְ הת׳ - *hit.* sich ergießen

=שָׁפַךְ דָּם = Blut vergießen, morden

=~ דְּמָעוֹת = Tränen vergießen

=~ זַעְמוֹ, ~ חֲמָתוֹ = s-n Zorn ausschütten *fig.*

=~ לִבּוֹ = sein Herz ausschütten *fig.*

=~ סוֹלְלָה = e-n Damm aufschütten

שֶׁפֶךְ ז׳ ['ʃefex] Flussmündung *f*

=~-דָּם = Blutung *f*

(שֶׁפֶךְ) שֳׁפָכִין, שׁוֹפְכִין ז״ר [ʃofaxin, ʃofxin] Abwasser *n*, Kanalisation *f*

=בּוֹר-~ = Klärgrube *f*

שָׁפְכָה נ׳, שופכה [ʃofxa] Penis *m bibl.*; Harnröhre *f* (Urethra) *Anat.*

שָׁפְכָן ז׳, שופכן [ʃofxan] Harnleiter *m* (Ureter) *Anat.*

שְׁפֹכֶת נ׳, שפוכת [ʃ'foxet] Geröll *n*, Schutt *m*

שָׁפַל פעל (לִשְׁפּוֹל, שָׁפֵל, יִשְׁפּוֹל גם: יִשְׁפַּל) [ʃafal] *kal* niedrig sein, niedrig werden

-הִשְׁפִּיל הת׳ - *hif.* erniedrigen, herabsetzen

=הִשְׁפִּיל עַצְמוֹ = bescheiden sein *bibl.*

שָׁפָל ת׳ [ʃafal] niedrig, gering; nichtswürdig; niederträchtig *Adj.*

=שְׁפַל-בֶּרֶךְ, ~-רוח = demütig *Adj.*

=~-מַעֲמָד = von niedrigem Stand
=~-קוֹמָה = klein *(von Statur) Adj.*
שֵׁפֶל ז׳ ['ʃéfel] Niedrigkeit *f*; Ebbe *f*, Flaute *f*; Niedergang *m*
=בַּשֵּׁפֶל = tief unten *Adv.*
=בְּשֵׁפֶל-הַמַּדְרֵגָה = auf der untersten Stufe *fig.*
=שְׁעוֹת-~ = außerhalb der Stoßzeit
שְׁפֵלָה נ׳, שפילה [ʃféla] Niederung *f*, Ebene *f*
שִׁפְלוּת נ׳, שיפלות [ʃiflut] Gemeinheit *f*, moralischer Tiefpunkt *m*
=~ רוּחַ = Demut *f*
שִׁפֹּלֶת נ׳ [ʃipolet] Fußleiste *f*, Scheuerleiste *f*
שָׂפָם ז׳ [safam] Schnauzbart *m*, Schnauzer *m*
=שְׂפָמוֹן ז׳ = Bärtchen *n*
שְׂפַמְנוּן ז׳ [sfamnun] Wels *m* (Clarias lazera) *Zo.*
שְׂפַמְפַּם ז׳ [sfampam] Schnurrbärtchen *n*
שָׁפָן ז׳ [ʃafan] Kaninchen *n; Angsthase n* F
=שְׁפַן-נִסָּיוֹן = Versuchskaninchen *n bsd. fig.*
=שְׁפַנִּיָּה נ׳ = Kaninchenstall *m*
=שְׁפַנְפָּן ז׳ = kleines Kaninchen; Häschen *n*
שָׁפַע[1] פעל (לִשְׁפּוֹעַ, יִשְׁפַּע) [ʃafa'] *kal* überströmen; reichlich geben
-הִשְׁפִּיעַ הפ׳ - *hif.* beeinflussen; strömen lassen, überschütten
=מְשֻׁפָּע ת׳ = reich bedacht, reich an
=מֻשְׁפָּע ת׳ = beeinflusst *Adj.*
שָׁפַע[2] פעל (לִשְׁפּוֹעַ, יִשְׁפַּע) [ʃafa'] *kal (nach unten)* neigen *v/i*
-שִׁפֵּעַ פיעל (לְשַׁפֵּעַ) - *pi.* neigen lassen; trimmen *Mar.*
=מְשֻׁפָּע ת׳ = schräg *Adj.*
שֶׁפַע ז׳ ['ʃefa'] Fülle *f*
=בְּ~ ת״פ = in Fülle, reichlich *Adv.*
=קֶרֶן-הַשֶּׁפַע נ׳ = Füllhorn *n*
=שֶׁפַע-בְּרָכוֹת = viel Glück!
שִׁפְעָה נ׳ [ʃif'a] Überfluss *m*, Fülle *f*
שִׁפְעוּל ז׳, שיפעול [ʃif'ul] Reaktivierung *f*

שַׁפְעֵל ז׳ [ʃaf'él] alte, sich erneuernde Konjugationsform *Gr. (z.B.* שַׁחְזֵר*)*
שִׁפְעֵל פיעל [ʃif'él] *pi.* reaktivieren
שַׁפַּעַת נ׳ [ʃa'pa'at] Grippe *f Med.*
=שַׁפַּעְתִּי ת׳ = Grippe-, grippeartig *Adj.*
שָׁפַף פעל (לִשְׁפּוֹף, יִשְׁפּוֹף) [ʃafaf] *kal* sich bücken
-הִשְׁתּוֹפֵף הת׳ - *hit.* sich bücken, sich ducken
שִׁפֵּץ פיעל [ʃipéts] *pi.* überholen, aufbessern, renovieren
שָׂפַק פעל [safak] *kal* in die Hände klatschen *bibl.*
★שָׁפַר פעל (לִשְׁפּוֹר, יִשְׁפַּר) [ʃafar] *kal* schön sein, gut sein
-שִׁפֵּר פיעל - *pi.* verbessern *v/t*
-הִשְׁתַּפֵּר הת׳ - *hit.* besser werden
-הִשְׁפִּיר הפ׳ - *hif.* (Wäsche) stärken
=שָׁפַר חֶלְקוֹ (גּוֹרָלוֹ) = Glück haben
★שֶׁפֶר ז׳ ['ʃefer] Schönheit *f*
=אִמְרֵי ~ = schöne Worte *n/pl.*
★שֻׁפְרָא ז׳ [ʃufra'] Schönheit *f*, Anmut *f*
שְׁפְרוֹט ז׳ [ʃprot] Sprotte *f* (Clupea) *Zo.*
★שַׁפְרִיר ז׳ [ʃafrir] Baldachin *m*
שְׁפַרְפַּר ז׳ [ʃfarpar] Morgenstern *m*, Helligkeit *f*
שִׁפְשׁוּף ז׳, שיפשוף [ʃifʃuf] Putzen *n*, Polieren *n*
שִׁפְשֵׁף פיעל [ʃifʃéf] *pi.* blank putzen; reiben
-הִשְׁתַּפְשֵׁף הת׳ - *hit.* sich abschleifen; sich abnutzen
שַׁפְשֶׁפֶת נ׳ [ʃaf'ʃefet] Fußmatte *f*, Abtreter *m*
שָׁפַת פעל (לִשְׁפּוֹת, יִשְׁפּוֹת) [ʃafat] *kal* auf den Herd setzen, aufsetzen
שְׂפָתוֹן ז׳ (שְׂפְתוֹן-, שְׂפְתוֹנִים) [sfaton] Lippenstift *m*
שְׂפָתִי ת׳ [sfati] Lippen-; labial *Adj.*
שְׂפָתַיִם נ״ז מִן שָׂפָה [sfa'tajim] Lippen *f/pl.*
שִׂפְתָנִי ת׳ [siftani] lippenblütig *Adj.*
=~ִים ז״ר = Lippenblütler *m/pl.* (Labiatae) *Bot.*
ש״ץ ר״ת שְׁלִיחַ-צִבּוּר [ʃats] *Kurzw.* Vorbeter *m (in der Synagoge)*
ש״צ ר״ת שׁוֹטֵר צְבָאִי [ʃin tsade] *Abk.* Militärpolizist *m*

שֶׁצֶף ז׳ ['ʃetsef] Wut *f*, Zorn *m*

=בְּ~ קֶצֶף = wütend *Adv.*, in Rage

שִׁצְפָּה נ׳ [ʃitspa] schneller Fluss *m*

שִׁצָּפוֹן ז׳ [ʃitsafon] Überschwemmung *f*

שַׂק ז׳ [sak] Sack *m*

=~-חֲפָצִים = Kleidersack *m*

=~-שֵׁנָה = Schlafsack *m*

=מֵרוֹץ-שַׂקִּים = Sackhüpfen *n*

שֶׁק ז׳ ראה גם: הַמְחָאָה [ʃek] Scheck *m*

=~ דָּחוּי = vordatierter Scheck

=~ מְסֻרְטָט = Verrechnungsscheck *m*

=פִּנְקַס-שֶׁקִים = Scheckbuch *n*

שָׁקַד פעל (לִשְׁקוֹד עַל-, יִשְׁקוֹד) [ʃakad] *kal* eifrig bedacht sein auf (*Akk.*), fleißig sein

שָׁקֵד ז׳ [ʃakéd] Mandel *f* (Prunus amygdalus) *Bot.*

שְׁקֵדִי ת׳ [ʃkédi] mandelförmig *Adj.*

שְׁקֵדִיָּה נ׳ [ʃkédija] Mandelbaum *m*

שַׁקְדָ|ן ז׳ [ʃakdan] eifriger, fleißiger Mensch *m*

=~נוּת נ׳ = Engagement *n*, Fleiß *m*

=~נִי ת׳ = engagiert, fleißig *Adj.*

(שקה) הִשְׁקָה הפ׳ [hiʃka] *hif.* tränken, zu trinken geben; bewässern

שָׁקוּד ת׳ [ʃakud] mit großem Eifer

שָׁקוּט ת׳ [ʃakut] bulliger, kurzer Nacken

★שִׁקּוּי ז׳, שיקוי [ʃikuj] Trank *m*

=~ אַהֲבָה = Liebestrank *m*

שָׁקוּי ת׳ [ʃakuj] getränkt *Adj.*

שִׁקּוּל ז׳, שיקול, ~-דַּעַת [ʃikul] Abwägen *n*, Überlegung *f*

שָׁקוּל ת׳ [ʃakul] überlegt; abgewogen; gleichwertig *Adj.*

שִׁקּוּם ז׳, שיקום [ʃikum] Wiederherstellung *f*, Rehabilitation *f*

=שִׁקּוּמִי ת׳ = rehabilitierend *Adj.*

שִׁקּוּעַ ז׳, שיקוע [ʃi'kua'] Versenken *n*, Eintauchen *n*; Absenkung *f*; Anschaffungskosten *pl.*

שָׁקוּעַ ת׳ [ʃa'kua'] versenkt; versunken, eingesunken *Adj.*

=~ בְּהִרְהוּרִים = in Gedanken versunken

שִׁקּוּף ז׳, שיקוף [ʃikuf] Durchleuchtung *f*

=~-רֶנְטְגֶן = Röntgendurchleuchtung *f*

שָׁקוּף ת׳ [ʃakuf] durchsichtig *Adj.*

שְׁקוּפִית נ׳ [ʃkufit] Diapositiv *n*, Dia *n*, Lichtbild *n*

★שִׁקּוּץ ז׳, שיקוץ [ʃikuts] Gegenstand *m* des Abscheus; Götzenbild *n*

שָׁקַט פעל (לִשְׁקוֹט, שָׁקֵט, יִשְׁקוֹט) [ʃakat] *kal* ruhig sein, sich beruhigen; sorglos sein

-הִשְׁקִיט הפ׳ - *hif.* beruhigen *v/t*

=שָׁקַט עַל שְׁמָרָיו = ruhig bleiben, unberührt bleiben

=שָׁקְטָה דַעְתּוֹ = beruhigt sein

שֶׁקֶט ז׳ ['ʃeket] Ruhe *f*, Stille *f*

=אִי-~ = Unruhe *f*

שָׁקֵט ת׳ [ʃakét] ruhig, still *Adj.*

=הָאוֹקְיָנוֹס הַשָּׁקֵט = der Stille Ozean

שְׁקִידָה נ׳ [ʃkida] Fleiß *m*, Eifer *m*; Ausdauer *f*

שַׁקְיָה נ׳ [ʃakja] bewässertes Land *n*

שְׁקִיטָה נ׳ [ʃkita] Rast *f*, Pause *f*

שְׁקִילָה נ׳ [ʃkila] Wiegen *n*, Abwiegen *n*; Überlegung *f*

שְׁקִילוּת נ׳ [ʃkilut] Wägbarkeit *f*; Gleichwertigkeit *f*

שָׁקִיעַ ת׳ [ʃakia'] versenkbar *Adj.*; investierbar *Adj.*

שְׁקִיעָה נ׳ [ʃki'a] Versinken *n*; Senkung *f*; Untergang *m*

=שְׁקִיעַת|-דָּם = Blutsenkung *f* *Med.*

=~-הַחַמָּה = Sonnenuntergang *m*

שָׁקִיף ז׳ [ʃakif] Felsenspitze *f*, Klippe *f*

★שְׁקִיפָה נ׳ [ʃkifa] Schlagen *n*

שְׁקִיפוּת נ׳ [ʃkifut] Durchsichtigkeit *f*

שַׂקִּיק ז׳ [sakik] Säckchen *n*, Tüte *f*

שְׁקִיקָה[1] נ׳ [ʃkika] Gier *f*; Besessenheit *f*

שְׁקִיקָה[2] נ׳ [ʃkika] Rattern *n*, Lärm *m*
שַׂקִּית נ׳ [sakit] Tüte *f*
שָׁקַל פעל (לִשְׁקוֹל אֶת-, יִשְׁקוֹל) [ʃakal] *kal* wiegen, abwiegen; abwägen *v/t*
=שָׁקַל בְּדַעְתּוֹ = sich überlegen
שֶׁקֶל ז׳ ['ʃekel] "Schekel", jüd. Münze aus der Zeit des 1. u. 2. Tempels; Ausweis der Zionist. Organisation
=~ חָדָשׁ (ש״ח) = gegenwärtige Währung in Israel
★שַׁקְלָא-וְטַרְיָא ז׳ (ארמ׳) [ʃakla'-vetarja'] Verhandlung *f*
שִׁקְלוּל ז׳, שיקלול [ʃiklul] Berechnen *n*
שִׁקְלֵל פיעל [ʃiklél] *pi.* kalkulieren
שִׁקֵּם פיעל [ʃikém] *pi.* wiederherstellen, rehabilitieren
-הִשְׁתַּקֵּם הת׳ - *hit.* sich rehabilitieren; rehabilitiert werden
שֶׁקֶ״ם ר״ת שֵׁרוּת קַנְטִינוֹת וּמִזְנוֹנִים ['ʃekem] *Kurzw.* Militärkantinen *f/pl.*, -läden *m/pl.*; Supermarktkette
שִׁקְמָה נ׳ [ʃikma] Sykomore *f*, Maulbeerfeigenbaum *m* (Ficus sycomorus) *Bot.*
שַׂקְנַאי ז׳ [saknaj] Pelikan *m* (Pelecanus) *Zo.*
שָׁקַע פעל (לִשְׁקוֹעַ, יִשְׁקַע) [ʃaka'] *kal* sinken, versinken, einsinken, untergehen *v/i*
-שִׁקַּע פיעל (לְשַׁקֵּעַ) - *pi.* versenken *v/t*
-הִשְׁתַּקַּע הת׳ (לְהִשְׁתַּקֵּעַ בְּ-) - *hit.* sich versenken; sich ansiedeln, sich niederlassen
-הִשְׁקִיעַ הפ׳ - *hif.* investieren
=שָׁקְעָה הַחַמָּה = die Sonne ging unter
שֶׁקַע ז׳ ['ʃeka'] Senke *f*, Vertiefung *f*; Steckdose *f El.*
=~ בָּרוֹמֶטְרִי = Tief *n*, Tiefdruckgebiet *n*
שְׁקַעֲרוּרָה נ׳ [ʃka'arura] Vertiefung *f*, Höhlung *f*
=~רִי ת׳ = konkav *Adj.*
(שקף) נִשְׁקַף נפ׳ (לְהִשָּׁקֵף) [niʃkaf] *nif.* zu sehen sein, gesehen werden; blicken;
in Aussicht stehen
-שִׁקֵּף פיעל - *pi.* widerspiegeln; durchblicken lassen; durchleuchten
-הִשְׁתַּקֵּף הת׳ - *hit.* sich widerspiegeln
-הִשְׁקִיף הפ׳ - *hif.* blicken; beobachten
שֶׁקֶף ז׳ ['ʃekef] Lichtbild *n*
★שִׁקֵּץ פיעל [ʃikéts] *pi.* verabscheuen; zum Abscheu machen
שֶׁקֶץ ז׳ ['ʃekets] Gräuel *m*, Abscheu *m*; Unreine(s) *n*; Lümmel *m*
=שִׁקְצָה נ׳ = Nichtjüdin *f*
שָׁקַק[1] פעל (לָשׁוֹק, יָשׁוֹק) [ʃakak] *kal* strotzen, wimmeln, erfüllt sein von (*D*)
=שׁוֹקֵק | חַיִּים = (von Leben) strotzen
=רְחוֹב ~ = belebte Straße *f*
שָׁקַק[2] פעל (לָשׁוֹק, יָשׁוֹק) [ʃakak] *kal* lechzen, sich sehnen nach (*D*)
-הִשְׁתּוֹקֵק הת׳ (לְ-) - *hit.* sich sehnen nach (*D*)
שֶׁקֶק ז׳ ['ʃekek] Wunsch *m*, Begierde *f*
שְׁקָק ז׳ [ʃkak] kleiner Markt *m*
שִׁקֵּר פיעל [ʃikér] *pi.* lügen *v/i*
=~ לְ- = j-n belügen
שֶׁקֶר ז׳ ['ʃeker] Lüge *f*
=~ לָבָן = *wörtl.* weiße Lüge; Halbwahrheit
=מְשִׁיחַ-~ = falscher Messias
=נְבִיא-~ = falscher Prophet
=עֵד-~ = falscher Zeuge
=עָשָׂה ~ בְּנַפְשׁוֹ = sich selbst belügen
שִׁקְרִי ת׳ [ʃikri] lügenhaft, falsch *Adj.*
שַׁקְרָ|ן ז׳ [ʃakran] Lügner *m*
=~נוּת נ׳ = Verlogenheit *f*
=~נִי ת׳ = lügnerisch, verlogen *Adj.*
שִׁקְשׁוּק ז׳, שיקשוק [ʃikʃuk] Rattern *n*, Lärm *m*
שַׁקְשׁוּקָה נ׳ [ʃakʃuka] pikantes Rühreigericht *n* *(mit Paprika u. Tomaten)*
שִׁקְשֵׁק פיעל [ʃikʃék] *pi.* rattern, lärmen
שֹׁקֶת נ׳, שוקת (שְׁקָתוֹת) ['ʃoket] Trog *m*
=בִּפְנֵי ~ שְׁבוּרָה = *wörtl.* vor dem zerbrochenen

Trog; hilflos, hoffnungslos *Adv*.

שֵׁר ז׳ [ʃér] Kette *f*, Halskette *f*, Ornament *n*

שֹׁר ז׳ [ʃor] Nabel *m*

שַׂר ז׳ (שָׂרָה, שָׂרִים) [sar] Minister *m*; Fürst *m*, Anführer *m bibl.*

=~-הָאוֹצָר = Finanzminister *m*

=~-הַבִּטָּחוֹן = Sicherheitsminister *m*, Verteidigungsminister *m*

=~-הַבְּרִיאוּת = Gesundheitsminister *m*

=~-הַדָּתוֹת = Minister *m* für religiöse Angelegenheiten

=~-הַחוּץ = Außenminister *m*

=~-הַחִנּוּךְ וְהַתַּרְבּוּת = Kultusminister

=~-הַחַקְלָאוּת = Landwirtschaftsminister *m*

=~-הַמִּסְחָר וְהַתַּעֲשִׂיָּה = Wirtschaftsminister

=~-הַמִּשְׁטָרָה = *etwa* Polizeiminister *m*

=~-הַמִּשְׁפָּטִים = Justizminister *m*

=~-הַסַּעַד = Minister *m* für Soziales

=~-הָעֲבוֹדָה = Arbeitsminister *m*

=~-הַפְּנִים = Innenminister *m*

=~-הַקְּלִיטָה = *etwa* Minister *m* für Integration

=~-הַשִּׁכּוּן = *etwa* Minister *m* für Wohnwesen

=~-הַתַּחְבּוּרָה = Verkehrsminister *m*

=~-הַתַּיָּרוּת = Tourismusminister *m*

=~-הַתִּקְשֹׁרֶת = *etwa* Minister *m* für Kommunikation

=~-בְּלִי תִיק = Minister *m* ohne Portfolio

★=~-הָאֻמָּה = Genius *m* des Volkes

★=~-הַמַּשְׁקִים = Mundschenk *m bibl.*

=~-הַצָּבָא = Heerführer *m bibl.*

שָׁרָב ז׳ ראה גם: חַמְסִין [ʃarav] Hitze *f*, heißer Wüstenwind

שִׁרְבֵּב פיעל [ʃirbév] *pi.* herausstrecken; *(irrtümlich)* an falscher Stelle einsetzen

-הִשְׁתַּרְבֵּב הת׳ - *hit.* sich einschleichen *(Fehler)*

=שִׁרְבֵּב לָשׁוֹן = die Zunge herausstrecken

=~ שְׂפָתַיִם = die Lippen schürzen

שִׁרְבּוּב ז׳ [ʃirbuv] 1. Verlängerung *f*, 2. Einführung an falscher Stelle

שִׁרְבּוּט ז׳, שירבוט [ʃirbut] Kritzeln *n*

שִׁרְבֵּט פיעל [ʃirbét] *pi.* kritzeln *v/t*

שְׁרָבִי ת׳ [ʃravi] *(Wetter)* sehr heiß und trocken *Adj.*

שַׁרְבִיט ז׳ [ʃarvit] Zepter *n*; Taktstock *m*

שְׁרַבְרָב ז׳ [ʃravrav] Installateur *m*, Klempner *m*

=~וּת נ׳ = Installation *f* Klempnerei *f*

שֵׂרֵג פיעל (לְשָׂרֵג אֶת-) [sérag] *pi.* verflechten *v/t*

-הִשְׂתָּרֵג הת׳ - *hit.* sich verflechten

שָׂרַד פעל [sarad] *kal* übrig bleiben, überleben

★שְׂרָד ז׳ [srad] Dienst *m*

=בִּגְדֵי-~ = Dienstkleidung *f*, *(offizielle)* Uniform *f*

=דִּירַת-~ = Dienstwohnung *f*

★שָׂרָה פעל (לִשְׂרוֹת עִם-, יִשְׂרֶה) [sara] *kal* ringen, kämpfen

שָׂרָה נ׳ [sara] Fürstin *f*, Herrin *f*; Ministerin *f*

שָׁרָה[1] פעל (לִשְׁרוֹת אֶת-, יִשְׁרֶה) [ʃara] *kal* in Wasser legen, einweichen *v/t*

שָׁרָה[2] פעל (לִשְׁרוֹת, יִשְׁרֶה) [ʃara] *kal* verweilen, ruhen *auf* (*D*)

-הִשְׁרָה הפ׳ - *hif.* herrschen lassen; inspirieren; elektrische Spannung erzeugen *(Induktion)*

=~ מַצַּב רוּחַ = Stimmung verbreiten

=~ אֵמוּן = Vertrauen einflößen

שֵׁרָה נ׳ [ʃéra] Kette *f*, Halskette *f bibl.*

שֵׂרוּג ז׳, שירוג [sérug] Verflechtung *f*, Verschränkung *f*

שַׁרְווּל ז׳ [ʃarvul] Ärmel *m*

=~-רוּחַ = Windsack *m*

שָׂרוּט ת׳ [sarut] verkratzt, zerkratzt *Adj.*

שָׁרוּי[1] ת׳ [ʃaruj] in Flüssigkeit gelegt, eingeweicht *Adj.*

שָׁרוּי[2] ת׳ [ʃaruj] sich befindend *Adj.*

שְׂרוֹךְ ז׳ [srox] Schnur *f*

=~-נַעַל = Schnürsenkel *m*

שְׁרוֹכָנִית נ' [sroxanit] Hirschsprung *m* (Corrigiola) *Bot.*

שָׂרוּעַ ת' [sa'rua'] hingestreckt, lang liegend *Adj.*

שָׂרוּף ת' [saruf] verbrannt *Adj.*

=לְבֵנִים שְׂרוּפוֹת = gebrannte Ziegel *m/pl.*

שֵׁרוּץ ז' [ʃéruts] Vermehrung *f*

שֵׁרוּשׁ ז', שירוש [ʃéruʃ] Entwurzelung *f*, Ausreißen *n* (mit der Wurzel)

שֵׁרוּת ז', שירות (שֵׁרוּתִים) [ʃérut] Dienst *m*; Bedienung *f*; Hilfsdienst *m*, Dienstleistung *f*; Sammeltaxi *n* auf Autobuslinien

=~-בִּטָּחוֹן (ר"ת ש"ב) = "Schin-béth", Sicherheitsdienst *m*

=~-דֹּב = schlechter Dienst *m*

=~-לָקוֹחוֹת = Kundendienst *m*

=~ עַצְמִי = Selbstbedienung *f*, Selfservice-Restaurant *n*

=~ צִבּוּרִי = öffentliche Dienstleistung *f*

=שֵׁרוּתִים ז"ר = Toilette *f*, Bad *n*

שָׂרַט פעל (לִשְׂרוֹט, יִשְׂרוֹט) [sarat] *kal* kratzen, ritzen

שֶׂרֶט ז' ['seret] Kratzer *m*

שִׂרְטוּט ז', שירטוט [sirtut] technisches Zeichnen, Skizzieren *n*

שִׂרְטוֹן ז', שירטון [sirton] Sandbank *f*

=עָלָה עַל ~ = stranden; einen toten Punkt erreichen *fig.*, scheitern

שִׂרְטֵט פיעל [sirtét] *pi.* skizzieren; *Tech.* zeichnen; schraffieren

שַׂרְטָט ז' [sartat] technischer Zeichner *m*

★שָׂרִיג ז' [sarig] Zweig *m*, Ranke *f*

שָׂרִיד ז' [sarid] Überbleibsel *n*; Überlebende(r) *m*

שְׂרִידִי ת' [sridi] zurückbleibend *Adj.*

שִׁרְיָה נ' [ʃirja] Bewaffnung *f*

שְׁרִיָּה נ' [ʃrija] Einweichen *n*

שִׁרְיוֹן ז' [ʃirjon] Panzer *m; Schild m (bei Tieren)*

=חֵיל-~ = Panzerkorps *n Mil.*

שִׁרְיוּן ז', שיריון [ʃirjun] Panzerung *f*, Armierung *f*; *(Platz)* Freihalten *n*

שִׁרְיוֹנַאי ז' [ʃirjonaj] Panzergrenadier *m*

שִׁרְיוֹנִית נ' [ʃirjonit] Panzerwagen *m Mil.*

שִׁרְיוֹנֶר ז' [ʃirjoner] Panzergrenadier *m*

שְׂרִיטָה נ' [srita] Kratzer *m*, Kratzwunde *f*

שִׁרְיֵן פיעל [ʃirjén] *pi.* panzern; mit Panzern ausrüsten; sichern, *(Platz)* freihalten

שָׁרִיף ז' [ʃarif] arabischer Titel eines Edelmannes

שֶׁרִיף ז' [ʃerif] Sheriff *m*

שָׂרִיק ת' [sarik] gekämmt *Adj.*

שְׁרִיקָה נ' [ʃrika] Pfeifen *n*, Pfiff *m*

שָׁרִיר, שְׁרִיר ז' (שְׁרִירִים) [ʃarir, ʃrir] Muskel *m*

=שְׁרִירִים רְצוֹנִיִּים = willkürliche Muskeln *m/pl.*

=~ אִי-רְצוֹנִיִּים = unwillkürliche Muskeln *m/pl.*

=כִּוּוּץ ~ = Muskelkater *m*

שָׁרִיר ת' [ʃarir] stark *Adj.*

=~ וְקַיָּם = felsenfest *Adj.*

שְׁרִירוּ|ת-לֵב ז' [ʃrirut-lév] Willkür *f*

=~תִי ת' = willkürlich *Adj.*

שְׁרִירִי ת' [ʃriri] muskulös *Adj.*; Muskel-

שְׁרִירִיּוּת נ' [ʃririjut] athletische Statur *f*

שְׁרִירָן ז' [ʃriran] sehr muskulöser Mensch

שָׂרַךְ פעל (לִשְׂרוֹךְ, יִשְׂרוֹךְ) [sarax] *kal* schleppen

-שֵׂרֵךְ פיעל (לְשָׂרֵךְ) - *pi.* kreuz und quer laufen; auf Abwege geraten *fig.*

-הִשְׂתָּרֵךְ הת' - *hit.* sich hinschleppen

=שָׂרַךְ דַּרְכּוֹ = dahinziehen

שָׁרָךְ ז' [ʃarax] Farn *m* (Pteridophyta) *Bot.*

(שרע) הִשְׂתָּרַע הת' (לְהִשְׂתָּרֵעַ) [histara'] *hit.* sich ausstrecken, sich langlegen, sich ausdehnen

★שַׂרְעַף ז' [sar'af] Gedanke *m*; Sinnen *n*

שָׂרַף פעל (לִשְׂרוֹף אֶת-, יִשְׂרוֹף) [saraf] *kal* verbrennen *v/t*

-נִשְׂרַף נפ' - *nif.* verbrennen *v/i*, verbrühen; anbrennen

=שָׂרַף אֶת הַגְּשָׁרִים = die Brücken abbrechen *fig.*

[saraf] Seraphim *m/pl.*,	
Lichtengel *m bibl.*	★שָׂרָף ז׳ (שְׂרָפִים)
[jén-saraf] Branntwein *m*	
[seraf] Harz *n*	(שָׂרָף) יֵין–~ (יי״ש)
[sréfa] Brand *m*, Feuer *n*	שְׂרָף ז׳
= Schießpulver *n*	שְׂרֵפָה נ׳, שריפה
[ʃrafraf] Schemel *m*,	=אֲבַק ~
Hocker *m*	שְׁרַפְרַף ז׳ (שְׁרַפְרַפִּים)
[ʃarats] *kal* wimmeln,	
kriechen; sich vermehren	שָׁרַץ פעל (לִשְׁרוֹץ,
['ʃerets] Gewürm *n*, Insekt *n*	יִשְׁרוֹץ)
= er hat einiges auf dem	שֶׁרֶץ ז׳
Kerbholz *fig.*	★=קֻפָּה שֶׁל שְׁרָצִים
[ʃarak] *kal* pfeifen	תְּלוּיָה לוֹ מֵאֲחוֹרָיו
= pfeifend *Adj.*	שָׁרַק פעל (לִשְׁרוֹק, יִשְׁרוֹק)
[ʃrakrak] Bienenfresser *m*	שַׁרְקָנִי ת׳
(Merops apiaster) *Zo.*	שְׁרַקְרַק ז׳
[sarar] *kal* herrschen;	
vorherrschen; verbreitet sein	שָׂרַר פעל (לִשְׂרוֹר,
- *hit.* sich zum Herrscher	יִשְׂרוֹר)
machen; herrschen; sich verbreiten	-הִשְׂתָּרֵר הת׳
[srara] Herrschaft *f*	
= Herrscher *m*, Beherrscher *m*	שְׂרָרָה נ׳
= Kraft walten lassen, beherrschen	=בַּעַל–~
['ʃoreʃ] Wurzel *f*;	=נָהַג ~
Grundbuchstaben e-s hebr.	שֹׁרֶשׁ ז׳, שורש (שָׁרָשִׁים)
Wortes *Gr. (z.B.* כתב*)*	
= Handwurzel *f* (Carpus) *Anat.*	
= Spann *m*, Rist *m*, Fußrücken *m*	=~–הַיָּד
= *wörtl.* bis zu den Haarwurzeln;	=~–הָרֶגֶל
bis zum bitteren Ende; ganz und gar,	=עַד שָׁרְשֵׁי
mit Haut und Haaren	הַשְּׂעָרוֹת
= Wurzel ziehen *Math.*	
= Wurzeln schlagen	=הוֹצִיא ~
= entwurzeln, mit der	=הִכָּה ~
Wurzel ausrotten	=עָקַר מִן הַשֹּׁרֶשׁ
[niʃraʃ] *nif.* Wurzeln	
schlagen	(שרש) נִשְׁרַשׁ (לְהִשָּׁרֵשׁ)

- *pi.* entwurzeln, ausrotten	
	-שֵׁרֵשׁ פיעל (לְשָׁרֵשׁ
- *hit.* sich verwurzeln	אֶת-)
- *hif.* Wurzeln fassen	-הִשְׁתָּרֵשׁ הת׳
[ʃorʃon] Wurzelfaser *f*	-הִשְׁרִישׁ הפ׳
[ʃarʃor] Bandwurm *m* (Taenia) *Med.*	שָׁרְשׁוֹן ז׳
[ʃorʃi] Wurzel-; verwurzelt *Adj.*	שַׁרְשׁוֹר ז׳
= Verwurzelung *f*	שָׁרְשִׁי ת׳, שורשי
[ʃarʃir] Krickente *f* (Anas crecca) *Zo.*	=~יּוּת נ׳
[ʃirʃér] *pi.* anketten; absperren	שַׁרְשִׁיר ז׳
[ʃar'ʃeret] Kette *f*	שִׁרְשֵׁר פיעל
= Kettenreaktion *f*	שַׁרְשֶׁרֶת נ׳
= Kettenraucher *m*	=תְּגוּבַת–~
[ʃérét] *pi.* dienen; amtieren;	=מְעַשֵּׁן בְּ~
(Wehrdienst) leisten	שֵׁרֵת פיעל
[ʃarét] Dienst *m*	(לְשָׁרֵת אֶת-)
= Werkzeug *n*, Mittel *n*	★שָׁרֵת ז׳
= dienende Engel *m/pl. bibl.*	=כְּלִי–~
[ʃarat] Schuldiener *m*; Helfer *m*	=מַלְאֲכֵי–~
[ʃéʃ] sechs (6) *Num.* (*f*)	שָׁרָת ז׳
= sechzehn (16) *Num.* (*f*)	שֵׁשׁ ש״מ (לִנְקֵבָה)
= sechzehnte (16.) *Num.* (*f*)	=~ עֶשְׂרֵה (לִנְקֵבָה)
[ʃeʃ-beʃ] Backgammon *n (Brettspiel)*	=הַשֵּׁשׁ-עֶשְׂרֵה נ׳
[sasgoni] farbenfreudig,	שֶׁשׁ-בֶּשׁ ז׳
bunt *Adj.*	שַׁשְׁגּוֹנִי ראה גם: סַסְגּוֹנִי
[ʃiʃa] sechs (6) *Num.* (*m*)	
= sechzehn (16) *Num.* (*m*)	שִׁשָּׁה ש״מ (לְזָכָר) (שֵׁשֶׁת-)
= sechzehnte(r) (16.) *Num.* (*m*)	=~–עָשָׂר (לְזָכָר)
= die sechs Werktage *m*/pl.	=הַשִּׁשָּׁה-עָשָׂר ז׳
= sechs Bücher *n*/pl.	=שֵׁשֶׁת יְמֵי-הַמַּעֲשֶׂה
der Mischna ("Schas")	=שִׁשָּׁה סִדְרֵי מִשְׁנָה
= Sechs-Tage-Krieg m	(ר״ת ש״ס)
(5.-10. Juni 1967)	=מִלְחֶמֶת שֵׁשֶׁת הַיָּמִים
[sason] Freude *f*, Jubel *m*	
= große Freude *f*	שָׂשׂוֹן ז׳
[ʃiʃi] sechste(r), 6. (*m*)	=~ וְשִׂמְחָה
= Freitag *m*	שִׁשִּׁי ת׳, שישי
= der sechste Tag	=יוֹם הַשִּׁשִּׁי

= Donnerstag Abend =הַיּוֹם הַ~
[ʃiʃija] Sextett n =לֵיל שִׁשִּׁי
[ʃiʃim] sechzig (60) *Num.* שִׁשִּׁיָּה נ׳, שישיה
= ein Sechzigstel (1/60); ein שִׁשִּׁים ש״מ
ganz kleiner Teil =אֶחָד | מִשִּׁשִּׁים
= unbedeutende Minderheit *f*
[ʃiʃit] ein Sechstel (1/6); =בָּטֵל בְּשִׁשִּׁים
sechste, 6. (*f*) שִׁשִּׁית נ׳, שישית
[ʃaʃar] rote Farbe *f bibl.*
[ʃét] Gesäß *n*; Hintern *m* F שָׁשַׁר ז׳
= mit nacktem Popo F ★שֵׁת ז׳
[ʃata'] Jahr *n* =חֲשׂוּף-~
= dieses Jahr ★שַׁתָּא נ׳ (ארמ׳)
[ʃtadlan] Fürsprecher *m*, Vertreter ★=הַשַּׁתָּא
der jüd. Interessen vor fremden שְׁתַדְּלָן ז׳
Behörden i. d. Diaspora
= Fürsprache *f*, Fürbitte *f*; Interven-
tion *f ver.* =~נוּת נ׳
= für jemanden sprechend
[ʃata] *kal* trinken =~נִי ת׳
= er hing an s-n Lippen (*fig.*) שָׁתָה פעל (לִשְׁתּוֹת אֶת-, יִשְׁתֶּה)
= auf das Wohl trinken =~ בַּצָּמָא דְּבָרָיו
[ʃatuj] betrunken *Adj.* =~ לְחַיִּים
[ʃatul] gepflanzt *Adj.* שָׁתוּי ת׳
[ʃatum] offen, geöffnet *Adj.* שָׁתוּל ת׳
(nur in folgender Redensart) ★שָׁתוּם ת׳
= einäugig *Adj.*
[ʃituf] Beteiligung *f*, =שְׁתֻם-הָעַיִן
Anteilnahme *f* שִׁתּוּף ז׳, שיתוף
= Zusammenarbeit *f*,
Kooperation *f* =~-פְּעֻלָּה
= Gedankenassoziation *f*
= gemeinschaftlich, kollektiv *Adj.* =~-רַעְיוֹנוֹת
= kooperative Gesellschaft =שִׁתּוּפִי ת׳
= Kollektivismus *m* =אֲגֻדָּה ~ית
[ʃituk] Lähmung *f*; Still- =~יּוּת נ׳
legung *f* שִׁתּוּק ז׳, שיתוק
= spinale Kinderlähmung,

Polio *f* (Poliomyelitis) *Med.* =~-יְלָדִים
[ʃtukut] unbekannte Vaterschaft *f*
[ʃitut, -dam] Blutung *f* ★שְׁתוּקוּת נ׳
[ʃti] Längsfäden *m/pl. (beim Weben)* שִׁתּוּת ז׳, ~-דָּם
= kreuz und quer שְׁתִי ז׳
= Kreuzverhör *n* =~ וָעֵרֶב
[ʃtej] zwei *f* =חֲקִירַת ~-וָעֵרֶב
[ʃtija] Trinken *n* שְׁתֵּי סְמִיכוּת מִן שְׁתַּיִם
= Trinkgeld *n* שְׁתִיָּה נ׳, שתייה
[ʃatil] Setzling *m Bot.* =~-דְּמֵי
[ʃtila] Pflanzen *n* von Setzlingen שָׁתִיל ז׳ (שְׁתִילִים)
[ʃtilon] kleiner Sämling *m* שְׁתִילָה נ׳
[ʃ'tajim] zwei (2) שְׁתִילוֹן ז׳
Num. (*f*) שְׁתַּיִם ש״מ (לִנְקֵבָה) (שְׁתֵּי-)
= beide (*f/pl.*)
= zwölf (12) *Num.* (*f*) =שְׁתֵּיהֶן נ׳
[ʃatjan] Trinker *m; Säufer m* F =שְׁתֵּים-עֶשְׂרֵה (לִנְקֵבָה)
[ʃtika] Schweigen *n* שַׁתְיָן ז׳, שתיין
[ʃatal] *kal* Setzlinge שְׁתִיקָה נ׳
pflanzen שָׁתַל פעל (לִשְׁתּוֹל
- *hif.* umpflanzen, transplantieren אֶת-, יִשְׁתּוֹל)
['ʃetel] Transplantat *n;* -הִשְׁתִּיל הפ׳
Setzling *m Bot.* שֶׁתֶל ז׳ (שְׁתָלִים)
[ʃtaltan] herrschsüchtiger Mensch *m*
= Herrschsucht *f* שְׁתַלְּטָן ז׳
= herrschsüchtig *Adj.* =~נוּת נ׳
[ʃatlan] Gärtner *m*, Pflanzenzüchter *m* =~נִי ת׳
= Pflanzenzucht *f* שַׁתְלָן ז׳
['ʃetem] Loch *n* =~וּת נ׳
[ʃatam] *kal* öffnen *v/t* שֶׁתֶם ז׳
[ʃtamtan] Aussteiger *m*, שָׁתַם פעל
Drückeberger *m* F שְׁתַמְּטָן ז׳
= Entkommen *n*, Ausweichen *n*
[hiʃtin] *hif.* urinieren; =~נוּת נ׳
pissen F; Wasser lassen (שתן) הִשְׁתִּין הפ׳
['ʃeten] Urin *m*, Harn *m*
[ʃitnan] Harnstoff *m* (Urea) *Med.* שֶׁתֶן ז׳
[ʃa'tenet, -hadam] Urämie *f*, שִׁתְנָן ז׳

שַׁתֶּנֶת נ׳, ~-הַדָּם — Harnvergiftung *f* (Uraemia)
ראה גם: שַׁיֶּנֶת-הַדָּם — *Med.*
['ʃitéf] *pi.* beteiligen *v/t*
שִׁתֵּף פיעל — - *hif.* sich beteiligen, teil-
-הִשְׁתַּתֵּף הת׳ — nehmen, Anteil nehmen
= kooperieren, mitarbeiten,
=שִׁתֵּף פְּעֻלָּה — mitmachen
= j-m sein Beileid aussprechen
=הִשְׁתַּתֵּף בְּצַעֲרוֹ — [ʃutaf] Teilhaber *m*, Sozius *m;*
שֻׁתָּף ז׳, שותף — Partner *m;* Mitbewohner *m*
= Teilhaberschaft *f*, Partnerschaft *f*
=~וּת נ׳
(שֻׁתָּפוּת-, שֻׁתָּפֻיּוֹת) — [ʃatak] *kal* schweigen

שָׁתַק פעל (לִשְׁתּוֹק, יִשְׁתּוֹק) — - *pi.* zum Schweigen bringen
-שִׁתֵּק פיעל — stilllegen; lähmen
- *hit.* still werden
-הִשְׁתַּתֵּק הת׳ — - *hif.* zum Schweigen bringen
-הִשְׁתִּיק הפ׳ — [ʃatkan] schweigsamer Mensch *m*
שַׁתְקָן ז׳ — = Schweigsamkeit *f*
=~נוּת נ׳ — = schweigsam *Adj.*
=~נִי ת׳ — ['ʃetet] Blutung *f*
שֶׁתֶת ז׳ — [ʃatat] *kal (Blut)* fließen,
שָׁתַת פעל (לִשְׁתּוֹת, — bluten
יִשְׁתּוֹת) — = blutig, blutüberströmt *Adj.*
=שׁוֹתֵת דָּם — [hiʃtit] *hif.* gründen *auf* (*Akk.*)
(שתת) הִשְׁתִּית הפ׳

ת

ת Tav (T, Th), 22. Buchstabe des hebr. Alphabets; Zeichen der Zahl 400

=מֵא׳ וְעַד ת׳ = von A bis Z

תָּא ז׳ [ta'] Zelle *f*; Loge *f*; Kajüte *f*, Kabine *f*

=~ דֹּאַר = Postfach *n*, Postschließfach *n*

=~ הַנֶּהָג = Führer-, Fahrersitz *m Kfz.*

=~ חַשְׁמַלּוֹר = Fotozelle *f*

ת״א ר״ת תֵּל אָבִיב [tél aviv] Tel Aviv (*Abk.*)

★תָּאַב פעל (לִתְאוֹב לְ-, תָּאֵב, יִתְאַב) [ta'av] *kal* begehren

תֵּאֵב פיעל [té'év] *pi.* verabscheuen

תַּ|אַב ז׳ ['ta'av] Begehren *n*, Wunsch *m*, Lust *f*, Sehnen *n*

תָּאֵב ת׳ [ta'év] begierig *Adj.*

=תְּאֵב-דֵּעַ = wissensdurstig *Adj.*

תֵּאָבוֹן ז׳, תיאבון [té'avon] Appetit *m*

=בְּ~! לְ~! = guten Appetit!

תַּאֲבוֹנִי ת׳ [ta'avoni] appetitlich *Adj.*

תִּאֲבֵן פיעל [ti'avén] *pi.* Appetit anregen

תַּאֲגִיד ז׳ [ta'agid] öffentliche Körperschaft, Korporation *f*

תְּאוֹ ז׳ (תְּאוֹאִים) [te'o] Büffel *m* (Bubalis) *Zo.*

תַּאֲוָה נ׳, תאווה [ta'ava] Begierde *f*, Leidenschaft *f*

=~ לָעֵינַיִם = Augenweide *f*

★=תַּאֲוַת-בְּשָׂרִים = Fleischeslust *f*

=~-בֶּצַע = Gewinnsucht *f*, Habsucht *f*, Habgier *f*

★=מַאֲכַל-תַּאֲוָה = Leckerbissen *m*

תֵּאוּם ז׳, תיאום [té'um] Anpassung *f*, Angleichung *f*, Koordination *f*

תְּאוֹם ז׳ (תְּאוֹמִים) [te'om] Zwilling *m*, Zwillingsbruder *m*

=תְּאוֹמָה (תְּאוֹמוֹת) = Zwillingsschwester *f*

=תְּאוֹמֵי-סִיאָם = siamesische Zwillinge *m/pl.*

תְּאוּנָה נ׳ [te'una] Unfall *m*

=תְּאוּנַת-דְּרָכִים = Verkehrsunfall *m*

=~-עֲבוֹדָה =Arbeitsunfall *m*

תַּאֲוְ|נוּת נ׳, תאוונות [ta'avanut] Begehrlichkeit *f*

=~נִי ת׳ = begehrlich *Adj.*

תְּאוּצָה נ׳ [te'utsa] Beschleunigung *f*

=מַד-~ = Beschleunigungsmesser *m*

תֵּאוּר ז׳, תיאור [té'ur] Beschreibung *f*, Schilderung *f*

תְּאוּרָה נ׳ [te'ura] Beleuchtung *f*

תֵּאוֹרֶטִי ת׳ [téoréti] theoretisch *Adj.*

תֵּאוּרִי ת׳, תיאורי [té'uri] beschreibend *Adj.*; malerisch *Adj.*

תֵּאוֹרְיָה נ׳ ראה תֵּיאוֹרְיָה [té'orja] Theorie *f*, Annahme *f*

תַּאַוְתָ|ן ז׳ [ta'avtan] Lüstling *m*

=~נוּת נ׳ = Begierde *f*, Wollust *f*

=~נִי ת׳ = gierig, wollüstig *Adj.*

תַּאֲחִיזָה נ׳ [ta'axiza] Kohäsion *f*, Bindekraft *f*

תָּאִי ת׳ [ta'i] zellenförmig *Adj.*; Zellen-

תָּאִים ת׳ [ta'im] symmetrisch *Adj.*

תָּאִית נ׳ [ta'it] Zellulose *f*

תַּאֲלָה נ׳ [ta'ala] Fluch *m*, Verwünschung *f*

תָּאַם פעל (לִתְאוֹם, יִתְאַם) [ta'am] *kal* zusammenpassen, einander gleichen, übereinstimmen

-תֵּאֵם פיעל - *pi.* (etw.) anpassen, abstimmen, ko-

ordinieren *v/t*

-הִתְאִים הִפ׳ — - *hif.* passen (zu etw./ j-m) *v/i*; anpassen *v/t*

תֹּאַם ז׳, תואם — ['to'am] Harmonie *f*; Symmetrie *f*

תַּאֲנָה נ׳ — [ta'ana] Paarungszeit *f* der Tiere, Brunst *f*

תְּאֵנָה נ׳ (תְּאֵנוֹת) — [te'éna] Feigenbaum *m* (Ficus carica) *Bot.*;

(תְּאֵנִים) — Feige *f*

=עֲלֵה-~ — = Feigenblatt *n*

תַּאֲנִיָּה נ׳ — [ta'anija] Trauer *f*, Leid *n*

תֵּאֵר פיעל (לְתָאֵר) — [té'ér] *pi.* beschreiben, schildern

=~ לְעַצְמוֹ — = sich (etw.) vorstellen

תֹּאַר ז׳, תואר (תְּאָרִים, תָּאֳרֵי-) — ['to'ar] Titel *m*, Rang *m*; Form *f*, Gestalt *f*; Adjektiv *n*, Eigenschaftswort *n Gr.*

=~ (אֲקָדֵמִי) רִאשׁוֹן: ב״א — = erster akademischer Grad, B.A. (Bakkalaureus)

=~ (~) שֵׁנִי: מ״א — = zweiter akadem. Grad, M.A. (Magister)

=~ (~) שְׁלִישִׁי: ד״ר — = dritter akadem. Grad, Dr. (Doktor)

=~ הַפּוֹעַל — = Adverb *n Gr.*

★=יְפֵה-~ — = schön, anmutig *Adj.*

=שֵׁם-~ — = Adjektiv *n*, Eigenschaftswort *n Gr.*

=תָּאֳרִי ת׳ — = adjektivisch *Adj.*

תַּאֲרֹגֶת נ׳ — [ta'a'roget] Geflecht *n*

תִּאֲרוּךְ ז׳ — [ti'árux] Datierung *f*

תַּאֲרִיךְ ז׳ — [ta'arix] Datum *n*

תַּאֲרִיכוֹן ז׳ — [ta'arixon] Datumsstempel *m*

תְּאֵרִית נ׳ — [te'érit] Note *f Mus.*

תִּאֲרֵךְ פיעל (לְתַאֲרֵךְ) — [ti'aréx] *pi.* datieren

תֵּבָה נ׳, תיבה — [téva] Kasten *m*, Kiste *f*; Vorbeterpult *n*; geschriebenes Wort *Gr.*

=תֵּבַת-דֹּאַר — = Postkasten *m*, Briefkasten *m*

=~-הִלּוּכִים — = Gangschaltung *f*

=~-מִכְתָּבִים — = Briefkasten *m (im Haus)*

=~-נֹחַ — = Arche *f* Noah(s) *bibl.*

=רָאשֵׁי-תֵּבוֹת — = Anfangsbuchstaben *m/pl.*, Initialen *f/pl.*; Kurzwort *n* (z.B. אֲרָצוֹת הַבְּרִית = ארה״ב)

★=עָבַר לִפְנֵי הַתֵּבָה — = vorbeten (in der Synagoge)

תֻּבָּה נ׳, תובה — [tuba] Rumpf *m* (des Schiffs, des Panzers)

תְּבוּאָה נ׳ — [tvu'a] Getreide *n*; Bodenertrag *m*

תִּבּוּל ז׳, תיבול — [tibul] Würzen *n*

תַּבּוּ״ל ר״ת תַּעֲרוּכַת בּוּלִים בֵּינְלְאֻמִּית — [tabul] *Kurzw.* Internationale Briefmarkenausstellung

תְּבוּנָה נ׳ — [tvuna] Vernunft *f*, Einsicht *f*

=תְּבוּנַת-כַּפַּיִם — = Fingerfertigkeit *f*, manuelle Geschicklichkeit *f*

תְּבוּנִי ת׳ — [tvuni] verstandesmäßig *Adj.*

תְּבוּנָתִי ת׳ — [tvunati] vernunftgemäß *Adj.*

תְּבוּסָ|ה נ׳ — [tvusa] Niederlage *f*

=~ן, תְּבוּסְתָן ז׳ — = Defätist *m*, Schwarzseher *m*

=~נוּת, תְּבוּסְתָנוּת נ׳ — = Defätismus *m*, Schwarzseherei *f*

=~נִי, תְּבוּסְתָנִי נ׳ — = defätistisch *Adj.*

תְּבִיעָה נ׳ — [tvi'a] Forderung *f*; Anklage *f*

=עֵד-~ — = Zeuge *m* der Anklage

=הַ~ הַכְּלָלִית — = Staatsanwaltschaft *f*

תֵּבֵל נ׳ — [tévél] Welt *f*, Kosmos *m*

תִּבֵּל פיעל — [tibél] *pi.* würzen

תַּבְלִיט ז׳ — [tavlit] Relief *n*

תַּבְלִין ז׳ (תַּבְלִינִים) — [tavlin] Gewürz *n*, Würze *f*

תֶּבֶן ז׳ — ['teven] Häcksel *n*

=כְּתֶבֶן לִפְנֵי רוּחַ — = wie Spreu im Winde *bibl.*

=תֶּבֶן אַתָּה מַכְנִיס לַעֲפָרַיִם? — = *wörtl.* du bringst Stroh nach Afarajim?; Eulen nach Athen tragen *fig.*

תַּבְנוּן ז׳ — [tavnun] Bastion *f*, Bollwerk *n*

תִּבְנוּת נ׳ — [tivnut] Erschaffung einer Gussform

תַּבְנִי|ת נ׳ [tavnit] Modell *n*, Ebenbild *n*; Gussform *f*, Backform *f*; Schalung *f*; Format *n*; Formation *f Mil.*
=~תִי ת׳ = Gestalt-
=פְּסִיכוֹלוֹגְיָה ~תִית = Gestaltpsychologie *f*
תָּבַע פעל (לִתְבּוֹעַ אֶת-, יִתְבַּע) [tava'] *kal* fordern, beanspruchen
=~ לְדִין = verklagen, vor Gericht laden
=~ עֶלְבּוֹנוֹ = Genugtuung verlangen; (Beleidigung) rächen
תַּבְעָ|ן ז׳ [tav'an] anspruchsvoller Mensch; Prätendent *m*
=~נוּת נ׳ = Anmaßung *f*
=~נִי ת׳ = anmaßend, anspruchsvoll *Adj.*
תַּבְעֵרָה נ׳ [tav'éra] Großbrand *m*, Feuersbrunst *f*
=פְּצָצַת-~ = Brandbombe *f*
תִּבְרֵג פיעל [tivrég] *pi.* Gewinde schneiden
תִּבְרֹגֶת נ׳, תברוגת [tiv'roget] Schraubgewinde *n*
תַּבְרוּ|אָה נ׳ [tavru'a] Gesundheitswesen *n*
=~אִי ת׳ = sanitär *Adj.*
=~אָן ז׳ = Gesundheitsbeamte(r) *m*
=~אָנוּת נ׳ = Arbeit *f*, Aufgabe *f* des Gesundheitsbeamten
תִּבְרוּג ז׳, תיברוג [tivrug] Gewindeschneiden *n*
תַּבְרִיג ז׳ [tavrig] Schraubengewinde *n*
תַּבְשִׁיל ז׳ [tavʃil] Gericht *n*, Speise *f*
תָּג ז׳ [tag] Zeichen *n*; Apostroph *m*; Abzeichen *n Mil.*; kleinste Einzelheit *f*
תִּגְבּוּר ז׳ [tigbur] Unterstützung *f*
תִּגְבֵּר פיעל [tigbér] *pi.* verstärken *Mil.*
תִּגְבֹּרֶת נ׳, תגבורת [tig'boret] Verstärkung *f Mil.*
תִּגְהֹצֶת נ׳ [tig'hotset] gepflegtes Erscheinungsbild *n*
תְּגוּבָה נ׳ [tguva] Reaktion *f*, Rückwirkung *f*, Gegenwirkung *f*
=תְּגוּבַת-שַׁרְשֶׁרֶת = Kettenreaktion *f*
תִּגְלַחַת נ׳ [tig'laxat] Rasur *f*, Rasieren *n*
תַּגְלִיף ז׳ [taglif] Eingravierung *f*
תַּגְלִית נ׳ [taglit] Entdeckung *f*

תַּגְמוּל ז׳ [tagmul] Entgelt *n*; Vergeltung *f*
=פְּעֻלַּת-~ = Vergeltungsmaßnahme *f*
=קֻפַּת-תַּגְמוּלִים = Versorgungskasse *f*
תַּגְמִיר ז׳ [tagmir] Finish *n*, letzter Schliff, Vollendung *f*
תִּגְמֵל פיעל [tigmél] *pi.* Prämie auszahlen
תִּגְמֵר פיעל [tigmér] *pi.* den letzten Schliff geben, vollenden
★תִּגֵּר פיעל [tigér] *pi.* Handel treiben; feilschen
★תַּגָּר ז׳ (תַּגָּרִית) [tagar] Krämer *m*, Händler *m*
★תִּגָּר ז׳, תיגר [tigar] Streit *m*
★=קָרָא ~ עַל פְּלוֹנִי = j-n anklagen, sich über j-n beschweren; j-n herausfordern
תִּגְרָה נ׳, תיגרה [tigra] Streit *m*; Furcht *f bibl.*
=תִּגְרַת-יָדַיִם = Handgemenge *n*
תַּגָּרוּת נ׳ [tagarut] Handeln *n*, Feilschen *n*
תַּגְרָ|ן ז׳ (תַּגְרָנִית) [tagran] Kleinhändler *m*, Hausierer *m*
=~נוּת נ׳ = Kleinhandel *m*
=~נִי ת׳ = krämerhaft *Adj.*
ת״ד ר״ת תֵּבַת-דֹּאַר, תָּא-דֹּאַר [tévat-do'ar, ta'-do'ar] *Abk.* Postfach *n*
תַּדְגִּים ז׳ [tadgim] Vorführung *f (v. Mustern, Modellen)*
תַּדְהֵמָה נ׳ [tadhéma] Entsetzen *n*
תִּדְחֹסֶת נ׳ [tid'xoset] Stauung *f*, Überfüllung *f*
תִּדְחֹקֶת נ׳ [tid'xoket] Stauung *f*, Überfüllung *f*
תָּדִיר ת׳ ות״פ [tadir] häufig *Adj.*, *Adv.*; oft *Adv.*
תְּדִירוּת נ׳ [tedirut] Häufigkeit *f*; Schwingungszahl *f*, Frequenz *f Phys.*
=תְּדִירִי ת׳ = häufig, chronisch *Adj.*
תִּדְלוּק ז׳, תידלוק [tidluk] Auftanken *n*, Treibstoffversorgung *f*
תִּדְלֵק פיעל [tidlék] *pi.* auftanken, mit Treibstoff versorgen
תַּדְמִית נ׳ [tadmit] Schablone *f*; Image *n*, Persönlichkeitsbild *n*, Erscheinungsbild *n*

תַּדְמָ|ן ז' [tadman] Modezeichner *m*
=~נוּת נ' = Modezeichnen *n*
תַּדְפִּיס ז' [tadpis] Sonderausgabe *f*
תֶּדֶר ז' ['teder] Frequenz *f*, Schwingungszahl *f Phys.*
תִּדְרוּךְ ז', תידרוך [tidrux] Anleiten *n*, Instruieren *n*, Lage-, Einsatzbesprechung *f*
תַּדְרִיךְ ז' [tadrix] Anleitung *f*, Instruktion *f*
תִּדְרֵךְ פיעל [tidréx] *pi.* anleiten, instruieren *v/t*
תֵּה ז' [té] Tee *m*
=מְסִבַּת-~ = Teeparty *f*
תִּהֵד פיעל [tihéd] *pi.* Resonanz geben, widerhallen lassen
תָּהָה פעל (לִתְהוֹת, יִתְהֶה) [taha] *kal* staunen, sich wundern; nachdenken, sich überlegen; sich fragen, ob
=~ עַל קַנְקַנּוֹ = genau prüfen
★תֹּהוּ ז', תוהו ['tohu] Öde *f*, Wüste *f*, Leere *f bibl.*
=~ וָבֹהוּ = Tohuwabohu *n bibl.*, chaotischer Urzustand; Durcheinander *n*
=עָלָה בְּ~ = misslingen
תְּהוּדָה נ' [tehuda] Resonanz *f*, Mitschwingen *n*
תָּהוּי ת' [tahuj] erstaunt, verwirrt *Adj.*
תְּהוֹם נ' (תְּהוֹמוֹת) [tehom] Urwasser *n*, Tiefen *f/pl.* des Meeres; Tiefe *f*, Abgrund *m*
=~-הַנְּשִׁיָּה = Vergesslichkeit *f*
=מֵי-~ = Grundwasser *n*
=~ מַפְרִידָה בֵּין... וּבֵין... = es liegen Welten zwischen ... und ...
תְּהוֹמִ|י ת' [tehomi] abgründig, abgrundtief *Adj.*
=~יּוּת נ' = Abgrund *m*, unergründliche Tiefe *f*
תְּהִיָּה נ', תהייה [tehija] Staunen *n*, Verwunderung *f*
תַּהַ"ל ר"ת תִּכְנוּן הַמַּיִם לְיִשְׂרָאֵל [tahal] *Kurzw.* Behörde *f* der Wasserwirtschaft *(in Israel)*
תְּהִלָּה נ', תהילה [tehila] Ruhm *m*, Preis *m*
=~ לָאֵל = Gott sei Lob und Dank!
=שְׁמוֹ יָצָא לְ~ = er ist berühmt geworden
=תְּהִלִּים ז"ר = Psalmen *m/pl.*
=שִׁיר-תְּהִלָּה = Loblied *n*
תַּהֲלוּכָה נ' [tahaluxa] Prozession *f*, feierlicher Umzug *m*
תַּהֲלִיךְ ז' [tahalix] Verlauf *m*, Vorgang *m*, Prozess *m*
=~ שָׁלוֹם = Friedensprozess *m*
תְּהִלִּים ז"ר, תהילים [tehilim] Buch *n* der Psalmen, Psalter *m*
=מִזְמוֹר ~ = Psalm *m*
תה"פ ר"ת תֹּאַר-הַפֹּעַל ['to'ar-ha'po'al] *Abk.* Adverb *n Gr.*
תַּהְפּוּכָה נ' [tah'puxa] Verschrobenheit *f*; Umwälzung *f*
=תַּהְפּוּכוֹת הַגּוֹרָל = Wechselfälle *m/pl.* des Schicksals; Schicksalsfügungen *f/pl.*
תַּהְפּוּכָן ז' [tah'puxan] wankelmütiger, labiler Mensch *m*
תָּו¹ ז' [tav] Zeichen *n*; Note *f Mus.*
=תָּוִים, תָּוֵי-נְגִינָה ז"ר = Noten *f/pl. Mus.*
=תָּו מִסְחָרִי = Marke *f* (®), Warenzeichen *n*
=~-סֵפֶר = Namensstempel *m* für Bücher, Exlibris *n*
=תָּוֵי-הַפָּנִים ז"ר = Gesichtszüge *m/pl.*
תָּו² נ', תיו [tav] Tav (T, Th), 22. Buchstabe des hebr. Alphabets
=מֵאָלֶף עַד ~ = von A bis Z
★תּוּ ת"פ (ארמ') [tu] noch
=וְ~ לֹא = und nichts weiter, das ist alles
תּוֹאֵם ת' [to'ém] passend *Adj.*
תּוֹאֲנָה נ' [to'ana] Vorwand *m*
תּוֹבָלָה נ' [tovala] Transportwesen *n*, Beförderung *f*
תּוֹבֵעַ ז' [to'véa'] Kläger *m*, Ankläger *m*
=~ כְּלָלִי = Staatsanwalt *m*
תּוֹבְעָנָה נ' ראה גם: כְּתַב-אִשּׁוּם [tuv'ana] Anklageschrift *f*, Anklage *f*

תּוֹבְעָנִי ת׳ — [tov'ani] anspruchsvoll, fordernd *Adj.*
תּוֹבָר ז׳, תּוֹבְרָה נ׳ — [tovar, tovra] Schlinge *f*, Rosette *f*
תּוּגָה נ׳ — [tuga] Kummer *m*, Traurigkeit *f*
★=מַחֲזֶה־~ ראה גם: טְרָגֶדְיָה — = Trauerspiel *n*
★תּוֹגָר ז׳ גם: טוּרְקִי — [togar] Türke *m*
תּוֹדָה נ׳ — [toda] Dank *m*
=~! ~ רַבָּה! — = danke!, vielen Dank!, besten Dank!
=בְּ~, בְּ~ מֵרֹאשׁ — = mit bestem Dank, - im Voraus
=תּוֹדוֹת לְ־ ראה גם: הוֹדוֹת לְ־ — = dank *Prp.* (*D*)
=תּוֹדָה לָאֵל — = Gott sei Dank!
=אֲסִיר־~ — = dankbar, zu Dank verpflichtet
תּוֹדָעָה נ׳ — [toda'a] Bewusstsein *n*, Erkenntnis *f*
=תַּת־~ — = Unterbewusstsein *n*
תּוֹדַעְתִּי ת׳ — [toda'ti] Bewusstseins-
תִּוָּה פיעל — [tiva] *pi.* skizzieren
-הִתְוָה הפ׳ — - *hif.* skizzieren, vorzeichnen, umreißen; abstecken
תִּוּוּי ז׳, תיווי — [tivuj] Umreißen *n*, Skizzieren *n*, Trassierung *f*
תָּווּי ת׳ — [tavuj] skizziert, umrissen *Adj.*
תִּוּוּךְ ז׳, תיווך — [tivux] Vermittlung *f*; Maklertätigkeit *f*
תִּוּוּל ז׳ — [tivul] Anbringung *f* von Stacheldraht
תּוֹחֶלֶת נ׳ — [to'xelet] Hoffnung *f*, Erwartung *f*, Aussicht *f*
=חֹסֶר־~ — = Aussichtlosigkeit *f*
=~־חַיִּים — = Lebenserwartung *f*, mutmaßliche Lebensdauer
תְּוַי ז׳, תואי — [tvaj] Trasse *f*, abgesteckte Linie *f*
תּוּיָה נ׳ — [tuja] Thuje *f*, Lebensbaum *m* *Bot*
תְּוִיָּה נ׳ — [tvija] Skizzieren *n*
תָּוִית נ׳, תווית (תָּוִיוֹת) — [tavit] Zettel *m*, Etikett *n*
תָּוֶךְ, תּוֹךְ ז׳ — ['tavex, tox] Mitte *f*, Mittelpunkt *m*; Innere(s) *n*
=תּוֹךְ שָׁבוּעַ — = innerhalb e-r Woche
=~ כְּדֵי־ — = während, innerhalb *(G)*
=~־תּוֹכוֹ — = das Innerste
=בְּ~ — = in, im, inmitten, innerhalb von
=לְ~ — = hinein
=מִתּוֹךְ — = aus, heraus
=מִ~ כָּךְ — = dadurch
=תּוֹכוֹ כְּבָרוֹ — = *wörtl.* sein Inneres und Äußeres sind gleich; er ist aufrichtig
=אֵין ~ ~ — = er ist unaufrichtig
=עַמּוּד הַתָּוֶךְ — = Mittelsäule *f*; Hauptstütze *f* (der Gesellschaft *usw.*)
תִּוֵּךְ פיעל — [tivéx] *pi.* vermitteln
תּוֹכְבָר ז׳ — [toxbar] ehrlicher Mensch *m*
★תּוֹכֵחָה נ׳ — [toxéxa] Züchtigung *f*, Strafe *f*
תּוֹכָחָה נ׳ — [toxaxa] Zurechtweisung *f*, Rüge *f*, Vorwurf *m*
תּוֹכַחְתִּי ת׳ — [toxaxti] strafend *Adj.*
תּוֹכִי ת׳ — [toxi] innerlich, intern *Adj.*
תּוֹכִיּוּת נ׳ — [toxijut] Innerlichkeit *f*
תּוֹכִית נ׳ — [toxit] Infix *n Gr. (z.B. "ר" in שַׁרְבִיט)*
★(תּוֹכֵי־), בְּתוֹכֵי־ — [betoxexé] im Innersten
תוכן ראה: תֹּכֶן — ['toxen] Inhalt *m*
★תּוֹכֵן ז׳ ראה גם: אַסְטְרוֹנוֹם — [toxén] Astronom *m*
תַּוְכָנוּת נ׳ — [tavxanut] Vermittlung *f*
תּוֹכְפָנִי ת׳ — [toxfani] einer nach dem anderen
תּוֹלָדָה נ׳ — [tolada] Ergebnis *n*, Folge *f*
=תּוֹלְדוֹת־ נ״ר — = Geschlechterfolge *f*; Geschichte *f*, Historie *f*
=~־חַיִּים — = Lebenslauf *m*
תּוֹלָע ז׳, תּוֹלֵעָה נ׳, תּוֹלַעַת נ׳ (תּוֹלָעִים) — [tola', tolé'a, to'la'at] Wurm *m*, Made *f*
=תּוֹלַעַת־מֶשִׁי — = Seidenraupe *f*
=~ שָׁנִי — = Kermesschildlaus *f* (Coccus illicis) *Zo.*
=~־סְפָרִים — = Bücherwurm *m fig.*
=תּוֹלַעְתִּי ת׳ — = wurmartig *Adj.*
תּוֹלַעֲנָה נ׳ — [tola'ana] Mahagoni *n*
תּוֹל״ר ר״ת תּוֹתָח לֹא־רֶתַע — [tolar] *Kurzw.* rückstoßfreie Kanone *Mil.*

תּוֹמֵךְ ת׳ [toméx] unterstützend *Adj.*
תּוֹמְכָה נ׳ [tomxa] Stützpfeiler *m*
תָּוָן ז׳ [tavan] Zelle *f*
תּוֹסֵס ת׳ [tosés] gärend; sprudelnd, schäumend *Adj.*
תּוֹסָף ז׳ [tosaf] Zusatz *m*
תּוֹסֶפֶת נ׳ [to'sefet] Zusatz *m*, Zugabe *f*, Beilage *f*
=~-יֹקֶר = Teuerungszulage *f*
=תּוֹסָפוֹת = Zusätze zu Raschis Talmudkommentar
תּוֹסֶפְתָּא נ׳ [tosefta'] Zusatz zur Mischna
תּוֹסֶפְתָּן ז׳ [toseftan] Blinddarm *m* (Appendix) *Med.*
=דַּלֶּקֶת-הַ~ = Blinddarmentzündung *f* (Appendicitis) *Med.*
תּוֹעַ ז׳ ['toa'] zielloses Herumwandern *n*
תּוֹעֵבָה נ׳ [to'éva] Gräuel *m*, Gegenstand *m* des Abscheus
=סִפְרוּת-~ = Pornographie *f*
תּוֹעֶה ז׳ [to'e] Irrende(r) *m*, Verirrte(r) *m*
תּוֹעֶלֶת נ׳ [to'elet] Nutzen *m*
תּוֹעַלְתִּי ת׳ [to'alti] nützlich, nutzbringend, utilitaristisch *Adj.*
=~יּוּת נ׳ = Nützlichkeitsprinzip *n*, Utilitarismus *m*
תּוֹעַלְתָּן ז׳ [to'altan] Utilitarist *m*
=~וּת נ׳ = Utilitarismus *m*
תּוֹעַמְלָן ז׳ [to'amlan] Propagandist *m*
=~נוּת נ׳ = Propagandatätigkeit *f*
=~נִי ת׳ = propagandistisch *Adj.*
(תּוֹעָפוֹת) הוֹן-~ [hon-to'afot] Riesenvermögen *n*
תּוּפִין ז׳ [tufin] Biskuitkuchen *m*; Gebäck *n*
תּוֹפְסָנִי ת׳ [tofsani] stark festhaltend *Adj.*
תּוֹפֶסֶת נ׳ [to'feset] Fangen *n* *(Spiel)*
תּוֹפָעָה נ׳ [tofa'a] Naturerscheinung *f*; Phänomen *n*, Erscheinung *f*
=תּוֹפָעַת לְוַאי = Nebenwirkung *f* *Med.*

תּוֹפֵר ז׳, תּוֹפֶרֶת נ׳ [tofér, to'feret] Schneider *m* Schneiderin *f*
תּוֹצָאָה נ׳ [totsa'a] Ergebnis *n*, Folge *f*
תּוֹצָר ז׳ [totsar] Erzeugnis *n*, Produkt *n*
=תּוֹצַר-לְוַאי = Nebenprodukt *n*
=הַ~ הַלְאֻמִּי הַגָּלְמִי = das Bruttosozialprodukt
תּוֹצֶרֶת נ׳ [to'tseret] Herstellung *f*, Produktion *f*
=~ הָאָרֶץ = Produktion *f* des Landes; in Israel hergestellt
תּוֹקֵעַ ז׳ [to'kea'] Schofarbläser *m*
תּוֹקְפָן ז׳ [tokfan] Angreifer *m*, Aggressor *m*
=~נוּת נ׳ = Aggressivität *f*, Angriffslust *f*
=~נִי ת׳ = aggressiv, angriffslustig *Adj.*
(תור) תָּר פעל (לָתוּר אֶת-, בְּ-, יָתוּר) [tar] *kal* bereisen; erforschen, auskundschaften
=תִּיֵּר פיעל - *pi.* reisen, als Tourist bereisen
תּוֹר[1] ז׳ [tor] Reihe *f*, Schlange *f* *fig.* *(Personen, Wagen)*; Zeit *f*; Termin *m* *(bsd. beim Arzt)*
=עָמַד בַּ~ = in der Reihe (Schlange) stehen, sich anstellen
=הִגִּיעַ ~וֹ = an der Reihe sein; drankommen F
=~-הַזָּהָב = das goldene Zeitalter
=נִדְחַק לְרֹאשׁ הַ~ = sich vordrängeln
תּוֹר[2] זו"נ [tor] Turteltaube *f* (Streptopelia turtur) *Zo.*
(תּוֹר) בְּ~, בְּתוֹרַת- [betor, betorat] als, in der Eigenschaft als
תּוֹרָה נ׳ [tora] Thora *f*, Lehre *f*, das mosaische Gesetz, die fünf Bücher Mosis, Pentateuch *m*
=~ שֶׁבִּכְתָב = die schriftliche Lehre *(Bibel)*
=~ שֶׁבְּעַל-פֶּה = die mündliche Lehre *(Talmud, Mischna)*
=תּוֹרַת-הַהִגָּיוֹן = Logik *f*
=~-הַלָּשׁוֹן = Sprachlehre *f*, Grammatik *f*
=~-הַצְּמָחִים = Botanik *f*, Pflanzenkunde *f*

=תּוֹרָה נְבִיאִים וּכְתוּבִים = Altes Testament *n*
(בקיצור: תַּנַ"ךְ) (5 Bücher Mosis, Propheten, Psalter, Salomonische Schriften)
=בֶּן-תּוֹרָה = Gelehrte(r) *m* (in der Thora)
=דִּין-~ = Rechtsprechung *f* nach den Gesetzen der Thora
=סֵפֶר-~ = Thorarolle *f*
=שִׂמְחַת-~ = "Simchat Thora", 8. Tag des Sukkothfestes
=תַּלְמוּד-~ = Lernen *n* der Thora; religiöse Schule
תּוֹרֵם ז' [torém] Spender *m*
תּוּרְמוֹס, תֻּרְמוּס ז' [turmos, turmus] Lupine *f Bot.*
תּוֹרָן ז' [toran] Diensthabende(r) *m*
=~נוּת נ' = Turnus *m* der Diensthabenden
=~נִי ת' = Dienst habend *Adj.*
תּוֹרָנִי ת' [torani] die Thora betreffend *Adj.*, Thora-
תּוֹרֵס ת' [torés] beschützend *Adj.*
תּוֹרְעָנִי ת' [tor'ani] lärmend, schreiend *Adj.*
תּוֹרָשָׁה נ' [toraʃa] Vererbung *f*
תּוֹרַשְׁתִּי ת' [toraʃti] erblich *Adj.*
= ~יּוּת נ' = Erblichkeit *f*
תּוֹשָׁב ז' (תּוֹשֶׁבֶת, תּוֹשָׁבִים, תּוֹשָׁבֵי-) [toʃav] Einwohner *m*, Bürger *m*; Staatsangehörige(r) *m*
★=גֵּר-~ = Beisasse *m (Einwohner ohne Bürgerrecht)*
=שַׁגְרִיר לֹא-~ = nicht ständig anwesender Botschafter
תּוֹשֶׁבֶת נ' [to'ʃevet] Basis *f*; Fahrgestell *n* Chassis *n Kfz.*
תּוּשִׁיָּה נ' [tuʃija] Findigkeit *f*, Tüchtigkeit *f*, Einfallsreichtum *m bsd. Mil.*; Geistesgegenwart *f*
תּוּת ז' (תּוּתִים) [tut] Maulbeere *f* (Morus) *Bot.*
=~-שָׂדֶה = Erdbeere *f* (Fragaria grandiflora) *Bot.*
תּוֹתָב ת' (תּוֹתֶבֶת) [totav] aufgesetzt *Adj.*; Prothese *f*
=עַיִן תּוֹתֶבֶת = Glasauge *n*
=רֶגֶל ~ = Beinprothese *f*
=שֵׁן ~ = Zahnprothese *f*
תּוֹתָח ז' [totax] Kanone *f*, Geschütz *n*
=~ מִתְנַיֵּעַ = selbstfahrende Kanone
תּוֹתְחָן ז' [totxan] Kanonier *m Mil.*
=~וּת נ' = Artillerie *f Mil.*
תּוּתִיִּים ז"ר [tutijim] Maulbeerbäume *m/pl.* (Moraceae) *Bot.*
תּוֹתְרָן ז' ראה תַּתְרָן [totran] ohne Geruchssinn *m*
תֵּזָה נ', **תיזה** [téza] These *f*, Leitsatz *m*
תְּזוּזָה נ' [tzuza] Bewegung *f*, Verschiebung *f*
תְּזוּנַאי ז' [tzunaj] Ernährungsberater *m*; Diätassistent *m*
תְּזוּנָה נ' [tzuna] Ernährung *f*
=תַּת-~ = Unterernährung *f*
תְּזוּנָתִי ת' [tzunati] Ernährungs-
=עֶרֶךְ ~ = Nährwert *m*
תְּזָזִי ת' [tzazi] stürmisch, toll *Adj.*
=רוּחַ ~ת = Irrsinn *m*, Tollheit *f*; Sturm *m*
תַּזְכִּיר ז' [tazkir] Memorandum *n*, Denkschrift *f*
תִּזְכֹּרֶת נ', **תזכורת** [tiz'koret] Mahnschreiben *n*
תִּזְמוּן ז' [tizmun] Festlegung *f* e-s (günstigen) Zeitpunktes,Timing *n;* Spieldauer *f Mus.*
תִּזְמוּר ז' [tizmur] Orchestrierung *f Mus.*
תִּזְמֵן פיעל [tizmén] *pi.* e-n (günstigen) Zeitpunkt festlegen
תִּזְמֵר פיעל [tizmér] *pi.* orchestrieren, für Orchester bearbeiten *Mus.*
תִּזְמֹרֶת נ', **תזמורת** [tiz'moret] Orchester *n*, (Musik-)Kapelle *f*
=תִּזְמָרְתִּי ת' = Orchester-
★**תַּזְנוּנִים** ז"ר [taznunim] Buhlerei *f bibl.*
תַּזְקִיק ז' [tazkik] Destillat *n*
תַּזְרִיק ז' [tazrik] injizierte Substanz
ת"ח (בְּחֶשְׁבּוֹן מִנְיָן [tax] das Jahr 408

שָׁנִים: 5408) (5408 nach dem jüd. Kalender, 1648 n. Chr.)
=גְּזֵרוֹת תַּ"ח וְתַ"ט = Judenverfolgungen unter Chmelnicki (1648/49)
תָּחַב פעל (לִתְחוֹב אֶת-, יִתְחַב) [taxav] *kal* hineinstecken
=~ אֶת אַפּוֹ (חָטְמוֹ) לְ- = s-e Nase hineinstecken *fig*. F, sich einmischen in
=~ סַכִּין בְּגַבּוֹ = das Messer in den Rücken stoßen
תַּחְבּוּ|לָה נ' [taxbula] List *f*, Trick *m*
=בַּעַל ~לוֹת = Schlauberger *m*, einfallsreicher Mensch
=~לָנִי ת' = listenreich, einfallsreich *Adj.*
תַּחְבּוּרָה נ' [taxbura] Verbindung *f*, Verkehr *m*
=~ צִבּוּרִית = öffentliche Verkehrsmittel *n/pl.;* Veskehrsanbindung *f*, Infrastruktur *f*
תַּחְבִּי|ב ז' [taxbiv] Hobby *n*, Steckenpferd *n* *fig*., Liebhaberei *f*
=~בָן ז' = Sammler *m*, Hobby-
תַּחְבִּי|ר ז' [taxbir] Syntax *f*, Satzlehre *f Gr.*
=~רִי ת' = syntaktisch *Adj. Gr.*
תִּחְבֵּל פיעל [tixbél] *pi.* aushecken, sich e-e List ausdenken, austüfteln
תַּחְבְּלָ|ן ז' [taxbelan] hinterlistiger Mensch
=~נוּת נ' = Hinterlist *f*, Verschlagenheit *f*
=~נִי ת' = hinterlistig, verschlagen *Adj.*
תַּחְבֹּ|שֶׁת נ', תחבושת [tax'boʃet] Verband *m Med.*
=~-שָׂדֶה = Notverband *m*
תָּחוּב ת' [taxuv] eingesteckt *Adj.;* Propf- *Bot.*
תָּחוּ|חַ ת' [ta'xuax] *(Boden)* aufgelockert *Adj.*
תִּחוּ|חַ ז', תיחוח [ti'xuax] Auflockerung *f* *(Boden)*
תְּחוּלָּה נ' [txula] Zeitraum *m* -, Dauer *f* der Gültigkeit; Anwendbarkeit *f*
תְּחוּם ז' [txum] Gebiet *n*, Bereich *m*; Grenze *f*
=~-מַבָּט = Blickfeld *n*
=~-הַמּוֹשָׁב = Ansiedlungsregion für Juden im zarist. Russland
=~-רְאִיָּה = Sehfeld *n Anat.*
=~-שַׁבָּת = Schabatabgrenzung *f*
=~-שִׁפּוּט = Gerichtsbezirk *m*, Zuständigkeitsbereich *m*; Verwaltungsbezirk *m*
=מְחוּץ לַ~ = Zutritt verboten (für unbefugte Militärpersonen)
תָּחוּם ת' [taxum] abgegrenzt *Adj.*
תִּחוּם ז', תיחום [tixum] Abgrenzung *f*
תְּחוּשָׁ|ה נ' [txuʃa] Empfindung *f*, Gefühl *n*
=~תִי ת' = Empfindungs-, Sinnes-
תַּחֲזוּקָה נ' [taxzuka] Instandhaltung *f*
תִּחְזוּר ז' [tixzur] Rekonstruktion *f*, Restauration *f*
תַּחֲזִי|ת נ' [taxazit] Voraussage *f*
=~תִי ת' = voraussagend *Adj.*
=תַּחֲזִית מֶזֶג הָאֲוִיר = Wettervorhersage *f*
תִּחְזֵק פיעל [tixzék] *pi.* instand halten; verstärken *Mil.*
תִּחְזֵר פיעל [tixzér] *pi.* rekonstruieren, restaurieren
תַּחֲזֹרֶת נ' [tax'zoret] rekonstruiertes Modell *n*
תָּחַח פעל (לִתְחוֹחַ, יִתְחַח) [taxax] *kal (Boden)* auflockern *Agr.*
תְּחִיבָה נ' [txiva] Einstecken *n*
תְּחִיָּה נ', תחייה [txija] Auferstehung *f*; Erneuerung *f*; Revival *n*
תְּחִי|חָה נ' [txixa] Auflockerung *f (des Bodens)*
=~חוּת נ' = Lockerheit *f (Boden)*
תְּחִימָה נ' [txima] Abgrenzung *f*
תִּחְכּוּם ז' [tixkum] intellektuelle Raffinesse *f*
(תחל) הִתְחִיל הפ' [hitxil] *hif.* beginnen, anfangen; F j-n anmachen
=הַמַּתְחִיל בְּמִצְוָה אוֹמְרִים לוֹ גְּמֹר! = wer A sagt, muss auch B sagen
תִּחְלֵב פיעל [tixlév] *pi.* emulgieren *v/t*
תְּחִלָּה נ', תחילה [txila] Beginn *m*, Anfang *m*; zuerst *Adv.*
=בַּ~ = zuerst, vorher *Adv.*

= wie vorher ‎=כְּבַ~

= von vornherein ‎=לְכַ~, מִלְּכַ~

[taxlu'a] Auftreten *n* -, Verbreitung *f* v. Krankheiten תַּחֲלוּ|אָה נ׳

= schwere Krankheit *f* ‎=~אִים ז״ר

[tixluf] Ersetzen *n* תִּחְלוּף ז׳

[taxlufa] Austauschen *n*, Wechsel *m*, Ablösung *f*; Rotation *f* תַּחֲלוּפָה נ׳

[txili] anfänglich *Adj.* תְּחִלִּי ת׳, תחילי

[taxliv] Emulsion *f*, Lotion *f* תַּחֲלִיב ז׳

[taxlif] Ersatz *m*, Surrogat *n* תַּחֲלִיף ז׳

[taxlifi] ersatzweise *Adj.* תַּחֲלִיפִי ת׳

[txilit] Präfix *n*, Vorsilbe *f Gr.* תְּחִלִּית נ׳

[taxam] *kal* abgrenzen תָּחַם פעל (לִתְחוֹם אֶת-, יִתְחֹם)

[taxmits] Gärfutter *n*; Marinade *f*, Essigbeize *f* תַּחְמִיץ ז׳

= Gärfuttersilo *m* ‎=מִגְדַּל-~

[taxmiʃ] Patrone *f* תַּחְמִישׁ ז׳

[tixméts] *pi.* einsäuern *v/t* תִּחְמֵץ פיעל

[tax'motset] Oxid *n* תַּחְמֹצֶת נ׳, תחמוצת

= Kohlendioxyd *n*, CO_2 ‎=דּוּ-~ הַפַּחְמָן

[tixméʃ] *pi.* mit Munition versorgen תִּחְמֵשׁ פיעל

[tax'moʃet] Munition *f* תַּחְמֹשֶׁת נ׳, תחמושת

['taxan] Bitte *f*, Flehen *n* תַּחַן ז׳

[taxana] Station *f*, Bahnhof *m*, Haltestelle *f*; Lebensabschnitt *m* תַּחֲנָה נ׳

[txina] Flehen *n*, Gebet *n* um Erbarmen תְּחִנָּה נ׳, תחינה

= j-n anflehen ★=הִפִּיל תְּחִנָּתוֹ לִפְנֵי-

[taxnunim] Bitte *f* um Erbarmen *bibl.* תַּחֲנוּנִים ז״ר

[tax'poset] Verkleidung *f* Maskierung *f*; Kostüm *n* תַּחְפֹּשֶׂת נ׳, תחפושת

[taxtsa] Zebrastreifen *m* תַּחֲצָה נ׳

[txika] Gesetzgebung *f* תְּחִקָּה נ׳, תחיקה

[tixkur] Untersuchung anstellen תִּחְקוּר ז׳

[taxkir] Untersuchung *f*, Lagebesprechung *f (nach e-r Aktion) bsd. Mil.*; Recherche *f* תַּחְקִי|ר ז׳

= Rechercheur *m* ‎=~רָן ז׳

[tixkér] *pi.* die Ergebnisse e-r Aktion untersuchen *bsd. Mil.* תִּחְקֵר פיעל

[taxra] Spitze *f* תַּחְרָה נ׳

[txikati] legislativ, gesetzgebend *Adj.* תְּחִקָּתִי ת׳

[tixér] *pi.* im Wettbewerb stehen תִּחֵר פיעל

[taxarut] Wettkampf *m* תַּחֲרוּת נ׳

= Wettspiel *n* ‎=~-רֵעִים

= konkurrenzfähig *Adj.* ‎=~י ת׳

[taxrit] Radierung *f* תַּחְרִיט ז׳

[tixʃév] *pi.* kalkulieren תִּחְשֵׁב פיעל

[tixʃuv] Kalkulation *f* תִּחְשׁוּב ז׳

[taxʃiv] Kalkulation *f*, Kostenberechnung *f* תַּחֲשִׁיב ז׳

['taxat] unter (*D*, *Akk.*); anstelle *(G)*, anstatt *(G) Prp.* תַּחַת מ״י

= unter, unterhalb ‎=מִ~ לְ-

['taxat] Gesäß *n*; Popo *m*, Hintern *m f* תַּחַת ז׳ (תְּחָתִים)

['taxton] untere(r, -s) *Adj.* תַּחְתּוֹ|ן ת׳

= Unterhaus *n Parl.* ‎=הַבַּיִת הַ~ן

= Unterwelt *f* ‎=הָעוֹלָם הַ~ן

= er ist unterlegen ‎=יָדוֹ עַל הַתַּחְתּוֹנָה

[taxtonim] Unterhosen *f/pl.* תַּחְתּוֹנִים ז״ר

[taxtonit] Unterrock *m* תַּחְתּוֹנִית נ׳

[taxti] untere(r) *Adj.* תַּחְתִּי ת׳

= Untergrundbahn *f*, U-Bahn *f* ‎=רַכֶּבֶת ~ת

[taxtit] Boden *m (e-s Gefäßes)*; Untersetzer *m*, kleiner Teller תַּחְתִּית נ׳

[téo'logja] Theologie *f* תֵּיאוֹלוֹ|גְיָה נ׳

= Theologe *m* ‎=~ג ז׳

= theologisch *Adj.* ‎=~גִי ת׳

[teo'kratja] Theokratie *f* תֵּיאוֹקְרַ|טְיָה נ׳

= theokratisch *Adj.* ‎=~טִי ת׳

[té'orja] Theorie *f* תֵּיאוֹ|רְיָה נ׳

= theoretisch *Adj.* ‎=~רֶטִי ת׳

= Theoretiker *m* ‎=~רֶטִיקָן ז׳

תֵּיאַטְרוֹ|ן ז׳ (תֵּיאַטְרוֹנִים גם: תֵּיאַטְרָאוֹת) [téatron] Theater *n*

=~נִי ת׳ = Theater-

=תֵּיאַטְרָלִי ת׳ = theatralisch *Adj.*

תִּיּוּל ז׳ [tijul] Verdrahtung *f*

תְּיוֹם, תְּיוֹמָה ז״נ [tjom, tjoma] Zwillingsbruder *m*, -schwester *f*

תֵּיוֹן ז׳ [téjon] Teekanne *f*

תִּיּוּק ז׳ [tijuk] Registratur *f*, Ablegen *n* *(v. Schriftstücken)*

תִּיּוּר ז׳ [tijur] Reisen *n*, Tourenmachen *n*

תִּיכוֹן ת׳ [tixon] mittler(e) *Adj.*; Mittel-

=בֵּית-סֵפֶר ~ = Mittelschule *f*, Gymnasium *n*

=הַיָּם הַ~ = Mittelmeer *n*

תִּיכוֹנִי ת׳ [tixoni] mittlere *Adj.*

תַּיִל ז׳ (תֵּיל-) ['tajil] Draht *m*

=גֶּדֶר-~ = Stacheldrahtzaun *m*

תֵּימָ|ן ז׳ [téman] Süden *m* *bibl.*; Jemen *m* *(Land)*

=~נִי ת׳ = jemenitisch *Adj.*; Jemenite *m*

תִּימְרָה נ׳ [timra] Wolke *f*

תִּינוֹ|ק ז׳ (תִּינוֹקוֹת) [tinok] Baby *n*, Säugling *m*; Kleinkind *n*

=~קִי ת׳ = kindlich *Adj.;* Baby-

=~קִיּוּת נ׳ = Kindlichkeit *f*; Infantilität *f*

תִּינֹקֶת נ׳, תינוקת [ti'noket] *(weibl.)* Säugling *m*; kleines Mädchen

תִּיק ז׳ [tik] (Hand) Tasche *f*; Akte *f*; Aktenmappe *f*; Aktendeckel *m*; Geschäftsbereich *m* (e-s Ministers)

תַּיָּק ז׳ [tajak] Aktensekretär *m*

תִּיֵּק פיעל [tijék] *pi.* ablegen *(zu den Akten)*

תֵּיקוּ (ארמ׳) [téku] unentschieden, patt, quitt *Adj.*

תִּיקִיָּה נ׳ [tikija] Registratur *f*, Aktenschrank *m*

תִּיקָן ז׳, ~מָצוּי גם: ג׳וּק, מַקָּק [tikan] Küchenschabe *f*, Kakerlak *m* (Blattidae) *Zo.*

תַּיָּר ז׳, תייר [tajar] Tourist *m*, Reisende(r) *m*

תִּירוֹשׁ ז׳ [tiroʃ] Most *m*

תַּיָּרוּת נ׳ [tajarut] Touristik *f*, Tourismus *m*

תַּיָּרָן ז׳, תיירן [tajaran] (Reise-)Veranstalter *m*, Tour Operator *m*

תִּירָס ז׳ [tiras] Mais *m* (Zea mays) *Bot.*

תַּיִשׁ ז׳ (תֵּישׁ-, תְּיָשִׁים, תֵּישֵׁי-) ['tajiʃ] Ziegenbock *m*

תַּיְשָׁנִי ת׳ [taiʃani] launisch *Adj.*

★תֵּיתֵי לוֹ (ארמ׳) [tété lo] Dank sei ihm!

תַּךְ ז׳ [tax] Stich *m (Nähen)*, Entfernung *f* zwischen zwei Stichen

=~ אִבְקָאוֹת = Knopflochstich *m*

=~ הַכְלָבָה = Heftstich *m*

=~ מְלָל = Overload-Stich *m*

=~ נִסְתָּר = versteckter Stich *m*

תְּכוֹל ז׳ [txol] hellblaue, himmelblaue Farbe *f*

תְּכוּלָה נ׳ [txula] Inhalt *m*, Gehalt *m*; Inventar *n*

תְּכוּנָה[1] נ׳ [txuna] Eigenschaft *f*

תְּכוּנָה[2] נ׳ [txuna] Vorbereitung *f*, Vorbereitungsmaßnahmen *f/pl.*

תָּכוּף ת׳ [taxuf] häufig, dicht aufeinander folgend *Adj.*

=תְּכוּפוֹת ת״פ = häufig, oft *Adv.*

תֻּכִּי ז׳, תוכי (תֻּכִּיִּים) [tuki] Papagei *m* (Psittaci) *Zo.*

תְּכִינָה נ׳ [txina] Planung *f,* Design *n*

תְּכִיפוּת נ׳ [txifut] Häufigkeit *f*

תְּכָכִים ז״ר [txaxim] Intrigen *f/pl.*

=אִישׁ ~ = Intrigant *m*

תַּכְכָן ז׳ [taxexan] Intrigant *m*

=~וּת נ׳ = Intrigenspiel *n*, Intrigieren *n*

תָּכֹל ת׳, תכול [taxol] himmelblau, hellblau *Adj.*

תֶּכֶל ז׳ ['texel] Ende *n*

תִּכְלָה נ׳ [tixla] Maß *n;* Grenze *f*, Ende *n*

תַּכְלִיל ז׳ [taxlil] Partitur *f* *Mus.*; Kollation *f* *(der bibliographischen Daten e-s Buches)*

תַּכְלִילִי ת׳ [taxlili] hellblau *Adj.*
תַּכְלִית נ׳ [taxlit] Zweck *m*, Ziel *n*
=בְּ~ ת״פ = absolut *Adv.*
=~ שִׂנְאָה = äußerster Hass
=תַּכְלִיתִי ת׳ = pragmatisch, zweckdienlich,
praktisch *Adj.*
=כָּל-~ ת׳ = Allzweck-
=רַב-~ ת׳ = Mehrzweck-; Multifunktions-
=תַּכְלִיתִיּוּת נ׳ = Zweckdienlichkeit *f*;
Teleologie *f*
=תַּכְלִיתָן ז׳ = Karrieremensch *m*, Streber *m*
=~וּת נ׳ = (Karriere-)Streben *n*
תְּכַלְכַּל ת׳ [txalkal] bläulich *Adj.*
תְּכֵלֶת נ׳ [t'xélet] hellblaue, himmel-
blaue Farbe *f*
=טַלִּית שֶׁכֻּלָּהּ ~ = der schöne Schein, *etwa* es ist
nicht alles Gold, was glänzt
תִּכֵּן פיעל [tikén] *pi.* planen
=יִתָּכֵן שֶׁ- = es kann sein, es ist möglich,
vielleicht
=הֲ~? = sollte das möglich sein?
=לֹא ~! = nicht möglich!, es kann nicht
sein!
תֹּכֶן ז׳, תוכן (תְּכָנִים) ['toxen] Inhalt *m*
=~, ~ הָעִנְיָנִים = Inhaltsverzeichnis *n*
תָּכְנָה נ׳ [tox'na] Computerprogramm *n*,
Software *f*
תִּכְנוּן ז׳, תיכנון [tixnun] Planung *f*
תִּכְנוּת ז׳, תיכנות [tixnut] (Computer-)Pro-
grammierung *f*
תָּכְנִי ת׳ [toxni] inhaltlich *Adj.*
תָּכְנִיָּה נ׳, תוכניה [toxnija] Programmheft *n*
Thea.
תָּכְנִית נ׳, תוכנית [toxnit] Programm *n*, Plan *m*
=~-אָב = Städtebauplan *m*, Hauptplan *m*
=~-לִמּוּדִים = Lehrplan *m*
=תָּכְנִיתִ|י = programmgemäß
=~יּוּת נ׳ = Planmäßigkeit *f*

תִּכְנֵן פיעל [tixnén] *pi.* planen
תִּכְנֵת פיעל [tixnét] *pi.* (Computer) pro-
grammieren
תַּכְסִי|ס ז׳ (ראה גם: טַכְסִיס) [taxsis] Taktik *f*, Kriegslist *f*
=~סִי ת׳ = taktisch *Adj.*
=~סָן ז׳ = Taktiker *m*
=~סָנוּת נ׳ = Taktieren *n*
תִּכְסֵס פיעל [tixsés] *pi.* taktieren, taktisch
vorgehen
תָּכַף פעל (לִתְכּוֹף, יִתְכּוֹף) [taxaf] *kal* aufeinander
folgen
תֵּכֶף ת״פ, תיכף, ~ וּמִיָּד ['téxef] sofort, gleich *Adv.*
תַּכְפִּיל ז׳ [taxpil] Kopie *f (des Originals)*
תַּכְרִיךְ ז׳ [taxrix] Leichenhemd *n*
תַּכְשִׁי|ט ז׳ [taxʃit] Schmuckstück *n*,
Kleinod *n*; Frechdachs *m* F
=~טָן ז׳ = Juwelier *m*
תַּכְשִׁיר ז׳ [taxʃir] Präparat *n*
תִּכְתֹּבֶת נ׳, תכתובת [tix'tovet] Korrespondenz *f*,
Briefwechsel *m*
תִּכְתּוּב ז׳ [tixtuv] Diktat *n*
תִּכְתּוּךְ ז׳ [tixtux] Brodeln *n*
תַּכְתִּיב ז׳ [taxtiv] Diktat *n*; Vorschrift *f*;
aufgezwungene Verpflichtung
תֵּל ז׳ (תִּלִּים) [tél] Ruinenhügel *m (Archäologie)*;
Schutthaufen *m*, künstlicher Erdhügel
=תִּלֵּי תִּלִּים ז״ר = Haufen *m/pl.*; Fülle *f*
=עוֹמֵד עַל תִּלּוֹ = auf s-m Platz stehend
תְּלָאָה נ׳ (תְּלָאוֹת) [tla'a] Mühsal *f*, Beschwerde *f*,
Leiden *n*
תַּלְאוּבָה נ׳ [tal'uva] drückende Hitze *f*, Dürre *f*
תְּלַאי ז׳ [tlaj] Schlinge *f*
תַּלְבּוּט ז׳ [talbut] Zögern *n*
תִּלְבֹּשֶׁת נ׳, תלבושת [til'boʃet] Kleidung *f*,
Tracht *f*; F Outfit *n*, Aufzug *m*
תל״ג ר״ת תּוֹצָר [talag] *Abk.* Bruttosozial-

לְאֻמִּי גָּלְמִי produkt n

תַּלְגִּימָה נ׳ [talgima] Getränk *n*

תָּלָה פעל (לִתְלוֹת עַל-, בְּ-, יִתְלֶה) [tala] *kal* hängen, aufhängen *v/t;* abhängen

-נִתְלָה נפ׳ (לְהִתָּלוֹת) - *nif.* gehängt werden; hängen *v/i*

=תָּלָה בִּטְחוֹנוֹ בְּ- = das Vertrauen setzen auf (*Akk.*)

★=~ עַצְמוֹ בְּאִילָן גָּדוֹל = sich auf e-e große Autorität stützen

=~ תִּקְווֹת בְּ- = die Hoffnung setzen auf (*Akk.*)

תָּלוּא ת׳ [talu'] hängend *Adj.*

תָּלוּי ת׳ [taluj] gehängt, aufgehängt; hängend; abhängig *Adj.*

=הָיָה ~ = hängen *v/i*

=~ בְּ- = abhängig von (*D*)

=זֶה ~ בְּ- = das hängt davon ab

=~ עַל בְּלִימָה = auf Sand gebaut *fig.*

=~ בָּאֲוִיר = in der Luft hängend *fig.*

=~ בְּשַׂעֲרָה = an e-m Haar hängend

=אַהֲבָה הַ|תְּלוּיָה בְּדָבָר = selbstsüchtige Liebe

=~ שֶׁאֵינָהּ ~ = echte, uneigennützige Liebe

=תָּלוּי | וְעוֹמֵד = noch nicht entschieden, schwebend

=בִּלְתִּי-~ = unabhängig *Adj.*

תְּלוֹי ז׳ [tloj] Henkel *m;* Aufhänger *m*

תָּלוּל ת׳ [talul] steil *Adj.*

תִּלּוּל ז׳, תילול [tilul] *(Erdhügel)* Aufwerfen *n*

תְּלוּל ז׳ [tlul] Hügelchen *n*

תְּלוּלִית נ׳ [tlulit] Erdhaufen *m*, Hügelchen *n*

תִּלּוּם ז׳, תילום [tilum] Furchenziehen *n*

תְּלוּנָה נ׳ [tluna] Beschwerde *f*, Reklamation *f*

=נְצִיב-תְּלוּנוֹת ראה גם: אוֹמְבּוּדְסְמָן = Ombudsmann *m*

תָּלוּעַ ת׳ [ta'lua'] wurmstichig *Adj.*

תִּלּוּעַ ז׳ [ti'lua'] Entwurmung *f*

תָּלוּשׁ ת׳ [taluʃ] abgerissen, losgelöst, entwurzelt *Adj.*

תִּלּוּשׁ ז׳ [tiluʃ] Pflücken *n;* Abreißen *n*

תְּלוּשׁ ז׳ [tluʃ] Kupon *m*, Kontrollabschnitt *m*

=~-מַשְׂכֹּרֶת = Gehaltszettel *m*

תְּלוּת נ׳ [tlut] Abhängigkeit *f*

=אִי-~ = Unabhängigkeit *f*

תְּלִי ז׳ (תְּלָיִים) [tli] Köcher *m*; Kleiderhaken *m*

★(תַּלְיָא) הָא בְּהָא ~ (ארמ׳) [ha' beha' talja'] eins hängt vom anderen ab

תְּלִיָּה נ׳, תלייה [tlija] Hängen *n*, Aufhängen *n*

=עֵץ-~, עַמּוּד-~ = Galgen *m*

תִּלְיוֹן ז׳ [tiljon] Medaillon *n*; Anhänger *m* *(Schmuck)*

תְּלִילוּת נ׳ [tlilut] Gefälle *n*

תַּלְיָן ז׳, תליין [taljan] Henker *m*

=~וּת נ׳ = Henkerswerk *n*

תָּלִישׁ ת׳ [taliʃ] abreißbar, abtrennbar *Adj.*

תְּלִי|שָׁה נ׳ [tliʃa] Abreißen *n*

=~שׁוּת נ׳ = Wurzellosigkeit *f*

תַּלְכִּיד ז׳ [talkid] Konkretion *f*, Zusammenwachsen *n* *Geol.*; Aggregat *n*

(תלל) הֵתֵל הפ׳ (לְהָתֵל בְּ-) ראה גם: הִתֵּל [hétél] *hif.* verspotten, zum Gespött machen, sich lustig machen über (*Akk.*)

תַּ|לֶּלֶת נ׳ [ta'lelet] Tuberkulose *f*

תֶּ|לֶם ז׳ (תְּלָמִים, תַּלְמֵי-) ['telem] Furche *f*

=הָלַךְ בַּ~ = sich anpassen, linientreu sein

תָּלַם פעל (לִתְלוֹם, יִתְלוֹם) [talam] *kal* Furchen ziehen

תַּלְמוּד ז׳ [talmud] Talmud *m (die mündliche Lehre)*; Lernen *n*, Studium *n*

=~ בַּבְלִי = babylonischer Talmud

=~ יְרוּשַׁלְמִי = Jerusalemer Talmud

=~-תּוֹרָה = Lernen *n* der Thora; religiöse Schule

=תַּלְמוּ|דַאי ז׳ = Talmudgelehrter *m*

=~דִי ת׳ = talmudisch *Adj.*

=~דִיּוּת נ׳ = Talmudismus *m*

תַּלְמִיד ז׳ (תַּלְמִידָה) [talmid] Schüler (in *f*) *m*

=~-חָכָם (תַּלְמִידֵי-חֲכָמִים) = *wörtl.* Schüler *m* e-s Weisen; Schriftgelehrte(r) *m*

תַּלְמִית נ׳ [talmit] kleine Furche *f*

תִּלֵּעַ פיעל (לְתַלֵּעַ אֶת-) [tila'] *pi.* Würmer entfernen

-הִתְלִיעַ הפ׳ - *hif.* wurmig werden, von Würmern befallen sein

תַּלַּעַת נ׳ [ta'la'at] Wurmkrankheit *f* (Helminthiasis) *Med.*

★תֶּלֶף ז׳ ['telef] Lernen *n*

★תַּלְפִּיּוֹת נ״ר [talpijot] hoch gebaute Burg *bibl.*

תָּלַשׁ פעל (לִתְלוֹשׁ אֶת-, יִתְלוֹשׁ) [talaʃ] *kal* abreißen, abtrennen

תְּלָת ש״מ (ארמ׳) (רוֹוֵחַ בְּצֵרוּפִים כְּגוֹן:) [tlat] drei *(in folgenden Zssgn):*

=תְּלַת-אוֹפַן ז׳ = Dreirad *n*

=~-מְמַדִּי ת׳ = dreidimensional *Adj.*

=~-קוֹלִי ת׳ = dreistimmig *Adj.*

=~-רֶגֶל נ׳ = Dreifuß *m*

=~-שְׁנָתִי ת׳ = dreijährig *Adj.*

תַּלְתַּל ז׳ [taltal] Locke *f*; Stacheldrahtverhau *m*

תִּלְתֵּל פיעל [tiltél] *pi.* kräuseln, ringeln *v/t*

תִּלְתָּן ז׳ [tiltan] Klee *m* (Trifolium) *Bot.*

=~נִי ת׳ = kleeblattförmig *Adj.*

תָּם ת׳ [tam] einfältig, naiv; redlich, rechtschaffen *Adj.*

=כְּתִיבָה תַּמָּה = Schönschrift *f*

תֹּם[1] ז׳, תום [tom] Einfalt *f*, Naivität *f*; Rechtschaffenheit *f*; Unschuld *f*, Unbescholtenheit *f*

=בְּתָם-לֵב = gutgläubig, in gutem Glauben, treuherzig *Adv.*

=לְתֻמּוֹ, לְפִי תֻמּוֹ = ohne böse Absicht, unbefangen *Adv.*

תֹּם[2] ז׳, תום [tom] Ganzheit *f*, Vollständigkeit *f*, Ende *n*

=עַד תֻּמּוֹ, עַד תֹּם = bis zum Ende, gänzlich *Adv.*

(תמד) הִתְמִיד הפ׳ [hitmid] *hif.* ausdauern, durchhalten, dabeibleiben

תָּמַהּ פעל (לִתְמוֹהַּ עַל-, תָּמֵהַּ, יִתְמַהּ) [tamah] *kal* staunen, sich wundern; gern wissen wollen

-הִתְמִיהַּ הפ׳ - *hif.* erstaunen *v/t*, in Erstaunen setzen

תָּמֵהַּ ת׳ [ta'méha] staunend *Adj.*

=תְּמֵהַנִי = ich wundere mich, ich bin erstaunt

תְּמַהּ ז׳, תימה ['téma] Wunder *n*, Überraschung *f*

תֻּמָּה נ׳, תומה [tuma] Unschuld *f*; Ehrlichkeit *f*

=גָּזַל אֶת תֻּמָּתָהּ = er raubte ihr ihre Unschuld

תַּמָּה ת״נ [tama] Geliebte *f*

=תַּמָּתִי = meine Geliebte

תִּמָּהוֹן ז׳, תימהון [timahon] Erstaunen *n*

תִּמְהוֹנוּת נ׳, תימהונות [timhonut] Wunderlichkeit *f*, Sonderbarkeit *f*, Verschrobenheit *f*

=~נִי תו״ז = Sonderling *m*; verschroben *Adj.*

תָּמוּהַּ ת׳ [ta'muha] sonderbar, unverständlich, erstaunlich, merkwürdig *Adj.*

תַּמּוּז ז׳ [tamuz] 10. Monat im jüd. Kalender (Juni-Juli); Frühlingsgott *m*, Adonis *m*

תְּמוּטָה נ׳ [tmuta] Zusammensturz *m*

תָּמוּךְ ת׳ [tamux] gestützt *Adj.*

תִּמּוּךְ ז׳, תימוך [timux] Stütze *f*

=~כִין ז״ר = Rückendeckung *f fig.*

תְּמוֹל תה״פ וז׳ (קִצּוּר מִן אֶתְמוֹל) [tmol] gestern *Adv.*

=~ שִׁלְשׁוֹם = *wörtl.* gestern und vorgestern; früher, einst

=כְּ~ ~ = wie in alten Zeiten

=תְּמוֹלִי ת׳ = gestrig *Adj.*

תְּמוּנָה נ׳ [tmuna] Bild *n*, Foto *n*

=נִכְנַס לַ~, נִמְצָא בַּ~ = im Bilde sein *fig.*

=תְּמוּנָתִי ת׳ = bildhaft *Adj.*

=~יּוּת נ׳ = Bildhaftigkeit *f*

תָּמוּר ת׳ [tamur] gerade, aufrecht *Adj.*

תִּמּוּר ז׳, תימור [timur] Aufstieg *m (in gerader Linie)*

תְּמוּרָה נ׳ [tmura] Gegenwert *m*, Preis *m*; Wandel *m*, Änderung *f*; Apposition *f*, Beisatz *m Gr.*

=~רַת- = als Gegenwert, gegen, für, im Austausch für (*Akk.*)

תַּמּוּת נ׳ [tamut] Harmlosigkeit *f;* Vollständigkeit *f*

תְּמוּתָה נ׳ [tmuta] Sterblichkeit *f*

=בֶּן-~ = Sterbliche(r) *m*

תִּמְזֹגֶת נ׳, תמזוגת [tim'zoget] Mischung *f*; Konstitution *f*

★תַּמְחוּי, בֵּית-~ ז׳ [tamxuj] Volksküche *f*, Armenküche *f*

תַּמְחִיזָן ז׳ [tamxizan] Bühnenautor, Dramaturg *m*

תַּמְחִיר ז׳ [tamxir] Kostenberechnung *f*, Preiskalkulation *f*

=~רָן ז׳ = Kalkulator *m*

תֶּמֶט ז׳ ['temet] Zusammenbruch *m*, Kollaps *m*

תָּמִיד ת״פ [tamid] immer; immer noch *Adv.*

=אֵשׁ ~ = ewiges Feuer *(im Tempel)*

=נֵר ~ = ewige Lampe

=לְתָמִיד = für immer

=אַחַת וּלְ~ = ein für alle Mal

=תְּמִידוּת נ׳ = Beständigkeit *f*, Dauer *f*, Permanenz *f*

=תְּמִידִי ת׳ = beständig, dauernd, permanent *Adj.*

תְּמִיהָה נ׳ [tmiha] Staunen *n*

תְּמִיהוּת נ׳ [tmihut] Seltsamkeit *f*

תְּמִיכָה נ׳ [tmixa] Unterstützung *f*, Hilfe *f*

תָּמִים ת׳ [tamim] ganz, vollständig; makellos; unschuldig, harmlos; naiv *Adj.*

=תְּמִים דֵּעִים = einer Meinung (Ansicht) sein

=בֶּאֱמֶת וּבְתָמִים = in aller Aufrichtigkeit

תְּמִימוּת נ׳ [tmimut] Naivität *f*, Unschuld *f*

=~ דֵּעִים = Einstimmigkeit *f*

=~-לֵב = Geradheit *f*, Redlichkeit *f*

תָּמִיר ת׳ [tamir] hoch gewachsen *Adj.*

=תְּמִירוּת נ׳ = gerader Wuchs

תָּמַךְ פעל (לִתְמוֹךְ אֶת-, בְּ-, יִתְמוֹךְ) [tamax] *kal* stützen, unterstützen

-נִתְמַךְ נפ׳ - *nif.* gestützt -, unterstützt werden

=~ תָּמַךְ בְּדָבָר = (e-e Sache) unterstützen, dafür sein

תֶּמֶךְ ז׳ ['temex] Stützbalken *m*; Stütze *f*; Beweis *m*

תַּמְלוּג ז׳ (תַּמְלוּגִים) [tamlug] Tantieme *f*, Gewinnanteil *m* (am Urheberrecht)

תִּמְלַחַת נ׳ [tim'laxat] Salzlauge *f*

תַּמְלִיל ז׳ [tamlil] Libretto *n*, Text *m Mus.*

=מְעַבֵּד תַּמְלִילִים = Textverarbeitung *f*

(תמם) תַּם פעל (לָתוֹם, יִתּוֹם גם: יִתַּם) [tam] *kal* vollendet sein, fertig sein, zu Ende sein

-הִתַּמֵּם הת׳ - *hit.* redlich verfahren; sich unschuldig, naiv stellen

=תַּם וְנִשְׁלַם = beendet *Adj.*

תְּמָנוּן ז׳ [tmanun] Seepolyp *m* (Octopus vulgaris) *Zo.*

תְּמָנִיּוֹן ז׳ [tmanijon] Achtflächner *m*

תַּמְנִית נ׳ [tamnit] Oktett *n*

תְּמִסָּה נ׳, תמיסה [tmisa] Lösung *f Chem.*

תִּמְסָח ז׳ ראה גם: תַּנִּין [timsax] Krokodil *n*

תִּמְסֹרֶת נ׳, תמסורת [tim'soret] Übertragung *f Rdf.*; Transmission *f Tech.*

תִּמְצוּת ז׳, תימצות [timtsut] Extrahieren *n;* Zusammenfassung *f*

תַּמְצִית נ׳ [tamtsit] Essenz *f*, Extrakt *m*, Auszug *m*, Wesentliche(s) *n*

=~תִי ת' = wesentlich, gedrängt, knapp *Adj.*

=~תִיּוּת נ' = Wesentlichkeit *f*, Gedrängtheit *f*

תִּמְצֵת פיעל [timtsét] *pi.* das Wesentliche wiedergeben, zusammenfassen

תָּמָר ז' (תְּמָרִים) [tamar] Palme *f*, Dattelpalme *f* (Phoenix) *Bot.*; Dattel *f*

★תֹּמֶר ז', תומר ['tomer] Palme *f*

תִּמֵּר פיעל [timér] *pi. (Rauch)* aufsteigen (wie e-e Palme)

-הִתַּמֵּר הת' - *hit.* sich hoch erheben

תַּמַרְהִינְדִי ז' [tamarhindi] Tamarindenbaum *m* (Tamarindus indica) *Bot.*

תִּמְרוֹן ז', תימרון [timron] Manöver *n*

תִּמְרוּן ז', תימרון [timrun] Manövrieren *n*

תַּמְרוּק ז' [tamruk] Parfüm *n*

=~קִיָּה נ' = Parfümerie *f*

=~קָן ז' = Parfümeur *m*, Kosmetiker *m*, Drogist *m*

תַּמְרוּר ז' [tamrur] Wegzeichen *n*, Verkehrszeichen *n*, Straßenschild *n*

תִּמְרוּר ז', תימרור [timrur] Aufstellung *f* von Verkehrszeichen

תַּמְרוּרִים ז"ר [tamrurim] Bitternis *f*

תַּמְרִיחַ ז' [tam'riax] belegtes Brot *n*

תַּמְרִיץ ז' [tamrits] Ansporn *m*, (Leistungs-)Anreiz *m*

תִּמְרֵן פיעל [timrén] *pi.* manövrieren

תִּמְרֵק פיעל [timrék] *pi.* schminken, parfümieren *v/t*

תִּמְרֵר פיעל [timrér] *pi.* Ampeln anbringen

תַּמְשִׁיחַ ז' [tam'ʃiax] Fresko *n*

תַּן ז' [tan] Hyäne *f*, Schakal *m* (Canis aureus) *Zo.*

תַּנָּא ז' (ארמ') [tana'] Tanaite *m (Lehrer der mündlichen Lehre z. Zt. des 2. Tempels)*

תְּנַאי ז' [tnaj] Bedingung *f*

=בְּ~ שֶׁ- = unter der Bedingung, dass; vorausgesetzt, dass

=עַל ~ = bedingt *Adv.*

=מַאֲסָר עַל-~ = Gefängnisstrafe *f* mit Bewährungsfrist

=צַו עַל-~ = einstweilige Verfügung *Jur.*

=מִשְׁפַּט-~ = Konditionalsatz *m Gr.*

=~ מֻקְדָּם = Vorbedingung *f*

=~ בַּל-יַעֲבוֹר = unerlässliche Bedingung, Conditio sine qua non

=תְּנָאִים = Verlobungszeremonie *f*

=הִתְנָה ~ = zur Bedingung stellen

תְּנַגֶּדֶת נ', תנגודת [tin'godet] Widerstandsfähigkeit *f*

★תִּנָּה פיעל [tina] *pi.* erzählen, beschreiben; Klagelieder singen

-הִתְנָה הפ' - *hif.* zur Bedingung machen, zur Bedingung stellen

=~ אֲהָבִים = ein Liebesverhältnis haben

תְּנוּבָה נ' [tnuva] Ernte *f*, Bodenertrag *m*; "Tnuva" *(israelische Genossenschaft zur Vermarktung landwirtschaftlicher Erzeugnisse)*

תְּנוּדָה נ' [tnuda] Schwankung *f*, Schwingung *f*, Vibration *f*

תְּנוּחָה נ' [tnuxa] Lage *f*, Stellung *f*, Position *f*

תִּנּוּי ז' [tinuj] Sagen *n*, Erzählen *n*

תְּנוּךְ-אֹזֶן ז' [tnux-'ozen] Ohrläppchen *n*

תְּנוּמָה נ' [tnuma] Schlummer *m*, Schläfchen *n*

תְּנוּעָה נ' [tnu'a] Bewegung *f*; Verkehr *m*; Vokal *m Gr.*

=~ גְּדוֹלָה (אֲרֻכָּה) = langer Vokal

=~ קְטַנָּה (קְצָרָה) = kurzer Vokal

=צַו-~ = Marschbefehl *m*; Fahrtausweis *m Mil.*

=שׁוֹטֵר-~ = Verkehrspolizist *m*

=תְּנוּעַת-נֹעַר = Jugendbewegung *f*

=תְּנוּעָתִי ת' = Bewegungs-

תְּנוּעִי ת' [tnu'i] vokalisiert *Adj.*

תְּנוּפָה נ' [tnufa] Schwung *m*

=מִלְחֶמֶת־~ = Angriffskrieg *m*

תַּנּוּר ז׳ [tanur] Ofen *m;* Heizofen *m*

תַּנּוּרוֹן ז׳ [tanuron] kleiner Ofen *m*

תֶּנַח ז׳ [ténax] Kadenz *f Mus.*

תַּנְחוּם ז׳ [tanxum] Trost *m*

=תַּנְחוּמִים ז״ר = Trostworte *n/pl.*, Kondolenz *f*, Beileid *n*

=מָצָא ~ = Trost finden

=מִכְתַּב ~ , בִּקּוּר ~ = Kondolenzbrief *m;* Kondolenzbesuch *m*

תְּנַי ז׳ [tnaj] Bedingung *f*

תַּנִּין ז׳ (תַּנִּינִים) [tanin] Krokodil *n Zo.*

=דִּמְעוֹת־~ = Krokodilstränen *f/pl. fig.*

תִּנְיָנִי ת׳ ראה גם: מִשְׁנִי [tinjani] sekundär *Adj.*

תַּנַ״ךְ ר״ת תּוֹרָה נְבִיאִים כְּתוּבִים [tanax] *Kurzw.* Altes Testament *n* (5 Bücher Mosis, Propheten, Psalter, Salomonische Schriften)

=תַּנַ״כִי ת׳ = alttestamentarisch *Adj.*

(תנע) הִתְנִיעַ הפ׳ [hit'nia'] *hif.* starten *v/t*, in Bewegung setzen *Kfz.*

תֶּנַע ז׳ ['tena'] Triebkraft *f*, Schwung *m*

תנצב״ה ר״ת תְּהִי נִשְׁמָתוֹ צְרוּרָה בִּצְרוֹר הַחַיִּים [tehi niʃmato tsrura bitsror haxajim] *Abk.* "Seine Seele möge am ewigen Leben teilhaben" *(Inschrift auf Grabsteinen)*

תִּנְשֶׁמֶת נ׳ [tin'ʃemet] Schleiereule *f* (Tyto alba) *Zo.*

תִּסְבּוּךְ ז׳, תיסבוך [tisbux] Komplizierung *f*

תַּסְבִּיךְ ז׳ [tasbix] Komplex *m Psych.*

=~ אֶדִיפּוּס = Ödipuskomplex *m*

=~ נְחִיתוּת = Minderwertigkeitskomplex *m*

תִּסְבֵּךְ פיעל [tisbéx] *pi.* Komplexe verursachen

=מְתֻסְבָּךְ ת׳ = an Komplexen leidend *Adj.*, kompliziert *(Person)*

תִּסְבֹּכֶת נ׳, תסבוכת [tis'boxet] Verwicklung *f*, Kompliziertheit *f*

★תִּסְבָּר ז׳ [tisbar] Lagerraum *m*

תַּסְדִּיר ז׳ [tasdir] Layout *n;* Anordnung *f*, Arrangement *n Mus.*

תָּסוּס ת׳ [tasus] gegoren *Adj.*

תִּסְחוּר ז׳ [tisxur] Handeln *n*

תַּסְחִיף ז׳ [tasxif] Embolus *m Med.*

תָּסִיל ז׳ [tasil] Taube *f*

תָּסִיס ת׳ [tasis] gärend *Adj.*

תְּסִיסָה נ׳ [tsisa] Gärung *f*; Erregung *f*

תִּסְכּוּל ז׳, תיסכול [tiskul] Frustration *f*

תִּסְכּוּת ז׳, תיסכות [tiskut] Bearbeitung *f* als Hörspiel

תַּסְכִּית ז׳ (תַּסְכִּיתִים) [taskit] Hörspiel *n*

=~תָן ז׳ = Verfasser *m* von Hörspielen, Hörspielautor *m*

תִּסְכֵּל פיעל [tiskél] *pi.* frustrieren *v/t*

=מְתֻסְכָּל ת׳ = frustriert *Adj.*

תִּסְכֵּת פיעל [tiskét] *pi.* als Hörspiel bearbeiten

תַּסְמִיךְ ז׳ [tasmix] Andicken *n;* Assoziation *f Psych.*

תִּסְמֹנֶת נ׳, תסמונת [tis'monet] Syndrom *n*, Symptomgruppen *f/pl. Med.*

=~ דָּאוּן = Downsyndrom *n*

תַּסְנִין ז׳ [tasnin] Filtrat *n*

תָּסַס פעל (לִתְסוֹס, יִתְסוֹס) [tasas] *kal* gären; sprudeln

-הִתְסִיס הפ׳ - *hif.* zum Gären bringen; erregen *v/t*

תְּסָס, תָּסָס ז׳ [tsas, tasas] Ferment *n*, Gärungsmittel *n*

תִּסְפֹּרֶת נ׳, תספורת [tis'poret] Haareschneiden *n;* Haarschnitt *m,* Frisur *f*

תַּסְקִיר ז׳ [taskir] Übersicht *f*, Bericht *m*

תִּסְרוּט ז׳, תיסרוט [tisrut] Verfilmung *f*

תִּסְרֵט פיעל [tisrét] *pi.* verfilmen

תַּסְרִיג ז׳ [tasrig] gestricktes Kleidungsstück *n*

תַּסְרִיט ז׳ [tasrit] Szenarium *n*, Drehbuch *n*

=~טַאי ז׳ = Drehbuchautor *m*

תִּסְרֹקֶת נ׳, תסרוקת [tis'roket] Frisur *f*

תָּעַב פעל (לִתְעוֹב, יִתְעַב) [ta'av] *kal* verabscheuen

-תִּעֵב פיעל - *pi.* verabscheuen

תַּעֲבוּרָה נ׳ [ta'avura] Verkehr *m*

תַּעֲבִית נ׳ [ta'avit] Kondensierung *f Chem.*

תִּעֵד פיעל [ti'éd] *pi.* dokumentieren; Dokumente (Urkunden) sammeln

תָּעָה פעל (לִתְעוֹת, יִתְעֶה) [ta'a] *kal* umherirren; sich irren

-הִתְעָה הפ׳ - *hif.* irreführen *v/t*

תִּעוּב ז׳, תיעוב [ti'uv] Abscheu *m*

תָּעוּב ת׳ [ta'uv] verabscheut *Adj.*

תְּעוּגָה נ׳ [te'uga] Choregrafie *f*

תִּעוּד ז׳, תיעוד [ti'ud] Dokumentation *f*

תְּעוּדָה נ׳ [te'uda] Zeugnis *n*, Urkunde *f*, Dokument *n*; Bestimmung *f*

=תְּעוּדַת-בַּגְרוּת = Matura-, Abiturzeugnis *n*

=~-זֶהוּת, ~-זִהוּי = Identitätskarte *f*, Personalausweis *m*

=~-עֲנִיּוּת = Armutszeugnis *n*

תִּעוּדִי ת׳, תיעודי [ti'udi] dokumentarisch *Adj.*

תְּעוּדָן ז׳ [te'udan] Dokumentar *m*

תְּעוּדָתִי ת׳ [te'udati] dokumentarisch *Adj.*

תִּעוּל ז׳, תיעול [ti'ul] Kanalisation *f*, Kanalanlage *f*

תְּעוּפָה נ׳ [te'ufa] Flugwesen *n*

=חֵיל-הַ~ ראה גם: חֵיל-אֲוִיר = Luftwaffe *f*

=נְמַל-~ = Flughafen *m*

=שְׂדֵה-~ = Rollfeld *n*, Flugplatz *m*

תְּעוּקָה נ׳ [te'uka] Druck *m*, seelische Belastung *f*

=תְּעוּקַת-הֶחָזֶה = Angina pectoris *f Med.*

תִּעוּשׁ ז׳, תיעוש [ti'us] Industrialisierung *f*

תְּעֻזָּה נ׳, תעוזה [te'uza] Wagemut *m*

תְּעִיָּה נ׳, תעייה [te'ija] Irregehen *n*, Umherirren *n*

תַּעַל ז׳ [ta'al] Heilung *f*, Medizin *f*

תִּעֵל פיעל [ti'él] *pi.* kanalisieren

תְּעָלָה נ׳ [te'ala] Kanal *m;* Heilung *f bibl.*

=תְּעָלַת-סוּאֶץ = Suezkanal *m*

תַּעֲלוּל ז׳, תַּעֲלוּלָה נ׳ [ta'alul, -a] Mutwille *m*, Mutprobe *f*, Streich *m*

תַּעֲלוּמָה נ׳ [ta'aluma] Geheimnis *n*, Rätsel *n*

תַּעֲמוּלָה נ׳ [ta'amula] Propaganda *f*, Werbung *f*

=~תִי ת׳ = propagandistisch *Adj.*

תַּעַמְלָן ז׳ [ta'amlan] Propagandist *m*, Agitator *m*

=~וּת נ׳ = Propagandatätigkeit *f*

תַּעֲנוּג ז׳ (תַּעֲנוּגוֹת) [ta'anug] Vergnügen *n*, Spaß *m*

תַּעֲנִית נ׳ ראה גם: צוֹם [ta'anit] Fasten *n*

=~ אֶסְתֵּר = Fasten *n* der Königin Esther *(am Vorabend von Purim)*

=~-צִבּוּר = allgemeines Fasten

תַּעֲסוּקָה נ׳ [ta'asuka] Arbeitsbeschaffung *f*

=שֵׁרוּת-~ = Arbeitsamt *n*

תַּעַף ז׳ ['ta'af] Luftfahrt *f;* Höhe *f*

תַּעֲצוּם ז׳, תַּעֲצוּמָה נ׳ [ta'atsum, ta'atsuma] Essenz *f*, Stärke *f*

תַּעֲצֹמֶת נ׳ ['ta'a'tsomet] Formation *f (v. Knochen)*

תַּעֲקִיף ז׳ [ta'akif] Paraphrase *f*

תַּעַר[1] ז׳ (תְּעָרִים) ['ta'ar] Rasiermesser *n*

תַּעַר[2] ז׳ ראה גם: נָדָן ['ta'ar] (Schwert-)Scheide *f*

תַּעֲרֹבֶת נ׳, תערובת [ta'a'rovet] Gemisch *n*

=בֶּן-~ = Mischling *m*

=נִשּׂוּאֵי-~ = Mischehe *f*

תַּעֲרוּבָה נ׳ [ta'aruva] Pfand *m*

תַּעֲרוּכָה נ׳ [ta'aruxa] Messe *f*, Ausstellung *f*

תַּעֲרִיף ז׳ [ta'arif] Tarif *m*, Preisstaffel *f*, Gebührenordnung *f*

תַּעֲרִיפוֹן ז׳ [ta'arifon] Gebührenliste *f*

תִּעֵשׁ פיעל [ti'és] *pi.* industrialisieren *v/t*

= industrialisiert *Adj.* =מְתֻעָשׁ ת'

['ta'as] "Ta'as", Name der Rüstungsindustrie in Israel תַּעַשׂ ז'

[ta'asija] Industrie *f* תַּעֲשִׂיָּ|ה נ', **תעשייה**

= Industrielle(r) *m* =~ן ז'

= industriell *Adj.* =~תִי ת'

= Industriegebeit *n* =אֵזוֹר-~

[ta'tua'] Trug *m*, Täuschung *f*, Illusion *f* תַּעְתּוּעַ ז'

= optische Täuschung *f* =~-רְאִיָּה

= Fata Morgana *f* =חֲזוֹן-תַּעְתּוּעִים

[ti'tuk] Transkribieren *n*, Umschreiben *n* in Lautschrift תִּעְתּוּק ז'

[ta'tik] Transkription *f*, Umschrift *f*, Lautschrift *f* תַּעְתִּיק ז'

[ti'ta] *pi.* irreführen *v/t* תִּעְתַּע פיעל

[ti'ték] *pi.* transkribieren, in Lautschrift umschreiben תִּעְתֵּק פיעל

[tof] Trommel *f*, Pauke *f*; *pl.* Schlagzeug *n* תֹּף ז', **תוף** (תֻּפִּים)

= Tamburin *n* =~-מִרְיָם

[taf'ura] Bühnenbild *n*, Theaterdekoration *f*, Ausstattung *f* תַּפְאוּרָ|ה נ'

= Theaterdekorateur *m*, Bühnenmaler *m* =~ן ז'

= dekorativ *Adj.* =~תִי ת'

[tif'ér] *pi.* Bühnenbild entwerfen u. herstellen, ausstatten *Thea.* תִּפְאֵר פיעל

[tif'ara, tif'eret] Zierde *f*, Glanz *m*, Pracht *f*; Ruhm *m*, Ehre *f* תִּפְאָרָה, תִּפְאֶרֶת נ'

= um der Schönheit der Phrase willen =לְתִפְאֶרֶת הַמְּלִיצָה

[tfuga] Abschwächen *n*; Erlöschen *n* der Gültigkeit תְּפוּגָה נ'

[tapuz] Apfelsine *f*, Orange *f* תַּפּוּז ז' (קִצּוּר שֶׁל תַּפּוּחַ-זָהָב)

[ta'puax] Apfel *m* (Pyrus malus) *Bot.* תַּפּוּחַ ז'

= Kartoffel *f* (Solanum tuberosum) *Bot.* =~-אֲדָמָה

= Apfelsine *f*, Orange *f* (Citrus sinensis) *Bot.* =~-זָהָב (ראה גם: תַּפּוּז)

[ta'fuax] geschwollen, angeschwollen *Adj.* תָּפוּחַ ת'

[tafus] besetzt *Adj.* תָּפוּס ת'

[tfus] Henkel *m* תְּפוּס ז'

[tfusa] Aufnahmefähigkeit *f*, Fassungskraft *f* תְּפוּסָה נ'

[tipuf] Trommeln *n* תִּפּוּף ז', **תיפוף**

[tfutsa] Zerstreuung *f*, Diaspora *f*; Exil *n*; Verbreitung *f*; Absatz *m* *(v. Waren)* תְּפוּצָה נ'

= Diaspora-Museum (Tel-Aviv) =בֵּית-הַתְּפוּצוֹת

[tfuka] Ertrag *m*, Ausbeute *f*, Ergiebigkeit *f* תְּפוּקָה נ'

[tafur] genäht *Adj.* תָּפוּר ת'

[tipur] Nähen *n* תִּפּוּר ז'

[tafus] reserviert, besetzt *Adj.*; (in Gedanken) vertieft *Adj.* תָּפוּשׂ ת'

[tafoz] orangefarben *Adj.* תָּפֹז ת', **תפוז**

[tafzir] Zerstreuung *f*, Verteilung *f* תַּפְזִיר ז'

[tif'zoret] lose, unverpackte Ladung, Schüttgut *n* תִּפְזֹרֶת נ', **תפזורת**

[tafax] *kal* anschwellen, *(Teig)* aufgehen תָּפַח פעל (לִתְפּוֹחַ, יִתְפַּח)

- *hif.* aufblasen, anschwellen lassen -הִתְפִּיחַ הפ'

[tupi] trommelförmig *Adj.* תֻּפִּי ז', **תופי**

= Trommelrevolver *m* =אֶקְדָּח ~

[tfixa] Anschwellen *n*, Schwellung *f* תְּפִיחָ|ה נ'

= Geschwollensein *n* =~וּת נ'

[tufin] Gebäck *n* תֻּפִּין ראה: תּוּפִּין

[tafis] begreiflich, verständlich *Adj.* תָּפִיס ת'

[tfisa] Auffassung *f*, Auffassungsgabe *f*, Anschauung *f*; Wahrnehmung *f*; Erfassen *n*, Fassen *n*; Beschlagnahme *f* תְּפִיסָה נ'

= Aneignung *f* =תְּפִיסַת-יָד

תְּפִיסָתִי ת׳ [tfisati] Wahrnehmungs-

תְּפִיפָה נ׳ [tfifa] Trommelschlagen *n*

תְּפִירָה נ׳ [tfira] Nähen *n*

=חוּט-~ = Nähgarn *n*

=מְכוֹנַת-~ = Nähmaschine *f*

תָּפַל פעל [tafal] *kal* verleumden

-הִתְפִּיל הפ׳ -*hif.* entsalzen *v/t*

תָּפֵל ת׳ [tafél] fade, schal; salzlos, ungesalzen *Adj.*; ohne Geschmack

=אֱמוּנָה תְּפֵלָה = Aberglaube *m*

תֶּפֶל ז׳ ['tefel] ohne Geschmack *m*

תִּפְלָה נ׳ [tifla] Nichtigkeit *f*; Albernheit *f*

תְּפִלָּה נ׳, תפילה [tfila] Gebet *n*

=בַּעַל-~ = Vorbeter *m*

=תְּפִלַּת-הַדֶּרֶךְ = Gebet *n* vor e-r Reise

תַּפְלוּלִי ת׳ [tafluli] etwas geschmacklos

★תַּפְלוּץ ז׳ [tafluts] gräuliche Sache *f*

תִּפְלוּת נ׳ [tiflut] Nichtigkeit *f*; Unsinn *m*

תַּפְלִיט ז׳ [taflit] Sekret *n*

תְּפִלִּין נ״ר, תפילין [tfilin] Gebetsriemen *m*/pl.

=הֵנִיחַ ~ = "Tefilin" legen, Gebetsriemen anlegen

★תִּפְלֶצֶת נ׳ [tifletset] Horror *m*, Panik *f*

תִּפְלַצְתִּי ת׳ [tiflatsti] fürchterlich *Adj.*

תַּפְנוּק ז׳ [tafnuk] Verwöhnen *n*; Vergnügen *n*

תַּפְנִית נ׳ [tafnit] Wendung *f*; Kehrtwendung *f*; halbe Wendung *Mil.*

תָּפַס פעל (לִתְפּוֹס אֶת-, יִתְפּוֹס) [tafas] *kal* fassen, ergreifen; begreifen, auffassen, verstehen; *(Raum)* ausfüllen, einnehmen; gelten, Gültigkeit haben

=תְּפֹס | אֶת הָרָע בְּמִעוּטוֹ = wähle das kleinere Übel!

=~ מָקוֹם! = Platz nehmen!

=תָּפַס עֶמְדָּה = Stellung nehmen

=~ אֶת הַחֶבֶל בִּשְׁנֵי רָאשָׁיו = *wörtl.* den Strick an beiden Enden fassen *fig.;* auf zwei Hochzeiten gleichzeitig tanzen

=אֵין אָדָם נִתְפָּס עַל צַעֲרוֹ = *wörtl.* wenn j-d trauert, soll man ihn nicht beurteilen

=תּוֹפֵס ת׳ = gültig, geltend *Adj.*

תֶּפֶס ז׳ ['tefes] schnapper *m*, Türdrücker *m*

תַּפְסָנִי ת׳ [tafsani] scharfsinnig *Adj.*

תִּפְעוּל ז׳, תיפעול [tif'ul] Inbetriebnahme *f*

=~לִי ת׳ = opcrativ *Adj.*; Betriebs-

תִּפְעֵל פיעל [tif'él] *pi.* aktivieren, in Gang bringen

תָּפַף פעל (לִתְפּוֹף, יִתְפּוֹף) [tafaf] *kal* trommeln

-תּוֹפֵף פיעל - *pi.* trommeln

תִּפְקֵד פיעל [tifkéd] *pi.* fungieren, e-e Funktion erfüllen

תִּפְקוּד ז׳, תיפקוד [tifkud] Fungieren *n*

=~דִי ת׳ = funktionell *Adj.*

=~דָנוּת נ׳ = Funktionalismus *m*, Zweckmäßigkeit *f*

תַּפְקִיד ז׳ [tafkid] Aufgabe *f*; Rolle *f Thea.*; Befehl *m bibl.*

=הוּא בְּ~ = er ist im Dienst

=מִלֵּא ~ = amtieren, e-e Aufgabe erfüllen; eine Rolle spielen *Thea.*

תָּפַר פעל (לִתְפּוֹר, יִתְפּוֹר) [tafar] *kal* nähen

תֶּפֶר ז׳ ['tefer] Naht *f*

תִּפְרַחַת נ׳ [tif'raxat] Blütenstand *m Bot.*

תַּפְרִיט ז׳ [tafrit] Speisekarte *f*, Menü *n*

תַּפְרָן ז׳ (סלנג) [tafran] Schnorrer *m* F

תָּפַשׂ פעל [tafas] fassen, fangen; gelten; nehmen; besetzen *bibl.;* erwischen F

-נִתְפַּשׂ נפ׳ - *nif.* sich an etwas klammern; besetzt werden *bibl.*

=בִּלְתִּי נִתְפָּשׂ = unfassbar *Adj.*

תֹּפֶת ז׳, תופת ['tofet] Platz der heidnischen Opfer bei Jerusalem; Hölle *f*

=מְכוֹנַת-~ = Höllenmaschine *f*

תִּפְתּוּף ז׳, תיפתוף [tiftuf] Trommelschlag *m*

תָּפְתִּי ת׳ [tofti] infernalisch, höllisch *Adj.*

תַּפְתִּיחַ ז׳ [taf'tiax] aufgebrochener Boden *m*

תִּפְתֹּלֶת נ׳ [tif'tolet] Komplikation *f*

תִּצְבֹּרֶת נ׳, תצבורת [tits'boret] Anhäufung *f*

תַּצְהִיר ז׳ [tatshir] Deklaration *f*, Erklärung *f Jur.*

תְּצוּגָה נ׳ [tetsuga] Ausstellung *f*, Vorführung *f*

=תְּצוּגַת-אָפְנָה = Modenschau *f*

תְּצוּרָה נ׳ [tetsura] Formation *f*, Formbildung *f*, Gestaltung *f*

תִּצְלֹבֶת נ׳, תצלובת [tits'lovet] Kreuzung *f*

תַּצְלוּם ז׳ [tatslum] Foto *n*, Fotografie *f*

=~-אֲוִיר = Luftaufnahme *f Fot.*

=~-חֶטֶף = Schnappschuss *m Fot.*

תַּצְלִיל ז׳ [tatslil] Akkord *m Mus.*

תַּצְפִּית נ׳ [tatspit] Beobachtung *f*, Ausschau *f*; Aussichtspunkt *m*

=עֶמְדַּת-~ = Ausguck *m*, Beobachtungsposten *m*

תַּצְפִּיתָן ז׳ [tatspitan] Beobachter *m*, Späher *m Mil.*

תַּצְרִיב ז׳ [tatsriv] Ätzung *f (Grafik)*

תִּצְרֹכֶת נ׳, תצרוכת [tits'roxet] Verbrauch *m*, Bedarf *m (Menge)*

תַּצְרֵף ז׳ [tatsréf] Puzzle *n*

תִּצְרֹפֶת נ׳, תצרופת [tits'rofet] Kombination *f*, Synthese *f*; Konstellation *f*

תַּ"ק, הַמִּסְפָּר 500 [tak] fünfhundert (500) *(Zeichen der Zahl 500, bsd. bei Übertreibungen)*

תַּקְבּוּל ז׳ [takbul] Kasseneinnahme *f*

תִּקְבֹּלֶת נ׳, תקבולת [tik'bolet] Parallelismus *m*

תַּקְדִּים ז׳ [takdim] Präzedenzfall *m*

תִּקְוָה נ׳, תקווה [tikva] Hoffnung *f*

=הַ~ = Hymne der zionist. Bewegung und des Staates Israel

★=אֲנִי ~ כִּי = ich hoffe, dass ...

תָּקוּל ת׳ [takul] beschädigt *Adj.*

תְּקוּמָה נ׳ [tkuma] Bestand *m*, Bestehen *n*; Wiederaufrichtung *f*

תִּקּוּן ז׳, תיקון [tikun] Reparatur *f*, Ausbesserung *f*, Verbesserung *f*

=~-חֲצוֹת = Mitternachtsgebet *n*

=~ הַמִּדּוֹת = Ethik *f*

=~ סוֹפְרִים = Änderungen *f/pl.* der Schreiber *(Bibel)*

=כְּתִקּוּנוֹ = wie es sein soll, normal *Adv.*

תִּקּוּנִי ת׳ [tikuni] reparierend *Adj.*

תָּקוּעַ ת׳ [ta'kua'] hineingesteckt, steckend, stecken geblieben *Adj.*

תָּקוּף ת׳ [takuf] stark *Adj.*

תְּקוֹף ז׳ [tkof] Stärke *f*

תִּקּוּף ז׳ [tikuf] Angriff *m*

תְּקוּפָ|ה נ׳ [tkufa] Epoche *f*; Kreislauf *m*; Jahreszeit *f*; Lebensabschnitt *m*

=~תִי ת׳ = periodisch *Adj.*

תְּקוּפוֹן ז׳ [tkufon] Zeitschrift *f*

★(תְּקִיל) טָבִין וּתְקִילִין (ארמ׳) [tavin utkilin] gutes Geld, Bargeld *n*

תָּקִין ת׳ [takin] einwandfrei, normal, intakt; regulär *Adj.*

תְּקִינָה נ׳ [tkina] Normung *f*, Standardisierung *f*

תְּקִינוּת נ׳ [tkinut] Unversehrtheit *f*, normaler Zustand *m*

תְּקִיעָה[1] נ׳ [tki'a] Blasen *n (ins Horn)*, "Tekia", lang gezogener Schofarton *(Judentum)*

תְּקִיעָה[2] נ׳ [tki'a] Hineinstecken *n*

=תְּקִיעַת-יָתֵד = Fußfassen *n*

=~-כַּף = Handschlag *m*

=~-סַכִּין בַּגַּב = Dolchstoß *m (in den Rücken)*

תַּקִּיף ת׳ [takif] stark, unbeugsam, fest entschlossen, energisch *Adj.*

תְּקִיפָה נ׳ [tkifa] Angriff *m*, Überfall *m*

תַּקִּיפוּת נ׳ [takifut] Nachdruck *m*, Entschlossenheit *f*

(תקל) נִתְקַל נפ' (לְהִתָּקֵל בְּ-) [nitkal] *nif.* auf etwas stoßen, anstoßen an (*Akk.*)
-הִתְקִיל הפ' - *hif.* e-e Fangfrage stellen
תַּקָּלָה נ' [takala] Missgeschick *n*; Störung *f Tech.*
תִּקְלַחַת נ' [tiklaxat] Duschen *n*
תַּקְלִיט ז' [taklit] Schallplatte *f*, Album *n*
=~ אֲרִיךְ-נֶגֶן = Langspielplatte *f*
=תַּקְלִיטִיָּה נ' = Plattensammlung *f*
תַּקְלִיטוֹן ז' [takliton] Single *f*
תַּקְלִיטָן ז' [taklitan] Diskjockey, DJ *m*
תַּקְלִיטוֹר ז' [taklitor] 1. CD *f* 2. CD-ROM *f*
תִּקֵּן פיעל [tikén] *pi.* reparieren, ausbessern, verbessern, reformieren
-הִתְקִין הפ' - *hif.* einrichten, installieren; anordnen
תֶּקֶן ז' ['teken] Norm *f*, Standard *m*; Kapazitätsplanung *f*
=כְּתִקְנוֹ = in s-m gewöhnlichen Zustand
=מְכוֹן תְּקָנִים = Normenausschuss *m*
תַּקָּנָה נ' [takana] Besserung *f*, Heilung *f*; Reform *f*; Statut *n*, Satzung *f*
=אֵין לוֹ ~ = er ist unverbesserlich
תַּקָּנוֹן ז' [takanon] Statutensammlung *f*; Satzungen *f/pl.*
תִּקְנוּן ז', תיקנון [tiknun] Standardisierung *f*
תַּקָּנוֹנִי ת' [taknoni] statutenmäßig *Adj.*
תִּקְנִי ת' [tikni] normal, dem Standard entsprechend *Adj.*
=תַּת-~ = unter der Norm, unter dem Standard; umgangssprachlich *Adj.*
תִּקְנֵן פיעל [tiknén] *pi.* standardisieren, die Norm festsetzen
תָּקַע¹ פעל (לִתְקוֹעַ אֶת-, בְּ-, לְ-, יִתְקַע) [taka'] *kal* hineinstecken, einschlagen *v/t*
-נִתְקַע נפ' (לְהִתָּקַע) - *nif.* stecken bleiben
=תָּקַע חָטְמוֹ בֵּין- = sich einmischen in (*Akk.*)
=~ אָהֳלוֹ בְּ- = sein Zelt aufschlagen

=~ יָתֵד בְּ- = Fuß fassen in (*D*) *fig.*
=~-כַּף = sich mit Handschlag verpflichten
★=מִי לְיָדַי יִתְקַע? (במקור: יִתָּקֵעַ) = wer bürgt mir dafür?
תָּקַע² פעל (לִתְקוֹעַ בְּ-, יִתְקַע) [taka'] *kal* blasen, ins Horn stoßen
תֶּקַע ז' ['teka'] Stecker *m El.*
תָּקַף פעל (לִתְקוֹף אֶת-, יִתְקוֹף) [takaf] *kal* angreifen, anfallen, anpacken
-הִתְקִיף הפ' - *hif.* angreifen, überfallen
תֹּקֶף ז', תוקף ['tokef] Nachdruck *m*; Gültigkeit *f*; Stärke *f*; Gewalt *f*
=בְּ~, בְּכָל ~ = mit Nachdruck, energisch *Adv.*
=בַּר-~ ראה גם: תָּקֵף = gültig, in Kraft
=בְּ~ תַּפְקִידוֹ = kraft s-s Amtes
=בְּתָקְפּוֹ = gültig, in Kraft
תָּקֵף ת' [takéf] gültig *Adj.*
תְּקֵפוּת נ' [tkéfut] Gültigkeit *f*
תִּקְצֵב פיעל [tiktsév] *pi.* Budget, Etat festsetzen
תִּקְצוּב ז' [tiktsuv] Budgetierung *f*
תַּקְצִיב ז' [taktsiv] Budget *n*, Etat *m*, Haushaltsplan *m*
=~בִי ת' = Budget-, Etat-
תַּקְצִיר ז' [taktsir] Abriss *m*, Auszug *m*, Zusammenfassung *f*
תִּקְצֵר פיעל [tiktsér] *pi.* zusammenfassen
תֶּקֶר ז' ['teker] Reifenpanne *f*
תִּקְרֹבֶת נ', תקרובת [tik'rovet] Imbiss *m*, Erfrischungen *f/pl.* für Gäste
תִּקְרָה נ' [tikra] Zimmerdecke *f*; Maximum *n (für Steuerberechnung usw.)*
תַּקְרִיב ז' [takriv] Nahaufnahme *f*
תַּקְרִית נ' [takrit] Zwischenfall *m*
תִּקְשֹׁטֶת נ' [tik'ʃotet] Dekor *m*
תַּקְשִׁיר ז' (קיצור מן תַּקָּנוֹן-שֵׁרוּת) [takʃir] Reglement *n*, Dienstvorschriften *f/pl.*

(für Staatsbeamte)

תִּקְשֵׁר פיעל [tikʃér] *pi.* kommunizieren *v/i*

=מְתֻקְשָׁר ת' = öffentlich *Adj.*, in den Medien präsent *Adj.*

תִּקְשֹׁרֶת נ', תקשורת [tik'ʃoret] Kommunikation *f*, Nachrichtenübermittlung *f Tech., Rdf.*

=כְּלֵי-~ = Kommunikationsmittel *n/pl.*, Medien *pl.*

=מִשְׂרַד הַ~ = Ministerium *n* für Kommunikation

=תִּקְשָׁרְתִּי ת' = kommunikativ *Adj.*, Medien-

תִּקְתּוּק ז', תיקתוק [tiktuk] Ticken *n*; Tippen *n*

תִּקְתֵּק פיעל [tikték] *pi.* ticken; tippen *f*

תַּרְבּוּכָה נ' [tarbuxa] Chaos *n*, Durcheinander *n*

תַּרְבּוּשׁ ז' [tarbuʃ] Fes *m*, Fez *m*

תַּרְבּוּת נ' [tarbut] Kultur *f*, Bildung *f*; Entwicklung *f*, Aufzucht *f*

=~-הַגּוּף = Körperkultur *f*, Leibesübungen *f/pl.*

=בֶּן-~ = Gebildete(r) *m*, zivilisierter Mensch *m*

=חֲדַר-~ = Kultursaal *m*, Mehrzweckhalle *f*

=צִמְחֵי-~ = Kulturpflanzen *f/pl.*

=יָצָא לְ~ רָעָה = vom rechten Wege abweichen *fig.*

תִּרְבּוּת ז', תירבות [tirbut] Kultivierung *f*

תַּרְבּוּתִ|י ת' [tarbuti] kulturell; gebildet, kultiviert *Adj.*

=~יּוּת נ' = hohe kulturelle Stufe

תַּרְבִּיךְ ז' [tarbix] Ragout *n*

★תַּרְבִּיץ ז' [tarbits] Lehrstätte *f*, Akademie *f*

תַּרְבִּית נ' [tarbit] Kultur *f*, Züchtung *f* *(v. Bakterien usw.)*

תִּרְבֹּכֶת נ' [tir'boxet] Chaos *n*, Durcheinander *n*

תִּרְבֵּת פיעל [tirbét] *pi.* kultivieren; züchten, domestizieren

תָּרֹג ת', תרוג [tarog] zitronenfarbig *(gelbgrün) Adj.*

תִּרְגּוּל ז', תירגול [tirgul] Üben *n*, Trainieren *n*

תִּרְגּוּם ז', תירגום [tirgum] Übersetzen *n*; Dolmetschen *n*

תַּרְגּוּם ז' [targum] Übersetzung *f*; "Targum", die aramäische Übersetzung der Thora

=~ הַשִּׁבְעִים = Septuaginta *f*

תַּרְגּוּמִי ת' [targumi] übersetzungstechnisch *Adj.*

תַּרְגִּיל ז' [targil] Übung *f*

★תַּרְגִּימָא ז', תַּרְגִּימָה נ' [targima] Backwerk *n*

תִּרְגֵּל פיעל [tirgél] *pi.* üben, trainieren *v/t, v/i*

תִּרְגֹּלֶת נ', תרגולת [tir'golet] Drill *m*

תִּרְגֵּם פיעל [tirgém] *pi.* übersetzen; dolmetschen

-נִתְרַגֵּם הת' - *hit.* übersetzt werden

תֻּרְגְּמָן ז', תורגמן [turgeman] Übersetzer *m*; Dolmetscher *m*

תִּרְגֹּשֶׁת נ' [tir'goʃet] große Aufregung *f*

תֶּרֶד ז' ['tered] Spinat *m* (Spinacia) *Bot.*

תַּרְדִּיף ז' [tardif] Synonym *n*

תַּרְדֵּמָה נ' [tardéma] tiefer Schlaf; Winterschlaf *m*

תַּרְדֶּמֶת נ' [tar'demet] Koma *n*

(תרה) הִתְרָה הפ' [hitra] *hif.* warnen, verwarnen

תְּרוֹג ז' [trog] orangefarben *Adj.*

תַּרְוָד ז' [tarvad] Rührlöffel *m*, Kochlöffel *m*

תְּרוֹמְבּוֹזָה נ' [tromboza] Thrombose *f Med.*

תְּרוּמָה נ' [truma] Spende *f*, Beitrag *m*

תְּרוּמִי ת' [trumi] edel, ausgezeichnet *Adj.*

תְּרוּעָה נ' [tru'a] Jubel *m*, Zujubeln *n*; Schofarblasen *n (abgerissene Töne)*

תְּרוּפָה נ' [trufa] Medikament *n*, Arznei *f*, Heilmittel *n*

=תְּרוּפַת דֶּמֶה = Placebo *n*

תְּרוּפָתִי ת' [trufati] medikamentös *Adj.*

תֵּרוּץ ז', תירוץ [téruts] Ausrede *f*; Vorwand *m*; Antwort *f* (auf e-e schwierige Frage)

תִּרְזָה נ׳, תירזה [tirza] Linde *f*; *in der Bibel: undefinierter* Baum

תֶּרַח ז׳ ['terax] alter Narr

תַּרְחִיף ז׳ [tarxif] Aufhängung *f*, Federung *f*

תַּרְחִיץ ז׳ [tarxits] Lotion *f*, Gesichtswasser *n*,

תַּרְחִישׁ ז׳ [tarxiʃ] Szenario *n*; Szenarium *n*

★תְּרֵי ש״מ [tréj] Zwei, *nur in Zssgn:*

★=~-עֲשַׂר (ארמ׳) = zwölf (12); Bücher *n/pl.* der zwölf Propheten

תַּרְיַ״ג, שֵׁשׁ מֵאוֹת וּשְׁלֹשׁ עֶשְׂרֵה [tarjag] sechshundertdreizehn (613) *(Zahlenwert)*

=~ מִצְווֹת = die 613 Gesetze *n/pl.* der Thora

תְּרִיס¹ ז׳ [tris] Fensterladen *m*

=~-גְּלִילָה = Rollladen *m*

=~-הֲזָזָה = Schiebejalousie *f*

=~-רְפָפוֹת = Jalousie *f*

תְּרִיס² ז׳ [tris] Schild *m*

=בַּלּוּטַת-הַ~ = Schilddrüse *f* (Thyreoidea) *Anat.*

=בַּעֲלֵי-תְּרִיסִין = Talmudisten *m/pl.*; Wortführer *m/pl.*

תְּרֵיסָר ש״מ [trésar] Dutzend *n*

=~וֹן ז׳ = Dodekaeder *n*

=תְּרֵיסַרְיוֹן ז׳ = Zwölffingerdarm *m* (Duodenum) *Anat.*

תִּרְכֹּבֶת נ׳, תרכובת [tir'kovet] chemische Verbindung *f*

תִּרְכּוּב ז׳ [tirkuv] Impfung *f*

תַּרְכִּיב ז׳ [tarkiv] Serum *n*, Vakzine *f*, Impfstoff *m*

תַּרְכִּיז ז׳ [tarkiz] Konzentrat *n*

תָּרַם פעל (לִתְרוֹם, יִתְרוֹם) [taram] *kal* spenden, beitragen

-הִתְרִים הפ׳ - *hif.* zum Spenden aufrufen, Beiträge sammeln

תָּרְמָה נ׳ [torma] List *f*; Betrug *m bibl.*

תֶּרְמוֹגַרְעִינִי ת׳ [termogar'ini] thermonuklear *Adj.*

תֶּרְמוֹמֶטֶר ז׳ ראה גם: [termo'meter] Thermometer *n*
מַדְחֹם

תֶּרְמוֹס ז׳ [termos] Thermosflasche *f*

תֻּרְמוּס ז׳ [turmus] Lupine *f Bot.*

תֶּרְמוֹסְטָט ז׳ [termostat] Thermostat *m*, Temperaturregler *m*

תֶּרְמִי ת׳ [termi] thermisch *Adj.*

תַּרְמִיל ז׳ [tarmil] Schulranzen *m*; Hülse *f*, Schote *f*; Patronenhülse *f*

=~-גַּב = Rucksack *m*

=~-צַד = Brotbeutel *m*

תַּרְמִית נ׳ [tarmit] Betrug *m*, Täuschung *f*

תֹּרֶן ז׳, תורן (תְּרָנִים, תָּרְנֵי-) ['toren] Mast *m*; Fahnenstange *f*

=בַּחֲצִי-הַ~ = halbmast *Adv.*

תַּרְנְגוֹל ז׳ [tarnegol] Hahn *m* (Galliformes) *Zo.*

=~-הֹדּוּ = Truthahn *m* (Meleagris gallopavo) *Zo.*

=תַּרְנְגֹלֶת נ׳ = Henne *f*, Huhn *n*

=עַל כַּרְעֵי ~ = *wörtl.* auf Hühnerbeinen; auf schwachen Füßen

(תרס) הִתְרִיס הפ׳ [hitris] *hif.* polemisieren, diskutieren

תַּרְסִיס ז׳ [tarsis] zerstäubte Flüssigkeit *f*, Spray *m*

(תרע) הִתְרִיעַ הפ׳ [hit'ria'] *hif.* jubelnd zurufen, zujubeln; sich bitter beschweren; warnen

★תַּרְעֵלָה נ׳ [tar'éla] Gift *n*

=שָׁתָה אֶת כּוֹס הַ~ = den Kelch des Leidens trinken *fig.*

תַּרְעֹמֶת נ׳, תרעומת [tar'omet] Erbitterung *f*, Groll *m*, Ressentiment *n*

תֶּרֶף ז׳ ['teref] Heilmittel *n*

תֹּרֶף ז׳, תורף ['toref] Grundlage *f*; Formularfeld *n* zur Eintragung der Daten und Angaben

תֻּרְפָּה נ׳, תורפה [turpa] Verletzbarkeit *f*, Verwundbarkeit *f*, Schwäche *f*

=נְקֻדַּת הַ~ = schwacher Punkt,

Menge, Einsatzfaktor *m*

= Aufmerksamkeit *f* =תְּשׂוּמֶת-לֵב

[tiʃua'] Multiplikation *f* mit 9 תְּשׁוּעַ ז׳

[tʃu'a] Rettung *f*, Heil *n* תְּשׁוּעָה נ׳

[tʃuka] Begierde *f*, Lust *f*, Leidenschaft *f* תְּשׁוּקָה נ׳

[tʃura] Geschenk *n* תְּשׁוּרָה נ׳ ראה גם: מַתָּנָה, שַׁי

[taʃuʃ] erschöpft, geschwächt *Adj.* תָּשׁוּשׁ ת׳

[taʃut] Schwachheit *f* תָּשׁוּת נ׳

[tiʃ'zoret] Verflechtung *f* תִּשְׁזֹרֶת נ׳, תשזורת

[taʃxik] Pulver *n (von Materialien)* תַּשְׁחִיק ז׳

[taʃxéts] Kreuzworträtsel *n* תַּשְׁחֵץ ז׳

[tiʃ'xoret] Jugend *f* תִּשְׁחֹרֶת נ׳, תשחורת ראה גם: נְעוּרִים

= Jugendliche *pl.* =בְּנֵי-~

[tʃi'i] neunte(r), 9. (*m*) תְּשִׁיעִי ת׳

[tʃi'it] Neuntel (1/9) *n*; neunte, 9. (*f*) תְּשִׁיעִית נ׳

[taʃiʃ] schwach, impotent *Adj.* תָּשִׁישׁ ת׳

= Erschöpfung *f*, Schwäche *f*, Impotenz *f* =תְּשִׁישׁוּת נ׳

[tiʃ'lovet] Ineinandergreifen *n*; Kombinat *n*; Verkettung *f*, Verknüpfung *f*; Verzahnung *f* תִּשְׁלֹבֶת נ׳, תשלובת

[taʃlum] Zahlung *f*, Bezahlung *f* תַּשְׁלוּם ז׳

= Teilzahlungen *f/pl.;* Ratenzahlung *f* =תַּשְׁלוּמִים, בְּ~

= ersetzendes Dagesch (statt e-s fehlenden Buchstabens) *Gr.* =תַּשְׁלוּם-דָּגֵשׁ

= Zahlungsmittel *n/pl.* =אֶמְצְעֵי-תַּשְׁלוּם

[taʃlix] Gebet mit symbol. Werfen der Sünden ins Wasser תַּשְׁלִיךְ ז׳

[taʃlil] Negativ *n Fot.* תַּשְׁלִיל ז׳

[taʃmiʃ] Gebrauch *m*; Gebrauchsgegenstand *m* תַּשְׁמִישׁ ז׳

= Beischlaf *m* ★=~-מִטָּה

= religiöse Kultgegenstände *m/pl.* =תַּשְׁמִישֵׁי-קְדֻשָּׁה

Achillesferse *f fig.*

[teréts] *pi.* erklären; e-e Ausrede finden תֵּרֵץ פיעל

[tar'kiax] Apothekerberuf *m* תַּרְקִיחַ ז׳

[tarʃim] Entwurf *m*, Plan *m*, Skizze *f* תַּרְשִׁים ז׳

[tarʃiʃ] sagenhaftes Land, ferne Gegend *bibl.*; Chrysolith *m (Edelstein)* ★תַּרְשִׁישׁ ז׳

= starke, seetüchtige Schiffe *n/pl. bibl.* =אֳנִיּוֹת ~

[tirʃém] *pi.* skizzieren תִּרְשֵׁם פיעל

[tartéj] zwei *תַּרְתֵּי ש״מ (ארמ׳)

= zwei Widersprüche *m/pl.* =~ דְּסָתְרֵי

= in beiden Bedeutungen, wörtlich und bildlich =~ מַשְׁמָע

[taʃ] schwach, hilflos *Adj.* תַּשׁ ת׳

[tiʃ'ul] Befragug *f*, Verhör *n* תִּשְׁאוּל ז׳

[tiʃbuts] Einfassen *n (Edelsteine)*; Einstufung *f* תִּשְׁבּוּץ ז׳, תישבוץ

[tiʃbaxa] Lobpreisung *f* תִּשְׁבָּחָה נ׳ (תִּשְׁבָּחוֹת)

[tiʃbi] der Thisbiter *(Beiname des Propheten Elias)* תִּשְׁבִּי ת׳

[taʃbéts] Kreuzworträtsel *n* תַּשְׁבֵּץ ז׳

[taʃdir] Werbung *f* תַּשְׁדִּיר, ~ שֵׁרוּת ז׳

[tiʃ'doret] Meldung *f*, Bericht *m*, Sendung *f (durch Telefon, Radio usw.)* תִּשְׁדֹּרֶת נ׳, תשדורת

[tsu'a] Ertrag *m*, Gewinn *m* תְּשׂוּאָה נ׳

[tʃu'a] Geschrei *n*; Beifall *m* תְּשׁוּאָה נ׳

= Beifallskundgebung *f* =תְּשׁוּאוֹת-חֵן

[tʃuva] Antwort *f*; Reue *f*, Umkehr *f (moralisch)* תְּשׁוּבָה נ׳

= reuiger Sünder =בַּעַל-~

= zur Religion zurückkehren; Gott wiederfinden =חָזַר בִּ~

= die 10 Tage der Buße *(von Rosch-Haschana bis Jom-Kippur)* =עֲשֶׂרֶת יְמֵי-~

[tʃuma] Annahme *f* תְּשׁוּמָה נ׳

[tsuma] Input *m*, zugeführte תְּשׂוּמָה נ׳

תִּשְׁמֹרֶת נ׳ [tiʃ'moret] Konservierung *f*

תַּשְׁנוּק, תַּשְׁנִיק ז׳ [taʃnuk, taʃnik] Ersticken *n;* Erwürgen *n*

תֵּשַׁע ש״מ לִנְקֵבָה (תְּשַׁע-) [téʃa'] neun (9) *Num.* (*f*)

=תְּשַׁע-עֶשְׂרֵה (לִנְקֵבָה) = neunzehn (19) *Num.* (*f*)

=הַ-~-~ = neunzehnte, 19. *f*

תִּשְׁעָה ש״מ לְזָכָר (תִּשְׁעַת-) [tiʃ'a] neun (9) *Num.* (*m*)

=~-עָשָׂר (לְזָכָר) = neunzehn (19) *Num.* (*m*)

=הַ-~-~ = neunzehnte(r), 19. (*m*)

תִּשְׁעִים ש״מ [tiʃ'im] neunzig (90) *Num.*

=הַ~ = neunzigste(r), 90.

=~ וְתִשְׁעָה = neunundneunzig (99) *Num.* (*m*)

תִּשְׁפֹּכֶת נ׳, תשפוכת [tiʃ'poxet] Erguss *m*

תַּשְׁקִיף ז׳ [taʃkif] Prognose *f*, Vorhersage *f*; Folie *f*

תְּשֶׁר ז׳ ['teʃer] Geschenk *n;* Trinkgeld *n*

תִּשְׁרֵי, תִּשְׁרִי ז׳ [tiʃréj, tiʃri] 1. Monat im jüd. Kalender *(September-Oktober)*

תַּשְׂרִיט ז׳ [tasrit] Skizze *f*

=~ אָפְקִי = Querschnitt *m*

=~ מְאֻנָּךְ = Längsschnitt *m*

תָּשַׁשׁ פעל (לִתְשׁוֹשׁ, יִתַּשׁ) [taʃaʃ] *kal* schwach werden

-הֵתַשׁ, הִתִּישׁ הפ׳ - *hif.* schwächen *v/t*

תַּשְׁתִּית נ׳ [taʃtit] Fundament *n*, Basis *f*, Unterbau *m;* Infrastruktur *f*

תַּת ת״פ [tat] unter- *(Präfix)*

=~ אָדֹם ת׳, גם: אִינְפְרָה-אָדֹם = infrarot *Adj.*

=~-אַלּוּף = Brigadegeneral *m (in der isr. Armee)*

=~-דִּיּוּר = Wohnungsmangel *m*; unzureichende Wohnverhältnisse *pl.*

=~-הַכָּרָה = Unterbewusstsein *n*

=~ יַבֶּשֶׁת = Subkontinent *m*

=~-יַמִּי ת׳ = unterseeisch *Adj.*; Untersee-

=~-מֵימִי ת׳ = Unterwasser-

=~-מַקְלֵעַ = Maschinenpistole *f*

=~-קוֹלִי ת׳ = Unterschall-

=~-קַרְקָעִי ת׳ = unterirdisch *Adj.*

=~-תְּזוּנָה = Unterernährung *f*

=~-תִּקְנִי ת׳ = unter dem Standard; ungangssprachlich *Adj.*

תִּתּוֹרָה נ׳, תיתורה [titora] Hutrand *m*, Krempe *f* ראה גם: תִּתֹּרֶת

תַּתְרָן ת׳ [tatran] ohne Geruchssinn

=~נוּת נ׳ = Verlust *m* des Geruchssinns *Med.*

=~נִי ת׳ = nicht riechend

תִּתֹּרֶת נ׳, תתורת [ti'toret] Hutrand *m*, Krempe *f*

GEOGRAPHISCHE NAMEN

die in beiden Sprachen verschieden sind

שֵׁמוֹת גֵּיאוֹגְרָפִיִּים

הַשּׁוֹנִים בִּשְׁתֵּי הַשָּׂפוֹת

שְׁמוֹת הָאֲרָצוֹת וְהֶעָרִים בְּעִבְרִית הֵם מִמִּין נְקֵבָה. חֲרִיגִים מְסֻמָּנִים בְּ-ז'

Die hebr. Länder- u. Städtenamen sind feminin. Ausnahmen sind mit ז' bezeichnet.

א

אוֹסְטְרִיָּה [ostrija] Österreich *n*

אוֹקְיָנוֹס, הָאַטְלַנְטִי [‘ok'janos] Ozean, der Atlantische Ozean

=הָ~ הַהֹדִּי (הודי) = der Indische Ozean

=הָ~ הַשָּׁקֵט = der Stille Ozean, Pazifik

אֵירוֹפָּה [‘é'ropa] Europa *n*

אִירָן [‘iran] Iran (Persien) *n*

אַלְג'ִירְיָה [‘al'džiria] Algerien *n*

אֲמִירוּת [ami'rut] Emirat *n*

=הָאֱמִירֻיּוֹת הַמְאֻחָדוֹת = Vereinigte Arabische Emirate *f/pl.* (*Abk.* VAE)

אֲמֶרִיקָה [amerika] Amerika *n*

=~ הַדְּרוֹמִית, דְּרוֹם-~ = Südamerika *n*

=~ הַלָּטִינִית = Lateinamerika *n*

=~ הַצְּפוֹנִית, צְפוֹן-~ = Nordamerika *n*

=~ הַתִּיכוֹנָה = Mittelamerika *n*

אַנְגְּלִיָּה ['anglija] England *n*

אֶסְטוֹנְיָה [‘es'tonja] Estland *n*

אִסְטַנְבּוּל (קוּשְׁטָא) [‘istanbul] Istanbul (Konstantinopel) *n*

אַרְצוֹת הַבְּרִית [‘artsot habrit] Vereinigte Staaten (von Amerika) *m/pl.*

אַשְׁקְלוֹן [‘aʃkelon] Askalon *n*

אַשּׁוּר [‘aʃur] Assyrien *n*

אַתּוּנָה [‘a'tuna] Athen *n*

אֶתְיוֹפְּיָה [‘et'jopja] Äthiopien, *früher*: Abessinien *n*

ב

בָּבֶל [bavel] Babylon, Babel *n*

בַּוַארְיָה [ba'varja] Bayern *n*

בּוֹהֶמְיָה [bo'hemja] Böhmen *n*

בּוּרְמָה ['burma] Burma, Birma *n*

בֵּית-לֶחֶם [bét'lexem] Bethlehem *n*

בֵּית-שְׁאָן [bét-ʃ'an] Beisan, Beth Sche'an *n*

בֶּלְגְּיָה ['belgja] Belgien *n*

בְּרָזִיל [brazil] Brasilien *n*

בְּרִיטַנְיָה הַגְּדוֹלָה [bri'tanja hagdola] Großbritannien *n*

בְּרִיסֶל [bri'sel] Brüssel *n*

בְּרִית הַמּוֹעָצוֹת [brit-hamo'atsot] Sowjetunion *f*, UdSSR, Union *f* der Sozialistischen Sowjetrepubliken *hist.*

ג

גָּלִיל [galil] Galiläa *n*

גֶ'נִין [dženin] Dschenin *n*

גְּרוּזְיָה [g'ružja] Georgien *n*

גֶּרְמַנְיָה — הָרֶפּוּבְּלִיקָה הַפֶּדֶרָלִית [ger'manja] Bundesrepublik Deutschland *f*

גַּת-שְׁמָנִים [gat-ʃma'nim] Gethsemane *n*

ד

דַּמֶּשֶׂק [da'mesek] Damaskus *n*

דַּנּוּבָּה [da'nuba] Donau *f*

דֶּנְיָה, דֶּנֶמַרְק ['denja] Dänemark *n*

דְּרוֹם-אֲמֶרִיקָה ראה: אֲמֶרִיקָה

דְּרוֹם-אַפְרִיקָה [drom-'afrika] Südafrika *n*, Südafrikanische Union

ה

הֹדּוּ, הודו ['hodu] Indien *n*
הוֹלַנְד ['holand] Niederlande *pl.*, Holland *n*
הוּנְגַרְיָה [hun'garja] Ungarn *n*

ו

וֹשִׁינְגְטוֹן ['woʃington] Washington *n*
וִינָה ['vina] Wien *n*
וֶנֶצְיָה [ve'netsja] Venedig *n*
וַרְשָׁה ['varʃa] Warschau *n*

ח

חֶבְרוֹן [xevr'on] Hebron *n*
חִדֶּקֶל ז׳ [xi'dekel] Tigris *m*
חוֹף-הַשֶּׁנְהָב [xof-haʃenhav] Elfenbeinküste *f*
חֵיפָה [xé'fa] Haifa *n*
חַלֶּב ['xaleb] Aleppo *n*
חֶרְמוֹן ז׳ [xer'mon] Hermon *m*

ט

טְבֶרְיָה [tverja] Tiberias *n*
טוּרְקִיָּה ['turkija] Türkei *f*

י

יְהוּדָה [jehu'da] Judäa *n*
יָוָן, יוון [ja'van] Griechenland *n*
(יָם) הַיָּם הַבַּלְטִי ז׳ [hajam habalti] Ostsee *f*
=הַ~ הַצְּפוֹנִי = Nordsee *f*
=הַ~ הַשָּׁחֹר = Schwarzes Meer
=הַ~ הַתִּיכוֹן = Mittelmeer *n*
=יָם כִּנֶּרֶת = See Genezareth *m*
=~ הַמֶּלַח = Totes Meer
=~-סוּף = Schilfmeer *n*, Rotes Meer
יָפוֹ ['jafo] Jaffa *n*
יַרְדֵּן (הַמַּמְלָכָה הַהַאשֶׁמִית) [jardén] Jordanien *n*
=הַיַּרְדֵּן (הַנָּהָר) ז׳ = Jordan *m (Fluss)*
יְרוּשָׁלַיִם [jeruʃa'lajim] Jerusalem *n*
יִשְׂרָאֵל, מְדִינַת ~ [jisra'él] Israel *(Staat) m*

כ

כּוּוַיְת [kuwajt] Kuwait *n*
כִּנֶּרֶת [ki'neret] (See) Genezareth *n*
כְּפַר נַחוּם [kfar na'xum] Kapernaum *n*
כְּרֵתִים [kré'tim] Kreta *n*

ל

לְבָנוֹן [leva'non] Libanon *m*
לוּב [luv] Libyen *n*
לַטְבִיָּה ['latvija] Lettland *n*
לִיטָא ['lita] Litauen *n*

מ

מוֹסְקְבָה ['moskva] Moskau *n*
מוֹרַבְיָה [mo'ravja] Mähren *n*
מִזְרָח [mizrax] Osten *m*, Orient *m*
=הַמִּזְרָח הַקָּרוֹב = der Nahe Osten, Nahost
=הַ~ הָרָחוֹק = der Ferne Osten, Fernost
=הַ~ הַתִּיכוֹן = Mittlerer Osten
מִילָנוֹ [mi'lano] Mailand *n*
מַלֶזְיָה [ma'lezia] Malaysia *n*
מְצָדָה [metsa'da] Massada *n*
מִצְרַיִם [mits'rajim] Ägypten *n*

נ

נוֹרְבֶגְיָה [nor'vegja] Norwegen *n*
נְיוּ-יוֹרְק [nu-'jork] New York *n*
נָצְרַת [natsrat] Nazareth *n*

ס

סְדוֹם [sdom] Sodom *n*
סוּרְיָה ['surja] Syrien *n*
סִיבִּיר [si'bir] Sibirien *n*

סִין [sin] China *n*
סְלוֹבַקְיָה [slo'vakja] Slowakei *f*
סְפָרַד [sfa'rad] Spanien *n*
סֶרְבִּיָה ['serbja] Serbien *n*

ע

עַזָּה ['aza] Gaza *n*
=רְצוּעַת-~ = Gazastreifen *m*
עִירַאק [i'rak] Irak *m*
עַכּוֹ ['ako] Akko *n*
עֲרָב [a'rav] Arabien *n*
=אַרְצוֹת ~ = die arabischen Länder
=~ הַסָּעוּדִית = Saudi-Arabien *n*

פ

פּוֹלִין [polin] Polen *n*
פִּילִיפִּינִים [fili'pinim] Philippinen *pl.*
פִירֶנְצֶה [fi'rentse] Florenz *n*
פָּרַס (אִירָן) [par'as] Persien *n* (Iran *m*)
פְּרָת ז׳ [prat] Euphrat *m*

צ

צַ׳ד [tʃad] Tschad *m*
צוֹר [tsor] Tyrus *n*
צִ׳ילֶה ['tʃile] Chile *n*
צֶ׳כְיָה ['tʃexja] Tschechien *n*
צְפַת [tsfat] Safed *n*
צָרְפַת [tsarfat] Frankreich *n*

ק

קִדְמַת-אַסְיָה [kidmat-'asja] Vorderasien *n*
קָהִיר [ka'hir] Kairo *n*
קוּשְׁטָא (אִיסְטַנְבּוּל) ['kuʃta'] Konstantinopel *n*
קִיֶב [kijev] Kiew *n*
קֵיסַרְיָה [ké'sarja] Cäsarea *n*
קַמְבּוֹדְיָה [kam'bodja] Kambodscha *n*
קַפְרִיסִין [kafri'sin] Zypern *n*
קְרוֹאַטְיָה [kro'atja] Kroatien *n*
קִרְיַת-הַוָּתִיקָן [kirjat-havati'kan] Vatikanstadt *f*

ר

רַבַּת-עַמּוֹן [rabat-a'mon] Amman *n*
רוֹמָא, ★רוֹמִי ['roma, 'romi] Rom *n*
רוֹמַנְיָה [ro'manja] Rumänien *n*
רוּסְיָה ['rusja] Russland *n*

ש

שְׁוֶדְיָה [ʃ'vedja] Schweden *n*
שׁוֹמְרוֹן [ʃom'ron] Samaria *n*
שְׁכֶם [ʃxem] Sichem *n*, Nablus *n*

ת

תּוּנִיס ['tunis] Tunesien *n*
תֵּימָן [té'man] Jemen *m*

BIBLISCHE UND HISTORISCHE PERSONENNAMEN

deren deutsche Form von der hebräischen abweicht

שֵׁמוֹת פְּרָטִיִּים – תַּנַ"כִיִּים וְהִיסְטוֹרִיִּים

הַשּׁוֹנִים בִּשְׁתֵּי הַשָּׂפוֹת

א

אַבְרָהָם [avraham] Abraham
אַבְשָׁלוֹם [avʃalom] Absalom
אַהֲרֹן [aharon] Aron
אִיּוֹב [ijov] Hiob
אֵלִיָּהוּ [élijahu] Elias
אֱלִישֶׁבַע ['eli'ʃeva'] Elisabeth

ב

בִּנְיָמִין [binjamin] Benjamin

ג

גַּבְרִיאֵל [gavri'él] Gabriel
גֵּרְשׁוֹן [gérʃon] Gerson

ד

דְּבוֹרָה [dvora] Debora

ה

הֶבֶל ['hevel] Abel
הוֹרְדוֹס [hordos] Herodes
הוֹשֵׁעַ [ho'ʃéa'] Hosea

ז

זְכַרְיָה [zexarja] Zacharias

ח

חֲבַקּוּק [xavakuk] Habakuk
חַגַּי [xagai] Haggai
חַוָּה [xava] Eva
חֻלְדָּה [xulda] Hulda
חַנָּה [xana] Hanna

ט

טוֹבִיָּה [tovija] Tobias

י

יְהוּדָה [jehuda] Juda(s)
יְהוּדִית [jehudit] Judith
יְהוֹנָתָן [jehonatan] Jonathan
יְהוֹשֻׁעַ [jeho'ʃua'] Josua
יוֹחָנָן [joxanan] Johann(es)
יְחֶזְקֵאל [jexezkél] Ezechiel, Hesekiel
יַעֲקֹב [ja'akov] Jakob
יִצְחָק [jitsxak] Isaak
יִרְמְיָהוּ [jirmejahu] Jeremias
יֵשׁוּעַ (יֵשׁוּ) [jé'ʃua', jéʃu] Jesus
יִשַׁי [jiʃaj] Isai
יִשְׁמָעֵאל [jiʃma'él] Ismael
יְשַׁעְיָהוּ [jeʃa'jahu] Jesaja
יִשְׂרָאֵל [jisra'él] Israel
יִשָּׂשכָר [jissaxar] Issachar
יִתְרוֹ [jitro] Jethro

כ

כֹּרֶשׁ [koreʃ] Cyrus

מ

מְנַשֶּׁה [menaʃe] Manasse
מִרְיָם [mirjam] Maria

מֹשֶׁה [moʃe] Mose(s)
מַתִּתְיָהוּ [matit'jahu] Matthäus, Matthias

נ

נֹחַ ['noax] Noah

ע

עֵשָׂו [ésav] Esau

ר

רִבְקָה [rivka] Rebekka
רָחֵל [raxél] Rahel
רְפָאֵל [refa'él] Rafael

ש

שָׁאוּל [ʃa'ul] Saul
שׁוּלַמִּית [ʃulamit] Sulamith
שׁוֹשַׁנָּה [ʃoʃana] Susanna
שְׁלֹמֹה [ʃlomo] Salomo(n)
שְׁמוּאֵל [ʃmu'el] Samuel
שִׁמְעוֹן [ʃim'on] Sim(e)on
שִׁמְשׁוֹן [ʃimʃon] Simson, Samson

לוחות הַפְּעָלִים

KONJUGATIONSTAFELN DES VERBS

א. גִּזְרַת הַשְּׁלֵמִים

1. Reguläre Verben (dreikonsonantige Wurzeln)

בִּנְיָן Konjugation			פָּעַל Kal	נִפְעַל Nif'al	פִּעֵל Pi'él	פֻּעַל Pu'al	הִתְפַּעֵל Hitpa'él	הִפְעִיל Hif'il	הֻפְעַל Hof'al
שֹׁרֶשׁ Wurzel			כתב						
מָקוֹר Infinitiv			כָּתוֹב	נִכְתּוֹב	כַּתֵּב		הִתְכַּתֵּב	הַכְתֵּב	הֻכְתֵּב
שֵׁם הַפֹּעַל עִם ל׳ verbundener Infinitiv			לִכְתֹּב	לְהִכָּתֵב	לְכַתֵּב		לְהִתְכַּתֵּב	לְהַכְתִּיב	–
הֹוֶה Gegenwart	יָחִיד Sing.	ז׳ *m*	אֲנִי, אַתָּה, הוּא כּוֹתֵב	נִכְתָּב	מְכַתֵּב	מְכֻתָּב	מִתְכַּתֵּב	מַכְתִּיב	מֻכְתָּב
		נ׳ *f*	אֲנִי, אַתְּ, הִיא כּוֹתֶבֶת	נִכְתֶּבֶת	מְכַתֶּבֶת	מְכֻתֶּבֶת	מִתְכַּתֶּבֶת	מַכְתִּיבָה	מֻכְתֶּבֶת
	רַבִּים Plural	ז׳ *m*	אָנוּ, אַתֶּם, הֵם כּוֹתְבִים	נִכְתָּבִים	מְכַתְּבִים	מְכֻתָּבִים	מִתְכַּתְּבִים	מַכְתִּיבִים	מֻכְתָּבִים
		נ׳ *f*	אָנוּ, אַתֶּן, הֵן כּוֹתְבוֹת	נִכְתָּבוֹת	מְכַתְּבוֹת	מְכֻתָּבוֹת	מִתְכַּתְּבוֹת	מַכְתִּיבוֹת	מֻכְתָּבוֹת

		מִשְׁקָל							
		אֶפְעֹל ef'ol	אֶפְעַל ef'al						
עָבָר Vergangenheit יָחִיד Singular	1	כָּתַבְתִּי		נִכְתַּבְתִּי	כִּתַּבְתִּי	כֻּתַּבְתִּי	הִתְכַּתַּבְתִּי	הִכְתַּבְתִּי	הֻכְתַּבְתִּי
	2 *m*	כָּתַבְתָּ		נִכְתַּבְתָּ	כִּתַּבְתָּ	כֻּתַּבְתָּ	הִתְכַּתַּבְתָּ	הִכְתַּבְתָּ	הֻכְתַּבְתָּ
	2 *f*	כָּתַבְתְּ		נִכְתַּבְתְּ	כִּתַּבְתְּ	כֻּתַּבְתְּ	הִתְכַּתַּבְתְּ	הִכְתַּבְתְּ	הֻכְתַּבְתְּ
	3 *m*	כָּתַב		נִכְתַּב	כִּתֵּב	כֻּתַּב	הִתְכַּתֵּב	הִכְתִּיב	הֻכְתַּב
	3 *f*	כָּתְבָה		נִכְתְּבָה	כִּתְּבָה	כֻּתְּבָה	הִתְכַּתְּבָה	הִכְתִּיבָה	הֻכְתְּבָה
רַבִּים Plural	1	כָּתַבְנוּ		נִכְתַּבְנוּ	כִּתַּבְנוּ	כֻּתַּבְנוּ	הִתְכַּתַּבְנוּ	הִכְתַּבְנוּ	הֻכְתַּבְנוּ
	2	כְּתַבְתֶּם(ן)		נִכְתַּבְתֶּם(ן)	כִּתַּבְתֶּם(ן)	כֻּתַּבְתֶּם(ן)	הִתְכַּתַּבְתֶּם(ן)	הִכְתַּבְתֶּם(ן)	הֻכְתַּבְתֶּם(ן)
	3	כָּתְבוּ		נִכְתְּבוּ	כִּתְּבוּ	כֻּתְּבוּ	הִתְכַּתְּבוּ	הִכְתִּיבוּ	הֻכְתְּבוּ
עָתִיד Zukunft יָחִיד Sing.	1	אֶכְתֹּב	אֶרְכַּב	אֶכָּתֵב	אֲכַתֵּב	אֲכֻתַּב	אֶתְכַּתֵּב	אַכְתִּיב	אֻכְתַּב
	2 *m*	תִּכְתֹּב	תִּרְכַּב	תִּכָּתֵב	תְּכַתֵּב	תְּכֻתַּב	תִּתְכַּתֵּב	תַּכְתִּיב	תֻּכְתַּב
	2 *f*	תִּכְתְּבִי	תִּרְכְּבִי	תִּכָּתְבִי	תְּכַתְּבִי	תְּכֻתְּבִי	תִּתְכַּתְּבִי	תַּכְתִּיבִי	תֻּכְתְּבִי
	3 *m*	יִכְתֹּב	יִרְכַּב	יִכָּתֵב	יְכַתֵּב	יְכֻתַּב	יִתְכַּתֵּב	יַכְתִּיב	יֻכְתַּב
	3 *f*	תִּכְתֹּב	תִּרְכַּב	תִּכָּתֵב	תְּכַתֵּב	תְּכֻתַּב	תִּתְכַּתֵּב	תַּכְתִּיב	תֻּכְתַּב
רַבִּים Plural	1	נִכְתֹּב	נִרְכַּב	נִכָּתֵב	נְכַתֵּב	נְכֻתַּב	נִתְכַּתֵּב	נַכְתִּיב	נֻכְתַּב
	2 *m*	תִּכְתְּבוּ	תִּרְכְּבוּ	תִּכָּתְבוּ	תְּכַתְּבוּ	תְּכֻתְּבוּ	תִּתְכַּתְּבוּ	תַּכְתִּיבוּ	תֻּכְתְּבוּ
	3 *m*	יִכְתְּבוּ	יִרְכְּבוּ	יִכָּתְבוּ	יְכַתְּבוּ	יְכֻתְּבוּ	יִתְכַּתְּבוּ	יַכְתִּיבוּ	יֻכְתְּבוּ
	2 ,3 *f*	(תִּכְתֹּבְנָה)	(תִּרְכַּבְנָה)	(תִּכָּתֵבְנָה)	(תְּכַתֵּבְנָה)	(תְּכֻתַּבְנָה)	(תִּתְכַּתֵּבְנָה)	(תַּכְתֵּבְנָה)	(תֻּכְתַּבְנָה)
צִוּוּי Imperativ	יָחִיד ז'		כְּתֹב	הִכָּתֵב	כַּתֵּב	—	הִתְכַּתֵּב	הַכְתֵּב	—
	נ' Sing.		כִּתְבִי	הִכָּתְבִי	כַּתְּבִי	—	הִתְכַּתְּבִי	הַכְתִּיבִי	—
	Plural רַבִּים		כִּתְבוּ	הִכָּתְבוּ	כַּתְּבוּ	—	הִתְכַּתְּבוּ	הַכְתִּיבוּ	—

2. “Schwache“ Verben

ב. גִּזְרוֹת הַחֲסֵרִים, הַנָּחִים וְהַכְּפוּלִים

בִּנְיָן Konjugation	גִּזְרָה Formgruppe	הַפֹּעַל Beispiel-Verb	מָקוֹר Infinitiv	שֵׁם הַפֹּעַל עִם ל׳ verbundener Infinitiv	עָבָר Vergangenheit	הֹוֶה Gegenwart	עָתִיד Zukunft	צִוּוּי Imperativ
פָּעַל Kal	1) חַסְרֵי פ״י	ישב ידע	יָשׁוֹב יָדוֹעַ	לָשֶׁבֶת לָדַעַת	יָשַׁב יָדַע	יוֹשֵׁב יוֹשֶׁבֶת יוֹדֵעַ יוֹדַעַת	אֵשֵׁב אֵדַע	שֵׁב! שְׁבִי! דַע! דְעִי!
	2) חַסְרֵי פ״נ	נפל	נָפוֹל	לִנְפֹּל, לִפֹּל	נָפַל	נוֹפֵל נוֹפֶלֶת	אֶפֹּל יִפֹּל	נְפֹל! נִפְלִי!
	3) נָחֵי פ״א	אכל	אָכוֹל	לֶאֱכֹל	אָכַל	אוֹכֵל אוֹכֶלֶת	אֹכַל יֹאכַל	אֱכֹל! אִכְלִי!
	4) נָחֵי פ״י	ינק	יָנוֹק	לִינֹק	יָנַק	יוֹנֵק יוֹנֶקֶת	אִינַק יִינַק	יְנַק! יִנְקִי!
	5) נָחֵי ע״ו	קום	קוֹם	לָקוּם	קָם	קָם קָמָה	אָקוּם יָקוּם	קוּם! קוּמִי!
	6) נָחֵי ע״י	שיר	שִׁיר	לָשִׁיר	שָׁר	שָׁר שָׁרָה	אָשִׁיר יָשִׁיר	שִׁיר! שִׁירִי!
	7) נָחֵי ל״א	קרא	קָרוֹא	לִקְרֹא	קָרָא	קוֹרֵא קוֹרֵאת	אֶקְרָא יִקְרָא	קְרָא! קִרְאִי!
	8) נָחֵי ל״ה	בנה	בָּנֹה	לִבְנוֹת	בָּנָה	בּוֹנֶה בּוֹנָה	אֶבְנֶה יִבְנֶה	בְּנֵה! בְּנִי!
	9) כְּפוּלִים	סבב	סָבוֹב	לָסֹב	סָבַב	סַב (סוֹבֵב) סַבָּה	אָסֹב יָסֹב	סֹב! סֹבִּי!

ב. גְּזָרוֹת הַחֲסֵרִים, הַנָּחִים וְהַכְּפוּלִים

נִפְעַל Nif'al	חַסְרֵי פ״י (1)	יסד	הִוָּסֵד	לְהִוָּסֵד	נוֹסַד	נוֹסָד נוֹסֶדֶת	אִוָּסֵד יִוָּסֵד	הִוָּסֵד! הִוָּסְדִי!
	חַסְרֵי פ״נ (2)	נצל	נִצּוֹל	לְהִנָּצֵל	נִצַּל	נִצָּל נִצֶּלֶת	אִנָּצֵל יִנָּצֵל	הִנָּצֵל! הִנָּצְלִי!
	נָחֵי פ״א (3)	אכל	נֶאֱכֹל	לְהֵאָכֵל	נֶאֱכַל	נֶאֱכָל נֶאֱכֶלֶת	אֵאָכֵל יֵאָכֵל	הֵאָכֵל! הֵאָכְלִי!
	נָחֵי פ״י (4)	יסר	הִוָּסֵר	לְהִוָּסֵר	נוֹסַר	נוֹסָר נוֹסֶרֶת	אִוָּסֵר יִוָּסֵר	הִוָּסֵר! הִוָּסְרִי!
	נָחֵי ע״ו (5)	כון	נָכוֹן	לְהִכּוֹן	נָכוֹן	נָכוֹן נְכוֹנָה	אֶכּוֹן יִכּוֹן	הִכּוֹן! הִכּוֹנִי!
	נָחֵי ע״י (6)	בין	נָבוֹן	לְהִבּוֹן	נָבוֹן	נָבוֹן נְבוֹנָה	אֶבּוֹן יִבּוֹן	הִבּוֹן! הִבּוֹנִי!
	נָחֵי ל״א (7)	מלא	נִמְלֹא	לְהִמָּלֵא	נִמְלָא	נִמְלָא נִמְלֵאת	אֶמָּלֵא יִמָּלֵא	הִמָּלֵא! הִמָּלְאִי!
	נָחֵי ל״ה (8)	בנה	נִבְנֹה	לְהִבָּנוֹת	נִבְנָה	נִבְנֶה נִבְנֵית	אֶבָּנֶה יִבָּנֶה	הִבָּנֵה! הִבָּנִי!
	כְּפוּלִים (9)	סבב	הִסֹּב	לְהִסֵּב	נָסַב	נָסָב נְסַבָּה	אֶסַּב יִסַּב	הִסַּב! הִסַּבִּי!
פִּעֵל Pi'él	חַסְרֵי פ״י (1)	ישב	יַשֵּׁב	לְיַשֵּׁב	יִשֵּׁב	מְיַשֵּׁב מְיַשֶּׁבֶת	אֲיַשֵּׁב יְיַשֵּׁב	יַשֵּׁב! יַשְּׁבִי!
	חַסְרֵי פ״נ (2)	נצל	נַצֵּל	לְנַצֵּל	נִצֵּל	מְנַצֵּל מְנַצֶּלֶת	אֲנַצֵּל יְנַצֵּל	נַצֵּל! נַצְּלִי!
	נָחֵי פ״א (3)	אכל	אַכֵּל	לְאַכֵּל	אִכֵּל	מְאַכֵּל מְאַכֶּלֶת	אֲאַכֵּל יְאַכֵּל	אַכֵּל! אַכְּלִי!
	נָחֵי פ״י (4)	יסר	יַסֵּר	לְיַסֵּר	יִסֵּר	מְיַסֵּר מְיַסֶּרֶת	אֲיַסֵּר יְיַסֵּר	יַסֵּר! יַסְּרִי!
	נָחֵי ע״ו (5)	כון	כּוֹנֵן	לְכוֹנֵן	כּוֹנֵן	מְכוֹנֵן מְכוֹנֶנֶת	אֲכוֹנֵן יְכוֹנֵן	כּוֹנֵן! כּוֹנְנִי!
	נָחֵי ע״י (6)	בין	בּוֹנֵן	לְבוֹנֵן	בּוֹנֵן	מְבוֹנֵן מְבוֹנֶנֶת	אֲבוֹנֵן יְבוֹנֵן	בּוֹנֵן! בּוֹנְנִי!
	נָחֵי ל״א (7)	מלא	מַלֵּא	לְמַלֵּא	מִלֵּא	מְמַלֵּא מְמַלֵּאת	אֲמַלֵּא יְמַלֵּא	מַלֵּא! מַלְּאִי!
	נָחֵי ל״ה (8)	בנה	בַּנֵּה	לְבַנּוֹת	בִּנָּה	מְבַנֶּה מְבַנָּה	אֲבַנֶּה יְבַנֶּה	בַּנֵּה! בַּנִּי!
	כְּפוּלִים (9)	סבב	סוֹבֵב	לְסוֹבֵב	סוֹבֵב	מְסוֹבֵב מְסוֹבֶבֶת	אֲסוֹבֵב יְסוֹבֵב	סוֹבֵב! סוֹבְבִי!

(1) 1. Wurzelkonsonant Jod (entfallend)
(2) 1. Wurzelkonsonant Nun (entfallend)
(3) 1. Wurzelkonsonant Alef (bleibend)
(4) 1. Wurzelkonsonant Jod (bleibend)
(5) 2. Wurzelkonsonant Vav (bleibend)
(6) 2. Wurzelkonsonant Jod (bleibend)
(7) 3. Wurzelkonsonant Alef (bleibend)
(8) 3. Wurzelkonsonant Hé (bleibend)
(9) 2. u. 3. Wurzelkonsonant gleich, Doppelkonsonant

בִּנְיָן Konjugation	גִּזְרָה Formgruppe	הַפֹּעַל Beispiel-Verb	מָקוֹר Infinitiv	שֵׁם הַפֹּעַל עִם ל׳ verbundener Infinitiv	עָבָר Vergangenheit	הֹוֶה Gegenwart		עָתִיד Zukunft		צִוּוּי Imperativ
פֻּעַל Pu'al	1) חַסְרֵי פ״י	ישב	יֻשּׁוֹב	–	יֻשַּׁב	מְיֻשָּׁב	מְיֻשֶּׁבֶת	אֲיֻשַּׁב	יְיֻשַּׁב	–
	2) חַסְרֵי פ״נ	נצל	נֻצּוֹל		נֻצַּל	מְנֻצָּל	מְנֻצֶּלֶת	אֲנֻצַּל	יְנֻצַּל	
	3) נָחֵי פ״א	אכל	אֻכּוֹל		אֻכַּל	מְאֻכָּל	מְאֻכֶּלֶת	אֲאֻכַּל	יְאֻכַּל	
	4) נָחֵי פ״י	יסר	יֻסּוֹר		יֻסַּר	מְיֻסָּר	מְיֻסֶּרֶת	אֲיֻסַּר	יְיֻסַּר	
	5) נָחֵי ע״ו	כון	כּוֹנוֹן		כּוֹנַן	מְכוֹנָן	מְכוֹנֶנֶת	אֲכוֹנַן	יְכוֹנַן	
	6) נָחֵי ע״י	בין	בּוֹנוֹן		בּוֹנַן	מְבוֹנָן	מְבוֹנֶנֶת	אֲבוֹנַן	יְבוֹנַן	
	7) נָחֵי ל״א	מלא	מֻלֹּא		מֻלָּא	מְמֻלָּא	מְמֻלֵּאת	אֲמֻלָּא	יְמֻלָּא	
	8) נָחֵי ל״ה	בנה	בֻּנֹּה		בֻּנָּה	מְבֻנֶּה	מְבֻנָּה	אֲבֻנֶּה	יְבֻנֶּה	
	9) כְּפוּלִים	סבב	סוֹבוֹב		סוֹבַב	מְסוֹבָב	מְסוֹבְבָה	אֲסוֹבַב	יְסוֹבַב	
הִתְפַּעֵל das Zeitwort	1) חַסְרֵי פ״י	ישב	הִתְיַשֵּׁב	לְהִתְיַשֵּׁב	הִתְיַשֵּׁב	מִתְיַשֵּׁב	־שֶּׁבֶת	אֶתְיַשֵּׁב	יִתְיַשֵּׁב	הִתְיַשֵּׁב!
	2) חַסְרֵי פ״נ	נצל	הִתְנַצֵּל	לְהִתְנַצֵּל	הִתְנַצֵּל	מִתְנַצֵּל	־צֶּלֶת	אֶתְנַצֵּל	יִתְנַצֵּל	הִתְנַצֵּל!
	3) נָחֵי פ״א	אכל	הִתְאַכֵּל	לְהִתְאַכֵּל	הִתְאַכֵּל	מִתְאַכֵּל	־כֶּלֶת	אֶתְאַכֵּל	יִתְאַכֵּל	הִתְאַכֵּל!
	4) נָחֵי פ״י	יסר	הִתְיַסֵּר	לְהִתְיַסֵּר	הִתְיַסֵּר	מִתְיַסֵּר	־סֶּרֶת	אֶתְיַסֵּר	יִתְיַסֵּר	הִתְיַסֵּר!
	5) נָחֵי ע״ו	קום	הִתְקוֹמֵם	לְהִתְקוֹמֵם	הִתְקוֹמֵם	מִתְקוֹמֵם	־מֶמֶת	אֶתְקוֹמֵם	יִתְקוֹמֵם	הִתְקוֹמֵם!
	6) נָחֵי ע״י	בין	הִתְבּוֹנֵן	לְהִתְבּוֹנֵן	הִתְבּוֹנֵן	מִתְבּוֹנֵן	־נֶנֶת	אֶתְבּוֹנֵן	יִתְבּוֹנֵן	הִתְבּוֹנֵן!
	7) נָחֵי ל״א	מלא	הִתְמַלֵּא	לְהִתְמַלֵּא	הִתְמַלֵּא	מִתְמַלֵּא	־לֵּאת	אֶתְמַלֵּא	יִתְמַלֵּא	הִתְמַלֵּא!
	8) נָחֵי ל״ה	גלה	הִתְגַּלֵּה	לְהִתְגַּלּוֹת	הִתְגַּלָּה	מִתְגַּלֶּה	־גַּלָּה	אֶתְגַּלֶּה	יִתְגַּלֶּה	הִתְגַּלֵּה!
	9) כְּפוּלִים	סבב	הִסְתּוֹבֵב	לְהִסְתּוֹבֵב	הִסְתּוֹבֵב	מִסְתּוֹבֵב	־בֶבֶת	אֶסְתּוֹבֵב	יִסְתּוֹבֵב	הִסְתּוֹבֵב!

הִפְעִיל Hif'il	1) חַסְרֵי פ״י	ישב	הוֹשֵׁב	לְהוֹשִׁיב	הוֹשִׁיב	מוֹשִׁיב	־בָה	אוֹשִׁיב	יוֹשִׁיב	הוֹשֵׁב!
	2) חַסְרֵי פ״נ	נצל	הַצֵּל	לְהַצִּיל	הִצִּיל	מַצִּיל	מַצֶּלֶת	אַצִּיל	יַצִּיל	הַצֵּל!
	3) נָחֵי פ״א	אכל	הַאֲכֵל	לְהַאֲכִיל	הֶאֱכִיל	מַאֲכִיל	־לָה	אַאֲכִיל	יַאֲכִיל	הַאֲכֵל!
	4) נָחֵי פ״י	ירש	הוֹרֵשׁ	לְהוֹרִישׁ	הוֹרִישׁ	מוֹרִישׁ	־שָׁה	אוֹרִישׁ	יוֹרִישׁ	הוֹרֵשׁ!
	5) נָחֵי ע״ו	קום	הָקֵם	לְהָקִים	הֵקִים	מֵקִים	מְקִימָה	אָקִים	יָקִים	הָקֵם!
	6) נָחֵי ע״י	בין	הָבֵן	לְהָבִין	הֵבִין	מֵבִין	מְבִינָה	אָבִין	יָבִין	הָבֵן!
	7) נָחֵי ל״א	מצא	הַמְצֵא	לְהַמְצִיא	הִמְצִיא	מַמְצִיא	־צִיאָה	אַמְצִיא	יַמְצִיא	הַמְצֵא!
	8) נָחֵי ל״ה	גלה	הַגְלֵה	לְהַגְלוֹת	הִגְלָה	מַגְלֶה	־לָה	אַגְלֶה	יַגְלֶה	הַגְלֵה!
	9) כְּפוּלִים	סבב	הָסֵב	לְהָסֵב	הֵסֵב	מֵסֵב	מְסִבָּה	אָסֵב	יָסֵב	הָסֵב!
הָפְעַל Hof'al	1) חַסְרֵי פ״י	ישב			הוּשַׁב	מוּשָׁב	־בָה	אוּשַׁב	יוּשַׁב	
	2) חַסְרֵי פ״נ	נצל			הֻצַּל	מֻצָּל	־לָה	אֻצַּל	יֻצַּל	
	3) נָחֵי פ״א	אכל			הָאֳכַל	מָאֳכָל	־כֶלֶת	אָאֳכַל	יָאֳכַל	
	4) נָחֵי פ״י	ירש			הוּרַשׁ	מוּרָשׁ	־רָשָׁה	אוּרַשׁ	יוּרַשׁ	
	5) נָחֵי ע״ו	קום			הוּקַם	מוּקָם	־קָמָה	אוּקַם	יוּקַם	
	6) נָחֵי ע״י	בין			הוּבַן	מוּבָן	־בֶנֶת	אוּבַן	יוּבַן	
	7) נָחֵי ל״א	מצא			הֻמְצָא	מֻמְצָא	־צֵאת	אֻמְצָא	יֻמְצָא	
	8) נָחֵי ל״ה	גלה			הָגְלָה	מֻגְלֶה	־לָה	אֻגְלֶה	יֻגְלֶה	
	9) כְּפוּלִים	סבב			הוּסַב	מוּסָב	־סַבָּה	אוּסַב	יוּסַב	

ZAHLWÖRTER — שְׁמוֹת־מִסְפָּר

Grundzahlen — הַמִּסְפָּר הַיְסוֹדִי

[efes] Null	אֶפֶס ז׳ (אֲפָסִים, אַפְסֵי־)	0	
[exad] eins, ein, einer (*m*)	אֶחָד לְזָכָר	1	א׳
	(אַחַד־, אֲחָדִים)		
= der eine Gott	=הָאֵל הָ~		
= ein Mann	=אִישׁ ~		
= einer der Männer	=אַחַד הָאֲנָשִׁים		
= einer aus dem Volke	=~־הָעָם		
= einige *m/pl.*	=אֲחָדִים		
= einige Frauen	=נָשִׁים אֲחָדוֹת		
[axat] eine (*f*)	=אַחַת לנקבה		
= es ist ein Uhr	=הַשָּׁעָה אַחַת		
[ʃnajim] zwei (*m*)	שְׁנַיִם לְזָכָר (שְׁנֵי־)	2	ב׳
= zwei Männer	=שְׁנֵי אֲנָשִׁים		
= die beiden Männer	=שְׁנֵי הָאֲנָשִׁים		
= beide (*m*)	=שְׁנֵיהֶם		
[ʃtajim] zwei (*f*)	=שְׁתַּיִם לנקבה (שְׁתֵּי־)		
= beide (*f*)	=שְׁתֵּיהֶן		
[ʃloʃa] drei (*m*)	שְׁלוֹשָׁה לְזָכָר (שְׁלֹשֶׁת־)	3	ג׳
= die drei Männer	=שְׁלֹשֶׁת הָאֲנָשִׁים		
= alle drei *m*	=שְׁלָשְׁתָּם		
[ʃaloʃ] drei (*f*)	=שָׁלוֹשׁ לנקבה		
= alle drei (*f*)	=שְׁלָשְׁתָּן		
['arba'a] vier (*m*)	אַרְבָּעָה לְזָכָר (אַרְבַּעַת־)	4	ד׳
['arba'] vier (*f*)	=אַרְבַּע לנקבה		
[xamiʃa] fünf (*m*)	חֲמִשָּׁה לְזָכָר (חֲמֵשֶׁת־)	5	ה׳
[xaméʃ] fünf (*f*)	=חָמֵשׁ לנקבה (חֲמֵשׁ־)		
[ʃiʃa] sechs (*m*)	שִׁשָּׁה לְזָכָר (שֵׁשֶׁת־)	6	ו׳
[ʃéʃ] sechs (*f*)	=שֵׁשׁ לנקבה		
[ʃiv'a] sieben (*m*)	שִׁבְעָה לְזָכָר (שִׁבְעַת־)	7	ז׳
['ʃeva'] sieben (*f*)	=שֶׁבַע לנקבה		
[ʃmona] acht (*m*)	שְׁמוֹנָה לְזָכָר (שְׁמוֹנַת־)	8	ח׳
[ʃmo'ne] acht (*f*)	=שְׁמוֹנֶה לנקבה		

[tiʃ'a] neun (*m*)	תִּשְׁעָה לְזָכָר (תִּשְׁעַת־)	9	ט'
['téʃa'] neun (*f*)	=תֵּשַׁע לנקבה (תְּשַׁע־)		
[asara] zehn (*m*)	עֲשָׂרָה לְזָכָר (עֲשֶׂרֶת־)	10	י'
= Zehnergruppen *pl.*; Dutzende *pl.*	=עֲשָׂרוֹת (עֶשְׂרוֹת־)		
[eser] zehn (*f*)	=עֶשֶׂר לנקבה		
[axad-'asar] elf (*m*)	אַחַד־עָשָׂר לְזָכָר	11	י"א
[axat-'ésré] elf (*f*)	=אַחַת־עֶשְׂרֵה לנקבה		
[ʃném 'asar] zwölf (*m*)	שְׁנֵים־עָשָׂר לְזָכָר	12	י"ב
[ʃtém-'ésré] zwölf (*f*)	=שְׁתֵּים־עֶשְׂרֵה לנקבה		
[ʃloʃa-'asar] dreizehn (*m*)	שְׁלוֹשָׁה־עָשָׂר לְזָכָר	13	י"ג
[ʃloʃ-'esré] dreizehn (*f*)	=שְׁלֹשׁ־עֶשְׂרֵה לנקבה		
[arba'a-'asar] vierzehn (*m*)	אַרְבָּעָה־עָשָׂר לְזָכָר	14	י"ד
[arba'-'ésré] vierzehn (*f*)	=אַרְבַּע־עֶשְׂרֵה לנקבה		
[xamiʃa-'asar] fünfzehn (*m*)	חֲמִשָּׁה־עָשָׂר לְזָכָר	15	ט"ו
[xaméʃ-'esré] fünfzehn (*f*)	=חֲמֵשׁ־עֶשְׂרֵה לנקבה		
[ʃiʃa 'asar] sechzehn (*m*)	שִׁשָּׁה־עָשָׂר לְזָכָר	16	ט"ז
[ʃéʃ-'esré] sechzehn (*f*)	=שֵׁשׁ־עֶשְׂרֵה לנקבה		
[ʃiv'a-'asar] siebzehn (*m*)	שִׁבְעָה־עָשָׂר לְזָכָר	17	י"ז
[ʃeva-'esré] siebzehn (*f*)	=שְׁבַע־עֶשְׂרֵה לנקבה		
[ʃemona-'asar] achtzehn (*m*)	שְׁמוֹנָה־עָשָׂר לְזָכָר	18	י"ח
[ʃemone-esré] achtzehn (*f*)	=שְׁמוֹנֶה־עֶשְׂרֵה לנקבה		
[tiʃ'a-'asar] neunzehn (*m*)	תִּשְׁעָה־עָשָׂר לְזָכָר	19	י"ט
[tʃa'-'esré] neunzehn (*f*)	=תְּשַׁע־עֶשְׂרֵה לנקבה		
[esrim] zwanzig (*m/f*)	עֶשְׂרִים לְזָכָר ולנקבה	20	כ'
[esrim-ve'exad] einundzwanzig (*m*)	עֶשְׂרִים||־ וְאֶחָד לְזָכָר	21	כ"א
= einundzwanzig (*f*)	=~־וְאַחַת לנקבה		
[esrim-uʃ'najim] zweiundzwanzig (*m*)	=~־וּשְׁנַיִם לְזָכָר	22	כ"ב
= zweiundzwanzig (*f*)	=~־וּשְׁתַּיִם לנקבה		
[ʃloʃim] dreißig (*m/f*)	שְׁלוֹשִׁים לְזָכָר וְלִנְקֵבָה	30	ל'
[arba'im] vierzig (*m/f*)	אַרְבָּעִים לְזָכָר וְלִנְקֵבָה	40	מ'
[xamiʃim] fünfzig (*m/f*)	חֲמִשִּׁים לְזָכָר וְלִנְקֵבָה	50	נ'
[ʃiʃim] sechzig (*m/f*)	שִׁשִּׁים לְזָכָר וְלִנְקֵבָה	60	ס'
[ʃiv'im] siebzig (*m/f*)	שִׁבְעִים לְזָכָר וְלִנְקֵבָה	70	ע'
[ʃmonim] achtzig (*m/f*)	שְׁמוֹנִים לְזָכָר וְלִנְקֵבָה	80	פ'
[tiʃ'im] neunzig (*m/f*)	תִּשְׁעִים לְזָכָר וְלִנְקֵבָה	90	צ'
[mé'a] hundert (*m/f*)	מֵאָה לְזָכָר וְלִנְקֵבָה (מְאַת־)	100	ק'
= in den letzten hundert Jahren	=בִּמְאַת הַשָּׁנִים הָאַחֲרוֹנוֹת		

= Hunderte *n/pl.*	=מֵאוֹת		
[mé’a-ve’esrim] hundert-undzwanzig (*m/f*)	מֵאָה וְעֶשְׂרִים	120	ק״כ
[ma’tajim] zweihundert (*m/f*)	מָאתַיִם	200	ר׳
[ʃeloʃ-mé’ot] dreihundert (*m/f*)	שְׁלֹשׁ־מֵאוֹת	300	ש׳
[arba’-mé’ot] vierhundert (*m/f*)	אַרְבַּע־מֵאוֹת	400	ת׳
[xaméʃ-mé’ot] fünfhundert (*m/f*)	חֲמֵשׁ־מֵאוֹת	500	ת״ק
['elef] tausend (*m/f*)	אֶלֶף ז׳ לְזָכָר וְלִנְקֵבָה	1000	
=Tausende *n/pl.*	=אֲלָפִים ז״ר (אַלְפֵי־)		
[al'pajim] zweitausend	אַלְפַּיִם	2000	
[ʃ'loʃet-’alafim] dreitausend	שְׁלֹשֶׁת־אֲלָפִים	3000	
[arba’at-’alafim] viertausend	אַרְבַּעַת־אֲלָפִים	4000	
[xa'méʃet-’alafim] fünftausend	חֲמֵשֶׁת־~	5000	
[ʃéʃet-’alafim] sechstausend	שֵׁשֶׁת־~	600	
[ʃiv'at-’alafim] siebentausend	שִׁבְעַת־~	7000	
[ʃemonat-’alafim] achttausend	שְׁמוֹנַת־~	8000	
[tiʃ’at-’alafim] neuntausend	תִּשְׁעַת־~	9000	
[a’seret-’alafim] zehntausend	עֲשֶׂרֶת־~	10000	
[axat-’asar-'elef] elftausend	אַחַד־עָשָׂר־אֶלֶף	11000	
[xamiʃa-’asar-'elef] fünfzehntausend	חֲמִשָּׁה־~־~	15000	
['esrim-'elef] zwanzigtausend	עֶשְׂרִים־אֶלֶף	20000	
[mé’a-'elef] hunderttausend	מֵאָה־~	100000	
[ma'tajim-'elef] zweihunderttausend	מָאתַיִם־~	200000	
[miljon] eine Million	מִילְיוֹן ז׳	1000000	
[ʃné miljonim] zwei Millionen	שְׁנֵי מִילְיוֹנִים	2000000	
[axad-’asar miljon] elf Millionen	אַחַד־עָשָׂר מִילְיוֹן	11000000	
[miljard] eine Milliarde	מִילְיַרְד	1000000000	

ORDNUNGSZAHLEN — הַמִּסְפָּר הַסִּדּוּרִי

	לִנְקֵבָה	לְזָכָר
[riʃon, -a] 1. der, die erste	~נָה	רִאשׁוֹן
[ʃéni, ʃnija, ʃénit] 2. der, die zweite	שְׁנִיָּה, שֵׁנִית	שֵׁנִי
[ʃliʃi, -it] 3. der, die dritte	~ת	שְׁלִישִׁי
[revi'i, -t] 4. der, die vierte	~ת	רְבִיעִי
[xamiʃi, -t] 5. der, die fünfte	~ת	חֲמִישִׁי
[ʃiʃi, -t] 6. der, die sechste	~ת	שִׁשִּׁי
[ʃvi'i, -t] 7. der, die siebente	~ת	שְׁבִיעִי
[ʃmini, -t] 8. der, die achte	~ת	שְׁמִינִי
[tʃi'i, -t] 9. der, die neunte	~ת	תְּשִׁיעִי
[asiri, -t] 10. der, die zehnte	~ת	עֲשִׂירִי
[ha'axad-asar, ha'axat-esré] 11. der, die elfte	הָאַחַת־עֶשְׂרֵה	הָאַחַד־עָשָׂר
[haʃném-'asar, haʃtém-esré] 12. der, die zwölfte	הַשְּׁתֵּים־עֶשְׂרֵה	הַשְּׁנֵים־עָשָׂר
[ha'esrim] 20. der, die zwanzigste	~	הָעֶשְׂרִים
[ha'esrim-ve'exad, -ve'axat] 21. der, die einundzwanzigste	~ וְאַחַת	הָעֶשְׂרִים וְאֶחָד
[hamé'a] 100. der, die hundertste	~	הַמֵּאָה
[ha'elef] 1000. der, die tausendste	~	הָאֶלֶף

Als alleinstehende Zahlen, bsd. für Nummer (Nr.) und Stunde, dienen im Hebräischen die Zahlwörter für Femininum, z.B.	כְּמִסְפָּרִים לְלֹא שֵׁם־עֶצֶם בְּצִדָּם, בְּיִחוּד אַחֲרֵי מִס׳ וּלְצִיּוּן הַשָּׁעָה, מְשַׁמְּשִׁים בְּעִבְרִית שְׁמוֹת־הַמִּסְפָּר לִנְקֵבָה, לְמָשָׁל:
Haus Nr. 5 (fünf)	בַּיִת מִס׳ 5 (חָמֵשׁ)
Autobus Nr. 2 (zwei)	אוֹטוֹבּוּס מִס׳ 2 (שְׁתַּיִם)
es ist 12 (zwölf) Uhr	הַשָּׁעָה 12 (שְׁתֵּים־עֶשְׂרֵה)
Zur Benennung der Wochentage dienen im Hebräischen die Ordnungszahlen; die Tage im Monat werden mittels der Grundzahlen gezählt, z.B.	יְמוֹת הַשָּׁבוּעַ נִמְנִים בְּאֶמְצָעוּת הַמִּסְפָּרִים הַסִּדּוּרִיִּים, יְמוֹת הַחֹדֶשׁ בְּאֶמְצָעוּת הַמִּסְפָּרִים הַיְסוֹדִיִּים, לְמָשָׁל:
Sonntag (1. Tag der Woche)	יוֹם רִאשׁוֹן, יוֹם א׳
Montag	יוֹם שֵׁנִי, יוֹם ב׳
Freitag	יוֹם שִׁשִּׁי, יוֹם ו׳
9. Av (Trauertag)	תִּשְׁעָה בְּאָב
1. Mai	אֶחָד בְּמַאי
2. April	שְׁנַיִם בְּאַפְּרִיל
27. November	עֶשְׂרִים וְשִׁבְעָה בְּנוֹבֶמְבֶּר

BRUCHZAHLEN — מִסְפָּרִים חֶלְקִיִּים (שְׁבָרִים)

[*xatsi*] ein halb	1/2 חֲצִי, בְּהֶפְסֵק (סוֹף הַמִּשְׁפָּט) חֵצִי
= zwei Halbe	=שְׁנֵי חֲצָאִים
= halbe Portionen	=חֲצָאֵי מָנוֹת
= Hälfte *f*	=מֶחֱצָה, מַחֲצִית
[*'exad vaxétsi, 'axat vaxétsi*] anderthalb	1 1/2 אֶחָד וָחֵצִי ז׳, אַחַת וָחֵצִי נ׳
[*ʃnajim vaxétsi, ʃ'tajim vaxétsi*] zweieinhalb	2 1/2 שְׁנַיִם וָחֵצִי ז׳, שְׁתַּיִם וָחֵצִי נ׳
[*ʃelif, -it*] ein Drittel	1/3 שְׁלִישׁ, שְׁלִישִׁית
[*ʃené ʃeliʃim*] zwei Drittel	2/3 שְׁנֵי שְׁלִישִׁים
[*reva', revi'it*] ein Viertel	1/4 רֶבַע, רְבִיעִית
[*ʃeloʃa reva'im*] drei Viertel	3/4 שְׁלוֹשָׁה רְבָעִים
[*xamiʃit*] ein Fünftel	1/5 חֲמִישִׁית
[*ʃiʃit*] ein Sechstel	1/6 שִׁשִּׁית
[*asirit*] ein Zehntel	1/10 עֲשִׂירִית
[*xelek ha'axad-'asar*] ein Elftel	1/11 חֵלֶק הָאַחַד-עָשָׂר
[*ʃ'loʃa xelké 'axad-'asar*] drei Elftel	3/11 שְׁלוֹשָׁה חֶלְקֵי אַחַד-עָשָׂר
[*xelek haʃeném-'asar*] ein Zwölftel	1/12 חֵלֶק הַשְּׁנֵים-עָשָׂר
[*xelek ha'esrim*] ein Zwanzigstel	1/20 חֵלֶק הָעֶשְׂרִים
[*xelek hamé'a, mé'it*] ein Hundertstel	1/100 חֵלֶק הַמֵּאָה, מֵאִית
[*xelek ha'elef, 'alpit*] ein Tausendstel	1/1000 חֵלֶק הָאֶלֶף, אַלְפִּית

DAS JÜDISCHE KALENDERJAHR

Die Berechnung des jüdischen Kalenderjahres beruht auf der traditionellen Datierung seit der Schöpfung der Welt, d. h. 3760 Jahre vor der christlichen Zeitrechnung. So zählte man im bürgerlichen Jahre 1975 + 3760 das jüdische Jahr 5735. Das jüdische Jahr beginnt allerdings am 1. Tage des Monats Tischré (September – Oktober), so dab die obige Gleichung nur für das 2. und 3. Drittel des jüdischen Jahres gilt, wärend für das 1. Drittel 3761 hinzuzufügen sind:

Tewet (Januar) – Elul (August–September) + 3760
Tischré (Sept.–Oktober) – Kislev (Dezember) + 3761

Das jüdische Jahr wird im Hebräischen durch Buchstaben nach ihrem Zahlenwert ausgedrückt (siehe S. 629-630), wobei die Tausender ausgelassen werden. Zum Beispiel: 1976 nach der obigen Formel + 3760 = 5736, bei Auslassung der Tausendzahl:

736.	700	=	400	ת
		+	300	ש
			30	ל
			6	ו
			(5)736	תשל״ו

BEISPIELE DER GRUPPIERUNG VON HAUPTWÖRTERN

nach Form (Mischkal) und Bedeutung

(Mischkal: gemeinsame grammatische Form von Wortgruppen)

דוּגְמָאוֹת שֶׁל קְבוּצוֹת שְׁמוֹת-עֶצֶם לְפִי מִשְׁקָלָם וְהוֹרָאָתָם

(מִשְׁקָל: צוּרָה דִקְדוּקִית מְשֻׁתֶּפֶת לִקְבוּצוֹת מִלִּים)

Beide Sprachen verfügen über feste Bauformen zur Bildung von Substantiven und Adjektiven. Oft lässt sich die Bedeutung eines Wortes ungefähr erschliessen, wenn man sich in diesem Gefüge auskennt. Hier einige typische Beispiele:

ERGEBNIS DER TÄTIGKEIT – ERZEUGNIS	תּוֹצָאַת הַפְּעוּלָּה
a) von Kal und Pi'él: *mifßal*	א) מִבִּנְיַן פָּעַל וּפִעֵל — מִשְׁקָל מִפְעָל
Brief *m*	מִכְתָּב
Sendung *f (das Gesendete) Rdf.*	מִשְׁדָּר
Bau *m*, Konstruktion *f*	מִבְנֶה
b) von Hif'il: *hef'él*	ב) מִבִּנְיַן הִפְעִיל — מִשְׁקָל הֶפְעֵל
Kopie *f*, Abschrift *f (das Abgeschriebene)*	הֶעְתֵּק
Abkommen *n*	הֶסְכֵּם
BERUFE	בַּעֲלֵי מִקְצוֹעוֹת
– *pa'al*	— מִשְׁקָל פַּעָל
Steward(ess *f*) *m*	דַּיָּל (דַּיֶּלֶת)
Soldat(in *f*) *m*	חַיָּל (חַיֶּלֶת)
Korrespondent(in *f*) *m*	כַּתָּב (כַּתֶּבֶת)
Matrose *m*	מַלָּח
Tischler *m*	נַגָּר
Maler *m*, Anstreicher *m*	צַבָּע
– *pa'alan*	— מִשְׁקָל פַּעְלָן
Daten, typist(in *f*) *m*	כַּתְבָן (כַּתְבָנִית)
Ordner(in *f*) *m*, Platzanweiser(in *f*) *m*	סַדְּרָן (סַדְּרָנִית)
– *pa'alaj*	— מִשְׁקָל פַּעְלַאי
Landwirt *m*	חַקְלַאי
Elektriker *m*	חַשְׁמַלַּאי
Staatsmann *m*	מְדִינַאי
Journalist *m*	עִתּוֹנַאי

TÄTIGKEIT	פְּעוּלָּה
GRUNDFORM	
a) von der Kal-Konjugation: *pe'ila*	א) מִבִּנְיַן פָּעַל — מִשְׁקָל פְּעִילָה
Essen *n*	אֲכִילָה
Schreiben *n*	כְּתִיבָה
Bewachen *n*, Wache *f*	שְׁמִירָה
INTENSIV	
b) von Pi'el: *pi'ul*	ב) מִבִּנְיַן פִּעֵל — מִשְׁקָל פִּעוּל
Kochen *n*	בִּשּׁוּל
Spaziergang *m*, Ausflug *m*	טִיּוּל
Senden *n*, Sendung *f Rdf.*	שִׁדּוּר
Konservierung *f*	שִׁמּוּר
REFLEXIV	
c) von Hitpa'el: *hitpa'alut*	ג) מִבִּנְיַן הִתְפַּעֵל — מִשְׁקָל הִתְפַּעֲלוּת
Briefwechsel *m*	הִתְכַּתְּבוּת
Organisation *f*	הִסְתַּדְּרוּת
Ausbreitung *f*	הִתְפַּשְּׁטוּת
KAUSATIV	
d) von Hif'il: *haf'ala*	ד) מִבִּנְיַן הִפְעִיל — מִשְׁקָל הַפְעָלָה
Abschreiben *n*, Kopieren *n*	הַעְתָּקָה
Diktieren *n*	הַכְתָּבָה
Unterbrechung *f*, Pause *f*	הַפְסָקָה
Zustimmung *f*	הַסְכָּמָה

KÖRPERLICHE EIGENHEITEN UND GEBRECHEN	בַּעֲלֵי-מוּם
– pi'él	— פִּעֵל
Linkshänder *m*	אִטֵּר
Stummer *m*	אִלֵּם
Einarmiger *m*	גִּדֵּם
Tauber *m*	חֵרֵשׁ
Blinder *m*	עִוֵּר
Krüppel, Einbeiniger, Einarmiger *m*	קִטֵּעַ

VERKLEINERUNG	הַקְטָנָה
– pa'alit	— פַּעֲלִית
Teelöffel *m*	כַּפִּית
Gläschen *n*	כּוֹסִית
Schüsselchen *n*	קַעֲרִית

ABSTRAKTIONEN	שֵׁמוֹת מֻפְשָׁטִים
– p'ilut	— פְּעִילוּת
Höflichkeit *f*	אֲדִיבוּת
Anständigkeit *f*	הֲגִינוּת
Doppelheit *f*	כְּפִילוּת
Aktivität *f*	פְּעִילוּת
Kontinuität *f*	רְצִיפוּת

INSTRUMENTE, WERKZEUGE, GERÄTE	כֵּלִים וּמַכְשִׁירִים
maf'él	— מַפְעֵל
Gabel *f*	מַזְלֵג
Computer *m*	מַחְשֵׁב
Kamm *m*	מַסְרֵק
Sender *m Rdf.*	מַשְׁדֵּר
– maf'éla	— מַפְעֵלָה
Aschbecher *m*	מַאֲפֵרָה
Sprinkler *m*, Rasensprenger *m*	מַמְטֵרָה
Pumpe *f*	מַשְׁאֵבָה

ORT DER TÄTIGKEIT	מְקוֹם פְּעוּלָּה
mif'ál	מִפְעָל
Küche *f*	מִטְבָּח
Festung *f*	מִבְצָר
Treffpunkt *m*	מִפְגָּשׁ
Kloster *n*	מִנְזָר
– mif'ala	— מִפְעָלָה
Wäscherei *f*	מִכְבָּסָה
Frisiersalon *m*	מִסְפָּרָה
Restaurant *n*	מִסְעָדָה

KRANKHEITEN	מַחֲלוֹת
– pa'elet	— פַּעֶלֶת
Entzündung *f*	דַּלֶּקֶת
Mumps *f*	חַזֶּרֶת
Schnupfen *m*	נַזֶּלֶת

ADJEKTIVE	שְׁמוֹת תֹּאַר
FARBEN – *pa'ol*	צְבָעִים — פָּעֹל
grau	אָפֹר
rot	אָדֹם
blau	כָּחֹל
schwarz	שָׁחֹר
EIGENSCHAFTEN – *pa'il*	תְּכוּנוֹת — פָּעִיל
höflich, freundlich	אָדִיב
gleichgültig	אָדִישׁ
wohlhabend	אָמִיד
glaubwürdig, zuverlässig	אָמִין
hell, heiter	בָּהִיר
flexibel, elastisch	גָּמִישׁ
modern	חָדִישׁ
freigebig	נָדִיב
flüssig, liquide	נָזִיל
Im Übrigen sind Partizipien analog zu den Tätigkeitsformen im Gebrauch; z.B.:	
– kal: *pa'ul*	— פָּעוּל
überzeugt	סָבוּר
verbunden	קָשׁוּר
– hif'il: *maf'il*	— מַפְעִיל
Zutreffend, passend	מַטְעִים
– hof'al: *muf'al*	— מֻפְעָל
vergröbert	מֻגְבָּל
– nif'al: *nif'al*	— נִפְעַל
eingeschlafen	נִרְדָּם
FARBNUANCEN	
– *pa'ol'ol*	— פַּעֲלְעֹל
bläulich	כַּחֲלְחֹל

Published in Israel by
Achiasaf Publishing House Ltd.
Netanya 2004

Originalausgabe von Yaacov Lavi

Neu bearbeitet von Ari Philipp, Kerstin Klingelhöffer

Ergänzende Hinweise, für die wir jederzeit dankbar sind, bitten wir zu richten an:
Langenscheidt Verlag, Postfach 40 11 20, 80711 München

Druck: Keter, Jerusalem
Printed in Israel • ISBN 3-468-04161-6

1. 2. 3. 4. 5. 08 07 06 05 04

Langenscheidt
Achiasaf

Handwörterbuch Hebräisch – Deutsch

Völlige Neubearbeitung

Langenscheidt

Berlin · München · Wien · Zürich · New York

לנגנשיידט
אחיאסף

מילון
עברי-גרמני

מהדורה חדשה ומעודכנת

L
Langenscheidt

ברלין * מינכן * וינה * ציריך

Langenscheidt
Achiasaf
Handwörterbuch
Hebräisch – Deutsch

לנגנשיידט
אחיאסף

מילון עברי-גרמני